PAVLI
ASTRENSIS
In Primam Digesti Noui partem Commentaria.

M MVLTIS TVM D. FRANCISCI CVRTII,
Tùm etiam aliorum quorundam præstantiss. virorum
Adnotationibus illustrata.

Præter quòd illa sedulò recognita, nouissimè ad vetustissimorum exemplarium fidem, infinita propè, quæ passim corruptè legebantur, in pristinum sensum, suumq; verum splendorem restituimus.

ens additis ad omnes ferè ll. & §§. ijs summarijs, quę in cæteris prioribus editionibus desiderabantur. Necnon appositis solitis cuiuspiam doctissimi viri obseruationibus ad marginem hac nota *præmonstratis.

VENETIIS, MDXCIIII.

Elenchus Rubricarum huius Voluminis.

AVLI CASTRENSIS DOCT: EXCELLENTISSIMI, PATAVINÆ PRÆLECTIONES.

In Primam Digesti Noui Partem.

*on paucis clarissimorum, & illustrium virorum adnotationibus præsertim D. Fran. Curtij, & Bern. Landriani: necnon doctissimi cuiusdam Iurisconf. per quàm vtilibus obseruationibus sub hac nota * præsignatis: ac denique cum Summariis Hieronymi Marliani Mediol. longè satis quàm antea castigatæ atque illustratæ fœliciter incipiunt.*

De operis noui nunciatione. *Rubrica.*

rica de operis noui nunciatione est caput libri xxxix. fforum. non autem luminis.
consulti, qui condiderunt has leges, fuerunt etiam post aduentum Chri- non tamen receperant fidem.
tiuus quid propriè significet.
utum ꝙ quicunque receperit rem alterius, puniatur in tantum, qualiter elligatur.

Bar. super hac rub. dicit, ꝙ hic nō est caput libri, immo dicit uminis, & uerum non dicit, sed est falsum, quia est caput li- xxxix. vt patet ex rub. † Item dicit, ꝙ Iurisc. qui condiderunt leges, fuerunt ante aduētum Christi. & idē dicit gl. in l. Ti- §. ff. de aur. & ar. leg. ꝙ est etiā falsum, q̃a faciunt mentionē multis Imperatorib. qui fuerunt post Christum, ut de Tybe cuius tpe Christus est crucifixus, ut in l. & hæc Tyberij. de insti. Et de Nerone, q decapitauit beatum Petrum, & Pau- , ut in l j. in prin. ad l reb & de Antonio, qui fuit lōgè post, pximè. de his q̄ in test. delen. non tñ receperant Iurisc. fidē. dicit, ꝙ genitiuus, [a] significat rl'ariter dñiũ, ut no. ĩ l. 2. s̃. de gio. tñ aliqñ significat cām efficientē, vt hic dũ dicit, dñi Iu- iani. Aliqñ cām mālem, vt hic, dum dicit, iuris enucleati. qñ nudam possessionē, vel detētationē, vt no. in l. 2. in prin. orig. iur. per quod dicit, † si statutũ dicat, ꝙ occupans rē al- us puniatur tanta pœna, si occupem rem ꝑ te possessam, in- o in pœnā, licèt non esses dñs. Tu dic, ꝙ aut ego eram dñs, non incido in pœnā statuti, quia debet intelligi alterius. l. q̄ cupantis, licèt incidā in pœnā iuris cōis, vt l. si quis in tantā. nde vi. & l. extat. quod met. cā. Aut quidā tertius erat dñs, & do, quia eo ipso, ꝙ possides, plus iuris habes q̄ ego, qui non ssideo, nec sum dñs, ut l. si duo. vti possidc. & sic satis videtur quo ad hoc. Facit ēt ad q̄ōnem, quam ponit Spec. in titu. prob. §. videndum. versic. sed pone statutum. Si dicat statu- n, ꝙ de damno dato credatur iuramento dñi possessionis, & isti damnũ in re ꝑ me possessa, non tñ eram dñs, an stetur amento meo, & arguit pro & ꝯ, nec benè declarat. Tu dic, ꝙ constabat me esse possessorem, non tñ constat, ꝙ ego sum s, nec ēt ꝙ alius, & tunc debet stari, quia p̃sumor esse dñs ex possessione, cum non deducam dñium principaliter in iu- ium, sed incidenter, vt l. j. s̃. famil. ercis. plenè no. in l. j. de ꝯd. i. Aut constat, ꝙ alius est dñs, puta, eram fructuarius, & ali⁹ prietarius. & tunc aut fuit datum damnum in fruct. ad me nentibus, & stabitur iuramento meo, quia intentio statuti ꝙ stetur iuramento damnũ passi & ego sum, qui patior dā- m: aut datur damnum in proprietate, & non stabitur iura- to meo, sed proprietarij, quia ipse est, qui patitur damnum.

ADDITIO.

itiuus, vltra ea quæ posui ad Bar. & Alex. ꝙ genitiuus aliquando ponitur o ablatino. l. eleganter. §. seruus. s̃. de dolo. & dicit Car. consil. 30. ꝙ licèt nitiuus possit importare dominium, & pos. ꝙ tamen dēt exponi in significa ne magis apta uerbis. ar. l. quoties. de uerb. oblig. alleg. Bar. hic. & uide ibi propter hoc uoluit, ne prolixior sim.

LEX PRIMA.

nciatio noui operis potest fieri etiam ei qui iure ædificat, sed hoc reper- debet nunciatio remitti quatenus iure ædificat, & nu. 2.
ectus remissionis nunciationis noui operis est, vt competat interdictum e vis fiat ei, & non impediatur ædificare.
missio nunciationis quotuplex sit, & in qua remissione præstetur satisda- o de demoliendo.

1 
Oc edicto. † Nunciatio noui operis potest fieri ēt
ei, qui iure ædificat, hoc tñ reperto dēt
nũciatio remitti quatenus iure ędificat,
quia eatenus nunciator ius nũciādi nō
habet. h. d. Et sic ꝯtinet duo dicta. s̃m ibi,
(deinde.) In primo dicto ponitur effectus nunciationis. In secundo ponit effectus remissionis s̃m Bar. sed male loq-
tur, quia de effectu nũciationis incipit, velle tractare j̃. e. l. nũc
videamus. ergo vsq; illuc de eo nihil tractatur, & patet q̃a effectus nunciationis est demolitio, de qua non tractatur vsq. ad l.
2 prætor. in prin. vt ibi no. in gl. † Item effectus remissionis est, vt
ꝯperat interdictum ne vis fiat ei, & non impediatur ædificare,
vt d. l. prętor. §. deinde, de quo nihil hic tractatur. Dic ergo, ꝙ in
primo dicto declaratur qñ possit fieri nũciatio noui operis, q̃a
videbatur non posse fieri, nisi ei, qui nō iure ædificat, & tñ dr̃ ꝯ-
rium, quia etiam si iure ædificat, ēt cogitur obedire, aliter cogitur demoliri suis expensis, quia contempsit edictum prætoris,
vt d. l. prætor. in prin. & §. j. & l. stipulatio. §. habet aũt. & ibi no.
in gl. j̃. e. nec auditur si ꝯtempsit nunciationem, & postea vult
ostendere, ꝙ iure ædificat, nam omnia demoliri debet añquam
de hoc cognoscatur, vt j̃. ea. l. §. sed si is. In secundo dicto tractatur quatenus debeat fieri remissio, quod est intelligendum, qñ
post nunciationem, ille cui facta est nunciatio, comparuit coram iudice volens ostendere, ꝙ iure ædificabat, & petijt sibi remissionem nunciationis fieri nec eā ꝯtempserat, quia non ędifi
cauerat. Si uero reperiatur, ꝙ pro parte pōt ædificare, & ꝑ parte non, fit remissio quatenus ædificare pōt. i. datur sibi licentia
ædificandi per iudicem. de hoc pone exemplum, ut hr̃ in gl. ma
gna. in ver. (vel dic, tertio.) reiectis alijs expositionibus gl. In gl.
j. ibi, (& ego dicebam eum non iure ædificare,) vel quia assere-
bam illud solum ad me pertinere iure dñij directi, uel vtilis, uel
meipsum possidere bona fide, uel me habere vim seruitutis vr-
banæ altius non ædificandi, ne luminibus domus meæ officiat̃,
vt j̃. ea. l. §. pen. cum glo. & j̃. de remiss. l. j. §. j. vel quia timeo dānum mihi inferri ex illo ædificio, vel quia dico illud esse solum
publicum, & ipsum non posse ædificare sine licentia principis,
vt j̃. ne quid in loco pub. ꝑ totum, quo casu quilibet de populo
pōt prohibere, ut j̃. eo. l. in prouinciali. cum l. seq. Ipse autē dicebat ꝯrium, ꝙ nullum istorum erat uerũ, & quod ipse erat dñs
& possessor, & ꝙ solum erat liberum. Glos. magna format duo
contraria in uersi. (deinde.) primum usque ad versi. (sed videtur
huic responso.) secundum usque ad fin. & prima pars redditur
difficilis propter duo. Primo, quia usque ad versi. (vel dic quinto) ponitur quædam gl. antiqua, quæ ponit quatuor solutiones
ad ꝯrium. Prima ab illo versic. usque ad secundam partem ponitur quædam additio in qua repetit idem quod s̃. dixerat, &
sic. licet videat̃ ponere nouas solutiones, & nouos intellectus,
tamē sunt idem cum primis, nam id quod dicit in uersi. (uel dic
uero.) tendit ad idem cum prima solutione posita in prin. glos.
Item illud quod dr̃ in uer. (uel poni potest.) tendit ad idem cũ
eo quod dixerat in 3. sol. in uer. (uel tertio.) & hoc usq. ad uers.
sexto. licet aliquantulum latius. Illud autem quod dicit in versi.
sexto, tendit ad idem qđ dixerat in uer. (uel dic secundo.) † Item
3 procedit difficultas ex alio. † videlicet cum triplex sit remissio, q̄
dam, quæ fit ipso iure per edictum prætoris, sine facto iudicis, q̄
dam uero, quæ fit per seipsum nunciantem, de qua hr̃ j̃. ea. l. §.
& post operis. in uersi. inde q̃ritur. de qua nihil in hac glo. Quæ
dam vero, quæ fit per ipsum iudicem, s. quæ fit a lege. Et prima
est triplex, prima illa, quæ fit præstitis, & receptis satisdationib.
de demoliendo super nunciatione ualida, ut j̃. eod. l. prætor. §.

a deinde. Alia quæ fit oblatis satisdationibus. sed nō receptis. Alia
q̄ fit ēt non p̄stita inde oblatione satisdationis, ut q̄n nunciatio
erat nulla, uel ex defectu primæ nunciationis, uel ex defectu iu
ris sui, vel ex defectu rei super qua fiebat, iuxta no. s̄. in gl. q̄ inci
pit (legitima) Sūr secunda, quæ fit per iudicem, est duplex. Vna
quæ fit p̄stita satisdatione in prin. cognitionis si volebat ædifica
re lite pendente. Alia quæ fit nulla p̄stita satisdatione, si non cu
rabat ædificare quousque lata esset s̄nia. Ista gl. mixta intelligit
istū tex. aliq̄n in vna, aliq̄n in altera de p̄dictis, & de omnib. facit mētionē si bene inspiciat̄. De prima facit mētionē in prima
solutione usq. ad ver. (& supple. in uer. vel dic secundo.) de secū
da facit mentionē in ver. (uel dic quarto.) de tertia facit mētio-
nem in ver. & supple. Sūr in illa quæ fit per iudicē facit mentio
nem de prima, quæ fit p̄stita satisdatione in princi. cognitionis
in versic. (& hoc p̄stita satisdatione.) de secunda quæ fit nulla
præstita satisdatione facit mentionem in versicu. vel dic tertio,
& ibi ponit verum intellectum ad istum tex. secundum quē illa
verba eatenus quatenus ponuntur propriè, s. quantitatiuè respectu operis, & nunciationis. Sed secundum primum intellectum ponuntur causaliter, & sic impropriè secundum ponuntur quantitatiuè respectu temporis.

ADDITIO.

a Adde hic quæ nam sit cautionis præstandæ per eum cui nunciatio facta est forma, vbi in ædificando uult pergere, ut Spe. in tit. de sat. §. 5. uer. cæterum. Et an satis sit offerre de demoliendo opere cau. ut non possit impediri ab ædificando, habes per eundem in tit. de app. §. 11. uersi. illud quoq. de conceptione libelli atq; positionū in huiusmodi cautione, uide eundem tit. de pig. §. 2. uersi. item sæpe. hoc tn̄ potissimum notabis, q̄ in no. ope. nun. cā contineri dēt s̄m doctrinam Bar. hic in 2. q. & l. non solum. §. sicut. j. eo. & Spe. in tit. de procur. §. fin. sed nunquid suffi. & Pet. Ferr. in practi. in 2. libell. de iud. suspe. ul. uer.

1 *Per nunciationem noui operis succurritur aduersus futura opera ne fiant, sed aduersus iam facta non præcedente nunciatione, vt destruantur, non succurritur per hoc edictum, sed per alia remedia iuris de quibus hic.*

2 *Olim significat tria tempora, & potest dici aliquis filius olim Sempronij, licèt Sempronius adhuc viuat, vel filius Sempronij, licèt Sempronius sit mortuus.*

3 *Quomodo istud edictum possit concurrere cum interdicto, quod ui aut clam, & num. 4.*

4 *Aedificans post nunciationem factam in opere, cogitur demoliri suis expē- sis etiam si iure ædificauerit.*

Hoc edictum ad quid fuit necessarium, & in quo differat ab actione negatoria, uel confessoria.

5 *In hoc edicto q̄ non teneatur nuncians exprimere causam nunciationis, nec de ipsa tunc fidem facere, sed postea sic coram iudice, & quid in protestatione facta alicui, ut abstineat ab aliquo actu.*

1 §. Hoc autem edictum. † Per nunciationē noui operis succur
ritur aduersus futura opera, ne fiant, sed aduersus iam facta nō
præcedente nunciatione, ut destruantur, nō succurritur p̄ hoc
edictum, sed per alia remedia iuris, de quibus hic habes. h. d. In
tex. ibi, (nam si quid operis factum fuerit,) s. non præcedēte denunciatione, ut in glo. fin. & sic non habet locum interdictum
demolitorium, ex hoc edicto, de quo j̄. eod. l. p̄tor. §. j. quia illud
non habet locum, nisi opere facto post denunciationem in cō
temptū eius. Hēt ergo locum interdictum qd̄ vi aut clā ex hac
secunda parte, quia factum clam. Si autem p̄cessisset denuncia
tio, tūc si quidem in ipsa re, in qua ædificatur, qd̄ est necessariū,
vt hēat locum istud edictum, vt j̄. eo. l. de pupillo. §. si quis fortè, tūc utrūque interdictum locum hr̄et. s. ex hoc edicto, ut d. l.
prætor. §. j. & etiam interdictū qd̄ vi aut clam, ex prima parte, q̄a
dr̄ factum vi. Si autem nūciatio nō fuit facta in ipsa re, tūc cessat interdictum qd̄ oritur ex hoc edicto, & daretur interdictum
quod oritur, (quod ui aut clam,) ex prima parte, quia in illo nō
exigitur q̄ fiat in ipsa re, uel opere, ut hic in glo. quæ incipit (nō
ergo.) In glo. super verbo (p̄terita.) in fi. ibi, (vel præcessit nūciatio,) i. quædam protestatio, quæ uim nunciationis hēt in casu il
lius §. In glo. sequē. in fi. Adde alias differentias, quas ponit glos.
j̄. ead. l. §. hoc autem edicto. quæ incipit ad hoc, & etiam Bar. po
2 nit alias. † In glo. super verbo, (olim) Bar. dicit hic, q̄ olim, significat tria tempora, ut no. in l. nec emp. de cōtrahen. empt. & iō
dicit se sustinuisse instrumētum, in quo dicebatur filius olim
Sempronij, cum Sempronius tūc uiueret, nam debet intelligi,
olim, i. de præsēti. Sed ego quæro, quid si erat mortuus, sed notarius dixit filius Sempronij, vr̄ uitiosum, quia vr̄ dicere de præ
a sēti,[a] & tamē nō est, sed fuit argum. eius quod hr̄ in l. q Romæ.
§. Augerius. de verb. oblig. ɔ̄trium dicit Ioā. And. in c. cum ɔtra.
3 de pig. per tex. in ca. Raynutius. de testam. † Oppo. q̄ istud edictum tanq̄ speciale, facit cessare interdictum qd̄ ui aut clam, tā
quam generale, in casu quo quis ædificat post nūciationem factam ipso opere, quia generalis dispositio nō cēsetur aliquid di
sponere in casib. specialiter prouisis, ut l. sāctio legum. de pœnis.
& l. stipulationes ɔmodissimū, & l. doli clau. de verb. oblig
notabilis, illud verū, q̄n generalis, & specialis emanant ab
lege, vel edicto, secus q̄n à diuersis, quia tunc possunt ɔcu
& ita loquit̄ hic, & s̄. dixi, & patet hic in gl. fi. q̄ dicit, q̄ in
ctū qd̄ vi aut clā, ɔcurrit cū interdicto, Ne qd in loco sac
religio. & c. hoc ēt patet, quia l. Cor. de sic. p̄uidet generali
tra homicidas, & l. Pomp. de parri. specialiter ɔ̄ occidentē
b tes, uel filios, & tn̄ si quis occidat parentes,[b] non solum p
cusari. l. Pompeia, sed ēt l. Cor. de sica. vt no. l. Senatus. de
Est & alia sol. quia ɔ̄trium procedit, q̄n generalis disposit
in sua generalitate, ita q̄ nulla species in ipsa specificet̄. S
interdicto, quod ui aut clam, specificant̄ species in ipsa. s.
vi scilicet p̄cedente denunciatione. ergo in hoc dr̄ special
4 cut p̄uisio ex hoc edicto. Possunt ergo concurrere. † Ec
vr̄, q̄ interdictum qd̄ vi aut clam, tanquam plenius prou
faciat cessare hoc edictum, quia prouidet oī casu quo p
istud, & ēt vltra. Nam si quis ædificat post nunciationem
in opere, cogitur demoliri suis expensis, siue iure siue no
ædificauerit, & ēt antequam cognoscatur an iure, uel nō
ædificauerit, ut j̄. quod ui aut clā. l. j. §. j. Ad quid ergo fu
edictum necessarium, cum istud nō cōcurrat cū alio ple
uidēte, ut j̄. eo. l. prouinciali. §. j. Sed ad illam l. faciliter re
tur, q̄ nō cōcurrit cum alio remedio ordinario, sed inter
quod vi aut clam, est extraordinarium sicut istud, ergo
patet in actio de dolo, quæ cōcurrit cum alijs similibus,
primum difficilis est sōlio, nisi dicamus, q̄ in hoc istud p
plenius, quia remedium huius edicti est perpetuum, sed
est annale, ut hic in glo. mag. Item adhuc oppono, quia n
necessarium, quia si ædificabas in meo, habebā negatoria
tuo cōtra debitam seruitutem habebam cōfesso. per quas
ram obtinere demolitionem, ut l. & si forte. §. sciēdum. fi
vēdi. Solu. verum est postq̄ probassem de iure meo, sed in
añquam probem, si est ædificatum cōtra prohibitionem
per illas nō cōsequebar, ut tuis expēsis demolirer, per hoc
vt no. glo. j̄. eo. l. stipulatio. §. siue. quæ. s. incipit opus no. i
ctum, sed intelligo si ædificans habuit iustam cām litigādi
etiam per illas vr̄, quód debeam obtinere, q̄ suis expensis
a die litis cōtest. est in mora, & sic dolo præsumpto, ut l. fi
5 tica. † Vltimo adhuc vr̄ q̄ nō fuerit necessarium, quia etiā
fuisset factum, poteram tibi nunciare nouum opus, & deb
mihi credere, & non credēdo cōstituo te in mora, ut l. ait
§. si quis particeps j̄. quæ in fraudem creditorum, & l. uiri
sed si adijcitur. de legat. præstā. Sol. illud uerum, q̄n perat
tiam ab opere nō cōsequeris damnū, & ego cōsequor u
tem, sed hic poteras cōsequi damnum, si tua intererat ædif
& solum erat tuum, & nō debebat seruitutē. Vn̄ nō tene
mihi credere, & poteras nūciationem spernere, nisi ration
causam allegassem etiam a te nō requisitam, & de ipsa eti
bi fidem incōtinēti fecissem, ut l nomen. C. quæ res pigno
poss. in verbo. (certior factus,) sed per hoc edictum efficit
nō habeam exprimere causam, nisi a te requisitus, ut no. i
huius l. in glo. quæ incipit, (legitima.) nec teneor pro tūc f
facere de ipsa, sed faciam postea coram iudice, & ideo ext
sum istum, si protestor, ut abstineas ab aliquo actu, & absti
potest tibi esse damnosa debeo allegare cām, ēt nō requi
& fidem facere icōtinēti, alias nō teneris credere, ut d. l. n
vt si denūcio tibi, q̄ nō soluas Titio quod debes ei, quia ip
sit mihi iura sua, nā debeo tibi ostēdere instrm̄ cessionis,
spreta cessione potes soluere, licet Specu. ɔ̄ in ti. de procu.
quem Bar. reprobat in princ. huius l.

ADDITIONES.

a Præsenti. Respicit. n. tria tempora præsens, præteritum, & futurum. simili
ctio, retro, de quib. ultra loca uulgaria uide per Fulg. consi. 22. ubi po
sus grammaticales.

b Parentes. Sed an in statutis appellatione homicidæ, ueniat parricida, ui
de Ana. consi. 92.

1 *Nunciatio noui operis etiam sine iudice, & alieno nomine fieri potes
qualibet die etiam feriata, & ligat etiam absentes, & ignorantes q
fit in opere.*

2 *Si quis ædificat in solo per me possesso, an possim propria authorita
moliri.*

3 *Quid si solum commune, & communiter possideatur.*

4 *Procuratur si fecit actum, & non dixii procuratorio nomine, an vid
fecisse illum suo nomine, vel procuratorio.*

1 §. Nunciatio. † Nunciatio noui operis etiam si
dice, & alieno noīe fieri potest, &
libet die etiam feriata, & ligat etiam absentes, & ignorātes
fit in opere. h. d. usq. ad §. in operis. Et sunt quatuor dicta, &
2 quolibet Bart. dicit multa bona, & notanda. † In primo d
huius §. Bar. ponit aliqua bona dicta, utrū si quis ædificat i
p

possesso, possim ꝓpria authoritate demoliri, ad quem
recurrit, & adde casum in quo ēt si non est possessum ꝑ
sum, vt ĵ.de acq.re.do.l.quamuis. Item no.quod plenè
.& singulariter circa istam materiam in c.j.de immuni.
Item in vno quod ipse Bar.dicit vr̃ non ꝓcedere, si tu &
sidemus aliquam rem cōem, & tu aliquid facis sine vo
mea, ꝙ non possum propria authoritate demoliri, qa
sum vr̃ esse tex.cum gl.quam hic allegat.s̃.de serui. ur-
.l.sed inter me, quam etiam ibi sequit̃ Bar.sed dic, ꝙ nō
ia ibi loquit̃ qñ de re cōi, & communiter possessa aliqd
eres in materiam propriam, & per me possessam, tunc
ossum, secus qñ in ipsa re cōi, & communiter possessa,
ipse no.& ita hoc anno consului, cum esset quæstio mi-
missa, licèt aduocatus aduersæ partis magnum funda-
n faceret de illo tex.cum gl.† Super secundo rñso Bar. di
ua bona verba, quando aliquis erat ꝓcurator, & fecit a-
on tñ dicit procuratorio nomine, vtrum uideat̃ fecisse
actum suo nomine, vel ꝓcuratorio, & circa hoc, vide ꝙ
arius no.in l.3.§.2.ĵ.iud.sol.& l.qui aliena.§.si is.de acq.
& l.post dotem, in 8.col.sol.mat.

ADDITIO.

Idem tenet Ang.consi.j.ubi consuluit super casu cuiusdam immitten-
em in muro communi.per eundem Paul.consil.318.incip.in Christi
e incipiendo a secundo.

---

nciationem noui operis factam solo verbo perdit nunciator posses-
n, & transfertur in aduersarium.
ssidet, & agit rei ven.contra alium tanquam possessorem ꝙ perdat
sionem, & eam transferat in aduersarium, sed si non diceret aduer-
possessorem, repelleretur ab agendo.

n operis autem noui. † Per nunciationē noui operis factam
erbo perdit nunciator possessionem, & transfertur in
sarium.h.d.† Et est arg.ꝙ ille qui possidet, & agit rei ven.
m tanquam possessorem ꝑdat possessionem, & trāsferat
ersarium, de hoc ꝑ Bar.ĵ.de acq.possessio.l.naturaliter.
il commune.in 3.lect.ubi alleg.istum tex.ad hoc.Sed si nō
et aduersarium possessorem, secus, immo tunc repelleret̃
endo, per tex.ĵ.uti poss.l.i.§.interdictum autem.

nciationem contempsit, non auditur uolens de iure suo docere, sed cō
ur demoliri per interdictum demolitorium.
s non auditur volens probare de proprietate incontinenti, sed spolia
nte omnia est restituendus.
in quibus denegatur alicui audientia, & si denegatur ex forma legis
statuti, an valeat processus si fiat contrarium.
ufficit repulisse ædificantem ab opere quantum ad hoc, ut compella-
destruere opus, sed requiritur nouum iudicium.
emoliendum agitur interdicto, & an sit necessarius libellus, & litis cō
tio, & sententia diffinitiua.

Sed & si is cui. † Qui nunciationem contēpsit, non auditur volens de iure suo
re, sed compellit̃ demoliri ꝑ interdictum demolitorium.
† Et hoc ad similitudinem spoliantis, q non auditur, volēs
re de ꝓprietate incontinenti, sed spoliatus ante omnia est
tuendus, vt l.si quis ad se fundum.C.ad l.Iuliam.de ui pub.
te vr̃ quodammodo spoliare nunciatorem.† No.casum, in
denegat̃ alicui audientia, quando contempsit edictum p̄-
s mortui, vt hic, idem si uiuentis.[a] vt l.sed & si per prętorem
& si cum decreto.quib.ex cau.ma.adde alios casus, in q-
audientia denegatur, qui no.per gl.in c.in nomine domi-
.dist.& in c.ad abolendam.de hæret.Et an dicto casu quo
ientia denegat̃ ex forma l.vel statuti, valeat ꝓcessus, si inde
at contrarium, tangit̃ per Bal.C.de legi l.non dubium.cir-
.& in l.j.ad finem.C.de hære.insti.& uide bonam gl.in cle-
.j.de iure pa.† Item no.in fin.ꝙ non sufficit repulisse istum
gendo, quantum ad hoc, vt compellat̃ destruere opus, im
requirit̃ nouum iudicium, ꝙ nunciator agat, ut destruat̃.
ō est, quia exceptio operat̃ solum repulsionem agentis, nō
em ꝙ intendens aliquid ab eo extorqueat, ut in ca.cum di-
us.de ord.cog.facit l.Lucius.de infam.No.etiam, ꝙ ad de-
liendum agit̃ interdicto, & sic vr̃ necessarius libellus, & litis
& sententia diffi.iuxta ea q̃ not.in l.j.§.necessario.si mulier
tris nomine.tamen vr̃, ꝙ possit procedi etiam via executi-
implorando iudicis officium, & faciendo fidem denuncia-
nis, & de cōtemptione eius, quo facta iudex possit mādare,
destruat, sicut in diffinitiua executione sententiæ.argume.
odem.l.sciendum.in verbo(executione.) t gl.hic intelligit,
lte agebat interdicto.(Ne vis fiat ei,) sed non placet Docto.
a illud competit postquam nunciatio est remissa, vt l.præ-
§.deinde.ĵ.eod.quod hic non fuit, immo in eius contem-
m ædificauit.Dic ergo ꝙ agebat vti possi.de.uel negatoria,
& hæc ultima uerior, quia tex.dicit ꝙ agebat ius sibi esse ita ędificatum habere, sed uti possi.de.agitur ut in possessione nō turbetur, & sic non conuenit literæ.

ADDITIO.

a Et in hoc uide Ale.hic in §.ope.j.col.2.not.& an intelligat in agendo, uel defendendo.uide per eundem in l.de pupillo.§.fi.ĵ.eo.& an cū audientia denegatur, admittenda sit appellatio, uide Spe.de pe.& poss.§.qm̃.uer.7.& adde Fel.in cap.significauerunt.ad prin.col.ix.& de excep.quid autem important uerba hæc, audientiam denegamus, uide eundem in cap.ad abolēdū.de hęre.

---

1 *Ille cui facta est nunciatio, si vult fideiussorem dare de opere demoliendo, si apparebit ipsum non iustè ædificasse, statim fit ei remissio per edictum prætoris, absque eo quod vadat ad iudicem, & quousque duret ista remissio, & quid si nuncians non vult satisdationem recipere, sed dicat se uelle incontinenti probare de iure suo, & nu.2.*

2 *Accusator non potest transigere super pœna applicanda fisco.*

3 *Licèt non possint partes compromittere in iudicem tanquam in arbitrum, an possint tanquam in arbitratorem.*

4 *Si fuisti excommunicatus, vel bannitus ad mei instantiam sub conditione, si non solueris mihi intra decem menses, an possim prorogare terminum ad alium mensem sine iudicis licentia, vt non incidas in bannum, vel excommunicationem.*

5 *Prorogatio termini, ꝙ intelligatur facta cum omni qualitate, quæ inerat in primo termino.*

6 *An possit quis prorogare iurisdictionem in iudicem alterius territorij sine voluntate sui iudicis, & quid in clericis.*

1 §.Et post operis. † Ille, cui facta est nunciatio, si eam non contempsit, potest iudicem adire ꝓ remissione fiēda, & petere discuti de iure suo, & ēt nunciantis. Potest etiam ipse nuncians remissionem nunciationis facere sine prætore, posito, ꝙ nunciatio esset facta
2 prætore mediāte.h.d.notabiliter.† In tex.ibi (prætor iurisdictioni.) scilicet ꝓ remissione fienda, vel confirmanda nunciatione. Et hoc si ille cui facta est nunciatio non vult, vel non potest dare fideiussionem de ope demoliēdo, si apparebit ipsum non iuste ædificasse, si verò pōt, & vult, tūc euitat hāc vexationem, eundi ad iudicem, qa potest statim offerre, & statim fit remissio per edictum prætoris, & hoc est qđ dicit tex.ĵ.eo.l.de pupillo.§.si is cui in fin.vbi vr̃ se referre ad id, quod hic dr̃: illa tamen remissio non est perpetua, sed durat quousq.fuerit declaratum quis habeat ius, ut no.in prin.huius l.in gl.mag.in 2.& 6.lect.sed ista de qua hic, est perpetua, & no.istud verbum (iurisdictioni.) Et sic patet, quod vadunt ad iudicem, tanquam ad iudicem, non aūt tanq̃ ad arbitrum, vel arbitratorem, licèt dicant gl.qđ tanq̃ ad arbitratorem, nā arbitrator non hēt iurisdictionem, sed no-
3 tionem, vt l.ait prætor.cum ibi no.de re iud.† illa tñ gl.sp alleg.& ille §.pp eam, ꝙ licet non possunt partes compromittere in iudicem tanq̃ in arbitrum possunt tanq̃ in arbitratorem, qa ꝑ hoc non fit iniuria iurisdictioni ordinariæ, vt non habeat cognoscere de iure tm̃, sed ut sibi vr̃, non aūt tanq̃ in arbitrum. fieret em̃ iniuria iurisdictioni, qa non pōt ꝓcedere, nisi de iure, sicut iudex, & postq̃ sic est, dignius est, quod ꝓcedat, ut iudex q̃ ut arbiter, & ista est rō l.sed, & si in seruum.§.si quis iudex.de arb.Item tex.ibi (post opus nouum nunciatum,) supple per iudicem, unde videbat̃, ꝙ sicut iudex inhibuit ne ædificaret, ita debet licentiam dare, quod non sufficeret dari à parte sola, qa qui interuenerunt in ꝓhibendo, videbant̃ debere venire in remittendo.ar.C.de diuor.auth.cōs si filijfam.& l.si ut proponis.C.de nup.contrarium tamen hic ĵ.subijcit̃ per rationem literæ, quia cum iudex illud fecit ad instantiam nunciantis, & pro illius tm̃ vtilitate non hēt vlterius quærere, quam ille velit. Facit l.fin.§.fam.erc.In gl.2.ibi(si incontinenti petatur cognosci) quod fit hodie usq ad tres menses. Hoc quod dicit glo.non ꝓcedit in casu huius §.sed habet locum, qñ ille cui facta est nunciatio offert satisdationem, vt habeat̃ nunciatio pro remissa, & nunciator non vult illam recipere, sed dicit se velle incontinenti ꝓbare de iure suo, certe non cogit̃ recipere, & tunc debet expectare ꝑ tres mēses, intra quos possit de iure suo ꝓbare, & interim nunciatio non habet̃ pro remissa, vt in l.fi.C.eod.q̃ est sub ti.de ædifi.priua & ita fuit practicatum anno præterito
a in quæstione de facto.[a] Sed si nunciator nihil diceret, statim haberet̃ nunciatio ꝓ remissa, quia per ipsum stat quominus satisdetur, vt ĵ.eo.l.si prætoris edictum.& ita dēt limitari gl.mag.in prin.huius l.in §.(vel dic quarto,) postquam autē recipisset satisdationem nō posset postea dicere hodie constat, hodie agatur &c.quantum adhoc, vt remissio, quæ facta fuit irritet̃, sed quando non est recepta, non dicitur facta, si dicat, hodie constat

---

ADDITO.

a De facto. Vide plenè eius consi.428.incip.in Christi nomine uisis punctis, ubi latè ponit an remissio nunciationis possit peti parte non citata.

fiat &c.quousq. lapsi sunt tres menses. hic vero nec pstita fuit,
nec oblata satisdatio, sed petebatur fieri remissio per iudicem,
cognito plene de causa. In glo.quæ incipit, (sic §.si cer.pet.) ibi,
(vt reo pœnam imponat.)l.applicandam fisco,tunc.n.accusa-
tor non pōt transigere in præiudicium fisci, ut ibi, secus in pœna applicāda parti,vt in pœna furti, quia tunc diceretur causa
ciuilis,& partes possent transigere,ut uellent,qa non fieret piu
4 dicium fisco.† Super eo quod Bar.hic no.si fuisti excōicatus,vel
bannitus ad mei instantiā,sub ɔditione, si non solueris mihi ī-
tra x.menses, ꝙ ego possim ꝓrogare terminum ad alium mensem,& sine iudicis licentia,ar.huius tex.& nō incidis in bannū,
vel excōicationē,si non soluis in primo termino,arg.l. cum stipulatus sim mihi à Proculo.de verb.oblig.& l.lect.§.dicebam.si
cer.pet.sed dubium est,si non soluis in secundo termino proro
gato,an incidas? & uidebatur,ꝙ non,quia banniti,& excōicati
cū fuerint accusati ipsi iudici,debent regulari ſm intentionem
eius,ut ǰ.de exce.rei iud.l.ex testa.in fi.& l.seq.in fi.princ.sed iu
dex de hoc secundo termino nō sensit,sed de primo, igitur nec
ex lapsu primi termini,quia ab illo fuit recessum rei voluntate,
nec ēt ex lapsu secundi, quia cū eo non ɔcurrit uoluntas iudicis,licèt ɔcurrat uoluntas mea,sed illa nō sufficit, ɔtrium tñ de-
5 terminat Bar.† quia prorogatio intelligitur facta cū omni qua-
a litate,q̃ inerat in primo termino, bñ facit l. Labeo.§.j.de arb. [a]
& factum iudicis intelligitur regulari ſm intētionē meā,ad cuius instantiā fuit impetratum,& ad hoc alle.Bar.Inn.in c.par.de
app.idem tenet Bal.in l.una.C.de his q̃ pen.no.in x.q.& in.l ac
6 ceptā.C. de usu.in vij.q.& in l.fi.de ɔhen.emp.† Itē pro hoc, ꝙ
idem Bar.no.hic,ꝙ ille qui est subditus alicuius dñi,si est uasallus nō possit prorogare iurisdictionē in iudicē alterius territorij sine voluntate illius dñi, licèt illi qui non sunt uasalli, bene
possunt,nisi fieret præiudicium proprio iudici, puta in sportu-
lis,iuxta plenè no.in l.ij.§.si quis in ius uoc.non ic. &l. ex ɔsen-
sū.de epis.aud. Vide tex.in c.venerabilem.qui fi.sint leg.in uers.
insuper. & qđ ibi no.do. Ant. de But. de clericis aūt non est dubium,ꝙ nō pñt sine licentia proprij epi, ut in ca. significasti.de
for.compe.sed si haberē alium immediatū superiorē, ut archi-
diaconū,uel plebanū,bene possem sine illorū consensu proro-
b gare in proprium epm, [b] quia ille non est extraneus iudex, sed
mediatus,per ea quæ not.Archid.in c.dilecti.de for. competen.

ADDITIONES.

a Et ibidem,vide per Bar.cui adde Alex.in l.lecta.si cert.pet.
b Epm.Adde ꝙ ita consuluit Abb.consi.26.li.1.Lud.Ro.sing.suis idem firmat.

1 *Opus nouum quod dicatur.*
2 *Si princeps scribat iudici ordinario super aliqua causa pertinent ad iurisdi-ctionem ipsius ordinarij mutando ordinem,uel statum iurisdictionis ordi-nariæ: ut hic,dicitur iurisdictio delegata, & appellabitur ad delegantem, & quid si nihil immutaret de iurisdictione ordinaria.*
3 *Casus in quibus potest contemni nunciatio.*
4 *Differentia inter oppidum, & villam.*
Quod etiam possim habere seruitutem in pariete tuo, non solum in hoc,ut altius non ædifices, sed etiam vt ædificatum non tollas, ne luminibus do-mus meæ officias, & qualiter.
5 *Nunciatio transit contra singularem successorem,& ad quid,& quid de in-terdicto demolitorio.*

1 **§.Opus nouum facere.** †Illud dicitur opus
nouū,per quod al-
teratur pristina facies rei,quod exercetur in ipso solo quantum
ad hoc,ut pertineat ad hoc edictum. Secus si non exercetur in
ipso solo,licèt circa rem cohærentem solo,& etiam secus si nō
alteratur pristina facies rei,nec est curandum vtrū fiat in oppi-
2 do, vel extra.h.d.vsq. ad §.nunc uideamus.† Not.ar.ꝙ si iudici
ordinario scribat princeps sup aliqua cā ptinente ad ipsius ordinarij iurisdictionē,si quidem immutat ordinem,uel statū iurisdictionis ordinariæ,ut quia scribit,ꝙ ꝓcedat summarie,& de
plano,cum tñ uirtute ordinariæ hoc nō posset, iurisdictio dici-
a tur delegata,& sic noua [a] ab ordinaria,& est effectus,qa tūc appellabit ad delegantē. Si uero nihil immutaret de iurisdictione
ordinaria, sed simplr scriberet,ꝙ in tali cā ministret iustitiā, tūc
nō erit noua iurisdictio,sed uetus excitata, & sic appellabit nō
ad rescribentē,sed ad immediatum superiorē,& ita no.p Cano.
3 in c.licèt.de offi.ord.& ꝓ hoc optimē faciunt isti tex.† Itē not.
duos casus,in quib. pōt contēni nunciatio,uidelicet qñ est nul
la rōne rei,vel operis sup quo fit.s.qñ illud opus non exercet in
solo,licèt circa rē solo cohærentē,ut in §.hoc autē.Itē qñ qs reficit vetus ædificiū,qđ expone,i.fulcit,qa nō ruerat ex toto.ut ī
§.si qs ædificiū.ſm Cyn.qđ bene colligit ex fi. illius§. qa tūc nō
est nouū ædificium cum pristina facies nō mutetur, sed si ruis-
set ex toto,tunc ædificiū refectū,licèt in eadē forma,esset nouū
ædificiū,ut l.inter stipulantē.§.sacrā.de uerb.obli.& posset fieri
nunciatio argu.ǰ.eo.l.de pup.§.si qs riuos.ꝓ argm à speciali,qa
spāle est cū qs reficit riuos,vel cloacas,vt cesset nunciatio. Ergo
in ɔtriū est ius cōe.qđ dic,ut p Bar. Adde aliū casum in quo pōt

sperni nunciatio.ut ǰ.eo.l.nunc videamus.uersi.si quis.& a
4 qui no.per gl.in prin.huius l.quæ incipit.legitimam.)† Vt
b no.in §.siue.differentiā inter oppidū,& uillā,qa oppidū [b] c
dat muris,sed uilla sine muris: de his,& alijs uocabulis simil
ciuitate,uel castro,uel uico,qūo intelligantur hr in l.si hær
vicis.de leg.j.& in c.si ciuitas.de sen.excō.li.6.& Bar.in extr
ad repri.seu in seq.quæ incipit,qm̄. In gl.ij.ibi,(& lumē rec
bam.) sic ergo possum habere seruitutē in solo tuo,uel pa
ne luminib.domus meæ officias,non solū in hoc,ut altius
ædifices,sed ēt ut ędificatū non tollas,qm̄ ex repercussion
lis in tuū ædificiū, ego recipiebā lumen domui meæ.de ho
l.si arborē.§.j.de seru.urb.pd.ubi gl.alleg. authoritatē libri
chabeorum in Biblia,refulsit sol in clypeos aureos,& respl
derunt montes ab eis.In gl.quæ incipit,(ad hoc,) circa prin
(& si circa solum.)dic melius, ꝙ immo fiunt circa rē coha
tē solo,non circa solū,uel in solo in quib. non hēt locū ho
dū licèt locum habeat interdictū,quod ui aut clam.ut in
tauimus.allegato in gl.Itē in eadem gl.ibi,(etiam si ipse nil
5 cit,† Intellige ipse.s.nuncians qui uendidit,sed emptor be
cit,ɔ quem datur hoc interdictum demolitoriū, licèt igno
ter fecerit quo adhoc ut patiatur opus demoliri,quia per
ciationem factā uēditori fuit affecta ipsa res,ne in ea peral
ædificet ɔ nunciationē,qa nunciatio est realis ex parte rei,
prehendit quemlibet,ut in ǰ.eod.l.de pupillo.§.si plures.
transit in singularē successorē cū illa affectione. facit qđ n
l.ex ea.de postu. in gl.sed ad expensas non tenetur, si fuit ig
rans,qa illa esset pęna ad quam ignorans nō debet teneri
lariter.l.gñaliter.C.đ tab.li.x.& l.uim facit.§.iādiu.qđ via u
vide ǰ.eo.l.si.ubi dr̄, ꝙ illud interdictū non dat ɔ talē sing
successorē,nā dēt intelligi quo ad hoc,ut nō teneat̄ ad exp
sed bene tenet̄ ad pñam. Idē est ergo in illo interdicto,q
isto,& sic differētia quā facit hic gl.non est bona ſm Dy.&

ADDITIONES.

a Et sic noua. Adde Ang.consi.139.Anch.cons.102.& ibi vide, an tunc deb
bere sportulas,quæ debebantur delegato ex constitutione.
b Quia oppidum.Adde text.in usi.feu.in tit.de pa.iu.fir.§.j.& inf.de uerb.si
pil.§.oppidum.sumitur etiam alibi pro ciuitate,& uide in proę.ff.§. ill
si statuto cauetur,ꝙ villa teneatur ad aliquod onus,an oppida teneantur
l.ij.ut nemo ad suum obsequium suscipiat uiros,uel rusticanos. & l.ij.u
cani ad nullum obsequium uocentur.lib.xj.& quod no.C.de test.l.si.

1 *Nunciatio potest fieri ex triplici causa hic contenta.*
2 *Causa propter quā potest quis nunciare,non tenetur quis exprimere, ciatus non petat,& quid si petat,& in quo casu esset nunciatio. &*

1 **§.Nunc videamus.** †Nunciatio non pote
ri ex triplici causa hic
2 tenta.h.d.usque ad §.iuris nostri.† No. quæ sint causæ pp
quis pt nunciare,non tñ tenet̄ aliquā de istis causis exprim
si nunciatus non petat,sed si petit, bene tenet̄ exprimere,
pōt sperni nunciatio.ut no.per gl in prin.l.§.quæ incipit.
timā,) similiter pt sperni,si allegeī aliqua de istis caus.& si
torie esset falsa,ut in gl.quę incipit,(immo,)post prin.ibi,&
ple.§.prin.l.nec sufficit,qñ petitur ab eo,ꝙ exprimat caus
exprimit,gñaliter dicendo,nuncio causa iuris mei conser
di,sed dēt descendere ad speciē,ut qa sum dñs soli directu
utilis,uel quia solum possideo,uel habeo ibi seruitutē urb
uel ius hyp.ut ǰ.pxi.§.cū ibi no.in gl.& ǰ.eo.l.in ꝓuincial
creditori sicut requiritur in libello conuentionali,ꝙ expr
cā,taliter ꝙ reus reddat̄ certus uelit cedere nè,an conten
3 ut l.edita.C.de eden.& ita tenet Bar.in prin.huius l.† Not
in uerf.ꝙ si in mari. casum,in quo cessat nunciatio ex prin
ultima causa.s.iuris nr̄i ɔseruādi,uel publici iuris tuēdi.&
bene hēt locū ex secunda cā.s.causa damni repellēdi, ut e
quis ædificat in littore maris si de hoc timeat dānū.& hoc
pro eo quod not.gl.s.ea.l.§.hoc autē.& §.si quis ędificiū q
lis casib.habeat locū cautio damni infecti, si vicinus time
num,licèt nō habeat locum causa iuris seruandi.

1 *Nullum ius habens in re,in qua ædificatur,quando & ad quem finem nunciare.*
2 *Ad hoc,vt libellus conuentionalis procedat, & admittatur, an suffi primere talem causam,quæ si esset vera,concluderet intentionem ag*

§.Iuris nostri conseruandi. Hic icip
clare de
do membro distinctionis.s.q̃ psonæ possint nunciare,& c
usq. ad l.de pupillo.§.j. Et hic dr̄,ꝙ cā iuris nostri conseru
pt nūciare ille ad quē res ptinet,i.qui hēt ius in re,in qua
cat,qđ pluribus modis pōt intelligi,ut in gl.& dixi in l.præc
1 adde ǰ.de remis.l.j.In gl.super uerbo(pertinet,)ibi.†(idē si
lū habeat ius si tñ contendat se habere.)s.tale,ꝙ si esset uer
esset sufficiens ad faciendum nunciationem, & hoc quan
ad hunc finem,ut ille cui fit nunciatio debeat ei parere,
ꝓcedere in opere, quousq. nunciatio remittatur,aliàs de
tu

quantum ad hoc, vt nunciatio perpetuo firma perma-
mo remittetur cognitio, an habeat ius, ſi non fuit nun
onꝯempta, vt in prin. huius l. ver. deinde. † ſic & in libel-
entionali ſufficit exprimere talem cauſam, quæ ſi eſſet
ncluderet ad intentionem agentis, quo ad hoc, vt libel
cedat, & admittatur, iuxta no. in l. j. in prin, de dolo. & l. j.
i quadru. pau. fe. dic. in gloſſ. ſuper illo verbo, (dicatur.)
cit, & verum ſit. nam Docto. intelligunt, ſcilicet quantũ
riam obtinendam, ſed quantum ad princ. & vt libellus
atur, ſufficit hoc allegari, licet uerum non ſit, & idem
m ad iuriſdictionem iudicis, ut l. cum quædam puella.
n ibi not. de iuriſd. omn. iudi.

uarius quando poſſit nouum opus nunciare proprio noĩe. & nu. 2.
abente ſeruitutem prædialem.
eſt cedi ius, quod exercetur in iudicio, ut actio, & iudicis officium,
ſt cedi ius, quod exercetur extra iudicium, ut facultas ingrediendi
tuum propria authoritate ex pacto.
ure accuſandi.
tatutum, uel conſuetudo, quòd ſi uicinus uendat rem non requiſito
habeat uicinus facultatem intra annum reuocandi rem, quòd iſta
poſſit cedi.
um, uti poſſidetis, poteſt cedi.
mibi iura tua contra Titium poſſeſſorem rei tuæ, & ſic habeo uti
uendicationem meo nomine, & exercitium directarum nomine tuo
ruenit ad te, antequam ad me, non poſſum contra te intentare exer
directarum, ſed utilium ſic nomine meo.

ſufructuarius. †Fructuarius non pōt nuncia
re nouũ opus proprio noĩe,
curatorio noĩe proprietarij, bene poteſt alteri non ipſi
tario: confeſſoriam uerò pro ſeruitute vſusfru. conſer-
oñ pōt ꝓprio noĩe intentare ꝯ quemlibet ẽt proprieta-
d. cũ l. ſeq. & ſꝑ allegatur, & eſt ſubtilis iſte §. Et cũ iſto
legit. l. qui viam. ĵ. eod. de qua formatur ꝯ̃rium ad hunc
liquæ ſolõnes ſunt hic, in gl. mag. aliquæ ibi. In text. ibi,
ndicare vſumfr.) i. petendo declari vſumfructũ ad ſe per-
& aduerſarium ꝯdemnari, vt ipſum in vſufructu nõ tur-
p caueat de nõ turbãdo, & ẽt ad intereſſe rõne turbõnis
, vt l. harum. cum ibi no. ſ̃. ſi ſer. vendi. & l. loci corpus. §.
el. Et dr̃ confeſſoria vendicatio, vt hic, quia ſicut rei ven
re corporali datur ꝯ̃ quemlibet poſſeſſorem, ut l. de eo. §.
hi. ita & confeſſoria ꝯ̃ quemlibet turbantẽ in quaſi poſ-
e ſeruitutis, & negatoria ꝯ̃ quẽlibet turbantem in quaſi
one libertatis, vt l. vti frui. §. ſi fortè. & §. vtrum aũt. ſ̃. ſi
pet. nec ob. l. j. eo. tit. qa ꝯfeſſoria pro ſeruitute reali debi
o fructuario nõ ꝯpetit ipſi fructuario. vt ibi, ſed confeſ.
fru. bene ꝯpetit, vt hic, & ẽt hr̃ ibi cum l. ſeq. & in §. vtrũ
. in fi. † Contra primum dictum huius §. oppono, ꝙ vſu-
ſſit nunciare proprio noĩe, quia hẽt ius in re, vt ĵ. titu. j. l.
. vbi eſt tex. ergo pōt nunciare, vt ſ̃. §. proxi. in tex. & glo.
t illud ius in re, qđ quis habet eſt reale, per qđ poſſit auo-
ã res, & oĩs poſſeſſio eius, & tũc pro tali iure bene poteſt
unciare proprio noĩe, vt ĵ. eod. l. creditori, & ẽt nomine
not. ĵ. l. proxi. §. ſi ego. Nam per hypo. pōt reuocari ipſa
. ſi fundus. §. in vendõne. de pign. Aut non pōt auocari
s, ſed ꝯmoditas in re, vt ſi eſt ius ſeruitutis, & tunc aut eſt
ıs perſonalis, & non pōt proprio noĩe, ſed procuratorio
roprietarij ſic, vt hic. Aut ſeruitus prædialis, & tunc eꝯ̃
oprio noĩe, ſed procuratorio noĩe non, ita intelligo l. in-
uitutem. de ſer. vrb. præd. & ĵ. e. l. de pupillo. §. ſextus. ver.
itiuam. rõ diuerſitatis eſt, quia ille cui eſt conſtituta ſerui
rſonalis, cenſeẗ ꝯſtiturus procurator in rem ſuã proprie-
t defendat proprietatem, & vſumfr. non ſic ille cui eſt ꝯ-
ı ſeruitus ꝑdialis. Rõ eſt, quia in primo tranſlata eſt ꝯmo-
ei, q̃ eſt pars dñij, ſed in ſecundo non, & ideo plus vr̃ con-
n primo, q̃ ſecundo per proprietarium. Cum ergo primus
nunciare procuratorio noĩe proprietarij, qui hẽt poten-
s q̃ ipſe, non permittiẗ ſibi, ꝙ ſuo noĩe. Sed ſ̃m eum cum
oſſit nunciare procuratorio noĩe proprietarij, permittiẗ,
iciet noĩe proprio, ne ius ſuum pereat, ſed Doct. cõiter aſ-
nt aliam rõnem, ꝙ vſusfr. eſt ius debile, cum de facili mul-
ter extinguaẗ, non ſic ſeruitus ꝑdialis. q̃ rõ non placet, qa
s potentius eſt ius vſusfr. cum ſit pars dñij, vnde ſeruitus
s ꝑſcribitur longo tꝑe ſine titulo, vt l. ſi quis diuturno. ſi
nd. ſed ius vſusfructus non præſcribitur longo tꝑe ſine ti-
ed requiriẗ longiſſimum ſicut in ꝑſcriptione dñij, vt not.
oſt Pet. in l. ij. C. de ſer. & aqua. ſed cum titulo bene ꝑſcribi-
ngo tꝑe, vt l. ſi ego. §. j. de publicia. Alij dñt, ꝙ ideo eſt, qa
. non eſt ius in re. ſed hoc eſt falſum, & ꝯ̃ tex. in d. l. corum.
rte rei in qua debetur, licet ex parte eius cui debetur, non
re, ſed in perſona. Item oppono ꝯ̃ ſ̃m dictum, ꝙ proprieta
oĩe non poſſit, vt ĵ. eo. l. qui viam. vbi ſimpl̃r, & indiſtinctè
bet hñti ſeruitutem viæ poſſe nunciare. iſto modo debet

formari illud ꝯ̃rium, quod gl. ibi vr̃ formare, & ſic ad ſ̃m dictum
huius §. non ad primũ, qa cum primo ꝯcordat, ſed ſol. patet ex
his q̃ prædixi, qa ibi in hñte ſeruitutem prædialem, q non cenſet
3 ꝯſtitutus procurator in rem ſuã. hic in hñte perſonalẽ. †. Sed ſic
tertio opp. & hoc ꝯ̃rium non uenit ad iſtum text. ſed ad illam l.
qui viam. & l. inter ſeruitutes. ſ̃. alleg. & l. ſi fortè. §. ſciendum. ſi
ſerui. uen. in quib. patet, ꝙ qui hẽt ſeruitutẽ prædialem pōt nun
ciare ẽt proprio noĩe, cuius ꝯ̃rium dr̃ in l. qui uiam. quæ loquiẗ
indiſtinctè. Multæ ſolõnes dantur ad hoc ꝯ̃rium, quarum q̃dam
ponuntur hic in gl. mag. in uer. & hoc. in perſonali uſq. in fi. in
d. l. qui uiam. & l. inter ſeruitutem, quas oẽs Doct. reprobant, &
tenent ꝙ non ſit drĩa inter ſeruitutem ruſti. uel urb. uel prædium ruſti. uel vrb. uel fiat nunciatio dño, uel extraneo, ſed ſolũ
in hoc, an fiat nunciatio reficienti, & non ualeat, & poſſit ſperni, & ita intelligatur. l. qui uiam. ut ibi no. gl. ſuper uerbo, (ædifi
cauit,) aut de nouo facienti, & tunc valeat, ſiue ſit ruſtica, ſiue
verba. per l. in iudiciũ. cõi diui. q̃ ſol. eſt diuinatio, & uiolat lr̃am
in l. qui uiã. dum dicit, ædificat, & ſic de nouo faciebat. unde vr̃
mihi dicendum ꝓbabil̃r, ꝙ aut eſt talis ſeruitus, ex qua fundus
cui debeẗ, directo & immediatè ꝯſequitur vtilitatẽ, ut ſeruitus
luminis, uel aquæductus, ex qua fundus efficiẗ fertilior, & tunc
ꝑꝑ illam poſſit quis nunciare nouum opus. Aut eſt talis, ex qua
immediatè non ſentiebat vtilitatem, licet ꝑꝑ eam poſſet ꝯſequi
mediate, ut ſi habeo ſeruitutem viæ, vel itineris per fundũ tuũ
ad meum: nam ex iſta actione fundus meus non ꝯſequitur vti-
tatem, ſed ꝑꝑ eam poſſet ꝯſequi ex mea cultura, ſi melius potero colere ꝑꝑ hanc ſeruitutem. Præterea poſſem hẽre per alium
locum, & iſto caſu loquitur l. qui viã. vt rõne iſtius ſeruitutis nõ
4 poſſim nunciare. † Vlti. Bart. inducit iſtum tex. in ſecundo dicto,
ꝙ ſicut pōt cedi ius, quod exercetur in iudicio, vt eſt actio, & iu
dicis officium, ita pōt cedi ius, quod exercetur extra iudicium,
vt ſi hẽo facultatem ingrediendi fundum propria authoritate
ex pacto, vt l. 3. C. de pig. nam iſta facultas exercetur extra iudicium, & hoc patet, qa in ea pōt quis conſtitui procurator in rẽ
5 ſuam. † Facit ẽt ſi eſt ſtatutum, vel conſuetudo, ꝙ ſi vicinus ven
dat rem non requiſito vicino, ꝙ vicinus habeat facultatẽ intra
annum reuocandi rem, quia iſta facultas pōt cedi, licet non ſit
proprie actio. de hoc per Cyn. in l. 3. C. commu. diui. poſſet tñ di
ci, ꝙ ſit condictio ex ſtatuto. Adde ꝙ interdictum, vti poſſi. pōt
cedi. vt not. glo. in l. ij. §. idem Nerua. ne quid in loco publ. & an
poſſit cedi ius accuſandi? vide Spec. in addi. de ceſſio. actio. §. j. in
6 addi. quæ incipit, de actio. iniuriarum. † Allegatur etiã l. ſequẽs,
ꝙ ſi ceſſiſti mihi iura tua contra Titium poſſeſſorem rei tuæ, &
ſic habeo utilem rei vendi. meo nomine, & exercitium directũ
nomine tuo, ſi res peruenit ad te antequam ad me, non poſſim
contra te intentare exercitium directum, ſed vtile bene poſſum
meo nomine, ut l. ſi culpa. de rei vendi.

L E X X I I I.

1 *Habens utile dominium poteſt nunciare nouum opus.*
2 *In prædijs prouincialibus, & tributarijs dominium utile, & etiam hodie directum eſt apud ipſos prouinciales.*

1 IN prouinciali etiam. †Habens utile dominium poteſt nuncia-
re nouum opus. hoc dicit concord. infra eadem l. §. ſi ego.
2 †Dum enim prædia prouincialia eſſent tributaria dñium
directum uidebatur eſſe apud fiſcum reipublicæ Romane, utile uero apud prouinciales. Hodie etiam apud eos eſt directum,
& hoc uoluit gloſſ. 2. gloſſella uero prima fuit ceruotina, & ma
le loquitur, ꝙ hic incipit tractare in quib. locis, nam immo de
hoc inci. infra eo. l. de pupillo. §. nunciationem. proſequitur ergo materiam de perſonis, quæ poſſint nunciare.

1 *Auxilium extraordinarium non concurrit cum ordinario. & nu. 2.*
2 *Remedium extraordinarium ſuccedens loco ordinarij facit ceſſare remediũ mere extraordinarium, quod loco ordinarij non ſuccedit, & nu. 7.*
3 *Si ædificas in loco communi inter te & me, nunciatio facta ſolo uerbo, uel per lapillum non ualet, & poteſt ſperni, & qualiter debeat adiri iudex, & quid ſi de facili non poſſet adiri, uel denegaret audienti am.*
4 *Socius ſi ædificat in re communi propter quod aliquid immittatur in propriam rem ſocij, an ſocius poſſit deſtruere propria authoritate, & quid ſi non immittitur in rem propriam.*
5 *Si ſocius meus ædificans in loco communi negat me conſortem, & poſſidet totam rem, quo remedio mihi ſuccurratur, ut prohibeatur ædificare, & uide num. 9.*
6 *Actio, communi diuidundo, quòd etiam habeat locum in re incorporali.*
7 *Plura extraordinaria auxilia ad idem regulariter poſſunt concurrere, & quid ſi competunt ad diuerſa, & quid ſi unum eſſet famoſum, & alterum non famoſum.*
8 *Quid ſi unum eſt ordinarium, & alterum extraordinarium.*

1 **§.Si loco communi.** † Auxilium extraordinarium non ꝯcurrit cum or
dinario: immo ubi hēt locum ordinariū illud cessat, ad hoc sp
allegatr iste § sed non bene,qa ordinariū,de quo hic loquitr,erat
actio cōi diui. & ista per se sola nō hrēt impedire remediū istius
edicti,qa per illud plenius prouidetr q̃ per ipsam actionē,cū p il
lud obtineatur demolitio ēt non probato de iure nunciantis,si
fuit ædificatum spreta nunciatione,sed per cōi diui.non obtine
tur nisi probetur de cōione,& post latā sñiam,sicut dixi in con
fes.s̃.e.l.j.§.j.& ꝯstat,ꝙ qñ auxilium extraordinarium pinguius
prouidet,q̃ ordinarium,non excluditur ab illo,ut no.in l.fi.C.si
aduersus rem iudi.Illud ergo qd̄ hic facit cessare hoc edictum,
est offm̄ iudicis mercenarium deseruiens actioni cōi diui.inten
tatæ, uel intentandæ per qd̄ pōt fieri prohibitio socio ne ædificet,& iō non est necessarium recurrere ad remediū ex hoc edicto,qa ita plene prouidetur p illud offm̄, sicut per hoc edictū,
ut destruatr quicquid est factum post prohibitionem expensis
ædificantis. ut l.Sabinus. circa fin. cōi diuid. Istud autem offm̄
ita est extraordinarium,sicut remedium ꝯpetens ex hoc edicto,
sed dic, ꝙ succedit loco actionis cōi diui. q̃ est remediū ordina-
2 rium iō melius summatur sic. † Remedium extraordinariū suc
cedens loco ordinarij,facit cessare remediū mere extraordinarium,qd̄ loco ordinarij non succedit,qa æqualiter prouidet sicut illud,h.d.In tex.ibi.(plane si vnus nrm in cōi loco faciat) p
qd̄ illi loco cōi tm̄ noceatur, ut differat a sequenti casu in ver.
qd̄ si socius, ubi non nocet factum alterius loco proprio unius
ex socijs.In tex. (non possum ego socius opus nouū ei nuncia-
3 re.)†Not.ergo ꝙ si ędificas in loco cōi inter te & me,nunciatio
facta solo uerbo,uel per lapillum non ualet,& pōt sperni, quia
illa non pōt fieri nisi ex hoc edicto,qd̄ cessat isto casu, debeo er
go nunciare per iudicem non ex hoc edicto, sed per eius offm̄
mercenarium deseruiens actioni cōi diui.Sed ꝯ,qa ſm hoc minus plene prouidetr mihi per hoc ſm,q̃ per primum, cum in pri
mo non hēbam necesse iudicē adire.s̃.eo.l.j.§.nunciatio. ēt.n.
hæc q̃dam uexatio,ut j̃.eod.l.de pupillo.§.si is cui. vnde magis
expedit mihi hrē remedium ex hoc edicto.Solu.ꝯrium difficile
est,& non bñ soluit per Doct. dicendū est, ꝙ non reputatr pinguius prouidere remedio ex hoc edicto,quā non sit necesse iudicē adire,cū istud sit vrbanius,ut l.3.C.de pign.& sufficit,ꝙ p-
hibitio iudicis tm̄ operetur,q̃tum nunciatio ex hoc edicto,si tñ
non de facili posset iudex adiri,uel denegaret audientiā, posset
fieri uerbo,uel lapillo ex hoc edicto,& hoc tenet hic Bar. & be-
4 ne.†In tex.ibi,(nunciare non posse)iste tex.facit ꝯ id, quod dixi
s̃.in l.j.§.nunciatio.ꝙ si socius ædificat iure cōi pp quod aliquid
immittatur in ppriam rem socij, socius posset destruere ppria
authoritate per l.si inter me.de serui.urba.præd.in text. & gl.li-
cet secus qñ non immittitur in rem propriam,vt no.Bar.in d.§.
nunciatio.nam iste text.non facit drīam inter unum casum, &
alterum,sed in utroq.dicit cessare nunciationem,qa hētlocum
remedium ordinarium.sed rñdetur,ꝙ non pp hoc, ꝙ hēt locū
ordinarium,denegatur,ꝙ possit propria authoritate demoliri,
qñ non immittitur in rem propriam, sed ideo quia ædificatur
in re non possessa per me solum, sed ēt per illum, unde nō dēo
ipsum propria authoritate turbare.Non sic qñ in rē possessam
per me non per illum, licet utroq. casu hēat locum remediū or
5 dinarium,& non differunt q̃tum ad casum huius §.j. † In gl.sup
uerbo(iudicio)in prin.ibi,(cum non negat me consortem,)sed
glossella p̄cedens dicit totum ꝯrium, sed neutra bene dicit, qa
qñ socius meus negat me cōsortem, & possidet totam rem nec
habeo actionem cōi diui.nec offm̄ iudicis mercenarium ei deseruiens,nisi primo agam rei ven. & faciam me declarari dñm
pro parte,ut in simili hr in l.j.s̃.fam.ercis. debet ergo hoc intelli
gi qñ confitebatur me consortem,quo casu siue ipse solus possi
deat,siue ego solus, siue uterq. habeo duplex remedium si ipse
vult ædificare,primo ut agam cōi diuid.& petam declrari ipsum
non posse ædificare me inuito, & tūc oportet expectare sñiam,
& interim poterit ædificare,quia adhuc non est prohibitus.Se-
cundo ut implorem offm̄ iudicis deseruiēs huic actioni, ut inhibeat sibi, ꝙ non ædificet, & tunc si ædificet nunciatione con
tempta, destruetr suis expensis sicut per hoc edic.agetr tñ ad destruendum cōi diui. Sed si non essemus socij, ageretr interdicto
demolitorio,ex hoc edicto,uel dic,ꝙ pcederetur mō executiuo
vtroq. casu,tanq̃ super attentato lite pendente, sicut reuocantr
attentata applone pendente,ut dixi in l.j.§.sed si is.s̃.eo.In glo.
ibi,(& erit potior ꝯdō prohibentis)nisi in casib. no.s̃.in l.Sabi
nus.statim in gl.alleg.sed ꝯ de l.in re cōi.de ser.vrb.præd. quam
ēt gl.alleg.sed facit ꝯ.sol.iure seruitutis, non pōt alter ex socijs
prohibere,ne ædificetur in re cōi, quia non pōt habere seruitu
tem in re cōi pro indiuiso, ita loquitur ibi, sed iure cōi sic, ut l.
Sabinus.In gl.ibi,(ut in re corporali)ista gl. reprobatur p Doc.
6 qa ēt super iure incorporali hēt locum actio cōi diui. non ut di
uidatr illud ius, sed ꝯmoditas eius, ut l.Lucio. de aqua quot.&
æsti.& supra cōi diui.l.arbor.§.fi.vbi ca'us.In gl.q̃ incipit(ne
go)ibi,(peratur prohibitionē si factum non est, & destruct
nem,ubi factum est.)Ista glo.pōt dupl̃r intelligi,primo ꝙ o
iudicis mercenarium deseruiens actioni cōi diui.pōt implo
anteq̃ opus sit scm̄,ut inhibeatur,ne fiat.Item si factum est
nunciatione non p̄cedente,potest implorari,vt destruatur
offm̄ iudicis oriens ex hoc edicto licet possit implorari, ne
si tñ est factum nunciatione non p̄cedente,non potest impl
ri,ut destruatur, sed nec interdictū demolitorium habet lo
sed interdictum,qd̄ ui aut clam. l.j §.j.s̃.eo. & si hoc uoluit
reprehenditur per Doc.& bene,quia officium iudicis deser
cōi diui.actione nō pōt implorari,ut destruatur, qd̄ factum
nunciatione non p̄cedente,sed solum ne fiat,& ad id, qd̄ e
ctum,datur actio cōi diui.ut est casus in l.Sabinus.s̃.alleg.c
fi. Dy. Secundo mō pōt intelligi, ꝙ officium iudicis deseru
actioni cōi diui.pōt implorari,vt inhibeatur ne fiat si adhu
est factum,& hoc fcō si postea fiat ꝯ prohibitionem,pōt im
rari,ut destruatur de facto, & uia executiua,sed officium i
cis oriens ex hoc edicto solum imploratr,ne fiat, & hoc fac
postea fiat,non procedetr uia executiua, ut mandetur dest
sed uia ordinaria agendo interdicto demolitorio, ut l.ptor
j̃.eo.& si ita intellexit,gl.esset ꝯ id,qd̄ dixi in l.j.§.sed si is.s̃.
vnde pōt dici,ꝙ ista officia sunt eiusdē naturæ in hoc,qa a
implorantr,ne fiat,si factum non est,& hoc facto si fiat ꝯ,im
ratur,ut destruatr uia executiua, si tñ nunciator non vult,
dere uia executiua,poterit pcedere uia ordinaria, intētād
terdictū demolitoriū ex hoc edicto, qñ res non erat cōis,
erat cōis intentando actionē cōi diui.vt d.l.Sabinus.remat
ergo ꝯrium gl.insolutum:sed rñdeo, ꝙ offm̄ iudicis deseru
actioni cōi diuid. licet sit extraordinarium succedit loco c
actionis,q̃ est ordinaria. Ideo facit cessare nunciationem p
ctum lapilli, & simplici uerbo,qa sunt remedia mere extra
naria, sed officium iudicis ex hoc edicto est mere extraor
rium nō succedēs loco alicuius ordinarij,& ideo non faci
7 tare alia extraordinaria,†qa plura extraordinaria auxilia a
rr pñt concurrere,ut l.quēmadmodum.§. magistratus. a
Aquil.hoc fallit,qñ alterum succedit loco ordinarij,ut hic
qñ alterū eorū esset famosum,qa tollit per nō famosum,
§.ait ptor.cū ibi no.s̃.de dolo.qñ aūt competunt ad diuers
ꝯ diuersos,indistinctè ꝯcurrunt,ut l.bona.§.si qs opus.j̃.
8 ar.in l.et.C.si tut.uel cura.† Si uerò unū est ordinariū,&
extraordinariū,rr non concurrunt,sed extraordinarium
dinarium tollitur,ad quod allegatur principal̃r iste tex.lic
faciat multū,ut s̃.dixi,hæc tñ regula fallit, qñ extraordina
fuisset inuentū cā iuuandi ordinariū,ut l.j.§.dixerit aliqu
publica.Scdo qñ ordinariū est iuris,& extraordinariū fact
si ædificas in solo per me possesso, hēo interdictū uti poss
ordinariū,& tñ possum destruere ppria authoritate, qd e
traordinarium,ut j̃.eod.l.de pupillo.§.meminisse.in fi.in
9 queādmodū.§.j.ad leg.Aquil.† Tertio qñ unum est spāle,
gñale,ut in hoc edicto,uel interdicto,qd̄ est spāle, & ꝯcur
interdicto,quod ui aut clam.quod est gñale.ut dixi j̃.e.l.j.
in tex.l.si alius.§.Iulia. qd̄ ui aut clam. Quarto qñ extraor
rium esset utilius, & pinguius prouideret,q̃ ordinarium
in l.fi. C.si aduersus rem iudi. Quinto quando competere
diuersa,uel contra diuersos,ut statim dixi,per illa iura.

1 *Habens dominium directum potest suo proprio nomine nunciare.*
Si habeo seruitutem personalem, possum procuratorio nomine domi
ciare, & non meo.
Quid si habeo seruitutem realem.
Quid si habeo dominium utile, & nu. 2.
Quid si nullum ius reale habeo, sed personale, ut colonus, uel inquilin

1 **§.Si ego superficiarius.** † Habens dñium
le pt nunciare
opus,secus in eo,q nullū ius hēt in re, licet hēat actionē p
nalē occasione rei,uel sup re,ut colonus,uel inqlinus.h.
lige ergo quatuor casus: nā aut hēo dñium directū, & d
est,ꝙ possum nunciare noīe meo.l.j.§.pen.s̃.eo. Aut hēo
tutē personalē,& possum ꝓcuratorio noīe dñi,non meo,
§.fi.d.l.j. aut hēo seruitutē realem, & possum noīe meo,
casu l.qui viam.j̃.eo. ut dixi in d.§.fi. non aūt ꝓcuratorio
dñi,vt ibi dixi,licet Ang.videat dicere idem hoc casu,qd̄
torio noīe dñi possum per l.j.§.pen.de remis. dum dicit,id
hñte seruitutē,qd̄ supra dixerat in hñte usumfr.& ille tex
facit pro eo.sed pōt rñderi idem,non tñ per oīa, ut in mul
2 cis hr,vt no.j̃.eo.l.Iul.Proculo.& l.sacrilegij.† Aut hēo
utile,& tunc possum noīe meo tam ꝯ habētem directū,
tium,ita intelligit hic, & ēt ꝓcuratorio noīe hñtis ꝯ direct
tertium, nō ꝯ ipsū hñtē ut in l.pcedente. nā si usufruct
censetur constitutus procurator in rem suam a propriet
fort

superficiarius, vel feudatarius, uel emphyteuticarius, q potentius, ita intelligunt Doct. istum tex. nec ob. quod l. §. fi. ꝙ ex quo noie hñtis directũ qđ est potentius, non se noie suo, qui hẽt ius minus potẽs: nã illud procedit ius vsufr. qđ ẽ minus potẽs ius, ꝙ utile dñium, cũ facili° uatur. Est & quintus, casus qñ nullum ius reale habeo, uale, vt colonus, uel inquilinus, & tunc non possum nũ t hic, tñ dẽo notificare dño si aliquid fiat in p̃iudiciũ rei, ideat, aliàs tenetor. s. ad interesse, ut s̃. loc. l. videamus. §. cere. & l. item q̃ritur. §. exercitu. qđ no. p eo, qđ dicã in l. illo. §. nunciatio. j̃. e. Aliqñ ꝯductor pôt nunciare, q̃a ha in re, vt si ꝯduxit locum publ. vt j̃. de loco publico frue- vel si locator obligasset bona sua, p obseruatione ꝯctus, creditori. vel si in instrũ dr̃, ꝙ ponebat eum in locũ suũ, entum est in l. qui quadringenta. ad Treb.

io per quas personas fieri possit.
ndendũ causam publicam admittuntur ciues, & quid de forensib. an contra ædificantem in loco publico possit intentare interdictum. in loco publico.
non potest aliquem ciuem accusare de aliquo maleficio, quòd es- tum de forma statuti non autem de iure communi.
n si dicat, quòd villæ debeant tenere sua territoria secura, & ꝙ si ali damnum sit datum alicui, villa teneatur sibi emendare, & damnũ tum forensi, an possit vti beneficio statuti.
illum non pertinet defensio reipub. & sic non debet vocari ad consi habere officia, etiam si est maior pupillo.
s quando non prætendit proprium interesse, sed tantum publicum, otest nunciare etiam cum tutoris authoritate, & quid si prætendat um interesse, nume. 8.
authoritas non supplet defectum ætatis, in his q̃ sunt publici iuris.

i in publico. † Causa iuris publici tuẽdi nũcia- re pôt qlibet ciuis, dummõ nõ sit us, qui non pôt nunciare nisi pro suo interesse, & cũ au- ate tutoris, nec ẽt seruus nunciare pôt, licèt sibi possit nũ . d. vsque ad l. de pupillo. §. nunciationem. † No. hic, ꝙ ad dendum cãm publicã, admittunt̃ ciues: & sic innuit, ꝙ nõ ses, quia ad eos nõ ptinet, nisi fortè hñt ibi domiciliũ. tex. inducitur, ꝙ forensis, ꝯ ædificantem in loco publi- pôt intentare interdictũ, ne quid in loco publico, nisi æ- et in uia qua ipse vteret. sed Ang. alle. vnã gl. in ꝯrũ j̃. ne loco pub. l. 2. §. pe. in fi. mag. gl. sed illa pôt itelligi s̃m istã facit ẽt iste tex. ꝙ forensis non possit aliquẽ ciuem accu- aliquo maleficio, qđ est tm̃ de forma statuti, non aũt de ôi, quia non pertinet ad ipsum defensio statutorum. Sic erso non dẽt gaudere priuilegijs statutorũ, & hoc facit . de fcõ, q̃a statutũ. h. d. ꝙ uillę debeant tenere sua territo cura, & ꝙ si aliquod damnũ sit datũ alicui, uilla teneatur nendare, qđ si fuit datum damnũ forensi, an possit uti bñ tatuti? cum hæc qõ esset hic de fcõ, dicebam, ꝙ non, p di- ra, & rõnes. † Item no. ex princ. l. de pupillo. ꝙ ad pupil os ptinet defensio reipublicæ, & sic nõ dẽnt vocari ad ꝯcilia, re officia, quinimo ẽt maior pupillo, nisi compleuerit 25. non vr̃ posse dare suffragium, uel vocẽ° in côci. s̃m Dyn. spurij. §. j. j̃. de decur. No. ẽt in l. de pupillo in prin. s̃m in- lum gl. q vult, ꝙ qñ pupillus nõ ꝑtendit propriũ interes- tñ publicum, nõ pôt nunciare ẽt cũ tutoris authorita- tutoris authoritas non supplet defectum ætatis, quo ad iuris publici sunt, quia non sunt eius administrationis, ut cur. fur. vñ non pôt exercere offm̃ publicũ, cum authori tutoris, nec minor cũ authoritate curatoris. No. ẽt, ꝙ qñ p ꝓpriũ interesse bñ pt nũciare cũ authoritate tutoris, vel toris, non sine, & hoc ideo, quasi nunciatio esset temera- sic si aduersarius ei paruisset, & ex hoc damnum suscepis- posset agere ad interesse p act. in fact. vel de dolo, vt s̃. de do. quandam uenalem. & ideo requiritur authoritas.

ADDITIONES.

cio. Vide eius consi. 345. in fi. in primis characteribus incipiente. In Chri omine, statutum. & ibi quid si esset statutum, ꝙ tale ius reddatur forensi- quod redderetur ipsis in eorum ciuitate.
ocem. De hoc vide quod uoluit Calde. consi. 9. de iure patro. ubi ponit an usa uniuersitatis habet præsentare. ubi sint minores, & infantes, an sint ne arij tutores, & curatores.

LEX V.

nciatio quibus in rebus fieri possit, & an requiratur præsentia domini. ittitur schedula citatoria ad domum vel prædium citati, & ipse non ibi, sed inquilinus, vel colonus, vel laborator, debent ipsi illam citatio n sibi notificare, vel schedulam mittere, si commodè possunt, & an a- s tenerentur ad interesse.
pter distãtiã loci ubi opus fit, sit nũciatori nõ esset prouisum si iret ad ũm locũ, pôt tunc nũciare domino existenti alibi, & an statim afficiat.
4 *Si domus esset ampla, & opus fieret in vno angulo, debet nunciator ire ad illum angulum.*
Demolitio operis quando non dicatur pœna.

De pupillo.

1 **§. Nunciationem.** † Hic incipit tracta- re mixtim de loco, ĩ quo fiẽda est nũciatio, & de ꝑsonis, qb. fieri p̃t. Et durat usq. ad §. sextũ. & h. d. Nunciatio dẽt fieri in re, in qua opus fit, & in ip- so opere nec requirit̃ ꝑsentia dñi. i. illius q fieri facit, sed sufficit ꝑsentia illorũ, q sunt ibi noĩe dñi, uel operis. Alibi uero fcã nũ ciatio, nõ tenet. h. d. vsq. ad §. si plurimũ. Et diuide in tres partes nã primo loquit̃, qñ ꝯcurrebãt duo, q̃a fuit fcã in ipsa re, & etiã dñs, q faciebat, vel fieri faciebat, erat ꝑsens, vsq. ibi, (nũciare.) Se cũdo, qñ aderat primũ, sed nõ s̃m, q̃a dñs nõ erat ꝑsẽns, sed solũ fabri, uel magistri, cũ fuit fcã in re, usq. ibi (si qs fortè.) Tertio ecõuerso, qñ aderat s̃m, sed non primum, quia fuit facta ipsi do mino, non tamen in ipsa re, uel opere, sed alibi. Et notandũ, ꝙ in primo casu, quando dñs est præsens, nunciatio afficit rem, & opus, & etiam ꝑsonam domini, & prima affectio operat̃ hoc, vt opus destruatur, & dominus operis præstet in hoc patiẽtiã. secundo operatur ut etiam ministret expensas destructionis, & sic patietur duplex damnum, ut j̃. qđ vi aut clam. l. compares. §. fi. perdet. n. expensas, quas fecit in opere, & ministrabit nouas in destruendo. In secundo casu, qñ dñs non erat ꝑsens, sed fabri, tres fuerunt opi. vna, ꝙ licèt nunciatio teneat, tñ nullum hẽt effectum, vt afficiat rem uel ꝑsonã dñi ad ꝓdicta duo, nisi a die quo venit ad notitiam dñi, & potuit fabris inhibere, ne ꝓcedãt in opere, & non fecit, & idem si nullus erat in re. & istam opi. te net gl. quæ incipit, (hoc si fabri.) Secunda fuit opi. Ottonis an- tiqui glossatoris, ꝙ qñ nullus erat in re, vera sit præcedens opi. p hoc c. s̃m. de oper. noui nun. sed si erant ibi fabri, liget dñm ẽt ignorantẽ, q̃tum ad prædicta duo, quia potuerunt sibi denũ- ciare, & si non fecerunt ipsorum culpa nocet dño, qui eos po- suit, ar. l. videamus. in prin. s̃. loca. Tertia est opi. Doct. ꝙ immo in utroq. casu, siue nullus sit ibi, siue fabri sint, uel alij q possint denunciare domino, nunciatio sit ualida, & afficiat rẽ, & opus quantũ ad hunc effectum, ut destruatur, & dñs cogatur patiẽ- tiam ꝑstare, quia hoc non reputat̃ pœna, ut patet. j̃. eod. l. fin. iõ interdictum ex hoc edicto q̃tum ad hoc est perpetuum, & ita intelligitur j̃. eo. l. ꝑtor. §. hoc interdictũ, ubi ẽt ignorãs incur- rit in hoc damnum, qđ non esset si diceretur pęna. ut l. genera- li. C. de tab. sed nõ afficit personam dñi, quo ad hoc ut teneatur ministrare expensas demolitionis, nisi pro eo qđ est fcm̃ postq̃ sciuit, & potuit fabris inhibere, & non fecit. ideo quãtũ ad hoc interdictum esset annale, ut no. j̃. e. l. ait prætor. §. fi. quia ista re- putatur pœna, q̃ non debet ignorans incurrere. Aduertendum tñ, ꝙ licèt teneatur ꝑstare patientiam, qñ ignorauit, damnũ tñ qđ ꝯsequit̃ ex destructione, recuperat a fabris, q debuerunt ab- stinere, si commode poterãt denũciare sibi, ut l. item quæritur. §. exercitu. s̃. loc. iuncta l. licèt. §. fi. s̃. nau. ca. sta. & l. si seruus. §. si
2 fornicarius. ad l. Aquil. † Et no. p q̃one de fcõ, si mittit̃ schedula citatoria ad domũ vel ꝑdiũ citati, & ipse nõ sit ibi, sed inqlinus, vel colonus, vel laborator, ꝙ ipsi dẽnt illã citationẽ sibi notifi- care, vel schedulã mittere, si ꝯmodè pñt, alias tenerent̃ sibi ad interesse, ꝙ ipse ꝯsequeret, si foret processum ꝯ eum in contu- maciam, tene menti. Alij dñt, ꝙ qñ nullus est ibi præsens, non te- net nunciatio, q̃a iste tex. vr̃ reqrere, ꝙ ibi sit aliquis q possit do mino referre, ut in §. & ĝnalr̃. in fi. vel dic, ꝙ sufficit, vt nuncians ducat secum testes, q possint de nũciatione testificari, & ꝙ non ducat occultè, quia tunc posset ꝓcedere ꝓcedens opi. sed palã, & illi potuerunt nunciare, & istã tenet Ang. In tertio & vlt. ca su nunciatio nullius est momenti ab ipso principio, vt lr̃a dicit, quia peccat in forma, & hoc tenuit Rog. in gl. quæ incipit. (q̃tũ ad hoc ut statim dñm constringat.) in fi. quam omnes tenent, & sic nec ex postfacto incipit ligare ẽt si postea fiat opus, q̃a nõ dẽbit demoliri per hoc interdictum, sed p interdictũ, qđ ui aut clam. in quo non requirit̃, ꝙ fiat in re præsenti, ut no. s̃. eo. l. j. §. j. in gl. & in hoc differt a casu ꝓcedenti, vbi tenet, sed non hẽt ef fectum quantum ad expensas nisi a die fciæ, quo potuit inhibe
3 re fabris. † Hoc tñ lr̃a, nisi pp distantiã loci ubi opus fiebat, nũ- ciatori non esset prouisum, si iret ad ipsum locum, q̃a tunc pôt nunciare dño existẽti in foro, & coram iudice, & statim afficit, vt j̃. ea. l. §. si qs ipsi prætori. in 3. lect. quod dic ut ibi dicam, quæ est notabilis, vel dic, ꝙ afficit hic a die, quo dominus potuit nũ ciare fabris, & sic nõ fuit nunciatio nulla, licet nõ sit fcã in ope
4 re, ut ibi nota. † Vltimo dicit hic Ang. ꝙ si domus esset ampla, & opus fieret in uno angulo, debet nnnciator ire ad illũ angu- lum, & nõ sufficit in alia parte domus nũciare, ut in isto §. si qs fortè, dum dicit in ipso opere. Quidam etiã dicunt, ꝙ demoli tio operis tunc nõ dr̃ esse pœna, quando ædificans non hẽbat ius

ius ædificandi,& iõ ẽt ignorans illud damnũ sustinet,sed si habe
bat diceret pœna,& iõ tunc ignorans nõ sustineret,& ita posset
saluari gl.q̃ incipit(hoc si fabri.)sed hoc est ꝯ generalitatem l.fi.
ꝟ.co.ubi indistinctè dicit ignorãtem ĩcurrere hoc damnum, &
bene poterat esse ibi,ꝙ emptor habebat ius ædificandi. Præt.
demolitio dẽt fieri ẽt anteq̃ cognoscat̃ de iure partium, ut s̃.e.
l.j.§.sed si is.de æquitate tñ posset illud sustineri, & satis place-
ret,si dñs offert se paratũ incontinẽti probare de iure suo postquam ignorauit nunciationem,& sic non obstat ille §.quia lo
quitur qñ sciuit,tunc.n.committit uim,unde non auditur.

§.Si plurium sit res.

Nunciatio ex parte ei⁹ cui
fit,est in rem,& iõ sufficit,ꝙ
fiat uni ex dñis,ut omnes afficiat, sed ex parte nunciantis est in
personã,unde nõ sufficit fieri ab uno ex dñis,ut alijs prosit. h.d.
vsq.ad §.si quis ipsi.In tex.ibi, (& vni nuncietur.) expone.i.uno
pñte.nõ.n.nũciator dẽt dicere.Nuncio tibi, ne in isto loco ædi
a ficet̃,qa tunc esset psonalis,& nõ afficeret nisi illũ,sed[a] dẽt dice
re.Nuncio,ut in isto loco nõ ædificetur,uel ut in opere ampli⁹
non procedatur,& sic in rem,& comprehendit quemlibet vo
lentem postea ædificare,ut no.ꝟ.ea.l.§.meminisse.In tex.ibi(oĩ-
buſque dñis.)vr̃ denunciari.s.quantum ad hoc, ut licèt ignora-
uerint,teneant̃ pstare patientiã,ꝙ demoliatur, siue ipsi ædifica
uerint,siue unus tm̃,sed non tenentur ad expensas demolitionis,ut in gl.hic,& hoc probatur in eo,qđ sequitur in tex.ibi (ne-
que.n.dẽt nocere factum alterius.)hoc est uerum qñ oblo[non
habet originem in personam defuncti,cui plures successerunt,
tunc.n.factum unius habens originem in sua persona, non nocet alijs,ut hic,& l.in depositi.s̃.depo.secus , quando oblo hr̃et
originem in personam defuncti,tunc.n.factum vnius ex hæredib. posset nocere alijs, vt faceret committi stipulationem ad
pœnam,vel interesse ꝯ oẽs, vt l.eadem.§.Cato. de verb. oblig.
qđ dic vt ibi plenè per Bar. In tex. ibi (omnibus nõ sufficeret.)
expone.i.non omnibus sufficeret,sed nuncianti tm̃, & ipse solus potest agere ad demoliendum, non alij.sed si agat, & obti-
neat,destructio proderit etiam alijs,quia debet in totum fieri ,
cum sit indiuidua,vt s̃.si ser.ven.loci corpus.§.si fundum.secun
dum Iac.de Are.sed si ageretur ad interesse, non constaret,nisi
pro parte sua, & non prodesset alijs.

ADDITIO.

a Nunciationis formam. Vide per Bar. hoc ti.in l.non solum.§. sed ut ad finem,
& in Spe.de libel.concep.§.x.uer.xxxvij.Et à quib. reb. fieri possit uide per
eundem Spe.de resti.spo.§.uersi.cęterum.& an debeat fieri in rescriptis , uel
simplici uoce , uide Bar. in §.meminisse.infra eadem l.

1 *Ei qui est in magistratu non potest fieri nunciatio , sicut non potest in iu-*
dicio conueniri,sed debet sibi fieri protestatio denunciando finito magistra
tu,& secuta postea nunciatione trahetur retro ad diem protestationis, vt
opus factum post protestationem destruatur.

2 *Animus retinendi possessionem quòd operetur acquisitionem de nouo.*

3 *Si emptor cui fuit mota lis non potuit denunciare venditori ꝙ veniat ad*
defendendum, quia nesciebatur vbi esset, qualiter fienda erit denuncia-
tio, an autem requiratur protestatio.

4 *Quando impedior actum facere propter aliquam causam subsistentem in*
persona aduersarij mei, non sufficit de impedimento docere , vt habeatur
istud pro facto,sed debeo protestari quod non stat per me, & quid si impe
dimentum proueniat ex persona mea.

5 *Itineris arreptio cum protestatione habet vim nunciationis secuta postea*
nunciatione.

Opus factum ante nunciationem quando non destruatur per hoc edictum.

6 *Itineris arreptio habet vim appellationis,ut reuocentur interim attentata,*
ac si facta essent post inhibitionem superioris.

7 *Quando non esset consultum nuncianti in accedendo ad locum,vt ibi nun-*
ciet propter distantiam loci, quia interim fortè fieret opus , consuliter ibi
vt possit nunciare etiam non in loco, ei qui fieri facit, & valet , & a quo
tempore ligat dominum.

§.Si quis ipsi pretori.

Gl.legit istum §. quatuor
modis,& tres primæ sũt
1 bonæ & notabiles.vltima lect.reprobatur, quia põt fieri nunciatio nullo præsente,vt dixi in §.nunciationẽ.† Secundũ primam lec.h.d. Ei qui est in magistratu,non põt fieri nunciatio,si
cut nõ põt in iudicio ꝯueniri,sed debet sibi fieri protestatio denunciando finito magistratu,& secuta postea nunciatione tra
betur retro ad diẽ protestationis, vt opus factũ post ꝓtestationẽ destruat̃.h.d.iste mirabilis,& notabilis §. ſm istã lec. In text.
ibi (& si nũciauerit postea.) Sed si opus erat iam pfectũ,vt statim innuit ibi, (& quid retro ædificatũ erit &c.) ad q̃d est opus
ista nũciatione,q̃ fit p verba de futuro,ut nõ ædificet̃,cum iam
sit ædificatũ,in hoc iste §.est mirabilis iudicio meo ,ꝙ licèt fiat
p verba de futuro,alias non diceretur nunciatio,vt s̃.e.l.j.§.j.ni
hilominus habet effectũ sup opere iam fcõ pp protestationẽ,
2 quæ pcessit,ut ẽt tetigi in d.§.j.†Sic etiam alibi animus retinen
di possessionem operatur acquisitionem de nouo,ut no. in l.3.
circa prin.ꝟ.de acqui. poss. Sed ad quid est necessaria ista noua
nunciatio,postquam pcessit protestatio, & ipsa nõ potest fieri
nisi ineptè,quia per uerba de futuro super opere iã facto? R[...]
deo,ut uideatur persistere in illa protestatione,alias uideret[ur]
ea recessisse,& ẽt quia intendit aliquid extorquere ab aduer[sa]
rio.s.demolitionem, alias sufficeret illa sola ꝓtestatio,si tene
ret solum ad se defendendũ,ut l.si intra.C.de non num.pec.
3 l.in ꝯtibus.§ pe.ſm Bar.†Qui per h.d.ꝙ si emptor,cui fuit mo
ta lis,non potuit nunciare uenditori,ꝙ ueniat ad defenden[dum]
qa nesciebatur ubi esset,practica est,ꝙ ꝓtestetur se nõ posse
nunciare,& ꝙ ipsi postea reuerso denunciet, alias protesta[tio]
sibi non prodesset. Sed Ang.ipsum reprehendit, quia isto ca[su]
non expedit deuenire ad protestationem, immo pt fieri den[un]
ciatio ad domũ ipsius,& ualet, sicut si facta esset sibi ut no
ordi.ꝟ.ꝙ ui aut clam.l.aut q̃ aliter.§.2.q̃ incipit, arg. ꝙ si uen
tor.Alij dñt ꝙ ẽt si facta sit denũciatio ad domũ, ut dicit illa
ipso postea reuerso habebit iterum fieri.Per istũ tex.cũ d. B[ar.]
põt dici,ꝙ si lis adhuc pẽdebat,ꝓcedat hoc dictũ. sed si erat [fini]
ta,denunciatio esse inutilis,quia non posset defendere,&i[õ]
sufficit prima denunciatio facta ad domũ,& sic aliud fit q̃ i[n ca]
su huius §.ubi fit ẽt post opus perfectum,quia hic nõ pcessi[t]
nunciatio,sed protestatio,sed in casu pdicto precessit denũc[ia]
tio ualida.Sed ad quid requiritur ista protestatio,postq̃ re[...]
suberat impedimentũ nunciandi,nõne sufficit qñcunq. de
impedimẽto docere,ut hẽatur nũciatio ꝓ facta,ut l.scire op
4 tet.§.sufficit.de excu.tuto.†Sol.qñ impedior actũ facere pp a[li]
q̃ cãm subsistentẽ in psona aduersarij mei,nõ sufficit de imp[edi]
mẽto docere,ut habeatur illud pro facto, sed debeo protes[tari]
ꝙ non stat per me, siue tractẽ de aliquid extorquẽdo ab ips[o]
hic,& l.2.de nau.feno.siue de euitando pęnã,nel morã,vt l.[...]
lier fundos.de l.cõmis.Si uero impedimentũ proueniebat e[x per]
sona mea,tunc si tracto de euitando pœnã,uel culpam,nõ [requi]
ritur protestatio,sed sufficit de impedimento docere,ut d.§.[suf]
ficit.Si uero de extorquendo aliquid ab aduersario, tunc si [es]
set fcã protestatio,non prodesset,quia casus ꝯtingens in me[a per]
sona potius debet mihi nocere,q̃ aduersario,iuxta plenè no
5 l.si uno.§.itẽ cũ quidã.s̃.loca.ante fi.gl.mag. † Sm̃ aliam lec
d.Itineris arreptio cum protestatione,hẽt uim nunciationis [se]
cuta postea nunciatione.h.d.notabiliter. Et ſm istã no. limi
tionẽ ad d.l.j.§.2.s̃.e.ꝙ opus fcm̃ ante nunciationẽ nõ destr[uatur]
ibi,(per hoc edictũ.)nam uerum est, nisi qñ fui protestatus
nolebã nũciare nudo uerbo,ne perderem possessionem, ne[c]
iactum lapilli,qa non desisteret,sed per iudicem,& postea u[...]
ad iudicem,& faciam inhiberi,certè destruet̃ ẽt id, qđ inte[r]
fuit fcm̃ post ꝓtestationẽ,ac si tunc fuisset fcm̃ pceptum iu
6 cis.†Sic & alibi itineris arreptio [a]hẽt uim appellõnis,ut in c.
a lectus.de appel.ut reuocentur interim attẽtata , ac si fcã ess[ent]
post inhibitionẽ supioris. Et iõ qñ rustici uidẽt aliqd fieri in [eo]
rum piudicium,dñt,protestor tibi ex parte dñi Potestatis,ꝙ [non]
facias,uel alterius superioris,si postea uadant ad ptãtẽ,uel s[upe]
riorem & faciant inhiberi, illa inhibitio trahitur retro ad di[em]
ꝓtestationis,qa ex tunc vr̃ ꝯstitutũ fuisse sub ꝓtestatione ill[a.]
7 Secundum 3.lec.h.d.†Qñ non esset consultũ nuncianti in a[c]
cedẽdo ad locũ , ut ibi nunciet pp distantiã loci (quia inter[im]
fortè fieret opus)ꝯsulit̃ sibi,ut possit nunciare ẽt non in loc[o]
qui fieri facit,& ualet.h.d.Et ſm istã no.litationẽ ad §. si qs [...]
tè.s̃.ea.l.ubi non ualet,nec vnq̃ ligat, qa est defectus in for[ma.]
Nã hoc esset uerum , qñ de facili posset accedere ad locũ &
set sibi consultũ,alias secus,ut in isto §. ſm istã lec.quia tunc [ua]
let,& ligat.Sed a quo tpe?gl.in fi.dicit ꝙ a die,quo dñs cui fa[cta]
fuit nunciatio,potuit accedere,uel mittere.sed certe si hoc
ẽt p hunc modũ non consulit̃ nuntianti,qa interim opus pe[rfi]
cietur.Sol.intellige ſm Doc.ꝙ citius poterat ipse dñs, cui fa[cta]
est nunciatio accedere,uel mittere, q̃ ille qui nunciabat pp [di]
uersas qualitates psonarũ,ut in fi.no.in l.centum Capuæ.de
quod certo loco. Quarta lec.per oẽs improbat̃. quia nuncia[tio]
põt fieri ẽt nullo existente in re,ut no.ꝟ.ea.l. §.nunciatione

ADDITIO.

a Itineris arreptio. Quid operetur itineris arreptio,uide per D.de Rota.dec.
de ap.incipiente,si certus terminus fuit statutus, & per Fede. consi.28.

1 *Nunciatio causa iuris nostri conseruandi fieri potest altera de trib. ca[usis]*
hic contentis.

2 *Qui imponit seruitutem prædio suo dicitur minuere ius suum,& auge[re]*
ius alterius.

Habens seruitutem vrbanam potest nunciare nouum opus,& quid si [ha]
beat rusticam.

§.Sextus Pedius.

1 †Nunciatio causa iuris no[stri]
ꝯseruandi fieri potest altera [de]
tribus causis hic contentis.h. d. Et sic subdistinguitur prim[um]
membrum alterius distinctionis timembris quæ ponitur su[p.]
2 eod.l.j.§.nunc uideamus.seu in §.nunciatio. †No.ꝙ qui imp[o]
nit seruitutem prædio suo,dr̃ minuere ius suum , & augere
alterius.vide de hoc quod no. Bar.in l.indebiti. §.Si nummi.
condi

ndeb.Item no.ꝙ habens seruitutem vrbanam, pōt nun
ouum opus.Quid si habet rusticam? dic ut dixi sup.l.j.§.
gl.quæ incipit,(ut si aliquis.)ibi,& non dimittit pedem,
allegat legem hoc dicentem,sed habetur sup.fini.regū.
it græca Solonis.

ns solo verbo quid perdat.
:as in solo non possesso per me, nec per te,& quod nec est meum,nec
an possim tibi nunciare.
modus nunciandi circa nunciationem quæ fit a prætore.
:um iudicis non debet fieri nisi ad instantiam eius cuius interest.
iudex incipit a præcepto,& sic à via executiua, debet præceptum
are per clausulam, si senserit se grauatum, compareat recepturus
complementum,& quid si non sit apposita illa clausula.num.5.
parente illo cui factum est, resoluatur in vim simplicis citationis,
iratur libellus, si ille ad cuius instātiā factū est,vult illud cōsequi.
nunciatio fit per iactum lapilli,an etiam sint necessaria verba.
iatione non refert qualia uerba sint,dum tamen tendat ad effectum
endi.
remedium extraordinarium consistit in facto,ut ꝙ possit expellere
a authoritate,uel deijcere, potest concurrere cum ordinario.

Meminisse autem. † Qui nunciat solo uerbo, perdit posses-
n ciuilem,si eam habet,& transfet eam in aduersariū, se-
ꝑ iudicē,uel iactum lapilli.Et ideo cū nunciator possidet,
est nunciare his duob.modis,q̃ primo.sed si possidet ad-
ius,non est vis qualiter nunciet.item ꝯ aduersarium ædi-
ē post nūciationem, cōpetit interdictū Vti poss. & etiam
aut clam.h.d.In tex.ibi, (nostro.) supple à nobis possesso.
j.dū dicit.(At si in suo.)supple,& à se possesso.† Sed q̃ri-
id si ædificas in solo nō possesso per me,nec per te, & nec
um, nec tuum, an possim tibi nunciare? dic ꝙ sic ꝑ legē
m [a] in prin.sup.eo. Et per id quod no.gl.fi.in fi.sup.proxi.
odo prætendam esse meum, vel ꝑ me possessum, uel hr̄e
in re,sed in interdic.quod ui aut clā, vr̄ dicere Bart.in l.si
si prætori,ꝙ requiritur alterum de duob.uel ꝙ nūciator
,uel ꝙ sit possessor,ut inf.qđ ui aut clā.l.j.§.j cum ibi no.
& l.cōpetit.in prin. Et si hoc est, clarè soluit obiectio, quā
l.j.§.1.s̄.eo.quia istud edictū pinguius ꝓuidet, q̃ illud, nā
ad demoliendum ex illo interdicto habebit necesse ꝓba-
um,uel possessionē,sed agens ex isto non,sed solū si fuis-
ificatū spreta nunciatione. † Itē no.hic triplicē modū nū
i circa nunciationē,q̃ fit ꝑ prætorē.Et est hic una gl.quæ
er allegatur,& incip.(ut si dico.)ex qua collige duo, dum
(prætor uos,&c.)No.ꝙ præceptū iudicis non dēt fieri,ni-
nstantiā eius,cuius interest,& hoc est regulare,cum fit ad
tā vtilitatē,ut plenè no.in l.4.§.hoc autem iudiciū.j.tit.1.
ndo no.ex gl.in fi.ꝙ qn̄ iudex incipit à p̄cepto,& sic a uia
tiua,dēt p̄ceptū iustificare per clām,si senserit se grauatū,
reat recepturus iustitiæ cōplemētū, & ita seruat curia Ro
,& quasi totus mundus,de quo in Spe.de citat.§.iā de ci-
ne.uer.si igitur,& ad hoc ista gl.semper allegatur, † & dn̄t
ꝙ tale p̄ceptū iustificatū illo comparente,resoluit in uim
licis citationis,& sic nō transit in rē iudicatā.Et ille ad cu-
stantiā fuit factū,si vult illud consequi,dēt dare libellum,
cedere s̄m naturā causæ.Quid aūt si illa clā non sit apposi-
icꝙ aut fuit factū super eo,qđ affert plenū p̄iudiciū,& ubi
iritur causæ cognitio,ut si p̄cipit,ꝙ soluas,uel restituas mi
ossessionē,& tunc nihil ualet,nec trāsit in rem iudicatam,
teneris obedire ꝑ l.nec quicq̃.§.ubi decretū.s̄m vnā lec.s̄.
i.procon.& leg.& l.meminerint.C.unde vi.& C.cōmina-
es uel epis.ꝓgrā,in rubro & nigro,& qđ no. Inno.in c.2.de
in inte.in 4.col.ibi uel melius,&c.Si uero non affert plenū
iciū,vel fit super eo, in quo non requirit̄ causæ cognitio,
t p̄ceptū,& sibi est parendū in dubiū,ut patet,qn̄ citat ali-
ꝙ corā eo cōpareat, nā ēt causa nō expressa tenetur cōpa-
in dubio,ut l.si quis ex aliena.de iudi.& ꝑ Inn.in loco prę-
.Et iō in casu huius §.in quo non agitur de magno p̄iudi-
& in quo non discutitur de iure nunciantis tpe nunciatio-
r̄ ualere p̄ceptū,ēt si ista clā non sit apposita,& deberet si-
bediri,nā ēt si fieret solo uerbo, ualeret sine exp̄ssione cau-
nō esset requisitus, ꝙ exprimeret,ut not.ꝑ gl.in l.j.in prin.
.Et vide Bal.de ista clā [b] in d.§.vbi decretū.in fi.Et ꝑ Inn.in
e his q̃ fiunt à maiori parte capituli, ubi dr̄ distinguere in-
p̄ceptū extraiudiciale,quod fit qn̄ causa non erat adhuc cę-
,& tunc hēt locū id qđ sup.dixi.Et iudiciale,qđ est qn̄ causa
cępta,& illud dr̄ transire in rē iudicatā,si nō appellatur, ꝑ
od ad ꝯsultat.de re iudi.†Itē not.gl.super uerbo.(manum)
n̄ nunciatio fit lapillo, sunt etiā uerba necessaria. quidā ꝯ,
aliàs sequeretur,ꝙ mutus,nō pōt nunciare per iactū lapilli.
cetera non refert,utrum uoluntas declaretur facto,uel uer-
ut sup.de leg.l.de quibus.Tu tene glo.& dic, ꝙ in muto iō
requiruntur uerba, quia non hēt, aliàs deberent interue-

nire prout in sīli hr̄ in matrimonio in c.tuæ.de sponsa.& per gl.
in l.cū notissimi.circa prin.C.de p̄sc.xxx.an.Facit qđ no.in l.nu
tu.de leg.3.per Bar.Ad s̄m rn̄de,ꝙ iactus lapilli est actus indiffe
rens,nec est certum,ꝙ fiat animo ꝓhibēdi, uel nunciandi, seu
animo iniuriādi.Sed qn̄ apparet ad quem finē actus fit, ꝓcedit
7 ꝯrium de d.l.de quibus.† Item no.ex gl. ꝙ nō refert qualia ver
ba sint,dum tn̄ tendant ad effectum ꝓhibēdi, siue dicat nūcio,
prohibeo,siue ueto,siue protestor,ꝙ non ædificetur, satis est ꝑ
hanc gl.Sed ꝯ.de §.si quis ipsi p̄tori.vbi aliud est ꝓtestari, aliud
nunciare.Solut.si protestor,ꝙ non ædificet̄, idem est ac si nun-
ciassem,ut in hac glos.sed si protestor, ꝙ non possum nunciare
nunc,sed nūciabo cū potero,ista non est nunciatio,sed ꝓtestatio,ut in ꝯrio.In gl.quæ incipit, (nulla denunciatio facta.) ibi,
(si postea vti poss.ageret succumberet.)Secus si ageret interdicto,unde ui,quia fcō aduersarij occupantis nālem,& inferentis
metum,ita ut nuncians suspicetur se posse repelli,possessor per
dit possessionem nunciādo,& acquisita est aduersario,licèt nō
spoliauerit,tn̄ quia metu nunciantis hoc accidit cuius est cā ip
se ædificans,dat̄ sibi interdictū illud ꝯ illū ad quē possessio peruenit ex metu, vt j.vnde ui.l.j.§.si filius.& §. si quis nō aget.&
§.siue aūt.& ibi no.& l.3.§. deinde. posset ēt incontinēti anteq̃
diuertat ad alios actus propria authoritate recuperare possessionē q̃ ꝑdidit quasi deiectus,ut in d.§.deinde.& l.j.§.sed si quis
8 ꝯ testorē.j.unde ui.s̄m Cy.†In gl.fi.ibi. (& etiam manu siue authoritate sua.)no.istam gl.quæ allegatur ad hoc, cum isto text.
ꝙ qn̄ remedium ex̄ordinariū consistit in fcō,puta, ꝙ possit expellere propria authoritate,uel deijcere, pōt concurrrere cum
ordinario,ut hic in tex.vcʒ cū interdicto vti poss.qđ est ordina
rium,de hoc dixi s̄.e.l.in prouinciali.§.j.ad fi.Vltimo no.ex isto
tex.in ver.(at si in suo.)& ego exposui,& a se possesso,quia nun
ciatio p̄t fieri ēt qn̄ qs ędificat in solo a se possesso, nec dēt sper-
ni.Sed istud vr̄ ꝯ id,qđ no.Bar.s̄.eo.l.j.in prin in 7.q.Sol. si nun
ciarem,quia dicerem me dn̄m illius soli, posses nunciationem
spernere postq̃ possides,qa potius præsumeris dn̄s, & in possessione tua non dēo te turbare.Sed si dico me hr̄e seruitutē in so
lo, uel ius in re, locum hēt iste text. quia non turbo te in tua
possessione si sum in quasi possessione illius seruitutis,vel iuris,
secus si non essem, qa tunc ēt locum haberet dictum Bar.

ADDITIONES.

a Et ibidem uide D.Ias.in l.si prius.col.4.hoc eo.ti. uersi.no. qui idem tenet contra Bartol.

a Ista clausula. Adde quæ hn̄r in tractatu clausularum.Bar.consi.80. & consi. 64. ubi consuluit in hac materia de ope.no.nun.

1 *In riuis,cloacis,& ubicunque dilatio operis est periculum allatura in publicum,potest nunciatio sperni.*
2 *Nulli reficienti potest fieri nunciatio.*
3 *Publica utilitas præfertur priuatæ.& nu.4.*
4 *Si respublica uelit destruere domos aliquorum pro faciendo plateas uel forum.illi non possunt resistere,sed debet eis solui pretium domorum.*
5 *Si ille cui fit nunciatio recepturus sit damnum,& periculum abstinendo ab opere,an possit spernere nunciationem.*

1 §.Si quis riuos. † In riuis, cloacis, & ubicunque dila
tio operis est periculum allatura in
publicum,pōt nūciatio sperni.h.d.notabiliter.adde alios casus
notatos in l.j.in prin.s̄.e.in gl.quæ incipit.(legitima.) In gl.2.ibi
(vr̄,ꝙ possit nunciari.& ista opi.cōiter tenetur per l.j.§.fin.j.de ri-
uis.quia facere de nouo,& reficere vel purgare uet⁹, sunt diuer
sa,ut ibi,ergo prohibitio in uno facta non extendit̄ ad aliud,ar.
in l.si domus.s̄.de ser.urb.præd.hic āt ꝓhibet nunciari reficien
ti,uel purganti.Et ad ꝯrium qđ j.subijcitur in gl.ꝙ s̄m hoc nul
2 la erit sp̄alitas in cloacis,uel riuis,† cū nulli reficienti possit fieri nunciatio,ut s̄.eo.l.j.§.si qs ædificiū, rn̄de ut ibi dixi s̄m Dyn.
illud qn̄ reficit refulciendo uetus,& nō mutando pristinā faciē,
&c.sed hic ēt si mutet dilatando,uel restringendo,uel de nouo
aliquid faciendo in ueteri, ꝓhibetur nunciatio. posset dici ꝙ si
expediat reipublicæ cloacā de nouo fieri,& nisi fiat periculum
est imminēs,habeat locum sequens opin. Hug. quia cū habeat
locum eadē rō,ergo & idē ius,ut l.j.de fonte.quia pub uti.præ-
3 fertur priuatæ,ut hic patet,& no.j.in alia gl.† In glo.quæ incipit.(nā & Celsum.)ibi & no.ꝙ pub.utilitas p̄fertur priuatæ,dic,
ꝙ in casu isto p̄fertur in hoc, ꝙ pōt sperni nunciatio facta causa priuati iuris conseruandi, ut sic non demoliatur quod factū
erit, tanq̃ attentatū antequā cognoscatur de iure nunciantis.
Sed si nuncians postea ostendit de iure suo, ꝙ illud factum est ī
p̄iudiciū sui iuris, utrum illud debeat tolli? uidetur ꝙ nō per
istā regulā,ꝙ utilitas publica p̄fert̄ priuatæ & publicè interest,
ꝙ illud remaneat.In ꝯriū ur̄ sentire gl.mag.in fi.s̄.dū dicit (aliæ
tn̄ actiones remaneant.)ut j.l.sciendū.in gl.quæ est super uerbo,contēnenda.Quid.n.ꝓdesset nuncianti, ꝙ sibi remanerent
aliæ actiones saluæ, licet nunciatio potuerit sperni, si per illas
non consequeretur ius suum? Breuiter puto dicendum, quòd
si expe-

ſi expediat reip. opus fcm̃ remanere in ſuo ſtatu non dr̃at de-
ſtrui,licèt nuncianris interſit, ꝙ deſtruatur ꝓnem proximã,
tñ poſtq̃ ꝯſtat de iure ſuo, dẽt remunerari ex publico,qa nõ eſt
conueniens,ꝙ remaneat in dãno totaliter ꝑꝑ bonũ publicũ,&
ad hoc s̃.de rei uendi.l.itẽ ſi uerberatum.§.j.& l.uẽditor.§.ſi ꝯ-
4 ſtat.ſi ſerui.vendi.†Et iſte§ frequenter allegat̃ ad hoc,ꝙ vtilitas
a publica p̃fertur priuatæ,vt debeat fieri id, qđ publicè intereſt
licèt priuato noceat ſ̃m tempora vt dixi.Vnde ſi reſpublica ve
lit deſtruere domos aliquorũ ꝓ faciẽdo plateas uel forum, illi
5 non pñt reſiſtere,ſed dẽt eis ſolui pretium domorum.†In gl.ſu
per verbo.(periculum.)no.ſingulariter iſtam gl.ꝙ licèt ille,cui
fit nunciatio,recepturus ſit damnum, & periculum abſtinẽdo
ab opere,ſi tñ alij in cõi non ſuſtinẽt,nõ dẽt ꝑpea ſpernere nun
ciationẽ,ut ſi ꝯduxerat magiſtros,& cæmenta, & oĩa ꝑdit abſti
nẽdo,illud eſt uerũ ſ̃m Doc. niſi grande damnũ ſit ſuſcepturus
ex abſtenſione plusq̃ nunciator commodum ſit percepturus,
quia tunc poſſet ſpernere nunciationem pro euitando tale ma
gnum dãnum ſuũ ſicut ꝓ euitando periculum pub.ꝑ l.j.§. ſunt
q putant.ĩ.ne qd in flu.pub.& ponit Ang.exẽplũ,ſi uolebat æ-
dificare molendinũ,& multos magiſtros conduxerat, & abſti-
nendo perdit mercedes,quas eis ꝓmiſerat,& ſuperueniẽte pluuia põt perdere cęmenta, iſto caſu ẽt ſi nõ præſtet ſatiſdationẽ,
põt ꝓſequi in opere ꝯtẽpta nunciatione, ſed poſtea uidebitur,
an bñ,uel male ædificauerit. Iſte caſus de directo fuit de facto
in ciuitate iſta,& nõ fuit allegata iſta gl.nec hoc dictum Docto
rum,& ille offerebat ſatiſdare,licèt non teneret̃ imminente ta
li damno,& quia nunciator dixit,hodie ꝯſtat, hodie agat̃, fuit
admiſſa nunciatio,& pronunciatum,ꝙ hr̃et ſuperſedere uſque
ad duos,vel tres menſes ſ̃m l.fi.C.eo.

ADDITIO.

a Et in hoc hẽs l.j.§.fi.& ibidem Bar.C.de cad.tol.& l.j.vbi etiam per Doc.s̃.ſol. mat.tex.& Doc. in auth.res q̃.C. cõia de le. quod amplia uerum eſſet etiam ſi contineat in ſe priuatam utilitatem,ut per Spe.de feu.c.qm̃ uer.16. & in hoc uide late per D.Pet.de Anc.in c.bonæ.lo.i.uer.ultimo eſſet hic. de poſt. præl.

1 *Nunciator proſequens nunciationem tenetur iurare de calumnia aduerſario hoc petente,& iudice decernente.*
2 *Licèt aliquid ſit commiſſum alicuius conſcientiæ,quo caſu non dẽt ſibi referri quæſtio de eo quod declarauerit.tamen quando declarat, ꝙ in conſcientia ſua ita ſibi uidetur,debet iurare.*
3 *Quid ſi aliquid, committatur peritis in arte, ut iudicent ſecundum quod eis uidetur.*
4 *Habens pro ſe ſententiam quæ tranſiuit in rem iudicatam, vel etiam tenutã poteſt petere ipſam confirmari.*
5 *An aduerſarius econuerſo poſſit dare alium libellũ in quo petat eã infirmari,iudex poteſt compellere illum qui agit procuratorio nomine ad oſtendendum inſtrumentum mandati,licèt aduerſarius non petat.*

1 §.Qui opus nouum. †Nunciator proſequens nunciationem tenetur iu
rare de calumnia aduerſario hoc petente, & iudice decernẽte.
a h.d.Et† ꝑ iſtũ tex.dicit Ang.ꝙ licèt aliqd ſit ꝯmiſſum alicui⁹ cõ
ſciẽ,quo caſu nõ dẽt ſibi referri qõ de eo qđ declarauerit,ut no.
gl.ſing.in c.ſtatutorũ.§ aſſeſſorẽ.de reſcri.li.6.nihilominus qñ
a declarat,ꝙ in ꝯſciã ſua ita vr̃ ſibi, dẽt iurare.(vide D.Hypo.ſuis
ſing.214.& 402.vbi refert, & ſequit̃ iſtud dcm̃.) Nã nunciatori
credit̃ de cã q̃ allegat ſi eſt talis,q̃ ſi eſſet uera ſufficeret,licèt ve
ra nõ ſit ut nihilominus aduerſarius teneat̃ parere nũciatori,vt
patèt ex no.ꝑ gl.s̃.ea.l.§.Sextus in ult.gl.ĩ fi.& tñ tenet̃ iurar̃, vt
hic,& facit l.Theopõpus.de dote p̃le.ſed iſte tex.nihil facit,ſal-
ua pace eius,qa uerũ eſt,ꝙ crederet̃ ſibi in actu nũciãdi, nõ ſic
in effectu ꝓſequẽdi nũciationẽ,tunc.n.dẽt de iure ſuo docere.
p̃terea ipſemet Ang.dicit hic,ꝙ ſi in actu nũciãdi, fieret nũciatio,nõ ꝑ iudicẽ,licèt aduerſarius peteret iurari de calũnia, non
teneret nũciator iurare,& ſic ꝯ̃riat̃ ſibiipſi, qa nõ tenet̃ iurare,
ꝙ cã q̃ allegat ſit uera ad inſtãtiã ſolius partis,ſed ita demũ ſi iu
dex ſibi mãdat,ꝙ iuret,ut hic ĩ tex.dcm̃ tñ ſuũ placet ꝑ l. hęc e-
3 dicta.§.j.uel 2.de ſecũd.nup.Et cõiter dñt Do.†ꝙ qñ aliqd ꝯmit
tit̃ ꝑitis in arte,ut iudicẽt,ſ̃m qđ eis vr̃,dẽt eis dari iur̃m, vt ibi,
& l.ꝯparationes.de fi.inſtr.qñ ãt iudicãt nõ de ipſorũ ꝯſciã, vel
arte,ſed de fcõ alieno,ſine dubio dẽnt iurare,ita loquit̃ l.Theo-
pompus.de dote p̃lega.qa ibi deponebat de mãdato teſtõris ſi-
4 bi facto.† In gl.mag.in uerbo,(nunciatio firma maneat.)ꝑ hanc
gl.dicit Bar.probari,ꝙ q hẽt ꝓ ſe ſnĩam,q̃ tranſiuit in rem iud.
vel ẽt tenutã,põt petere ipſam ꝯfirmari,licèt non ſit neceſſe,&
de iure can.clarũ eſt ut in ti.de confirma.uti.uel inuti. in c.j.&
2.& qđ ibi ꝑ Inn.de iure aũt nr̃o probatur ꝑ hanc gl. & ꝑ l.2.§.
ſi quis miſſum.ad Carb.& qđ no.gl.in l.j.C.ad Carb.& hoc plu
5 ries vidi in habẽte tenutã,ꝙ petijt eã confirmari.† Sed hic quęro,an aduerſarius ecõuerſo poſſit dare aliũ libellũ, in quo petat ipſum infirmari? Inn.tangit iſtũ punctũ in c.cum cõtingat.
de offi.deleg.& dicit,ꝙ iudex non dẽt admittere iſtum ſ̃m libel
lum,ex quo admiſit primũ,qa eſſent duæ inſtantiæ, & poſſent
ferri duæ ſnĩæ ꝯ̃riæ ſuꝑ diuerſis libellis Bal. vero in repetitione

b § qui pronunciauit.in l.tale pactũ.s̃.de pac.tenet ꝯ̃rium, ᵇ ꝙ i
me poſſit recipere,& debeat,qa nõ dẽt licere uni, qđ nõ lic
alteri ex litigatoribus,ut æqualitas ſeruetur.arg.l.petẽdæ.C
tẽpo.in integ.reſti.& l.fi.de fruct.& lit.expen.& non erunt
inſtantiæ ſed una,qa ſuꝑ uno iure,ſicut in ſimili,ſi do libell
per confeſſoria, narrando rei meæ deberi ſeruitutem in re
Tu potes econuerſo dare libellũ in negatoria,narrãdo ſeru
tẽ nõ deberi ꝑ l.ſi fortè.ff.ſi ſerui.uendi.& dabit̃ una tm̃ ſnĩ
ſi ꝓnunciat̃ ꝓ primo,cenſet̃ ꝓnunciatũ ꝯ̃ ſ̃m, & ecõuerſo,
6 in l.Põp.§.ſi is.in fi.de ꝑcu.†In gl.ſuꝑ uerbo.(exigitur.)ibi,(
tè omitti.)de hoc eſt caſus in c.j.de iura.calum.li.6.ſi tñ par
teret,& non cõpelleret ad iurandũ,ꝓ nõ valeret proceſſus,
qñ petitur eſt vnum de ſubſtantialib.iudicij, & ſic eius om
vitiaret,ut l.ꝓlatã.C.de ſent.& inter.om.iudi. Sed ſi peter
corã iudice,ſed in actu nunciandi,non teneret̃ p̃ſtare,ut i
huius gl.& in prin.gl.magnę p̃cedentis.Quid aũt ſi aduerſ
non petat? An iudex poſſit petere,ut iuret ex officio? Vr̃,ꝙ
ꝑ hunc tex.in fi.qui requirit, ut petatur à parte. ꝯ̃rium pu
iudici hoc ur̃,quia ſuſpicatur ipſum calũnioſè agere,argu
to notatorum per gl.in c.j.de elec.li.6.ſuꝑ uerbo.(in abſen
q̃ dicit iudicẽ poſſe cõpellere illũ, qui agit ꝓcuratorio no
oſtendendũ inſtr̃m mandati,licèt aduerſarius non petat,
c dicium ſit eluſorium,ᶜ ergo & hic ne ſit calumnioſum. fa
vbicunq. de interro.actio. & in c.cũ Ioan. Erem.de fide in

ADDITIONES.

a Debet iurare.Qñ aliquid eſt commiſſum conſcientiæ alicuius,qualiter de trari,& an ab eius dicto poſſit appellari.Alex.conſi.208.2.lib.latè Io.de conſi.34.Lud.Ro.conſi.228.Ancha.conſi.438.ubi dicit, ꝙ idem eſt cum committit in ſecreto alicui. & ideo ibi dicit ꝙ cum teſtator committit e tori aliquod diſtribuẽdum ſecretò,ꝙ ille non põt cogi dicere cui dedit, quos diſtribuit. dicit tñ Bellamera deciſ.ſuis de app.nu.18. char. 3. ꝙ li onerata conſcientia alicuius,tñ non eſt prohibita appellatio,& ualet,&
b Tenet contrarium.Tu dic ꝙ opi.Inn.tenet Ang.conſi.40.ubi propter illud ꝙ ſi actor petit donationem inſinuari debere, ꝙ reus non poteſt contr petere, ibi latius Vide.
c Eluſorium.dicit Lud.Ro.conſil.457.ꝙ iudex debet uigilare,ne coram eo eluſorij fiant.

1 *Qui vult nunciare ne fiat in certa parte loci,debet illam partem demonſtrare. Si vero in toto loco, ſufficit ſimpliciter nunciare, & cenſetur nun in totum.*
2 *Petens aliquã rẽ,uidetur eam petere totã, ſi de parte non faciat men*
3 *An notarius debeat in inſtrumento facere mentionem de loco loci.*
4 *Quòd procedat libellus in quo peto omnes res poſitas in tali loco,li ſpecificem.*

1 §.Qui nunciant. †Qui vult nũciare ne fiat i
ta parte loci,dẽt illã parte
monſtrare. Si uero in toto loco, ſufficit ſimpliciter nũcia
cenſetur nunciatio in totum.h.d.In tex.ibi,(quoties fit in
te nunciatio.)ut ſi dico, ꝙ nõ ædificet̃ in ipſo ſolo,quia p
ſius pertinet ad me iure dñij,nã ſi illã partem non demo
non ualet nunciatio,& p̃t aduerſarius ſpernere ꝑ hũc tex
puto uerũ,qñ pars illa erat demonſtrabilis, ut quia dice
partẽ ꝓ diuiſo.Secus ſi ꝓ indiuiſo,qa tunc non erat demo
bilis, ut l.Meuius.§.duobus.de leg.2.unde ſufficeret dice
habeo partẽ ꝓ indiuiſo,facit s̃.eo.l.in prouinciali.§.j.rñſ
tex.ibi.(ſed hoc ipſum dicere.).ſ.ſimplr̃ dicere, ut in gl. ne
2 fiat,& uideor dixiſſe,ꝙ non fiat in toto.† Et per iſtum tex
Bar.veram eſſe gl.quæ eſt in l.rẽ.s̃.de rei uendi. quæ dicit,
peto aliquã rẽ,uideor eã petere totam,ſi de parte non fac
a tionẽ.ᵃ † Item allegatur iſte tex.an notarius debeat in in
3 cere mentionem de loco loci, ᵇ puta, actum Bonoñ. in t
b clesia,uel domo.an ſufficiat dicere actũ Bonoñ.& vr̃ ꝑ iſt
ꝙ ſi inſtr̃m,uel actus pariter poterat fieri in uno loco, ſi
alio,ſufficiat dicere actũ Bonoñ.aliàs ſecus, ut ſi erat act
cialis,qui non põt fieri niſi in palatio,& iudice ſedente ꝓ
nali, nã dẽt hoc dici. Br̃ hoc non obſtante, cõis ſtylus, &
ſuetudo eſt,ꝙ apponat̃ in inſtr̃o,locus loci, qa aliàs eſſet
generalis locus dicere actũ Bonoñ.& ita dicit Cy.in l.opt
C.de ꝯ̃h.ſtip.& no.in addi.Spe.de inſtru.edi.§.inſtr̃m.in
4 incipit,uide quod no.Allegatur ẽt,† ꝙ ꝓcedit libellus, i
peto oẽs res poſitas in tali loco,licèt non ſpecificẽ,de ho
quod no.Inn.in c.certificari.de ſepul.& in ꝯ̃rium facit l.
mamenta.de rei uend.quod debeat ſpecificare.

ADDITIONES.

a Mentionem. Adde Franc.de Are.conſi.103.& ibi uide quod uoluit p
b Loco loci. Adde Baldum conſil.80.j.lib.D.de Rot.deciſi.ſuis de fi.inſtr conſi.420.uerſus finem.

1 *Ad pluralitatem locorum requiritur pluralitas nunciationum. Et ralitatem nunciationum requiritur pluralitas remiſſionum.*
2 *Ad pluralitatem habituum requiritur pluralitas priuationum. In legatis annuis cum tot ſint legata, quot anni, an etiam requira præſcriptiones,& quid in ſtipulatione annua.*
3 *In excommunicato pluribus excommunicationibus, uel bannito p ba*

n requirantur plures absolutiones, & plura rebannimenta.
ibello in quo quis accusat de pluribus diuersis criminibus, an requi
plures absolutiones, & si aliquid debet solui pro qualibet accusa-
n soluatur pro una, an pro pluribus.

in pluribus. † Ad pluralitatem locorum requiritur pluralitas nunciationum. Et alitate nunciationū requirit pluralitas remissionū. h.d. bi, (plurib. locis.) i. remotis, adeo, q nunciatione fcā in co, nō pt exaudiri vox in altero loco, secus si posset exau sufficeret vna nunciatio s̄m Iac. de Are. q allegat hoc in §. si quis fortè. s̄. ea. l. Et no. in Spe. eo. tit. §. sed quid si de- ns. Bar. ꝯ. quia cum fiat in re ipsa, vt hic dr̄ in lr̄a, oportet care ipsa loca. Et ex hoc sequitur, q sunt plres nunciatio- l. scire dēmus. de verb. obl. Tu dic, aut q̄ritur, an requiran s ꝯceptiones verborū, vt pluries dicat nuncio, & pcedit ac. de Are. q̄a si loca sunt distantia, requirit, aliàs sufficit ceptio. Item isto scd̄o casu non requirit, q specificent lo- sufficit dici, nūcio ne in locis istis ædificet, q̄a cū demon ad oculum, alia demonstratione non est opus, vt in l. j. in ote præle. non sic cū postea fit remissio extra p̄ntiam illo- corū, qd̄ fieri pōt, nā tunc cum nō demonstrent loca ad m, expedit, q demonstrent verbis, vt remitto nunciatio- feci in tali loco, & illam, q̄ feci in tali, & dicent plres re- nes, licet sit vnus conceptus verborum, vt d. l. scire debe- n si tex. ibi, & ōnr plres remissiones. † sic ergo no. q ad plu- e habituū requirit pluralitas priuationū, vñ inducitur ad Primū s̄m gl q in legato annuo cū tot sint legata, quot tot ēt requirent ꝑscriptiones, sed in ꝑsc̄ptione annua, cū ip nica, p oīb. annis sufficiat vna ꝑscriptio, de hoc dic, vt l. notissimi. §. in his. C. de ꝑscri. 30. anno. † Item inducit, q si s est excōicatus pluribus excōicationib. uel bannitus plu bannis, q fieri pōt. Nā excōicatus, vel bannitus iterū ex- ri vel banniri pōt ex diuersa cā, ut no. in l. 2. C. ut intra cer. plres requirant absolones, & plā rebannimenta. Tu dic, q requirerent plres absolones, uel rebannimenta, q̄tum ad ionem uerborū, vt pluries dicat absoluo, uel absoluimus, bannimus, immo sufficit una ꝯceptio, quo ad oēs excōica el banna per l. accipientis, & qd̄ ibi no. s̄. de auth. tut. repu t tn̄ tot, quot sunt excōicationes, uel banna, ut no. glo. in pro cā. circa fi. de sent. excō. nec requirit, q specificent p la, cum ꝯcernāt personam. Vnde sufficit se referre ad per- m, puta, absoluo te ab omnib. excōicationibus in quas in- i, uel ab omnib. bannis, facit quod no. Bar. in l. libellorum. si alius. de accu. † qñ in uno libello quis accusatur de plu diuersis criminib. q̄a dr̄ una accusatio uno respectu, quia tinent in una charta, sed plures respectu criminū. & ideo rminatur qō de qua ibi per eum, an requirantur plres abso nes, vel si aliquid debet solui pro qualibet accusatione, an etur pro una, uel pro pluribus. qd̄ dic, ut ibi, & l. j. §. si plura. ꝟ. urpil. Aduertendum tn̄, q si præcessit petitio absolutionis ebannimenti de pluribus excōicationibus, uel bannis, ta- bannitio, uel absolutio generalis non refertur, nisi ad con ain petitione. a arg. Insti. de inuti. stip. §. præterea. & l. si de- or. §. j. de interrog. act. & ibi responsio regulatur secundum rogata. facit l. si de certa. C. de transa. Ex prædictis clarius aratur iste passus, quàm hic declarat Bartol.

ADDITIO.

etitione. Vide quod uoluit Anch. consi. 79. magis in specie Old. consi. 83.

1 satisdationem præstitam uel oblatam, censetur nunciatio remissa ipso
e, nec oportet adire iudicem pro remissione fienda.
is tenetur satisdare pro euitando pœnam uel aliquid consequendo, an
ficiat oblatio satisdationis recusatæ ab aduersario.
n sit necesse quòd quis impetret a prætore uiuo remedium sibi compe-
s ab edicto prætoris mortui.
t quis petierit remissionem nunciationis, & succubuerit, non impeditur
stea agere confessoria, uel negatoria.

Si is cui. † Post satisdationem præstitam vel oblatam, censetur nūciatio remissa ipso iure, nec opor adire iudicem pro remissione fiēda. h.d. Et sic tractat hic de o capite huius edicti, de quo ꝟ. eo. l. prætor. §. deinde. Et qd̄ it non esse opus iudicem adire, intellige, quo ad hoc, vt non truatur tanq̄ attentatum in contemptum nunciationis, sed uod, quia destruetur pp̄ defe- ostea apparet iniustè ædificatum, bene destruetur pp̄ defe- m iuris ædificantis. Vnde quantum ad hoc, vt perpetuò ma at ædificatum, bene expedit iudicem adire, ut s̄. e. l. j. §. & post eris, & no. in prin. illius l. in gl. magna. in secunda & 6. lect. In ibi (aut per eum non fieret.) quia obtulit, & nunciator recu it recipere, ut d. §. deinde. Et per hoc dicit † Ange. determi- ri qōnem, quam uidi de facto, cum quidam teneretur satisda pro euitando pœnam, vel aliquid consequendo, & ipse obtu a aduersarius autem recipere recusauit, dicebat postea ad- sarius ipsum nō euitasse pœnam pp̄ hoc solum, quia debuit præstare satisdationem alicui alteri recipienti pro illo, maxime notario, & sic fuisset sibi quæsita actio per publicam personā, ut in l. 2. ꝟ. rem pup. sal. fo. ꝯrium dicit Ange. quia sufficit obtu lisse, & illum recipere recusasse per hūc tex. & dicit fuisse arduā qōnem. Contra hoc facit, quia debitor offerendo, non ppea liberatur, nisi consignet, & deponat, vt l. obsignatio. C. de sol. & ista promissio fienda alteri loco cōsignationis, & depositionis uidebat̄ fieri, uel nisi sequatur interitus rei oblatæ, ut ꝟ. de sol. l. qui decem. in prin. Br̄ dic, q aut quis non erat obligatus ad satisdandum, nec poterat ꝯpelli, sed spontè satisdabat, vt aliquid ꝯsequeretur, tunc sufficit oblatio, vt hic. Aut erat obligatus, & tunc aut obtulit pro euitando pœnam idem, quia non est amplius in mora, sed aduersarium in mora ꝯstituit, ergo in pœnā non incidit. arg. in l. lecta. §. sed cum fortis. si cer. pera. aut obtulit, vt liberetur ab oblōne, qua tenebatur satisdare, & tunc ex sola oblatione nō liberaret, & iterū pōt ꝯueniri, vt satisdet nisi pdiderit facultatem satisdandi, q̄a tunc hēbat fideiussores paratos, quos hodie non hēt, nec hr̄e pt̄, nam esset liberatus ope exceptionis tanq̄ obligatus in gn̄e. Sed si promisisset dare certos fideiussores, esset liberatus ipso iure tanq̄ obligatus in specie re perempta. ut d. l. qui x. uel nisi ꝯstituisset satisdationem publicæ personæ recipienti p illo, quasi hēatur loco ꝯsignationis, & depositi, vt d. l. obsignatione. In glo. super uerbo, (omissa) ibi, (nisi appareat quo iure ædificat, &c.) Hoc vr̄ ꝯ istum tex. dum loquit de repromissione, q̄ fit, qñ ædificat in publico, & vult q post illā factam vel oblatā hēatur nunciatio pro remissa. Quid ergo p-desset ista remissio, si non posset ædificare, nisi appareat quo iu re? Br̄ intelligo q siue ædificetur in publico, siue in priuato, ꝯsti ta satisdatione quasi in priuato, uel repromissione quasi in publico, hr̄ nunciatio pro remissa, & posset ædificare, quo ad hoc, ut non destruatur tanq̄ attentatum, sed ut perpetuo firmū ma neat, non hr̄ pro remissa in publico, nisi doceat quo iure, puta, q de licentia principis, uel tenentis locum principis. Idē in priuato, nisi doceat de iure suo. In hoc tn̄ est dr̄a inter publicū, & priuatū, q̄a qñ ædificatur in priuato, nunciator pōt per pactum remittere nunciationē perpetuo, nō sic qñ in publico, q̄a non pt̄ dare licentiā ædificandi, & hoc patet ex l. iurisgen. §. itē si paciscar, ne opis. s̄. de pac. In glo. mag. circa prin. ibi, (vel ēt nulla interposita satisdatio.) sed si pōt obtinere remissionē nulla ꝯsti ta satisdatione, ad qd est opus eā præstare? R̄ndeo, si vult statim lite pendente posse ædificare, & q non destruatur tanq̄ attenta tum, hoc faciet, sed si de hoc non curat, non expedit, q offerat, sed expectet finē iudicij. † In gl. ibi, (& hoc idem.) no. istā glo. ma
3 gistrā, utrū sit necesse, q quis impetret a prætore viuo remediū sibi ꝯpetens ab edicto ꝑtoris mortui? & dic vt in gl. & clarius p Bar. Et dum dicit (vt detur actio.) & postea dicit, (vel vt efficacem ꝯstituat.) intellige primum, q actio erat ipso iure sublata, q̄a tunc per restōnem in integ. datur noua actio vtilis, q̄ dr̄ rescissoria. & durat anno, vt l. in honorariis. §. sed cum rescissa. de actio. & obl. per Dy. in l. fi. de act. §. rursus. Si vero prima actio di recta non erat sublata ipso iure, sed elisa per exceptionē, tunc p restōnem datur noua actio, sed illa antiqua efficax ꝯstituit per remotionem exceptionis. In fi. glo. ibi. C. de ædifi. pri. l. fi. dic q si satisdatio est ꝯstita, nunciatio est remissa, vt hic. Si vero oblata, & non excepta, tunc idem, vt hic, nisi nunciator dixerit, hodie ꝯstat, hodie agatur, quia tunc expectatur per tres menses, vt in
4 ꝯrio. † Vlt. Bar hic dicit vnum notabile, q licet quis petierit remissionem, & succubuerit, non impedit postea agere ꝯfessoria, uel negatoria, & probare de iure suo, q̄a ad alium finem tēdit, ut declaretur ius suum, & in ꝯnam fiat remissio, sed in primo iudi cio, ecōuerso, principaliter petijt remissionem fieri, licet secun dario ius suum deduxerit. Allegantur ad hoc no. per Inno. in c. cum ecclesia sutrina. de causa possessionis & proprieta. Adde q idem no. in l. j. C. quando prouo. non est necesse, q si quis dedu xit nullitatem sn̄iæ in iudicio per viā exceptionis ad impediendum executionem, & succubuit, non prohibetur eandem nul-
b litatem deducere in alio iudicio, per modum agendi, b vt sententia infirmetur, & etiam si facta est, executio retractetur per l. a diuo Pio. §. si super rebus. de re iud. & etiam quod not. in §. duo fratres. in l. qui Romæ. de uerb. obl. in distinctione.

ADDITIONES.

a Obtulit. Adde Matth. notabilibus suis, ubi de hac oblatione.
b Agendi. Adde ut per Ang. consi. 126.

1 Nuncians procuratorio nomine alterius tenetur satisdare de rato, aliàs nun ciatio potest sperni.
2 Qui alieno nomine aliquid tibi protestatur uel inhibet, non teneris sibi credere, & potes spernere protestationem, & quid si ostendat mandatum.
3 Sicut ille qui procuratorio nomine alterius uenit ad actum nunciandi debet cauere de rato si dubitetur de mandato, ita & si uenit ad actum remissionis, & idem si uellet prosequi nunciationem factam per dominum.
4 Quid si ueniat ad defendendum dominium ab interdicto, ne uis fiat ei.

§. Qui

1 **§.Qui procuratorio.** † Nunciās procuratorio noīe alteri⁹ tenet̄ satisda
2 re de rato, al's nunciatio pt sperni.h.d. tex.cū gl.† Et est hoc notabile,& ēt gñale in quolibet. Et q alieno noīe aliqd tibi ꝓtestatur, vel inhibet, ꝙ non tenearis sibi credere, & possis spernere ꝓtestationē,nisi oñdat mandatū,vt l.si quis inficiatus. s̄. depo. Et posito,ꝙ oñderet instr̄m mandati,si tu non fateris ip̄m esse verū,adhuc hēt locū qđ hic dr̄, ga multa pñt obijci ꝯ instr̄m, & sic adhuc diceret̄ dubiū de mandato,nisi fortè copiā habuisses, & nullā exceptionē ꝓbabilem opponeres,& ex euentu hoc apparebit, nec teneris admittere testes si per ipsos vellet te certificare de mandato,ga non pñt testes recipi per priuatā personā, vt no.Inno.in c.cū nobis.de ele.Intelligo ergo hoc, qñ dicebat se hr̄e mandatū,& erat aliqua p̄sumptio ꝓ ipso: secus si fatebat̄ se nō hr̄e, vel nulla erat ꝓ ipso p̄sumptio , ga tunc ꝯstaret de ꝯ-rio , & non admitteret̄ ēt cum cautione de rato , nisi fortè esset
a ꝯiuncta persona,vel nisi hr̄et mandatū a lege, a vt s̄.co.l.j.§.fin. iuncta l.Pomp.in fi.s̄.de proc.& qđ no.C.de procu.l.j.In gl.magna.in prin.ibi(si tñ dubitet̄.)hæc vera,& qualr̄ dicatur dubitari,dic vt d.l.j.C.de procu. Qđ aūt in fi.gl. dr̄ non sufficere gñale mandatū,reprehendit̄ per Doc. in l.j.§.j.s̄.co. ga fructuarius vr̄ hr̄e gñale,& pōt renunciare per l.actione.§.renunciare.s̄.ꝓ socio.Sed intellige de hñte gñale mandatum ad negotia , secus si ad litē tm̄,quia actus nunciationis non est litigiosus de se,licet ex ipso ꝓueniat̄ ad litē.†Itē scias, ꝙ sicut ille, q ꝓcuratorio noīe alterius venit ad actū nunciandi , dēt cauere de rato si dubitet̄ de mandato, vt hic.ita & si venit ad actū remissionis . vt s̄.e.l.cū procu.§.fi.Item si vellet ꝓsequi nunciationē factā per dñm, s̄m ea quæ hñr s̄.ea.l.§.q opus,sed si fcā esset per ip̄m , & docuisset de mandato,nō expediret,ꝙ in sequētib.actib. amplius de mandato doceret,ga mandatū ad nunciādū includit oīa,q̄ in ꝯñam eius veniunt,ar.in d.l.ad rem mobilem. & l.ad legatum.de procu.& ita loquitur l.non cogēdum.§.fi.† Sed si veniret ad defendēdum dñm ab interdicto,Ne vis fiat ei,quod competeret post factam remissionem, non haberet satisdare de rato , sed de iud. soluen, vt in §.fi.huius l. quando autem interuenit procurator ex parte eius,cui facta est nunciatio, loquitur sequens §.

ADDITIO.

a Mandatum a l.Adde vt per Lud.Ro.singularib.suis fol.6.

1 *Petens remissionem nunciationis noīe alterius per oblationem satisdationis de demoliendo, sufficit quòd illam præstet, nec tenetur satisdare de rato.*
2 *Procurator rei seu defensoris quando teneatur cauere de rato.*
3 *Petens remissionem nunciationis noīe alterius , licet prouocet nunciatorem ad iudicium, quòd tamen non dicatur actor, sed defensor, & nu. 4.*
4 *Bannitus, uel excommunicatus qui non possunt agere , sed defendere , si petant annullari, uel irritari sententiam contra se latam, an debeat audiri licet prouocent alium ad iudicium.*

1 **§.Qui remissionem.** †Petens remissionē nunciationis noīe alterius ꝑ oblationē satisdationis de demoliendo sufficit, ꝙ illā p̄stet,nec tenet̄ satisdare de rato.h.d.s̄m verum intellm̄,qui apparebit ex
2 seq.†In tex.ibi,(sustinet enim partes defensoris.)sic ergo no.iūcto eo,qđ statim sequit̄,ꝙ ꝓcurator rei,seu defensoris non satisdat de rato.hoc est uerū,qñ per satisdationē de iud.soluen. q̄ tenet̄ p̄stare,sufficienter cautum est actori,al's ēt de rato cauet.vt s̄.de proc.l.non solum.§.sed si statur.cū seq.& l. Pompo.§.si is q. quos casus Bar.hic declat:sed substantia ꝯsistit in eo, qđ dixi, &. quare ibi non sit plenè cautū per satisdationem de iud. soluen,
3 voluit hic Bar.declare.sed dic,vt in illis hr̄.† Item no.diligenter ꝙ licet iste petendo remissionem corā iudice ꝓuocet nunciatorem ad iudicium, tñ non dr̄ actor,sed defensor. Sed ꝯ de l. in tribus.s̄.de iud.soluen.fateor,ꝙ in q̄tum ꝓuocat,ꝙ pōt dici actor, vt in illa l.sed prius fuerat prouocatus per nunciationē,ga nunciatio est q̄dam prouocatio ad iudicium, vt s̄.e.l.j.§.& post operis.hoc respectu dr̄ defensor,siue reus, vel procurator defensoris,& iō,quia est actor & reus diuersis respectib. non simplr̄ euitat satisdationem de rato,vt dicam super glo.licet litera innuat ꝯrium facit ad id,qđ s̄.dixi l.q cum maior.§.si libertus.de ope. libe.ibi,(& ignoscendum est ei,si voluit vlcisci prouocatus , &c.) & in l.2.§.sed si agant.s̄.de iu. Et per istum tex. dicit hic Iaco, de
4 Are.vt refert Bar.j̄.prox.§.sed melius cadebat hic,† ꝙ bānitus, vel excōicatus,q non pñt agere,sed defendere sic, si petant annullari,vel irritari tenutā,vel sñiam ꝯ se latā,debent audiri,ga licet prouocent alium ad iudiciū, quia tñ per prius fuerunt prouocati,dñr se defendere,& non agere,& pro hoc alle.l.si pupillus.§.j.j̄.de priui.cre. Bart.dicit hoc verum,qñ principalr̄ venirent ad se defendendum , & secundariò peterent tenutam, vel sñiam rescindi, secus si principl̄r hoc peterent . & istud dcm̄ ip allegat̄,tñ multi dubitant qualiter exemplificet̄ . Tu aūt exemplifica,ut uidi de fcō pluries in ciuitate Florent. vbi est statutū, ꝙ postq̄ alicui data est tenuta in bonis debitoris,fiat p̄ceptū de
a discumbrando, a pone ergo, ꝙ ille q habuit tenutam in bonis bannit,vel excōicati,facit fieri p̄ceptum de discumbrando, ꝯparet ad defendendū se a p̄cepto,ne teneatur discumbrare dicit tenutā esse nullā ex aliqua iusta cā, & petit ip̄m reuoca[ri] tunc hoc petit incidenter,ga principl̄r se defendit a p̄cepto, te dēt audiri.Sed si nullo fcō sibi p̄cepto , sciens tenutā esse tam ꝯ se,ꝯparet,& dicit eā nullā,& petit eā reuocari , tūc u[el] principl̄r,& nō dēt audiri . Hoc tñ uerum,qñ ipsam impug[nat] vt dixi,de nullitate, uel iniustitia,sed si ipsam non impugna[t] sed peteret eā reuocari offerendo satisdationē de iudicio s[ol.] tunc diceret̄ simpl̄r se defendere,ēt si nullo p̄cepto sibi fcō faceret,ga per hoc venit ad defendendū se a prima citatione quo dēt admitti,ita loquit̄ qđ no.Spe.in tit.de ꝯtu. §.fin.ver. pone reus.& hoc ꝓbatur in isto tex.ga petebat hic remissio[nem] offerendo satisdationē, vñ non uidebat̄ impugnare ꝑꝑea n[un]ciationē de nullitate,vel de iniustitia,sed dicebat,ꝙ posito q[uod es]set ualida,& iusta,dēbat remitti,p̄stita tali satisdatione,vt j̄. p̄tor.§.deinde.lr̄ē aduerte diligēter,ꝙ p̄dicta ꝓcedunt, qñ p[eteret] reuocari aliā sñiam,q̄ banni,uel excōicationis.Si aūt peter[et il]lā reuocari,ēt si diceret eā nullā uel iniustā,dico ꝙ dēt adm[itti] licet sit actor,ga in hac qōne non reputat̄ bannitus, uel ex[communi]catus,ut uidemus in seruo,q non pōt agere,ut l.e. seruus. C
b iu.Et tñ si dicat se liberū . bñ pōt agere, b ga in hac qōne s[eruus] nō reputat̄ seruus,sed liber, vt j̄.de lib.cā.l.ordinata . Et ist[ud] ga per neminē ita bñ declat̄ iste passus.In gl.q̄ inci.(ga nō s[atis]dat de rato.) i. l. Pōpo.§.j.illa non multū facit,ga loqt̄ de il[lo q] ꝓcuratorio noīe alterius petebat satisdari sibi de dam.infec[ti] noīe legatorū, vñ l̄tīmè cauet̄ de rato , hic uerò nō petebat satisdari, sed potius econuerso offerebat satisdationē de de[mo]liendo, ut fieret remissio. Tu ergo melius forma ꝯrium, ga [non] pōt negari, qn iste sit actor, cū ꝓuocet nunciantē ad iudici[um] per d.l.in trib.ergo cauere debet de rato , ga solet facere p[rocura]tor actoris,& ga eodē respū dr̄ ꝓcurator rei, ga fuit ꝓuocat[us a] nunciante, p̄stat ēt satisdationem de iudi. sol.i.de demolie[ndo] vt hic,& j̄.prox.§.in fi.quidam fatent̄ hoc de plano,quos gl. [re]prehendit , & dicit ꝙ cautio rati non p̄stat̄ , ga non pōt ꝯm[itti] q.d.non euitat eā cū non sit ꝓcurator actoris, ga immo est, ga si p̄staret eā,& esset inutilis, non posset ꝯmitti , ga super[fluis] cautionib.non est utendum, ut l.non cogendum. §.Sabinu[s de] proc.Istud ꝙ nō possit committi, procederet, si in petend[o re]missionem obtineret, sed si succumberet , bñ posset ꝯmitt[i] Bar.& ideo ratio gl.non est bona.Dic ergo s̄m eum, & aliq[uan]tulū clarius, ꝙ iste petebat remissionē offerendo satisdōn[em] de demoliendo,& h.d.Bar. Et tu adde,ꝙ nunciator uolebat recipere , his duob. ꝯcurrentib. & ideo est necessaria satisd[atio] rati, ga per satisdationem de demoliendo plene ꝯsultū est [nun]ciatori: nam aut dñs habebit ratum, qđ ille gessit,& tunc si [nun]ciator obtinet, ga probat se iustè nunciasse, destructur opu[s ratio]ne promissionis factæ de demoliendo. Si uerò dñs non hēa[t ra]tum, destructur alia rōne, quia non ualuit remissio,& sic fa[ctum] ctum opus ante remissionem contempta nunciatione, ut j̄ l.non solum.§.sciendum. Est ergo consultum nunciatori i[n quo]cto euentu per illam solam satisdationem de demoliendo.S[ed si au]tem nunciator nollet satisdationem recipere super aliqua c[ausa &] super hoc disceptaretur, an dēret recipere nec ne, tunc qui[a in] hoc posset ille succumbere, & sic non ꝯsuleret nunciatori [si] dñm, si non hr̄et ratum, nō audit̄, vt de hoc cognoscat̄, nisi p[re]stita cautione rati pp rōnem prædictā , ga est ꝓcurator act[oris]. Et idem si peteret remissionem per illam viam non offere[ndo] satisdationem de demoliendo, sed dicendo nunciationem [nul]lam, ga poterat ꝯtemni, vt iniusta, quia hēbat ius ædificand[i in] casib.quia pōt in hoc succumbere , & non consuleretur c[ontra] dñm ad expensas , si non hēret ratum , non admittitur, ni[si ca]ueat de rato, & hoc fuit de mente Bar.hic, licet obscurè lo[qua]tur, sed ex prædictis apparet clarè quod ipse voluit.

ADDITIONES.

a Discumbrando.De hoc præcepto vide per Alex.consi.50.
b Agere.Adde ut per Feder.in cons. 116. & an ibi spoliatus debeat restitu[i] omnia, nō obstante excommunicatione, & in casu posito, dico ꝙ Lap. all[egat] sequitur simpliciter Iac.de Are.& vide ibi alia ad hanc materiam.

1 *Defendens nunciatorem interdicto, ne uis fiat ei, ꝙ teneatur satisdare de [iud.] sol.non de rato, & quare.*
2 *Quando petis sententiam latam pro te , contra me confirmari, an ego [e con]uerso possim dare alium, libellum in quo petam infirmari.*
Qui intentat interdictum ne uis fiat ei, quòd possit dici actor, & reus, di[uersis] respectibus.
3 *Defendere dicitur etiam ille, largo modo, qui causam suam prosequitur agendo, & alium prouocando.*

1 **§.Si procurator.** †Defendens nunciatorem in[ter]dicto.ne vis fiat ei, tenet satis[dare] de iud.sol.nō de rato, quia sustinet partes defensoris. Et i[deo] cū non pōt opponi, ꝙ non hēt mandatum, eum ad defen[den]dum admittat quis sine mandato, & si satisdationē de iud[icio] no

t, denegantur sibi actiones noĩe dñi. h. d. cũ duab. leg. seq. ...idum, ꝙ pp duplicẽ rõnẽ nõ satisdat de rato hic iste ꝓ u... Primo, qa sustinet partes defensoris, vt dr in tex. & rir pcu ...i nõ cauet de rato, sed tm de iud. sol. si ꝑ illũ plenè ꝑui... ori. Alia rõ est, qa iste idẽ ꝓcurator fuit ille, q nũtiauit mi ...i opus, & ego sibi satisdedi de demoliẽdo: vñ, vel ipse do mandato, vel cauit de rato, vt s. e. l. §. q ꝓcuratorio. vel ...rũ fecit, ego tñ ipsum admisi, tanq̃ ꝓcuratorẽ, & sic legi... fuit ꝑsona sua, & de mãdato ꝯstat, nã postq̃ habuit mãda... enũtiãdũ, cẽset ẽt habuisse ad oĩa, q̃ in ꝑnam illius venerũt, ...õne tetigit gl. in l. seq. q̃ inc. [ꝓcurator est rei, nõ actoris] dñi, &c.] In gl. in verbo (satis acceperit.) q̃ inci. (a me.) ibi ...atisdationẽ nõ ex volũtate dñi receptã, & sic de facto me ...tabat. Doc. ẽt gl. reprehẽdunt: quia allegaret suã turpitu... sed nõ meret reprehẽdi: qa licẽt malè faciat, tñ molesta... facto, & ad hãc molestiã repellẽdã intẽtabã hoc interdi... Tu potes dicere melius, & notabilius, ꝙ molestabat me de ...cẽdo, ꝙ non obstãte remissione dñs habebat ius nũtiãdi, ...entabat ꝯfessoriam, vel negatoriã, vt illa remissio tolleret ...m iudicis. Ego verò ecõtrario dicebã oppositũ, me hr̃e ius ...di, & intentabam hoc interdictum, & hoc colligitur ex l. ...tisdatio. vbi patet, ꝙ iste ꝓcurator noĩe dñi actiones intẽ... q̃ sibi denegantur, si nõ satisdat, † & f̃m hoc esset hic casus ...ꝯ Inno. in eo, quod dixi s. ea. l. q opus, ꝙ qñ petis sñiam ...ro te, ꝯ me confirmari, ego ecõuerso possum dare aliũ libel... quo petã infirmari, licẽt Inn. dicat ꝯriũ: nã, & hic isti libelli ꝯrij. In gl. q̃ inc. i. rei ibi (uel dic, ꝙ actoris, & rei.) ista vera: ...ꝙ intentat interdictũ. Ne uis fiat ei, põt dici actor, & reus ...is respectib. & qui intentaret alieno noĩe, siłr posset dici ꝑ ...tor actoris, & rei, seu defensoris. † Nam ẽt ille dr̃ defendere ... mõ, q cãm suam ꝑsequit, ẽt agẽdo, & alium ꝓuocando, vt ... l. j. C. de test. & in l. j. C. de iur. & fac. ign. licẽt strictõ mõ nõ ... reus, vel defensor, nisi q ad iudiciũ ꝓuocat, dr̃ ꝓcurator a..., sed inquãtũ defendit ius dñi agẽdo, dr̃ procurator defen... quare ergo rõne primi non cauet de rato: ut d. l. si cogen... §. fi. tex. ibi. dicit: quia non posset committi ista cautio. Sꝫ ...e ista nõ gl. ibi laborat finał̃r ponit unam opi. quam ibi lac. & oẽs sequunť, ꝙ ille ꝓcurator habuit mandatum ad ædifi... m. & ꝑ ꝯñs ad ędificatũ defendẽdum ꝑ interdictum. Ne vis ..., & ꝑ omne remediũ. Vñ qa ꝯstabat de mãdato, non cauet ...ato, ut ẽt s. dixi in primo. no. ꝑ gl. in l. seq. In gl. i. l. seq. ibi (als ...curatoria: qa miles, vel mulier. & ista bñ põt opponi ꝓcurato..., vel defensori. vt l. alienam. C. de pc. cuius tenore fuit facta ...gl. nõ aũt illa, tu nõ habes mãdatũ, cũn ẽt sine mãdato ad...atur qs ad defendẽdũ aliũ, vt C. de pc. l. exigẽdi, uel dic, aut ...endit tãq̃ uerus ꝓcurator, & põt sibi obijci. Aut tanq̃ defensor ... mãdato offerẽdo satisdõnẽ de iud. solu. & tũc secus, ut in ꝯ... In gl. seq. ib [de pcu. l. uel in operis. in fi.) dic f̃m Dy. ꝙ illa ni... facit: qa hic loquit de ꝓcuratore nunciante, q simpłr hoc inter...o. Ne vis fiat ei ꝯuetus, obtinet partẽ rei, ibi autem loquitur procuratore ædificantis, q petit aduersariũ venire in posses...nem, vel opus destruere, ideo cauetur, ꝙ dñs ratum habebit.

ADDITIO

...itudinem. Quando autem turpitudinem allegans audiatur, aut non audiat, ...in l. j. col. 2. uer. quero utrum. C. de cond. ob tur. cau. per . merca em. eo. tit. ...pro tearis de reuo. do. Cui adde Bar. in l. ij. eo. ti. & eundem Bart. & Alexa. ...3. l. iusiura. §. procurator. Io. An. in c. consanguinei. de ind. & Inn. in c. tertio ...o. de præsc. Ias. in d. l. iusiuran. Fel. in c. lator. de re iud. & c. sciscitatus. de re...

LEX VIII.

Non solum proximo. Nuntiatio potest fieri etiam vicino, & vlterio ...mediante ratione seruitutis, vel damni. h. d.

...ntiator cautè facit, si tempore quo nunciat, testes adducat visuros quantũ ...rat factum, ut sic si postea fiat, sciatur, quantum sit destruendum.

...contra quem agitur interdicto demolitorio, cautus sit, ꝙ probet aliquid æ...ificatum ante nuntiationem, & si tunc nuntians non probet aliquid ædifi...catum post, censetur totum ædificatum ante.

...nobiles non possunt ingredi palatium, nisi tempore consilij, & accusetur a...liquis nobilis, quòd ingressus est palatium de tali mense, & ipse ad sui de...fensionem allegat, quòd illo mense factum fuit consilium, an hoc sufficiat ...pro absolutione.

§. Qui opus nouum. †Nũciator cautè facit tpe quo nũtiat, si testes addu...t visuros q̃tum erat factum, vt sic si postea fiat, sciatur, quãtũ ...t distruendum. h. d. iste §. cũ ver. sed ut probari. j. eo. qui semper ...le. Effectus aũt huius §. est ille de quo hr̃ in ult. gl. in ver. sed, vt ...robari. super verbo (conseratur.) quia si hæc practica nõ est ser...ata, licẽt postea constet fuisse ædificatum post nuntiationem, ...x quo tñ constat, ꝙ ẽt ante fuerat ædificatum, si non potest ꝓ...ari quantum sit ędificatũ post, nihil destruet, ne cõtingat aliqd ...destrui de eo, qd erat ędificatum añ: quia est sanctius nõ destrui ...licitè ędificatum, q̃ aliquid destrui de licitè ædificato, prout dr̃ in fi. in l. absentem. j. de poen. sed si non apparet aliquid fuisse ędificatum ante, tunc totum destrueretur, quasi totum videatur ædificatum post, si probat post nuntiationem ædificatum esse.

2 † Sit ergo cautus ille, ꝯ quem agitur interdicto demolitorio, & probatur aliquid ædificatum post, quòd probet aliquid ædificatum ante: & sic econuerso si hoc probaret, & nuntians non probaret aliquid ædificatum post, totum censeatur ædificatum ante, arg. s. eo. l. de pupillo. §. qui nuntiat. in fi. licẽt aũt expediẽs sit istos modulos adhibere tpe nũtiationis, vt facilior sit probatio. Si tamen non adhiberentur, & posset probari quantum sit ædificatum post, sufficeret: quia nuntiatio ex hoc non redderetur nulla, sed inutilis deficiente probatione, & hæc sentit illa eadem gl. dum dicit. tenet nuntiatio, & etiam gl. in hoc § qui opus, quę incipit. i. excedit. Et ista inducuntur ad plures quæstiones quotidianas, & vtiles, de quib. hic per Bar. sed ad declaonem verborum suorum sciendum est, ꝙ interdum aliquid est regulariter permissum, sed causałr prohibitũ in certa parte rei, vel tẽporis, puta, ꝙ non possunt pasculari bestiæ in tali prato à tali loco, vsque ad tales, vel post dimidium mensis Martij vsque ad talem mensem, & tunc procedunt ea, q̃ primo loco hic tangit Bar. de accusatore, q accusat aliquem, ꝙ pasculauit bestias in illo prato vel de mense Martij, quod vt procedat accusatio, non sufficit ita dicere, sed debet dicere, ꝙ in illa parte prohibita, & ꝙ post medium mẽsis: aliàs accusatio non concludit ad delictum, & sic etiam si esset facta probatio post medium mensis: vel in parte ꝓhibita videtur, ꝙ habeat sequi absolutio propter ineptitudinem accusationis, quia super inepto libello, vel accusatione nõ potest ferri sñia valida, vt not. Inst. de obl. in prin. & Bal. in l. actoris. s. de iureiur. Et istud non tangit hic Bar. sed erat necessarium. Item posito, ꝙ dixerit accusator, sic actum esse, necesse habet probare: nec sufficeret ꝓbare, ꝙ pasculauit in tali prato, vel de mense Martij: quia non probauit illud, quod erat causa suæ intentionis, vt j. vi bono. rap. l. ꝑtor. §. docere. la 2. in isto §. & istud bene tangit Bar. Aliquando tangit econuerso, ꝙ aliquid est regulariter prohibitum,

3 sed causaliter permissum certo loco, vel tempore, puta, ꝙ † nobiles non possunt ingredi palatium, nisi tempore consilij, & tunc procedunt ea, quæ tangit Bar. in secunda parte de reo, vel accusato, ꝙ si aliquem nobilem accuso, ꝙ ingressus est palatium de tali mense: & ipse ad sui defensionem alleg. ꝙ illo mense fuit factum consilium, tñ probat, ꝙ intrauit tempore, quo consilium fuit factum, vtrum sufficiat illud probasse pro absolutione? uidetur, ꝙ non, cum illud sit cã suæ exceptionis, ergo debet illud probare, sicut accusator illud, quod est causa suæ intentionis, vt l. j. de excep. ipse determinat ꝯrium: quia potius præsumit intrasse tempore licito, ut euitet delictum, q̃ in illicito. ar. in l. meritò, ꝓ socio, tu dic, ꝙ illud uerũ est, si hoc altem alleg. in suis exce. ꝙ ipse intrauerat tempore consilij, & probabat, ꝙ consilium de illo mense fuerat factum, non tamen probabat, ꝙ intrauerit tũc, & constabat ipsum intrasse, nam postq̃ hoc allegat, præsumitur pro reo per rationem Bar. Sed si hoc non allegaret, licet probaret, ꝙ illo mense fuerit actum consilium, hoc sibi non sufficeret qa pro reo, qd non est alle. non præsumitur, ut in l. si adulteriũ. § iidem Pollioni. j. de adul. & per eundem Bar in l. cum quid. ff. si cer. pet. & sunt verba Bald. in l. si certis annis. in fin. 3 col. C. de pac. licet Bar hic uideat innuere ꝯrium, ꝙ sufficiat sibi dicere, & probare, ꝙ illo mẽse fuerat factum consilium, & nõ dicit, ꝙ debeat etiam dicere, ꝙ quando fuit ingressus, tenebatur consiliũ, unde multum miror, ꝙ in hoc defecerit, quod tamen est necessarium, & eius uerba possent inducere quem in errorem sine dicta suppletione.

§. Si cum possem iure. Si nuntiator prosequitur proprium interesse, ꝙ pro remissione habenda debet satisdari. Si uero publicum, sufficit sibi remitti nuda cautione de opere demoliendo, hoc dicit.

Glo. hic super uerbo. (debeo) signat unum contrarium de l. prætor. in prin. & §. de eo operæ. j. tit. j. per quod, uidetur dicendum econuerso ad id, quod dicitur hic, & soluit multis modis, & nulla solutio est bona. Dic secundum Iaco. de Are. ꝙ ibi, ille, qui petit sibi caueri de dam. infec. prosequitur suum interesse, & ideo si aduersarius ædificat in publico, tenetur satisdare. de dam. infect. Si uerò in suo priuato sufficit quòd repromittat. Ratio diuersitatis est quia cum ædificat in alieno in præiudicium alterius. plus grauatur, quia in duobus videtur culpabilis quòd in præiudicium alienum, sed in casu huius. §. cum quis ædificat in publico, nuntiator prosequitur interesse publicum, non suum, si nuntiat causa iuris publici conseruandi: ideo debet esse contentus sola repromissione, ut patet in fin. Sed si prosequitur proprium interesse, tunc etiã satisdare deberet, licẽt in publico ędificet ut no. j. eo. l. prætor. §. hoc autem interdictum. in fin. mag. gl. Si autem ædificatur in priuato, & nuntians prosequitur suũ interesse in materia huius tit. dẽt satisdari, ut hic in princ. Sed in mã tit. seq. sufficit, quòd repromittat. ita uarie glo. Doct. non declarant, sed non uideo allegatam rationem. nisi quia illa sunt di-

uersa

uersa est, & diuersimode lo quuntur, quia istud facit mentionem de satisdatione, & illud de repromissione.

§. Sciendum. Post nuntiationem non debet ædificari, (nisi prius obtineatur remissio.) alias destruitur. hoc dicit.

1 *Nuntiatio noui operis, quando dicatur esse in personam, uel in rem.*
2 *Materia protestationis, remiss. ad Bar.*

1 **§. Morte.** † Nuntiatio noui operis, etiam ex parte nuntiātis est in personam, & ideo eius morte re integra, vel alienatione rei, ꝙ qua facta est, extinguitur: sed ex parte eius cui facta est non in personam, sed in rem, ideo dictis mo-
2 dis non extinguitur. h. d. † Et hic tractat Bar materiam protesta-
a tionis multū solenniter, ad cuius dictum sp recurritur. ª Effectus primi dicti est, q̄ si post mortem, vel alienationem ædificetur, non potest hæres nuntiantis, uel etiam singularis successor agere ad demolitionem, hoc tamen est verum secundum Bart. & ēt Ang. nisi de hærede fecisset mentionem, dicendo nuntio pro me meisque hæredibus, nam etiam in his, quæ finiuntur morte, si fiat mentio de hæredibus, transit ad hæredem, ut l. diem proferre. §. j. s̄. de arb. & l. si vero non remunerandi, in fi. s̄. man. & j̄. de ver. obl. l. stipulatio ista. §. si quis ita. licet in prima persona hæredum, & tunc fit quodammodo ius nouum, non illud, ꝙ erat apud defunctum, ut d. §. si quis ita. Quid autem, si dicit pro me meisque hæredibus, & singularibus successoribus, verum extinguetur per alienationem? an autem transibit in singularem successorem? puto, ꝙ non transeat ipso iure, sed nec extinguatur, & ideo tenebitur nuntiator cedere ius nuntiationis illi emptori, & in hoc differt singularis successor ab hærede, in quem transeunt iura ipso iure. Et ad illud, quod dicit de cessione, facit, quod hr̄ in l. j. §. fi. s̄. eo Effectus aūt secundi dicti est, quòd si ædificetur per hæredem eius, cui facta fuit nuntiatio, vel etiam per emptorem, destruatur opus non tamen suis expensis, si ignorauerunt nuntiationem, vt j̄. eo. l. fin.

ADDITIO.

a Recurritur. Et adde hic, ꝙ protestatio est denuntiatio publicè facta causa iuris conseruandi in futurum, quod ipsi protestanti competit, uel competere potest, ut per Car. in cle. j. 13. q. de procu. & adde ad protestationis materiam, quæ traduntur per Doct. in c. cum enim de constit.

LEX IX.

1 *Creditor pro re pignorata potest nuntiare nouum opus. Et nuntiatio potest fieri etiam contra furiosum, uel infantem. Et stipulatio de demoliendo continet etiam interesse.*
2 *Quando fit nuntiatio debet esse præsens aliquis, qui possit nuntiare domino, & si dominus est furiosus, uel infans, ꝙ possit nuntiare tutori, vel curatori: quia tunc non sufficit furioso, & infanti nuntiare.*
3 *Stipulatio de demoliendo committitur ad interesse, quatenus interest nuntiantis non fuisse ædificatum.*

1 **Creditori.** † Creditor pro re pignorata potest nuntiare nouum opus. Et nuntiatio potest fieri etiā ꝯ furiosum, vel infantem. Et stipl̄o de demoliendo continet ēt in-
2 teresse. h. d. vsque ad l. cum procurator. † No. in ista l. cum seq. qa vr̄ hic tex. ꝙ quando fit nuntiatio debeat esse præsens aliquis, q possit nuntiare domino, & si dn̄s est furiosus, vel infans, ꝙ possit nuntiari tutori, vel curatori. Et ideo dum dicit. (possit nuntiari furioso, & infant.) debet exponi. i. contra furiosum, & infantem, quia non sufficeret nuntiare eis, cum non habeant intellectum, sed debet nuntiare fabris, uel aliis, qui renuntient tuto. vel cura.
3 † No. ēt in l. ex operis, ꝙ licet in stipulatione de demoliendo fiat solum mentio de hoc, tn̄ committitur stipulatio etiam ad interesse quatenus interest nuntiatoris, non fuisse ædificatum, ut hr̄ in tex. & gl. quod est no. quia hoc uenit in consequentiam.

LEX XIII

1 *Qui mandatum habet ad denuntiandum, censetur etiam habere ad remittendum recepta satisdatione de demoliendo.*
2 *Procurator si est litem contestatus, & sic acquisiuit sibi directum ius instātiæ, tunc an dominus poterit aliquem actum facere in iudicio sine procuratore.*
3 *Licet procurator constitutus ad aliquam causam si fertur contra ipsum sententia diffinitiua, teneatur appellare, nō tamen tenetur appellationem prosequi, sed si appellat ab interlocutoria, tenetur eam prosequi.*
4 *Si est constitutus a minore cum authoritate tutoris, an poterit petere restitutionem in integrum super lęsione contingente in aliquo contractu gesto per ipsum procuratorem.*

1 **Cum procurator.** † Qui mandatum habet ad denuntiandum, censetur etiam habere ad remittendum recepta satisdatione de demoliendo. hoc dicit secundum primam lect. quæ ponitur in glo. mag. quæ incipit: (alias remissio.) in prin. ibi ut tamen ante si gl. vsq. ad verbum: (alii sic) qui debet coniungi cum principio, debet tn̄ illam stipulationē recipere procuratorio noīe dn̄i, sicut nuntiationē, & ista est vera lect. Secundum aliam lect. dicitur ꝯrium, ꝙ licet quis habuerit mandatum ad nūtiandū, nō remittere nuntiationem, nisi de hoc habeat speciale mandatum vel intercesserit noua volūtas dn̄i. ista lectu. posset procedere si fieret remissio volontaria, quia haberet vim donationis, & donatio non censetur permissa procuratori. arg. l. ꝯrius. §. si de pact. Et isto modo debet intelligi ꝓcurator, vt nō possit donare. l. 3. §. nō tn̄. j̄. ꝙ vi aut clam, vbi dr̄, ꝙ procurator potest ... tere gratis: quia istud est verum, si habet speciale mandatum ... generale cum libera. Qn̄ aūt remissio est necessaria, q ... oblatis cautionib. pōt fieri ꝑ procuratorē, ēt si in instrumento nō appareat mandatū aliud, q̄ ꝙ nuntiet. vt s̄. eo. l. de pupillo. §. si. vbi vr̄ tex. licet quidam inducant in ꝯriū, sed ista est vera. ēt probatur per hanc f̄m aliam lect. tria dicit, ꝙ qn̄ ꝓcurator ... tiauit, non solum ipse pōt remittere, sed ēt dn̄s, & sic ꝯ. ... nam. In gl. q incipit: (alias.) ibi, non solum dn̄s pōt remittere sed ēt procurator dic, videbatur, ꝙ solus procurator possit solus nuntiauit quasi, ꝙ ipsi sit acquisitum ius ex nuntiatione, sed certe est acqsitum ad vtilitatem dn̄i, & ideo dn̄s pōt remittere sine procuratore. Et istud facit ad qōnem, si procurator fuit stipulatus aliquid meo noīe, licet actio sit sibi acqsita, ... tem mihi sine cessione in extraiudicialib. quia tamen te... eam mihi cedere. ut l. possessio quoque. §. si possessio. de ac... ꝙ possim ego illam actionem remittere per pactum, vel ac... lationem, etiā anteq̄ mihi cedat, & cōsuluit Bar. per l. apud ... tum. §. mandaui. in tex. & gl. j̄. de do. exc. & per l. si cum em...
2 in fi. s̄. de pact. & per l. mulier bona. s̄. de iure do. † Item facit procurator sit litem cōtestatus, & sic acquisiuit sibi directum instātiæ, nihilominus dn̄s potest actū aliquem facere in iu... sine procuratore, & valebit, licet nō uideatur procurator ... catus, quia nec potest reuocari inuitus post lit. cōt. & hoc ... Bart. expresse. in l. ante litem cum l. seq. s̄. de procurato. Sec... est plus q a dn̄o acquisitum est ius vtilis instātiæ, quia est ac... dicialis per l. in causæ. app. & l. si ante acceptionem. iud. sol... ibi, (licet hoc f̄m non est in tex.) Tu dic, immo est in tex. f̄m ... mam lectu. In ead. ib. (& vr̄ hoc pendere ex primo manda... denuntiando.) intellige gl. hic. f. ꝙ possit remittere nūtiatio... recipiendo satisdationem de demoliēdo, ipse dn̄s si nuntia... necesse habebat satisdationem recipere, si fuisset oblata ꝑe... prætoris. l. si cum emptor. §. deinde ergo mandando, ꝙ nun... censetur in ꝯnam mādasse, ꝙ etiam remittat, recipiendo sat... tionem, si offeratur, alias dr̄ procurator constitutus ad un... non posset se impedire de alia re penitus diuersa quæ nō ue...
3 in ꝯnam illius, ut l. procurator ad vnam. C. de procurato. † E... inducuntur ad duas qōnes, prima, ꝙ licet procurator cōstitutus ad aliq̄ causam, si fertur ꝯ ipsum snīa diffinitiua, licet teneatur ap-
a pellare, non tamen tenetur appellationem [a] ꝓsequi, vt l. in ... C. de proc. quia nec posset, cum non censeatur habere mandatum ad causam appellationis prosequendam, quia est diuersa a cau... sa principali, & potuit expediri principalis absq. ista, nō sic ... tur ꝯ ipsum interlocutoria, quia tenet appellare, & appella...
b nē ꝓsequi, [b] q a potest. Nam cum habuerit mādatum ad cau... principalem, & illa non possit expediri, nisi expediat iste ar... lus, incidenter censetur etiam ad hūc mandatū habuisse. Et
4 tenet Inn. in c. non iniuste. de proc. † Item inducitur, ꝙ licet procurator cōstitutus a minore cum tutoris authoritate nō possit petere restitutionem in integrum super læsionem contingentem in aliquo contractu, qui geratur per ipsum procuratorem vt quia non probauit in termino, potest restitutionem pete...
c quasi uideatur habuisse mandatum ad hunc articulū incidē... & ita debet limitari. l. 2. s̄. de minori. Et ita tenet Inn. in c. susceptus. de restit. in integ.

ADDITIONES.

a Appellationem. Nam causę principalis procurator, non cogitur esse in appellationis causa procurator. ut per Bar. in l. qui proprio. §. item quæritur. in ... ff. de procu. & adde Spec. in titu. de Sala. §. 3. ver. sed nunquid aduocatus, ... proc. §. 1. in 5. car. ver. quid si procu. intercessit. Et Car. in clem. inf. eodem ... 5. no.

b Prosequi. Adde D. Ro. decis. suis de proc. decis. 166. in antiquis ubi etiam di... quod procurator habens mandatum ad agendum defendendum, & prosequendum, quod si appellet tenetur prosequi, licet protestetur, quòd tamen non ... prosequi.

c Incidentem. Amplia, ut pr Ol. consi. 226.

1 *Durante satisdatione, de demoliendo non potest iterum nuntiari, ne tollatur commodum remissionis, & si procurator illam satisdationem receperit ... dominus ea durante iterum nuntiat, facit committi stipulationem de ... ad interesse, illa uero finita bene potest iterum nuntiari.*
2 *Si aliquis appellauit ab aliqua sententia interlocutoria, uel diffinitiua, poste...*

ea iterum appellat durante tempore appellandi, an valeat ista secun- appellatio, & videatur recessum a prima, & a qua incipiat tempus ap ationis prosequendæ, & nu.3.& 4.

potest in causa principali procedere, non obstante appellatione ab in- cutoria, si non est sibi inhibitum per superiorem.

llatio facta viua voce saluo iure appellandi in scriptis, quòd sit vni entum, si postea reducatur in scriptis, & tempus incipiet currere ab positione secundæ, quæ facta fuit in scriptis, & prius acta fuit potius dam protestatio de appellando in scriptis, quàm appellatio.

Si dominus. † Durante satisdatione de demoliẽdo nõ põt iterũ nũciarij, ne tollatur odũ remissionis, & si procurator illã satisdationẽ recepe- dñs ea durãte iterũ nunciat, facit cõmitti stiplõnẽ de ra- interesse, illa vero finita bene põt iterũ nũciari.h.d.in ef- sm secundã lectu.quæ ponit̃ in gl.j.huius.l. q̃ cadit in isto est ẽt sm vlti.lect.ipsius & est difficilis in tex.& glo. & pri- onit̃ vna distinctio bimẽbris vsque ibi, (nam ipsi.) postea primũ mẽbrũ. In tex. ibi, (nã & ipsi.) pbat primũ mẽbrũ iõ, qa si iste pcurator qui nunciauit, & stiplõnẽ de demo- o recepit isto mõ, esset uerus pcurator & dñs non posset ente remissione iterũ nunciare, qđ patet, qa si ipsemet nũ t, & satisdationẽ illo mõ recepisset iterũ illa pẽdẽte nun- nõ posset, qa non põt tollere cõmodũ remissionis factæ. ergo modo si facta sit per suũ verũ pcuratorẽ, nunc autẽ non constat de mandato, & ille cauit de rato, si dñs nun- pendente stiplõne põt nunciare, qa factũ illius de cuius lato non cõstat, non põt dño p̃iudicare, ut j. proxi. §. Et paret ꝙ non est, quia dñs non habet ratũ qđ ipse fecit. Et gl.sup verbo, (nunciauerit.) dicit ꝙ vr̃ non hr̃e ratã pro- oris nunciationem iterũ nunciãdo. Sed possemus dicere, nõ hẽt ratã remissionẽ, & de hoc põt ꝯqueri q satisdedit moliẽdo, qa auferẽ sibi commodum remissionis, p illũ qui it te pcuratorẽ. Sed forte gl. iõ sic dixit, qa si nõ hẽt ratã sionẽ, vr̃ nõ hr̃e ratã ẽt nũciationẽ, qa si nũciationẽ ratã teneret ẽt ratificare remissionẽ, sicut qñ dat mãdatum ad dũ, cẽset dedisse ad remittẽdũ, ut in prin.l. differt aũt scđa l.ab ultima, qa in scđa onus pbãdi incũbebat ædificãti, ꝙ ædificaret, sed in ultima incũbebat nũciãti, vel eius pcura piusta fuerit nũciatio. Item in scđa lapso termino si nõ fuit obatiõ stipulatiõis de demoliẽdo effectualiter est commis ic nõ dr̃ finita. Sed sm ult.stiplationẽ dr̃ finita lapso termi pp hoc Bart. potius tenet ultimã q̃ secundam, qa text. vr̃ in duob.casib.l.qñ dñs nunciauit iterũ tpe quo stipulatio tenet idest, finita est, & hoc cadit in ult.lect. non in scđa, qa n est finita, sed effectualiter commissa. Vñ utraq. lectu. est n se, quia in utraq. est eadem rõ. Si ergo nulla est facta re- o, ille qui nunciauit iterum potest nũciare, ut hic probat̃ sensu, quia cessat rõ de quia hic, q non tollit commodum sionis, sed potius desideriũ suum auger. Sed utrũ p scđam tur recessisse a prima? Bar. hic tenet, ꝙ sic, postq̃ illam non it per gl. scđam, q̃ est hic super uerbo, (nunciauerit.) & p m procuratorio.§.fi.s̃.de procu. ubi p sm mãdatum tollit i. Contrariũ est verius, quia ibi sm mandatum erat diuer vel ꝯrium primo, hic vero istę nunciationes tendũt ad cũ- effectũ, ergo una per alterã nõ tollit̃, p id qđ ipse idẽ Bart. de duab. interlocutorijs latis super eodem articulo, ꝙ si nt ꝯriæ, uel diuersæ, p scđm nõ tollit̃ prima, sicut per secũ- interpellationem non tollitur prima, sed augetur eius us, arg. eius qđ no.in l.mora.in prin.de vsur. l. si ꝯuenerit. actio. nec obst.gl.hic posita, qa loquit̃ qñ prima denun- erat facta p aliũ asserẽtẽ se pcuratorẽ. Vñ dñs iterũ nũciã dẽte remissione, cẽset̃ illas ratas nõ hr̃e, nos loqmur qñ ip fecit primã, & scđam. † Et ista inducunt̃ ad qõnem quoti p. qua sp remittit̃ ad no. p Bar. hic, si aliqs appellauit ab il interlocutoria, vel diffinitiua, & postea iterum appellat, e tempore appellandi, an ualeat ista scđa, & an videat̃ re- a prima, & a qua incipiat tp̃s appellationis psequendæ? enius q̃ Bar. dicas sic, ꝙ aut primo appellaui ab interlocu- postea appello diffinitiua pẽdẽte prima & ualet vtraq. nec ndam vr̃ recessum a prima, qa sunt diuersæ, & superdiuer erpositæ. Et hoc no. Inn. in c. dilecti. de appell. in fi. & iste um gl. in cle.i. de dolo & contu. Aut istę appellationes sũt eadem snĩa. Tunc aduertendum, ꝙ si altera istarũ peccat ma, & altera non, stat̃ illi, q̃ non peccat, & altera habetur õ facta. argu. in c.j. de sacris nnn iterã. Aut neutra peccat ma, † Et tunc aut prima non traxerat secum executionẽ, ppellat̃ ab interlocutoria, quia non rescindit pronũciatũ, potest, quia iudex põt nõ obstante appellatione proce- n cã, si non est sibi inhibitum per superiorem, vt in c. non de appel. li. 6. Et tunc valet vtraque, & põt prosequi quã t ita pt intelligi quod no. Io. And. in c. bonæ. de appellat. & incipit tp̃s appellationis currere ab illa quam prosequet̃, qđ ex postfacto apparebit, & ex postfacto põt apparere, si expresse rit, quã ex illis uelit psequi. Sed si nõ expresserit, nec aliter appare re põt, q̃ psecutus fuerit, a qua illarũ incipiat tp̃s prosecutionis hic nõ declarat̃. Si vero prima traxit secũ executionẽ, qa inter ponit̃ a diffinitiua, & sic statim eam rescindit. ut l.j. in fi. ad Tur. tunc aduertendum, ꝙ aut prima fuit facta simpliciter, nõ sub commemoratione secundæ, & tunc tres fuerunt opiniones, v- na Bart. quam ponit hic, ꝙ cum prima appellatio operata fuit effectum rescissionis snĩæ, & id quod est rescissum amplius non põt rescindi, ut l. nam & si sub conditione. de iniu. test. secunda appellatio erit frustratoria, pro hoc bene facit quod no. glo. j. mag. in fi. in l. si vnus.§.pactus.s̃. de pac. dum dicit, ꝙ primum fuit operatum id, quod per sm amplius fieri non potest, & ista est vera opi. Alia fuit opi. Ang. ꝙ valet secunda, & per ipsam vi- deat̃ recessum a prima, p l. si qs libellos. C. de accusa. q̃ nihil fa- cit, nam bñ probat, ꝙ ab appellatione quã quis facit, põt rece- dere, sed ꝙ uideat̃ recessisse interponendo secundã õn probat, imo, plus dicit, ꝙ si interponendo secundam diceret se velle re cedere a prima, nec primam posset proseq, quia ab ea recessit, nec secundam, q̃ non potuerit operari, id qđ prima operata fuis set per gl. p̃alleg. in §. pactus. Nec obstat ꝙ adhuc superest de tẽ pore appellandi sm eum. Nã dico, ꝙ imo non superest, sed in- terpositio primæ sublata est, quia cessante cã dilationis cessat dilatio. ut l. a filia.§. alumna. ad Trebel. Tertia vr̃ fuisse opi. Ioa. And. in d.c. bonæ. ꝙ ualeat vtraq; & possit psequi quã vult. sed nõ placet, qa nõ rñdet ad causam Bar. q̃ est demonstratiua. Te- ne ergo ipsam quã ẽt tenet Bal. in l. appellationes. C. de app. v-
4 bi prosequitur hunc articulum multum subtiliter. † Aut prima appellatio fuit facta sub commemoratione secundæ, ut qa ap- pellauit viua uoce, saluo iure appellandi in scriptis, ut quotidie fit, & tunc dicit Bar. ꝙ est vnica tñ appellatio, s. prima, viua uo- ce, q̃ postea in scriptis redigit̃, & sic incipiet tempus currere ab interpositione primæ. Sup hoc als uidi quã plurima ꝯsilia nota biliũ Doct. & qdã tenebãt hãc opinionẽ, quã ẽt p tunc fui p- secutus, nũc vr̃ mihi uerior altera opin. ꝙ sit una, ut dicit Bart. nõ tñ prima, sed scđa facta in scriptis, & qđ ab illa dẽat tp̃s inci- pere, & ꝙ prima interposita uiua uoce fuerit potius quædam
a protestatio de appellando in scriptis q̃ appellatio. [a] argu. in fin. l. fideicommissa.§.j. de leg.3. quia hoc est utilius appellanti. Er- go &c. arg. l. si quis intentione. s̃. de iudic.

ADDITIO.

sa Quam appellatio. Adde eundem consi.25. Lu. Ro. consi.41. an autem cum iudex infert unum grauamen, & ab eo appellatur in scriptis, an denuo inferat simile grauamen, & sufficiat uerbo dicere, appello, prout in tali schedula alias appel laui. uide Rotam deci. suis de appel. decis.362. sed quid si appellãti a diffinitiua uiua uoce, iudex differat & statuat terminum ad prosequendum, deinde is appellans inter decendium appellet in scriptis, & petijt apostolos, & iudex nihil respondeat, vel si dedit, non statuit terminum ad prosequendum & non prosequatur primam appellationẽ, an poterit sm prosequi, uide Do. de Rota. in recollectis per D. Bernar. de Big. de appel. decis.23. incip. appellatum est a diffinita uiua uoce, ubi concludunt ꝙ appellãs sm appellationẽ poterit prosequi dato ꝙ iudex in scđo non statuerit terminum ad prosequendum, sed in prima, & ita no. unam ampliationem & declarationem eorum quę hic dicunt Docto.

§. Si in remissione Remissio facta per falsum pcuratorem non nocet dño. h.d. in effectu. & sic nõ obstat principiũ l. quia ibi erat verus pcurator, hic falsus. Item ibi ipsemet procurator nunciauerat hic nunciauerat dñs. Qui ergo tanq̃ procurator nuncians cõparet cum petit̃ remissio, si dubitat̃ de mandato, dẽt cauere de rato, vt etiam dixi s̃. in l. de pupillo.§. qui procuratorio.

LEX XV.

1 *In actione confessoria, & negatoria contra reum, se non defendentem officiũ iudicis est, ut compellat ipsum cauere de non faciendo aliquam nouitatẽ, & de non utendo iure suo quousque egerit & de iure suo probauerit.*

2 *Quicunque sustinet partes actoris, habet hoc incommodum quod cogitur probare intentionem suam.*

3 *Si iste reus, de quo in hac lege, contumax post factum præceptum de cauendo compareat intra annum, & offerat satisdationem de iudicio sisti, & ẽt de soluendo expensas, ꝙ faciat reuocare hoc præceptum, & si iam cautionem prestitisset, liberaretur ab ea, nec teneretur agere, & probare, sed remaneret reus.*

4 *Quid si compareat post annum.*

Ius præsumit rem durare in eo statu, in quo semel fuit, nisi probetur contrarium.

1 **SI prius.** † In actione confessoria, & negatoria cõtra reum se non defendentem officium iudicis est, vt compellat ipsum cauere de non faciendo aliquàm nouitatem, & de non utendo iure suo quousque egerit, & de iure suo probauerit. hoc dicit ista singularis lex, & difficilis

in sui materia. Et aduerte ꝙ ista cautio in iurib. corporalib. hr̄
loco primi decreti, qđ interponit̄ in reb. corporalib. ꝯ se non
defendentem, ut patet ex notatis ꝑ Inno. in c. j. de eo q mit. in
poss. non. n. pōt fieri missio ex primo decreto ꝑ aliū modū, cū
ista iura incorporalia nō possideant̄, ut Inst. de rebus corpora.
& incorpora. §. incorporalia. & hēt ista lex tres partes, qa primo loquit̄ in reo q fuit ꝯtumax in actione ꝯfessoria intentata
ꝑ actorē, usq. ibi (sistr.) Scđa in reo q fuit ꝯtumax ī actione nega
toria, vsq ibi (ea q̄.) Tertio ex his q̄ dicta sunt in utroq. dicto eli
cit vnā conclusionem, de qua s̄. non dixerat, & sic ille finis refer
tur ad vtrunq. casū ſm gl. sed ſm Dy. nō refert̄ nisi ad ſm, primū
est verius. In hoc tñ differunt, qa prout refert̄ ad primū intelli
git̄ ꝙ dēat ꝓbare agēs nō libertatē rei suæ q̄ ꝓsumat̄ libera, sed
hēt ꝓbare se dñm esse illius rei, ꝓ cuius libertate agit, vel se possessorē ꝑ legē uti frui. §. j. s̄. si usufr. petat. Sed ꝓut refert̄ ad ſm
casum, dēt intelligi ꝙ reus in negatoriā q nūc efficit̄ actor ꝑꝑ
eius ꝯtumaciā, & hēt intentare confessoriam debet probare de
a seruitute, quæ non præsumitur, nisi probet̄, per l. Lucius. C. de
serui. Et istum respectū habuit fortè Dy. ideo dixit non referri
nisi ad ſm casum, quia in primo non est necesse probare libertatem. sed certè ipse non perpendit, ꝙ saltem non est necesse
probare dñium, uel possessionem rei ꝓ cuius libertate agit, &
hoc incommodum consequitur ꝑꝑ eius contumaciam. Si non
fuisset contumax, fuisset reus, & non habuisset necesse pro-
2 bare, nūc efficit̄ actor, & hēt necesse ꝓbare, † qa ista est rr̄a, quæ
ponit̄ hic in fin. no. ꝙ quicunq. sustinet partes actoris, hēt hoc
incommodum, quod cogit̄ probare intētionē suam. Et notandum, ꝙ in ista materia hēmus quatuor leges principales. s. istā
quæ est priincpalior omnibus, & loquit̄ de confessoria, & nega
toria, & qñ nihil erat factū ꝯ debitam seruitutē ut in prin. Item
habemus l. à quo fundus. j̄. tit. j. quæ loquit̄ qñ aliquid erat factū, & in confessoria tm̄, & tunc procedit̄ alio mō ad missionē
ex primo decre. qa missio in ipsam rē & opus fcm̄. Item habemus l. is cuius. s̄. si serui. vendi. quæ loquit̄ ſm vnam lect. qñ ago
actione personali ꝓ seruitute constituenda, quo casu ꝯ reum
contumacem si latitat, fit missio in oīa bona, ut ibi. Sed si non
latitaret, fieret missio dūtaxat in quasi possessione iuris petiti,
sicut qñ agit̄ pro re corporali, ut l. Fulcinius. §. itē uideamus. j̄.
qb. ex causis in poss. eatur. Secundum aliū intellectum loquit̄
quando agit̄ reali, scilicet confessoria, tñ non solum petebatur
declaratio seruitutis, sed ēt interesse cōe, & ꝑꝑ istud iteresse similiter fiebat missio in oīa bona iure isto, sed hodie fit ꝓ mēsu-
ra debiti declarati. Hic vèro loqtur qñ agebatur reali confesso
ria, vel negatoria, & nihil aliud petebat̄ nisi declaratio iuris petiti, non aūt interesse, ideo non fit missio in oīa bona, sed duntaxat in quasi poss. iuris petiti, quæ quidem quasi possessio nihil
aliud est nisi patientia aduersarij ut l. quoties. s̄. de seru. & per
hanc cautionem aduersarius tenetur patientiam præstare. Bñ
ergo est verū quod ista cautio hēt uim primi decreti, secundū
Inn. in loco s̄. allega. Est & quarta lex j̄. de aqua quoti. & æsti. l.
pen. quæ loquitur, quando reus non erat contumax, & in hoc
differt ab ista, & tunc præstat̄ cautio ab eo, qui nō est in quasi
pos. alterius existentis in quasi possessione de non impediendo
ipsum in illa quasi possessione, donec iudicium fuerit finitum,
nec est curandū tunc, utrum ille qui est in quasi poss. sit actor,
vel reus, & ita loquit̄ illa l. penu. secundum verum intellectum,
quem ponit gl. magna. in l. j. circa princ. j̄. de itine. actuque pri.
quæ incipit (qui prodest.) ibi (tu dic, potest probare, &c.) sed hic
quando reus est contumax, non attendit̄ quis sit possessor, &
quis non, immo ipse reus propter contumaciam siue esset in
quasi possessione, siue non, cauet aduersario, prout hic. In text.
3 ibi (quam ultro egisset.) notandum tamen diligenter, † ꝙ si iste
reus contumax post factum præceptum de cauendo compare
ret intra annum, & offerret satisdationem de iud. sisti, & etiam
de soluendo expensas, facit reuocare hoc præceptum, & si iam
cautionem præstitisset, liberaret̄ ab ea, nec teneret̄ agere, & ꝓ-
bare, sed remaneret reus sicut prius erat hodie per l. si quis emptionis. §. sed & si quis. C. de præscrip. xxx. annorum. quæ lex loquitur, quando facta fuit remissio in reali super re cor. locum
hēt etiam non in reali super iure inco. cum sit eadem ratio, &
4 sic videt̄ de possessione. † Sed si comparet post annum secus,
quia non debet audiri de possessione, sed de proprietate, ut ibi.
Ideo non remanet reus, sed deberet sustinere partes actoris, &
ita debet limitari ista l. quæ loquit̄ de iure isto veteri, secūdum
quod non erat introductum beneficium illius legis. Dy. autem
aliter intellexit hic, quod etiam si comparet intra annum habet locum quod hic dr̄, quod non recuperat partes rei, nec au-
diat̄ de possessione, sed de proprietate tm̄, quia dicit, quod a-
ctor qui agebat confessoria, erat in quasi possessione seruitutis
altius non tollēdi, ꝑ prin. huius legis, vbi dicit̄ quod nihil erat
ædificatum, & sic per primum decretum modicium ꝑiudiciū
patit̄ reus, quia non aufertur sibi quasi possessio, cum nec eam
haberet sed aduersarius, ideo nō reuocat̄ primum de
Contrarium loquit̄, quando fuit facta remissio super re
rali, quo casu patit̄ reus præiudicium, quia aufert̄ sibi p
uel tenuta in qua erat, nam in re corporali non admit
agendum, nisi ille qui in possessione non est, ut l. j. §. hc
dictum. j̄. uti poss. ideo ne tm̄ damnum patiat̄ admitti
iō dicit ipse ꝙ ēt qñ agitur pro iure incorporali, si acto
rat in quasi possessione, quia tunc transfert̄ in ipsum pc
vt l. a quo fundus. j̄. titu. j. tunc admittitur reus ueniēs
num ad illum reuocandum. Br̄ in primo dicto non pl
opi. primo inquantū dicit, ꝙ hic actor erat in quasi pos
seruitutis, ex eo, qa nihil erat ædificatum. Istud reproba
qa nō seqtur, nihil erat ædificatum, ergo actor est in qu
nisi reum uolentem ædificare prohibuerit, & ex tunc
in quasi possessione, vt no. in l. qui luminibus. s̄. de serui.
præterea gl. hic sup uerbo. (uberet.) innuit, ꝙ nō erat a
in quasi poss. licet gl. innuat dum inducit in arg. ad agē
dicto (vti possidetis.) vbi actor est in possessione, & r
troque casu locum habet l. hoc posito, quod agens esse
possessione seruitutis, & si ꝑ primum decretum, ipse ni
nus reus magnum consequitur damnum ex primo dec
cogit̄ sustinere partes actoris, cum primo esset reus, &
ris in multis est deterior, q̄ rei, ut no. gl. in d. l. sicut. §. si q
serui vendicet. & etiam qa liceèt non teneat̄ probare l
domus suæ, etiam agendo, qa ꝓsumit̄ libera, saltem te
bare se dominum illius domus, vel possessorem, ut l. uti
vsusfruct. pet. quod probare non tenebatur, si remansiss
ne igitur hoc damnum subeat, puto etiam quod hoc ca
erat in quasi possessione, reus ueniens intra annum au
& recuperet partes rei, & facit reuocari præceptum de
do, & si euictio erat præstita, finiatur, dummodo soluat
sas, & caueat de iudicio sisti, licèt Doct. in hoc casu uid
sequi Dyn. ꝙ non recuperet partes rei. In alio autem cas
do non erat in possessione actoris Dyn. tenet, ꝙ recup
in hoc bene, & etiam Doct. & sequuntur. non tamen b
telligit l. a quo fundus. quia ibi non prouenit illud qu
missio in ipsa re, propter hoc, quia actor nō erat in quasi
sione iuris, sed propter hoc quia erat ædificatum contra
seruitutem, & sic ueniebat demoliendum, ut s̄. dixi. In g
incipit. (Si probasset.) vt probatur in fin. huius l. per qua
plet̄ primus, & secundus casus, in quibus de probatio
fit mentio, sed solum dr̄ ꝙ cauet de non faciendo aliquic
usque egerit, & sic innuit, quod statim quod dedit libell
lis est contestata, sit liberatus ab ista cautione, & possit
tem facere, quia egisse dr̄, ex quo lis est contestata, ut l. ar
non peti. j̄. rem rat. habe.. sed ꝯrium est, qa nō est liberat
usq. ꝓbauerit supple, & obtinuerit qa nō pōt ꝯstare pri
ꝓbatū quousq. snīa lata sit adhuc, cum ꝓbationes possint
gnari. In eadem ibi (sed quia in ea probabit.) dic in ea. s.
toria, & ista gl. vr̄ in dubiū reuocare id qđ s̄. affirmauit. Sc
ꝙ potius intendit declarare, quid habeat necesse ꝓbare il
intentat negatoriam, nam non hēt necesse ꝓbare rem su
se liberam, immo istud probatur eo ipso, quod contrariun
ꝓbat̄, ēt si aduersarius sit in quasi possessione seruitutis, q
illo qui dicit eam liberam, facit ius commune, quia sem
libera, & non potuit effici serua, nisi per impositionem se
5 tis, ut s̄. eod l. de pupil. §. 6. versi. impositiuam. † Ius autem
mit rem durare in eo statu in quo semel fuit, nisi probe
rium, vt l. siue possidetis. C. de proba. solum ergo dēt prob
agit negatoria se dominum rei, pro cuius libertate agit, si
est in possessione ipsius, uel possessione ex qua præsumat
dominus, ex quo dominium deducit̄ incidenter in iudici
d. §. si quæratur. & l. j. s̄. fam. ercis. Sed si non sustineret par
ctoris, nec ista teneretur probare, immo absolueretur acto
probante seruitutē, vt d. l. uti frui. §. j. si vsufruct. peta. Ad
ergo prodest quasi possessio seruitutis, postquam non re
ab onere probandi eam? Respondeo, quia non cogit̄ ad iu
prouocare, sed ex spectabit prouocari. Et sic aduersarius e
ctor & deterioris conditionis in probando dominium, uel
sessionem. Item quia sibi cauet̄ ab actore, vel etiam reo nō
mace de non turbādo in sua quasi possessione, quousq. iu
erit finitum in confessoria, in qua ipse qui est in quasi po
sion

A D D I T I O.

a Vt habetur egregriè per optimam gl. in l. sicuti, §. sed si quærat. Et eundem
in rub. ff. de ser. Bar. in l. si ædibus. C. eo. ti. Bal. in l. principaliter. ad fi. C. de
& Ale. cons. 133. j. par. 3. char. Adde tamen quòd ea ex longissimis seruit
mi pōt, ut iuxta Doct. gloss. in uerbo ancillam, & Bal. in l. 3. C. de ing. &
Quomodo autem probetur, uide Spe. de probat. §. 1. uersi. breuiter.

probare debet vt supra dictum est, Cauebit ergo sibi de
rbando ipsum, donec probet per l.pen.ĵ.de aqua quot.
d, quod no. per glo. in l.j. circa prin. de itine. actuq. priua.
a vide hic per Bar. qui multum sollenizauit hanc l. sed ex
tis apparet tota utilitas & substantia.

LEX XVI.

ndam interlocutoriam contrariam primæ censetur a prima recessu̅
stor tibi ꝙ non soluas ei cuius tenearis soluere, an tenearis obedire.

I opus nouum. †Per scdm interlocutoriā ɔriā primæ censet a prima recessum, ad hoc allegat Bar. istā l.s̃.e. l.cū ꝓcurator. §.j. & idē dicit, si scda esset diuersa a prima p l.2.s̃.de rescin.vend. secus si tēdit ad idē, qa tūc vtraq. valet. Dic vt ēt ipse idē tāgit in idex.ĵ.de re iud. gl. hic dicit, ꝙ iudex iō reuocauit primū ,qa nūciatio poterat ɔtēni, innuit ergo, ꝙ si nō reuocasdeat ɔtēni, alias reuocatio nō eēt necessaria, & hoc puto ꝓp authoritatē iudicis, vt nūciatio indistīncte nō ɔtēnat, iudice interueniēte, secus qñ uiua uoce, vel ꝑ iactū lapilpōt ɔtēni in plurib. casib. ut no.s̃.eod.l.j.in prin. Et ꝓ hoc o id, qđ no. Bar. in l.nō solū.§.morte.s̃.eo.in 2.quest.prin. testor tibi, ꝙ nō soluas ei cui teneris soluere, qa si ꝑ iudiestet, indistīncte teneris obedire, alias nō, nisi ostēdam iu causam per l.si quis inficiatus.s. depositi.

LEX XVII.

atione procuratoris, acqritur domino ius agendi ad demoliendum.
atio noui operiris, non refert per quæ verba fiat.

I procurator. †Nunciatione ꝓcuratoris, acqrit̃ dño ius agēdi ad demoliēdū.h.d. in effectu. Cōtra istud opp. de rīa, ꝙ ꝑ liberā psonā nobis acqrit̃ actio. vt Inst. ꝑ quas psonas §.p liberā. Sol. ut hr̃ in text.ĵ. qđ vi aut clā.l.3. prin. vbi Iuric. format hāc oppositionē, & soluit: nā mihi qrit̃ actio, vel ius agēdi ex facto ꝓcuratoris, sed ex delicto riarii ædificātis post nūciationē, illa tñ denūciatio ꝓcurafacit, vt illud ædificare sit delictū, qđ nō fuisset. Cōstat aūt licto liberæ psonæ cōmisso, circa nos, uel res nostras nobis nes acquiri: qa hæc acqsitio fit ꝑ l.3. ɔriū aūt loqt̃ in actio ex ɔtu vel quasi. †In gl.i. ibi, qa idē est ꝓhibere, & nūciare, lā gl. ꝑ eo qđ dixi in l.de pupillo.§.meminisse. ꝙ nō est dria verba, dic ergo ad ɔriū qđ uoluit gl. formare qa ēt interdi emolitoriū ex hoc edicto acqrit̃ dño, si nūciatio fuit facta lā, alias solū īterdictū, qđ ui aut clā, & hoc vult gl. sequens.

LEX XXIII.

cienter facit contra nunciationem uel etiam consentit, ut fiat, tenetur
emoliendum expensis suis. Si uero nec fecit, nec consensit, uel ēt ignorā
onsensit ut fieret non tenetur ad expensas, licet teneatur ad patientiā.
rentia inter dictionem, quilibet, & dictionem, omnis.

Edibus communibus. †Quiscienter facit ɔ nūciationē vel ēt ɔsentit, ut fiat tenet̃ ad demoliēdū expēsis suis. Si uero nec fecit, nec ɔsēsit, vel ēt ignorāter ɔsēsit vt fieret, nō tenet̃ ad expēsas, licet teneat̃ ad patiētiā.h. d.tex.cū gl. & ꝓbat̃ in l.ɔpetit.§.fi.ĵ. qđ ui aut in tex.ibi (opus fiat.) s. post nūciationē, & añ remissionem, in tex.ibi, (oīs nūciatio tenebit.) No. qa nō dicit qlibet, quę dicto distributiua †, & attribuit actiones uerbi cuilibet indū. Sed dictio, oīs, q̃ est dictio collectiua, & attribuit cuiliꝑ parte, ut l.nō distinguimus.§.si plures.s̃. de arb. lō vr̃ ꝙ si tiās ɔuenias unum solū, ut destruat suis expēsis, qñ alij ēt ɔserūt, ille pōt excipere, ɔuenias ēt alios una mecū, qđ est nodum. secus si alij consenserunt ut in uerbo sequenti.

LEX XIX.

et nunciator succumbat in prosecutione nunciationis noui operis, non de
gantur sibi ordinariæ actiones puta confessoria, uel negatoria, uel inter-
tum uti possidetis, per quas potest agere, ut demoliatur.

Ciendum. †Licet nunciator succūbat in ꝓsecutione nunciationis noui operis, non denegant̃ sibi ordinariæ actiones, puta ɔfessoria, vł gatoria, uel interdictum uti possidetis, per quas potest agere demoliat̃.h.d. Ratio est in promptu, quia potest esse, quòd ciatio fuerit inualida, vel ꝙ fuerit remissa, & sic opus esset factū contra nunciationem, & nihilominus non licite factū sit: ideo potest agi, sicut si nunciatio facta non fuisset, & adde quod dixi in l.de pupillo.§.si quis riuos. supra eod.

LEX XX.

PRætor ait quem. Per hanc legem. no. hic formam nūciationis noui operis fieri, quia debet concipi in rem, non in personam, s. ne aliquid fiat, quod intelligitur, s. ab aliquo, nō autem ne facias, quia tunc nō afficeret nisi ꝑsonā, ut dixi.s̃. eo. l.de pupillo.§.si plurium. ideo gl. in §.meminisse. dū ponit formam reprehenditur ꝑ Doc. dum dicit, (vt non ædificet.) quia sunt uerba directa ad personā, sed dēt dici, ne ędificet̃. No. ēt dū dicit restituas, & sic loquit̃ edictū in ꝑsona scda, & ex hoc sequitur, ꝙ ex isto edicto oriat̃ interdictū, qa vt plurimū īterdicta ɔcipiunt̃ in ꝑsonā scdam & ꝙ oriat̃ interdictum patet.ĵ.proxi.§.

1 *Ex hoc edicto si fiat contra nunciationem, oritur interdictum per quod agitur ad demoliendum etiam si aduersarius habuerit ius faciendi, vel ædificandi.*

2 *Ex hoc edicto si fiat contra nunciationem oritur etiam actio in factum ad demoliendum, & potest etiam agi confessoria, vel negatoria, & tunc principaliter agitur, ut declaretur seruitus, vel libertas, & secundario, ut destruatur opus, & etiam ad interesse.*

3 *Quòd etiam detur interdictum vti possidetis, si nuncians erat poßessor, & poßeßionem non amiserat, & tunc agitur principaliter, ut in poßeßione nō turbetur, & in consequentiam, vt destruatur opus.*

4 *Quòd aliquid dicatur eße expreßum in lege, licet non exprimatur verbis specifieis, & etiam quòd dicto casu oriatur actio directa.*

5 *Statutum si diceret non debere aliquid fieri nisi sit expresse actum &c. quod sufficiat, ut colligitur tacite ex mente, ut dicatur actum expresse.*

1 **PRætor ait.**

§.Interdictum. †Ex hoc edicto, si fiat ɔ nunciationem oritur interdictum per quod agitur ad demoliendum ēt si aduersarius
2 habuerit ius faciendi.h.d. † Oritur ēt actio in factum, ut ĵ.hac l.§. nonnulli. & hic duob. modis agitur directo ad demoliendum, potest etiam agi confessoria, uel negatoria, & tunc principaliter agitur, ut declaretur seruitus, uel libertas, ut l.sicut.§. si quæratur.s̃.si ser.uen. Et secundario ut destruatur opus, & ēt ad interesse, ut eo.tit.l.earum. cum ibi nota. & l. loci corpus.§.
3 in ɔfessoriam. † Datur ēt interdictū uti possi. si nuncians erat possessor, & possessionem non amiserat, & tunc agitur principaliter, ut in possessione nō turbet̃, & in ɔsequentiā ut destruatur opus cum quo turbaretur, sic dēt intelligi. §. meminisse. in fi. in l.de pupillo.s̃.eo. In gl. q̃ incipit. (s̃.eo.) l.j. dic ꝙ proprie loquendo est ipsa lex p̃toria, licet possit sumi ēt pro l.ciuili. ut dicit gl. per l.leges.C.de legi. interdictū uero est ius agendi, quod oritur ex ipsa l.p̃toria, & cōpetit ipsi patri cui acquiritur hoc, qđ satis patet hic, quia ɔ ædificantem oritur nuncianti interdictū demolitorū. Aduertendū tñ, quia non ex omni edicto orit̃ tale ius agendi, quod vocet̃ interdictum, sed solum in edictis de quibus habet̃ ĵ.de interdi. per totum illum librū, & etiam vltra illa si reperiret̃ aliquod edictum, quod loqueret̃ in personam secundam, vt est illud de quo hic, ut patet in prin. l. cum dicit,
a id restituas. In alia gl. sup verbo. (expressum [a] tacite.) † no. istā gl.
4 quam semper alle. iunctam cum text. ꝙ aliqd dr̃ esse expressum in lege, licet non exprimat̃ uerbis specificis, colligit̃ tñ ex mente tacite, & ideo etiam dicto casu orit̃ actio directa, ut l. nomi-
5 nis & rei.§.verbum ex legibus. de uerb. sign. † Et istud est utile, si statutum diceret, non debere aliqd fieri, nisi sit expresse actū, &c. qa sufficit, ꝙ colligit̃ tacite ex mente, ut dicat̃ actum expresse, non tamen dicitur illud expressum verbis, licet dicatur expressum l. vel edicto.

ADDITIO.

a Expressum. Quòd expresse aliquid dicatur fieri. vide Alex. consi. 30. j. lib. Sig. consi. 187. do. Car. consi. 133.

§.Siue autem locus. Interdictum demolitoriū locum habet siue totum sit ædificatum post nunciationem, quod contingit quando tēpore nunciationis locus erat vacuus, siue pro parte, qđ contingit quando tunc erat aliquid ædificatum, sed postea complet̃, vt illud destruatur quod factū est postea. h.d. secus in eo quod factum erat ante, & ideo moduli sunt sumendi.s̃. e.l. non solū. §. sed ut probari.

§.Ait prætor. Quando lex indistincte loquit̃, indistincte debet intelligi, & id quod est factum spreta nunciatione, non potest dici iure factum, vbi ius contradicat, licet faciens haberet ius faciendi, si nunciatio non esset facta.h.d.usque ad §. si quis paratus. & cum primo concordat l.de pretio.s̃.de publ.

1 *Si oblata fuit satisdatio de demoliendo, & per nunciantem stetit quominus præstaretur, habetur nunciatio pro remissa.*
2 *Non sufficit dicere uerbo, offero me paratum dare tibi fideiussionem, nisi illos fideiussores habeat secum.*
Quid in obligatione pecuniæ.
3 *Si ędificator non offert satisdationem de demoliendo, sed offert iudicium, dicendo hodie constat, hodie agatur, & uenit coram iudice uolendo incontinenti docere de iure suo, & nunciator spernit ire ad iudicium, habetur nũciatio pro remissa, dicit tamen securius esse supersedere per tres menses.*

1 **§. Si quis paratus.** †Iste §. loquiẽ de mã secũdi capitis edicti, de quo hr̃. j.eo.§.deinde.& h.d.ꝙ si oblata fuit satisdatio de demoliẽdo, & ꝑ nũciãtẽ
stetit quominus p̃staret, hr̃ nũciatio ꝑ remissa, & istud est uerũ
qñ recusauit recipere,& nihil dixit. Si aũt dixit nolo recipere,
qa nũc uolo ꝓbare de iure meo, hodie ꝯstat, hodie agaẽ, tũc nõ
hr̃ ꝑ remissa usq. ad tres mẽses, intra quos daẽ licentia cuilibet
parti docẽdi de iure suo, ut l.fi. C.eo.ex eo. c.pen.& fi. q̃ limitat
totũ istũ titulũ, & de qua opponit gl.sup verbo,(remittit.)Item
si recusauit recipere,& postea offert se paratũ recipare, purgat
morã,& tolliẽ remissio, ut j.ea.l. pe.nisi ædificator ꝑdidisset facultatẽ fideiussorũ, iuxta no.in l.si ꝑ emptorẽ.in fi.de act.emp.
2 & qđ dixi s̃.eo.l.de pupillo.§.si his.†Et dicit hic Bar. unum verbũ notabile, ad qđ sp recurrit, ꝙ nõ sufficit dicere verbo, offero
me paratũ dare tibi fideiussionẽ, nisi illos fideiussores hẽat secũ.[a] Et idẽ ubicunq. lex dicit sufficere oblationẽ pecuniæ, uel
rei debitæ, qa nõ sufficit dicere uerbo, sum paratus soluere, nisi
pecuniã hẽat tũc in manib.& hoc uoluit gl.ord. & ibi notabilis in l.si residuũ.C.de distra.pig.sufficit tñ illa oblatio uerbalis
quãtũ ad aliud, de quo ibi ꝑ gl.& ꝓ hoc ẽt l.seruus q hr̃di.in fi.
j.de sta.lib. Et uide qđ plene no.Bart.in l.acceptam.C.de usur.
3 †No.hic gl.2.sup uerbo, (satisdare.) ꝙ etiam si ædificator non
offert satisdationem de demoliẽdo, sed offert iudicium dicẽdo,
hodie ꝯstat, hodie agaẽ, & uenit corã iudice uolẽdo incontinẽti docere de iure suo, nũciator aũt spernit ire ad iudicium, ꝙ hr̃
nunciatio pro remissa, & potest ædificare, sicut si obtulisset satisdationem, quod perpetuo tene menti. Alij dicunt, ꝙ tunc debet supersederi ꝑ tres menses, sicut qñ hoc dicit ipse nuncians,
b & hoc securius est, licet dictum gl. sit notabilius,[b] & potest maxime ꝓcedere qñ ædificator ex dilatione operis susciperet magnum damnum, ut dixi, in l.de pupillo.§.si quis riuos.s̃.eo.

ADDITIONES.

a Habet secum. Adde quod noluit Anch.cons.85.quod tamen dicitur ꝙ non sufficit oblatio uerbalis limitauit, Mate.in notabilibus suis. fol. 29.
b Notabilius. Adde eundem Paul.consi.332.

§. Hoc interdictum. †Interdictũ demolitoriũ est perpetuum, & ex parte temporis, & ex parte transmissionis, qa transmittiẽ ad hæredes, & daẽ ꝯ facientem, uel ratum habentẽ factũ post nunciationem, sed ꝯ hæredem eius non datur, nisi quatenus ad eum peruenit.h.d.Hoc ultimũ intellige, si non fuit interposita stipulatio de demoliendo, alias daẽ insolidum ꝯ hr̃dem, ut dicit gl.s̃.e.
l.nõ solũ.§.fi.in ult.gl.peruenisse aũt dr̃ ad hr̃dem ipsum edictũ,
si defunctus ædificauit ꝯ nunciationem. Vnde teneẽ solum ad
p̃standum patientiam, ꝙ nuncians faciat destrui, vt j.e. l. pen.
ubi uide, non autem ad destruendum, vel faciendum destrui,
nec ẽt suis sumptib.quia uexareẽ ultra q̃ ad eum peruenerit,

§. Deinde prętor ait. Præstita satisdatione de demoliendo, vel oblata & non recepta competit ædificare uolenti interdictum ex secundo capite edicti, ne prohibeaẽ uolẽs ædificare. h. d. Et assignat duas rõnes in §.seq. quarũ una ꝯcernit bonum publicũ, ne ædificia rescindant, aliud bonũ priuatũ, qa nuncians est securus præstita satisdatione, unde non potest conqueri.

1 *Quando ædificatur in publico, an sufficiat repromittere nuncianti.*

§. Hoc prohibitorium interdictũ. In isto §. ponunẽ casus, quib. non competit uolenti ædificare hoc interdictum, ne uis fiat ei. Primus est qñ ipse hẽbat satisdare cum fideiussorib.sed compromisit sine fideiussorib. vsq. ibi, neq.enim.) Secundus est qñ ipse ædificabat in publico, nã siue compromiserit, siue ẽt satisdederit, licet nunciatio habeaẽ pro remissa quantum ad nunciantem, ut ipse non possit eum impedire, nec petere destrui factum post nunciationem, non tñ sibi competit hoc interdictũ quãtum ad alios qui possint prosequi cãm publicam, nisi oñdat se iure ædificare, puta de licẽtia principis,& hæc in illo verbo,(neq.n.) in cuius intellectu gl.
multum laborat.sed finaliter tenet illũ, quem dixi,& ẽt D
Tertius casus est, qñ p̃stita est satisdatio, sed postea defecit
fideiussores essent mortui, nam dẽt satisdari de nouo. rõ
hæc cautio est p̃toria, ut patet in prin.huius tit. At in p̃to
pulationib.sæpius caueẽ, cum sine culpa stipulatoris cau
se desijt, tex.l.p̃toriæ.ff.de præt.stip. In tex.ibi. (sed repron
l.sine fideiussorib. Sed quare hoc casu non daẽ hoc inter
nã nunciatori debet id imputari cur recepit solam repro
nem, qa vr̃ remissa satisdatio. Sol.intelligo, ꝙ hoc non es
ex conuentione, sed uel per errorem, uel quia nunciator
bat deberi sibi dari fideiussionẽ, qa sic obtulit ædificator,
stea non dedit.arg.in l.3.s̃.de pig.act. In tex. ibi, neque eni
pone enim, pro ẽt,& sic non inferret ex præcedenti casu,
sic non esset bona illatio, sed pone nouum casum.(quia
dificabat in publico, hic qñ in priuato. Itẽ sufficiebat satis
sed non repromissio, hic neutra sufficit, quãtum ad hoc,
beat illud interdictum, nisi oñdat se iure ædificare, ut in
2 expositione gl. Qđ tñ dic ut in ea.†Vltimo no.gl.mag.in fi
qđ dixi s̃.eo.l.non solum.§.si cum iure.ad limitationem il
dicit, ꝙ qđ ædificaẽ in publico, sufficit nuncianti repromi
Nã illud est uerum, si sequiẽ dũtaxat interesse publicũ, se
suum proprium priuatũ, sicut in cautione damni infecti,
ti.j.l.p̃tor.in prin.& §.j.Et de hoc est hic gl.or.in fi.q̃ ibi a

2 *Vltima mora nocet.*
2 *Si obtulisti satisdationem, & ego nolui eã recipere, cũ nũciatio hẽatur*
missa, & postea offero me paratũ recipere, an requiratur noua nun
3 *Si unus fuit citatus ꝙ compareat intra sex dies, cui duo pro primo,*
secundo, duo pro tertio, & peremptorio termino fuerunt assignati, &
mo termino comparuit reus, & non actor, tertio vero comparuit a
non reus, an ert purgata contumacia actoris.

1 **§. Si aliquando.** †Vltima mora nocet. h.d.fac
lud.in fi.s̃.de peri.& commo.
2 ai.†Et no.quia videbaẽ hic si obtulisti satisdationem,& eg
lui eam recipere, cum nunciatio habeaẽ pro remissa, si o
me paratum postea recipere, an req̃raẽ noua nunciatio, a
ut non possit ædificare, quasi prima nunciatio habeatur
missa, sed ꝯrium est verius. quia virtute primæ nũciationis
hiberis ædificare, si non satisdas, postq̃ offero me paratum
illa remissio cessat purgata mora, quæ inducebaẽ ex mora.
3 l.Titia.§.usuras.de leg 2.† Et inducit iste tex. per Iac. de A
si unus fuit citatus,& non compareat intra sex dies, cui d
primò, duo pro secundo, duo ꝓ tertio,& peremptorio ter
fuerant assignati, & in primo termino comparuit reus, &
actor, & sic fuit actor contumax: in tertio uero termino c
ruit actor & non reus, ꝙ ipse reputeẽ contumax, & sic pur
contumacia actoris, qa vltima contumacia nocet.ar.hic.
trariũ determinãt Doct.quia per ꝯparationem rei in prim
mino censentur alij termini circunducti, nam vñr dati lit
ditione, si non cõparuerit in primo termino. postq̃ ergo c
paruit, alij termini hñtur pro non datis,& ideo non potest
dici amplius contumax, sed actor remãsit contumax. Sit
cautus actor, ꝙ in quolibet termino compareat, & si reus
a ꝯparet,[a] accuset contumaciam, nã pluralitas terminorum
setur data in fauorem rei, vt licet non compareat in prim
mino, possit purgare contumaciã comparendo in secund
si non compareat in secũdo, possit ꝯparere in tertio, poste
ro reputetur contumax. Si vero voluit cõparere in primo,
putet sibi actor quare non comparuit, quia debuit hoc im
nari. De isto articulo uide in Spe.de cita.§. viso. ver. ꝙ si in
mo termino. Et q̃ no.Bar.in l.qui ante calendas.de verb. ob

ADDITO.

a Accuset. Si non accusaret contumaciam, nil ageret comparendo ad hoc quod uoluit pulchre Anch.consi.96.

§. Hoc interdictum. Interdictũ (ne uis fiat competens post satis tionem durat anno.h.d.Et hoc inquantum datur ad interes quia fuit prohibitorium, nam in hoc est pœnale, vnde cum p̃torium est annale, ut Insti.de perpe.& temp.actio. Sed in tũ datur vt de cætero non ꝓhibeat, non est pœnale. Et ideo raret vltra annum, sicut interdictũ demolitorium, cum da ut patientia p̃stetur, quia in hoc non est pœnale, ut not.s̃.e de pupillo.§ nunciationẽ.s̃.ea.l.§.hoc interdictũ. Secus inq tum datur ad expensas, quia in hoc est pœnale, & non dare vltra annũ, sicut nec istud (ne vis fiat ei.) ita intelligũt Do

LEX XXI.

STipulatio. In isto principio ponitur quand debeat interponi stipulatio de d moliendo,& dicitur quòd tunc quando nunciator cit sibi competere ius nunciandi, intellige qua do fuit

t interrogatus, ꝙ diceret cām quare nunciabat, si.n.non
et, nō esset interponēda ista stipulatio, etiam si sine ea pos
ciatio ɔtēni vt no.in l.j.in prin.s.eo.Itē intellige, ꝙ expri
ām in specie, ut qa est dn̄s, vel qa sibi debet̄ seruitus, nec
eret dicere nūciaui, qa mihi cōpetit ius nūciādi, licet text.
nuat̄ ɔriū, ut dixi in d.l.j.qa aduersarius nō reddit̄ certus,
posset adhuc ɔtēni nūciatio. Et no.gl.hic magistrā, q̄ po-
rmam huius stipulationis, sed plenius, uide eā in Spe.de
atione.§.est quoque.ver.cæterum. Et idē Spe dicit in §.fi.
tituli, uer.qd si clericus, ꝙ si clericus illā stipl̄atione iter
dēt eā interponere corā iudice ecclesiastico, & silr̄ laicus
udice suo. Pōt ēt interponi contra edictum, ut ipse vult.

Si quis autem vult. ¶In hoc §. ponitur quis sit effectus huius stipula
, seu satisdationis, qa ꝑ eā consulitur, utrique parti, & ædi
i ut possit prosequi ædificium, & nuncianti, quia sibi est
m de demoliendo. Dat ēt consilium ædificare uolenti, ꝙ
offerat post nūciationem, si vult ædificare secure. In tex.
oniam cautionem hēat de opere restituendo.) sed hæc
a ad quid est sibi necessaria, cū ēt ista stipulatione nō in-
sita possit agere interdicto demolitorio, ut destruat̄ qd̄
enunciationem fit, ut in fi.huius §. Rn̄deo per id, qd̄ not.
e noua.l.si pupillus.in gl.quæ incipit (videtur superflua.)

---

atio de demoliendo committitur postquam fuit iudicatum non iure
ædificatum, uel per ædificantem steterit, quominus iudicetur.
ufficiat excussionem esse factam de bonis principalis debitoris, & nun
retulisse, nihil reperiri, ad hoc ut possit perueniri contra fideiussores,
pignorum possessores, nisi iudex pronunciauerit super hoc.
nfessoriam uel negatoriam non solum obtinet quis declarationem iu-
i, sed etiam obtinet destructionem eius quod factum est.

Habet autem. †Stipulatio de demoliendo cō-
mittitur postq̄ fuit iudicatū nō
fuisse ædificatum, vel ꝑ ædificantem steterit, quominus iu-
ur.h.d. In gl.q̄ incipit, (s.tacitam) in fi.dic ꝙ ideo inest illa
si fuerit iudicatum, quia ista stipulatio ɔfert̄ in euentum, q
pōt declarari nisi ꝑ iudicē: ꝓmittit.n.destruere opus si ap-
it nō iuste fuisse ædificatū, nō pōt aūt apparere nisi ꝑ snīā
is.Sed in legib.alleg.in gl.ꝓ ɔrijs, actus nō cōferebat̄ in ta
euētū.Puto tn̄ ēt, ꝙ si nō fuerit iudicatum, si tn̄ ædificator
fessus ꝑsēte nunciante, uel altero eius noīe recipiēte, ꝙ in
ædificauerat, sit commissa stipl̄o, qa in ɔfessum cessant par
dicis in iudicādo, q̄ dēnt esse in exequendo, ut l.lege Aql.
roinde.ff.ad leg.Aquil.&† ꝑ istū tex.determinat Barto. ꝙ
sufficit excussionem esse factam de bonis principalis debi-
,& nunciū retulisse nihil reperiri ad hoc ut possit ꝑueniri
eiussores, vel pignorum possessores, nisi iudex ꝓnūciauerit
r hoc, & dicit esse casum in isto §. quia hic requirit̄ ꝓnun-
o, ut possit perueniri ɔ̄ fideiussores. Sed Iac.de Are. tenuit
m in tractatu excussionis, ꝙ sufficit reperiri in actis relatio
cij, per id, qd̄ no.gl.in l.sancimus.C.ad Treb. nec obst. hic,
c, ante pronunciationem iudicis nō erat certum, an iuste
niuste esset ædificatum. Sed in casu p̄dicto ꝑ relationē nū-
ui credendum est, ut l.magis puto §. ne passim. de reb.eo-
.iam erat effectum certū, nihil esse in bonis principalis, vn̄
est necessaria alia pronunciatio, & ista est verior de iure.
n aut illa pronunciatio fit ad declarandum, & nō expedit ī
quod est declaratum. Aut fit ut detur licentia agendi ɔ̄ fide
ores, & idē, qa ista licentia dat̄ ab ipsa lege, quando nihil re
t in bonis, ut in auth.p̄sente.C. de fideiuss. sed hic est necessa
nia iudicis ad declarationem fiendam quæ facta nō erat. Et
c qd̄ no.in l.decem.de uer.obl.opi.tamen.Bar. securior est.
imo no.gl.super uerbo (si iudicatum.) ꝙ per confessoriam
negatoriam non solum obtinet quis declarationem sui iu
ut l.sicuti. §.si quærat̄.s̄. si seru.uend. sed etiam obtinet de-
ctionem eius, qd̄ factū est in præiudicium iuris sui, vt etiā
in l.harum.s̄ si ser.vend.no.ēt gl. ꝙ non obtinet expēsas de-
litionis, & ideo est necessaria stipulatio de demoliendo, ꝑ q̄
equit̄ etiam expensas. Doct. reprehendunt primum dictū,
a in confessoria uenit etiam interesse si factum est ɔ̄, ut l.lo-
orpus.§.in confess.eo.tit.& expensæ veniunt loco interesse.
dici, vt dixi in l.j.§.eod.verum esse, ꝙ in confessoria ueniunt
ensæ nisi habuerit iustam causam ædificandi, vel litigādi, sed
nteruenerit nunciatio, non potest habuisse iustam cām ędi
ndi, vt l.prox.§.qcqd aūt.in fi.& sic veniunt indistincte, ideo
lis est nunciatio. No.etiam glo. ꝙ sunt necessaria duo iudi-
Doct.ɔ̄, quantum ad ipsum ædificantem, quia sufficit unū.
m si obtinet in confessoria, mittet̄ executioni, non solū il-
nia, sed ēt stipulatio de demoliendo, quæ habet uim stipula-
nis, iudicatum solui arg.eis quod habetur in l.j.ɔ̄. iudic.sol-
ui. sed si vult agere ɔ̄ fideiussores, bn̄ sunt necessaria duo iudicia. Certe si illa stipulatio habet vim iudicatum solui, etiam ɔ̄
fideiussores poterit mitti executioni sine nouo iudicio, licet secus in fideiussione ɔ̄ctus, vt no.in d.l.j. & no.in c.j. de iniur. &
damno da.lib.vj. & ista videtur verior contra gl.& etiam Doct.

---

1 *An possit agi præcise ad factum.*

§.Opus autem. †Hic declarat Iurisconsultus ad qd
committat̄ ista stipulatio, & dr̄, ꝙ
committit̄ ut demoliat̄ opus si factō est post nūciationē, taliter
ꝙ hēat instar operis. committit̄ ēt ad interesse, si nō demoliat̄,
seu ꝑ ædificātē steterit quominus iudicet̄, uel si dolus in cā cō-
mittit̄.h.d.vsque ad §.quæsitum. In tex.ibi (si accipimus factū.)
quātum ad hoc, vt competat interdictum demolitorium, uel a-
ctio ex stipl̄atione ad demoliēdum, sed quātum ad hoc vt possit
fieri nūciatio, nō est necesse ꝙ aliud sit ædificatū, sed sufficit ꝙ
p̄paret se ad ædificādum, ut patet s̄.l.ꝓx.§.siue aūt in l. uacuus.
& l.de pupillo.§.nūciationem. In tex. ibi in fin.ibi (hoc petitori
placuerit,) si ergo nō vult agere ad interesse, sed ut p̄cise destrua
1 tur opus pōt hoc facere ꝑ istum tex.† & sic not. ꝙ pōt p̄cise agi
ad factū. Sed ɔ̄, qa in factis succedit obligatio ad iteresse, ut l.si
qs ab alio.de re iu.solue: verū est rīr. fallit ꝑꝑ publicā utilitatē.
Et ideo gl.q̄ incipit, (ex hac litera.) q̄ melius fuisset signata sup
a hoc uerbo, inducit ad qōnem de scriptore, ꝙ possit compelli
p̄cise ad scribēdū. Tu dic, ꝙ hic loquit̄ in obligatione legali ɔ̄cta
ad factum, in qua pōt agi p̄cise ad ipsum. Et idem in ɔuētiona-
li, q̄ succedit loco legalis, vt est ista stipl̄o de demoliēdo. Idē si o-
rit̄ ex ultima uolūtate, ut l.fideicommissaria.§.fi. de leg.3. non
sic qn̄ est simplex ɔuētionalis obligatio prout est obligatio scri
ptoris, & iō Dy.reprehēdit hāc gl.nisi esset publica utilitas prin
cipalr̄, de hoc plene ꝑ Bar.in l.stipl̄ones nō diuidū.de uerb.obl.

ADDITIO.

a Compelli. Non tamen propter. hoc prohibetur, quin possit in clericum ord.ul.
no.Ant.de But.in c.j.de temp.or.& licet in obligationib.facti succedat obliga
tio ad interesse, nec quis possit præcise cogi ad factum tamen ubi adest iuramentum, super quo potest præcise cogi secundum Matth. notabilibus suis.

---

§.Quæsitum est. Si sunt plures ædificātes vel plu
res nunciātes, quilibet dēt caue-
re, & ēt cuilibet cauēdum est, uel uni recipiēti ꝓ oīb. si in hoc
ɔtentiūt alij. Et in ista stipl̄one dēt fieri mētio de interesse. Et li
cet vnus tm̄ stipulet̄ quātū aderit, nō cēset̄ stipulari nisi suū interesse, h.d. Et no. ꝙ qn̄ uni cauet̄ de ɔsensu aliorū, acquirit̄ alijs
actio ēt sine cessione, qa ista est stipulatio ꝓtoria s̄m Ange. ut l.
in oīb. ɔ̄.de ꝓto.stip.dicit ēt Ang.s̄.l.prox.§.j. ꝙ sufficit ædifican
tes ꝓstare satisdationem alteri recipiēti pronūciante, ꝑ l.j.§.pe.
quorum leg.& ille tex.vr̄ loqui qn̄ alter esset ꝓcurator, alias se
cus, qa posset hoc fieri ignorāte nūciāte, & fraudulēter. Vn̄ nō
dēt leg remissio, nisi sciat hoc, & approbet. In tex.ibi (qa restitutio operis ꝓ parte fieri nō possit.) Et sic qlibet ipsorū in solidū
ꝓmittit destruere, ergo qlibet ipsorū solus pōt conueniri ut de
struat ex ista cautione, & tn̄ si nō esset interposita, vr̄ ꝙ oēs simul dēant cōueniri, ut dixi s̄.eo.l.ædib.in hoc ergo ista cautio
est utilis, vel forte illa dēt intelligi s̄m istum tex.qa nō cogunt̄
se obligare ultra q̄ lex eos obliget, nā si nō posset aliqs eorū solus cōueniri, nō vr̄ q libet dēret se insolidū obligare, & hoc
verius vr̄. In tex.ibi (ēt singulis erit cauēdū,) intellige silr̄ insolidum, quantum ad destructionē operis, qa ꝓ parte non pōt fieri, sed quantum ad interesse, si non fiat, dēt ꝓmitti cuilibet de
interesse suo tm̄.arg.s̄.de uerb.obl.l.2.in fi. In tex. ibi (si hoc ma-
luerint.) sed quid si unus petit destructionē operis, alter petit in
teresse? Respondeo se inuicem impediūt quia debent concor-
dari, ut uel petant unū, uel aliud.ut ɔ̄.de le.j.l.hmōi.§.fi.cū seq.
s̄m Iac.de Ra.& Ray.de for. In tex.in fi.ibi (stipulationem suffi
cere) non rn̄det clare ad qōnem formatam. Ideo dicit, ꝙ si iste
unus recipit nomine suo, & aliorum, ista uerba, quanti ea res e-
rit, referuntur ad interesse omnium. Si autem suo tm̄ nomine,
tunc ad interesse suum tantum. Et ita intelligit glo.

LEX XXII.

VI opus. Hrs ædificātis tenet̄ patiētiā præstare ex hoc edicto ut opus destruat̄
non aūt teneat̄ destruere, nec expensas ministrare,
quia illud esset pœna, in qua hæres non succedit
ante lite conte.h.d.tex.cum gl. In tex.ibi (nam &
in restituendo pœna uersatur. &c.) sic ergo non tenetur ipse

in se hãc curã suscipere, ꝙ destruat, ẽt si nũciator vellet sibi ministrare expẽsas, qa in hoc grauaret, & hoc vult iste tex. sed solũ tenet patiẽtiã pstare, istud.n.non reputaẽ pœna, cum opus ad ipsum puenerit, si patiaẽ ipsum destrui, vt hic patet manifeste, vt no.s̃.eo.l.de pupillo. §. denũciationem. Sed recipere curam destituend.& ministrare expẽsas reputaẽ pœna, ut ẽt hic patet, licet aũt hic loquaẽ in successore vl̃i, idẽ in singulari, si post opꝰ factũ ædificãs alienaret, ut emptor, vel donatarius tenet pstare patiẽtiam. j̃.l.px. licet illa loquaẽ, qñ ipse ædificauit, tñ idẽ est fortior, q̃ ipse author, qa res fuit affecta uitio reali pp nũciationem, iõ trãsit ad quẽlibet cũ eodem uitio, & ẽt põt agi tã interdicto demolitorio, q̃ interdicto qđ vi aut clã isto casu, ut l.cõpetit.§.fi.j̃.qđ vi aut clam. Sed si emptor ædificasset, dic ut dicã in l.seq. in tex.in fi.ibi (sed sua impensa destruet.) ipse nunciator, putarem tñ tũc si iste esset successor singularis, nũciantem posse agere ꝯ authorẽ, q fuit nũciatus actione in factũ ad istas expẽsas quas oportuit ipsũ ministrare culpa, & defectu illius, vt s̃. eo.l.ptor.§.nonnulli.iuncta l.3.in fi.s̃.de cõdi. ob cau. ubi possum agere contra illum, cuius facto sum damnificatus.

LEX XXIII.

1 *Si nunciatio fuit facta ipsa re, tunc contra singularem successorem ædificantem non solum datur hoc interdictum demolitorium, sed etiam interdictũ, quod ui aut clam, & quid si fuit facta non in re ipsa.*

Si cui opus. Lex præcedens loquiẽ in successore vl̃i, sed ista in singulari. Item illa, qñ author ædificauit ꝯ nunciationem, ista vero qñ ipse successor ignorãter, & in his duob. differt ab illa, sed in alio ꝯcordat, qa sicut ibi teneẽ ad solã patiẽtiã, ita hic. In tex.ibi (emptor ædificauit.) ignorans nunciationem, & tunc hẽt locum, qđ s̃. dixi. Si aũt sciẽs, teneẽ destruere suis expẽsis, & ita intellige qđ j̃. sequiẽ, emptorẽ, i. dñm nouũ teneri. In primo tñ casu, qa patiẽ damnum destructionis, puto ipsũ hr̃e regressum ꝯ uẽditorẽ ad interesse, qa ipsum nõ certiorauit de nũciatione p l.j.§.j.de actio.empt. Videbaẽ aũt nõ posse agi ꝯ hunc singularem successorẽ p l.fi.§.fi. de ꝯh. emp. Sed dic ꝙ ẽt in rem ipsam, ut j̃. de aqua plu.arc.l.si tertius.§. si qs prius. In gl.in uerbo (dñs.) ibi, sed ubi denegat illud edictum, hãc tenet Iac.de Ra.

1 † Tu dic, ꝙ aut nunciatio fuit facta in ipsa re, & tũc ꝯ singularem successorem ædificantem non solum daẽ hoc interdictum demolitoriũ, sed ẽt interdictũ qđ ui aut clã. qa ꝯcurrit cũ isto tanq̃ magis gñalis, vt j̃. qđ ui aut clam.l.si alius.§. ait Iuli. Aut fuit facta nõ ĩ re ipsa, & tũc ꝯ singularẽ successorẽ, nec istud daẽ p legẽ de pupillo.§.nũciatorem.&§. si qs forte.s̃. eo. Nec ẽt illud, ut in l.ꝑria, & ista est vera solutio. Eo vero casu quo danẽ, indistincte danẽ, nec q̃riẽ in utroq. an sciẽter ædificarit, uel ignorãter, ut sequiẽ in glo. Vltimo inducit ista lex ad q̃onem, de qua per gloss. in l.3.§.opus.s̃. de alien. iudic. dic ut ibi.

De damno infecto, & subgrundis, & protectis. Rub.

1 *Quæ sit forma cautionis de damno infecto, & an sit cum fideiussoribus, & pro quo uitio ædium caueatur, & ꝙ ad istam cautionem petendam non competat actio, sed imploretur iudicis officium nobile, & quæ sit forma libelli.*

1 ¶ † In gl.rubrica quæ sit forma huius cautionis de damno infe. vide in Spec.de satisda.§.est quoquo.uer.inde. Et q̃ sit forma libelli, dic ut in Spec.de pign.§.sequiẽ.uersi.cæterum. Et an sit cũ fideiussoribus, vel sine, dic ut j̃.eo.l.ptor.in prin. Et, p quo vitio ædium caueaẽ, dic vt j̃.eo.l.fluminum.§.uitium.cum præcedẽtibus, & seq. Et ad istam cautionem petendam non competit actio, sed imploraẽ iudicis officium nobile, ut no. j̃.eo.l. inquilino, quia aduersarius non est obligatus ex ꝯtu, vel quasi, nec ex delicto, uel quasi. Ideo fuit necessaria prouisio prætoris, quia iniustum erat, ꝙ uicinus reciperet damnum ex ruina ædium uicinarum, contingente uitio operis, vel uitio ædificij, cum de iure ciuili non esset prouisum.

LEX PRIMA.

1 *Iubere de cauendo per quos magistratus fieri possit.*
2 *In materia damni infecti quare non admittatur appellatio.*
Si domus rueret ante interpositam cautionem, uel antequam pro interposita habita sit, non emendatur damnum.
3 *An possit quis præcise compelli, ut caueat per capturam personæ, an uero post iussum factum in contumaciam non cauentis habeatur cautio pro interposita.*
4 *Celeritas aliquando reprobatur.*
5 *Delegans an conseruet sibi proprietatem iurisdictionis, & quid de iure canonico.*

1 Vm res. † Iubere de cauendo potest fi... mixto imperio, & talibus magistratus municipales, licet ... tunt ea, q̃ sunt imperij, sed duntaxat ea quæ sunt ... plicis iurisdictionis. tñ fallit hoc casu ppter pericu... est in mora, hoc dicit in effectu, & supplet. put debet sup...

2 † In text. ibi (celeritatẽ desiderat) & pp hanc causam sup... materia nõ admittiẽ appellatio, ut j̃. de appel. recipiẽdis. l. ... not. in Spec. de iurisd.om.iud.§.j.ver.& sequiẽ. Sed quare d... hęc est periculosa? Respondeo, quia si domus rueret ante ... cautio esset interposita, uel habita pro interposita, domi... larum ædium non tenetur ad emendationem damni, ut j̃. ...

3 euenit. Sed si hoc est, quare non põt magistratus municip... pellere illum præcise, ꝙ caueat p capturam pignorum, ... ctionem mulctæ, uel per capturam personæ, ut j̃.l.4.§.si ... versi. an tamen. duntaxat possit iubere, ꝙ caueat? Respon... quia post iussum factum, uel propter contumaciam non ... tis, habetur cautio pro interposita, ut j̃.eo.l.si finita.§. ... ter.& argu. in l. non iusta. C. ad Trebel. ubi post iussum d... do, habetur hæreditas pro adita. l.2.s̃.de euict.& sic non i... net tm̃ periculum, ideo cum illa sint de imperio mixto, q... tinet coertionem personæ, & ubi cessat periculum, nõ dẽ... gistratus se impedire, sed si hoc est, quare ulterius procedi... quam cautio habeẽ pro interposita? Respondeo, quia adh... tilius est petenti, ꝙ verẽ interponatur, uel mittatur in pos... nem rei ex primo, & secundo decreto, arg. ad hoc, quod no... si pupillus. j̃. de nouatio. in gl. quæ incipit, (uidetur autẽ) ... sionem ex primo decreto potest facere magistratus, non ... ꝙ immineat periculum propter rõnem, quam dixi, sed qu... ea uertiẽ modica recognitio, & modicum præiudicium, n...

4 in secundo, quod dic ut j̃.eo.l.4.§.duas cũ seq. † Et no. hic
a ritatem a approbari, quæ aliquãdo reprobatur, quod dic, u... ne no. ex de elect.c.fi.lib.6. In tex. ib (municipalibus ma... tibus.) subaudi distantibus ab urbe, ut j̃.eo.l.quarta.§ si ta... cuum Iac.de Ra. In text. ibi (delegandum hoc recte puta... delegauit prætor mortuus per suum edictum, & sic com... eis sine alia delegatione prætoris uiui, ut l.quarta.§.duas ... lis expositio. C. de episcopas & clericis.l.officiales in princip... Iacob.de Are. In gl. quæ incipit, (ꝙ ergo alij delegaẽ nihilo... nus sibi conseruat.) certẽ hic potius colligitur contrarium ... dicit, ꝙ ptor delegauit, eo qa sibi uisum fuit periculosum ... seruare sibi iurisdictionẽ, ergo non reseruauit delegãdo in ...

5 passu. † dic breuiter ꝙ si ordinarius delegat, reseruat sibi pp... tatem iurisdictionis, & transfert usum sicut dñs, quando co... stituit vsumfructum. Et ideo delegatus nihil proprij habet ... hoc dicit tex. in l.j.§.qui mandata.s̃.de offic. eius cui mand. iurisd. & facit ad istum tex. respõsio, ꝙ vult dicere, ꝙ uisum ... sibi periculosũ reseruare sibi ẽt usum iurisdictionis, ideo tra... stulit usum in magistratus municipales, sed substantia rema... sit apud ipsum, & eius successores. Aut erat delegatus illi, ... subdelegauit, & tunc aut est delegatus non a principe, sed ... ordinario qui potest subdelegare. Si erat delegatus ad uniu... sitatem causarum, & tunc delegando unam causam, in illa ... hil sibi reseruat. Et iõ si appellaẽ a subdelegato, nõ appella... ipsum, sed ad primum delegantem, ut j̃. qs & a quo appel. l. ... fi. secundum uerum intellectum. Aut erat delegatus princip... & ad unam causam tm̃, & tunc illam subdelegando adhuc ... detur sibi reseruare tm̃ iurisdictionem, & ideo a subdelega... appellatur ad eum. ut C. qui pro sua iurisd. l.j. in fin. prout est ... tex. ad eos. Sed de iure canonico videẽ, ꝙ nihil uideatur sibi ... seruasse, nisi expresse reseruauerit, vt in ca. super q̃onum. de o... del. dummodo subdelegatus acceptauerit, aliàs secus, ut in c. ... quamuis. eo. ti. lib.6. In gl. magna ibi s̃ de iurisd. omnium iu... cum, l. iubere.) supple iuncta l. ea quæ.§. magistratus. j̃. ad m... nicipalem. nam l. iubere cauere. non dicit non posse facere m... gistratum municipalem hunc iussum, & sic non ꝯriatur. dic...
b ꝙ ea q̃ sunt de imperio, b non competũt magistratib. munic... palib. tũc ergo solue, ꝙ est spãle in casu isto p p rõnẽ lr̃e. Cõpe... tit ergo hoc magistratib. nõ iure magistratus, qa pp officium quod

ADDITIONES.

a Celeritatem. Vide Arch. 23. dist. c. communis filius, & 93. di. c.1. & no. ... in qua celeritas desideratur, non gabet locum reconuentio sm̃ Host. & ... An. in c. cum dilecti. de ord. cog. D. Ant. in c.2. de mu. pet. itẽ licet in cã, in q... celeritas desideratur, non possit a snĩa in tali cã lata appellari. hoc tamen ... lit in cã damni infecti & mixti imperij, sm̃ Lu. Rom. sing. suis fol. ... ubi ... cit l. placet. C. de peda. iud. quam dicit ponderatam a se solo ad hoc.

b Adde tamen ꝙ de his quæ imperij sunt, incidenter cognoscere possunt, ut p... Alex. in l.2. ff. de iurisd. om. iud. licet non principaliter, ut l. magistratibus ... tit. & ibidem per eundem Alex.

…eſt capax eorũ quæ ſunt de imperio, ſed ex ſpeciali com…ne facta per edictum p̃toris,& ideo nõ poteſt alteri ſub…re,vt l.j.in prin.de offi.eius cui man.eſt iuriſdi.non ſic in …æ ſibi competunt iure magiſtratus,& ſ'm naturã ſui offi…a quilibet ordinarius põt delegare, ut l.& quia de iuriſ. …d.¶ In ea.gl.fin.ibi,(fauore pupillorum.) ſupple, vel mi…n,non ſic in reſtõne quæ conceditur minorib. ex tit. qui…cau.maio.nam illam non poterit cõcedere magiſtratus …cipalis,quia non reperitur hoc iure cautum, & de illa in…ſ illa l.ei quæ.§.magiſtratus.dum loquit̃ de reſt.in integ.

LEX IIII.

…appoſitus finiatur, & damnum adhuc timetur, tunc poſt diem de…orogari, & ſi iam eſt finitus, debet ſtipulatio, ſeu cautio renouari, …tamen cognita.

…ntia inter renouare, & protelare.

DIes cautioni. ¶ † Si dies appoſitus finiat̃, & damnũ adhuc timet̃,tunc poſt diem dẽt prorogari,& ſi iam eſt finitus, debet ſtipulatio,ſeu cautio renouari, cã cognita. Et hoc fit per iudicẽ,qui primã cautionẽ fecit interponi, …põt cõmittere aliquẽ articulũ neceſſarium inferiori ab …d.¶ In tex.ibi (prætoris,vel p̃ſidis officiũ.) qñ ipſe prætor, …es primã cautionẽ fecerat interponi. Si vero magiſtratus …cipalis ſ'm ea quæ hñr.s̃.eo.l.j.tunc ipſe eſſet adeundus ꝓ …atione,vel ꝓtelatione,vt no.j̃.eo.l.p̃tor.poſt prin. in gl. …ver.ſtatuerunt.In tex.ibi.(ex cauſa.) puta ſi adhuc timet̃ …nũ,quia nulla reparatio facta eſt: ſecus ſi eſſet facta talis,ꝙ …tero damnũ non timeretur, & ſup hoc expedit adhibere …ſtros,& fabros,& iſtud cõmittit p̃tor mag̃ratui municipa… ædificia ſunt,vt videat,& videri faciat,& ſibi referat.Et ſic eſt ſpecialis delegatio cãæ, quia non habebit magiſtratus …cipalis facere reuocari,vel ꝓbari,ſed duntaxat refert p̃to… ipſe prætor faciet, licèt gl. hic ſuper verbo (remittere.) di…rium,ſed nõ bene ſ'm Iac.de Ra.Eſt ergo cõmiſſio certi ar…i incidẽtis de quo hr̃ in fi.in l.ab arbitro.qui ſatiſ.cog.Sed …ficia erant in municipio,quare fuit adhibitus p̃tor , vel p̃…i prima cautione,& non mag̃tus illius municipij , ut hic? …expreſſe rñdeo , qa municipiũ erat ꝓpe vrbẽ , vel ꝓpe locũ …ſidebat p̃ſes,quo caſu nõ eſt adeundus magiſtratus muni…lis,cũ de facili poſſit adiri maior,vt j̃.ea.l.§.ſi tam vicinum. …In tex.ibi,(uel renouare,uel ꝓtelare eam,)no.iſta verba,pp ſemp allegat̃ iſtud prin. q̃ ſit dr̃ia inter iſta , ut hr̃ in paruis …in l.ſed ſi imminente.j̃.de preca.Et aduertendũ , ꝙ ſi dies …erat adhuc lapſus,nõ expedit qđ de nouo ꝓtolet̃,ſed ſuffi…diem ꝓtelare,ut ubi erat primo biennium,ſit quadrienniũ, …ꝯtingat poſtea damnũ dari intra tp̃s ꝓrogationis, aget̃ ex …na remiſſione, ac ſi illud tp̃s in ea fuiſſet appoſitũ ab ipſo …ıcipio.Aduertendum tñ,ꝙ in hac ꝓtelatione debẽt ꝯſenti…deiuſſores in prima,alias non noceret eis ſi damnum dare…in tp̃e prorogato , ẽt ſi a principio fuiſſet actũ de proroga…ne fienda.Quia fideiuſſores non cenſent̃ ſe obligaſſe, niſi …damnũ , quod daretur in primo tp̃e , caſus eſt ſingularis ſ'm …m intellectum,in l.Labeo.§.fin.s̃.de arbit. coniuncto prin. …is legis,facit lex Lucius.§.Paulus.de admi. tuto. & quod ibi ¶ Quid autem ſi interueniſſet noua promiſſio,a licet nõ ne…ſario cum nouis fideiuſſoribus? Rñdeo , cenſetur receſſum …ima iure nouationis,vt j̃.de p̃tor.ſtipul.l.Valerianus. ſecus …on interueniſſet noua promiſſio principalis, licet interue…rint,noui fideiuſſores,ut ibi no.Bar.ſingulariter.Si vero tem…erat iam finitum,oportet ꝙ de nouo interponatur cautio, …ia prima eſt finita,& ita intellige verbum (renouare.)

ADDITIO.

…a promiſſio. Adde vt per Socin.conſi.18.

…iudex ſtatuit tibi certum terminum,vt mihi caueas , & intra terminum …n caueas,ſine alia citatione,vel contumacia,potes mittere me in poſſeſ…onẽ rei ruinoſæ,ſi præceptũ fuit factũ tibi præſenti,& quid ſi eras abſens.

…pars domus eſt ruinoſa,in illam tantum debet fieri miſſio , quando com…odè fieri poteſt.& nu.1.

…ex ordinarius habens imperium quandocunque vult , poteſt facere ali…uem capi perſonaliter, & ad ſe duci , non tamen poteſt facere ipſum ex…abi de domo.

…ætor viuus,vel præſes quando eſt aditus pro cautione de qua hic , poteſt …auſam delegare.

…uando quis eſt miſſus ex primo decreto,& ſi non poſſidet , ſi iudici uidetur …tile priuare aduerſarium, hoc poſſet , & transferre in miſſum.

…. Si intra. ¶ Contra non cauentẽ fit miſſio in poſſeſſionẽ ex primo decreto rei ruinoſæ,uel par…q̃ minatur ruinã,ẽt ꝑ magiſtratus municipales . Et ſi ille nõ …cipiat miſſum,dat̃ ꝯ cum actio in factum ad intereſſe,q̃ ẽt po…rit intentari coram magiſtratu municipali, non aũt põt ma…ſtratus illum p̃ciſe ꝯpellere captis pignorib. vel mulcta indicta.¶ Itẽ ſi perſeueret in ꝯtumacia poſt primum decretũ proceditur ad ſ'm,ꝑ qđ miſſus efficit̃ uerus poſſeſſor, & aduerſarius ꝯtumax de poſſeſſione expellit̃. Iſta tñ quia ſunt magni p̃iudicij ꝑ magiſtratus municipales pñt expediri , ẽt ſi prima fuerint ꝑ ipſum expedita,ſed ẽt adiri p̃tor,vel p̃ſes.h.d.uſque ad §.prætor ait.

1 ¶ † No.ex prin.huius.§. ꝙ ſi iudex ſtatuit tibi certũ terminũ,ut mihi caueas, ſi intra illum terminũ nõ caues ſine alia citatione,uel ꝯtumacia põt iudex mittere me in poſſeſſionẽ rei ruinoſæ,& hoc qñ p̃ceptũ fuit factum tibi p̃ñti , qđ hẽt vim tũc perẽptoriæ citationis, ut l.ceſſante.s̃.qũoꝫ, & qñ iudex. Si vero eras abſens,& adhuc p̃ceptũ tibi non erat factũ, tunc debes citari ter ſaltẽ ad domũ,vt poſſit perueniri ad primũ decretũ , vt j̃.eo.l.p̃tor.iunctis his quæ no.in l.ſi finita.§.Iulia.j̃.eo.dico tñ, ꝙ debebit requiri,ut ueniat ad dicendũ cãm quare nõ dẽat fieri miſſio ex primo decreto pp eius ꝯtumaciã,quia potuit habere aliq̃ iuſtam cãm quare non cauit intra terminũ ſtatutũ a iudice.Et hoc ꝑ l.3.§.ſi ad diem de termino mo.¶ Non ãt eſt neceſſe,ꝙ citetur,ut uẽiat ad cauẽdũ, uel ꝙ ſibi fiat nouũ p̃ceptũ de cauendo,qa in illo iã eſt ꝯtumax. Et aduertendũ eſt,qa non dr̃,ꝙ iſta miſſio fiat a magiſtratu municipali,ſed a p̃tore, tamẽ hoc eſt intelligendũ qñ ipſe p̃tor iubet caueri.Si vero magiſtratus ipſe poſſet mittere in poſſeſſionẽ,ut patet in §.duas. in uerbo.(poſſe.)& ẽt gl.hic iſtud tenet.Et adde qđ dicã j̃. ea.l.§. hoc

2 aũt iudiciũ.¶ † Itẽ in ſcđo dicto,ꝙ ſi pars domus eſt ruinoſa, in illã tm̃ dẽt fieri miſſio, hoc eſt uerũ qñ poſſet fieri cõmode , ut qa eſt a latere. Alias vr̃ ſecus , ut ſi in parte ſuperiori domus, in qua non põt fieri,niſi fiat ẽt in inferiori, uel ecõuerſo. arg.eius qđ hr̃ in l. Atheius.j̃.de aqua plu.arc.¶ Vltimo not. in verbo, (an tñ)ibi,ꝓhibet magiſtratibus,& ſic innuit, ꝙ maiores magiſtratus,ut p̃tor, uel præſes bene poſſint ꝯpellere p̃ciſe ad cauẽdũ,ſi petens nõ ꝯtentat̃ de primo decreto , & ſic captis pig. uel mulcta indicta , poſſet ẽt fieri ꝑ capturã p̃ſonæ , & ductionẽ ad palatiũ mandando ſibi,ꝙ nõ recedat quin caueat. arg. in l.j.§.

3 qđ ergo.s̃.de ven.inſpi. † nã iudex ordinarius hñs imperiũ quãdocunque uult põt facere aliquẽ capi p̃ſonaliter,& ad ſe duci . ut no.dicit Bal.in l.ꝯſentaneũ.C.qũo, & qñ iudex. Et ꝓ hoc adduco tex j̃.ea.l.§.p̃tor.uer.uerecundi. ubi dr̃, ꝙ non dẽt facere ipſum exhi de domo.Ergo ſi reperit̃ ex domũ,bene p̃t facere eũ capi.Et adde ꝙ no. Archi.ſup rubr.de eo, q mitti. in poſſ. lib.vj. ¶ In gl.ma.ſup uerb.(duas) ibi ſ'm.s̃.eo.l.j.in prin.No.illas glo ꝓ eo,qđ ibi dixi,nã licet ibi loquat̃ de p̃ſide,uel p̃tore,glo.tamẽ hic intelligit idẽ in magiſtratu municipali,ut poſſit ꝓrogare tẽpus,uel renouari facere cautionẽ,qđ declara, ut ibi dixi in glo. in verbo,(actionũ.)ibi,an ergo hæc quatuor ꝯpetant iure magiſtratus quaſi a p̃tore mortuo ſint cõmiſſa? & vr̃ dicendũ ꝙ ſic,ꝑ iſtum tex.dum dicit,(p̃tor iniunxit.)nã non põt intelligi niſi de p̃tore mortuo,qui fecit edictũ,nec ꝙ iniunxerit,niſi per illud edictum,ergo ꝯpetunt magiſtratib. eo ipſo, ꝙ ſunt magiſtratus ſine delegatione p̃toris viuentis. Et hoc eſt ꝯpetere aliquid iure magiſtratus. Itẽ ex hoc ſequit̃ aliud , ꝙ ipſi magiſtratus poterũt alijs delegare,ut l.j.§.ſed quæ.de offi. eius cui man. eſt iuriſ.ꝓ hoc ẽt facit,qa qñ vna determinatio determinat plura,pariter ipſa determinat,ut l.iam hoc iure de uul.& pup.Sed hic dicit tex.ꝙ iniunxit actionẽ, & poſſeſſionẽ & de actione in facto eſt clarũ,ꝙ ſup illa põt cognoſcere mag̃ratus,& ẽt delegare,qa eſt de ſimplici iuriſdictione, ergo & miſſio in poſſeſſionẽ ſim̃r ꝯpetet,& poterit delegari, & qdã hoc fatent̃ de plano. Dñt tñ hoc eſſe ſpãle hoc caſu q̃tũ ad miſſionẽ pp celeritatẽ huius cãæ rr̃ ꝯ,ut l.ea quæ.§.magiſtratus. ad munici. Alij ꝯ timorem huius.§.ꝙ nõ ꝯpetat iure magiſtratus ex cõmiſſione edicti p̃toris mortui, ſed requirat̃ cõmiſſio p̃toris uiuẽtis , & tũc oportet impropriare tex.dum dicit,(iniunxit.) ideſt iniungi ꝑmiſit per p̃torẽ viuum,& tunc erit hoc ſpeciale,qa iſtæ cãæ ſunt de mixto imperio. Et ea quæ ſunt de mixto imperio , non pñt delegari ꝑ prætorem viuum,uel p̃ſidẽ,niſi ex cã abſentiæ,ut l.j.§.j. de offic.eius,ſed hæc poſſunt delegari ẽt ſi ſe non abſentat , nõ tñ cuilibet,ſed magiſtratib. municipalibus alias iuriſdictiones habentibus ꝓut in fi.not. in l.nec mandãte.s̃. de tut. & cur. da.ab his.& talis magiſtratus nõ poterit ſubdelegare. Tertia fuit opi. (& iſta vera ꝙ imo mittere in poſſeſſionem,& ẽt iubere cauere ꝯpetat magiſtratib.eo ipſo ꝙ ſunt magiſtratus , & ſine delegatione p̃toris viuentis,vel præſidis,non tñ pp hoc dẽt ſibi competere iure magiſtratus,quia non competit ſ'm naturã officij, ſed de ſpeciale cõmiſſione,& ideo potius dñr legati, q̃ ordinarij,& ex hoc ſequit̃ ꝙ nõ pñt ſubdelegare. Et iſta opi. tenet medium inter duas præcedentes: idẽ dico qñ per legẽ ciuilẽ aliqđ ſpecialiter cõmitteretur alicui iudici,quod non eſſet de regulari natura ſui officij,quia in illo diceret delegatus, & nõ poterit alteri ſubdelegare.tex.cũ gl.in l.j.in fi.& pri.gl.ult.C. ne lice. poten.qđ eſt notandum,nam interdũ ſtatuta ciuitatis ſuperioris cõmittunt poteſtati alicuius terræ ſubditæ,ꝙ poſſit aliquid facere,qđ non eſt de originali natura officij , nam non poterit

sub delegare, secus in his quæ sunt de natura officij. Nā si hn̄tur a lege, vel statuto, vel a principe, dr̄ in illis ordinarius ipse delegās, vt l. & ga. de iurisd. om. iud. ¶ In gl. seq. circa fi. ibi, (qa imperij est) & ista tō nō est bona, qa ēt prima duo sunt de imperio. s. iubere cauere, & in possessionē mittere ex primo decreto, qua re ergo ita nō reseruauit illud, sicut istud? vn̄ supple ad gl. ꝙ est imperij, s. magni, quia affert magnū p̄iudiciū, sed illa duo sunt de Imperio paruo, qa non afferunt magnū præiudiciū. Fortè enim nunquā ruet, & sic cautio nunq̄ cōmitteretur. ¶ Itē per missionem ex primo decreto non ꝑdit dn̄ium nec possessionē, sed cogitur missum recipere secū, & pōt ire ipso inuito, & videre qn̄ fructus recolliguntur, si missio sit in fundo. Sed per s̄m decretum perdit possessionē, & dn̄ium, si habet, & si nō habet missus ex secundo decreto acquirit vsucapiendi potestatem, vt ĵ. eo. l. ꝑtoris. in prin. & no. quia gl. omittit quintum de quo in

5 prin. huius legis. ¶ † Itē gl. seq. addit alia tria, & sic sunt octo. Doct. addunt alia duo, quod dic, vt hic per Bar. & not. ex gl. seq. ꝙ p̄tor viuus, vel p̄ses qn̄ est aditus pro hac cautione, pōt cām delegare, quod est speciale hic cum sit de imperio, & innuit gl. ꝙ possit etiam delegare non habenti iurisdictionē. ¶ Item no. singulariter gl. super verbo. (decedatur) in secunda expositione, ꝙ qn̄ quis est missus ex primo decreto, & si non possidet, si iudici vr̄ vtile priuare aduersarium, posset, & ipsum transferre

a in missum, [a] quia pp hoc citius veniet ad faciendū id, quod iudex mandat, quod poterit id facere, qđ perpetuo tene mēti qa vix alibi reperies, sicut ēt pp nimiam contumaciam missus ex primo decre lucratur fructus, vt l. Fulcinius. in fi. ĵ. qui. ex cau. in poss. ea. Regulariter vero ꝯ, quia missus non possidet, sed detinet, vt l. 3. §. fi. ĵ. de acq. pos. & vti poss. l. si duo. §. creditores.

ADDITIO.

a ¶ Missum. Facit quod uoluerunt Are. & Io. And. in rub. de eo qui mitt. in poss. causa rei ser. & d. Ant. in c. 2. de do. & cont. vbi volunt, quòd licet ille per quē facta est missio habeat annum ad recuperandum possessionem, tamen missus potest intra illud tempus ipsum compellere ad vlteriorem litis prosecutionē. ita concludit post ipsos Lu. Ro. fin. suis fol. 11. & an annus possit prorogari, qui datur reo contumaci ad recuperandum poss. uide per eundem ubi supra.

---

1 *Contra absentem & non cauentem non peruenitur ad primum decretum nisi primo sit citatus ad domum, de qua tamen extrahi non debet, & si domum habitationis non habet, debet affigi citatio ad prædium, siue domum ruinosam.*

2 *In causa damni infecti etiam si aduersarius meus sit in ciuitate, non tamen est præsens in iudicio possum facere eum citari ad domum, & sufficit.*

3 *Alius casus in quo sufficit citare aduersarium ad domum, & quando sufficiat citatio ad domum. & nu. 4.*

Quod aliquando non sufficiat citatio ad domum, etiam si fuit perquisita persona.

4 *Citatus non debet extrahi de domo, & quid in causa criminali.*

Citatio debet fieri ad domum in qua habitat tempore citationis, licet nō habitasset vltra tres dies, & in alia consueuisset habitare.

5 *Quid si statutum dica. aliquem debere citari ad domū solitæ habitationis.*

6 *Quando citatus non habet propriam habitationem, & agatur de re certa immobili, potest affigi citatio ad illam rem, & arctat ipsum, & quid si agatur de re mobili.*

1 **§. Prætor ait.** ¶ † Contra absentem, & non cauentē non peruenitur ad primum decretum, nisi primo sit citatus ad domum, de qua tn̄ extrahi non dēt, & si domū habitationis non hēt, debet affigi citatio ad prædiū, siue domū ruinosam. h. d. iste magistralis. §. in quo Bar. dicit infinita bona, & semp remittitur ad formā citationis, & qualiter

2 debeat fieri ad domū. ¶ † No. primo ꝙ in ista causa damni infecti ēt si aduersarius meus sit in ciuitate, non tn̄ est p̄sens in iu

a dicio possum facere eum citari ad domū, [a] & sufficit, supple, ēt si nuncius non referat se primo perquisiuisse personā, & eā nō reperisse, nec ēt expedit ꝙ istud opponatur in cōmissione, sed sufficit, ꝙ vadat ad domum, & ꝙ ipsum citet, si ibi est, vel dicat familię eius, vel portet schedulā, & ibi dimittat, nec est necesse ꝓbare, ꝙ citatio peruenerit ad eius notitiam, & ista est intētio literæ dum dicit. (abesse aūt videtur,) & est speciale pp celerita

3 tem huius causæ. ¶ † Est & alius casus, in quo idem est qn̄ aduersarius meus semel fuisset in iudicio, & lis esset ꝯtestata secū, nā de cętero sufficit eum citare ad domū, vt s̄. dixi. per l. ab eo. supra quō, & qn̄ iudex. quia imputandum est sibi postquā sciuit cām inchoatam, quia debuit esse semper ꝑparatus p se, vel p procuratorē, vt l. sciendū. cū ibi not. ĵ. de legatis. ¶ Aliqn̄ autem non sufficit citatio ad domū, ēt si fuit perquisita ꝑsona, & non fuerit reperta, nisi ꝓbetur citationem peruenisse ad eius notitiam, vt cum agit de ipso excōicando, vt quia requiritur vera cōtumacia, & sic ꝙ citatio ipsum apprehendat, vt no. Inn. in c. si aduersarius. de eo, qui mit. in poss. vel per eū steterit ne eam apprehenderet, vel qđ malitiose se occultauerit ne perueniret, vel per se, uel p aliū impediuerit, ne citatio ad ipsum pueniret, in his oīb. casib. est verus ꝯtumax, ac si ꝑsonaliter esset citatus,

tus, vt in c. qm̄. §. porro. ut lite non cōtest. ¶ Idem dicit ipse pōt perueniri ad mīam lite non cōtesta. ¶ Idem vbicunq; quiritur vera cōtumacia, puta, ꝙ excludatur ab appellando l. ex ꝯsen. in fi. de app. vel interpositio secundi decreti, vbi ē sufficit ad eius notitiā peruenisse, nisi latitet, ut l. Fulcinius.

4 quibus ex causis in possessionē eatur. ¶ † Extra istos casus uanda est media via, quia sufficit citatio ad domū, dūmodo prius fuerit facta ꝑquisitio de ꝑsona, & non fuerit reperta, non apparet, ꝙ latitauerit, vel impediuerit, ne citatio ad e perueniret, & ita dēt fieri cōmissio, & relatio nuncii, ita dē telligi gl. in c. cām quæ. de dolo, & contu. nec expedit prob ꝙ ad eius notitiā peruenerit. Et ista sunt fundamentalia, Bar. non declarat, licet ponat multas quæstiones eo casu sufficit qualiter dēat fieri. Itē not. in ver.) verecundia aut ꝙ non dēt citatus extrahi de domo, ergo si nō est in domo, set capi, & duci, ut dixi s̄. §. ꝑcedēti. In causa tn̄ criminali p extrahi de domo, qđ dic, ut plene no. per Bar. in l. cum eo. Iul. peculatus. ¶ Item no. in ver. (sed domum) quod citatio bet fieri ad domū, in qua tunc habitat tpe citationis, licet

5 habitasset vltra tres dies, & in alia cōsueuisset habitare, † ꝙ no. si statutum diceret aliquē debere citari ad domū, sed s deret, solitæ habitationis, posset citari in illa, quā ꝯsueuit h tare, licet hodie non habitet, nisi nuncius haberet notitia ꝑsenti habitatione, sed in casu præcedenti non sufficit, ꝙ n

6 beat notitiā, qa dēt perquirere. ¶ † Vlt. no. in fi. qn̄ citatus habet propriam habitationē, & agatur de certa re immo puta de prædio, posset affigi citatio ad illā rem, & arctat ip Sed si non ageretur de certa re, sed de pecunia, deberet af tatio valuis publicis, uel ecclesiæ, nisi p statutū aliter pro retur, vt in l. ꝯsentaneū C. qūo & qn̄ iudex. Isto tn̄ casu & præcedenti anteq̄ illud fiat, dēt perquiri si est aliquis pcur eius, & illi debet fieri, & ita intelligo tex. in fi. nō sic in casu ius. §. quando habet certam habitationem, nam si non d perquiri pro principali, vt dixi, multo minus pro procurat

ADDITIO.

a Ad domum. Adde ut per Lu. Ro. consi. 462. Abb. consi. 84.

---

1 *Vbi deficiunt verba l. deficit l. dispositio.*

2 *Statutum si dicat, quòd laudum debeat notificari ei contra quem latu intra decem dies a die quo latum fuerit, aliàs nullum ius acquiratur qui latum est, & latum sit post mortem alterius ex compromittenti cum actum esset in compromisso, quòd non expiraret per mortem, & h ditas iacuit vltra dictum tempus, ex hoc non vitiatur laudum.*

Quòd ad cautelam debeat tunc fieri notificatio ad domum solitæ habitationis, & quid si hæreditas postea adeatur, an iterum sit fienda hæredi.

3 *Contra hæreditatem iacentem non potest agi, nec iudicium inchoari, & silium est, quòd detur curator hæreditati.*

4 *In causa damni infecti, quòd offeratur libellus, & an eius copia mit cum citatorio.*

5 *Quando fit citatio a delegato semper debet mitti copia delegationis, s scripti, saltem prima uice, alias haberet citatus iustam causam non parendi.*

1 **§. Toties.** ¶ † Vbi deficiunt verba l. deficit l. dispo h. d. & ad hoc semp allegatur, & ꝯcorda isto summario. ĵ. de accu. l. hos accusare. §. oīb. de aqua qu

2 diana, & æsti. l. j. §. loquitur. † Et semel inducebam istum te dicat statutū Florentinū, ꝙ laudū dēat notificari ei ꝯ quē est, intra decem dies a die quo latū fuerit, alias nullū ius acquiratur ei pro quo latum est, & laudum fuit latū post tem alterius ex ꝯpromittentib. cū esset actum in cōprom ꝙ non expiraret per mortē, & hr̄ditas tūc iacebat, & iacu tra dictum tp̄s, ꝙ laudum ex hoc non vitietur, si non fuit ficatum ei, ꝯ quem latum est, cū non reperiatur in rerum

a tura, [a] sed ꝙ ad cautelā fiat notificatio ad domū solitæ ha tionis. Quid aūt si postea adeatur hr̄ditas, an iterum sit fi hæredi, colligitur ex his, q̄ dixi s̄. tit. j. l. de pupillo. §. si qui

3 ꝑtori. ¶ † Itē Ang. ꝑ istum tex. dicit se reiecisse plures ꝑcess ciuitate Flo. factos ꝯ hr̄ditatē iacētē, facta citatione de ips reditate, qđ non pōt fieri, ut hic patet. Sed iste tex. vr̄ face ꝙ immo possit fieri ad domū hr̄ditariam, quam ꝯsueuit ha re defunctus, & ꝙ ꝑcessus valeat. Solu. speciale est in casu ius. §. pp celeritatē quæ huic requiritur. Contra, quia ꝯ hr̄ tem iacentē non pōt agi, nec iudicium inchoari, ut ĵ. de s seru. l. si seruus hr̄ditarius. ¶ Est ergo consilium, ꝙ detur c tor hr̄ditati, ut l. j. & ij. de cur. bo. dan. & ꝯ curatore poteri hodie, factū est ibi statutū pp hoc, ut nullo curatore dat

4 leat ꝑcessus. † Vltimo no. in verbo, libellū, ꝙ in hac cā offe bellus, & copia eius mittit cū citatorio, qn̄ fit in scriptis cit & affigit ad isulā. Cōtrariū tn̄ cōiter seruat, qa sufficit app re ich

ADDITIO.

a Rerum natura. Adde eundem consi. 24.

nedulam citatoriã, ꝙ veniat ad rñdendum petitioni talis. i tñ fit citatio a delegato,semp debet mitti copia delegatio u rescripti,saltē prima vice. [a] alias haberet iustã cãm non endi,vt in c.2.de dilatio. Et hoc ꝓbatur in auth. q semel.§. &qñ iudex. ibi dum dicit,(& aduersario cognitis.&c.)

A D D I T I O.

vice. Adde Ang.consi.36.

---

a magistrum negligentem facere id quod facere potest, & debet,da- ctio in factum ad interesse totale.
a iudicem facientem iniustitiam, quę actio detur.
e negligens facere iustitiam, quando puniatur criminaliter extra or- em ad interesse partis.

In eum. ¶ Contra magistrum negligentē facere id quod facere pōt & debet,datur actio in fa- ad interesse totale.h.d. Et dicunt quidam ꝙ est hoc specia- : detur ad integrũ interesse.† Rñ.n.ꝯ iudicem facientē in- tiam,datur actio in quantũ iudici, seu bono viro.idest fyn- torib.æquũ videbitur,vt in l.fi.ꝟ.de var.& extraor.cog. Tu p ibi loquitur qñ per imperitiam male iudicauit, si autem lũ,daret ad integrum interesse, vt in l.filiusfa.§. de iudi.& i non facit qđ facere pōt,& debet, vr esse in dolo ꝑsumpto, l.dolus.§.mã.ideo tenetur ad integrũ interesse. In hoc tñ fia,an fit dolus verus,vel præsumptus,qa primo casu inte- : probatur per iurm in litē,vt in d.l.filius. Secũdo casũ nō, pportet vere probare,vt hic in gl.q incipit,(vt detur.) & in eq.sup verbo,(interest quo animo.) Non ergo est curandũ, eliquerit in faciendo,vel in non faciendo, sed an p imperi ,vel per dolum verum,aut ꝑsumptum , si per imperitiam , non est dolus,sed ꝯrium facit,si asserit se peritum,vt l.1.cũ no.§.quod quisque iuris,sed illud quo ad pœnam,de qua ibi ¶ Itē in alio refert,delinquat ne in faciẽdo iustitiam vel ne- endo iustitiam facere,quia primo casu recurritur ad supe- em per viam appellationis,& non aliter.C.de iurisf.om.iud. mo.in fi.Secundo vero recurritur per viã querelæ,vt in Au t diff.iud.& ideo non valet appellatio, si dicã,peto a vobis, le quid faciatis,& si nō feceritis, appello,nisi verbo,vel fa- pronunciet illud non esse faciendum, quia tũc pōt appel- post pronunciationem,vt no.p Inno.de test.c. significaue- t,& in Spe.de app.§.qualiter.in versi. in summa. ¶ † Item tra iudicem negligentem iustitiam facere, [a] reperiuntur erdum certæ pœnæ a iure deputatæ.C.de seru. fug.in l.mã- a.de exa.tribu.l.missi opinatores.lib.x.extra illos casus pu- ur extra ordinem criminaliter, & ad interesse partis, vt hic.

A D D I T I O.

iam facere.Adde vt per Lu.Ro.consi.149.

---

tra iudicē non datur actio ad interesse propter hoc,ꝙ omisit aliquid face ,cũ posset,& deberet,nisi illud fuerit petitum ab eo sedente ꝓ tribunali. ex non requisitus a parte, an possit aliquid facere ex suo officio.
casu quo potest facere aliquid etiam non requisitus,si non facit,an tenea- ad interesse, vel ad pœnam,& nu.2.
casu quo non potest si tamen facit,an valeat qđ facit remissi, & nu.2.
ausa damni infecti, qualiter procedatur.
cta sunt legata certis pauperibus, & ipsi non petant, non tenetur iu- ,licet possit procedere ex inquisitione.

.Hoc autem. ¶ Contra iudicem non datur actio ad interesse pp hoc, ꝙ omisit aliqd ere,cũ posset,& deberet,nisi illud fuerit petitum ab eo sedē pro tribunali.h.d.& semp alle.facit l.j.§.magistratib.§. de ma r.que.¶ † In isto §.examinant tres passus. primus est,vtrum dex non requisitus a parte,possit aliquid facere ex suo offõ, o casu quo pōt aliquid facere. ēt non requisitus non facit, um teneatur ad interesse,vel ad pœnã? Tertius est,eo casu o non pōt, si tñ facit, vtrum valeat quod facit? Circa primũ ꝙ in concernentib.bonũ, vel vtilitatem publicã,pōt ex of- o procedere ēt ad nullius postulationē,de quo possunt po- plura exempla.primo de inquirēdo[a] de criminib. in genere, congruit.de off.præsi. in specie vero rlr inquisitio est,ꝓhibi de iure cōi. Fallit i certis casib.vt plene no.i l.2.§. si publico. adot.¶ Itē in his quæ concernunt commodum pecuniariũ neræ fiscalis,vt l.si vacuã.C.de bo.vac.li.x. & ibi no.per Bart. tem in his,quæ concernũt reuerentiã superioris, vt l. eos.in C.de app.¶ Item in his,quę concernunt honorem sui officij, dignitatē,vt l.quos prohibet.§.de postu.C.de test.l.nullum. de insa.l.debuit.¶ Item in his quæ cōcernunt abbreuiationē is,vt C.de iud.l.properandũ.post prin.vbi iudex ne pereat in tia litis,potest etiam non requisitus assignare terminũ parti faciendũ incumbentia,ut possit causam expedire, vt ibi no. Bar.& l.vnica.C.de his quæ desunt adu.partium. ¶ Si vero n concernunt vtilitatem publicã,sed priuatam,tunc aut ve niũt in ꝓñum petitorum,& pōt partes suas impartiri,ēt nō req situs. Vnde si condẽnauit furem criminaliter,pōt ēt non requi situs a parte ꝯdemnare ad restitutionem rei subtractæ, vt not. Inn.in ca.cũ oporteat.de accusa.& in l.si quis ad se fundũ.circa fi.ad leg.Iul.de ui publi.Itē pōt victum victori condemnare in expensis ēt non requisitus, quia hoc accidit post litē contest.iō multum in hoc vertitur iudicis offm̃, vt l.ædiles.§. item scien- dũ.de ædil.edict.& idem ur̃ de fructu,uel usuris post lit. cōtest. ꝑceptis,uel currentib. iuxta no.in l.j.C.de iudi.&.ꝟ. eo.ti. in l.si qs missum.cum ibi no.Si uero ueniunt usuræ principaliter,tũc aut concernunt periculum aĩæ, & potest procedi p inquisitio- nem per iudicem ecclesiasticum,& ꝯ usurarios,& usuras resti- tuant ēt si non sit requisitus,ut in c.ad nr̃am.de iureiu.&quod ibi p Inn.Aut non concernunt periculum aĩæ , & tunc rlr pro utilitate priuata non potest procedere per inquisitionem , sed propositis actionib.ut dicit Inn.in d.ca. ad nr̃am. fallit qñ duo concurrunt,ꝙ actus sit pius , & persona quã respicit,sit misera bilis,ut pupillus,uel uidua,uel pauper ſm Inn.ibidem,& p Cy. in l.mulierem.C.si manci.ita fuerit alie.ut probatur in l. illici- tas.§.ne tenuis.§.de off.pręsid.& in l.3.§.pen.de suspectu. tu. & dr̃ actus pius,qñ cōcernit personam , ut puta ꝙ debeantur sibi alimenta.ut tutor,aut curator,seu defensor iuxta ea quæ habē tur in l.j.& 2.§.de neg.gest.& l.alimenta. Si uero concernunt ꝑimonium secus , ut in l.quæ ibi sequitur.& hoc qñ persona miserabilis est certa. Sed si est incerta,ut si aliquis relinquat cer tam quantitatem distribuendam inter pauperes,licet nō dicat pro alimentis,potest iudex ecclesiasticus procedere per uiam inquisitionis, ut no.in d.c.ad nr̃am. ¶ De secundo,& tertio ca

3 su uide hic per Bar.qui multa bona dicit. ¶ † Vlt.no.dum dicit in fin.(pro tribunali,)& in §.toties.§ eod.l. dicit libellum. nam ex hoc innuitur ꝙ in hac causa proceditur cum ordine, dato libello,& lite conte.& fertur diffinitiua,licet sit summaria,qu a non quantum adhoc,ut aliquid remittatur de substantialibus iudicijs,sed ut abbreuientur dilationes,ut in l.j.§. eod.licet ꝯ- rium uideatur sentire gl.in l.qui bona in §.qui alienum,ꝟ.e. Su per hoc dic,ꝙ aduersarius fatet̃ domum ruinosam , & nullam cãm allegat rationabilem quare non debeat cauere , potest ꝓ- cedi per uiam præcepti,ut in prin.huius l.alias habet locum qđ dixi,&ēt hoc secundo casu,si post sñiam diffinitiuam,ꝙ debeat cauere,& non caueat, adhuc habebit locum missio ex primo decreto.Ita pōt intelligi prin.huius legis,ꝙ est mirabile,ut post sententiam diffinitiuam ueniatur ad primum decretum, quia non potest aliter fieri executio . Et super secundo puncto quē supra non explicaui,qñ iudex pōt interponere officium suum ēt non requisitus si non facit hoc,utrum teneat̃,quia Bar.non plene explicat,pōt sic dici,ꝙ aut habuit iustam ignorantiam , & non tenet̃,ut l.j.§.magistratib,de magi.conue. Aut sciuit, & tunc aut in his quę concernunt publicam utilitatem,& tenet̃, & potest iudex quia poterat, & debebat se iterponere,cũ sit ꝓ curator reipublicæ,ut in d.l,congruit,& l.prohibere.§.sciendũ quod ui aut clam. Aut in his q̃ cōcernunt priuatam utilitatem, & tunc aut pertinet ad personas,q̃ non possunt petere pp defe ctum sensus,uel ætatis,quia furiosus,uel impubes, & idem,qa pōt, & debet,argu.in d.l.3.§.præterea.de suspec.tu.facit l.bono rum.§.qui admit.ad bo.possess. Aut pertinet ad personas,q̃ pos- sunt petere sibi prouideri,& non petunt,& tunc imputet̃ eis,li cet iudex posset etiam nō requisitus,arg.hic. Et ideo dicũt Do ctores,ꝙ licet iudex possit condemnare in expẽsis,ēt si nō fue rit hoc petitum,si tñ non facit, nō tenetur,arg.§.de iu.l.nō qc-

4 quid.¶ † Item dicit Bal.in l.si quis ad declinandam.C. de episc. & cler.ꝙ si sunt facta legata certis pauperib. si nō petũt iudex nō tenet̃,licet possit procedere ex inquisitione per supradicta.

A D D I T I O.

a Inquirendum.Casus quib.possit procedi per inquisitionem, uide per Fely. in c. qualiter,& quando,de accu.& an inquisitio generalis possit fieri,uide per Ol. consi.270.

---

1 *Magistratus municipij existentis prope vrbem, vel prope locũ vbi est præses,non pōt se intromittere de hac cã,sed debet recurri ad prætorē vel ꝑsidē,& ideo si requisitus non facit non tenetur actione in factũ ad interesse.*

2 *Si in aliqua ciuitate sunt plures magistratus qui possunt cognoscere de aliqua cã,& aliquis adiuit unum magistratum,puta,officiales mercantiæ uel consules artis,& illi neglexerint facere ius,tunc,quia potuit adire potestatem qui est iudex generalis omnium causarum,& non adiuit, an illi excu sentur , vt non teneantur sibi ad interesse.& nu.3.*

3 *Iudex si tulit iniquam sententiam , a qua non fuit appellatum , an excuse tur quominus faciat litem suam,si potuerit appellari.*

1 §.Si tam vicinum. ¶ † Magistratus municipij existentis prope urbem, uel prope locum ubi est præses,non potest se intromittere de hac cã , sed debet recurri ad prætorem,uel præsidem,& ideo si requisitus non facit,non tenet̃ actione in factum ad interesse. h.d. se-

cun-

cundum intellectum glo. Rō primi dicti est, quia cessat cā pp q̄ magistratus municipalis pōt se intromittere de hac cā, licet sit de imperio pp periculū, qd̄ est in mora, si iret ad p̄sidē, vel p̄torē, vt l. j. §. e. hic vero cessat pp ꝓpinquitatē loci. Scd̄m aliā lecturā, q̄ tenet Barto. bñ pōt se intromittere, tñ q̄a de facili poterat adire p̄torē, vel p̄sidē, adhuc nō tenet, licet reqsitus nō fecerit.
1 †Et sic no. hic vnū satis singulare, s̄m istā lecturā, ꝙ si in aliqua ciuitate sint plures magistratus, q posśūt cognoscere de aliqua cā, si aliqs adiuit vnū magistratū, puta officiales mercātiæ, vel ꝯsules artis, & illi neglexerint reddere ius, q̄a tñ potuit adire potestatem, q est iudex gñalis oīum cārum, si nō adiuit, nō tenent̄ illi sibi ad interesse, qd̄ ppetuo tene menti. Angel. tenet ꝯriū, & melius, q̄a negligētia illorū nō excusat̄ propter hoc, ꝙ alius po
2 tuerit adiri. † Nam & si iudex tulit iniquam s̄niam, licet potuerit appellari, & nō fuerit appellatum, non excusatur iudex quo minus faciat litem suam, q̄a non pōt imputari parti quare non appellasti, ut plene notat in disputatione eiusdem Bar. quę incipit, a s̄nia iudicis, ita vr̄ in casu isto qn̄ neglexerit, vt non posśit imputari, quare nō accessisti ad aliū. Nec obstat iste tex. q̄a, vel primus intellectus est verus, vel si ēt secūdus esset verus, dic s̄m Ang. ꝙ hic magistratus hēt cognitionem istius cāæ in subsidiū pp periculum moræ, secus si æquē principaliter, tene menti.

1 *Hæc actio in factum ad interesse datur hæredi, & contra hæredem & est perpetua.*
2 *Casus in quo hæres iudicis debet stare ad syndicatum.*
3 *Si lata est s̄nia iniqua, licet fuerit appellatum, uel fuerit s̄nia confirmata, & sic nō posśit amplius cōtra partē allegari de iniquitate, uel ēt de nullitate, quousq; fuerit facta executio, an tamē poterit cōtra iudicem primum, qui cā tulit allegari de ipsius iniquitate, & peti ipsum condēnari in sindicatu.*

1 §. Hæc aūt actio. ¶† Hæc actio in factum ad interesse dat̄ hæredi, & ꝯ hæredē &
2 ēt est perpetua. h. d. † Et not. casum in quo hr̄s iudicis debet stare ad sindicatum, si iudex in uita sua non fuerat syndicatus s̄m Ang. rr ꝯ. s̄. de iud. l. sed Iul. quia ex parte conuēti ista actio est pœnalis, q̄a datur ad illud, quod non adest, nec affuit, licet ex pte agentis sit persecutoria, quia dat̄ ad id, quod abest, & hoc voluit gl. fi. ideo non debet dari ꝯ hæredem ante litem contest. vt l. j. C. ne ex delict. defunctorum. Sed rō in hoc §. est imminens periculum. Dy. vero dicit, ꝙ non est, q̄a ista actio in factū succedit loco cautionis non præstitæ, q̄ si fuisset præstita, actio daretur ꝯ hr̄dem promissoris, ita hic dicatur ꝯtra hæredem iudicis.
3 ¶† Vlt. dicit Ang. hic, licet ex propositum, ꝙ si lata est s̄nia iniqua licet fuerit appellatum bis, vel fuerit sententia confirmata, & sic non posśit amplius contra partem allegari de iniquitate, vel ēt de nullitate, quousq; fuerit executioni mandatum, vt in clem. j. de re iud. poterit tamen ꝯ iudicem primum, q cā tulit allegari de ipsius iniquitate, & peti ipsum condemnari in syndi
a catu, * p id quod no. Inn. in c. pastoralis. in fin. de offi. del. Tu dic plene, ut habetur in dicta disputatione Bart. quæ incipit, a s̄nia iudicis. Et tangitur etiam per Inn. in c. sæpe. de appell.

ADDITIO.

a ¶Syndicatu. Ad hoc uide late Soci. consi. 36.

LEX V.

1 *Secundum decretum dat causam præscribendi, & quando.*
2 *Habens titulū a iudice si est malæfidei posseśsor, an præscribat longo tpe.*

1 PRætoris. ¶† Secundum decretum dat causā præscribendi, si ille ꝯ quem fuit īterpositum nō erat dn̄s, ad hoc allegat̄, sed si erat dn̄s statim missus efficit̄ dn̄s, ut hic in gl. & facit l. clauib. de ꝯh. emp. vbi hr̄ ꝙ eo casu, quo ex traditione acqrit̄ dn̄ium, si tradēs erat dn̄s, eo casu acqrit̄ dn̄ium, si nō erat dn̄s, acqrit̄ vsucapiendi, vel p̄scribēdi ꝯdō. † Et aduerte, ꝙ in isto casu, qñ qs hēt
2 titulū a iudice, etiam si sit malæfidei posseśsor, q̄a sciebat illū ꝯ quē obtinuit s̄m decretū nō esse dn̄um, nihilominus p̄scribit
a lōgo tpe pp authoritatē iudicis. atex. est notabilis in l. gñaliter §. de noxali. de quo vidi fieri magnum festum a Bald. dum legeret istam legem. Quod forte de iure canonico non esset uerū, per cap. malæfidei. de regulis iuris lib. 6.

ADDITIO.

a Iudicis. Adde, ut per Lu. Ro. consi. 454. uer. si.

§. Si plures sint. ¶Si unus ex pluribus non cauet, in illius ta ntū portionem fit misśio, & si plures petunt caueri, & non cauetur a qualiter, mittuntur in posseśsionem ex primo decreto, licet nō æqualiter interesse prætendant. h. d. Quinimmo etiam si unus solus fit m oēs alij censētur immisśi, & posśunt gaudere tenuta, dumm refundant partes expensarum pro rata, quæ eos contingi quod dic, vt l. fi. s̄. de bo. autho. iud posśiden.

§. Et si dominus. Tam proprietario, q̄ vsufru rio debet caueri de dam. inf nec plus tenetur q̄ si cauisset soli proprietario habenti pro tatem, & vsumfructum, quia cuiuslibet pro suo interest. h.

LEX VI.

VEnit. Ei qui neglexit cautionem petere, datur actio ad emendationem d dati ex ruina. h. d. declara vt dicam j l. pxi. §. fi. l circa fi. ibi (si modo posśum ego agere, ut rudes lat vel hēat ea ꝓderelic.) licet fuerit negligēs in do mihi caueri, vt hic colligit̄. Sed gl. in l. px. in fi. in ult gl. ꝯriū, qd̄ qñ fuit negligēs, nulla det̄ mihi actio, ēt ut rudurat, licet si uelit tollere det̄ mihi exceptio, ut nō pmittat a tollere, nisi oīa tollat ēt inutilia, & caueat de dāno futuro, ablatis posśet adhuc cōtingere, & ēt de pterito. Tu tene p dictū, qñ ille nō declarat an uelit tollere, uel ꝓ derelictis h expedit mihi scire, ut si vult ꝓ derelictis hr̄, posśim facere sis q cqd volo, & istam partem tenet Ang. cętera dic, vt ibi.

LEX VII.

1 *Qualiter debeat præstari cautio de rato.*
2 *Iuramentum calumniæ in quib. casib. etiam debeat hodie præstari.*

PRætor ait. Vsq. ad §. hoc edictū. po verba edicti facti in ha formaliter put iacebat, & vsq. ad §. de co tur quatuor q̄ ꝯtinebāt edictū, quorū respicit p̄sonā eius a quo petit̄ cautio, nā p̄stet suo noīe, i. ꝓ suo iure, est simplex ca sine fideiussorib. Si aūt alieno noīe, i. ꝓ al iure, det̄ esse satisdatio cū fideiussorib. Aliud respicit p̄sontētis, q̄a dēt iurare, ꝙ calūniose petit si suo noīe petit, si ve lieno noīe, qd̄ credit illū nō calūniosè petere. Tertiū est, q spicit formā cautionis, q̄a dēt ꝓmittere emēdationē dāni tingat ipsū fieri intra tp̄s a p̄tore, uel a iudice statuendum, aūt simpliciter in infinitū. Quartū est in uer. (in ꝯtrouersi uenit ad declarationē primi dicti, nā si ille a quo petit̄ asser dn̄m, & sic dicat, ꝙ cautio dēat esse simplex, q̄a cauet p iure Aduersarius aūt negat ipsū dn̄m, & sic dicat, qd̄ dēat esse fideiussorib. q̄a cauet ꝓ iure alieno, dēt caueare in dubio fideiussorib. sub hac tñ exceptione, uel ꝯdōne qd̄ si appare
1 sum esse dn̄m, fideiussores nō teneant̄. † Et istud est singula ctū, p qd̄ dicūt Doct. declarari qualiter debeat p̄stari cautio rato, qñ dubitat̄ de mandato, q̄ cautio cū sit p̄toria reqrit iussores qd̄ dēt caueri sub hac ꝯdōne, qd̄ qñcuq. apparebi mādato, fideiussores sic teneant̄. Et ad multos casus similes induci iste tex. notabilis. In gl. incip. (cū alieno) ibi (uel ue
2 hoc corrigit̄.) † Tu dic s̄m Iaco. de Ra. qd̄ non corrigit̄, sed plet̄, nā pcurator iurat ut hic, & ēt dn̄s, ut j l. ꝯria. Tu dic da qd̄ de iure ueteri añ l. 2. de iura. cal. nō erat inuentū gñal in causis præstaret̄ iur̄m calumniæ ad sollenizandum iudic licet in quibusdam casib. hoc reperiret̄, ut in casu isto, & j. pupillo. §. si opus nouum. In istis ergo casib. specialib. in qu
a olim p̄stabat̄ & hodie p̄stat̄ p ipsū principalē, si p se agat, & curatorē, si agat p eum, q̄a non tendit ad sollenizandū iudic sed ad excludendum calumniam, & posito ꝙ sit præstitum procuratorem, adhuc dn̄s debebit p̄stare iur̄m de quo ibi sollenizandum iudicium. Et adde qd̄ no. super hoc j. eod. l. g na. §. in alieno. & rerū amo. l. Marcellus. dic s̄m Iaco. de R non obstant ista iura, quia sicut ibi non compellitur iurare non vult, ita nec hic. Sed si non iurat sibi non cauebitur.

ADDITO.

a Præstatur. Sed an ualeat consuetudo uel statutum tollens iur̄m calum. uide cōstitutus. de fideius. & cū procu. iurat in aīam dn̄i, uide practicā in c. 63. dist. & ibi an si dn̄s reuocat mādatum, postea obligetur ex iur̄o, & ci habet speciale mandatum ad iurandum de calumnia, an posśit iudex co llere partem ad iurandum. uide per Io. And. in nouella. in c. fi. de iura. cal.

§. De eo opere. Hic usq. ad §. edictum ponunt lia quatuor contenta in edicto Primum vsq. ibi (cum cui.) Secundum usque ibi. eius rei nomine.) Quartum usq. ad §. Tertium usque ibi. edictum. Et nota ex ultimo dicto in fine. quid est effectus mi decreti, quia missus ex eo non posśidet, sed simul cum

possessionem detinet: & ideo dicitur possessio tędalis,
agnum tędium est aduersario, ꝙ cogatur eum admitte-
docunque vult ad locum accedere.

Hoc edictum. ¶ Iuriscõsultus hic incipit exponere primũ verbũ edicti præ
stũ in prin.leg. dum dicit (dãni infecti) & sic prouidet
s damnũ nondum factũ, vt pro ea caueat, & si post cau
ꝯtingat, emendetur. Quid si erat iam factum an p̃stitã
ẽ, vel habitam ꝓ præstita, quid iuris, & durat ista pars
d l.hoc amplius.§.quæsitũ. quã diuide in tres partes. Pri
larat, an ille cuius domus ruit, & damnũ dedit, posit co
nendationẽ damni. & dr̃ ꝙ non, si vult ædes & rudera di
ꝓ noxa. vsq; ibi. (Vñ quare.) Scd̃o quid si ille qui dam-
cepit nõ curat de ruderibus, vel ędibus, sed vellet, ꝙ in-
uerentur, & exportarentur, an si ꝯpetat aliqua actio,
fiat? & ad quid, & hoc vsque ad l.hoc amplius.§.de his.
qñ ille qui dãnũ recipit ex lapsu rerũ alterius in fundũ
llet illas res retinere, & nõ restituere, vtrũ ille cuius sũt
it agere, vt sibi liceat asportare? & sunt isti text. notabi-
uotidiani, & magis difficiles q̃ appareant, qa multos im
casus. hoc ergo dicit ista prima pars ꝙ ꝓ dãno illato an-
tã cautionẽ, vel habitam ꝓ præstita nõ põt agi ex hoc
vt emendetur p̃cise, si ille cuius domus damnum dedit
est ædes, & rudera ꝓ noxa dimittere, sicut qñ datur in
us animata aĩa rõnali, puta seruo, vel irrationali, vt qua
e: nã non potest agi p̃cise ad emẽdationẽ damni, sed agi
rnatiue, vt vel damnum emendetur, vel res, q̃ dedit dã-
tur pro noxa. vt in tit. de noxa. & in titu. si quadru. pau-
dic. h. d. in effectu, & eodẽ mõ vr̃ ꝙ posit agi casu isto
edicto p̃toris, qđ aduersus damna p̃terita nullo modo
et, vt in prin.§. sed ex rñsio. Iuli. de quo hic. In tex. ibi, (lar
) s. præcise, & hoc fundatur a ꝑsona cũ culpa, vel dolo
in acti. l. Aquil. & de dolo. Si vero a re eius sine suo dolo,
pa, ẽt extra casum istum nõ agitur p̃cise ad emendatio-
mni, sed noxaliter. ut l. seq. In tex ibi, (multo magis.) sed
est multo magis. Rñdeo pp id, qđ sequitur, quia qñ dat̃
ta, cum illa remaneat post damnũ datum, si ille cuius
mendaret mihi damnum, illud solũ damnũ haberet, nõ
entia rei suæ, & nihilominus nõ tenetur emendare præ
ulto magis qñ datur a re inanimata, puta domo, qa post
datũ desit domus esse, quia si damnum emendaret, du-
mnum pateretur, s. hoc, ẽt carentia rei suę, quod non est
niens postq̃ ipse fuit in dolo vel culpa. Notãdum tamẽ,
atur a re animata si potuit ꝓhibere & non prohibuit, te
cise ad emendationem damni, nec liberaretur dando ꝓ
t in l. 3. supra de noxa. Sed qñ datur a re inanimata, licet
it prouidere reficiendo, & nõ prouiderit, nõ propterea
r præcise ad emendationem damni, sed liberatur dimit-
domum & rudera pro noxa, vt hic & in fine huius legis.
o forte est quæ colligit̃ ex his quæ supra dixi, ne duplex
patiatur. Si tñ vellet rudera tollere, bene tenetur emen
amnum, si aduersarius non fuit negligens in petẽdo cau
ut j. eodẽ l. hoc amplius. in prin. & statim dicã in seq. §.

domus tua ruit supra meam, antequam mihi præstita sit cautio infecti, an tenearis mihi emendare damnum.
quo non curas tollere rudera, an possim agere, quòd tollat.
quo cum ago, vt tollas, vel pro derelicto habeas, & vis habere pro lis, an sufficiat, ꝙ habeas pro derelictis, & ipsa rudera quæ iacent, m debeas habere totas ædes etiam in partibus quæ non ruerunt.
damnum recepit habet interdictum de ruderibus tollendis, vt tollan l pro derelicto habeantur. Quid de illo cuius domus cecidit, si vult tollere, & facere quę sibi incumbunt, & aduersarius contradixit, am ipse habeat interdictum de ruderibus tollendis.

Vnde quæritur. ¶ Si ille cuius domus ruit &
damnum vicino dedit ante
am cautionc vel habitã pro præstita, uellet rudera tolle-
ito eo cui dãnum datũ est, potest hoc facere: dummodo
ciat, s. ꝙ oĩa tollat ẽt inutilia, & quod caueat de dãno fu-
qđ põt contingere ex ablatis, & ẽt de præterito iam facto
a. Sed si non curat ea tollere, & ille qui damnũ recepit
vt tollantur, agere põt interdicto de ruderibus tollẽdis,
lantur uel pro derelictis habeantur, & hoc secundo casu
dimittere, cogitur ẽt dimittere totas ædes, ẽt in parte q̃
ecidit, si aduersarius non fuit negligens cautionẽ petere,
t impeditus. In primo uero casu si vult tollere, cogitur
nũ iam factum emendare. Hoc dicit in effectu & s̃m ue
ntellectum vsque ad l. hoc amplius.§.de his. Et primo for
ubium vsque ibi, (& Iuli.) s. an ille qui damnum recepit,
agere, ut rudera tollãtur. Scd̃o ponit rñsum. Iuli. qui in-
gatus de tali casu determinauit. Primo quid iuris ecõuer-
le cuius domus ruit, vult tollere inuito eo qui damnum
recepit vsque ibi (quod dñs.) postea determinat q̃õnem ꝓposi
tã, an ille qui damnũ recepit posit agere, & ad quid, & dr̃ quod
põt agere alternatiue, vt uel tollat rudera, uel ipsa, & ẽt totas
ædes ꝓ derelicto habeat. Tertio loco in l. seq. limitat illud qđ
dixerat, (vel totas ædes.) quia hoc est uerum qñ petenti nõ põt
negligentia imputari, cur non petijt caueri, quia non fuit impeditus. q. d. si posset imputari, non posset agere, uel totas ædes
pro derelicto habeat, sed solum rudera, quæ ceciderunt, ut s̃. l.
euenit. alia vero quæ nõ ceciderunt non tenet̃ ꝓ derelicto habere. Quinto loco in l. hoc amplius supplet illud qđ dixerat,
vel tollere, quia eo casu cũ uellet tollere rudera, & non hr̃e ꝓ
derelicto, non permittitur, nisi cauit de emendatione dãni pre
teriti, eo casu quo non fuit negligens cautionẽ petere, & assignat rationem viuam, quia si domus non cecidisset tenet̃ caue
re de emẽdatione dãni, & ipsum postea emendare, vel totis ædi
bus carere. Si ergo iam ruit, & ipse velit asportare rudera, patet
quòd non vult totis ædib. carere, ergo tenet̃ damnũ emendare
h. d. subtiliter. pro declaratione istorũ textuum qui sunt infra-
1 scati, dicas sic † quod quatuor sunt vidẽda, qñ domus tua ruit
supra meã, anteq̃ mihi præstita sit cautio damni infecti. Primũ
est vtrum tenearis mihi emendare damnũ, & in hoc dic, quòd
præcise non tenearis, ut in præcedẽti §. nisi fuisses iussus cauere
per iudicem, & fuisses cõtumax, quia tunc cautio haberet̃ pro
præstita, vt infra eo. l. si finita. §. eleganter. vel non fuisses iussus,
tñ in ꝯtumacia tui non uenientis ad requisitionẽ iudicis ego
fuissem missus in possessionẽ, nã & tunc haberetur cautio pro
præstita, ut d. l. si finita. §. illud l. cũ postulassem. Et ita intellige
gl. fi. in prin. l. hoc amplius. sup verbo, (angustias.) Si vero quæritur an cogaris casu versante, ad emendationẽ, tunc aut tu nõ
prouocatus a me uis rudera tollere, & non permittitur tibi, ni
si emẽdes damnũ p̃teritũ, ẽt si fui negligens petere cautionẽ,
& ẽt cauere de futuro, & oĩa ẽt inutilia tollere, ut in ver. rñde si
dñs. Aut fuisti a me prouocatus; quia egi ut tollas, uel dimittas,
& tunc aut fui negligens in petendo mihi caueri, & non teneris emendare dãnum præteritũ, ẽt si uis tollere, sed solum dimit
tere rudera, ut s̃. eo. l. euenit. & l. hoc amplius a ꝯrio sensu: aut
non fui negligens, & tunc si vis tollere, teneris ẽt damnũ pre-
teritum emendare, ut d. l. hoc amplius per rõnem q̃ ibi ponit̃.
Sic ergo licet mihi non succurratur per uiam agendi, succurri-
2 tur per viam excipiendi, istis casibus. † Scd̃us passus est eo casu
quo non curas tollere rudera, utrum posim agere, ꝙ tollas: gl.
pen. huius legis vr̃ dicere quòd non, si fui negligens in petẽdo
mihi caueri. Tu dic, aut volo agere præcise, ut tollas, & nõ possum, siue fui negligens, siue non, quia potes habere pro derelictis, ut d. l. euenit in fi. Aut volo agere non præcise, sed alternatiue, ut tollas, alias pro derelictis habeas, ut sic sciam quid sim
facturus, cũ anteq̃ declares ꝓ derelictis habere, sint tua, ut l. hoc
amplius. §. de his. j. e. & tunc dico, ꝙ agere possum ẽt si fui negligens in petendo cautionẽ, ut dixi in l. euenit. & ibi etiã hoc
3 tenet Ang. † Tertius passus est eo casu quo cũ ago ut tollas, vel
pro derelicto habeas, & vis hr̃e pro derelictis, utrũ sufficiat qđ
habeas ꝓ derelictis ipsa rudera quæ iacent, an ẽt debeat habere totas ędes ẽt in partibus, quæ non ruerunt, & in hoc distingue. Aut fui negligens, & sufficit ꝙ habeas pro derelicto ipsa ru
dera, ut l. euenit. Aut non fui negligens, & tunc oportet, quòd
4 etiam dimittas totas ædes. ut in fi. huius. l. cum seq. † Quartus
passus est, certum est, ꝙ ille qui damnum recepit habet interdi
ctum de ruderibus tollendis, ut tollãtur, uel pro derelicto habeantur. Quid de illo cuius domus cecidit, si uult rudera tollere, & facere ea quæ sibi incumbunt, & aduersarius ꝯdixit? Re
spondeo, ẽt ipse interdictũ habet de ruderibus tollendis, quia
illud datur damnũ passo, s. ne vis fiat sibi asportare volenti. ar
j. in l. hoc amplius. ff. de his. & qđ ibi no. in gl. quæ incipit. (qđ
est supra.) Ex prædictis patet, quod l. hoc amplius. in prin. nihil
corrigit de eo, quod dr̃ in fi. l. p̃tor, sed supplet illud, dum dicitur (vel tollere.) licet quidam contrarium dixerint.

LEX IX.

Hoc amplius Iulia. ait.

De his autem. Res tuas in fundũ meũ collapsas, uel deportatas vi fluminis, uel aquæ impetu potes vendicare, vel per interdictũ reposcere. quatuor concurrentib. s. ꝙ caueas de damno futuro, quod ex asportatione posset contingere. Et hoc habetur in isto §. & in prin. §. seq. Et ꝙ oĩa asportes etiã inutilia, ut in seq. §. in ver. nec aliter. & ꝙ terræ meæ, non coaluerint, vel sint vnitæ cum mea, ut in seq. §. in ver. ita demum & ꝙ caueas de damno præterito emendando, ut in §. Neratius. licet in hoc alij Iurisconsulti, de quibus. in §. præcedentib. econtra, sed corriguntur per Neratium. h. d. secundum intellectũ quem tenet Dyn. & Bar. Alius intellectus est, ꝙ non corrigat, sed lo-

quatur

quatur in caſu,in quo ille cuius res dederant mihi damnũ, poterit prouidere ligando ratem funib. quod ſi non fecit, culpa
ſua euenit,& dico potuit.ſ.de leui. At non obſt. id quod dixi in
§.hoc edictũ.ſed pcedentes iuriſconſulti loquuntur, qñ nõ po
tuit ꝓuidere,& iſta magis placet.& eam tenet Ang. quia euitã
a da eſt [a] legũ correctio.l.vnica.de inoff.do.Nec ob. rõ Dy. ꝙ qñ
neuter eſt in culpa,potior eſt cõditio rei,& ſic intelligit.§.Ne-
ratius.ẽt qñ non fuit in culpa, ꝗa illud eſt verũ cęteris paribus
quod hic nõ eſt immo potior eſt ꝯditio agentis , cũ ꝯſtet ipſum
eſſe dñm rei quã reſpicit,& reus nõ negat,ſed nõ vult reddere,
niſi damnũ emendetur. Certe nõ põt retinere,poſtq̃ euenit ſine culpa illius. Et iſti tex.ſunt quotidiani ; & reperio, ꝙ do. Fe.
de Sen.in ſuo conſi. 103. interrogatus de caſu huius. §. nõ fuit
recordatus,& cõſuluit quẽdã d.Franciſcũ de Sartiano magnũ
legiſtã,dicẽs,ꝙ cõis opi.ruſticorũ eſt,ꝙ ſi flumen res tuas tran-
ſportat ad fundũ meũ, ꝙ illæ ſint meę, & non poſſis repetere,
b ſed ſibi videbatur hoc iniquum , [b] & allegabat quędã iura ſatis
a longe,ſed rñdit idem,ſed nec allegauit iſtũ tex. vbi eſt caſus.

ADDITIONES.

a ¶Quod eſt verum, maxime per ſubauditos intellectus, ut eſt gl. no. in cap. cu-
pientes.§.quod ſi per vx.de ele.in 6.& gl.in auth.ex teſta.C.de coll.c.cauſam.
de reſcr.ſecundum And.Barb.conſi.104.apud Ale.4. par. Tamen ẽt ſi per ma-
ioritatem,uel identitatem rationis ad caſum ſimilem non expreſſum.gl.& Bar
to.in auth.quas actiones.2.col.in prin.ver. quæro lex illa. & ibidem Bal. in 1.
col.ad fi.ver.tertio quærit gl.& per Io.And.in c.quamuis. de ele. lib. 6. in no-
uel.ſi tamen legis ratio corrigatur.an lex continuo correcta eſſe dicatur, vide
Bal.in l.j.C.qui admit.glo.& Bar.in l.j.de leg.tut.Iaco.But. in l. 2.de cond. ob
cau.Io.Imo.in l.2.ad fi.de do.& Alex.in l.quodcunque. in prin. de verb. obli.
adde tamen quòd Io.An.contra tenet in c.tranſac.de tenu.ex ſent. Lud. Ro.in
ſing.verb.ratio.ver.quæro nunquid .
b Iniquum.Dicit ibi Fed.ꝙ tutius eſt,ꝙ diſtribuantur in pauperes , tanquam bona incerta .

---

1 *Proprietarius tenetur repromittere tantum,tam de vitio ſoli , quàm ſuperficiei, ſed ſuperficiarius tenetur de vtroque vitio ſatiſdare.*
2 *Si eras debitor meus, & conſtituiſti procuratorem generalem ad litem , &
ego incœpi agere contra procuratorem, faciendo ipſum ſolum citari, & nõ
te,& ipſe eſt contumax , propter eius contumaciam poſſum peruenire ad
primum decretum contra te, non autem ad ſecundum , & an ad ſententiã
diffinitiuam.*
3 *Si fuit citatus dominus qui miſit procuratorem qui non comparuit,tunc ipſe dominus dicitur contumax: & poteſt perueniri etiam ad ſecundum decretum contra eum,& etiam ad diffinitiuam ſententiam.*

§.Quæſitum.

Hic incipit exponere ſm verbũ edicti prætoris poſiti in prin.legis, dum
dicit, (ſuo noĩe promittit alio noĩe ſatiſdari.) qualiter dicatur
qs cauere ſuo noĩe,ut ſic ſufficiat ſola ꝓmiſſio,& qualiter alieno,vt ſic requirat̃ ſatiſdatio cum fideiuſſorib.& durat vſque ad
l.qui bona.§.q damni.& eſt difficilis iſta pars, vñ notãdũ, ꝙ interdũ vnus eſt plene dñs alicuius domus: Alius vero nõ eſt dñs
nec hẽt aliquod ius in re,ut procu.vel neg.geſtor. & tũc clarũ,
ꝙ ſi primus vult cauere ſufficit repromiſſio , ꝗa nõ cauet ꝓ ſe ,
ſed ꝓ dño,vt no.in prin.huius l.in gl.1.q̃ incipit,(ut procurato-
1 rio.)Sed interdũ ꝯtingit,ꝙ † vnus eſt dñs, alius tñ hẽt ius in re,
& tunc eſt in dubio qualiter dẽat cauere,quod determinatur
in iſtis tex.& põt hoc ꝯtingere plurib. modis primo ꝙ vnus ſit
ꝓprietarius,& ſic hẽt directũ dñium , tam in ſolo , q̃ in ſuperficie,& alius ſit ſuperficiarius,qui.habet ſolum vtile,& in ſuperficie tñ,non in ſolo.Et iſto caſu loquitur iſte primus.§. Interdũ ꝯtingit,ꝙ uns eſt ꝓprietarius, alius hẽt vſumfru. qđ eſt minus,q̃ hre vtile dñium,& tunc loquitur. §.ſequens , cum l.ſeq.
Interdum cõtingit,ꝙ vnus eſt plene dñs , alter habet ius hypothecæ in illa re,quod eſt ẽt minus , quam præcedentia, ꝗa nullam hẽt cõmoditatem ex re, ſed ſolum ſecuritatem , & tunc loquitur lex,quid decre.cũ l.ſeq.Interdum vnus hẽt dñium,alter
hẽt poſſeſſionẽ bona fide tanq̃ dñs,& ẽt titulũ, & loquitur lex,
qui bona.in prin.Interdum habet aliud ius, puta ſerui tutẽ prę
dialem,& loquitur.§. primus eiuſdẽ. l. qui ẽt loquitur gñaliter
in quocunque alio ius habente in re.aliena.l. poſtea. in §. cum
inter.determinat circa pdicta vnum dubium , & hoc dicit iſte.
§.proprietarius tenet̃ repromittere tñ tam de vitio ſoli , q̃ de
vitio ſuperficiei. Sed ſuperficiarius tenetur de vtroque vitio ſatiſdare. Et vtroque ceſſante fit miſſio in poſſeſſionẽ ſuper iure
vtriuſque.h. d. Rñſio primi dicti eſt , quia cũ proprietarius hẽt
directum dñium tam in ſolo,q̃ in ſuperficie pro cuiuſcunq; vitio caueat,ſiue ſoli,ſiue ſuperficiei.cauet pro iure ſuo ꝯſeruan-
do. ideo repromittit tñ. Sed ſuperficiarius hẽt duntaxat vtile
dñium in ſuperficie tñ.In ſolo vero nec vtile,nec directum, tñ
cẽſet̃ eſſe procurator ꝓprietarij ſuper defenſione directi dñij ,
iuxta no.s. tit.j.l.j. §.fi. & ſic põt aſtringi tanq̃ procurator in rẽ
ſuam ad cauendũ pro dño,ſeu ꝓprietario,& ideo tenet̃ ſatiſdare,cum illud dñium directum non ſit penes ſe,& in ꝯñtiã eius,
quod eſt principalius,ſatiſdat ẽt rõne vtilis dñij. Nam debes ſci

ſcire , ꝙ ſicut vterque habet vtilitatem ex re, ita vterque
ſentire incõmodum, vt ſi poſt cautionẽ ruat,emendetur
num ꝑ vtrunque,ꝓ rata, & econuerſo,ut patet j.proxi. ve
niſi,& ver.fi.In gl.in verbo,(de vtroque) q̃ incipit,(ſi nom
ibi (ſi vero a ſuperficiario petãtur.) Tu dic , ꝙ ẽt ſi petit
ſuperficiario,cũ ipſe ſit ꝓcurator ꝓprietarij, cenſet̃ peti i
bio non ſolum de iure ſuo , ſed ẽt pro iure ꝓprietarij , &
ſatiſdat,ſic põt intelligi hic.Sed ſi diceret̃ expreſſe,ꝙ veni
cauendũ pro iure ſuo,ſufficeret ſola repromiſſio, ſic ꝑtin
gi lex ꝯria.Põt ẽt intelligi in alio caſu qñ vterque cõuenie
vt veniret ad cauendũ,quo caſu cẽſetur velle actor,ꝙ glib
ueat pro iure ſuo, & iõ ſiue vterque ꝯpareat, & cauere ve
ficit ſola repromiſſio,ſiue alter tñ, ut ibi.iſte vero tex. ꝑti
ligi in alijs duob. caſib. ſ.qñ ꝯueniebat̃ ꝓprietarius tñ, &
ciarius ꝯparebat ad ipſum defendendũ, ut in gl. & bene.
ſolus ſuperficiarius ꝯueniebat̃ ſimplr, ut caueat nõ expre
iure ſuo tñ,quia vr̃ ꝯueniri,ut caueat ꝓ iure utriuſque.In
q̃ incipit,(ex primo.) Aduertendũ,ꝙ iſta gl.dẽt intelligi,
do fuit citatus, uel requiſitus ſolus ſuperficiarius , ut ueni
cauendũ ſuo , & ẽt ꝓcuratorio noĩe ꝓprietarij , quo caſu
ꝯtumax gl.iſta notabilis uult,ꝙ poſſit fieri miſſio ex prim
creto,nõ ſolũ ꝯ ipſum,& ſuper iure ſuo,ſed ẽt ꝯ proprietar
& ſuper iure eius.Sed ex ſcđo decreto nõ fit miſſio,niſi ſup
2 re ipſius ſuperficiarij. † Ex qua gl. determinatur qõ, ſi era
bitor meus , & ꝯſtituiſti tibi ꝓcuratorem gñalem ad liten
ego incępi agere ꝯtra ꝓcuratorẽ , faciẽdo ipſum ſolum ci
& non te, & ipſe eſt ꝯtumax ꝑꝑ eius ꝯtumaciã,ꝙ poſſum
nire ad primũ decretũ ꝯ te , nõ aũt ad ſ̃m. Et de iſta quæſt
no.in l.3.de procu.& dicit Ang.hic, ꝙ nec ẽt ad ſñiam diff
uam potero ꝑuenire ꝯ te,rõne ſolius ꝯtumaciæ ꝓcuratori
tellige ſi eſt caſus,in quo poſſit ꝓcedi ad ſñiam,lite nõ ꝯte
no.ꝗa põt contingere Florentiæ,vbi non requiritur vera
teſtatio,ſed ꝯtumacia in nõ cõparendo in termino,quæ h
tur ꝓ ꝯteſtatione,ut ſi fuit citatus talis ꝓcurator, nõ poſſi
3 niri ad diffinitiuã ꝯ dñm,qđ perpetuo tene mẽti.† Sed ſi fi
citatus ipſe dñs,& ipſe miſiſſet ꝓcuratorẽ,qui non ꝯparui
tunc potius diceret̃ ꝯtumacia ipſius dñi,q̃ ꝓcuratoris,ut l.
ratorẽ.§.tutores.s.man.& no.in l.j.§.ſi ꝓcurator. ſi qs ius
non ob.per Bar.& ſic poſſet ꝑueniri ad ſ̃m decretũ , & ad
nitiuã ſñiam ꝯ eũ, & ita eſſet hic ſi fuiſſet citatus ipſe ꝓpri
rius,ꝙ veniret ad cauendum,& etiam ſuperficiarius, & ne
veniat, quia tunc proprietario noceret ſua contumacia,
procuratoris tantum tenementi.

---

1 *Proprietarius tenetur repromittere tantum de toto damno , licèt aliu
beat vſumfructum . Sed vſufructuarius tenetur ſatiſdare de toto da
tam pro iure ſuo,quàm iure proprietarij,& eius procuratorio nomine.*
2 *Quando in domum ruinoſam vnus habet proprietatem,& alter vſum
ctum qualiter teneantur cauere,an cum fideiuſſore, uel ſine .*
3 *An quilibet eorum teneatur cauere inſolidum.ſ.proprietarius repromitt
do , & fructuarius ſatiſdando, an autem pro rata.*
4 *Si vnus cauit inſolidum,an poſſit quis poſtea agere contra alterum,ut
liter inſolidum caueat .*
5 *Si fructuarius primo loco requiſitus fuit contumax in ſatiſdando , qu
petens, & ad quid poterit proſequi contra eum ſi fuit requiſitus quo
ueret pro ſuo iure tantum, & quid ſi etiam pro iure proprietarij .*
6 *Qualiter fiat miſſio ex ſecundo decreto .*
7 *Quid ſi non vult proſequi contra ipſum fructuarium contumacem, an
proſequi contra proprietarium, vt caueat .*
8 *Licet cœperim iudiciũ contra te corã vno iudice, & ſic dẽat ibi finiri ,
ſi es cõtumax poſſũ accedere ad aliũ iudicẽ , non obſtante pendentia*
9 *Eo caſu quo propter contumaciam fructuarij venerit quis contra prop
rium, & caueat,qualiter ſuccurratur proprietario contra fructuarium
quid ſi fructuarius non fuit requiſitus, & nu. 10.*
10 *Si ſolus proprietarius fuit requiſitus, & noluit cauere , & in eius conti
ciam actum eſt contra fructuarium, & ſatiſdedit , an eodem modo p
datur, & quid ſi proprietarius non fuit requiſitus.*

1 **§. Celſus rectè.** † Proprietarius tenetur repro
tere tñ de toto dãno , licet a
habeat vſumfructum. Sed vſufructuarius tenetur ſatiſdare
toto damno,tam pro iure ſuo,q̃ iure proprietarij , & eius p
ratorio nomine.h.d.principium huius.§.& prin.l.ſeq. Et ſi
fructuarius requiſitus,ut ſatiſdet,hoc non faciat , denegab
ſibi ius vtendi,uel per illũ,qui petit ſibi caueri, ſi ꝑ ꝯtumac
eius mittatur in poſſeſſionẽ ex primo,& ſecundo decreto
illius.Vel ꝑ ipſum proprietariũ, ſi ꝑꝑ contumaciam fructu
ipſe fuerit compulſus cauere.hoc ſcđo dicit iſte. §. Et ſi vter
requiſitus fuerit, & vterque ſit contumax , fit miſſio in po
ſionẽ ſuper iure utriuſque,hoc tertio dr̃ in l. quamuis. ueſ
lo,ꝗa niſi,& ſi neuter eſt contumax , ſed ꝓprietarius requiſ
cauerit , debet uſufructuarius ſibi cauere de cõſeruãdo ip
indemnem pro rata ſua,alias denegatur ſibi ius utendi.(cõ
ſi fueri

: requisitus solus fructuarius,& satisdederit,nō pōt age-
ɔprietariū,vt caueat, sed si aliquid soluit recuperat a pro
;o pro rata,alias vero nācisscitur dñiū ex secūdo decreto.
arto,& vlt.dr̄ in l.quāuis.ver. nisi. Et sunt isti text.valde
:s,& intricati,vt ex dicto summario apparet clare.†Sic er
:t,ga isti tex.tria principaliter determinant,primo qn̄ in
:uinosam vnus hēt proprietatē,& alter vsumfructū, qua
neātur cauere,an cū fideiussorib. vel sine, & hoc in prin.
;.vsque ad ver.ꝙ si. & in prin.l. seq. Secūdum est quid si
umaces in non cauendo, qualiter ꝯ eos prouidet, & ista
ontinet duos casus. Vnus est qn̄ solus vsufructuarius fuit
ax,& iste ponitur in ver.ꝙ si in posset. Alius est qn̄ vterq;,
ɔonitur ī l.quāuis.vers.quia nisi.primus tn̄ casus subdiui-
ı duos.Primus est,qn̄ ille,qui petit sibi caueri pp contu-
fructuarij, prosequitur ꝯ eū petēdo se immitti ex primo,
do decreto,& ista ponitur in ver. quod si, vsq; ad ver.idē
:undus est, qn̄ dimisso vsufructuario vaditur ꝯ proprieta
ɔroprietarius cauet de toto dāno pp negligentiā,fructua
liter prouidetur proprierario ꝯ fructuariū.Et hoc in illo
: ait.vsq; in fi.Tertium principale,qđ isti tex.determināt,
neuter cōtumax,quia ,ppriétarius primo loco requisitus
qualiter sibi prouidet ꝯ fructuariū,qui ēt tenetur partici-
: dāno:vel econuerso, qn̄ fructuarius primo loco requisi
sdedit , qualiter sibi prouidet ꝯ proprietariū, & hoc in l.
.vers.sed nisi.& ver.fi. Circa primā partem occurrūt tria
Primū est,qualiter teneātur cauere,an cū fideiussore,vel
tex.in prin.huius§.dicit, ꝙ proprietarius sine fideiusso-
ı defendit cām suā,fructarius vero cū fideiussore,quia de-
ēt causam alienam,idest proprietatem,ad quam defendē
setur procurator constitutus,vt l.j.§.fi.[a] s̄.tit.j.hoc intelli
ū qn̄ solus fructuarius fuit requisitus,& simpliciter,ga vr̄
itus,vt caueat pro iure vtriusque, secus si vterque simul,
ctuarius tm̄ pro suo iure, quia tunc sufficit ꝙ repromit-
l. qui bona §.j. s̄. eod. & quod dixi supra proxi.§. & hoc
hæc gl.dum dicit istum casum similem pręcedenti,quod
ge in iure,sed non in facto,& ꝯrium ibi formatū hic cade
andem solutionē debere dari. Contra illud tn̄,ꝙ proprie
caueat, videbatur rō , quia cū ipse nullam commoditatē
t,videbat̄,ꝙ nullū incommodum deberet sentire. Cautio
isconsulti in l.seq.in prin.dicunt hoc non obstare, vt col-
ex aduersatiua,q̄uis,nec rn̄detur ad ꝯrium. Sed tu dic ꝙ
ō habeat,sperat tn̄ habere cessante vsufructu, ideo debet
ietatē defendere.† Scđo dubium est, vtrum quilibet eorū
ur cauere insolidum.s.proprietarius repromittendo, &
arius satisdando,an aūt pro rata? Et vr̄ primo, ꝙ in totū
.in l.quamuis.ver.nisi.quia proprietarius in totū,& c. In
,ga quilibet tenetur in effectu emēdare damnum pro ra-
ɔatet in d.l. q̄uis. ver. sed nisi. & ver.fin. Super hoc dic,ꝙ
cauet, & tunc quilibet cauet pro sua rata. Aut alter tan-
tunc valet insolidum,sed repetit ab altero.† Tertiū du-
est,quid si vnus cauit insolidū , vtrum possit quis postea
ꝯ alterū,vt silr̄ in solidum caueat? & rn̄deo ꝙ nō,per tex.
§.in prin.dum ponit alternatiuā vel,in l.seq.vers.quia nisi
innuit,ꝙ si proprietarius repromisit insolidum, nō possit
ructuarius ad satisdandum, & idem ecōuerso cum ad ve-
m alternatiuæ sufficiat alteram partem esse veram.†Circa
dam partē occurrunt quatuor,vel quinque dubia,primū
fructuarius primo loco requisitus fuit ꝯtumax in satisdan
petēs vult prosequi ꝯ eum, quid facere pt̄? Rn̄deo,si fuit
itus,ꝙ caueret pro suo iure tantū,mittitur in possessionē
mo,[b]& secundo decreto.Et ita intelligit gl.in l.quāuis. Si
vt satisdaret pro suo iure tm̄,& ēt ,pprietarij,tūc ex primo
to mittitur in possessionem non solum pro suo ire tm̄,sed
ɔprietarij , quia sua cōtumacia cū sit procurator proprie-
nocet proprietario in hoc. Sed ex secūdo decreto mittitur
ssessionē,nisi sui iuris sit tm̄,vt no.gl.fi.in §.præcedēti.†Se
um dubiū est, qualiter fiat missio ex secundo decre.in suo
ex.hic in ver.ꝙ si in possessione.declarat,ga prohibebitur
ii.Hoc intelligo,non vt vsusfructus in ipsum transferatur,
hoc fieri non pōt,cum sit personale,vt Instit.de vsufr.§.fi-
. sed transfertur in eum cōmoditas remanente iure penes
ex.est qui hoc expresse dicit in l.si noxale.s̄.de noxa.& effe
st magnus,quia finitur vsusfructus morte illius,penes quē
fit vsusfructus, & p cōsequens ēt commoditas,non morte
in quem commoditas est translata , vt l.necessario.§ fi.de
u.& commo.rei vend.† Tertium dubium. Quid si nō vult
qui ꝯ ipsum fructuarium contumacē , sed uult ire ꝯ pro-
tarium,vt caueat,utrum possit: vr̄ ꝙ nō,postquā elegit fru-
ium. Nā si satisdedisset, ad proprietarium non reuerteret,
dixi,sed ipse pōt facere,vt satisdet, faciēdo se mitti ex primo
to in iure illius,ga tędio affectus forte satisdabit,vel habe-
tisdatio ,p ,pstita,vt no.s.in prin.l.in gl.ī verbo,(angustias.)

Contrariū est verū,ut patet in fi.huius §.postquā fructuarius est
cōtumax,ga nō đēt nocere petenti electio. Et istud inducit Bar.
notabiliter,posito ꝙ inesset uera opi.q̄ tenet gl.ī Auth.de duo.
reis,& Azo in summa eiusdē ti. ꝙ ꝯuento uno ex reis debendi li
te pendente nō possit alter cōueniri,p l.quoties §. si creditor.de
peculio.hoc dēt intelligi si ꝯuentus nō fuit ꝯtumax, alias secus
per istū tex.Illā tn̄ opi.ēt nō tenet Bar.in l.3.§.fi.de duo.reis. per
l.cre.in prin.s̄.man.& rn̄dit ad illā l.quoties.§. si cre. licet Ang.
8 sibi hoc appropriet.† Inducit ēt notabiliter ad limitationē l.vbi
cęptū.s̄.de iud.ꝙ licet cęperim iudiciū ꝯ te corā uno iudice, &
sic debeat ibi finiri , si tn̄ es ꝯtumax possum accedere ad aliū iudicem nō obstante illa l. nec potes mihi obijcere pēdentiā litis
præcedentis,in qua es cōtumax , de quo p eundē in l.sepulchri.
de sepul.uio.Et vltra hoc ēt dicit, ꝙ si esses paratus purgare cō-
tumaciā in primo iudicio , nō debes audiri postquā ipsum con-
tempsisti, vt l.litigatores. de arbit. Ang. ꝯ in vtroq; dicto per ea
quę no.Guil.de Cun.in l.nemo.C.de iuris.om.iud.& Dy.in l.nul
li.C.de iud.& Inn.in c.super literis.de rescr.Tu dic.Bar.verū dice
re in primo dicto, pp eius rōnē. Nec obstant allegata per Ang.
ga nō loquunt,qn̄ reus est ꝯtumax.In secundo uero dicto puto
Ang.uerius dicere,ꝙ si uult expensas reficere,& oē dānū,quod
habuit actor in accedendo ad aliū iudicem pp eius contuma-
ciē,& satisdare de iudi.sisti corā primo.debeat audiri, ar.eorum
9 q̄ no.in l.si cum dies.§. fi. de arb.cum l.seq. † Quartū dubiū est
eo casu quo pp contumaciā fructuarij uenerit ꝯ proprietariū,
& caueat qualiter succurrit proprietario ꝯ fructuariū,q debuit
satisdare tā suo,q̄ proprietario nomine,vt hic in tex. determina
tur,ꝙ pōt prohibere ipsum uti frui,& sic ista cautio habet loco
secundi decreti inter proprietariū,& fructuarium.hoc intellige
uerum,si fuit fructuarius citatus, cum petita fuit cautio a proprietario,& non cōparuit. Alias requireret nouus ordo, & mis-
10 sio ꝯ eum ſm Bar. & bene † Vlt. pōt dubitari, quid si solus proprietarius fuit requisitus, & noluit cauere , & in eius ꝯtumaciā
iuerit ꝯ fructuariū,& satis dedit,an eodē mō procedet? Rn̄deo
nō,ga cū fructuarius teneatur satisdare, eo quia est procurator
proprietarij,fecit quod debuit,& sic non agit ꝯ proprietariū,ni
si postq̄ soluerit ut ī.l.p x.in fi. Circa tertiū,& ultimū casum,q
ponit in l.seq.in ver.sed nisi. qn̄ proprietarius primo loco reqsitus cauit,dr̄ in tex.ꝙ pōt petere a fructuario,ꝙ sibi caueat,sup
ple de refundendo partē suā si ꝯtingat eā soluere, & si est negligens in cauendo,tunc pōt ,phibere eū uti frui. Cōtra qđ,immo
statim ꝙ cauit possit eū ,phibere,ut in §.præcedenti in fi.Sol.ibi
cauit.in ꝯtumaciā fructuarij,hic nō fuit ꝯtumax. Ecōtra si fructuarius satisdedit,nihil pōt petere nisi postq̄ soluit,quare secus
in casu p̄cedenti? rn̄detur,ga fructuarius est ,pcurator ,pprieta-
rij,iō debuit satisdare,& sicut fideiussor nō repetit anteq̄ soluat,
nec petit sibi caueri,iuxta ea q̄ no.in l. Lucius.s̄.man.nisi in ca-
sib.ibi no.ita hic.Sed proprietarius non est ,pcurator fructuarij,
iō si cauit in totū,fecit plus q̄ debuit, ideo pōt petere sibi caueri ēt antequā soluat , & nisi caueatur potest prohibere uti frui.

ADDITIONES.

a Et adde Bar. in l. de die.§.quidam. uer. simile dicimus in fructuario. §. qui satis. cog. vbi addit hoc etiam ꝙ litigando domino non præiudicat , sicut nec creditor in pig.vt per Pau.ipsum in l.1.§.de seru.& usu. Ale.in d.l.j.§.fi.hic all.

b Qualiter autem aduersus fructuarium contumacem procedi debeat & fiat missio vide apud Spe.de primo & secundo decreto.§. restat videre. uer.qd si reus.

c Pendentiam litis.Adde Soci.consi.38.

LEX XI.

1 *Creditor hypothecarius tenetur satisdare, sicut fructuarius, & superficiarius de quib. dictum est supra, quia dicitur potius defendere causam proprietarij, quàm suam.*

2 *Si creditor est contumax in cauendo , fit missio in possessionem ex primo , & secundo decreto contra eum, & quis sit effectus huius secundi decreti.*

1 QVi de creditore. †Creditor hypothecarius tenetur satisdare,
sicut fructuarius,& superficiarius,de quibus dictum
est s̄. quia dr̄ potius defendere causam proprietarij q̄
suā.h.d.primo.dicit tex. cum gl.j. Itē creditori est cauendum de dāno infecto sicut dn̄o, hoc secundo. Item missus
proximo, & secundo decreto in contumacia dn̄i , & creditoris,
2 potior est q̄ creditor.hoc tertio, & ult. usque ad l. q bona. † Sic
ergo patet, ꝙ si creditor est contumax in cauendo fit missio in
possessionem ex primo , & secundo decr.ꝯ eum , cuius secundi
decreti effectus est,ut extinguatur ius pignoris,nō ut transferatur in missum,quia nec transferri potest,cum accedat personali obligationi,quæ non est apud ipsum. Alia etiam ratione,quia
transfertur dominium in immissum,& hoc declaratur in tex.&
gl. in l. si noxale.s̄. de no. Et isto modo intellige l. seq. quando
creditor fuit contumax,alias ius suum remaneret illæsum per l.
eorum.ī.eo.titu.& hoc uoluit gl.fi.in l.seq.

LEX

LEX XIII.

QVi bona. Poſſidens rem tanq̃ ſuã, licet re vera nõ ſit ſua, dẽt repromittere, & non ſatiſdare. h. d. In tex. ibi, (a non dño emit.) dic. ſ. re vera, non tñ de hoc cõſtabat, alias nõ diceretur bonę fidei, ſi ergo peto te caueri cũ fideiuſſoribus dicens, ꝙ licet emeris a Titio, non tñ ꝯſtat te eſſe dñm effectũ, quod põt eſſe, quia nec Titius erat, nõ habes neceſſe ꝓbare te dñm effectũ ad hoc, vt ſatiſdare non tenearis, qa pſũmeris, vt ſufficiat repromiſſio, caſus eſt hic. ſi aũt nõ habebas titulũ poſſet dici cõtra, niſi poſſederis eam longiſſimo tempore.

LEX XIIII.

1 *Etiam habens ſeruitutem vel aliud ius in re pro illo iure ſufficit, quod repromittat.*

2 *Habens ſeruitutem in domo ruinoſa ad domum ſuam, quod etiam ipſe cogatur cauere de damno infecto ratione huius commodi.*

QVi bona.

1 **§. Siue corporis.** † Etiam habens ſeruitutẽ vel aliud ius in re pro illo iure ſufficit, ꝙ repromittat. h. d. declara, vt dixi s̃. ea. l. hoc amplius. §. quæſitum. In tex. ibi, (puta ſeruitutem) ſubaudi ẽt realẽ vel prædialẽ, vt aliquid addat ad l. hoc amplius. §. Celſus. quæ loquit̃ de perſona. † Et no. mirabile, ꝙ ẽt ille q hẽt ſeruitutẽ in domo ruinoſa ad domũ ſuam cogitur cauere de damn. infec. rõne huius cõmodi. Eſt aduertendũ, ꝙ hoc caſu cũ non ſit procurator ꝓprietarij, vt dixi in l. j. §. fi. s̃. tit. j. nõ põt cõpelli ad cauẽdũ, niſi pro iure ſuo. Sed fructuarius ẽt pro iure proprietarij. & idẽ in credi. Nimirũ ergo hic ſi nõ ſatiſdat, ſed ſi ſponte vellet cauere proprietario haberet ſatiſdare, & ſi pro iure ſuo nõ cauet, denegatur ſibi ius vtẽdi ſeruitute, vt ĩ. eo. l. ſi finita. §. ſi qua sũt iura. & ſi cauit, & damnũ poſtea det̃ quantũ participat de emẽdatione eius, oportet dici, ꝙ per æſtimationẽ ſeruitutis. Ex hoc dico iſtũ tex. debere intelligi, qñ ex ruina domus ipſe recipit dãnũ in ſeruitute, quia fortè erat ſeruitus oneris ferendi, vel hauſtus aquæ. Sed ſi nõ reciperet damnũ, vt quia erat ſeruitus altius nõ tollendi, vel ſtillicidij recipiendi, nã poſito ꝙ domus ruat, illa dãnum non recipit in ſeruitute. Vñ nõ video, ꝙ pro tali ſeruitute tuenda debeat aliquid participare de emendatione dãni, & per ꝯñs nec tenetur cauere. In gl. j. ibi, (an pſonæ) vult dicere Rug. ꝙ ille qui hẽt ſeruitutẽ perſonalẽ, vel ius perſonale in re, dẽt ſatiſdare, & ita loquitur l. hoc amplius. §. quæſitum. & §. vt Celſus. & l. qui de creditore. Aut habet ſeruitutem realem, & tũc repromittit duntaxat, vt hic, & ſic eſt melioris cõditionis qui hẽt ius reale, q̃ qui perſonale. Simile in l. j. §. fi. s̃. tit. j. iuncta l. de pupillo. §. ſextus. ver. impoſitiua. Doc. reprehẽdunt Rug. quia innuit, ꝙ ſuperficiarius habeat ſeruitutẽ pſonalẽ, qđ eſt falſum, cũ hẽat dñium vtile, & in re in qua quis hẽt dñium, non põt habere ſeruitutẽ, vt l. vti frui. s̃. ſi vſusfr. peta. & poſito ꝙ eſſet ſeruitus, non
a eſſet pſonalis, ſicut vſusfructus, qa nõ extinguitur [a] illis modis. Breuiter ꝓ Rug. vr̃ tex. in l. ſi tibi homo. §. fi. in fi. de leg. i. ꝙ ſupficies ſit quædam ſeruitus, dum dicit, (vt ab hac ſeruitute liberet̃,
b & ſuperficiem lucrifaciat.) Dic ꝙ nõ eſt proprie [b] realis, cũ nõ debeat̃ a re rei, nec perſonalis, ſed eſt quoddam ius debitũ pſonæ cũ ipſa re, quod hẽt ſimilitudinẽ cũ ſeruitute, vt s̃. de ſeruit. l. vt pomũ. & quod no. in l. p̃toris. de ſer. ruſt. præd. Ad ꝯtriũ rñde, vt dixi in §. quæſitum. Et ẽt alia ſolu. põt intelligi ex his q̃ s̃. dixi, ꝙ habens ſeruitutem prædialem non eſt procurator ꝓprietarij, & ſic non põt compelli ad cauendum niſi pro iure ſuo.

ADDITIONES.

a Qualiter autem ſuperficies finiatur, & extinguatur, vide per Bal. in rub. C. de iure emph. poſt principium in verſ. contractus ſuperficiarius eſt. & in l. 2. ad Ter. in 4. col. Bar. & Alc. in l. j. ff. de ſuperfici.

b Nam ſeruitus realis dicitur ea quæ conceſſa eſt rei certæ pro loci expreſſione tranſitq; ad hæredem & ſucceſſorem, alioquin ſeruitus perſonalis dicitur, nec rem ſequitur, vt l. Lucius. ff. de ſerui. ruſti. præd. & ibi pro Bar. Bal. & Doc. & adde Lud. Rom. in ſingu. in verb. ſeruitus. ver. quædam ſunt &c.

1 *Etiam dominus domus non vitioſę tenetur cauere, ſi mediãtibus vitioſis poteſt domus ſua damnum inferre.*

2 *Quando præſens ſtatus rei tendit ad aliquid in futurum, veriſimiliter debemus inſpicere id quod euenire poteſt.*

1 **§. Cum inter ædes.** † Etiam dñs domus non vitioſę tenet̃ cauere, ſi mediãtib. vitioſis põt domus ſua dãnum inferre. h. d. & eſt pulcher ca-
2 ſus, & allegat̃ † ꝙ qñ præſens ſtatus rei tendit ad aliqd in futurũ veriſimiliter debemus inſpicere id quod euenire põt. Facit qđ no. in l. ſi. idẽ. §. ſi vna actio. de iuriſd. om. iud. de hoc ĩ l. inter ſtipulantẽ. §. ſacram. de verb. obl. per Bar. In tex. ibi (an ambo.) & vr̃ ꝙ neuter, nam tu cuius ædes ſunt vitioſæ non, quia tuæ non poſſunt ruere ſupra domũ meam, ſed ſupra medias, & ſic non pñt mihi damnum inferre immediate. Item vicinus medius, qa domus ſua non eſt vitioſa, & ſic non poteſt ſibi imputari cur eã non reficit, ſed ꝯtriũ. ĩ. ſubiicitur ꝙ imo ambo, & hoc ideo licet domus tuæ non poſſint ruere ſupra meam, nec dare num immediate. poſſunt tñ eſſe cauſa damni ruendo ſup diam, ergo damnũ dare vñr, arg. l. qui occidit. §. pe. ad leg. ideo quia licet domus illa per ſe dãnum non poſſit dare, mediãte domo tua. Et ſi dicatur, iſtud nõ dẽt illi imputari domus ſua non eſt vitioſa, & ſic vr̃ iniuſtũ, ꝙ ſentiat dam rem alienã. Rñdetur ꝙ hoc damnũ põt euitare, ſi vult fa ſibi caueri a te, tam pro damno domus ſuæ, q̃ pro damno mihi tenebitur emendare ſi cautionẽ præſtaret, aut igit te ſibi caueri de vtroque damno, & non eſt de quo poſſit queri, aut non fecit, & tunc ſibi imputet, ſicut ſibi imputa ſua domus eſſet ruinoſa, & non reficeret. Hoc intẽdit iſt ſubtiliter, vr̃ tñ dicendũ, ꝙ qñ fecit ſibi caueri de vtroqu no a te, ꝯuẽtus poſtea a me, liberet̃ actionẽ cedẽdo ꝯ te, q tenet̃, qa actionẽ hẽt, vt l. quod debet̃. de pecu. Certe ẽt ſi non haberet, qa non feciſſet ſibi caueri, teneretur mihi, i ge, ſ. de ſua negligentia, ideo vr̃, ꝙ nõ liberetur actionẽ ce Cogita ſuper hoc, quia ęquitas dictat ꝯtrium, nam ille li actionẽ cedendo, qui ſolũ pp hoc tenetur, ꝙ actionẽ hab pro iſta opi. ꝙ liberetur cedendo actionem, licet teneatu ſi actionem non habeat, facit id, qđ no. gl. mag. in prin. qa potuiſſet ſibi proſpicere de cautione, non teneret̃ mihi ca & ſi cauiſſet, ex ea cautione non teneret̃, cum ex re aliena ſua culpa damnum ſentiat, ergo & ſi fecit ſibi caueri, libe actionem cedendo, non pp hoc ꝙ teneat̃ mihi ex eo, qa ac hẽt vt s̃. dixi. ſed ex eo ne indebite, & ſine culpa dãnum pa Quod poſſet contingere, ſi ille eſſet non ſoluendo. Paul

1 *Lex licet indiſtincte loquatur debet tamen diſtincte recipi ex mente quæ colligitur ex ratione uerborum.*

2 *Statutum quòd de damno ſtetur iuramento damnum paſſi, quòd lice uerit, tamen ſit quærendum de damno, an ſit datum, ſecus ſi dicat qu tur relationi ſaltuarij.*

§. Qui damni. Hic incipit Iuriſconſultus expo tria uerba edicti prætoris: poſit l. prætor. in prin. ibi dum dicit (ei qui iurauerat nõ calũniæ ſa &c.) & durat vſq. ad §. fi. huius l. Et hoc dicit ĩ effectu, ꝙ ex illis uerbis uideat̃ colligi, ꝙ eo ipſo ꝙ quis iurat de calũ ut dẽat ſibi caueri abſq. eo, ꝙ probet uel alleget aliquod in ſe uel ſe hr̃ domum vicinã ruinoſam, nihilominus hoc no verũ, ſed ita demũ ſibi cauet̃, ſi timet damnum de re ad re cus ſi de re ad perſonam duntaxat. Item ita demũ ſi per ali mediũ ordinariũ tale dãnũ nõ põt euitari. Item ita demu ædificiũ pro quo petit caueri, non fuerit ab eo illicite factũ non ꝯſenſerit ꝙ illicite fiat. h. d. uſq. ad §. & ſuperficiariũ. quilibet §. alleget̃ per ſe præcipue §. de illo. & §. ſi quis iuſta tex. ibi (prius de calumnia iurare dẽt.) niſi ſit in pſona, q̃ n ſumat̃ calumniari, ut parens, & patronus ut ſupra de iure iuſiurandum. & l. ad pecunias. §. hoc iuſiurandum. In tex. ib non inquireret̃.) ſ. attento cortice uerborum edic. p̃toris, nuunt, ꝙ eo ipſo, ꝙ iurat de calum. ſit ſibi cauendũ, ſed nõ tenta mente, quia poſtq̃ vult, ꝙ iuret de calumnia, vult ꝙ p̃tendat aliquod iuſtum intereſſe, alias videretur calum ſe petere. i. ſine cauſa iuſta. Nihil. n. aliud eſt calumniari in
1 iſto, niſi iniuſte petere. † No. ergo ꝙ licet lex indiſtincte loquatur, debet tñ diſtincte recipi ex mẽte eius, q̃ colli̇r ex rõne verum. Et inducit Ang. iſtum tex. ſi ſtatutũ dicat, ꝙ de damno tur iur̃o damnũ paſſi, ꝙ licet iurauerit, nihilominus ſit quæ dũ de dãno, an ſit datũ. Secus ſi dicat, ꝙ ſtetur relationi ſal rij, i. illius qui habet cuſtodiã agrorum. Primũ dictũ nõ plac nec habet rõnem, quia ſ̃m illud ſtatutũ nullius eſſet effectu deberet vlterius inquiſitio fieri, nã poſtq̃ ſtatutũ vult ſta cto, ſeu iur̃o eius, reſultat ex hoc plena ꝓbatio, ergo alia ꝓba non debet exquiri, ut in c. contingit. de fide inſtru. vbi non quiritur, ꝙ actor iuret ſi plene probauit ſuam intentionem cõſuetudo in ꝯtrium reprobatur, vt in c. fi. extra de iureiur. teor tñ ſi poſſet probari contrariũ per partem aduerſam, n ſtaretur iur̃o damnum paſſi, quia non plus debet operari probatio, q̃ ſi eſſet facta per teſtes, ſed tunc poſſet ꝓbari ꝯtri per meliores teſtes, per not. in l. in exercẽdis. de fid. inſtr. Et h tenuit notabiliter Iac. Butr. in l. j. C. de re iud. Nec iſte tex. fa pro Ang. quia hic non ſtatur iuramento de calum. niſi alleg iuſtum intereſſe, nec aliter aduerſarius compellitur cauere iſta fuit intentio prætoris, ut Iuriſconſultus hic dicit. Sed ſta
a tum prædictum vult ſtari iur̃o, ergo ſtandũ eſt quouſq; [a] prob tur contrariũ, & poſito ꝙ aduerſarius cauiſſet, ſtatim præſti iur̃o, & non allegato iuſto intereſſe, non cõmitteretur ſtip. pro iuſto intereſſe. Et quid ſit iuſtũ intereſſe infra ſubijcitur.

ADDITIO.

a Quouſque. Adde Ludoui. Rom. conſi. 102. Alex. conſi. 36.

1 *Suſpe-*

s , si quis erat & fugitiuus tempore quo mecum contraxit , non postea facere ipsum capi tanquam suspectum & fugitiuum, quia ndum est mihi cur secum contraxi .

iuratur suspectus, & fugitiuus, an hoc sufficiat , vt committatur

nubit viro inopi , an poterit postea petere dotem sibi consignari inopiam .

ndi indebite, & postea peto, quòd caueas mihi de non offendendo , am audiri .

implorat legis auxilium, qui committit in legem .

iquando potest capere aliquem ex officio ad mei instantiam, & non litur , si non vult .

De illo queritur.

† No. in ver. aut. n. istũ text. qui sẽper allegat ꝙ si qs erat us , & fugitiuus tp̃e quo mecũ ꝯxit , non possum postea psum capi tanq̃ suspectũ & fugitiuum, quia imputandũ i, cur secum ꝯxi. facit l. si is a quo. in fi. vt in poss. leg. & l. pon. dẽt ergo superuenire causa suspicionis ex postfa- creditores. de priuil. cred. † Et no. istud, quia pluries fa xari debitores, cũ cõiter fiat ꝯtrium, cum statim, ꝙ quis suspectus, & fugitiuus, cõmittatur captura. sed male, ex ntia, ᵃ † Facit ẽt ꝙ si mulier nubit viro inopi, nõ põt pe- m sibi consignari pp inopiam, hoc verũ nisi inopia, uel fuisset occulta. arg. in l. vtilitatis. de ꝑfir. tuto. Not. ẽt ex c ꝙ auxilium ordinarium , excludit extraordinariũ, qñ m qñ æque plene prouidet, alias secus, ut dixi in l. in ꝑ- s. tit. j. Et qñ tendunt ad diem, alias secus, vt ĩ. eod. l. si us. & adde ad istum. §. l. inquilino. cum ibi no. ſ. eo. † Iste ꝙ si te offendi indebite, & postea peto, ꝙ caueas mihi offendẽdo, ꝙ non debeo audiri. Bar. tñ tenet ꝯtrium pp lum psonæ quod est maius, q̃ periculũ rei, sed Ang. in §. mni. s. ead. l. tenet primã partẽ & melius, qa † frustra im- legis auxilium, qui cõmittit ᵇ in legẽ, ut l. auxilium. §. in s. de mino. põt dici, ꝙ iudex ad mei instantiã nõ tenea- ellere, sed si vult ex suo officio potest, ut l. æquissimũ. §. r. Similiter no. Bar. in l. consentaneum. C. qũo, & qñ iu- aliquando iudex potest aliquem capere ex officio suo ad litatem, non compellitur tamen si non vult.

ADDITIONES.

rantia. Adde Lud. Ro. consi. 241. eundem Pau. consi. 225.

ittit in legem. In hoc art. an qui committit in legem habeat beneficiũ ide Soci. consi. 19.

Et superficiarium.

Superficiarius, & vsufru ctuarius possunt petere aueri. Sed bonæfidei possessor ẽt cum ti. non põt petere a d ab alio sic. h. d. tex. cum gl. In glo. quæ incipit (non cõ- t) ibi. (sed ꝯ alios sic.) Vult ergo ista gl. ꝙ bonæfidei pos- cũ titulo, si haberet publicianã ꝯ alium ad quem perue- possessio ꝓferatur illi, qui habet quasi dñium, ut in toto publ. ita & ꝯtra aliũ defendatur in hac petitione cautio- it optime. l. si ab eo. s. de pig. Sed ꝯ dñm, sicut si non habe blicianã rẽ, vt l. fi. s. de publi. Ita non põt agere, ut sibi ca ius istius agentis nõ est validũ ꝯ verũ dñm in aliquo, non dñm, & cauentẽ. In casib. ergo in quib. publiciana ur ꝯ verum dñm, de quib. hr̃ in d. l. fi. & in l. si a Titio. s. de n. Sir̃ posset petere hanc cautionẽ ab eo ſm Angel. quia uasi dñij est potentius ipso dñio in ipsis casib In ea. gl. ibi, ecus in alijs). si superficiario & vsufructuario. (quia pñt pe ibi caueri a proprietario, seu directo dño, quia in iure ipso fenduntur ẽt ꝯ directũ dñm, vt l. j. §. qui perpetuũ. si ager Sed ista gl. vr̃ dicere ꝯ tex. expressum. ĩ. eo. l. dam. infec. sti- io. §. j. & §. et qui, in quib. dr̃ ꝙ fructuarius , vel superficia- on pñt petere sibi caueri proprietario, seu directo domi- dic non possunt ex hoc edicto, qa habẽt aliud remediũ, illo forte loquitur glo, vel dic, ut ibi plenius notatur.

dium hoc extraordinarium concurrit cum alio extraordinario, & etiã ordinario quando tendunt ad diuersa .

te litigio super vno , potest contra eundem dari libellus per eandem nam , super alio .

Si quis opus.

† Remedium hoc extraordinarium concurrit cũ alio extraordinario, cum ordinario, qñ tendunt ad diuersa. h. d. & istud vltimũ as ad proxi. ꝓcedentẽ nõ ad primũ, quia cum alio extraor rio concurrit, ẽt si tendãt ad idẽ, ut s. ad leg. Aqui. de peco s. ad l. Aquil. l. quemadmodũ. §. magistratus. dic, ut dixi in prouinciali. §. j. In tex. ibi, (nunciauerit.) & non obstã- nciatione vicinus ædificat , vel de facto , uel de iure ꝓstita one de demoliẽdo, & nũcians dubitat ædificiũ debere rue pra suum, nam per nũciationem sibi prouidetur, ut locus uatur, si appareat factũ ꝯ nunciationem, vel non iuste fa- non autem prouidetur, ut si ruat , & damnum det possit emendatio damni peti, vt patet in fi. In tex. ibi, (nam ei ꝙ egerit ius aduersario non esse altius tollere.) s. intentando confessoriã nã per eam similiter prouidetur vt opus factum ꝯ debitam ser- uitutem destruatur, & ẽt vt reficiatur dãnum, quod ex tali ædi- ficatione agens passus est, etiã nulla ruina interueniente, vt l. lo ci corpus. §. competit. s. si ser. vend. non autẽ de eo quod possit euenire pp ruinam, ideo de hoc petit caueri etiã durante lite su

2 per confessoria, ita innuit iste tex. † Et sic no. ꝙ durante litigio super vno, potest ꝯ eundem dari libellus per eandem personam super alio, quinimmo etiam si succubuisset in cõfessoria, posset petere sibi caueri. nec obst. except. rei iud. c. quia agitur ad diuer sum, vt l. cum quæritur. de excep. rei iud.

1 *Non potest quis ab alio petere, id quod ipse sibi facere denegauit.*

2 *Non debet vti beneficio legis, qui contra eam super eodẽ commisit vel fecit. Si peto a te mihi caueri ꝙ me non offendas, & tu petas quòd similiter ego ca ueam quòd non offendam te , non debes compelli ad cauendum mihi , nisi etiam ego caueam tibi, nisi subsit diuersa ratio in persona alterius.*

1 # §. Si quis quia.

† Non potest quis ab alio petere , id quod ipse sibi facere denegauit. h. d. Et est pulcher casus, & inducibilis ad multa: & ratio est ſm Dy

2 quia non debet vti beneficio l. qui ꝯ eam super eodem cõmisit vel fecit, vt s. de min. l. auxiliũ. in fin. & inducitur ad qõnem, ꝙ si peto a te mihi caueri, ꝙ me nõ offendas, & tu petis, ꝙ similiter ego caueam, ꝙ non offendam te, non debes compelli ad cauen- dum mihi, nisi etiã ego caueam tibi, quod est verum, nisi diuer. sa subsit ratio in persona alterius, vt si tu me offenderes, & non ego te, vt s. hac l. §. si quis iuxta. vel si maior est præsumptio, ꝙ me offendas, q̃ ego te offendam , ſm Doct. Vltimo oppo. de l. postquàm. §. Imperator. vt leg. nom. caue. vbi teneor cauere ti bi super re in qua denegasti mihi cauere. Sol. vt no. per Doct. C. vti pos. l. vnica, quia hic fuit translata possessio, & dominium in me, per secundum decretum, ibi non.

1 *Licet quis iurauerit semel in alia instantia de calumnia, si tamen ex interual lo petit sibi caueri, debet iterum iurare.*

2 *In causa appellationis, an debeat iterum iurari de calumnia, & nu. 4.*

3 *Iuramentum testis an debeat repeti, si iterum ex interuallo producatur. Et quantum sit istud interuallum.*

4 *Propositum hominis est mutabile, & qui semel est bonus potest effici ma- lus, & econuerso.*

1 # §. Si quis stipulaturus.

†Licet quis iurauerit se- mel in alia instantia de calumnia, si tñ ex interuallo petit sibi caueri , debet iterum iu- rare. h. d. Et põt intelligi duob. modis. (. ex interuallo. (finita pri ma instãtia, in qua prius petierit caueri, & sic expedit dare nouũ

2 libellum, & nouũ iurm interuenire, † & tunc facit iste text. ꝙ in causa appellationis debeat iterũ iurare de calũnia, qa est instan tia noua, vt l. ita demũ. cum ibi no. C. de procu. de quo est casus in ca. j. de iura. cal. Et idem in iuro testis, vt repetẽdum sit iurm, si ex interuallo iterũ producatur corã alio iudice, vt in casu l. fi. de testi. & c. præsentata. eo. tit. & hoc tenet ibi Abb. Potest intel ligi in eadẽ instãtia, si per hoc longum interuallũ post prẽstitũ sacrm sequatur eandẽ litem super eodem libello , per rõnem q̃ hic ponitur, quia pp longum interuallum temporis, posset esse causa mutata, & animus petentis, cũ sit variabilis, ut hic in gl. q̃

3 semper allegatur una cum tex. ad hoc † quod propositũ m homi nis est mutabile, & ille qui semel est bonus põt effici malus , & econuerso. facit l. deberi. C. de fideic. lib. & quod no. in l. detur. C. de in integ. resti. & quãtum sit istud interuallum, ᵃ relinquit

4 arbitrio iudicis, ar. in l. j. § ait prætor s. de iur. deli. † In gl. quæ in- cipit, (. iterum.) in fi. ibi, (corrigitur per Auth. &c.) Tu dic, ꝯ, qa loquit de iuro de calumnia, quod præstatur ad solẽnizandũ iu- diciũ, & concipitur non solũ de præsenti, sed ẽt in futurum, ut iurans, quia in tota lite non committet calumniam, ideo suffi- cit semel esse præstitum, hic uero non præstatur ad solennizan- dũ iudiciũ, sed potius ad probandũ interesse, ut not. ĩ. proxi. §. & si concipitur de præsenti iudicium, ꝙ non cõpetit animo calũ- niæ, sed quia prætendit iustum interesse. Istud aũt interesse po- test deficere, & sic posset calumniari de præsenti, licet primo nõ fuerit calumniatus. In gl. seq. ibi, s. de transac. l. cum hi. §. in per- sona, dic ꝙ possibile est propositũ hominis mutari, & præsumi- tur in his, quæ sunt modici præiudicij, ut hic, uel modicũ grauamen est, ꝙ iterum iuret, nõ sic in his, quæ sunt magni præiudi- cij, quod dic ut no. in c. semel malus. per Dy. de regu. iur.

ADDITIO.

a Interuallum. Dic quòd per triennium quis de malo efficitur bonus, & econuer- so dici potest, vt voluit Ludo. Rom. consil. 236.

1 *Petens caueri alieno nomine, ita demum iurare debet de calumnia , si ille cu- ius nomine petit, deberet iurare, si per seipsum peteret, non aliter.*

2 *Iuramentum de calumnia an sit de veritate, & qualiter iuret procurator.*

3 *Causa damni infecti, an sit summaria.*

§. Si

1 **§.Si alieno nomine.** ¶ † Petens caueri alieno noīe, ita demũ iurare dēt de calũnia, si ille cuius noīe petit, deberet iurare, si p seipsum peteret, non aliter. h.d. In tex ibi, (fuisse postulaturũ.) gl. in l. ꝑtor. circa prin. s. e. q̃ incipit, (cum alieno.) in fi. dicit, ꝙ istud est iurm credulitatis, qa iurat, ꝙ credit illũ cuius noīe postulat, nõ petere aīo calũniæ, & ideo non expedit, ꝙ ad hoc habeat mandatũ
2 speciale, qa iurat de sua credulitate. † Sed iurm de calũnia, qđ ꝑstatur ad solennizandum iudiciũ, nõ est de credulitate, sed de veritate, videlicet ꝙ dñs non petit aīo calũniæ, & iō ad hoc vt possit ꝑstari p procuratorē, requirit ꝙ habeat speciale mãdatũ,
a vt in ca. fi. de iura. calum. lib. vj. Et tunc iurat in aīam dñi, [a] & ista est vna dria. Alia est, quia illud iurm dr solennitatis, istud aũt dr ꝑbationis, quia per ipsum probat inter esse petentis. Ita vñr Doc. hic sentire, quod est notandũ, & ſm hoc sufficit allegare iustã cãm, puta, ꝙ hēt domũ vicinã, & ꝙ illa est sua, non tñ habebit necesse plene ꝑbare, ꝙ sit sua, sed sufficiet iurm calumniæ, sicut qñ quis petit se immitti in possessionē ex primo decreto, qa põt probare debitum cum iuro, vt no. in l. cũ ꝑponas.
3 C. de bo. auth. iud. pos. † Et ex hoc sequit aliud ꝙ ista cã iuri est summaria, non solum quantũ ad abbreuiandas dilationes, sed ēt quantum ad ꝑbationes fiendas, qa summariè fiunt, i. non plenariè, cum sit modici ꝑiudicij hæc cautio, & periculum sit in mora, facit l. thesaurus. ad exhibendum, & quod no. Bar. in l. j. de ꝑto. stipul. in §. pe. versi. fi. & l. si quis a liberis. §. si vel parens. de liber. agnoscen. Cætera circa ista iura vide hic per Bar. q mouet plures qõnes circa materiam l. 2. §. quod obseruari. de iura. calum. Et no. hic glo. super verbo (debeo,) dum dicit, quia nõ fit in forma iudicij, nam innuit, ꝙ in hac cã non detur libellus, nec contestatur lis. Contrarium tenent Doct. ut dixi s. eo. l. 4. §. hoc aũt iudicium. Et sic quantum ad substantialia iudicij, ista cã nõ
b est summaria, [b] qa nihil debet de substantialib. omitti, & dabit sententia in scriptis, licet quantũ ad alia sit summaria, vt s. dixi.

ADDITIONES.

a Animam domini. Adde ꝙ in Romana curia iurat etiam in animam suam, ut dicit Ro. decisio. suis de iur. calum.

b Summaria. Adde ut per Lu. Ro. consi. 136.

1 *Obligare se an quis possit perpetuo cautione de damno infecto.*
2 *Infinitas an sit uitanda, quando agitur de obligatione contrahenda.*
3 *Vbi apponitur dies, in cautione damni infecti, qualiter debeat adhiberi causæ cognitio.*
4 *Qui se obligauit hac cautione ad diem, si iterum timetur damnum, non liberatur.*
Quando petitur tenuta reuocari, quia forte est nulla si de nouo esset danda, an debeat confirmari, & non reuocari.
5 *Cum petitorium & possessorium deducitur in iudicium, & pro una parte cõstat de iustitia in possessorio, pro altera in petitorio, quod pronuncietur super utroque, & præualet sententia in petitorio.*

1 **§.Huic stipulationi.** † Non tenetur quis se obligare perpetuo hac cautione, sed debet statui tps arbitrio iudicis, ita ꝙ si ędificiũ ruat, teneat, si trãsactum sit illud tps, & si adhuc damnum timetur, iterum caueat. Si vero tps non sit appositum ex certa scientia, qñcunque ruat committit stipulatio. Si vero ꝑp errorem iuris non apponat, intelligitur appositum tempus, quod apponi ꝯsueuit in talib. h. d. cum l. seq. & prin. seq. vsq. ad §. deinde. & incipit hic exponere verba edicti ꝑtoris posita in l. ꝑtor. s. eo. ibi dũ
2 dicit (in ea die in qua causa cognita statuero &c.) † No. hic duo membra, an infinitas sit vitanda qñ agitur de obligatione ꝯhēda, qa quantum ad inuitum est euitanda, qa si non vult se obligare in infinitum, non cogit vt hic in ver. neq. n. Quantum vero ad volentem, non euitat, quia si vult se obligare in infinitũ, potest. ut l. infinitum. ver. si quidem. cętera circa istum articulũ
3 vide hic per Bar. quia est via brocardica. † Item no. ꝙ in appositione diei, dēt adhiberi causæ cognitio, & practica erit, ut mittant artifices, & fabri ad locum, ut uideatur intra quantum tps ędificium potest ruere, si ruere debet, & dicit Bar. hic vnum verbum, quod vidit pluries allegari, ꝙ iudex debet mouere partes ut uadant cum magistris, & fabris ad locum, & dicant singuli iura sua, si uolunt, ad hoc ut illi melius informati possint facere meliorem relationem, & nisi hoc fiat, tali relationi nõ staret, facit quod habet in l. generaliter. §. his de præsentib. s. de iurei.
4 Vlt. no. gl. in l. si finita super verbo (liberet.) in princ. dum dicit, ꝙ si iterum timeatur damnum non liberat, quia si liberatus esset, iterum tenere se obligare. dicit Ang. per hanc gl. se pluries dixisse, qñ petit tenuta reuocari, quia forte est nulla, si de nouo esset danda, non debet reuocari, sed potius confirmari, qđ tenementi, & habui hunc casum de facto. Intellige tñ dictum Ang. qñ fuit petitum, ꝙ confirmet, alias non dēt confirmari per ea quæ not. in c. ex conquæstione. de rest. spol. per Host. & quod no. in l. circa s. de prob. Vel dic melius, si ego peto tenutã in
a mari, quia est nulla, & ita petis eam ꝯfirmari, [a] (quia si esset firmata, deberet de nouo dari,) vel petis eam de nouo dari rigore iuris, et ex equitate debebit iudex super vtraque petitione pronunciare, si reperiat vtranque veram, videlicet, ꝙ si illa verum, quia si esset reuocata, veniret de nouo danda, vel sam cõfirmet, vel de nouo det. Vide Bal. in l. fi. C. de edicto
5 Adria. in 7. opp. & 7. col. † Sic in simili habetur cum deducitur in iudicium petitorium, & possessorium, & pro vna parte constat de iustitia in possessorio, pro altera in petitorio, nã pronunciatur sup vtroque, & præualet snia in petitorio, ut in capit. cum super & c. cum ecclesia. de causa possess. & proprieta.

ADDITIO.

a ¶ Confirmari. Adde Ang. consi. 136.

LEX XV.

I finita.

§. Deinde ait. Pro opere, quod si flumine publico, in ripa eius si damnum timetur, apponitur in stipulatione tempus decem annorum, licet si via in alio publico loco, nõ sit determinandũ certũ tps, sed relinquitur arbitrio iudicis. Itē pro tali opere, & ēt pro quocunque, quod fiat in alio aliquo solo publico, & ad vsum publicum destinato, vel ēt in priuato, qđ non sit ipsius ædificãtis, satisdatur, licet si esset ædificantis, sufficeret repromissio. Item pro quod fit in solo publico, satisdatur tñ pro vitio operis, non soli, licet pro eo, quod fit in priuato, caueatur interdũ etiã pro vitio soli. Item si opus fiat in publico authoritate pub. nõ cauetur de damno infec. sed prædicitur, & præcipitur opificibus, ꝙ caute faciat, ꝙ vicinis non noceat. Hoc dicit in effectu vsque ad ex hoc edicto. Et sic sunt tria specialia, qñ opus fit in publico vel qñ in alieno solo. Primum est, qa si fit in flumine publico vel ripa statuitur certus terminus ab edicto ꝑtoris, in aliis non. Secundum est, quia satisdatur cum fideiussoribus. Sed si in solo priuato ædificantis, nõ, sed cauet, hoc tñ declarat, vt no. Bar. eo. l. dãni. la 2. Tertium est, quia qñ in solo publico non cauetur nisi de vitio operis, sed qñ in priuato, etiam de vitio soli.

1 *Damnum si timetur fieri in superficiali parte domus et non cauetur, fit missio in totam domum superficialem. Et quid in parte artificiali.*
2 *An vtile per inutile vitietur.*
3 *Si concessum sit aliquod priuilegium alicui ciuitati, vel castro, quod et villæ subditæ, tanquam connexæ, possint uti tali priuilegio.*
4 *Priuilegium concessum districtui, an extendatur ad clericos.*

1 **§.Ex hoc edicto.** † Si timetur damnũ de superficiali parte domus, & non cauetur, fit missio in totam domũ, & ēt in alias partes superficiales, quia non possunt ab inuicem separari. Si vero de parte nõ substantiali, sed artificiali, tunc si põt ab alia parte separari, fit missio in illam tñ, si nõ põt separari, idem, quod in casu ꝑcedenti, & incipit hic exponere alia verba prætoris, quæ ponũtur s. e. l. ꝑtor. §. de eo. ver. eum cui. in qua hr ꝙ ꝯ non cautum fit missio in possessionē ex primo, & secundo decreto, & ista est vtilior & solennior pars quæ fit in edicto ꝑtoris, & durat vsque. §. fi. huius l. Et sunt isti tex. principaliores, qui sint in corpore iuris sup materia primi, & secundi decre. quæ verba non reperiuntur alibi in tex. ꝙ hic in §. Iuli. in quo ista materia examinatur p gl. & per Bar. Sed plenissime in Spe. de primo & secũdo decreto.
2 † No. bonum tex. ad illud brocardũ, an vtile [a] per inutile vitietur, quia si possunt separari nõ vitiat, alias secus, arg. hic. & de bonum tex. cum gl. in l. si sponsus. §. gñaliter. s. de donatio. ni. inter vir. & vxo. ꝯ. de aqua quo. & æsti. l. j. §. itē qrit. & §. Trebatius. Itē no. ꝙ idē est iudicium de connexis. facit l. ita autem
3 §. ꝑterea. de administr. tut. & c. translato. de consti. † Et ꝑp hoc allegatur iste tex. si ꝑcessum sit aliqđ priuilegiũ alicui ciuitati vel castro, ꝙ ēt villæ subditæ, tanq̃ cõnexę possint vti tali priuilegio, de hoc tãgit hic Bar. Tu alleg. ad hoc gl. ord. quã ipse non allegat in l. restituendæ. C. de aduo. diuer. iud. Et vide qđ no. in Bar. in l. 2. de verb. sig. & Iac. de Are. in Auth. qb. mod. natu. ef.
4 leg. † Item an priuilegiũ concessum districtui extendatur ad clericos. uide Io. Andr. in c. fi. de offic. deleg. lib. 6. in nouella.

ADDITIO.

a ¶ Vtile. De hoc Brocardo an vtile per inutile vitietur, vide Lud. Ro. consi. 5 Soc. consi. 37.

1 *Missio in possessionē ex primo decreto. facta de vno, an prosit aliis. & n.*
3 *Quid sit primum decretum, & an idem sit decretum, & iussus, & missio.*
4 *Quid sit secundum decretum, & licet sim missus ex primo, & sim in possessione, an adhuc debeam iterum mitti ex secundo.*

5 Pri-

cretum potest esse sine secundo, & an secundum possit esse sine …

ueniatur ad primum decretum, & quot sine necessaria.

ij qui citauit, an debeat fieri iudice pro tribunali sedente, & an otario causæ iudicis absentis.

uctione instrumentorum.

nptoria in quibus requiratur.

m quòd possit dici quatuor modis.

ueniatur ad secundum decretum, & quot sint necessaria.

t impedire missionem ex secundo decreto, si faciat ista tria, de

missus ex primo decreto in hypothecis non auditur debitor de i creditor est paratus probare incontinenti de hypothecis, &

uenditione.

tur interponi secundum decretum, & in quibus actionibus in-

lures. †Plures missi ĩ possessionẽ ex primo decr. siue simul, au t separati, æqualiter sunt in e, qa quilibet cẽseť esse missus insolidũ, non ꝑ rata dãni x iō faciũt sibi partes ꝑ ꝯcursũ. Sed si unus primo p- n decretũ, & alter petat sibi caueri, si non caueť, iste possessione loco dñi, nō primus. Intellige aŕ.s. nō il m facta fuerat missio ex primo & secundo decreto, :s.eod.l.q bona.§.si qs qa .Itẽ expẽsas, quas unus ex in reparatione, in qua missi sunt, recuperat ab aliis ionẽ cõi diui. hoc dicunt in effectu isti tex. usq. ad §.si ossessione. quos iō summaui, qa contigui sunt. Et ꝙ de istis §§. reperiť in alio, cũ declaratione tñ, & aliqua in §. Iulianus. principaľr allegať, & ibi poniť tota mã. si plures. †No. tex. ibi, dum dicit (& alios mitti deside oc patet, ꝙ immissio facta de uno nō ꝓdest aliis, nec mmissi si ad petitionẽ eorũ fit ꝯtumax, sed ṙeqriť ꝙ fa mmitti, & sic fiat nouus ꝓcessus, & noua citatio. Sed mmisso cẽsanť oẽs immissi, ut l. cũ unus. ꝫ. de bon. aut. t nō reqrať nouus ꝓcessus, sed sufficiat ꝙ vadãt saltẽ niũ, & refundãt partes expẽsarũ factarũ in adeptio- illi immisso, & poteriũt gaudere immissione absq. no ut l.fi. C. de bon. auth. iud. poss. Sol. ꝙ notabiľr ista iu t. qñ sunt plures creditores, q iure actionis habẽt, quã o offm iudicis mercenariũ ei deseruiẽs, mittuntur in ẽ, tũc. n. ꝑtor nihil cẽseť dare a se, sed ius qd illi hñt exe quiť, qñ sunt plures, q nō ptẽdũt hᷓc actionẽ, sed dũta implorare iudicis offm nobile, ut eis caueat, quo ca unũ mittit in possessionẽ, dř aliqd a se ꝓferre, nō autẽ ottẽtis. Et iō qua eqtate illi confert bñficium, eadem lt peti, ex cuius edicto hoc fit, qd sibi soli ꝓsit ne bñ extẽdať ultra q̃ ab eo fit petitũ, ut ꝫ. eo. l. cum postulaſ odẽ modo intelligiť l. si is cuius. §. si plures. s̃. ut in poss. m esset si unus mitteret iure actionis, alter offō iudi- per l. 2. qui pot. in pig. ha. ita uoluit Bart. in d. l. cum plene uide per eum. In isto §. si plures. est una gl. mag. (si prius.) q̃ mouet in effectu quinq. principales quæ- materia primi, & secundi decr. primam prosequitur d primum.) scdm vsq. ibi (sed quo iure.) tertiam usque ibus.) quartam vsq. ibi (est autem defectus) & etiã post in ver. (alii dicunt.) In ver. (est autem defectus.) ponit qõnem de effectu scdi decreti, & postea et circa finem u primi. †Circa primã partẽ gl. dũ dicit, ꝙ primum de rimus iussus iudicis, seu prima missio, innuit ꝙ idẽ sit & iussus, & missio, qd est falsum, immo sunt diuersa, qa dex decernit me mittendum in possessionem, postea ncio, ꝙ me mittat, postea nuncius me mittit, & ex istis sultat primũ decretum, & sic missio se hẽt ad decretũ, cutio ad sñiam diffinitiuam. Et notandum, ꝙ istis trib. dentibus constituitur in re pignus ꝑtoriũ, ut l. nō mi- ig. actio. & iō ꝑ eo pōt competere hypothecaria, ut l. sr .de pig. & ẽt pignoratitia, ut patet ex d. l. non mirũ. q̃ a in illo ti. & facit qd no. ꝫ. eo. l. utique. Sed si non iter- missio facta ꝑ nũcium, nihil prodessent duo pignora. s. n de mittendo, & iussus quantum ad hoc, vt sit cõstitu nus, vt d. l. non mirum. licet pignus ꝯuẽtionale solo ꝯ- iat, ut l. j. eo. ti. & l. si tibi. §. de pig. cum ibi no s̃. de pact. t Bar. notabiľr in l. j. ꝫ. de acq. poss. ꝙ non sufficit nun- nducere me usque ad locum, & ipsum ostendere mihi dicere, immitto te in possessionẽ illius rei, sed dẽt me em actualiter[a] introducere, nō sic in vera possessione ectum solum potest acquiri, cum tradatur ab illo qui . Aliqua ido tamen, etiam si immitti iussus, & nō intro in rem, hr pro misso, qñ introductio fieri non potuit, vt nus. §. fina. cum l. sequen. de bono. autho. iud. possess. Si aũt sit negligẽs faciẽdo se mitti, ꝑ quãtũ tp̄s ꝑdit ius immitẽdi dic vt ꝑ Bar. in l. prætor. §. fi. eo. ti. & hr ꝫ. ea. l. §. pen. Dř ergo pri

4 mum decretum ſm Bar. prima aggrauatio. † Itẽ scdo, gl. ista dũ dicit, ꝙ ſm decretum dř scds iussus siue scda missio, innuit, ꝙ li cèt sim missus ex primo, & sim in possessione, adhuc debeo ite rum mitti ex scdo Dy. tenuit ꝯrium, ꝙ sufficiat iudicem dicere, iubeo te possidere, absq. eo ꝙ dicat, te immitto, vel mandet nũ cio, ut me immittat, & istud est verius, ut probať in §. p̄cedenti. in fi. ibi, possidere iussus sit, qa primo detinebat, nō possidebat. Et ista no. in addi. Spe. titu. de primo & scdo decr. § videndum. in addi. q̃ incipit, sed Dyn. arg. Insti. de rerum diui. §. interdum.

5 †No. ẽt glo. ꝙ primum decretum, pōt esse sine scdo. Sed an ſm possit esse sine primo, gl. in secunda parte ibi. dum dicit, (vel ad ſm ꝑuenit.) innuit ꝙ non, qd est verum, qñ interponiť ꝯ absen tem. secus si ꝯ præsentem, & inobedientem, vt l. non alienum. s̃. de interro. actio. & no. ꝑ Bar. ꝫ. ea l. non aũt, statim allegata.

6 †Super secunda parte, glos. inquantum dicit qualiter perue- niatur ad primum decretum, no. ex gloss. tria necessaria, scilicet quòd aduersarius sit citatus. Item quòd peremptorie. Itẽ quòd fuerit contumax, quia non venit, nec misit. Adde alia quinque quæ sunt necessaria, quòd ad partis instantiam fuerit cita- tus. s̃. de iudi. l. ad peremptorium. Item ꝙ fuerit datus libellus, vt in Auth. de exhiben. & intr. reis. §. si uerò ut partem, qa dẽt fie ri ꝑ mensura debiti declarati, s. in libello. Item ꝙ actor accusa- uerit contumaciam rei, ut C. de iudi. l. properandum. § & si q- dem. Item ꝙ ipse actor licentiatus recesserit, ut no. Inno. in c. ad petitionem. de accu. quod intelligiť, ut statim dicam. Item ꝙ constet iudici de cõtumacia, ut ꝫ. ex quib. cau. in pos. eať l. hoc aũt, ibi (liquere debere prætori, &c.) Et iō dẽt esse facta relatio nuncii de citatione, antequam perueniať ad ſm decretum, aľs non ualeret. Et dẽt peruenisse ad notitiam iudicis.

7 †circa quod uide qd no. Bar. in l. multum. de condi. & demon. in l. Theopō- pus. de dote prælega. ubi dicit. ꝙ non requiriť ꝙ iudex sedeat ꝑ tribunali, qñ fit relatio nuncii. Sed an possit relatio fieri nota- rio causæ iudicis absentis? dicit Bart. ꝙ sufficit, mō postea ꝑue- niat ad notitiam iudicis, & eodem modo instřa possunt produ ci coram notario ꝑ tex. cum gl. in l. eos. super uerbo, ad scrinia. C. de appellatio. Bal. contra in auth. q̃ supplicatio. de p̄ci. Imp. offer. quia ista sunt de actis causæ, ut in c. quoniam ꝯ falsam. de probatio. ergo debent fieri coram iudice, quia coram notario non possunt fieri probationes sine commissione iudicis, ut no. in l. iubemus. C. de libe. cau. & in l. hac consultissima. § fi. uel pe C. de testamen. Et puto ipsum verius dicere, quo ad productio- nem instrumentorum, & testium, ꝑ id, quod no. Inno. in c. cum in iure. ante fi. de offi. deleg. ubi dř, ꝙ notarius debet dicere pro ductionem instrumentorum esse factam coram iudice, sed ex relatione nuncii: credo Bar. bene dicere. si uerum esset, ꝙ possit fieri iudice non sedente pro tribunali, quia non requirit causæ

8 cognitionem, ut l. 2. quis ordo in bon. poss. seruetur. † Et est no tandum in quantum gl. dicit, ꝙ debet citari peremptorium, ꝙ peremptoria citatio requiritur in tribus casibus, s. cum perue- niť ad primum, vel secundum decretum, ut in hac glo. notabili pro quo facit l. præsente. C. qui ad eccles. confug. Item quando ad sentẽtiam diffinitiuam, ut d. l. ad peremptorium. Item quan do ad interlocutoriam, quæ eximit uires iudicii, puta absoluto riam ab obseruatione iudicii, ut d. l. properãdum. §. & si quidẽ. Item qñ ad notationem bonorum in cã criminali, ita dicit Bar. eleganter, & in d. c. ad petitionem. de accusa. Extra istos casus non requiritur peremptoria citatio, immo quælibet citatio p̄- sumitur peremptoria, & sufficit unica tm̃ vt cum citatus ad vi-

9 dendum iurare testes, & similia, †debes etiam scire, ꝙ perẽpto- rium potest dici quatuor modis, verum, & solenne. non tamen expressum. ut cũ quis fuit citatus tribus vicibus, & postea quar ta vice ex abundanti, ut l. & post edictũ. s̃. de iudi. Secundo po- test dici peremptorium verum, & expressum, non tñ solenne, vt si fuit citatus semel, vel bis tm̃ cum istis uerbis, & perempto rie. ut l. nonnunquam. eod. tit. Tertium est, quando est verum non tamen expressum nec solenne, quia fuit citatus semel, vel bis duntaxat, nec fuerant apposita illa verba, & ꝑemptoriè, sed alia idem importãtia, puta, ꝙ nisi uenerit, procedetur ad sentẽ- tiam, uel ad alium actum ipso ulterius non expectato, nã ista comminatio habet vim peremptorii, vt l. in peremptorio. eo. ti. de iudic. Et dicit Bar. C. de fabricensibus. l. si apparitor. libr. 12. ꝙ non sufficit dicere, quòd procedatur ad sententiam, ad hoc vt habeat vim peremptorii, sed debeat addi, scilicet contra eũ. Hoc non placet, qa sequereť, ꝙ postea, non posset dare senten- tiam

ADDITIO.

a Actualiter. Adde Alex. consi. 92. & hic lect. Pau. de Cast. j. super ff. Nouo.

tiam ꝑ eo,qa ad illam non esset citatus, & tñ ꝯrium est verum,
qa post peremptionem pōt fieri sñia, ēt ꝑ contumacia, ut d.l.
post edictum.& in d.§.si qdē.cū seq.in l.ꝑperandum.Et ita au-
diui a Bal.uiua voce in d.l.peremptorium. Nō tñ sufficeret di
cere,aliàs procedemus prout iuris fuerit,vel iustitia mediante,
qa ius vult ipsum ter citari.Ergo una citatio,vel duæ cum istis
verbis non constituerent eum contumacem. Est & quartū ꝑ-
emptorium,s.fictum,non verum,nec expressum, ut cum qs est
citatus trib.citationib.nā lex hēt istam citationem ꝑ perempto
ria,licèt non fuerit facta quarta ex abundanti, vt l.tres denun
ciationes.C.qūo, & qñ iudex, uel si pars fuisset monita ab ipso
iudice,vt tali die compareret,nam non reqrit̃ ulterior citatio,
vt l.2.eod.ti.Idē si fuit citatus ꝑ nuncium,& dixit se nolle com
parere,nam non esset vlterius citandus, & illa solum hrēt uim ꝑ-
emptorij.Ita sentit gl.in l.fi.s̃.de in integ.resti.licèt Cy.aīr dixerit in l.consentaneum.C.qūo,& qñ iudex.plus dicit Inn.in d.c.
ad petitionem,ꝙ ēt si nihil dicit,ex quo fuit ꝑsonaliter citatus,
non dēt vlterius citari,& sic non requiritur peremptorium, ni
si qñ citatio fit ad domum.Hoc non puto verum, quia ex quo
nihil dixit, non apparet de eius malitia, quia forte intendebat
comparere,sed in alijs impeditus non potuit,vel fuit oblitus.
Iō requirunt̃ aliæ duæ, vel ꝙ fuerit dictum peremptoriè, aliàs
non constituit̃ verus contumax.Et ita intellige qđ no.in l.ex ꝯ-
sensu.in fi.cum si.de appella.Inquantum verò gl. dicit ꝙ nō ve-
nit.supple,idem si venit, & iudici non paruit, vt l.quoties.§.ꝑ-
tor.de noxal.& in gl.ordinaria in auth.qui semel,ꝙ ꝯ præsentē,
& nolentem contestari litem, ad mandatum iudicis procedet̃
ad immissionem ex primo decreto.Idem si venit,& non stetit,
qa iudice sedente pro tribunali recessit licentiatus,ut l.scire o-
portet.§.oporteret. de excusa.tuto.seu in §. sufficit. Sed si stetisset usq.ad recessum iudicis posset illicentiatus recedere, & non
esse contumax,si iudex nihil sibi mādauit.postq̃ uenit,dēt tamē
accusare ꝯtumaciam actoris,& ita vr̃ intelligere Bar.in d.l.con
10 sentaneum.†In alia particula gl.dum loquitur de secundo dec.
qualiter ad ipsum perueniat̃.collige ex gloss.tria necessaria,uel
quatuor. Primum est,ꝙ præcesserit primum decretum,dum di
cit,misistis me in possessionem ex primo decreto.Hoc intellige
verum nisi duob.concurrentibus, vel ꝙ causa sit noxalis, & ꝙ
interponat̃ contra præsentem. & inobedientem, qa tunc potest interponi etiam primo non præcedente. Primo per l.non
alienum.de interrog.actio.& no.Bar.ĩ.eadem.§.non autem.Se
cundo,ꝙ iterum citet̃ aduersarius,& sic citatio facta in primo
non proficit ad secundum, qa sunt actus diuersi, & contumax
in uno non ꝑpterea est contumax in altero,ut no.in c.cū qui.
de dolo,& contu.lib.6. nisi fuisset citatio generalis ad totam
cām,ut fit in curia Romana, & fiebat olim in curia principis,
qa accusabat̃ de longinquis partib.Vñ non poterat in singulis
actibus commode citari. Nam fiebat, & fit in curia citatio generalis ad totam causam,& si est contumax, potest procedi.ad
oēs actus sequentes, vsque ad sententiam diffinitiuam, fortius
ad fm decretum,de qua citatione gñali hr̃ in l. cōsentaneum.
C.quomodo & qñ iudex,& per Bar.in ex̃uaganti ad reprimen
dum.super verbo(minime.)& per Innoc.& Moder.in c. consul
uit.de offic.deleg.& de procu.c.auditis. Tertio innuit gl. ꝙ de
beat citari in personam,si pōt reperiri,aliàs ad domum,dum di
cit,vel si non inuenitur domi suæ,& in hoc differt a primo decreto,quia in illa gl.hoc non requirit,& vr̃ sufficere citatio ad
domū,ēt non requisita ꝑsona.Sed qualiter pōt sufficere citatio
ad domum,cum reqrat̃ prius latitatio vt statim dicit? Rñdeo,
intellige gl.cū fit missio in cā damni infecti,quia tunc non req
rit̃ latitatio,ut patet ĩ.ea.l.§.si fortè, ubi pōt fieri contra absen
tem causa reipub.in alijs secus. Quarto requirit gl.ꝙ si ipse non
reperiat̃,nec aliquis forte sit in domo,requirant̃ vicini, & amici,si uolunt eum defendere. Alij dicunt,ꝙ hoc non requiritur,
nisi in duob.casib.s.qñ procedit̃ contra absentem causa reipublicæ, vt l.ergo.s̃.quib.ex cau.maio. vel contra minorem indefensum,vt l.hoc autem §.quib.ex cau.in poss.ea. Et hoc tenet
Bal.in auth.sed cum testator.C.ad leg.Fal.Adde alia tria neces-
saria.s.ꝙ adhibeat̃ causæ cognitio plenior quā fuerit habita in
primo,quia in primo sufficit probare debitum per iuramentū,
ut no.in l.cum proponas.C. de bonis auth.iud.pos.in secundo
plene debet probari,quia tñ probatio fit parte absente,dr̃ sum-
maria.Ita intellige quod no.in l.Fulcinus.§.cum autem.ĩ.qbus
ex cau.in poss.eat. Item requirit̃ latitatio,vt ibi, quod intellige
præter quam in causa damni infecti,ut s̃.dixi. Item tertio requi
ritur,ꝙ per primum decretum non sit actori plene consultum,
alias non peruenietur ad secundum. Ita debet intelligi l. is cui.
in prin,s̃.vt in poss.lega.Quod declara,ut ibi per Bar.& l.j.mu-
lier.de vent.in poss. mitt. In,quibus gl.j.in versic.quibus actio-
nib.dicit fallere regulam.Et istum eundem intellectum habuit
glo.si bene inspiciatur ĩ.in versic.sed quæ est ratio diuersitatis.
vbi tenet ꝙ ideo in reali non hēt locum secundum decretum,

11 quia per primum habet desiderium suum.†Itē no.ex g
& si veniāt &c.ꝙ reus pōt impedire missionem ex scđo
faciat ista tria.Videlicet ꝙ veniat,& refundat expēsas li
damna suppleat,& caueat de iudicio sisti,si passus fuit
decretum ex eo,qa non veniebat ad rñdendum libell
auth.ei q.s̃.de bon.autho.iudic.poss.& in corpore vñ
aūt ex eo,qa iussus fuit soluere,& non soluit, non recu
si soluat qđ soluere iussus fuit,tex.est notabilis in l.si pe
s̃.ut legati nom.caueat.Et iō qa fuit iussus cauere, & no
non recuperat,nisi caueat ꝑ tex.ĩ.ea.l.§. si qs damni.in
sit paratus facere illa tria.Scđm hoc ergo in casu damni
si non fuit iussus cauere,sed duntaxat citatus,ꝙ uenire
spondendum libello actoris,& quia non venit facta e
ex primo decreto,veniendo postea, & offerendo illa tria
perat tenutam absque eo,ꝙ offerat cauere,sed si fuit iu
uere,non recuperaret,nisi caueret.Itē dum dicit gl.(exp
rum est, si facta fuit missio ꝯ maiorem. Quid autem
minorem.Ioan.And.in Addi. Spec.de primo decre.§.
videre,recitat quatuor opinion.dic ut ibi per eum. Item
subijcit gl.damna.intellige.s.suscepta propter contuma
l.sancimus.C.de iudi.quæ etiam vult ꝙ nec expensas, n
na reficiat,nisi fuerit contumax mala conscientia,ut i
lius legis colligit̃, quod est no. Admittit̃ autem semper
do fuit facta missio in personali ad recuperandum poss
offerendo illam ante interpositionem secundi decreti
post,ut ĩ.ea.l.§.postea.in reali verò admittit̃ intra annu
post,si lis erat contest.uel quasi,ut l.si quis emptionis.§.
quis.C.de præscrip.30.ann.Sed si erat contesta.uel quasi
modo admitrit̃ de possessione,sed de proprietate,sicut n
annum.vt l.consentaneum.C.quomodo & qñ iud.& l.
12 rem actio.Et hoc in rei uend.†In hypothecaria uero di
vnum singulare verbum in tit.de contumacia §.sequit
sed pone conueni,ꝙ si sum missus in possessionem ex p
creto in hypothecaria,& aduersarius compareat intra a
& offerat expensas,& damna,& cautionem de iudi.sisti,
beat audiri,nec recuperat tenutam,sed constat de iure
pothecæ.Quod dictum refert Bar.& uidetur tenere in l.
de acq.poss.& intelligit uerbum,(constat,) idest ꝙ sim
incontinenti probare de iure meo. Canonistæ etiam p
istud dictum in cap.qm̃ frequenter,ut lit.non contest. E
anno pręterito haberem istum casum de facto,& essem a
tus pro ista parte,dicebatur per aduo.alterius partis istu
non esse verum per l.si quis emptoris. §. sed & si quis.de
scriptio xxx.ann.Quæ aduersario uidetur fieri in facto, s
in iure,ut l.sed si lege.de peti.hæred. in prin. sed in præc
§.illius l.quæ incip.sed hic super illis, ꝙ ꝯ petentem resti
nem petitionis non admittitur exceptio proprietatis,e
excipiens sit paratus probare incontinenti,ergo nec in i
sed si quis.& si non admittitur in rei uen.ergo nec in hyp
caria,quia non est dare rōnē diuersitatis. Sed certe tem
uīr reprehendere Spec.postquam ab alijs scribentibus n
prehenditur,immo confirmat̃,iō dicebam & dico, ꝙ licè
13 loquatur in hypotheca.† Tamen in rei uend.si iussus ex p
decreto paratus est incontinenti docere de iure suo, ex
reum uolentem recuperare tenutam,etiam si offerat illa t
ea quæ hñr in l.2.de edicto diui Adriani tollendo, & in l.
quo ut in poss.lega.Nec obstat si dicatur,ut illi dicebant,
ll.loquunt̃ in possessorio adipiscendæ,secus si in possesso
cuperandę,in quo non admittitur exceptio proprietatis,
si offeratur probatio incontinenti,ut l.si quis ad se fundu
ad leg.Iu.de ui.quia illud est uerum,quando agitur contr
liatorem,& illicitum detentatorem. Sed missus in posse
ex primo decreto non est spoliator, nec illicitus detento
iste.de acq.poss.Et sic magis assimilatur possessorio adipi
& hoc est quod voluit Spe.& magis clare vr̃ velle in rei ve
ti.de primo decreto.§.restat versi.quid si ergo nolens.& p
tuo tene menti, quia est magna limitatio ad istam gl.& a
§.sed & si quis.addo aliam limitationem,ꝙ si reus compa
non intendit recuperare tenutam, sed solum impedire n
missio ex secundo decreto ꝙ debet audiri absque eo, ꝙ o
expēsas,& damna,& cautionem de iudicio sisti.Pone exem
qñ per primum decretum plene consultum est immisso, u
is cui.ut in poss.licèt Bart.hic dicat ꝯrium, & non bene iu
meo,quia forte non bene considerauit,& reprehendit Sp
tñ in loco allegato ꝑ eum non dicit illud.quod Bar.dicit.
go gl.dēt intelligi qñ vult recuperare tenutam, tunc nō a
nisi offerat illa tria.Secus si nō vult, sed solum impedire n
missio ex secundo decreto,quia non est ratio quare non d
at audiri.Scias etiam ꝙ oblatis illis tribus competit pigno
tia pro recuperando tenutam,sicut in pignore conuentio
tex.est notabilis in d.l.is cui. in fi.in §.quæri potest,ut in p
14 ob hoc vide qđ no.Bar.in l.j.s̃.de pign.actio.† In eadem ibi

re,(dic vt in ista qõne,& qñ petit immitti,ꝓ eo,ꝙ pete- icis officio nobili,fine dubio immissio expedit iudicis of)bili,non mercenario,qa unum offm̃ non deseruit alte- ꝭm Ang.Sed si ꝓ eo ꝙ petebat iure actionis, est minus),qa oĩa cõtingentia illa cã expediunt iudicis offõ mer- ,deseruiente illi actioni,ut Inst.de offic.iud.ꝑ totum,et ,& si ita est,talis immissio erit de iurisdictione, non de).Contrarium tñ est,ut l.ea q.§.magistratib.ad munici- Et ad ꝯrium rñde,ꝙ ea q̃ ueniunt ex natura actionis vt s,& usuræ & similia, & ẽt ex natura iudicij,ut pueniatur nitionem,bñ expediunt iudicis offõ mercenario,sed hęc o nõ fit ad illum finem,iõ offõ iudicis nobili oriente ex ꝑtoris,de quo hr̃ in ti.q ex cau in pos.ea.& sic est de Im- eadem ibi(in'qb.actionib.)In hac qõne dic,ꝙ ex primo põt missio fieri in qualibet actione petita, uel ꝓsecuta, o petat aliqd dari,vel ẽt fieri,sup quo cadit ĩmissio,aĩs se cũ petit restõ ĩ ĩtegrũ aduersus aditionẽ hr̃ditatis,vel ꝯ- aduersus usucapionem,uel cum qs petit se ꝓnũciari li uel sui iuris,in illis.n.non cadit immissio, & iõ qa nõ ꝓ- ꝭtori ꝑ missionem,ꝓuidet alio mõ,qa põt pueniri ad dif m,lite non contest.ut auth.si oẽs.C.si ut se ab hære.abst. ero.§.subuẽtũ.de fideicommis lib.& l.q se dicit.s̃.de iud. vero decreto fit missio sed regulr ubicunq.cadit primũ m,nisi ꝑ primum sit plenè ꝓuisum immisso, ut in hypo a,& in casu l.is cuius in poss.leg. licèt aliq dixerint ꝭm m non hre locum,nisi in cã dãni infecti,& noxali. Sed nmissio,q̃ fit ex ipsis duab.causis.s.damni infecti,& no- alterius naturæ,quã illa q̃ ex alijs duob.Primo, qa nõ ex es uenalis,sed primo loco,& directo adiudicat petẽti.Se quia non fit adiudicatio ꝭm mensuram debiti,immo ꝓ) debito adiudicat res magni ualoris,sed in actionib.pso on peruenit ad secundum decretum,res enim primo ex r uenalis,ut plus offerenti detur, & si non reperitur em iudicat insolutum pro quantitate debiti,& non ultra, .de bonis auth.iudi.possi. in rubro,& nigro, & maximè in l.uenditione. Dubitat autem de actio.ex empto, & ,ꝙ in ea potest interponi secundum decretum, ꝙ licèt or non teneat ad transferendum dominium, si non hẽt tamen habet,bñ tenet nec posset liberari,nisi transfera l. cum manu.fata.§.nemo.de contrahen.emp. Dubita am de actione reali,vt de rei uend. super quam gl. multũ : hic,& tenet per quinq.rationes,non habere locum ꝭm im.Tu dic contrarium,non ꝙ per ꝭm decretum efficiat am erat,nec possessor si post annum interponatur,quia at effectus possessor,ut d.l.si quis emptionis.sed efficitur cabiliter dominus,& ẽt irreuocabiliter possessor,si an te anni interponat,qa imponit tũc aduersario silentium olius audiat de possessione,uel dp ꝓprietate.ĩ.hac l.§.po t,qđ intellige ex cã præcedenti ꝭm decretum,nõ postea ar.l.hr̃ditas materteræ.C.de peti.hære.& ita limitat alio §.sed si qs,ubi dr̃, ꝙ audit intra annum de possessione. ea ꝑpetuo de ꝓprietate,nã est verum,nisi fuerit interpo ꝭm decretum,& tunc ad rõnes gl.facile rñdet, si bñ cõsi s. Si autem non erat dñs,tunc aduersarius erat,& conse dominium,licèt res adiudicetur sibi ut sua,nõ vt aliena.) tertius consequit usucapiendi conditionem, sicut pro t lata sñia diffinitiua,ꝑ tex.cum gl.Inst.de offi.iud.in fi.& q.poss.l.Pompo.§.qui iussu.Et miror,ꝙ Doct.istum art. lene declarant eo.modo quo dixi,quia ista est ueritas. In e reali,an interponatur secundum decretum,uide quod c.quoniam frequenter.§.in alijs uero.ut lite non cõtest.

---

tio ex primo decreto,quid operatur.

I qua autem. Per primum decretum non deijci tur primus possessor de possessio- an immissus est in possessione una cum primo, dic ut l. i,ut in poss.leg.in princ. vera ergo possessio est apud illũ, n facta est immissio, sed apud immissum est detẽtatio, ut .de acq.pos.& l.si duo.§. creditores. uti possidetis. autem operatur ista detentatio,an possit colere, & fru- ercipere,dic ꝙ sic, negligente tamen illo contra quem st immissio,non aliter, ut d.l.is cui.§. qui legatorũ, ut in .& no.in l.prætor.in princ.ĩ.de bon.auth.iud.poss.Item quitur,quando facta est immissio in re immobili.Si autẽ is mobilibus, dicit Ange.ꝙ in eum transfertur possessio um §.qui legatorum.nisi persona sit suspecta, qa tũc de- etur penes tertium,tene menti, quia notabiliter facit l. ssor.§.fin.s̃.qui satisdat.cog. Adde quòd interium etiam nobilib.transfertur possessio in ipsum missum,si iudici vi deatur per minimam contumaciam,& quia citius parebit sibi, no.s̃,eo.§.si fortè.in gl.super uerbo,discedatur.

§.Non autem. Missio ex scđo decreto non dẽt fie- ri statim post missionem ex primo, sed interueniente tp̃is interuallo, & propterea ꝙ aduersarius videatur negligere.hoc dicit.Tunc vr̃ negligere;qñ nullo iusto impedimento resistente, cũ possit, non venit ad recuperandum tenutã.Quod totũ iudicis arbitrio relinquitur, ut not.gl. mag.in §.Iul.ibi.{sed intra qđ tp̃s &c.} ubi plures ponit opi. sed ista est vera quousq; uerò subesset impedimentum,non diceretur negligere,& iõ non esset ꝓcedẽdũ ad secundum decretum.

§.Si fortè. Contra absentem cã reipublicæ,vel ꝯ minorem non procedit ad ꝭm decretum, & si ꝯ fiat,restituunt in integrum.h.d.Sic ergo ualet mero iure, aliàs non esset necessaria restõ,ut l.rem. in prin.s̃.de mino. Sed ꝯ,ꝙ non valeat,qa reqrit latitatio,vt l.Fulcinius.§.j.ĩ. qui.ex cau.in pos.ea & isti non latitant.Sol.illud est uerum,qñ fit super actione ꝑsonali, q̃ afficit ꝑsonam eius ꝯ quem fit,sed hic fit ꝑꝑ damnum qđ continet ex re,ex quo licèt oriat actio,non tamen præcisè,nec afficit personam,si vult dare rem pro noxa.ut s̃.eo.l.ꝑtor.§.hoc edictum.Iõ non curatur latitatio personæ,sed periculum rei.Ita tenent Docto.hic in l. ignorare.C. de in integ. restitu.militum.patet ẽt hic ꝙ missio ex primo decre.bñ potest fieri contra absentem causa reipublicæ,& contra mino. etiam cum effectu,quia non restituuntur in integ.cum sint modici præiudicij. Et in illa sufficit, ꝙ aduersarius non defendatur, ut l.hoc autem.§.non defendentem.quib.ex cau.in poss.ea.nam & cõtra puberes potest fieri,ut l.apud Iulia.eo.tit.

---

1 *Forma immittendi ex secundo decreto.*

§.Vbi autem quis. Per secundum decretũ prior possessor de possessione deijcit.h.d.Si ergo patet ꝙ efficiatur dñs, & possessor immissus ex secundo decre.ut patet s̃.ea.l.§.Iul.in fi.dum dicit, si uerò iam cõstituto domino,quod est verum,si aduersarius erat dñs, alias
1 efficitur quasi dominus,ut no.in l.prætoris.in prin.s̃. eo.†Not. etiam formam immittendi ex secundo decr.quia iubètur possidere,non autem de nouo immittitur cum iam sit immissus ex primo,ut patet in præced.§§.

---

1 *Habentibus ius intra dominium, & cauere negligentibus sine iusta causa, denegatur eis iuris persecutio.*

2 *Si fuit immissus ex primo & secundo decreto contra uerum dominum, citato & requisito tertio qui habebat ius in domo ruinosa,tunc consequor dominium illius domus liberum.*

Quid si fui immissus illo non citato, & quid si fui immissus solum contra illum tertium.

1 **§.Si qua sint.** †Habentibus ius intra dominium,& cauere neglegentib.sine iusta causa denegatur eis iuris persecutio.h.d. Et ponit tres casus. Et primum casum intellige in habente seruiturem prædialem. Et aduerte, quod in omnibus tribus casibus loquit,quãdo quis fuit missus ex primo,& secundo decre.contra uerum dominum, & sic acquisiuit dominium rei.Vnde denegatio persecutionis iuris,tẽdit ad commodum ipsius missi,qui non põt prosequi ius suum aduersus ipsum immissum effectum dñum rei ꝑ ꝭm decretum. In primo tamen casu ius seruitutis,quod erat apud illum,non transfert in missum,sed extinguitur, quia res sua nõ potest sibi esse obligata.In tertio uerò casu uidetur ꝙ ius usufructus non extinguatur,sed remaneat apud illum,& in immissum transferatur commoditas,ut l.si noxale.s̃.de noxa. Sed hoc non puto verum, immo ꝙ extinguatur postquam est effectus dominus proprietatis,quia non potest habere usumfructum in re sua,vt l.uti frui.si ususfructus peta.nec ob.contrarium, quia potest intelligi qñ non fuit immissus contra uerum dñm,& sic non acquisiuit adhuc proprietatem. Ideo in ipsum trãsfertur cõmoditas ususfruct.remanente iure penes usufructuariũ, licèt in primo, & scđo casu etiam non sit immissus contra dñm,nõ uideo quo modo possit fieri translatio iuris illius in ipsum immissum,cum apud immissum non sit aliud ꝑdium, cui illa seruitus possit attribui,nec etiam debitum personale quo possit esse res sibi obligata,nec etiam uideo qualiter debeat denegari ꝑsecutio,quia hoc nõ prodesset ipsi immisso, sed domino domus ruinosæ, qa adhuc remanet dñs postquam contra eum non est facta immissio. Si uero sit tale ius,quod possit trãsferri in immissum,puta utile dominium,bene transfertur ex secundo decreto ẽt interposito ꝯ illum solum,casus est ĩ.ꝑx.§.Sed op.ꝙ ista missio iure corporali debeat aliter fieri,ut s̃.ti.j.l.si prius. Sol.ibi fuit fa-

ćta missio ex primo decreto,hic ex secũdo. Item ibi agebat̃ de
directo super ipso iure,qđ agẽs dicebat ad se pertinere,hic nõ
sup illo,sed super cautione p̄standa, nec dicebat illud ius ad se
pertinere,sed fatebatur ꝙ ad illũ tertiũ.¶ Item adhuc opp.ꝙ
illi tertio nõ debeat ius denegari,vt s̃.eo.l.eorũ.Sol.ibi nõ fuit
citatus ille,hic sic,& fuit cõtumax,& negligẽs in cauendo. Et
hoc vult glossella,q̃ incipit(si tamen aliquid possit &c.) ¶Sed
q̃ro,quid si domui ruinosæ in qua fui immissus ex primo, & se
cundo decreto debebat̃ aliqua seruitus in domũ vicini? Glossella hic super verbo(debita,)videtur intelligere istum tex.etiã
isto casu,qđ nullo mõ video posse procedere. Nã tũc denegatio iuris noceret ipsi immisso in quem debet transire res,cum
illa seruitute,& eius cõmodo, nec ille in cuius domũ seruitus
debebatur,tenebatur cauere, quia nõ habebat commodũ in
2 domo ruinosa,sed incommodũ. ¶ † Vltimo ex p̄dictis recolli
ge,ꝙ aut fui immissus cõtra verum dominum citato,& requisito tertio,qui habebat ius in domo ruinosa, & tũc consequor
dominiũ illius domus liberũ,quia ius illius extinguitur,& sup
vtroq; debet pronunciari,& hic est casus huius §. Aut illo non
citato,& tunc consequor dominiũ non liberum,immo illi ter
tio remanet ius suũ saluum,vt j̃.eo.l.eorum. Aut fui missus so
lũ ꝯ illũ tertiũ,quia ab ipso solo petij mihi caueri, & tũc licèt
ꝓꝑ eius contumaciam possim immitti ex primo decreto.& su
per iure veri dñi,qñ ille tertius habebat tale ius,ex quo diceba
tur procurator proprietarij,puta vsufructuarius,vel hypothe.
& petij ab eo caueri noĩe vtriusq; iuxta ea quę hñr s̃.eod.l.hoc
amplius,§.q̃litum,& §.Celsus.non tñ possum immitti ex secun
do decreto super iure dñi,vt ibi not. multo minus si non petij
caueri,nisi pro iure illius tertij. Si aũt q̃ritur,an possim immitti ex scđo decreto,saltem super iure illius tertij,isto casu tũc ad
uerte ad tres casus. Nam aut illud ius erat tale,ꝙ nec respectu
substantiæ,nec respectu cõmoditatis poterat in me transferri,
vt si erat ius seruitutis p̄dialis,vel ius hypothecæ,& tunc non
video quõ possit fieri immissio,nã per translationẽ in me non
põt,nã seruitus debita fundo Titij a fundo tuo,nullo mõ põt
in me trãsferri,qa nõ habeo p̄diũ cui approprietur, nec ẽt ius
hypothecæ quod Titius habet,cũ cohæreat personali obligationi,q̃ non transfertur in me,sed apud eum remanet,nec etiã
video posse interponi per modũ de quo hic dr̃, ꝙ deneget̃ sibi
ꝓsecutio illius iuris,quia nõ prodesset mihi, sed domino dom⁹
ruinosæ,q liberaret̃ ab illa seruitute. Et hoc non est mihi vtile,
postq̃ non sum immissus in dominium illius domus.¶ Quædã
sunt iura quæ possunt transferri quãtum ad commoditatem,
non quantum ad substantiam,& in illis bene fieri potest,vt il
la commoditas in me transferatur remanente iure pęnes illũ,
& sic extingueretur illa commoditas morte illius, vt dixi in l.
hoc amplius,§.fi.per illam l.si noxale.¶ Quædã sunt iura,quæ
possunt transferri etiam quo ad substantiam, ut ius vtilis dominij,& super illo bene potest interponi secundum decretũ,
& quæ sit summa eius,habetur infra proxi.§. vbi est casus.

1 *Si contra habentem vtile dominium, & non cauentem interponitur secun dum decretum,illud solum transfertur in immissum,non autem directum dominium,secus si interponatur contra ipsum directum dominium.*

2 *Priuilegium l.fi.C.de sacrosan.eccl.scilicet quòd non curat pręscriptio usq; ad centum annos, in bonis ciuitatis in quatuor casibus, non habet locum in castris,nec in bonis eorum.*

Quid si habeo titulũ a ciuitate quæ possidebat ut suũ,tamen erat alterius.

3 *Malæfidei possessor si habeat authoritatem iudicis, an præscribat longo tempore,vel longissimo.*

4 *Differentia inter fendatarios,liuellarios,vel precarios, emphyteutas, vel superficiarios remis.& quòd isti habeant vtile dominium, sicut qui habent prædium vectigal.*

5 *Si bona istorum confiscantur, & sic transeunt vniuersaliter in fiscum, an ista iura vtilia vna cum alijs bonis transeant in fiscum, & eodem modo transeant in monasterium si qui ingrediantur illud,& nu.6.*

6 *An ista iura possint transire in creditores,vt ipsi possint ea capere ex primo vel secundo decreto,vel ex causa iudicati.*

7 *Filiusfamilias si deliquit,ꝓꝑ quod eius bona sint confiscãda, an confiscetur proprietas aduẽtitij,licèt sit usufruct.penes patrẽ, & quid in aduentitio.*

1 §.Si de vectigalibus.

¶ † Si ꝯ habentem vtile
dñium, & nõ cauentem
interponitur s̃m decretũ, illud solũ transfertur in immissum,
non aũt directũ dñium, secus si interponatur ꝯ ipsum directũ
dñium.h.d. Et sic loquit̃ primo,qñ ille solus q habebat vtile do
miniũ fuit req̃situs,vt caueret,& noluit,scđo, qñ fuit requisit⁹
ipse directus dñs. Scđa ibi,(sed in vectigali prædio,)& sic differt
iste §.a præcedenti, quia ibi vterq; fuit requisitus tam directus
dominus,quàm ille qui habebat ius in re,hic,verò alter ipsorũ
tñ. Vel in primo casu ille tantum qui habebat vtile. In secun
do vterq;. ¶ In tex.ibi,(neque iubendum possidere),s.ex secun
do decreto quo ad dominium directum,sed quo ad vtile,sic,vt
subijcit in uers.sed decernendũ.Dyn.¶ In glo.j.ibi,(si verò
nicipes,qui locauerunt,non caueant,vsucapiantur.) intel
qñ ipsi municipes qui locauerunt rẽ tanq̃ suã in perpetu
non erant re vera dñi,quo casu iussus ex scđo decreto ꝯ ec
quirit vsucapiendi conditionem,cõtra illum qui erat vere
minus. Sed si illi fuissent domini,non erat necessaria vsuca
immo per s̃m decretũ transfert̃ directũ dñium in ipsum im
sum,vt not.s̃ e.l.p̄toris,in prin.& dixi s̃ in §.qui aũt.¶ In ea
ibi,(principiũ loquitur cũ conduxit a fisco.) Isti nolunt di
ꝙ fiscus habeat hoc priuilegiũ ꝙ ꝯ eũ nõ fiat immissio ex
decreto,ex ista cã,sed municipiũ non. Contrariũ est verius
fiscus ęquiparat̃ pupillo,vt l.respublica,C.quibus ex causi
ior.sed pupilli possunt pati s̃m decretũ ex hac cã, vt j̃ ea.l
pupillus,& ibi not.licèt possint in ĩtegrũ restitui, vt s̃.ea.l
si forte,ergo & fiscus. Tene ergo primã,licèt gl. in fi. vide
istam tenere. ¶ In glo.q̃ incipit,(scilicet decẽ annis,)ibi,(
2 si ciuitatis esset præiudicium.)¶ † Nota singulariter istã g
per priuilegium l.fi.C.de sacrosan. eccles.non currit p̄scri
vsq; ad centum annos in bonis ciuitatis seu cõitatis, nõ h
a locum in castris,nec in bonis eorũ,dic nec in ciuitatibus,ᵃ
in quatuor casibus illius l.Sol. tñ ista ad contrariũ illius n
necessaria. Sed dic,ꝙ si in p̄dio ciuitatis habeo titulũ ab
non præscribo contra ciuitatẽ minori spatio,vt ibi,sed si
nõ est ciuitatis,sed alterius,ipsa tñ ciuitas possidet vt suum,
ab ipsa habeo titulũ.bene præscribo contra verum domi
longo tempore,vt hic,quia si ciuitas haberet dominium,
do titulum ab ea,acquirerem ipsum dominiũ,ita debet h
telligi,& eodem mõ potest solui sequens contrarium, de,
vectigalibus,quia hic municipiũ locauerat prædium in p
tuum,cum tñ non esset suum,sed possidebat vt suum,si n
uer,mittor in possessionem iuris, quod ipsum municipiu
tendit,s.directi dominij,quod præscribo contra verum dñ
sed si municipium haberet dominium,statim essem factus
minus directus,& cessaret præscriptio. Ipse autem qui cõ
contra municipium a quo conduxit,nunquam pręscribit
ćtũ dñium,quia recognoscit ipsum in dñum quousq; solu
sionem,vel ẽt si non soluit quousq; interuertat possessior
vt l.male agitur.C.de præscrip.xxx.anno.& ita debet inte
3 §.in vectigalibus. ¶ † In ea.glo.j.circa medium,(vt etiã s
rem alienam præscribat.)¶ No.pro eo quod dixi supra e
tor.in prin.& dicit Bar.ꝙ etiam hodie de iure canonico h
hoc locum ꝓꝑ authoritatem iudicis,quod est notandum,
set verum,sed non puto verum,quia non est maior autho
iudicis,q̃ legis,cũ ipsam habeat iudex a lege,sed leges dic
ꝙ ma.fi.pos.p̄scribat xxx.annis.sũt correctæ de iure canor
ergo & illa l.generaliter quæ dicit,ꝙ si habet authoritat
cis præscribat,nam hoc ab illa lege procedit, vnde non so
b go tempore,sed ẽt longissimo ᵇ nõ præscribetur,licèt isto
4 p̄scriberet lõgo. ¶ † In fi.gl.ibi,(in feudatarijs,liuellarijs,
carijs.)supple,uel emphyteuticis,vel superficiarijs, oẽs n.
ueniunt in hoc,ꝙ habent utile dominium,sicut qui habe
dium vectigal.& quæ sit dr̃ia inter istos,uide Cyn.eadem
de iure emphyteutico.¶ Et quia Bar.hic dicit,quam plur
5 na ad quę semper recurritur.† Tu breuius,& clarius in qu
dam dicas,ꝙ sic in istis omnibus est uidendum de duobus
mo,si bona ipsorum confiscantur,& sic trãseunt uniuersa
in fiscũ,utrum ista iura utilia una cum alijs bonis transea
fiscum,& eodem modo si ingrederetur religionẽ,& sic trã
oĩa bona in monasteriũ,vt in auth.ingressi.vtrũ ista vtilia
similiter trãseant,de quo q̃siuit,glo.in d.auth.ingressi,C.
6 crosan.eccles.† Secundo est videndum,vtrum ista iura po
transire in creditores,vt ipsi possint ea capere in primo,&
decreto,vel in causam iudicati. ¶ Circa primum dic,ꝙ q
ex istis sunt talia,quæ non transeunt in extraneum hæred
pro quibus debetur seruitium personalè, ut est feudum,
loquendo,vt in titulo,de noua forma fidelitatis.in usibu
c dorũ. Et istud tale ius non transit in fiscũ, ᶜ nec in ecclesiã
ad substantiam,quia illi capiũt,ut hæres extraneus, licet
non sit proprie hæres,sed vniuersalis successor,qñ in ipsu
seunt bona uiuentis.l. inter eos.§.fi.ibi,not. de fideiussori
nec etiam transeunt quo ad commoditatem, quia non p
in fiscum uel in ecclesiam trãsire illud seruitium persona
sic sequeretur ꝙ fiscus haberet cõmoditatẽ, & ille confis
teneretur ad seruitium,quod esse non debet,quia postq̃
comm

ADDITIONES.

a ¶ In ciuitatibus. Restitutio in integrum,an concedatur castris vel ciuitati de pet Lunouic.Rom.consi.443.

b ¶ Longissimo. Adde Soc.cons.197.

c ¶ Fiscum. An confiscatis bonis confiscetur feudum, & quid si ille qui de est clericus,uide per Old.cons.17.& quid de emphyteusi,vide per Ale consil.23.lib.1.

nodo, dẽret releuari ab onere seruitij,arg.in l. detuto. s̃. spe.tutorib.& idem dico de monasterio. Sed si q̃rit̃,an ius atarij possit capi p̱ creditores,dđm est ꝙ non,quo ad ius & substantiam q̃ non põt trãsire in ex̃ncum.Sed quo ad com itatem sic,& ipse feudatarius remanebit obligatus ad ser- ım,nec est tũc incõueniẽs,q̱a ipse feudatarius vr̃ commo- p̱cipere,cum p̱cipiat eius creditor,& ipse liberet̃ si tũc du- ;commoditas apud creditorem quantum ipsum ius apud atarium.p̱ legem peto §.p̃dium.de leg.scđo,& p̱ legem Sta §.Cornelio felici.de iure fisci.sicut dixi in fructuario s̃.eod. ;amplius.§.fi. Nec obstat si dicat̃, ꝙ immo ẽt ipsum ius vi- trãsire in creditorem,cum ista sit q̃dã alienatio necessaria, vr̃ ꝓhibira feudatario,licèt uolũtaria sit ꝓhibita. alie.feu, dericũ,vel Lothariũ,iũcta lege alienationes.s̃. familiæ erc. cta l.p̃tor.§.p̃diũ.Quia illud ꝓcedit in re,q̃ simpl̃r ꝓhibetur ıari,non in illa quæ prohibetur alienari in extraneas perso ,tunc enim etiam necessaria est prohibita in illis.

uædam uerò sunt iura, q̱ sil̃r non transeunt in ex̃neum hr̃- ,tñ pro ipsis non debet̃ seruitium p̱sonale, sed aliquid an- soluit̃,ut emphyteusis ecclesiastica iuxta notata ĩ l.ẽt.s̃.sol. r.& in ista dic quo ad primam q̃õnem,q̱a in fiscum vel mo- uma nõ transit quãtum ad substãtiam, cum reputet̃ p̱sona ea.Sed bñ põt transire commoditas solum,q̱a tũc põt expe p fiscum,vel monasterium,& durabit sicut p̃dixi,argu. dict. iũ,& §. Cornelio. fallit in emphyteusi ecclesiæ Constanti- olitanæ, quæ põt repeti per ipsam ecclesiam,ut in Auth.de emphy.§.emphyteusim,& no.in d.auth.ingressi. Et idem p̱ potest dici in 2.quæst. de creditore,nam uidemus, ꝙ credi- potest capere etiam fructus beneficij ecclesiastici sui debito ıt in c.peruenit.de fideius.fortius in fructib.emphyteusis ec . Et idem esset dicendum in feudo per oĩa , si pro ipso non etur seruitium personale,sed aliquid annum solueretur,q̱a ı diceret̃ propriè feudum,ut patet ex no.per Cyn. in d.aut. ressi,& eius commoditas confiscaret̃.De hoc potest intelli- ı tex.in c.excommunicatus.§. si dominus. extra de hær.ubi et,ꝙ feudum publicatur saluo iure,veri, & directi domini. ædam sunt iura quæ possum transire in extraneum hæredẽ, ro quibus soluetur aliquid annuum,ut est emphyteusis nõ lesiastica, vel ius superficiarij, vel prædi uectigalis,& in il- lic ꝙ tam in fiscum q̃ in creditorem possunt transire etiam o ad substantiam. Et forma mittẽdi erit,ut hic habet̃ in vers. decernendum est &c.† Vltimo de ultima quæstione Barto. am hic facit,si filiusfamilias deliquit propter qđ eius bona confiscanda,utrum ꝯfiscet̃ proprietas aduentitij peculij, q̃ apud filium,licèt sit usufruc.penes patrem,uide quod Bart. breuius q̃ hic in l.si q̱s in tantam.C.uñ ui.& est notabilis de minatio sua,ex qua collige unam conclusionem,ꝙ quando equis hẽt rem quam prohibet̃ alienare non propter se, nec s fauorem,sed tertij,ut contingit in peculio aduentitio ꝓhi o alienari fauore patris habentis usumfructum, ut l.fi. §. fi- aũt.C.de bo.quæ lib. in illis prohibet̃ alienatio non solum luntaria,sed etiam necessaria,& non solum hominis, sed ẽt gis,quando fit propter eius factum,vel delictum,ut sit in sua testate alteri præiudicare,quod no.& tene menti perpetuo, Bar.tenet publicari;propter ętatem,sicut nec ecõuerso pro er delictum patris publicat̃ peculium profectitium, licèt sit tris, ne fiat præiudicium filio q̱ aliquo casu põt capere ipsũ nquam suum,vt est text.singularis l.3.§.sed utrum.in fin.s̃.de ino. Quid de aduentitio,an propter delictum patris vsusfru- us dicti peculij,qui ad patrem pertinebat,confiscet̃,vr̃ ꝙ saltẽ ommoditas usus fructus debeat confiscari, & etiam per credi res capi possit,duratura in uita patris,p̱ id qđ s̃.dictum est de nphy.ecclesiastica, quæ quantum ad commoditatem confi- at,& in ea fit immissio , non quantum ad ius , cum illud ius nphy.ecclesiasticum non transeat ad extraneum . Et hmõi vr̃ ud ius vsusfr.quod habet pater,quia nec illud transit ad ex aneos,ergo &c.uide in l.si filiusfa.s̃.sol.mat.

A D D I T O.

el monasterium.an emphyteusis ecclesiastica transeat in monasterium , uide Ancha.consi.160.& an possint legari pignora data in dotem. uide per Alexã. consi.110.Fran.de Are.quid de feudo.

---

i post petitam cautionem & ante ipsam præstitam propter subterfugia rei non cauentis,damnum contingat,non fit missio ex hoc edicto,sed potest iudex alterum de duobus facere,uel compellere aduersarium ad cauendum de dam.iam facto,uel decernere actionem competere pro emendatione ipsius,ac si cautio fuisset interposita.

abens actionem ad aliquid,an possit adhuc petere,quòd fiat instrumentũ.

i quis te libello suo petat per iudicem pronunciari super petitis actionem sibi competere,quòd procedat libellus.

1 §.Eleganter quęritur. † Si post petitam cau- tionẽ,& ante ipsam p̃- stitam pp̱ subterfugia rei non cauentis, dãnũ contingat, nõ fit missio ex hoc edicto,sed põt iudex alterum de duob. facere,vel cõpellere aduersariũ ad cauẽdũ de dam. iam facto,uel decerne re actionẽ ꝯpetere ꝓ emẽdatione ipsius, ac si cautio fuisset in- terposita.h.d.iste singularis §.& diffi. Hr̃ ergo ista cautio ꝓ in- terposita post quã nõ stetit p̱ actorẽ, immo fuit diligens in pe- tẽdo,sed stetit p̱ reũ,uel p̱ iudicẽ q̱ uoluit deliberare sup̱ peti- tione,& exceptionib.ꝓpositis,& interim damnũ euenit. Et ad uerte diligẽter,q̱a limito istũ §.duob.mod.q̱a est verũ qđ dicit in ver.p̃tor tñ ꝙ iudex reperit, ꝙ postq̃ cautio debebat p̃stari, ut sic aduersariꝰ cẽseat̃ fuisse in calũnia in opponẽdo exceptio nẽ.Alia limitatio est,q̱a ꝓcedit,qñ aduersarius nolebat cauere, nec domũ ꝓ derelicta hr̃e, sed si recusasset cauere, & uoluisset hr̃e domũ ꝓ derelicta,si anteq̃ actor accipiat dãnũ, læsio con- tingat,nõ tenebit̃ reus ad emẽdationẽ dãni, q̱a licuit sibi cau- tionẽ euitare relinquẽdo rẽ ꝓ derelicta,ut s̃. eo.l. hoc amplius. post prin. Aduertẽdũ ẽt,ꝙ hic loquit̃,qñ aduersarius nõ fuit in mora in ueniẽdo,q̱a uenit,nec in cauendo,quia nondum fuit iussus cauere,sed fuit in calũnia resistẽdo indebite,si aũt fuisset in mora,dic,ut dicã j̃.ea.l.§.item uideamus. Item ad aliud ad- uerte,q̱a puto ꝙ uirtute eiusdẽ petitionis,& ꝓcessus, licèt fue rit aditus iudex sup̱ cautione futuri dãni absq. alia petitione, uel libello, seu nouo processu,poterit cõpellere aduersariũ ad cauẽdũ de dãno,vel ꝓnunciare ipsum teneri ad emendandum, & ita intelligo istũ text.ꝓ quo facit qđ in fi.habetur si est datus libellus sup̱ actione directa,& lite pendente pp̱ frustrationem rei illa extinguat̃,& loco eius succedat utilis, poterit sententia ferri sup̱ vtili, licèt illa non fuerit in iudiciũ deducta, ut habet̃ in l.si post acceptam.de rei vend.& l.quanquam.§.Iul.j̃.ti.i.sed hic ista cautio de damno præterito , uel actio ad emendationẽ eius succedit loco cautionis petitæ de damno futuro propter
2 hãc frustrationẽ rei.† In tex.ibi(vt de eo quoque caueat) ꝯ hoc opp.de tex.seq. ubi patet, ꝙ habeo actionẽ ad emendationem huius dãni,si cautio fuisset interposita,& ita põt iudex declara re,ergo nõ debeo agere,uel petere,ut iterum mihi ꝓmittat, ut l.hoc senatus.§.j.s̃.de vsufruct.ea.re.quæ usu consu.& no. in l.si mulier.s̃.de condi.ob cau.Solu.notabil̃r illud est uerum,qñ hẽo actionem ordinariam,& puram ad aliquid petendũ,q̱a tũc cau tio esset superflua.Vñ debeo agere, ut illud mihi soluat̃, non ut iterum promittatur,quando actio est extraordinaria, ut in ca- su huius §.q̱a resultat ex ficta stipulatione.Vnde adhuc possum agere,vt deducat̃ in veram,& fiat instr̃m,& ad hoc semper alle- gatur iste text. Idem si sit ordinaria, sed non pura,quia non po- test adhuc peti id quod debet̃, nam potest interim peti , ut fiat instrumentum,ut in l.omnib.s̃.de iudic.quod ꝓsequere, ut hic plenè per Bar.& intellige qñ iste erat præsens,& sic poterat p̃ci sè compelli ad cauendum,& actor de hoc contentabatur,quia fortè nolebat adhuc agere,sed si uellet statim agere, vel ille nõ erat præsens,ista uia non esset utilis,& ideo,tunc esset transeun dum ad sequentem uiam, ꝙ iudex pronunciet mihi actionẽ ꝯ-
3 petere,ac si fuisset cautio interposita.† Vnde allegat̃ iste finis ge neraliter, ꝙ procedit petitio, si q̱s in libello suo petat p̱ iudicẽ pronunciari sup̱ petitis actionem sibi competere. In glo.2.post princ.in l.prætor.§.fi.& l.seq.de illis legib. gl. uoluit opponere ad istum tex. In tex.ibi(& missio quidem cessabit) actio non,nã immo uidetur, ꝙ non cessat ex quo actori nil potest imputari, quia non fuit negligens, ut in illis legibus:sed breuiter reiectis solutionib.gl.illę leges non meruerũt signari pro ꝯrijs, quia ibi non dicit,ꝙ debeat fieri missio, sed ꝙ actori nil potest imputa- ri, cur non petijt sibi caueri,quia fuit impeditus, & domus in- terim ruit,ꝙ põt agere alternatiuè interdicto de ruderib tollẽ. vel ꝙ ille tollat rudera, & caueat de dãno p̃terito , uel habeat oĩa ꝓ derelictis,vñ ẽt ibi cessat missio,sicut hic. Sed in alio,iste casus differt ab illo, q̱a ibi non agit p̃cisè ad alterum tm̃,sed al- ternatiuè,hic aũt põt agere præcisè,ut emendet̃ damnum iam factũ, & de eo sibi caueat̃, uel pronunciet̃ ad hoc, sibi actionẽ competere, nec liberaret̃ reus volendo habere rudera pro de- relicti,,& totas ædes,vt no.j̃.in gl.super verbo,(actionem.) Ra- tio diuersitatis est,q̱a hic iam petierat sibi caueri, & sic non so- lũ ñ fuit negligẽs,sed fuit diligens ibi nõ petierat,& sic nõ fuit diligẽs,licèt nec fuerit negligens,quia fuit impeditus, & ꝓpter hoc si ille vult tollere rudera,tenet̃ emendare damnum iam fa ctum. Nõ sic si fuisset negligẽs,vt ibi dixi. Et in hoc effectu vult prędicta gl.in secunda solutione ibi(q̱a iam instans erat coram prætore &c.) sed melius signaret̃ ꝯrium de isto eodem textu in fine.nam si potest compelli ad cauendum,& ad emendationẽ, ergo potest fieri missio. Solutio, uirtute primæ petitionis,quia petij mihi caueri de damno futuro, ex quo lite pendente dam- num euenit,non põt fieri missio ex hoc edicto,quia pendente illa petitione non potest esse contumax postquam damnũ iã

euenit,& sic non pōt sibi imputari, cur nō cauit de damno futuro,& missio non fit nisi pp contumaciam. Sed si iudex mandaret, ꝙ caueret de præterito, vel qđ emendaret, & si hoc ipse non faceret bñ posset fieri missio nō ex hoc edicto, quia illa fit pro damno futuro,sed ex ti.j.quib.ex cau.in poss.ea.quia illa fit pro debito præsenti. Ita intelligo id quod no. hic Bar.

§.Si pupillus. Contra pupillũ nō cauētē,ēt si tutorē nō hñt, ex cā dãni infecti fit missio ex primo,& scđo decr.h.d.tex.cum gl.Cōtra hic qđ hic dr̄ de scđo decr.opponit̄ de l.in possessione.quib.ex cau.in pos.ea.vbi ꝯtra pupillũ nō fit missio ex scđo decre.Sol.ibi qñ ꝯuenit ex ꝯđu,vl̄ ꝯuētione sua,hic uero ꝯuenit occasionē dãni rei suæ, iō eius ꝑsona nō attēdit̄,sed potius defectus rei suæ.Cōpetit tñ sibi restitutio in integrum,ut j̄.ea.l.§.postea autem.in fi.& s̄.§.si forte.

1 *Missus ex primo decreto non tenetur rem reficere, licèt habeat pignus prætorium,secus in habente pignus conuentionale.*

2 *Habens pignus conuentionale tenetur reficere si potest,& si non facit imputarur sibi dolus,lata culpa, & leuis, & an repetat omnem impensam quã fecit.*

1 §.Si quis damni. †Missus ex primo decreto nō tenet̄ rē reficere, licèt hēbat pign'
2 ꝑtoriũ,secus in habēte pignus ꝯuentionale.h.d.‡ Et aduerte ad tres casus,nã aut qs hēt pignus ꝯuētionale, & tenet̄ reficere, si pōt,& si nō facit,imputat̄ sibi dolus,lata culpa,& leuis, ut hic in ver.eũ quoq.q. est,not.& s̄.de pig.actio.l.si seruus, qđ intelligē,qñ erat sibi tradita res, alias secus,qa tūc nō esset sub sua custodia.ita sentit hic Bar.& bñ.Itē aduertēdũ.qđ ꝑt recipere omnē impēsam quam fecit,dummodo sit rōnabilis, & nō sit multum onerosa debitori,ut d.l.seruus. nō sic in usufructuario,q non repitit paruas expēsas,qa ipsas tenet̄ facere de suo,de quo habet commoditatem,non,sic tenet̄ creditor.Magnas uero bñ repetit,si sunt rationabiles, quia ad dominum pertinent,ut l. hactenus.s̄.de usufruct. Aut quis habet pignus prætorium, & tunc aut ex cā damni infecti, & non tenet̄ reficere, nec potest sibi īputari dolus,aut lata culpa,puta,qa potuit cũ esset diues, & expensa parua,& sciebat ꝙ si domũ repararet nō rueret, nã eo ipso ur̄ esse in dolo præsumpto, & tñ sibi non potest imputari per dominum domus ruinosæ.cum etiam ipse fuerit in eodem loco,non reficiēdo,arg.s̄.eod.l.qui bona.§.si quis.quia,& ita debet intelligi iste tex.Aut extra cãm damni infecti,& tunc seruat̄ media uia,quia non pōt sibi imputari culpa leuis, sicut in conuentionali, sed dolus, & lata culpa sic, ut l.prætor.§. his bis.& §.est par.de bon.auth.iud.poss. Vlt.no.tex.hic in fin.dum dicit,ꝙ missus in possessionem retinet tenutam loco cautionis, & sic innuit, ꝙ si postea damnũ eueniat, possit agi ad emēdationē damni ꝑcisē,ac si cautio fuisset interposita,ut s̄.ea.l.§.elegãter. Sed ꝯ,de sequenti.§.ubi innuit,ꝙ non possit recuperare per modum agendi,sed tñ per uiam retinendi tenutam, si non emendet.Sol.fateor hoc, & quod hic dr̄ debet intelligi,ꝙ tenuta sit loco cautionis,quia non tenet̄ eam dimittere, nisi sibi caueat de damno infecto pro futuro damno, vel etiam pro eo qđ accidit post tenutã datam,ut patet j̄.proxi.§.sed contra,ꝙ immo sufficiat cauere de iudicio sisti,& refundere expensas,ut recuperet̄ tenuta,ut in auth.ei qui.C.de bo.auth.iu.poss. Solu. ibi fuit data, quia non comparebat ad respondendum libello, hic autē loquit̄,qñ fuit data quia fuit contumex in non cauendo, qñ fuit iussus cauere , sicut quãdo datur quod non soluit, nam non recuperat , nisi soluat , ut leg.sicut cauere. §.primo ut in poss.leg.Sed si non fuisset iussus cauere,sed solum ad rñdendũ libello petentis,faterer contrarium,qñ sufficeret cauere de iudicio sisti,quo usque appareat,an teneatur cauere, vel non .

1 *Licèt petierim mihi caueri,& aduersarius fuit in mora cauendi, tamen damnum postea contingens ante cautionem interpositam non possum præcisè petere si feci me mitti in tenutam domus ruinosæ propter contumaciam, sed possum recuperare per uiam retentionis, nisi refundatur damnum , & quando.nu.4.*

2 *Licèt fecerim impensas in reparando, quæ tamen non permanserunt, quia nihilominus ruit,possum adhuc illas expensas recuperare per uiam retentionis,& etiam actionis, quando a principio videba otur vtiles .*

3 *Iussus mitti in possessionem, licèt adhuc non sit missus per nuncium, tamen habetur pro misso.si per eum immissum non stetit quominus mittetur.*

§.Item videamus. Si damnum contingat post missionem factã ex primo decreto,nō cogitur missus dimittere tenutam nisi etiam de tali dãno caueat, & etiã de expensis factis in refectione. Et dr̄ damnũ euenisse post missionem,ut debeat emendari, ēt si euenit post iussum de mittendo,& añ realem immissionem dummod
1 illa nō fuerit negligēs.h.d.vsq.ad § postea. † No. primo,ꝙ l petierim mihi caueri,& aduersarius fuit in mora cauēdi,tñ nũ nō possum ꝑcise petere,si ego feci me immitti in tenutã mus ruinosæ pp ꝯtumaciam,sed bñ possum recuperare ꝑ u retētionis,nisi refundat̄ damnum.Sed ꝯ de §.elegãter.s̄.ea.l ibi nō fui missus in tenutã,& aduersarius fuit calũniosus,n mora,hic aũt fui in tenutã missus,& sic videor uelle eã hr̄e l cautionis,nō ꝙ sit ꝑinde,ac si esset cautũ,immo nō fingit̄ c tũ,qa tūc possem agere ꝑcise ad dãni emēdationē,ut d.§.e ter,sed qa nō teneor dimittere,nisi caueat̄ ēt de dãno iã fa
2 †Itē no.tex.ibi(hoc amplius de impēsis,&c.)ꝙ licèt fecerim pēsas in reparando,q̄ tñ nihil fecerũt,qa nihilominus ruit, huc possũ illas expēsas recuperare ꝑ uiã retētionis, ut hic,& actionis,ut j̄.ea.l.§.si iã.ver.& ꝑinde,& ver.pōt aũt,qđ est i ligēdũ qñ a principio uidebant̄ utiles,qa nō imputat̄ casus
3 stea contingens,ut l.sed an ultro. in prin.de neg. gest.Itē n §.sed illud q̄rit̄,ꝙ iussus mitti in possessionē, licèt adhuc n missus ꝑ nũciũ,tñ hr̄ ꝑ misso,si ꝑ eũ immissũ non stetit,qu nus mitteret̄.facit l.cũ unus.§.fi.de bo.auth.iud.pos.secus si
a eũ stetit,[a]ut j̄.ea.l.§.eũ tñ.in fi.l.nō mitũ.de pig.acti.†Vlt.
4 iste immissus pōt retinere tenutã usquequo caueat̄ de em do dãnũ contingens post immissionē,qđ si dãnũ ꝯtigerat a Iac.de Are.& Bar.vĩr tenere idē ꝑ §.elegãter.s̄.ea.l. & dicũ ita ꝯtingit de facto,ꝙ euenit dãnũ post immissionē factã , n idē si añ.Cōtrariũ puto uerius,qa si euenit añ missio facta, stea nō intelligit̄ facta ꝑ eo dãno, sed ꝑ eo qđ postea euen nisi ꝯrium sit actum expresse, iō dico non posse retineri ꝑ sed ꝙ bñ possit agi,ut emēdet̄, & distingue utrũ fuit iussus uere,uel nō.Recollige ergo,aut reus nō fuit ꝯtumax, sed ca niosus opponēdo exceptiones friuolas,& tñ hr̄ cautio inte sita,ut in §.iã elegãter.Aut fuit morosus,& tūc aut fuit iussus uere,& idē arg.ibi,& l.nō iustã.C.ad Treb. Aut nō fuit iussus uere,sed cōparere,& tūc distingue,ut dixi s̄.in ꝑce.§. Et hoc actor non fecit se immitti in possessionem,alias haberet loc quod hic dicitur,quia potest retinere, non autem agere.

ADDITIO.

a Stetit.Sed quid si fuit prohibitus,an nihilominus incipiat præscribere.Lu.R sing.suis dicit quòd Legistæ hoc nesciunt, sed quòd ficta possessio non trib causam præscribendi.alleg.gl.quam dicit singularem in c.fine poss.de reg.

1 *Post missionem ex secundo decreto non est locus cautioni nisi mediante r tutione in integrum,ex causa absentiæ,uel ętatis .*

2 *Licèt lex uel statutum dicat ꝙ ab aliqua sententia non posset appellari, n tamen tollitur quominus possit peti restitutio in integrum.*

1 §.Postea autem. Post missionem ex secundo de nō est locus cautioni nisi mē te restōne in integrum,ex cã absentiæ, vel ætatis.h.d. In text.i cautionis oblationi.)s.quo ad hoc,ut possit recuperari tenut hoc est regulare in oī cã,in qua est interpositũ ſm decretum, postea non possit recuperari offerendo illud pp qđ nō factun
2 ſm decretum emanauit,& ad hoc allegat̄ iste tex. † Et no.hi fi.arg.ꝙ licèt lex,vel statutum dicat ab aliqua snīa nō posse a
a pellari,nō tñ tollit̄, quominus possit peti restitutio[a] in integr ita plene disputãdo tenet gl.in l.vna.C.si de mome.pos.In te ibi(nullus inquit Labeo finis rei inuienret,)i.dicere,ꝙ missu in possessionē nunq̃ esset securus,nec certus de habēdo rem, cautio posset offerri,ēt post ſm decretũ,& sic posset sibi resa ferri sp,qđ esset absurdum,cũ nũquã clauderet̄ uia purgãdi ꝯt maciam,& hoc uoluit hic gl.in effectu.Sed clausa uia purgan di poterit de illa re facere quicquid vult, & sic prouidere si aduersus damnum futurum,& iustum fuit hoc introducere ne semper sit in suspenso propter contumaciam aduersarij.

ADDITIO.

a Restitutio in integ.Adde quod plene uoluit Lu.Ro.consi.59.& consi. 89.

§.Si iam ruerint. Si post iussum de mittendo in possessionem ex primo decreto & ante realem immissionem domus ruat, pōt fieri missio in ipsam ruinã,nec tenet̄ immissus dimittere, nisi sibi emendet̄ dãnum ꝑteritum, & ēt caueat̄ de futuro, & refundant̄ expensæ factę in refectione,ꝑ quibus ēt competit actio in factum, dũmodo sit rationabilis, siue sint factæ ꝑ eum, siue per alium eius nomine.h.d.vsque ad §.si qs metu.Cōtra istũ tex.opponit̄ de §.elegãter.s̄.ea.l.ibi,& missio quidem cessat,ubi nō fit missio ex hoc edicto pro damno iam illato añ missionem, licèt possit fieri ex edicto.

eo.j.quibus ex cau.in pos.ea.vt ibi dixi.Sol. ante damnum non pnunciauerat iudex me immittendum, hic sic, licèt utio nondum esset facta, vñ potest fieri p damno contin- e post pronunciationem de mittendo,quia trahitur retro em pronunciatum, & sic censet̃ facta potius pro damno ro q̃ pro iam facto, quia si tunc fuisset facta executio,dam non erat adhuc factum, & ideo in casu isto fit etiam ex edicto,ita intelligo istum textum.

tens tenutam non animo relinquendi,sed aliquo timore,non perdit ius, aliàs secus.
possessio merè ciuilis retinetur solo animo,& etiam possessio naturalis, ndo est abstracta a ciuili,ita etiam simplex tenuta,seu detentatio,quã iure ciuili suffulta.

SI quis metu. †Dimittẽs tenutam nõ aĩo relinquẽdi,sed aliquo timore, nõ perdit ius,aliàs secus. Et est notabilis casus,ex quo no. singulari- q sicut possessio merè ciuilis retinet̃ solo aĩo, & ẽt posses- ãlis qñ est abstracta a ciuili,ut est illa,quę hẽt fructuarius, plenè no.in l.licèt.C.de acqui.poss.ita ẽt simplex tenuta etẽtatio qñ est iure ciuili suffulta, vt est illa quã qs hẽt au- ctate iudicis,retinet̃ solo aĩo,ut est casus hic & no.p Bar in prin.de acq.poss.vñ tenuta siue detẽtatio solo aĩo retinet̃ nãlis a ciuili abstracta. Ex hoc patet,q detẽtatio coloni re solo aĩo ipsius.j. de acq.pos.l.j.& ibi no.in gl.mag. & in l. colonus.eo.tit. In tex.ibi(Cassius aũt ait.)(. reprehẽdẽdo tã distinctionẽ potuit reficere,vel nõ,nã ẽt si potuit,ei non nputadũ,qa nõ tenet̃,vt s.ea.l.§.si qs dãni. solũ ergo est di guẽdũ, an recesserit pp timorẽ ruinæ, & sic nõ vr̃ habuisse n deserẽdi, iõ nõ pdit ius tenutæ, ut si postea vult immitti do decre.poterit absq.eo,q iterũ faciat se imitti ex primo, dhuc duret primũ. Aut nõ timore ruinæ,& tũc vr̃ recessisse eserẽdi tenutã,& pdit ius,iõ si vellet immitti ex scdo decr. iterũ facere se immitti ex primo, qa primũ iã erat extin- n. Et hoc sentit gl.in §.seq.super verbo.(beneficium.

nto tempore perdatur beneficium de quo hic,& nu.1.
minus concessit feudum, & scripsit literas, ut uasallus in possessionem teretur,& uasallus neglexit petere se immitti,& uti istis literis, quan tempore perdat ius suum.
ndo damnum contingit ante cautionem interpositam,an possit agi præ- ad emendationem damni.
quatuor casus in quibus põt agi præcisè ante cautionem interpositam.
asu, quo non potest agi ad emendationem damni, quia facta est missio primo decreto,an saltem habeat locum retentio,ut non cogatur dimitte nisi damnum emandetur.
pro damno iam facto possit fieri missio ex primo decreto,ex hoc edicto.
ctor fuit immissus realiter ex primo decreto,& postea negligit prosequi, quantum tempus perdat beneficium Prætoris.
ndo fuit iussus mitti,tamen nondum fuit realiter immissus,per quantũ mpus perdat facultatem se realiter immitti.

Eum tamen qui. Qui post decretum de mittẽdo in possessionẽ ex pri- dec.†negligẽs fit facere se immitti,si interim domus ruat, p ius q̃ sibi q̃sitũ erat ex illo decreto, secus si nõ neglexit. h. c est ẽt notabilis.In tex. ibi(bñficiũ ptoris amisisse,)qđ est,vt lit mitti in ipsã ruinã,ex quo ruit post decretum iudicis de ttẽdo,ut s.ea.l.§.si iã.nã hoc casu nõ poterit,& ita limitat̃ il l.secus si nõ fuit negligẽs,& tũc loquit ille §. In tex.ibi(si ædi a ruerit)q̃ro qđ si nõdũ ruerũt, tñ iussus mitti in pos.fuit ne gẽs in faciẽdo se realiter mitti,p quãtũ tps pdit bñficiũ pto- rũdeo,si fuit negligẽs p biẽniũ ſm Bar.q hoc tenet hic,& in tor.§.fi.j.de bo.auth.iudi.poss.p l.fi.C.eo.ti.de bo.auth.iud. ss.licèt illa l.loquat̃ in alijs terminis. lapso ergo biẽnio nõ pt tere se realiter immitti uirtute illius primi decreti,sed opor- t,q de nouo interponat̃,ut hic in gl.sup uerbo,(bñficiũ,)sed fuisset iã realiter immissus, & postea de possessione discessis- ,vel neglexisset ad eam accedere, nõ pderet ius p lapsũ bien- ,qa talis tenuta retineret̃ aĩo, ut dixi in §.pcedẽti, nisi appa at q discessit aĩo relinquẽdi,ut si steterit p decẽniũ,q nõ ac- erit,nã tũc sicut pdit̃ uera possessio ex quadã obliuione, ut urtũ.§.j.de usuca.& qđ ibi no.pdit̃ ista tenuta. Idẽ si iste mis- s cũ videret dñm colere,& fructus pcipere,neglexit,& passus ,nã tũc pdit, sicut ille qui scit nãlem possessionẽ occupatã, negligit eã recuperare,qa pdit ẽt ciuilẽ. ut no.in l.si forte.§. de acq.poss.& ita dicit Ang.fuisse terminatũ Flo. Et ego cum mihi accideret ibi iste casus,idẽ ɔsului p hoc dictũ Ang.& Bar. no.ppetuo,qa est casus quotidianus. † Quãtũ ad id qđ dr̃, lãto tpe pdat̃ bñficiũ,de quo hic. Facit q si dñs ɔcessit feudũ,

& scripsit literas, ut vasallus in possessionẽ mitteret̃,si vasallus neglexit petere se immitti, & uti istis literis, pdit ius suũ, & illi renũciasse vr̃,nõ solũ tanto tpe,quo oẽ ius pdit̃ l.sicut de pscr. xxx.ann.Sed ẽt minore tpe arg.hic,& qđ no.in l.ptor.§.fi.de bo. auth.iud.poss.C.de iure domi.impe.l.fi.de mi.l.j. de rescriptis. c. plerũq.& c.finaũt,& qđ no.in d.l.furtũ.§.j.de usuc.& qđ no.Inn. de elec.c.q̃relã.de rest.in integ.l.2.de acq.poss.l.si de eo.§. si for
3 tè,& uide ɔsiliũ meum nouũ 47.† Vltimò reassumẽdo istã ma teriã clarius,& plenius q̃ gl.& Doct.quinq.principalr̃ sunt vi- dẽda,quũ dãnũ ɔtingit an̄ cautionẽ interpositã primũ est vtrũ possit agi pcisè ad emẽdationẽ dãni.Et in hoc dic, q si nõ fuit interposita,nec petita immissio,non põt ad hoc. Sed ad qđ agi possit,hr̃ s.eo.l.ptor.§.fi.cũ l.seq.& seq.ut ibi dixi. Idẽ si fuit pe tita,sed ex iudicio p l.cũ postulassem.j.eo.qa talis petitio nõ ɔ- stituit aduersariũ in mora,qa fuit sup eo qđ non debet̃ iure a- ctionis,sed iudicis officio, vt ibi est casus singularis. Idẽ si fuit pe tita in iudicio,tñ aduersarius adhuc nõ est in mora,nec in calũ nia,qa adhuc nõ fuit citatus,vel adhuc nõ est lapsum tps cita-
4 tionis,vel cõparuit,& obtulit se cauere si tenet̃.†Sũt & alij qua tuor casus in qb.põt pcisè. Primus si cõparuit, & frustratorias, & calũniosas exceptiones opposuit,& interim dãnũ euenit, ut in §.elegãter.s.ead.l.Scđus qñ fuit iussus cauere,licèt adhuc nõ caueret,multò magis,qa iussus hr̃ p cautione. Tertius est si nõ est adhuc iussus cauere,sed si fuit ɔtumax in ɔparẽdo,& postea apparet,q debeat cauere,nã si nõ fuisset ɔtumax,iussus fuisset factus,& sic p eũ stetit. Et hæc uera,si actor pp ɔtumaciã non fecit se mitti in possessionẽ ex primo decreto,si.n.fecisset, non posset agere ad emẽdationẽ damni,sed bñ posset retinere rẽ,vt s.ea.l.§.itẽ uideamus,cũ his q̃ ibi dixi. Quartus casus est,qñ fuis set missus,sed aduersarius ipsum nõ admisit,vt j.px.§.& ibi est
5 casus.†Scđo principalr̃ est uidẽdũ eo casu, quo nõ põt agi ad e- mendationem damni,qa facta est missio ex primo decr. vtrũ sal tẽ hẽat locũ retẽtio,ut nõ cogat dimittere nisi dãnũ emẽdet̃, su p hoc dic q aut dãnũ euenit postq̃ fuit iussus mitti,& ẽt postq̃ realiter fuit missus p nũciũ,& tũc hẽt locum retẽtio, ut d.§. itẽ uideamus. Aut postq̃ fuit iussus mitti, & añquã fuerit realiter missus p nũciũ,& tunc aut nunquã fuit negligẽs in faciẽdo se mitti,& idẽ:aut fuit negligẽs, & tũc secus,ut s.ea.l.§.illud q̃ri. Aut añquã esset immissus uel iussus immitti & tũc licèt Iac. de Are. & Bar.ibi videat̃ dicere,q possint retineri, tu dic ɔ̃riũ, ut ibi dixi,nisi p illo dãno fuerit expresse facta immissio, qa nõ vr̃ facta nisi p damno futuro,ergo p illo tm̃ põt retineri, licèt ẽt possit fieri de nouo pdãno pterito ex edicto quib.ex cau.in pos.
6 ea.†Tertio principalr̃ est vidẽdum utrum p damno iam facto possit fieri missio ex primo decreto,ex hoc edicto, & hic dic q aut dãnũ erat datũ anteq̃ decreta esset tenuta,& nõ põt postea decerni ex edicto,vt s.ea.l.§.elegãter ibi(& missio qđe cessabit, &c.) Aut iã erat decreta,sed nõdũ erat facta p nũciũ, & tũc aut actor nõ fuit in mora faciẽdi eã fieri, & eo casu põt fieri in ipsã ruinã,& aream.ut s.ea.§.l.si iam. Aut fuerat in mora,uel negli gentia,& tunc secus,qa post ruinam subsecutam,pdidit ius il- lius pnunciationis de mittendo,& hic est casus huius §.sed de nouo posset petere tenutam ex edicto,quib.ex cau.ipos.ea.si es
7 set casus in quo teneret̃ ad emendationem damni.† Quarto lo co est uidendum,si actor fuit immissus realiter ex primo decre to,& postea negligit prosequi, p quantum tps perdat benefi- cium prætoris?& in hoc dic q si apparet,q discessit animo de- linquendi, statim ammittit bñficium, ut s.§.prox.si apparet de contrario,non amittit statim sed per lapsum decennij,nisi sciat aduersarium colere,fructus pcipere, & custodire, cum hoc ad ipsum immissum pertineat,ut l.prætor.§.his uerbis de bonis.au th.iud.pos.& s.tetigi ſm Bar. & Ang. & sic istis cessantib. licèt qs post primum decretum steterit p quatuor uel quinq.annos, q non fecerit se mitti,ex scđo decreto, adhuc põt, qa nondum
a pdidit beneficiũ primi,tene menti,qa quotidianum[a]†Quinto, & ulti.est uidendum, qñ fuit iussus mitti,tñ nondum fuit reali ter immissus,p quantũ tps perdit facultatem faciendi se reali- ter immitti?& ita hic dic,q aut fuit impeditus,& tunc nunquã perdit durante eo impedimento, quinimo hr̃ pro realiter im- missio,ut j.de bonn.auth.iudi.poss.l. cum unus.§.fi. & l.seq. Aut fuit negligẽs,& tunc aut res in qua debebat mitti, ruit, & stati perdit beneficium,ut in hoc §.& sic est necesse,q de nouo fa- ciat sibi decerni tenutam,quiæ nec uirtute primi potest pete- re se immitti ut hic. Aut nondum ruit, & tunc perdit per lapsũ bennij,non ante, secundum opin.Bar. de qua. s.

ADDITIO.

a Quotidianum. Adde quod uoluit Bart.super hoc consi.36. in c. statuto ciuitatis A siff. &c. q si quis intra decennium fuerit missus in possessione uigore in- strumenti ex primo decreto,&c.

1 *Si lex uel statutum dicat aliquem haberi pro confesso, ista ficta confessio nõ est minoris uirtutis, quàm si esset vera.*

2 *Licèt ille qui facit se mitti in tenutam non possit agere ad damnum propter contumaciam sed tantum retinere tenutam, si tamen aduersarius ipsum non admittit, bene potest agere. & nu. 1.*

3 *Actio ex delicto quando oritur ad interesse, licèt sit commissum delictum, tamen antequam intersit, non oritur, quando descendit ex contractu.*

4 *In delictis in quibus oritur actio ad interesse, admittitur purgatio moræ antequam intersit ad euitandum illam actionem.*

§.Si quis. Iurisconsultus hic incipit exponere verba prætoris, quæ sunt s.eo.l.prætor.post princ.ibi(in eum qui neque cauerit,&c.) Et h.d.ꝯ eum qui nõ admittit missum ex primo decreto secuto postea damno, dat̃ actio in factũ ad emẽdationem eius, perinde ac si cauisset de damno infecto. Sed anteq̃ damnum detur, agi non põt, & si anteq̃ det̃ purget moram cauendo, uel possessionem tedendo, ẽt si postea detur, agi nõ poterit.h.d.cum l.seq. Et diuide in tres partes, vt patet ĩ summario.secunda ibi(extendit̃.n.)Tertia ibi in l.anteq̃.in ver.

1 tñ ante.†dicit Ang.se audiuisse a Barto.licèt in lec. non ponat, allegari istum tex.in ver.extendit̃,& in l.antequã.ꝙ si lex vel statutum dicat aliquem haberi ꝑ confesso,ꝙ ista ficta cõfessio,nõ est minoris uirtutis,ꝙ si esset vera, nec ex ea põt agi,nisi quatenus posset agi ex vera, nam hoc factum istius modi admittẽdi istum missum,hr̃ loco cautionis,sed si cautio vere esset interposita,non posset agi ex ea,nisi secuto dãno, ergo nec agere ex i-

2 sta ficta cautione,ut hic est tex.†No.etiam ex prima parte, ꝙ licèt ille qui facit mitti in tenutam, non posset agere ad damnũ ꝑꝑ ꝯtumaciã,sed tñ retinere tenutã,ut s.ea.l.§.itẽ uideamus, & ibi dixi,si tñ aduersarius ipsum nõ admittit, bñ põt agere, ut

3 hic est casus.† Ex scd̃a parte no.ꝙ qñ actio ex delicto orit̃ ad interesse,licèt sit commissum delictum,tñ anteq̃ intersit,nõ orit̃, sicut qñ descẽdit ex ꝯtu ut l.ꝓcuratorẽ.§. mãdati. allegato in gl.tñ illa,q̃ incipit,ꝓdicta actio,vr̃ sentire,ꝙ ista actio sit statim orta post ꝓhibitionẽ,sed nõ possit cũ effectu intẽtari,sed prima

4 pars vr̃ mihi verior.† Ex ult.parte no.ꝙ in delictis in quib. orit̃ actio ad interesse,admittit̃ purgatio moræ anteq̃ intersit,ad euitandum illam actionem,non sic si statim cœpit interesse, vel statim est orta actio ad pœnam.ut l.inter omnes.ꝟ.de furtis.

LEX XVII.

1 I quis missum. Hæc actio in factũ oritur ex delicto nõ admittẽtis. Et io ex facto serui dat̃ ꝯ dñm noxaliter.Itẽ ex facto ꝓcuratoris gñalis, vel lr̃mi administratoris,nõ dat̃ ꝯ dñm,sed ꝯ ipsũ tñ ꝓcuratorẽ, vel administratorem.h.d.In tex.ibi(noxalẽ actionẽ,)licèt hẽat peculiũ locuples, cũ sit ex delicto,& hoc uoluit iste tex.sed actionẽ ex ꝯtu,vr̃ qua si serui dat̃ de peculio ꝯ dñm ad hoc.s.de pec.l.3.§. ex cã. In tex. ibi(sed uerius est in ipsũ dãdũ.)supple ꝓcuratorẽ,& nõ ĩ dñm, qa in gñali administratore non uenit, ut delinquat, sed si orit̃ ex ꝯtu,vel quasi qui caderet in administrationẽ, daretur contra dominum,ut l.Iul.§. si procurator.de act. empt.

1 *Si acquisiui pignus prætorium per primum decretum, an nihilominus possis alienare, & dominium transferre.*

2 *Si alienaui rem pro qua fui stipulatus de damno infecto, & postea damnũ contingat, an ille cui alienaui, possit agere ex stipulatione mea.*

§.Iudex qui de damno. Si agitur ex cautione damni infecti, post damnũ datũ fit ꝯdẽnatio de cauẽte,licèt ꝑdiũ qd̃ dãnũ dedit,ꝑ ipsum alienatũ fuerit.h.d.In tex.ibi (ẽt alienato ꝑdio.)Siũ datũ dãnũ, vel post. Itẽ añ iudiciũ cœptũ, vel post, nõ curo. Et in oĩb.istis casib. poterat esse rõ dubitãdi, qa ex isto edicto orit̃ iudiciũ noxale,vt s.eo.l.hoc amplius,ꝙ l.ꝑtor.§.fi.& in noxalib. rr̃a est,ꝙ noxa caput sequit̃.Videbat̃ ergo,ꝙ si alienasti domum anteq̃ rueret,& postea ruit,ꝙ dẽrem agere ꝯ emptorẽ,nõ ꝯ te. Sed rñde, ꝙ si cautio nõ esset interposita, & vellẽ agere ut interponat̃,fateor ꝙ deberem agere ꝯ illũ, & ita loquit̃ ꝯriũ. Sed hic erat interposita,& uolebam agere ad emẽdationẽ dãni sub secuti, uñ non dẽo agere ꝯ illum qui non promisit emendare, sed ꝯ te, licèt ruerit postq̃ alienasti,& debes mihi ꝯdẽnari.Sis ergo cautus cũ alienas ut paciscaris cũ illo,ꝙ te ꝯseruet indẽnem aduersus cautionem præstitam,ut in fi.hr̃ in l.pr̃.de dote præle. Et multo magis debes condemnari. si iudicium erat inchoatũ anteq̃ alienares, quia nõ dẽt esse in tua potestate illud iudiciũ eludere.In gl.j.ibi(sed nunc cũ agitur factum est damnum,) vt patet in fi.ibi(ante iudicium contigerit.)si ergo fuit actũ, anteq̃ sit datũ & post lit.cont.det,vr̃ ꝙ non dẽat sequi condemnatio & ita innuit ista gl.qa actio quæ oritur post litem contest. non fuit in iudiciũ deducta,& sic noua interpellatione opus est, vt l.non põt uideri.s.de iudi.sed ꝯ istam gl. facit gl.fi.huius.§.quæ vult, ꝙ in his quæ contingunt post litẽ contest. possit fieri cõdemnatio, ẽt si nulla fuit petitio. Sol.illa gl. debet intelligi ſm leges,quas allegat.s.in accessorijs ad petita,vt in fructib. vel ... ris pceptis,vel currẽtib.post litẽ contest.uel in expẽsis litis, vero in eo qd̃ principalr̃ petitũ, & ꝑ quo nõdũ erat orta actio tpe litis ꝯtest.sed orit̃ post. Itẽ ꝯ istã gl. facit, qa licèt oriat̃, tñ orit̃ ex cã de ꝑterito.s.ex stipulatione interposita añ li.ꝯtest. ergo vr̃ ꝙ possit sup ea seq̃ ꝯdemnatio per l.si rem.§.fi.de pig. Solu.ibi fuit petita certa & determinata res, pro qua nondum erat orta actio, uñ si orit̃ post litem conte.ex cã de ꝑterito, fit condemnatio super eadem re petita, sed hic non fuit petita certa,& determinata res, sed in genere ad emẽdationẽ dãni dẽt intelligi.s.iam facti,alias libellus nõ cõcluderet,ut l.px. ergo nullum erat factum, sed fiat post litẽ contest. illud nunquam fuit petitum,ergo super illo non põt sequi sñia. tene menti gl.quæ incipit, (ꝯ alienantem.)intellige qñ fuit actum ꝯ eum est si fuit actum actione personali ex vera stipulatione, ad emendationem damni, ut in prima gl.uel ex ficta actione in factum eo,qa nõ admisit missum in possessionem, ut in ꝑcedẽti gl. uterq.intellectus põt ꝓcedere. Si uerò nõ fuit actũ ꝯ alienantem sed ꝯ cũ cui facta est alienatio,tũc dẽt fieri æstimatio ꝯ illũ, intellige qd̃ sequit̃ in glo.(itẽ ꝯ eũ,&c.) An aũt possit agi ꝯ illum gl.sunt tres opi. Vna ꝙ sic, si sup illa re fuit ꝯtum pignus prætorium ꝑ missionem in possessionem, nã dicit gl. in fi. ꝙ ꝑ tali pignore ꝓsequẽdo,compet̃ hypo.quã gl.no.& dixi s.eo.l.fi. §.si plures.quæ hypo.cũ sit realis, competit contra quemlibet possessorem,ut l.si fundus.§. in uendicatione.de pign. cõpetit pignora.ꝑ eo recuperãdo,ut ꝓbat in l.j.& l.is cui q̃ri põt in poss.leg.Scd̃a opi.est,ꝙ ẽt si nõ fuit ꝯtum pignus ꝑtorium possit agi ꝯ singularem successorem.l.fluminũ.§.adijcit.ꝟ. Tertia opi.& ista est uera,q̃ no.in d.§ adijcit,in gl.q̃ incipit. successoris.)ad quam gl.hic se remittit, ꝙ ẽt si fuit ꝯtũ pignus pꝛto.nõ possit agi ꝯ illũ ad emẽdationẽ dãni, de qua hic loquitur licèt possit agi hypo.ad ꝑsecutionẽ rei, & sic iste intellectus est bonus in isto §. qa hic fuit actũ ad emẽdationẽ dãni, ad quod competit actio ꝑsonalis ꝯ alinantẽ tñ, non ꝯ singularẽ successore,ut hic in gl.præcedenti.& l.fi.s.de ꝯhen.empt.Not.tamen

2 singulariter ex ista gl.quia vult.expresse,†ꝙ si acquisiui pignus præto.per primum decretum, tñ possis alienare,& dñium transferre, in conuentionali non est dubium, ut l. si conuenerit fundus.de pig.act.sed de prætorio erat maius dubium, ꝑꝑ authoritatem iudicis, unde uidebatur magis rem afficere.Itẽ glo.vult in fi.ꝙ tunc ꝯ tertium possessorem debeam intentare hypo.Bar.vr̃ hic sentire ꝙ si non perdidi ius primi decreti, hẽo necesse agere hypot.sed possum continuare processum ... lũ,faciendo me mitti ex secundo, & in hoc est magna utilitas ſm Ang. qa non erit necessaria excussio principalis debitoris. Sed si haberem inchoare nouum processum tanq̃ ꝯ tertium possessorem,esse necessaria excussio per auth.præsente. C.de pig. tene ista menti perpetuo, qa sunt quotidiana, & pauci sciunt

2 hoc reperire, ᵃqa Bar.loquit̃ br̃, & obscure.In gl.ibi(si contingat æstimat̃ ꝑ eo q̃ fuit stipulatus.)Ista gl. vult expresse,ꝙ si alienaui rem ꝑ qua fui stipulatus de damno infecto, & postea damnum contingat,ille cui alienaui,possit agere ex stipulatione mea ... sequitur in gl.ibi(& pro eo, quia in loco,&c.) Tu dic ꝯ,qa sicut non transit passiue ꝯ singularem successorem,ut in gl.præcedenti,ita nec actiue ad ipsum,ut t.oẽs.§.fi. s.usufr.quemad. caueat ... quirit̃ ergo cessio,ad quam faciendam teneor,ut no. ꝟ.eo.l. ... §.emptor.& §.is qui uicinas.in glo.quæ incipit,(sibi)ibi(... te socius,&c.)In gl.ibi(quia etiam non petitum,ꝯ hanc glo. ponit̃ de gl.j.quæ innuit,ꝙ damnum contingens post li.contest. ẽ si fuit petitum,non possit super eo fieri condẽnatio. sed non interpellatione sit opus,ut ibi dixi. Ang.de Perusio intelligit hanc gl.qñ aliqd̃ damnũ erat datũ ante li.ꝯte.& illud fuit petitũ,& sic iudiciũ habuit fundamẽtũ,& postea aliud ꝯtingit post li.conte.& tunc in illo poterit fieri condẽnatio,licèt in libello non fuerit deductũ,tũc non ob.gl.j.quia debet intelligi,quando nullum erat datum damnum tpe li. conte. & sic iudicium habuit fundamentũ,ut l.px. Alij dicũt,ꝙ leges allegatæ in gl. loquuntur quando pro emergentibus post litem contest. ... competit actio,sed duntaxat iudicis officiũ,aĩs noua interpellatione esset opus, & sic in casu isto cum competat actio ꝑ damno contingente post li.contest.non põt fieri condemnatio, ex quo non fuit deductũ in libello ꝑ l.j.C.de iudi.Bar. sustinet gl. ꝑ l. non solum.de rei uend.ubi poterat peti deterioratio actione legis Aqui.& tñ põt fieri cõdẽnatio.Breuiter dic,ꝙ aut illa quæ ueniũt post li.cõt.sunt accessoria ad petitionẽ,aut sunt æque principal...

ADDITO.

a Reperire. dic quòd Matth.in notabil.suis hoc repetijt,& ibi dicit, quòd prius etiam si esset deputatus unus notarius ad scribendum processum,& fieret ... tatio,quia primus debet perficere:item propter instantiam,de quo uide ibi ipsum breuitatis causa.

ia. Primo casu si pro illis non competit actio, sed solũ iudi
fficium mercenarium, pôt in illis fieri condemnatio, licèt
fuerit petita in libello, nec etiam vr̃, ꝙ requiratur alia pe
per l. ędiles. §. item sciendum. allegatã in gl. cautius tamẽ
pars petat viua voce, & faciat scribi in actis, alias iudex nõ
tur si non condemnauit, licèt condemnare potuerit, vt s̃.
. §. hoc autem iudicium. Aut pro illis competebat actio,
nc aut ẽt cõpetebat iudicis officium, & idem, ita loquitur
solum. de rei vend. allegata per Bartolum. Aut non cõpe-
t, nisi actio, pone exemplũ in contractibus stricti iuris, in
. non veniunt vsuræ iudicis officio, sed tñ si sint ꝓmissæ ꝑ
lationem, ut l. quamuis. C. de vsur. & tunc si fuerunt pro-
æ, & fuit petita sors, & non vsuræ, non poterit fieri cõdem-
ẽt in currentibus post litem contestatam. ut d. l. j. C. de iu
vero erant ęquè principalia, tunc aut fuerũt petita, tamẽ
competebat ius petendi, sed cœpit competere post litẽ cõ
tam. & tunc distinguitur, aut ex causa de præterito, & pôt
condemnatio, ut l. si rem. §. fin. de pigno. actio. Aut ex cau-
præsenti post litem contestatã, & tunc secus, & erit opus
interpellatione, ut l. non potest videri. de iud. Si verò nõ
unt petita, dico, ꝙ ex quo sunt ęque principalia, & non po
n illis ferri sententia. pone exemplum, ut dixi super prima
si petit damnũ iã factum, cũ nullũ adhuc factũ esset, & post
n contestatã factũ est. Aliud est enim istud, quam id quod
ello fuit deductũ. Facit quod in fi. no. per Bar. in l. cõmo-
ma. de liber. & posthu. pone ẽt exemplum, si aliquod dam-
erat datum, & illud petijt, & post litem contestatam aliud
r. Nã dico, ꝙ in illo non pôt fieri cõdẽnatio: quia est ęque
cipale, & non est petitum & iudicis officium mercenariũ
ꝯpetit pro illo, quia non est accessoriũ, sed actio ex stipu-
, & sic teneo ꝯ gl. istam si voluit ꝓrium dicere, & cõtra Bar,
ipsam sustinet, & contra Ang. Sed puto, ꝙ glo. noluit se re-
ead istũ tex. sed leges quas allegat, quæ loquũtur de acces-
is, & vult dicere, ꝙ iudicis officium mercenariũ ualidius est
is quæ cõtingunt post litem cõtest. quàm in his quæ ante.
go intelligo. s. in qbus pôt operari, ut sunt accessoria ad rẽ
tã, tene menti, quia istũ passum nõ ita bene alibi declarãt.

LEX XVIII.

Damni infecti. Ille pôt petere caueri de damno infecto, qui habet dñium in re ex qua timetur damnum, vel ẽt ius in re. h. d. ſm gl. quæ hoc innuit, secus esset, si habet ius ad rem, ut in emptore ante rem sibi traditam, licèt si sit suo periculo, ut l. necessario. de peric. & com. rei uẽ. nõ pôt petere pro ea sibi caueri, ita innuit gl. Tu dic, ꝙ imo po-
, si contra uenditorem non haberet regressum ratione ne-
gentiæ, quia non potest sibi facere caueri: nam tunc pote-
ipse emptor, ut no. j. ea. l. §. emptor. per Bar.

ulatio damni infecti non porrigitur ad damnum, quod non contingit vi o soli, vel operis, sed iure publico.

uo fratres diuiserunt habitationes, & promiserunt adinuicem nihil repe re in portione alterius, ratione iuris, de præsenti, vel de futuro, postea ontingat, quòd alter ipsorum cadat à portione sua, quia moritur intra num, & sic non impleuit voluntatem defuncti, & deuoluitur ad cohæ- edem, quod cohæres poterit eam petere non obstante pacto.

Sed quod opere. † Stipulatio damni infecti non porrigitur ad damnũ, nõ ꝯtingit vitio soli, uel operis, sed iure publico. h. d. Et glo. nit casum, sed vnũ adde ad gl. ꝑ tex. ibi, opere facto, qđ fui pulatus a possessore rei meæ, quã ignorabã meam de damno fecto rõne operis, qđ de nouo in illa uolebat facere, & ita ꝯ- igit de facto. Et adde ꝙ nec cõmittitur vitio rei, vel operis ni nteruenia culpa ꝓmittentis, qui potuit obuiare, & non ob- uit, saltẽ leuissima, ut j. eo. l. fluminũ. §. hæc stipulatio. † Et cit Ang. se audiuisse Bar. allegare istũ tex. licet nõ ponat in le ꝙ si duo fratres diuiserunt habitationes, & ꝓmiserunt ad- icẽ nihil petere in portione alterius rõne iuris de p̃senti, uel turo, postea ꝯtingat, ꝙ alter ipsorũ cadat a petitione sua, qa orit intra annũ, & sic non impleuit uolũtatẽ defuncti, & sic uoluitur ad cohæredẽ p auth. hoc amplius. C. de fideicom, ꝙ hæres poterit eã petere non obstante pacto, qa illã ꝯsequitur re publico, ar. hic, nã illa verba intelliguntur de futuro si ex tñ de p̃senti per no. ꝑ eundem in l. ꝙ si seruitus. de condi. ob . Et hoc non est ex causa de præsenti, sed postea ꝯtingente.

uo casus in quibus quis non potest petere sibi caueri. & nu. 2.

sufructuarius tenetur reficere domum fructuariam, & quas expensas re- cuperet, & quid si est pauper.

§. Ei cuius vsusfructus. † Vsufructuari⁹ nõ pôt petere sibi caue ri à proprietario pro vitio ædium in quib. habet vsumfructũ, siue timeatur damnũ in rebus illis inuentis, siue in alia sua domo uicina, quia pôt euitare damnũ reficiẽdo, & reficere tenet̃, secus si non teneretur reficere, ut si uitium ꝓcedat a solo, & nõ posset reficere nisi destrueret domũ, tunc. n. nõ tenet̃, qa usus- fructus extingueretur, & iõ tunc petit sibi caueri de uitio soli. Econtra ꝓprietarius nõ pôt petere sibi caueri a fructuario ra- tione dãni, qđ timeat in domũ fructuariã, ẽt ab alia domo ui- cina ipsius fructuarij, qa pro isto dãno sibi est ꝯsultũ ꝑ stipl̃one, q̃ p̃stat fructuarius de vtendo, fruendo, arbitrio boni viri, rõne cuius tenetur illã reficere ne domui fructuariæ noceat, alias non vr̃ vti arbitrio boni viri, secus si per illam cautionẽ sibi es- set ꝯsultũ, ut si fructuarius aliquid faceret de nouo, ex quo ti- meret dãnũ, nam ad hoc illa cautio non extendit̃. h. d. iste. §. cũ l. inter fructuariũ. j. eo. Et primo ponitur unũ dictũ in fructua- rio, ꝙ nõ petit sibi caueri à ꝓprietario vsque ibi, ergo. &c. Scđo ponitur aliud à ꝓrio. Tertio in l. inter fructuariũ a prin. usque ad §. dñs. limitat primũ dictũ huius. §. Quarto in ver. dñs. usque ad uer. nã de ruina, limitatur ſm dictũ huius §. Vltimò, in uer. nã de ruina ponit̃ rõ utriusque dicti huius §. clarius, q̃ hic, &
2 ista diuisio facit intelligere tex. † No. duos casus, in quib. quis non pôt petere sibi caueri, primo qñ pôt euitare damnũ refi- ciẽdo domũ ruinosam, sic in simili. s̃. e. l. qui bona. §. de illo. in
3 fi. intellige pôt. s. & tenetur, qa usufructuarius tenet̃ † reficere domũ fructuariã, licet expensas recuperet si sint magnæ, secus si paruæ, ut l. hactenus. de usufru. alias nunq̃ posset qs petere si- bi caueri, si dñs domus ruinosæ daret sibi licentiã, ꝙ reficeret, licèt. n. tunc posset, nõ tñ tenet̃, & ista est ẽt rõ in l. inter fructua riũ. in prin. qa qñ vitiũ ꝓcedit a solo, & posset reficere, nisi do- mum destrueret, non tenet̃ reficere cũ damno suo, qa usufru.
a periret,ª ita intelligunt Docto. secus si posset reficere sine de- structione, tunc. n. de uitio soli non peteret sibi teneri, ſm Bar to. Per hoc ẽt patet, ꝙ si fructuarius est pauper, & expensa est magna, & ꝓprietarius non uult eam ministrare, tunc nõ tene- tur reficere, qa paupertas ipsum excusat, ut l. si ꝓcuratorem. §. si ignorantes. s̃. manda. & ideo tunc posset petere sibi caueri. Idem si timeat damnũ ab alia re ipsius proprietarij in domum fructuariã, quia non tenet̃ fructuarius illã reficere, & eẽt idem, ꝙ in inquilino, ut in §. seq. Secundus casus est, qñ ꝑ aliud reme- dium ordinarium ꝯsultũ est aduersus illud damnũ, ut ꝑ stipula tionem fructuariã, qa extraordinariũ non ꝯcurrit cum ordina rio, & ad hoc allegat. Hoc tñ uerum nisi extraordinariũ esset plenius, ut j. ea. l. §. ei qui. in fi. Et iõ cũ in stipulatione, quã præ stat fructuarius, nõ ueniat nisi leuis culpa, si nõ reficeret, cade ret in culpã leuissimã, posset ꝓprietarius petere sibi caueri, qa in ista cautione uenit ẽt leuissima culpa, ut no. j. eo. l. fluminũ. §. hæc stipl̃o. sicut in casu. §. ei qui. j. ea. l. & hoc tenet Ange. & bñ. Et no. ex isto §. ergo ibi, (quas uicinas, &c.) ꝙ fructuarius te netur nõ solum reficere domum in qua hẽt usumfructum, sed ẽt alienã domum suã uicinã, ne ruat. s̃. illã, alias non diceretur uti frui arbitrio boni uiri, & teneret ex stipl̃one fructuaria. te- ne menti. Cętera uide hic ꝑ Bar. q distinguit ſm, ex ꝓdictis pa- tent quasi oĩa mẽbra distinctionis suę. In gl. ĩcipit, (qdã hñt.) ibi, (alij hñt,) & ista est melior litera, & melior sensus, q ꝯriatur sensui ꝓcedenti, nã ẽt isto casu uendicat sibi locũ rõ, qa pôt re- ficere domũ fructuariã, ne ruat supra aliam suam uicinam.

ADDITIO.

a ¶ Periret. Facit, quod dicit Ludo. Roma. singu. suis, ubi dicit, ꝙ lucratus est flo- renos tres, licet quòd usufructuarius teneatur ad collectam rõne fundi, ꝙ ta- men solu. collectarum æquiualeret ꝑceptioni fructuum, ꝙ tunc tenetur pro- prietarius, & quòd dicitur in vsufructuario, ꝙ teneatur ad expensas paruas, habeat locum in usuario, uide per eundem in dictis singu. fol. 3.

1 **§. Sed inquilino.** † Locator tenetur cauere inqui lino de uitio aliarũ suarũ ędiũ. h. d. sed de uitio ꝯductarũ, nõ, qa pôt euitare dãnũ migrãdo, ut s̃. eo. l. qui bona. §. de illo. & hoc ꝑut est in litera, (habeã.) sed si habes hãc, dic ꝙ de uitio ꝯductatũ tenet̃ cauere ꝓ damno, qđ ti metur in alias ædes uicinas inquilini ꝑ eandẽ rõnem, qa non pôt euitare istud damnum migrando de domibus conductis.

2 **§. Ei, qui in conducto.** † Proprietarius non petit sibi caueri a su- perficiario, nec econuerso cum habeant ad inuicem actionem ex ꝯtu celebrato inter eos, nisi cautio damni infecti esse pin- guior, quia in actione ex ꝯtu non uenit nisi leuis, & si nõ refi ceretur, caderet in leuissimã culpam, quæ uenit in stipulatione damni infecti, tunc. n. bene posset peti. h. d. secundũ uerũ intel- lectum. Et sic primo ponitur unum dictũ cũ eius rõne usque ibi, (in quas.) & ibi limitat illud dictum. In gl. quæ incipit, (immo.) pro eius declaratione opp. ꝯ tex. ibi, plus aũt. nã immo vi- detur, qđ non plus, qa stipulatio damni infecti non committi- tur, nisi interueniente culpa nõ reficiẽtis, sed in actione locati, uel

vel cõducti, vel empti sistr venit culpa, & sine culpa illæ actiones non ꝯpeterent, Ideo gl. se inuoluit, tu dic, vt dixi, ꝙ immo venit peius, qa in actione ex ꝯducto venit tm̃ leuis, non leuissima, quia celebratur gratia vtriusque vt l. si vt certo. §. nũc videndũ. ß. cõmo. Et ita intellige hic tex. in verbo, (culpam.) sed in hac cautione venit ẽt leuissima, ut no. ꝟ. eo. l. fluminũ. §. hæc stipulatio. Et aduertendũ est, qa hic non est idẽ qđ in simplici inquilino, qui de vitio ꝯductarum ędium nunquam petit sibi caueri, qñ timet damnum in res inuectas, quia pôt sibi consulere migrando, ut l. qui bona. §. de illo. ß. e. sed superficiarius, qui ꝯduxit solum in perpetuum, & habet utile dñium superficiei, bene petit sibi caueri de vitio soli, & qñ non reficeret, caderet in leuissimã culpam, vt supra dixi, quia non sic potest sibi consulere migrando, cum hoc faceret cum damno suo, cum fecerit expensas in ædificando, si domum dimitteret.

1 *Verba præsentis temporis an trahantur ad futura, & quid in dispositione indefinita, & vide nu. 4.*

2 *Potestas qui iurauit seruare statuta, an tenebitur seruare futura.*

Quod aliquid statuatur in accessorijs, quòd non statuitur in principali.

1 **§. Si is, qui vicinas.** † Stipulatio dãni infecti simpliciter interposita nõ extẽditur ad res immobiles post stipulationem acquisitas ꝑ stipulãtem, sed bene extenditur ad res mobiles post stipulationẽ inuectas in domum, quam tpe stipulationis habebat. h. d. in effectu. Et primo loquitur de immobilibus. vsque ibi, (si autem.) Secũdo de mobilibus. Item prima pars subdiuiditur, qa primo loquitur, qñ acquisiuit aliam domũ penitus diuersam vsque ibi, aut ꝯñs. Secundo qñ partem socij in illa quam tunc habebat cõmunem. In prin. tex. ibi, (stipulatus fuerit.) scilicet simpliciter non dicendo rõne domus, quã habeo de præsenti, qa tunc non esset dubium, sed dicendo, promittis mihi emendare omne damnum, quod ex ruina domus tuæ mihi continget, uel ꝯtingere poterit. nam debet intelligi, scilicet in domũ, quam habeo nunc, ad illam. n. tm̃ censeris habuisse respectũ, non ad nouiter acquisitam, de qua cogitare nõ potuisti, nisi forte aliqua subesset causa de ꝑsenti, vt quia iam illam emeram, vel stipulatus fueram, non tamen erat adhuc tradita, & tu de hoc notitiã habebas, & ita sentit gl. quæ incipit, (quædam.) ibi. (vel dic.) & benè, licet Bal. eam reprehendat dicens, ꝙ ille qui habet ius ad rem, non in re, non pôt petere sibi caueri, ut no. ꝟ. proxi. §. ergo in gñali stipulatione hoc non uenit. Sed non est verum salua pace, nam pro damno, qđ potest contingere post traditionem bene potest petere sibi caueri, vt in eo. §. ergo quantũ ad istud ista stipulatio porrigitur, & ita sentit ista gl. hic. Itẽ ẽt de cõtingente ante traditionem si contra alium non habeo regressũ, vt ibi no. per eundem. Teneo ergo gl. ꝙ istis casibus possem petere caueri, & ꝙ generalis stipulatio, uel idefinita extẽdatur ad rem post stipulationem acquisitam, ex causa tamen, quæ subherat tpe stipulationis, facit quod not. Bart. & glo. in l. quod Ser-
2 uius. de condi. ob cau. † Et est notandum, ꝙ habemus duplicẽ materiam, una est, an uerba præsentis temporis trahãtur ad futura? & de hac nõ loquitur hic tex. sed l. si ita. de aur. & arg. leg. dic, ut ibi. Alia est vtrum dispositio indiffinitiua extendatur ad futurũ? de hac loquitur iste tex. quia nulla verba præsentis temporis fuerunt apposita. Et in hoc Barto. in d. l. si stipulatus fuerim. §. cũ stipulamur. alias sunt. ꝟ. cum stipulamur. vbi ponit de potestate, qui iurauit seruare statuta, an tenebitur seruare fu-
a tura, a & in l. si ita. licèt istum tex. non alleg. distinguit, an agatur de modico ꝑiudicio, & extenditur, ut l. fi. C. quæ res pig. obl. poss. Aut de magno, & tunc aut disponens, seu loquens poterat de futuris cogitare, & idẽ ut l. si seruitutẽ. de serui. vrba. pđ. aut non poterat, & tunc secus, & fuerunt verba Petr. ut refert Cyn. in l. non modo. C. de serui. pro ista distinctione facit iste. §. primo, & vltimo casu: nam in primo non potuit cogitare de rebus nouiter acquirẽdis, sed in vltimo bene potuit cogitare de rebus mobilibus nouiter inuehendis. Sed in ꝯtrium facit secundus casus in ver. cui conueniẽs. quia si habebam domũ cõmunem cũ Titio, & fui stipulatus a te de dãno infecto, bene potui sti cogitare, ꝙ portio Titij poterat mihi adiudicari in iudicio diuisorio, & tñ tua promissio ad illam non extenditur. Sol. pôt dici, ꝙ doctrina Bar. Vendicet sibi locũ in his, quæ sunt parui præiudicij, ita loquitur l. ꝙ seruitus. nã in seruitute prædiali de modico præiudicio agitur secundũ eundem Bar. in l. cum de in rẽ verso. de vsur. Quando autẽ de magno, tunc vr̃ distinguẽdum, aut causa propter quam poterat cogitare erat ad futurum ordinata, & tunc extenditur ad futurum, ut in casu quem supra tetigi, qñ emeram, uel fuerã stipulatus. de dam. infec. quia extẽditur ad illam, si damnum cõtingat postquã mihi fuerit mihi tradita, quia emptio, & stipulatio ad hoc ordinabatur, ut mihi traderetur. Aut non erat ad hoc ordinata, & tunc secus, & ita loquitur secundus casus, nam communio in eadem re non ordinatur ad hoc ut tota res adiudicetur uni, licèt hoc fieri pos[...] Vltimò inquantũ dixi, ꝙ si stipulatio fuit concepta hoc mo[...] ꝑmittis emendare damnũ, qđ cõtinget, aut contingere p[...] rit, non extenditur ad res nouiter acquisitas. opponitur, & [...] detur ꝙ immo ꝑp significationem uerbi, (potest.) ꝙ exten[...] tur ad futurum etiam si prolatum sit in uerbo præsentis tẽ[...] ris, ut l. si ita quis. de leg. 2. fortius si in futurum. Sol. verum nisi subsit aliqua causa de præsenti, nam tunc extenditur a[...] turum, quod tñ potest euenire ex illa causa de præsenti, no[...] futuro, ut no. in l. quod Seruius. de cond. ob. cau. sed hic [...] rat causa de præsenti, quia stipulator habebat domum tem[...] re stipulationis. Vnde intelligitur de eo, qđ poterit conting[...]
4 in illa domo, non in nouiter acquirenda. † Item ex fin. hui[...] no. aliquid statui in accessorijs, quod non statuitur in princ[...] li, ut ẽt patet ex his, quæ dixi supra eo. l. si quis missum. §. fi. & in emptione. in prin. de contrahen. emp. ubi incertitudo [...] vitiat dispositionem in accessorijs, licèt uitiaret in princip[...] & quod no. in c. cum ad sedem. de resti. spol. de hoc etiã bo[...] tex. in l. Aurelius. §. legatum. & l. fi. §. fi. de lib. leg. ubi dispos[...] facta per uerba ꝑsentis temporis, licèt non extendatur ad f[...] ra æquè principalia, bene extenditur ad futura accessoria [...] quæ erant tempore dispositionis. De his autem quæ haber[...] hic in secunda glo. magna, dic, ut infra dicam proxi. §.

ADDITIO.

a ¶Futura. An verba statuti præsentis temporis trahantur ad futura, uide per xan. consi. 109. iij. lib.

1 *Quare stipulatio venditoris, de qua hic, porrigatur ad damnum contin[...] post, & stipulatio emptoris non porrigatur ante traditam rem.*

1 **§. Emptor prædij.** † Stipulatio emptoris de [...] no infecto interposita a[...] traditionem rei non porrigitur nisi ad dãna contingentia [...] traditionẽ. Sed si contingant ante, ad illa non porrigitur [...] bene possunt illa repeti a uenditore, si fuit negligens in fa[...] do sibi caueri. Si autem nõ fuit negligẽs, ẽt ad illa porrig[...] stipulatio, ne emptor in dãno remaneat. Hoc primo, sed sti[...] latio uenditoris porrigitur non solum ad damna obuenie[...] ante traditã, sed ẽt obuenientia post. hoc secundo. Sed si ute[...] fuit stipulatus, tunc stipulatio uenditoris porrigitur ad ob[...] nientia ante dũtaxat, & ideo facta traditione finitur stipul[...] emptoris, & tunc incipit ꝯpetere ad damna cõtingentia p[...] h. d. iste. §. difficilis, quem diuide in tres partes, ut patet ex [...] mario. Primo qñ solus emptor fuit stipulatus ante traditio[...] usque ibi, (sed si uenditor.) Secundo, qñ solus uenditor, us[...] ibi, (quod esset iniquissimum. Tertio, qñ uterque. Item pri[...] pars subdiuiditur, quia primo loquitur, quando emptor [...] stipulatus, uenditor uerò stipulari neglexit, & sic fuit in cu[...] usque ibi, (sed quid fiet.) Secundo qñ in nulla culpa fuit, [...] ibi, (sed nihil.) Tertio, redit ad primum casum, quando fu[...] culpa. Et gl. j. quæ ponit casum secundum Irnerium, nõ in[...] lexit istum tex. quia ponit, ꝙ emptor fuit stipulatus à uendi[...] re de dãno infecto. Tu dic, ꝙ imò fuit stipulatus a tertio, c[...] domus minabatur ruinã supra rem emptã. In glo. j. in prin. (si ante traditionẽ sit stipulatus.) & sic antequam haberet [...] miniũ, uel ius in re licèt haberet ad rem, supple, & damnum datum, sistr si ante rem traditam, & postea res deteriorata t[...] tur, quæritur de pluribus. Primũ est utrum emptor possit [...] damnum recuperare uirtute huius stipulationis à dño dom[...] ruinosæ, & ad istam quæstionem responde in uersi. sed nihil non, quia ad hoc damnũ ista stipulatio non proficit. Secun[...] quæritur, ad quod ergo damnum proficit? & respondetur ad illud quod euenit post traditionem, quia tunc daturi[...] sua, & hoc sequitur, (cautum habebit, &c.) & etiam in uer. nihil, ibi, (nisi id, quod post traditionem, &c.) Tertio quæri[...] an istud damnum contingens ante rem traditam? patietur emptor ex quo non potest recuperare a promissore ex stip[...] tione? & respondetur ꝙ non, sed recuperabit ipsum a uen[...] tore actione ex empto, si potuit stipulari, & non fuit stipula[...] de damno infecto, nam licèt periculum post uenditionẽ p[...] ctam contingens sine culpa uẽditoris pertineat ad empto[...] ut l. necessario. de peric. & commo. re uend. Venditor tñ te[...] tur antequam tradat, custodiã & diligentiam habere, ut in [...] re ꝑpria, & sic debuit stipulari ad commodum emptoris, q[...] si nõ fecit, tenetur ratione culpæ, & hoc sequitur in ver. ue[...] torem autem, & etiam in uersi. sed nihil. ibi, (quia dum in u[...] ditoris custodia est, &c.) Et ex hoc sequitur ratio primi di[...] quia postquã potest recuperare a uenditore per actionem [...] dinariam, nõ recuperat a promissore, qui tenetur ex stipula[...] ne interposita, iure extraordinario, & hoc habetur in d. uer. nihil. ibi, (& quod alia actio quæri pôt, &c.) Quarto & ultim[...] q̃ritur, qđ si uenditori non potest negligentia imputari, an [...] ptor patietur hoc damnum? & ista quæstio ponitur in uer [...] quid

et.)postea in ver.(an & hoc.) obijcit ꝯ qõnem,quia vide-
ua,quia hoc damnum non cõtingit de directo in re em-
sed venditoris,ergo emptor nõ patitur hoc damnũ. sed
ꝑ nõ est fatua, quia licèt verum sit hoc directò, ꝑ indi
ñ deuoluitur ad emptorem,quia venditor tradet rẽ dete
am,& emptor ꝯ nullum habebit regressum: & finaliter di
ista m qõnem insolutam.glo.autem intelligunt, vt velit
ꝑ sit damnum emptoris , qa a nullo recuperabit, & ꝑ si
uit adhuc emptor stipulatus,& vellet stipulari pro vtroq;
cèt aduersarius posset promittere si uellet,tñ si non uult,
ogitur promittere pro tpe ante traditam,ẽt si uenditor e-
statu,ꝑ nulla culpa sibi poterat imputari , vt qa erat ab-
ã reipublicæ. Doct.tenent ꝯrium in utroque dicto , ꝑ isto
ogitur promittere specificè,etiam pro tpe ante traditã,&
misit simpliciter,talis promissio extẽditur ẽt ad illud tps,
ptor remaneat in damno , quia tunc cessat rõ posita in
& quod alia. & sic patet,ꝑ augetur uirtute stipulationis
cidenti,nam licèt a principio non comprehenderetur nisi
ũ contingens post traditionem,vt in prin.§.ex post facto.
cipit comprehendere ẽt contingens ante , si uenditori nõ
t mora imputari. Sed contra de §.præcedenti ibi, (nõ au-
&c.) sed ibi non augetur ad rem penitus diuersam,hic ue-
eandem,quia iste casus erat implicitus in stipulatione. ar.
noxa.cau.agatur.l.fi. ¶ † In tex.ibi, sed si uenditor inter-
t.)subaudi tm,non aũt emptor,sed quæ est ratio, ꝑ stipu-
venditoris porrigitur ad damnum contingens post, & sti-
io emptoris non porrigitur ante traditam? rñdetur, ꝑ fa-
descendit in successorem,q̃ ascendat in authorem, ut l. si
fi.de excep.rei iud.non tñ intelligas,ꝑ stipulatio vendito
oficiat ipso iure sine cessione emptori,licèt gl. hoc dixerit
si quis missum.§.fi.immo requiritur cessio,vt ibi dixi,& ita
intelligunt & gl. In tex.ibi , (qđ esset iniquissimum.) s. ut
ndaẽ ad damnũ ꝯtingens post traditionẽ, nam sic poterit
gere,ꝑ promissor tenebit duob.s.emptori & uenditori , si
; fuerit stipulat⁹,& ẽt occasione eiusdẽ dãni.sed rñdet nõ
erum,quia isto casu si emptor fuit stipulatus;stipulatio vẽ
ris non porrigitur ad dãnum ꝯtingens post traditionem ,
on est necesse cũ emptori sit prouisum ex sua stipulatione,
olum ad contingens ante,& sic facta traditione , finieẽ illa
latio venditoris,qa sua amplius non interest & ipse fuit sti
tus interesse.procedit ergo illud, qñ solus venditor fuit sti-
tus,qa est vtile emptori, ꝑ ex stipulatione vẽditoris sibi ces
ssit consequi damnum contingens post traditionẽ. Et ex
ibus patet clarissimè distinctio gl.magnę,& ẽt quid debeat
in qõne,q̃ formaẽ gl.in §.præcedenti,q̃ incipit. (sibi factæ.)

ndo finis habet necessariam consequentiam ad principium inspicitur
incipium, & non finis.
uis fuit mortiferè vulneratus in vno mense, & moriatur in alio , debet
accusatione poni mensis vulneris, quasi in illo mortuus fuerit & tunc.
acta fuit pax de tali vulnere , censetur etiam facta de homicidio , quasi
em sit cum vulnere.
òd possit quis accusari de homicidio, & inquiri etiam antequam vulne-
tus sit mortuus.
uit formata inquisitio super vulnere, & interim sit mortuus, potest se
i condemnatio de homicidio.
estes intra terminum datum ad probandum iurant, quòd possint examina
potest terminum.

.Sabini sententia.

† Quãdo finis habet necessa-
riã consequentiam ad princi
um,inspicit principium, & nõ finis.ad hoc semper allegatur.
cor.l.iij.§.Seio.s̃.de mino. dic vt ibi, † Allegatur iste tex. ad
ultas qõnes. primo, ꝑ si quis fuerit mortiferè vulneratus in
o mense , & moriat in alio , dic ꝑ in accusatione debet poni
ensis vulneris,quasi in illo mortuus fuerit, [a] tunc. † Item ꝑ
acta fuit pax de tali vulnere,censetur ẽt facta de homicidio,
asi idem sit cum vulnere. Item ꝑ possit quis accusari, & in-
iri de homicidio,ẽt anteq̃ vulneratus sit mortuus. † Item ꝑ
fuit formata inquisitio super uulnere,& interim sit mortuus,
ssit sequi condẽnatio de homicidio. Item allegatur, ꝑ si te-
s infra terminum datum ad probandum iurant,possint exa-
inari post terminum, [b] quasi depositio referaẽ ad iuramẽtũ.
e his omnibus vide hic ꝑ Bar. Et adde hic ꝑ Bal. in l.2.C.de li-
eris,& eorum liber. quantum ad dictam qõnem de pace, v-
i reprehendit hic Bart. Item vide in l. si qñ.C. de testibus per
artolum in illa qõne de testibus.& etiam quod no.per Barto
m in l.fideiussores magistratuum.j̃.de fideiuss.& Ioan.And.
c.factum legitimè. de regul.iur.lib.vj.

ADDITIONES.

ortuus fuerit. Adde ut per Alex.consi.24.j.lib.vbi multa ponit in simili.
st terminum. Lud.Rom.consi. 453.multum latè examinat hunc articulum
ibi vide,& uide etiam quod uoluit Matth.not.suis , ubi ponit si accusatur testis de falso , quis locus in accusatione poni debeat.

1 *Actio in factum, quæ oritur ex prohibitione, contra quos detur.*
2 *Ad recuperandam detentationem etiam licitam non datur interdictũ vnde vi, sed officium iudicis sicut pro ipsa detentatione.*

1 §. Si vicinas ędes.

† Contumacia cõmissa in vna
re non extenditur ad aliam rẽ
h.d.Sic & cõmissa in vno articulo non extenditur ad aliũ. Sed
debet iterũ citari,vt no.in c.eum qui.de dolo,& contu.lib.6. In
fi.tex.ibi,(tu in mearum.) intelligo non pro illis, in quarũ possessionẽ ego missus fui ꝑꝑ tuam cõtumaciam,quia illas habuis
ses pro derelictis patiendo me immitti , & sic non interest tua
ibi caueri pro illis,cũ dñiũ illarum ad me pertineat , si fui missus ex secundo decreto. Intelligitur ergo,quando petebas tibi
caueri ꝓ alijs ædibus,non ꝓ illis eisdem de quarum vitio petebam mihi caueri,sed nec ad alias potes petere tibi caueri ꝓ uitio illarũ,in qb.fui missus,qa cũ in illis denegaueris mihi caueri,ego siĺr tibi denegare possum,ut s̃.eo.l.q bona.§.si qs quia.

1 §. Si pupillus.

† Actio in factũ quæ oritur ex prohibitione datur ẽt cõtra pupillũ, si ipse
ꝓhibuit immissũ.& erat doli capax. Itẽ ex facto ꝓcuratoris habentis speciale mãdatũ, daẽ ꝯ dñm.Itẽ datur nõ solũ si ꝓhibuit
missum ex primo decreto uenire in possessionẽ, sed ẽt si missũ
ex secũdo,licèt succurratur ẽt alio remedio.s. per publicianã ,
uel ꝑ interdictũ.(unde ui.) Ista tñ remedia cum sint oia rei ꝑse
cutoria,si actũ fuit uno,& obtemperatũ,non põt agi ex altero.
h.d.usque ad §. fi.qui incipit,(si ꝓcurator.) In tex. ibi. (aliogn.)
Expone.i.quãuis in hoc qñ erat missus ex secundo decreto ha
beat ẽt alia remedia.s.interdictũ,unde ui,si expellaẽ , & ẽt publicianã si facta fuit immissio ꝯ non dñm , & si ꝯ dñm haberet
rei vendicationem.unde uidebatur, ꝑ postq̃ habebat ista reme
dia ordinaria, non daretur sibi hæc actio tanq̃ sit extraordinaria,sed certè ad diuersa competunt,quia actio in factũ datur ad
emendationẽ damni, ac si stipulatio fuisset interposita, ut s̃.e.
l.si finita.§.fi.Sed interdi.vnde ui , datur ad recuperandã posses
sionẽ rei, in qua fuit immissus. Itẽ publiciana daẽ ad declarandũ se esse quasi dñm,rei uendicatio ad declarandũ se dñm. Pos
sunt ergo concurrere in origine ista remedia, uidelicet ordina
riũ cum extraordinario,ut dixi s̃.eod. tit.l.in ꝓuinciali.§.j.sed si
sic est,quare non ꝯcurrunt ẽt in executione , postq̃ competũt
ad diuersa? Rñdeo,quia nõ debet ꝯsequi emendationẽ dãni,&
ẽt rem ruinosam,sed dẽt esse altero ꝯtentus,nã & dñs rei ruino
sæ,uel cauere teneẽ,& damnũ emendare, uel domo ruinosa ca
rere,non aũt ad utrũq; simul,ut s̃. eo. l.hoc amplius. post prin.
Innuit ergo iste tex. ꝑ missus ex primo decreto nõ hẽt ista remedia,& iõ minus est dubium,ꝑ datur sibi actio in factum , &
2 hoc tenet gl.q̃ incip.(ex scđo decreto.) in fi. ex qua no. † ꝑ ad
a recuperandã detentationẽ ẽt licitã , non datur interdictũ unde vi, [a] qđ not.benè,tñ datur officiũ iudicis , sicut ꝑ ipsa deten
tatione retinẽda,ut l. Aquilius.in fi.j̃.de dona.& j̃. qb. ex cau.
in pos.ea.l.hæc aũt.§.fi.& l.j.§.necessariò. & quod ibi ꝑ Bar.s̃. si
mulier uentris nomine.facit l.si de poss.C. de transact.

ADDITIO.

a ¶ Vnde vi. Facit quod uoluit Ro.dec. suis, de restitu.spol. in nouis, ꝑ monacho spoliato a prælato de prioratu annali non cõpetit interdictum.unde ui , secus si esset spoliatus de prioratu perpetuo.ad quod uide quod uoluit Ro.cõsi.150

1 §. Si procurator.

† Ex stipulatione prætoria inter
posita per ꝓcuratorẽ ꝓcurato-
rio noĩe,acquiritur dño utilis actio sine cessione , ad hoc allegatur,sic ex iudiciali ẽt si non eẽt ꝑ̃toria ꝑ l.in cãæ.in fi. de ꝓc.
Idẽ si nec esset ꝑ̃toria,nec iudicialis, esset tñ interposita sup re
dñi,uel dño ꝑ̃sente, ut l.quod ꝓcurator ex re s̃. de procu. & j̃.
de uerb.obl.l.si procuratori ꝑ̃senti regulariter secus, qa requiritur cessio,& actio,& obligatio q̃ritur ipsi ꝓcuratori,ut l.pos-
sessio quoque.§.& si possessio de acq.poss. j̃. & hoc si fuit stipu
latus sibi ꝓcuratorio noĩe dñi , ꝯferendo uerba obligationis ,
& executionis in suã ꝑsonam, quo casu stipulatio est valida, ut
no.in l.huiusmodi.in pri. de leg.j.ꝑ gl. si uero ꝯferres uerba o-
bligatiua,vel executiua in ꝑsonã dñi,ut ꝓmittis tali dño meo ,
vel ꝓmittis mihi dare tali,hẽant locũ no.i l. stiṕlo ista. §. alteri.
cũ §.seq. j̃.de uer.obl.qa tũc nõ videreẽ stiṕlatus, vt ꝓcuratori.

LEX XIX.

1 Eodem qui bona. † Ex processu agita
to ꝯ vnum non fit
præiudiciũ alteri absenti , & non citato. h.d.scđm
vnum intellectũ,quem tene mẽti , & iste mihi pla-
cer

ADDITIO.

a ¶ Non citato. Adde ut per Alex.latè in l.sępe.de re iud.

cet per tex. qui dicit, (non corrũpitur.) & ſic ipſo iure ius illius ſeruatur. facit quod not. in l. ſi deſerta. C. ſi pp pub. penſi. & l. cum miles. §. fi. ſ. quib. ex cau. maio. & l. in cauſæ. la prima. §. interdum. cum ibi not. ſ. de mino. qđ not. Cyn. in l. j. C. de aduo. diuer. iud, ante fi. & c. inter quatuor. cũ ibi no. de maio. & obe. & vide Inn. in c. cũ in cunctis. de conceſ. pben. in fi. & eſt text. p hac diſtinctione in l. 4. §. fi. de fideic. lib. ſed ſi eſſet citatus fieret ſibi piudiciũ mero iure, vt etiã in dictis iurib. no. tſi tñ erat abſens cã reipublicæ reſtituitur in integ. & iſte ẽt eſt caſus huius ſm aliã lect. facit. ſ. eo. l. ſi finita. §. ſi forte. ſed prima magis placet, qa tunc corrũperet mero iure, cuius ↄ̃rium dicit litera.

L E X XXI.

1 *Pro re conducta a filiofa. poteſt petere ſibi caueri tam ipſe, quàm etiam pater, ſi vterque timet damnum, ſed ſi ſolus filius, ipſe ſolus petit caueri.*

2 *Inquilinus an poſſit enunciare nouum opus, & petere ſibi caueri, & quid in vſufructuario, vel ſuperficiario.*

1 SI filiusfamilias. † Pro re conducta a filiofa. pt petere ſibi caueri tã ipſe q̃ ẽt pr, ſi vterque timet damnũ, ſed ſi ſol' filius, ipſe ſolus petit. h. d. in effectu. Et primo loquitur qñ timebat damnũ in reb. mobilibus inuectis in domũ ↄductã, uſque ibi, (niſi ſit.) Scđo, qñ non timebat in illis, qa nulla erãt, ſed timebatur in ipſa domo ↄducta, quo caſu ipſe ↄductor tanq̃ pcurator locatoris dẽt facere ſibi caueri de damno infecto, ſi põt, alias tenetur de negligentia locatori, ſicut tenetur vẽditor antequam tradat rẽ. vt ſ. eo. l. damni. in §. emptor. ſi ergo ſolus filius tenet ex ↄ̃ctu ipſi locatori, quia fuit ſic actũ, ipſe ſolus petit caueri, & ſi non cauet ipſe ſolus immittitur. Si aũt tenetur ẽt pr de peculio, qđ eſt qñ aliud non fuit actũ, tunc ẽt pr peteret, licèt hoc in tex. non dicatur, ſed innuitur a ↄ̃rio ſenſu: ſic ergo patet ex iſto fine ſm dictum intellectũ, quẽ ẽt ſentit gl. magna, ꝙ inquilinus cenſetur pcurator locatoris, ſicut vſufructuarius, vt l. j. in fi. ſ. ti tu. j. Sed ↄ̃. de l. in puinciali. §. ſi ego. eo. tit. ibi, dũ dicit, (ꝙ quaſi inquilinus ſum, &c.) p quem Bar. ibi tenet ↄ̃riũ, ꝙ non cenſeat pcurator, & ſic nõ poſſit nũciare, & p ↄ̃ns ẽt nec petere cautionẽ iſtã. Sol. ergo tenetur adhibere diligentiã, vt denunciet locatori, ꝙ petat ſi videt periculũ, vt l. videamus §. item proſpicere. ſ. loca. & ita vr̃ ibi tenere Bar. ſed hic vr̃ dicere ↄ̃rium, & modo reminiſcitur de eo, qđ ibi dixit

2 † & iſte tex. facit ↄ̃ illud dictũ. Poſſumus dicere, ꝙ ſi dñs eſt pſens, ſufficiat denunciari ſibi ꝙ faciat, ſed ſi eſt abſens, vel impeditus tũc ipſe inquilinus poterit nunciare nouum opus, & ẽt petere ſibi caueri per iſtũ text. cum gl. qđ ppetuo tene mẽti: vſufructuarius uero, & ſuperficiarius, quia hẽnt ius in re, poſſunt indiſtincte hoc facere, & dẽnt hoc facere pcuratorio noĩe, alias tenetur de negligentia, tene menti iſtũ tex. ſic intellectũ. Qñ aũt timetur damnũ in reb. mobilibus inuectis, dic, ut hic in gl. quæ incipit, dic diſtinguendũ.

L E X XXII.

1 SI proprietarius. † Si proprietarius cauit, uel ſoluit aliquid niſi fructuarius ↄferat ſibi pro rata, vſufructuarius põt illũ phibere frui. Et econuerſo ſi fructuarius cauit, & ſoluit, niſi ↄferat a proprietario p rata pprietatis, pt mitti in poſſeſſionẽ pprietatis ex primo & ſecundo decreto, dic, ut C. eo. tit. l. hoc amplius. §. fin.

L E X XXIII.

1 *Pro vitio operis quod fit in flumine publico, ſi fiat ad vtilitatem priuatam, & interueniente publica authoritate, ſatiſdatur, ſed pro vitio ſoli non ſatiſdatur, nec etiam repromittitur, ſed ſuperior poteſt adiri, ut inhibeat opus fieri, ſi damnum ab alio timetur.*

2 *Proprietas fluminum an ſit communis, vel publica, & quæ ſit differentia.*

2 *An poſſit quis facere molendinum ſupra aquam fluminis ex concatenatione nauium, ſine authoritate publica.*

3 *An quilibet poſſit nauigare, & piſcari ſine authoritate publica.*

4 *Si quis ędificat in flumine publico etiam de licentia reipub. uel illius qui rẽpub. ibi adminiſtrat dominium directum non eſt ædificantis, ſed reipub. licèt ipſe habeat vſum ſeu dominium vtile, ſi hoc fuit actum per concedentem, & quis effectus reſultet.*

1 FLuminum. † Pro vitio operis qđ fit in flumine publico, ſi fiat ad vtilitatẽ priuatam, & interueniente publica authoritate, ſatiſdat, ſed pro uitio ſoli non ſatiſdatur, nec ẽt repromittitur, ſed ſuperior põt adiri, ut inhibeat opus fieri, ſi damnũ ab alio timetur. h. d. vſque ad §. adijcitur ſm intellectũ, quẽ puto verũ. Et ſic totus tex. loquitur qñ fiebat opus ad priuatã vtilitatẽ. Sed Bar. intelligit vt loquat vſque ad §. qd ergo, qñ ad priuatam vtilitatẽ, poſtea verò ad publicã, ſed tex. non patitur, qa loquit ↄtinuatiue. Diuide ergo melius, quia primo præmittit duo ãd euidentiã vſque ibi, (pp quod.) Scđo decidit dubium de quo quæ
& deciſio ↄtinet duo vel tria. Vnum, ꝙ cauetur p vitio ope
alterum ꝙ iſta cautio eſt de fideiuſſoribus, alterum ꝙ pro v
loci non cauetur, & redditur rõ uſque ibi, (ad ea igitur.) Ib
clarat, qñ cauetur p uitio operis & loci, & qñ fit in priuato
que ibi, (qd ergo.) Ibi quarta, in qua ↄſuluit qd fieri dẽat, q
metur damnũ ex uitio loci publici, ꝙ opus fit a priuato u
ibi, (ſed qd.) Ibi quinta in qua determinat vnũ dubiũ circa
2 cta. † In gl. ibi, (nã flumina.) idest pprietas fluminũ nõ eſt c
ſed publica, licèt uſus ſit cõis. eſt aũt longa dr̃ia, qa ea quę
cõia, conceduntur occupantibus, ut uolatilia cœli, & piſces
ris, vel fluminũ, & aqua de cœlo cadẽs, & ẽt mare, & littora
ris, ſed ea q̃ ſunt publica, nõ ↄceduntur occupantib. ut flum
perẽnia. Hæc. n. ſunt publica, ut j. de flu. l. j. §. 2. & uiæ publ
& forum, vel theatrũ, licèt uſus ſit cõis. Ex eo igitur, qa pp
tas non eſt cõis, & ſic non ↄceditur occupanti, nõ eſt licit
flumine publico ẽt nõ nauigabili ædificare molẽdinũ, uel
ſam, ut ædificiũ tangat ſolum, ſeu alueum, niſi interueniẽt
thoritate publica, ut hic in uerbo, (publicæ,) licèt qdã int
gant in flumine nauigabili, ſed eadẽ rõ eſt in nõ nauigabil
ſi ↄ̃ fieret, põt reſpublica inhibere, ut j. ne qd in lo. pub. l. 2
qs nemine. uer. ſi tñ nullũ. & qđ factũ eſt ſine eius authorit
deſtruere põt, ſicut licèt priuato de eo, qđ fcm̃ eſt in ſuo, &
ſe poſſeſſo, ut l. quemadmodũ. §. j. ad leg. Aquil. niſi ſit fct
loco publico exiſtẽte in ciuitate, ne ruinis urbs deformetu
d. §. ſi qs noĩe, uel ſi non uult deſtruere, põt illi iniungere o
ſoluendi aliqd annuatim rõne ſoli, ut in d. §. ſi quis nemine
dñium directũ ædificij eſt reipublicæ, cũ cedat ſolo, ut not.
3 gl. 3. † Sed ſi ædificando tãgeret ſolũ, ſeu alueum, ut ↄtingit
mæ, qa fiunt molendina. ſ. aquã ex ↄcatenatione nauiũ, be
cèt hoc facere ſine authoritate publica, qa ſolũmodo utit
qua & uſus eſt cõis, & uſusfructus ↄceditur occupanti, ut h
non tenderet in piudiciũ alterius, ut l. quominus. j. de flum
eo aũt, qđ dixi uſum eſſe cõem, ſequit ꝙ qlibet põt nauigar
piſcari ſine authoritate publica. Si aũt uellet aquam ducer
flumine, diſtinguit, an ſit nauigabile, uel nõ, ut d. l. quomi
Dic melius, ꝙ aut uult ædificare ſup flumine. Aut ex illo a
ducere ad locũ ſuum & ſup illo canali ędificare. Primo ca
uult ędificium fundare in alueo, nõ põt quodcũque ſit flu
ẽt non nauigabile, qa alueus cuiuſlibet fluminis eſt publi
Aut non uult fundare in alueo, ſed ſup aquam ↄſtruere,
in flumine Padi, & tunc non põt, ſi flumen ſit nauigabile,
ẽt uſus aquæ eſt publicus, ſicut alueus, qñ flumen eſt nau
bile, & non ↄceditur occupanti. Sed ſi flumen non eſt nau
bile, uſus aquæ non eſt publicus, ſed cõis. lõ liceret ſup aq
ædificare. Scđo caſu, qñ nõ uult ędificare ſuper flumen, ſe
a illo aquã ducere, [a] diſtinguit an ſit nauigabile, & non põt
rõnẽ pdictam: qa uſus aquæ fluminis nauigabilis eſt publi
& non cõis. Aut non ſit nauigabile, & põt, qa uſus aquæ
fluminis cõis eſt, ut ſequitur In gl. q̃ incipit. (ſcilicet publi
4 ibi, (& tunc ędificatũ eſt eius, cuius eſt ſolum.) i. publicũ. †
iſtam gl. ſingulariter, ꝙ ſi quis ædificat ſolũ, uel molendinu
flumine publico, ẽt de licentia reipublicę, ſeu illius, qui re
blicã ibi adminiſtrat, dñiũ non eſt ædificãtis, ſed reipublica
cèt ipſe hẽat uſum, ſeu dñium utile, ſi hoc fuit actũ p ↄcede
& eſt hoc magni effectus, qa ſi hoc eſt uerũ, põt reſpublic
ex poſtfacto ipſum arctare ad aliqd ſoluendũ annuatim re
blicæ in recognitionẽ ſuperioritatis, qđ uocat ſalarium, u
in l. 2. §. ſi quis neminẽ. j. ne qd in lo. pub. nõ ſic ſi fieret dñ
directũ ſuum. Itẽ nõ põt alienare ſine licẽtia reipublicæ
nec emphyteuta. Bar. hic tenet oppoſitũ, ꝙ immo dñiũ di
efficiat ędificantis p l. pen. §. fi. j. de acq. rer. do. & hoc qñ
cium eleuatur ſupra aquã, & ſic hẽt inſtar inſulæ. Si uero
eſſet ſub aqua, & ſic non haberet inſtar inſulę pcederet iſt
Certe iſta ur̃ mirabilis opi. & diuinatio, nec tex. quẽ allega
ne pbat, qa hẽt diuerſos intellectus, ſm diuerſas lecturas
ipſe Bar. in l. quominus. de flumi. in x. q. ur̃ meli' loqui, ꝙ ſi
ficans habebat pdium iuxta flumẽ, & ædificauit in loco, in
ſi naſceret inſula efficeret in ſua rõne uicinitatis, iuxta l. a
§. inſula. uer. in flumine. j. de acq. re. do. ẽt tunc ædificatũ e
tur ſuũ ad inſtar inſulæ. Si uero non habebat pdiũ uicinũ
ædificauit in loco, in quo inſula nata nõ efficeret ſua, tũc
ædificatũ efficit ſuũ, ſed uel Reipublicæ, uel illius cui' effic
inſula. Ipſe tñ habebit uſum, & ſm hoc debet limitari iſta

A D D I T I O.

a ¶ Aquam ducere. In hac materia vide Are. conſi. 29. Fran. Cur. Pap. cõſi. 33
in ſua ſolẽni repe. l. quominus. de flumi. eundem Pau. conſi. 65. Old. cõſi

1 §. Adijcitur in hac. † In hac ſtipulatione d
fieri mentio de hæred
uniuerſalibus ſucceſſorib. & ẽt ſingularibus ex utraque pa
Et deb

pet caueri de vitio operis,& de uitio loci.h.d.usq; ad §.vi-
et intellige ſm Dyn. inquantum loquitur de ſucceſſore
& ſic ſingulari,ꝙ ex facto eius ꝯmittitur ſtipľo ꝯ ꝓmiſſo-
on ꝯ ipſum ſingularē ſucceſſorē,q nihil ꝓmiſit & ꝓmiſ-
n trãſit ꝯ eũ,vt l.fi.§. de ꝯhen.empt. qđ ēt vult glo.hic,&
erſo ſi damnũ datur ſucceſſori ſingulari,in quē non trã-
ſo ſine ceſſione,vt ea.l.dãni.§. emptor.& l.3.§.fi.vluf.quē-
ue. Ius vero excipiendi bene tranſit in ſingularē ſucceſ-
rē.§.de iureiu.l.ēt ſi in rē.& l.ſi à te.§.Iul.ʒ.de excep.rei iu-
ꝯ ſingularē ſucceſſorē,vt l.ſi ꝯuenerit.§.fin.§.ꝑ ſoc. & l.in
dicio.§.fi.cõi diui.& ʒ.de except.rei iudi.l.excep.cum ibi
oĩa plene proſequere ꝑ Bar.qui recitat verba Dy.ʒ.titu.
rtius.§.ſtipľo. Item gl.quæ incipit,(not)ibi, ſed argum.
de ad iſtas duas leges, ꝑ id quod ʒ ſequitur glo.in fi.nam
latione ſucceſſoris, * ꝯprehenditur ſucceſſor ſingularis ,
d hoc, vt facto eius committatur ſtipulatio contra acto
t hic,non quantũ ad hoc,ut cõmittatur ꝯ ipſum ſucceſ-
vel ipſi ſucceſſori,vt in legib.ꝯrijs,quod dic ut ſupra dixi.

ADDITIO.

oris. Succeſſoris appellatione an ueniat ſingula.vide Frã.Curti.cõſ.49.

---

n rei qualiter ſumatur.

Vitium autem. ¶† Stipulatio iſta non interponitur, & interpoſita nõ comtur,niſi pro damno ꝯtingente vitio loci,uel ędificij,aduer
od potuit prouideri, & non fuit prouiſum interueniēte
a culpa promiſſoris,ēt leuiſſima q nõ cadit actione legis
liæ,q ꝯſiſtit in non faciendo. Si vero contingat damnum
loci aduerſus quod prouideri non potuit,qa erat vitium
uel non uitium loci,uel operis,ſed caſu fortuito aduerſus
prouideri non potuit,uel facto tertij, quem ꝓmiſſor ꝓ-
re non potuit,uel interueniēte culpa cõſiſtente in facien-
cadit in actione l. Aquil.ſtipulatio iſta nõ ꝯmittitur. h.d.
ead §.fi.huius l.q incipit, item videamus. Et iſtud ſum-
ũ ſatis põt colligi ex §.Caſſius.ʒ.ea.l. Ponũtur aũt pſa exē
qñ non potuit ꝓmiſſor ꝓuidere, ne damnũ daret. Primo,
trauenerat nãle,ꝯ qđ nõ erat reparatio, ut in iſto §. aliud
aſu fortuito ex improuiſo ueniente,ut in §.hæc ſtipľo.& in
uius.& §.idem Seruius. & §.itē apud nicinũ.cũ ſeq. Vel
cto tertij quem ꝓmiſſor nõ potuit ꝓhibere,vt in §. ꝗquã.
aũt culpa conſiſtente in faciendo,q cadit in actione l. Aq-
quitur §.ꝑterea.Si aũt accidit uitio loci, uel operis,& po-
prouideri,& poſito ꝙ non,niſi ꝑ diligentiſſimum,ut qñ vi
paulatim venit ſubtus aquã,tunc bene cõmittitur ſtipľo,
non ſit niſi leuiſſima culpa,ut in §.idem Seruius.uerſ.ſi āt
a.Et adde quod dr̃ §.eo.l.dãni.§.ei qui.& qđ ibi dixi. † Not.
lo §.j.qualiter ſumatur vitium rei,qa ꝑ eo qđ nõ eſt natura
d accidentale,& ſic aduerſus ipſum põt reparari,nõ ſic in
o pſonæ,nam tunc econuerſo illud dr̃ uitiũ pſo næ quod eſt
urale, & irremediabile,vt cæcitas, & ſurditas & ſimilia. illa
o q non ſunt naturalia,ſed accidentalia,& põtaduerſus ea
arari,ꝑprie nõ dñr vitia,ſed morbus,ſeu morbi, vt §.de ędil.
c.l.j.§ ſed ſciendũ. Item aduerte,quia glo.intelligit iſtũ pri-
§.qñ in loco paluſtri,uel arenoſo non erat ædificatũ, & ſic
ebatur damnũ ſolum de loco,& vitio naturali,ſed ſi erat ibi
ficatum,uel uolebat quis de nouo ædificare, & dãnũ nõ ti-
batur,niſi ꝑꝑ uitiũ loci, quod euenire uerìſimiliter non po
t niſi ꝑꝑ ædificium ſuperimpoſitũ,tunc bene deberet caue
cautio ſimpliciter interpoſita ꝯmitteret̃ ex damno cõtin-
te tali uitio,licèt eſſet irreparabile,& hoc uult gl.q incipit.
de ſolo.) quam tenent oẽs, & eſt notabilis, quia quotidie
cõtingere, ſi habes hortum tuum, uel fundum iuxta meũ,
go timeo ꝙ aliqua pars de tuo ruat ſupra meũ, ſi nõ eſt ibi
ficatũ,diſtinguitur utrũ dubitē ex uitio naturali,uel accidē
.Et primo caſu nõ poſſum petere mihi caueri, ſecus ſi ſit ibi
ficatũ,uel uis ædificare. Vltimo in §. ꝑterea.eſt una g.ſuper
bo.(furnarij.) q melius cadit in §.item uideamus.cũ §.ſeq.

---

pulatio hæc quando non committatur.

libet poteſt facere in ſuo quod ſibi placet ad ſuam vtilitatem, dum tamen non tangat de alieno,etiam ſi ſuper hoc quod facit, aufert vicino lucrum,quod ex re ipſius facientis ad uicinum proueniebat.

liquid facio in meo,in quo tu damnum ſentias, uel lucrũ perdas, quãdo oſſis me prohibere, & quid ſi uellē facere foſſam iuxta parietem tuum.

Item videamus. † Stipulatio hæc non committitur qñ ex opere quod
omiſſor facit in ſuo,aufertur ſtipulatori lucrũ, qđ apud ipſũ
oueniebat ex re promiſſoris,non de iure debitæ ſeruitutis,ſe-
s ſi iure ſeruitutis,uel ſi infertur damnũ,qa aufertur illud qđ
re ꝓmiſſoris ad ſtipulatorē non ꝓueniebat. h. d. cum duab.
gibus ſeq. vſque ad l. plures. Et primo loquitur qñ auffertur
crum,quod proueniebat ad ſtipulatorē nõ iure ſeruitutis, vł

que ibi,ſi tñ.) Secundo, qñ infertur dãnum,qa auferť illud qđ
ad ſtipulatorē non proueniebat ex re ꝓmiſſoris , ſed aliunde
uſque ad l.Trebatius. Tertiò qñ auffertur lucrũ,qđ ꝓueniebat
ex re promiſſoris, iure tñ debitæ ſeruitutis, ſm unum intellectũ,& ſic vr̃ inferri dãnum. Quartò in l. Proculus. redit ad pri
mũ caſum & ponitur opi. Proculi qui reddit aliam rõnem, q
2 Trebatius, cuius fuerũt oĩa dicta ſuperiora. † Et no.iſtas leges
q ſunt multũ ſingulares in ſua mã,& ſemp allegantur,ꝙ qlibet
a põt facere in ſuo,quod ſibi placet ad ſuã utilitatem,dum tñ nõ
tangat de alieno,ēt ſi hoc faciens,aufert uicino lucrum, qđ ex
re ipſius facientis ad uicinum proueniebat,non ſic qñ facit in
publico,nã non põt auferre uicino lucrũ,qđ ex publico ad uici
num proueniebat,vt ʒ.ne quid in lo.pub.l.2.§.merito.& hic in
glo.in l.Proculus.ſuper uerbo,(faciat.)in fi.quæ eſt gl.pen.Item
aduerte,qa intelligo iſtas leges,qñ fuit interpoſita ſtipľo ꝑ ope
futuro,qa cum vellem in eo operari,fodiendo,vel ædificando,
fuiſti ſtipulatus a me de damno infecto , qđ poſſet ibi ꝯtingere
ex opere meo.Si verò ꝑ opere jam facto, tunc indiſtinctè non
cõmitteretur ſtipulatio in caſibus harũ legũ, qa hoc damnũ,
vel lucri ablatio non ꝓuenit tibi ex vitio ſoli, vel operis iam fa
cti.ſed tunc poſſes agere vel. Aquil. ꝑꝑ culpam cõmiſſam in faciendo,ut in caſu,qui ponit in fi.huius l.j.iuxta no.in ea.l.§.ꝑte
rea.vel confeſ.qñ ꝯ debitã ſeruitutē, ut in l. Trebatius. in quã
ēt venit intereſſe,vt l.loci corpus.§.in confeſſoria. ſi ſer. ven. in
alijs aũt caſibus hic poſitis nullo mõ,quia licite feci. In gl.quę
incipit,(niſi animo nocendi fecit.)ibi,(tũc.n.de dolo,&c.) quã
ſi dicat gl.ꝙ ēt tunc non ageretur ex ſtipľone, licet illicitē fece
rim,ex quo aĩo nocendi feci,qa ſtipulatio nõ cõmittiť niſi pro
damno,ſed hic dãnum non infero,ſed lucrũ aufero. h.d.gl.in l.
Proculus q incipit.(ēt totam.)in fi.& §.ea.l.§.præterea.in gl.ſu
per verbo, (fur.) in fi.nimirũ ſi actio de dolo nõ ceſſit, quia pro
hoc iſta actio non ꝯpetit. Qđ aũt gl.ʒ.ſubdit,ꝙ in dubio uideor
feciſſe aĩo nocendi, ꝓcedit qñ ex eo qđ facio, ꝯſequor lucrum,
aliàs non viderer feciſſe aĩo nocendi, ex quo nihil lucri conſe-
3 quor,& tu cõmodũ perdis.& adde.ʒ.tit.j.l. 2. §. idē Varus. † In
fi.gl.pro declaratione huius articuli , diſtingue, qñ aliqd facio
in meo ,in quo tu damnũ ſentias,vel lucrũ perdas an poſſis me
prohibere?dic,ꝙ aut facio aliquid immittēdo in tuum,qđ tangat tuũ.Aut non immittendo , qđ tangat, ſed extēdendo ſupra
tuũ.Aut nec immittendo,nec extendēdo. Primo caſu, aut immitto materialiter,vel artificialiter,puta,tignũ,vel trabē,quod
ꝑ ſe nõ deriuaretur in tuũ,niſi me hoc principaliter operante,
& tunc potes me prohibere,quinimo & ꝓpria authoritate remouere,ſi poſſidebas tuũ,ut l.quēadmodũ.§. j. in vltimo caſu.
§.ad l.Aquil.& l.ſi qñ.§.fi.& l.fiſtulas.ſi ſer.uē. Aut naturaliter ,
ut ſi habebã inferiorē partē domus, in qua faciebã fumũ aſcen
dentē ad partē tuã ſuperiorē,uel ecõuerſo habebã ſuperiorem
partē,& ꝓijciebã aquã naturaliter deſcendētē ad inferiorē, &
tunc diſtinguitur,aut hoc faciebam moderatè ſm exigentiã fa
miliæ,& nõ potes ꝓhibere,aut immoderatè vltra exigentiã, &
tũc ſecus,& hoc patet ex tex.& gl.in l.ſicuti.§. Ariſt.ſi ſer. uen.
& ʒ.de iniur.l.pe. Scđo caſu,qñ extēdendo ſupra tuũ,& nõ tãgendo potes me ꝓhibere, non tñ ꝓpria authoritate deſtruere,
vt d.l.quēadmodũ.§.j.in primo caſu.Tertio caſu,qñ nec immit
tēdo,nec extēdēdo,tunc aut aufero tibi vtilitatē, q ex meo ad
te nõ ꝓueniebat,& potes me ꝓhibere, ut in vltimo caſu huius
§.aut illã,q ex meo ad te ꝓueniebat, & tũc aut iure debitę ſer
uitutis,& idē ut in l.Trebatius.ſm vnũ intellectũ gl. ibi poſita.
Aut nõ iure ſeruitutis,& tũc aut hoc faciebam aĩo nocēdi, qa
nullã vtilitatē ꝯſequebar ex opere,& idē ut ʒ.tit.j.l.j.§. deniq;.
Aut principaliter,ut mihi ꝓficerem,& tũc ſecus, licet in ꝯñam
tibi noceat,ut in primo caſu,& in l.Proculus. niſi ſciēter ꝓmiſiſſem ꝯriũ.ut l.Trebatius. ſm alium intellectũ poſitum in gl.
fi.huius.§.ꝑ l.dãni.§.q parietē.ʒ.eo.In gl.ſe.ibi,(non.n.cogēdus
eram.)Tu dic,ꝙ imò poteram cogi, qñ uolebã facere iuxta parietē tuum de dãno,qđ ex foſſione poſſet recipere paries tuus,
ꝑ hũc tex.quia uideor inferre dãnũ,licet.n. paries tuus recipiat
firmitatē ex adherentia fundamētorũ ad ſolũ meũ, non tñ vr̃
hr̃e illã firmitatē ex meo ſolo, nã eodē mõ ſolũ tuũ recipit firmitatē ex adhęrentia mei.Et iſta eſt ratio, ut puto iſtius ultimi
caſus,quē perpetuo tene mēti, ſolue ergo ꝯriũ primi caſus ad
vltimum,qñ in vltimo infertur dãnum, ſed in primo auffertur
lucrum,& hoc uult gl.in l.Trebatius.quæ incipit: (etiam.)

ADDITIO.

2 ¶Facere in ſuo. Adde quod propter hoc uoluit Oldr.conſi. 200.

LEX XXVIII.

1 *Cautela ſeruanda in ſtipulatione, & promiſſione plurium.*
2 *Si ſum dominus fundi pro dimidia, & lego tibi fundum, uideor legare dum taxat meam dimidiam.*
Si dixi lego partem fundi, vel partem partis, an videar legaſſe dimidiam dimidiæ.

Plures

1 PLures earundem. † Si plures domini sti pulantur, debēt stipulari simpliciter, & censetur quilibet stipulatus totū
suum damnū, sed si adijceret verbum, partis, tunc vide
retur stipulatus partē sui dāni, & iō cautela est, ꝙ non adijcia-
tur. Si verò plures promittunt, consilium est, ꝙ quilibet promittat pro sua parte, quia si simpliciter, vr̄ quilibet promittere
insolidum.h. d. Et primum dictū intellige, siue stipulentur simul & eodē tpe, siue diuersis. Secundū autē dictū intellige, qn̄
diuersis temporib. si enim simul, quilibet teneretur pro parte,
etiam iure isto, per l.reos.§.cum tabulis. J. de duo.re. licèt glo.
fi.huius legis secundum quosdam, dicat ɔ̄rium, & malè. Ratio
autem diuersitatis inter primum casum, & secundū est, qa non
potest quis pro alio stipulari, ideo stipulādo simpliciter, videt̄
stipulatus ꝓ se tm̄, & totum suum damnū, non autē damnum
partis socij, sed econuerso benè potest quis promittere ꝓ alio,
& ideo si vnus promittat simpliciter emendationem damni,
cēsetur promittere totum damnū, ēt pro eo, quod cōtingit à so
cio secundū Dy. In gl. quæ incipit, (puta partem.) pro declaratione eius opinionis, ꝙ etiam si ex parte stipulatorū fiat mē
tio de parte, non videatur quis stipulatus partē partis, sed totū
damnū suū per l.vxori.in prin.de leg.3. Sol. secundū glo. in fi.
verum est, si dicerem hoc modo, promittis partē meā damni,
ita ꝙ illud pronomen, meā, esset adiectiuum illius verbi, partē
tūc.n.totum damnū meū comprehenditur qđ respectu vniuer
salis dāni dr̄ pars damni, sed si dicerem, ꝓmittis partē dāni mei,
ita ꝙ illud pronomen, mei, non sit adiectiuū verbi, partē, sed
verbi, damni, tunc videor stipulatus partē partis, scilicet damni
mei. ita debet intelligi iste tex. idē si dicerem, ꝓmittis partē dā-
2 ni ɔ̄tingentis in mea dimidia. † Et ista inducuntur ad quæstionem. Si sum dn̄s fundi pro dimidia, certū est, ꝙ si lego tibi fun-
a dum, videor legare duntaxat meam dimidiam, ª vt l. serui electione. in fi. de leg. J. Quid si dixi lego partē fundi, vel partē par
tis, vr̄ ꝙ videar legasse dimidiā dimidiæ. arg. huius l. contrarium
dicunt Doct. fauore vltimæ voluntatis, ꝙ uidear legasse totam
meam dimidiam per tex. cum glo. in l. Lucius. §. filiā. de leg. 2.
& sic illa uerba partem partis, ponuntur in transitiuè pro eodem, id est dimidia, quæ est pars mea in hoc fundo, prout expo
nit gl. in d. §. filiā quæ facit quod habetur in l. j. C. de cōdi. inde.
per gl. de verbis, quæ ponuntur intransitiuè, quod est, qn̄ duo
substantiua ponuntur pro eodē ut iure ɔditionis. i. iure, quod
est ɔditio, & alibi ex causa præteritionis, id est, ex ipsa ɔ̄teritio-
ne, q̄ est causa nullitatis, ut in auth. ex causa. C. de libe. præter.

A D D I T I O.

a ¶Dimidiam. Adde quę posui in d.l. serui electione.

L E X XXVIII.

1 IN hanc stipulationem. † In ista stipula tione venit interesse damni emergentis, & lucri cessantis. h. d. cum l. seq.
In tex. ibi, (fulsit.) subaudi ut posset sustinere ruinā domus
proxi. pro qua erat cautio, & intelligo qn̄ promissor dominus
domus ruinosæ erat negligens in reparando domū ruinosam,
& sic stipulator habuit iustam causam faciendi impensam, ut
in fi. huius l. & isto modo intelligendo poterit repetere has im
pensas, etiam antequam domus ruat, licèt glo. 2. hic pōsita sup
verbo, (posuit.) dicat ɔ̄rium s̄m Rug. ꝙ non nisi post ruinā, sed
Dyn. eam reprehendit, per finē huius legis, & ēt patet rō, quia
damnificatus est culpa promissoris nō reficientis, licèt domus
non durauerit. ergo potest petere hoc damnū, sed glo. posset
procedere, si promissor non erat adhuc in mora reparandi. In
tex. ibi, (cum propter vitium cōis parietis.) supple quem alter
socius ędificando premebat, s̄m Dyn. vel vterque tn̄ stipulator
habebat ædificia pretiosiora, in quibus duobus casibus potuit
compellere socium ad cauendū, ut J. eo. l. inter quos. in prin. &
hoc voluit glo. magna, in verbo, (vel dic cauetur.) si autē nullus in cōi pariete aliquid faciebat, sed ipse paries de se minaba
tur ruinam, nec erat pressus magis ab uno, quàm ab altero, nō
posset petere unus ab altero sibi caueri, etiam si habeat ædes
pretiosiores, ut J. eo. l. si ædibus: quia habet facultatem reficiē
di. Idem si uterque ædificabat, tamen alter non habeat pretio
siores ædes, ut J. eod. l. damni. §. cum parietem.

L E X XXX.

1 *Pro opere quod quis faciat in alieno, iure debitæ seruitutis domino soli, nu-*
da promissione cauetur.
2 *Exempla non restringunt regulam sed declarant.*
3 *Statutum si primò ponat regulam, & postea exempla, quòd tunc compre-*
hendat etiam alios casus quàm exemplificatos.

1  Amni infecti. † Pro opere ꝙ quis facit in alieno, iure debitę seruitu
tis dn̄o soli, nuda ꝓmissiōe cauet̄. h. d. Dy. & ꝓcedit
determinatio huius legis duob. concurrētibus. s. qa
ædificat in alieno, in quo habet ius seruitutis, &
qa cauet dn̄o soli ꝓ illo ædificio, qbus cōcurrētib. cauet n[...]
cautione. Altero vero deficiēte postq̄ ædificat ī alieno te[...]
satisdare, puta siue hr̄et ius in re, vt s̄. eo. l. ꝑtor. in prin. & l[...]
nita §. deinde. Idē si hēt ius in re, & nō cauet ipsi dn̄o soli, [...]
teri, vt s̄. e. l. hoc amplius. §. fi. qđ tn̄ limita, & distingue, vt i[...]
xi. ¶ Et aduerte ꝙ hic est vna gl. q̄ incip. i. de operc. q̄ repr[...]
dit ꝑ Doc. ꝙ saltē ꝓ vitio soli dēt satisdari dn̄o soli, nā hoc
ē verū, cū ipse dn̄s teneat̄ alteri cauere ꝓ tali uitio, ergo si[...]
2 est fauēdū. ar. C. de fur. l. apud antiquos, s̄m Iac. de Rau. ¶ [...]
mo not. si huius l. q̄ semꝑ allegat̄, ꝙ exēpla nō arctāt regul[...]
declarāt, facit l. rr̄a. circa fi. de iur. & fac. ign. & l. scire opor[...]
3 pe. de excu. tut. l. si in diē. de cōd. & dem. in ver. ¶ † Sūt er[...]
ligēter inspiciēda uerba statuti, an primo ponāt rr̄am, p[...]
exēpla, & tūc cōprehendūt ēt alios casus, q̄ exēplificatos [...]
tex. An non procedat per modū regulę, sed disponendo in[...]
dā casu, & tunc ad alium ēt similem non extendit̄, si disp[...]
præter ius cōe, vel in casu odioso, ut l. si uerò. §. de uiro. so[...]

L E X XXXI.

1 *Procurator de cuius mandato dubitatur, si scit se verum procuratore[...]*
test cauere de rato, cum habeat exceptionem, quòd quandocunque [...]
rebit ipsum uerum procuratorem fideiussores non teneantur, et quid [...]
non esset appositum in cautione.

QVi vias publicas. ¶ Primū dcm̄ h[...] l. cum gl. procedi[...]
ille q reficiebat uiā publicam, faciebat hoc ad[...]
vtilitatē, & tūc cauet, ēt si habeat authoritatē[...]
blicā, i. licētiā a republica, vt s̄. eo. l. fluminū in[...]
ꝓcedit ēt, qn̄ hoc faciebat ad publicā utilitatē, tn̄ nō hab[...]
authoritatē. s. licētiā. Si vero cōcurrerēt ista duo, ꝙ ad pub[...]
utilitatē, & authoritate publica, nō teneret̄ cauere, ut s̄. e[...]
finita. §. si publicā, sed supior iudex dēt mittere ad locū, ut[...]
fices taliter faciāt, ꝙ uicinis nō noceāt, ut J. ea. l. §. si quid u[...]
1 ¶ † Scd̄m casum huius l. no. ꝓ eo qđ dixi s̄. e. l. ꝑtor. post pri[...]
ꝓcurator de cuius mādato dubitat̄, si scit se uerū procurat[...]
pōt cauere de rato cū habeat exceptionē, ꝙ qn̄cunq; app[...]
bit ipsum esse uerū ꝓcuratorē, fideiussores non teneant̄. S[...]
hoc nō esset appositū in cautione, tenerent̄ fideiussores ē[...]
cto casu saltem ad expensas litis, qđ plene dic, ut l. si fine. §[...]
aūt, & §. Marcellus. l. rē ra. ha. & uide J. eo. l. inter quos. §. [...]

L E X XXXII.

SI ædibus. ¶ Qui habet ius reficiendi domum ru[...] sam, non pōt petere sibi caueri de dam[...]
infecto. h. d. Et dr̄ hr̄e ius reficiendi socius, qn̄ domus [...]
nosa erat cōis, quia pōt reficere ēt inuito socio, si refec[...]
erat necessaria, vt no. J. e. l. in cōi. similiter vsufructuarius d[...]
bere ius, nō quia possit inuito proprietario, sed quia propri[...]
rio, nō ɔ̄dicēte, tenetur reficere, aliàs teneretur de culpa, &
nec ipse petit sibi caueri, ut s̄. e. l. dāni. §. ei cuius. Si uero q[...]
tenet̄ reficere, nec pōt inuito dn̄o. vt qn̄ domus non erat c[...]
tūc licèt de facto posset reficere dn̄o patiēte, nō diceret̄ hr̄e[...]
reficiendi, nec ꝑꝑ hoc impediret̄ cautionē istā petere, alias [...]
titulus nunq̄ hr̄et locū. ¶ No. hic in fi. rr̄am. ꝙ ubicūq; qui[...]
euitare damnū ꝑ aliū modū, q̄ petendo sibi caueri nō pōt [...]
tionem istam petere concor. l. seq. & s̄. eo. l. qui bona. §. de il[...]

L E X XXXIII.

1 *Qui potest damnum euitare per aliū modum, non pōt hāc cautionē pet[...]*
2 *Ad petendum cautionem istam non competit actio, sed officium iudic[...]*
bile, & quis sit effectus.
3 *Locator an dicatur possidere inuecta, & illata in domum locatam.*
4 *Pignoratitia actio licèt re contrahatur, idest, interueniente traditione, ali[...]*
do tamen etiam si nulla traditio interueniat contrahitur.
Res obligata si ꝑuenit ad creditorem licitè, ꝙ hēat ius retinendi pro deb[...]

1 INquilino non datur. † Qui pot[...] damnū e[...]
tare per aliū modū, nō pōt hanc cautionē pet[...]
Itē inquilinus si dubitat ruinā domus cōductæ, [...]
inde recedere, dūmodo soluat pensionē tpis ꝑteriti, & ut lo[...]
tor hoc fieri patiat̄, hēt actionē ex cōducto. Si aūt nō soluer[...]
pōt locator retinere ꝓpria authoritate inuecta & illata in d[...]
mū cōductā tanq̄ pignora, dēt tn̄ circa ipsa diligentiam ad[...]
bere, & si pereūt ꝑꝑ diligētiā nō habitā, tenet̄ actione pig. h.
eū l. seq. & sūt bonæ leges cū glossis. ¶ Ex gl. j. collige duos c[...]
sus, ī qbus inqlinus pōt sibi cōsulere migrādo de domo cond[...]
a cta, ª & iō in illis nō petit sibi caueri. vsq; ibi, sed si ꝓ dāno. I[...]
alios duos ī qb⁹ nō pōt sibi cōsulere migrādo: iō petit sibi ca[...]
2 ri vsq; ibi: patet. ibi collige distīctionē q̄ no. qa ē magistra. † N[...]
ēt gl. seq. cū tex. ꝙ ad petēdū cautionē istā nō cōpetit actio, [...]
iudic[...]

A D D I T I O.

a ¶ Cōducta. Si tn̄ ille uellet redire post expulsionē factā pro refectione, loca[...]
potest compelli ad restituendum domum locatam s̄m Lud. Rom. sing. su[...]

cis officiū nobile,ad hoc allegat iste tex.cū gl.Est aūt ma-
s effectus, φ qñ cōpetit actio , debitor cōstituit in mora p
erpellationē ēt extraiudicialē,vt l.si ex legati cā, cū ibi not.
Rome.§.cohęredes.de verb.ob.& l.pe.qñ di.le.ce.sed qñ
etit solū iudicis officiū,nō cōstituit in mora , nisi per inter
ationē iudicialē,vt ℑ.e.l.cū stipulassem,& ibi no.† Vltimo
vtiq; allegat,φ locator nō dr̄ possidere īuecta & illata in
ū locatā,nisi postq̄ ipsa retinuit vel inclusit ꝑ pēsione,ª li-
ōriū notetur in l.solutā.§. soluta.ς. de pign.act. & videbaī
verū,quia domū locatā possidet animo suo,& corpore co
vt l.iij.§ saltē.ℑ.de acq.poss.eod. mō videbaī possidere res
nuectas,vt d.l.solutā.§.Nerua.in fi. sed ɔ̄riū est per eūdem
ia nō sunt sub sua custodia,sed inquilini, & iō inquilinus
idet,ēt si credat illas se perdidisse,& tñ sunt intra domū,vt
Nerua.in fi.Est ēt notandū,φ pōt ꝑpria authoritate inclu
licēt rīr secus,vt l.extat.qđ me.cau.& hic, qa sunt īra do
uā a se possessam,als̄ ꝑderet ius suū facit l.ex dn̄ia.ς.in qui.
pig.ta.ɔ̄hat.Allegat ēt ista l.in fi.† φ licet pig.act.re ɔ̄hat,
interueniēte traditione,aliqñ tñ ēt si nulla traditio inter
at,ɔ̄hit,vt in casu huius l.qñ cōductor inuexit.Et idē vr̄ di
ū,vbicunq; res obligata peruenit ad creditorem,licēt tra
nō interuenerit,quia habet ius retinendi pro debito,si li
ad eū peruenit,facit qđ not.in l.si non sortē.§.si centū.de
i.inde,& etiā eadem ratione tenetur pro debito soluto.

ADDITIO.

pensione.Lu.Ro.in sing.sui s.dicit φ Bar.diuinat in concordando.§.solu-
cum §.colonus.in l.si in lege.ς.lo.vnde ipse soluit φ §.colonus, loquitur
edio rustico.§.non solum in inquilino , & pro hoc allegat l. certi iur. C.
vbi facilius inducitur hypotheca inquilino,quam in colono, sed an inue
illata per secundum conductorem sint tacitè obligata locatori , idem
dicit quòd non,per l.si in lege.§.coloni.supra lo.

LEX XXXV.

IN parietis communis. Lex ista cū duab. se.& l.inter quos.in prin.& l.ex damni.§.j.& l.in re ficiendo,& l.damnum.in §.cum parietem.tractant de vna materia satis intricata,quam Bart.ponit in
er quos.licet satis confusè,videlicet, quando paries com-
is inter duos est uitiosus,utrum alter ab altero possit pete
i caueri de dāno infecto,& de hoc loquitur l. inter quos,
in.& l.damni.§.cum parietem,& l.si ædibus,& si interpo-
st cautio quando committatur,& de hoc loquitur ista lex
duab.seq.& l.ex damni.in §.j.licet ille.§. possit etiam in-
gi,quādo nulla cautio fuit interposita, & circa istos duos
ulos in quibus principaliter consistit ista materia, distin-
m plene in d.l.damni.§.cum parietem,vbi glo. distinguit.
ergo tres leges hoc dicunt in effectu . Quod si alter ex so-
abentibus parietem communē volens ipsum reficere tan
n uitiosum,cauit socio de damno infecto,cōmittitur cau
cuto damno,si euenit propter culpam suam commissam
struendo parietem,seu reficiendo,cum refectione nō in-
cet,& etiam si indigebat,si tamen malè refecit,seu malum
etem subrogauit,& propter hoc damnū contingit,hoc di
ec lex.Etiam gl.j.ponit casum,& bene,licet sit clarus, mō
diret.Glo.j.magna in fi.format unum contrarium,in quo
glo.istarum legum se reuolunt,in quo uī consistere maior
cultas,quæ sit in istis legibus.Nam uidetur,quòd ista stipu
non committatur,etiam pro damno contingente culpa
reficientis,quia illud damnum potest peti actione cōi di
el pro socio quæ sunt ordinariæ, ergo debet cessare actio
a stipulatione,quæ iure extraordinario interponitur per
dibus.ς eodem,& l.damni infecti stipulatio.§ ei qui.gl.hic
t,φ istud esset verum,si damnum cōtingeret in re cōi,sed
contingit in re propria,licet ex pariete cōi, gl.autem pen.
am si infra.eo.format istud idem contrarium,& dat alias
tiones,similiter gl.in l.inter quos.in prin. super verbo, (ab
bi,(& est ratio s̄m quosdam,&c.)voluit hoc idem contra
signare & dat alias solutiones.Doct.omnes istas reprehē
,& specialiter istam,quā ponit glo.hic dicentes,φ est con
asum illius l. si ædibus in primo casu , quia ibi timebatur
num de re cōi ad propriam . Salua illorum pace illa nihil
at,quia non dicitur ibi. quod si damnum contingat in re
ria a cōmuni,illud possit repeti actione pro socio,vel cōi
sed bene dicitur,φ timore huius damni non potest pete-
i caueri,quia potest ipsum euitare reficiendo rem cōem,
pensas poterat recuperare a socio communi diui. vel pro
Sic ergo bene probat illa lex,φ expensas quas vnus ex so
acit in re cōmuni, potest repetere a socio pro rata, si sunt
, sed φ damnum contingens ex re communi in propria
t repeti illis actionibus,hoc ibi non dicitur,unde Bar.in l.
quos.allegat ad hoc l.3.cōmuni diuidēdo ibi,dum dicit,
(eo nomine &c. Tu melius alle.l.ex damni.§.i.ℑ.eo. in versi. φ
si quis. nam ibi non apparet, φ sit interposita stipulatio, licet
glo.ita intelligat. Vnde est necesse,φ possit repeti cōi diuidun
do, vel pro socio,qñ culpa socij euenit,alias secus, in primo di
cto illius.§.& etiam secus,qñ cōi culpa, ut in ultimo casu illius
§.tunc ergo,quomodo respondetur ad contrarium de l.dam-
ni.§.ei qui.ς.eo.qui magis obstat q̄ l.si ædibus Bar. super hoc la
borat.ℑ.eo.l.inter quos.& dicit istas leges esse intelligēdas, qñ
paries erat cōis pro diuiso, qa nullus ponebat onera vltra medium parietis,ideo non ɔpetebat illi actio.Ista est diuinatio, &
videtur implicare contradictionē,φ sit cōis, & pro diuiso, qa
diuisa non sunt communia. Vnde Ange. hic dicit istas leges
intelligendas,quando interuenit culpa socij leuissima,quæ nō
uenit in illis omnibus, meritò venit in hanc stipulationem,se-
cus si culpa leuis,per ea quæ habentur in l.contraria. & ista est
satis bona.& ς.eo.l.damni.la j.§. ei qui.

LEX XXXVIII.

1 CVm emptor. † Stipulatio emptoris interposita ante rem sibi traditam, non committitur pro damno contingente ante traditionem,si custodia rei pertinebat ad uenditorem cum possit ab illo recuperare, aliàs secus. h.d. Dic ut plene not.supra eo.l.damni.§.emptor.

§.si agri nomine. Pro parte agri ruinosi nō cauetur sit missio in poss. in illā partem tantum, sed tamen pro parte ædium fit interdū missio in totas ædes,si ruinosa non poterat a non ruinosa separari, alias secus.h.d.ut supra eo. l. si finita.§.ex hoc edicto.

1 *Socius qui refecit cōem parietem,an possit repetere partem expensarum.*
2 *Si domus tua destruxerit domum meam, quæ valebat centum, & tunc ago ex stipulatione damni infecti ad centum an de istis centum debeat detrahi quantum ualet area, & etiam cæmenta.*

§.Deducto veteris. Glo.ponit hic casum duobus modis, sed neuter placet,quia non congruunt literæ, licet possint esse ueri in se. Tu autem pone casum,quando unus ex socijs communis parietis, ipsum refecit ex causa necessaria,vt ς.eo.l. in cōmunis, & nunc vult repetere expensas ab altero socio, quæritur qualiter dēat æstimari? pone enim φ uetus paries valebat decem , refectus valebat quindecim,an poterit repetere tota quindecim uel partem eorum? certe non,sed partē de quinque quæ addit de suo. Et si in addendo aliquid de veteri pariete reposuit, illud debet detrahi.h.d.Et ita videtur intelligere Bar.in l.in cōis.in fin.ubi
1 format quæstionem,an socius † qui refecit communem parietem,possit repetere partem expensarum.& dicit φ sic, & allegat istum tex.pro hoc etiam l.si ædibus.ς.eo.& quia non est differentia inter cōes ædes,& communem parietem, facit l.cum duobus.§.idem respondit.ς. pro soci.& l. si ut proponis. C. de
2 edif.priua. † Allegatur iste tex.ad quæstionē, si domus tua destruxerit domum meam,quæ ualebat centū,& tunc ago ex stipulatione damni infecti ad centū,certe de istis centū dēt detrahi quantum valet area,& ēt cęmenta , quæ mihi remanent, ita no.hic Bar.per l.facienda.ℑ.arbo.fur.cæsa. hoc intelligo uerū,si volo mihi areā,&cęmēta retinere.sed si uolo ea tibi dimittere,teneris ad integra cētū.arg.eius qđ no.ς.de ɔdi.ob cau.l.si pecuniā.in gl.quæ incipit,(expendendo. (vel expendisti.

LEX XXXIX.

INter quos paries. Si vnus ex socijs communis parietis velit reficere tenet indistinctè cauere socio de damno infecto pro vitio operis,si vero ambo, tenetur alter alteri cauere qñ ille habet ædes preciosiores, & sic maius damnū potest recipere, alias neuter cauere tenetur, quia cautio esset inutilis, si alter alteri caueret,cū tantum consequeretur ab altero quantum sibi daret,& sic fit inuicem compensatio.h.d. Et istam lectū.& intellectum ponit glo.quæ incipit, (peteretur) in fi.secundū Azo.ibi, (uel melius.) Ex glo. quæ sunt hic colliguntur tres opiniones principales,quarum prima concernit uersi.alter, & est talis,nā vr̄,φ ille versi.non procedat.aut.n.ipsum intelligimus in casu præcedenti , quando alter tm̄ reficiebat, & tunc tenetur ille alteri cauere,etiam si ille alter non habeat ædes preciosiores, ut in præcedenti tex.qui loquitur indistinctè. Aut vterque reficiebat, & tunc alter alteri cauere non tenetur,ut infra eod.l. damni.§.cum parietem.aut neuter,& tunc idem , cū quilibet ipsorum possit damnum euitare reficiendo,ut ς.l.si ædib.uno re huius gl.q incip.(retento.)ponit quatuor solutiones, & nulla est vera, sequens vero q̄ incipit. (quam) in (ibi,) uel melius.) ponit quintam,& illa est vera,φ ille ver.intelligatur,qñ vterq;

reficiebat.

reficiebat. Et ad §. cum parietem, rñdetur, ꝙ ille limitatur per istum, tex. ꝙ tunc alter alteri nō cauet, uerum est, nisi alter habeat ędes pretiosiores, vt hic: & aduerte qa intelligo vt caueat, & vt stipulatio cōmittatur, quatenus dānum illius excedit dānum socij, sed quatenus concurrunt, fit inuicem ꝯpensatio, vt hic in ver. alioquin. Si uero alter tm̄ reficit tunc teneretur alteri cauere de uitio operis, siue illud appareat de pñsenti, siue non, sed in futurum possit apparere, ut s̄. eo. l. fluminū. in fi. prin. ibi, (sed quod dictum, &c.) non enim fienda est in hoc differētia, licèt quidam quos recitat, gl. sequens in prin. dicant contrariū, sed qñ uterq. reficit, posito ꝙ ex uitio operis possit dānum con-
a tingere, culpa cum culpa compensatur vsque ad æqualē [a] quātitatem, sed quatenus est ultra, secus. Sed tūc cadit fortis oppositio de l. ex damni. §. quoties. versi. quod si æqualiter. j. eo. ubi erat ęqualis culpa, & tñ fit cōpensatio de toto, ēt si alter habeat ædes preciosiores. Solu. ut ibi dicam. Secunda oppositio concernit ver. alioquin. & colligitur ex glo. ꝗ incipit. l. cōi diui. in versi. in quibus, ēt de hac. s̄. e. ubi indistinctè vr̄ dicere posse peti cautionem pro uitio cōis parietis, & hic dr̄ contrarium, qñ periculum est ęquale, & ambo reficiunt. Solutio intellige illam l. ſm istā, ut possit in duobus casibus præcedentibus, & ita not. glo. ibi, in uersi. uel dic caueтur, & ēt hic illo uers. in quibus. Tertia oppositio colligitur ex illa eadem gl. in vers. & est rō, & illa concernit primum & ſm casum huius legis, nam vr̄ ꝙ etiā in illis non possit peti cautio, & interposita non committatur, quia damnum potest emendari, & peti per actionem ordinariā pro socio, cōi diui. ergo, &c. vt s̄. e. l. inquilino. & l. damni. §. ei qui. Istā oppositionē formauit ēt glo. in l. in cōis. in fi. primæ gl. & in gl. pen. s̄. eo. & dat ibi quandā solutionem, hic vero ponit alias duas, tene solutionē quā ibi dedi, ſm Doc. & illud qđ gl. hic dicit, ꝙ paries erat in diuiduus, & ideo cessat cōi diui. facit l. arbor. §. fi. s̄. cōi diui. vbi cessat in iurib. incorporalib. ꝗ sūt diuidua. Cætera dic, vt dicā in l. dāni. §. cū parietē. distinguēdo.

ADDITIO.

a Nā culpa par cū pari cōpensaṫ, nō cū impari, iuxta doctrinā Inn. in c. intelleximus. de adul. Ale. in l. si ambo. ff. de compens. quāobrē leuis cū lata culpa cōpensatio nō admittitur ut ibidem, & ꝑ eundem Ale. in l. q decem. sol. mat. Bal. in l. acceptam. de usuris. Et Phyl. Cor. in cons. 40. inci. in hanc litterā in 2. par. tradit ꝙ culpa in faciendo nō conpensaṫ cum culpa in cōmittendo, qñ autē culpa cum culpa compensetur, uide Spe. in tit. de expen. §. vj. uer. tu autem.

1 *Si duo contendant de dominio domus ruinosæ onus cauendi pertinet ad possessionem. quid si aliquid præstiterit ex cautione, & postea succumbit in qōne dominij, repetit a uero domino, & si cauere detractat. possessio eius transfertur in petentem cautionem.*
2 *Possessor hereditatis an possit cogi ad soluendum legata, licet nō sit hæres.*
3 *Si imponitur aliquod onus Episcopo Bononiensi, & aliquis sit in possessione Episcopatus de facto, & aliter qui est uerus Episcopus, non est in possessione, quis eorum teneatur.*

1 **§. Si dominus.** † Si duo cōtendant de dñio domus ruinosæ onus cauendi pertinet ad possessorem. quid si aliqd pstiterit ex cautione, & postea succūbit in qōne dñij, repetit a vero dño, & si cauere detractat, possessio eius transfertur in petentē cautionē. h. d. singularis §. primū dcm̄ procedit, si petens uult hoc, qa non hēt q̄rere, quis sit dñs, sed sufficit, ꝙ talis est possessor, & hoc est certū, ideo pōt eli-
2 gere, vt in fi. §. † Et hoc est notandū, ꝑ hoc. n. patet, ꝙ si est cōtētio inter duos de hæreditate, & sint legata, ꝗ possint peti ab eo, qui ipsorum sit heres, ꝙ legatarij pñt agere ꝯ possessorem hrditatis, ēt si ille re vera non sit hæres, & sufficit ꝙ possideat, nec pōt ille recalcitrare quin soluat, ita no. Bar. expresse in l. cōtrouersia. s̄. de transa. ꝑ illū tex, cū gl. licèt istū tex. non alleget, ꝓba-
3 tur ēt in l. fi. C. de peti. her. circa mediū. † Facit ēt iste text. ꝙ si
a imponiṫ aliquod onus Ep̄o Bonoñ. & aliquis sit ī possessione [a] Episcopatus de facto, alter uero q est uerus Ep̄us non sit in possessione, ꝙ ille teneaṫ qui est in possessione. Et si committaṫ cā Ep̄o Bononiensi, ꝑ consequens videaṫ commissa illi, q in possessione est. Et ita not. Ant. de But. in c. ꝑ uenerabilem. qui filij sint legit. ante fi. ꝑ illum tex. in vj. notabili. Si aūt actor ageret ꝯ illum, qui nō est in possessione, asserit tñ se dñm, & mouet litē super dñio, posset adhuc istud facere, qa ille non pōt denegare cautionem postq̄ asserit se dñm, & si non caueret, fieret missio su ꝑ iure illius ex primo, & secundo decr. & transferṫ in actorē, sine tñ præiudicio possessoris, quia dñium pōt transferri sine possessione, ut l. si fundum. de fund. dota. est ibi nor. & ita disputando terminauit Mar. Sili. vt Ioan. And. refert in additio. Spe. de primo, & secūdo decre. §. restat. de qua facit ēt mētionē Bar. in l. a diuo. §. si sup reb. in fi. j. de re iudi. dic ut ibi, ꝯ istud tñ, ꝙ nō teneaṫ cauere, ex quo nō possidet, & cōmoda nō ꝑcipit, facit ꝙ no. glo. j. ea. l. proxi. §. sed dic non cogitur præcisè, ut ibi. sed causatiuè si uult ius suum sibi conseruari, alias trāsfertur in actorē. Scd̄m dcm̄, ꝙ repetat a uero dño, si succūmbat in cā ꝓ-

prietatis illud qđ soluit uirtute cautionis, intelligo uerū si e[...] bonæfi. poss. alias ur̄ donasse. arg. in l. seruus seruū. §. si oliu[...] ad legē Aquiliā, & facit qđ plene hr̄ in l. si q d possessor, in pr[...] de pet. hær. Tertiū dcm̄, qđ possessio transferatur, si nō cau[...] Doct. intelligūt uerū, qñ erat pñsens, & cōtumax, & tūc trāsf[...] ex primo decreto. qđ uim secūdi obtinet, ut l. si alienū. s̄. de [...] ter. act. sed si esset absens, nō transferet uera possessio ex pri[...] decr. ut l. 3. §. fi. de acq. poss. nos possumus etiam intelligere, [...] erat absens, & dic ꝙ transfertur ex secundo decreto, & eti[...] usucapiendi conditio, ut l. prætoris. s̄. eo. cum ibi no. in prin.

ADDITIO.

a ¶ In possessione. Hæc dicta per Pa. limita ſm Do. de Rota in recollectis. do. B[...] de Bisig. in ti. de iudi. decisione incipiente, duobus Abb. contendentib.

1 *Si plures sint prætendentes intereße, cuilibet eorum est cauendum.*
2 *Beneficiati excommunicati an durante tempore excommunicationis p[...] sint percipere fructus beneficiorum.*
3 *Banniti, an teneantur ad onera communis.*

1 **§. Damni infecti.** † Si plures sint prætendētes [...]teresse, cuilibet eorū est cau[...]
2 dum. h. d. † Gl. inducit finē huius §. in arg. ad q. de clericis ult[...] montanis excōicatis. Sed mirū est quare dixi vltram. cum id[...] sit in citramontanis, nā durante excōicatione non debent p[...] cipere fructus beneficiorū, ut not. in c. cū dilectus. de consi[...] ut ēt tunc nō teneanṫ ad censum rōne beneficij impositū, [...] ad alia onera occasione beneficij imminētia, ꝗ inductio nō [...] bona, quia hic loquitur in eo qui caret cōmodo sine sui cul[...] & gl. loquiṫ qñ sui culpa, ar. in c. quia in diuersitate, de conc[...]
3 ꝑb. & in rł'a damnū. de reg. iur. lib. vj. † Et inducit ista gl. ad q[...] bānitis, q nō percipiūt reditus bonorū suorum, utrū teneāt
a ad onera cōis, & breuiter si bona eorū sint confiscata, cū fis[...] habeat ea penes se, non tenentur ad illa, arg. in l. eum qui. §. [...] nis. s̄. de his q. ut indig. & ꝙ not. gl. in Auth. de hæred. & Fal. si uero. in gl. quæ incipit, (nunc liberat,) & sic est casus in q[...] pęna inducit immunitatē, rł'r secus, ut l. relegatorum in fi. j. [...] interdic. & rele. facit l. decreto. de suspe. tu. sed si bona nō [...] cōfiscata, licèt partiales ipsa occupauerint, ut quotidie euen[...] in ciuitatibus Italiæ, maximè Perusij, uidentur tenere Doc. [...] ꝙ teneantur ad onera, quod inhumanū ur̄, quia ex hoc sequ[...] tur ꝙ in reuersione poterunt compelli soluere pro tempore [...] terito, licèt bonis non sint potiti. Et istā q. dicit Ang. se frequ[...] ter uidisse Florentiæ, & ēt ego uidi, & principaliter allegaui[...] hic notanṫ, uel distingue per Doct. inter illos qui sunt ex bā[...] ti ꝑꝑ suā malitiam, & procedit superius dcm̄ uel ꝑꝑ particula[...] ritatē, & tūc secus ꝑ istū tex. quia non propter eorum culpam

ADDITIO.

a ¶ Onera communis. de hoc uide late Lu. Ro. consi. 214.

1 *Si quis litigat cum procuratore de cuius mandato dubitatur, & qui non [...] uit de rato potest in singulis actionib. dicere, facio istum tecū, si es uer[...] procurator, alias uolo ꝙ habeatur per non facto, & ad quid hoc sit utile*
2 *Quando dicatur legitimata persona procuratoris, & an iudex possit ex of[...] cio obijcere exceptionem, tu non es procurator.*

§. Alieno nomine. † Qui petit alieno nomin[...] dēt hr̄e respectū ad intere[...] se illius, cuius noīe petit, & si dubitatur de eius mādato, dēt c[...] uere de rato, & in cautione pōt apponi clausula, ꝙ ita demi[...] teneat de rato cautio, si uerus procurator nō est, & postq̄ qui cauit de rato, nō pōt sibi obijci ꝙ nō sit ꝓcurat. h. d. totus §. [...] in primo & scd̄o dicto est clarus, sed in tertio, & quarto est du[...] bius, & legitur diuersis modis, quorum quilibet est singulari[...]
1 simus, & notabilissimus, ut statim dicam. † Not. in ver. excepti[...] ſm primā lec. gl. ꝙ si qs litigat cū ꝓcuratore, de cuius mādat[...] dubitaṫ, pōt in singulis actionibus dicere, facio istū actū tecū, si es uerus procurator, alias uolo, ꝙ habeaṫ pro nō facto, & e[...] hoc utile, qa si ista ꝯditio nō aponiṫ, posito ꝙ esset falsus procurator posset dñs ratificare, & ualeret actus ēt inuito aduersario, ut in l. licèt. s̄. de iudi. sed nūc nō poterit inuito aduersario qđ ꝑpetuo no. Quod intellige, qñ cauit de rato, alias uideret[...] assentire, ꝙ ratificatione ualeret actus, & illa uerba deberēt intelligi, si est uerus ꝓcurator, uel dñs ratū habeat. Ex secūda lec. gl. not. casum de eo quod dixi. s̄. eo. l. qui uias. §. fin. & l. prætor. circa prin. sed Bar. illū casum reprobat, quia pōt cōmitti stipu[...] ad interesse expensarū. Tu dic, aut ꝓcurator fuit in culpa non producendi mādatū, & tūc ꝓcedit cum Bar. ut nō possit apponere illam conditionem. aut non, quia producit, sed adiicit de reuocatione, & non fuit in culpa, & tunc tene gl. q̄ etiā tene[...]
2 Dy. in l. uulgo. de admin. tuto. & Cy. in l. j. C. de procu. † In uer[...] quod si ei, notandū est ꝙ intelligit duobus modis, primo in eo ꝓcuratore, ꝗ cauit de rato. & tūc ē hic casus, ꝙ post pñstitā tale cautionē legitimata ē ꝑsona ꝓcuratoris, ut a mō nō possit opponi, ꝙ nō sit ꝓcurator durāte lite. ita allegat Cy. istum tex. in l.

ět.C.de proc.hoc eſt verũ,niſi allegãs aſſumat in ſe onus di,vt ibi no.Bar.ſimile no.in l.ſi ex cautione. C. de nõ nu. em ſi iudex poſt diſceptationẽ ſuper mandato pronun mandatũ eſſe legitimũ,vt fit quotidie. Quid autẽ ſi nul rum interuenit,fuit tñ lis ꝯte.& non fuit oppoſitũ, ꝙ nõ et mandatum,vel non legitimum,Bar.in d.l.licèt. tenet, c poſſit opponi in qualibet parte litis, * & ſi opponatur, at vlterius audiri,niſi ꝓbet mandatũ.Cõtrariũ vř verius p p.§.rati.de ꝓcu.qa p ꝯteſt.litis non oppoſita exceptione nat pſona procuratoris,ſicut p cautionẽ rati,vel pronun iẽ iudicis, niſi excipiens aſſumat in ſe onus ꝓbandi. In eſt aliud iſto caſu,qa licèt pars non audiatur p viã exce- s,pòt tñ iudex ex officio ſuo, ne iudiciũ ſit eluſoriũ, pro- orẽ repellere,niſi doceat de mandato, qđ non eſt in caſi- edentibus,& ita intelligo,qđ no.Inn.& ẽt glo.ord. in c.j. ꝰ.lib.6.ſuper verbo,(abſentia.) vbi oĩno vide, & ẽt p Bar. ceptione.C.de proba. Alio modo legitur in ꝓcuratore, n ſatiſdedit de rato,tñ aduerſarius erat ꝯtumax,& dř hic rator debeat audiri non obſtante exceptione procurato unc non ſingulariter,ꝙ qñ proceditur ꝯ abſentẽ,& con ẽ ad inſtantiã procuratoris alterius,iudex nõ pòt objice not.cs ꝓcurator,quia imputet ſibi abſens,& ꝯtumax, & elligit Bar. & his diebus allegaui iſtud dictũ in quodã cõ ed Ang.tenet oppoſitũ, & melius, pro quo facit dictum gl.in loco præallegato,& ẽt vulgare dictum, ꝙ quando- e iudex procedit ꝯ abſentem,poteſt ſupplere de facto ꝑ ampliorẽ.C.de appel.& in auth.qui ſemel. C. qũo & qñ ibi,(per quæſitã veritatem,&c.) eodem modo poterit iu- erc,admitto te ſi es verus procurator & non aliter,quia ſt eum ex toto repellere, ergo & admittere cum condi- arg.in l.in actionibus.de in litem iuran.

ADDITIO.

s.Adde Lud.Rom.conſi.176.not.tamen ꝙ excipit procuratoria nõ op- n prima inſtantia,& in ſecunda oppoſita,& admiſ. abſque ꝙ ſit appel- tali admiſſione,operatur ſuum effectum, ita concludit præfatus Lud. 84.& quid de exceptione falſi ꝓcuratoris,uide per Io.de Ana.cõſ 114

LEX XL.

EX damni infecti.

§.Quoties communis. † Si cõis paries vi tio ſui ſine culpa alicuius ſociorũ, vel culpa com- dederit damnum vni ex ſocijs, non pòt agi ad emenda- ſecus ſi vnius tm̃ culpa.h.d. Et primo loquitur qñ neu- culpa uſque ibi,(ꝙ ſi.)ſecundo qñ vnius tm̃ vſque ibi, (ꝙ qualiter.)Tertio quando communi culpa. Et pòt intelli tex.dupliciter.primo,ꝙ nulla ſtipulatio fuit interpoſita. ic quæritur,vtrum alter qui damnum recepit poſſit pete actionem pro ſocio,uel cõi diui. emendationem damni ocio,& diſtingue,ut in tex.& tunc erit hic caſus verſi. ꝙ ia ꝯ gl.q̃ tenent ſ.cod.l.in cõis. in fi.primæ glo. & l. inter ꝙ qñ ex re cõi datur damnum in re propria, non poteſt mmuni diui.Sed illæ glo.ꝓcedunt, quãdo ſine culpa al- ſocij,aliter ſecus,ut hic,& ibi dixi. Secundo poteſt intel- ando fuit interpoſita ſtipulatio,& iſto modo intelligun quæ ſunt hic.Etiam tunc quæritur, qñ committatur, & guitur vt in tex.Sed contra, quia hic nullus reficiebat cõ- m parietem,ſed ipſe de ſe erat vitioſus, uel nimis preme- onere,ergo cautio non erat pſtanda,ut ſupra eo.l.ſi ædi- ol.fateor,ꝙ neceſſario non fuit pſtanda,in primo & vlti- ſu,ſed in ſecundo ſic, qñ ab vno tm̃ nimis premebatur, adẽ ratio eſt,ſicut ſi ipſe ſolus reficeret, quia ſui culpa ti- damnum,vt ſupra eo.l.in cõis.& hoc not.ad limitationẽ ibus. fuit ergo præſtita in primo & vltimo caſu ſponte, nc oppono,ergo debet committi,vt ĩ.eo.l.damni.§.cum tẽ.Sol.hic fuit pſtita ſimpliciter,& ſic intelligitur ſi culpa is eorum ruat,ſecus ſi nullius,vel communi,ſecus ſi ſpe- t fuiſſet interpoſita, qñ culpa nullius. vel cõmuni, ut in Vltimo opp.ꝙ quando culpa vtriuſque debeat cõmitti,ſi ecipit maius damnum,ut ſupra eo.l.inter quos.verſi. uel uius contrarium hic dř in ver.ſed ſi alter.glo. magna hic at ſuper iſto contrario,& dicit ꝙ ibi loquitur quando de- nterponi ſtipulatio,hic quando debeat committi. iſta ſo- n placet,licèt Bar.eam ibi teneat,quia innuit, ꝙ interpo- ſed non committitur, & ſic fruſtra interponeretur. Dic ꝯ ibi interponitur, tamen uterque reficit, ſi alter habet precioſiores. Et etiam committitur ſi interueniente com culpa in reficiendo damnum detur,quia refectio nõ or- at ad damnũ, ſeu culpam, ſed hæc culpa committebatur is premendo communem parietem, & ordinabatur ad um dandum,& ideo pro minus videtur ſtipulari.

§.Quoties ex damni. Si plures recipiunt dam num ex ruina, q̃libet a- git ꝑ parte ſua.Et ſi ꝯ plures egit, quilibet cõuenit ꝑ ſua parte. h.d.Hoc vltimũ intellige vt dixi ſ.eo.l. plures qñ ſimul ꝓmiſe- runt,vel ex interuallo ſe obligando q̃libet pro parte. Si autem ſimpliciter,& ex interuallo,quilibet tenetur inſolidum, vt ibi.

§.Si plures domini. Licèt plures prætendant in tereſſe inæquale, ſi tamen eis non cauetur,æqualiter in poſſeſſionem mittuntur.h.d.ſup. eo.l.finita.§.ſi plures.& §.cum authoritate.

LEX XLII.

DAmni infecti.

Ex damno contingente non vitio rei, ſed caſu fortuito, nõ agitur iſta ſtipulatione.h.d.dic, ut ſ.eo.l. fluminũ. §. ſtipulatio.

LEX XLIII.

1 *Quando communis paries eſt uitioſus,& dat damnum,an debeat inuicem præſtari cautio.*

2 *An,& qualiter, ſeu quando committatur.*

DAmni infecti quidam.

1 **§.Cum parietem.** †Si ambo ſocij reſi- ciunt cõem pariе- tem.neuter alteri tenẽt cauere, & ſi cauent ſimpl͞r ſponte, ſti- pulatio committiť ad partem dãni, ſed ſi cauent de toto dam- no ex certa ſciã,ad totum damnum committiť, in ea tñ nõ ue- nit dãnũ,qđ ſtipulator ſenſit nõ uitio loci, vel ædificij principa 2 liter,ſed ex ſua ſtipꝉone.h.d.† Et circa iſtam materiam duo ve- niũt examinãda,qñ cõis paries eſt uitioſus,& dat dãnũ. Primũ utrum debeat inuicẽ pſtari cautio. Scđm eſt,an ꝯmittať,& qñ. Circa primũ diſtinguẽdi ſunt tres caſus,aut nullus eorũ reficit vel aliq̃d ædificat,ſed ipſe paries p ſe minať ruinã. Aut alter tm̃ reficit, uel ædificat aut vterq. Primo caſu, nõ pòt alter ab alte- ro petere cautionem p l.ſi ædib.ſ.eod.niſi culpa alterius tm̃ ni mis forte pmẽtis dãnũ dareť. Secundo caſu ſi quidẽ reficit ex cã euidenter neceſſaria,uel de qua dubitat,utrũ neceſſaria, uel nõ,tũc pòt peti cautio ꝑ uitio operis illius,ut ſ.eo.in l.cõis, cũ l.ſeq.Sed ſi euidẽter eſſet nõ neceſſaria.tũc Bar.in l. inter quos. vř tenere,ꝙ cautio nõ poſſit peti,qa pòt illum ꝓhibere,ut in l. Sabinus.cõi di.vñ cũ ſibi cõſulatť alio remedio, non eſt locus cautioni,ut d.l.ſi ædib.ſed in ꝯrium facit,qa ille q ædificat, uel reficit,nõ vř,ꝙ poſſit imputare ſocio, quare me non ꝓhibes, cum cõſequať ex hoc lucrũ,ꝙ implet uoluntatam ſuam,arg.in l.cũ in fundo.circa med.de ſer.do.iuncto eo qđ no.in l.Paulus. de ſol.& hoc puto verius. Tertio caſu qñ uterq.reficit, tũc aut neuter hẽt pretioſiores,& nõ ṗt alter ab altero petere,ſibi caue ri,ut ſ.e.l.inter quos.uer.alioquin.& hic in uer.rñdi non opor- tuiſſe.Aut hẽt,& tũc pòt petere,ẽt ſi ꝯtingit dãnũ cõi culpa ꝯ- miſſum,in male reficiendo,quatenus dãnum tuum excedit, vt 3 d.l.inter quos,vt ibi dixi.†In ſecundo principali,qualiter com- mittatur,dic.Aut damnum ꝯtingit tm̃ promiſſoris culpa, & ſi ne dubio committitur,ut l.in cõis.ſ.eo.qđ intellige ut ibi dixi, qñ culpa leuiſſima.nõ ſi leui,qa illa ueniret in actione ꝑ ſocio, uel cõi di.ſecus,ut ſ.e.l.dãni.§.ei q.poſſet tñ dici, ꝙ illud ꝓcede ret,qñ cautio nõ eſſet interpoſita,& q̃reret,an deberet interpo ni,ſed ſi eſt interpoſita,tũc actio cõpetẽs ex ea eſt ordinaria,ſi- cut actio pro ſocio,uel cõi diui.& iõ cõmittitur ſtipꝉo pro tali culpa.Aut euenit damnũ culpa utriuſq; qa uterq; ædificabat, & tũc aut fuit ꝯmiſſa in nimis premẽdo parietẽ,& ſic erat ordi nata ad caſum,ſeu dãnũ,& tũc tale damnũ nõ cõmittetur,quia agẽs fundaret ſe ĩ cõi culpa,qđ nõ pòt ad ſui cõmodũ, ut ſ. eo. l.ex dãni.§.quoties.uerſi.ꝙ ſi æquaľr.Aut fuit ꝯmiſſum in male reficiẽdo, & tũc qa refectio non ordinabiť principaliter ad dam num dandum,diſtinguiť an habeat ædes pretiſiores, uel non,vt l inter quos. ſed in caſu præcedẽti.non diſtinguitur, ut in illo uer.ꝙ ſi æqualiter.hoc tamen uerum,niſi expreſsẽ, & ſpecificẽ ſuper hoc fuiſſet cautum, ut hic in uer.ſed quoniam.& in l.ſed & quis.§.ſi.ſi quis cautio. Aut neutrius culpa interueniẽte dã- num euenit,& non committiť ſtipulatio.ut l.ex damni.§. quo ties.in prin.niſi ex certa ſcientia pro damno tali fuiſſet interpo ſitum, ut in hoc§.

LEX XLIIII.

1 *In his quæ non poſſunt peti iure actionis,ſed officio iudicis nobili, non con- ſtituitur quis in mora per interpellationem iudicialem.*

2 *Iuſſus prætoris de cauendo habet vim cautionis,vt ſi poſtea damnum con- tingat poſſit peti emendatio,licèt non fuerit præſtita cautio.*

1 CVm postulassem. † Licet cautio fuerit petita extra iudiciũ, si tñ non fuit præstita, nõ hr̃ pro pstita. Et ideo dãnum postea contingens nõ põt peti, ac si præstita esset, secus si fuit in iudicio petita, & p prætorem decretũ q̃ præstaretur. h.d. notabi. † Et semper allegatur istud prin. q̃ in his q̃ nõ possunt peti iure actionis, sed offõ iudi. nobili, non constituitur qs in mora p interpellationem extra iudicialẽ, secus in his q̃ possunt peti iure actionis, ut not. in l. si ex legati cã. de uerb. obl.

2

3 † Not. ẽt q̃ iussus prætoris de cauendo, habet uim cautionis ut si postea damnũ contingat, possit peti emendatio, licẽt nõ fuerit pstita cautio. de hoc dic, ut s̃. e. l. si finita. §. eleganter. cũ seq. In tex. ibi, (perinde oĩa, &c.) non tñ per oĩa, quia si elegi in possessionem mitti, non possum petere emendationem dãni per uiam agendi, sed excipiendi, si uult possessionem recuperare, ut s̃. e. l. si finita. §. uideamus. & ibi tetigi. Sed si nõ elegi in possessionem mitti, possum petere p uiã agendi, cũ iussus de cauẽdo p cautione habeatur. ut dixi in §. eleganter. simile no. gl. in l. sacrilegij. ff. ad le. Iul. ubi gl. exponit. (perinde) non tñ per omnia.

1 *Missus in possessionem ex secundo decreto repellit creditorem pignus persequentem, nisi impensas offerat. secus in emptore malæfidei.*

2 *Plus subuenitur ei qui habet ex cã necessaria, q̃ ei q habet ex cã volũtaria.*

3 *Habens pignus conuẽtionale prius tpe pfertur habẽti prætoriũ posterius.*

4 *Possessor si fecit impẽsas in re possessa, q̃ auocatur ab eo, an debeat ei restitui oĩs impensa, & quid in pretio, quod ipse possessor soluit venditori.*

1 §. Damni infecti. † Missus in possessionem ex secũdo decreto repellit creditorem pignus psequentẽ, nisi impensas offerat, secus in emptore malæfidei. h.d. Dy. istud ultimũ reprobat p Doc. quia ẽt emptor malæfidei recuperat expensas necessarias, ut s̃. de rei vendi. in

2 fundo. dic ut ibi dicam super gl. † No. ergo hic in fi. q̃ plus subuenitur ei, q habet ex cã necessaria, q̃ ei qui habet ex cã uoluntaria, sic s̃. q satisd. cog. l. fideiussores. §. qui necessaria. & magis ei q non fuit negligens in faciendo sibi prouideri, quia nõ fuit

3 negligens, q̃ negligenti. † Not. ẽt hic q̃ habens pignus conuẽtionale prius tpe pfertur habenti prætorium posterius, & sic e conuerso, facit l. 2. C. q pot. in pig. habe. In gl. q̃ incipit. (sed vr̃.) in fi. tit. dic f̃m Dyn. q̃ hic iste missus ex secũdo decreto statim fuit factus dñs, qa ille q̃ quem fuit missus, erat dñs, ut no. s̃. eo. l. pt̃oris. & sic non fuit necessaria pscriptio, sed si non fuisset dñs, tunc non fuisset statim effectus dñs, sed præscripsisset lõgo tpe q̃ verum dñm, & eodem modo q̃ creditorem in hypo. ut l. j. C. si aduer. cred. de qua gl. opponit, sed qñ hypo. datur q̃ non habentẽ titulum, durat xl. annis, ut l. cum notissimi. C. de pscr. xxx. ann. fateor tñ, q̃ ẽt in primo casu qñ statim fuit effectus dñs, si creditor stetisset p longum tps, q̃ non egisset hypo. licẽt missus non præscripsisset q̃ dñm, cum ipse sit effectus dñs statim, bene tñ præscripsisset q̃ creditorem, & ita deberet intelligi hic qñ creditor egit ante pscriptionẽ cõpletã. In glo. quæ incipit. (qñ tribuitur.) in fi. vel dic reiectis oĩbus istis, q̃ ibi emptor refecit domũ totali refectione, qa erat totaliter destructa, & sic hyp. fuit extincta saltem respectu speciei, licẽt non respectu areæ, & pp refectionẽ reuiuiscit. Unde cũ habeat cõmodum, sentiat ẽt onus refundendi, hic uero nõ totali refectione, qa non erat destructa, sed fecit expensas in reparando, ne destruatur, & sic nõ

4 erat extincta hyp. unde cessat ratio predicta. Distingue † ergo breuiter. Nam aut creditor auocat rẽ à possessore, aut ipse dñs verus. Primo casu, aut ab eo, q habet cãm necessariam, & indistincte restituit oẽm impensam, ẽt si ipse possessor sciuit rem alteri obligatã, ut in primo casu huius §. Aut ab habẽte causam voluntariã. Et tũc, aut est expensa totalis refectionis & idẽ, ut l. Paulus. §. pe. de pig. aut particularis, & tũc secus. ut hic. Si aũt verus dñs, tunc siue sit totalis, siue particularis si tñ necessaria, & sic in utilitatẽ rei conuersa, tenetur eam refundere cuilibet possessori, siue habeat cãm necessariam, siue uolontariam, siue sit bonæfidei, siue malefidei. ut l. emptor. in princ. de rei ven. Secus in pretio, qđ ipse possessor soluit uenditori, qa illud non est cõuersum in utilitatem rei, & similiter secus in qualibet impensa in vtilitatẽ rei nõ conuersa. De hoc tñ ultimo dic, ut in l. fundo. de rei vẽd. de primo dic, ut l. si mancipiũ. C. e. tit. & d. l. emptor.

LEX XLV.

1 *Quando quis fuit missus in possessionem realẽ, conceditur aduersario contumaci ut intra annum possit uenire, & contumaciam purgare, & auditur de proprietate, & de possessione, nisi processum sit contra eum ad secundũ decretum, & qualiter fieri possit, & nu. 2.*

1 A Quo fundus. † In pfessoria q̃ reum pItumacem, q fecit aliquod opus in præiudicium debitæ seruitutis, fit missio ex primo decreto in ipsam rem seruiẽtem, in qua est aliud opus. Et ad secundum decretum peruenitur hoc modo, quia postea assignatur certum tps reo pItumaci intra qđ agat, & de iure doceat, qđ si nõ facit, destruit illud opus, qa psumit p serui[...] h.d. ista singularis lex. p q̃ supplet l. si prius. s̃ tit. j. qđ n. dr̃ [...] prius. ut in pfessoria reus pItumax efficiat actor, & hãc solã [...] nã patitur ex primo decreto, pcedit qñ nihil fecit q̃ debit[...] uitutẽ, sed si fecit, patit duplicẽ pœnã. s. pdicta, ut in fi. h[...] & ẽt, qa actor mittit in possessionẽ rei seruiẽtis, in qua est

2 opus destruendũ. † Itẽ p hãc l. limitat l. si qs emptionis. §. [...] si quis. C. de psc. xxx. ann. ubi qñ qs fuit missus in poss. real[...] ditur aduersario pItumaci, ut intra annũ possit venire, & p[...] ciã purgare, & audit de pprietate, & de possessione. Certe [...] est verũ, nisi pcessum sit q̃ eũ ad f̃m decretũ, qđ fieri pos[...] mõ, ut sibi assignet terminus, itra quẽ veniat, & de iure su[...] ceat, quo elapso fit missio ex f̃o decreto, & postea nõ audi[...] de pprietate pistũ tex. in fi. f̃m Ang. qđ ppetuo tenemen[...] adde hoc dictũ ad id, qđ dixi in l. si finita. §. Iul. s̃. eo. in illo [...] an in reali hẽt locũ f̃m decretũ, & tenui q̃ sic, & ad illũ. §. [...] quis. rñde mõ pdicto, q̃ auditur intra annũ, nisi sit proce[...] ad f̃m decretũ, & hoc vult Ang. hic expresse p istũ tex. tñ [...] istud plus, q̃ dẽat assignari terminus ad docendũ de iure [...] per prædicta patet responsio ad id, quod quærit glo. fi. h[...]

LEX XLVII.

1 *Si vendidi domum, in cuius parietibus sustentatur porticus alterius, [...]ptor teneatur sustinere illud onus si nihil fuit dictum.*

2 *Si non apparet porticus, vel conclaue deputatum ad usum alterius [...] in dubio semper cederet illi domui, in cuius parietibus sustentatur, [...]lius pars dicitur, & vide nu. 1.*

Si deseruit utriq; domui, cedit utriq; p dimidia uersus partẽ illius [...]

1 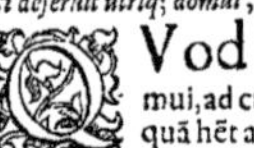Vod conclaue. † Cõclaue, & [...]ticus cedit illi [...]mui, ad cuius usum est destinatũ, uel destinata [...] quã hẽt accessum, licẽt in totũ sustẽtentur in p[...]tibus alterius domus. Cenaculũ uero cedit il[...]mui, sup qua sustentat, & p quã hẽt accessum, cũ ad usum [...]rius non sit destinatũ. h.d. & est singularis l. Et licẽt videat[...]re drĩam inter pclaue, & porticũ ex una parte, & cœnacu[...] altera, non tñ est drĩa, nisi respectu facti, qa pclaue, & por[...] possunt sustẽtari in parietib. unius domus, & tñ deseruiur [...]teri domui, sed cœnaculũ non deseruit alteri, q̃ ei in qua s[...]tatur. Et primo loquitur de pclaui usque ibi, (sed & Labeo [...]stea de porticu usq; ibi, (nec tñ.) postea de cœnaculo. Etia[...]tendũ, qa cedit illi domui, ad cuius usum fuit cõuersum, [...]ctu domus: qa cẽset pars illius domus, licẽt sustentetur in p[...]tibus alterius facit s̃. de leg. 3. l. si cui ẽdib. & l. pdijs. §. Bal[...]

2 cũ §. seq. † Si ergo vendidi domũ, cuius parietib. sustentat p[...]ticus alterius, qrit utrũ emptor teneatur sustinere illud o[...] si nihil fuit dictũ? an vero possit ppria authoritate remou[...] Bar. hic dicit, q̃ pt remouere, nec tenet sustinere si nihil fui[...] ctũ. p quo facit iste tex. post mediũ. ibi, (oneris porticus se[...]dæ, &c.) ibi, (seruitute oneris porticus seruandæ imposita [...]disse. &c.) Et sic innuit secus esse, si non fuisset expresse in[...]sita, p hoc ẽt l. si quis duas. cõmu. pd. Et hoc idẽ sequitur A[...] Sed idẽ Bar. tenet expresse pIriũ in l. j. s̃. de ser. leg. q̃ cũ ista s[...]uitus hẽt cãm permanentẽ, & pItinuã, vr̃ in dubio actum, q[...]stet, uti stat de præsenti, & q̃ emptor teneat sustinere iure l[...]tutis, & ita dicit ibi se intelligere hãc l. licẽt ipse hic, nec An[...]ciant de hoc mentionẽ, secus in seruitute non habẽte cã[...]manentẽ, uel pItinuam, qa non cẽsetur imposita, nisi sit exp[...]sẽ imposita per uenditorẽ, & ita loquitur l. si qs duas. q̃ no[...]tuo, & hoc melius vr̃. Et ideo in tex. hic subaudit maxime l[...] scias, q̃ si non apparet porticus, vel cõclaue deputatũ ad u[...]

a alterius domus, in dubio sp cederet illi domui, [a] in cuius p[...]tibus sustentatur, & illius pars dr̃. Et hoc pbatur in l. quẽad[...]

3 dum. §. j. s̃. ad l. Aqui. † Itẽ scias, q̃ si deseruit utrique domui, [...]dit utrique p dimidia uersus partẽ illius domus. ar. in l. ade[...] insulam. & l. inter eos. de acq. re. do. quas allegat glo. fi. pro [...] Et hoc not. qa quotidianũ est, nã si inter domũ tuam & me[...] est curia, seu curtis, ad quã habetur accessus p utranque, si n[...] apparet aliud, censetur cõis p diuiso, qa p una dimidia ue[...] domũ meã censetur mea, & p altera tua, qđ tenet hic Bar[...]

ADDITIO.

a Cederet illi domui. Adde quod uoluit Ang. consi. 159. Alex. consi. 154.

De aqua pluuia arcenda. Rub.

LEX PRIMA.

1 *Si vicinus aquam decurrentem ad fundum suum opere manufacto d[...] ad fundum vicini, ita ut sibi noceat, per actionem aquæ pluuiæ arcendæ [...]gitur opus destruere, & ad pristinum aquam deducere, nisi opus ill[...] cipaliter fiat causa colendi agrum, & colendorum fructuum.*

2 *Decem necessaria ad hoc ut competat actio de aqua pluuia arcenda.*

Si cui

cui aqua. † Si vicinus aquã decurrentem ad fundum suum opere manufacto diuertat
d fundum vicini, ita ut sibi noceat, per actionẽ aquæ plu
iæ arcendæ, cogitur opus destruere, & ad pristinum aq̃
re, nisi opus illud principaliter fiat causa colendi agrũ,
adorum fructuum. h. d. vsq; ad §. idem ait. † Et est notan
x. sunt necessaria, ut cõpetat ista actio. Primo, ꝙ illa sit
luuia sola, vel mixta cum illa, quæ nõ est pluuia, sed si es
aqua, non pluuia, nec mixta cum pluuia, nõ ueniret in
one, ut j. e. l. apud Trebatiũ. §. j. Secũdo, ꝙ illa aqua no
cino, secus si non noceret, licet ex opere manufacto cõ-
auferat, ut j. ea. l. §. sicut aũt. Tertio, ꝙ noceat, opere ma
o, ut j. in §. ij. secus si naturaliter sine opere manufacto,
l itẽ sciẽdũ, & §. in summa. Quarto, ꝙ illud opus nõ fiat
ulturæ, & quærendorum fructuũ, alias dic, ut in §. de eo.
o, ꝙ noceat pdio rustico, siue ueniat ex alio rustico, siue
no: secus si urbano, ut j. ead. l. §. itẽ sciendũ. lo secondo.
eqrit, ꝙ opus sit factũ in priuato, secus si in publico, ut
apud Trebatiũ. §. aq. Septimo, ꝙ non sit factũ publica au
te. Octauo, ꝙ extet memoria, qñ factũ fuerit opus, alias
petit, & hęc duo hñr j. e. l. ij. §. iij. qui incip. (Cassius aũt.)
ꝙ sit factũ ꝯ naturalem, uel quasi naturalẽ seruitutẽ, uel
tiuã, alias secus, ut j. eo. l. 2. §. pe. quẽ casum no. qa decla-
mãm, ut ibi dicã. Decimo & ultimo requirit, ꝙ ille cui
opus, nõ debeat seruitutẽ recipiẽdi aquam, alias secus, vt
§. fi. Et prædicta procedũt quo ad directã actionem. Vt-
cõpetit si aqua noceat etiã opere non manu facto, sed
to manu facto, uel naturali, & datur, ut aduersarius pa-
ci, ut j. eo. l. 2. §. j. & §. item Varus. & §. apud Namusam.

De eo opere, quod. In §. de eo opere. dic ꝑ eo opere qd̃ fit gratia
lendi, sine quo nõ possit coli, siue fiat arõ, siue alio mõ.
e gratia frumenti quærendi, siue aliorum quorumcunq;
ũ, non agitur hac actione, nisi studiose fiat in damnũ alte
d. Et primo ponit vnũ dictũ Quincti Mutij, q reqrebat
t aratio, & ẽt cã agri colẽdi ad hoc, vt pro ipso non cõpe
ctio vsq; ibi, (Trebatius. (Scd̃o ponitur dictũ Trebatij, q
uirebat, ꝙ fieret aratio, sed ꝙ nõ sufficeret fieri causa agri
di, sed debere fieri cã frumẽti q̃rendi vsq; ibi, (sed si fossa.)
rehenditur dictũ Quincti Mutij, inq̃tum requirit, ꝙ fie-
atio. nã ẽt si alio mõ fiat, dũ tñ causa agri colendi, non agi
ẽ si fiat aratio, si tñ posset fieri sine tali opere cultura agri
n aliquo nimis stricte fuit locutus, & in aliquo nimis lar-
; ad §. Labeo. & ibi reprehendit dictum Trebatij, qui fuit
stricte locutus de frumento, qa idẽ si gr̃a aliorũ fructuũ
i, (Itẽ Sabinus,) ibi ponitur dictũ Sabini, qui melius & ap-
it locutus, quia nõ fecit mentionem de aratro, nec de fru
, sed dixit (si quidẽ colẽdi agri causa fiat, &c.) & subdit ꝙ
æ non sunt necessaria, & sine quibus posset coli, bene ue
hanc actionem, ut si fiant sulci aquarij, qui noceant alte
ne quibus potuisset colere, secundũ intellectũ gl. primę.

aquæ pluuiæ arcendæ cui detur,
et potest facere in suo quicquid uult, dum tamen non noceat vicino.
i auferat uicino lucrum, quod percipiebat ex fundo facientis.

Item aiunt aquam. † Hæc actio dat vicino inferiori ꝯ superiorẽ, &
rso, si opere manu facto noceat, secus si nãliter. Itẽ secus
noceat, sed sibi prosit, licet opere manu facto in suo, quo
ẽt si auferat lucrũ uicino, qd̃ ex suo ꝑcipiebat, hac actione
ur. h. d. in effectu vsq; ad §. itẽ sciendũ. el secondo. † Not.
uas regulas. Primã, ꝙ quilibet põt facere in suo quicquid
dum tñ non noceat uicino. Dr̃ aũt nocere, qñ auferret ui-
illud, qd̃ non haberet ab ipso faciente, vel eius fundo, sed
de, vt s. ti. j. l. fluminũ. §. fi. in fi. & tunc non posset, ẽt si face
suo, ut sibi principaliter proficeret, ut hic, & ibi. † Secũda
a est in ver. deniq; ꝙ quilibet potest facere in suo qd̃ vult,
uferat vicino lucrum, quod percipiebat ex fundo faciẽtis,
tamen nihil immittat in fundum vicini, & dum tamen fa
hoc principaliter, vt sibi prosit. Si autem sibi nõ prodesset,
etur facere animo nocendi, & teneretur de dolo. Cætera
t dixi in d. l. fluminum. §. fi. cum legibus sequentibus.

Item sciendum est. Hæc actio tũc cõpetit, cũ p aq̃ nocet pdio ru
, & nihilomin' cõpetit negatoria. Secus si pdio vrbano, qa
cesse ad negatoriã recurrere. Itẽ nõ q̃rimus an aqua oriat
stico, vel vrbano, sed cui noceat. h. d. vsq; ad §. si qdẽ. Sunt
quatuor casus notãdi, aut aqua de tuo fundo rustico ope-
cto manu nocet alteri fundo meo rustico, & hẽt locũ hæc
, & et negatoria, de qua hic in ver. agi autẽ. Aut de fundo
vrbano, in prædiũ meum vrbanum, & non hẽt locum hæc
, sed negatoria tantum. Aut de prædio tuo vrbano in meũ
rusticum, & idem quod in primo. Aut econuerso, & idem qđ in secundo, ut in §. apud Labeonem. & sic negatoria est generalis, & competit vbicunque competit ista, sed ista est specialis, & non competit vbicunque competit illa, sed solum quando nocetur prædio rustico. Et dicit Old. ꝙ ille uer. Cassius inducitur ad probandum, ꝙ negatoria sit generalis.

1 *Actio ista quando locum habeat.*
2 *Homo inferioris gradus debet reuerentiam homini superioris gradus.*

1 §. Sicut aũt. Hæc actio non hẽt locum cũ opere manu facto non infertur damnũ, sed infertur lucrum, nec ẽt qñ res deducitur ad pristinos terminos naturales, secus si vltra terminos. h. d. cum seq. §. Et intelligit gl. istũ. §. sed si dicimus, qñ superior vicinus habet opus factũ in fundo suo, cuius extabat memoria, & ꝑꝑ quod opus retinebat aqua, ꝙ non decurrebat in fundũ inferiorẽ, & sic proderat. Vult ergo iste tex. ꝙ ille possit auferre istud opus quia sicut uoluntariè ipsum fecit, ita voluntariè põt tollere, & sicut si nõ fecisset uicinus inferior, tenebatur recipere aquam de fundo superiore naturaliter decurrentẽ. ita nunc si factũ remouet, qa sufficit si cui, vel in paucis, &c. ut l. tutori. C. de neg. gest. Si aũt nõ erat illud opus manu factũ, uel nõ extabat memoria, qñ esset factũ, & sic erat quasi naturale, nõ posset ille destruere in ꝑiudicium inferioris, qa non dr̃ inferior illã utilitatẽ habere a uicino superiore, sed à natura loci, ideo cogeretr̃ reponere. Itẽ si esset manu factũ, & extaret memoria, & fuisset factũ rõne debitæ seruitutis, ut in §. seq. In prædictis tñ casibus si non ipse destruxisset, sed impetus aquæ, cogeretur ipse reponere, sed bene cogeretur ꝑstare patientiã, ut uicinus inferior reponat per vtilẽ actionẽ
2 istã, & hic est casus. j. l. pxi. §. itẽ Varus. † Et no. hic gl. ꝙ homo inferioris gradus dẽt reuerentiam homini superioris gradus.

1 *Inferior vicinus an teneatur recipere aquam naturaliter decurrentem ex fundo superiore.*
2 *Debet quis compensare commodum cum incommodo, & non debet recusare incommodum, quando sentit commodum.*
Ad præscribendum seruitutem in fundo alieno, requiritur quòd fuerit eã usus longo tempore, non vi, vel clam, uel precario, ab aduersario, & aduersario sciente, & patiente.
Præscriptio seruitutum quomodo differat a præscriptione dominij.
3 *Tantũ valet seruitus ꝑscripta, quantũ, si esset quæsita per pactũ. Dominus prædij seruientis non tenetur aliquid facere pro conseruanda seruitute, sed bene tenetur pati ꝙ dominus prædij dominantis faciat, vel reficiat.*
Per præscriptionem an acquiratur quasi dominium sicut quasi seruitus.
4 *An sit dare nisi vnum dominium, scilicet directum.*

1 §. Deniq; ait. Inferior uicinus tenetr̃ recipere aquã naturaliter decurrẽtẽ ex fundo superiore, nisi in fundo superiore hẽat seruitutẽ impositã, uel præscriptã, ꝑ quã superior teneatur retinere aggeres, uel foueas in suo, q̃ aquam retineant, ne in inferiorẽ descendat, qa aggeres, uel foueæ si indigeant refectione tenetr̃ superior pati, ut reficiãtur ꝑ inferiorẽ, non aũt teneretur ipse reficere. h. d. usq; ad fi. legis. Et iste §. reputatr̃ notabilis, & ad ipsum recurritur in materia ꝑscriptionis seruitutis de qua Bar. aliqd hic tractat, sed ple-
2 nius ꝑ gl. in l. seruitutes. supra de serui. † No. tex. ibi, (cõpensare que &c.) ꝙ dẽt qs ꝯpensare cõmodũ cũ incõmodo, & non dẽt recusare incõmodũ, qñ sentit cõmodũ facit. j. de noua. l. si usufru. in fi. Itẽ no. in uer. sanè ꝙ ad ꝑscribendũ seruitutẽ in fundo alieno, requiritur ꝙ quis fuerit ea usus longo tpe, non vi, clam, uel precario ab aduersario, & sic requiritur ꝙ aduersario sciente, & patiente, alias diceretur ꝙ ui, uel clam fuisset usus. Et in hoc differt ꝑscriptio seruitutũ a ꝑscriptione rerũ corporaliũ, q̃ põt ꝓcedere dño ignorante, qa in illis est dare uerã possessionẽ, q̃ quis põt habere ignorante dño, ut l. fi. C. de ꝑscr. lon. tẽ po. sed in iurib. incorporalib. non est dare uerã possessionẽ, sed quasi, q̃ ꝯsistit in scientia, & patientia aduersarij, ut l. 2. de ser. & aqua. Alia dña est, qa in ꝑscriptione seruitutũ nõ requirit̃ titulus, qa sunt modici ꝑiudicij, ut l. si qs diuturno. si ser. uen. sed in ꝑscriptione dñij longi tpis requiritur titulus, qa est maioris ꝑiudicij, & sine titulo non ꝓcedit, nisi longissimi tpis, ut l. si quis
3 emptionis. C. de ꝑscr. 30. ann. † Itẽ no. ꝙ tm̃ ualet seruitus ꝑscripta, seu ꝑ ꝑscriptionẽ acquisita, quãtũ si esset q̃sita ꝑ pactũ, ut patet ibi, uelut iure imposita, &c. In uer. fi. ibi. (nota. ergo &c.) no. primo, ꝙ dñs pdij seruientis nõ tenetr̃ aliqd facere ꝑ ꝯseruanda seruitute, sed bñ tenetur pati, ꝙ dñs pdij dñantis faciat, uel reficiat de hoc dic, ut j. l. proxi. §. apud Alphenũ. Item no. in uerbo, (quasi seruitus.) arg. ꝙ per ꝑscriptionẽ acquiritur quasi dominiũ, sicut quasi seruitus, & ita sentit gl. in l. cũ postulassem. s. tit. j. Tu dic, ꝙ imo est utilis seruitus, & utile dñium, postquam præscriptio est ꝯpleta, ut patet in fi. ibi, (utilem actionẽ &c.) sed anteq̃ sit completa, bene dr̃ habeo quasi seruitutem, uel quasi dominium, pro quo competit publiciana, & hoc ꝑscriptione longi tpis cũ titulo, sed per usucapionẽ triennij in reb. mobi-

 libus

libus acqritur dñium directũ, vt l.traditionib. C.de pac.qđ ple
4 ne dic, vt in auth.nisi.C.de bo.mater.† Et istũ tex.allegat Bar.in
l.si qs vi.§.dña.de acqr.pos.̃ vltramontanos, q tenẽt, ꝙ nõ sit
dare nisi unum dñium.i.directum.ipse tenet, ꝙ imo est dare ẽt
utile, ut est illud, qđ acquiritur p p̃scriptionẽ, ut hic, & id, quod
habet emphyteuta, uel superficiarius, sed illi dñt hoc nõ reperi
ri iure cautũ, licet reperiat, ꝙ habeãt utilem actionem, sed Bar.
ibi allegat tex.dicentem, ꝙ habẽt dñium, pro hoc allego tex.in
auth.si uero domus tpalis.C.de hære. Et prædicta in seruitutib.
habentibus cãm continuam, uel quasi, vt præscribantur longo
tpe, sed habentes causam discontinuam, ut seruitus itineris, a-
ctus, vel uiæ ad quarum usum requiritur factum hoĩs, non p̃-
scribũtur, nisi tanto tpe, cuius ̃rij memoria nõ existat, ut l.hoc
iure.§.ductus aquæ.de aqua quot. & æsti. Si tñ non fundarem
me in tpe, sed in titulo, uel constõne, dicendo, ꝙ cõstituisti mihi talem seruitutẽ in fundo tuo, nec hoc possem aliter pbare,
bene possem probare longi tpis usum factum te sciẽte, & patiẽ
te, p quem p̃sumitur ita esse.ar.in l.cũ de in rem verso. de vsur.
& hoc uoluit gl.hic in uer.si uero nõ ex tẽpore, & clarius in d.
l.seruitutes. de hoc dic, ut per Bar.in d.l.cum de in rem uerso.

L E X V.

IN summa tria. Si vicinus tenẽt recipere aquam de fundo vicini, uel pp seruitutẽ impositã, uel pp p̃scriptã, uel pp nãm loci, cessat hæc actio.h.d. in effectu. In text.ibi, (seruit) & per ̃pñs cessat hæc actio; Dy.ut ĩ.ea.l.fi. & per illũ uŕ hoc limitari, nisi immoderatè aqua lædat, quod no.perpetuo.

1 *Hæc actio competit ut uicinus patiatur me purgare foueam, quam habeo in fundo suo iure seruitutis.*
2 *Fossa posita in confinibus fundi mei & Titij, est cõis pro diuiso, & quare.*
3 *Et quid in curia posita inter duas domos.*

1 **§. Apud Labeonẽ.** † Hæc actio competit, ut uicinus patiatur me purgare foucam, quam habeo in fundo suo iure seruitutis.h.d. & idẽ, si in ̃finibus fundorum, vt in §.seq. Et intellige sanè, ꝙ ̃pcrit hæc actio vtilis, non directa, ut ĩ.ea. l. §. itẽ Varus. quia directa daŧ ̃ illũ, qui opere manufacto mihi nocet, hic nullum opus fecerat, sed ipsa nã loci, qa fossa erat repleta, & ex hoc mihi nocebat. Itẽ directa datur, vt ille tollat opus, qđ fecerat, vt ĩ. cod.l.si tertius.§.Titiũ.hæc vtilis datur, ut patiatur refici, vel purgari, vel vt ipse hoc faciat, si vult, & ex his patet solu. ad glossellã sup verbo, (agi posse.) quæ incip. (qũo hoc.) In tex.ibi.(nec memoriã extare) & sic erat seruitus quasi naturalis. Idẽ si extabat, & ibi erat iure seruitutis imposita, vel p̃scripta longo tpe, alias si seruitus nõ erat imposita, vel p̃scripta, nõ teneret ille pati, ꝙ reficiat, uel purgeŧ, ut ĩ.ea.l §.idẽ Labeo ait si in agro. q vŕ ̃triari huic, s̃m Iac.de Ra.In tex.(vŕ vt ipse purgaret.) subaudi, si vult, licet cogi non possit, vt ĩ.eo.l.is cui cũ quo.& s̃.eod.l.j. in fi. Et no. ꝙ hic agit alternatiuè, qa in purgatione posset ille, in cuius fundo est ̃sequi vtilitatẽ, i.pinguedinẽ terræ, q̃ non dẽt sibi auferri, si non vult, sed si nullã vtilitatẽ posset ̃sequi, nõ ageretur alternatiuè, sed tm̃ ut purgari patiaŧ, uel refici, ut in l. p̃ce. in fi. Ita intelligit Bar.ĩ.in §.apud Alphenũ.& vŕ fuisse de mẽte gl. in ver.tertij dñi.No. ẽt in §. p̃terea.ibi. (eã partẽ q̃ tibi accidit
2 &c.) vnà cũ gl.p eo qđ dixi.s̃.tit.j.l.qđ ̃clauc. qa † fossa posita in ̃finib. fundi mei, & Titij, est cõis p diuiso, qa illa pars, q̃ est ex latere fundi mei a dimidia parte ̃finiũ, est mea iure dñij, & illa quæ est ex latere fundi tui, est tua, & hoc uult glo.super ver
3 bo, (magis.) & idẽ † in curia posita inter duas domos, ut ibi dixi.

§. Cassius aũt. In §.Cassius.no. duos casus in qbus cessat hæc actio, licet ope manufacto.s.qñ fuit factũ authoritate publica, & qñ non extat memoria, qñ fuerit illud opus factũ, quia tunc reputatur quasi naturale, & dẽr vicinus æquo aĩo tolerare, ut ẽt no.ĩ.eo.§.idem Labeo ait cum quæritur.in j.glo. & dixi supra ead. l. in prin.

§. Apud Alphenũ. Vicinus qui hẽt fossam iure seruitutis in fundo vicini, si illa fossa repleta daŧ damnũ, in cuius fundo est, cogiŧ eam reficere.h.d.s̃m intel.quem puto uerum, licet gl.& Doct.non ponant, & sic cessat ̃trium formatũ in glo. mag. pp qđ glo. legit multis modis, sed sunt diuinationes. Tu dic, ꝙ illud ̃triũ procedit, & ita loqtur glo. qñ dñs fundi dñantis peteret a dño fundi seruiẽtis, ꝙ reficeret, certè nõ tenet rŕr, ut s̃.eo.l.j.in fi.& l.quoties.in fi.s̃.de serui.& l. si forte.§.j.si ser.ven.nisi ̃triũ fuisset actũ expresse, vel nisi ̃sueuisset ille reficere tãto tpe, ꝙ eẽt p̃scriptũ. ut no.gl.s̃.ea.l.§.j.uel nisi esset seruitus oneris ferendi, ut in l.eũ debere colũnã.de seru. vrb.præd. ex istos casus nihil teneŧ facere, sed pati, ut reficiaŧ, ut in §.j.s̃.ea.l. Et interdũ põt agi alternatiue, interdum non, ut ibi dixi. Hic loquitur ecõtra, qñ dñs fundi seruientis agit ̃ dñm fundi dominantis, ut reficiat, qđ põt & tenetur, alias condemnatur ad interesse, & hoc tene menti.

1 *Hæc actio utilis datur ut uicinus patiatur refici opus naturale, uel q… turale, uel etiam accidentale, quod iure seruitutis in suo fundo deb… si naturaliter fuit destructum.*
2 *An cogatur quis pati, ut faciã in suo id quod sibi nõ nocet, & mihi p…*
3 *An possim te compellere ad faciendum aliquid, quod tibi non noceat … bi prosit.*
4 *Non debet quis facere in suo quod sibi non prodest, & alteri nocet, … crum auferendo.*

1 **§. Item uarus ait.** † Hæc actio utilis daŧ, ut u… patiatur refici opus natu… quasi nãle, vel ẽt accidẽtale, qđ iure seruitutis i suo fund… baŧ, si nãliter fuit destructũ.h.d. Si aũt nõ naturaliter, se… illius, in cuius fundo erat, dareŧ directa, vt ipse reponeret … duceret in pristinũ statũ, ut s̃.eo.l j.§.sed & si uicinus. Et … ponit hic opi. Vari Iuriscon.q distinxit inter opus, qđ era… uel quasi ex una parte, ut tũc si sit destructum nãliter, nõ … agi, ut ẽt patiaŧ refici, & rõ poniŧ in §.seq.ĩ uer.Labeo ̃.& … qđ nõ erat nãle, uel quasi, sed accidẽtale, tñ erat imposit… seruitutis, & postea naturaliter destructũ, & tũc possit agi … tiaŧ refici: postea ponit opi.Labeonis, q uŕ indistinctè dic… ẽt si erat naturale, uel quasi, possit agi usq; ibi, q̃q̃ ibi pon… Pauli authoris legis cõcordãtis dictas opi. ꝙ nõ põt agi d… vt in prima op.sed utili, ut in scđa, & ex æqtate, & idẽ dŕ … apud Namusam relatũ est, sed si nõ esset naturale, uel qua… esset impositũ iure seruitutis, nõ posset agi ẽt utili, ut in §
2 Labeo.el j.qđ declaraui in l.j.§.sed & si uicinus.† Not.in fi. §.illud.ad qđ semp allegaŧ, ꝙ cogiŧ quis pati, ut faciã in su… qđ tibi nõ nocet, & mihi prodest. Intellige hoc sanè, qđ fa… s.reficiendo id, qđ prius erat, & ex quo sentiebã utilitatẽ, … taliter est destructũ, sed si uellẽ facere de nouo, secus, ut si … bã fundũ inferiorẽ, & tenebar recipere aq̃ de tuo superio… turaliter decurrentẽ, ut s̃.l.prox §.fin.& ego uellem facer… fossam in tuo, q̃ reciperet illam aq̃, ut mihi non noceat, ce… si tibi hoc non noceat, non compelleris pati, quia si ẽt pri… cta fuisset, non tñ iure debitæ seruitutis, nec naturalis, uel … si, nõ teneris pati me reficere, ut in § itẽ Labeo.multo min…
3 de nouo faciã, † An aũt possim te cõpellere ad faciendũ a… qđ tibi non nocet, & mihi psit? dic aut illud exigit laborẽ … nalẽ, uel impẽsam, & non possum, ut in hoc §.ubi dŕ, ꝙ po… agere, ut patiaris me reficere, & nõ ut reficias. Aut non exig… borẽ personalem, uel impensam, & tunc distingue plene, …
4 Bar.in l.ij.in prin.s̃.sol.mat.† Est & alia regula negatiua, ꝙ … dẽt quis facere in suo, quod sibi non prodest, & alteri noce… lucrum auferendo.ut s̃.l.proxi.§.idem aiunt aquam pluu…

1 *Ad probandũ operis facti memoriã extare, admittitur probatio de au…*
2 *Testes an teneantur deponere de tempore actus celebrati.*
3 *Quòd dicatur quis certus esse ex vehementi opinione.*
Testis si deponit per auditum, sed non vidit, quia erat cortina media, t… dicit quòd habebat notitiam uocis, an eius dictum ualeat.
4 *Testes regulariter debent deponere de ueritate rei, non de credulitate, n… casibus, in quibus de veritate non possunt deponere.*

1 **§. Idem labeo ait cum.** † Ad probandũ … ris facti memoriã … tare, admittitur probatio de auditu.h.d.& ip allegatur, & c…
a sus spãlis, rŕr secus, quia nõ admittitur, nisi de auditu propri… ut in gl.& uide quod hŕ in l.si arbiter.s̃.de proba.& per can… stas.in c.qd per nouale.de uerb.sig.& de prescr.c.j.in ult.gl.
2 6.& in Spe.de prob.§.j.uer.vltimo q̃ritur, usq; in fi.† In tex. (non diem & consulem.) istud non est speciale in casu isto, rŕr est uerũ, ꝙ testes nõ tenẽtur deponere de tpe actus cele… ti, & ualet eorũ depositio, si dicant se non recordari, nisi sit … pus de substantia actus, de quo q̃ritur, & quod ueniebat ad p… bandũ, ut no.in l.ob cãm.§.fi.de testib.si tñ interrogati de t… sint uarij, & ponant de diuersis temporibus redditur testim… nium suspectum. Et iõ cautela est, ꝙ interrogentur, & hoc u… gl.sup uerbo, {memoria.} licet i instr̃is sit necessariũ tps. In te… ibi, (si quid sciaŧ,) hoc uerbũ ponitur hic dupliciter.s.ex ce… scĩa, quia uidi opus fieri, tunc proprie dŕ scire, uel uchemẽtio… nione, quia audiuit ab his, qui uiderunt, ut sequitur, (idest, fic… ctum esse, &c.) ut in fi.& tũc nõ est proprie scĩa, & hoc uult …
3 super isto uerb.sic.† & alibi dŕ quis certus esse ex uchemẽti op… nione, ut l.si qs ita.§.pe.de testa.tute.& no.in l.ij.§.qđ obseru… ri.c…

ADDITIO.

2 ¶ Auditu proprio. Adde duo singularia. Vnum ꝙ licet testis de auditu propr… siue alieno, non probat, tamen facit indicium & præsumptionem, ita ꝙ tran… fertur onus probandi in aduersarium, ita Arch.22.q.5.c.hoc uidetur aliud … gulare esse, ꝙ omni casu, quo testimonium de auditu valet, oportet ꝙ audi… rit ante litem motam, quia post non probat secundum Ar.25.q.6.c. consang… neus, & ista refert sing.suis Ludou.Rom.fol.19.& 22.& quando testis de au… tu probet, & quando non, uide per Alex.cons.82.

ra.calu.C. Et not.gl.q incip.(sic ergo.) in duob.primo, ꝙ
stimonium si testis dicit, ꝙ Titius ꝓmisit tali cẽtum, vel
estatus in tali forma, & interrogatus quõ scit, rñdit quia
qñ promisit, vel testatus est, interrogatus si vidit testato
romittentẽ, rñdit ꝙ non, qa erat cortina media inter ip
estatorem, tñ habebat notitiã vocis[a] eius. Doc.dñt ꝯriũ
tore, qui pp infirmitatẽ potest mutare vocem, ut not.C.
l. si non speciali. dic vt ibi per Cy. licẽt in ꝯhentibus pos
cedere. † Itẽ no. ex gl. ꝙ regulariter testes debent depone
eritate rei, non de credulitate, nisi in casibus, in quib. de
e non pñt deponere, vt quia non põt illud percipi sensu
eo, sed iudicio intellectus, puta, ꝙ talis sit filius talis, uel
dulterio, vt not. in l. Lucius. de cond. & demon.

ADDITIO.

dde ut per Alex. consi. 47. iiij. lib.

Idem Labeo ait, si. Si uicinus opere manufacto excludit aquam ne
ceat, q̃ non tenebatur recipere natura loci, vel iure serui
cẽt ex hoc alteri noceat, non tenetur hac actione h.d. no
r & singulariter, & limitat totũ istũ tit. Et iste intellect[9]
ur ex his, quæ not. gl. §. proxi. §. Neratius. q vr̃ ꝯtiari huic
ne exemplũ, vt ĩ. ne qd in flu pub. l. j. §. sunt qui putant.

tur aquam recipere iure seruitutis, non habet hanc actionem nisi im
te lædat.
lo tibi ut possis immittere aquam de fundo tuo in meum, etiam si mi
at, intelligitur, nisi noceat immoderate.
ra potestas arbitro, quòd possit auferre de iure vnius, & dare alteri,
itur, scilicet moderate, & in parua quantitate, & si fuit dictum ꝙ
a quantitate, intelligitur nisi sit nimis magna.

Illud etiam verum. † Qui tenetur aquã recipere iure seruitutis, nõ
c actionem nisi immoderatè lædat. h.d. † Et hoc ultimũ
riter not. quia si concedo tibi, vt possis immittere aq̃ de
tuo in meum, etiã si mihi noceat, intelligitur nisi noceat
erate, & hoc optime facit pro eo quod not. Bar. in l. si so
m. §. arbitrorum. pro socio, ꝙ si est data potestas arbitro,
t auferre de iure vnius, & dare alteri, intelligit. s. modera
in parua quantitate, ut l. si de meis. §. recepisse. s̃. de arbi.
t dictum, ꝙ in parua & magna quãtitate, intelligitur ni
nis magna, vt ibi no. Bar. nec scio tex. melius facientem,
se non alleget. facit l. si cui supra de serui.

ADDITIO.

Faciunt quæ uoluit Soc. ultra ea quæ posui in §. arbitrorum, quòd pro
cui datum est mandatum ad donandum, non possit donare nisi in mo
tenet consi. 162.

LEX III.

APud Trebatium. † Not. hic ꝙ sicut uicinus inferior tenetur recipere aq̃ pluuiam naturaliter decurrẽtem de fundo
superiore. (plus dr̃ hic, ꝙ ẽt opere manu facto, s. n ꝙ
it natura aquæ, puta, per fullonicas, idest. riuulos,) non ta
ebet vicinus superior illam aquam in riuulis corrumpe-
purcare, [a] puta, lauãdo ibi pannos, vel ventres, quia tũc
cum agi posset, ut hic patet. Plus etiam dicitur in §. seq.
m si aqua uiua sit calida, & sic magis noceat inferiori, te-
inferior recipere, ex quo naturaliter decurrit.

ADDITIO.

Ad intellectum clariorem huius legis uide Aret. consi. 30.

Si vicinus qui. Ex opere, quod facit uicinus in suo gratia culturę, licẽt damnum
tur inferiori, non potest agi hac actione, nisi aliquid sit fa
ltra necessitatem culturæ. h.d. licẽt gl. super verbo, (neq;
) videatur hoc ultimum intelligere.

Aquæ pluuiæ. Hæc actio non datur pro opere, quod fit in publico, sed solũ pro
od fit in priuato. h.d. Et rõ põt esse in primo dicto, quia
tio datur contra illum, qui est dominus operis damnum
, quia ipse est, qui põt illud destruere, vt ĩ. eo. l. si colonus.
qs facit opus in publico, nõ efficitur ipse dñs, sed reipubli
us solo cedit, ut no. per gl. supra tit. j. l. fluminum. in prin.
nõ põt ipse destruere sine licentia reipublicæ. Iõ non daẽ
t destruat, ad qđ principaliter ista actio ꝯpetit, vt ĩ. eo. l. si
s. §. officiũ. In tex. ibi, (in suo opus faciat.) & tũc tenẽt de-
e suis sumptibus, sed si non ipse, sed alius fecit, tunc ipse
ur, vt patientiam præstet, ut infra l. proxima. §. final. & ille
cit non tenetur hac actione, sed interdicto, quod ui aut
ut ibi, & l. si tertius. §. fin. infra eo.

LEX XXIIII.

t quòd quis fuerit dominus loci, & operis tempore quo ipsum fecit,
c ut ista actio competat contra eum, licẽt postea desierit esse domi-
nus, si tamen alius non cœperit esse dominus.

2 *Iussus iudicis excusat à delicto.*

1 **QVanquam autem.** † Sufficit ꝙ qs fuerit dñs loci, & operis tẽpore quo ipsum fecit, ad hoc ut ista actio cõpetat ꝯ eum, licẽt postea desierit esse dñs, si tamẽ
2 alius non cęperit esse dñs. † Itẽ iussus iudicis excusat à delicto. h.d. & ad hoc ultimum allegatur. In primo autem dicto ideo dixi, ꝙ alius non incipit esse dominus, quia si alius cępisset, hæc actio si iudicium non fuisset cęptum contra faciẽtem, daretur contra nouum dominum, ut patiatur destrui, qa ipse potest patientiam præstare, non ille qui fuit dominus, & nunc non est, ut ĩ. ea. l. §. fi. sed si iudicium fuisset inchoatũ contra facientẽ ẽt antequam desineret esse dominus, cõtinuaretẽ contra eum, licet desierit esse dñs. ut ĩ. proxi. §. sed in casu huius principij, qñ alius non incępit esse dominus, etiam si ille q fecit, nunc non sit, nec ẽt iudicium fuerit inchoatum ꝯ eũ antequam desineret esse, potest postea inchoari, ita intelligo istũ tex. In tex. ibi, (actio sit.) ut ĩ. l. proxi. & ibi ponit ratio. In text. ibi, (dominus esse desijt.) quia postea ibi sepeliuit corpus humanũ. In tex. ibi, eum teneri.) & sic põt agi ꝯtra eũ, ut destruat. licẽt destruere non possit propria authoritate, quia desierat esse dominus, sed destruit authoritate iudicis, ut sequitur. In glo. super uerbo, (actione.) bi, arg. contra appel. quoniam dic, ut ĩ. de reg. iur. l. non uidetur data. §. j. & penẽ per Dy. in c. cum quis mandato. de reg. iur. lib. 6. Pau. de Cast.

1 *Possessor directa actione conuentus, si alienauit iudicio pendente ex prima instantia, condemnatur.*
2 *Iudicium licẽt sit inchoatum super actione directa, si ipso pendente desinit directa, & incipit vtilis, fit condemnatio in vtili.*
Possessor tenetur actione directa, quousque possidet, & si dolo desiit possidere desinit teneri directa, & incipit teneri utili.

1 **§. Iulianus quoque.** † Possessor directa actione conuentus, si alienauit iu-
2 dicio pendente ex prima instantia, condemnatur, h.d. † Et sem per allegatur ad hoc, ꝙ licẽt iudicium sit inchoatũ sup actione directa, si ipso pendente desinit directa, & incipit utilis, fit condemnatio in utili. nã possessor tenetur actione directa quousq; possidet, si dolo desijt possidere, desinit teneri directa, & incipit teneri utili, ut l. electio. §. si is. supra de noxali. Et iste tex. uult, ꝙ si iudiciũ sit inchoatum tempore quo possidebat, & iudicio pendente alienauit, & desijt possidere, & cœpit teneri utili, cõdenetur uirtute iudicij inchoati. hoc ꝓbatur ẽt in l. si post acceptam, supra de rei uendi. ubi desijt teneri directa, qa usucepit lite pendente, & cępit teneri utili, & ꝯdemnaẽ in illa utili. de hoc ꝑ Cy. C. de alle. iud. l. j. in 8. q. uidebaẽ ꝯrium, qa in illa utili non fuerat lis ꝯtest. & sic uidebatur esse opus nouo iudicio, & nouo libello, ut l. nõ põt uideri. supra de iudi. sed dic, ꝙ succedit loco directę, ut d. l. electio. §. si is. & sic sufficit ꝯtestatio facta in directa. In tex. ibi, (ac si nulla alienatio facta esset.) & sic ꝯdemnabitur reus ad destruendũ opus, licet destruere nõ possit, qa desierat esse dñs, non tñ fiet executio ꝯ nouum dominum, cui non dẽt præiudicare sententia lata ꝯ eius auctorẽ, sed iurabitur in litem ꝯ condemnatum, quia dolo desijt possidere. Videbatur autem iudiciũ finiri, quia finita est causa pp quam fuit inchoatũ. scilicet potentia destruendi, ar. in l. si ꝯstante. §. fi. sol. matr. sed certe finita est facto, & dolo suo, & sic habetur pro non finita, quo ad eius præiudicium, ut etiam condemnetur ad damnum contingens lite pendente, ut hic in fi. quod not.

§. Idem Iulianus. Hæc actio datur ꝯ dñm operis ut opus destruatur, cum ipse habeat facultatem hoc faciendi, uel fieri patiendi, si tamen ipse opus non fecerit, nec mandauit fieri, datur dũtaxat ut præstet patientiam, & ꝯ eum qui fecit datur interdictum, quod ui aut clam ad interesse impensarum, quas actor habet necesse facere. h.d. cum l. seq. sed si ipse dñs fecisset, uel fieri mandasset, teneretur ipse destruere proprijs impensis, ut ĩ. eo. l. si tertius. §. fin. In tex. ibi, (non nisi cũ dño.) quia cũ detur principaliter, ut destruatur opus, qđ potest nocere, ut ĩ. eo. l. si tertius. §. officium. nullus potest destruere, uel pati, ꝙ destruatur nisi dñs, ideo cõtra ipsum solũ competit, ut infra l. proxi. ubi ponitur ratio. In tex. ibi (si tamen dñs desineret sibi caueri. s. præstat patientiam, ꝙ destruatur, ut ĩ. l. proxim. ibi, (sed patientiã, eũ, &c.) In text. ibi, (si non ego, sed procurator meus.) supple me mandante, ut habeat locum quod ĩ. sequitur ibi, (aduersus me, &c.)

LEX VI.

1 *Licet fundi rustici non dicantur vicini adinuicem, sed confines tamen rusticorum prædiorum domini dici possunt vicini.*
Vsque ad quantum spacium possint dici uicini, & quando dicantur uicini proximi, uel proximiores.

1 **S**Si tertius vicinus. † Si opere manu facto in prædijs pluriũ, detur mihi damnum, possum agere ꝯ quem volo. h.d. supple, & ẽt
2 ꝯ ambos. † Not. in isto prin. ꝙ licèt fundi rustici non dicantur vicini ad inuicẽ, sed ꝯfines, vt s. finium regundorum. l. quarta. §. fi. dñi tñ rusticorũ prædiorum dici possunt vicini, vt hic. sed prædia urbana bene dñr. vicina, non cõfinia, vt d. l. 2. §. fi. Et pp hoc Bar. hic ponit vnã materiam notabilem, qa frequẽ
a ter statuta faciunt mentionẽ de vicinis, ᵃ qui possint dici vicini, & vsque ad quantum spatium, & qñ dicuntur vicini proximi, vel proximiores, dic vt hic per eum.

ADDITIO.

a Vicinis, vide Io. And. in c. felicis. de pœnis in glo. in uerbo, vicinarum, & vicinus. aliquando dr, qui distat per duas legales dietas, ut in c. 2. de præ. lib. 6.

1 §. Si ex plurium. † Vnus ex plurib. dñis unius fundi agit, & ꝯuenitur, & ẽt ꝯdenatur ad interesse ꝓ sua tm̃ parte. h.d. In tex. ibi, (singulr̃ in partes experiant.) sed hoc quõ, cũ ista actio det̃ principalr̃, vt opus destruat, vt j. ea. l. §. offm̃. nõ aũt ad dãnũ iã illatũ, ut ibi, & s. e. l. j. §. hæc aũt actio. opus aũt non põt destrui, nisi in totũ? Sol. dic ut plenè, & subtiliter no. p gl. j. e. tit. & s. in l. iter. §. Cassius. in gl. q̃ incipit, (idest dãni.) quam hic gl. allegat pro ꝯtraria.

Hæc actio, licèt sit personalis, est tamen in rem scripta, & ideo transit in singularem successorem eius, cui competit.

2 *Qualiter cognoscantur actiones personales in rem scriptæ à meris ꝑsonalib.*

1 §. Si quis prius. † Hæc actio, licèt sit personalis, est tñ in rẽ scripta, & iõ transit in singularẽ successorẽ eius, cui ꝯpetit. h.d. vsque ad §. officium. Sed ꝙ transeat non est propria locutio, immo illa quæ cõpetebat dño, statim ꝙ alienat rem cuius occasione ꝯpetebat, extinguitur, & noua actio incipit ꝯpetere nouo dño, rõne dñij ſm Bar. qđ ẽt colligitur ex l. post venditionẽ. j. eo. Et in isto §. Bar. multũ plenè examinat materiã, quã ponit Dy. ĩ c. si qs in ius. de reg. iur. An actio ꝑsonalis, vel exceptio transeat in singularem successorẽ, vel ꝯ eum de quo ẽt aliqualiter tetigi in l. fluminũ. §. adijcitur. s. tit. j. In tex. ibi, (prius quam aquæ plu. arcen. agat.) si enim postq̃ cœpisset agere, & litem fuisset conte. quid iuris sit? dic ut j. eo. l. post venditionẽ. In tex. ibi, (eaque nõ eadẽ omnino.) ſm Bar. & bene. In glo. quæ incipit, (hoc mirabile.) in fi. ibi,
2 (& est ratio, quia in rem scripta &c.) † sed qualiter cognoscuntur actiones personales in rem scriptæ à meris personalibus? Dic, ꝙ in rem scriptæ sunt illæ, quæ non cõpetũt alicui ex suo ꝯtu, vel quasi, sed ex dispositione legali, vel ex facto, vel delicto alterius occasione rei illius, cui ꝯpetunt, ut est ista actio quod me. cau. Sed illę quæ competunt ex suo ꝯtu, vel quasi dñr merè personales, ẽt si occasione rei sint contractę, vt quia promittis mihi, uel vendis, aut donas rem aliq̃, nec transeunt in singularem successorem illius rei, sine cessione, iuxta no. s. titu. j. l. si is qui. §. emptor. Sed an actio sit necessariè cedenda? dic ut j. qđ vi aut clam. l. is qui in puteum. §. si postea. & de aqua quoti. & æsti. l. j. §. si fundum. & hæc actio datur, vt opus destruatur.

1 §. Officium autem. † Hęc actio principaliter datur, ut opus manu factum tollat, & per officium iudi. mercenariũ ei deseruiens fit ẽt cõdemnatio de damno cõtingente post lit. contest. nõ de eo, quod prius contigerat. h. d. Et ꝙ istum damnũ veniat officio iudi. mercenario, licèt hic non dicatur, tenet gl. expresè. j. ea. l. §. Cassius. super uerbo, (litis æstimatio.) sed destructio operis uenit iure actionis, sicut in rei uend. declaratio dñij uenit iure actionis, & condemnatio ad restituendũ uenit officio iudi. mercenario, ut l. ex diuerso. §. j. de rei uendi. Et ex prædictis patet, ꝙ ad emendationẽ damni contingẽtis post litem contest. põt fieri condemnatio ẽt si non fuit petita in libello per l. ędiles. §. itẽ sciendũ. s. de ædil. edi. & hoc uult gl. hic super verbo, (post litẽ.) & in Spe. de offi. iud. §. de serui. Debet ergo agens in suo libello concludere, ꝙ aduersarius ꝯdemnetur ad destruendũ opus, quia ad hoc est personaliter obligatus, ut s. in proxi. uer. in tex. & glo. & hoc suo facto uel delicto, sed ad emendationem damni, non est personaliter obligatus, & ideo illud principaliter ꝑ se non potest peti, sed accessoriè cum petitione destructionis operis, ut not. j. in d. l. supra iter. § j, in gl. præallegata.

1 §. Celsus Scribit. ¶ † Si agit ꝯtra illũ q fecit opus, uel hr̃dem eius, fit cõdẽnatio, ut destruat suis impensis, sed si ꝯ alium, qui non fecit, sed opus possidet, nec sit hæres eius qui fecit, fit ut patiat̃ destrui expẽsis petentis, nisi sit dñs eius qui fecit, quia tũc tenetur, uel destruere suis expensis, uel dare seruum pro noxa. Et contra non destruentẽ fit condemnatio ad uerum interesse. h. d. Quod autem dixi de hærede faciẽtis, ut teneatur destruere suis expẽsis, intellige, ut in gl. hic sup uerbo. (perinde.) quando lis fuit ꝯtesta. ꝯ defunctum, alias cum hæc sit quædam pœna, hæres non cedit in ea. vt s. de ope. no. nun. l. pen.

LEX VII.

1 *Qui conuenitur ex facto suo non liberatur cedendo rem. h.d. & semp[...] gatur, secus si non ex facto suo.*
2 *Qui vult facere plusquam teneatur, non cogitur subire iudicium.*
3 *Si à feudatario uel emphyteuta petitur seruitium, uel pensio, & ipse n[...] stet, sed vult dimittere feudum uel rem emphyteuticam domino, an[...] audiri.*
4 *An possit quis euitare onus collectarum, quæ imponuntur persona[...] bus si vult dimittere res fisco.*

1 **I**S cum quo aquę. † Qui conuer[...] facto suo non[...] tur cedendo rẽ. h.d. & sp allegat̃, secus si nõ ex[...]
2 suo, vt l. cum fructuarius. s. de vsuf. & hic in fi. [...] ꝙ q vult facere plus quã teneat̃, nõ cogit̃ subire iudiciũ, v[...] fi. nã ille q fecit opus, licet ipsũ possideat, nõ tenet̃ nisi ad[...] dũ patiẽtiã, ꝙ destruat̃ expẽsis petẽtis. Si cedit loco, & hẽ[...] ꝓ derelicto, dãdo licẽtiã actori, ꝙ ipsũ capiat, & sibi appro[...]
3 plus facit, quã teneat̃. † Et inducit̃ ista lex ꝓ Dyn. ad ꝙnẽ [...] datario vel emphyteuta a quo petitur seruitiũ uel pẽsio, i[...] ut nõ pstet, vult dimittere feudũ vel rẽ emphyteuticã dño[...]
4 debeat audiri, & distingue, ut hic no. ꝑ Bar. † Inducitur ẽ[...] possit qs euitare onus collectarũ, quæ imponuntur ꝑson[...] rebus, si vult dimittere res fisco, de quo etiam uide hic pe[...]

LEX VIII.

1 *Quod omnes tangit debet ab omnibus approbari.*
2 *Quando agitur contra aliquem, ad hoc ut processus & sententia pr[...] cent tertio, qui non est in libello nominatus, consilium est quod ipse c[...]*
3 *Sufficit semel uoluisse, & quod hoc importet duo.*
4 *Resolutio iure donationis ex causa necessaria resoluitur ius acceptat[...]*
5 *Si habeo obligatum nomen debitoris tui, & ille postea liberatur a te t[...] pa uel delicto etiam ex forma statuti, quia illud debitum non posuis[...] memorialibus, an hoc noceat mihi.*
6 *De natura consensus, est ꝙ possit interuenire etiam post actum ex inter[...] & quid in iussu.*

1 **I**N concedendo. † Lex ista cũ duab. seq[...] tib. melius staret in ti[...] seruitutib. q̃ hic, qa nõ tractãt de materia titu. huiu[...] hoc dicunt in effectu. Qđ oẽs tãgit, dẽt ab oĩb. approbari, [...] rła iuris. Vel qñ quis facit in loco suo aliquid, qđ tẽdit vel[...] re põt in ꝑiudiciũ alterius, q hẽt ius de ꝑsenti, vel sperat hr̃e[...] tela est, ꝙ ille consentiat ad hoc ut actus nõ retractet̃, & iste[...] sẽsus ẽt ex interuallo põt ĩteruenire. h.d. istæ leges, & singul[...]
2 q̃ semp allegant̃. † No. in ista prima l. argm̃, ꝙ quando agit[...] aliquem, ad hoc ut processus & sñia præiudicent tertio, qu[...] est in libello nominatus, consilium est ꝙ ipse citet, quia si[...] comparet, censet̃ processui consentire, & sibi præiudicat, [...] secus, arg. hic & l. si deserta. C. si pp publi. pen. & not. in l. [...] miles. §. fi. quib. ex cau. ma. per gl. & l. in causa la. j. §. interdu[...] gl. & Doct. de mino. & in c. inter quatuor. de maio. & obe. [...] uertendum tñ est, quia in hoc est differentia inter ꝯtum, [...] dicium, qa in iudicio non dẽt necessario citari ille qui non ius de præsenti, licèt in futurum possit acquirere, ut si agit[...] redem, q habet substitutum, nam sufficit, ꝙ uocet̃ hæres, ve[...] le ad quẽ pertinet prima cã successionis, absq. eo, ꝙ uocet̃ [...] stitutus, ut l. j. §. denunciari. de uen. inspi. sed in contractu, v[...] mus permaneat, & ex post facto non irritetur, requiritur c[...] sensus eius, q habet spem de futuro, licèt non habeat de ꝑse[...]
3 ut in fi. huius l. & in seq. † Item no. in l. seq. ꝙ sufficit semel vo[...] se, & hoc importat duo primo qa postea non potest mutare [...] positum in alterius præiudicium, ut in regula iuris mutare l[...] Secundo, quia potest compelli ad perseuerandum in eo, q[...] semel uoluit, & non dicitur compulsus facere, ut no. in c. [...] literis. de sponsa. † No. etiam ꝙ resoluto iure donationis ex[...]
4 sa necessaria, resoluitur ius acceptionis, quia si uẽdidi tibi [...] dum cum pacto adiectionis in diem, & tu postea in illo con[...] dis seruitutem, uel ipsum obligas, me non consentiente, de[...] de melior ꝯdõ afferatur, & si resoluatur venditio, & ius tu[...] resoluitur, & ẽt ius illius, cui concessisti seruitutẽ, vel obliga[...] vt colligitur ex principio huius l. in diẽ. à cõtrario sensu, qa [...] solutio fit ex necessitate præcedentis. Idem in hærede grau[...] de restituendo post mortem, quia si in uita concedat alicui [...] uitutem in re hæreditaria subiecta fideicommisso, aduenie[...] die fideicommissi, ius detentionis seruitutis resoluitur, qđ [...] Secus si fieret ex tua voluntate, vt si ageres contra me redhi[...] toria ꝓ re empta, qa nõ cogeris hoc facere si nõ uis. Nã nõ r[...] soluit ius illius, q habuit a te cãm, ne sit in potẽtia nocere i[...] vt hæc probantur, & habentur in l. 3. & 4. in princip. s. quib[...] mod.

pig.vel hypo.sol.vel si petis venditionẽ rescindi, qa dece- vltra dimidiã iusti pretij.de hoc tangitur hic per Bar. & in Spec.de ob.& so.sup rubrica, ubi reperitur q̃stio Bartolu Pratis.† si habeo obligatũ nomen debitoris tui, & ille a liberat à te cũ culpa, vel delicto ẽt ex forma statuti, qa debitũ nõ posuisti in memorialib. [a] vtrũ hoc noceat mi- cenuit idẽ Doct. ꝙ non, & sic sequitur mirabile, ꝙ erit li- us a te principali creditore,& nõ a me accessorio, & etiã ctat,qñ resoluit venditio,qa deceptus erat emptor vltra diã iusti pretij,de quo ẽt vide Bal.in l.ij. C.de rescin. vend. ciatur ei,qđ hic no.Bar.† Vlt.no.in l.seq.in ver.an tñ,ꝙ de ra ꝯsensus est,ꝙ possit interuenire ẽt post actũ ex interual n sic in iussu,q̃ dẽt ꝓcedere,ut l.si qs mihi bona.§.iussum. .hær.nec in authoritate,q̃ dẽt adesse tpe actus celebrati, bligari.§.tuto.de autho.tu.Intellige tñ primũ dictũ sane, ensus alicuius requirebat, ne sibi inuito, vel ignorãti fie- udiciũ,& ita loquitur hic. Sed si non requirebat pp eius cium, sed ne fieret ꝓiudiciũ ei, q̃ actũ gerebat, & sic erat us auctorizabilis,ut si dicẽt statutũ,ꝙ mulier non possit sine ꝯsensũ ꝯsanguineorũ, dẽt interuenire ꝯsensus ipso [b] sicut authoritas cui ꝯparat,ita no.Bal.in l.j.C.q admit. .poss.ante si qđ no.Sed in ꝯrium facit qđ no.glo.in c.edo xtra de rescri.q̃ dicit, ꝙ cõsensus ꝑlati põt interuenire ex acto. Sol.intellige s̃m ꝑdictam distinctionẽ, qñ agitur de cio prælati,& pp illud consensus requiritur, qa negotiũ ỏe inter ipsum & capitulum. Sed si pertinebat duntaxat pitulũ, & erat arduum,& pp hoc requirebatur ꝯsensus ꝑ- auctorizandũ,puto ꝙ non sufficeret ipsum interuenire st facto,& sic intelligo c.cũ hos. de his quæ fiunt a prælat, quod dixi in l.si quis mihi.§.iussum. de acqui.hæred.

ADDITIONES.

morabilibus. Sed quid si habet duos obligatos insolidum, & ex forma debeo ponere in memorabilib. credita,& nomina debitorum, & non nisi nomẽ unius,an si deinde uelim agere cõtra illũ, quem nõ descripsi, mihi opponere de non obseruato statuto,uide Fede.consi 199.

ctu. Adde Ludo.Ro.consi.356.Soci.consi.34.

LEX IX.

Supra iter alienum. † Dñs nõ potest facere arcum lapideũ causa aquã ducendi supra arcum, vbi alteri concesserat seruitutẽ itineris,nec etiã ille,cui talis seruitus debetur,põt talem arcum facere cã eundi, sed bñ põt facere pontem de li- expedit.Itẽ ille cui debetur seruitus aquædu-ctus priuũ, põt facere foueam, in qua multa aqua simul ꝯgregetur, oc posset nocere dño soli,qa aqua in ea põt corrũpi. h.d. uod mihi vr̃ de mente tex.& est litera plana,licẽt gl.& Do iuersis modis intelligant primum, & s̃m dictum.

1 an possint simul eodem libello agere,uel conueniri.

res agunt eodem libello ex causis diuersis, est in electione conuenti di- quòd quilibet det suum libellum, & debet dicere usque ad litem con- tam.

ures actiones possint cumulari in eodem libello contra eundem, quan- on obstat aliqua de regulis impedientibus cumulationem, & an posi- ici,quòd dentur libelli diuersi.

Cassius ait siue. Vnus ex pluribus dñis, & ẽt singuli separatim possunt a- hac actione,& cõueniri.Et destructio operis facta ꝑ unũ, at alios,& facta uni liberat ab alijs. Et illud qđ expedit de- ndo recuperat a socijs actione communi diui. & licẽt sit m ꝯ illum,qui opus possidet,non tñ in ipsum qui fecit,nõ ibetur quis agere ꝯ facientem ad interesse,hoc dicit, usq; apud ferocem. In tex.ibi,(vel singulos cum singulis.) scili- eparatim,vt s̃. idest diuersis libellis, & sic erunt diuersa iu- .† Sed an omnes simul, & eodẽ libello possint agere, [a] vel eniri,ut sic sit vnum iudicium? iste casus non tãgitur hic. tenet ꝙ sic,quia agunt,& conueniuntur ex eadem causa. e sicut in criminali possunt plures accusare, uel accusari odem libello,& de eodem crimine,ut C. de accusatorib. & i reus,vel accu.mor.fue.ita & in ciuili, & allegat pro hoc .ea.l.§.qđ si is.in verb. (uel singulos.), quia ibi dictio illa onitur pro ẽt,q̃ est dictio implicatiua,ut l.cõuenticula.C. pi.& cler.q.d.non solũ oẽs simul,sed singuli per se,& sepa- n.Tu allega ad hoc meliorem tex. in l. si qs cũ ꝓcuratorio. ius.s̃.de procu.vbi vr̃ casus,quia ibi plures agebant, & erat is,& sic vno libello,alias tot essent lites,& instantiæ, quot li.Item de hoc vide plene in Spec. de libellorum cõceptio .fi.ver.item pone te agere rei vendi.ꝯ quatuor.cum duob. eq. In ꝯtrarium tñ facit l.ad officium.C.communi diui.in o,(singulos,) ubi plures conueniebantur ex eadem cau- men nõ uno libello, sed singuli ꝑ se diuersis libellis, & ibi hoc colligit Bald. Dic, ꝙ in electione actoris est dare vnũ libel- lum ꝯ oẽs,uel singulos ꝯ singulos,qñ conueniuntur ex eadem causa. Et idẽ ex parte actoris si sunt plures,qui possunt oẽs si- mul, uel quilibet de per se.iuxta not.ꝑ Bar. in l.3. §.fi.de duob. reis.Sed si ex diuersis causis tunc est in electione cõuenti, qa si plures uno libello cõueniuntur,possunt dicere,ꝙ detur libel- lus ꝯ quemlibet quia quilibet uult facere suam defensionem per se.Si hoc non dicunt, procedit libellus, & post litẽ contest. dicere non potuerũt, ita intelligo,qđ no.Bal.C.si cer. pet.l. eo 2 ꝙ a multis. † eodem modo si plures agũt eodem libello.ex cau sis diuersis,est in electione conuenti dicere, ꝙ quilibet det suũ libellum,& hæc dicere debet usque ad litem contest. An autẽ plures actiones possunt cumulari in eodem libello contra eũ- dem, quando non obstat aliqua de regulis impedientibus cu- mulationem,& an possit dici, ꝙ dentur libelli diuersi? Vide ꝑ Bar.in l.edita. C. de eden.in primo genere cumulationis.

ADDITIO.

a Agere & conuenire.Vide Lud. Ro.consi.345.Soci. consi.137.

§.Apud ferocem. Non tenetur quis soluere ꝑ alio pp hoc solũ, ꝙ si soluat, potest ab illo repetere, qa melius est non soluere q̃ habere ne- cesse repetere.h.d.Concor.l. nemo ideo.de regu. iuris. Glo.hic op.de quatuor legibus.s.de l.qđ debetur.s̃. de pa.dic,ꝙ nõ obst. nam interdum qs non habet actionem ꝯ alium,sed põt acqui- rere,mihi soluendo,& tunc si q̃ritur,an teneatur mihi soluere, ex quo potest acqrere,dicendum est,ꝙ non, vt hic. Interdum qs iam habet actionem ꝯ alium,antequam mihi aliquid soluat, & propter hoc mihi tenetur,& quæritur utrũ propter hoc, qa habet,teneatur mihi? & tunc tenetur solum vt illam cedat, & iste est casus ibi. Secundum ꝯrium est de l.& ancillarum. §.fi.e. tit.sed solue,ut ibi in gl.nam ibi non tenetur,qa ꝯ alium possit habere actionem,sed qa erat cõtractum cum tertio suo. Tertiũ contrarium est de l.si seruus.s̃.de noxa.sup.& de §.proxi.sequẽ- ti ibi, (quoniam quod præstiterit &c.) Sed solue,ut ibi dicam, quia pp aliud tibi tenetur, scilicet ne sequatur inconueniens, ꝙ in diuersis rebus fiat solutio. Quartum contrarium de l.si æ- dibus.s̃.titu. primo.sed nihil facit.nam uerum est, ꝙ qui habet actionem ordinariam repellitur ab extraordinaria, & ita loq- tur ibi, sed ille qui non habet, & potest acquirere propter hoc solum,non tenetur soluere, & ita loquitur hic.

§.Officium autem. Si vnus ex pluribus domi- nis unius fundi conuenia tur uel agat hac actione, quantum ad emendationem damni post litem contestatam contingens,& quantum ad æstimatio- nem litis uel interesse,pp hoc,ꝙ opus non destruitur, fit con- demnatio pro parte illius tñ,hoc dicit in effectu, usq; ad §.fin. Et primo loquitur, qñ unus ex pluribus conuenitur usque.ibi (quod si is,) secundo qñ unus ex pluribus agit. In tex.ibi,(si & cum uno eorũ agatur.) scilicet ut opus destruatur,quo ad hoc, non est dubium,ꝙ potest agi contra vnum insolidũ,& insolidũ potest condemnari,vt s̃.ea. l.§.Cassius.ibi. (& restitutio operis &c.)ita intelligit gl.s̃.eo.l.si tertius.§.j.super verbo,cõdemna- tio,& de hoc non fit dubium hic,sed de duob. alijs, q̃ sequunt. s.si damnum contingat post litem contest.in quo debet fieri cõ demnatio iudicis officio mercenario,vt supra eo.l.si tertius.§. officium.an condemnetur ille insolidum. Item de ęstimatione interesse,si opus non destruatur, ẽt si damnum non.dum sit il- latum,quia in obligationibus facti post moram succedit obli- gatio ad interesse,utrum condemnabitur insolidũ? & Iurisccon- sultus arguit primo,ꝙ sic,in ver.quemadmodũ. sicut in actio- ne noxali postea in uer. an uerò.arguit in ꝯrium, ꝙ pro parte. sicut in cã damni infecti,& finaliter decidit pro parte in uersi. magisq;. In tex.ibi;(quando.) iste tex.ꝯriatur.§.præcedenti.sed dic,ꝙ non ideo in actione noxali tenetur quilibet insolidum, pp hoc solum ꝙ soluendo solidum potest recuperare partem a socio,sed ne sequatur inconueniens, quia si liberaretur sol- uendo partem,posset socius dare partem serui pro noxa, & sic in duab.reb.fieret solutio.quod esset non debet in obligatione alternatiua,ut l.in executione.§.pro parte.ꝭ. de uerbo.obli.& actio noxalis quodammodo est alternatiua, licet vnum sit in obligatione,aliud in solutione,quia agitur alternatiue,ut emẽ det dãnum,uel det seruũ pro noxa.Cætera dic,vt per Bar.hic.

§.Si ex priuato. Pro opere manu facto agitur ut destruat,sed ꝑ facto a natura agi tur ut patientiam reficiendi præstet. h.d. Et hic ꝙ primo casu agitur,directa,secundo utili, quod dic ut plene habetur supra eodem in summa §. primo.& §. item Varus.

LEX XII.

1 *Simulata uenditio quando non sit uenditio.*

Quæ dicatur propriè simulatio.

1 **EMptor nisi.** † Hæc actio datur ꝯ singularē successorem eius, qui opus fecit, ut præstet patientiam, ꝙ destruatur, nō aūt vt destruat ipse. Cōtra authorē verò, qui fecit, & desijt esse dn̄s, non datur, quia non pōt destruere, nec pati, ꝙ destruatur, sed contra eum datur interdictum, qđ vi aut clam. ad damna & impensas, quas actor habet facere de suo, & post annum datur actio in factum ex edicto. de aliena. iudicij. si causa mutandi iudicij alienauit. h. d. cū l. seq. & prin. sequentis s̄m intellectum gl. magnæ ibi positæ in fine, qui est verus ibi, (vel melius. dic ꝙ in factum &c.) In tex. ibi. (nisi simulata venditione.) hoc ideo dicit, quia si uenditio sit simulata, non ageretur cōtra emptorē, etiā vt præstet patientiam, cum ipse non sit dn̄s, sed ageretur contra venditorem, vt destruat, ac si venditio facta nō fuisset, † quia
2 simulata venditio non est venditio, hoc tn̄ verum qn̄ simulāt venditionem, & tn̄ illam non faciunt, nec aliquem ꝯtum. ut l. imaginaria. de reg. iur. & s̄. de ꝯhen. emp. l. nuda. sed si simularent venditionē, & re vera agerent, ut esset donatio, staretur ei, qđ actum est in veritate, ut C. plus valere qđ agitur. p totū. & tūc ꝯ donatarium simulatum emptorem bene ageretur, ut patientiā præstet, qa est dn̄s. in dubio aūt cum lex vel statutum facit mentionē de ꝯtu simulato, debet intelligi primo modo, quia illa est propriè simulatio, qn̄ fingunt aliquid facere, & ni-
a hil faciunt, secundum Bal. qui hoc semper allegat. [a] Alia vero simulatio non est propriè simulatio, ex quo aliquid agitur, ut l. si ex pretio. C. si cer. pet. & ibi per eundem, & l. si sub specie. de aduo. diuer. iu. C. & vide qđ ipse plene no. ī l. Lucius. §. ꝺpositi.

ADDITIO.

a ¶ Allegat. Vide eundem consi. incip. Petrus Nicolæ.

LEX XIIII.

ATeius. §. In hoc iudicium. Pro damno iam illato non ꝯpetit hæc actio, sed interdictū, quod vi, aut clam, pro futuro vero bene ꝯpetit, ut opus iam factum taliter tollatur, quod non detur, & ut caueatur de damno post sententiam secuto, si cōtingat pp moram destructionis operis, pro opere uero facto post litē ꝯtest. est agendum nouo iudicio, nisi cohæreat facto ante litem, hoc dicit vsque ad legem post venditionem.

LEX XVI.

1 **POst venditionem.** Si post iudicium cœptum actor alienat, ꝯtinuat iudiciū ad cōmodū singularis successoris, sed si alienat reus, pōt actor nouū iudicium inchoare, vel ꝯ singularem successorē, vel ꝯ alienantem. h. d. & no. istā. l. Secunda pars est ibi, (sed ante.) Et distingue hic colligendo oēs tex. ꝙ aut alienauit ille, cuius fundo nocetur, aut ille, cuius fundus nocet. Primo casu aut alienauit anteq̃ iudiciū inchoaret sup hac actione, & tunc extinguitur hæc actio quo ad eum, nec potest amplius inchoare, & incipit ꝯpetere singulari successori, vt s̄. eodem. l. si tertius. §. si quis prius. aut postq̃ litē inchoauit, & tunc actio nō extinguitur, nec ēt iudicium finitur, & virtute illius iudicij pōt sequi ꝯdemnatio in persona venditoris, proderit tn̄ emptori cui restituendū est, quicquid uēditor ꝯsequetur ex illa sn̄ia, & ēt cedet omne ius, qđ hēt ex ea, ut in primo casu huius l. Secundo casu distingue, sir alienauit reus ante iudicium susceptū, aut post. Primo casu, aut alienauit non trāsferendo in aliquem dn̄ium, sed desinendo esse dn̄s, & tunc potest ꝯueniri, ac si non desijsset esse dn̄s, vt s̄. eo. l. q̃q̃. in prin. Aut trāstulit in alterū dn̄ium, & tunc desinit teneri actione ista, & ille in quem transtulit, incipit teneri, vt s̄. eo. l. emptor. sed ꝯ alienātem succurritur, per interdictū, qđ vi, aut clam. vel p actionem in factū ex titulo de alie. iud. in l. seq. & in prin. sequentis post illā l. emptor. Scđo casu post iudiciū susceptū, i. post lit. contes. tunc actor habet duplicem viam, uel ꝙ sequatur eandē litē ꝯ eundē, ut d. l. q̃q̃. §. Iul. vel vt incipiat nouā litē ꝯ quemlibet, ut in fi. istius. l. ut sonat litera in verbo, actū, sed glo. destruit istam literam exponendo literam. (actū,) idest agēdū. nos possumus tenere primū dictum, & est vtilitas incipiendo nouum iudiciū ꝯ successorem, quia obtinebit actor demolitionē realē, quā nō pōt obtinere prosequendo litem ꝯ alienantem, cū ille nō possit destruere opus, nec pati, ꝙ destruatur, sed successor sic, & agitur, vt p̄stet patientiā & ꝯ alienantē agitur ad expensas interdicto, quod vi aut clam. sed primum iudiciū fuerat inchoatū ad destructionem operis, quæ non pōt sequi facto, uel patiētia illius. Dy. ponit hic vnam distinctionem longā, per quam recolligit totum titulum, sed clarius apparet summa totius ex his, quæ dixi in l. j. ꝙ decem requiruntur ad hoc, ut habeat locum hæc actio directa, nec ex distinctione Dyn. plura comprehenduntur, quam ea, quæ dixi in lege prima.

LEX XVII.

1 *Ad perditionem vnius iuris non sequitur perditio alterius iuris peni[tus] diuersi.*
2 *Si rusticus tenetur soluere militi quolibet anno iure seruitutis duo pari[a ca]ponum, & per decem annos non soluit, nisi vnum par, an præscripserit [iu]ri non soluendi aliud par.*
3 *Si aliquis habet iurisdictionem plenam cum mero & mixto imperio, & [non] fuit usus nisi simplici iurisdictione per longum tempus, an retineat im[pe]rium.*
4 *Si aliquis tenetur annuatim soluere decem libras de tali moneta, & ipse [per] longum tempus soluit de moneta, quæ tantum non ualet, an præscrip[serit] ius non soluendi de meliori.*

1 **SI prius nocturnæ.** † Ad perditionē vnius iuris non sequitur perdi[tio] alterius iuris penitus diuersi. Ad hoc allegatur. facit de furtis. l. inter oēs. §. hęc actio. ver. usq; adeo. & loquitur hic, qn̄ vnum ius perditur præscriptione. Idem si pacto, remissione, ut l. si domus. s̄. de serui. urb. præd. nisi aliud ius connexū iuri perdito, ut ueniat in ꝯñam eius, ut ibi not. in g[l.] & facit l. nec is. §. j. de acq. hær. & s̄ eo. l. sed interdum. In tex. (amitto seruitutem aquæ diurnæ.) supple tm̄, & sic neglig[entia] commissa in seruitute aquæ diurnæ non nocet seruituti a[quæ] nocturnæ, quia sunt diuersæ pp diuersas concessiones, ut p[a]s̄. quia diuersis temporibus fuerunt factæ. Sed si eodem tem[po]re fuisset facta una concessio de diurna, & nocturna. una tn̄ [es]set seruitus, & procederet glo. 3. super verbo (plures.) In glo[.] per uerbo, (plures) ibi, quib. mod. usus fr. amit. l. is qui. hoc i[n]lige prout ibi habetur, qn̄ sciębam mihi deberi seruitutem [du]cendi aquam tam de die, q̃ de nocte, & tn̄ nō fui usus, nisi de [no]cte per longum tp̄s, nam retineo ēt ius ducendi de die, quia [du]cendo de nocte videor ducere animo retinendi totam serui[tu]tē. Secus si non credebam mihi deberi nisi de nocte, nam t[unc] perdo facultatem ducendi de die, non ꝙ seruitus diuidatur [quæ] diuidi non potest, sed restringitur, ut perinde sit, ac si non f[uis]-
2 set concessa, nisi de nocte. † Et per illā l. notabilem determi[na]tur, ꝙ si rusticus tenetur soluere militi quolibet anno iure [ser]uitutis duo paria caponū, & per x. annos non soluit, nisi vn[um] par, vtrum præscripserit iuri non soluendi aliud par? & dis[tin]guendum est, aut tenebatur soluere ex diuersis ꝯcessionib[us] præscriptionibus, ut in hac l. aut ex eadem: & tunc aut m[...] sciebat sibi deberi, aut ignorabat, ut in illa l. de hoc C. de p[ræ]scri. xxx. anno. l. cū notissimi. §. in his. & in Spec. de loc. §. n[unc]
3 aliqua, ver. 42. & de p̄scr. §. 1. ver. qđ si cū debemus. † Et simi[le fa]ciunt ista, si aliquis hēt iurisdictionē plenā cum mero, & m[ix]to imperio, & non fuit usus nisi simplici iurisdictione p lo[ngum] tempus, an retineat imperiū? & distingue, vt s̄. no. in Spec[.] iur. om. iud. §. j. ver. illud ēt no. circa fi. & qđ not. in regula p[...] semp. in mercur. facit. C. de agri. & censi. l. cū scimus. §. illud[.]
4 xj. faciūt ēt ista † si aliquis tenetur annuatim soluere x. li[b.] de tali moneta, & ipse p longū tp̄s soluit de moneta, q̃ non
a valet, vtrū p̄scripserit ius non soluēdi de meliori. [a] de hoc ha[be]tur in c. olim. de censi. & Iac. But. disputauit hanc quęstion[em.]

ADDITIO.

a ¶ De meliori. Adde quæ voluit Ludo. Roma. consi. 198. ubi allegat. not. hi[c] ibi vide aliqua pulchra.

1 *Verba concessionis, seu contractus intelliguntur secundum id, quod co[nsue]tum est.*
2 *In contractibus semper veniunt ea quæ sunt de consuetudine, licet non [ex]primatur per contrahentes.*
3 *Quæ dicatur propriè strata.*
Differentia inter fistulas, & aquęductum.
4 *Si potestas conducit aliquem iudicem cum certo salario, an intelligat[ur] etiam ipsum remoueat cum rebus suis de loco, ubi est suis impensis, [...] cum officij.*
5 *Si fuit actum, quòd instrumentum fiat ad sensum sapientis, quòd sa[piens] possit apponere ea, quæ sunt de consuetudine instrumentorum.*
6 *Si constituitur procurator generalis quòd videatur data potestas fa[...] generales & consuetas renunciationes.*

1 **§. Placuit non aliàs.** † Verba concessionis. c[on]tractus intelliguntur s[m] qđ ꝯsuetū est. h. d. & semp allegatur una cū l. qđ si nolit. §.
2 assidua. s̄. de ædil. edic. † ꝙ semper in ꝯctibus veniunt ea [quæ] sunt de consuetudine, licet non exprimatur per ꝯhentes, & i[n] ciuitate Florentiæ, ubi ꝯsueuerūt dari fideiussores pro euic[tio]ne, licet de iure hoc sit, si fiat uenditio simpliciter, intelligi[tur] actū, ut dari dēant fideiussores, & pōt agi, vt dentur, ēt po[st con]-
3 tractū pfectū, & absolutū, facit l. j. & 2. s̄. de euictio. † In tex. (stratū. not. ex hoc, ꝙ illa dr̄ propriè strata, quæ est maton[ata] uel silicata, & lapidibus ꝯtecta, & ita etiā dicit Bart. ī. de r[...] l. j. alias nō dicitur strata, sed uia. In tex. ibi, (per fistulas.) di[...] fistulæ dicuntur cuppi rotundi, qui occupant modicum lo[cum] & in[...]

icem concatenant, sed aquæ ductus lapideus occuparet si locū. † Et iste tex. inducitur, ꝙ si potestas conducit ali iudicē cum certo salario, intelligatur ꝙ ēt ipsum remocum rebus suis de loco, vbi est, suis impensis, ad locū officia ista est consuetudo, licèt nō sit expresse dictū, ita dicit l. super creandis. C. de iure fis. lib. x. † Item si fuit actū, ꝙ n fiat ad sensum sapientis, ꝙ sapiens possit apponere ea, q de consuetudine [a] instrorum. Item ꝙ si constitui procura generalem, videatur data potestas faciendi generales, nsuetas renunciationes, vt not. Bar. in l. fi. in prin. infra de iæ in frau. credi. facit l. vel vniuersorum, supra de pig. act.

ADDITIO.

ietudine. Quid important dicta verba, ad sensum sapientis, vide Oldr. 147. Ant. de But. consi. 20.

Via publica. †Medius locus qui non seruit, non impedit constitui seruitutes reales vt liceat ad vsum seruitutis, vt quia sit uia publica, vel flu ublicū, & nihil fit in eis ædificandū, vel sit illius, cui serui-lebet. Secus si illo uti nō liceat, vt qa sit facer, vel religios⁹, t tertij, q nō cōsentit, vel sit publicus, tñ ī eo oporteat op⁹ re pro vsu seruitutis. h. d. vsq; in finem legis, vnà cum l. seq.

LEX XX.

Labeo ait. †Not. istā singularem l. Labeo, quę limitat totum istum titulū & multas leges, & etiam declarat tit. de ope. no. nunc. ꝙ si video te facere aliquod opus, quod pōt mihi esse nociuum, & qd tu facere nō potes me inuito, licèt 10 id faceres contra debitā seruitutē, cautela est, ꝙ statim am, vel nunciem tibi nouum opus, alias non possum aget destruas, quod menti tene perpetuò, nisi per errorē fuispassus. hoc tñ declara, vt habetur in l. notabili. §. cōi diuid. l. Sabinus vbi distinguuntur tres casus. Aut expresse cōi, & ad nihil agere possum, aut expresse contradixi, & pos agere, vt destruatur, etiā ad Interesse. Aut sciui, & tacui, & at media uia, quia non ago, vt destruatur, sed ad interesse.

LEX XXI.

Si in meo fundo. Aqua. De casu huius legis si in meo. dic ut supra tit. 1. l. fluminū. §. fi. cum legib. seq. & ī eod. tit. l. j. §. deniq;.

LEX XXII.

Si vsusfructus. †Vsufructuarius non habet hanc actionem directā, sed vtilem, & eodem modo nō tenetur directa, sed vtili, quia nō est dominus, & hæc actio directa soli domino competit, & contra dominum. h. d.

LEX XXIII.

Quod principis. † Pro opere facto auctoritate publica nō competit hæc actio. h. d. concordat l. ij. ī. eo. §. Cassius.

omini appellatione, an comprehenditur etiam dominus utilis.
egi contra te rei vendicatione dicendo me dominum, postea non probaui, isi de dominio vtili, an debeam obtinere.

§. Hæc actio etiam. † Not. hic, ꝙ appellatione domini comprehenditur iam dominus vtilis, quia hæc actio non datur nisi domino, ī. eo. l. si in publico, & hic dicitur, ꝙ datur ei, qui habet præium vectigal. & sic est dominus vtilis. † Vnde est argumentū, si egi contra te rei vendic. dicendo me dñum, & postea non robaui nisi de dominio utili, ꝙ debeā obtinere, quasi illud vi catur in iudiciū deductū. de hoc per Bart. ibi, & de excep. rei ud. l. an eandem. §. actiones. In contrariū facit l. j. §. qui in ppe ium. ī. si ag. vect. qui allegatur ad hoc, qn̄ fit mentio de dominio, intelligitur in potiori significatu, & sic de directo. hoc fal t in iudicijs, vbi verba debent intelligi, prout magis expediat ctori, vt l. si quis intentione, supra de iud. & sic non obstat.

§. Aggeres si iuxta. Contra istum tex. opp. de l. ij. §. pen. ī. eod. vbi si habes undum ab una parte fluminis, & ego ab altera, licitum est tibi facere aggeres, vt flumē tibi nō noceat, licèt ex hoc ego dāum recipiam, vt ĩ. ne quid in flumine publico l. j. §. sunt qui putant, & hic dicitur contrarium. Solu. vt colligitur ex tex. qa oc debet intelligi, quando nō poteras facere, quia sic fuerat ctum inter te, & me, vt in gl. alias procedunt contraria.

LEX XXIIII.

Sufficit opus posse nocere, licèt adhuc non nocuerit, vt detur hæc actio.

Vicinus loci. † No. istam l. notabilē per quam declaratī l. j. §. de eo opere quod. ī. eo. vbi dr̄, ꝙ ꝑ opere, qđ fit grā culturæ, nō agitur hac actione certè si fiant sulci cū ibi seminādi, indistinctè possunt fieri ad libitū facietis, vel ꝑ directū, vel transuersum, licèt faciendo ꝑ directum noceat vicino, nec pōt me cōpellere ad faciēdum ꝑ transuersum, vt patet hic, ibi (quemadmodum vellet &c.) sed qn̄ fiunt sulci, vt non ibi semi nēt, sed ut aquam recipiant, vel aliqua fossa, tunc possum com pelli, si nocent vicino, vt remoueam vel per alium modum faciam ita, ꝙ non noceant, si hoc potest fieri, alias secus, vt hic in tex. & gl. in d. §. de eo. sed in primo casu etiam si aliter fieri pote
1 rant, non possum compelli. † No. etiam in fi. ꝙ sufficit opus posse nocere, licèt adhuc non nocuerit, vt detur hæc actio.

§. Lacus enim cum. Licèt aqua lacus crescat, & decrescat, lacus tñ non dr̄ crescere, nec decrescere. h. d. ſm secūdam lec. gl. quā tenēt Doc. Et effectus est, qa qn̄ crescit, & occupat de territorio vicini, desinit ille esse dn̄s, & hoc vult tex. ibi (neq; decessio.) & cū decrescit lacus quē dimittit, non accedit vicino, & hoc vult tex. ibi (neq; accessionem.) quod dic, vt ĩ. de acq. rer. domi. l. Lacus.

LEX XXV.

1 *Dominus potest agere contra nocentem iuri sui fundi, sicut si noceret fūdo.*
2 *Si nocetur meis uasallis, uidetur nocere mihi.*

Si cuius fundo. † Si nocēt iuri fundi mei, nocēt ēt meo fundo, & noīe il-
2 lius possum agere. h. d. † Et est argū ſm Iac. de Are. ꝙ si nocēt meis vasallis, vr̄ noceri mihi, & sic possū agere noīe meo
a quatenus mea ītereſt: sed quatenus interesset vasallorū [a] secus, nisi habeam mandatum, ut in c. authoritas. in fi. de priui. lib. 6.

ADDITIO.

a Vasallorum. Quando dominus possit agere pro uexatione subditi, & quando non, uide per Old. consi. 107.

LEX XXVI.

Scæuola respondit. † Tantum valet serui tus acquisita per ꝑscriptionem, quantum si esset acquisita per pactum, vel conuentionem, & in vtraque est quis tuendus. h. d. concor. ī. c. l. j. §. fi. & l. 2. in prin. ibi (vetustas.) quæ semper pro lege habetur.

De publicanis, & vectigalibus, & commissis. Rubr.

LEX PRIMA.

1 *Publicanus quando tenetur de illicitè exactis per eius familiam.*
2 *Dictio, item, an repetat in sequenti quod dictum est in præcedenti, & nu. 3. Qualiter debeat formari libellus in hac actione.*

Prætor ait quòd. † Pro exactis illicitè a publicano, vel eius familia datur actio ex hoc edicto in factum ad duplum intra annum, nisi exactum restituetur, post annum verò in simplum. Et pro facto familiæ si non exhibetur compe tit hæc actio sine noxæ deditione. h. d. usque ad §. hic titulus. Et primo loquitur de his quæ exiguntur vsque ibi. (item si.) Secundo de his quæ exiguntur non vi, sed per fraudem vsque ibi (si hi.) Tertio declarat qualiter publicanus teneatur ex facto familiæ, & debet intelligi, quando familia fecit sine iussu, vel mādato publicani. Si enim cum iussu, vel mandato etiam si posset exhibere familiam, & exhiberet, non euitat pœnam, quia teneret nomine suo, acsi ipse fecisset. In tex. ibi (item si damnum iniuria &c. iudicium dabo, idest actionem in factum in duplū
2 intra annum, & post annum in simplum, ut dictum est † ī. quia dictio, item repetit in sequenti, qđ dictum est in præcedenti, secundum Iac. de Are. & istud est uerum, qn̄ per istam dictionē, item, adijcitur oratio imperfecta, ut erat hic, quia non declaratur in quantum datr̄ actio, nec intra quantum tp̄s. Sed hic aduerte plenius, quam dicat Bar. quia aut oratio quæ addit, erat imperfecta respectu uerbi principalis, qa non fuit repetitum, & tunc siue loquamur in dispositione legali, siue testatoris, videt repetitum verbum præcedentis orationis cum suis qualitatib. Vnde si dico, relinquo tali centum iure institutionis, itē tali filiæ meæ quinquaginta, intelligit, relinquo iure institutionis, quia non repetit iterum verbum principale. (relinquo.) sed præcedens intelligiē repetitum cum qualitate sibi adiecta, & casus ſm communem intellectum in l. repetēdis. de leg. 3. siue sit idētitas psonarū, & rerū, siue diuersitas. Interdum adijcitur orō perfecta respectu verbi, quia repetitur idem uerbum principale, licèt respectu alteri⁹ qualitatis videat imperfecta, & tūc

aut loqmur in dispositione testatoris, & nõ intelligit facta repetitio de qualitate pcedentis orõnis, ut si dico, relinquo tibi
fundum cum instrumentis. Itẽ relinquo tibi domũ uel etiam
alteri, nam non intelligit. s. cum instrumentis, vt ibi no. Idem si
dicerem, relinquo Titio centum iure instõnis. Itẽ relinquo tali filiæ meæ centum, nam non intelligit iure instõnis, qa orõ est
perfecta ex parte uerbi p notata in dicta l. in repetẽdis. Aut loquimur in dispositione legali, q̃ remaneret incerta, si non intelligeret facta repetitio, & tũc, qa de natura legis est q̃ sit cer
ta. C. de Iustini. C. confir. ibi (certa &c.) Et no. p Cy. C. de verbo.
sign. l. cũ qdã, & de pd. ob cau. l. ea l. & p Bart. in l. si is q duceta.
§. vtrũ. de reb. du. in ar. de alternatiua, tũc intelligit facta repeti
tio, & iste est casus hic s'm intellm lac. qa remaneret edictũ in-
3 certũ hoc casu, s. inquantum daret hæc actio. † qualiter aũt dẽt
formari libellus in hac actione, uide in Spe. de cẽsib. §. nũc dicẽm,
a ver. j. Qñ aũt adijcit orõ oĩno pfecta, dictio item, ᵃ non est repe-
titiua, sed continuatiua, ut l. item ueniunt. de pet. hære.

ADDITIO.

a Dictionem. Adde Bart. consi. 38. eundem Pau. consi. 80. Fran. de Arc. consi. 1. & consi. 121. ubi plene uideas de repe.

---

1 *Publicanus quis dicatur.*
2 *Vectigal quot modis sumatur.*
3 *Forenses ad quæ onera teneantur.*
Quid in clericis, & in prædijs eorum.
4 *Quid in fiscali onere, quod uocatur collecta.*
Non potest dici tributum, nec annona, nec publica functio, quando soluitur priuatio, sed potest dici pensio, uel census.
5 *Differentia inter pensionem, & censum, & affictum.*

1 **§. Hic titulus.** † Hic incipit Iurisc. exponere verba e-
dicti, & h. d. publicanus dr̃, q est posit'
ad exigendũ publicos reditus siue exigat immediatè p fisco, siue immediate p se, sed aliqd solui fisco. a quo pduxit vel emit. h.
2 d. In gl. mag. ib (& no. dñam) † Tu dic q̃ uectigal põt capi duplr,
primo, ut genus, & tũc cõprehẽdit id quod soluit pro rebus
mobilibus quæ vehuntur, & etiam pro rebus immobilibus
ut j. eo. l. Imperatores. iõ dicunt pdia uectigalia, ut s. ti. j. l. quod
principis. §. hæc actio. & s. de pign. l. lex uectig. Scdo põt sumi in
specie, & tũc sumit p his q soluunt de reb. moblib. q uehunt, vt
3 in hac gl. † Id aũt, qd soluit p reb. immobilib. hẽt multa uocabu
la, q̃ sumunt p eodẽ, qa uocat tributũ. Itẽ annona. item publi
ca functio, seu pẽsitatio, itẽ cẽsus, ut in ll. allegatis in glo. & tale
onus dr̃ ordinariũ, qa uniformiter pstat, & sp ex dispositione le
a gali, & iõ ẽt forẽses ᵃ tenent ad tale onus, & põt de nouo eis im
poni pro prædijs, quæ sunt sub iurisdictione imponentium, qa
licèt personæ dominorum non sint suppositæ, ipsa tamen pdia
bene sunt, vt j. de mune. & hono. l. rescripto. §. fi. Italia est immu
nis ab isto onere tributorum, absit. n. ut ipsa domina pũciarũ
sit sub tributo, ut dicit gl. in l. fi. fine cen. uel re. & in l. j. j. de ann.
& tributo. lib. x. cum qua l. transit Bar. per l. j. & fi. de censi. Et de
natura tributi dicti, & indicti, uide me. in l. placet. C. de sacrosã.
eccl. Clericis aũt uel prædijs eorum non possunt imponi de no
uo, postquã peruenerunt ad eorum manus, quia non sunt sub
iurisdictione laicorum. Sed si fuissent imposita, antequam pue-
nirent ad eorum manus, transiret prædium cum illo onere, cũ
sit reale, vt l. j. C. de epis. & cle. & in c. si tributum. xj. q. j. iõ Bar. in
d. l. rescripto. §. fi. dat pro consil. q̃ cõitas faciat omnia pdia sui
territorij tributaria, ut postea transeat in cameram cum illo o-
nere, sed Bal. in l. placet. C. de sacros. eccl. hoc reprehendit dicẽs,
q̃ hoc non pertinet nisi ad principem, nõ ad cõitates inferiores
imponere tributum. Certè uerum esset si recognoscerent supe
riorem, aliàs locum principis tenet in suo territorio, ut no. Cy.
4 in l. ea l. ante fi. C. de cond. ob. cau. † Est etiam quoddam onus
fiscale, quod uocatur collecta, & istud est extraordinarium, quia
non semper nec uniformiter præstat, sed s'm exigentiam casuũ
& non dr̃ onus reale, sed imponit personis pro rebus, & ideo
non potest imponi clericis, nec forensib. ut in auth. item nulla
cõitas. C. de epis. & cle. & no. in d. l. rescripto. §. fi. tñ si iam esset
inductum onus, & postea res in ecclesiam transiret, tunc trãsi-
ret cum illo onere, qa res est obligata post inductionem, ut no.
per glo. in l. incola. j. ad municip. prædicta de eo quod soluit fisco. Interdum autem soluit priuato, & tunc non potest dici tributum, nec annona, nec publica functio, sed bene potest dici
5 pẽsio vel census est tñ dña, † quia pensio dicitur propriè, quan
do ille cui debetur, non transtulit directum dominium, sed vti
le ut in emphyteuta. Sed census dicitur etiam quando transtulit dominium directum, ita no. gl. notabiliter in c. constitutum.
de religio. domi. & ibi per Inn. Sed interdum unum de istis uocabulis ponit pro altero, arg. in l. ueteres. s. de actio. emp. & ibi
est recurrendum ad formam concessionis. Est etiam quoddam
vocabulum, quod est in communi vsu, quod dicitur affi[ctum]
& potest congruere vtrique.

ADDITIO.

a ¶Forenses. Adde Soc. consi. 84. & quid sit inductio, & superinductio, & [...] fauorabiles, vide Old. consi. 98.

---

1 *Actio ex hoc edicto quare mitior dicatur quàm actio vi. bo. rap.*
2 *Licèt in aliquo casu sit generaliter prouisum, si tamen est nota dignus, [...] est super illo specialiter prouidere.*
Casus in quibus actio ex hoc edicto mitior est quàm furti, vel ui bon. [...]
3 *Auxilium extraordinarium concurrit cum ordinario quando est de iu[re com]muni sicut illud, & est factum in adiutorium eius, & vide nu. 7.*
Specialis prouisio concurrit cum generali, & econuerso, quando ema[nant] diuersis legibus, secus quando ab eadem.
4 *Si fiat statutum super aliquo super quo est prouisum de iure communi censetur derogatum iuri communi, licèt diuersimodè statuatur.*
5 *Statutum quòd causæ debeant terminari intra lx. dies licet non sint te[rmi]natæ intra illos lx. dies an adhuc duret instantia triennio.*
6 *Statutum quando imponit aliam pœnam pro crimine, quàm ius comm[une] an videatur recessum a pœna iuris communis.*
7 *Quid si super eodem crimine disponeretur per diuersa statuta, & vnu[m im]poneret vnam pœnam, aliud alteram.*
8 *Si sunt plures actiones rei persecutoriæ, & fuit actum vna, & actor s[...] buit an tollatur altera.*
Quid si vna est pœnalis, altera persecutoria.

1 **§. Dixerit aliquis.** † Actio ex hoc edicto mi[tior]
est q̃ actio vi bon. rap. ĩ du[obus.]
primo, quia datur ad duplũ tm̃, sed actio vi bo. rap. ad quad[ru]
plũ indistinctè. Itẽ actio furti similiter ad quadru. qñ est m[ani]
festũ. Itẽ in alio, qa pœna in hac actione euitatur si ante sn̄[ia]
restituat id, qd fuit indebite exactũ, sed actio vi bo. rap. vel
non, ẽt cũ competunt contra publicanũ. Item in electione
actoris, an agat actione in fac. ad duplũ ex hoc edicto, an a[ctione]
ad quadru. actiõe vi. bon. rap. vel fur. & est notabilis. §. & se[...]
2 allegat ad hoc † Not. primo, q̃ licet ĩ aliquo casu gñaliter [pro]
uisum, si tñ est nota dignus, vtile tñ ẽ sup illo spãliter puid[ere]
ne uideat neglectũ, vt hic sup gl. super verb. (putauit.) Item
duos casus in qb. hac actio mitior ẽ, q̃ fur. vel vi. bo. rap. A[dde]
tertiũ, quia si sunt plures publicani, nõ tenetur qlibet insol[idum]
ut uno soluente alter nõ liberet, sed oẽs tenẽtur ad unum [sim]
plum, & vno soluente liberãtur alij, secus in actione fur. uel
bo. rap. in quib. quilibet tenetur insolidum, & vno soluente [al]
ter nõ liberatur, vt j. eo. l. si multi. Adde quartum, quia si e[xhi]
bet familiam, liberatur qñ ꝯ eũ agit ex facto familiæ sine [...]
mãdato, ẽt si fuit in culpa talẽ familiam opponendo, vt j. e[o. l.]
cũ si exhibuissent. regulariter secus p l. uideamus, in prin. s[...]
ca. vt dicã in d. l. cum si exhibuissent, & in fi. huius l. Sed in a[lio]
hæc actio est durior, q̃ actio fur. vel ui. bo. rap. quia si nõ pot[est]
exhibere familiã, ẽt si nõ fuit in culpa eã ponẽdi, tenetur i[n]
noxæ deditione ad restitutionẽ ablati, & ad pœnã, ẽt si exhib[ere]
3 non põt, ut j. ea. l. fi. qd dic, vt ibi dicam. † Vlt. no. ex fi. vers. q[...]
ritur, duo ad q̃ semper allegatur. s. q̃ auxilium extraordina[rium]
cõcurrat cũ ordinario, qñ est de iure cõi, sicut illud, & est fac[tum]
in adiutoriũ eius, nã actio ex hoc edicto est extraordinaria,
de iure cõi est, qa prodita ꝯ uiolẽtum, uel furem, & causa ad[iu]
uandi actionem furti, & vi bo. rap. dic plene de hoc, vt no. i[n]
in puinciali. §. j de oper. no. nun. Item allegatur ad aliud, q̃ [spe]
cialis prouisio cõcurrit cũ generali, & econuerso, qñ emana[nt]
a diuersis legibus, secus qñ ab eadem l. uel dispositione, vt l. [...]
li clausula. de uerb. oblig. qd dic ut no. per Bar. & ibi tetigi. s. [de]
4 oper. no. nun. l. j. §. j. † Tertio & vlt. not. ex hoc tex. arg. q̃ si fi[at]
statutũ, super quo est prouisum de iure cõi, nõ cẽsetur prop[te]
rea derogatũ iuri cõi, licèt diuersimodè statuatur, & sic pot[est]
qs eligere uiã iuris cõis, vel statuti. facit l. cessat. j. de act. & ob[l.]
Et inducit per Spec. s'm Mar. de Fano. in tit. de iudi. deleg. §.
5 stat. ver. † qd si in statuto, si disponat statutũ, q̃ causæ debea[nt]
terminari intra 60. dies, q̃ licèt nõ sint terminatæ, nõ petit i[n]
a stantia, sed durat adhuc triẽnio ᵃ per l. properandum. Alij di[xe]
runt ꝯ. & melius quasi statutũ uelit illos lx. dies subrogare
locũ triẽnij, ut ibi no. in addi. p Io. An. in tit. de app. & uide [...]
not. Bar. in l. j. j. ui bo. rap. & Cy. C. de sepul. vio. l. q sepulchr[a]
qñ statutũ imponit aliã pœnã pro crimine, q̃ ius cõe, an vide[a]
6 tur recessum a pœna iuris cõis. † Et licet pdicti Doct. s'm Dy[...]
teneant q̃ non ur̃ recessum a pœna iuris cõis, & sic poterit i[u]
dex imponere quam uult. arg. huius tex. & l. quoties. de act. [&]
obl. est tñ hoc uerũ, nisi ex aliquib. cõiecturis appareat, q̃ sta[tu]
tũ uoluit recedere a iure cõi, ut dicit Bar. in d. l. j. ui bon. rap. [...]
Bal. in l. data. C. q accu. nõ pos. in 8. col. auth. sed nouo iure. C.
de ser. fugi. tenet ꝯriũ, q̃ iudex nõ põt imponere, nisi pœnã statuti, qa iurat seruare statuta, & quia recipit iurisdictionẽ secũ-
du[m ...]

ADDITIO.

a ¶Triennio. Vide quæ posui in l. properandum. C. de iudi.

formã statutorũ,& istud seruatur in practica. † Sed si sup crimine disponeret p diuersa statuta, & vnũ imponeret ęnã,vt si dicat statutũ pro homicidio,quis puniat in mil i nõ soluerit intra mẽsem,capite puniat, vel si sit statutũ e statutorũ,dicẽs ꝙ vbi nõ reperit puisum per statuta,re ıt ad ius cõe,aliud alterã pœnã,tunc dico, ꝙ iudex posset inere ꝗ uult pistũ text.qa hæ ambæ dispositiones erãt de cõi,tene menti.facit qđ not.in d.l qcũq;.C.de ser. fugi.In cipit,(sed opponit.) ibi (sed illud qñ extraordinarie ꝯ ius dic ꝙ primũ dictũ pcedit de plano p d.l.ĩ cãe,sed hoc ẽm stingui,nã ĩterdictũ remediũ extraordinariũ est gñale,& diũ iuris cõis est spãle,& tũc idẽ,vt simul non concurrãt, xtraordinariũ hẽt locũ in casib.in quib.p ius cõe spãliter t puisum,alias secus,& hic est casus in l. in prouin. § j.de no.nun.& l.si ædibus.de dam.infec.Tũc.n.dr extraordina inuentum cã supplendi ius cõe.Interdum econtra reme- ordinarium est generale,sed extraordinariũ spãle,& tũc urrunt,& dr extraordinarium inuentum cã nõ supplen- coadiuuandi ius cõe,& iste est casus huius § & ista adde ꝗ dixi in d.l.in prouinc.†In fi.gl.dic circa istũ articulũ, ꝙ dum sunt plures actiones rei persecutoriæ,& tunc si sunt n vna & exactũ,altera tollitur, vt š.de dam. infec.l.dam. stip.cõpetit.§.pe.Sed si egit,& succubuit, an possit alter ,distingue qualiter sit lata sñia,sicut in iuramẽto distin- š.de iureiur.l.si duo.§.idẽ iu.& in l.duob.§.colonus.cu se. Aut vna est pęnalis,altera psecutoria, tũc si in pęna nõ t simplũ,altera per alterã nõ tollit,qa cõpetunt ad diuer l.si pro fure.de cond.fur.Sed si continetur simplũ, tunc it actũ pęnali,& exactũ,& tollitur persecutoria, cum iã ersecutus rẽ. Aut ecõuerso fuit actum persecutoria,& exa & tũc distinguitur,aut pęnalis erat a principio pęnalis, & tollitur inqtum continet pœnam,vt d.l. si pro fure.aut a cipio nõ erat pęnalis,sed ita demũ, si res non restituebat, postq̃ est restituta,tollit pœnalis,vt d.l.metũ.§.sed licet, cũ exac.§.eũ q.qđ me.cau.Et vide circa ista bonã gl. in l. t.§.fi.š.nau.cau.sta.Interdũ vtraq; actio est pęnalis,& tũc ocum distinctio magistralis, ꝗ ponit hic Dyn.qa interdũ itur ex vno facto,& ex vna obligatione,& sic est vnum fa ,& vnus titulus criminis, & altera p alterã tollit ẽt in eo cedit,vt d.l.idẽ ait.§.fi.ẽt in casu huius §. & sic ista secũda gl.est verior.licẽt gl.videatur tenere primũ, & probatur ĩ n tute.de tute.& rati.distra.Interdũ ẽ unũ factũ,& plures gationes & sic plures tituli criminis, & hẽt locum prima gl.quia altera per alterã non tollit quatenus excepit per alleg.& in gl.Interdũ sũt plura facta, & plures obligatio & sic plures tituli criminis,& tunc altera per alterã nullo ollitur,ẽt quatenus cõcurrunt,vt l.nunꝗ plura.de priua. .& in primo casu tollitur altera per alterã,siue fuit actum actum,siue ẽt actũ,& succubuit,vt no.Bar.ĵ.eo.l. hoc edi quinimo ẽt nondum lata sententia,sed eo ipso ꝙ unã ele- detur altera sublata per l.quod in hæredem.§.eligere.de toria,quæ verba Dy.examina,vt hic subtiliter per Bar.

tas,an teneatur de facto suæ familiæ,& nu. 1.
eneatur ex contractibus familiæ.
in familiaribus aliorum priuatorum.

Familiæ nomen. Publicanus tenetur ex fa- cto familiæ deputatæ ad il- nanifestũ, si illud fuit factũ similiter in exercitio illius mi- rij.h.d.Et debet intelligi hoc,qñ familia deliquit non mã publicani,& ipso ignorante,vel sciente,& non valente p re,aliãs indistinctẽ teneretur publicanus,ẽt si nõ esset de- tus ad illud ministerium,vel ẽt si deliquisset extra ministe ibi deputatũ,vt ĵ.si fami.fur.feci.dica.l.j.§.j.qa teneret suo ine,non nomine familiæ,vt in prin.huius l. ẽm intellectũ i positæ.† Et iste §.semper alleg.ad q.an potestas teneat de suæ familiæ, ᵃ & distinguitur prout hic,ꝙ de facto illius, n deputauit ad aliquod ministerium sui officij commisso o ministerio tenetur,sed aliquo istorum deficiente,nõ te- Si ergo habebat aliquem domicellũ, qui nihil aliud facie- nisi qa seruiebat sibi in camera, vel portabat ensem, si ille isit aliꝗ simoniã,quia recepit pecuniã,vt rogaret potesta- non tenetur potestas,quia nõ erat deputatus ad aliquod iũ.Item si miles,vel notarius recepit similiter, vt rogaret stãtẽ,non tenetur,quia hoc non fecit in executione eius, d sibi erat pmissum,sed si recepisset,vt aliquid faceret,vel faceret super eo quod erat sibi cõmissum, tunc tenetur p c tex.Sed vr̃,ꝙ ẽt pro commissis ab illis, qui non erant de tiad aliquod ministerium,vt l.obseruare.§.j.š.de offic.pro & lega.sol.ibi,in eo,quem potestas non poterat tenere se officio,vt puta in vxore,secus si ab alijs quos tenere non hibetur.† Et prædicta in delictis, sed an ex contractib. fa- miliæ teneat,cõiter dr̃ ꝙ non.sed tu distingue,aut erat talis qui nõ erat deputatus super ꝯctib.& hoc est verũ, ut sunt iudices, notarij,& milites,aut erat super hoc deputatus, vt sunt expen- ditores q hñt emere necessaria p victu,& tũc si ꝯxit in cãm ad quã est deputatus,tenet,als secus,ut l.j.§. non aũt. de exer. sed qualiter pbet ꝙ ꝯxit in illam cãm,distingue,put dicit Bar. in l.

3 ciuitas.si cer.pet. † In familiarib.aũt aliorum priuatorũ distin- gue,aut delinquunt in re cuius custodia ptinebat ad dominũ, & tenet dñs si fuit ĩ culpa, vt l. videamus š.loc.aut delinquũt ex rem talem,& tunc non tenet dñs,vt in c.cum ad sedem.de rest. spol. teneretur etiam si essent deputati ad aliquod ministeriũ, licẽt non publicum, & esset commissum in illo ministerio, vt in l.j.nau.cau.sta. Prædicta omnia,quando pęna est pecuniaria, alias non tenetur potestas ẽm gl.in d.l. obseruare.§.proficisci.

ADDITIO.

a Suæ familię etiam si protestetur,& præconizari faciat quòd non vult teneri, nisi tali protesta.ciuitas consentiat.ita dicit Soci.sæpius fuisse consultum, eius con sil.107.

1 *Si publicanus non exhibet familiam tenetur ex facto eius sine noxæ deditio ne etiam si exhibere non possit,sed si exhibet liberatur.*

2 *Si aliquis de familia Potestatis aufugit, & sic non potest eum exhibere, tenetur Potestas de delictis,per illum commissis in officio,sed si illum ex- hibet,liberaretur,& quid si mortuus est.*

3 *An dominus liberetur exhibendo seruum, qui deliquit sine eius mandato, vel scientia.*

1 **§. Quod nouissime.** † Si publicanus non exhi- bet familiam tenetur ex fa cto eius sine noxæ deditione,ẽt si exhibere non possit,sed si ex-

2 hibet,liberatur.h.d.cum l. seq. † Et sic patet per istum tex. ꝙ si aliquis de familia Potestatis aufugit, & sic nõ põt eum exhibe re,teneat Potestas de delictis per illum commissis in officio,sed

a si ipsum exhibet,liberat,& ita seruat in practica ᵃ per hunc text. Sed si non põt exhibere,qa mortuus est,adhuc liberaretur, vt hic in gl.quæ incipit (per accidens.) Et intelligo istos tex.sicut dixi in §.præcedenti,quia familia publicani delinquit non mã- dato ipsius publicani,nec etiam ipso sciente,vel prohibere va- lẽte. In illis casib. teneret suo noĩe sine noxæ deditione, etiam si vellet eos exhibere,ut l.j.§.j.si fa.fur.feci.dica.Qñ autem si- ne mãdato,& ipso ignorãte si exhibet eos non tenet. intellige ẽt si fuit in culpa tales apponendi ad illud ministerium, qa non erãt idonei, & diligens paterfamilias eos non posuisset, qa l.si cum exhibuisset.in prin.loquit indistinctẽ in hoc.actio ex hoc edicto est mitior ꝗ actio fur.vel vi bo.rap.vel aliæ actiones. Nã in alijs,si dominus fuit in culpa malæ electionis,vel deputatio- nis,tenet suo nomine sine noxæ deditione,per l. videamus.cir ca prin.š.loca.& l.si vendita.š.de peric. & commo. rei vend. & l.si seruus.§.cum coloni.ad leg. Aquil.Si autem non exhibet, in distinctẽ tenetur sine noxę deditione, intelligo etiam si nõ fuit in culpa,quia videbat idoneus, & in hoc istud edictum est du- rius,quia regulariter tunc liberatur dando pro noxa, & pmit- tendo,ꝙ si ad eius manus perueniat,exhibebit, & dando licen- tiam actori, ꝙ ipsum capiat ubicunque reperiat, vt l.2.§.j.š.si ex noxa.cau.aga. Et ex his apparet,ꝙ sit speciale in hoc edicto.nã Bar.dicit,ꝙ specialiter consistit in primo,ꝙ liberatur exhiben- do,quod regulariter non est,gl.dicunt ꝙ consistit in secundo, & ita sonat hic litera. Tu distingue,ꝙ aut publicanus fuit in cul

3 pa,& verum dicit gl.† Quid autem in alijs casibus, an dominus liberatur exhibendo seruum qui deliquit sine eius mandato, vel scientia,distingue aut fuit in culpa,& non liberaretur,vt d. l.videamus.aut non fuit,& tunc aut non erat deputatus ad ali quod officium,& liberatur,ẽt si delinquat in re commissa admi nistrationi a domino,vt d.l.vendita,& d.l. cum coloni. Aut e- rat deputatus ad aliquod officium,puta a caupona, vel nauta, & tunc distinguitur inter seruum proprium,& liberatur,quia in eo dignus est venia,& seruum alienum, vel famulum noui- ter adhibitum,& tunc non liberatur, quia debuit esse diligen- tior,hic est casus in l.fi.§.seruorum.š.nau.caup.stab. Sed in hoc edicto non distinguitur proprius ab alieno,ut hic in glo. super verbo,(bonos seruos.)

ADDITIO.

a In practica. Adde Lud.Rom.consi.12.& consi.16.& ibi uide qualiter intelligi debeat statutum,ꝙ potestas teneatur pro familia sua, & an factum a familia præsumatur factum de conscientia domini,uide per eundem consi.3.

LEX III.

1 *Testis interrogatus de facto vnius ex pluribus, si dicit se non cognoscere nisi eum uideat,potest petere ipsum exhiberi,vel etiam omnes,ut recogno scat illum de quo testificatur,& uide nu.* 1.

3 *Si contingat aliquem stipendiarum dare damnum alicui,potest damnum pas sus petere,quòd capitaneus faciat omnes comparere coram se.*

Cum

C Vm si exhibuissent.

1 §.Quod ait. ¶ In dominos. Ex facto familiæ datur actio ꝯ omnes socios publicanos, licèt illa familia sit in dñio vnius tñ eorum. Item qui agit ꝯ dñm ex facto vnius de familia, debet ante oĩa declarare, quis sit ille, & petere ipsum sibi exhiberi. Et si de noĩe non recordatur, põt petere oẽs exhiberi, vt ipsum recognoscat. not. hoc vltimum dictum. & pp hoc semper alleg.

2 † ꝙ si testis interrogatus de facto vnius ex plurib. dicit se non cognoscere, nisi eum videat, põt petere ipsum exhiberi, vel ẽt oẽs, vt recognoscat illum de quo testificatur, & facit ẽt ad multa alia, quia † si contingat aliquem stipendiarum damnũ date

3 alicui, potest damnum passus petere, ꝙ capitaneus faciat omnes comparere coram se, boni capitanei hoc faciunt.

§.Si plures serui. Ex facto plurium agitur contra dominum, ac si vnus fecisset. h.d. Rationem huius vide ĩ. si fa. fur. fe. dicatur.

LEX IIII.

1 *Hæc actio pœnalis datur contra hæredem, quatenus locupletior factus est. Item de rebus quæ portantur ad usum proprium, non soluitur vectigal, seu gabella. Item in vectigalibus seruatur consuetudo.*

2 *Quando credatur literis alicuius officialis publici.*

3 *An possit quis præscribere ius exigendi uectigal.*

1 S I publicanus. † Hæc actio pœnalis datur ꝯ hẽdem, quatenus locupletior factus est. Item de rebus q̃ portantur ad vsum propriũ. non soluitur vectigal, seu gabella. Item in vectigalib. seruatur cõsuetudo. h.d. tota l. † Alleg. iste §. de reb. ibi (in libello, &c.)

2 ꝙ creditur literis alicuius officialis publici, tñ iste tex. parũ facit, qa scriptura non erat facta ꝑ modum authenticum, cũ iste præses nondum esset ingressus offm, nec hic dr ꝙ necessario sit credendum talib. literis, tñ hoc est uerum in se, qñ literæ fiant ꝑ modũ publici instrumenti. de hoc in c. post cessionem. de ꝓbat. & in Authent. vt nulli. in §. si quis vero cõprehensorum, & not. per Cyn. in l. si qua per calum. C. de episcop. & cleri. † Item alleg. §. fin. ꝙ potest quis ꝓscribere ius exigendi vectigal. Breuiter de hoc est casus in c. super quibusdam. §. præalleg. de verbo. sign. ꝙ non nisi tanto tempore, cuius contrarij memoria non existat, quia est hoc ꝓhibitũ a iure. C. noua vecti. per totũ. Sed vsus tanti temporis habet vim ꝯcessionis principis, ut l. hoc iure. §. ductus aquæ. de aqua quotid. & æsti. Et sic iste tex. dẽt intelligi quantum ad res subijciendas, vel liberandas a vectigalibus secundũ Iaco. de Arena. ut in hoc stetur consuetudini.

LEX V.

1 *Pœna huius edicti euitatur, si ante sententiam latam super pœna huius edicti res ablata restituatur, uel offeratur, & fit absolutio in pœna.*

2 *Statutum ꝙ qui emit rẽ, & non fecit eã allibrari, uel si non soluit gabellã incidit in aliquã pœnã, & aliquis sit accusatus de hoc, an possit euitari condemnationem faciendo allibrari, uel soluendo gabellam ante latam sententiam, nisi statutum præfigat certum terminum.*

4 *An per restitutionem rei ante latam sententiam, euitatur etiam pœna furti, uel ui bon. rapto.*

1 H Oc edicto. † Pœna huius edicti euitat, si ante sñiam latã sup pœna huius edicti, res ablata restituat, vel offerat, & fit absolutio in pœna. h.d. Et sic loquitur qñ pœna huius edicti erat petita, & postea res ablata fuit restituta, vel oblata, ut patet in verbo, (absoluendus.) põt ẽt intelligi qñ adhuc non erat petita. In gl. mag. ibi, de ver. obl. l. si insulã dic, ꝙ ibi loquit in pœnis ꝯuentionalib. q̃ cõmittunt pp nõ fieri, & in illis nõ hẽt locũ purgatio moræ post litẽ ꝯtest. sup pœna, licèt aliqñ hoc fallat, vt l. 3. §. fi. ĩ. iud. sol. ibi admittitur vsq; ad sñiam, hic loquitur in pœnis legalib. cõmissis pp male fieri, sed sñiam, hic loquitur in pœnis legalib. cõmissis pp male fieri, sed euitãtur ꝑ restõnẽ rei ablatæ, & in istis admittit purgatio, i. restitutio usque ad sñiam, de æquitate, & ad hoc principaliter al-

2 leg. ista l. † Vnde facit, si dicat statutum, quòd qui emit rem, si non facit eam allibrari, vel si non soluit gabellã incidat in aliquam pœnam, & aliquis est accusatus, qa nõ fecit allibrari, vel non soluit gabellã, & petita est pœna, ꝙ ipse possit euitare cõdemnationẽ faciendo allibrari, vel soluẽdo gabellã ante latam sñiam, ſm Ang. qd̃ no. hoc tñ vr̃ verũ nisi statutũ ꝓfigat certũ terminum, qa tunc postea non admitteretur purgatio. ut l. magnam. C. de ꝯhen. stip. In gl. ibi. (item qd̃ dicit,) ista glo. uoluit opp. ꝙ ẽt post sñiam offerendo, euitetur pœna, ut l. si cum exceptione. §, satis clemen. ĩ. quod me. causa. Sol. clarius, ꝙ gl. ibi loquitur in actione arbitraria, q̃ ideo dr̃ arbitraria, qa a principio non pœnalis est, sed efficitur pœnalis si res per metũ ablata nõ restituatur ad mandatũ iudicis, & iõ ibi primo loco petit[illegible] res, & super ea fit cõdemnatio, & si restituat, euitat pœna, si [illegible] restituatur, agitur ad pœnã, & sic fertur alia sentẽtia diffinit[illegible] hic loquit in actione nõ arbitraria, qa est pœnalis ab ipso p[illegible] cipio, quo publicanus illicitè extorsit, & per eã non petitu[illegible] restitutio solũ, sed duplũ, & sic pœna una cũ simplo. Vnde [illegible] fertur nisi una sententia. Debet ergo res offerri anteq̃ fera[illegible] ut euitetur condemnatio in pœna. † Sed quæritur, vtrum restitutionem rei ante latam sententiam euitetur ẽt pœna [illegible]ti, vel ui bo. rap. Dyn. hic tenet ꝙ non, per l. j. §. unde q̃ritu[illegible] co. & idem Bar. Tu distingue, aut restituitur ante iudiciu[illegible] ptum super pœna, idest ante lit. contest. & tũc uerum dic[illegible] aut post, & tũc secus, quia per electionẽ istius actionis qu[illegible] litẽ contestando super ea, tollitur actio furt. & ui bon. rap[illegible] oriatur ex eodẽ facto, & ex eadẽ obligatione, ut l. quod in[illegible] redẽ. §. eligere. de tribu. iunctis his q̃ ipsi notant. §. eo. l. j. §. [illegible] rit aliquis, quod et patet ex his, quæ no. hic Bar. qui tenet [illegible] Dyn. ꝙ si feratur super hac actione sententia absolutoria litercunq;, tunc non potest agi actione fur. uel ui bon. rap. dictam rõnem sicut si fuisset lata condemnatoria, & facta [illegible] ctio, ut idem Dyn. tenet in d. §. dixerit aliquis. Sed si orireti[illegible] diuersis obligationibus, esset distinguendũ, ut distinguit [illegible] an fuerit lata sup facto, an sup actione, ut l. si duo. §. idẽ [illegible] iureiur. Et ego dico, ꝙ si sententia Bart. est uera, ẽt anteq̃ [illegible] condemnatoria, uel absolutoria per solam litem contest. [illegible] runt aliæ sublatæ per §. eligere, & dixi in d. §. dixerit aliquis.

§.Quærentibus. No. istum tex. qui semper al[illegible] ꝙ quoties l. vel statutũ dici[illegible] quem puniri pœna dupli, tripli, uel quadrupli, in dubio in computatur semper simplum, & sic non est in eorum pœn[illegible] si expressè hoc dicatur. Et de hoc est casus clarior quàm hi[illegible] cèt Bar. hic non allegat C. de spon. l. si circa prin. tene men[illegible] facit C. de pœnis fisca. l. j. uel ij. lib. x. & quod ibi per Bart.

LEX VI.

1 *Delinquentes plures in eodem officio, qualiter teneantur.*

2 *Si familia potestatis tota simul aliquem torsit indebite, & pro tali tor[illegible] imponatur pœna pecuniaria, licèt qlibet teneatur insolidũ, uno tamẽ [illegible] te alij liberãtur, & hẽnt inter se beneficiũ diuisionis & post latã senten[illegible]*

1 S I multi publicani. † Quando pl[illegible] delinquunt si[illegible] in eodẽ officio, quilibet tenetur insolidũ, & p[illegible] natur insolidũ, sed si sint soluendo qlibet exig[illegible] parte, & sufficit una solutio, & pro eis qui nõ soluendo alij exiguntur, sed si delinquunt non in cõi offici[illegible] libet tenetur insolidum, & insolidũ exigitur, & uno soluẽ[illegible] ter non liberatur. h.d. ista l. notabilis, quæ semper alleg. Et tur qñ erant in officio publica authoritate, & utilitate. I[illegible] si erãt publica authoritate, s. utilitate priuata, ut est casus [illegible]

a admin. tuto. l. tres tutores, * & idem ur. si erat omnino pri[illegible]

2 ta, & si officium † ualeat, & mitigat maleficium, ad hoc al[illegible] tur ista l. & illa l. tres tuto. per quas patet, ꝙ si familia pote[illegible] t is tota simul aliquem torsit indebitè, & pro tali tortura ponatur pœna pecuniaria, licèt qlibet teneatur insolidũ, tñ soluente alij liberantur, & habent inter se beneficiũ di[illegible] nis, ẽt post latam sñiam, quod perpetuo tene menti. In tex. (sed omnes partes præstabũt,) intellige, ꝙ quilibet tenetu[illegible] solidum, & condemnatur insolidum, cum hac modificatio[illegible] ꝙ una solutio sufficiat, & post latã sententiam si sunt om[illegible] soluendo, quilibet exigitur pro parte, alias nõ procederet sequit in sequenti uer. quia si quilibet teneretur pro parte condemnaretur pro parte, altero eorũ reperto non soluen[illegible] alter nõ teneret pro illo, ut l. legatorum. in prin. de leg. ij. [illegible] ali. leg. l. solent, in fi. In tex. ibi, (nã inter) dic, ꝙ iurisconsultu[illegible] luit hic opponere de legib. de quibus opponit gl. in fi. s. C. di. fur. l. fi. & s. ad l. Aquil. l. itẽ Mela. §. si plures. in quib. no[illegible] ficit una solutio, immo uno soluẽte alij non liberant a p[illegible] licet regulariter in idiuiduis vno soluẽte, alter liberet. l. [illegible] duo. re. fallit hoc tñ in pœnis, ut hic, & l. item illa. §. si plure[illegible] fi. ff. ad l. Aqu. (de qua materia uidere est elegãtissimum t[illegible] tum d. Alcia. de diuid. & indiuiduo,) & respondet secundũ [illegible] tellectum Iac. de Are. ꝙ illud est in illis, qui simul delinqu[illegible] non tñ existentes in eodem officio, qui dicuntur rei crim[illegible] & in illis procedit oppositio. Et aliud in illis, qui delinquũ[illegible] stentes in eodẽ officio, qui dicuntur fraudis participes, & [illegible] lis procedit determinatio supradicta, hoc tñ intelligo q[illegible] simul delinquunt, & sic dicitur unũ delictum. Si autem di[illegible]

ADDITIO.

a ¶ Tres tutores. Adde Ful. consi. 178. Fran. de Aret. consi. 66.

ſoribus,eſſent diuerſa delicta,uno ſoluente alter nou libe-
tur.facit quod no.C.vnde vi.l.j.in fi.magnæ gl.ſed qñ non
in eodẽ officio,non refert ſimul, vel diuerſis tpibus, q̃tũ
ultiplicationem pẹnarum.gl.tamen ij.aliter iſtũ tex.intel-
.& bonus eſt intellectus eius, ſed præcedens notabilior.

LEX VI.

ublicis penſionibus ipſæ res ſunt obligatæ, & ideo fiſcus poteſt agere ra poſſeſſores etiam pro tempore præterito, antequam rei ad eos perrent.

endita non debet remoueri de libro ſeu cataſtro venditoris, niſi profiur quòd emptor eſt idoneus ad ſoluendum onera fiſcalia, ſed tamen tor pro tempore poſt quod ad eum peruenit, tenetur ſoluere ſi res non oſita in allibratu ſuo.

ona ſint obligata pro collectis, quæ imponuntur perſonis pro rebus.

IMperatores. †Pro publicis penſionibus ipſæ res ſunt obligatæ, & iõ fiſcus põt agere ꝯ poſſeſſores ẽt ꝓ tpe p̃terito, antequã res ad eos puenirẽt.h.d. & ip allegat.Intellige tñ ſane,non ꝙ fiſcus agat de directo ꝯ poſſeſſorẽ, ut ſoluat ꝓ tpe p̃terito,qa ꝓ illo non eſt obligatus ipſe poſſeſſor, ſa res poſſeſſa, ſed agit ꝑ indirectũ.ſ.hypo. & ſi poſſeſſor euitare,qđ ſibi res nõ auferat,coget ſoluere fiſco ꝓ tpe p̃-,& poſtea recuperabit ab authore ſuo,ut hic in ver. eo.ꝙ plo.põt ẽt fiſcus agere actione pſonali ꝯ authorẽ, q nunc oſſidet,qa fuit obligatus ꝓ tpe quo poſſedit,& ꝑ alienatio i nõ exemit ſe ab obligatione,vt hic colligit,& in auth.ſed ulum.C.ſine cẽſu vel reliqs, & in corpore vñ ſumit per q̃ notabilr in l.incola.ad muni.† dicit ꝙ nõ dẽt remoueri de ſeu cataſtro uẽditionis,niſi ꝓfiteat ꝙ emptor eſt idoneus uẽdum onera fiſcalia,& ſi nõ reperiat idoneus ipſe ſoluet. menti.Emptor aũt ꝓ tpe,poſt qđ ad eũ puenit,tenet ſolue ſi res nõ ſit poſita in allibratu ſuo, ſed adhuc ſit in allibra ẽditoris,ꝑ hãc l.& ꝑ l.fi,illius ti.ſine cẽſu,uel reliqs,& ibi ꝑ ꝓ eo,qđ dixi, qđ agit ꝯ poſſeſſorem nõ directo, ſed per quum.facit quod no.gl in l.ſi uſusfruc.nomine.ſ.vſufruct. nad.caue.& in uenditione.de actio.empt.†Sed quæro iſta uitur in tributis.ut in gl.j.quæ ſunt onera realia, q̃ imponur ipſis prædijs.Quid in collectis, q̃ ẽt imponuntur perſoro rebus,ut dixi in l.j.ſ.eo.dic idem,ꝙ ẽt pro illis bona ſunt gata,quia fiſcus ſemper habet hypo.ſaluo ꝙ pro derelictis. ufertur.§.fiſcus.ĩ.de iure fiſci.In hoc tñ eſt drĩa,quia in tri s incipit hypotheca prædiorum ab ipſo initio,quo tributa unt impoſita, nec multiplicantur ſingulis annis,quia illa onera ordinaria,& ſemper & uniformiter præſtant,ſed in ectis,q̃ ſunt onera extraordinaria multiplicat obligatio ex libet indictione,& antequam ſit indictum onus bona non obligata. Pone exemplum in ciuitate Florentiæ, tpe quo unt in vſu præſtantiæ,nam ſunt onus extraordinarium, qa imponitur ſemper,ſed ſ̃m exigentiam caſuum, nec unifor r,quia aliquando minores, aliquando maiores, licet ergo uis in libris cõis reperiat pręſtantiatus in xx.bona tñ ſua nõ obligata cõi quouſq.p̃ſtãtia ſit indicta,& iõ ſi alienat, nõ ſeunt bona cũ onere illius p̃ſtantiæ,immo illud onus rema apud uenditorem, & pp hoc factum fuit Florentiæ ſtatu-ꝙ omnia bona ſint obligata ex die,quo diſtributio præſtã m fuit obtenta pro omnib.præſtantijs,quæ ſoluentur du e illa diſtributio.ſed poſtquam præſtantia eſt indicta, incit bona eſſe obligata,& ex tunc tranſeunt cum onere. Eſt ia drĩa,qa tributa[b] imponuntur ipſis rebus pro mero vigo ſic tenet quis ſoluere pro tali prædio tm̃, & pro tali tm̃, de cenſi.l.forma.ſed in collectis fit ęſtimatio oĩum bonorũ ul,& imponit collecta perſonæ ſ̃m æſtimationẽ bonorum.

ADDITIONES.

menti.Adde Lu.Ro.conſi.306.

ta.quid ſit tributum & quid collecta uide per Bal.conſi.278.2.lib.

Item reſcripſerunt. Pupillus euadit pęnam commiſſi ipſo iure ſi in 30.dies ſoluat.h.d.ſed ſi non ſoluat,non euitat niſi median ſtitu.in integ.ut d.l.ex cauſa.§.pen.ſ.de mino.

LEX VII.

FRaudati. Pena fraudati uectigalis non tranſmittitur ad hæredem ante li.conteſt. h. d. intellige(hæredem)contra hæredem, & loquitur de pœ pli,quia ſi fraudatur uectigal,ſoluitur poſtea duplicatũ, e.l.fi.§ diui quoque.Item res incidit in commiſſum, & de pœna hic non loquitur,quia cum ipſo iure fiat res fiſci, poſcus ab hærede uendicare,ut l.commiſſa.ĩ.eo.l.dotem.§.il licitarum.Et intellige ut dixi ante li.conteſt.prout eſt tex.not. ſed ſi non eſt illa negatiua,tunc dicit totum oppoſitum, & tũc intellige.ſ.poſt litem conteſtatam,vt C.ne ex delict.de l.prima.

§.Sed ſi vnus. Si unus ex dominis fraudat uectigal portio tm̃ ſua confiſcat, non ſocij ignorantis.h.d.facit l.2.§.fratris.ſ.ſi quis aliquẽ teſtari prohibuerit,quia factum unius alteri nocere non dẽt,ut ſ.de ope.no.nũcia.l.de pupillo.§.ſi plurium.In tex.ibi(cã vectigalis)dic ꝙ iſta verba determinant ſequens uerbum,ſurripuit.non p̃cedẽs verbum communem,qa cũ unus ex his hrẽdib.portaret rem cõem de uno loco ad alium,& deberet ſoluere gabellam,occultauit eam,vt non ſolueret,certa ſua tm̃ portio confiſcat.facit ĩ.eo. l.cotem.Et inducitur ad qõnem per Old. de qua plene per gl. in l.communi diui.in prin.ſ.commu.diui. & hic per Bar.

LEX IX.

1 *In licitatione ſiue locatione uectigalis non admittitur plus offerens, niſi pręſtet fideiuſſores idoneos.*

2 *Aliqua de materia quando res ponitur ad incantum, ut plus offerenti detur remiſſ. ad Bar.*

3 *Si primo unus decem, & poſtea alius offert quindecim, & iſte reperiatur non ſoluendo, uel recedat de ciuitate inſalutato hoſpite, an commune poſſit aſtringere primum ad recipiendam gabellam.*

1 LOcatio. †In licitatione ſiue locatione vectigalis non admittitur plus offerens,niſi præſtet fideiuſſores idoneos.h.d.Et intelligo iſtum tex.ꝙ non debeat gabella adiudicari plus offerenti,niſi præſtet idoneos fideiuſſores,ſed tpe quo plus offert,non expedit,ꝙ fideiuſſores det, quia neſcitur,utrum ſit ſibi adiudicanda,uel non cum poſſitalius uenire,qui plus offerat.†Et in iſto prin.Bar.ponit aliqua de
2 iſta materia quando res ponitur ad incantum, ut plus offerenti detur.& ẽt in l.ſi tempora.C.de fide inſtr.& iure haſtæ fiſ.li.x.
3 & ibi omnino vide.† Et inter alia dicit vnum, ꝙ ſi primo vnus decem,& poſtea alius offerat quindecim,deinde ſecũdus reperitur non ſoluendo,uel recedit de ciuitate inſalutato hoſpite, ꝙ commune poteſt aſtringere primum ad recipiendum gabellam per l.Sabinus.ſ.de in diem addic. ego recordo uidiſſe Bal. conſuluiſſe contrarium in ciuitate Arimini, dum eſſet Papiæ, ꝙ per oblationem ſecundi,cenſetur receſſum ab oblatione primi,& ſtatim primus eſt liberatus ab oblatione ſua.arg.in l.ſtipulatus es opus.ĩ.de fideiuſ.& locat.l.cum in plures.§.dicta.& ĩ. de præto.ſtipula.l.Valerianus. Mihi vr̃ diſtinguendum,aut gabella fuit iam adiudicata ſecũdo expreſſe, vel tacite, quia lapſi ſunt termini appoſiti in bannimentis, & ſic nõ ſperatur quod alius a modo veniat, & per conſequens cenſetur remanere plus offerenti,quia ita dicit bannimentum,& tunc procedat dictum Bal.ſed iſto caſu officiales communis tenebunt reipublicæ ſi non fecerunt ſibi caueri a plus offerente per iſtum tex.& iõ cautela eſt,ꝙ non permittant tranſire terminum,niſi caueat ꝑ iſtum tex.Aut nondum fuit adiudicata ſecundo, & tunc ꝓcedat dictum Bar.quia eſt in poteſtate reipublicæ addicere cui vult,nam licẽt ſecundus plus offerat, poteſt tamen oblatio pri
a mi eſſe melior,[a] quia facilior efficitur ſolutio per l.3.§. melior autem.ſ. de in diem addic.

ADDITIO.

a Melior.Bald.non conſuluit prout refert Pa.de Caſt.ſi eius conſilia proſpexeris conſil.391.& conſi.194.j.li.uerum eſt ꝙ in dictis conſilijs conſuluit Anchonæ,& Piſauri potuiſſet aliter conſulere in ciuitate Arimini.

1 *Illi qui tenuit gabellam anno præcedenti, non admittitur ad offerendum, nec debet ſua oblatio ſcribi, vel admitti, niſi reddiderit rationem anni præcedentis, & eodem modo ſi ex alia cauſa erat debitor communis, niſi det fideiuſſores idoneos de ſoluendo, & officiales publici tenerentus reipubl. ſi contrarium fecerint.*

§.Ad conducendum. No.iſtos tex.quotidianos,ꝙ licẽt nullus offerat illo tpe,quo ponuntur reditus publici ad incantum, nullus dẽt compelli offerre, etiam qui pro tempore præterito habuit.fallit.qñ tria concurrunt de quibus.ĩ.eodem.l.cotem.§.fi.
1 †Item no.in ver.ſeq.ꝙ ille qui tenuit gabellam anno præcedẽti,non admittit ad offerendum, nec debet ſua oblatio ſcribi, vel admitti, niſi reddiderit rationem anni præcedentis, & codẽ modo ſi ex alia cauſa erat debitor communis,vt in §.debitores. niſi det fideiuſſores idoneos de ſoluendo,& officiales publici tenerent reipublicæ,ſi contrarium fecerint.Si autem ſatisfeciſſet communi de tempore præterito admitteret, & præferret cuilibet alteri, dummodo offerat tantum quantum ille, ut C. de loc.p̃dio ciui.l.fin.& pe.& no.Bar.ĩ.eo.l.cotem.§.j.& probat ſ. de in diẽ addic.l.nocere.vbi nõ admittit ſcdus, niſi notum fiat

primo

primo vtrum velit tantum offerre quantum secundus. Tene menti, quia istum casum vidi de facto.

§. Socij uectigalis. Not. hic, ꝙ si duo, vel tres emerũt gabellas portarum, & postea diuidunt inter se emolumenta, ꝙ talis hẽat emolumẽtũ talis portæ, & talis talis, non põt socius petere sibi cõicari illud plus, & ita intelligo istũ tex. sed si non diuidissent ius, vel emolumẽtũ, sed simplici ad ministratione ꝙ talis administret talem portam, & talis talem, tunc deberent omnia communicari.

---

1 *Pro eo quod illicite exigitur sine uiolentia, imponitur pęna dupli ex hoc edicto, sed pro eo quod per uiolentiam imponitur etiam pœna quadrupli, ex edicto vi bo. rap.*

2 *Licet ex aliquo crimine imponatur pœna ciuilis applicanda parti, imponitur etiam criminalis pecuniaria applicanda fisco, vel etiam corporalis arbitrio iudicis, & per exactum primæ non tollitur secunda.*

3 *Qui alium offendit, uel circa aliquem delinquit, non solum offendit illum sed etiam remp. cuius interest pacatos esse homines.*

4 *Qui committit furtum alicui dicitur sibi iniuriam facere.*

Si duo fecerunt pacem adinuicem, & promiserunt se non offendere, & alter fecit furtum, an alteri uideatur rupisse pacem.

Personalis offensa qualiter dicatur.

1 §. Quod illicitè. † Pro eo quod illicitè exigiť sine violentia, imponitur pœna dupli ex hoc edicto, sed pro eo quod per violentiam imponitur etiã pœna quadrupli, ex edicto vi bon. rap. Et ultra dictas pœnas exigẽs puniť ex ordinem criminaliter, nec per exactum pœnæ ciuilis, quæ parti applicatur, tolliť pœna criminalis, q̃ fiat ad ꝯmodum, vel uindictam fiscalem, seu reipublicæ. h. d. † Et semp

2 alleg. ꝙ licèt ex aliquo crimine imponať pœna ciuilis applicãda parti, imponiť ẽt criminalis pecuniaria applicanda fisco, vľ ẽt corporalis arbitrio iudicis, & per exactum primæ non tolliť secunda. Ad hoc semper alle. quousque tamen durat iudicium super ciuili, non potest criminaliter accusari, sed illa finita dũtaxat, ut C. qñ ciui. act. cri. præiu. l. j. & l. interdum de publ. iud. & an sententia condemnatoria, vel absolutoria præiudicet in al-

3 tera, dic per Bar. in l. prætor. §. j. ꝟ. vi bo. rap. † Not. ergo hic, ꝙ q alium offendit, vel circa aliquem delinquit non solum offendit illum, sed ẽt rempublicam, cuius interest pacatos esse hoĩes & rõne primæ offensæ puniť pœna ciuili, q̃ applicatur parti, & petitur per actionem ciuilẽ, ut patet in actione furti. ui bon. rap. & iniuriarũ. Rõne aũt scdi puniť ex ordinem pecuniariter, uel corporaliter, nisi certa pœna sit statuta p l. vel statutum, & ista applicatur fisco, & dr̃ crĩalis, & petiť per accusationem, de hoc no. in l. 2. ꝟ. de sepul. uiola. & de ista pœna intelliguntur statuta dicentia, ꝙ pro tali crimine, vel delicto quis puniatur tali pœna etiam pecuniaria, quia applicať fisco. Raro enim statuta

4 prouident de pœna applicanda parti. † Vltimò alleg. iste tex. in verbo (passis iniuriam,) ꝙ qui committit furtum alicui, dr̃ sibi iniuriam facere, & sic offensam, & ideo facit iste tex. ꝙ si duo fecerunt pacem inuicem, & promiserunt se non offendere, si al-

a ter alteri facit furtum, [a] vr̃ rupisse pacem, de qua ꝯsueuit apponi magna pœna ex forma statutorum. Sed ꝯriũ est, quia verũ est, ꝙ committens furtum dr̃ facere iniuriam realem, ita intelligiť hic, non personalem, ut no. ꝟ. Præterea non dr̃ rumpere pacem, nisi qui offendit ex causa præcedente, propter quam fuit facta pax, secus ex causa noua, ut no. Bart. in l. aut damna. §. ex causa. ꝟ. de pœ. & in l. verum. ꝟ. de fur. in quibus oĩno uide' personalis autem offensa dr̃ duobus modis, s. quando mere est in personam, vt offensa verbalis, vel percussio. Item qñ non merè, sed pp rem, ut uiolentia ablatiua, vel expulsiua, quæ committitur in personam, occasione tñ rei, & verba pacis intelligũtur de prima, quæ merè est in personã, quod dic, ut ibi per Bart. & uide quod idem no. in l. j. §. de his quibus, ut indig. qui vr̃ contrariari in eo, quod hic dicit, ꝙ non dicitur offensa, nisi id quod iniustè fit, & ibi dicit contrarium.

ADDITIO.

a Furtum. Adde Lud. Rom. consi. 183. & 254. Bal. ꝟ. eod. §. si de pac. tenen. & eius viola.

---

1 *Exactio uectigalis quamuis non possit præscribi, liberatio tamen a uectigalibus bene potest præscribi.*

2 *Gratia facta ab uno officiali publico non est necessario fienda ab eius successore.*

1 §. Earum rerum. † No. ꝙ licet exactio vectigalis non possit præscribi, nisi tanto tp̃e, cuius ꝯrij memoria non existat ab eo, cui non est concessum per habentem potestatem, vt in c. super quibusdam. §. præterea de verb. sig. liberatio tñ a vectigalibus bene põt præscribi, si sunt tales res, quæ debent de iure soluere, tñ non fuit solutum

a per 40. annos, [a] quia præscribitur ꝯ fiscum, & si exactio uectigalis ptineret ad priuationem, præscriberet longo tp̃e, ita itelligit

2 Bar. istum tex. No. etiam in uer. quòd si præstari. ꝙ gratia ab vno officiali publico, ñ est necessario fiẽda ab ei' succe[ssore]

ADDITIO.

a Per xl. annos. Adde Bar. consi. 59. circa fi.

1 *Priuilegium personale non transit in emptorem.*

§. Fiscus ab omnium. Per istum tex. dete[rmi]nat Dyn. qõnem [qua]ẽto, si cõitas, uel aliquis dñs uendit gabellam salis, uel uin[um, po]stea emit sal, uel uinum, de qua emptione deberet solui ga[bel]la, si fieret per priuatum, ꝙ ipsa cõitas non teneatur solue[re ta]lis gabellarijs, quia non potest dici, ꝙ vendiderit nisi ius, [quod] habebat. ut l. traditio. de acqu. rer. dom. sed non habebat i[us exi]-

a gendi gabellam a semet. [a] ergo ñ intelligitur illud vendi[tum.] Item per §. mercatores. dicit Dy. se consuluisse, cum quida[m e]missent ab ecclesia Romana salinas Romandiolæ, postea emptores portabant sal ad ciuitatem Bononiæ, vel Faue[ntiæ] in quibus exigebatur gabella de his quæ portabant, & illi [recu]sabant soluere gabellas dicentes, ꝙ ipsi emerant ab eccle[sia, &] ipsa non deberet soluere, ergo nec ipsi qui succedũt loco. Contrarium dicit Dyn. se consuluisse per istum tex. quia

1 est priuilegium † personale, [b] quod non transit in emp[torem,]

b vt §. de col. bo. l. j. §. quod si an. & de acqui. hære. l. prima.

ADDITIONES.

a A semet. Et adde Bal. consi. 114. lib. ubi idem tenet.

b Personale. Adde Bar. consi. 76. facit quod uoluit Fed. cons. 111. ꝙ colon[i ...] corum tenentur ad gabellas fructuum eis prouenientium pro parte su[a.]

LEX X.

1 *Gabellas fraudans non tenetur Deo, nec mundo, & quare.*

2 *Gabellæ an possint induci in præiudicium forensium.*

1 Vectigalia. Per istam l. dicit Bart. ꝙ qui fra[udat] gabellas non tenetur Deo, ne[c mun]do, quia exactio gabellarum quæ fit ab istis cõit[atibus] est a iure reprobata, si non interuenit consensus p[rin]-

2 cipis, ut hic, & in C. noua vectigalia. p totum. † Et hoc est in forensibus ad quorum præiudicium non possunt gab[ellæ] induci, secus in illis qui sunt subiecti inducentibus eas. [Et] hoc uide Bal. in l. 2. C. de iur. an. aure. & de cad. tol. in princ. exactio gabellarum sit præscripta tanto tempore, cuius c[on]trarij memoria non existat, etiam forenses non possunt li[cite] fraudare, quia tantum tempus habet uim concessionis pri[nci]pis, ut l. hoc iure. §. ductus aquæ. de aqua. quoti. & æsti.

§. Nondum solutis. Not. hic ꝙ si emptore[s ga]bellarum deficiũt sol[uere] in aliquo termino, statim potest sibi auferri gabella, si ita [li]cet cõitati, & alteri dare, quod no. perpetuo, non sic in alijs [ut in] ta emphyteuta vel conductore, quia expectantur per bien[ni]um, vel triennium, vt in glo.

LEX XI.

Cotem in.

§. Agri publici. Not. ꝙ contractus f[acti] per officiales publi[cos] sunt seruandi per sequentes officiales, nec possun[t] eos retractari sine authoritate superioris. innuit ergo ꝙ su[pe]rior, puta cõmunitas, q̃ non recognoscit superiorem, uel pri[n]ceps bñ possit, sed ꝯ, quia isti ꝯctus cẽsentur facti p superio[re,] ex quo p eius officiales, ergo teneť superior illos seruare, vt [l. uni]ca j. de prob. Sol. fateor, & dico ꝙ superior non potest nisi ex [causa] publicæ utilitatis, & necessaria, & ita intelligo istum tex.

---

1 *Res prohibitæ portari si portantur in naui, uel super animali, non solum confiscantur ipsæ res, sed & nauis & animal.*

2 *Statutum si prohibet asportari frumentum extra comitatum, sub certa pœna, & aliquis fuit repertus portare in itinere, non tamen exiuerat comitatum an incidat in pœnam.*

3 *Ignorans non debet puniri.*

1 §. Dominus nauis. ¶ † Not. hic ꝙ si quis in na[ui] sua, vel sup suo animali po[r]tat res prohibitas portari, non solum confiscantur ipsæ res, [sed] ẽt ipsa nauis, vel animal, qa coadiuuant ad res illicitas trans[fe]rendas. Et eodem modo vr̃, si portant res licitas, tñ fraudant [ga]bellam non soluendo, ut non solum illæ res confiscentur, [sed] ẽt ipsum animal, uel nauis, & si frumentum portaretur, [confisca]retur ẽt seccus. Sed si essent aliæ res, quæ non coadiuuarent ad res illicitas, & pro quib. non fraudaret gabella, illæ non co[nfi]scarentur pp illicitas, ut colligitur §. eodem. l. si publicanus. [in] fine. ibi (ut si quid amplius, &c.) de hoc dic per Can. & Bal. [in l.] C. de nauti. fœno. l. cum proponas. ¶ Si vero nauis, uel ani[]mal

ſet alterius ignorantis, non deberet cõfiſcari, vt in ver. ꝙ nte. niſi ſtatutum, vel conſuetudo eſſet in ꝯrium, & tunc cuperaret dãnum cõductore nauis, uel animalis. † Item uerbo, (impoſuerint,) ꝙ ſi ſtatutum prohibet aſportari ntum ex comitatu ſub certa pœna, ſi aliqs fuit repertus e in itinere, non tamen exiuerat comitatum, incidit in n. [a]facit l. 2. C. de ſer. fugi. & de hoc etiam per Cyn. in d. l. roponas. in fi. Bal. aũt diſtinguit, an ſtatutũ dicat, ſi qs por t extra comitatum, & incidit in pœnam, qa illud verbum ꝓteriti perfecti, requirit actum conſummatum, ut j. de teſ. l. Stichus ſeruus meus. Aut dicit, ſi qs repertus fuerit re, vel dic ꝙ portantes bladũ, &c. & tũc ſufficit ꝙ in itine eprehenſus. per gl. in l. arborib. §. de illo. ſ. de uſuf. dum di ous exit ſyluam, ſed nondum exiuit, &c. † Vl. no. in uer. ꝙ uit, ꝙ ignorans non debet puniri, & ad hoc alle. facit. C. l. generali. & j. de ac. & ob. l. ex maleficijs. §. longe min⁹.

A D D I T I O.

m. Adde, ut per Bal. conſi. 61. j. lib. per Io. An. in rub. in additio. ad Spe, ſt.

---

concurrentibus compellitur quis emere reditus fiſcales, ſi per tem- ræteritum emerat, & maximos fructus recepit, & pro futuro non re- r emptor.

ropter ſterelitatem fit remiſſio mercedis, an ita propter magnam itatem fiat augmentatio mercedis.

ublicanus grauatur propter maximos fructus, quos recepit, ut tenea- nducere pro ſequenti tempore, an ita exoneretur ſi nullos vel paucos s, vel reditus recepit.

do cognoſcatur an iſta ſit locatio, an emptio.

o dicitur uenditum ius, uel commoditas, ut ſic non fiat remiſſio.

Qui maximos. † Tribus concurrentibus compellitur quis emere reditus fi- , ſi per tempus præteritum emerat, & maximos fructus erit, & ꝓ futuro non reperitur emptor. h. d. & ſꝑ allegat. cunq. iſtorum deficiat, non compellĩt, ita loqtur l. licita- j. ſ. eo. & j. de iure fiſ. l. 3. §. cum quinquennium, alleg. in ꝯria. In tex. ibi (ſi poſtea tanto) gl. dicit ſicut priori, & ſic hic, ꝙ licèt receperit maximos reditus, non tñ fuit aug- ata penſio. Vnde facit ꝯ determinationem gl. l. ſi merces. maior. ſ. loc. quæ plenè diſputando determinat, † ꝙ ſicut erilitatem fit remiſſio mercedis, ita propter magnam fer- tem fit augmentatio mercedis, niſi prouenerit ex labore, gna cultura ꝯductoris. Ego puto, ꝙ ſiue proueniat ex cul ſiue ex natura, non fiat augmentatio mercedis. argu. hic merces eſt certa, & determinata, & quia iſtum caſum vtra pars potuit cogitare, ad qđ ſ. loc. l. ſi quis domum. §. j. ſed ſi eniret ex caſu quem veriſimiliter nonpoterat cogitare, locaui tibi molendinum pro decem, ex quo cõiter ꝯſue- nt recipi viginti, poſtea molendina vicina fuerunt oĩa de ta, & ꝑꝑ hoc fuerunt recepta ſexaginta, certè conueniens ꝑ augmentetr̃ penſio, quia de iſto caſu non potuerunt cogi , ad hoc ſupra de contrahen. empt. l. fiſtulas. §. frumenta. pone propter guerram Romandiolę fuerunt augmentatæ llæ Bonon. vltra ſolitum ꝑꝑ confluẽtiam gentium, vel qa ia vicina fuerunt deſtructa, tunc propter confluentiã ſcho m procedit determinatio illius gl. & iſtam puto determi- onem illius gl. † Item facit iſte tex. ꝙ ſicut publicanus gra- s propter maximos fructus, quos recepit, vt teneatur con- ere pro ſequenti tempore, ita exonreretr̃ ſi nullos, vel pau- fructus, vel reditus recepit, ut non teneatur ſoluere penſio ſeu pretium, & iſta qõ fuit hoc anno præterito in iſtis ga- arijs portarum, qui conquerebantur, ꝙ propter nimiam, & litam ſiccitatem gabellæ non valuerunt more ſolito, & petebant de gabellis, & petebant remiſſionem [a]mercedis, & ti conſuluerunt ꝓ eis. Bart. diſputauit iſtam quæſtionẽ, & pit, qõ publicanus, &c. & hic etiam plures quæſtiones for- notabiles, & quotidianas. Sed quia multa verba effundit olligendo tam ex illa quæſtione, q̃ ex his quæ hic dicit, dicas t tres caſus, nam aut habuit per viam conductionis, & loca is, & tunc debet fieri remiſſio ex natura ꝯctus, dummodo nnum ſit intolerabile, vt l. ſi merces. §. vis, & l. ſi ex condu- ſ. locati. Et qualiter dicatur intolerabile, dic ut ibi no. Aut uit per uiam emptionis, & tunc aut fuit venditum ius, ſeu mmoditas percipiendi gabellas, & tunc non fit remiſſio, ẽt ſi il percepiſſet, tamen quia de natura iſtius contractus eſt, ꝙ iculum poſt emptionem perfectam pertineat ad emptorẽ, neceſſario. de peri. & commo. rei ven. quia emendo ius, vel mmoditatem percipiẽdi cenſet̃ emiſſe aleam, ſeu fortunam, o &c. vt l. ſi iactum retis. ſ. de actio. emp. in vltimo caſu. Aut it ipſos reditus, vel fructus percipiendos, & tunc fit remiſſio atenus non percepit de eo, quod non conſueuit ꝑcipi, non i. locati, ſed ex eo quia uidetur emptio conditionalis, de cor poribus quæ non erant, ſ. ſi naſcerentur, vel perciperẽtur, & iõ inquantum non percipiuntur, emptio non contrahitur, vt d. l. nec emptio. in prin. de contrahen. emp. vide de iſta materia per
4 Bal. in l. ſi ea lege. de vſufruct. † Sed reſtat uidere qũo cognoſcatur, an ſit locatio, an autem emptio. nam tex. iſtius tit. ut plurimum loquuntur de locatione, & conductione, vt infra eodem l. Cæſar. ſed cõis vſus ſe habet in contrarium, quia dicuntur emptores gabellarum, & ſic conficitur inſtrumentum de empt. & ven. præterea non vr̃ fieri debere dr̃ia, quia qui conducit, videt̃ emere fructus, ideo merces dr̃ pretium fructuum, vt probatur j. de acq. poſſ. l. ſi quis ante. in fi. ideo text. in l. venditione. §. j. de bon. aut. iud. poſſ. videtur iſta ponere, vti ſimilia, ꝙ locetur res, vel ꝙ vendantur fructus, quia locando rem vidẽtur fructus vẽdi. Breuiter ſi emptio facta eſt pro pluribus annis, & conſtitutũ eſſet pretium pro ſingulis annis, pro rata dicitur locatio, & cõductio, licèt ſub nomine emptionis facta fuerit per gl. not. quæ eſt in l. j. C. de iure emphyteutico, quia iſtis vocabulis interdum partes abutuntur. ar. in l. veteres. de actio. emp. Si verò fuit conſtitutum vnum pretium pro tempore toto non ſoluendum ſingulis annis, ſed vel totum a principio, vel totum in fine, vel fuit facta venditio pro vno tantum anno, vt fieri conſueuit, tunc debemus inſpicere verba cõtrahentium, quia ſi verbo locationis, & conductionis vſi ſunt, erit locatio, ſi venditionis, erit vẽditio,
5 quia ex alio non poteſt colligi mens eorum. † Secundo eſt vidẽdum, qñ dicatur venditum ius, vel commoditas, vt ſic non fiat remiſſio, ſeu ipſe reditus, vt ſic fiat. Et breuiter dic, ꝙ quatuor ſunt caſus, in quibus cenſetur venditũ ius ſeu commoditas: primus qñ continetur in inſtrumento, ꝙ vendita ſit gabella, uel paſſagium, ſeu uectigal. hoc. n. vocabulum, vectigal, non ſolum poteſt ſumi pro eo quod ſoluitur, vt no. ſ. eo. l. j. §. j. ſed etiam ꝓ iure, uel cõmoditate exigendi, ut patet ſ. eod. l. licitatio. in prin. & iſto modo ſumitur hic, qñ cõitas vendit vectigal, vel gabellã, non intelligitur idem ius, vel commoditas percipiẽdi, & hoc ultimum magis placet Bar. ꝙ videatur vẽdi commoditas, nõ ius, quia illud eſt perſonale, & non poteſt ſeparari a cõitate, vt Inſtit. de vſufr. §. finitur, aut reale tanquam cohęrens territorio, & non poteſt transferri ad tempus, vt l. 4. ſ. de ſeruit. commoditas autem bene poteſt ſeparari, ut patet in eo, qui habet vſumfru. quia poteſt transferre commoditatem in alterum, vt l. neceſſario. §. fi. de per. & commo. rei vend. & quia etiam ius non vr̃ permittere ꝙ poſſint transferre ius, ſed commoditatem, vt l. fin. C. eod. Et hæc vera, etiam ſi poſt dicta verba, ꝙ uendidit gabellã, uel paſſagium ſubijciantur alia uerba, & omnes reditus percipiendos ex ea, quia uidentur adiungi in conſequentiam priori. Secundus caſus eſt, quia non continetur in inſtrumento, ꝙ vẽdidit gabellam, vel paſſagium, ſed ſolum, ꝙ uendidit reditus ꝑcipiendos, ſi tamen apparet ꝙ emptor habeat per ſeipſum percipere, ſiue ſint uenditi in totũ, ſiue pro parte per l. fundi Trebatiani. de uſufruct. leg. Tertius caſus eſt, quando hoc nõ apparet, tamen in venditione continentur iſta uerba, ꝙ uendidit reditus, ſi qui percipientur, nam uidetur uendita alea, ſeu fortuna, per l. ꝙ ſi uenditione. de hæred. uel ac. uend. Quartus caſus eſt, qñ non continentur illa uerba, ſed ſunt uenditi omnes reditus, qui percipientur ex tali gabella, uel paſſagio, qa ur̃ actum ꝙ ipſe emptor percipiat, & ſic ipſum ius, uel cõmoditas, uel facultas percipiendi ur̃ uendita, non autem corpus redituum ꝑ id qđ not. gloſſ. notabilis. in l. ſi quis ita. de uſufruct. Extra iſtos caſus ſi conſtaret fuiſſe actum, quod ipſa cõmunitat percipiat, & tradat emptori, uel non conſtat, tamen pręſumitur, quòd eſt quando uenditur pars quota, uel quantum ex fructibus percipietur, puta centum corbes frumenti ex tali fundo, tunc uidetur uenditum ipſum corpus fructuum, & eis nõ natis fit remiſſio pro rata, ut l. ſi debitor. §. ueriſimile. ſ. de contrahen. empt. Et in iſtis membris ſi bene inſpicitur, conſiſtunt omnia uerba Bart. licèt ex prolixitate uerborum difficulter colligantur, & adde glo. in l. in ædibus infra tit. j.

A D D I T I O.

a ¶Remiſſionem. Adde Anch. conſi. 215. & 404. Soc. conſi. 87.

L E X XIIII.

1 *Vectigal ubi non eſt ſolutum, eo ipſo res ſiue mobilis, ſiue immobilis incidit in commiſſum.*

2 *Poſſeſſio an aliquando transferatur ipſo iure ſine aliquo actu corporali, ſicut dominium.*

3 *Ementes gabellas, vel reditus, an debeant habere res quæ incidunt in commiſſum, & poſſint eas uendere ad eorum utilitatem, an debeant uenire ad communitatem uendentem.*

1 Commiſſa. † Not. iſtud, ad qđ ſemꝑ alleg. iſte l. ꝙ eo ipſo, ꝙ res icidit in ꝯmiſſũ ꝑꝑ uectigal, non ſolutũ, ſiue ſit res mobilis, ſiue ĩmobilis, dñiũ q̃rit fiſco ſine alia traditiõe, uel poſſeſſiõe, & ẽ caſus

sus specialis, in quo trāsfertur dominiū sine traditione, vel pos-
2 sessione. † Item not. in fi. ꝙ licèt transferatur dominium, nō sic
trāsfertur possessio. Vnde dicit gl. no. supra pro sol. l. cum duo
bus. §. idē respondit; quod licèt in aliquibus casibus reperiatur
ꝙ dominium transferatur sine traditione, non tamen reperiť,
ꝙ possessio transferatur ipso iure, sine actu corporali. hoc tamē
fallit in c. 3. de consue. Et prædicta procedunt quando delinqui
tur circa rem, sed si aliter dominium transfertur, est consilium
Iac. de Arena secundo grosso fol. 33. & si propter delictum bona veniunt confiscanda, requiritur sententia, quod dic, vt not.
3 Bar. in l. Imperator. ℨ. de iure fisci. † Quæro vtrum isti, qui emūt
gabellas, vel reditus debeant habere res quæ incidunt in com-
a missum, [a] & possint eas vendere ad eorum vtilitatem, an vero
debeant venire ante communitatem vendentem. Cyn. tenuit
primam partem, & ita consuluit, per l. creditor. in principio. supra de action. empt. ibi, a conductore saltem, &c.

ADDITIO.

a ¶In commissum. Adde Bal. cons. 154. iiij. lib. & pro ipso quod uoluit Signo. con sil. 22. & ibi vide quomodo cognoscatur, an sit emptio, an conductio.

LEX XV.

1 *Illud quod quis facit non sponte, sed coactus, non facit ipsum in pœnam incidere.*

2 *Verbum auellito, potest poni pro asportato, & ꝙ idem sit in uerbo excidere.*

3 *Statuta recipiunt interpretationem restrictiuam, ne quis indebitè damnum patiatur.*
Qui est in portu, vel exit de portu, licèt sit in aqua vel exeat de aqua, tamen videtur esse, vel exire de insula, vel territorio cuius est ille portus.

4 *Si fiat præceptum, vel preconium quòd nullus de cætero possit extrahere frumentum de territorio sub certa pœna, & alius ante hoc preconium onerauerat quandam nauim, quę adhuc erat in portu, quòd non possit postea de portu exire, aliàs incidit in pœnam.*

5 *Delinquens in portu, an possit puniri ab illo, qui habet iurisdictionem in territorio.*

6 *Pacta apposita in contractu principis, vel alterius habentis potestatem legis condendę, an habeant uim legis non solum quo ad ipsos contrahentes, sed etiam quo ad alios subditos.*

1 CAesar cum insulæ. † Illud quod quis facit nō spontè, sed coa
ctus, non facit ipsum in pœnā incidere. h. d. in effectu.
facit ℨ. l. proxi. §. si propter necessitatem. In tex. ibi, (ne
ue auellito,) idest asportato secundum Iac. de Rap. & sic prohibuit non solum fodere, vel eximere post idus Martias, sed etiā
asportare de insula, aliās si tantum primum prohibuisset, etiam
si voluntariè post idus asportasset, non incidisset in pœnam, cu
2 ius contrarium ℨ. patet a contrario sensu. † Et sic no. ꝙ verbū
auellito, pōt poni pro asportato, & idem in verbo excidere, vt
possit poni pro asportare, vt patet ℨ. in ver. consulebat. in verb.
3 (excisæ videtur, &c.) quia exponitur, idest asportatæ. † Et ista lex
alleg. ad plura, primo, ꝙ statuta recipiūt interpretationē restrictiuam, ne quis indebitè damnū patiatur, nā esset iniustum, ꝙ
quis incideret in pœnā ꝑ asportationem nō sponte factam, &
ideo ista verba, neue auellito, exponūtur, idest sponte, & sic fit
restrictio generalium verborum. facit l. ij. C. de noxali. Item alle
gatur tex. ibi, (tametsi portus,) ꝙ qui ē in portu, vel exit de portu, licèt sit in aqua, vel exeat de aqua, tamen vr̄ esse, vel exire de
4 insula, vel territorio, cuius est ille portus. † Et per hoc determi
natur, si fiat præceptum, vel preconiū, ꝙ nullus de cætero possit extrahere frumentum de territorio sub certa pœna, & alius
ante hoc preconium onerauerat quādam nauim, q̄ adhuc erat
in portu, ꝙ non possit postea de portu exire, alias incidat in pœ
nam, quia extrahendo vr̄ extrahere de territorio, ut hic in tex.
5 cum gl. † Facit etiam ꝙ delinquentes in portu possint puniri
ab illo, qui habet iurisdictionem in territorio, sicut si deliquis-
sent in ipso territorio, licèt delinquant in aqua sibi coherente,
facit l. j. C. de classicis. lib. xj. plus dicit Bar. in tractatu de insula,
ꝙ qui habet iurisdictionem in territorio, vel portu, habet ēt in
mari sibi propinquo per centū miliaria, quæ faciūt per aq̄ duas
dietas, ar. l. insulæ. §. de iudi. & ita dicit se fecisse practicari Pisis
in quibusdā piratis captis in mari Pisano. Vlt. allegatur ista l. per
6 Bar. dum in prin. dicit. (legem) gl. exponit. idest pactum. † ꝙ pacta apposita in contractu principis, vel alterius habentis potestatē legis condendę habent vim legis non solum quo ad ipsos
contrahentes, sed ēt quo ad alios subditos, nam istud pactum
hic ligabat alios etiā facientes contra spōte, ut hic colligitur a
cōtrario sensu. Quantum autem ad ipsos contrahentes, habet
vim legis, qa vbi alias non valeret contractus, illo casu ualet, qa
censetur princeps dispensare cum defectu, si sit talis, super quo
pōt dispēsari, vt l. donatio. C. de don. inter ui. & uxo. & per hoc
dicit Bar. in l. 4. §. actor. de re iud. & l. ciuitas. si cer. pet. ꝙ si cōi-
tas, quæ potest facere statuta, facit syndicū cum potestate obli-
gandi quemlibet de cōitate pro debito communi, poterit q
libet obligare, sicut si de hoc fuisset factum speciale statutu
& sic quilibet poterit capi pro debito vniuersitatis. sed Bald
l. j. C. ne fil. pro pa. reprehendit ipsum eo casu, quo statuta
certam formam seruandam in condendis statutis, quia tūc
seruať. Tu dic ꝙ aut syndicus sit a toto populo, vel ab aduna
tia generali, & tunc procedit dictum Bar. quia potuit dispē
circa formam datam a statutis, & vr̄ dispensare eo ipso, ꝙ ta
potestatem dat, nam & Imperator tradit certā formam ser
dam in legib. condendis, vt C. de leg. l. pen. seu l. humanum
tū multas leges facit illa forma non seruata, quæ tamen val
quia censeť illi formæ derogare, nam quod princ. placuit, l
hēt vigorem, vt l. j. de constitutio. princip. Aut sit syndicus
silio generali, cui populus dedit potestatē legis condendæ,
alia faciendi, & sic representat totum populum, ut no. in l.
quæ sit longa consue. & ß. de dolo. l. si ex dolo, & tunc proc
dictum Bal. quia consilium generale non potest venire co
determinata per adunatiuam generalem, seu populum vi
talis generalis potestatis. argu. in l. si hominē. ß. mand. & q
no. Bar. in l. ambitiosa. de decre. ab ordi. faci. & sic debet s
re formam traditam in condendis statutis, ergo pacta facta
illa forma nō habent vim legis, & sic cautela est, ꝙ prius ta
statutum seruata forma, ut l. prohibere. §. planè, ꝙ vi aut cl
& postea faciant syndicum, & ita intelligo dictum Bal.

LEX XVI.

1 *Casus duo, in quibus seruus, qui incidit in commissum, non debet vendi officiales fiscales, seu gabellarios alteri inuito priore domino, sed redd stita cautione, si gessit negotia domini.*

2 *Si aliquis qui gessit negotia mea sit condemnatus ad mortem, non debet executio quousque reddiderit mihi rationem.*

3 *An possit alicui grauius delictum committi, vel grauior offensa, quàm rumpere vxorem.*

4 *Quando vnus iudex petit ab alio iudice, ꝙ sibi remittat malefactorem deliquit in territorio suo, quòd ille non teneatur remittere, nisi primo h ta cognitione, an illud sit verum quod allegat petens remitti.*

5 *Confessio, & processus factus coram iudice remittente, an faciat fidem co iudice adquem fit remissio.*

INterdum. † No. in isto principio, & in §. j. duos
sus, in quibus seruus qui incidit in
missum, nō debet vendi ꝑ officiales fiscales, seu gabella
alteri inuito priore domino, sed dēt illi reddi ꝑstita cau
2 ne, s. qn̄ gesserat negotia dn̄i. † Et istud facit ꝙ si aliq̄s q gessi
gotia mea, sit cōdemnatus ad mortē, nō debeat fieri execu
a quousq. mihi reddiderit rōnem [a] ne remaneam in damno,
hoc per Cy. in l. j. vel 2. de bonis proscrip. Alius casus est, qu
deliquerat ꝯ dn̄um, si dn̄s volebat de ipso vindictā sumere.
sic no. ꝙ lex assentit dn̄o volenti se vendicare de seruo suo
3 † Not. ēt ꝙ pōt alicui grauius delictum committi, vel grau
offensa quā corrumpere vxorem, puta interficiendo filium.
bi vr̄ dicere totum ꝯrium, ut no. in l. codicillis. §. matre. de
2. Br̄ istud puto existimandum s̄m qualitatem ꝑsonarum, q
q̄dam de primo non curant, vt viles hoīes, q̄dam econuerso
4 cit l. isti quidem. in fi. q̄d met. cau. ß. † Allegat ēt iste §. j. ibi (vt
gnoscat procurator, &c.) ꝙ qn̄ vnus iudex petit ab alio iudi
ꝙ sibi remittat malefactorem, quia deliquit in territorio su
tex. in auth. si vero. C. de adulte. ꝙ ille non teneať remittere,
si primo habita cognitione, vtrum illud sit verum quod alle
5 petens remitti. † Et an confessio, & processus factus coram
dice remittente, faciat fidem coram iudice ad quem fit re
sio, uide Bart. in l. magistratibus. ß. de iurisd. omn. iudi. & in l.
ꝑus. de custo. reorum.

ADDITIO.

a Rationem. Adde quòd hoc tanquam singulare ponit Lud. Ro. sing. suis.

1 *Confiscata domo, an censeatur confiscata instrumenta, quę possunt inde separari.*

2 *Si quis habebat bona in diuersis territorijs, & in uno fuit decapitatus confiscatione bonorum, ꝙ bona existentia in alio territorio non propter confiscentur fisco illius loci vbi decapitatus est.*

§. Idem diuus. † Allegatur iste §. q̄d confiscata
mo vel fundo non censeantur co
fiscata instrumenta, quæ possunt inde separari, & quæ nō ven
in venditione domus, vel fundi, & quæ sint illa, dic ut l. Iul
2 fin. cum l. seque. ß. de actio. empt. † Allegat ēt ꝙ si quis hēba
na in diuersis territorijs, & in uno fuit decapitatus cū confis
tione bonorum, ꝙ bona existētia in alio territorio nō ꝑpea
fiscent fisco illius loci, ubi decapitatus est. de ista q. uide p B
plenè in l. cunctos populos. in ult. quæst. de summa. Trinit.

est soluendum pro mancipijs nouitijs non pro ueteranis.
luit gabellam pro remissione de uendendo aliquam rem, quia sta-
ta disponit,quòd non debeat iterum solui cum postea sit instrumen
nditionis.
religionem animo probandi,& stetit per sex menses,& postea exi
ude reingressus stetit per alios sex menses quòd non videatur taci-
essus per lapsum anni,licèt portauerit habitum extra locum.
ibus quàm mancipijs non refert utrum portentur ad usum suæ per
el fundi sui,vt neutro casu soluatur vectigal.

uoties quis. †Not.hic ꝙ vectigal est soluendũ pro mancipijs nouitijs,nõ pro ve
& est ratio s͠m gl.quia pro veteranis alias fuit solutũ ve
'nde amplius non est soluendũ,& hoc facit ad multa,ꝙ
soluit gabellã pro vino, vel frumento tp̃e quo portauit
atẽ,si postea vendat,nõ debeat iterũ soluere. † Itẽ si qs
gabellã pro promissione de vendendo sibi aliq̃ rẽ,prout
quia statutũ disponit,ꝙ pro tali promissione soluat̃ ga-
c si fieret instrumentum venditionis propter fraudes q
ttebant̃.non debeat iterum solui,cum postea fit instrũm
onis. ² † Item allegatur iste tex.ibi (anno continuo,) ꝙ
is ingressus est religionem aĩo probandi,& stetit per sex
,postea exiuit,& stetit extra ꝑ aliquos mẽses,deinde reĩ-
est,& stetit ꝑ alios sex mẽses,ꝙ nõ uideat̃ tacite profes-
lapsum anni,sicut dicũt iura canonica,q̃a debuit stetis-
nnũ cõtinuũ.vide Pet.de Anch.in c.j.de reg.lib.6.in 7.
ꝙ licèt portauerit habitũ extra locũ,non dr̃ stetisse per
n probatione,quia debet stare in ipso loco,vt hic in ver-
orbe. † Vlt.not.gl.super verbo(usualia.) ꝙ in alijs reb.q̃
pijs non refert vtrum portentur ad vsum suæ personæ,
di sui,quia neutro casu soluitur vectigal, sed in manci-
demum non soluitur,si dicuntur ad usum personæ, se-
d usum prædij, ut hic, & ista est magna limitatio ad l.si
anus.§.j.supra eo.adde infra ea.l.§.si quis professus.

ADDITIO.

onis.Adde Bald.consi.237.

ducat seruos per territorium Mutinense, nec intendebat ingredi ter-
m Bononien.& illi serui aufugiant, & ueniant Bononiam, vbi est
m,quòd pro seruis soluatur tanta gabella,cum introducuntur in ci
m,licèt non fuerit solutum,non incidunt in commissum.
m ꝙ si quis ruperit cõfinia cum suis animalibus, quia inducat in ter
sine licentia,perdat animalia,an habeat locũ si animalia ab aliquo
erunt,& ingressa sunt alienum territorium,& ruperunt confinia.

erui,qui in fuga. † Not. hic ꝙ si quis ducat seruos per territoriũ Muti
,nec intendebat ingredi territorium Bononien.& illi ser
ugiant,& veniant Bononiã,vbi est statutũ, ꝙ ꝑ seruis sol-
ta gabella,cũ introducunt̃ in ciuitate,licet nõ fuerit solu
n incidunt in commissum per rõnẽ,q̃ hic ponitur in tex.
oc facit ad q̃onem quotidianã,q̃a cõitates habẽt eorum
ta,& hñt statuta,ꝙ si quis ruperit cõfinia cum suis aĩali
est quia inducat in territoriũ sine licẽtia,perdat aĩalia,ꝙ
liquo aufugerũt animalia,& ingressa sunt alienũ territo-
n dicantur rupta confinia,nec sint perdita.Hoc puto ve
ex defectu domini male custodiẽtis hoc accidat,vel pa-
cuius negligẽtia domino imputatur, quasi mala electio
in culpa,vt l.fi.C.de acqui.pos.& l.uideamus. in princ.s.
de facto vidi seruari indistinctè ꝙ animalia perduntur.

pter ignorantiam minus puniatur quis, ut non incidat res in commis
ed duplicetur vectigal.

licet quis. † Not.hic casum,in quo non licet forẽ sib.ignorare ª statutũ ꝯsuetudinis loci
bellis soluendis:regulariter secus,vt l.fi.j.de decre.ab or-
Et hoc iõ est,quia istæ gabellæ,vbiq; quasi soluunt̃, ideo
culpa in nõ inuestigando, & sic errauit in iure quasi na
ita intelligit Bar.istũ tex.in l.oẽs populi,& per hoc cessat
gl.in quo multũ laborat.Aduertendũ tñ,ꝙ ꝑp ignoran
minus punit̃,q̃a non incidit res in cõmissum,sed duplicat̃
gal,vt j.ea.l.§.diui quoq; s͠m lect.secundam,licet de facto
ando fiat contrarium,sed de iure non debet fieri.

ADDITIO.

tre.dicit tamen Pet.de Anch.consi.165.ꝙ si in ciuitate est consuetudo,
ella soluatur de equis,qui introducuntur causa vsufru.causa equitandi,
forensis transiens non teneretur ad pœnam consuetudinis.

aliquis forensis exeat,vel intret portam cum salma uidentibus gabel
,& nihil sibi dicentibus,possint ire post eum, & capere salmam, &
re pœnam,nec ille potest dicere,quare a me non petebatis gabellam,
ibenter soluissem.
it d gabellarijs,an sit gabella soluẽda, & illi respo nderunt quod non,
& postea auferunt sibi salmam propter gabellam non solutam, ꝙ tenean
tur restituere salmam cum altero duplo.

§.Diui quoque Marcus. †No.istum casum quotidianum, ꝙ licet aliquis forensis exeat,vel intret portã cũ salma videntibus gabellarijs,& nihil sibi dicẽtib. possint ire post eũ,& capere salmã,& auferre pœnã,nec ille põt dicere,quare a me nõ petebas
2 gabellam,q̃a libẽter soluissem.† Itẽ no.ꝙ si petit an sit gabella soluẽda,illi r̃nderũt ꝙ nõ,& postea auferunt sibi salmam ꝑp gabellam non solutam,hoc facere non possunt,certe imo tenent̃ restituere salmam cum altero duplo,ut j.eod.§.diui quoq. s͠m primam lecturam,quæ declarat finem huius §.

§.Si propter. †No.hic.ar.si aliqs vecturalis transibat cũ salmis ꝑ vnũ territoriũ,& audito ꝙ ĩ isto itinere erãt latrones intrauit aliud territoriũ vbi erat soluẽda gabella,& nõ soluit,nõ tñ dẽat salma ꝯfiscari. Itẽ si erat statutũ ꝙ ꝑ aĩalib.q̃ introducunt̃ in ciuitatẽ,vel castrũ,dẽat solui gabella,& aliqs timore latronũ introduxit,non debet soluere.

1 *Nunciatio etiam de rebus liberis a gabella fieri debet, alias confiscantur,sicut si de eis solui debuisset, nisi dominus ipsarum sit minor,quia tunc restituitur.*
2 *Si ex forma statuti,syndicus communitatis tenetur denunciare maleficia, & aliquis occidit bannitum licèt istud sit impunibile, an tamen syndicus debeat denunciare ne puniatur.*
3 *An tunc teneatur denunciare seipsum,si commisit maleficium.*

1 §.Diui quoque. †No.hic singulariter, ꝙ licèt de reb.q̃ portant̃ nõ dẽat solui gabel
2 la,dẽt tñ annũciari ª gabellarijs,& recipi apodissa,aľs ꝯfiscant̃ sicut si solui debuisset,si tñ est minor,restituit̃ in integrũ,nã pro istis mãcipijs nõ erat soluẽda,q̃a ducebant̃ sui vsus cã, & sic in sola ꝓfessione errauit.Bar.dicit verũ esse q̃n erat incertũ,an ve niret soluẽda,vel nõ,vt q̃a sui vsus cã ducebat,de quo erat aliq̃d dãdũ,alias si esset certũ ꝙ nõ ueniret soluẽda dẽret annũciari, nec recipi apodissa ꝑ §. quoties.s.e.in verbo,(ꝓfessus nõ fuerit) ubi hic nõ nocet,si mãcipia sint ueterana,& sic erat certum,ꝙ nõ ueniebat soluẽda.& istud accidit anno ꝑterito in quodam scholari,q̃ exiit libros sine apodissa, de q̃b.nõ erat soluẽda gabella,& erat certũ q̃a erãt descripti tp̃e introitus in gabella, & ego defendi ipsũ ꝑ id,q̃d no.hic Bar.& euasit pœnã, licèt dictũ Bar.sit dubiũ,q̃a ẽt in §.quoties.erat dubiũ, vtrũ essent vetera-
2 na,vel nouitia.† Allegat̃ etiam iste tex.ꝙ si ex forma statuti sindicus communitatis tenetur denunciare maleficia, & aliquis occidit bannitũ(q̃d potuit ex forma statuti)licèt istud sit impunibile,tñ subditus dẽt denũciare, alias punit̃, quia non ꝑtinet
3 ad eũ,vtrũ sit punibile,vel nõ,de quo uide hic per Bar.† Sed an teneatur denunciare seipsum, si commisit maleficium,ista q̃o- fuit hic disputata per dominum Machagnanũ, & nullũ bonũ verbum inuenio in illa disputatione, iõ dicas ꝙ nõ,q̃a statutũ non intelligit̃ sibi imponere legẽ,ut seipsum perdat,ar.2.q.j.c.si peccauerit.& quod no.Inno.in c.dudum. de elect.& Bald. in l. Marcellus.ff.rer.amot.& Bal.in l.j.C.quomodo, & q̃n iudex.in fi.3.col.Itẽ q̃a dẽt esse differentia inter denunciantem,& denũ ciatum,quæ est in l.prætor.de tuto.& cura.da.ab his. & in l.pe. s.de arb.& c.fi. extra de institu.

ADDITIO.

a Annunciari.Adde Bal.consi.240.7. lib.

§.Diui quoque fratres. Secundum primam lec.gl.declaratur §. di ui quoq.in fi.s.ea.l.qualiter puniatur publicanus, qui decipit transeuntem. Secundum aliam lect. limitat ti.vt §.licet.s. ea. l.ut ibi dixi.

§.Magnus autem. Ex delicto serui non positi ad exigendum vectigal publicanus non tenetur pœna edicti.h.d.secundum gloss.

1 *Qui non soluit vectigal, concedente publicano, non incidit in pœnam commissi.*
2 *Si quis scienter delinquat in non soluendo vectigal, vel in non denunciando res publicano,an res incidant in commissum.*

1 a §.Si quis professus. †Qui non soluit uectigal, concedente publicano,ª non incidit in pœnam commissi. hoc dicit. † Et no. tres ca-
2 sus,nam aliquando quis delinquit in duobus, scilicet in non soluendo

ADDITIO.

a Publicano.Sed quid si non publicanus,sed alius ut famulus,uel salariatus a publicano,uide Bal.consi.11.& consi.411.4.lib.

soluendo vectigal,& ẽt in non denunciando res publicano, & tunc si hoc fecit scienter,incidunt res in commissum ita loquit̃ l.commissa.s̃.eo.§.diui quoq.ſm lect.iuncto §.licet. Item non deliquit in non soluendo,qa erãt res,de qb.nõ debebat solui, sed deliquit in nõ denũciãdo publicano, & tunc distingue vt s̃. e.l.diui quoq. Aut ecõuerso nõ deliquit in non denunciando, qa denunciauit,sed in soluendo. Et tũc hoc fecit pmittente publicano,& nullo mõ punit̃,vt hic. Aut ipso non pmittente, & tũc publicat̃ octaua pars ſm Dyn. sed nescio ubi hoc colligat. Posset dici ꝙ duplicatur uectigal,vt s̃.e.§.diui. Item Iac.de Are. intelligit istum tex.qñ publicanus conduxerat a fisco, & sic exigebat pro se. Vñ potuit remittere, vel terminum facere in sui præiudicium,secus si exigebat ꝓ fisco,vt j̃.de verb. obl.l. q Romæ §.Calimachus. Sed Bar.dicit, ꝙ ibi loquit̃ in eo, qui habebat mandatum speciale ad vnam exactionẽ fiẽdam, ut nõ possit terminum facere,secus si ad oẽs,vt hic. Et hoc vr̃ mirabile dictũ,& esset multũ notãdũ si esset verũ. tñ rõ facit in ꝯrium, qa fortius vr̃ mãdatum spãle,q̃ gñale,qa in multis casib. non sufficit gñale,sed requirit̃ speciale,& no.in c.ad agẽdũ.de proc.li.6. sed saltẽ tm̃ operat̃ gñale in oĩb.quantum speciale in qbusdã, vt l.si duos.de admi.tut.iõ põt dici(& hoc plus placet) ꝙ q hẽt mandatum ad recipiendũ solutionẽ nõ põt facere terminum in ꝑiudiciũ mãdatis,quominus mandãs possit ẽt pẽdẽte termino petere,& quominus debitor incidat in pœnam conuentionalẽ,si nõ soluit cum dẽt,& ita loquit̃ ꝯrium. Sed bñ põt quominus incidat in pœnam legalem, vt hic quia mitius agitur cũ lege,quàm cum homine,vt l.Celsus.s̃ de arb.

De donationibus. *Rubr.*

LEX PRIMA.

1 *Donatio proprie quando dicatur.*
2 *Tria requisita,ut dicatur proprie donatio, & nu.3.*
3 *Quatuor species donationis impropriæ.*
4 *Donatio proprie sumpta requirit insinuationem, quando excedit summam quingentorum aureorum, & quid in donatione præsumpta.*
9 *Si debitorem meum per pactum liberaui gratis,uel per acceptilationem, an dicatur proprie donatio, & requiratur insinuatio.*
6 *Qualiter dicatur pactum legis commissoriæ, vel addictionis in diem, an ex eo transferatur dominium ipso iure in venditorem sine noua traditione.*

1 DOnationes. †Propriè donatio est, qñ est simplex,& fit cum intentione ꝙ res ad donantem nunquam reuertatur,& ad ipsam faciẽdam mouetur donans ex mera liberalitate, non contemplatione alicuius rei faciendæ, vel non fiendæ per donatarium,alias non dicitur donatio proprie, quia non est simplex, sed ob causam,siue illa causa apponat̃ conditionaliter,& tunc non perficit̃ antequam conditio existat,siue modaliter, & tũc perficitur,sed causa non secuta resoluitur. Item donatio inter sponsum,& sponsam dicitur proprie donatio, nec resoluitur,licèt matrimonium non sequatur,nisi expresse fuerit actum cõtrarium.h.d.tota lex. Et istud de donatione inter sponsos hodie corrigitur,quia tacite censetur inesse conditio, seu causa,si matrimonium sequatur,vel vt sequatur,&ideo distinguitur an steterit per donantem,&non reuocat̃, an per donatarium, & tunc secus,vt l.cum iterum.C.de do.ante nup. an per casum, quia alter ex eis moriat̃,& tũc distinguitur an fuerit facta a spõso sponsæ,uel econuerso, & primo casu aut non interuenit osculum,& reuocatur in totum,ut l.si a sponso.eod.tit. Et ista lex primo loquit̃ de uera donatione usq.ibi(dat aliquis.) Secundò, de illa quæ non dicitur propriè donatio usque ibi(agitur.)Ter
2 tiò,ex prædictis soluit quandam contrarietatem. ¶†In prima parte Iurisconsultus uidetur requirere tria, ut dicatur proprie donatio. Primũ,vt agat̃ ꝙ statim res fiat donatarij, & hoc intellige quando incipit a traditione. Si aũt a promissione requiritur ꝙ agatur,ut statim acquiratur ius, & actio ipsi donatario. Si ergo fiat sub conditione cum non acquiratur statim ius,nec dominium,non uidetur proprie donatio. vt j̃.in ver.,dat. Sed ꝯ.de l.donatio.C.eo.& j̃.in l.proxi §. si pecuniam. Sol.quod s̃. dixi procedit quando est talis conditio quæ dependet ex facto donatarij,vt si aliquid dederit,qa tunc censetur moueri nõ ex liberalitate,sed propter illud quod sperat,& ita debet intelligi ver.dat. Si aũt pẽdet a mero casu fortuito,hoc nõ facit quominus dicatur proprie donatio, ita ut ẽt si pendente conditione res tradatur dominium transferatur.l.si sub conditione,de solu.l.dotis fructus. s̃. de iure dot.quia non censetur moueri ad donandum contemplatione illius casus, sed ex sua liberalitate non tamẽ vult donare,nisi casus eueniat, & hoc est qđ voluit gl.j.in illo uer.dat aliquis.quæ incipit(cuius intuitu &c.) Scđm

est,ꝙ dẽt ea intentione,ut non reuertat̃ ad se unq̃.h.d.p
hr̃ in uer.itẽ cũ ipse,qa si fiat pure, tñ ob cãm de futuro
ꝑ donatariũ,uel implẽdã ĩ psonã donãtis,ut puta, ob cã
tis eius,q̃ sperabat,similiter nõ dr̃ proprie donatio, qa n
simplex,sed ob cãm,& ideo in tali donatione hẽt locũ c
ob causam cã nõ secuta,& habet ẽt locum p̃scriptis uerb
impleatur,qa habita relatione donationis ob causam: re
ꝯctus innominatus,in quo hẽt locũ ꝯdõ ob cãm, & simi
in donatione agetur,ut res reuertatur ad donatorẽ, nõ
prie donatio,& ex tali pacto iuxta ꝯctum apposito agere
scriptis uerbis,sed in donatione simplici non hẽt locũ q
2 ctus noĩatus,qđ dic,ut plene no.in l.fi.s̃ de cond.ob.cau
tio reqrit̃,ꝙ moueatur ad donandũ ex mera liberalitate,
si ob seruitia recepta,nam tunc nõ esset proprie donatio
muneratio ut j̃.eo.l.Aqlius regulus.& l.si pater. Et sic
spẽs donationis improprie sumptas. Adde quartã specie
3 qua hic.in §.3.in fi.ibi,(qñcunq; tñ &c.)† Et notandũ ꝙ
tio proprie sumpta reqrit insinuationẽ,qñ excedit sum
gẽtorũ aureorũ,ut l.scimus.& l.fi.C.eo.ti. sed imꝓprie s
insinuationẽ nõ reqrit,ut not.in l.Aquil.& l.si pater.iõ
uestigatio est utilis.In gl.3.ibi(ab auaritia &c.)dic meliꝰ,
uerbũ(liberatione)fuit hic positũ pp tria,nã interdum q
mouetur ut exerceat liberalitatẽ, sed ut remuneret don
de seruitijs impẽsis,ut d.l.Aquilius.interdũ,quia se oblig
liter ad illũ soluẽdũ,& licèt nõ possit cõpelli,tñ si spõte
hoc nõ facit ex mera liberalitate,sed stimulo obligationi
lis,uñ nõ est proprie donatio,ut j̃.eo.l.donari.& C.ad le
l.j.interdũ qa sperat in futurũ aliqd fieri, uel dari a dona
ut in hac l.& idẽ.In fi.gl.ibi.§.si oliua.ex illo §.& ista gl.c
ꝙ qñ qs nõ facit aĩo donãdi,sed lex p̃sumit,ꝙ ita faciat e
ut qñ impendit in re aliena scienter tanq̃ in sua nõ nece
sed aliquid de nouo faciẽdo,ut in illo §.& j.de acq. rer.d
& l.adeo.§.ex diuerso.talis non dr̃ proprie donatio,& sic
quantumcunq; magnæ quantitatis sit, etiã sine insinua
Idẽ si soluit indebitũ scienter.ut l.cuius per errorẽ. de r
a ſm gl. sed Doct.hoc reprehendunt.ᵃ nam aĩus donandi
sumitur tũc in odiũ donãtis,quia nihil facit quod merea
nam,nec ullũ delictũ cõmittit,non sic in eo qui impendi
aliena tanq̃ sua,nã deliquit eã detinendo ꝯ uoluntatem
ni,& iõ isto casu distinguitur,aut ille qui recipit,sciebat
non subsistere,& tunc quia cõcurrũt ambæ uolũtates in
tione,resultat uera & ꝓpria donatio. Aut credebat debi
sistere,& tũc nõ resultat donatio, qa non concurrunt u
tates,licet dr̃ quædam irreuocabilis datio,ut l.si ego.sic
4 & j̃.eod si tibi dederim,& iõ non requiritur insinuatio.
b aũt si debitorem meum per pactum ᵇ liberaui gratis,uel
ceptilationem,an dicatur proprie donatio, & requiratu
nuatio? de hoc habet̃ in l.si qs obligat. de regulis iuris. d
erat debitum liquidum,& pecunia erat parata solutioni
donatio proprie ipsius pecuniæ. Si aũt debitũ uel pecuni
erat solutioni parata, nõ dicitur donatio pecuniæ per id,
habet̃ in l.si spõsalibus.§.j.de iure do.& l.singularia.si ce
& de hoc etiã habetur in l.j.quib.mo.pig.uel hyp.sol. &
in addi.Spe.de instru.edi.§.porrò. In gl.mag.ibi (& ex his
erat actio personalis &c.)dic ꝙ si do.tibi ob causam def
& non fuit actum expresse,ꝙ ea non secuta restituas, tu
tantum condictio ob causam ad repetendum. item præ
uerb.ad implendũ,quæ oritur ex contractu innominato,
sultat habita relatione donationis ad cãm,ut s̃.dixi.nõ a
tur p̃scrip.uerb.ad repetẽdũ.ut in toto tit.de cond.ob cau
ro fuit actũ expresse,tũc si non interuenit stipulatio,dat
dictio ob causam,quæ oritur qñ ex defectu causæ,& ẽt a
scriptis uerbis, q̃ orit̃ ex illo pacto incontinenti apposito
traditionẽ,a qua uestitur ut l.in traditionibus.s̃ de pact.
dominus.supra de præscr.uerb.siue fuerit actum express
stituat̃ cã non impleta,siue nõ fuerit actum,semper dat̃ c
ctio ob cãm non impletam,ut patet ex superioribus, &
uerum,si donatio fuerit facta priuato: sed si ecclesiæ tunc
refert,qa si nõ fuerit actũ ꝙ deficiẽte cã res restituat,non
tueret̃,nec cõpeteret ꝯdictio ob cãm,qa p̃latus hoc casu
c pliendo causam,non posset præiudicare ᶜ ecclesiæ. Sed

ADDITIONES.

a ¶Reprehendunt. Vide Bal.in l.2.C.de fideiuss. Fulg.in l.cum falsa. ad fi de iure & fact.ignoran.& in l.si pacto quo pęnam.C.de pact.& an scie bitum & soluens uideatur donare,uide Alex.cons.78.iij.lib. & uide j.C.de plus pet.an talis donatio requirat insinuationem.

b ¶Per pactum. Adde Ang.consi.278.

c ¶Præiudicare. Sed si præiudicat,ut ipso uiuente non habeat emolumen nationis secundum Lud.Rom.cons. 284. & quando delictum prælati ecclesiæ,uide per Oldr.consi.93.

reſſe actũ, ꝙ cã nõ ſecuta reſtituat̃, qa hoc caſu ꝯdõ na-
x hoc pacto expſſo, plato nõ implẽte cãm ꝯmittet̃ hoc
ecclesiã, & daret ꝯdõ ob cãm ad rẽ repetẽda, & ẽt preſc.
c vr̃ caſus f̃m verũ intellectũ, in c. verũ de ꝯd. appoſi. dic
ictũ eſt. Si uero interuenit ſtipl'o, agit̃ ex ea, nõ aũt pſcr.
qa illa dat̃ in ſubſidiũ, ut l. quoties. de pſc. ver. agit̃ ẽt ꝯd.
ſed rei vẽdica. nõ, ut in gl. quã no. niſi in caſu ſpãli. l. j. C.
a. q̃ ſub mõ. Nos poſſumus dicere, ſi fuit actũ, ꝙ cã non
habeat̃ datio ꝑ nõ facta, ꝙ tũc poſſit agi rei vẽ. ſicut ex
egis commiſſoriæ, & addictionis in diẽ cũ uideat̃ eadem
illa pacta ꝯſueuerint apponi ſolũ in ꝯ̃tu emptionis, &
t utilitas eſt magna, qa ſi cõpetit rei uẽdicatio, dabit̃ ꝯtra
ibet poſſeſſorem, ſed actio pſonalis ſolum ꝯ̃ illũ cũ quo
tum pactũ, ut l. fi. § fi. de ꝯ̃hẽ. empt. † Vlt. no. ſingulariter
l. q̃ ſp alle. qa non eſt melior in iure, quãr dicat̃ pactũ l.
ſſoriæ & addict. in diem. ut ex eo transferat̃ dñium ipſo
uẽditorẽ ſine noua traditione, ut qñ agit̃ ut res ſit inem
retiũ nõ ſoluet̃ intra certũ tps, uel ſi melior ꝯdõ afferat̃.
icat̃, ꝙ uẽditio habeat̃ ꝑ nõ facta, uel datio habeat̃ ꝑ nõ
loquntur ex ꝯ̃tu emptionis & uẽditionis ut s. dixi. adde
ꝑ req̃rit, ꝙ hoc agat̃ ab ipſo principio, cũ ſit uẽditio, ſec⁹
oſt facto, ita ſingulariter no. ꝑ gl. & Doct. in l. ab emptio-
e pact. Si aũt pactũ nõ ſonat in reſolutione ꝯ̃tus ipſo iu-
on dr̃ ꝑ hẽat pro nõ facto, uel ꝙ res ſit inempta, ſed ꝙ re
ur, uel pertineat ad uenditionem, non transferatur ipſo
uia hoc pactum non facit videri venditionem factam nõ
ſecus in præcedenti.

LEX

*tem mihi donare, delegauero ei, cui donare uolo, duplex reſultat do-
una, quam ipſe facit mihi, altera, quam ego facio illi tertio.
poteſt ſe obligare ciuiliter, & naturaliter ex omni cauſa præterquam
tuo, & uoto, & de quo poſſit ſoluere ſine uoluntate patris.*

cum filius. Si filius ꝓmittit aĩo donãdi iuſſu pa
tris pficit̃ donatio, & cẽſet̃ facta ab
ſo filio ſi ipſe donare uoluit. Si uerò uoluit donare pater
enſet̃ facta a patre, ſi filius erat debitor pr̃i. Itẽ ſi uolẽtem
donare, delegauero ei cui donare volo, duplex reſultat
o, una, quã ipſe facit mihi, altera, quã ego facio illi tertio
q. ad uer. (aliud iuris.) † Et notãdũ in iſta lege, ꝙ quãtũ ad
t filius ꝓmittendo ꝑ ſtipl'ationẽ obliget̃ ciuilr̃, & nãliter
xpedit, ꝙ interueniat iuſſus patris cum poſſit obligari ex
ꝯterq̃ ex mutuo, & uoto, ut ꝫ. de act. & oblig. l. filiusfamil.
b. obl. l. fi. §. j. nec propter hoc iſta lex dicit, ꝙ promiſit iuſ
ris. quantum uero ad hoc, ut ſoluere poſſit, ſi quidem ha-
culium caſtrenſe, uel quaſi, poteſt de illo ſoluere, etiã ſi-
ũ pr̃is, ut ꝫ. eodem. l. filiusf. §. fi. idẽ hodie ſi hẽt aduẽtitiũ,
pr̃ nõ hẽt uſumfr. Si uero hẽt, & vult ſoluere de peculio
io, uel de pecunia paterna nõ peculiari, nõ põt ſoluere
oluntate patris, ut d. l. filiusf. ꝫ. eo. & l. filius aũt. C. de bo-
beris. & pp hoc dicit iſte tex. ꝙ ꝓmiſit iuſſu pr̃is, tuc em
it ſoluere, nec expedit iterũ interuenire uolũtatẽ pr̃is, qa
ꝙ ꝯſenſit ut ꝓmitteret, vr̃ conſenſiſſe ut ſoluat. In pri-
ro caſu huius legis, reſultat duplex donatio, una quã pr̃
ſe ipſi filio dum ibi conſenſit, ꝙ de pecunia ipſius pr̃is do
altera, quã facit ipſe filius donatario.[a] Nec obſtat pr̃o di
pr̃ non põt donare filio, quẽ hẽt in poteſtate, ut l. 2. C. de
don. qa hoc eſt uerũ, qñ res donata eſſet remanſura pe-
ium, quia hoc nõ poſſet fieri, ſed ne acquireret̃ ipſi pr̃i, cũ
feſtitiũ, ẽt hodie, qa in profectitijs hmõi nil eſt immuta-
ſic eſſet perinde ac ſi ipſe pr̃ ſibi ipſi donaſſet, ſed qa non
anſura apud ipſũ, ſed ad aliũ, qa donat filio, ut alteri fili⁹
, tũc ualet ẽt prima dona. ar. ad hoc s. ad Trebel. l. cogi §.
lidũ. & ita uſit Doct. intelligere iſtũ tex. In ſcdo uero caſu
uolebat donare, & delegauit donatorio filiũ ſuũ debito,
reſultat niſi una donatio, ſ. quã pr̃ facit donatario, filius ãt
il donat, ſed debitor ſoluit, ut ꝫ. eo. l. donari. & dixi in l. ꝓ-
ti, in prin. Si aũt filius nõ eſſet debitor pr̃is innuit iſte tex.
ieret donatio. gl. hic ſup uerbo (ꝓmittere.) ſiıp hoc labo-
ũ dic, ꝙ immo reſultat duplex donatio iſto caſu, una quã
facit pr̃i cũ ſe obligat ꝑ ipſo, qđ facere põt, ut s. de in rem
l. & iõ. primo, & ſcdo rñſo. & l. ſi ꝑ patre. §. j. & tenet̃ ſolue
ũo, ſi aliqđ hẽt, puta caſtrenſe, uel quaſi caſtrenſe pecu-
uel hodie aduentitium, uel poſtquam erit ſui iuris factus.
a eſt, quam ipſe pater facit illi tertio. In tertio uero caſu ĩ
um uero, reſultat duplex donatio, & ideo ponitur aduer-
(uero) ſ. ad caſum præcedentem, ubi non eſt niſi una, quã-
us erat debitor, & uide quod no. Cyn. in l. ſi fratris. C. de
au. mor.

ADDITIO.

a Donatario. Adde hic omnino, quæ uoluit Anchar. conſi. 75.

§. Aliud iuris. Exceptio q̃ obſtat deleganti, obſtat ei cui facta eſt delegatio ex cã lucratiua, & ẽt ei cui ex cã oneroſa putatiua, & tñ nõ uera. h. d. uſq. ad §. ſi pecuniam. Idem ſi erat uera, & pecunia erat reuerſa ad delegã tẽ, ut ꝫ. de ꝯd. ob cau. l. ſi donaturus. §. fi. in fi. uel incipit l. ſi pecuniã. Cætera de iſto ar. dic plene ꝑ Dyn. & Bar. in l. doli mali. s. de noua. In tex. ibi (aliud iuris) qa in caſu ꝑcedẽti reſultãt duæ donationes, ſed in iſto cũ ſeq. nulla reſultat. In tex. ibi (quẽ credito rem tuum putabas) ſupple, etiam ex cauſa oneroſa, ut differat a caſu præcedenti.

1 *Licet poſt mortem donatoris conditio exiſtat, donatio tamen perficitur.*
1 *Tradens ex cauſa matrimonij, licet poſſit re integra pœnitere, tamen hæres eius non poteſt.*
Alius caſus in quo eſt deterioris conditionis, hæres q̃ defunctus remiſſiue.

1 **§. Si pecuniam.** † Licet poſt mortẽ donatoris cõdõ exiſtat, donõ tñ perficit̃. h. d. In gl. q̃ incipit (põt ergo) ibi. ꝫ. de ſol. l. ſub condõne. dic, ꝙ ibi tradit̃ ſim pl'r, quo caſu ur̃ tradere aĩo trãſferendi dñiũ, ſi ꝑceſſit ꝯ̃tus habilis ad trãſlationẽ dñij, licet ſit ꝯdõnalis. ut l. dotis fructus. in fi. cũ l. ſeq. s. de iure do. hic appoſuit expſſe ꝯdõnẽ, ꝙ nõ trãſfert dñiũ, niſi ꝯdõne impleta. In gl. ibi. in §. quas uero. dic ꝙ hic ipſe dñs tradiderat, & ſic ꝯ̃tus donationis erat pfectus quãtũ ad eũ ut nõ poſſet reuocare, licet ꝯdõ adhuc pẽderet, ſed in ꝯ̃riũ mãdauerat tradi, & anteq̃ fieret traditio, mortuus erat mãdãs, & ſic mãdatũ reuocatũ anteq̃ ꝯ̃tus eſſet pfectus; Vñ poſtea mã-
2 datarius tradere nõ põt, ut ꝫ. ꝓx. §. † In gl. ibi. §. ſi res. dic ꝙ fuit donatio ſimplex, in qua nõ hẽt locũ pœnitẽtia. ut ꝫ. c. l. Ariſto. ſed ibi fuit datio ob cãm, ex qua reſultat ꝯ̃tus innoiatus, ĩ quo hẽt locũ pœnitẽtia re integra. ut l. ſi pecunia. de ꝯdi. ob cau. & ſic põt pœnitere ipſe dãs, ita & hr̃s eius, ut ibi inducit̃ ꝑ locum a ſpeciali, fallit qñ fuit facta traditio ex cã matrimonij, in qua licet ipſe tradens poſſit pœnitere re integra, non tñ hr̃s eius: qđ eſt ualde ſingulare, & ſic eſt caſus, in quo eſt deterioris ꝯdõnis heres, q̃ defunctus. Eſt & alius s. de ſer. expor. l. 2. uel 3. contra eſt regulariter. ut l. hæredes. de reg. iur.

2 *Mandatũ re integra morte mandantis expirat & ſi poſt factum mandatum donatario tradatur dominium non transfertur, nec donatio perficitur.*
2 *Licet procurator ignoret reuocationem mandati, non tamen transfert dominium rei domini ſui.*
Quid in actu qui dependet ex uoluntate procuratoris.

1 **§. Sed ſi quis donaturus.** † Mãdatũ re integra morte mãdãtis expirat, & ſi poſt factũ mãdatũ donatario tradat̃ dñiũ nõ transfert, nec donatio pficit̃. h. d. Et in iſto §. Bar. tractat materiã, qualiter morte mãdãtis finiat̃ mãdatũ, q̃ tãgit hic gl. magna. & Cy. in l. mãdatũ. C. materia. & dixi ego multo plenius. in l. fin. ꝫ. de ſol. q̃ repetij. In tex. ibi (dederit,) i. tadiderit, non. n. trãſtulit in ipſum dñiũ. ut in gloſſ. j. In tex. ibi (nõ fieri pecuniã dñi mei ꝯſtat)
2 ſupple, & ꝑ ꝯñs donatio nõ pficit̃. † No. ergo hic, ꝙ licet ꝓcurator ignoret reuocationẽ mãdati, nõ tñ trãſfert dñium rei dñi ſui. Rõ eſt, qa trãſlatio dñij nõ poterat fieri inuito dño, uel ſine eius uolũtate, ut l. id, qđ noſtrum de reg. iur. & ſic nõ dependebat ex poteſtate ꝓcuratoris reuocati, uolũtas aũt dñi ueteris finita eſt ꝑ mortem, ut l. 4. s. depoſiti. & uoluntas noui dñi, ideſt hæredis non adeſt, merito non transfert, ſecus in actu, qui depẽdet ex poteſtate ꝓcuratoris, & ſi qs mãdauit Titio, ꝙ mihi uenderet, uel a me emeret, nã ꝯ̃tus iſte perficit̃[a] ex conſenſu ipſius procuratoris, & iõ ſi ignorat reuocationẽ mandati ꝯ̃hendo, ualet ꝯ̃tus, quo ad hoc ut ipſe ꝓcurator oblige t̃, & dñs uel hæres eius teneat̃ ipſum indemnẽ conſeruare, licet non poſſit transferre dñium, ut l. ſi mandaſſem. s. de renun. in gl. mag.

ADDITIO.

a Perficitur. Adde quod uoluit Ioan. And. in addit. ad Specu. in titu. de emptio. & uend. §. j. uer. quod ſi res.

1 *Defectus cauſæ concernentis fauorem donatarij tantum facit reſolui donationem, ſi donans non erat alids donaturus, alias ſecus.*
2 *Cauſa finalis, & impulſiua quomodo cognoſcatur, & quod in quatuor caſib. cenſeatur finalis, & nu. 3.*
3 *Defectus cauſæ impulſiuæ non facit reſolui contractum.*
Quid in cauſa finali.

1 §. Si Titio decem. †Defectus causæ concernentis fauorem donatarij tm̃ facit resolui donõnẽ, si donãs nõ erat al's donaturus, al's secus, h.
2 d. cũ l. seq. †& semp alleg. de cã finali & impulsiua quõo cognoscant de hoc tangit hic Bar. Et notandũ, ꝙ in quatuor casibus
a censet cã finalis, a & sic eius defectus inducit repetitionem. Primus, qñ constat ꝙ donator, vel testator non erat al's donaturꝰ, vel relicturus, ẽt si concernat merum fauorem legatarij, vel donatarij, non tñ ipso iure, vt hic, & tunc habet vim ꝯdõnis, vt ex isto tex. colligit, non ꝙ impediat acquisitionem dñij statim fieri, sed qa eius defectus facit resolui acqsitionem. Ita intelligit istum tex. vide scribentes in c. verum. de ꝯd. & dem. Secundus casus est, qñ cã fuisset apposita ꝯdõnal'r, non modaliter, vt do tibi centum, vel lego si Stichum emeris: & tunc transfert dñiũ, antequam sit impleta ꝯdõ, facit l. cedere diem. de verb. sign. & l. demonstratio. §. qđ aũt iure. de cond. & dem. Tertius casus est, qñ non concernit fauorem legatarij, tantum, sed testatoris, vel donatoris, vel cuiusdam tertij, vel mixtim donatarij, & tertij, seu donatoris, vt no. in l. Titio centum. in prin. de cond. & dem. Quartus casus est, quando concernit tm̃ fauorem legatarij, vel donatarij, sed erat causa pia, vt dotis. l. cum is. §. si mulier. de ꝯd. inde. & probat in l. profectitia. §. si quis certam. vbi is qui donat c. ut illa in dote dentur, repetit, si non dẽtur, & sic illa causa præsumit finalis, vt l. si ego. s̃. si co. ti. de iure dot. & l. pe. §. fin. C. e. de qua gl. mag. in fi. opponit. & l. si ego. in prin. de iure do.
3 †Alias dr̃ cã impulsiua, cuius defectus non facit resolui contractum, vt in ista gl. & d. l. Titio cẽtũ. in princ. Prædicta in cã de futuro, q̃ nõ est ꝓprie cã, vt no. in l. damus. de ꝯd. indeb. In cã ãt de ꝓterito qđ iure fit, dic plene ꝑ Bar. in d. l. demõstrati. §. qđ aũt iure. An aũt defectus cãæ finalis faciat gñal'r cessare effectũ, iuxta illud cessante cã &c. vide plenissime ꝑ Cyn. & Bar. in l. gñal'r. C. de epis. & cle. Quæro vtrũ in casu huius l. an primo fuerit donatio simplex & vera, vr̃ ꝙ nõ, qa fuit ob cãm. vt s̃. l. px. ver. item cuius contrarium puto verius, qa non respicit fauorem dãtis, & sic fuit motus ex mera liberalitate, non sub spe præmij, & effectus est magnus, qa non posset reuocare, si ille nollet emere, secus si non esset propria donatio, sed ob causam datio, & sic est ꝯtus innominatus, quia haberet locum pœnitentia, & de hoc videtur casus s̃. de pac. l. si cum fundum.

ADDITIO.

a Causa finalis. An in dubio præsumatur cã finalis, uel impulsiua, uide Bal. in l. id, quod pauperib. de epis. & cle. Bal. in l. si repetendi. C. de condi. ob cãm. & in l. legem. eo. ti. & in l. j. in j. col. C. de confes. & in auth. ex testõ. C. de coll. & in l. j. C. de fal. cã adie. lega. Ioann. de Imo. & in c. post translationem §. cæterum. de renun. gl. in c. his omnibus. 61. dist.

LEX V.

1 *Si reperitur in instrumento ꝙ Titius motus affectione quam habebat ad Seium, quia erat suus consanguineus, uel amicus, vel propter eius benemerita donauit sibi centum &c. ꝙ ista est donatio simplex, & ideo requiritur insinuatio, si est vltra quingentos aureos.*

2 *Si in donatione apponuntur hæc verba, ꝙ propter benemerita, & seruitia q̃ impendit, & in futurum sperat impendi, an hæc erit pura donatio, & an indigeat insinuatione, si merita non probantur æquiualentia.*

3 *Quando fit cessio ex causa donationis & dicitur propter eius benemerita, & seruitia, an valeat cessio si merita non probantur.*

1 AFfectionis gratia. †No. in ista l. ꝙ si reperitur in istr̃o, ꝙ Titius motus affectione q̃ habebat ad Seium, qa erat suus ꝯsanguineus vel amicus, vel propter eius benemerita donauit sibi centum &c. ꝙ ista est donatio simplex, & ideo requiritur insinuatio, si est vltra quingentos aureos. Videbat ꝯ̃rium, qa non mouet ex mera liberalitate, vt eã exerceat, sed affectione, & ex benemeritis. ergo &c. vt s̃. eo. l. j. & qđ ibi no. in gl. q̃ incipit (eius intuitu,) sed illa gl. loquit, qñ qs mouet ex affectione, q̃ qs hẽt ad illud qđ sperat fieri ꝑ donatariũ. ut l. hoc iure. in fi. j̃. eo. hic ex affectione quam hẽt ad ꝑsonam donatarij, q̃ est cã,
2 vt exerceat liberalitatem. †Item vr̃ ꝯ̃, dum dicit benemeritis. j̃. eo. l. Aquilius. & l. si pr̃. Sol. ibi, qñ descẽdit ad speciẽ meritorum & ẽt ꝓbant esse vera, & tũc dr̃ remuneratio, & non indiget insinuatione. Hic vero locutus fuit in gñe, nec al'r benemerita ꝓbant, & hoc no. qa quasi ĩ oĩb. donationib. cõtinent hæc verba, ꝙ pp eius benemerita, & seruitia q̃ impẽdit, & in futurũ sperat impẽdi &c. nã ista verba nõ faciũt quominus sit pura donatio, & sic indigeat insinuatione, si merita non ꝓbant æqualentia,
3 †Et pp hoc his dieb. ꝯsulẽdo dixi ꝯ̃ Bart. q in l. ꝑ diuersas. C. mã. dubitat qñ fit cessio ex cã donationis, & dr̃ pp eius benemerita & seruitia, vtrũ valeat cessio si merita nõ ꝓbant, & dicit se dubitare, qa ista verba mutãt titulũ. i. dicere, qa apparet ex eis, ꝙ noluit facere purã & simplicẽ donationẽ, sed remunerationẽ: si er
4 go nõ ꝓbant merita, nõ est simplex donatio, qa noluit, nec remuneratio, qa nõ potuit, & sic remanet cessio sine titulo, & ꝑ ꝯñs nulla, ut ibi, istud voluit dicere Bar. licet loquat obscure iõ dicit se fecisse illa verba de plurib. instrumẽtis remoueri B. dicit ibi, ꝙ non debuit dubitare, qa imo valet, & idẽ tenet in fi. ꝯ̃ Bar. C. ne lic. post. rões tñ suæ non tollunt dubitõnẽ B. Ego dixi, & dico, ꝙ valet, & reputat simplex, & pura donati
a ex quo merita non probantur a per istam, & hoc idem uidet ipse uoluisse in l. donatione. C. de colla.

ADDITIO.

a Non probantur. Idem tenent domini de Rota decisi. j. in ordine de alie. iud. m. cau. fac. in antiquis. in ultimis verbis referentes Bar. tenere contrarium, O. consi. 5. dicit ꝙ non dr̃ donatio ob causam nisi descẽderetur ad speciem meritorum, sed remanet simplex & pura donatio.

LEX VI.

1 *Qui volente domino de fundo ipsius aliquid eximit ex causa habili ad transferendum dominium, statim efficitur dominus, nec ex pœnitentia domini reuocatur dominium, vel asportare prohibetur: sed si pęnitentia superueniat, antequam eximat non efficitur dominus postea eximendo, nec asportare potest.*

2 *Quando in locatione miscetur factum cum translatione dominij, si illud factum venit principaliter in contractu, dicitur locatio, & si principaliter venit dominij translatio diceretur emptio & uenditio.*

1 QVi saxum. †Qui uolẽte dño de fundo ipsius aliqđ eximit ex causa habili ad transferendum dñiũ, statim efficit dñs, nec ex pœnitentia dñi reuocat dñiũ, vel asportare ꝓhibet, sed si pęnitẽtia supꝑueniat, anteq̃ eximat nõ efficit dñs postea eximẽdo, nec asportare p̃t. h. d. Et primo loqt qñ ꝑmisit ex cã donõnis que ibi (sed si is.) Scđo qñ ex cã emptionis & ꝯductionis. Dubitatio primi dicti erat, qa dñiũ nõ trãsfert sine traditiõe, sed certe hic cẽset interuenire ficta traditio, eo ipso ꝙ exemit dño volẽte, ut hic in uer. qa quodãmõ. simile. j̃. eo. l. absenti. in 2. rñ. vbi interuenit ficta traditio. Sed in scđo casu erat dubitatio, q semel ꝑmisit mihi, vt eximã de fundo suo, vr̃ nõ posse postea pęnitere, ẽt anteq̃ eximã, ut s̃. de aqua plu. arc. l. in diẽ. cũ his ibi dixi. sđ certe verũ ẽ, ꝙ nõ p̃t, quominus mihi teneat adinteresse, ut s̃. de dolo. l. si cũ mihi. sed bñ põt quo ad hoc, vt nõ efficiat dñs, ꝑ l. id, qđ nr̃m. j̃. de reg. iu. & ꝑ id, qđ dixi s̃. eo. l. 2. §. si qs donaturus: nã & si qs uẽdat mihi rẽ suã, nõ p̃t pœnitere, quominus mihi teneat tradere, & ẽt ad interesse, si nõ tradat, &
a sine sua uolũtate nõ possum effici dñs rei, aut j̃. de acq. pos. l. stipl'one. In gl. q̃ incipit (si p̃diũ.) ibi, i. nõ solet. vult dicere glo. titulus locationis nõ est sufficiẽs ad trãslationẽ dñij rei principaliter locatæ, sed alterius rei sibi cohærẽtis sic.
2 †In glo. ibi (vt dic locat opus,) Bar. multũ no. istã gl. ꝙ qñ in locatione miscet factũ cũ trãslatione dñij, illud factũ uenit principal'r in ꝯtu, dr̃ locatio, sed econuerso si principaliter ueniret dñij trãslatio diceret emptio & uẽditio, istud melius ipse declarat qõne sua q̃ incipit, publicanꝰ. Et de primo dicto ponit exẽplũ ꝑ l. item ꝑ̃tio. §. 2. s̃. loca. vbi si locasti mi operas tuas ad faciẽdũ ædificium in fundo meo tuis sumptib. & lapidib. licèt faciẽdo trãsferas in me dñium, & lapidũ, & ædificij, qa cedunt solo, dr̃ tñ locatio, qa principaliter venit factum. s. opera, & translatio dominij uenit in consequentiam, qa cedit solo meo. de scđo ponit exemplum in l. 2. eo. ti. vbi si aurifex locat operas suas ad faciendum aliquod opus de argẽto, vel auro suo, dr̃ potius venditio, quia non transfert dñium, nisi ipso tradente, & sic non uenit in consequentiam rei meæ, scilicet principaliter, opera uero in consequentiam.

ADDITIO.

a Non possum effici, &c. Hinc patet uenditorem præcise ad tradendum non cogi ꝯ communẽ opinionem, quod probatur ẽt per l. si factũ retis. ff. de act. em.

LEX VII.

1 *Filiusfamilias peculium profectitium sine consensu patris donare non potest, sed castrense sic.*

2 *Donare est perdere.*

Donatio non dicitur esse de administratione, & sic habens liberam administrationem non potest donare.

3 *Si concessum est potestati liberum arbitrium, non potest tamen ius alterius lædere, vel tollere, & quid ueniat sub istis uerbis.*

4 *Ad hoc ut filiusf. possit donare rem peculij profectitij cum requiratur specialis concessio. satis dicitur specialis, si concedit sibi quòd donet, licèt non dicatur cui.*

Vbi requiritur mandatum ad petendum rest. in integ. sufficit ꝙ hoc dicatur in instrumento, licèt non dicatur in qua causa, uel contra quem.

5 *Verbum, donare, vel donatio, simpliciter an intelligatur inter uiuos.*

1 FIlius familias donare. †Filiusfamilias si habeat liberam administrationẽ peculij ꝓfectitij, ñ p̃t rẽ peculiarẽ donare nisi hẽat spãlẽ & exp̃ssã ꝑmissionẽ p̃ris, vel ẽt tacitã, resultat, si subest iusta cã donãdi, vel ex qualitate donãtis, & donatarij. Itẽ concessio de donãdo intelligit de donatione inter uiuos non de donatione cã mortis. Res vero castrensis peculij,

uaſi bñ pōt donari ſine pmiſſu pris.h.d. tota l. notabi-
agiſtra † No.i.in prin.ꝙ donare eſt pdere,& ad hoc alle.
atio nō dr eſſe de adminiſtratione, & iō licet qs hēat li-
niniſtrationē ab hoīe,vel a lege,vt tutor, vľ curator, nō
lonare,ᵃqa donãdo nō dř adminiſtrare,ad hoc ſ.de cur.
ab agnato.cũ concor.ibi no.Et iſtũ tex. inducũt Docto.
: conceſſum Poteſtati liberum arbitrium, ᵇ non poſſit
s alterius lædere, vel tollere:circa qđ Bar.hic plura dicit
iat ſub illis verbis.Et adde ꝙ tũc ipſe Poteſtas nō tenet̄
olo dolo,vt idē Bar.no.in l.in venditione.§.j. ̅J. de bon.
di.poſ.Itē ꝙ dēt ſeruare iura,& ēt ſtatuta in caſib.ab eis
& ſic nō dēt uti arbitrio in illis,ſed in nō deciſis. vt no.
ex impfecto.ſ.de leg.3.& Bar.in l.1.C.de leg.Inn.in c.j.
Nec pōt plongare tps inſtãtiæ,& poſt tps lata ſnia nō va
io.Bar.in l.ſi in leg.in pri.ſ.loc.vbi vř tex. nec pōt pſerre
æquo,ſi hoc tẽdat in piudiciũ alterius,alias ſecus, ſi ſibi
vř ex aliqua cã.arg.in l.cũ qdã.de leg.2.& ibi no.Bal.in
naior.C.de trãſa.& uide qđ not. p eundē in l. milites.C.
mili.Et nō pōt facere aliqđ, qđ ſit lege ciuili, vel ptoria
i uel bonis morib.vt ſ.de teſta.mil.l.ſi a milite.§. ediƈtũ.
on pōt aliquē condemnare ad ppetuum carcerem virtu
arbitrij qa hoc eſt phibitũ,vt l.incredibile.C de pœnis.
no.in uer.nonnunꝙ cũ requirat̄ ſpecialis ꝯceſſio,ut poſ
are,ſatis dř ſpecialis ſi concedit ſibi,ꝙ donet,licet nō di-
Et iō ubi reqrit̄ ſpālē mandatum,ut ad petendum reſti-
em in integ. ſufficit ꝙ hoc dicatur in inſtrumento, licet
cat in qua cauſa uel contra quem, hic & multis in locis
enet̄.† Vltimò no.diligenter in uerſ.ſed.n. ꝙ uerbum do-
el donatio,ſimplr̄ intelligitur donatio inter viuos, non
tis,quia in dubio uerba intelligunt̄ ſ̄m propriam ſignifi
em.ut l.j.§.qui in perpetuum.ſi ager uec.vel emphy.pet.
opriè donatio eſt inter uiuos,ut in l.j.ſ.eod.& hoc ſiue
e,ſiue a lege,pferat̄ ſ̄m Doƈt.licēt gl.ſup uerbo (donare)
ontrarium,per l.ſi alienatum.§.donationis.de uerb. ſig.
n obſt.quia uerbum donatio, poteſt ſumi in genere, &
omprehendit omnes ſpecies donationis. Ita intelligitur
n in ſpecie,& tunc locum habet quod ſ.dixi.

ADDITIONES.

Qũ habens adminiſtrationem poſſit donare,uide Signo. conſil. 16.
n.Et quid poſſit per tale arbitrium,Pet.de Ancha.conſi.166.Lud.Rom.
4.2.lib.per Sign.conſi.120.& 267.per Soc.conſi.105.

LEX IX.

poteſt conſiſtere in quolibet emolumento etiam incorporeo.
inhabitauit domum meam non præcedente locatione,tenetur mihi
ſionem conſuetam, acſi locatio præceſſiſſet.
tibi fundum, licet reſpeƈtu fundi dicatur locatio, ipſi tamen fruƈtus
ur uenditi,& mertes dicitur pretium fruƈtuum.
untur gabellæ uel paſſaggia,ſeu conducuntur,an debeat fieri remiſ
rcedis ſi nihil fuit perceptum.

N ædibus alie.† Donatio poteſt conſiſtere, in quolibet emolumento etiam
:orporeo.h.d. Videbatur contrarium,quia donatio eſt
ni datio,vt ſ.ti.j.l.ſenatus.§.donatio. & datio eſt dominij
atio.ut l.ſi.ſ.de cond.ob cauſam.quæ non uadit in iſtis e-
nentis corporeis,& iſta potuit eſſe ratio dubitandi. Sed
ir,ꝙ cenſetur donari æſtimatio illius emolumenti , q̃ in
rporalibus conſiſtit,& hoc vult iſte tex.† Et facit iſte tex.
quod no.Cy.in l.excep.C.loca.ꝙ ſi quis inhabitauit do-
meã non præcedente locatione,teneatur mihi ad penſio
onſuetam,ac ſi locatio præceſſiſſet, quia cenſetur ad ip-
eruenire de meo tm̃ quantum emolumentum habitatio
ꝙ conuentus rei uendicatione ſicut tenetur reſtituere
perceptos,ita & penſionem domus, quæ loco fruƈtuum
ur arg.hic.† Vltimo no.gl.j.pro eo quod dixi in l.cotem.
naximos.ſ.ti.j.ꝙ ſi loco tibi fundum,licēt reſpeƈtu fundi
ir locatio,ipſi tamen fruƈtus uidentur uenditi, & merces
r pretium fruƈtuum.Sicut hic domus dicitur commoda-
precario concedi,qñ gratis conceditur habitatio.vt in gl.
molumentum habitationis dicitur donari, & ſic eſt ꝯƈtus
s,vt etiam dicitur ̅J.eo.l.Ariſto.† quod eſt utile ad illam
emuntur gabellæ uel paſſagia,ſeu conducuntur,utrum
t fieri remiſſio mercedis,ſi nihil fuit perceptum, quia de
ƈtu locationis natura eſt,ꝙ fiat, non ſic de natura con-
s emptionis,dic ut ibi dixi,& iſtam glo.adde ad ibi no.&
qui ſaxum.

Ex rebus donatis. Cum donatur fundus quantum ad effeƈtũ in-
tionis inſpicitur æſtimatio fundi, nō fruƈtuum q poſtea
recipiuntur.Sed ſi donantur fruƈtus,fit æſtimatio ipſorum fru
ƈtuum.h.d.ſ̄m primam lec.notabilem.Et adde bonam l.ad iſtã
diſtinƈtionem.ſ.de paƈt.dota.l.3.quæ incipit(ſi conuenerit.)Se
cundum aliam leƈt.dicit,ꝙ debitor ex cauſa donationis non te
netur propter moram ad fruƈtus rei donatæ ante lit. conteſta.
Secus ſi ſunt donati ipſi fruƈtus. Ratio primi diƈti eſt, quia iſte
eſt contraƈtus ſtriƈti iuris.vt ̅J.eo.l.cũ qui.in quo non ueniunt
fruƈtus ante lit.conteſt.ut l.cum fundus.ſ.ſi cert. pet.& ̅J.eo.l.
de donatione.niſi petam id,quod meum eſt,vel aliquando fuit
meum.vt l.uideamus.§.ſi aƈtio.cum ibi not.ſupra de vſur.

§.Quod filius. Si quis donat rem meam me volente,ego uideor donare.h.d.Intellige,
ꝙ ſi donat meo nomine,ego ſolus uideor donare. Si uerò ſuo,
& ego in hoc conſentio, uideor ego donare ſibi & ipſe alteri,
quod dic ut ſupra eo.l.ij.in prin.

§.Donari non. Donatio non dicitur niſi cũ transfertur dominium aƈtu, uel habitu.
h.d.in effeƈtu,ut quia fit de re, cuius eſt commercium, nam ſi
eſt donantis,transfertur,ſi non eſt eius aƈtus,transfertur habitu,quia transfertur vſucapiendi conditio,& habet locum titulus pro donato.Sed ſi facit de re, cuius non eſt commercium,
non valet,quia non transfertur dominium aƈtu,uel habitu,ut
ſi fiat donatio de re ſacra uel religioſa.

LEX X.

1 *Donatio qualiter perficitur inter abſentes.*
2 *Si quis fuit eleƈtus ad aliquod officium,uel dignitatem,an ſtatim ſit ſibi ius acquiſitum,& non adminiſtratio,quouſque ingrediatur officium.*
3 *Si quis fuit delegatus iudex inter aliquos, utrum ſtatim ſit ſibi quæſita iuriſdiƈtio,antequam reſcriptum,vel literæ præſententur.*
4 *Si conſtituo procuratorem aliquem abſentem,an ſtatim ſit procurator ante quam ſuſcipiat inſtrumentum mandati.*
5 *An poſſit mandatum reuocari antequam ad abſentem perueniat.*
6 *Si nuncius fuit conſtitutus ad contrahendum,& antequam contrahat,domi nus reuocat,an contraƈtus poſtea faƈtus ualeat.*

1 ABſenti,ſiue. † Donatio perficitur inter abſentes interueniente traditione ue
ra,uel ficta,& concurrente uolũtate donatarij,aliter
non,niſi traditio fuerit faƈta ſeruo eius, cum intẽtio
ne ut ſtatim dño acquiratur. hoc dicit. In text.ibi.(ſed ſi non.)
ꝙ in donatione non ſufficit uoluntas donantis, ſed requiritur
ēt donatarij,& hoc facit p eo,quod dixi ſ.e.l.j. ſuper gl.ꝙ licēt
quis ſoluat indebite,ſi tñ ille qui recipit,credit ſe recipere debi
tum,non perficitur donatio,licet datum repeti nō poſſit,& ſic
dř irreuocabilis datio. ita debet intelligi.l. cuius per errorem.
de reg.iur.Sed ꝯ,de fine huius l.Sol.ibi aderat uoluntas ſerui ip
ſius donatarij,q̃ reputatur uoluntas dñi,& ēt voluntas donan
tis. Item ꝯ de eo,qđ not.in c.ad apoſtolicæ.de cler.excõ.mini-
ſtrante.per gl.qñ abſens & ignorans excõicatur,& ſtatim liga-
tur,& in c.quod ob gratiam.de reg.iur. in mercur. ꝙ abſens &
ignorans priuatur beneficio,& quod not. Inn.in c.quia cũƈtis.
de conceſſ.præb. lib.6. ꝙ abſenti & ignoranti aufertur iuriſdi-
ƈtio.Sol.illa iura loquuntur in aƈtib. tendẽtibus in præiudiciũ
abſentis, & faƈtis ab illo qui poteſt præiudicium inferre etiam
inuito,unde non requiritur eius ſcientia.Hic loquitur in aƈtu
tendente ad fauorem,uel commodum abſentis,in quo requiri
tur uoluntas eius,quia beneficium non confertur in inuitum.
2 † Et hoc inducitur ad q.ſi qs fuit eleƈtus ad aliqđ officiũ,uel di
a gnitatem,utrum ſtatim ſit ſibi ius acquiſitũ, ēt ignoranti, ᵃ qđ
examinat hic Bar. qui diſtinguit utrũ erat officiũ ad qđ inuitus
pōt compelli,& ſtatim eſt ſibi acqſitum ius, ſed adminiſtratio
non,quouſq; ingrediatur officiũ. facit l.obſeruare.§.ſi.de offi.
procon.& qđ not.in l.Publius.in prin.de cond. & demon.uide
in l.priuatorum de iuriſd.om.iud. ſed ſi non poterat compelli,
nō eſt q̃ſitum ius niſi a tempore acceptationis,ut hic. Et aduer
tendũ,qa non ſufficit hic ad notitiã abſentis peruenire, niſi p-
ueniat mediãte nũcio,uel epiſtola donantis per gl.ſing.in l.cõ-
ſenſu.̅J.de aƈt.& obli.q̃ tenet, ꝙ ubicunq; pōt contraƈtus fieri
inter abſentes,requirit̄ nuncius uel epiſtola ad cõiungẽdas uo
3 lũtates,& ēt gl.in l.illud.de ſac.ſan.eccl.† Induco ēt ad aliam q.
ſi qs fuit delegatus iudex inter aliquos,utrũ ſtatim ſit ſibi q̃ſita
iuriſdiƈtio anteq̃ reſcriptũ uel literæ pſentent̄? & iſte tex.facit ꝙ
nō,& hoc uř uelle Inn.in c.ex ꝯqueſtione.de reſt.ſpol.Cy. in l.
mãdatũ.C.mand.in fi.2.q.dicit hoc uerũ de iure canonico,ſed
de iure ciuili ſtatim eſt q̃ſita iuriſdiƈtio ēt ignorãti, p l.cũ furio
ſus.ſ.de iud.qa munus iudicãdi eſt neceſſariũ, & nō pōt recuſa
ri,

ADDITIO.

a ¶Ignoranti.Adde qđ uoluit Old.conſ.57.an collatio beneficij faƈta abſenti ſibi opituletur antequam notitiam habeat,& uide quod uoluit Ro.conſi. 185. ubi ponit, an donatio faƈta abſenti ualeat, ſi non eſt nuncius, uel epiſtola,&cæt.
Paul.de Caſt.j. ſuper ſt. Nouo. e 3

ri qñ fit a superiore in subiectũ.vt l.munerũ.§.iudicandi.ff.de mune.& ho.no.in l.j.C.qui p sua iurisdi.nõ tñ acquirit exercitiũ anteq̃ lr̃æ p̃sentent̃,qa ignorat se iudicẽ.ar.in l q̃ro.j̃.de e.q. p tuto.Certe Canonistæ dicunt,ꝙ ẽt de iure canonico hoc verum,[a] qcq̃d dicat Inn.p c.cũ sup eo.de appell.vbi appellaf iudex añ receptionẽ rescripti p gl.in c.cũ olim essemus.de priui. q̃ dicit ꝙ si rescriptũ vel lr̃æ p̃dant,anteq̃ p̃sentent̃ facta fide de legato de tenore ipsarum poterit ꝓcedere,& ita dẽt intelligi gl.

4 q̃ est in cle.j.de proc.† Induco ẽt ad q̃onem de qua ibi p gl. si ꝯstitui ꝓcuratorẽ aliquẽ absentẽ,vtrũ statim sit ꝓcurator anteq̃ recipiat instr̃m mãdati,& gl.ibi vr̃ tenere ꝙ sic,tñ nõ hẽt exercitiũ,& sic nõ valet actus p eũ factus,nisi p dñum ratificet.Bart. consuluit,ꝙ nullo mõ fit ꝓcurator,qa hoc offm̃ nõ ꝯfert in inuitum,vt l.inuitus.C.de proc.& in hoc differt a iudice delegato,nisi recipiat instr̃m mãdati,vel nisi sibi sit notificatũ p ꝯstituẽtẽ mediãte nũcio,vel epistola,ẽt si aliũde puenisset ad eius notitiam,p prædicta.licẽt Dyn.quem ipse reprehendit,consuluerit ꝯriũ,ꝙ imo fit statim procurator,& illud qđ tenet Bano.ẽt in Spe.de ꝓc.§.j.ver.quid si instrumentum.Et p Arch.in c.fi.de proc.lib.6.& ẽt in nouella.Et Fed.de Sen.in consi.24.de ista q.tangitur per Bal.in l.licet.C.de procu.& l.de furtis.C.de fal.vbi vr̃ distinguere,an constituens voluerit ꝙ statim sit procurator,& tunc statim erit absque nuncio,vel epistola,vel trãsmissione instrumenti,an de hoc non cõstet,& vr̃ velle ꝙ tunc sit,cum instrumentum receptum est,vel per nuncium,aut epi

5 stolam per l.qui absenti.j.de acq.poss.in prin.† Et ex p̃dictis patet,vtrum possit reuocari anteq̃ ad absentẽ pueniat in casu huius l.& certũ est,ꝙ sic,qa donatio non est pfecta,ut s.eo.l.2.§. sed si quis donatus.in ꝯriũ.c.si absenti.de præben.lib.6.Solu. ibi,episcopus ex quadã necessitate hẽt beneficium vacans conferre,vt no.in c.relatum.de præb.in antiq.iõ postq̃ contulit absenti non potest pœnitere quousq.ille põt acceptare,sed hic donator voluntarie donat,ideo põt reuocare anteq̃ donatarius

6 acceptaret,& non fit donatarius dñs.† Quid aũt si nuncius fuit constitutus ad ꝯhendum,& anteq̃ contrahat dñs reuocat,de hoc est gl.in fi.s.de ꝯhen.empt.ꝙ ꝯtus postea factus valet.Tu dic,si quæritur,an possit transferre dominium post reuocationẽ,& clarũ est ꝙ non,ẽt si ignoret reuocationem,vt l.2.§.sed si

7 qs.s.eod.† Sed si quæritur,an possit contractum perficere quo ad obligationem,distingue,aut fuit constitutus,vt nuncius,& sic habet concipere verba in personam domini,& ex consẽsu dñi perficit̃ ꝯtus,vt l.multũ.C.si quis alteri vel sibi.& tunc non perficit̃,quia desinit uoluntas.Aut fuit constitutus vt ꝓcurator,& sic habet concipere uerba in suam p̃sonam,& ex suo contensu pficit̃,& tũc ualet ꝯtus,vt l.si mandassem.s.mand.& ita põt ꝓcedere glo.in d.l.in fi.Effectus est,quia ex quo valet ꝯtus si tradat rem,licet non transferat dominium,vt s.dixi,trãsfert tamen vsuca.conditionem,de hoc est casus in l.mandatũ distrahendum.s.mand.

ADDITIO.

a Hoc est uerum.Firmat Rota decisi.suis 208.de præb.ubi dñt,ꝙ beneficia sub collectarum añ receptionem literarũ officij sunt Sedi Apostolicæ reseruata.

LEX XIII.

1 *Cum res tradatur illi qui potest mihi acquirere, acquiritur mihi si tradens hoc intendit,licẽt recipiens non intendat.*

2 *Quòd tribus concurrentibus,id quod traditur procuratori falso statim acquiratur domino.*

3 *Quid in procuratore non falso,si nõ hẽbat mandatũ generale,siue speciale.*

1 QVi mihi dona. † Cum res traditur illi qui potest mihi acquirere, acquritur mihi,si tradens hoc intendat, licet recipiens nõ intendat.h.d.& semper alleg.p p gloss.quę est hic, de cuius materia plene per Cy.in l.j.C.de acq.poss.Et intelligo istam l.qñ tradens expresse dixit,ꝙ tradebat, vt mihi acquirat, & recipiens expresse dixit ꝙ illo animo non recipiebat, sed vt acquirat sibi vel alteri:vel mihi,& alteri,potius.n.inspicit voluntas tradentis,q potuit apponere rei suæ legem,quam voluit vt l.legem.C.de pact.iuncta l.habentis s.eo.Si autem simpliciter reciperet,videtur recipere eo animo,quo sibi tradit fictione iuris.arg.in l.si defensor.§.j.de interro.actio.licet ipse aliud in aĩo gerat,quia non inspicitur animus in mente retentus,vt l.si repetendi.C.de condi.ob cãm.& perinde est, ac si talis non esset.In glos.magna quæ format quatuor contraria, sciendum est,ꝙ prima tria loquuntur in procuratore falso, de quo nõ loquitur ista l.quantum vero ad l.res ex mandato.de acq.rer.do.

2 loquitur de procuratore vero.† Circa primum est sciendũ, ꝙ tribus concurrentibus id,quod tradit̃ procuratori falso,statim acquiritur domino.f.qñ semel habuit mãdatum,licet fuerit reuocatum,quia nõ dicitur omnino falsus,cum inuetur primordio veritatis.vt l.cum filius.§.hæres meus.de leg.2.Secundum est si concurrat fauor liberationis.Tertium est,ꝙ ipse recipi bona mente,vt mihi acquirat,istis concurrentibus perinde ac si esset verus procur.& acquiritur mihi statim,& conting liberatio ipso iure,& iste est casus l.cũ quis.§.j.j̃.de sol.de q gl.opponit secundo loco.Altero vero istorum deficiente n acquirit̃ mihi statim,sed si recipit animo,ut mihi acquirat, hi acq̃rit̃ secuta ratihabitione,& iste est casus in l.si ego.s.de go.gest.sed si alio aĩo,non acquiritur mihi,sed ipse furtum c mittit tradenti,a quo dominiũ non recipit,ut l.falsus.§.j.j̃.

3 fur.de qua opponit gl.primn loco.† Sed circa procuratore rum,si non hẽat mandatum generale,siue speciale,serua dis ctionem gl.saluo ꝙ in secundo membro,dum dicit,ꝙ si alter sorum gerat in aĩo,ut mihi acq̃rat̃,nam acq̃rit̃ hoc est verum qñ ipse tradens gerit in aĩo ut hic,secus econuerso,si ipse nõ reret,sed procurator gereret,quia debet inspici uoluntas dentis in nõ acq̃rendo,sicut in acquirendo,eadem cum sit contrariorum,& per l.id quod nostrum.de reg.iur.& per l sentien.in fi.s.eo.f̃m Cy.& omnes:in dubio autem dic, vt ibi p Bar.nã in isto casu ita põt loq.l.res ex mandato.j̃.de acq. do.vel dic,ꝙ ibi constitui te procuratorem ad emendum, misti,[a] & non ostendisti mandatũ,nec dixisti te emere ꝓcurario nomine meo,& sic nec vendens uidetur fuisse huius prositi,sed credebat ꝙ emeres pro te,isto casu acquiritur tibi dominium,sed actione mandati teneris mihi tradere,ut ibi,& l.si qs.§ Seia.j̃.de verb.obl.sed si procuratorio nomine emisses tim recta via acquireret mihi dominium,& possessio,[b] ut l.p ratorem.C.de acq.poss.non sic, quando procurator stipula procuratorio nomine domini,qa actio & obligatio quæri sibi,& tenet̃ dño cedere,vt l.possessio quoq.§.& si possessio acq.poss.ratio diuersitatis colligitur ex l.ea quæ ciuiliter.j̃. acq.rer.do.quia facilius acquiritur nobis per actum natura vt est traditio per quam acquiritur dominium,& possessio, per actum ciuilem,puta stipulando,& ideo si esset dare casu in quo dominium quæreret̃ sine traditione,vt per pactum gis commissoriæ,& addictionis in diem.iuxta no.in l.j.s.eo. tale pactum non acquireret̃ domino,ut est casus l.j.C.per q personas nobis acquiritur.secundum lect.Pet.

ADDITIONES.

a Tu emisti.Sed quid si emisti fundum pro medietate nomine domini aliam dictatem tuo nomine & totum possedisti, qualiter domino succurratur, Io.an.in addi.ad Spe.de empt.§.j.uer.nonnunquam.

b Et possessio.Adde ꝙ tunc possessio acquiritur per procuratorem,si transfer per actum naturalem,secus si per ciuilem.Ideo possessio præcarij non ac ritur per procuratorem.ut fin.dicit Bar.in l.j.C.de acq.poss.& in l.per pro ratorem,eo.ti.&c.

LEX XIIII.

QVi alienum. Qui colit fundũ alienũ ani donandi, nec repetit expen h.d.No.ꝙ eo ipso,ꝙ quis colit fundum tanq̃ suu cum sciat alienum, vr̃ facere animo donandi. aduerte,ꝙ tũc põt deducere expensas culturæ de fructib.pe fundũ.in prin.s.fam.ercisc.sed qñ tanq̃ alienum,& animo il nandi, non potest ẽt de fructib.expensas deducere,per han

LEX XV.

1 *Donatio facta per criminosum cuius bona ueniebant confiscanda, val condemnatio non erat secuta.*

2 *Donatio quando censeatur facta in fraudem fisci,& vn tunc sit necess reuocatio.*

3 *Quid in donatione cã mortis, & quid in donatione facta inter coni*

1 POst contractum. Donatio facta per cr nosum cuius bona ve bant confiscanda,valet si condemnatio non erat se ta h.d.Sed secuta postea condemnatione,reuocat facta fuit in fraudem fisci,ut j̃.de iure fisci.l.in fraudem.&

2 j.l.si aliquis.† Et cẽset̃ facta in fraudẽ,si tũc iam erat accusa vel in crimine deprehensus,ut l.fi.in prin.j̃.de his qui sibi tem consci.f̃m Dy.sed si maleficium erat occultum, vel n dum erat commissum,non vr̃ facta in fraudem, nisi ex aliq coniecturis,quas Bar.hic multum bene,& notabiliter pro tur,& semper remittit̃ ad eius dicta.Et uide bonam glo.in l. C.de don.inter vir.& vxor.Et notandum pro summario hu materiæ,ꝙ quatuor sunt casus in quibus ista l.procedit sine bio,in eo qđ principaliter dicit,s.ꝙ donationes factæ a crim so valẽt ẽt irreuocabiliter.Primus est,qñ de crimine nunq̃ accusatus in eius vita,quia crimen morte extinguitur,& non commisso,nisi sit tale,de quo possit eius memoria acc ri post mortem,vt læsæ maiestatis,vel hæresis,vt j̃.codem.l. nationes.§.fina.& l.ex iudiciorum.de publi.iudic.Secund quando fuit accusatus,[a] & fuit absolutus, & sententia tra

rem iudicatam,nam amplius cognosci nō pōt, vt l.licèt. ..u.cau.stab.nisi doceatur de præuaricatione primi accu ,vt l.sicut.§.idē.de accusa.ꝟ. Tertius est, quando crimen ,ꝙ ex eo non veniebat fienda confiscatio bonorū, quia ō est,ꝙ possit reuocare fiscus nec etiam hęredes,quia nō t venire contra factum defuncti,vt l.cum a matre.de rei C. Quartus est, quando donatio non fuit facta in fraudē od quando sit,infra apparebit. Et ex his duobus vltimis s ualet irreuocabiliter,si condemnatio sit secuta. Sūt & atuor casus,in quibus procedit ista l.a cōtrario sensu, ꝙ a sit condēnatio,nō valet etiam ipso iure,& a principio t necessaria reuocatio. Primus qn̄ esset facta post condē em,quæ transit in rem iudicatam, & esset crimē de quo t fienda confiscatio bonorum, quia tunc desiit esse iam norū,vn̄ nō poteſt donare,& ita intelligit gl.fi. huius le cundus,quando esset tale crimē,ex quo statim essent bo fiscata,& ante sententiam,vt lęsæ maiestatis,vel hęresis, ut l.Imperator.ꝟ de iure fisci.per Dyn.& Bar.& in casu l. issa.supra tit.j.& tunc sententia condemnatoria requirit̄ larationem, quia declarat retro fuisse donationem nul- d si non sequeretur sentētia,nō apparet de crimine. Ter sus est,qn̄ post accusationem propositam,& aduocatio- onorū propter contumaciam,facta esset donatio, vt l.fi. qui.re.in fi. Quartus est, quando esset donatio de sui na- reuocabilis,ut manumissio serui, qa fortius prohibetur manu.l.qui pęnæ.& in istis casibus secuta cōdemnato- quam declaratur donationes præcedētes esse nullas,po eri executio ꝯ donatarium absq; alia sententia rescissoria onis per executores fisci ad hoc deputatos. Est & alius n quo ista l.procedit cum limitatione,dum dicit ꝙ dona valent,ut intelligatur,s.ipso iure,tn̄ non in effectu,quia ant̄,& hoc qn̄ sumus extra casus prædictos, & apparet ꝙ ctæ in fraudē fisci timore cōdemnationis criminis, vt ꝟ. aliquis.in fi.de iure fisci.l.in fraudem,& hoc cōtingit,q̄ uta est condemnatio,& ex crimine facta erat confiscatio um,& donatio erat facta ante condemnationem,præsu- ant̄ facta in fraudem,qn̄ fuit facta post accusationem in- m,uel quando ante,sed erat deprehensus in crimine, uel n erat notorium,vt s.dixi f̄m Dy. uel qn̄ erat occultum, donatio fuit facta clam, nā ex hoc resultat præsumptio s,ar.in l.fin.s.de ritu nu. vel fuit facta de omnibus bonis. l.omnes.§.Lucius.quæ in frau.cred.vel fuit facta coniū- tionæ.ar.in auth.quibuscunq; modis.C.de sacrosan.eccl. qn̄ fuit facta post delictum commissum.Si vero ante,tūc Bar.dicit,si extant prædictæ coniecturæ, videri fuisse fa- n fraudē,& cogitatione futuri delicti. Mihi videtur hoc n,nisi delictum fuerit secutum statim post donationem n.ar.in l.ventri.in fi.de priuil.cred.& l.concubinam.§.res s.s.rer.amo.& qd̄ not.in c.officij.extra de elec.vel nisi tē- onationis subsisteret inimicitia capitalis, al's licèt fuerit onatio de oībus bonis,vel coniunctę personę,non puto factam contemplatione futuri delicti,de quo erat spes, casibus secuta sententia nō reuocatur donatio ipso iure, oteſt fieri executio contra donatarium,sed oportet,ꝙ pet ratorē fisci agatur ciuiliter reuocatoria,& feratur sentē- cissoria donationis,vt Inst.de act.§.item si quis in fraudē. cta in donatione inter viuos.†Donatio vero cā mortis fi- facta ante crimē commissum,siue post. Item siue sit facta dem,siue non. Item siue ex crimine fuit facta bonorum catio,siue non,si tamen erat capitale,per quod perdebat̄ aturalis,libertas,uel ciuitas,rescinditur, sicut qlibet alia a uoluntas,ut l.eius qui.s.de testa.& iste est casus in d.l. si s.ꝟ.tit.j.cū habeat vim ultimæ uoluntatis.Donatio uero coniuges,q̄ illi similatur in aliquo,quia pōt reuocari,si il in fraudē,dic in oībus & per oīa idē qd̄ dixi s. in alijs do- nibus nec tunc hēt locū l.res q.C.de do.int.uir.& uxo.nā retractant̄,fortius illa, q̄ a principio nō hēt subsistentiā, fuit facta ante crimē cōmissum, & cessāte suspicione frau nc hēt locū illa l.notab. qa per cōdemnationē subsecutā rritatur,imo aliqn̄ confirmat̄ sicut p morte naturalē,qn̄ ndemnatione maritus factus est seruus pęnæ. Si autē non tus seruus,sed perdit ciuitatē,tunc nec irritatur,nec con tur,sed est in pendēti quousq; maritus uiuat naturaliter, est per eundem reuocari,ut est casus singularis in l. sed si s.de do.int.uir.& uxo.& si reuocatur, bona non pertine ad fiscum, ad quem transiuerunt alia per cōfiscationem, rtinebunt ad cōdemnatum,qui poteſt acquirere de no- l.si tibi.§.is cui bona. supra mandati. & ita singulariter Bal.C.de except.rei iudicatæ.in l.executor.xiiij.col.

ADDITIO.

m.Adde Pet.de Anch.consi.158.

LEX XVI.

1 *Verba enunciatiua in vltima voluntate in præiudicium hæredis principaliter propter se dispositionem inducunt.*
2 *Verba enunciatiue emissa in ultima uoluntate,quando non inducant dispositionem,& nu.4.*
3 *Quid in contractibus.*
4 *Si duo fratres diuiserunt bona paterna, pacto apposito ꝙ nullus alienaret partem suam,ad hoc ut si decederet sine liberis,ad superstitē perueniret, an ex istis verbis possit superstes petere bona,si alius decessit sine liberis relicto hærede extraneo.*

1 EX hac scriptura.† Verba enunciatiua emissa in vltima voluntate in præiudicium hæredis principaliter pp se dispositiones inducūt.h.d.Dy.In tex.ibi(mecū habui.)i.hēre me ꝯtigerit, & sic ponit̄ præteritum pro futuro, alias videretur loqui post mortem.In tex.ibi donassem,pp istud uerbum ista l.fuit posita in hoc ti.quia testator fuit vsus hoc uerb.nō tn̄ qa ex hoc inducatur donatio cā mortis,vel inter uiuos,licet quidam dixerint, ut no.in prin.gl.mag.qa in illis requirit̄ præsentia, vel ꝯsensus vtriusq. partis,ut ꝟ.ti.j.l.inter mortis.& s.eo.ti. l. absenti.& ex hoc nō apparet,ꝙ isti liberti fuerint p̄sentes,vel ꝙ cōsenserint, & iō solum inducitur legatum,vel fideicommissum,in quibus non requiritur præsentia legatarij,vt l.cum pr̄.§.donationis.de leg.2.& cui legato conuenit hoc uerbum, donatio,vt l.legatū. de do.eo.ti.& fuerunt ista verba prolata in ultima voluntate, nec ēt inducit̄ probatio donationis inter uiuos,quod quidam dixerunt,vt hic in gl.post princ.ibi,vel quia,nam tunc nō ageret̄ ex hac scriptura, sed ex donatione p̄cedente probatione p hanc scripturam,cuius ꝯtrium vult litera, nec dominium pertineret ad istos libertos ex sola donatione,vel ex his verbis nō secuta traditione.vt ꝟ.e.l.nuda perinde ergo est, acsi p ista verba testator legasset istas uestes, qa sunt uerba enunciatiua pp se
2 principaliter prolata,& ad hoc allegatur ista l.† Hoc recipit plures limitationes,quia primum est uerum, nisi possint restringi ad aliqd aliud,q̄ qd̄ superius dixisset, ut l.Lucius.§.filiā ad Trebel.Secunda est,ꝙ inducunt dispositiones quatenus significationes verborum patiunt̄,nō ultra.ut l.Titia.§.Caius.de leg.2. Tertia est,qa tunc inducunt dispositiones, qn̄ sunt directa ad hæredem grauatum, hic secus, si ad legatarium oneratum, qa vident̄ prolata gratia adulationis,ut l.generali.de usufr.leg.in princ.Quarta est,qa tunc inducunt dispositiones, quando ex certa scientia sunt prolatæ,secus si per errorem, ut l.j. C.de fal. cau.adie.leg.Quinta,tunc inducunt,qn̄ tendunt in præiudiciū eius,quia tunc testator poteſt grauare,alias secus, ut C. de test. l.verba.& arbitrium.tut.l.j.Sexta est, ꝙ inducunt,quando sunt expressa ut hic,secus si tacitè subintellecta, nisi interueneri iuramentum,ut l.oēs.cum auth.ibi posita.C.de prob.Septima & vlt.quia inducunt,qn̄ exprimit̄ certa res,vel quantitas. alias ēt si essent verba dispositiua,non valerent,vt l.cum post. § gener. de iur.dot.& iste est casus f̄m unam sol.quam hic ponit gl. in l. Titia.in prin.s.de leg.2.de qua gl.hic oppo. secundo loco. Si āt verba enūciatiua non proferunt principaliter pp se, sed pp aliud.tunc loquunt̄ leges allegatæ in gl.pro ꝯtrijs,qd̄ pōt contingere pluribus modis.Primo qn̄ per modum ꝯdōnis, & tunc nō inducunt dispositiones, siue sit conditio expressa,ut l.ex pacto. la piccola s.de her.inst.siue tacita,ut l.Titia de le.2.in princ.f̄m aliam sol.& ita loquitur primum,& f̄m ꝯtrium gl. nisi in aliquo antecedenti sine quo uerba stare non possunt,ut l. Proculus.de vsufr. Aliqn̄ emittuntur per modum causæ de præterito, & tūc inducunt dispositiones, quo ad effectum excludendi illum ad quem sunt directa,si eius odio prolata sunt,ut l.qui uolebat. s. de hær.inst.vel alterius per illum, ad quem directa sunt, si eius fauore fuerunt prolata,quia pariunt sibi exceptionem, vt l.em ptor.§.fi.cū gl.ibi posita.de rei vend. actionem aūt non pariūt f̄m gl.ibi positā,sed ꝯtrium tenet gl.& melius in l.si socer§. Lucius.sol.ma.dic vt ibi p Bar.& reprobat in c.fi.de succes.ab int. & ibi hoc tenet Inn. Interdū emittunt̄ p modum cāę de futuro, aut per viam modi,& tūc et inducūt dispositiones tam in legatis,vt l.2.de his q̄ sub modo.q̄ ēt in ꝯtu donationis, ut l. quoties.C.de don.q̄ sub mō.Interdū per modum demonstrationis, & tūc nō inducūt dispōnes,nisi sint plata a milite, vt l. ex ver-
3 bis.C.de test.mi.l.cū tale.§.fi.de ꝯd.& dem.†In ꝯtib.āt, si sunt emissa principal'r pp se,& ad effectū liberationis, nō inducunt dispositiones,vt l.tale pactū.in prin.s.de pac.alias inducūt dispositi-

ADDITIO.

a Voluntate. Adde ultra loca vulgaria Ab.consi.11.eundem Pau. consil. 189.per Sig.consi.166.per Car.consi.130.per Alex.consi.82.3.lu.consi.6.& 46. & 79.j. l.Ful.consi.196.Lu.sing.suis fol.4.& 16.Fran.de Are.consi.23.& consi.30.per Lu.Ro.consi.180.& 258.& consi.191.ubi dicit uerba enunciatiua l. dispositionem non inducere allegat Fed.consi.21.

spositionibus, sed probationes si sunt emissa pp se, vt l. optimam. C. de contrahen. & commit. stip. secus si pp aliud, vt l. non nudis. & l.
4 non epistolis. C. de pba. †Et ex hoc anno præterito consului in ciuitate Paduæ cũ duo fratres diuisissent bona paterna, pacto apposito, ꝙ nullus alienaret partẽ suam, adhoc, vt si decederet sine liberis, ad superstitem peruenire, quærebatur vtrum ex istis verbis posset superstes petere bona, si alius decessit sine liberis relicto hærede extraneo, & dixi ꝙ sunt verba enumeratiua, q̃ in contractibus non inducunt dispositiones ad effectum agendi, nisi in contractibus donationis. vt s. dixi. Adde vnũ aliud ꝙ interdum in vltima voluntate emittuntur pp aliud significatiuũ cuiusdam futuri euentus, & tunc an inducant dispositiones, dic, vt l. pater filium. §. fundum. & l. Iulianus. §. ex his. & etiam l. Pamphilo. in prin. de leg. 3. per Bar.

LEX XVII.

1 *Donatio potest fieri liberando debitorem.*
2 *Licèt obligatio & actio ex sententia uideantur de iure ciuili, quia omne iudicium est de iure ciuili, tamen talis obligatio non potest tolli per acceptilationem, nisi primo deducatur in Aquilianam stipulationem.*

1 SI instipulatum. †Donatio pôt fieri liberando debitorẽ. h. d. Et an tunc requiratur insinuatio, & quid sit in donatione, an pecunia debita, an verò ipsa liberatio, tetigi s. l. j. & Bart. ẽt tangit j. eo. l. Modestinus. licèt non ita plene.
2 † No. ꝙ licèt obligatio & actio ex snia videantur de iure ciuili, quia omne iudicium est de iure ciuili, tamen talis obligatio non pôt tolli per acceptilationem, nisi primo deducatur ad aquilianam stipulationem, & hoc ideo, quia per acceptilationem non tollitur nisi obligatio verborum, sicut ipsa acceptilatio est liberatio verborum, vt Insti. quibus mod. tol. obl. §. 2. aliæ vero non, licet sint de iure ciuili, vt hic patet. Bar. tñ in l. Iulianus. de cond. indeb. dicit, ꝙ ex snia oritur obligatio naturalis de iure gentium ex illa æquitate, seu præcepto iuris gentium, ꝙ maioribus pareamus. vt s. de iusti. & iure. l. veluti. & l. vt vim. licet quidam dicant, ꝙ non oritur obligatio naturalis, sed tñ ciuilis, cum sint iudicia de iure ciuili, vt l. 2. de ori. iur. post prin. In gl. 2. ibi (respondeo.) remanet actio ex snia, ista gl. communiter reprobatur, quia cum acceptilatio habeat vim solutionis, vt j. de noua. l. qui rem. §. j. ita & per acceptilationem, vt l. non solum. §. j. de lib. leg.

LEX XVIII.

1 *Quatenus contractus innominatus continet donationem, non habet locum in ipso pœnitentia.*
2 *Donatio an sit contractus innominatus.*
3 *Quòd possit esse unus contractus partim nominatus, & partim innominatus, & cuius naturæ sit.*
4 *Si dedit tibi librum meum pro tuo, & etiam pro decem quæ mihi dedisti, an sit contractus permutationis tantum, uel uenditionis, vel mixtus.*
5 *Quid si expresse dixerim quòd uendidi librum pro libro tuo, & pro decem, & nu. 6.*
6 *Emphyteuta an possit permutare ius suum utile, irrequisito domino directi dominij.*

1 ARisto ait cum. †Quatenus ꝯtus innominatus continet donationẽ,
2 non habet locum in ipso pœnitentia, ad hoc alleg. † Et per istam l. tenet Bart. in multis locis, ꝙ donatio sit ꝯtus noĩatus, quia si esset innominatus, haberet locum pœnitẽtia re integra, vt l. si pecuniã. de ꝯd. ob cau. cuius ꝯrium hic patet. Erat aũt dubitatio, quia si tradidi tibi seruum trãsferendo in te dñium ob hanc cãm, vt ipsum manumittas, dr̃ ꝯtus innominatus, do, vt facias, in quo hẽt locum pœnitentia de toto. s. vt nullo mõ manumittas, sed mihi reddas, vt ibi. Sic̃ videbat hr̃e locum in parte, quia si apposui tps quinquennij ad manumittendũ, videbat, ꝙ possem pœnitere de illo tpe, & agere, vt statim manumitteres, sed ꝯrium hic determinat, quia per appositionẽ illius tpis videor tibi donasse operas illius serui vsq; ad quinquennium, quã donõnem nõ possum reuocare. Et hoc nisi appareat, ꝙ illud quinquennium non apposui gr̃a tui, vt illas operas lucrareris, vt ibi (sed in superiori casu &c. & in ꝯrijs hic signatis p gl. de l. 3. §. j. de ꝯd. ob cau. & de l. si qs alicui. s. mã.
3 †No. ergo ex ista l. ꝙ pôt esse vnus ꝯtus mixtus partim nominatus, & partim innoĩatus, nam inquantũ voluit donare operas quinquennales est noĩatus, sed inquãtum dedit, ut manumittat, est innoĩatus, do vt facias: & ideo si vendidi tibi fundum ꝑ decem, cũ pacto, ꝙ scribas mihi librum, vel vadas pro me Romam, dicitur contractus mixtus nominatus cum innominato. Aduerte tñ, quia istud est verum, si pciũ est iustum ad valorem rei, quia non plus valet, tñ hoc nõ obstante non fuissem motus ad vendendũ, nisi ires pro me Romã. Sed si pretiũ nõ esset iustũ, ire pro me Romã reputat pars pretij, ut l. fundi partẽ de ꝯ emp. & sic ur̃ duntaxat nominatus. Itẽ in primo casu, q̃s pciũ est iustũ, licẽt sit mixtus noĩatus cũ innoĩato, tñ non hẽt
a pœnitentia, [a] nec possum rẽ repetere ex capite pœnitẽtiæ, si tus es ire Romã, sed tñ pp cãm non secutã, si es in mora eundi Romã. Nõ sic, q̃n est simplex ꝯtus innoĩatus, in quo hẽt pœnitentia, ẽt si uelis implere ex parte tua. Itẽ est aliud speciale isto casu, qa ex mora nõ implẽdi cãm nõ possum agere ad restitutionẽ rei, nisi probẽ ꝙ aĩs nõ fuissem uẽditurus, ista duo ex l. singulari & notabili. C. de pac. int. emp. l. cũ te. secus si ꝯtus innoĩatus ẽ simplex, qa cã nõ impleta possum repetere licẽt nõ ꝓbẽ aliter me nõ fuisse daturũ, qa hoc ꝓsumit in dubio
4 p l. si pecuniã, & l. 3. ĩ multis casib⁹, de ꝯd. ob cau. tene menti ꝓdicta ẽt r̃ndetur ad q̃õ. si dedi tibi librũ meũ ꝓ tuo, & etiam mihi dedisti, utrũ sit ꝯtus permutationis tm̃, uel uendõnis, uel sit mixtus? & certe si ualor rei ꝓpõderat pecuniæ, dr̃ pmutatio, si cõ, dr̃ uenditio. si cõcurrunt, pôt dici ꝯtus mixtus, de quo agit hic Bar. per c. ad qõnes. extra de rer. permu. & hæc intellectio est utilis, si pro uenditione debet solui gabella, & pp permutationẽ nõ, &c. Ista interpretatio fit in dubio, & ita intelligo & in dubio dr̃, si ex forma ꝯtus non apparet an uoluerim uendere uel permutare, ut quia in eo dr̃, ꝙ dedi tibi librũ meũ
5 ꝓ tuo, & pro x. nec dixi, ꝙ uendiderim, uel permutauerim. †Quid aũt si expresse dixerim, ꝙ uendidi librũ meũ pro libro tuo, & x. an erit uenditio, si ualor libri tui ꝓpõderet, qa ualet xv. & Si dixi ꝙ permuto librũ meũ cũ tuo, & cũ x. an erit permutatio si liber non ualet x. cogita, quia Bar. nõ tangit nec declarat, sed dũ dicit in dubio inspicit, & c. uĩ sentire, ꝙ sit ꝯtus uenditionis si dixerim hoc, ꝙ uẽdo librũ, licẽt liber tuus plus ualeat, uel ꝯtus pmutationis, si dixerim ꝙ permuto librũ, licet liber tuus
6 minus ualeat, &c. †Et istũ casũ habui de facto in emphyteuta, qui ius suũ utile, qd̃ ualebat sexcenta, alteri dedit, ꝓ uno cãpo tertio, q ualebat centũ, & ꝓ quingentis, & in ꝯtu dicebat ꝙ permutabat dictũ ius suũ utile, cũ illo campo, & sexcẽtis, dñs directus dicebat, ꝙ ceciderat a iure suo, qa uendiderat eo irrequisito, dicebat, ꝙ non uendiderat, sed permutauerat, & ꝙ permutare poterat ex forma ꝯtus, replicabat, ꝙ nõ erat pmutatio, sed uenditio, quia pecunia præponderabat, ut not. hic Bar. replicabat ꝙ tex. loquitur indistinctè. Sed quando constat de animo contrahentis, ꝙ uoluit permutare, dr̃ permutatio, licet pecunia excedat, & hoc uĩ Bart. expresse dicere in l. j. de rer. permu. Potest dici si pecunia addita non excedat ualorem rei, uel excedat in modico, procedat quod no. Bar. in d. l. j. de rer. permu. ut sit uenditio
b si hoc actum sit, sed si actum sit, ꝙ sit permutatio, [b] dicatur permutatio. in dubio uero si nihil sit actum, dicitur cõtractus mixtus. Si uero pecunia multum excedat, & tunc indistinctè sit uenditio, ẽt si actum sit, ꝙ sit permutatio maximè quando tractatur de præiudicio alterius, ut in exemplo supradictæ quæstionis.

ADDITIONES.

a ¶Pnĩa. adde ꝙ pp hoc dicit Ro. consi. 171. & dicit idẽ Ro. sing. suis, ꝙ si commodo tibi bouem meum, ut commodes ita tuum, & dr̃ cõtractus innominatus, & si commodo tibi scyphos, ut eos mihi reddas, uel tantundem argenti.

b ¶Sit permutatio. Facit quod uoluit anch. consi. 71. ꝙ stãte statuto, ꝙ de contractu emptionis soluatur gabella, non de contractu locationis, ꝙ si contingat quod dentur ꝓdia, & animalia æstimata pro certo pretio periculo coductoris, quod tamen debet attendi principalis contractus, nec gabellam soluendam esse.

§. Idem Arist. Ex traditione ẽt reuocabili, transfertur usucapiendi conditio, si tradens non erat dñs, eo casu quo fuisset dñs, fuisset translatum dñium. facit l. si alienã. in prin. & l. qui alienã. j. tit. j. & s. de cond. indeb. l. indebiti. §. quod si nũmi. cum ibi not. In tex. ibi, (posset dubitari an usuca.) nã si non usucapit, non pôt recipiens ipsum manumittere post quinquenniũ, qa nõ est dñs, secus si usucapit, & iste est unus effectus huius q̃stionis. Alius est, quia si tradẽs pœniteret ante lapsum quinquennij, & nollet ꝙ manumitteret, licet nõ possit agere ante lapsum quinquennij, ut restituat sibi, quia illud q̃nquenniũ fuit appositũ gr̃a recipiẽtis, ut in princ. huius l. bene tñ posset agere lapso quinquẽnio, ut sibi restituat, qa nõ fieret liber, nec si per constitutionẽ, nec si expresse manumitteret, postq̃ est secuta pœnitentia, ut l. si pecuniã. §. j. de condic. ob caus. & deberet restitui tradenti per cõditionẽ ob causam, si ab illo censeret recipiẽs habuisse dñium, postquam habuit ab eo cãm usucapiendi, non aũt posset condici, uel uẽdicari a pristino dño. Sed si nõ usucaperetur, tunc uerus dñs posset ab eo uendicare, nõ aũt tradens, nisi fortè rõne possessionis, q̃ posset condicere. ut l. j. de triticaria. Ratio ergo dubitandi erat hic, quia ista traditio erat reuocabilis per pœnitentiam, ideo uĩ ꝙ non transfertur usucapiendi conditio. Sed certe trãsfertur dominium, quia tradens est dominus, ergo usucapiendi conditio si non est dominus, ut l. clauibus. de contrahen. emptio.

1 Quando

donatio incipit a traditione,non agitur de euictione,sed de dolo ad e, si res euincatur.

ator,seu venditor teneatur de euictione, uel ad interesse si res euin- & quæ sit differentia inter ipsos contractus.

abeo ait si quis. † Qñ donatio incipit a traditione,non agitur de euictio de dolo ad interesse, si res euincatur.h. d. Est autem drīa ,quia si ageretur de euictione,posset agi ēt ad æstimatio i euictæ,sed actio de dolo non datur ad illam, sed ad ex- quas fecit donatarius, si eas nō potuit recuperare ab e- te. † In glo.magn.in fi.ibi,(tunc agi pōt,) in hoc tamen erentia inter ꝯtūm donationis,ꝯtū emptionis,& ven- is.Nam in primo,si ꝓmisisti mihi dare rem aliquā ex cau ationis,quæ non erat tua,& tradidisti,nō fuisti liberatus sione,qa promisisti dare.i.dñium transferre, & hoc non & iō re euicta possum agere actione prima, ut l.cū quis. ominē.de sol.sed si vendidisti mihi rem alienam, ipsam do fuisti liberatus,quia non tenebaris dare,sed tradere, n auth.sacramenta pube.per glo.& l.Pomp.§.si is. de ꝓ- re postea euicta,nascitur noua actio.de euict.ut no. glo. cū plures.de euic.in fi.magnæ glo.i. enim actio fuit orta dēdū,& traditione facta fuit sublata, sed ista oritur ad in- qđ ꝯsistit in eo qđ hodie valet res, qa pōt plus ualere q̄ empta.ut l.venditor.de euic. Alia drīa est, qa in vēditio- ousque res sit euicta,licèt possim ꝓbare ꝙ sit aliena, non n agere ꝯ venditorē de euic.qa sufficit, ꝙ mihi liceat hre hre licere.de eui.nisi vēditor sciuisset rē alienā, ut l.si se- .fi.de acq.emp.ubi est casus singularis,ꝙ tūc posśū agere eq̄ euincat. Sed in donōne,si ꝓmisisti dare, & non dedi- nō trāstulisti dñium,si possum ꝓbare,ꝙ res est aliena, ēt odū sit euicta,possum agere,qa non fecisti, qđ ꝓmisisti, sol.l.si rem meā,& d.l.cum qs.§.qui hominem.eo.tit.

LEX XIX.

licæ non potest fieri donatio sine causa.

o quis ex stipulatione promittit aliquid non inserta aliqua causa, & scientia, an valeat stipulatio.

HOc iure vtimur. † Reipub.non pōt fieri donatio sine causa. h. d.Et est speciale in republica, ꝙ non potest sibi fieri simplex donatio ob cām de præterito, sed de futuro rō colligit ex l.j.§.fi.C.de cad.tol.qa respublica.uel prin- non quærit tales donationes, quæ habent uim adulatio- In tex.ibi, (si ob honorem,) pōt intelligi.s. iam receptum ublica,& sic est quædā remuneratio, [a] & cessat ꝯrium gl. nō incidit in l.Iul.ambitus.qui donat,uel ꝓmittit ꝓ hono n habito,si aūt pro habēdo,tunc aut clam,& incidit,ut j. ul.ambitus.l.j.aut palam,& tunc aut est honor,qui habet nistrationē,& idē ut in Auth.ut iud. sine quoquo suf.§.j. ꝓ Cyn.in l. Barbarius. de offi. præt. aut non hēt admini- onē,& tunc secus, & isto ēt casu potest hoc intelligi. In i,(si minus.)no.istum tex.alleg.Bar.in l.2.§. circa. de doli ad quæstionē illā qñ quis ex stipulatione promittit aliqđ inserta aliqua causa,& ex certa scientia, vtrū ualeat stipu- & ibi tex.uř dicere,ꝙ non,quia ob.exceptio. Istud tñ est m,qñ per errorem,ut quia credebat causam subsistere, & subsistebat,sed quando sciebat nullam cām subsistere, di- gdā ꝓmissionē ualere, quia subintelligitur causa donatio lij dicunt ꝯrium per illū tex.qui uř simpliciter loqui. Bar. præcedentem opi.per istū tex.ubi speciale est in ꝓmissio- cta reipublicæ,ꝙ sine causa non ualet,ergo si fiat priuato, per locum a speciali per l.j.in fi.ad muni. Salua pace, ista tio non est bona,quia in repub.est speciale, ꝙ ēt si insera ausa donationis, non ualet nisi fiat ob aliquam aliam cau quàm pp meram liberalitatem,& hoc uult iste text. Sed si t priuato ex causa donationis,bene ualeret.Non autem lo ur,qñ stipulatio non ꝯtinet aliquam causam etiam dona is,sed fuit simpliciter facta,quo casu dicunt quidā, ꝙ cen- in dubio facta per errorem,ut no.Cy.in l.generaliter.C.de nu.pec.uel ex fatuitate s̄m Bal.ibi. Et istam partē puto ue ꝙ si non constat,an sit facta per errorem, uel ex certa sciē on ualeat in effectu,sed ob.exc.doli.ut d.§.circa. licèt Bar. at ꝯrium,ꝙ uidebatur facta ex causa donationis, si autem aret ꝙ sit facta ex certa scientia, quia in instrumento dici- talis sciēs se ad infrascripta non teneri sponte ꝓmisit, [b] ex ualebit,& ꝓsumitur animo donandi postquam alia causa subest,& ideo illa uerba notarij sunt utilia in instrumēto.

ADDITIONES.

[a] neratio.Sūmo pontifici bene potest fieri donatio', nec consideratur cau- consuluit Old.consi.30.

[b] promisit.De hoc vide per Alex.consi.4. j. lib. & an talis donatio egeat uatione,& an iuramentum suppleat defectum causæ.

1 *Donatio quæ fit ob causam de futuro, non est propriè donatio, sed merces illius causæ.*

2 *Possum recipere a te pecuniam, vt pro te fideiubeam.*

Contractus innominatus potest fieri per conditionem, si.

1 §.Labeo ita extra. Donatio quæ fit ob causam de futuro, nō est ꝓprie donatio
2 sed merces illius causæ.h.d. † No.hic dū dicit, si satis pro te dedero, ꝙ possum recipere a te pecuniā, vt pro te fideiubeā, sic s̄. mandati.l.si remunerandi.§.fi.s̄m Bar.& non est vsura.In glo. mag.ibi,(sed ꝯtus innominatus.) No.gl.ꝙ ꝯtus innominatus pōt fieri ꝑ si, vt promitto tibi x.si tale qđ feceris, sed ꝯ, quia nō fit nisi ꝑ vt, puta, ꝓmitto, vt tale qđ facias, vt not.in l.si inter.s̄. de pac. Sol. qñ fit per vt, sine dubio est ꝯtractus innominatus, ēt si ex eo, qđ facias mihi nihil adest, sed qñ fit ꝑ si, tunc dř innominatus, qñ ex eo qđ facias mihi aliqđ adest, vt not.ibi, & in l.si qs cū debitore.s̄.de iureiur. Aduertēdū tñ, ꝙ licèt hic resultet ꝯtus innominatus, vt dicit gl.ille tñ q ꝓmisit pecuniā si alter ꝓ eo satisdederit, ēt si pecuniā soluit, nō pōt agere, vt satisdet re petet, si ille nō satisdat, qa satisdatio nō est in ꝓmissione, sed in ꝯditione, vt l.si quis.de condi.ob cau.sed ille qui satisdedit, bene potest agere præscr. verbis, vt sibi detur pecunia promissa.

§.Non potest. † Not.hic tex. cum glo. ꝙ interdum causa ponitur ꝓ causato, nam liberalitas non est donatio, sed virtus animi, ut no.s̄. eo.l.j.in glo.3. & tñ hic ponitur pro donatione quæ ex liberalitate prouenit.

1 *Mandatum an finiatur morte mandantis.*

§.Si quis dederit. † Mandatarius ēt finito mandato potest dñium rei trāsferre virtute mandati, si apud ipsum est, non tñ liberatur a mandante, vel eius hřde, nec actionem ꝯ ipsos acquirit, nisi ignoret
1 reuocationē mandati.h.d. † Et aduertendū est, ꝙ quatuor hic sunt videnda. Primū, vtrum mandatū sit finitū morte mandantis, vel dic mutuantis, cū pacto ꝙ redderet Seio, & istud nō declaratur in tex. Sed dicendū est, ꝙ sic, licèt transtulerit dñium in recipientem, postq̄ est mortuus anteq̄ ille tradat, & sic re integra, & hoc vult gl. quæ incipit, (secus,) & bene. Sed ꝯ, qa istud mandatū fuit factū tp̄e ꝯtus celebrati, ut patet in prin. ergo vř non posse reuocari ēt per expressam reuocationē, vt j. de sol.l. aliud. circa fi.tit. Sed ibi fuit factum ꝯtemplatione mandatarij, qđ ꝓsumitur qñ fit alternatiuè, ut soluatur stipulanti, vel adiecto, hic ꝯtemplatione mandantis, q voluit donare illi Seio, nec fuit appositū pctm̄ alternatiuè ꝙ restituatur ipsi mutuāti, uel Seio, sed Seio tm̄, & sic non fuit factū principaliter, ut debitor haberet facultatē soluēdi pluribus sicut in l.ꝯria. Secundo est videndū, utrum in primo, & secundo casu huius l. qñ mandatarius soluit finito mādato ꝑ mortem ꝑficiatur donatio, & est dicendum, ꝙ nō, quia donatio nō ꝑficitur, nisi ꝯcurrat uoluntas donantis tp̄e quo perficitur, sed hic non ꝯcurrebat tēpore traditionis, quia erat finita per mortē, ut l.4.s̄.loc. Et ex hoc dico, ꝙ hřdes istius mandantis possunt repetere ab illo cui facta est solutio, & per ꝯdictionem sine causa tam in primo casu, qñ mandatarius ignorans soluit, & sic est liberatus, q̄ in secundo, sed si soluisset scienter, tunc non esset liberatus, nec in secūdo casu posset agere, & ideo hřdes mandantis non repeterent ab illo, cui facta est solutio, nec ipse soluens, qa videretur donasse postquā sciebat mandatū reuocationis, vt in simili no.in l.si ꝓcuratori falso.de condi.ob cām, & l.si nō sorte. §. qui filio. de ꝯdi.indeb. Et istud etiā non declaratur in litera. Tertiū est, vtrū iste transtulerit dñium in primo & secundo casu, & est dicēdū ꝙ sic, vt in tex. cū apud ipsum esset dñium, alias secus, ut supra eo.l.2.§.sed si quis donaturus. Sed ꝯ, quia dñium non trāsfertur ex nuda traditione sine causa, ut l.nunq̄ nuda.de acqui. re. do.sed hæc erat nuda ex quo nō perficiebatur donatio.sol.non dř nuda, si fuit cā putatiua, vel prætensa donationis, vt no.j.de acquir.poss.l.j §.si vim.per Bar.nam ēt ex inutili contractu dominium transfertur, si non est a iure reprobatū, ut notatur in l. ꝯtus.C.de fid.instr.& in l.multū.si quis alteri uel sibi. Quartū & vltimum est, utrum in primo casu soluens, post mandatū reuocationis sit liberatus à mutuante, & in vltimo casu utrū possit agere mandati ꝯ hřdes mandantis. Et in hoc tex.hoc distinguit. Aut ignorauit mortē & est liberatus, & agere pōt. Aut sciuit, & tunc secus. Hoc vltimum est uerum, qñ sciuit, ꝙ mādatū erat reuocatum, qđ autē si ignorabat errans in iure & credens, ipsum durare? Respondeo in primo casu huius. §. cum sit reus prodest sibi error iuris, vt sit liberatus ope exceptionis, qa tractat de damno uitando, quo casu, posito, ꝙ hæredes mutuantis ēt tractent de damno uitando, cū ipsi sint actores, & ille reus, præfertur reus. Sed in secundo casu, cū uult agere, non prodest sibi iuris ignorantia, ut agere possit contra hřdem mandantis, ut hic habetur in tex.& glo.in l.si fideiussor.§.j.s̄. mandati.

§. Si

§. Si quis ſeruo. † Non dr̄ donatio ſi naturale debi
tum ſpontè ſoluatur, uel ſi fiat ob
cauſam de futuro ēt ſi non cōcernat vtilitatem donātis, ſed ſo
lam affectionem. h.d. vſque ad fin. l. Et pro hoc ultimo uide glo.
in l. j. poſt prin. ſ. eo. ſuper uerbo, (liberalitate.)

L E X XX.

1 *Qui per errorem iuris promittit tanquam debitor illud, quod nullo iure erat debitum, non cogitur ſoluere, ſecus ſi erat debitor ſaltem naturaliter.*

2 *Falcidia quo iure debeatur hæredi.*

3 *Cautio quæ non debet præſtari, quando fuit per errorem præſtita, an poſſit ex ea agi.*

a
1 SI patronus. [a] † Qui per errorem iuris promittit
tanquam debitor illud, quod nullo iu
re erat debitum, nō cogitur ſoluere, ſecus ſi erat debitor
ſaltem naturaliter. h.d. Tres ergo ſunt caſus, nam interdū
promittit ex certa ſcientia, & tunc indiſtinctè tenetur, nec hēt
locū iſta lex & ur̄ promittere animo donandi, ut l. ſed & ſi quis.
§. fi. ſ. ſi quis cau. Interdum ꝓmittit per errorē facti, & tunc indi
ſtinctè non tenetur in effectu, q̄a hēt exceptionē doli, nec tunc
hēt locū iſta l. quæ diſtinguit, ut hoc probatur in l. error. C. ad
l. Fal. & hic in gl. ſuper uerbo, (ſpoponderit.) Interdum ꝓmittit
per errorem iuris tanq̄ debitum illud qđ non erat debitum, &
tunc habet locum diſtinctio huius l. nam aut nullo modo erat
debitū ciuiliter, uel naturaliter, uel ſaltē non erat debitum naturaliter, & tunc non tenetur in effectu, ſed hēt exceptionē, ut
in primo caſu, quia ſi ſoluiſſet ꝑ ignorantiā iuris, repeteret, ut
plenè no. in l. j. ſ. de condi. ind. ergo ſi promiſit, multò fortius
pōt ſe tueri, ne ſoluat, ꝑ regulā, cui damus actionē, &c. Aut erat
debitū naturaliter, licèt nō ciuiliter, & tūc tenet̄ ſoluere, quia
ſi per errorē iuris ſoluiſſet, non poſſet repetere, ut in ſecundo
caſu huius. l. & d. l. error. & l. cū quis. C. de iur. & fac. ign. Et dēt
p̄mittere ad euidentiam, ꝙ patrono debetur legitima in bonis
liberti decedentis ſine liberis duplici iure. ſ. poſitiuo, ut hic in
tex. dū dr̄, (ex legib.) & ēt iure quaſi naturali, ut dum dicit tex.
(uerecundia patronali, &c.) Et qđ not. gl. in l. regula. poſt prin.
ſ. de iur. & fac. ign. ſi ergo libertus relinquat patrono legitimā,
& poſtea ipſum grauat in illa legitima, dādo aliq̄d ꝑ fideicōmiſ-
ſum alicui, iſtud grauamē nō obligat ipſum ciuiliter, nec naturaliter, quia non fulcitur niſi uoluntate defuncti, q̄ eſt de iure
naturali, ſed patronus hēt pro ſe duplex ius, ut dixi, & ſic illud
ſuccumbit, & reijcitur onus ipſo iure, ut l. cū patronus. de leg.
2. igit̄ in primo caſu huius l. nullo iure erat debitū illud fideicō
miſſum, ipſe tñ ꝓmittēdo mero iure ſe obligat ciuiliter, & natu
raliter. Sed ſi ꝑ errorē iuris datur ſibi exceptio, & ita loquitur
hic, & ſi dicatur ad q̄d eſt poſita iſta l. in iſto titu? Rñdeo, q̄a ſi
ſponte ſolueret, uel promitteret ſciēter, uideret̄ donare, ex quo
non poterat ꝯpelli. Sed tunc ꝯ de l. p̄cedenti. in §. pen. Sol. ibi
erat naturalis obligatio ꝑ exceptionē, non eliſam, quo caſu ēt
ſi ſit ſola, impedit donationē. Hic uerò licèt ſit naturalis, & ciuilis ſimul iuncta, tñ ꝯ ipſas obſtāt exceptiones ꝑꝑ errorē. Vnde ſunt minoris potentiæ, q̄ ſi eſſet ſola naturalis non eliſa, ut
2 patet in l. qui exceptionē. de condi. indeb. † Circa ſc̄m caſum eſt
ſciendum, ꝙ Falcidia iure inſtitutionis debetur hæredi de iure
tm̄ poſitiuo, nō de iure naturali, uel quaſi. Si ergo teſtator grauat hr̄dem in Falcidia, quia legat ultra dodrantē, hoc grauamen obligat hr̄dem ſaltem naturaliter, quia fideicōmiſſarij ha
bent pro ſe uoluntatem defuncti, quæ eſt de iure naturali, &
hæres habet diſpoſitionem iuris ciuilis tm̄, quæ minoris eſt po
tentiæ, hæc ꝓbantur in l. j. C. ad l. Fal. & iſta eſt ratio quare pro-
3 mittēdo, licet per errorē iuris, obligatur effectualiter. † Vltimo,
qn̄ cautio, quæ non debebat præſtari fuit per errorem præſtita, an poſſit ex ea agi. Dy. hic plene diſtinguit, & Bar. recitat.

A D D I T I O.

a Si patronus. De hoc vide quod uoluit Sign. conſi. 80. ubi ponit, an hæres qui iurauit reſtituere integram hæreditatem poſſit legitimam, & Trebel. retinere.

L E X XXI.

1 *Poteſt quis donare patiendo ſe delegari. Et verus debitor delegatus donatario non habet exceptionem donationis immodicæ, niſi reſciſſoria ſit conuentio, & quatenus immodicè donatum eſt, poteſt repeti.*

2 *Exceptio quæ competeret deleganti, ſi ipſe promiſiſſet, non competit delegato ſi ſua non intereſt, aliàs ſecus.*

VT mihi donares. † Poteſt quis donare pa
tiendo ſe delegari. Et
uerus debitor delegatus donatario nō hēt exceptionem donationis immodicæ, niſi reſciſſoria ſit conuē
tio, & quatenus immodice donatum eſt, poteſt repeti. h.d. tota
lex. In prin. legis ibi, (delegante me promiſiſti.) puta mille, non
interueniente inſinuatione, ut conueniat cum tex. ſequē. &
tunc eſt intentio literæ dicere, ꝙ cōtra illum creditorē meum
non habes exceptionē immodicæ donationis, quia es creditor
ex cauſa onerosa, & eſt verus creditor, ſecus ſi putatiuus, uel
rus ex cauſa lucratiua, ut ſ. eo. l. ij. §. aliud iuris. dico tñ, ꝙ lic
non poſſis illi exceptioni obijcere, quia ille ſuum recepit, pōt
men a me condicere quingenta, in quib. nō valuit donatio
ne inſinuatione, quia videris mihi ſoluiſſe, ex quo ſoluiſti illi
mandato meo, ꝑ tex. huius l. in fi. ¶ In tex. ibi, (repellere nō p
quia non intereſt ſua, cum non q̄rat aliud, niſi liberationem,
illam conſecutus eſt promittendo ſibi de mādato meo iure
legationis, vt l. delegare. j. de noua. ſecus ſi ſua intereſſet, vt
e. l. fideiuſſori, & patet j. in ver. ſi ego. ibi reliquum. ¶ In tex. i
(reſciſſoriā.) i. actionē primā utilē, nunc q̄ primo cōpetebat
recta, nam illa directa fuit ſublata per nouationem, ſed illa
beratio reſcinditur ipſo iure eodem inſtanti, quatenus donat
non valet, & loco directæ datur vtilis, ſicut dicimus in mulie
intercedente, vt l. quamuis. §. ſi mulieri. ſ. ad Velle. & ex tu
poſtq̄ egero illa utili, debitor habet ꝯ te exceptionē immo
cæ donationis, q̄a intereſt ſua ne habeat ſoluere tibi, & mihi,
hoc eſt, quod ſequitur in uer. ita vt. & datur iſta utilis reſciſ
ria ipſo iure per reſtitutionē factam a lege, ut in muliere, pro
dixi. nec requirit̄ reſtitutio in integ. facta a iudice, licèt alij
2 dic ut in gl. q̄ incipit, ideſt veterem ſc̄m Doct. ¶ † No. ergo, ꝙ e
ceptio q̄ competeret deleganti ſi ipſe promiſiſſet, nō ꝯpetit d
legato, ſi ſua non intereſt, aliter ſecus, ut totum hic ꝓbatur.

L E X XXII.

1 EVm qui donationis. † Donatio eſt con
tractus ſtricti iur
& ideo ex mora ueniunt fructus, uel vſuræ. h.d. poſt li
autem conteſt. uenirent fructus, non autem uſuræ. u.
cum fundum. ſi cer. peta. iuncta l. j. C. de condi. inde. & no. ſ.
eo. l. ædibus. §. j. ¶ Quidam dicunt, ꝙ hodie donatio eſt cōtr
ctus bon. fidei, quia ꝯhitur ſolo conſenſu, ut l. ſi quis argent
C. e. ſed hoc reprobatur, quia hoc non ſequitur, cū non dica
bon. fid. propter hoc ſolum, ꝙ ꝯhātur ſolo conſenſu. Nā mu
ſunt ꝯctus bon. fid. qui non contrahuntur ſolo cōſenſu, ſed r
ut depoſitum, & commodatum. Sed illi dicuntur bon. fid. q
habentur Iuſtit. de act. §. actionum. inter quos iſte non num
ratur. de hoc tangitur per gl. in d. l. ædibus. circa fin. ſ. eod.

L E X XXIII.

1 *Inſinuatio non requiritur, cum quis liberatur ab vſuris futuri tempo quantumcunque magnæ quantitatis, & iſtud quomodo intelligat*

2 *Qualiter fiat inſinuatio, quæ requiritur in donatione.*

1 MOdeſtinus reſpondit. † Cum qu
liberatur a
uſuris futuri tp̄is quantumcunque magnæ quant
tatis, non requiritur inſinuatio. h.d. ¶ Et hoc pōt i
telligi trib. modis, primo, ut ratio huius ſit fauor liberationi
ſed hoc non placet, q̄a ſi liberarem te a debito non odioſo, t
requireretur inſinuatio, ſi excederet ſummā lt̄imam. vt no.
l. ſi quis obligatione. de reg. iur. ¶ Sc̄do, vt rō ſit, quaſi tot v
deantur donationes quot ſunt annuæ ſummæ, & nulla illa
excedit ſummam legitimam, ſed nec iſta placet, quia l. iſta nc
hēt locū ēt cum remittuntur vſuræ tp̄is p̄teriti, quo caſu ceſſ
dicta rō, ut in j. gl. huius l. & ſic gl. 2. non ur̄ bn̄ dicere, q̄ pon
dictam rōnem. Dic ergo tertio, ꝙ ratio eſt, odio vſurarū, & e
ſpeciale hoc caſu, ut nō requiratur inſinuatio. Simile q̄d hr̄
l. cum poſt. in prin. de iu. dot. & l. qui ſemiſſes. de vſur. ubi ex la
pſu longi tp̄is præſumitur facta liberatio a debito odioſo, ſec
in debito non odioſo, ut l. liberti. la j. ſ. de ali. leg. † Eſt & alius
ſus in quo non requiritur inſinuatio. j. eo. l. Aquilius. Bar. t
a ctat hic mām inſinuationis, [a] quæ requiritur in donatione.
fiat apud acta, id eſt, coram iudice, de qua ēt per Guil. de Cu
Bal. in l. aliud. C. de ſac. ſan. eccl. Et in aliquib. Bar. ꝯriatur Bal
de hoc etiam in Spe. de inſtr. edi. §. porro. & ibi Io. And. in ad

A D D I T I O.

a Inſinuationis. Quid ſit inſinuatio, vide eundem Pau. conſi. 309. Old. conſi. 1 & an requirat ſcripturā vide Bal. conſi. 478. & an apud acta, & an ſufficiat p ſentia principis per eundem conſi. 303. j. lib. & an apud iudicem contractu vel originis, vide per Old. ubi ſupra. & an donatio in recompenſatione le ma requirat inſinuationem, vide eundem Pau. conſi. 105. & quid ſi ad pias c ſas, per eundem conſi. 22. & 103.

L E X XXIIII.

1 FIdeiuſſori eius. † Exceptio peremptoria co
petens principali, poteſt o
poni per fideiuſſorem etiam inuito principali. quia ſ
intereſt potius non ſoluere, quam ſolutum repeter
hoc dicit. Poſſet etiam opponi per creditores ipſius princip
lis, ut l. is cui. C. de non nu. pec. & etiam per delegatum a prin
pali debitore ſi ſua intereſſet, alias ſecus, ut ſ. eodem. l. ut mih
In gl. fi. in l. 4. §. is. dic. ſc̄dm Iaco. de Arena ꝙ ibi exceptio no
com-

bat principali,& per ꝯñs nec fideiussori.hic secus. In (de pact.l.quod dictũ.) dic ꝙ immo uidetur quòd nec ussor vltra legitimum modum donare posset,& si sol eterer,ut d.l.ut mihi,in fi.s̃.eo. Dyn.

LEX XXV.

rocuratorem ad uendendũ rem meã,& eam uendis non ut procu- us,sed tuo nomine,& tanquam tuam,non transfers dominium. peruenit ad te ex uoluntate mea,licèt non eo modo quo uolui,q̃a am mea,non possum a te repetere,si uoluntas mea fuit a te nun- etere,& nu. 1.

SI tibi dederim. Qui rem alienã suo nomine tradidit, cũ tradere deberet noĩe dñi,non transfert dñium,licet trãs ferre intẽdat.dñs tñ a te recipiente uendicare nõ pôt,cũ habeat rem ex uoluntate dñi.h.d. & est no- x,ad hoc ultimũ facit l.si ego.s̃.si cer.pet.† No.ꝙ si feci ratorem ad uendendũ rẽ meã,& eam uendis,nõ ut ꝓ- meus,sed tuo noĩe,tanq̃ tuam,non transfers dominiũ, gulare,immo teneris mihi actione furti,quasi contre eam uoluntatem.†Item no.in fi.illud ad quod sp all. ꝙ a peruenit ad te ex uoluntate mea,licèt non eo modo ui,quia non tanq̃ mea,non possum a te repetere,si uo ea fuit a te nunquam repetere. Et iõ si solui indebite , licèt tu receperis tanq̃ debitum & sic donatio nõ ꝑfi- ia non concurrunt uoluntates,non tñ possum repete uius per errorem.de reg.iur. quia licèt non sit donatio euocabilis datio.In gl.2.ibi(item qđ dicit.) ista glo.uo- onere,ꝙ nõ dẽt mihi ꝯ te actio furti,cũ mea nõ inter- tet ex fine huius libi.(nõ possũ repetere,q̃a hẽt ex nõ- mea,)& sic nõ interest mea, quãr tradita fuerit postq̃ est ei,cui uolui:ergo &c. quia dat̃ actio furti ei cuius in l.is cuius.j̃.de fur.alleg.in fi.gl. Propter hoc gl. soluit odis tene vltimã,nã qñ nõ iterest ab ipso pricipio,ñ ha onem furti,ut d. l. is cui. sed qñ a principio interfuit vt a interfuit mea,ut traderes nomine meo,sed ex post fa- nit interesse,quia nõ possum repetere,tunc aut ille ha- ,& vult hr̃e a me,& tunc actio furti quæ semel cępit ꝯ- desinit,& ẽt ꝓdõ furtiua,quia desinit interesse ex causa non fingit,ut l.si uendidero.§.si Titius.j̃.de fur.licèt gl. actio furti nõ desinit ꝯpetere,sed male in hoc,& l.q̃ al- uit qñ desinit interesse ex cã quæ nõ retro fingeret. Sed rẽt ratũ,nec uellet a me hr̃e, non desineret actio furti, ctio furtiua. Itẽ primo casu qñ ratum hẽt ex postfacto, uirit dñium,& non possum ab eo uendicare,ita dẽt in- nis huius l.sed si non haberet ratum non acquireret,& uendicare,ut habetur in gl.fin.

LEX XXVI.

in suo libro scripsit se debere Titio centum, quæ sibi donabat, & usus uerbis enunciatiuis dicendo se debere, & etiam dispositio- cendo quòd donabat, num ex his verbis resultet donatio,& sic agi quòd non,& quare.

d scripsisti de mandato meo,an videatur manu mea scriptum.

contenta in libro rationum,an noceat scribenti, sicut illa quę con- in epistola, licèt ille liber non mittatur ad aduersarium.

n iudicio confiteatur se debitorem meum, & facit hoc scribi a no- m ista confessio prosit mihi, licet absenti.

contenta in testamento, quare non probet debitum contra hæredẽ ntis,sed solum inducat legatum.

IV. da ratio. † In ista lege ponitur casus duob. modis,primo, ꝙ aliquis in suo libro scripsit se debere Titio centum, q̃ sibi donabat, & sic fuit usus uerbis enunciatiuis,dicendo se debere-& dispositiuis dicendo, ꝙ donabat,& hoc frequenter fa- nercatores tenentes pecunias alienas ad creditum,quia nt ꝙ talis debet habere ab eis centum pro credito,qui ex bi donant. Quæritur vtrum ex his uerbis resultet dona- sic posset agi,& respondetur, quòd non, q̃a ista est nuda io,i.scriptura nuda,s. a præsentia, & consensu donatarij, onatio cum sit contractus,requirit uoluntatem vtriusq. non apparet,nisi de consensu scribentis. Sed quid si pôt ere per testes qualiter ille de hoc habuit notitiam,& ra- it? R̃ñdeo, nec tunc donatio perficitur, nisi peruenerit s notitiam per ipsum scribentem,aut per nuncium, uel am missam[a] ab eo ꝑ not.in l.consensu.j̃.de act. & obl.& ud.C.de sacr.san.eccl. Scđo mõ ponitur casus,ꝙ non ap- uerba dispositiua, s. dono, sed tantum enunciatiua, q̃a it se debere Titio centum, & non dixit ex qua cã, utrum nerbis possit conueniri,tanquam ex his probet̃ donatio, non inducatur?videt̃ ꝙ sic,quia in stipulatione facta sine causa a sciente se nõ debere, subintelligitur causa donationis, vt no.in l.2.§.circa.de doli excep.& dixi s̃.eo.l.hoc iure.in prin. Cõtrarium est uerum,q̃a aliud in stipulatione q̃ est dispõ,aliud in confessione, q̃ est enũciatio,quæ nõ ualet,nisi ꝯtineat cãm obligatoriã,ut l.cum de indebito.§.fi.s̃.de prob.nisi essent emissa in iudicio,tunc eñ non req̃rit̃ causa,ut l.una.C. de ꝯfes. Sed ꝯ de l.ex hac scriptura.s̃.e. ubi inducit̃ donatio ex uerbis enunciatiuis. Sol.ibi scripsit se donasse,hic non fecit mẽtionẽ de donatione,sed scripsit se debere.Itẽ ibi in ꝑ̃sentia testiũ, q̃a in vltima uolũtate,sed hic nulli fuerũt,sed in lib. suo secreto scripsit. Quid autẽ si scripsisset se debere ex cã donationis, & sic ꝯtinet cãm? adhuc uidetur non ualere, quia non fuit ꝑ̃sens pars ut l. certum.§,si quis absentem.s̃.de confes.ꝯ̃riũ tenent Doct. Quia illud qñ de confessione non fuit confecta scriptura , al̃s secus, vt l.Publia.§.fi.s̃.depo.illa tñ loquitur qñ fuit confecta epistola,& illa transmissa fuit absenti,sed hic inscripsit libro rõnum, qui non fuit transmissus absenti.tñ Doct.idẽ dicunt, quia quãdocunq; perueniat ad absentem.sufficit,quod tene mẽti.Idem videtur,si de ipsa confessione appareat ꝑ aliam scripturam,quę sit manu confitentis,licèt non sit epistola, nec liber rõnum,q̃a videtur eadem ratio,& sufficit quandocunq; perueniat ad ab-
2 sentem. † Dicit tñ hic Bar.unum uerbum,qđ non placet,ꝙ est
b uerũ,qñ fuit scriptum manu ipsius confitentis [b] secus de manu alterius, licèt de suo mandato, sed certe tunc manu eius vr̃ scriptum. Et hoc contingit in istis mercatoribus,qui habent discipulos,& de illorum mandato scribunt. Vnde tantum ualet, quantum si ipsi scriberent. Et si aliquid scripsisti de mandato meo vr̃ manu mea scriptum,est casus j̃.de fal.l.diuus.§.item se-
3 natus.circa me.ibi,uideri.n.ait,&c. †Item ꝙ confessio contenta in lib.rõnum noceat scribẽti,sicut illa q̃ ꝯtinet̃ in epistola. licèt ille liber nõ mittat̃ ad aduersariũ gl.in l. q̃dã nummularios. de eden.l.instar.C.de iure fis.lib.x. Ex istis dico,ꝙ si q̃s in iudicio ꝯfitet̃ se debitorẽ meũ,& facit hoc scribi a notario. Idẽ vr̃ si ab alio priuato,si hoc apparet, licet nõ portet scripturã de manu sua,ista ꝯfessio ꝓdest mihi,licèt absenti , sicut si manu sua scripsisset,& nõ hẽt locũ l.certũ. §. si q̃s absẽti.j̃.de ꝯfes.licèt Bar.
4 hic sentiat ꝯ̃rium. Sed quare ꝯfessio ꝯtenta in testõ nõ ꝓbat debitum ꝯ hr̃dẽ cõfitẽtis,ut l.Lucius.§.q̃s. de leg.3. sed solũ inducit legatũ,& tñ inde ꝯfecta est scriptura de uoluntate testatoris,quod est ꝯ ea,q̃ s̃.dixi? R̃ñdeo ut no. Bar.C.eo.ti.l.cũ q̃s.§. codicil.circa fi. ubi oĩno uide, & ibi vr̃ sentire,ꝙ in actib. inter uiuos noceat ꝯfessio facta parte absente qñ est ꝯfecta scriptura ꝑ aliũ de mãdato ꝯfitẽtis,licèt hic dicat ꝯ̃riũ expresse. †Vltimo
5 de mã q̃ tangit hic ipse, an scriptura priuata faciat fidẽ ꝯ scribẽtem,uide per ipsum plenius in l.admonendi.de iureiuran.

ADDITIONES.

a ¶Missam. An hoc sit simpliciter uerum,uide Ro.consi.285.quod ibi allegauit, & in l.si absenti.

b ¶Confitentis. Vide quod uoluit Bal.consi.397.j.lib.& consi.264.2.lib. & dictũ Bar.sequitur simpliciter idem Pau.consi.176.in fi.ubi etiam dicit ꝙ licèt confessio facta præiudicet in absentia partis not. tamen ꝙ hoc fallit,ubi esset frequens,& continuata,& toties repetita,ꝙ transiret in publicam famam.

LEX XVI.

1 *Concessio habitandi facta ex causa donationis non finitur morte concedentis,& si fuit facta ex causa remunerationis non eget insinuatione. Et si donatarius inquietatur,habet iudicis officium ut in ea defendatur.*

2 *Differentia inter uerbum habitatio,& uerbum habitare, & habens habitationem quid possit facere.*

3 *Habitatio uel facultas habitandi an finiatur morte eius cui competit , seu morte concedentis,& quid in concessione pecuniaria.*

4 *Duo effectus quando donatio fit propter benemerita.*

Donans quando descendit ad specie meritorum, an requiratur tunc probatio eorum.

5 *Licèt ille qui non habet possessionem ciuilem,uel naturalem , sed nudam detentationem non habeat interdictum vnde vi,vel uti possidetis, habet tamen officium iudicis,ut restituatur sibi detentatio ablata , uel ut in ea defendatur,quod officium datur etiam possessori.*

1 AQuilius Regulus. †Concessio habitãdi facta ex causa[a] donationis non finitur morte ꝯcedentis , & si fuit facta ex cã remunerationis non eget insinuatione. Et si donatarius inquietat̃, hẽt iudicis offĩm,ut in ea defendatur.h.d. ista l.pulchra,notabilis,& singularis,q̃ sp allegat̃.†In tex.ibi,(ꝑmitto tibi habitare.)no.quia non dixit dono tibi habitationẽ, sed dono , & ꝑmitto tibi habitare,& ista est donatio actus habitandi explicandi ꝑ donatarium,q̃ differt a donatione habitationis nã habitatio est ius,quia est seruitus ꝑsonalis,ut s̃,de usu.& habi.ꝑ totũ,sed habitare est facti. Ex hoc sequitur aliud,ꝙ ille qui habet habitationẽ,possidet naturaliter , sicut usufructuarius , vt l.naturaliter.de acq.pos. ille tñ qui habet facultatẽ habitãd

non

nō possidet,ēt naturaliter,sed detinet sicut inquilinus. Ex hoc
sequit aliud,ꝙ licèt ille habeat habitationē,habet interdictum
unū ui,si expellatur,& uti possidetis,si inquietetur.Ille tñ q hēt
facultatem habitandi,non hēt,quia nō possidet,ut in l.j.§. deij
citur.in fi.j̃.de ui & ui ar.sed habet officium iudicis,ut in fi.hu
ius l.in tex.& in gl.Item ille qui habet habitationem,potest eā
locare,ut l.cū antiquitas.C.de usuf.& commoditatem eius uēdere,licèt nō ipsum ius,sicut usufr.ut l.necessario.§.fi.de peric.
& cōmo.rei uend.Ille uero qui hēt facultatē habitandi,nō poterit locare nec uēdere,qa est concessio mere personalis nō de
aliquo iure,sed de actu explicādo per ipsum,& sic non pōt ex-
plicari per aliū,iuxta not.in l.pater.de serui.lega.& istud est sa-
a tis utile,licèt per Doct.nō tangat.[a] † Dico tñ,ꝙ sicut habitatio
3 finit morte eius cui cōpetit.ut l.si habitatio.post prin.s̃. de usu
& habita.ita ista facultas habitādi donata,uel cōcessa p l. apud
Iul.§.si qs alicui.& ibi oīno uide s̃.de legat.j.licèt quidam hic di
cant ꝯrium per ea q̄ no.in Spe.de aduo.§.j.uers.sed pone Abb.
sed certe,ibi fuit concessio rei in feudum,& sic translatio domi
nij utilis,hic nullum ius in eo fuit concessum,sed simplex facul
tas habitandi,tene menti. In tex.ibi.(patiebatur Nicostratus,)
uel ex eo forte,quia dicebatur hanc donationē expirasse morte Reguli.per l.Lucius.j̃.eod uel qa excedebat legitimam sum
mā facta æstimatione temporis præteriti,& futuri,& nō interuenerat insinuatio.Sed ad primum respōdeo,ut hic in gl.ma-
gna,quia in l.Lucius.fuit concessio precaria,q̄d ex eo patet,qa
ibi dixi.(ex uolūtate mea &c.)hic uero fuit donatio,licèt non
simplex,sed remuneratiua,inter q̄ est dr̄ia, quia concessio precaria finitur morte concedentis,ut ibi , sed non morte eius cui
facta est concessio,ut j̃.de preca.l.quæsitū.§.j.& l. cū precario.
§.fi.sed ista de qua hic econuerso non finitur morte conceden
tis,ut hic,sed morte eius cui facta est concessio, sicut d.§.si quis
alicui.in d.l.apud Iul.de leg.j.& idem dico in casu l.qui saxū.s̃.
eod.tit. Quid autem si dicat quis,concedo tibi hanc rem cāha
bitandi,non aūt donauit habitationem,nec donauit facultatē
habitandi,quib.casib.loquuntur ea q̄ dicta sunt supra? Respon
deo,aut dixit,dono hanc rem ad habitandū, & transfert dominium,& neutrius morte finitur.ad hoc j̃.eod.l. donationes.§.
spēs. Aut dixit,concedo,& tunc aut ad usum determinatū certo tempore,& dr̄ commodatum, quod finitur finito illo tēpore,non ante,ēt si interueniat mors alterius eorum.ut l. in com
modato.§.sicut.s̃.cōmo. Aut nō fuit determinatus certus usus
seu certum tempus,& tunc dicitur precaria cōcessio, q̄ finitur
morte cōcedētis,vt s̃.dixi. Et hoc habes ex notatis ī d.§. sicut.&
l.2.§.j.si cer.pet. Ad s̄m autem respondetur,vt hic in gl.3.ꝙ insinuatio requiritur in donatione mera,& pura, non in ea quæ
4 fit causa remunerationis,ut hic,& j̃.eod.l.si pater. † Et sic not.
unum effectum,qñ donatio fit pp benemerita . Est & aliud,qa
b facit valere donationem factam filio in potestate , [b] tanquam
factā cuilibet extraneo, & non requiritur cōfirmatio per mor
tem patris donantis filio,& censetur potius aduentitia,q̄ profe
ctitia,qđ dic vt no.in auth.vnde si parēs.C.de inof.test.& l.si do
natione.C.de col.& eod.tit.auth.ex testamento.per Bal.ubi oī
no vide,qui dicit per hunc tex.ꝙ quando donans descendit ad
spēm meritorum,non requiritur probatio eorum, secus qñ lo
quit in genere. Tu dic melius vt no.per Bar.in l.si forte.de Ca-
stren.pec.ꝙ si poterat libere donare etiam sine meritis,statur il
lis uerbis enunciatiuis,per l.optimam.C.de cōtrahen. stip. Sed
si non poterat libere,vt quia excedebat legitimā summam, vel
erat persona,cui non poterat donare,nō statur illis verbis, nisi
merita probētur,quia potuerunt dici in fraudem,& hoc presu
mitur per l.qui testamētum.de prob.& per l.cum quis.§. Titia.
delegat.3 Et ad istum tex.responde,ꝙ hic erat notoriū ita esse .
5 In fi.l.ibi.(quasi loco possessoris.) † No.singulariter, ꝙ licèt ille
qui nō habet possessionem ciuilem,uel naturalem,sed nudam
detentationē,non habeat interdictum vnde vi,vel uti posside
tis,ut l.j.§.deijcitur.in fi.j̃.vñ ui.habet tñ officium iudicis,ut re
stituatur sibi detentatio ablata,uel vt in ea defendatur, qđ per
petuo not.facit.l.hæ autē.quibus ex cau.in possel.eatur , & qđ
no.in l.j.§.necessario.si mulier uentris nomine. Certe ēt posses
sori datur officium iudicis,quod est utilius, quam agere interdicto,quia in interdicto oportet,dari libellum,& ordinarie pro
cedere,& pōt implorare iudicis officiū ne turbet, & ut p̄cipiat
turbatori,vt desinat,vt l.fi.s̃.de offi.proc.Cęs.& l.si de possessio
ne.& dic vt ibi.C.de trans.& hęc p alios nō tangunt in multis .

L E X XXIII.

1 *Si donatur vniuersitas iuris,censetur tacite actum ꝙ donatarius sube*
nera,ad quod faciendum compelli potest per actionem præs.verb.
2 *Quando hæreditas legatur p hæredem,an legatarius teneatur subire on*
3 *Donatarius vniuersitatis iuris si non soluat creditoribus, an possit conu*
ri a donatore,ut restituat res donatas condictione ob causam.
4 *Quando quis tenetur mihi ad factum,an possit præcisè compelli ad illud*
ciendum.

1 HAereditatem. † Si donat̄ uniuersitas iu
censet̄ tacite actum ꝙ
natarius subeat onera,ad qđ faciendum compelli
p actionē præscri.uer.h.d. Et dicit Bar. ꝙ est subtil
parū tñ declarat eius subtilitatē,& gl.q̄ sunt hic,fuerūt sati
fectiuæ. In tex.ibi(satisfacere dēt.)s.rōne taciti pacti , qđ ce
interuenisse inter donantem,& donatariū s̄m Dyn.& hoc
tenet gl.magna fi.in fi.& hæc resultat ex nā uniuersitatis,c
2 prehēdit commoda,& incommoda,ut est hr̄ditas.† Et idem
hæreditas legat̄ p hæredem,ut legatarius teneatur subire o
ra,siue sit hęreditas ipsius legātis,ut l.si quis seruū.§.fi. de le
siue alterius relicta huic legāti,ut l.cum filius.§.j.& de hoc
de Bar.in l.cū pr̄.§.mensæ.eo.ti.ubi idem est in alia uniuer
te legata,ut est mensā. Et no.ꝙ istud pactum tacitum uesti
hærentia traditionis,in casu huius l. Et iō parit actionem p
uer. sicut si esset factū expresse,ut C.de pact.l.legē. Et iste c
sus hic,q nō est alibi s̄m Dy. In tex.ibi[& creditores ꝯ patrē
niāt.] nā ꝯ filiā agere nō possum, nā licet hēat uniuersitatē
hēt eā ti.singulari p quē nō trāseūt iura passiua in eā directa
a utilia,ut C.eo.ti.l.æris alieni.secus si hr̄et titulū uniuersalē,
l.tutoris.C.ad l.Iul.de ui.& qđ ibi no.Bar.in l.j.& 2.s̃.de bo.
& facit l.fi.ff.de ꝯhen.emp. Si tñ agerē ꝯ donatariū, & ille s
te susciperet in se iudiciū,liberat̄ donās iure taciti pacti de
petēdo,ut C.de pact.l.2. In tex.ibi(cogēdā eam.) s.per ipsum
trem,non per creditores. Sed an possit compellere filiā ad
uēdum sibi de ꝯseruādo eum indemnem a creditoribus ha
ditarijs? Rñdeo,nō,si iā tradidit habitationē p l.2.C.de hr̄di
uel actio.uen.sed si nō tradidit , sed se obligauerit ad tradē
nō cōpellit̄ tradere,nisi sibi caueat̄ p no.p Bar.in d.l.cū fili
j.in fi.de leg.2. & ita intelligo no.ibi p eū. In tex.ibi(præscr.u
ista actio causat̄ ex pacto, qđ p̄sumit̄ incontinēti appositū.
si esset ꝯctus bo.fi.ut vēditio,daret̄ ēt actio ex vēdito inform
a pacto,ut d.l.2.de hæred.uel act.uēd.sed hic nō dat̄ actio in
mata,qa nullā reperit informādā p hoc pactū,cū donāti sim
nulla cōpetat actio ꝯ donatariū , vēditori aūt bñ cōpetit a
ad p̄tiū. Vñ informata dat̄ ēt ad id qđ deuenit in pactū,ut l.i
gēti.§.quinimo.s̃. de pac. In gl.q̄ inci.(nec obst.) ibi (sed ibi
bona,&c.)tu dic ꝙ siue donē uniuersitatē,puta, hr̄ditatem
ue bona mea,quo casu nō est donatio uniuersitatis,licet si
natio gñalis,inter quas est magna dr̄ia , ut no.in l.fi.§.quiq
tuor.de leg.2.si q̄rit̄,qs teneat̄ creditorib.utroq. casu?est di
dū,ꝙ nō tu,sed ꝯ me possunt agere,nō ꝯ te. Sed si q̄rit̄,an
possim agere ꝯ te,ut me defendas ab illis,dd̄m est, ꝙ primo
su,sic,ut in hac l.qa vr̄ tacitè actum,in scđo casu , nō qa gñ
hoc nō importat,cū bona intelligātur deducto ære alieno,
subsignatū.§.bona.de uerb.sig.& in sequēti ꝯrio gl.de l.mu
bona.de iu.dotium,& hāc solonē sentit glo.magna. sequēs
princ. In scđo tñ casu qñ donaui oīa bona, licet creditores
pñt te ꝯuenire actione p̄sonali,qua ego tenebar , tñ bñ pñ
conuenire actione reuocatoria ad rescindēdū donōnē,tan
ctā in fraudē ipsorū,qđ p̄sumit̄,qa oīa bona donaui. Et ex
apparet,ꝙ ista gl.fuit imperfecte locuta. Quæro,qđ si hic
interuenerit uera traditio,qa bona erāt apud istā filiā, &
pr̄ donādo sibi dimisit,qūo uestit̄ pactū tacitū,ut pariat ac
nē? Rñdeo,hūc articulū tangit subtiliter gl.fi.C. de pac.l.de
3 tori.& ibi uide per Doct. † Vltimò gl.magna fi.post prin.di
ꝙ hic si ista filia non soluat creditorib. pōt conueniri, ut re
tuat habitationem pari condi.ob cām p l.2.C.de cond.ob
qđ non placet,quia ibi loquit̄ qñ fuit donatio facta ob exp
sam causam,ut solueret creditorib⁹,& nisi solueret,ꝙ restit
Hic neutrum istorum fuit,sed hoc venit hic ex natura rei d
tæ,quia est vniuersitas. Puto ergo,ꝙ solū possit cōueniri ut
uat,non ut restituat,si nō soluat, qui est ꝯctus nominatus
simplex donatio,in qua non hēt locum ꝯdō ob cām,ut l.fi.s
4 cond.ob cau. † Itē ista glos. circa fi.tangit duas opi. qñ qs te
mihi ad factum,vtrum possit cōpelli præcise ad istud facien
un

A D D I T I O N E S.

a ¶Non tangatur. Vide quod in facto consuluit Fulg.cons.207.versus finē cōsilij,
vbi aliq̄ulū dubitat in casu illo,an mulier cui legatū erat factū sub his uerbis
ꝙ eius vxor possit stare,& habitare in domo,in qua habitat de p̄senti toto tem
pore uitæ suæ dum uixerit in uiduitate,&c.& post eius mortē deueniat in hæredem,ꝙ si pars domus per hæredē fuit locata,& in alia parte ipsa habitabat,
dubitat,an ipsa uxor possit excludi a pensione,& laudat compositionem.
b ¶In potestate. Ad saturitatem vide de hoc arti.per Aret.cons.17.

A D D I T I O.

a Vniuersalem. Dicit Bellamera decis. 31.de donationib. ꝙ uniuersalis do
non transfert aliquam personalem actionem in donatarium,sed ꝙ credi
debent agere contra debitorem,& executio fiat in bonis per donatarium
sessis.

...est q aut illud fcm̃ est fiendũ mihi, & pôt pcise ɔpelli: aut ,& tunc secus. Alia opi. est q aut illud fcm̃ nõ est mere fa ed hẽt ius admixtũ, puta, q teneatur me defendere, uel in io p me rñdere, & pôt pcise ɔpelli p l. sed & hæ. §. prætor. pcu. Aut erat merũ factũ, vt q teneatur alteri soluere, & secus. Do. reprehẽdũt ambas has opp. & dñt aťr distinguẽ aut quis teneť mihi ad fcm̃ ex dispositione legali, & pôt ɔpelli, ut l. stipulatio. §. fine. de ope. noui. nuncia. & d. le. hæ. §. ptor. de pcur. Itẽ si ex dispõne testõris, q̃ hẽt uim le el. fideicõmissaria. §. fi. de leg. 3. iuncto. §. disponat. in Aut. up. Aut ex dispõne hoĩs inter uiuos, & tunc rťr secus, quia ɔonibus facti succedit oblõ ad ĩteresse post morã, ut l. si qs io. de re iudi. & sic in casu huius l. nõ pt pr pcisé ɔpellere iliã ad soluẽdũ, sed eã ñ soluẽtẽ faciat ɔdẽnari ad interesse.

LEX XXX.

...onfitetur debitorem suum sibi non teneri, uidetur ipsum liberare cau... onationis.

...s confitetur debitorem suum sibi non teneri, quod in tali confessione nõ ...iratur causa fauore liberationis.

Quidam in iure. †Qui ɔfiteť debitorẽ suũ sibi nõ teneri, vř ipsum liberare ex cã. donõnis. h. d. notabiľr. Et licèt hic loquatur qñ fuit ɔfessus in iure, idẽ si ex ius. ut l. tale pcm̃. ...m. C. de pac. vř. n. liberare p pactũ de nõ petẽdo, ut ibi. Ex sequiť, q requirit præsentia debitoris, vel alterius recipien ...o eo, alias ista ɔfessio non posset hr̃e uim pacti, quod duo- ...ensũ pficit, ut l. j. in prin. ff. de pactis. †Sunt aũt hic duo spe- ...a. Primũ, qa licèt ista sint uerba enunciatiua, tñ inducunt ...ositiones. l. pactũ de non petendo fauore liberationis, secus ...alis fauor non uertitur qa inter viuos non inducũt dispo- ...nes, sed pbõnes ut l. Publi. §. fi. ff. deposi. Est aũt magna vti- ...quia si impartãt pactũ de non petẽdo, licèt debitor ɔfitea- ...p re uera erat eius debitor, talis ɔfessio creditoris seu pcm̃ ...etractať. Sed si induceret pbõnẽ tm̃, tũc secus, qa oĩs pbõ- ...ɔfessionẽ recipit aliam pbõnẽ in ɔtriũ, ut l. cũ falsa. C. de iu- ...fa igno. maxime p confessionẽ alterius partis, iuxta no. in ...l. sed iã necesse. C. de don. ante nup. & in cor. vñ sumit, hic ...nõ posset probari ɔtrium per creditorẽ, sed in l. Publ. §. fin. ...t ex hoc apparet, dum tex. dicit, (actionẽ uidere amisisse,) ...t intelligi. i. in effectu, non ipso iure, quia per pcm̃ de non ...ndo nõ tolliť actio, sed elidit, ut ff. de pac. l. si unus. §. pactus ...eteret. †Aliud spãle est, quia in tali confessione non requi- ...r cã, fauore liberationis, immo subintelligitur cã donõnis, ...nc tex. notabilem. Secus si tendat ad obligandũ. l. cũ de in ...ito. §. fi. de pb. Item loquitur ista l. qñ quis fuit cõfessus cir- ...ecisoria litis. Si aũt circa pparatoria, dic ut plene per gl. in l. ...si se obtulit, cum l. seq. ff. de rei uen. Et per Bar. in l. non fate ...de ɔfessis. Et adde no. in d. l. tale pactũ. in prin. ff. de pact.

...donat bona uiuentis, q̃ sperat ad se pertinere iure successionis, tanquã in- ...us priuatur eius hæreditate, & applicatur fisco, nec ualet donatio.

...ius liberat debitore paternos uiuentre patre, & postea succedit patri ...ossit uenire contra liberationem.

...econtra, si pater consentiente filio donauit bona, an possit filius mor- ...patre reuocare donationem usque ad legitimam.

Donationem. †Qui donat bona viuentis, quæ sperat ad se pertinere iure success- ...is, tanq̃ indignus priuatur eius hæreditate, & applicatur fi- ...nec ualet donatio. h. d. notabiľr. Et intelligo istum §. qñ iste ...auit ista bona, non tanq̃ sua de pñti, sed tanq̃ ad se puẽtu- ...successione cognatæ, quæ spes erit improbabilis ea uiuen- ...t l. post emancipationẽ. de libe. leg. & intelligo verum qđ ...dř, et si ɔtulisset donationẽ in illũ casũ, puta, dono tibi bo- ...alis cũ ad me puenerint eius successione, nec ob. l. & hr̃di. §. ...ia. ff. de pac. quia ibi nõ ɔtuli pactum in casum successionis, ...in casum quo esset sui iuris, quæ spes nõ erat improbabilis. ...n ibi paciscẽs filia habebat aliquod ius tpe pacti, hic nullũ, ...speraret hr̃e. Si autẽ donasset tanq̃ bona propria, tũc licèt ...valeret in piudiciũ cognatæ q̃ erat dña, valeret tñ in piu- ...ũ sui, vt teneatur de euictione, vel de dolo, vt ff. e. l. Arist. §. ...el ut repellatur a vendicando, & teneať donõnẽ implere, si ...ea succedat illi cognatæ, p ea q̃ not. in l. nec non. C. de capt. ...isto modo intelligo, quia ex iure superueniente donatori ...nať ius donatarij, vt l. cũ uir pdiũ. de usuc. nec priuat succes- ...e, qa nõ fundauit se in morte alterius, vel in successione spe ...†Quid aũt si filius liberat debitores paternos viuẽte pr̃e, ...ostea succedit patri, an possit venire ɔ liberationẽ? dic vt p ...l. & Bar. in l. filiusfamilias in fi. ff. de solu. & l. cum dñs. de pec. Item quid eɔ si pr̃ cõsentiente filio donauit bona sua, vtrũ possit filius mortuo pr̃e reuocare donationẽ vsq. ad legitimã vide Cyn in l. 2. in fi. C. si quid in fraudẽ patro. & not. in d. §. filia.

LEX XXXII.

1 *Potest quis donare suæ concubinæ nec rescinditur donatio, licèt postea cum ea matrimonium contrahat. Et an sit concubina, vel uxor, ex qualitate personarum, & conditione uitæ perpenditur.*
2 *Miles non potest aliquid donare concubinæ,*
3 *Quid in clerico.*
Casus in quo concubina est melioris conditionis quam uxor.
Habens filios ex concubina, an possit ipsi concubinæ aliquid legare, uel eam hæredem instituere.
4 *Quando res peruenit ad casum a quo incipere non potest, si iam est perfecta, non irritatur.*
5 *Quando aliquis tanq̃ filius legitimus, & naturalis petijt bona paterna, & sic habet necesse probare matrimonium interuenisse inter patrem, & matrem, & non potest probare matrimonium per instrumentum, uel p testes, qui fuerint præsentes: sed probat q stabant adinuicem, sicut stat uir, & uxor, quid debeat tunc aduersarius probare in contrarium,*

1 Donationes. †Potest quis donare suæ concubinæ, ne rescinditur donatio licèt postea cum ea matrimonium ɔhat. Et an sit cõcubina, uel uxor, ex qualitate personarũ, & ɔdõne uitæ
2 perpenditur. h. d. †Fallit in milite, *qui non pôt donare, uel re-
a linquere concubinæ. l. 3. C. de do. inter uirum & no. Bar. ff. eo. l. affectionis. & in l. miles ita. §. mulier. de test. mil. & in l. mulierẽ de his quib. ut indi. & idem in clerico, ut suæ concubinæ non possit donare, sicut nec miles armatæ militiæ pôt, ut no. Bar. in dictis iurib. & in l. miles. de re iu. Et relictũ ɔcubinæ a milite factũ, applicatur fisco. d. l. mulierẽ & idem vř in relicto cõcubinæ a clerico facto, cũ miles, & clericus eqpareñ, fm̃ Bar. in dictis iurib. et clericus donare pôt cõcubinæ usq. ad ɔcurrẽtẽ q̃titatẽ meritorum, ut no. Petr. de Anch. consi. 257. maxime si desierit esse cõcubina, ut vult gl. in l. miles. §. mulier. de testa. mil. †No.
3 ɔcubinã esse melioris ɔdõnis q̃ uxor in hoc, qa donõ facta uxori non ualet, sed facta ɔcubinæ, sic ut hic. Et est rõ, qa nõ tantus amor psumiť in ɔcubina, sicut in uxore, & sic cessat rõ, ne se mutuo amore spolient, ut l. j. cum seq. de don. inter uirũ. Pôt et ɔcubinæ legari, & hr̃s pôt institui, ut l. qui ɔcubinã. de leg. 3. & hoc no. p illis, p hñt filios ex ɔcubina, & nõ pñt filijs relinquere q̃tũ uolunt extantib. legitimis, quia uř, q possint relinquere ɔcubinæ q̃ postea tradet filijs uerisiľr. In ɔtriũ ne fiat fraus, ut l. 1. C. de natu. libe. uñ pôt distingui, an habeat filios, uel non, cogita super hoc. Item distingui pôt, an sit ppriè concubinæ an impropriè ut adulteræ: quia tunc constat q maiorẽ affectiõ nẽ habet ad illam, quam ad uxorem, ex qua pro illa dereliquit v-
4 xorem. †Item not. q qñ res peruenit ad casum, a quo nõ posset incipere, si esset iam perfecta, non irritetur, qđ dic p Dy. in l. regula. fac. legitime, de reg. iur. & p Bar. in l. si plurib. §. & si pla-
5 cet. de uerb. obl. †Vlt. no. in fi. qñ aliquis tanq̃ filius legitimus, & naturalis petijt bona pr̃na, & sic hẽt necesse pbare mr̃imonium interuenisse in pr̃em, & mr̃em, & nõ pôt pbare mr̃imoniũ p instr̃m, uel p testes, qui fuerunt pñtes, sed pbat, q stabãt ad
b inuicẽ[b] sicut stat uir & uxor, aduersarius ad elidẽdũ hãc pbõnẽ psũptiuã pôt articulare, q uir erat hõ magnæ ɔdõnis, & illa uilis ɔdõnis, & q nõ est psumẽdũ, q cũ illa ɔxerit mr̃imoniũ, sed q ipsã habuerit p ɔcubina, & q nõ mittebat eã honorifice, sicut solẽt mitti vxores, ad hoc q hr̃s ff. de ritu nuptia. l. ut liberæ.

ADDITIONES.

a ¶Milite. Adde Bal. consi. 236. j. lib. & dicit Bellamera decis. suis 126. de do. q nõ ualet donatio facta concubinario si per fraudem fuit concubina inducta ad donandum, & q si iurauerit non reuocare, qđ debet relaxari iuramentum, & tenet Ro. consi. 43. quod donatio militis in concubinam iuramento delato teneat, sicut donatio inter uirum, & uxorem.

b ¶Ad inuicem. Vltra loca uulgaria late uide per Soci. consi. 39.

1 *Si res donatur ad usum donatarij, censetur donata proprietas, non usus tantum: & donatio perfecta non potest reuocari ex leui offensa donatarij contra donatorem commissa.*
2 *Inter ascendentem & descendentem, an præsumatur animus donandi.*
3 *Quando trado alteri rem tuo nomine, & te præsente, uideor tradere tibi, & etiam si te absente si tamen tuo mandato seu uoluntate.*
4 *Quando dono tibi rem ad usum, illa uerba, ad usum, non restringunt donationem, ut uideatur donatus usus tantum, sed est donata proprietas.*
5 *Causa legati, an restringat legatum.*

1 §. Species extra. †Si res donatur ad usum donatarij, cẽsetur donata proprietas, nõ usus tantum, & donatio perfecta non potest reuocari ex leui
2 offensa donatarij ɔ donatorẽ ɔmissa. h. d. †No. tex. ibi, (uiro traditis.) nam non dicit, q donauerit, & tamẽ statim subijcit, q vř do-

donasse. Quod in dubio inter ascendentē & descendentē p̄sumit animus donādi, ita alle. Bar. istū tex. in l. q̄ dotis solu. ma. facit l. Publia. in prin. s. depo. hoc tn̄ vr̄ verū, qn̄ cessat alia p̄sumptio, vt erat hic, qa tradiderat noīe filiæ, alias vr̄ secus, vt si pr̄, uel mr̄ impendat in rem filij vel filiæ, qa non vr̄ aīo donandi impēdere. sed negotiū illius gerendi, secus qn̄ impendit in p̄sonā, vt in l. alimenta. in prin. & in fi. C. de neg. gest.
3 † Item no. ꝙ qn̄ trado alteri rē tuo noīe, & te p̄sente, videor tradere tibi. Sed certe vr̄, ꝙ ēt si te absente, si tn̄ tuo mandato, vel uoluntate. j. de sol. l. solutam. Solu. qn̄ te p̄sente censet̄ tradita tibi vere, qa p aspectū acquiris possessionem immediate, & sic ēt dn̄ium, vt j. de sol. l. si pecuniā. Sed qn̄ te absente, tunc ficte, & hoc colligit̄ in l. fal-
4 sus. §. si is. j. de fur. ubi colligit̄ effectus huius distinctionis. † Itē no. ꝙ qn̄ dono tibi rem ad usum, illa uerba, (ad usum) nō restringunt donationem, vt videat̄ donatus vsus tm̄, sed est donata p-
a prietas, [a] qa illa verba ꝯcernunt cōmodum tm̄. si aūt alterius, habēt restringere, arg. in l. cum pr̄. §. dulcissimis. de leg. 2. quod
5 dic plene vt p Bar. in l. 4 §. fi. j. de ali. & ciba. lega. post Oldr. † vbi ponit de isto arti. an causa legati habeat legatum restringere.

ADDTIIO.

¶ Proprietas. Adde quod voluit Bal. consi. 334. 4. lib. & in l. si mulier. de iure do. & in p̄ludijs feud. & in l. 3. C. de don. ante nup. & in l. j. C. de fruct. & lit. expē. in rub. C. de iure emphy. no. tn̄, ꝙ Lu. Ro. sig. suis dicit se de facto uidisse, cum legata esset utilitas certi palatij eccl. S. Pauli Romæ, ꝙ uidebat̄ tm̄ relict⁹ us⁹.

---

a *Donatio facta in potestate sicut cōfirmatur p mortē donantis si moriatur ante filiū, ita cōfirmatur si filium emancipat & donationem non reuocat.*

2 *Pater si tradit filio studenti libros, & non apparet ꝙ donauerat, postea ipsum emancipat, si non adimit uidetur sibi donare, & non tenetur conferre fratribus, & quid si non emancipat.*

1 **§. Pater, qui filiæ.** † Not. hic singulariter, ꝙ sicut donatio facta filio in potestate confirmatur p mortem donātis si moriatur ante filium, vt l. 2. cum ibi no. C. de inoffic. dona. & l. donationes. C. de don. inter vi. & vxo. ita confirmatur si filiū emancipat, & donationē non
2 reuocat, & hoc singulare no. † Et per istum tex. dicunt Doc. ꝙ si pr̄ tradidit filio studenti libros, & non apparet ꝙ donauerit, postea ipsum emancipat. si non adimit, videtur sibi donare, & non tenetur conferre fratribus, sed habet eos præcipuos. Quid autem si non emancipat, quid iuris sit, vide plenè per Barto. in l. si donatio. C. de dona. & in l. filiæ. fami. ercis.

§. Eiusmodi lege. Pactū, ꝙ depositū restituatur alteri q̄ deponenti non inducit donōnē in p̄sonā illius. h. d. Quod vr̄ uerū, nisi ille sit de descēdentib. deponētis, ut l. Publ. s. depo. & s. ea. l. §. species. Actio tn̄ utilis bene acquirit̄ illi, qa pactū fuit appositum super re paciscentis, q̄ durabat eius, quo casu alteri p alterū pōt acquiri, s̄m cōem doctrinam Doctorū, p dictā l. Publi. secus qn̄ non durat paciscētis, ut l. pactū. C. de pac. ꝯuē. nisi in mutuo, ut l. certi ꝯd. §. si nūmos si cer. pet. pp eius frequentiā. Ille tn̄ si non est de descendentibus, censet̄ adhibitus, ut procurator, & iō tenet̄ restituere paciscenti, uel hr̄dib. eius. & hoc uult gl. hic posita.

a **§. Perfectè donat.** Reus criminis læsę maiestatis a non potest donare etiam si nō sit de crimine accusatus, dic ut s. eo. l. post contractum.

ADDITIO.

a ¶ Læsę maiestatis. Adde ut per Socin. consi. 21.

LEX XXXIII.

1 *Concessio ad usum indeterminatum dicitur precarium, non donatio, & transit ad hæredes concedentis, & potest per eos reuocari.*

2 *Precarium mortuo concedente, si hæredes eius non mutant uoluntatem, an sit nouum precarium, & an sit necessaria noua concessio.*

1 **LVcius Titius.** † Cōcessio ad usum indeterminatū dr̄ p̄cariū, nō donō, & trāsit ad hr̄des ꝯcedētis, & pōt p eos reuocari. h. d. in effectu, secus si esset donō, ut s. eo. l. Aquilius. & l. Aristo. In tex. ibi, (ex uoluntate mea.) ex hoc uerbo gl. dicit, ꝙ hic fuit p̄cariū, cū ꝯcedit ad uolūtatē ꝯcedētis, sed nō placet, qa nō dixit ad uolūtatē, sed ex uolūtate, primū. n. importat duratione uolūtatis, & sic ad finē donōnis apponit̄, s̄m uero apponit̄ ad principiū, qa significat, ꝙ ex uolūtate sua utat̄, nō āt quousq. uoluerit. Cōstat āt, ꝙ oīs ꝯtus sit ex uoluntate, sed nō durat quousq. durat uoluntas, ut l. sicut. C. de act. & oblig. p̄terea hic ēt si istud uerbū non fuisset appositū, diceret̄ p̄cariū, qa fuit ꝯcessio indeterminata respectu t̄pis, ut no. p gl. in l. j. j. de p̄ca. & l. in ꝯmodato.
2 §. sicut. s. ꝯmoda. & patet ex summario. † In fi. l. ibi, (posse mutare uoluntatē.) Innuit ergo, ꝙ si hr̄des non mutant uolūtatē, p̄cariū durat ex parte ꝯcedētis, & trāsit ad hr̄dē eius, sed sicut se poterat reuocare exp̄sse, ita hr̄des eius. hoc ēt innuit tex. q̄situ. §. j. s. de p̄cario. sed gl. ibi tenet ꝯrium q̄ inc. (sed nūq. l. ꝙ morte concedentis finiat̄, & ꝙ in p̄sona hr̄dis sit no[uum] precarium. Dic ꝙ ille tex. non patitur, quia esset necessari[a no]ua concessio, & tn̄ ibi loquit̄ ēt qn̄ ignorat̄ qs fuerit hr̄s, [&] non interuenit noua ꝯcessio. Aliud ergo est dicere, conced[o ti]bi ad uoluntatem meā, qa tunc ipso mortuo expirat con[ces]sio, qa expirat voluntas, ut l. 3. s. loca. & ita pōt intelligi illa. Aliud est concedere simp̄r ad usum indeterminatū, & tū[c non] expirat, sed bn̄ p hr̄dē pōt reuocari, ut hic, utroq. tn̄ casu d[urat p̄]cariū p mortē, non eius cui concedit, licet dixerim s. eo. l. [...]lius. non expirare, qa habebā tex. falsum in l. cum p̄cario. i[n] de prec, ꝯrium tamen est uerum secundum uerum intell[ectum].

LEX XXXIIII.

1 *Conuentus ex causa donationis condemnatur quatenus facere potest, [et] si non primitiua obligatione, sed secundaria de constituta, & ista ex[ceptio] potest opponi etiam post sententiam ad executionem.*

2 *Exceptio quę non impugnat sententiam de iniquitate, sed tendit ad m[ode]randum executionem, potest opponi etiam post sententiam, quæ tra[nsiuit] in rem iudicatam cum sit executio.*

Quid in executione inuentarij.

1 **QVid quod.** † Conuentus ex causa dona[tio]nis ꝯdēnat̄ quatenus facer[e po]test, ēt si nō primitiua oblōne, sed secundaria de [con]stituta, & ista exceptio pōt opponi ēt post sn̄iam ad [exe]cutionē. h. d. In tex. ibi, (solui constituit.) Et sic tenetur du[pl.] actione. s. ex stiplōne, & illa est ciuilis, & originalis actio, & [con]stituta, & ista est p̄toria, & non originalis, & ista fuit intent[ata] Iō uidebat̄, ꝙ ea nō hr̄et priuilegium. Sed ꝯriū est, quia att[enditur]
2 originalis, ut hic in uer. causam. n. † In tex. ibi, (sed & ꝯdēna[tus]) no. hic, ꝙ exceptio q̄ non impugnat sn̄iam de iniquitate, se[d ten]dit ad moderandū executionē, pōt opponi ēt post sn̄iam, q̄ [tran]siuit i rē iudicatā cū sit executio, ut j. de re iud. l. Nesenniu[s] fi. & l. ex diuerso. §. fi. sol. ma. Et iō exceptio inuentarij pōt o[ppo]ni ī executione sn̄iæ, qa nō impugnat sn̄iam de iniquitate [...] Doc. in d. l. Nesennius. In glo. ibi, sed arg. contra, s. de pec. l. sed si filius immo est §. idest scripsit secundum Dyn. & soluc, ibi, uel dic, ꝙ ibi non pōt dari actio ex originali cā, iō inspici[tur] secundaria, hic poterat dari ex utraque, ideo inspicitur prim[iti]ua s̄m Raynerium, uel ibi ex mutatione tituli actionis muta[tur] ratio legis secundum eundem Raynerium, & hoc uerius.

§. Ea lege donatio. Si tibi do ut statim mihi [mu]tuas, non impeditur dn̄ij t[ran]slatio, si ex restōne tibi remaneo obligatus. h. d. Nā tunc da[tio] mea non fuit inanis. Sed si nō remaneret, secus, quia fuisset i[na]nis translatio dn̄ij ad monumētū, ita loqt̄. l. qui sic. j. de sol. tex. ibi, (non impedit̄ dn̄ij translatio.) non. n. cēsetur translat[io] momentanea, & sic inutilis, quia cum sibi remaneat actio mutuo ꝯ donatorem, censetur ēt ipsa pecuniaria, & eius dn̄[ium] remanere, non sic, si nulla sibi actio remaneat.

§. Mutus. No. hic singulariter gl. q̄ tenet, ꝙ distinctio ponit̄ in d. l. discretis. C. qui test. fa. pos. habe[re] locum in contractibus inter uiuos, quod perpetuo tene mē[te] quia simpliciter tex. dicūt, ꝙ mutus & surdus pn̄t ꝯhere, ut l[...] & l. item quia s. de pac. & non recolo ista iura limitari per illa[m l.] discretis, nisi per istam gl. ut intelligantur s̄m distinctionem [il]lius l. tene menti. ista tamē gl. loquitur in donatione, sed for[te] in alijs ꝯtibus deberent dicta iura indistinctè seruari, & ꝙ
a habui istum casum de facto, [a] & allegaui istā l. pro sing. in ho[c] quia non reperio aliquem doctorem hoc dicentem.

ADDITIO.

a ¶ De facto. Adde eundem consi. 332. in ultima impressione.

---

1 *Exceptio merè personalis, quæ obstabat delegranti, non obstat cui facta [est] delegatio, etiam ex causa lucratiua.*

2 *Donans conuentus ab alio quam ab eo cui donauit, non habet exception[em] ultra quam facere possit, quando conuenitur ex delegatione, ut quia man[dato] donatarij alteri promisit.*

3 *Quid si nō promisisset, sed donatarius alteri iura sua cessisset, an contra cessionariū possit opponere exceptionem istā, cū cessionarius utatur iure cedentis.*

1 **§. Si cum primus.** † Exceptio mere personalis, q[uæ] obstabat delegāti, non obsta[t] cui facta est delegatio, ēt ex causa lucratiua. h. d. secus si non es[set] mere personalis, ut supra eod. l. 3. §. aliud. † No. hic ꝙ donans [con]uentus ab alio, quàm ab eo, cui donauit, non hēt exceptione[m] ultra q̄ facere possit. Hoc intelligo, quando conuenitur ex dele[gatione], quia mandato donatarij alteri promisit, sed si non [pro]
3 misisset, † sed donatarius alteri sua iura cessisset, an ꝯ cessionarium

n possit opponere exceptionem istam cum cessionarius vta iure cedentis, dic ut no. j. de doli exce. l. apud Celsum. §. au ris. & §. seq. & adde quod no. per Dy. in l. si quis in ius. de re-gulis iuris lib. vi. & quod no. in l. si quis in rem. s. de procu.

LEX XXXV.

I pater. †Si mutuaui nomine alterius animo sibi donandi, eo ipso perficitur donatio. h. d. Dubium erit, quia isto iure non perficiebatur donatio, nisi interuenerit traditio inter donantem, & donatarium, vel ꝓso, ut no. per gl. j. §. prox. sed hic neutrum istorum interue-. Sed dic ꝙ interuenit aliud, quod loco alterius eorum. hr̃, qa tali mutuo acquiritur sibi actio, licèt nõ ↄ me, sed ↄ illum q ipit mutuum, ut l. certi condictio. §. si nummos. si cer. pet. Si ergo si perficeretur, sibi quæreretur actio ↄ me ex stipl'one, si acquiritur ↄ alterum ex facto meo, vt hic, & j. l. prox. §. fi. tex. ibi (donationis aĩo.) No. quia hoc expresse fuit actum, ꝙ ituabat animo donãdi, & sic ĩnuit, ꝙ simpl'r mutuasset noĩe nec dixisset ꝙ aĩo donandi, non censetur donasse, & istum alias allegabam ↄ Bar. qui dicit in l. quæ dotis. sol. mat. ꝙ in patrem, & filium p̃sumitur aĩus donandi, tamen hic põt inigi maximè, quia idem si hoc fuisset dictum, ut l. donationis. pecies. s. eo. Et ad hoc facit l. seq. §. fi. j. eo. ti. sed ibi fuit plus, ẽt usuras recepit ex mutuo nomine, & ad utilitatem nepocerte tunc etiam si mutuasset noĩe extranei, & usuras recesset ad utilitatem eius, videret̃ ꝙ mutuassem aĩo donãdi, sed urius esset dicere ↄ̃rium in extraneis [a] ꝙ non uidear illi do-asse sortem, & ꝙ possim repetere per actio. nego. gest. licèt si acquisiuerim actionem. Ita uoluit expresse Bar. in l. frater a tre. de ↄd. inde in j. q. & ita uidetur intelligere. §. si nummos.

ADDITIO.

xtraneis. Adde ut per Anch. consi. 21. & seq.

Si quis aliquem. †Donatio facta propter merita non reuocatur propter in atitudinem, nec redditur nulla propter insinuationem non ctam. h. d. & ad hoc allegatur.

LEX XXXVI.

Mandatum etiam in rem suam si non fuit translatum aliquod ius in donatarium morte expirat.
uod aliud sit cedere, & aliud concedere.
Mandatum in rem suam, an possit reuocari.
dens apud quem remansit actio directa, an possit agere, & non possit sibi pponi exceptio per reum de actione iam cessa.

A D eum quem. † Mandatum etiam in rẽ suam si non fuit translatum aliquod ius in donatarium, morte expirat. hoc dicit in effectu secundum intellectum [a] gl. & Doct. notandum, ꝙ dr̃ in rem suam, qñ mandatarius non hẽt restiere mandatum, quod exigit, sed potest sibi restituere. Item simplex, qñ non fit cessio actionis, & sic non transferuntur iles in mandatarium, sed duntaxat cõmittit̃ exercitium direarum, & isto casu loquitur hic, quia iste non cessit, sed ↄcessit, primũ plus importat, q̃ secundum. Item debes scire, ꝙ si quis anumittat, seruũ inter uiuos, & nõ adimat sibi peculiũ, vr̃ sidonasse, licet sit secus, si relinquat libertatẽ in ultima volun te, ut l. j. C. de peculio eius q liber. meruit. In primo ât casu lit ex tali donatione trãseat dominium rerum corporaliũ exi-ẽtiũ in peculio, actiones tñ ꝑsonales nõ trãseũt in manumis-, nisi cedant̃, ut l. Sticho. s̃. de pecu. circa fin. ti. hic ergo iste is manumissor dixit, ꝙ concedebat peculiũ, & noĩa existẽtia peculio, dubitat̃ utrũ ex istis uerbis uideat̃ cessisse actiones, sic utiles fuisse translatas in donatariũ, qa tunc ꝑ mortẽ con edentis nõ reuocaret̃ cessio, & iurium translatio. & in ista le. in effectu ꝙ non, sed tm̃ censet̃ mandatum exercitium direarum huic manumisso, iõ ualet ad eius tm̃ utilitatẽ, & sic dibat̃ ꝓcurator in rem suam, quia non habebat restituere, qđ igebat, tñ mandatum morte ↄcedentis expirat re integra, & actiones competunt oĩb. hæredibus pro hæreditarijs poronibus: adde ꝙ poterunt compelli ad cedẽdum huic donatao, uel ad restituendum ꝙ exegerunt uirtute taliũ actionũ, ꝑ otata per glossam primam d. l. Sticho. s̃. de pecu. In princ. l. ibi, manumiserat.) s. non adempto peculio, & sic ur̃ sibi donasse, vt l. j. C. de pecu. eius qui libe. meruit. In tex. ibi, (tam in omnib.) lud faciebat dubium propter uerbũ ↄcedere, quod est j. quia debatur cessisse actiones contra noĩa debitorum, & sic ꝙ per nerent ad illum solum manumissum, & non ad cohr̃des etiã ↄ̃rium est, †quia aliud est cedere, aliud concedere, [b] vt hic: In gl. magna, in prin. ibi, (non enim per talem epistolã aliqd it quæsitũ liberto in omnib.) i. non fuit sibi quæsita actio directa quæ non potuit separari a scribente, ut l. quis ergo casus. su. e peculio. nec utilis, quia no fuit cessio, sed ↄcessio, tñ bñ fuit quæsitum ei exercitiũ directæ actionis, sed quia illud exercetur nomine mandantis, non censetur sibi aliqd acquisitũ. In glo. ibi, (& sic facta procuratio in rem suam.) innuit ista gl. ꝙ non dicatur fieri ꝓcurator in rem suam, nisi ante cedatur actio, sed contrariũ est, quia etiam si non ceditur, si tamen non hẽt restituere, qđ exigit, dr̃ in rem suã, idest ad suã vtilitatem. Sed in primo casu potentius est mandatũ, quia cũ sit translata vtilis, nõ finitur morte mandantis, sicut nec morte mandatarij, vt l. illã. C. eo. tit. sed in secũdo sic, ut hic, & l. si quidẽ. C. de actio. & obl. Et per hoc videntur reduci ad ↄcordiã gl. quæ videntur ↄ̃riæ,
3 scilicet in l. ante litem. s̃. de procur. in prima gl. q̃ tenet † ꝙ mandatum in rẽ suam non põt reuocari ẽt per expressam reuocationẽ per l. quæ omnia, circa finem, eod. tit. multo minus per tacitã. l. morte mandantis. Alia gl. quæ dicit, ꝙ põt reuocari, nisi intribus casibus, qui ponũtur in l. 3. C. de nouatio. in l. sicut. §. ꝓcurator. s̃. qui. mo. pig. vel hypo. solui. Sed dic, ꝙ aut nõ fuit & reuocatur ꝑ expressam, & ẽt per tacitã reuocationẽ, ut hic, & in l. si quidẽ. Aut fuit facta cessio, & tunc aut quærit̃, an possit reuocari adeo, ꝙ mandatario auferatur potestas agendi, & dico ꝙ non, quia non potest mandans auferre ius translatum,
4 & ita intelligo gl. in l. ante oĩa. de procu. per l. quã allegat. †aut quæritur an cedens apud quem remansit actio directa, possit agere, & non possit sibi opponi exceptio per eũ de actione iam cessa, & dico ꝙ põt, præter q̃ in tribus casibus illis l. 3. C. de nouationi. & ita loquitur gl. in d. l. sicut. §. si ꝓcurator. ꝑ hoc tamẽ non dr̃ reuocari mandatũ, quia licet cedẽs possit agere, ẽt cessionarius potest eo inuito, & si agat postq̃ cedens cœpit agere poterit cedẽtem impedire, cũ ipse cessionarius habeat vtilẽ, q̃ præfertur directæ hoc casu, ut l. si ꝓcurator meus. de procu. sed si esset reuocatum, non posset agere inuito cedente. Et ex prædictis remanet iste articulus melius declaratus, quàm declaretur ꝑ Bal. in l. j. C. de actio. & obl. ubi oĩno vide de hoc passu. Et per me. s̃. de pac. l. rescriptum. §. plerunque. ubi plene dixi.

ADDITIONES.

a Ad intellectum eorum quæ hic scribuntur uide Are. consi. 125.
b Concedere. Vide tex. cum glo. & Bar. in l. uxori suæ. §. fin. de leg. 3. & de uerbo concedo, assigno, an importet dominij translationẽ, uide per Alex. cõsi. 160.

§. Lucius Titius. Antequam quis tradat rem potest eam obligare, licet ad tradendum personaliter sit obligatus. Et si postea tradat, transit cum onere obligationis. h. d. Ratio est quia erat dñs antequam traderet, vnde non solũ obligare, sed etiam dñium poterat trãsferre in alterum, ut l. quoties. C. de rei ven. In tex. ibi, (donauit) non tradendo, sed promittendo, uel dicendo, dono, quod verbum habet vim pacti nudi, & olim non producebat actionẽ, hodie sic, ut l. si quis argentum. C. eo. In tex. ibi, (an donatio ꝑfecta sit,) & sic non fuit reuocata ꝑ illã pignorationẽ, nã ista possunt simul stare, ꝙ alius habeat fundum obligatum, & alius habeat dñium ex causa donationis sicut ex causa vsucaptio. vel præscriptionis, ut l. iusto. §. non mutuat. de vsucap.

§. Quia sub nomine. Donatio perficitur licet donans donatario non obligetur, si tñ alter facto donantis illi obliget̃. h. d. Erat ergo hic dubium, quia isto iure non fiebeat donatio, nisi interueniẽte traditione, uel stipulatione per quã donans donatario obligabatur, ut no. ꝑ gl. in prin. huius. l. hodie, ẽt si interueniat pactum nudũ, ut l. si quis argentũ. C. eo. Sed in casu huius. §. nullũ istorũ interuenerat, nec traditio facta donatario, nec stipulatio uel pactum, ex quo donans donatario obligetur. Sed certe interuenit aliud qđ tantundẽ ualet. s. traditio facta alteri nomine donatarij. ex qua ille alter obligatur donatario, & iste est effectus huius. §. An aũt sufficiat hoc solum. s. ꝙ noĩe illius alteri mutuauit, vt p̃sumatur voluisse donare illi, cuius noĩe mutuauit. iste tex. innuit ꝙ sic. Sed l. si pater. in prin. §. eo. innuit ↄ̃riũ, ut ibi dixi. Sed dic, ꝙ si mutauit noĩe meo, & postea ẽt vsuras recipit meo noĩe, p̃sumitur, ꝙ uoluit donare, ut hic. Et licet loquatur in nepote, idem vr̃ in extraneo, qa ex hoc magis declaratur aĩus in primo actu. Aut non recepit usuras meo nomine, & tunc si erã de descendentib. eius, p̃sumitur donasse, vt dixi supra eo. l. donationes. §. species. si non eram de descendentibus, secus, quia mihi acquiritur actio, teneor tñ sibi restituere, ꝑ ea quæ no. Bar. in l. frater a fratre. de condi. inde. in j. oppositione.

De donationibus & mortis causa capionibus. Rub.

LEX PRIMA.

1 *Donans causa mortis, plus diligit se, quàm donatarium, & magis donatarium quàm hæredem, & an possit reuocare donationem quandocunque uoluerit eo viuente.*

Mortis

1 MOrtis causa. † Not. ꝙ ille qui donat causa mortis, vult ꝙ donatio nõ habeat effectum se viuente. Sed demũ eo mortuo viuẽte donatario, & ex hoc sequitur, qđ in l. dr̃, ꝙ plus diligit se, q̃ donatarium, & magis donatariũ, q̃ hr̃dem. Sequitur ẽt aliud, ꝙ põt reuocare qñcunq; eo viuente, quia donatio nõ est pfecta. Glo. autẽ hic dicit, ꝙ in hac donatione donans obligat se donatario, si sibi tradit, vt j. l. inter mortis. Hoc vr̃ ꝯ Bart. in l. ita stipulatus in 2. q. qui tenet, qñ oblo est in diẽ certã an, sed incertã qñ, ut in die mortis, ante diem nulla nascitur oblo, sed certẽ donatio cã mortis, ista videlicet dono tibi post mortem, vel cum moriar. j. e. l. Seia: est in talẽ diẽ certã an, sed incertam qñ, & tñ oblo est orta ante diem. s. ante mortẽ donantis, qđ patet hic, qa donãs est obligatus, & hæres ꝯuenitur ex obligatione orta in psonã defuncti, ut sequitur, secus in legato in quo neutrum istorũ necessario dẽt interuenire, licèt aliquando interueniat, qa testõr ipso viuente tradit legatario, ut no. in l. legatũ, de leg. ij. Et secundũ hoc mortuo donante anteq̃ tradat, agitur ꝯ hæredem ex promissione, non aũt ex testamentaria actione, sed ꝯ de leg. j. C. eo. Solu. ibi loquitur in donatione causa mortis impropriè sumpta, qđ est qñ fit absenti p viam vltimæ voluntatis, & tũc dr̃ magis legatũ, uel fideicõmissum, & requirit aditionẽ hr̃ditatis, & petitur actione ex testõ, nam ẽt legatũ dr̃ donatio, ut d. l. legatũ. de leg. ij. intellige. s. causa mor. hic loquitur in donatione cã mor. ppriè sumpta, in qua requiritur ꝯsensus vtriusque partis, & sic fit præsenti p se, vel p aliũ, interueniente traditione, vel pmissione, & tunc in 2. casu agitur ex pmissione defuncti, ẽt si non fuit adita hr̃ditas ꝯ hr̃ditatẽ iacentem, quia per solam mortẽ fuit confirmata, nec requiritur aditio hr̃ditatis, facit l. etiam. cum ibi no. s. de inoffi. testa.

LEX II.

TRes. Licèt ista l. ponat tres species donationis cã mor. pñt tñ reduci ad duas principales. Prima qñ sola cogitatione mortis donat, non pp metũ instãtis mortis, & ista subdiuiditur in duas, quia interdum donat hac intẽtione, ut res statim fiat donatarii, sed si mors nõ sequatur, restituatur, & tunc morte non secuta, res ꝯdicitur ꝯdictione ob cãm, vel sine cã. Interdum cũ hac intẽtione, ꝙ nõ

a transferat dñium,[a] nisi secuta morte, & tunc ea non secuta, res vendicatur, nõ aũt ꝯdicitur. Nemo. n. condicit rem suã, &c. Et gl. colligit hic notabile, ꝙ vltima voluntas põt pendere, sed ꝯ de l. fi. s. cõia prædio. Sol. melius q̃ gl. viuẽte testõre vltima voluntas põt plus pẽdere, q̃ ꝯctus, sed post mortẽ nõ, sicut dispõ pura, & hũc articulũ declara, ut per Bar. in l. si viuir. j. de dona.

ADDITIO.

a Dominium. uide Imo. hic & in l. ex hac scriptura. supra tit. j. Ange. in Auth. de hær. & fal. Sal. in l. traditionib. C. de pac. Bal. in l. si non mortis. C. ad l. Fal. & in consi. 233.

LEX III.

1 *Cum quis petit examinari testes de quorum morte dubitatur, cum ipse præsentialiter agere non possit, an debeat admitti, si non est actor.*

2 *Donatio causa mortis, quando fit metu instantis mortis, cessante illo metu, tacite censetur reuocata.*

MOrtis causa. Ista l. cum seq. declarat secundã speciẽ donationis, de qua in l. pcedenti, qñ quis donat metu mortis instãtis, nam hoc põt contingere nõ solũ si timebat rõne infirmitatis, vel valetudinis, sed ẽt si erat sanus, & pp aliquẽ casũ instãtẽ dubitabat mori, de quo ponit plura exẽpla, q̃ semp allegantur

1 ad illã qõnem, † cũ quis petit examinari testes, de quorũ morte dubitatur cũ ipse psentialiter agere nõ possit, nã non debet admitti, si non est actor, ad faciendũ examinari, nisi pbet periculũ instãtis mortis, uel qa est testis multũ senex, vel infirmus, uel se absentaturus, & in alijs casibus harũ legũ: sed ex parte rei in cuius ptãte est, qñ agitur, bene põt fieri examinatio ad ęternã rei memoriã, ut in c. qm̃ frequenter. §. sunt & alij. vt lite nõ

2 ꝯtest. † Vltimo no. gl. quæ est hic, ꝙ qñ donatio cã mor. fit metu instantis mortis, cessante illo metu tacite cẽsetur reuocata, & ita intelligunt oĩa iura, quæ dñt talẽ dona. reuocari, si donãs conualuit, sed si fiat non metu instãtis mortis, sed cogitatione mortis, tũc illa tacita reuocatio nõ fit, sed reqrit expressa, bñ tñ fieret si donatarius moreret ante donãtẽ, vt j. eo. l. si alienã. §. j.

LEX III.

SI aliquis. No. bonã. l. ad declarationẽ. l. post ꝯctũ. s. tit. j. qa donatio cã mortis ẽt facta ante crimen cõmissum, & nõ cogitatione criminis, secuto crimine, & ẽt cõdẽnatio. rescinditur. Intellige ẽt si ex tali crimine non fuerunt bona ꝯfiscata, dũmodo sit crimen capitale, ex cuius ꝯdẽnat one pdat libertas, vel ciuitas, sicut rescindit vltima voluntas, ut j. de test. l. eius qui. quia hæc donõ hẽt vim vltimæ voluntatis, vt j. eo. l. Marcellus. §. fi. sed donatio inter viuos non reuocatur per ꝯdennationem postea subsecutã, nisi facta suspicione pęnę. i. timore ꝯdẽnationis securutæ, qđ qñ sit dic, ut dixi in d. l. post ꝯctum. Requirit ẽt, ꝙ sit tale crimen, ex quo imponatur pœna confiscationis bonorum, ut ibi dixi.

LEX VIII.

1 *Quicquid propter mortem alterius capitur, mortis causa capio nũcupatur etiam si non ex dispositione illius mortui capiatur.*

2 *Mortis causa capio, est uerbum generale, & comprehendit donationẽ causa mortis quę proficiscitur ab ipso mortuo, & de bonis eius, & quid aliud comprehendat.*

3 *Si quis recipit emphyteusim pro se, & liberis eius, post mortem eius quod isti liberi dicantur habere ex mortis causa capione.*

An iste pater possit uni tantum ex filijs illam rem assignare.

4 *An de mortis causa capione detrahatur Falcidia.*

1 QVi pretio accepto. † Quicquid ppter mortem alterius capitur, mortis causa capio nuncupatur, ẽt si non ex dispositione illius mortui capiatur. h. d. † Et no. quod

2 mortis cã capio est verbum generale, & cõprehendit donationem cã mor. quæ pficiscitur ab ipso mortuo, & de bonis eius. Cõprehendit ẽt simplicẽ mortis cã capionem, q̃ non dr̃ donatio cã mor. quia non proficiscitur de bonis mortui, sed alterius tñ põt contingere hoc ex uoluntate mortui, vt hic in ver. nam & a statu libero, vt in eo qđ datur a legatario gratia conditionis implendæ, & ẽt qđ præter eius voluntatem, ut in princ. l. &

3 j. e. l. si mulier. ¶ † Et p istã l. vr̃, ꝙ si quis recipit emphyteusim pro se, & liberis eius post mortẽ eius, ꝙ isti liberi dicantur habere ex mortis cã capione, quia mors recipientis est cã, ꝙ ad eos peruenit. Et ex hoc respondetur ad aliud, vtrum iste pr̃ possit vni tantum ex filijs illam rem assignare? de hoc vide p Bald. in

4 auth. si quas rui. C. de sac. san. eccl. † An autem de mortis causa

a capione detrahatur Falcidia,[a] distinguitur. An proueniat pter voluntatem defuncti. & non detrahitur, an s'm voluntatem, & tunc aut datur hæredi, & idem ut l. acceptis. ad l. Falc. Aut a hærede datur alteri, & tunc dic, vt l. j. item si ita. eo. tit.

ADDITIO.

a Falcidia. Adde Soc. consi. 105. Philipp. Cor. consi. mihi 80.

LEX IX.

OMnibus mortis. † In l. oĩbus, in glo. ibi vel dic iũge ambas istas & dic ꝙ aut loquimur in donatione cã mor. & illa non põt fieri ei, qui incapax est legati, vt hic. Aut in mortis causa capione, q̃ non est donatio, & tunc aut quærimus, an possit cõcipi in personam incapacis, quo ad hunc finem, vt sibi soluatur conditio, & dicendum est ꝙ sic, vt l. Meuius. de condi. & demonst. Aut quo ad hunc finem, ut apud eum remaneat, & dicendum est, ꝙ non, cum sit incapax, & sic sibi aufertur per fiscum. vel alium ad quem pertinet, & hoc uult dicere glo.

LEX X.

1 *In donatione causa mor. potest fieri substitutio vulgaris sicut in institutione, & in legatis.*

2 *Si dono etiam filio meo causa mortis, & rogo ipsum de restituendo alteri post mortem suam, non subintelligitur illa conditio, si moriatur sine liberis & quid in fideicommisso vniuersali.*

1 SI cui mortis. † No. in ista l. ꝙ in donatione causa mor. potest fieri substitutio vulgaris, sicut in institutione, & in legatis, ut l. hæredibus. s. de leg. ij. Item no. qualiter debeat fieri. s. per stipulationem substitutus stipuletur a primo donatario, non sic in legatis, & institutionibus, in quibus sufficit sola dispositio testatoris. Sed in donatione causa mor. ad hoc vt substitutus sit donatarius sicut prior, requiritur stipulatio, & eius consensus, & si hoc non fieret, adhuc tñ valeret substitutio, sed non diceretur donatarius, sed fideicommissarius, ut l. cum pater. §. eorum. de leg. 2.

2 ita hanc gl. primam intellige. † Et adde unum uerbum notabile gl. in l. j. C. eo. ꝙ si dono etiam filio meo causa mortis, & rogo ipsum de restituendo alteri post mortem suam, non subintelligitur illa conditio si moriatur sine liberis, licet in fideicommissario vr̃i, qñ est institutus, uel grauatus, bene subintelligatur, l. cum auus. de cond. & dem. quod perpetuo tene menti. In gl. 2. ibi, (ex quo. n. stipulatus est iam agnoscit.) hoc verum, si stipulatus est simpliciter, tñ potest stipulari, si sibi placebit, uel si uolet, ut no. in l. a Titio. in fi. j. de uer. obl. & sic erit conditionalis. Sed in primo casu qñ stipulatus est simpl'r ista gl. sentit ꝙ uideatur acceptasse donatipnem cã mortis, in tm̃ ꝙ postea non possit renunciari, & sic licet possit reuocari per donantem, non tamen poterit refutari per donatarium, ꝙ est mirabile, & effectus

est,quia si donatarius grauatur de restituẽdo alteri, nõ po ren unciare donationi,ut non teneat̃ ad grauamẽ,ita sen- .in l.cũ pr̃.§.mr̃.de leg.2.nõ sic in legatario,uel fideicõmis ,ut l.fideicõmisso,de leg.j.cũ ibi no.in l.Imperator. de l.2.

LEX XII.

I mulier uentris. No.hic ꝙ dr̃ mortis cã capio id, quod capitur occasione mortis alterius, etiã si illicite, & ꝑ calumniam, & præter uoluntatem defuncti,alios modos habes s̃.eo.l. ꝙ pretio.

LEX XIII.

lo dicitur quis habere dominium a quo habuit causam vsucapiendi, ab eo,a,quo dominium euellitur.

lata filiæ per patrẽ, an computetur fi.ijs filia,quæ decessit uiuo patre, c nepotibus in quartam,prout filiæ deberet imputari.

I alienam. †Ab illo dr̃ quis hr̃e dñium a quo habuit cãm vsucapiendi,nõ ab eo , a quo ñium euellitur.h.d.ꝯcor.l.qui alienam. j̃.e.Et istæ duæ leges fortiter possunt induci ꝯ decisionem Bar.in l.in quar s̃.ad leg.Fal.qui tenet in vlt.col.† ꝙ filii filiæ apud quos re sit dos materna ex consuetudine,de qua hr̃ in l. dos a pr̃e. l.mat.teneant̃ illã ꝯputare sibi in legitimam eis debitam ditatem aui materni, per hãc rõnem. s. quia illa ꝯsuetudo rt dotẽ ab auo, & eam applicat nepotibus filiæ , & sic illi hr̃e ab auo,ergo computant,ut l.scimus.§.repletionẽ.C.de .test.quia de rigore iuris debet ad alium redire,ut no.in d. s a patre.Certe licet euellatur ab auo,& applicet nepotib. nepotes non vñr hr̃e ab auo , ꝗa ꝑter eius uoluntatẽ ha- :sed ab ipsa ꝯsuetudine,sicut hic nõ habẽt a dño, a quo e- t ꝑ usucapionẽ,sed vñr hr̃e ab eo qui dedit cãm vsucapien ñ sustinẽdo opin.Bar. põt rñderi, ꝙ sufficiat ꝙ non habeãt tre,& tanꝙ bona mr̃na, quia licet habeant ex consuetudi- r tñ habere tanquam bona auita, licet ab auo.

Marcellus uero. Ad euidẽtiam huius §.no. ꝙ donatio cã mortis reuocatur ibus modis.Primo si donator expresse reuocauit.Secundo cite,quia in infirmitate ꝯstitutus donauit,& postea conua- ut no.s̃.eo.l. 3. Tertio, si donatarius ꝑmoriatur donatori. oc ergo dr̃ in isto §.ꝙ potest agi,ꝙ nõ reuocetur primo uel ndo mõ,dummõ donator ꝑmoriatur donatario,& sic dũ- t vltimo mõ reuocetur,si donatarius ꝑmoriatur. Item põt ut non reuocetur per pœnitentiam expressam,dummõ do or ꝑmoriatur donatario.In tex.ibi(ẽt facti qões sũt.)quasi t lex,licet de iure reuocet̃ in dictis casib. põt tñ agi de fa- ꝙ non reuocet̃, nisi in altero casu tm̃,ut ex sequentib.patet nplis.In tex. ibi, (ut oĩmõ ex ea ualitudine &c.) subaudi ẽt atore pẽnitente,ut patet ex seq.uel donatario ꝑmoriente, gl.& sic est sensus,ꝙ in dictis duob.casib. non reuocetur, emanet firma, dummõ donator moriatur ex illa infirmita uius metu donauit,alias sic,& sic in vno tm̃ casu reuocet̃,s onator recõualescat. In text.ibi,(si tñ mutata uoluntate.) t dicere, ꝙ reuocetur,si expresse volutatem mutauerit,& aliter, ẽt si donator recõualescat, vel donatarius ꝑmoriat̃. ex.ibi,)ꝙ si prior ille ꝗ accepit decesserit.) i.ꝙ non reuocet̃, n casu, quo ille, ꝗ accepit prius decesserit. nõ aũt expressa tẽtia,nec ex repualescẽtia.In tex.ibi(nullo casu.)s.ꝑdictorũ ,& tũc nõ erit ꝓprie donatio cã mortis, vt j̃.e.l.si ita donat̃.

LEX XV.

M Arcellus no. Filiusfam.miles põt donare de castrensi peculio , sicut si esset paterfamil.h.d.

LEX XVII.

E T si debitor. Donatio causa mortis reuocatur per creditores a si ex ea sunt fraudati re ipsa,licet non consilio.h.d.Et sciẽdum, ꝙ qñ debitor alienat bona sua per ꝯtum onerosum,puta uẽ do,creditores possunt rescindere ita demum , si interuenit s ementis,& uendentis.Si uero per titulum lucratiuum in uiuos,& per donationem inter uiuos, sufficit fraus donan- ed in ultima uoluntate,sufficit fraus re ipsa,ꝙ creditores re neant fraudati,licet debitor, uel legatarii non fecerint frau enter,ut hæc habentur in ti.s̃.de his quæ in fra.credi. hic er- dr̃ in donatione causa mortis idẽ esse,quod in legatis, si est s re ipsa,s.ꝙ remanet tm̃, ꝙ sufficiat creditoribus deducta donatione causa mor.de quibus plene vide Insti.de acti.§.si qs in fraudem,& s̃.de proba.l.patronus.

ADDITIO.

a Per creditores.Sed an donatarius teneatur ultra uires.uide Abb.consi.102.2.li. Bal.234.2.lib.

LEX XVIII.

1 *Si dono tibi non causa mortis meæ,sed filij mei,uel fratris mei, cuius morte confirmetur.*

2 *Quando dono tibi simpliciter,ita ut post mortem tuam,uel certum tempus restituas tali, ꝙ ista sit donatio inter uiuos irreuocabilis respectu tui , & quid respectu eius.*

3 *Si dono tibi non causa mortis meę, sed filij mei , uel fratris mei , quis possit eam reuocare,an ego,an autem ipse filius, uel frater.*

1 MOrtis causa. † Quærit hic, si dono tibi non causa mortis meæ sed filii mei uel fratris mei,quod fieri põt ut hic.cuius morte ꝯfirmet̃ donatio,aut morte mea,uel fratris , vel filii mei , & dic,ꝙ morte illorũ,ut hic patet,& no.s̃.e.l.qui ꝑtio. in gl. ꝗ incipit,(quo ẽt casu.)in fi. Aduerte ad aliquos casus,si dono ꝓ filio meo,uel fratre post eius mortẽ.ista dr̃ donõ cau.mor.filii, ẽt si non dixerim,ꝙ donatario ꝑmortuo res ad filiũ , uel frẽ reuertat̃,ꝑinde est.n.ac si dixerim dono noĩe filii, uel fratris post eius mortẽ,&c.dicere.n.ꝓ filio & noĩe filii,idem est,ut l. fideic. §.interdũ.de l. 3.& ita ur̃ tex.hic intelligendus, qñ dicit,si quis ꝓ filio uel frẽ.i.ꝙ ista sint verba donõnis.Et aduerte,ꝗa si filius, uel fr̃ est ꝑsẽs,& res ꝗ donat̃ fuerit ꝑsens , & tradita , ꝗa ut dixi vr̃ tradita primo filio,deinde ꝑ filiũ illi, si filius uoluerit reuocare donationẽ,qđ põt,ut hic no.uel si ille ꝑmoriat̃,ad rẽ recuperandã filius hẽbit rei uendicatio.Sed si filius nõ fuerit ꝑsẽs, & res fuit tradira,adhuc filio ꝯpetit utilis rei ven.quia licet fuerit absẽs,tñ fingit̃ sibi primo tradita si ipse mãdauit,uel ratificauit inter uiuos,ut no.in l.qui ꝯcubinã.§.spẽs.de don.Sed si res nõ fuerit tradita,sed ꝓmissa.s.noĩe filii post mortẽ,ipsi filio ꝯpetet actio ex tali ꝓmissione ꝯ ipsum ꝓmittentẽ. Scđs casus est,si nõ donasse ꝑ ista uerba,sed donarẽ hoc mõ,dono tibi istã rẽ ea ꝯdõne,ut si filius ꝯualuerit, sibi restituas, sed si ꝑmoriat̃ apud te sit.Ista nõ ur̃ donõ cã mortis filii , sed vr̃ donõ in te collata sub ista ꝯdõne,si filius ꝑmoriat̃,& si filius ꝯualesceret ex illo pacto,ꝙ sibi restituat̃, possũ agere ꝑscriptis uerbis,uel ꝯdõne.arg. in l.quoties.de don.ꝗ sub mõ. & vr̃ differre iste casus a ꝑcedẽti, ꝗa in ꝑcedẽti nõ posse reuocare talẽ donõnẽ,ut hic no. Sed in isto casu bñ vr̃, ꝙ possim reuocare istud pcm in fauorẽ filij appositũ s̃m Bar.in l.ꝗ Romæ,§.Flauius.de uer.obl.† Est & alius casus,qñ simpr̃ dono hoc mõ,dono post mortẽ filii,vel fratris, uel alterius,& ista n ur̃ donõ cã mor.illius,sed est donõ sub ista die incerta mortis illius,& nõ possem reuocare illã. Est & alius casus,qñ dono tibi simpr̃, ita ut post mortẽ tuã , uel certũ tps restituas tali,& ista silr̃ est donõ inter uiuos irreuocabilis respectu tui,sed an respũ illius,dic ut in d.§.Flaui. sed hic est casus.l. quoties.

3 † Itẽ ꝗrit,ꝗs posset reuocare,an ego,an ipse fili⁹, an frater?& hic est dđm,ꝙ aut donaui rẽ illius,uel illorũ, & ipsi pñt reuocare,non ego,ꝗa ipsi uñr donasse. Aut donaui rẽ meã, & tũc,aut ille nõ erat in mea ptãte,& idẽ, ꝗa duæ resultãt donõnes,una ꝗ ego facio illi filio,uel fratri,alia ꝗ ille filius ur̃ fr̃ facit alteri,& utraq.valet.Et istã secũdam non possũ reuocare,ꝗa non est facta a me.Aut ille erat in mea ptãte,& tũc ego possũ a reuocare,quia cẽset̃ ista donõ facta a me illi tertio, nõ aũt illi filio, cui donare non poterã. Nec obst. ꝙ qñ res non est remansura penes eum,possum sibi donare,ut no.in l.2.s̃.ti.j. in prin. ꝗa illud est uerũ,nisi sit ad eũ reuersura,ut esset hic, si posset reuocare,ut tenet Bar.in d.l.2.s̃.ti.j.& in l.qui pretio.s̃.eo.ti.

ADDITIO.

a Possum reuocare.Adde quod uoluit.Anc.consi.106.

1 *Liberatio tantum confert,quantum debebatur creditori, sed obligationis acquisitio quantum debitor facere potest.*

2 *Si soluisti mihi pecuniam falsam uel reprobam , & ego illam expendi pro bona an fuisti a me liberatus.*

1 §.Si donaturus. † Liberatio tm̃ confert,quãtũ dẽbatur creditori,sed obl̃onis acquisitio ꝗtũ debitor facere pt.h.d.In tex.ibi,si donaturus mihi.puta cẽtũ.In tex.ibi.(debitorẽ tuum.) subaudi, qui tenebat̃ ibi in centũ,sed non erat soluendo,nisi in quinquaginta. In tex. ibi, (delegaueris.& sic fuit liberatus a creditore meo in cẽtũ, licet debitor tuus nõ esset soluendo,nisi in quinquaginta,ut l.inter cãs.§.abesse.s̃.mã.& supple,ꝙ creditor me⁹ exegit a tuo debitor̃ ꝗnquagita, & postea reuocata ẽ donõ, & tu repetis a me cẽtũ. Certe teneor tibi ad integra cẽtũ,ꝗa tãtã videor vtilitatẽ ꝯsecut⁹

quia in tm̃ fui liberatus a meo creditore, licet ipse nõ exegerit
2 nisi quinquaginta.† Et inducit ꝑ lac.de Are.ꝙ si soluisti mihi pe
cuniam falsã,uel reprobã,& ego illã expẽdi ꝓ bona,ꝙ tu fuisti
a me liberatus,uel ꝙ tibi teneor,ac si bonã soluisses,qa tui utilitatẽ ꝯsecutus,ac si esset bona,sed ꝯriũ ur̃ determinare gl. for-
mans hanc quæstio.in l.eleganter.§.qui reprobos.s̃.de pigno-
ra.act.dic,ut ibi per Doct.

§.Titia chyrographa.

Mãdatũ collatum post mortẽ mãdãtis nõ reuocat eius morte.Itẽ restitutio instri facta a creditore uel ab alio
de uoluntate eius liberat debitorẽ.h.d.Et circa primum distin
gue tres casus,quia interdũ mandatũ,& effectus mandati ꝯfer
tur post mortẽ mãdãtis,& non reuocat̃ morte,ut hic & l. si ue
ro non remunerãdi.§.fi.s̃.man.Interdũ utrunq.ꝯfert̃ in uita,&
tunc secus,ut s̃.ti.j.l.2.§.sed & si quis donaturus.Interdũ man
datũ ꝯfert̃ in uita,sed effectus post mortẽ, & tũc distinguit̃, u-
trũ mãdatarius sciat mortẽ uel ignoret,ut l.cũ pr̃.§. nemo. de
leg.2 q tex.non est alibi,& plene no.in l.fi.j̃.de sol.per gl.tñ de
hoc dic,ut plene dixi in d.l.fi.in repetitione mea,qa ego sum in
alia opi.In tex.ibi,(daret).i. traderet. & ita expone j̃. dum dicit,dedit,idest tradidit.

1 *Donatio rei quæ potest uendi, tantum confert, quantum res uendi potest.*
2 *Res tantum ualet, quantum uendi potest attenta qualitate rei & homine scientem illam qualitatem.*

§.Qui hominem.

1 †Donatio rei quæ põt uendi, tm̃ confert,q̃tũ res uendi põt.
2 h.d.†No. ad limitationẽ eius ꝙ dr̃,ꝙ res tm̃ ualet,q̃tũ uẽdi pt̃,
vt l.p̃tia rerũ.ad l.Fal.intelligit attẽta qualitate rei,& hoĩe sciẽ
te illã qualitatẽ,ut in gl.Sed opp.ꝯ istum tex.nã aut ista res fuit
euicta a donatario rõne huius oblõnis,& tunc nihil vr̃ ad eum
perueniße,& sic nihil tenebitur restituere donatione reuocata. Aut nõ fuit euicta, & tunc vr̃ ad eũ ꝑuenisse tm̃ q̃tũ valet,
ẽt nõ attenta illa oblõne, & sic reuocata donatione poterit,
vel ipsa res ꝯdici uel integrũ p̃tiũ eius,ar.s̃.e.l.si alienã. in prin.
Ista oppositio facit me dubitare in intellectu huius lr̃æ ad quẽ
finẽ dicat̃ hic,ꝙ non ur̃ plus ꝑuenisse, q̃ ualet attenta qualita-
te.Si.n.non est secuta reuocatio,ista inuestigatio est frustrato-
ria.Sed si est secuta,adhuc vr̃ frustratoria rõne p̃dicta: possum⁹
dicere,ꝙ est secuta reuocatio donationis, & ꝙ res nondũ erat
euicta, sed poterat euinci, & ꝙ iste donatarius non habebat
facultatem restituendæ rei, & sic oportet deuenire ad æstima
tionem,vt j̃. proxi.in fi. quia eius culpa perdiderit facultatem
restituendi, æstimabitur ergo, ut hic dicitur.

LEX XIX.

1 *Si donatur ei, qui est in potestate alterius, cau.mor.secuta reuocatione agitur de peculio contra eũ in cuius erat potestate, sed si tpe donationis non erat, licet postea transiuerit, de peculio non agitur, sed res uendicatur, si adest facultas rei restituẽdæ, sed si nõ adest facto donatarij, cõdicitur p̃tiũ.*
2 *In obligationibus dãdi, an procedat libellus talis, peto rẽ, vel eius pretium.*

SI filiof.

1 † Si donatur ei, qui est in potestate alterius, cau. mort. secuta reuocatione agitur de
peculio ꝯ eum, in cuius erat potestate, sed si tpe donatio
nis non erat, licet postea trãsiuerit, de peculio non agit̃,
sed res vendicatur, si adest facultas rei restituendæ.sed si non a-
dest facto donatarij,condicitur pretium.h.d.& est subtilis lex &
pulchra. In tex.ibi.(res ipsa à donatore repetitur.) idest ꝑ dona
torẽ ab ipso atrogatore habente potestatem rei restituendæ,&
dic repetitur per directam rei vend.si nõ fuit translatũ dñium,
vel per utilem,& ẽt condictione sine causa, si fuit translatum,
vt j̃.eo.l.si mort.cau.cum l.seq.sed si non habet facultatẽ rei re
stituendæ,aut hoc contingit sine sui culpa, uel facto, & tunc
nullo modo tenetur, non sic in primo casu huius l. ubi tenet̃
de peculio,quod intellige,ẽt si non habebat facultatem rei re
stituendæ,quia pater de ꝯctu vel quasi filij de peculio obligat̃,
etiam si peculium non sit factum locupletius rñr, & in hoc dif
fert iste casus a præcedenti,qa arrogator non tenet̃ de peculio
ex ꝯctu,uel quasi ante gesto,ut in gl.sed si suo facto perdidit fa
cultatẽ rei restituendæ condicitur ab eo pretium,ut in seq.cas.
In fi.l.ibi,(sed pretium eius ꝯdicet).i.rem ipsam, cum sit in obligatione rem dari,si translatũ fuit dñium, sed quia nõ potest
eam restituere,condemnatur ad pretiũ,& hoc respectu dr̃ pre
tium condici,ut sequitur,hoc uult gl.3.hic in solut.quam facit
de l. si seruum.§.fi.de verb.obl.sed ista solutio destruit tex. iõ di
cas,ꝙ non ꝯdicitur ipsum precium.& ad ꝯrium rñde,ꝙ loquit̃
qñ est in obligatione rem dari, in qua etiam re perempta post
morã,uel culpam debitoris agitur ad ipsam rem, licet fiat ꝯdẽ
natio ad pretium,hic erat in obligatione rẽ restitui,in qua suc
cedit obligatio ad æstimationem re ꝑempta,uel perdita facultate restituendi,ut l.in re furtiua.de cond.fur.fm Dy. Sed Bar.
istã solutionẽ vr̃ reprehẽdere,quia tunc est in obligatione re
stitui,qñ actor est dñs rei.ita loquitur l.in re furtiua.sed hi
erat dñs,quia iam transtulerat dñium, & sic est in obligati
mixta: nam eo respectu,ꝙ donans transtulerat dñium dire
& agit ut in eo transferatur,dr̃ in obligatione rẽ dari,sed e
spectu,q a vr̃ sibi restituere vtile,ut patet, quia hẽt vtilẽ re
dicationẽ,ut j̃.e.l.si mortis.& l. sequit̃. dr̃ in oblõne rem
tui, in qua oblõne mixta ddm idẽ est ꝙ in simplici obliga
rem restitui.Br̃ puto Dy. melius dicere, quia siue actor si
siue non sit,sed fuit,dr̃ agere ad rei restõnem,ut l. uideam
prin.& §.in fauiana.in uerbo(quoque.)s̃.de vsu.& in oblig
ne rem restitui qñ dat̃ ꝯ illum,qui fuit in bona fide, non
nisi quatenus ille factus est locupletior, ut in l. in summa
seruum.de ꝯd. ind. sed hic donatarius non fuit in mala fide
si alteri donauit,eatenus ur̃ locupletior,quatenus res uale
2 iõ eatenus condr̃ ꝑ illum §.si seruum.† Quid autem in ob
tione dandi an ꝓcedat libellus, si peto rem, uel eius p̃tium
de in Spe.de obl.& sol.§.sequitur. uer.fi. uel pen.

LEX XX.

EI, qui non amplius.

Si scindit̃ cõmod scindit̃ ẽt onus
nis implẽdæ, si erat diuisibilis.h.d.dic ut in l.Plauti
ꝯd.& dem.In gl.ibi,(uel in eo cui per Fal.subtrahit.)
non est uerum, quia ꝑꝑ hoc non diminueretur onus ꝯd
vt l.qui hæredem.ver.diuersum. de ꝯd.& dem.& no.eo.l.
tius §.item scinditur.& ad Treb.l.4.§.si Titius. fm Dy.

LEX XXII.

IN mortis causa.

Capacitas uel incapacita natarii inspicit̃ tpe mortis
tpe donõnis.h.d.Et idem in legatis,qñ ꝓuenit dũtaxat
pacitas ex donatarij ꝑsona, secus si mixta ꝯsideratione
natarij & rei,& hoc uult dicere gl.tũc hẽt locũ r̃la Catoni
In gl.j.(sed eis ꝑꝑ rẽ ipsam.)ut qa legat̃ res sacra,uel religio
ꝙ subijcit,vel persona legantis,& legatarii mixtim,ut qa l
res ipsius legatarij,nã istis duob.casib.si nõ tenet legatũ
a licet tpe mortis[a] cesset cã inualiditatis, nõ ꝯualescit ꝑꝑ r̃la
tonianã,ut l.cætera.§.j.de leg.j.de r̃la Catoniana ꝑ totum
qñ prouenit defectus ex persona legatarij tm̃, non hẽt lo
illa r̃la,& si reperitur cessare tpe mortis, reconualescit leg
vt l.non intelligit̃.§.qñ.de iure fisc.cum alijs.s̃.alleg.in gl.&
in donatione cã mortis,ut hic.In gl.ibi,(idem esse ẽꝯ,ang
sit donare.)i, ꝙ inspicitur tp̃s mortis eius,certe si tpe dona
nis erat inhabilis ad donãdũ,licet tpe mortis sit habilis,no
conualescit donatio, nisi appareat de recenti uolũtate ip
post habilitatẽ acquisitã,sicut in legatis factis in codicillis,
de leg.3.l.j.§.sed si filius.licet hoc nõ sufficeret in institu. h
dis,nisi faceret testm̃ de nouo,ut ibi hr̃.Sed qñ prouenit ex
sona donatarii,uel legatarij,non oportet,ꝙ appareat de re
ti voluntate,quia minor defectus reputatur ille,q̃ qñ est in
sona testantis,uel donantis.

ADDITO.

a Tpe enim mortis,& angoniæ perduntur sensus,& capacitas testatoris.

LEX XXIII.

SI filiof.

Si donatio sit facta filiofa.ipso præmortuo soluitur,secus si patri,licet mediante myst
filii.h.d.

LEX XXIIII.

1 *Actio subrogata per legem in locum actionis temporalis est perpetua.*
2 *Liberatus pacto, vel acceptilatione amplius non liberatur tempore.*

QVod debitori.

1 †Actio subrogata per l
in locum actionis tp̃alis
2 perpetua.h.d.† Et no.hic, ꝙ liberatus pacto, uel ac
ptilatione amplius non liberatur tpe. Item ad pri
dictum, adde l.item illa.§.qñ adiicitur.s̃.de consti.pec. & ib
esse idem,qñ subrogatur facto ꝯhentium,si tñ principaliter
cus si accessorie,ut l.ei qui.§.iniuriarum.s̃. si quis cau.¶ In t
ibi,ẽt liberatur.s.prima facie, sed non in ueritate,postq̃.n.f
liberatus acceptilatione,amplius non põt liberare tpe. V
dicere,ꝙ ẽt transacto tpe quo fuisset liberatus, si acceptila
facta non fuisset,põt agi ꝯdõne sine cã, in qua primum deb
fuit transfusum,& q̃ in locũ illius fuit principaliter subroga

LEX

LEX XXV.

lli sicut poßunt fieri ex testamento, ideſt facto teſtamento, & ab inte- ideſt non facto teſtamento, ita, & donatio cauſa mortis.
eſtamento in quibus differant donatio cauſa mortis, & codicilli po- ſiti.
qui non poteſt teſtari, non poteſt codicillari, ita non poteſt donare cau rtis niſi quando non poteſt ex eo, quia eſt in aliena poteſtate.

Am is, qui teſtamentum. † Iſta eſt bona lex. Ex qua no. ꝙ ſicut pñt fieri codicilli ex teſtõ, i. facto teſtõ, & ẽt ab inteſtato, i. non facto teſtõ, ut l. ꝯficiunt. in & l. ab inteſt. ff. de iure codi. ita & donatio cauſa mortis, . † In alio tñ differunt cã mortis, & codicilli, quia qñ fcm ſtm, codicilli habent pendentiã ab eo, ſi non eſt ualidũ, & eo adeatur hẽditas non ualidantur codicilli, ut l. ſi quis ualiũ. in fi. ff. de iure codi. & rupto teſtõ rumpunt̃ codicil- j. ff. de iure cod. non ſic in donõne cã mortis, quæ non de a teſtõ, ẽt ſi ſit factum, nec requirit aditionẽ ex eo, ſed t mors donatoris, ut no. in gl. ord. l. poſt legatum. de his. ut indig. & in l. filiæ. in fi. j. gl. C. famil. erciſ. quas gl. no. qa atur ꝯrium cum habeat uim legati, ut ſ. l. Marcellus. §. fi. uidebatur requiri aditio ex teſtõ. Et ad hoc ẽt uide quod ar. in l. ſeq. qõ de lega. 2. Sed ſi teſtm̃ nõ ualet ab ipſo prin codicilli non dñr hr̃e dependentiam ab eo, ut no. Barto. y. in l. legata inutiliter. ff. de leg. j. licet gl. innuat ꝯrĩu in l. am. de iure codicil. dic ut ibi dixi. † Vlt. no. hic gl. ſingula- ꝙ ſicut qui non poteſt teſtari, non poteſt codicillari, ut l. eg. j. ita non põt donare cã mortis, niſi qñ non poteſt ex ia eſt in aliena poteſtate, ut ĵ. prox. §. ſunt ãt multi, q non nt teſtari, de quibus in l. ſi quæramus. de teſta. Et id, quod hic gl. non bene reperitur expreſſum in aliquo tex. Iõ eſt dum quod uidetur tenere Bar. per l. ſi aliquis. ſ. eo. ubi do cauſa mortis reſcinditur ex condemnatione, ex qua re- tur ẽt teſtm̃. facit etiam quod no. gl. ſ. ti. j. l. qui id, quod §. s. ꝙ pupillus etiam cum authoritate tutorum non poteſt e cauſa mortis, licet poſſit alios ꝯctus facere.

---

milias non poteſt facere teſtamentum, nec codicillos, ẽt hodie patre ntiente de aduentitijs, in quib. patri non quæritur uſusfructus.
poteſt donare cauſa mortis quando donat præſenti, ſecus, ſi abſenti, llo pro eo recipiente.
ſi patre conſentiente teſtator cum clauſula, ꝙ ſi non ualet iure teſta- , ualeat iure cuiuslibet ultimæ uoluntatis, an ualeat ſaltem iure dona cauſa mortis.
tione cauſa mortis facta a filioſa. requiritur conſenſus patris ſeu per , & quid in caſtrenſi peculio, uel quaſi.
a. an poſſit donare cauſa mortis ipſi patri conſentiente patre, uel an donare fratri ſuo in eiuſdem patris poteſtate conſtituto. & nu. 6.
o conſenſus alicuius reqritur ad authorizandũ, ut ſi ſtatutũ dicat, ꝙ er vel minor non poſſit cõtrahere ſine conſenſu conſanguineorum, non nt conſanguinei conſentire in facto proprio, ſicut nec tutor.

Filiusfa. † No. ꝙ filiusfamilias non poteſt facere te- ſtm̃, ſupple, nec ẽt codicillos, etiam patre tiẽte: intellige etiam hodie de aduentitijs, in quibus patri ritur vſusfructus, vt l. fi. C. qui teſta. face. poſſ. † Item ꝙ põt donare cã mortis, quod intellige, qñ donat præſenti, habet vim contractus, ſecus ſi donaret abſenti, nullo ꝓ eo iente, quia tunc habet vim vltimæ voluntatis, ꝙ non põt ẽt patre conſentiente, vt hic, iuncto eo quod habetur in pr. §. eorum. de leg. ij. quod dixi. ſ. eo. tit. l. ſi cui. † Ex his ut qõ, ſi filiusfamilias pr̃e conſentiente teſtatur cum clau ꝙ ſi non valeat iure teſtamenti valeat iure cuiuſlibet vlti- oluntatis, vtrum valeat ſaltem iure [a] donationis cã mor- breuiter aut illi quibus relinquit non erant præſentes ꝑ per alios recipientes nõie eorum. & non valet. Aut erant es, & tunc aut fuit expreſſe dictum, ꝙ valeret ẽt iure dona cã mortis, & valebit. Aut non fuit expreſſe dictũ, & tunc quia requiritur ſpecifica, & expreſſa licentia patris, quòd donare cã mortis, nec in generali licentia hoc veniret, vt l. filiusfamilias. §. ſi enim. de iſta qõne dic ꝑ Cyn. & Bal. in um. C. qui teſtam. face. poſſ. † Tertio & ultimo no. ꝙ in tione cauſa mortis facta a filiofamilias requiritur conſen- tris, ſeu permiſſio. Sed ꝯ, de d. l. filiofam. §. fi. ſ. tit. j. Sol. qñ t de caſtrenſi pecul. uel quaſi non requiritur, ut ibi. Secus profecti. uel aduentitio ſm iſta iura, ne fiat præiudicium ignoranti uel nolenti, ut hic, & idem hodie in aduentitijs er habebat uſumfructum, ut l. fi. § filijs autem. C. de bo. q ecus ſi non habebat, & ita ſentit gl. in d. l. filiusfam. §. fin. is rñdeo ad quæſtionem quotidianam, utrum filiusf. poſ-

b ſit donare cauſa mortis ipſi patri, [b] conſentiente patre? & iſtũ caſum pluries habui de facto gl. in l. j. de autho. tut. tenet ꝙ nõ. quia pr non põt authorare in cã propria directe, & immediate, ur ibi, & iſtã opi. vr̃ ſequi Bar. ibi, & Bald. in l. bonorũ. C. qui ad- mit. ad bo. poſſ. ante fi. Pet. tenuit ꝯrũ, quia uoluntas patris re- quiritur ad authorizandum, & integrandum perſonã filij, quia ad hoc non eſt ſufficiens, ut l. fi. §. j. ĵ. de uerb. obl. ſed ne fiat prę iudiciũ patri, & iſtũ reſpectũ habuit iſte tex. ut patet ex his quæ ſ. dixi, quia qñ non fiebat præiudiciũ, bene poterat ſine conſen ſu patris, ut d. l. filiusf. §. fi. ſ. ti. j. Sed ſi donat̃ ipſi patri non ſit ꝑ iudicium patri, ergo ualet, & ꝓ hoc alleg. Pet. caſum in l. fi. C. de impo. lucr. deſcrip. poſt prin. ubi dr̃ ꝙ filiusf. poteſt dare pa- tri in ultima uoluntate, & iſtam credo meram uoluntatẽ, qc- quid dicant gl. Bar. & Bal. & ita reperio fuiſſe cõſultum per ali quos antiquos & nobiles Doctores Peruſinos. ſ. dñm Guli. &
6 Contẽ. Et uide quod no. idem Bal. C. unde uir & uxor. l. 1. † Qñ autem conſenſus alicuius requiritur ad authorizandum, ut ſi dicat ſtatutum, ꝙ mulier uel minor non poſſit ꝯhere ſine con ſenſu conſanguineorum, non poſſent conſanguinei conſenti-
c re in facto proprio, [c] ſicut nec tutor. ſed præſuppoſita illa opi. ꝙ non poſſit donare patri ipſo patre permittente, utrũ poſſit do
d nare fratri ſuo [d] in eiuſdem patris poteſtate conſtituto, illa fuit qõ diſputata per Per. de Cronichis, antiquum aduocatũ Bono. de qua uide Spec. de inſtr. edi. §. porro. tangit ẽt Bal. licet non al leget illã qõnem. in d. l. bonorum. C. qui admitti. ad bon. poſſ.

ADDITIONES.

a Donationis. Adde Soci. late conſi. 112. ubi ẽt aliquid ponit, & conſi. 430.
b Ipſi patri. In hoc articulo uide Old. conſi. 149. Lud. Ro. conſi. 471. Soci. conſ. 30. alleg. eundem Pau. conſi. 177. in 2. uol.
c Proprio. Adde Abb. conſi. 44. Soci. conſi. 87.
d Fratri ſuo. Adde Old. conſi. 262. quo Io. And. in d. addi. habuit.

LEX XXVI.

SI is qui inuicem. Ad confirmationem huius donationis, ſufficit donato em donatario nõ ſuperuiuere. h. d. de iſta materia dic ple- ne per Bar. in l. ꝙ & pariter. ſ. de reb. dub.

LEX XXVII.

1 *Donatio cauſa mortis, facta cum pacto, ꝙ non poſſit reuocari, dicitur potius donatio inter uiuos propter tale pactum.*
2 *Pactum appoſitum contra naturam contractus non uitiat contractum, ſed facit ipſum tranſire in aliam ſpeciem, ſi hoc poteſt fieri ſalua ratione recti ſermonis.*
3 *Pactum appoſitum non contra ſubſtantiam contractus, ſed contra acciden- taiia, uel naturalia, ualet.*
Quid ſi apponatur contra naturam rei, in contractum deductæ.

1 VBi ita donatur. † Donatio cauſa mortis fa- cta cũ pacto, ꝙ nõ poſſit re
a uocari, [a] dr̃ potius donõ inter uiuos pp tale pactũ. h. d. iſta lex. uerũ eſt niſi ſit donatio oĩum bonorũ pſentiũ, & futurorũ. (vide paulũ ꝯſi. 75. & ẽt practicat̃.) qa ut plurimum mulieres donãt poſt mortem ipſarũ cũ pacto, ꝙ non poſſint re uocare, & ꝙ vſusfructus pertineat ad eas, quouſque uixerint.
2 Allegat iſta lex, ꝙ pactũ appoſitũ ꝯ naturã ꝯctus non uitiat ꝯ- ctũ, ſed facit ipſum trãſire in aliã ſpeciẽ, ſi hoc põt fieri ſalua ra tione rectj ſermonis, vt erat hic, quia donõ inter uiuos, & do- natio cã mortis ꝯueniũt in uocabulis. Si quis ergo dicat, dono cã mortis, cũ pacto, ꝙ non poſſit reuocari, ut ſ. eo. l. ſi alienum. §. j. tñ non uitiat donationẽ, ſed facit eã trãſire in donõnẽ inter uiuos. Secus ſi non cõuenirẽt in oĩbus, & ſic nõ poſſet fieri trã- ſlatio ſalua rõne recti ſermonis: ut ſi ꝯcedo tibi talem rẽ cũ pa- cto, ꝙ non poſſim reuocare, qđ eſt ꝯrũ naturæ ꝑcarij, nã nõ fa- cit iſtud pactũ trãſire ꝯctũ in donationẽ, q̃ non põt reuocari, ut ſ. ti. j. l. Aquilius. & l. Ariſ. ſed potius uitiat̃ pactũ, & remanet
3 ꝯctus ꝑcarii, ut l. cũ ꝑcario. ĵ. de preca. † Sed pactũ appoſitũ nõ ꝯ ſubſtantiã ꝯctus, ſed ꝯ accidentalia, uel naturalia, bene ualet, ut l. paciſci. ſ. de pact. & l. pacta. conuenta de ꝯhen. emp. Si ue- ro ꝯ naturã rei in ꝯctũ deductæ lunc diſtinguit̃, an a principio, & uitiat ꝯctũ, an ex poſtfacto, & non uitiat, ſed ipſum uitiatur, ut in l. poſt ſeruuũ. in fi. cum legib. ſeq. ĵ. de uſu, & habi.

ADDITIO.

a Reuocari. De hoc per Fran. Are. conſi. 31. per Ang. late conſi. 154. per Soci. cõſ 137. eundem Pau. conſi. 9. in j. uol.

---

1 *Donatio iſta poteſt fieri liberando debitorem.*
2 *Inſtrumenta poſſunt cancellari ſolo uerbo, dicendo, ꝙ habeantur pro caſſis & irritis.*
An iſto modo uideatur fieri pactum de non petendo.

1 AVunculo suo. † Donatio ista pōt fieri libe-
rādo debitorē. h.d. † No. ꝙ
2 instrā pñt cancellari solo uerbo dicendo, ꝙ habeātur pro cassis,& irritis. facit l.emptor. §. Lucius.ṡ de pac. Item ꝙ dicendo isto modo, vr̄ fieri pactum de non petendo, ꝙ intelligitur si erat præsens ille,ꝯ quem erant instrā,uel alius eius noīe,& tunc vnr sufficere duo testes, tanq̄ ista liberatio sit facta per ꝯrium, alias requiruntur v.quasi habeat uim ultimæ uoluntatis,ita uidetur debere intelligi l.fi.§.fi.C. de codi.

LEX XXIX.

SI mortis causa. Reuocata donatio causa mortis uēdicatē res directa rei uen. nō fuit translatum dñiū. Sed si fuit trāslatū uēdicatē vtili rei uen.& ēt ꝯdicitē ꝯdōne sine cā,uel ob cām.h.d.notabilr cū l.seq. Et istud,ꝙ possit uendicari utili rei uend. & sic trāsferatē dñiū ipso iure in donantē,est ualde singulare, quia nō repe rit nisi in pacto leg.comis.& addictionis in diē,ut no.in l.j. per gl.ṡ.ti.j.Sed illud in donōne inter uiuos, & in alijs ꝯctib.q non habēt naturā vltimæ voluntatis,secus in donōne,q̄ hēt naturā vltimæ voluntatis ex qua trāsferē dñiū sine traditione, & hoc vult gl.& tene mēti,qa ſm hoc poterit donator agere ꝯ quēlibet possessorē,ēt cū quo non ꝯxit,& sic nō solū pt ꝯdicere pretiū a donatario,si suo facto desijt posse restituere,ut ṡ.eo.l.si filio.in fi.sed ēt poterit agere ꝯ quēlibet possessorē habētē facultatē rei restituendæ p istas leges:dēbit tñ altero esse ꝯtētus,quia sunt psecutoriæ.In tex.ibi,(poterit uēdicare).s.directa uendicatione hoc casu,sed seq. l. vtili actione , ut i l.seq. q̄ declarat istā.

LEX XXXII.

1 *Contractus innominati qualiter cognoscantur.*

MOrtis causa. No. in isto principio , ꝙ mortis cā capio,est uocabulū gñrale,& ꝯphēdit qcqd capitē occasione mortis alterius. Vñ ēt hrditas & legatū dr̄ mortis cā capio,sed pprie sumpto vocabulo,& stricte nō ꝯprehēditē nisi id,qd̄ capit cā mortis alterius,taliter ꝙ nō cadit in aliud spāle nomē, & suo mō sumēdo
1 legatū,& hrditas non dr̄ mortis cā capio. † Et iste tex. optime facit ad cognoscēdū,q dicantē ꝯctus innominati,quia illi q stāt in noīe gñrali,& nō cadūt in aliq̄ spāle nomē ꝯctus,vt pmutatio cū pmutatē spēs per specie, licet hoc uocabulū sit gñrale,ut possit cōphēdere ēt ꝯctus emptionis,& uēditionis,& locationis,& ꝯductionis, in quolibet pmutatē res,uel usus rei, cū pecunia,sed qñ pmutatē species cū specie cadit in spāle nomē ꝯctus, qa non pōt dici emptio uel locatio,sed simplex pmutatio,& iō dr̄ ꝯctus innominatus,qa caret speciali noīe,ut no.C.de rerum pmu.super rub.& l.iurisgentium.in prin.ṡ. de pact.

§.Iuliano placet. No.hic,ꝙ si debebas mihi centū,& nō eras soluendo , & ego liberaui te per acceptilationem ex donatione causa mortis,videris totam quantitatem a me recepisse. Ex hoc sequitur quòd si postea reuocatur donatio,& tunc reperiaris esse soluendo totam quantitatem possum a te condicere, nec potes dicere , ꝙ ex liberatione nihil ad te peruenit,cum nō esses soluendo,quia satis est,ꝙ peruenerit liberatio , & quo ad teipsum bene videaris. sol uē vt l.quærebatur.§.j.ad leg. Falc.huic§. Iulianus adde ver.fi.huius.l.ibi.per acceptilationem &c.

LEX XXXV.

1 *Condictio ob causam quando detur.*
2 *Reuocata donatione non solum competit Condictio sine causa , quæ est generalis,sed etiam competit condictio ob causam quæ est specialis.*

1 SEnatus. † In l.senatus.§.nihil dubitauerūt Bal.multum allegabat istum tex.ꝙ cōdictio ob causam non datur solum qñ fuit taliter datū ob causam,ꝙ resultat ꝯctus innominatus,vt si tibi do,ut aliqd facias,sed ēt tātū ꝯctus non resultet ut si tibi do, vt aliquid ego faciam , vel vt Lucius Titius faciat,vt aliquid ꝯtingat,& cā non est secuta,
2 facit l.j.§.si parendū.de cōd.ob cau. † No.ēt hic, ꝙ reuocata donatione nō solū cōpetit condictio sine cā,q̄ est generalis, vt vr̄ velle glo.in isto tit.sed ēt competit condictio ob causam, q̄ est specialis,qa non est secuta cā, idest, mors ob quam fuit data.

§.Si quis societatem. In l. mortis causa declara istū §.ut not.in l. quā alle.gl.ṡ. l.v.§.fi.ṡ.pro soc.in gl.non dr̄ socius, nisi aliquid ponat in societate.s.rem uel operam. Et ēt alia ratio in casu huius.§.quia confertur post mortem,quo tpe debet societas finiri , ergo &c.ut ṡ.de vsufru.lega.l.si vsumfr.cum moriar.de iure dot.l.Iul.& ṡ.pro socio.l.adeo.ſm Dyn.

§.Si duobus. Not.hic, ꝙ cōdictio sine cā subrogatur loco actionis primæ,& est illius naturæ cuius erat prima,vt detur ꝯ quemlibet insolidū, sed ꝯ debitori.ṡ.eo.Solu.ad vtilitatem creditoris sapit naturā,vt hic,sed ad eius damnum non,ut ibi,unde nō est tēpo[ris] cut actio prima.Sed quæro hic uoluit donare vtriq̄,quid ri tñ,& illum liberauit per acceptilationem? vr̄ ꝙ ꝯ ipsi detur ꝯdō sine cā,uel ob cām, quasi ipse tñ uideatur rec[episse] sed repetet a correo per actionem neg.gestor.uel manda[ti] Doc.in l.j.C.de duo.re. In glo.ibi,(alias secus.)nam tunc liberatio ei,qui est capax,prodest sibi & non alteri,sed si [non] est capax,tunc nec sibi,nec alteri:hic est casus in d. l. si sp[onsus] ṡ.j. Et sic no.ꝙ actus factus in pſonā habilem,uel capacē quo ad eum,licet non possit ualere in personā alterius, secundario extenditē,secus ꝯ,quia non fiat in personam [princ]ipalē uel incapacem,cum non ualeat in persona eius,in q[uo prin]cipaliter fit,nō extenditur ad pſonā alterius in ꝯñam, [licet] de se sit capax in primo tñ casu rōne connexitatis,ut si [benefi]cij,id quod prodest ei,in cuius persona principaliter fit, ēt alteri incapaci in ꝯñam,ut l.si is qui ṡ.de lib.lega.

1 *Differentiæ inter donationem causa mortis,& legatum.& nu.1.*
Stipulatio annua,an sit una,uel plures remiss.

§.Si quis mortis. No.hic unā drīā inter legatum, & stipſonē annuā ex donationis cā mortis,qa in primo casu tot sunt legata, quot anni. Iō in princ. cuiuslibet anni inspicitē ꝯdō legatarij, & [si] fuerit capax in uno anno,si in princ. seq. anni non est capax sequenti non debetē legatū,non sic in secundo casu, quia tñ est stipſo p oīb. annis , & sic inspicitur ꝯdō legatarij tñ.s.cū donator moritē,ut hic & ṡ.eo.l.in mortis, & si tunc peritur capax,l.cet postea efficiatē incapax, hoc sibi non n[ocet]
2 † Sunt etiam aliæ drīæ inter donationem cau.mor. & legatum quas uide per Cy.in l.fi.C.eo.alia est ṡ.eo.l.tam is.§.j.Et de ra stipulationis annuæ,an sit una,uel plures, vide plene in l.si seruus cōis Menij,& Castrensis peculij.§.fi.ṡ.de stip[ulatione] uo.In gl.mag.ibi de uerb.obl.l.pluribus.in prin.illa nō mer[ito i]gnari pro ꝯria,quia non loquimur in stipſone annua,sed [in stip]ſone plurium rerū,quo casu distinguitē,utrū fuerint spe[cies] te expsse,uel tacite p earum pſentiā, & cēsentē plures stip[ulationes] vt ibi,alias cēseretē una,ut l.scire debemus.de uerb.obl.In ea.l.plurib.§.j.illa bñ obstat,sed dic ꝙ ibi fuerunt expsse [species] tpum,hic non.Vñ qua rōne expsio plurium rerum facit esse plures spēs stipſonum,ut d.l.scire debemus. eadē rō[ne ex]pressio tpum.ar.ṡ.de testa.mil.l.miles ita hæredem.§.j.[...]

LEX XXXVI.

1 *Qui est incapax bonorum testatoris,est etiam incapax eorum , quæ [sibi] gratia conditionis implendæ ab eo,cui bona testatoris fuerunt relicta.*
2 *Filius naturalis uel bastardus licet non sit capax bonorum paternorum tamen capax bo norum aliunde prouenientium,quam a patre.*

1 QVod conditionis. † Qui est incapax norū testōris,est incapax eorū,q̄ dantur grā ꝯdōnis implēdę ab eo cui bona testōris fuerūt relicta.h.d.in prin.huius l. ibi,(certe.)Et pone casū ꝙ quis habebat filiū ltīmū, & naliū nālē tñ,& uolebat instituere æqualiter. Sed uidēs ꝙ poterat filio nāli relinquere nisi unā unciā,ex quo extabamus & nālis.l.2.C.de natu.libe. instituit hrdē ltimum & naralē in dimidia,& quēdā exneū in altera dimidia sub ꝯdōdaret filio naturali,ponamus quinquaginta,qa tñ ualeba[t] dimidia,q̄ritē vtrū filius naturalis poterit illa quinquagint[a]
2 pere? & rndet ꝙ non,sed tñ,q̄tū facit unā vnciā.l.xij. partius hrditatis, qa illud qd̄ datē grā ꝯdōnis implēdæ succedit co illius dimidiæ in qua ille exneus fuit institutus, & sic habet inde ac si fuisset rogatus illam dimidiam restituere illi naturali quo casu non tenetē nisi usq. ad unam unciam, & residuum maneret ad ipsum grauatū,ita & nunc,ita intelligo istum Non ergo tenebitur iste implere istam conditionem insolidum

ADDITIO.

2 Vnam unciam. Hæc lex potest limitari , nisi filius legitimus & naturalis renunciasset,& non in fraudem medietatis huius hæreditatis, quia tunc ut,[...] medietatem capere possit iuxta no.per Lud.Rom.consi.43.ubi cōsuluit [...] stantib.filiab. legitimis & naturalib. renunciantib. paternis bonis posse [...] totum donare filio naturali,si renuntiatio non fuit fraudulenta, & hæc est ua limitatio,q̄ puto ueram sicut Lud.putat suam consultationem.

de l. Meuius.de cond.& dem.ubi dēt implere inſolidū, li-
e ſit incapax.Sol.licet ſit difficile ꝯriū nō erat incapax ibi
orum teſtōris dumtaxat, & ſic non præſumitur fraus facta
ed hic ſic.†In tex.ibi,(licet non ex bonis mortui proficiſca
oc faciebat dubium,qa filius naturalis vel baſtardus,licet
ſit capax bonorū paternorū, pp refrenandum uitium pa-
,ut l.fi.C.de natu.libe. eſt tñ capax bonorum aliunde ꝓ-
entium q̃ a patre,quia ceſſat rō prædicta,& ita no. gloſſ. in
.quib.mod.natu.effi.ſui in gl mag.& ſ.de iure fiſ. l. j. & l.
intelligi.§.qñ aūt.eo.ti.per Bar. ſed id quod dabat gr̄a con
nis implendæ,non erat de bonis paternis,ſed de bonis dā-
Sed rñdetur,quia ſuccedit loco bonorum p̄norum q̃ fue-
relicta ſibi ſub ꝯdōne,ſi de ſuo daret tm̄ illi filio,& ſic cēſe
acta fraus legi.Secus ergo in alijs, quæ non ſuccederent lo
onorum paternorum,quia non ſunt data gratia ꝯditionis
endæ,& hic eſt caſus in l.is qui ſ.de uulgari & pup. nā illa
pere etiam ex diſpoſitione paterna,ut ibi habetur, & hoc
.ſecunda,quæ incipit,(immo contra.)

Certe quod. Datum hæredi gratia cōditionis implendæ,ſi erat hæreditarium,imputrin Falcidiam.h.d.ſ̄m ſecundam lec.gloſ.hoc declara,ut in
aūt.ſ.ad leg.Fal.& j̄.eo.l.quod ſtatulibero per q̃ iſte §. ſup-
Sed ſ̄m aliam le.dicit, ꝙ eius quod datur a ſtatulibero gra
nis implendæ ei qui eſt incapax bonorū defuncti , bene eſt
x,ſi illud non eſt de bonis defuncti, ſed aliunde ꝓuenit. h.
licet gl.& Doc.uideātur reprobare iſtā lec.ut nō fiat fraus
tñ mihi uī̄ uera,qa principium huius l.hēt locum, qñ da-
ab eo,cui bona præſentia ſunt relicta, & ſic illud datū acce
oco bono.paterno.q̃ pater potuiſſet relinquere filio,ſi nō
illegitimus, vñ uī̄ illam ꝯdōnē appoſuiſſe in fraudē legis.
hic loquiī̄,qñ apponitur ei,cui relicta eſt libertas, q̃ liber
non potuiſſet relinquere pī̄ alteri q̃ ipſi ſeruo.Et iō datum
ꝯdōnis implendæ non pōt uideri appoſitū in fraudē legis.

LEX XXXVII.

Illud generaliter. In l. illud.ibi (fere.) ideo hoc dicit, qa non ſemper eſt uerum,ſed fallit in pluribus caſib.notatis in l.ſi.C.eo.

ra donatarium qui ſuo facto deſinit habere facultatem reſtituendæ rei
uta reuocatione donationis datur condictio quatenus ad ipſum peruenit
re,uel ad iſtum pretium prout uoluerit.
bligatione rem dari,ſi debitor perdidit facultatem dandi non poteſt cō
i libellus,niſi ſuper ipſa re,& ſi quis peteret ꝑtiū,an libellus ſit ineptus.
d in obligatione rem reſtitui.

Iulianus ait. †Cōtra donatariū qui ſuo facto deſinit hr̄e facultatem reſtituendæ rei,ſe-
a reuocatione donationis datur ꝯdictio quatenus ad ipſum
uenit ex re,uel ad iuſtum ꝑtium ꝓut uoluerit.h.d.ſ̄m glo.
dic ēt ad ipſam rem,licet fiat ꝯdemnatio in iuſto pretio, qa
n pōt reddere,& tunc tex.ſtat ꝓprie,nec obſt.l.ſi filio. in fi.ſ.
.vbi dī̄ ꝙ non ꝯdicitur res ipſa ꝑ quem tex.glo. fuit mota,
uia non pōt intelligi,ſi ꝑciſe ſeu tm̄,immo pōt condicere rē,
pretium,ut coniuncta illa l.quod dic, vt ibi.In obligatione
ꝯrē ſibi dari,ſi debitor perdidit facultatem dandi, non pōt
cipi libellus,niſi ſuper ipſa re.Et ſi peteret pretiū,eſſet libel-
ineptus per l.ſi ſeruum.§.fi.j̄.de uerb.obl.†ſēd in obligatio
rē reſtitui,uel mixta quæ participat oblōne dādi,uel reſtituē
ōt concipi altero de trib.mod.vel ꝙ petā illud, qđ ad debito
ex illa re ꝑuenit,ut ſi rē uendidit maiori ꝑtio,forte q̃ ualeat,
in uerbo ꝑtij,cū gl pura,& in l.in ſumma.§. in frumēto. de
inde.uel ꝙ petā uerū ꝑtiū rei,ut ſ.eo.l.ſi filio in fi.& j̄.e.l. ſi
u.uel petā ipſā rē,ut in hoc tex. ſed qa res nō pōt reſtitui of
io iudicis mercenario,fiet ꝯdēnatio, uī̄ executio in uera æſti
tiōe,ut no.ī l.ui nū.ſi cer.pet.in fi.gl.mag.in d.l.ſi ſeruū.§. fi.

LEX XXXVIII.

Inter mortis. Donatio cauſa mortis dī̄ illa quæ fit a p̄ſente p̄ſenti, ſed mortis cauſa capio non dī̄ donatio,licet perueniat ex uoluntate mortui.

LEX XL.

Si mortis cauſa. Donatio cauſa mortis facta vxori,[a] ſi confirmatur morte donantis trahitur retro ad diem donationis.h.d. Intellige,vt
gl.dicit,qñ fuit actum,ut ſtatim tranſiret dñium,licet hoc
ere non potuerit,ꝙ tunc non trahitur retro,quo ad hunc ef
ctum, ut cenſeatur donatarius fuiſſe dominus a die donatio-
s factæ,quia diſpoſitio iuris repugnat, ſed ſolum quo ad cōmoditatē,uel fructus,ut no. in l. donationes. C. de dona. inter uirum & uxor.

ADDITIO.

a ¶Si confirmatur. Reliqua enim teſtamenta prius facta nouiſſimo annullantur propter teſtatoris mortem.

LEX XLI.

Quod ſtatu. De eo quod hr̄s gr̄a ꝯdōnis implēdæ a ſtatu libero ſoluēte de peculio iudicādū eſt,ut de alijs reb.hr̄ditarijs. Et idē dicit de peculio, ꝙ fuit donatū ſeruo , uel traditū alteri ꝓ ſeruo ipſo p̄ſente.h.d. in effectu,& uenit ad ſuppletionē eius qđ hr̄ ſ.eo.l.qđ ꝯdōnis.uer.certe.ſ̄m primā lect.gl.In gl.2.ibi.ſ.
ad leg. Fal.l.ita aūt.alij diſtinguūt an dederit ſpeciē , & ꝓcedit ꝙ hic dicit gl.quia hr̄s partē recipit a ſe, & partē a cohr̄dib. & id,qđ recipit a ſe imputatur in Fal nō id,qđ a cohr̄dib.aut recipit pecuniā,& totū imputat in Fal. quaſi totum uideaī̄ hr̄e dē parte ſua,de hoc d c,ut l.cū pī̄.in prin.de leg.2.l.deducta.§.nūmis.ad Treb.In gl.ibi,(ſed expone,)nō pūt dici, ꝙ ibi loquitur de eo ꝙ hæres dat alteri , nō iure legati,uel fideicommiſſi, ſed ex mortis cā capione,utrum de illo poſſit detrahere Fal.hic loquitur de eo,ꝙ hæres recipit ab alio, utrum illud computetur ſibi in Fal.quo ad alios.& ſic nil ad propoſitū.In gl o.mag. pro eius declaratione opponiī̄ ꝯ finem, dī̄ hic ꝙ datur a tertio præſente ſtatulibero cenſeī̄ eſſe de peculio,& ſic imputatur in falc. iure inſtitutionis.ſ.eo.l.ꝙ ꝯdōnis.in fi.ubi id, quod datur a tertio non imputaī̄.glo.multū laborat ſuper hoc ꝯrio.mihi uī̄, ꝙ prima ſolutio ſit bona,qa hic loquiī̄ de eo,quod datur a tertio p̄ſente ſtatulibero,& ſic per prius uī̄ datum ſtatulibero, & per ꝯñs effectū de peculio,non mirum ſi computaī̄, ſed ibi qñ ſtatulibero non p̄ſente,& ſic non uī̄ datum ſtatulibero uere, ſicut in caſu præcedenti,unde non eſt falſum de peculio. & hoc no.pro eo,quod dixi ſ.ti.i.l.donationibus.§.ſpecies.

LEX XLII.

1 *In donatione quando fit mentio mortis dicitur donatio cauſa mortis,ut cum dono tibi poſt mortem meam,uel cum moriar.*

Seia cum bonis. Donō cā mortis nō pōt peti uiuēte donatore, nec pōt donator reſtringi ad cauēdū de ſoluēdo poſt eius mortē. Itē p̄moriēte donatario reſoluiī̄:ſed p̄moriente donatore ualet,& poteſt peti ſi interuenit ſolēnis promiſſio,dēt tñ defalcari.h d.uſq.ad §.ſi cū pater.& eſt tex.ualde difficilis. Et primo ponit narratio facti uſq.ibi,agitur. Scđo, eliciī̄ una qō ex facto, & ſoluitur,uſq.ibi,(bonæfidei.)Tertio formanī̄ tres qōnes ꝑ ordinē,anteq̃ in aliquam rñdeaī̄,uſq.ibi, (ſed negari nō pōt.) Quarto rñdeī̄ ad oēs tres ordine retrogrado , & primo ad ultimam uſq.ibi,(ſequitur.)ſecundo.ad penultimū,uſq.ibi,(ſeq.)Tertio ad antepenultimū,ſeu primū de dictis,uſq.ibi,(mulier.) Quarto,& ultimo format nouā qōnē & decidit.Circa primam partē notandū,quia duæ fuerunt donationes,ut dicit gl. quæ incipit primam : ſcilicet prima quæ fuit facta Titio : & iſta incipit a traditione, ut hic in uerbo traditionibus quod intellige de ficta , quia reſeruauit ſibi uſumfructum, ut C. de donationib. l. qſqs. & ex hoc ſequitur quia fuit tranſlatum dñium in Titiū , ut hic patet,dum dicit,proprietas ad eam rediret.& ſic fuit pura quo ad tranſlationē dñij,ſed debebat reſolui ſub cōditione ſi Titius præmoreretur.Scđa fuit donatio facta filijs Titij donatarij, & iſta non incepit a traditione,ſed ab actione,uel ſtipulatione,quia Titius fuit ſtipulatus,uel facta noīe filiorū abſentium,uel qui nondum erant nati in rerū natura , nec fuit trāſlatum dñium in filio,& fuit facta ſub duplici ꝯdō.ſi prima donatio reſoluatur Titio præmoriente,& ſi donatrix poſtea decedat ſuperſtitibus filiis Titii, & ſupple hic, ꝙ prima ꝯditio extitit,quia prima donō fuit reſoluta Titio p̄moriente. Erat tunc qō utrū filii Titii poſſent uendicare bona,& vī̄ ꝙ ſic , quaſi uideaī̄ fuiſſe actū,ꝙ reſoluta prima donatione dñium rerū trāſferaī̄ in filios Titii,ſicut fuit in Titium per illa verba , ꝙ bona ad eos ꝑtinerent &c. Tñ ꝯriū eſt verum,qa dñium non transferaī̄ ex ſolis verbis,ſed interueniente traditione vera uel ficta,q̃ hic non vī̄ interueniſſe quo ad filios Titii licet interuenit quo ad Titiū. Item dubitatur poſito ꝙ non poſſint vendicare bona, vī̄ agere,vt eis ſtatim tradantur donatrice viuente, quia p̄t donationē reuocare,vtrum ſaltē poſſint agere,ut ꝓmittaī̄ eis,ꝙ illa mortua bona ꝑueniat ad eos,& uidebaī̄ ꝙ ſic, quaſi actio competens ꝓ hac donatio. cau.mor. habeat inſtar actionis bonæfidei,[a] ſicut actio ex teſtō,ut l.in minorū.C.in quib.cau.in integ. reſt.nō ē neceſſaria.ergo &c.ut l. i oīb.ſ.de iudicijs.In ꝯriū qa illa

ADDITIO.

a Bonæfidei. Adde ut per Lud.Rom.ſing.ſuis.fol.6.

la loquitur in his,q sunt obligati taliter,ꝙ ab obligatione non
pn̄t se eximere,hic nō sic, posito ꝙ ista esset obligata ex pacto
p̄no, quia pōt pęnitere & reuocare donationem : ergo si filij
possent agere uiderentur extorquere donationē ab inuita , q̄
adhuc initium non habuit in personā istorū, cum ista donatrix
adhuc uiueret. Et iurisconsultus anteq̄ absoluat illam q̄onem,
formatalteram, si ista Seia sponte promisit istis liberis , ꝙ post
mortem suam bona pueniant ad superstites, utrum per hoc ui
deatur reuocare personam donantis, si Titius primus donatarius adhuc uiuebat , quasi uideatur prima donatio causa mortis pp pactū in ea appositū, ꝙ Titio p̄mortuo pprietas ad eam
rediret, & sic sit reuocabilis? Item anteq̄ rn̄deat ad istā format
alterā, vtrū ita sit donatio cā mortis, uel potius inter uiuos, habens certā ꝯdōnē, put dicitur s̄.eo.l. ubi ita. in uer. sed negari?
a Rn̄det ad hanc ultimam, ꝙ est donō cā mortis,[a] & ad hoc prin
1 cipaliter alle. ista lex, ꝙ † qn̄ fit mentio mortis in donatione dr̄
donatio cā mortis, ut dono tibi post mortē meā, uel cū moriar,
Et ad hoc ēt alleg. l. Seia. de dote p̄lega. tn̄ istud non bene pbat̄
hic, qa hic plus fuit, qa actū fuit, ut donatario præmoriēte resoluatur: soluit penultimā q̄onem , ꝙ hic fuit reuocata prima
donatio ex quo Titius primus donatarius fuit p̄mortuꝰ. Quid
āt si non fuisset p̄mortuus, utrum per promissionem factā filijs
Titij uideatur reuocari prima gl. hic q̄ incipit (personā) mouet
hoc dubiū, & vr̄ tenere, ꝙ sic, & illud fuit dubiū literæ, in uer.
(sed quid.) Dy. vr̄ idem dicere. Mihi vr̄ ꝯriū, quia promittendo
filijs Titij, vr̄ promisisse ſm naturā, & pacta primarum donatio
num, s. si contingat primam resolui præmortuo Titio, & sic sit
locus secundæ arg. in l. si uno. s̄. locati.

ADDITIO.

a Causa mortis, quomodo cognoscatur a donatione inter uiuos, uide per Ale, cōs. 14. & 81. lib. j. & consi. 76. li. 4.

LEX XLII.

SEia.
Cum pater. Infirmus etiam in articulo mortis constitutus non uidetur donare causa mortis, sed inter uiuos, nisi de morte faciat mentionem, h.d. iste singularis casus, & menti tenendus.

LEX XLIII.

SI seruo mortis In donōne cā mortis , collata in seruū, mors serui, nō aūt dn̄i expectat̄, cui post mortē donatoris manumisso nō q̄rit̄ donationis effectus. h.d. ſm uerā lect. Dy. Et non declarat Dy. nec gl. nec Do. hoc ultimū dictū, sed dic, ꝙ rō est, qa cū donō cā mortis ꝯfirmet̄ morte donantis, nō expedit expectare, ꝙ adeat̄ eius hr̄ditas, uel tabulæ testī eius aperiant̄, licet non sic esset olim in legatis & fideicōmissis. Si ergo reperit̄ seruus tpe mortis donatoris , donō statim acq̄rit̄ dn̄o, licet tabulæ testī nō sint apertæ, nec adita hr̄ditas. Ergo licet dn̄s postea illū seruū manumittat, donō remanebit apud eū, & nō seq̄t̄ manumissū, ut patet ex his q̄ dixi s̄. e. l. tā his. licet gl. hic uideat̄ dicere, ꝙ in donōne cā mortis, dies cedat sicut in legatis ꝙ est falsū, ut no. in le. post legatū. §. si mortis. de his qb. ut indig. p gl. & dixi ī l. tā his. Deo gratias. Et hic fecimus finem die. 4. Februarij, & die 6. eiusdem mensis incepimus titulum de acq. poss. & hoc in ciuitate Bononiensi. M. ccccxx. viij.

De acquirenda, vel amittenda possessione Rubr.

LEX PRIMA.

1 *Etimologia, allusio, & expositio vocabuli, ꝙ idem importent.*
2 *Pedes sunt instrumentum aptum ad acquirendam possessionē naturalem rerum immobilium, sed mobilium, manus sunt instrumentum.*
3 *Res mobiles, an ita proprie possideantur, sicut immobiles.*
Visus & aspectus an sufficiant ad acquisitionem possessionis indistincte, numero 10.
4 *Ad retinendum possessionem, iam quęsitam, ꝙ sufficiat solus aspectus.*
Animus an sufficiat ad acquirendam possessionem, & ad retinendam acquisitam.
5 *Ad acquisitionem dominij cuiuslibet rei, an sufficiat sola possessio, & occupatio.*
6 *Quid possessio.*
7 *Possessio naturalis qualiter perdatur.*
9 *Possessio an sit una tantum, an duæ scilicet ciuilis, & naturalis, & nu. 6.*
10 *Licet aspectus, & etiam loci propinquitas non sufficiat ad acquirendā possessionem naturalem ei, qui non habet ciuilem, nisi interueniat traditio possessionis, ei tamen qui habet ciuilem, & perdit naturalem , quia se ab[...] uit, taliter ꝙ nec uidet, nec est prope, sufficit ad eam recuperandam.*
11 *Ille qui est prope & de facili potest ingredi, non perdit naturalem.*
12 *Quid si habeat naturalem per colonum, & colonus recesserit.*
Quid in usufructuario si recedat.
13 *Habens utranque possessionem, qui exiuit de fundo, an perdat natur[...] fuit ingressus alius.*
14 *Quid in ciuili possessione.*
15 *Quid in nuda detentatione.*
16 *Possessio quo iure fuit introducta.*
An sit una possessio, uel duæ. ibid.
17 *Ad acquirendum dominium, & ciuilem possessionē, & naturalem a[...] ciat animus una cum aspectu, & nu. 19.*
18 *Animalia an uideantur apprehensa, eoipso ꝙ casu fortuito illa cad[...] nostrum laqueum inciderunt, uel a nobis uulnerata sunt.*
In his quæ acquiruntur per inuentionem (ut est thesaurus) an sufficia[...] aspectus.
19 *Non dicitur inuentus qui non fuit apprehensus, & quid in statuto, si[...] qui fuerit inuentus de nocte portare arma, puniatur tanta pœna.*

1 POssessio appel. †Vsque ad §. adipiscim[...] iurisconsultus tria facit, q[...]
mo ponit etymologiā seu deriuationē huius uoc[...]
(possessio.) & ipsius etymologiæ rōnē usq. ibi, (iūn[...]
Scd̄o ponit effectum possessionis, q fuit olim de iure natu[...]
uel gentium. usque ibi, (eiusq.) Tertio ponit effectum, q h[...]
2 remansit: ēt hoc sufficiat p summario. † No. ex prima parte[...]
mologiā, & allusionē, & expositionē uocabuli, nā oīa ista i[...]
important, nā est expositio unius uocabuli per aliud ue[...]
vocabula magis no. ut lapis. i. lędens pedes, & piger, i. pedu[...]
ger, sicut hic possessio, i. pedū positio. Item no. ꝙ pedes sun[...]
strm̄ aptum ad acquirendam poss. naturalē, intellige rer[...]
mobilium, quę pedib. calcātur, sed mobiliū instrm̄ sunt ma[...]
3 ut j. prox. §. ibi. (aliquid in manu ponat &c) & sic † res mo[...]
ita pprie possidēt̄ sicut immobiles, quia interuenit instrm̄[...]
porale. gl. j. in fi. dicit ꝯriū, sed nō bn̄ ſm Do. p §. seq. & ēt p[...]
tex. in uer. eius. quia ibi loquit̄ de reb. mobilib. p l. rē q̄ nob[...]
eodem. & qa usucadiunt̄ sicut immobiles, qđ esse non po[...]
si non possiderent̄, facilius tn̄ pdit̄ possessio rerum mobi[...]
a a q̄ immobiliū, ut d. l. rē q̄ nobis. iō dignior dr̄ possessio rer[...]
mobiliū, iō fit denominatio a digniori. Est & aliud instrm̄ [...]
porale, qđ nō est ita aptū ad possessionē acquirēdā, sicut m[...]
& pedes, qa p ipsū nō fit occupatio rei, sicut fit per manus[...]
pedes. ut est uisus & aspectus , & tale instrm̄ licet sit corpor[...]
nō tn̄ sufficit ad acquisitionē possessionis indistinctē, sine[...]
strō corporali, nisi in re p aliū possessa, & interueniente vo[...]
tate tradentis possessoris, ut j. eo. qđ meo. §. si uenditorē. se[...]
reb. per neminē possessis nō sufficit aspectus, ēt cū intenti[...]
b acquirēdi possessionē, nisi interueniat actus corporalis,[b] m[...]
nuū aut pedū, ut hic in gl. mag. sup uerbo (primi.) licet secu[...]
in primis instrīs q̄ sola sufficiunt in reb. p aliū nō possess, ut[...]
4 ea. gl. † Sed ad retinēdū possessionē iā q̄sitā, bn̄ sufficit solu[...]
spectus, ut hic ī gl. mag. post mediū ibi, (primis duob. casib. &[...]
Est & aliud instrm̄ nō corporale, sed mētale, ut aīus, & ille [...]
lo mō sufficit ad acquirendū possessionē ēt si interueniat tr[...]
tio verbalis possessoris, nisi ēt ꝯcurrat aliud instrm̄ corpora[...]
s. pedū, manuū, uel uisus, ut j. e. l. 3. in prin. sed ad retinēdā p[...]
sessionē acq̄sitam bene sufficit solus aīus, ut l. licet. C. eo. & [...]
5 in gl. † Ex secunda parte nota. ꝙ olim ad acq̄sitionē dn̄ij cui[...]
bet rei, ēt immobilis sufficiebat sola possessio, & occupatio, [...]
xta illud, qcq̄d calcauerit pes tuus, tuū erit, sed hodie hoc n̄[...]
ficit in reb. immobilib. nec ēt in reb. mobilib. q̄ sunt p aliū oc[...]
patæ, & in dn̄o alterius, sed in his mobilib. q̄ non sunt in al[...]
rius dn̄io, ut sunt q̄ cęlo, terra, mariq. capiunt̄, etiā sufficit [...]
possessio, & occupatio, sicut olim, sed ī alijs req̄rit̄ uolūtas d[...]
uł titulꝰ ex tpe habili ad p̄scribēdū, nec sufficit sola occupat[...]
imo sufficit, si n̄ sūt ī bonis alicuiꝰ, nec ēt olī sufficiebat sola [...]
cupatio, postq̄ p aliū erat occupata: ita ꝙ nō uideo bonā diff[...]
nem

ADDITIONES.

a ¶ Mobilium. Facit in ar. ꝙ uendens omnes possessiones suas uideatur etiam u[...] dere mobilia pro hoc de leg. 3. l. uxori. gl. C. de cōpen. l. fi. & ibi. Alb. de Ro[...] in dictionario dicit ita fuisse determinatum , licet in contrarium faciat. C. [...] offi. præfe. august. l. vnica. & ad mun. l. filiæ libertorum. §. fi. dicit tn̄ non inep[...] dicendum recurrendum esse ad cōem usum loquendi.
b ¶ Actus corporalis. Dicunt Dn̄i de Rota in collectis Berengarij. de cau. poss. & [...] proprie. quia ille cui est tradita possessio per habentem potestatem per au[...] portæ ecclesię clausæ, cuius ecclesiæ alius causa custodiæ habebat claues, po[...] test petere restitutionem si possessio per alium non fuit apprehensa, qa suffic[...] apprehensio possessionis per anulum cum præsentia & aspectu appōdeus.

ter olim & hodie.† In gl.j.ibi,(tu dic.)istam diffinitionẽ
endit Dy.& tenet diffinitionem Io.quia Azo diffinit pos
ẽ, prout, est in fieri, sed Ioã. prout est in facto, nam actus
endi possessionem, uel retinendi cõsistit in facto, & iste
non est possessio, sed illud quod ex tali actu resultat, & il-
ius, vt j.e.l.peregre.in prin. Sed Azo videtur uelle ꝙ ipse
cquirendi vel retinendi sit possessio, p §.seq.in fi. ibi, dũ
acti, non iuris esse &c. Bart. aũt diffinit, ꝙ possessio est ius
ndi rei nõ prohibitæ possideri, tu supple rei, s. corporalis,
orporalia non possidentur, ut hic in gl. Item supple s'm
captum ad acquisitionẽ veri dñij mediante usucapione,
criptione, ne differat a licita detentione, q̃ potest ẽt dici-
istendi rei non prohibitæ possideri, ut patet s.de donat.
llius. vnde ille qui habet nudam detentationem nõ pos-
ẽ, potest implorare iudicis offm̃, ut in ea defendatur, vel
atur, si fuit expulsus, & totum hoc est de iure. Item solo
ẽt potest retineri, sicut uera possessio, ut l. si finita. §. si
u.s.de damno infec. & tamen est sufficiens ad acquisitio
j per usucapionem, uel pscriptionẽ. In gl. seq. magna. in
o.ex ista gl. ꝙ possessio naturalis etiam dr̃ corporalis, &
erso, & sic non est dr̃ia inter noĩa ista, sed Barto. hic sub-
do super seq.gl.magna, facit dr̃iam inter naturalẽ, & cor
dicens, ꝙ naturalis est illa, q̃ habet vsufructuarius, uel su
arius, uel emphyteuta, uel feudatarius, vel alius habens
ñiũ, seu qui tanq̃ fructuarius, aut emphyteuticarius, uel
abens utile dñium, possidet, licet non sit: sed corporalis
quam quis ingrediendo fundũ p alium ciuiliter tm̃ pos
adipiscitur, vt j.e.l.clã possidere.§.fi.& l.si id, quod.§.fi.
it mentio de corporali. Et est dr̃ia, quia prima, s. naturalis
plus de ciuitate admixtũ, qa sufficit ad pscribendũ illud
non erat re vera fructuarius vel emphyteuta, nã possidẽs
tpe cum titulo tanquã talis acquirit illud ius, vt l.s.§.fi.
ræscripti.lon.temp.in fi. sed secunda corporalis non est
ens ad præscribendũ, & sic nõ hẽt tm̃ iuris admixtum, li-
ficiat ut ꝓpetãt interdicta vti possidetis.& uñ ui si turbet
pellat. Bñ sua inuestigatio nõ placet, ut dicã sup gl. q̃ in-
(& bñ,) & iõ tene, quod in hac gl. hr̃ ut omnis naturalis
corporalis, & ecõuerso, & non sit dr̃ia.† In glos. ibi, (item
:.)gl. examinat unam q̃õnem, qualiter perdatur possessio
alis, utrũ eo ipso, ꝙ quis recedit de fundo? & ponit qua-
pinionés, quarum primæ duæ ꝯcernunt opiniones Azo
æ fuit, ꝙ non est nisi una possessio, s. naturalis usque ad si
dericus. Aliæ duæ concernunt opi.Ioan. quæ fuit, ꝙ imo
uæ.s.ciuilis, quæ retinet animo, & naturalis, quæ retinet
re.circa primas duas, dic. ꝙ præsupposita opi. Azo. ꝙ ue-
non sit nisi una, prima opinio, quæ est, ꝙ eo ipso ꝙ exit de
pdit, hæc opinio poterat procedere de iure naturali añ
set conditum ius ciuile, qa illo iure solũ instrm̃ naturale
porale operabatur in retentione, unde eo ipso, ꝙ desine-
perari, desinebat possidere. Secunda opi. Azo ꝙ retineat
posset procedere, post ius ciuile conditum, secundũ quod
trm̃ ciuile, ut est aĩus, operatur in retentione naturali, vt
j.ea.gl.uer.idem dico.† In gl.ibi, (sed oppono.) hæc gl. op-
contra opi. Azonis inquantum uult, ꝙ sit una tantum
ssio.d.l.clam possidere.§.qui ad nundinas.j.eo. quia non
t esse apud duos insolidũ, cuius ꝯrĩi ibi pbatur, & rñdet
zo.ꝙ imo potest diuersis respectibus, s. apud unum natu-
r, & apud alterum ciuiliter, quæ responsio non est bona,
n reprobat alia gl. quæ incipit.(& bene) in fi. quia una sub
a, uel una res in substantia. impossibile est ꝙ sit apud plu-
solidum uere, etiam diuersis respectibus. tamẽ in illo §. ve
apud utrunq. ergo sunt duæ in substantia. In gl. ibi (Alde-
)Ista opi. vult ꝙ retenta opi. Io. ꝙ si sint duæ, s. ciuilis & na
s, non possunt esse simul apud eundem, imo ꝙ qñ est in
o, hẽt naturalem tm̃, & non ciuilem, & quando non est
ndo, hẽt ciuilem, & non naturalem, quæ opi. est falsa, quia
simul, & semel possunt esse ambæ apud eundem eodẽ tem
sicut in fundo, ut l.2.§.fi.j.pro hærede. In gl. ibi, (tu distin
ecundum Ioã.) ista est uera & uult in effectu, ꝙ imo ambæ
nt esse apud eundem, ut dictum est, & in hoc differt a pce
, etiam si recedit de fundo non propterea statim pdit na-
ẽ, imo ipsam retinet, quousque uidet fundum, etiam si se
ntauit per decem miliaria, uel si sit prope, licet nõ uideat,
hoc differt a prima opi. posita in uer. item no. & ẽt a pcedẽ
æ uult, ꝙ statim ꝙ exit fũdum, perdat naturalem.† Ex hoc
ꝙ licet solus aspectus non sit sufficiens ad acquirendã pos
onem naturalem, quam quis nõ habet, nisi interueniat tra
dñij, uel possess. ut sequitur j. in glo. quæ incipit, & bene
t sufficiens ad retinendum, & idem in propinquitate loci,
d tene menti.† No. etiam gl. in uer. sed quid si non est in cõ
u. ꝙ licet loci propinquitas non sufficiat ad acquirendam
ssionem naturalẽ, ei, qui nõ hẽt ciuilem, nisi interueniat
traditio possess. ei tamen qui hẽt ciuilem, & perdit naturalem,
quia se absentauit taliter, ꝙ non uidet, nec est prope, bñ sufficit
ad eam recuperandam, quia eoipso ꝙ redit ad fundum, & incipit ipsum uidere, uel appropinquat, recuperat naturalem. No.
ẽt ꝙ ille, qui est prope, & de facili põt ingredi, non perdit natu
ralem, alias esset dicere, ꝙ qui uadit in plateam nemine relicto
domi, perderet naturalem, quod est absurdũ, ut no. in l.j.C.uti
12 pos.† Et pdicta pcedunt, qñ quis habebat utranque possessionẽ per se, uel utranque p alium. Sed si ciuilem per se, & naturalem per alium, ut per colonum, tunc licet colonus recesserit ta
liter, ꝙ fundum non uideat, nec sit propè, si tamen non animo
dimittendi possessionem, nõ perdit dñs naturalem, sed eam retinet aĩo coloni, sicut retinet corpore ipsius coloni, qñ colon⁹
est in uera detentatione, quia ipse colonus aĩo retinet detenta
tionẽ, ut j. patet. & hoc dicitur in gl. in uer. si ãt. Quid aũt si re
a cedat colonus[a] aĩo dimittendi, vel si moriatur, uel si alteri tradat? hic vt no. in d.l. si colonus. j.eo. & l.2.§. si seruus. & l. si iõ. §.
si forte. & plene per gl. C. cõia de usuca. l.j. Aliquando tñ contingit, ꝙ quis non hẽt nisi naturalem possessionem, ut vsufructuarius, & tunc licet recedat de fundo taliter, ꝙ ipsum nõ videat, nec sit prope, non perdit naturalem, sed retinet eam aĩo,
& hoc uult gl. in uer. & idem dico. & assignat rationem diuersi
tatis in uer. sed quare, inter hunc casum, & primum, & s'm qñ
habet utranq. possessionem, uel ambas p se, uel ambas p aliũ.
Quidam tñ dixerunt, ꝙ usufructuarius habet quandam ciuilẽ
diuersam ab ea, quã habet proprietarius, q̃ retinet animo, non
aũt naturalem. gl. hic reprehendit in uer. sed quidam. quia non
est dare nisi unam ciuilẽ, & illa est apud proprietarium. Tene
ergo rationem gl. quam gl. postea probat in uer. item in superiori, p alium casum similem positũ. s. in gl. in uer. si autẽ p aliũ
ubi animus coloni operatur retentionem naturalẽ pro dño,
qa non põt operari retentionẽ ciuilem, quam non habet, idem
13 ergo in fructuario, qui non habet nisi naturalem.† Prædicta in
naturali possessione, qualiter perdatur. & intellige supplẽdo
gl. qñ exiuit de fundo, & alius non fuit ingressus, sed si fuit ingressus alius, tunc aut primus pdiderat naturalem, qđ qñ sit, s.
dictum est, quia s. se absentauerat per longum spatium a fundo, tunc ille ingressus acquirit naturalem, & ille absens redeun
do, licet incipiat fundum uidere, uel appropinquare, nõ recuperat naturalẽ, qa nõ uacat: si aũt ipsam non perdiderat, qa ad
huc fundũ uidebat, uel erat ppe, tunc distingue, aut ingressus
fuit ille cũ tanta potentia ꝙ iste nõ posset illũ expellere, & tũc
statim perdit naturalem: aut poterat ipsum de facili ꝓpellere.
& tunc non perdit, nisi ex pusillanimitate ductus non reuerta
tur ad ipsam recuperandũ. per l. si de eo. §. fi. j. eo. & per id ꝙ sta
14 tim dicam.† Ciuilis aũt possessio non perditur, licet quis se tali
ter absentauerit, ꝙ non uideat fundum, nec sit prope, sed retinẽt aĩo, ut C. eo. licet secus si naturalis fuerit per alium occupa
ta, & ipse cum possit recuperare, negligat, quia tunc statim p-
dit, ut j. eo. l. quamuis saltus. & l. si ideo. §. si forte. & ibi no. uel
steterit per decennium ꝙ nec ipse, nec alius pro eo accesserit
ad possessionem naturalem, & tunc ẽt si p alium non sit occu
b pata, inducitur obliuio, ex qua obliuione[b] pditur ẽt ciuilis, ut l.
15 si finita. §. j. j. ti. j. & no. in d. l. licet. C. eo. † Quid autem in nuda
detentatione? puta, quam hẽt colonus, uel inquilinus, j. eod. l. si
colonus, an retineatur aĩo? dic ꝙ sic, qñ est iusta, ut l. si finita. §.
16 metu, cum ibi no. s. de damno infe. † in gl. quæ incipit. (& bene)
c ista gl. tãgit duas q̃õnes. prima est, quo iure[c] fuit introducta pos
sessio, & dicit ꝙ est de iure gentium, ut hic istud ur̃ intelligi de
iuregentium secundario, quod fuit postquam gentes creue-
runt. quo iure fuit introducta distinctio dominiorum, ut l. ex
hoc iure. de iustitia & iur. & possessionis, a qua dominium pro
cedit, ut hic, non de iuregentium primæuo, qđ fuit eoipso, ꝙ gẽ
tes esse cœperunt, quia illo iure omnia erant communia, ut in
c. ius naturale. j. di. nam si illo iure fuisset introductum dñium,
caderet etiam hodie in seruo, sicut naturalis obligatio, q̃ fuit
de illo iure, quod est falsum, ita no. Bar. in l. si id quod s. de ꝯdi.
in deb. Sed in ꝯtrũ vr̃ tex. in l.j. s. ti. j. quod fuerit de iure illo primæuo dñium, ergo & possessio, & ad rationem Bar. respõdeo,
ꝙ in seruo non cadit dñium actiue, quia quicquid ipse acquirit, domino acquiritur, unde naturalis obligatio per ipsum acq
sita, domino acquiritur, & non remanet penes seruum, ut nota.

ADDITIONES.

a ¶Colonus. Vide j. in l.3.§. ꝙ si seruus. ubi ponitur.
b Obliuione. Adde eundem cons. 196. Soc. cõs. 175. Ale. cõs. 6. li. 2. Car. cõs. 118. quid autẽ operetur constitutio epi, ꝙ si quis steterit absens a beneficio cessante iusto impedimento, ꝙ habeatur pro derelicto, & an elapso dicto tempore absens possit priuari sua possess. uide per eundem consi. 132.
c ¶Quo iure nõ lege diuina q̃ uult omnia esse cõia, sed lege humana poss. terrena inducta est. 8. di. quo iure po. pfectorũ est Deus nõ aurũ, nec argẽtũ. 12. q. 1. c. clericus, & in cõi possidere, non est ꝯ͛ ꝓrũ statũ. 12. q. 1. c. expedit. & c. uidẽtes.

ta.in l.frater a fre in fi. primæ gl.mag. ꝯ de ꝯdict.indebit.secus in obligatione naturali passiua,qua seruus tenetur alteri,qa il la non acquiritur dño, sed in dñio non reperitur ista distinctio inter actiuum,& passiuum,& sic nihil ualet ratio Bar.quia ser uus non dr incapax dñij ex eo ꝙ dñium sit de iuregentium secundario, quo iure status eius est annihilatus, immo est de iure primæuo gentium,sed dr incapax ex eo,quia sibi acquisitũ momento apud eum non remanet,sed acquiritur dño,sicut & naturalis obligatio,quæ fuit de iure primæuo,licet passiua obligatio remaneat apud eum.distinctio vero dñiorum bene fuit de iuregentium secundario,ut d.l. ex hoc iure.nec obstat ꝙ erant omnia communia,id est,ꝙ non erant in bonis alicuius an tequam occuparentur,sed concedebantur occupātib.sicut ho die conceduntur ea quæ cęlo,terra, mariq́. capiuntur.ut hic, sed postquā erant occupata,statim erant illius. iuxta illud, qcquid calcauerit pes tuus, tuũ erit,ut in prin.huius gl.& istā pu to esse ueriorem opi.Secunda quæstio est, utrum sit una possessio,uel duæ?& Azo.tenuit ꝙ sit una,s.naturalis,quæ distinguit per accidentia quia aliquando naturaliter.s.corpore,aliqñ ciuiliter,s.animo,& pro ista opin.facit,quia possessio fuit introducta de iure gentium,ut dictum est,sed ius gentium non produxit,nisi unam possessionem,s.naturalē.Item quia si tex.inspiciatur,non faciunt mentionem,nisi de naturali possessione,qñ loquuntur per nomina,quæ significant substātiam,licet quando loquantur per aduerbium, quod significat qualitatem, dicant ꝙ interdum quis ciuiliter possidet,ut ff.unde ui.l.j.§. deijcitur. est ergo vna substātia,licet diuersæ qualitates. Sed Ioā. tenuit ꝙ sint duæ.s.naturalis,& ciuilis.& istā partem tenuit Dy. plene disputando in c.sine possessione.de reg.iur.lib.6.ꝑ legem secundam,ff.pro hrde.ubi est tex.qui non est alibi, faciens mentionem de ciuili,& naturali per nomina,& sic sunt diuersæ substantiæ.Item ꝓbatur per tex.cui non est dare responsum ff.eod. l.clam possidere.§.qui ad nundinas.ubi qui se absentat a possessione,eam retinet animo, & si alius ingreditur eo absente, sibi acquirit possessionem.Ergo quilibet habet possessionem,& est tex.in l.si duo. in princ.ff.uti possess. & duo possunt insolidum possidere:sed si esset una possessio in substantia,non posset esse apud quemlibet insolidum.ut et Azo.fatetur,ut ff.eodem. l. 3.§.ex contrario. in fine. Oportet ergo dicere ꝙ sunt duæ substantiæ,quarum una retinetur corpore,altera animo,& illa ciuilis fuit inducta de iure ciuili,nam dñium primordialiter fuit inductum de iure gentium,ut l.j.§.ti.j.& illud appellatur directum.Et postea fuit aliud introductum de iure ciuili,quod appellatur utile,quod dicut ff. eodem l.si quis vi.§.dña.per Bart. sed Azo respondit ad §.qui ad nundinas,ꝙ diuersis respectibus possunt duo eandem possessionem habere,ut no. in præcedenti glo:mag.in uersi.sed oppono,quam responsionem gl. hic in fi.reprobat,quia si est una substantia,etiam diuersis respectibus non posset esse apud plures insolidum.Bar.aũt hic facit tres species possessionum,dicēs,ꝙ est possessio ciuilis,q̃ est apta parere ciuilem effectum,quo ad vsucapiendũ,vel pścribēdum directũ dñium,vel vtile,quod ꝯriatur directo,item naturalis,quam hēt ille qui possidet,vt vsufructuarius,emphyteuta, vel superficiarius,& illa est apta parere ciuilem effectũ iure vsusfructus, vel vtilis dñij,ut l.fi.in fi.de prescrip.longi tempo. Item corporalis, quam habet ingressus alio ciuiliter possidente, vt in §. qui ad nundinas.& ista non est apta parere ciuilem effectum, quo ad acquisitionem dñij.sed quantum ad retentionem,vel recuperationem si spoliatus fuerit.Ista inuestigatio non placet,qa posito ꝙ esset vera,est defectiua,qa non considerauit nisi naturalē possessionem separatam a ciuili,sed certē non est dare aliā iunctam cum ciuili,vt dixi in gl.ꝑcedēti. Item quia ipse uult,ꝙ possessio quam habet ille q possidet,vt vsufructuarius,vel emphyteuta,sit diuersa in substantia ab illa,quam habet ingressus: & mouetur ad hoc dicēdũ,qa est maioris effectus,quam illa.Certe ista rō non est bona,quia illa q̃ differunt ſm plus & minus, non differunt substantia,vt l.fin.§. de fundo instru. Præterea illud nō contingit ex eo ꝙ diuersa sit substantia,sed ꝑꝑ diuersos respectus,quia q possidet ut vsufructuarius,vel vt emphyteuta, non tendit ad acquisitionē directi dñij, sed illius iuris,cũ recognoscat directum dñium,& sic ciuilis possessio quam habet directus dñs sibi non ꝯriatur,merito de facili pścribit.Sed ingressus alio ciuiliter possidente, possidet vt dñs directus & sic ꝯriatur directo dño,merito ciuilis possessio dñi sibi nocet,vt ea durāte non possit incipere pścribere ꝯ dñm',uel directũ, uel utile dñium,quod ꝯriatur directo.ꝑ gl.'quæ est in l.j.in fi.mag.glo.C. de ser.fug.aliud aũt ius ideo nō pścribit, quia ad hoc non intēditur. Præterea aduerte ad rōnem bonam & uiuam, q̃ Bar. nō ponderauit.ipse dicit,ꝙ ille q possidet naturaliter tanquā fructuarius uel emphyteuta,si uere nō est fructuarius uel emphyteuta rōne illius possessionis,naturaliter pścribit illud ius vsusfructus, uel utilis dñij. Hoc est falsum,quia possessio non est habilis ad usucapiendum,vel pścribendum,nisi rem illam,[illegible] possidetur,sed illa res corporalis est,q̃ possidetur naturalite[r] vere.Nos q̃rimus de pścriptione iuris corporalis,quod vere possidetur, ergo uirtute illius naturalis possessionis istud non pręscribitur.Dic ergo ꝙ ultra naturalem possessionem habet quasi possessionem ciuilem, & naturalem illius iuris illa quasi ciuilis possessio facit eum præscribere illud ius,n[on] possessio naturalis ipsius rei.de hoc gl.in l.ait ꝑtor.§.item [e] qbus ex cau.maio.& idē Bar.in l. si plures. ff. de ui, & ui ar[mata]. Dic ergo ꝙ una est possessio naturalis, & illa etiam dicitu[r cor]poralis,ut ff.eo.l.si id ꝙ §.fi.omnis corporalis,dr naturalis,[ut in] prin.præcedentis gl.mag.& ista naturalis aliquando est co[niun]cta cum ciuili,aliqñ est separata,& hoc secundo casu, aliqu[ando] hr per illum,qui non possidet, ut dñs directus,sed tanq̃ usu[fru]ctuarius,uel emphyteuta,aliqñ ꝑ illum qui possidet, ut dñ[s di]rectus,ut per ingressum, & sic aliqñ producit unum effect[um]

17 aliqñ alterum ex diuersis respectibus.†In glo. q̃ incipit, (sec[ũdo] ista gl. examinat quintam q̄onem. an ad acquirendum dñi[um] ciuilem possessionem naturalem sufficit aĩus una cum aspe[ctu]. Certum est.n.ꝙ manus,aut pedes sunt sufficientia instra a[c]quirendum utranque possessionem si per alium non occu[patur] sed dubiũ est de instro uisus. Et vr ꝙ ēt illud sufficiat,quia instrm corporale,ut ff.eo.l.4.in prin.in uerbo,(corpore.& q̃d meo.§.si uenditorē.ff.eo.& ff.ea.l.§.si iusserim.In ꝯtrium cit iste tex.in uerbo apprehenderit.ff.eo.l.3. §. Neratius.in ubi requiritur,ꝙ moueatur de loco ac locũ, ergo non suf[ficit] aspectus, probatur per rationem,quia uisus licet sit instrm [cor]porale,ꝑ ipsum tñ nō occupatur res, sicut ꝑ manus aut pe[des].

18 Gl.hic recitat tres opi.prima est,ꝙ aut loquimur in aĩalib[us qui] in nullius bonis sunt,& non sufficit aspectus,sed requiritu[r ap]prehensio,ut hic in uer.apprehenderint.Et an uideant ap[pre]hensa eo ipso ꝙ in nrm laqueũ inciderunt, uel a nobis uu[lne]rata sunt,dic ut s.ti.j.l.in laqueum .& l.naturalem.§.alius. loquimur in alijs q̃ sunt in bonis alicuius, & tunc interu[enit] traditio possessoris, & sufficit solus aspectus cum animo, [ut] d.§.si uenditorē.aut non interuenit,& tūc secus,ēt si a nem[ine] possideantur,ut d.l. 3.§. Neratius in fi. & in hoc differt in[stru. ui]sus ab instro manuum,uel pedum, per quæ acquiritur p[osses]sio etiam non interueniente traditione alicuius, dummo[do ab] alium non occupetur,sed hic non,etiam si non occupetu[r]. ista est uera opinio,licet non debuerit distingui inter anim[alia] uel nō aĩalia. Alia opinio ponitr in uersi. alij ꝙ sufficiat sol[us a]spectus indistinctē,sicut manus aut pedes,nō obst.§. Nerat[ius] in fi.quia ibi erat abscōditus thesaurus,& non uidebat, lic[et ui]deret fundus,iō nō acqrit possessio thesauri. Sed ꝯ,qa si su[fficit] solus aspectus, dret sufficere uidere fũdũ in quo est thesau[rus] ut acqrat possessio fũdi,& ēt thesauri.ꝑ l.clauib.de ꝯhen. [et] Sol. in §. Neratius. nesciebat in qua parte fũdi erat thesau[rus] sed in l.clauib.sciebat in qua parte domus erāt massaritiæ, rũ possessio appheñdit ꝑaspectũ domus,hæc est trussa, nā i[bi] poterat ignorari inqua parte domus essent. Alii dñt,ꝙ ib[i e]rit dñiũ,sed nō possessio. ut in §.Neratius.hæc est ēt trussa, dñiũ acqrit mediāte possessione. Dic ergo, ꝙ uolēdo susti[nere] istā opi.ꝙ in l. clauib. interuenit actus per quē ur facta trad[itio] a uero possessore,non sic in §.Neratius,& sic recedimus a [præce]denti opi. ꝙ qñ interuenit traditio ꝑ solũ aspectũ. acquiri[mus] nō solũ possessionē rei,q̃ uidemus,sed ēt rerum,q̃ intus sun[t ut] in l.clauib.de ꝯhē.emp. Sed si nō interuenit traditio, neu[tra] rei possessionem acquirimus. Tertia fuit opi.ꝙ in his q̃ ac[qui]runtur per inuentionem,ut est thesaurus,sufficit solus aspe[ctus] ꝑ §.thesaurus.Insti.de rerum di.ubi dr, qui inuenit thesau[rum] statim fit dñs. Ergo sufficit interuenisse,etiam si nō sit cap[tus] & hoc dicit gl.in l.nunq̃.§ thesaurus.§.ti.j.Aut in alijs mo[do a]grendi,& tunc non sufficit aspectus.primum dictum est f[alsum] & ꝯ dictũ.§.Neratius.in fi.qui vult ꝙ ēt si sit inuentum,nō [acqui]ratur possessio, & ꝑꝯns nec dñium, nisi fuerit motus de [loco]

19 ad locũ.†Item quia non dr inuentus,nisi fuerit apprehen[sus] vt l.si Bersatorem.C.de fideius.quod est notandum ad q̄o[nem] si statutum dicat,ꝙ qui fuerit inuentus de nocte portate[] puniatur tanta pęna,ꝙ non incidat in pęnā, nisi fuerit pe[r fa]miliam apprehēsus,licet possit probari ipsum de nocte po[rtasse] se arma,ſm Doct.tene ergo primam opi.relictis alijs.

1 *Carens omnino intellectu,ut furiosus, & infans non potest per seipsum [pos]sessionem acquirere,sed non carens omnino, ut pupillus maior infa[n]test esse sine tutoris authoritate.*

2 *Tutoris authoritas non requiritur quando non agitur de præiudicio p[upilli] sed de acquisitione, & licet pupillus non possit promittere sine tutori[s au]thoritate,potest tamen stipulari.*

3 *Acquisitio possessionis,quæ fit per nosmetipsos,dicitur potius consistere [fa]cto,quàm iure, quo ad actum & modum acquirendi.*

us nullum actum potest gerere, etiam cum curatoris authoritate, bet actus, geri per curatorem.

pupillo.

d acquirendum possessionem requiratur animus & corpus, & magis pa'iter requiritur actus corporalis, quia istud fuit inuentum de iure-m, quod fuit prius, sed animus de iure ciuili, ideo primum reputatur tius.

s & inquilinus detinent sibi & suo nomine, sed possident domino, seu ori.

Adipiscimur. †Carẽs oĩno intellectu, vt furiolus, & infans, non põt ꝑ seipsum ssionẽ acquirere, sed nõ carẽs oĩno, vt pupillus maior inpõt esse sine tutoris authoritate.h.d. Et diuide in duas s, vt in summario. scđa ibi (sed pupillus.) Et in prima parte it, (pupillus.) subaudi infans ſm Dyn. vt in fin.huius §.In i ꝑ nosmetipsos.) pp hoc videbat̃, ꝙ furiosus & infans pos cq̃rere cũ habeãt instr̃a corporalia, q̃b. possent rem attin t j̃.in ver.licet maxime.ꝙ remouet, q̃a hoc nõ sufficit, niteruenıat aĩmus & affectio acq̃rendi, q̃ & q̃ nõ reperit̃ ĩ c sic no. ꝙ ad acq̃sitionẽ possessionis non sufficit instr̃m rale sine aĩo, sic cõ, vt j̃.e.l.4.in priu.In tex. ibi (pupillum hic iũge ver.q̃ ĩnia.q̃ est j̃.in fi §.qñ est maior infante, & n caret omnino intellectu. † vnde no. hic ꝙ tutoris autas non requirit̃, quando non agitur de prẹiudicio pupil de acquisitione: nam & licet non possit promittere sine is authoritate, potest tñ stipulari, vt in gl.facit l.nõ eo mi-.de procu.In tex.ibi(eam rem em̃)hic Iurisconsultus vult e quandam obiectionem, q̃ posset fieri de §. item acquiri-.e.l.ad distinctionem s̃.positam, ꝙ dr̃ ibi, ꝙ possessio acq̃ etiam furioso, & infanti, quia supra dictum est contrariũ. idet̃, ꝙ hic loquit̃ quando quis vult acquirere possessioper seipsum, quo casu acquisitio, vel actus acquirendi ꝯsiotius in facto, q̃ in iure, s.in adhibendo instr̃m corporale, am animum seu affectum acquirere uolẽtis. hoc ãt vltimũ õt adhibere furiosus, & infans. Sed ibi loquitur, quando ult acquirere per alium, vt per seruum ex cã peculiari, consistit in casu potius in iure, q̃ in facto, q̃a etiam si dñs dhibeat instrumentum corporale, nec ẽt aĩmum, sibi ac- mediãte instr̃o corporali ipsius serui, & ẽt ipsius serui, mo, qui uel quod reputetur esse ipsius domini, quod st nisi mediante iuris fictione, & ideo non curat̃, vtrum t sanæ mẽtis, vel intellectus, aut nõ, immo indistincte sibi rit̃ si esset seruus sanæ mentis, quia animus serui reputat̃ us dñi, alias secus, si non est sanæ mentis, ut j̃. ea.l.§.cæte- † No.ergo hic, ꝙ acquisitio possessionis, q̃ fit per nosmetdr̃ potius consistere in facto, q̃ in iure ad actum & modũ rendi, ut j̃.in ꝓx.§.licet ipsa possessio postq̃ est acq̃sita di esse ius. vt j̃.e.l.peregre.in prin.uide Dyn. in regula, sine ssione.de reg.iur.in 6.sed illa quæ acquirit̃ nobis ꝑ alium, seruum in peculiarib. ꝯsistit potius in iure, q̃ in facto, q̃a n, vel animus serui non posset reputari animus, vel instr̃m ni, nisi iuris fictione. & hoc voluit glo.in effectu, q̃ incipit n ver.tu dic, licet obscure loquatur ſm Iac.de Are. & Old. gl.q̃ incipit.(vel curatoris.) ibi (l.in negotijs.) dic plenius q̃ aut loquimur in furioso, & ille nullum negotium põt geetiam cum curatoris authoritate vt d.l.in negotijs. Aut lo ur in pupillo, & tunc tres sunt casus, nam aut caret oĩno lectu, vt quia est infans vnius, vel duorum annorũ, & idẽ a, nisi in his, in quibus potest hr̃e effectum, ut C. eo.l.doum ut in iocalibus, ſm communem intellectum. de qua onit hic.gl.fi.aut non caret omnino, vt quia est quinque x annorum, & sic fari potest, & tunc põt actus geri ꝑ tuto olum, etiam si sit præiudicialis pupillo, vt adire hæreditaut l.si infanti.C.de iure deliber.potest etiam geri ꝑ infan- & tunc cum authoritate tutoris, & sine illa nõ põt, ẽt si a-it mere fauorabilis, & tendat ad acquisitionẽ, ut hic a ꝯnsũ, & est casus s̃.e.l.quamuis.§.fi. Aut est maior infante, ne si tendit mere ad acquirendum, potest exerceri ꝑ pupil ẽt sine authoritate tutoris, ut hic ver. Offilius. siue ꝯstat in siue in iure, vt in gl. sed si tendit in p̃iudiciũ vel ad obligã- upillũ, dẽt fieri per pupillum cũ tutoris authoritate si de- let mere ex voluntate vnius, ut aditio hæreditatis. ut l.pocum ibi not.C.de iure delib. sed si dependet ex uoluntate um, potest dari ꝑ solum tutorem tutorio nomine, vel put j̃.qñ ex facto tuto.In gl.ibi (hẽt animum possidendi) & o.tria, s.velle possidere. Item nolle possidere, & ista duo nõ nt in furioso. & primum requirit̃ ad acquirendum possesem, ſm ad ꝑdendum, ut j̃.eod.l.2.§.in amittẽda. est tertiũ, d est medium inter ista, quia nec est velle, nec est nolle. hoc cadit in furioso, & nõ sufficit ad acquirendum, nec ad ꝑdum iam quæsitam. ut in simili no.in l.j.§.scientiã.s̃.de trib.

& j̃.de verb.obl.l.2.post prin.in gl.super verbo.(donec.) q̃ inci-
5 pit.(s.homo uel reliqua.) † In gl. q̃ incipit, i. q̃d est maximũ in
possessione q̃rẽda. Et sic no.in ista gl.iũcta cũ tex. ꝙ licet ad ac-
quirendũ possessionem req̃rat̃ aĩmus, & corpus. ut j̃.eo.l.3.per
maxime tñ & magis principal̃r req̃rit̃ actus corporalis, q̃a istud
fuit inuẽtũ de iure g. q̃d fuit prius, sed ꝙ req̃rat̃ animus, fuit inuentum de iure ciuili, & iõ primum reputat̃ potẽtius, & ꝑ maximũ. vt l.j.s̃.eod.eo.ti. In gl.ibi (nõ oĩs detẽtatio.) q.d.gl. nõ solũ in eo q̃ caret intellectu detẽtatio cadit, & nõ possessio, vt hic
sed ẽt in eo, q̃ intellectu nõ caret, cadit detẽtatio, ut patet in co
lono & inquilino, q̃ habent detentationẽ, & possessionẽ, & ẽt
in seruo, vt j̃.de ver.obl.l.stipulatio ista.§.hi qui. & no. j̃. ea.l.§.
itẽ acquirimus. in gl.sup ver.(intelligat̃.) nam possessio acq̃sita
tam ciuilis, q̃ naturalis est ius, ut l.peregre.in prin. j̃.e. sed deten
6 tatio est facti. † Aduertendum tñ ꝙ colonus & inquilinus deti
nẽt sibi, & suo nomine, sed possident dño, seu locatori, ut in §.
itẽ acquirimus.ver.q̃d nostra uoluntas.cum ibi no. ꝑ Doct. q̃a
locator retinet ꝑ se ciuilem, & naturalem ꝑ illos, & rõne detẽ-
tationis, quam habent suo nomine, habent officium iudicis, vt
l. Aquilius Regulus. in fi.s̃.de dona. In gl. q̃ incipit.(idem furio
so.) hoc est falsum, ut dixi in alia gl. quæ incipit. (vel curatoris)
per l.in negotijs. j̃.de reg.iur.

---

1 *Licet contractus sit inutilis quo ad translationem dominij, si sequatur uera traditio, est vtilis, ergo ad translationem possessionis.*

2 *Verbum cedere in rebus corporalibus importat traditionem, & in actionib. cessio habet uim traditionis.*

Licet ius ciuile impugnet donationem inter uirum & uxorem, & facit quòd ipso iure non ualet, nec transferatur dominium, nec resultet obligatio, non tamen facit, nec facere potest, quominus quæ facta sunt, interuenerint.

3 *Licet non possit facere ius ciuile, quin ea q̃ facta sunt, facta non sint, põt tamen fingere, quòd non fuerint facta, & ꝙ nullus effectus ex eis resultet.*

4 *Ius nunquam fingit, ubi fictio nullius esset utilitatis, & nu. 5.*

1 **§.Si vir vxori.** † Licet ꝯctus sit inutilis quo ad translationem dñij, si sequatur uera tradi-
tio, est vtilis, ergo ad translationem possessionis.h.d. In tex.ibi
2 (cedat possessionem.) s. tradẽdo. † Et sic no. significatum huius
verbi, cedere, in rebus corporalibus, q̃a importat traditionẽ: &
ideo in actionib. cessio habet uim traditionis. ut in l.fi.C.quan-
do fiscus uel priuatus. In tex.ibi, qm̃ res facti. idest dicere, licet
ius ciuile impugnet donationem inter virum & vxorem, & faciat ꝙ ipso iure non valeat, nec transferatur dominium, nec re
sultet obligatio, ut l.3.§.sciendum.de donat.inter uirum & vx.
non tamen facit, nec facere potest quominus, q̃ facta sunt, interuenerint. s. traditio, & adhibitio instr̃i corporalis recipiẽtis,
3 & ẽt animus ex quibus possessio transfert̃, † sed ꝯ, q̃a licet nõ
possit facere ius ciuile, quin ea q̃ facta sunt, facta nõ sint, p̃t tñ
fingere, ꝙ nõ fuerint facta, & ꝙ nullus effectus ex illis resultet.
& sic nec translatio possessionis, sicut facit, ꝙ ex traditione p̃di
cta mariti non sequat̃ dñij translatio. Ad hoc rñdet Iurisconsul
tus in uer. & q̃d attinet. ꝙ iõ ius nõ fingit hoc, q̃a ista fictio esset nullius utilitatis, q̃a posito ꝙ non transfert̃ in donatarium
possessio, donans tamen eam perderet, ex quo uoluit a se abdicare, q̃d non est ita in dñio, q̃a non abdicatur a tradente nisi
trãferat̃ in recipiẽtem, ut j̃.eo.l.si quis ui.§.differentia. & l.nec
4 vtilem.s̃.q̃b.ex caus.maior. † Et sic hic est tex.ſm Bar. ꝙ ius nũ
quam fingit, vbi fictio nullius esset utilitatis, & ista est una maxi
ma conclusio in materia fictionis. ut no.in l.si is qui pro empto
re. j̃.ti.j.per eundem. Certe licet iste intellectus sit pulcher, nõ
tñ vr̃ bonus ad istum text. quia poterat ius fingere, ꝙ possessio
non recederet a traditione, sicut non recedit dñiũ, nam & alibi
hoc fingit. j̃.eo.ti.l.si me in uacuam. Dic ergo, ꝙ intentio literæ fuit ista, ꝙ trãslatio possessionis consistit potius in his quæ
sunt facti, q̃ in his q̃ sunt iuris. ut s̃.§.pro. non sic dominij trans
latio, & ideo uidemus, ꝙ in multis casibus dominium acquirit̃
ipso iure sine traditione, uel acquisitione possessionis, ut per
aditionem hæreditatis, & per confiscationem bonorum, & tamen possessio etiam in illis casibus non acquiritur sine actu
corporali, ut patet in l.cum hr̃des. j̃.e. & s̃.de pub.l.commissa. &
no.in l.cum duobus.§.idem respondit.s̃.pro soc. ideo ius magis
fingit in translatione dominij, ꝙ non fiat, q̃ in translatione pos
sessionis, quia de his quæ sunt facti ius se nõ ita impedit, & hoc
voluit dicere iste tex. Sed quæro, hic loquitur quando interuenit vera traditio, quid si ficta, quia maritus qui donauit vxori,
constituit se p̃cario nomine illius possidere, utrum transferat̃
possessio: effectus est magnus, quia si transferatur, ista donatio
causa mortis confirmat̃. l.cum his status. de donat. inter uir. &
uxorem. Sed si non sequitur traditio, non confirmatur, etiam
si interuenit stipulatio, vt l.Papinianus.eo.ti. licet secus in dona
tione causa mortis, ut patet ex no.per Cy.in l.j.C.de don. causa
mor.

mor.& eo.ti.l.j.§.p Bar.vr dictum,ꝙ talis ficta traditio cũ consistat in iure,reprobet a iure,& potuerit reprobari.arg.hic a ɔ̃rio sensu,& qđ no.p Pet.& Cy.in l.j.C.p quas ꝑsonas nobis acqrit.in similí,& in l.j.C.de suffra.& ita reperio fuisse determinatũ in publica disputatione p dñm Argentinũ filiũ dñi Ray.de For.licet nõ alleget l.istã nec iura p me s.allegata,sed alleg.l.qđ meo.ĵ.eo.vbi talis ficta traditio reqrit legitimam cãm præcedentem, & hoc nõ ꝓcedit,quia non est causa reprobata. Tñ ɔ̃ istam de-
a terminationem [a] est gl.expressa ordinaria,q̃ et Doct.vñr sequi.C.de dote cau.nõ numera.l.qđ de suo. sed põt rñderi volendo hanc sustinere,qa illa ꝓcedit ibi in terminis quos ponit,qa interuenit duplex actus donantis,& donatarij:sed nos loquimur quando vnicus tantum actus interuenit.s.donantis.Tene mẽti perpetuo,quia poterit tibi facere honorem.

ADDITIO.

a ¶Determinationem. Adde ꝙ opin.illius gl.tenet Ang.cons.5.ꝙ ficta traditio sufficiat,& an facta donatio de domo per virum vxori in qua communiter habitabant mortuo viro confirmetur,vide per eundem Pau.consi.106.

---

1 *Per illum qui est in nostra potestate ex causa peculiari acquirimus possessionem,& usucapiendi conditionem, et ignorantes, & ea quæ acquiruntur etiam furioso,& infanti carenti omnino intellectu.*
2 *Quare dominus,uel pater,obligetur de peculio ex contractu filij, uel serui.*

1 **§.Item acquirimus.** † Per illum qui est in nostra potestate ex causa peculiari acquirimus possessionem,& vsucapiendi ꝯdõnem, etiã ignorantes,& ea q̃ acquirunt et furioso,& infanti carenti omnino intellectu. Et no.hoc vltimũ.
2 †No.hic rõne,quare dñs,vel pr̃ obligat de peculio de ɔ̃ctu filij,uel serui,qa uoluntate patris, vel dñi vr̃ ɔ̃here,qa peculiũ cõcessit,& vr̃ obligari uoluisse vsque ad uires peculij.In gl.ibi(ĵ.eo.l.qcqd.)rõne dic ut ibi p glo. & Bar.ĵ.ea.l.§.p seruũ q in fuga.q seruus,vel ille quẽ habemus, tanq̃ seruũ acqrit nobis rõne possessionis q̃ in eo habemus, vr̃ hr̃e iusta rõne putamus.Sed filius nõ q̃rit nobis rõne possessionis,q̃ in ipso habemus,qa pr̃ non possidet filiũ licet sit in quasi possessio.pr̃nitatis,sed acqrit rõne filiatiõis,& qa est ĩ pr̃ia ptãte,& iõ licet p aliũ possideat,ut seruus,ex re tñ pr̃is acqrit patri Et possessionẽ.Secus in eo q hr̃ vt seruus qa si p aliũ possideat, non q̃rit vero dño possessionẽ ex re illius,vt ĵ.pxi.§. Et ex hoc patet ꝙ vnius monasterij monachus licet retineat p aliud monasteriũ indebite,acqrit primo monasterio,qa ista acqsitio nõ fit rõne possessionis,sed rõne obedientiæ,& subiectionis. Vñ inspicit monasteriũ,cui re uera dẽt subiectionem,& reuerẽtiã, nõ aliud qđ eũ retinet indebite.In gl.si q.(ergo multo magis ignorãti.& ꝑ ista rõne facit ĵ.de reg.iur.l.q̃ põt inuitis,& s.de fideic.lib.l.4.§.2.& ista est uera quo ad hoc, ut acqrat possessio sola,sed vsucapiẽdi ɔdõ extra cãm peculiarẽ nõ acqrit ignorãti,licet secus ex causa peculiari,ut hic,quia primo casu dr̃ deesse uoluntas dñi omnino,cum concesserit peculium ,& sic omne illud vr̃ concessisse qđ ex cã peculiari obuenit, & hoc vult ver.qa nostra,sed in secundo casu omnino deficit voluntas domini,iõ non q̃ritur usucapiendi conditio in qua requiritur bona fides,& ignorans non dr̃ habere bonam,uel malam fidem , ut no.gl.C.eo.l.j.Aduertendum tñ est ꝙ in acquisitis per seruũ siue ex cã peculiari,siue non,dr̃ dñs possidere ciuiliter & naturaliter animo,& corpore serui,& ideo acquirit sibi etiam ignoranti;sed in non acquisitis p seruum,sed concessis seruo p dñm dr̃ dñs possidere ciuil'r per se,& animo suo, & corporaliter per seruum corpore serui,vt s.eo.l.3.§.ꝙ si seruus.Est & alia dr̃ia,qa ex causa peculiari vr̃ acquirere dño etiam ex causa iniusta,extra causam peculiarem non nisi ex ista,ut ĵ.eo.l.quòd si seruus.

---

1 *Per seruum alienum uel liberum hominem bona fide possessum acquiritur, possessio possessori,sed si mala fide,nec illi acquiritur,nec etiam alteri.*
2 *Qui per alium possidetur,ut seruus,non potest acquirere possessionem nisi ei, qui ipsum possidet etiam si ille ex aliqua causa non possit acquirere.*
3 *Facilius quæritur dominium,quàm possessio.*

1 **§.Sed & per eum.** † Per seruum alienum, uel liberum hominem bona fide possessum acquirit possessio possessori,sed si mala fide, nec illi
2 acquirit,nec ẽt alteri.h.d. † Et no.istam rñam quę colligitur ex fi.huius §.qui per alium possidet,ut seruus non potest acquirere possessionem, nisi ei qui ipsum possidet, etiã si ille ex aliqua causa non possit acquirere,vt puta quia sit malæfidei, vel quia acquirit extra rem illius,& operam. nam nec illi acquirit,nec ẽt alteri. Secus in dño qui põt alteri,puta uero dño si erat seruus alienus,uel ẽt sibi,si erat liber homo,acquirere,& hoc volui[t] hic in effectu p l.liber hõ.in fin.s.ti.j.Est ergo casus hic p qu[od] facilius acquirit dñiũ,q̃ possessio,& vide bonã glo.in l.si seru[us] s.de pub.hoc tñ fallit,qñ ille alius qui ipsum animo possid[e]rat pater eius,& habebat eum in sua potestate,nam tunc in [...] sib.in quib.non acquirit ei q ipsum possidet,ut seruum,acq[ui]rit patri,ut ĵ.eo.l.quicquid.& no.s.eo.§.in gl.j.ibi ex duab[us cau]sis,puta ex re possessoris, & ex opera sua, & ita dẽt limitari tex.In gl.ibi(qd ergo de alijs.)i.si acquirit extra rem possesso[ris]
3 vel operam suam. † Et no.ex ista gl.ꝙ facilius quæritur dñi[um] q̃ possessio,quia dñium acquiritur uero dño, licet seruum [...] possideat,vel ipsi libero homini possessio, sed possessio non [...] potius tolerat,ꝙ nulla acquiratur,q̃ ꝙ acquirat illi,qui eũ [...] possidet.In gl.ibi,arg.ꝙ demum post ratihabitionem:hęc u[...] ꝙ tunc non acquirit tanquam seruus, sed tanquam negoti[orum] gestor pp voluntatem suam,uel tradentis,ideo requiritur [rati]habitio cuius nomine acquirit.Sed quando acquirit tanq[uam] seruus ratihabitio non requiritur cum etiam inuito acqu[irit] vt l.seruus uetante.ĵ.de verb.ob.

§.Per communem seruuum. Seruus [com]munis vni ex dominis possessionem acquirere si hoc egerit. h.d. [...] stipulari,ut in gl.j.in fi.sed si simpliciter recipiat,acquiritur [pro] portione dominica.

§.Per eum, in quo. Per seruũ in quo habe[mus] usumfructum acquirit [no]bis possessio ex nostra,vel ex opera sua,licet ipsum ciuilite[r non] possideamus.h.d.tex.cũ gl. Et aduerte ꝙ Iurisconsultus pr[o]ponit de illis,qui re vera sunt in nostra potestate in §.item [ac]quirimus.postea de illis qui non sunt, sed putant esse in §.[se]cũ.postea de illis qui sunt pro parte domini, ut in præce.hic [ue]ro de illis,qui non sunt in totum,uel pro parte,nec esse pu[tan]tur tñ in eis aliquod ius habemus, quod est quasi dñium u[sum]fructum,in quibus est dicendum idem , quod in illis q[ui] putantur,& non sunt.

---

1 *Per illum qui penitus caret intellectu non possumus acquirere:secus [si non] penitus,licet perfectum non habeat.*
2 *Si quis habeat filium naturalem,& ex illo suscipiat nepotem legitim[um] & naturalem respectu filij patris sui,licet non respectu aui,& postea [mor]tuo filio naturali contrahat matrimonium cum illa concubina ex qua [ha]buit filium naturalem,an ille nepos legitimetur.*
3 *Equo currente ad brauium si famulus cadat antequam perueniat ad [bra]uium,licet ille equus primo perueniat, an acquirat domino.*

1 **§.Cæterum & ille.** † Per illum qui penitus [a] [car]et intellectu non possu[mus]
a acquirere,secus si non penitus, licet perfectum nõ habeat.[h.d.] Et hic Iurisconsultus declarat quod dictum fuit in §. itẽ ac[qui]rimus,ꝙ per illum qui in nostra potestate est , possumus q̃r[ere] quia hoc est uerum,si habeat intellectum,alias secus.Et sic ꝙ inhabilitas medij,per quod debet facere transitum de te[rtio ad ter]me impedit trãsitũ fieri.facit l.tria prędia.de seruitu.rust.p[ræd.] & l.diuo Marco.C.de quæstionis.& ĵ.de fal.l. illius.§.seq.
2 † Et est ar.ꝙ si quis hẽt filium naturalem,& ex illo suscipiat [ne]potem legitimum,& naturalem respectu filij patrisque sui,[li]cet non respectu aui,& postea mortuo filio naturali ɔ̃hat m[a]trimonium cum illa concubina ex qua habuit filium natur[alem] ꝙ ille nepos non legitimat quo ad ipsum auum,qa legitima[tio] dẽt per prius facere fundamentum in ipso filio naturali,& [ab] ipso facere transitum ad nepotem.arg.in l.si libertinus.§.po[stre]mus.de oper.lib.s.ubi est bonus text. sed hic cum naturalis mortuus non põt facere fundamentum in eo . ergo nõ extẽ[ditur]
3 ad nepotẽ p saltũ,& hoc tenuit Guil. de Cugn. † Inducit ẽt [...] text.ad qõnem de equo currente ad brauium , ꝙ si famulus [ca]dat añquã p̃ueniat ad brauiũ, licet ille equus primo p̃ue[niat] non quæritur dño illius,quia ille equus solus caret intellec[tu] de quo vide per Dy.& Bar.In tex.ibi (quod si impuberem mi[se]ris.)sed qd si nõ misisti,sed ipse impubes filius tuus aut seru[us ali]quam rem recipit,utrum tibi possessionem acquirat?tex.hic [te]nuit ꝙ non,& ꝙ causa acquirendi sit missio tua:ɔ̃rium puto [ue]rius,si erat maior infante.& sic nõ carebat omnino intellec[tu]. Sicut enim poterat acquirere sibi,si esset sui iuris.ut s.eadem [l.] §.adipiscimur.in fi.ita alteri,si est in illius potestate. In gl.j.[...] vt inf.eod.l.quamuis.§.infans.tu distingue tres casus , ut dixi [s.] §.adipiscimur.s.eadem l.sicut eñi illi habent locum quãdo v[olunt] quærere sibi,ita quando alteri.In gl.ibi(respondeo,)dic [...] zo.contrarium tenent Docto.ꝙ si seruo meo,uel filio furio[so] aut

ADDITIO.

a Penitus. Neque enim eligere potest aut discernere utile ab inutili cum disc[re]tione careat.

[…] procuratori res tradat̃ cum intentione, vt acquirat̃ mi[…]n acquirit̃, sicut ipso dormiente ponat̃ aliquid in manu […] s̃.ea.l.§.adipiscimur.licet secus si habeat intellectum.po[…] non intendat mihi acquirere dum tamen tradens hoc […]it in animo, vt s̃.de dona l.qui mihi donatum.

[P]upillus per. In §.pupillus ibi (siue impuberem) hic vr̃ tex. ꝙ impubes possit esse ꝓ[…]or ad negotia. nam ẽt pōt esse institor, ut l.sed & si quis.§. […] instito. & imputet sibi quia ipsum instituit, sed in ꝯriū ꝙ […] 17.ann. non possit esse procurator ad negotia, est tex. in […] generaliter. de proc.lib.6. de hoc dic, ut l.minor.s̃. de ꝓ[…]ia hoc est vnum quid mirabile, ꝙ ad negotia non possit […]inor 17.ann. cum non habeat agere ipse cum aliquo inui[…] de iure potius ur̃ dicendum, ꝙ dummodo hẽt intellm̃ pos[…]e, & imputet sibi constituens. In text. ibi (quin tñ tutore) […]quiritur, si pupillus erat infans, non tñ omnino carens […]ectu, ut quia erat sex annorum, vel circa, tunc. n. sicut nō […]quirere possessionem per seipsum sine tutore, vt j.e.l. q̃[…] infans. ita nec per alium eius iussu, vt hic. Sed si oĩno caret […]ectu deberet iussus fieri ab ipso tutore, & si esset maior in[…] posset iubere, etiam sine tutore, vt dixi in §.adipiscimur.s̃. & hoc voluit in effectu j.gl.hic.

[…] fugitiuum possidemus ciuiliter solo animo, & ẽt usucapimus, si an[…]gam fuit vsucapio incepta, & per ipsum nobis acquiritur possessio, […]modo per alium possessio non sit occupata adhuc.
[…]uilis possessio est sufficiens ad usucapiendum uel præscribendum.
[…]uili possessio, an sit maioris effectus, quàm sola naturalis.
[…] habeat subditos, & alius eos inuitos occupauit, & patet de illorum […]tate, videtur quòd dominus vel prior possessor, non perdat possess.

[P]er seruum. † Seruū fugitiuū possidemus ciuilr̃ solo aĩo, & ẽt vsucapimus si añ fugã […]ucapio incœpta, & ꝑ ipsū nobis acquirit possessio, dum[…] ꝑ aliū possessio nō sit occupata adhuc. h.d. & sꝑ allegat̃ […]In tex. ibi (Nerua filius ait.) & tñ iste fatebat̃, ꝙ ipsū possi[…]s nō obstãte fuga, & ẽt vsucapimus, vt sequit̃ (licet rñdeat̃ […]t forte fuit motiuū istius, ꝙ nō acq̃rat̃ nobis, q̃a nobis nō […] licet ipsum possideamus, sed hoc dictum corrigit̃ in ver. […]ilitatis, q̃a si possidemus, & usucapimus, ergo ꝑ ipsum no[…]q̃rit̃. sicut si nō esset in fuga, & nobis seruiret, vt in fine. […]tãdū circa primū dictū sūmarij, ubi dixi, ꝙ seruū fugitiuū […]demus ciuilr̃, & hoc est uerū quo ad ea q̃ tẽdũt in nostrum […]em, sed quo ad ea quæ tendunt ad præiudicium, non ha[…]r pro possessorib. ideo pro furto, vel maleficio ipsius nō […]mus conueniri. j.de fur.l.serui, & filij.§.fi.ſm uerum intel[…] Item dum dixi ciuilr̃, est uerum, qñ ante fugam posside[…]s ciuiliter, & naturaliter. si aũt naturaliter tm̃, vt q̃a hẽ[…]ilumfructum, tunc retinemus naturalem solo aĩo, & etiã ciuilem iure usufructus, ut l.arborib.§.de illo.s̃. de vsufr. & tertio procedit iste tex. qñ aufugit a nobis malafide si[…] qua iusta cã, ideo non perdimus possessionem ciuilem sta[…] ab alio non occupat̃, sed demum si per decennium stete[…] statu libertatis, ut no. j.eo.l.3.§ si seruus. quia tunc induci[…] obliuio ex lapsu decẽnij ꝑꝑ quam perdit̃ ciuilis possessio, vt […] prin. huius l. sed si bona fide ex aliqua cã iusta siue sit ve[…]e non, sed putabam eam veram. tunc statim ꝑdo possessio […]ẽt si per alium non sit occupata, ut patet in l.liberis.§.fi.s̃. […]e.cau. vbi si vendico ipsum in seruitutẽ, dicto casu hẽo ne[…] probare, ꝙ sit seruus, qđ non esset, si essem in possessione il[…] & ita uoluit Inn. in c.de seruorum. de seruis nō ordinãdis. […]ca ſm dictum dum dixi ꝙ usucapimus talẽ seruū allega[…]e tex. per Dy. & alios, ꝙ sola ciuilis possessio est sufficiens […]ucapiendum, uel præscribendum, ut no. Dy. in c. sine pos[…]ne. de reg. iur. & iste tex. principaliter allegat̃ ad hoc. sola […]lis non est sufficiens, quod patet, quia cum unus possidet ciuilem, & alter naturalem, ut j.eo.l.clam possidere.§.fin. […]in prin. huius l. si quælibet esset sufficiens sequeret̃, ꝙ q̃li[…]sucaperet, & sic q̃reret̃ dñium cuilibet insolidum, qđ esse […]pōt. ut l.si certo.§.si duob. vehiculum.s̃.commodati. & de […]st casus, ꝙ sola naturalis non sufficit ad usucapiẽdum, vel […]cribendum s̃.ti.j.l.acquirit̃.§.fi. in fi. uide in l.3.§. ex ꝯrio. j. […] ex hoc ꝙ sola ciuilis sufficiat, sequit̃ ꝙ si aliquis xx. anno. […]crit canonem tanq̃ emphyteuta, & cadit a iure suo propter […]nem non solutum, dño repetenti rem non potest opponi […]tio dominij. & sufficit, ꝙ dñs ostendat solutionem xx. ann. […]pro illis patet ꝙ ipse possedit dicto tempore ciuiliter & il[…]a sibi sufficit ad præscribendum rem illam, uide in Spec. […]cato.§.nunc uero aliqua. uer.3. cum seq. † Est ergo maio[…]fectus sola ciuilis, q̃ sola naturalis, in hoc, & ẽt quo ad acq[…]nem fructuum, q̃a fructus ex re percepti pertinent ad ciui[…]possessionem, nō ad naturalẽ, ut no. j.ea.l.3.§. ex ꝯrio. hoc […]xi de naturali procedit quo ad usucapiendum directum
dñiū, uel ẽt ꝑscribẽdū utile, qđ ꝯriat̃ directo, ut si q̃s possideat
naturalr̃ rem tanq̃ directus dñs, q̃a neutrū dñiū acquirit. Sed
quantum ad acq̃rendum utile, qđ non ꝯriat̃ directo, sed subal-
ternat̃, ut est istud qđ hẽt emphyteuta, uel supꝑficiarius, uel feu-
a datarius, talis naturalis bñ est sufficiẽs [a] ad ipsum ꝑscribẽdū, ut
no. Bar. in prin. huius l. ꝑ l.competit. C.de ꝑsc.xxx.ann. & ẽt quã
tū ad acquirendum ius vsusfructus, si possedit vsusfructus, ut l.
fi. in fi. de ꝑsc.long.temp. sed ego aliter dixi in prin. huius l. q̃a
naturalis possessio rei nō est illa, q̃ faciat ꝑscribi ista iura, sed ci
4 uilis quasi possessio istorum iurium. † Circa ultimū dictū, dum
dixi, nisi ꝑ aliū fuerit possessio occupata, q̃a tũc statim ꝑdimus
possessionẽ. dicit Bal. no. in l.j. C.de seruis fugi. istud est uerū, ni
si seruus inuitus, deuenerit in possessionẽ alterius, tunc em̃ qñ
inuitus, ita retinemus possessionem, acsi non deuenisset, &
ẽt acq̃rimus ꝑ eū, ut si fuit nobis stipulatus uel nostro noĩe ali-
q̃d receperit. tex. est notabilis q̃ hoc reprobat in l.arborib.§. de
illo. cū l.seq.s̃. de vsufruct. Et est notãdū pro illis, q̃ hẽnt subditos. Nã si alius eos inuitos occupauit, & patet de illorū uolũta
te, vr̃, ꝙ dñs, uel prior possessor possessionẽ nō ꝑdat, ad quod fa
cit j.e.l.si rem mobilem. in fine. quia per ipsorum animum reti
nemus possessionem, licet non sic in alijs reb. inanimatis mobi
libus, uel etiam animatis anima irrationali.

ADDITIONES.

[a] Bene sufficiens. uide quæ posui in princip. l. huius, ubi allegaui Cald. consi.5. de præscr.

1 *Per seruū pignori datum & traditum, nec tradenti nec accipienti possessio quæritur.*
2 *Licet creditor possideat, tamen talis possessio non debet sibi esse utilis, nisi quo ad vnum, vt possit pignori incumbere, quousque sibi satisfiat.*
3 *Debitor uere non possidet rem pignoratam sed fingitur possidere quo ad effectum de quo hic remiss.*

1 **§.Per seruum.** † Per seruū pignori datū & traditū,
nec tradẽti nec accipiẽti possessio q̃
rit. h.d. Rō primi est, q̃a tradẽs nō possidet ciuiliter uel naturaliter, licet fingat̃ possidere quo ad unū effectū, s. vsucapiẽdi, ut
hic in tex. & ẽt euitãdæ cautionis de iudicio sisti, ut in gl. ergo si
a bi possessio nō acq̃rit̃, ut s̃.ea.l.§.sed ꝑ eū. † Rō secũdi dicti est,
q̃a licet creditor possideat, tñ talis possessio nō dẽt sibi esse uti
lis, nisi quo ad unū effectū, ut possit pignori incũbere, quousq.
sibi satisfiat. Vñ fructus ꝑcepti ex tali re nō q̃rũt̃ sibi rōne talis
possessionis, sed dẽt eos in sortem cõputare, ut l.j. & 2. C.de pig.
a actio. & eo. mō nō q̃rũtur aliæ commoditates, [a] & hoc uult iste
3 tex. in fi. & l.si seruū. in prin. s̃.ti.j. † In tex. ibi (uideri) ex hoc ap
paret, ꝙ debitor uerè nō possidet rẽ pignoratã, sed fingit̃ possi
dere quo ad effectū, de quo subijcit, quia istud uerbum impro-
prietatem significat, ut no. j.eo. l.naturalr̃. in prin. In fi. tex. ibi
(quamuis eum possideat.) supple tã ciuiliter, q̃ naturaliter qđ
dic ut plene no. in l.cum notissimi.§.j. de præscr.xxx.annor.

ADDITIO.

[a] Commoditates. Sed an habens castrum pignoratum possit iurisdictionem exercere, uide Lud.Rom.sing.suis fol.12.

§.Veteres putauerunt. Per seruū, ĩ quo hẽo titu. uñlem hr̃ditariū, ẽt post aditã hr̃ditatẽ, & acq̃situ dñiū & possessionẽ ipsius, non possum possessionẽ aliarū rerū hr̃ditariarū acq̃rere, sed ꝑ illum in quo hẽo titulū singularẽ, post q̃situ dñiū & possessionẽ ipsius, bñ possum q̃rere possessionẽ aliarū rerū, in q̃b. hẽo eũdẽ, vel similẽ titulū. Idẽ si hẽo partim titulū uñlem, partim particularẽ. h.d. usq. ad §. hæc q̃ de seruis. ſm intellectū quẽ puto verū, licet gl. alr̃ allegat, q̃ ẽt sequit̃ Bar. sed Ang. vr̃ sẽtire id q ꝫ dixi. In gl. mag. ibi (tu dic.) intelligit ergo ista gl. primū dictū huius §. qñ hr̃ditas nō erat adhuc adita, & sic hr̃s nec dñiū nec possessionẽ hẽbat in seruo hr̃ditario, merito nil pōt sibi q̃ri de illa hr̃ditate: sed si ĩ ãesset adita, & sic q̃siuisset dñiū omniū rerum, nō tamen possessionem, ut j.eo.l.cū hr̃des. & postea possessionem illius serui adeptus esset, bene posset ꝑ illum seruum acquirere possessionem aliarum, quia non est dare rōnem quare non, tamen tunc non diceret̃ sibi quæri per seruum hæreditarium, q̃a
a amplius non dicitur hæreditarius, sed hæredis. [a] Nam hæreditas

ADDITIO.

[a] Sed hæredi. Quod facit ad q.de quib. per noui. & per me hic in apostil. ad Bar. ni stampa. de tortis.

ditas desinit esse hrditas postq̄ est adita, qa efficit vnū pr̄imoniū cū bonis hrdis. Sed qñ plures serui fuerūt legati vel donati, & legatarius, vel donatarius q̄siuit possessionē vnius, pōt acqrere p ipsū possessionē aliorū, & dr̄ q̄siuisse p seruū legatū vel donatū, qa nō p hoc dr̄ desijsse esse donatus, vel legatus, ita intelligit ista gl. hūc tex. Sed certe iste intellectus est nugatorius, qa non dēret fieri dr̄ia inter hrditariū seruū, vel legatū, aut donatū, sed inter illū in quo hēo possessionē, & dñiū, & illū in quo nō hēo. Nā ēt post aditā hrditatē pōt dici seruus hrditarius habito respectu ad id qđ fuit, ut in hac gl. & ēt dr̄ hrditas, ut patet in ti. de peti. hær. vbi hr̄s post aditā hrditatē petit hrditatē a possessore, intelligo ergo istū tex. in primo dicto, ēt si hr̄s hrditatē adiuit, & illius serui possessionē apprehēdit: & q̄ sit rō diuersitatis, dic vt colligit ex tex. cū gl. melius q̄ alibi. in l. quod p manus. de iure codic. & ibi tetigi. & l. per seruum. de acqui. hæred.

1 *Seruus acquirit domino ita demum, si vult, quia secus si de contraria ipsius serui uoluntate appareat.*
2 *In acquisitis malignitas serui non potest nocere domino. & quid in acquirendis.*

§. Hæc quæ de seruis. † Seruus acqrit dño ita demū, si vult, qa secus si
de ꝯria ipsius serui uolūtate appareat. h. d. Et not. istud, ꝙ licet
seruus acquirat dño ēt inuito, ut j. de uer. obl. l. seruus vetāte.
nō tñ inuitus acqrit, ut hic. In tex. ibi (si & ipse velint.) & in dubio p̄sumunt uelle, nisi de ꝯria uolūtate appareat, ut sequit. Videbat, ꝙ ēt si appareat de ꝯria uolūtate, tñ acqrerēt qa nō possunt immutare iuris dispositionē, q̄ est ut acqrāt dño rōne dominicæ ptātis, qa sicut illā nō possunt tollere, ita nec effectum eius. Sed ꝯriū est, ut hic patet, & j. de stip. seruorū. l. seruus cōis, sic ubi seruus cōis pōt stipulari uni ex dominis, & illi soli acqrit, nō solū ergo spicit dñica potestas, sed ēt uolūtas serui. In gl. q̄ incipit (sed Titio.) supple. s. tanq̄ negotiorū gestor ipsius Titii, qa sicut liber hō pōt esse negotiorū gestor, ita & seruus, ut pbat j. eo. l. si me in uacuā. in fi. & ēt pcurator ad negotia, ut l. seruū quoq. de pc. & iō reqrit ratihabitio illius, cuius noīe recipit, ut sequit in gl. In gl. ibi. (quo casu serui malignitas nō nocet.) dicit Ang. hoc verū, qñ de intētione maligna serui nō apparet, secus si expsse dicat se nolle q̄rere dño, quo casu ēt si tradēs dicat ꝯriū, nō acqrit dño, qa tūc nullū mysteriū pbet dño, & ita ēt intelligit id, qđ hr̄ in l. q mihi donatū. s. de dona. sed ibi dixi ꝯriū, qa si seruus nō exprimit aīum suū, ille nō respicit, ut l. si repetē di. C. de ꝯdi. ob ca u. vñ vr̄ recipere eo aīo, quo alius sibi tradit. Dēt ergo intelligi illa lex qñ appareret de aīo recipiētis in ꝯriū. nā si est seruus, vel si est uerus pcurator habēs ad hoc mādatū, hoc sufficit una cū intētione tradētis, & expressione, licet ipse
2 recipiat alia intētione, & hoc exprimat. † In gl. ibi (secus in q̄sitis.) qa in illis malignitas serui nō potest nocere dño, ut faciat eum quæsita perdere, secus in acquirendis, quia facilius impeditur acquisitio quam perdatur acquisitum. facit l. fin. C. eo. & l. patre furioso. de his qui sunt sui uel alie. iuris. Aut hic distinguit de seruis, de his dic ut hic per eum.

1 *Quòd debeamus potius dicere possessionem alicui acquiri, quàm quòd null acquiratur, & quam tradens perdat, & remaneat uacans, non tamen est semper verum.*

§. Per procuratorem. † Per procuratorem, & alium legitimum administratorem acquiritur nobis possessio, si procuratorio uel administratorio nomine recipiant, secus in proprio. h. d. In tex. ibi (nobis acquiritur.) s. si recipiant nostro nomine, alias secus, ut
1 sequit. † In tex. ibi (alioquin.) no. hic ꝙ potius debemus dicere possessionem alicui acquiri q̄ ꝙ nulli acquirat, & ꝙ tradens eā perdat. & remaneat uacans. sic s. eo. l. si vir. hoc tñ non est semper uerū, quia interdum tolerat, ut nulli acquiratur, & tamen tradēs eam pdat, ut patet s. e. l. §. per seruū corporaliter. & §. sed & per eū. dic ergo, ꝙ ratio q̄ ponitur hic, non est sufficiens, sed illa est melior, quia est verus procurator, & pcuratorio nomine recipit. Vñ per actum naturalem potest acquirere possessionem & dñiū. ut C. eo. l. per procuratorem. s. tit. j. l. si pcurator. Hic est una gl. mag. q̄ recitat unam opi. Rugerij nullius ualoris fecit eñ Ru. dr̄iam inter procuratorem generalem, & specialē. Item in primo casu fecit differentiam, utrum ille qui tradidit, hoc gerat in animo, & non qui facit, uel econuerso, & sil'r in secundo casu fecit aliā dr̄iā. sed Io. reprobat oīa ista, & bñ qa non est fienda dr̄ia inter generalem, & specialem, nec ēt an uterque hæc gerat in animo, uel alter tantum, qđ dic vt. l. qui mihi donatum. sup. de dona. & hoc in uero procuratore siue gestore ut no. in j. parte gl.

1 *Per solum aspectum interueniente traditione veri possessoris, acquirit nobis possessio.*
2 *Quando actus geritur per procuratorem meum me præsente, uidetur me, & non acquiro tunc mediante procuratore sed per me ipsum.*

1 §. Si iusserim vendi. † Per solū aspectū interueniēte traditione veri pos-
2 sessoris, acquirit nobis poss. h. d. † Et no. hic tex. cū gl. ꝙ q̄ gerit per pcuratorē meū me p̄sente, vr̄ geri p me, & non acqro tūc mediāte pcuratore, sed p meipsum. Et ista pōt esse pcuratori p̄senti. de uerb. obl. j. ꝙ tunc q̄rit dño actio sine sione per pcuratorem, non sic qñ non erat præsens. l. possessionem quoq. §. & si possessio. j. eod. ti. Dicit ēt Ang. in §. præcedenti qñ non sum præsens, tūc mihi acquirit per pcuratorem, quando interuenit actus naturalis, & corporalis apprehensio ipsius rus uel uera, secus si fictus, uel ficta, ut si aliquis constituit possidere nomine pcuratoris mei, quia per talem actum fictū potest pcurator mihi acquirere. arg. l. ea quæ ciuiliter. s. de rer. dom. & de hoc dic ut j. eo. l. quod meo.

1 *Vniuersitas representans personas uiuas potest possidere per se, & per alium.*
2 *Vniuersitas representans personam quæ nunquam potest dici vixisse, non est corporalis nec mortalis (vt est Deus), an possit possidere per se, per alium.*

1 §. Municeps. † Vniuersitas representans personas uiuas pōt possidere p se, & per alium
h. d. cū l. seq. secus in illa q̄ representat personam mortuam
2 hrditas. ut l. j. §. Sceuola. j. si qs testō liber esse iussus. † Quātem si representat personam, q̄ nūquā pōt dici uixisse. quia est corporalis, nec mortalis, ut est Deus. pone exemplum in ecclesia, qa qcqd relinquit ecclæ, cēset relictū Deo, ut in Aut. de eccle. tit. §. si qs innominatus. coll. ix. dic ꝙ licet rector ecclesiæ
a mortuus sit, possessio tamē nō pdit, [a] sed remanet apud ecclesiam. i. apud Deū, ut no. Inn. in c. cū sup. de cau. poss. & ppr. & qđ no. in §. apud muros ecclesiæ. Et recitant hic tres opiniones. Vna ꝙ vniuersitas municipij, uel alia non possit aliquā rem possidere, qa ad possidēdū reqrit uerus aīus q nō cadit in tali uniuersitate, q̄ dr̄ psona ficta, nec obstat. si dicat, ꝙ uniuersitas possidet forū, uel basilicam, q̄ sunt loca publica, qa nō est uerum possideat, licet eis utantur singulares hoīes uniuersitatis. Alia fuit opi. ꝙ bene possit possidere p aliū, puta p seruū, licet p ꝯdicāt qa nō pōt possidere seruū, ergo nec per ipsum alias.
Tertia est opi. in l. seq. ꝙ tam per se, q̄ ēt per alium, puta, per seruum, uel pcuratorem aut syndicum, possit possidere, quia respiciuntur singulares personæ ipsius, quæ habent animum

ADDITO.

a Non perditur. Facit quod uoluit Ro. decis. suis. de rest. spo. ꝙ prælatus confirmatur, qui non dum adeptus est poss. dignitatis suæ potest agere interdicto de ui, quia licet uacet dignitas, nō uacat possessio bonorum ecclesiæ, & ecclesia est in anima uiuentis, quod secus est in hæreditate iacente, de quo etiam Old. consi. 172.

LEX III.

1 *Res corporales proprie possidentur, & ad acquirendum possessionem requiritur animus, & corpus. Et qui ingreditur partem fundi, totius fundi possessionem acquirit.*
2 *Quasi possessio in iuribus incorporalibus, an distinguatur in ciuilem, & naturalem.*
3 *Per quem modum acquiritur possessio talium iurium.*
Reuersi & occupantes aliqua bona, & animo continuandi possessionem non possent continuare, quia iam perdiderant, uel quia colonus, uel procurator dimiserant animo relinquendi, acquirunt de nouo possessionem, si est per alium occupata.

1 Possideri autem. † Res corporales proprie possidentur, & ad acquirendum possessionem requiritur animus, & corpus. Et qui ingreditur partem fundi totius fundi possessionem acquirit. h. d. Et semper allegatur istud principium in secundo & tertio dicto. In gl. 2. ibi (sed quasi possident. & iō non dant directa, sed utilia pro iurib. incorporalib. ut in leg. allegata
2 in gl. † Et an ista quasi possessio distinguat īter ciuilē, & naturalē dic ut no. per Bar. in l. j. in prin. s. eo. & per gl. in l. aut p̄tor. §. ei. qt. ex causis maio. p quē modum acqrat possessio talium iuriū dic, ꝙ aut exerceāt circa rē, ut sunt iura seruitutū, & acquirat quasi possessio p introductionem in rē, in quā exercent, l. 3. §. fare. s. de usuf. Aut exercent circa personam, ut est iurisdictio,

el superioritas,& tunc dic plene hoc vt pulcher p Inn. in teris.de rest.spo.& in c.cum dilectus.de capel. mona. In cipit.(licet retineri.)circa fi.ibi(vel dic ꝙ in causis)est no ,ꝙ aliqñ aqrit possessio p actus introductos de iure na- vel gētiū,vt p apprehēsionē corporalē,manuū aut pedū reqrit illa apprehēsio, una cū aīo,ut hic. Interdū p actus ciuiles,qđ ꝯtingit multis modis, vt qa aliquis cōstituit se noīe possidere p̄cedēte iusta cā. ĵ.eo.l. qđ meo. vel p retē- vsusfr.p̄cedēte sit̄r iusta cā trāsferēdi dn̄iū,vt l. qſqs. C. de el appositionē custodis.vt ĵ.eo.l.quarūdā.& tūc reqritur na cū illo actu a iure introducto,vt in dictis iurib.licet nō ueniat instr̄m corporale manuū,aut pedū. Interdū p act* s,qa interuenit aliqs actus naturalis, nō tñ principal̄r ad rdinatus,nisi iuris mynisterio interueniēte, puta p iussū traditionē clauiū,nā ēt isti sunt actus naturales,& tūc re- us una cū istis actib.& ēt traditio possessoris, & in cōspe- i,ut l.clauib.de ꝯh.emp.& no.s̄.eo.l.j.in prin.In fin.gl.ibi o.)no.cōiter Doct tenēt ꝯriū,ꝙ aīus retinēdi inducit acq ē de nouo.qđ dic ut hic per Bar.qui probat multis modis c no.p reuersis,& occupātib.aliqua bona, & aīo ꝯtinuā ssessionē, cū nō possent cōtinuare,qa iā pdiderāt lapsu de i,vel qa colonus,vel pcurator dimiserat aīo relinquendi ssionē,vt ĵ.eo.l.si colonus.nā de nouo possessionē acqrūt, est per alium occupata f̄m determinationem Doct. hic.

---

incerta ratione loci, & quotæ, non potest possideri.
tam possunt prædicari disiunctim, quæ non licet coniungere propter fal m accidentis.

Incertam partem. † Pars incerta rōne loci,& quotæ,nō pōt possideri.h. gl.j.in prin.ibi ĵ.eo.l.locus.illa l.potius ob.qa si Titius hēt diā in fundo p indiuiso,licet sit incertū in qua parte fundi beat,qa nō magis in vna,q̄ in altera, pōt tñ eā in alterum rre.Sed ibi qñ erat incerta,rōne loci,qa nō poterat demō locus certus,in quo illa pars esset,nō tñ erat incerta rōne æ.Hic vero qñ erat incerta ēt rōne quotæ,qa nesciebatur ā partē Titius hr̄et,dimidiā,tertiā,vel quartā.In gl.ibi(sed vēdicat possidet.)s.p ill ūa quo vēdicat, nō p illum q vēdi t patet ex l.quā ĵ.gl.allegat.nō ergo seqtur, vēdico partē tā,ergo aduersarius meus possidet partē incertā. Pōt eīn dere totum fundum,& tñ vendico de illo incertam partē. no.in ista gl.de fallacia accidētis,sicut in illa,qcqd emisti, edisti,ista est nera:carnes crudas emisti, ista etiam est vera, carnes crudas comedisti,ista est falsà.Itē ista asina est tua, t vera: ista est asina,& mater, quia habet pullum,ista etiā era,ergo ista asina est mater tua.est falsa.vt no.Ioan. Andr. gula sine culpa. in mercuriali. quia quædam possūt prædi disiunctim,quæ non licet coniungere,secundum eum pro dictam fallaciam.

---

aspectus non interueniente traditione possessionis, non sufficit ad acqui dum possessionem rei, etiam vacantem.
quæ fiunt nostra per inuentionem, ut est thesaurus, an eo ipso ꝙ sunt nta, acquirantur nobis, & nu. 1.

Neratius. Licet possideam fundum, in quo est thesaurus, non tñ possideo thesaurum, nisi q̄ fuerit p me receptus,& apprehēsus manualiter,licet sciā m esse in fundo,& ignorem in quo loco,vel ēt sciam in quo ,vel (quod plus est)etiam si fuerit inuentus non tamē ma liter apprehensus.h.d.f̄m verum intellectum.Et est textus ual̄r perplexus,ponit eīn triplicem opi. Prima fuit quorū- dixerunt me possidere thesaurum,dummodo sciam ipsum in fundo,licet ignorē in qua parte fundi,nec ipsum videā, sufficit naturalis possessio fundi quasi qui possidet cōtinēs ideat contentum,& hoc vsq.ibi,cętera quidem. Secunda opinio quorundā dicētium,ꝙ ēt si ignorem ibi esse thesau ipsum possideo,ex quo possideo fundum,nam si ratio præ ens est bona,ꝙ q possidet continens possideat cōtentum, um hēt ēt si ignorem contentum,& hoc usq. ibi (quidam at.)Tertia est opi.& ista est vera,ꝙ etiam si sciam ibi esse the rum,& in qua parte fundi est(& quod plus est)etiam si fue- inuētus,nisi fuerit a loco motus,& p me apprehēsus, & sub todia mea redactus,ipsum non possideo,& sic illa ratio non bona,quia non est in fundo simpl̄r cā custodiæ, sicut res q̄ t in domo clausæ,quarum possessio apprehendi pōt per ap- hensionem clauium in conspectu rei.vt l.clauib.de ꝯh em. sic patet p istum tex.in fi.ꝙ solus aspectus,nō interuenien- te possessione,nō est sufficiēs ad acq.poss.rei ēt vacātē,q̄ nullus possidet,secus si interueniat traditio possessionis,qđ dic ut dixi
2 plene in l.j.in prin.s̄.eo.in vlt.gl.mag. † Patet ēt p istū tex.falsā esse opinionem quorūdam quam recitat illa gl.in fi.& in l.nunquam.§.thesaurus.s̄.tit.j.ꝙ in illis,q̄ fiūt nostra p inuētionē, ut est thesaurus,eo ipso ꝙ sunt inuēta,nobis acqrunt̄,qa vr̄ sola inuētio sufficere,ut Inst.de rer.diuisio.§.thesaurus. qa non dr̄ inuētio facta,nisi ēt secuta sit apprehensio,ut hic patet.& C. de fideiuss.l.si Barsatorē.Et p p̄dicta apparet ꝯriū formatū hic in gl. fi.de leg.j.post principium.s̄.eo.ibi dum dicit, (quia primi possessionē,&c.)non meruit signari,quia potius facit pro,q̄ ꝯ,cum ibi dicatur,ꝙ non acquiratur possessio, nisi illi qui primo apprehenderit,& idem dr̄ hic.sed melius signasset gl. ꝯrium de §. thesaurus.Inst.de rer.diuis.ubi hr̄,ꝙ per inuentionem acquirit̄ dominium thesauri.Sed solue ut s̄.dixi,quia non dicitur inuentus,nisi sit apprehensus.Tene menti.

---

1 *Quando eadem possessio non possit haberi ex pluribus causis, & nu. 3.*
2 *Quid in dominio. & nu. 1.4. & 5.*
3 *Vsucapio occidit dominium alterius.*
5 *Si fui effectus dominus ex una causa, & postea superueniat altera sicut ex illa noua non acquiro amplius dominium, nec etiam coniungitur cum primo, ita nec possessionem dicor ex illa causa acquirere, nec iungitur cum prima.*

1 **§.Ex pluribus causis.** † Eadem possessio numero potest haberi ex pluribus causis diuersis,idest titulis,siue ꝯcurrant tempore acquisitionis,siue post acqsitionē factam ex una,& superueniat altera,sed idem dominium postq̄ est acquisitum ex una causa non potest ex superueniente causa acquiri,vel haberi.h. d.iste §.difficilis.Et primo ponit unam regulam affirmatiuam in possessione,ꝙ pōt haberi ex pluribus causis,usque ibi(& eum qui) Secundo ponunt duo exempla ad hoc ostendendum usque ibi (nec eīn.) Tertio ponitur una regula negatiua in domino ꝯrio p̄cedenti,ꝙ ex plurib.causis non potest illud haberi.Circa primam partem notandum,ꝙ illa r̄a dum dicit,ex plurib. causis,dēt intelligi,idest titulis qui sunt multi, ut patet ĵ. pro emptore.cum titulis seq.& sumo titulum pro omni causa habili ad translationē dn̄ij,si tradēs esset dominus,vel ad usucapiēdi conditionem si non esset dominus.Itē notādum,ꝙ locum habet in duobus casibus, ut habetur in summario, s. quando causæ concernunt ante acquisitionem possessionis, vel tempore acqsitionis,ut in primo exemplo hic posito, si uendis mihi rem alienam,& tradas:nam tempore traditionis incipio possidere ex duplici cā,s.tit.p empto.& tit.pro suo.qui est generalis. vel ponc clarius,si debebas mihi eandem rem ex plurib. causis,& tradidisti,cum non esset tua,ut si tenebaris ex psona Titij, cui sue cessisti,qui mihi vendiderat,& nō tradiderat,& ex persona tua, q sit̄r mihi vendideras,cum non sit tua, nec illius, tradis mihi, incipio possidere ex ambabus causis.ut l.non est nouum.de actio.emp.q̄ causæ habuerunt originē ante possessionē adeptā. Potest etiam intelligi qñ post adeptam possessionem ex una causa superuenit altera,ut in secundo exēplo hic posito,in ver. sic eīn:vt si Titius emit a te rem alienam,& tradidisti, ego postea successi Titio,certe habeo ex titulo pro emptore ex psona Titij,& iste incipit tempore traditionis factæ Titio, item tit.p hærede ex persona mea. Et iste incipit post acqsitionē possessionis tempore quo hæreditatem adeo,& possessionem apprehēdo,& sic post acquisitam possessionem Titio. Possumus ēt ponere exemplum,ꝙ ambæ cāæ sunt particulares, ut si uendidisti mihi rem alienam,& tradidisti,& ante completam usucapionē vel præscriptionem alius eandem rem tanquam suam mihi donauit cum non esset sua, certe incipio possidere ēt ex causa donationis, q̄ habuit originem post acquisitam possessionem ex causa præcedenti,& sic ex duplici cā possideo ante usucapionem completam. Sed si compleat̄ usucapio, an dicatur acquirere dn̄ium ex utraque cā? habetur hic in gl.j.mag.super verbo,
2 (possideo.) † Notandum est etiam super ipsa prima regula, ꝙ debet limitari duob.modis,primo,qa est uera, quando illæ causæ non sunt contrariæ,alias secus,vt ĵ.pro emptore.l.2.in fi.qa non possunt duo ꝯria stare in eodem subiecto,ut ĵ.pro suo.l.si ancillam.& ĵ.eo. tit.l.clam possidere.in prin.Alia limitatio est, quia procedit,quando ambæ causæ sunt validæ,sed si una esset inualida,ex illa non diceretur haberi possessio, & iste est casus in l.cum res.C.de ꝯh.emp.& si uēdidisti mihi rem tuam & tradidisti,non acquisiui possessionē,& dominium.Si alius postea eandem rem mihi vendat tanq̄ suam non valet venditio, quia non possum rem meam emere,ut l.suæ rei.de ꝯh. emp.certe ēt si ille tradat,quia forte possessio ad eum peruenit,sicut nō acquiro dominium ex tali traditione, ita nō videor possidere ex illa

illa causa cum sit nulla, sed vr̃ potius mihi restituere rem meam
tanq̃ dño ꝑ illã legẽ,& istæ duç limitationes colliguntur ex duob.
ꝯrijs formatis per gl.magnã in fi.de illis legib. Et sic patet,ꝙ ista
r̃a hẽt locũ q̃n post acq̃sitã possessionẽ ex una cã superuenit alte
ra añ dñiũ acq̃sitũ ex prima,q̃a tũc altera ualet, & iõ ex illa pos
sum possidere,& ista scđa cã iungit̃ cũ prima ad effectũ dominij
acquirendi.sed si post dominium acquisitum ex prima causa,
vel ab ipso princ.cum traditur, quia tradens erat dominus, vel
ex postfacto, quia usucepi, vel præscripsi, superueniat altera,
tunc sicut ex illa,non acquiro dominium amplius, nec etiã di
cor ex illa dominium habere,ita nec possessionem cũ sit inualida,& nulla.tene menti, quia istud ualde declarat difficultatẽ
3 huius §. † Circa scđam partem est notandum, ꝙ est differentia
inter duo exempla,q̃ ponunt̃ in text.in tribus,prima,quia primum exemplum loquitur de duabus causis concurrentib. eodem tempore,fm exemplum, q̃n concurrunt diuersis tempo-
ribus.Item in primo exemplo,una causa erat specialis,altera ge
neralis,scilicet pro suo,quæ concurrebat cum qualibet specia-
li.In scđo exemplo una erat specialis,altera uniuersalis. s.ꝓ hærede q̃ non concurrebat cum qualibet particulari. Item in pri
mo exemplo ambç habuerunt originem in eadem persona,sed
in secundo vna habuit originem in ꝑsona defuncti, altera in ꝑ
sona hæredis. Sed põt poni aliud exemplum,vt s̃.dixi.quando
ambæ causæ erant particulares,& fuerunt habitæ ab eodem,vł
a diuersis in persona eiusdem,ut si emi rem alienam a te, & tradidisti,& postea quidam alius non dominus mihi donauit, nã
ex utraque causa possideo. Aduertendum etiam,ꝙ ambo exẽpla possunt intelligi añ dominium acquisitum,& tũc dum tex.
dicit(vsucapit)debet exponi,idest usucapi cœpit,secundñ Dy.
Et tunc solam possessionem hẽt ex duplici causa. Possunt etiam
intelligi post usucapionem completam,quia ambæ causæ habuerunt originem ante dominium acquisitum, & postea com
pleta est usucapio,& tũc nõ solum possessionem hẽt ex utraq.
causa,sed ẽt dominium,nec est hoc inconueniens,quia dominium potest haberi ex pluribus causis habentib. originem añ
ipsum q̃situm,ut statim dicam. & hoc est quod uoluit glosella
super uerbo(vsucepit)dum dixit,ꝙ est futurum, vel præteritũ
subiunctiui, declara,vt ex prædictis patet.Circa tertiam partẽ
est notandum,ꝙ illa regula negatiua de dominio,ꝙ non possit
haberi ex plurib. causis,nõ habet locum quando illæ causç ha-
buerint originem ante dominium quæsitum,tũc eñ ex omnibus illis potest dominium quæri,sicut & possessio,ut l.in nume
rationibus.ȷ̃.de sol.& hic in glo.magna in 4. opposi. sed habet
locum,quando post acquisitionem dominij factam ex una cã
superuenit altera,ut si vẽdidisti mihi rem tuam,& tradidisti vel
alienam,& usucepi,& post quæsitum dominium alius uendat
mihi,vel donet eandem rem,non ualet uenditio, uel donatio,
nec dicor dominium ex tali donatione, uel uenditione habere:& in hoc dñium differt a possessione, quia post acq̃sitã possessionem ex una cã,& non dominium, si superueniat altera,di
cor ẽt ex illa possessionem habere,& iungitur cum prima,quia
talis causa,uel titulus ualet cum adhuc non sit effectus dominus,& istam differentiam uoluit hic facere Iurisconsultus inter
possessionem,& dominium.Notandum etiam,ꝙ ista ultima re
gula procedit quando ista cã noua nõ habuit originẽ vetustiorem ante primam, ex qua dominium acquisiui. si eñ haberet
non procederet regula,quia tũc superueniente ista causa noua desino hr̃e dominium ex prima, & incipio habere ex scđa q̃
habuit originem vetustiorem,& si fuit mihi legata res sub conditione,& pendente conditione hæres me hæredem instituat,
vel illam mihi leget uel donet,uel vendat,& tradat,non acq̃ro
dominium ex institutione vel legato facto ab hærede,vel vẽdi-
tore, sed si postea existat conditio primi legati, desino habere
dominium ex illa causa, & incipio habere ex causa primi legati,ut l.fundo.ad leg.Falcidiam. Sed q̃n non habet causam uetustiorem,tunc retineo ex prima causa, ex qua acquisiui, & ex
ista scđa,nec amplius dominium,nec amplius acquiro causam,
quia non dicor habere dominium,nisi ex illa causa,ex qua primo incœpi hr̃e: ad istum finem ꝙ causa superueniens habuit
causam uetustiorem tendunt oppositiones gl.magnæ in uer. 5.
oppo.usque in finem.In gl.ibi(vel subtilius.)nam secundum p̃-
cedentem opin.si uendidisti Titio rem alienam, iam sunt duo
anni,& iste Titius me hæredem instituit hodie cum restet unus
annus de usucapione,& ego adeo,incipio possidere ex vtroque
titulo,s.pro emptore quo possidebat Titius, & pro hærede ex
ꝑsona mea,& hoc ante usucapionem completam. Sed lapso
anno & sic completa usucapione ex prima causa non autẽ ex
secunda,quia a tempore scđæ non est lapsus nisi annus, cũ ista
secunda non possit amplius operari acquisitionem dñij ad q̃
est ordinata,cum sim iam effectus,dominus & sic amplius effici non possum,ut l.sequitur.§.lana.ȷ̃.ti.j.deficit, & annihilatur
ista cã secunda,& nõ dicor amodo possidere uel dominium ha
bere nisi ex prima cã ꝓ emptore.Sed attẽta ista opi.scđa nõ d
sino possidere ex titulo ꝓ hrẽde,& uideor acq̃rere dñiũ ex utr
que titulo,seu cã,q̃a ista scđa iũgit̃ cũ prima,& adijcit vsucap
ni nouã formã,q̃a ibi prima currebat ex una causa tm̃, nũc c
rit,& ꝯtinuat̃,& ẽt complet̃ ex utraq.cã,& hoc uoluit dicer
sta gl subtilis,multo magis in primo exẽplo hic posito, ubi a
bæ cãæ ꝯcurrebãt eodẽ tp̃e,& originẽ habuerũt,& hoc vult
in uer.vel ab ipso inuito,sed Dy.tenet primam opi.quia sola
seu titulus non sufficit ad acquisitionem dñij quando non
neret ad illum a quo titulum habui, nisi etiam concurrat
ꝑsus legitimi temporis sufficientis ad vsucapionem a dic
illius tit.sed hic non est lapsum tempus legitimum a die scđ
tituli,licet sit lapsum a die primi, ergo nõ acquiro domini
ex scđo tit.sed ex primo,& si ita est,sequitur ꝙ secundus titu
euanescit,& hoc ẽt uidetur sequi Bar.sed mihi uidetur opin.
verior. nam hoc si esset,frustra adeundo hæreditatem dice
possidere ex secunda causa,ex quo non potest sortiri effect
ad quem inducatur.s.acquisitionem dominij. quia frustra
pectatur tempus,&c.argu.in l.aliquando §. ad Vellei.sic e
etiam si per diem, ante completam usucapionem superue
noua causa,dicitur compleri usucapio, & ex utraque acqui
dominium,quia concurrit ante dominij acquisitionem,ut
gl.seq.in ver.tu ergo.& ex vtraque dicor possidere,sicut pri
4 possidebam ante usucapionem completam. † Vltimo no.
glo.in fi.ꝙ vsucapio occidit dominium alterius,uidet̃ ergo
hoc,ꝙ dominium primi domini non transferat̃ in vsucapio
sed incipiat nouum dñium.facit l.si ædes.§.libertas.in fi.de
ui.vrba.prædio.In gl.mag.ibi(tu ergo)dic ista vera,& concl
ꝙ in trib.casib.non est differentia inter possessionem & do
nium.Primus est,quando plures causæ concurrunt ante ac
sitionem dominij,vel possessionis,nam tunc ex omnib. po
acq̃rere tam possessionem, q̃ dominium, & ex qualibet ear
dicor habere vtranque siue illæ causæ habuerunt originem
dem tempore, ut hic in primo exemplo: siue diuersis temp
ribus, vt, in secundo exemplo. Secundus casus est, qua
do post acquisitionem factam ex vna causa superuenit
tera,& quæritur vtrum ex ista noua dicar amplius effici poss
sor vel iterũ,& dicendum est ꝙ nõ,sicut nec dicor amplius
ci dominus,vel iterum,ut ȷ̃.tit.j.l.sequit.§.lana.& l.cum res
de ꝯh.empt.nam & circa possessionem est considerare quod
dominium.sicut vsumfructum,vel ꝓprietatem. arg.in l.vsu
fructum.s̃.si vsufr.pe. & id quod ego habeo, amplius habe
vel acquirere non possum,nec iterũ, nisi ista noua causa h
originem vetustiorem,q̃a tunc desino esse dominus, & poss
sor ex illa ex qua factus fui,& incipio esse ex noua, ut l.fund
5 ad legem Fal.& hic in gl.in ver. 5 oppono. † Tertius casus
in quo conueniunt,q̃a si fui effectus dominus ex vna causa,
postea superueniat altera, sicut ex illa noua non acquiro a
plius dominium, nec etiam coniungitur cum persona, vt si
car hr̃e dominium ex utraque,ut in fi.huius §.ita nec posses
nẽ dicor ex illa causa acquirere,nec iungitur cum prima,ut
car possidere ex utraque,quia ista secunda ualet,ut l.suæ rei
ꝯh.emp.vr̃ ergo potius restituere ibi possessionem rei meæ,
sum dñs,q̃ ex causa illa,quam habeo ab ipsa, cum sit nulla,
hic est casus in l.cum res.C.de ꝯh.emp.& in istis casib.non lo
iste §. Est & quartus casus,in quo hic loquitur,in quo est dñia
ter possessionem,& dñium,q̃a si post acquisitam possession
solam ex vna causa sine dominio superueniat altera, ut q
vendidisti,mihi rem Titij,& tradidisti, postea Sempronius,
dem rem mihi vendidit,dicor possessionem hr̃e,& continu
ex vtraq.causa,& ex utraq. vsucapio,vel præscribo, & domi
acquiro,licet diuersis temporibus habeant originem, vt in
præcedenti.sed si post q̃sitũ dominium ex una cã superuen
altera,vt quia vendidisti mihi rem tuã,& tradidisti,postea al
tanquam suam sibi mihi vendidit, non dicor dominium hab
re ex ista secunda,sed ex sola prima,quia ista secunda nõ val
Sed in casu præcedenti bene ualet,quia non emi rem meam
simul iungũtur,& istam differentiam voluit facere iste tex.&
hoc stat substantia eius,& sine istis non potest bene intellig

1 *Eadem possessio numero non potest esse penes plures insolidum etiam rõ diuersarum qualitatum, sed diuersæ possessiones, videlicet ciuilis penes num, & naturalis penes alterum bene possunt esse.*

2 *Sola ciuilis possessio est sufficiens ad vsucapiendum, & ad acquisitionem ctuum, sed naturalis non est sufficiens ad vsucapiendum, & quando procedant.*

Quid quantum ad præscribendum vtile dominium, quod directo subal natur.

1 § Econtrario. † Eadem possessio numero non p esse penes plures insolidum ẽt rõ diuer-

arum qualitatũ,ſed diuerſæ poſſeſſiones,videlicet ciuilis
vnũ,& naturalis penes alterũ bñ poſſunt eſſe.h.d. in eſ-
primo ponit una rła, negatiua cũ eius rõne vſq.ibi(Sabi
cđo ponit alia rła,affirmatiua ĩ diuerſis poſſeſſionib.vſq.
m Trebatius.)Tertio ponit dictũ Trebatij qa primo ap-
: iſtã ſcđam, & bñ. Itẽ limitat primã,vt habeat locũ,ꝙ
oſſeſſio nõ poſſit hri a diuerſis cũ eadẽ qualitate, vel ab
ſte,vel ab oib.iniuſte,ſed cũ diuerſis qualitatib. ſic,vt ab
ſte,vel ab altero ĩiuſte,& ĩ hoc male vſq.ibi(qđ Labeo.)
ponit reprehẽſio Labeonis de iſta limitatione,& rõ re
ionis,qa licet ſint qualitates diuerſæ vna tñ & eadẽ eſt
ia poſſeſſionis, q̃ naturaliter non põt eſſe penes plures
qđ verius eſt) Quinto,& vltimo ponit dictũ Iuriſcõſulti
is huius legis approbãtis dictã reprehẽſionem, & po-
õnẽ primæ rłæ negatiuæ.In text.ibi(tu quoq. id videaris
) not hoc verbũ,non eñ dicit,tu quoq. teneas, quia ſi-
et veritatem, ſed videris tenere qđ ſignificat fictionẽ.[a]
um ergo duo eadẽ rem inſolidum poſſidere non poſſũt
itatem, immo nec vnus ſm ueritatẽ,& alter ſm fictio-
.ẽt quia vbi non poteſt eſſe veritas, nec fictio,vt l.ſi pa-
i.de adop.& no.in l.Gallus.§.ſi eius.de lib.& poſthu.in
tra quia in obligatione,q̃ re ꝯhit,poſſunt conſtitui duo
endi,ut l.eandem.in prin.ĩ.de duo.reis & tamen illa ob
non ꝯhitur,niſi quatenus ad debitorem peruenit,vt l.ſi
prin.ſ.de pact.ſed impoſſibile eſt,ꝙ ad quemlibet eorum
erit inſolidum, vt hic ſm veritatem, & in fine huius §.
a ad vnum peruenit ſm veritatem,& ad alium fingitur
e ſecundum fictionem, ideo conſtituunt duo rei debẽ-
.glo.in l.ſi non ſinguli.C.ſi certum petat, ergo eadem
eſt poſſideri vere per unum,ficte per alterum inſolidũ.
eſt,ut colligit ex no.per Bar.in d.l. eandem. de duobus
ia etiam vere põt res ad quemlibet peruenire inſolidũ
ad vnũ,& poſtea ad alterũ. & hoc ſufficit ad conſtituẽ
am obligationem.Non tamen põt apud quemlibet ĩſo
remanere,& ſic non poteſt quilibet inſolidum poſſide-
s vere,& alter fictè,ut hic.In tex.ibi (qui precario dedit.)
io transferendi utranque poſſeſſionem, ſed naturalem
od in dubio præſumitur,vt l.& habet. §. fin.ĩ. de preca.
ciuilis apud unum,& naturalis apud alterum. In gl.ma-
itantur in effectu quatuor opi.circa intellectum huius
a eſt,ꝙ habeat locum ſolum in naturali poſſeſſione, qa
hic ponunt in tex.illi tñ conueniunt,dum dicit tene-
n.& ſtare,& ſedere in fine,ſed ciuilis poſſeſſio ſecundũ
poteſt eſſe penes plures inſolidum, quia retinetur ani-
plures poſſunt habere animum poſſidendi eandem rem
um.Dicunt tamen iſtud eſſe verum diuerſis reſpectib.
habeat ciuilem ratione directi dominij, alter ciuilẽ ra-
tilis dominij,ut eſt emphyteuta,vel feudatarius, vel al-
uris ĩ.dominium, ut uſuſfructus,uel crediti,ut in re da-
ori.in qua dicunt debitorem habere ciuilem,& credito
turalẽ,& ẽt ciuilẽ.Item in re data in dotem,in qua dicũt
em habere ciuilẽ, & maritum naturalem & ẽt ciuilem.
in.reprehendit,& primo. quia eadem ciuilis non poteſt
ud plures,ne ſequantur inconueniẽtia, de quibus ĩ. in
er.ergo ſi oẽs.immo multo magis prohibetur hoc in ci-
n naturali. Item reprehenditur in dictis exemplis, quia
r vel mulier nullo modo poſſident,licet quo ad quoſdã
s habeantur pro poſſeſſoribus, ſed ambæ poſſeſſiones ci
naturalis ſunt apud creditorem, & apud maritum, ut
l.cum notiſſimi.C.de præſc.30.ann.Item ſuperficiarius &
teuta non poſſident ciuiliter ſed naturaliter tñ, ciuilis
pud proprietariũ. Secunda fuit opi. q̃ ponitur in uerſi.
unt,ꝙ etiam eodem reſpectu poſſunt duo habere eadẽ
n poſſeſſionem,licet non naturalem,& probant,ut in gl.
lo.reprehendit uſque ibi(contra omnes.) poſtea gloſſ.j.
am opi.reprehendit multis modis.Primo per l.duo.ĩ.q
io.ubi indiſtincte dr,ꝙ duo non poſſunt inſolidum poſ-
& non diſtinguitur de ciuili uel naturali.Item per aliam
em in uer.præallega. quia ſi poſſet eadem ciuilis haberi
es,quia poſſunt habere animum poſſidendi,ergo & eadẽ
lis, quia interdum naturalis ſolo animo retinetur,
o aſpectu. Item ſequeretur inconueniens,ꝙ plures poſ-
fici dñi eiuſdem rei inſolidum,quia ſola ciuilis ſufficit ad
piendum,ut l.j.§.per ſeruum qui in fuga.ſ.e, quod eſſet ꝯ
certo.§.ſi duobus.ſ.com.Item plures poſſent effici domi
ctuum inſolidum,quia ſola ciuilis eſt ſufficiens ad acqui-
em fructuum.ut l.qui ſcit.§.in alieno,ſ.de uſur,& probat
fur.ſ.de uſufruct.& in iſtis duab.rationib.iſta gl.eſt utilis
mper allegatur,ꝙ ſola ciuilis poſſeſſio eſt ſufficiens ad u-
iendum,& ad acquiſitionem fructuum.Naturalis aũt nõ
ficiens ad uſucapiendum,ut l.acquiritur.in fin.ſ.tit.j. De
uob.articulis uide hic notabiliter per Bar.& tetigi in l.j.ĩ
prin.ſ.eo.nã id qđ ſ.dixi,ſolam naturalẽ nõ ſufficere ad uſuca-piẽdũ,uel pſcribẽdũ eſt uerũ,quãtũ ad directũ dñiũ. uel ẽt utile,qđ ꝯriat directo,ſed quãtũ ad pſcribẽdũ utile dñium,qđ directo ſubalternat,ut eſt illud qđ hẽt emphyteuta, uel feudatari9 bñ ſufficit,ſi qs poſſidet naturaliter,ut emphyteuta, uel feudatarius.ut pbat in l.cum ſponſus.§.in uectigalib.de publ.& l.ſi finita.§.ſi de uectigalib.de dam.inf.& ẽt quãtum ad acquirẽdũ, uſumfructum,ſi poſſidet tanq̃ uſufructuarius,ut l.ſi ego.§.j.de publ.& l.fi.in fi.C.de præſc.long.temp.ſm Bar. ſed ego in l.j. in princ.dixi,ꝙ talia iura nõ pſcribunt rõne naturalis poſſeſſionis ipſius rei,ſed rõne quaſi ciuilis poſſeſſionis ipſorũ iurium, quã tales dicunt hre ultra naturalem poſſeſſionem rei, ut not in l. ait prætor.§.itẽ ei.ſ.qb. ex cau.maio. qa naturalis poſſeſſio rei nõ dẽt parere uſucapionẽ,uel præſcriptionem alterius,q̃ ipſius rei.Item circa ſm dictum,ꝙ ciuilis poſſeſſio ſufficit ad acquiſitionem fructuum,dic ꝙ iſtud dictum procedit qñ alius hẽt naturalem iniuſte,& ſine uolũtate eius q hẽt ciuilẽ, ut in caſu §.ſeq.in fi.& in l.clam poſſidere.§.fi.ĩ.eo.qñ me abſentaui,& ali9 me ignorãte eſt ingreſſus poſſeſſionem,& ſic ego hẽo ciuilem, & ipſe naturalem.nã fructus percepti etiam per ipſum efficiuntur mei,& poſſum eos uendicare tam ab ipſo, q̃ a quolibet poſſeſſore p iſtam gl.& p l.qui ſcit.§.alieno.ſ.de uſu.ſed ſi hrẽt naturalem iuſtè,puta,ex uolũtate mea,ut uſufructuarius, uel emphyteuta,tunc fructus pcepti p ipſum,uel alium eius noĩe efficiuntur illius rõne naturalis poſſeſſionis. Si aũt p alium non illius noĩe efficiunt mei,ut ſi p furẽ.ut l.ſi fur.ſ.de uſufruc.& qđ hr in l.ſi uſufructuarius meſſem.ſ.qb.mod.uſufruct.amit. Fuit & 3.opi.Martini,de qua.In gl.ibi(ꝙ maritus dr admiſiſſe, &c.) ꝙ etiam naturalis poſſeſſio põt haberi per plures inſolidũ eo caſu,quo non retinetur inſtrumẽto corporali,ſ.manib.aut pedibus,ſed per ſolum aſpectum,uel per animum, quod aliquando contingit,ut no.ſ.eod.l.j.in 2.gl.magna,in uer.tu diſtingue ſm lo.& hic in gl.in uer.præalleg.obiicitur.quæ opin. non eſt uera per d.l.duo.de prec.quia poſſeſſio etiam naturalis eſt qđdam ius,ſicut & dñium,unde ſicut dominium non poteſt eſſe apud plures inſolidum,licet ſit res incorporalis,ẽt ex diuerſis titulis.ut in l.ſi ut certo.§.ſi duob.uehiculũ.ſ. commod. ita nec poſſeſſio,licet dicta inſtrumenta retinendi,ut aſpectus, uel animus poſſint eſſe apud plures inſolidum, quia diuerſi aĩ, vel diuerſi aſpectus diuerſorum non multiplicant,nec diuerſificãt ſubſtãtiam poſſeſſionis,ut in uer.quem Labeo, hic in tex. Fuit & quarta opi.lo.ꝙ nec ſola ciuilis,nec ſola naturalis,nec ambę ſimul poſſunt eſſe apud plures inſolidum,ut in prima rła huius §.& l.duo.in prin.ĩ.de preca.ſed ciuilis penes unum inſolidũ, & naturalis apud alterum bene poſſunt eſſe, ut hic in ſecunda rła,& l.ſi duo.in princ. ĩ.uti poſſi,& in caſu l.clam poſſidere.§. fi.ĩ.eodem Et iſta opi.communiter tenetur:ſed Barto.uidetur hic dicere, ꝙ licet ciuilis non poſſit eſſe apud plures inſolidũ, ne ſequantur inconuenientia,de quib.hic in glo.in uer.ergo ſi omnes,quia illa non põt haberi niſi unico reſpectu, ſ.directi dominij,naturalis tamen bñ poteſt eſſe apud plures inſolidum diuerſis reſpectib.ut ſi unus habet tãquam emphyteuta, alter tanquam fructuarius, alter tanquàm uſuarius habentes cauſam ab emphyteuta,qđ patet, qa cuilibet iſtorum dat interdictum vti poſſidetis,ꝯ alterum,ſi turbet in iure ſuo.l.fi.ĩ, uti poſſidetis.& ſi omnes iſti recederent de poſſeſſione, & in eorũ abſentia alius ingrederet,etiam ille haberet naturalem per l.clam poſſidere.§.fi.ĩ.eo. Et ſic quinque poſſidebunt eandem rem inſolidum,uidelicet ille,qui habet ciuilem. Item quatuor hñtes naturalem,uel emphyteuta rõne utilis dominij,& fructuarius ratione uſuſfructus, & uſuarius ratione uſus,& iſti tres retinẽt eam animo,& ingreſſus ipſis abſentibus. Breuiter iſta uidetur mihi una magna abſurditas,& ideo dico, ꝙ debemus conſiderare naturalem poſſeſſionem rei, & iſta non eſt penes quemlibet iſtorum inſolidum,ſed penes omnes æqualiter,licet hẽant iura diuerſa.arg.ſ.de pig.act.l.aliena res.§.j.& ſ. de damno infe. l.ſi finita.§.ſi plures. Item habemus conſiderare quaſi ciuilem poſſeſſionem iſtorum iurium,& iſta eſſe,poteſt penes quẽlibet inſolidum, quia tot dicuntur quaſi ciuiles poſſeſſiones, quot iura diuerſa,& ideo iſti habent inter ſe interdictum, uti poſſidetis tam directum ratione ueræ poſſeſſionis naturalis rei,q̃ ẽt utile,ratione quaſi poſſ.iurium prædictorum. ita intelligo illã l.fi.ĩ.uti poſſidetis.

ADDITIO.

a Fictionem.Dicit hic Ang.ꝙ poteſt denotare ueritatem ſicut dictio quaſi,denotat in l.ſi ante.ſ.ſol.mat.& in l.j.ſ.de tranſact.

---

1 *Solo animo perditur,& retinetur poſſeſſio etiam ſine corporis actu, licet ſolo animo non acquiratur.*

a *Poſ-*

2 *Possessio quæsita animo & corpore, & sic ciuilis & naturalis, perditur solo animo sine corpore, & an perdatur sine animo. & nu. 3.*
3 *Quid in naturali.*

1 §.In amittenda. † Solo aio pdit, & retinetur possessio et sine corporis actu, licet solo aio non acquiratur. h.d. Et hucusque tractauit quar possessio acqrat a §.j.l.j. usque huc. hic incipit tractare quar perdatur, & durat usque ad §.genera. In text. ibi (affectio eius.) s. sola absque eo, q recedat de fundo, ut statim sequitur. In tex. ibi(ptinus amittes possessionē) non solum ciuilē, sed et naturalem, licet adhuc remaneas in fundo, & sic diceris esse in detentatione, non in possessione postq constat de aio non possidendi, & hoc uoluit glo. mag. circa finem ibi (sed nunquid solo corpore retinetur &c.) intellige gl. s. saltē naturalis, si deposuisti animū possidendi, ut sic per hoc sola ciuilis perdatur, & non naturalis, alias illa gl. reuocaret in dubium illud, quod hic in tex. ponitur pro cōstāti, s. de sola ciuili, de quo nō est dubiū, ideo intellige glo. ut habeat dubiū, etiam de naturali. † Conclude ergo, q
2 possessio quæsita animo, & corpore, & sic ciuilis, & naturalis ut in principio huius l. in gl. super uerbo, corpore, perdit solo aio, sine corpore, qa constat q non vult possidere. † Habes etiam
3 aliam regulam in fine, q possessio ciuilis sine aio non perdit, licet secus in naturali. hoc tn est uerum, in eo qui hēt utranque. Sed si non hēt nisi naturalem, quia illa retinetur solo animo ut no. in l.j. in prin. s.e. in 2. gl. mag. ibi & idem dico in quanto, tunc sine animo etiam illa non perderetur. In gl. mag. circa fi. ibi. uel dic fm Io. hæc est ipsa ueritas Dy.

§.Si quis nuntiet. Qui scit naturalem possessionē occupatam, & propter timorē negligit recuperare, pdit etiam ciuilem. h.d. In tex. ibi(& dominus timore conterritus. uidetur maxime) nam idem uidetur si non timuit redire, sed neglexit, cum sciret naturalem occupatam. ut statim cū potuit, & nō accessit, perdat ciuilē. ut j. eo. l. si de eo. §.j. in uerbo, adipisci neglexerit. Item, q timuit a possessione repelli hic, qa sciuit eam occupatam, sed si de hoc nō timuit sed solum de persona sua, ut quia erant ibi hostes, non causa occupandi possessionem, sed causa deprædandi, & ipse timuit ire, ne deprædaretur, non perdit possessionem. ut C. cod. l. licet. & ibi notatur.

1 *Per mortem eius cuius corpore possidemus, ciuilem non perdimus, sed per traditionem, eius vel deiectionem, uel animo nostro.*
2 *Casus in quo per hæredem coloni mei uel procuratoris retineo naturalem possessionem, licet ipsa hæreditas per se possideri non possit.*
3 *Si habeo ciuilem per me, & naturalem per alium, an quando, & quomodo perdam naturalem, uel ciuilem.*

1 §.Quod si seruus. † Per mortem eius cuius corpore possidemus, ciuilem non perdimus, sed per traditionē eius, uel deiectionem, uel aio nostro sic. h.d. Et hoc intelligendo totum §. in eodem casu, sed alij intelligūt uersi. nā pstat. quando possidemus ciuiliter, & naturaliter per nosmetipsos. Et præmitte quod habetur. j. ea. l. §. saltem. q interdū habemus possessionem ciuilem & naturalē per nosmetipsos. Interdum ciuilem & naturalem, p alterum, ut per seruum in rebus peculiarib. ut no. in l.j. in prin. gl. mag. 2. s. eodem. In text. ibi(animo nostro retinemus possessionem.) supple ciuilem, & de hoc non est dubium, & et naturalem, si per alium non sit occupata, nec ego sum negligens in ipsa adipiscēda, quia ignoro illum esse mortuum, ut patet j. eod. l. si de eo,
2 §.j. † Et sic nota casum mirabilem in quo per hæredem coloni mei uel procuratoris, retineo naturalem possessionem, licet ipsa hæreditas per se possideri non possit, ut l.j. §. Scæuola. si quis test. li. esse iussus fue. sed si p aliū occupata, uel ego sciuissem ipsum mortuum, & neglexissem recuperare naturalem, tūc eam perdo, & etiam ciuilem. ut in illo §.j. In tex. ibi(amitto possessionem) s. naturalem quam retinebam corpore illorum, & etiā ciuilem, sicut qn essent spoliati, quia ciuilis requiescit in naturali. ut j. eod. l. peregre. §. quibus explicatis. & hic amitto et ignorans ratione prædicta. Sed tunc opponit, q ignorans nō amitto, qa sine animo non possum perdere, ut s. ea. l. §. in amittēda. Sol. ut statim sequitur in uer. nam cōstat. quia illud est uerum, qn possidebam per meipsum, & non p aliū quoquo modo. Sed quando per alium retinebam naturalem, tunc perdita naturali facto illius, quia tradidit alteri uel fuit expulsus, perdo etiam ciuilem ut hic. † Et breuiter circa hunc articulum, quādo hēo
3 ciuilem per me, & naturalem p alium sex sunt casus. Interdum ille p quem habeo naturalem, moritur, interdum alteri tradidit & isti duo ponunt hic. interdum expellit, interdū incipit fu rere. s. eodem. l. id qd. Interdum recedit de possessione, non tamen alteri tradidit. j. eo. l. si colonus. In terdum in aio suo constituit se uelle possidere pro seipso, in quib. casib. est dubi trum perdam naturalem, uel ciuilem de quib. tangitur per melius q alibi. C. communia de usuca. l. j. & habetur j. eo. quod §.j. & l. si colonus. & l. si de eo. §.j. & ibi dicam.

1 *Serui fugitiui possessionem amittimus, si diu moratus est in libertate, si non diu.*
2 *Bannitus qui ex forma statuti potest impune offendi, si dicat se iniuste bannitum, & super hoc mouet litem, an illa pendente habeatur pro non bannito, ut non possit impune offendi.*
3 *Excommunicatus si dicit se iniustè excommunicatum, & petit hoc pronunciari, an interim debeat euitari tanquam excommunicatus.*
4 *Bannitus si nondum petierit declarari bannum esse nullum, uel iniustum, tamen re uera erat, an excusetur offendens, quia ille erat descriptus in libro bannitorum.*
6 *Quid si erat rite bannitus, tamen erat rebannitus, nondum tamen cancellatus de libro, an offendens puniatur.*

1 §.Si seruus quem. † Serui fugitiui possessionem amittimus, si diu moratus in libertate, secus si nō diu. h.d. Et uide hic bonā gl. q est is q. §. si seruus. j. ti. j. q tenet q quatuor sunt necessaria ad hoc ut pdat possessio. Tu dic, q si p aliū est occupatus, statim ciuilē possessionē, nisi inuitus occupatus sit, qd deprehēd aliqd p me, uel noīe meo gessit. ut l. arborib. §. de illo. cū l. de usufr. Si uero nō sit p aliū occupatus, tūc aut diu, i. p d niū moratus est in libertate, uel neglexi ipsū recuperare sē, & idē siue bona fide, siue mala fide aufugerit, ut in prin nō diu, & tūc aut bona fide ex aliqua iusta causa, & idem tim perdam, eo q pparat se mihi aduersariū in cā liberali. liberali. ut l. liberis. §. fi. de lib. cau. aut mala fide, & sine cā, & secus, ut hic in scdo casu. & s. eo. l. j. §. p ipsum q in fuga, li alijs reb. mobilib. pdā eo ipso, q desino illarū hre custodi
2 j. ead. l. §. Nerua filius. † Vltim. allegat iste tex. ad q. p Dy. de nito, q ex forma statuti pōt impune offendi, si ipse dicat iuste bānitū, & sup hoc mouet litē, q illa pēdēte, habeatur non bānito, nec possit offendi. Sed ipse distinguit, q si appuit a sententia banni, hoc est uerum, quia illa snia est resc Si non appellauit, tunc secus. arg. hic in ver. si alioquin, ut pro seruo. Sed Bar. in hoc ultimo ipsum reprehendit dicer immo habetur pro non bannito, & non potest offendi p quas leges, q parum faciunt. idem tenuit Bal. in l. eum qu probabilem, C. de adul. Sed ipse Bal. melius in auth. quæ si catio. C. de prec. Imper. offer. dicit inspiciendam ueritatē,
a fuit offensus, & postea apparet, q nō debuit rebanniri, q i erat bannitus, certe non punietur offendens, & ad hoc qd idem Bar. no. in l. inter oēs. §. recte. j. de fur. q si offend debat eum non bannitum, cum tamen esset, non punit, q spicitur veritas, multo magis si credebat, uel dubitabat. S ex postfacto apparet, q erat iniuste, uel non rite bānitus il nit, qa fuit in culpa offendēdi, si sciuit litem motam super tate, uel nullitate bāni, secus si ignorauit, & p hoc facit, qd
3 Inn. in c. solet. de sen. excomm. lib. 6. q si † excommunicat cit se iniuste excommunicatum, & petit hoc pronunciari rim non dēt euitari tanquam excommunicatus, facit l. or ta. s. de lib. cau. † Quid autem, si nondum petierat declarat
4 num esse nullum, uel iniustum, tn re uera erat, an excuset
b fendens, qa ille erat descriptus in libro bannitorum? [b] uide Bar. in l. fi. de adul. Et fuit quæstio disputata q ponit Io. An mercuria. in rra, qd qs mandato. & uide quod idem no. in
5 Spe. in tit. de obl. & so. super rubr. in fin. † Item quid si erat bannitus, tn erat rebannitus, nondum tamen cancellatus libro, an puniatur offendens? uide Bar. in l. non solum. §. fi ope. no. nunc. in 2. art. de protestatione inhibitoria.

ADDITIONES.

a Quia iuste. Adde Bal. in l. qui a latronib. §. j. s. de testa. qui à nemine hic alle & q ueritas sit inspicienda facit quod late uoluit Fed. q. per eum disputata ubi ponit, an sit irregularis & excommunicatus, quia laicum incedentem habitu, & tonsura clericali percussit, quem re uera ille percussor putabat ricum.

a Bannitorum. Adde Alex. consil. 65. 3. lib.

2 *Ciuilis possessio adeo cohæret naturali per seruum, uel colonum retentæ, si in animo disponamus nolle possidere, tamen eam retinemus, nisi colo expellatur.*
2 *Quid si non illam ciuilem in alium transferamus, constituendo nos alte nomine possidere, & an perdita illa naturali perdatur ciuilis.*

§.Saltus hibernos. Cum quis possidet animo corpore suo, licet perdat naturalem relinquendo rem, retinet tamen ciuilem animo. si pos

ſet animo ſuo,& corpore alieno, vt ꝑ colonũ, ẽt naturalẽ
dit.Si uerò aĩo & corpore alieno,vt in q̃ſitis ꝑ ſeruum, v-
poſſeſſio retinetur aĩo,& corpore ſerui ẽt nõ interuenien
),vel corpore ſuo.h.d. Et uide hic gl.2.mag.in l.j.in prin.ff.
verſi.tu diſtingue.ubi ponit iſtos tres caſus,& mod⁹ poſſi
i,q ꝓbantur in iſto §.& eos declarat.& loqͣ de mã præce-
paragraphorũ,qualiter poſſeſſio perdaẽ, utrũ ꝑ miſſionẽ
diſtingue, ut hic.In tex.ibi(eos reliquamus) nullo ibi di-
),qui noſtro noĩe teneat,& ſic ꝑdimus naturalẽ:ſed retine
ciuilẽ ſolo aĩo, ſed in caſu ſequẽti retinemus naturalem:
mittimus ibi colonũ,vel ſeruũ,q nr̃o noĩe poſſideret, & nõ
oſſeſſio ſit apud eos,ſed mera detentatio,& apud eos eſt v-
Nã naturalis per nos retinemus mediãte corpore ſerui. †
otãdũ,ꝙ tũc ciuilis adeo cohæret illi nãli ꝑ ſeruũ,vel colo
etẽtæ,ꝙ ẽt ſi aĩo diſponamus nolle poſſidere, nihilominus
tinemus,niſi colonus expellaẽ.gl.eſt ſingularis.ff.eo.l.pe.
bus.ſecus ſi nos eam alteri tradamus.ut no.gl.in l.j.§.non
.vnde ui.†Hoc tñ eſt verũ,niſi nos illã ciuilẽ ĩ aliũ trãsfe-
ꝯſtituẽdo nos alteri⁹ noĩe poſſidere: qđ dic ut ꝑ Bar.ĩ l.qđ
.in prin.Eꝯ uerò perdita illa naturali ꝑ expulſionem colo-
erdiẽ ẽt ciuilis licèt habeamus animũ eã retinẽdi,quia non
cit,vt ff.e.l.pereg.§.quibus explicitis,& ſic bene patet, ꝙ ci
licèt ſit dignor q̃ naturalis, qa habet maiores effectus iux-
).ff.e.l.3.§.ex ꝯrio.tñ hoc caſu cohæret naturali,& ſequitur
veſtigia,ut illa durãte duret,illa perdita perdaẽ. In tex. ibi
uliariter ꝯparauerint.)ant ergo poſſeſſionẽ per me quæſi
commiſi cuſtodiæ ſerui: & tũc ciuilẽ retineo animo meo,
aturalem corpore ſerui:& ita loquiẽ uerſi.præcedens, dum
(per colonum & ſeruũ &c.)Aut ipſemet ſeruus acquirit,
c vtrãq.acq̃ro,& retineo aĩo & corpore ſerui, ẽt ſi animus
s deficiat,qa ignoro,& ita loquiẽ hic, & nõ ſolũ ſi ex cau-
eculiari q̃rit immo ẽt ſi nõ ex peculiari,ut no.C.e.l.j.§.item
uirimus.vide ff.eo.l.rem quæ nobis.& l.ſi rem mobilem.

Nerua filius. Rerũ mobilium, excepto homine, poſſeſſionẽ ciuilẽ retinemus quo-
e ſunt ſub noſtra cuſtodia, licèt ignoramus in quo lo-
nt:ſed ſi cuſtodiã noſtrã effugerint,ẽt ſi ꝑ aliũ nõ ſunt ap-
ꝑdimus nõ ſolũ naturalẽ,ſed ẽt ciuilẽ,h.d.Sic ergo aduer
a in rebus immobilib. licèt ꝑdãt naturalẽ poſſeſſionẽ, & ꝑ
ſit occupatæ:ſi tñ hoc ignoro,retineo tñ ciuilẽ aĩo, qñ poſ
bã aĩo & corpore meo,ut §.præc.in princ.& ff.e.l.clã poſſi-
.§.fi.ſed ſi loquitur in reb.mobilib.tunc aut in homine, ut
o,& tunc perdita naturali ꝑ fugã,adhuc retineo ciuilẽ,ut l.
ꝑ ſeruũ.ff.eo.niſi naturalis ſit ꝑ aliũ occupata,in hoc differt
caſus a p̃cedenti: tũc enĩ ẽt ciuilis ſtatim ꝑdiẽ,ita loqͣ hic
(excepto homine.) Aut loquimur in alijs reb.mobilib.ina-
atis,vel animatis anima irrationabili: & tũc ꝑdita nãli: vt
fugerunt noſtrã cuſtodiam, perdiẽ ciuilis, etiam ſi ꝑ alium
s non ſit occupata,& ita loquiẽ hic,& tene mẽti: qa ꝑ hoc
aret, ſi emiſti rẽ aliquã mobilẽ a non dño bona fide, & ſic
iſti uſucapere:ſi ſemel eã ꝑdidiſti,& non reperiebas: ſed ef-
erat tuã cuſtodiã, licèt poſtea reinuenias uſucapio tñ fuit
rrupta naturali interruptione,vł nãlr.ff.ti.j.& iõ oportet,
e nouo incipias uſucapere:qa tp̃s præteritũ nihil ꝓdeſt.Te-
nẽti,& in hoc ſtat vtilitas huius.§.Et iſtũ tex.cũ gl. ſuꝑ uer-
(poſſideri.)allegat Dy.ꝓ caſu in c.ſine poſſeſſione.de regu.
ꝑ eſt duplex poſſeſſio.ſ.ciuilis,& naturalis.quia primo di-
ꝙ poſſidemus iſtas res mobiles quouſq.ſunt in nr̃a cuſtodia
oſtea dicit,ꝙ in nr̃a cuſtodia dicunẽ eſſe,qñcunq.eſt in po-
ate adipiſci naturalem poſſeſſionem earum, & ſic patet, ꝙ
uralem non habebam,qa non erat in conſpectu. Nã verbũ
nciſci)importat acquiſitionem de nouo, ergo illa,quã ha-
amus erat ciuilis.Et illã quã nõ habebamus,ſed poteramus
iſci, erat nãlis,alś iſte tex.ſibi ꝯriaẽ,ſi ñ eẽt niſi nãlis,ꝓut di-
Azo.nã ſi illã hẽremus,qũo nanciſceremur illam de nouo?

Item feras beſtias. In feris animalibus retinetur ciuilis poſſeſſio quo-
ue facile eſt nobis adipiſci naturalem,vł quouſq.retinẽt ꝯ-
tudinem ad nos redeundi.h.d. Et differt a §.præced. qa hic
ſugerũt noſtrã cuſtodiam, reciderunt in ꝓpriã libertatẽ,
ſolum ciuilẽ,& naturalẽ poſſeſſionẽ ꝑdimus,immo etiam
um,ut hic in gl.ſuꝑ uerb. (cõſuetudinẽ.)ſed in §. p̃ced. & in
malib.non feris,licèt perdaẽ poſſeſſio,nõ ꝑditur dñũ.etiam
nt ꝑ alium occupatæ,bñ tñ perdiẽ quaſi dñiũ, i. vſucapien-
ondictio, quia interrumpitur uſucapio, ut ibi dixi.

minis inundatione licèt non perdam dominium rei meæ, bene tamen
rdo poſſeſſionem.
tela pro agẽti rei vẽdicatione, pro re exiſtẽte iuxta flumen, vt ſi poſſeſ-
ſibi opponat de præſcriptione iam cõpleta, faciat articulũ, & probet
aliter durãte tempore præſcriptionis flumen inundauit illum fundum,
ſic fuit præſcriptio interrupta.
tra talem interruptionem non datur reſtitutio in integrum.

1 **§.Labeo & Nerua.** †No.ſingulariter hic, ꝙ licèt ꝑ inundatione fluminis,qđ mutauit alueũ,nõ ꝑdã dñiũ rei meæ,ut l.adeo.§.inſulã.
ff.ti.j.bñ tñ ꝑdo poſſeſſionẽ,ut hic & hoc eſt utile,qa ſi nõ hẽ-
bã dñiũ,ſ ꝑ p̃ſcribebã titulo, & bona fide,ꝑ talẽ inũdationẽ in-
terrũpiẽ p̃ſcriptio.& eſt neceſſe,ꝙ de nouo reincipiã,ut dixi in
2 §.Nerua filius.†& iõ ſit cautus,q agit rei vẽdication ꝓ re exiſtẽ
te iuxta flumẽ,ut poſſeſſor ſi opponat de p̃ſcriptione iã ꝯpleta
faciat articulũ,& ꝓbet qualr durãte tp̃e p̃ſcriptiõis,flumẽ inũ-
dauit illũ fundũ,& ſic fuit p̃ſcriptio interrupta ſm Bar.itellige
de magna inũdatione,ita ꝙ terra nõ uidebaẽ,nec poterat coli
3 ſm Ang.†& no.hic gl.j.ſingulr,ꝙ ꝯ talẽ interruptionẽ nõ daẽ
reſtitutio in integrum,quia nõ cõpetit ꝓ aſſequendo lucro in
iniuriam alterius,ut l.denique.ff.quib.ex cau.mo.

1 *Qui detinet pro alio, ut depoſitarius, ſolo animo non interueniente, non poteſt facere ſe poſſeſſorem, & deponentem poſſeſſione priuare, ſed alio interueniente ſic.*
2 *Si colonus uel inquilinus nõ admitterent locatorẽ uolentẽ rem recuperare, vel alium eius nomine interuenientem, dicerentur interuertere poſſeſſionẽ, & fierent poſſeſſores uiolenti, & contra eos daretur interdictum unde vi.*
3 *Furtum committitur ſine contrectatione.*
Si deponens uendit, vel donat rẽ depoſitario, ſtatim efficitur uerus poſſeſſor, etiam ſi rem non moueat, cum iſta dimiſſio habeatur pro traditione.

1 **§.Si rem apud te.** †Qui detinet ꝓ alio, vt depoſi-tarius,ſolo aĩo nõ interueniẽte,nõ põt facere ſe poſſeſſorẽ,& deponẽtẽ poſſeſſione priuare,
alio interueniẽte ſic,ut poſſeſſionẽ inteuertat, puta, rem con
trectãdo aĩo furãdi,vel deponẽs eã ſibi donauit, uel uendidit.
2 h.d.cũ §.ſeq.† Et idẽ in colono, uel inquilino ſi locatorẽ uolẽ-
tẽ rẽ recuperare nõ admitterẽt, vł aliũ eorũ noĩe ĩteruenientẽ,
qa dicerenẽ interuertere poſſeſſionẽ,qa fierẽt poſſeſſores uiolẽ
ti, & locatorẽ priuarẽt oĩ poſſeſſione,iõ ꝯ eos dareẽ interdictũ
3 vñ ui. ut l. cũ fundus. ff.de ui,& ui ar.† No. hic ꝙ furtũ ſine ꝯ-
trectatione nõ cõmittiẽ.Ad hoc ſꝑ allegaẽ hic quantumcunq.
habeat aĩum furãdi,& ſi denegas mihi reſtituere rẽ meam, non
ꝓpea ꝯmittit furtũ,ſi eã non ꝯtrectas, mouendo de loco ad lo-
cũ.Itẽ in §.illud debes ſcire,ꝙ ſi deponẽs uẽdit uel donat rẽ de
poſitã depoſitario,ſtatim efficiẽ uerus poſſeſſor, ẽt ſi rẽ nõ moueat,qa iſta dimiſſio hr̃ ꝓ tradõe vt ff.ti.j. l. qua rõne. §. ĩterdũ.

1 *Miſſus ex primo decreto in actione reali an poſſideat.*
2 *Quid in miſſione ex primo decreto facta in hypothecaria, & nu.4.*
3 *Miſſione facta ex primo decreto ſi aduerſarius compareat, ut recuperet poſſeſſionem, an debeat in ſe aſſumere onus probandi debitum nõ ſubſiſtere.*

1 **§.Genera poſſeſſionum.** †Largè loquendo tot poſſunt di
ci genera poſſeſſionũ,ſeu ſpẽs,quot ſunt cãæ acq̃rẽdi, vel qualitates poſſeſſionis.Itẽ miſſus ex primo decreto in poſſeſſionẽ
ĩ actiõe ꝑſonali nõ poſſidet,ſꝫ detinet,ſecus ſi ex ſcđo. h.d.vſq.
in fi.Proprie aũt loquẽdo, vnũ eſt genus poſſeſſionũ.ſ. hoc uer
bũ,(poſſeſſio.)qđ eſt gñale uocabulũ,& ꝯtinet ſub ſe duas ſpẽs
tm̃ ſubſtãtia differẽtes.ſ.ciuilẽ & naturalẽ, licèt Bar. videaẽ po
nere tres ſpẽs.ſ.ẽt corporalẽ,ut no.ff.l.j.in prin.In glo.ſuꝑ uerbo.(qđ aũt.)dic meliusꝙ gl. loquaẽ ꝙ miſſio, aut fit in actione
ꝑſonali,aut reali.Primo caſu miſſus ex primo decreto nunquã
poſſidet, ẽt poſt annum,ſed ſolum detinet, vt hic quouſque ſit
facta miſſio ex ſcđo decreto,quo caſu acquirit poſſeſſionem,&
vſucapiendi conditionem,ſi aduerſarius non eſt dñs.Ita debet
intelligi hic circa finem. Sed ſi erat dñs,q̃rit poſſeſſionẽ,& dominium ſtatim.ut no.in l.prætoris.in prin.ff.de dam.inf.& hoc
qñ petebatur quantitas,vel aliquid in gñe.Si autem certa ſpẽs
in actione ꝑſonali,puta fundus donatus,vel vẽditus,ſeu equus
nondũ traditus & ſic petẽs nõ erat adhuc effectus dñs, & tunc
ꝑ miſſionem ex primo decreto in ipſã rem petitã,& dixerunt q
dã incõtinẽti acq̃ri poſſeſſionẽ, ſeu ſaltẽ poſt annũ ſicut ĩ reali,ut no.in Spec.de contumacia.§.ſequitur ver.ſed pone. Sed
Cy.in l.conſentaneum.C.qũo & qñ iud.dicit contrariũ,ꝙ nun
quam quouſque ſit facta ex ſecundo decreto,ſicut qñ petiẽ q̃ti
tas,& in hoc tñ eſt differentia,quia qñ quantitas,fiebat olĩ miſ
ſio in oĩa bona.hodie uero pro menſura debiti declarati, ut C.
de bonis auth.iud.poſ.l.cum ꝓponas.& in authẽ.ibi poſita.ſed
qñ petitur certa ſpecies actione ꝑſonali, etiam olim nõ fiebat
2 miſſio niſi in illã rem. †Si uerò fiat miſſio in actione reali, tunc
aut poſt li.conteſt. uel quaſi conteſt. & immiſſus ſtatim efficitur verus poſſeſſor,& irreuocabilis,ut l.conſentaneum.ubi e-
rat lis conteſt.& in l.2.vbi ĩ rem actio.ubi erat quaſi cont. & effectus huius eſt,qa tunc aduerſarius non auditur uolens recuperare tenutam,& poſſeſſionem offerendo tantum expenſas
& ſatiſdationem de iud.ſiſti immo oportet ꝙ ꝓbet ſe dñm, &
hoc incõmodũ patiẽ ꝑp eius cõtumaciã,qa efficiẽ de poſſeſſore
petitor, & de reo, actor, & transfertur in ipſum onus pro-

bādi,ꝙ añ missionē nō erat. Aut fuit fcā missio añ litē ꝯſt. vel
quasi,& tūc aut loqmur añ lapsū anni,aut post. Prīo casu fuit
diuersitas īter glossatores: qa qdā dixerūt,ꝙ statī efficit̄ possessor,nō tñ verus,nec irreuocabilis:qa audit̄ aduersarius offeren
do cautione,& expēsas. Alij vt Bal.ꝙ nō sit possessor vllo mō añ
lapsū anni:& istā apꝓbāt canonistæ.Si uerò loqmur post lapsū
anni,efficit̄ verus & irreuocabilis possessor: sicut post li. ꝯt.ita
vt aduersarius nō audit̄ offerēdo cautionē,& expēsas,sꝫ hēt ne
cesse ꝓbare se dñm,vt l.si qs emptione.§.sed & si qs.C. de pscr.
30.ann.qđ ergo dr̄ hic ī gl.sed de ꝓprietate dñs audit̄: expone,
de ꝓprietate.i.de possessione,& expone,dñs,i.reus,ꝯ quē fcā est
3 missio pdicta,ꝓcedūt cū agit̄ rei vēd.†Quid aūt si hypothecaria
quæ etiam est actio realis,nō tñ in ipsa tractat̄ de dñio? glo.ista
allegat̄ dum in principio dicit(in creditore &c.)q̄ uoluit tene
re,ꝙ in ista actione idē sit ꝑ oīa,qđ in rei vendicatione,nā vult
distinguere in creditore,an agat actione ꝑsonali ad debitū, an
agat actione reali,& hoc nō pōt intelligi,nisi cū agit hypothe-
caria.Sꝫ qdā habēt in gl.in petitore,i.in actore, & tūc gl. nihil
facit.Sed tenēdo primā gl.in d.§.sed & si qs.tenuit ꝯriū expsse,
ꝙ idē sit in hypothecaria,qđ ī actione ꝑsonali.Doct.distīguūt,
vt no.ꝑ Cy.in l.cū ꝓponas in xv.q.C.de bon.auth. iud.pos.Du-
biū istius articuli ꝯsistit in hoc,ꝙ missio ex primo decreto non
dēt tm̄ ꝯferre, quātū sñīa diffinitiua.Sed si diceremus,ꝙ missꝰ
ī hypothecaria possideret aliquo casu,puta si fuit missꝰ post li.ꝯ
test.vł quasi,vł si lapsꝰ est annꝰ, sicut ī reali, tm̄ afferret sibi primū decretū,quātū sñīa diffinitiua,nā ēt ꝑ diffinitiuā nō auoca
ret,nisi solā possessionē,ut l.si cū vēditor.ī pri.§.c. de euic. ergo
ipsā nō dēt ꝯseq ex solo prīo decreto.& illa gl.ꝯria vr̄ verior ſm
Pet.Sed in ꝯrium , quia ista est realis,& §. sed & si qs. loquitur
simpliciter in actione reali,& ad ꝯrium rñdetur, ꝙ non opera-
bitur primum decretum tm̄,quātum diffinitiua,quia ꝑ diffinitiuā creditor nō solum obtineret possessionē rei,sed ēt declara
tionē debiti,postea nō posset ꝯrium ꝓbari,qa res iudicata ꝓ ve
ritate hr̄.vt in rła iuris.l.ingenuum.de sta.ho.sed ꝑ primū decretum in casib.prædictis obtinet possessionē tm̄, non declara
tionē debiti,† & iō aduersarius audit̄ ad recuperationē posses-
4 sionis,dummodo assumat in se onus ꝓbandi debitū nō subsistere,& hoc incōmodū patit̄ ꝑꝑ eius ꝯtumaciā.ita uident̄ intel
ligere Doct.istū articulū.Mihi vr̄ hoc ultimū esse verum,qñ in
tentio actoris suꝑ debito erat fundata ꝑ ꝓbationē, vel præsum
tiones iuris,aľs nō puto,ꝙ aduersario incumbat onus proban
di debitū nō subsistere,qa talis immissio nō dēt plus afferre cre
ditori, q̄ afferret traditio facta ꝑ debitorē. Sed si ego traderem
tibi aliquam rem pignori ꝓ centum,in quib. tibi teneor, & nō
specificarem causam ex qua teneor,licèt in te transferā posses
sionem rei,tua tñ intentio non est fundata ꝯ me suꝑ debito ex
mea confessione,q̄ non continet cām,ut l.cum indebito.§.fin.
de proba.& ideo possem recuperare rem, siue possessionem ꝑ
ꝯdictionem triticariam,seu sine causa,nisi tu ꝓbes debitū. Ita
puto ī casu isto,si fuisti missus ꝯ me in hypothecaria ex primo
decreto,ꝙ licèt sit in effectu possessor in dictis casib. nō tñ habeo necesse probare debitum non subsistere , nisi tua intentio
sit fundata alio modo super debito,sed añ annum,si lis nō erat
ꝯtest.tunc ēt si intentio tua sit fundata,audiar ad recuperādū
tenutā offerendo expēsas, & cautionē.Sed Spe. in ti.de ꝯtuma
cia loco pallegato ur̄,tenere,ꝙ qñ cōstat de debito, pt immissꝰ
repellere aduersarium,nisi soluat debitū, ēt si offerat cautionē
& expensas,de quo dicto vidi multum dubitari,& licèt Bar.hic
cū ipso transeat,alij reꝓbāt ꝑ illum §.sed & si quis. nam si esset
facta missio in rei vēdicatione añq̄ immissus esset effectus possessor,audit̄ aduersarius offerendo illa duo , ēt si immissus offer
ret se uelle statim ꝓbare de dñio,ut in d.§. sed & si qs.iuncto §.
pcedēti,ibi eadē rō vr̄ hic. Potest dici iudere meo,ꝙ aut constat
de iure actoris ꝑ euidentiam facti,vel ꝑ ꝯfessionem aduersarij,
vel ex actis,& tūc nō solū hypothecaria, sed & in rei vēdicatione repellatur aduersarius , licèt offerat illa duo , nisi ꝓbet contrariū,& ita dictū Spe.loqtur,nec obstat, ꝙ aduersarius tractet
de recuperatione possessionis,& sic nō ur̄ admitti exēplo dñi ,
qa uerū est,qñ agit in spoliatorē,sꝫ iste missus nō est spoliator.
Si aūt nō ꝯstaret,sed peteret se admitti ad ꝓbandū incontinen
ti de iure suo ad excludēdū aduersariū,nō audit̄,ut in d.§.sed &
si quis.cū pcedēti. ibidem per hanc rōnē teneo in l. si finita.§.
Iul.vbi ēt refert hoc dictū ēt si nō cōstet de debito , si immissus
offerat uelle incontinenti probare,ꝙ audiat̄,qa hæc recuperatio possessionis assimilat̄ potius possessorio adipiscēdæ, in quo
pōt admitti ꝓbatio incōtinēti.l.2. de edic.diui q̄ possessorio re
cuperandæ ꝑ hanc rōnem,qa immissus nō dr̄ spoliator,ex quo
possidet prætore authore, & debet secundum prædicta limitari,uidelicet nisi aduersarius offerat velle incōtinenti probare.

L E X IIII.

1 *Si cui acquiritur ratione patriæ potestatis etiam si illam ignoret, acquiritur*
& etiam si acquirens ab alio tanquam seruus possideatur.
2 *Monachus unius monasterij si de facto detinetur ab alio monasteri[o ac-]*
quirat primo.

1 QVicquid filius. † Si cui acquiritur [ratio-]ne patriæ potestatis [etiam si]
illam ignoret,acquiritur: & ēt si acquirens ab [alio tan-]
q̄ seruus possideat̄.h.d. Et itellige hoc ultim[um]
ētū qcqd dicat gl.& Doct.eo casu, quo possidēti nō q̄rit̄,
erat malæfidei possessor: uel si erat malæfidei , nō q̄reba[t]
sua,nec ex opera acqrētis:qb.casibus,si esset seruus alter[ius]
acqreret possessionē dño suo,licèt ēt nec possidenti acq[ui-]
ret,ut s.e.l.j.§.sꝫ ꝑ eū.sꝫ qa erat filiꝰ alterius, & in illius p[otesta-]
te cōstitutus,bene acquirit ēt illi possessionē: ut qa non [...]
rōne possessionis,quā pater habeat in ipso,sed rōne patria[e potesta-]
tis.In dñio uerò acquirendo non differt seruus a filiofam[ilias]
2 ut ibi no.†& qđ de filio dixi,idem in monacho, qa nō rō[ne pos-]
sessionis:qa cum sit liber homo, non possidet̄ a monaste[rio, sed]
rōne potestatis canonicæ quā Abb.habet in ipso.Et ideo
monachus unius monasterij si de facto detineatur ab ali[o mo-]
nasterio,acqrit primo in casibus ēt quib. nō pōt acquirer[e de-]
tinenti.sic qñ pōt acqrere,nō video ꝙ possit acquirere [...]

L E X V.

1 *Licet quis habeat titulum ab vno si tamen possessionem nanciscitur [præter]*
uoluntatem illius,non dicitur possessio iusta sed est prædo, sicut si ti[tulum]
non haberet.
2 *Habens titulum ab uno . si occupauit rem contra uoluntatem, & cu[m violen-]*
tia an cadat a iure suo.
3 *Si tu reperieris in possessione rei,quam constat me aliquando possedi[sse, &]*
non doceas de aliquo titulo, quem a me habueris , uel ab alio præs[umeris]
habere iniuste, & qualiter agere possum.
4 *Quid si habuisti a me titulum, non tamen tibi tradidi, nec tu occupa[sti pro-]*
pria authoritate, sed alius tibi tradidit: an tibi sufficiat ad acquisitio[nem]
dominij, vel usucapiendi conditionem.

1 SI ex stipulatione. † Licèt quis habeat t[itulum]
ab uno, si tñ possessio[nem]
naniscitur præter uolūtatem illius,nōn dr̄ possessio [iusta,]
sed est pdo,sicut si titulū non haberet.h.d. & sempe[r ...]
2 gatur.leges concordatiuæ sunt in gl.† Effectus autem ma[lus]
est,quia nec acquirit dñium, si ille a quo habeat titulum,
dñs,nec usucapiendi conditionem si non erat dñs, quia i[nspici-]
tur potius traditio, q̄ est cā immediata acqsitionis domini[j vel]
quasi dominij q̄ titulus qui est cā mediata & remota,iuxta
s.eo.l.3.§.ex plurib.Posito ergo,ꝙ habeat titulū ab illa,ex
tamen ab ipso nō est facta traditio uera, vel ficta, dominiu[m vel]
quasi dominium non acquirit, quinimmo pōt compelli a[d resti-]
stōnem possessionis.ut l.nec ex uera.C.e. per condictioner[m ex]
illa lege,vel per l.cum quærebatur.C.vñ ui.seu ex l.inuaso[ri...]
ti.Et si occupauit contra uoluntatem, & cum violentia, c[adit]
a iure suo,vt l.si quis tantam.c.ti.unde ui.& l.extat.ꝙ me.[...]
si sine violentia,non cadit, sed tenetur restituere possessio[nem]
nec pōt obijcere exceptionē,dolo facis,q̄ non hēt locū, cū [in]
possessorio,ut no.l.dolo facis.ſ.de doli excep. & postq̄ rest[itue-]
rit.potest agere ex contractu.Facit l.j.§. redigunt̄.ſ.quoru[m le-]
ga.Furtum autem nō committit,quia taliter occupat rē, [quia]
habebat titulum,ut ſ.de fur.l.cum qui.quod dic,vt no. gl[.in]
d.l.nec ex uera.C.eo. Et intelligit̄ ista lex,qñ constabat,ꝙ [contra]
volūtatem illius,a quo habebat titulū occupauit,qa ipso ig[no-]
rante.Si aūt non constabat,in dubio præsumit habere ex [uo-]
luntate illius postquam habebat ab illo titulum , & sic qu[æsi-]
3 uit dominium,vel usucapiendi condictionē,ut l.2.C.eo.† S[ecus]
si ab illo non habeat titulum,nam si constat me aliqñ poss[edis-]
se,& nunc tu reperiris in possessione, nec doces de aliquo [titulo,]
quem a me habueris,vel ab alio,præsumeris habere iniustè [vel]
clandestinè.C.eo.l.improba.& possum agere condictione [ex l.]
cum quærebat̄.C.uñ ui: qđ est notandum pro illis, qui nō p[os-]
sunt probare dominium,quia si probant aliquando se posse[dis-]
se,& confidunt,ꝙ aduersarius non possit probare de aliqu[o ti-]
tulo,possunt intentare condictionem ex illa lege.cum q̄ret[ur]
vt ibi no.per Bar.ad qđ vide quod no. Inn in c.sæpe.de resti[t.]
4 spol.† Vltimo q̄ro,si habuisti a me titulum, non tamen tibi t[ra-]
didi , nec tu occupasti propria authoritate, sed alius tibi t[ra-]
didit,an sufficit tibi ad acquisitionem dominij , vel usucapi[endi]
condictionem? vide de isto articulo,qui est subtilis in l.cum [...]
lus.ſ.ti.j.per Bar.& per gl.in l.cum nemo.C.eo.

L E X VI.

1 *Possessio ad hoc vt sit clandestina, qđ requirantur tria, & quæ sunt. & [...]*
3 *Quòd ista qualitas clandestinitatis sit vitiū reale, & afficiat rem ut io [...]*
non possit usucapi,uel præscribi in præiudicium eius qui fuit possessor. [...]
si nunquam possedit non sit uitium reale,respectu ipsius & nu.4.
5 *Quantum ad uitium possessionis qđ est reale,qđ tēpus debemus inspicere.*
6 *Sicut non pōt quis sibi immutare cām possessionis de nulla in aliquā, ita*
aliqua iusta in aliquam iniustam, & quid si superueniat causa de nouo.

Clam

CLam poſsidere. † Clandeſtina poſſeſſio dr̄
qñ quis furtiuè, & mala fi
de fuit adeptus, ideſt ignorante eo, quem ſciebat vel ſci
re poterat controuerſiam ſibi facturum, & nulla ſubſi
te iuſta cauſa, ſecus ſi illo ſciente, & patiēte, vel ſubſiſtente
ıcã. Itē poſſeſſio, q̃ a principio nõ fuit clãdeſtina, ex poſtfa-
non efficiť. h. d. vſq. ad §. qui ad nundinas. & tota iſta lex eſt
giſtralis & famoſa. † Et notãdũ ꝙ ad hoc, vt poſſeſſio ſit clan
ina, tria requiruntˀ. primo, ꝙ vacet tp̄e quo occupaťˀ, ſiue va
naturalis tm̃, vt ĩ. ꝓx. §. ſiue etiam ciuilis, qđ multis modis
contingere, qđ dic ut no. gl. in l. fi. C. vnde ui. in prima glo.
g. ante fi. & primo caſu erat clandeſtina naturalis tm̃, ſcđo
q. aľs ſi nulla uacaret ꝑ ingreſſũ nullã acqret, ut no. ĩ. ꝓxi.
gl. † Scđo requiriť, ꝙ ille qui poſſidet, ſeu apud quē fuit poſ
o vacãs ignoret ingreſſum, & tũc dr̄ furtiuè acquiſita, & i-
ſt ille, de quo loquiť tex. ibi (eo ignorãte q ſibi controuer-
ı &c) ſi eĩ ſciret, tũc aut ꝓhiberet, & non diceret clande-
a, ſed violenta, & vtraq. eſt iniuſta, & ſunt qualitates ꝯriæ q̃
poſſunt eſſe in eodē ſubiecto, ut no. ĩ. ꝓx. §. in glo. mag. circa
dium, ibi (ſed ibi patiunť ſe &c.) Aut non ꝓhiberet, ſed pate
& tũc nõ diceret violēta, nec clandeſtina, ſed iuſta vt hic dũ
t (nec quēquã clã poſſidere &c.) Tertio requiriť ꝙ non ſub
liqua iuſta cã quare nõ dēbat ingredi, q̃a ſciebat ad ſe non
ıere rē illã, qđ pōt cõtingere ſiue ſciebat quis fuerit primus
ſeſſor, q ſe abſentauit, ut hic, ſiue ignorabat qs fuerit, q̃a ſci
ēbat alienã eſſe ex quo ſolebat ad ſe nõ ꝑtinere, d. l. fi. C. vñ
hic in gl. 3. q̃ incipit (vel ſuſpicari debeãt) ſecus ſi credebat
e ꝑtinere, & ſic ab illo emit bona fide & in poſſeſſionē fuit
uctus, vt hic dũ dicit (aut alia rõne bona fide &c.) † Et notã-
ꝙ iſta qualitas clãdeſtinatis eſt vitiũ reale, & afficit rē vitio,
ıõ poſſit vſucapi, vľ ꝑſcribi in ꝑiudiciũ eius, q ſemel fuit poſ-
or. ut no. eſt ꝑ Bar. in d. l. fi. C. uñ vi. ſed ſi nũq̃ poſſedit, nõ eſt
ũ reale reſpectu ipſius. Ita dēt intelligi qđ ibi no. gl. & in l. vi
C. de acq. poſ. † Itē no. hic in ver. his aũt, ꝙ quãtũ ad vitiũ poſ
ionis, qđ eſt reale, debemus inſpicere initiũ, id eſt tp̄s quo ac
, nõ ãt qđ accidit ex poſtfacto, q̃a illa dr̄ clãdeſtina, quæ clã-
tinè fuit quæſita, & illa uiolēta, quæ violenter, ſi autem nec
ndeſtine, nec uiolenter ex poſt facto non ſit clãdeſtina, nec
lēta, & teneˀ mēti, q̃a ſꝑ allegaťˀ, non ſic in vitio ꝑſonali, qđ
afficit rē, vľ poſſeſſionē, ut in malafide, q̃ eſt potius in poſſi-
nte, q̃ in poſſeſſione, nã pōt ille, q cæpit poſſidere bona fide
poſt facto incipere poſſidere malafide, ſi ad eũ ꝑuenit ſciētia
alienæ, & econuerſo. ut C. de uſucapio. tranſ. l. j. & ita poteſt
elligi l. ſi ancillam. ĩ. pro ſuo. de qua opponit gl. quæ incipit
eſt retinendæ,) vt hic exponatur improprie, id eſt mala fide.
em no. ex eod. uerſi. ꝙ ſicut nõ pōt quis immutare ſibi cãm
ſſeſſionis de nulla in aliquã, ut ſ. eo. l. 3. §. illud. & in §. ꝑcedē-
ta de aliqua iuſta in aliquam iniuſtã, ut hic: quia ſicut iuſta
efficiť clãdeſtina ex poſt facto ſolo aĩo poſſeſſoris ſe occultã
nec eꝯ de non iuſta in iuſtã. ut no. in l. cũ nemo. C. eo. in gl.
de una iniuſta in aliã iniuſtã, & de clãdeſtina in uiolētã, &
uerſo, ut no. ĩ. ꝓx. §. in glo. mag. in fi. ibi (illud ēt abſurdũ eſt
.) Prædicta uera ſunt, nulla ſuꝑueniēte cã de nouo: ſed ea ſu
ruueniente, bñ ꝑt fieri mutatio poſſeſſionis ex poſt facto in oĩ
s cauſis ſupradictis. ut de nulla in aliquã, ut l. 3. §. illud. uerſi.
l ſi is. ſ. eo. ſiue illa cauſa ſit iuſta, ut ibi, ſiue iniuſta, ut in §. ibi
cedēti, in prin. & ĩ. de ui & ui ar. l. colonus. & l. cũ fundũ. & de
n iuſta in iuſtã, ꝙ dic ut plene [b] no. ꝑ gl. in d. l. cũ nemo. C. eo.

ADDITIONES.

ndeſtina. Adde eũdē cõſ. 64. & ibi in quo differãt clãdeſtinitas. & violen.
lene. Adde per Soc. conſi. 131. ſtatim allegan.

ille qui ſe abſentauit a domo nemine relicto dimiſit domum clauſam & ne firmatam, an perdat naturalem poſſeſſionem. nu. 2.
bſens retinet poßeſſionem ciuilem quouſque ignorat naturalem occupatã quid poſtquam ſcit.
bſens cuius fundi poſſeſſionem alter ingreſſus eſt, ſi reuertatur, & nõ vult e ad fundum, ſed incipit agere vti poſſi. an dicatur ſuſpicari ſe poſſe re-eti & ſic perdat ciuilem.
id ſi non accedit non timore illius qui ingreßus eſt ſed timore latronum n itinere.
am poßeſſionem habeat ingreſſus a principio antequam abſens reuerſus on fuerit admißus, vel ſuſpicatus fuerit ſe poße repelli.
od remediũ detur abſenti, poſt quam perdit ciuilē pro ipſa recuperanda.
od remedium detur pro recuperanda naturali clandeſtinè acquiſita.
ciuilem perdidit, ꝙ non poſſit intentare interdictum uti poſſidetis, niſi pri o ciuilem recuperaßet per interdictum unde ui.
caſu quo poteſt intentare interdictum uti poſſ. nomine ſolius ciuilis quã abet, an poſſit cum illo cumulare etiam rei vendicationem ratione natu lis, quam habet aduerſarius,
terdictum unde vi, ſicut datur non ſolum ad recuperandam poßeſſionem, ed etiam ad intereſſe, an ita interdictum uti poſſidetis.

1 **§. Qui ad nundinas.** † Poſſidēs aĩo & corpore
ſuo, ſi ſe abſentat nemine
relicto ad cuſtodiã rei, retinet ciuilē aĩo, & naturalem ꝑdit. Et
ſi alius ingrediť acqrit illã nãlē clãdeſtine & ſi poſtea abſētē re
uerſũ nõ admittat, uel ille ſuſpicaťˀ ſe poſſe repelli, acqrit etiam
ciuilē, q̃ ille hēbat, & tũc ꝑdit, & illa dr̄ uiolēta, & ſic apud eum
ſũt duæ poſſeſſiones iiuſtæ, ſ. naturalis clãdeſtina, & ciuilis uio
ta. h. d. cũ ſeq. ſᷣm intellectũ gloſſarũ, & Doct. Et primo declarat
quam poſſeſſionē acqrit ingreſſus a prin. uſq. ibi (retineť ergo.)
Scđo declarat, quã poſſeſſionē tetinet ille, q ſe abſentauit uſq.
ibi (uerũ) Tertio quã poſſeſſionē hēt ĩgreſſus ex poſtfacto poſt
q̃ illũ reuerſũ ñ admiſit: vľ ille ſuſpicatꝰ eſt ſe poſſe repelli. In
tex. ibi (a nũdinis redit,) id eſt redire ſperať. Dy. in tex. ibi (occu-
pauerit & ex hoc apparet. ꝙ nõ acquirit, niſi naturalem poſſeſſionē, q̃a tm̃ illa uacat, & occupatio nõ eſt, niſi de uacante
poſſeſſione, ut ĩ. ti. j. l. ſeq̃ť. §. Itē ſi occupaueris. In tex. ibi (retinet) ergo illa dilatio uenit iſto mõ, nã certũ eſt ꝙ añq̃ ille ĩgredereť, abſēs retinebat ciuilē ſolo aĩo, ut ĩ. e. l. q̃uis. & C. e. l. licet.
ergo ĩgreſſꝰ ñ acqrit niſi nãlem, q̃a illa ſola uacat, ſeq̃ť ꝙ abſēs
retinet ciuilem, ſicut añq̃ ille ĩgredereť. nũc ergo ꝑ intellectu lr̄e
2 q̃riť circa primũ dictũ. † q̃d ſi ille, q abſentauit a domo nemine
relicto dimiſit domũ clauſã, & bñ firmatã, utrũ ꝑdat naturalē?
a uř ꝙ nõ, quaſi ſit ſub eiꝰ cuſtodia ꝑꝑ clauſurã, [a] ſicut ſi aliquem
ibi reliq̃ſſet. In ꝯriũ facit ſ. e. l. 3. §. Nerua filius. ĩ uerbo (nãciſci)
quia rerũ mobiliũ q̃ ſũt ſub mea cuſtodia, & mea claui, ñ hēo
poſſeſſiõem nãlem, ſed ciuilem, ſi nõ ſunt in ꝑſentia quam reti
neo, quouſq. poſſum naturalem adipiſci ꝑ mea uoluntate, ut
ibi hr̄. Iſte articulus uř mihi dubius, & potius inclinare in primã partem. ar. ĩ l. clauib. de ꝯh. empt. & aliud in poſſeſſione ipſius domus, aliud in poſſeſſione rerũ, q̃ ſunt ĩ. domũ. cogita ſu-
3 ꝑ hoc. † Circa ſᷣm dictũ ĩ uerſi. retinet. ſᷣm qđ ſ. dixi, abſens retinet poſſeſſionem ciuilem quouſq. ignorat nãlem occupatã, ut
ĩ. eo. l. quãuis. poſtq̃ aũt ſcit, dic ꝙ ſunt quatuor caſus ĩ q̃b. eam
ꝑdit. Primus ſi ꝯſtat, ꝙ nõ uult ad eã redire, q̃a timet repelli, ut
l. ſeq. Scđs qñ de hoc non timet, ſed timere rõnabiľr debet, ut
q̃a ingreſſus erat potentior, & ab ipſo nõ potuiſſet expelli, ut ĩ.
e. l. qđ meo. §. fi. & qđ no. in prin. huius legis in gl. 2. Tertius eſt,
qñ nõ timebat, nec habuit cãm timendi, quia de facili potuiſſet eũ expellere, ſꝫ neglexit redire, & expellere, cũ primũ potuit
& naturalem recuperare, ut ĩ. e. l. ſi iõ. §. j. Quartus eſt qñ nõ ne
glexit, quia forte aliquibus. negotijs erat impeditus, & ſic nõ o-
miſit ꝑꝑ negligētiã, ſꝫ alijs occupatꝰ poterat tñ ire, ſi uolebat:
& hoc caſu ſi omiſit ire ꝑ decenniũ, induciť oblõ, ex qua ꝑdiť
ciuilis, ut ĩ. ti. j. l. furtis. §. j. & no. in l. licet. C. e. & đ ſer. fug. l. j. ĩ fi.
mag. gl. Ex iſtos caſus licèt ſciat naturalem occupatã, adhuc tñ
retinet ciuilem, ꝑ cuius ciuilis defenſione pōt ꝓpria authoritate ĩgreſſũ deijceť, & etiã ĩtentare ĩterdictũ uti poſ. cuiꝰ exitꝰ,
uľ effectꝰ erit, ut ille ꝯpellať reſtitueť naturalem, cũ ſine hoc ñ
ceſſet ipſũ ĩq̃etare ĩ ciuili: & iſto caſu debet intelligi ꝙ dicit gl.
in prin. huius legis ſuꝑ uerbo, ſuſpicabiť in fine, & etiã gl. fi. hu
4 ius circa fi. † Circa ultimã partem q̃ro, q̃d ſi reuerſus non uult
ire ad fundum, ſed incipit agere, vti poſ. an dicať ſuſpicari ſe poſ
ſe repelli. Et ſic ꝑdat ciuilem (Rñdeo, nõ, aľs poſſet intentare.
Vti poſ. qđ non dať niſi poſſeſſori, & ꝓ hoc. ſ. de oper. no. nũc.
l. de pupillo. §. meminiſſe. ubi q uadit ad iudicem, ut denũciet
5 poſſeſſionem, nõ ꝑdit ſicut qñ per lapillum. † Vlti. q̃ro quid ſi
nõ accedit nõ timore illius, qui fuit ingreſſus, ſed timore latronum in itinere? Reſpondeo, ciuilem non ꝑdit, ut no. in d. l. licet
C. eod. Glo. quæ ſunt hic principaliter laborant circa quatuor.
primum eſt, q̃ poſſeſſionem habeat ingreſſus a principio antequam abſens reuerſus non fuerit admiſſus, uel ſuſpicatus fuerit ſe poſſe repelli, & ſuꝑ hoc laborant tres primæ gl. & retenta
opin. lo. ꝙ ſint duæ poſſeſſiones, ſ. ciuilis, & naturalis, gl. tenent
in effectu, ꝙ nõ habet, niſi poſſeſſionem naturalem, ciuilis ue
b ro eſt apud ipſũ abſentem. Sed Rogerius [b] tenuit, ꝙ habet ciuilem una cũ abſente, q̃a dicit, ꝙ duo poſſunt eandem rem ciuiliter poſſidere inſolidum, quia poſſunt ambo habere animum
inſolidum poſſidendi, & ſic naturalis eſt penes ingreſſum tm̃,
ſed ciuilis apud eũ, & etiã penes abſentem. gl. adducit iſtũ tex.
ꝯ Rogerium tribus modis. Primo in prin. ibi (neminem reliq̃t)
nã innuit, ꝙ ſi aliquē reliq̃t ille ingreſſus, nullã acquirit. Et rõ
eſt, q̃a illa vacat. ergo ſi neminem reliquit, nõ acquirit niſi na
turalē, q̃a illa ſola reperiť uacare, non ciuilis, q̃ eſt apud abſen
tem. Item in medio ibi (retinet ergo) nã iſta illatio non eſſet bo
na, niſi tex. ꝑcedens, dũ dicit, eũ uideri clam poſſidere, intelligatur, ſ. naturaliter tm̃. Nã tũc bene ſequitur, ergo abſens reti
net ciuilem poſt ingreſſum, quam habebat. Sed ſi ingreſſus haberet ēt ciuilem, nõ poſſumus videre, vnde iſta illatio ſequereť,
&

ADDITIONES.

a Clauſuram. Adde per Soc. conſi. 131.
b Sed Rogerius. Adde ut per Ant. de Bu. conſi. 63.

& hoc vult gl. 2. quæ incipit (sed tñ) & ēt tertia q̃ incipit (si ciui lē) Rogerius aũt ad primã īductionē r̃ndet fatendo, q̃ si aliquã reliqt, nullã acqrit īgressus, tñ dicebat hoc, ꝑuenire ex eo, qa cũ nō acqrat nãlē, nō pt acqrere ciuilē p l. 3. in prin. s. e. sed si nemi nē reliqt, acqrit naturalē, & p ɔ̃ns ēt ciuilē, q̃ r̃nsio nō est bona, qa nulla l. cauet, q̃ ad acqsitionē ciuilis reqrat acqsitio natura lis. Immo si hēo solã ciuilē, & alius naturalē vt vsufructuarius, possũ illã ciuilē solã in te trãsferre, ɔstituēdo me tuo noīe possi dere, vel inducēdo te in fundũ, & facere te dñm, & ꝑprietariũ saluo vsufructu, sed bñ est verũ, q̃ ciuilis non acqrit sine aīo & corpore, sicut nec naturalis, ut loqt l. 3. in prin. s. e. ergo & qñ a liquē reliqt. Si vera esset opin. Roge. ingressus licēt nō acqreret naturalē, posset acqrere saltē ciuilē, qa interuenit aīus, & cor pus, & qa duo possunt ciuilr possidere insolidũ fm eũ, licēt nō naturalr, cuius ɔ̃riũ innuit hic a ɔ̃rio sensu. Volēdo tñ Roge. su stinere, posset fm gl. r̃nderi alio mõ, q̃ qñ aliquē reliqt, fateor, q̃ posset acqrere adhuc ciuilē illũ expellēdo, tñ absēs pderet ciui lē, & sic nō possideret duo ciuilr insolidũ, sed vnus tñ: sed nos tractamus, an duo possint ciuilr insolidũ possidere. Inducit ēt gl. tertio loco tex. in fi. qa postq̃ absēs reuersus nō fuit admissus, vel fuit suspicatus se posse expelli, ille ingressus acqrit ciuilē, & illa est violēta, ergo añq̃ aliqd istorũ interueneri, nō hēt ciuilē, alr seqret alterũ de duob. icōuenietib. vel q̃ essent duæ ciuiles penes igressũ, vna añq̃ alterũ illorũ iteruenisset, & illa esset clã destina, altera postq̃ interuenisset, & illa esset violēta possessio, qd est ridiculũ dicere. Vel si dicamus, q̃ nō est nisi vna ciuilis, & q̃ illa esset clãdestina añq̃ aliqd illorũ interuenisset, & q̃ postea inciperet esse violēta: & hoc ēt est falsum, qa vel dicimus q̃ am bæ istæ qualitates durent, & hoc nō pōt esse, qa sunt ɔ̃riæ, & si mul stare nō possunt, vt j. e. l. si qs añ. uel dicimus, q̃ prima qua litas desinit, & scd'a incipit: & hoc ēt nō pōt stare p principium huius legis, vbi nō mutat̃ qualitas possessoris ex postfacto, ut il la q̃ fuit iusta, incipiat esse iniusta rōne uiolentiæ, & hoc uoluit in effectu gl. fi. in ver. sed quã. vsq. a 1 ver. sed qd si hic. Conclude, q̃ non hēt nisi naturalem, & absens ciuilē. Sed retenta opinio. Azo. q̃ nō sit nisi naturalis; uterq. hēt naturalem, sed ingressus hēt nisi eã naturalr, & absens ciuilr, & hoc vult gl. 3. in fin. quæ incipit, l. ciuilem. Secundus passus est, quã possessionem habet iste ingressus postq̃ aliqd illorum duorũ interuenit: & dic, q̃ nō solum hēt naturalem, quam prius acquisiuit, sed ēt acqrit ciui lem, quã ille absens perdit & quodammodo iure accrescēdi ad eũ peruenit, ut no. in l. conseq. Sed illa naturalis remanet clan destina sicut prius, qa nō pōt immutare qualitatē: sed ciuilis est violenta. Nã sic ut ambæ iustæ possunt esse apud eūdē, ita & am bæ iniustæ diuersis iniustitijs: & ex hoc seqt, q̃ tex. in fi. dum di cit (magis.) dēt intelligi comparatiuē, quasi dicat, possedit clam & ui: sed magis vi: & ideo magis ui, quia ciuilis est dignior natu rali pp digniores effectu, qa sufficit ad acquisitionē dominij di recti, & fructuum, qd nō est in naturali, ut dixi s. e. l. 3. § ex con trario. & dũ dicit (non clã.) dēt exponi. l. tñ, qa possedit clam. s. naturaliter, & ui, i. & ciuiliter. & hoc uoluit glo. pē. sup uerbo,
6 (magis.) & gl. fi. magna in prin. usq. ad uersi. non ergo. † Tertius articulus est, quod remedium datur absenti postq̃ pdidit ciuilē p ipsa recuperanda. gl. hic in ver. item qui iam: dicit ɔpetere in terdictum vñ ui. & qd de hoc nō est dubium. Sed tu aduerte, q̃ aut loquimur in casu, quo reuersus nō fuit admissus, & tunc ꝓcedit, qd dicit gl. quia tunc patit̃ violentiam in ciuili, & ab il la vr̃ deiectus, tñ adhuc remanet mihi dubium quõ fiet sibi re stō de ista ciuili dũtaxat p qua sola agit illo interdicto, pōt dici. q̃ solo verbo. Aut loquimur qñ fuit suspicatus se posse repelli, & isto casu fuit magnum dubiũ inter antiquos, qa licēt perdat possessionem ciuilem, tñ in ea, non est passus violentiam, iō di xerunt qdam non competere interdictum vñ vi. glo. tñ j. vnde vi. l. j. §. siue autem. sup verbo (possessionē.) plenē disputãdo te
7 net ɔ̃rium, dic ut ibi no. † Quartus articulus est, qd remediũ dat̃ pro recuperanda naturali clandestine acquisita. & glo. fin. hic tenet, q̃ interdictum uti pos. Intellige sane, q̃ illud nō dat̃ dire cto p naturali recuperanda, quia est interdictum retinēde pos sessio. nō recuperãdæ: nec datur p ipsa retinēda, quia ipsam nō habet, sed datur pro retinenda ciuili, & ne in illa inquietetur, & qa hoc fieri nō pōt nisi ille ingressus dimittat naturalē, ɔdē nat ad ipsam dimittendã, & sic in ɔ̃tiam datur pro ipsa recu rãda. p hoc optimus tex. in c. Pisanis. de rest. spo. circa fi. Ex hoc sequit, q̃ dictũ gl. non procedit, nisi in casu quo absens ciuilem nondum perdidit, qa non fuit suspicatus posse se repelli, & re uersus nō iuit ad fundũ ne faceret rixam, sed intētauit interdi ctum uti posside. pp qd ciuilem nō pdidit, ut s. dixi. Si aũt ipsam pdidisset, non posset intentare interdictũ vti possidetis, nisi pri mo ciuilem recuperasset per interdictum vñ vi. & hoc vult in effectu glo. mag. in ver. (sed an noīe naturalis) vsq. in fin. Dicit etiam notabiliter, q̃ eo casu quo potest intentare interdictum vti possidetis. nomine solius ciuilis, quam hēt, potest cũ illo cu mulare etiam rei vēdicationem rōne naturalis, quã hēt a sarius, quia inuicem non ɔ̃riantur, cum dentur diuersis ctibus: aliãs interdictum uti pos. cum rei vendicatione n currit. ut no. j. eo. l. naturaliter. §. nihil commune. & l. fi. d
8 de iud. † Dicit etiam gl. aliud notabile in fi. q̃ sicut interdi vñ vi non solum datur ad recuperandam possessionem, ad interesse, ut l. j. circa prin. j. unde ui. ita interdictum ut sidetis, q̃ sic ēt si nō possidet, potest illud competere p ir se. Sed ultra glo. dicas in hoc articulo, q̃ p recuperãda na clãdestina, dat̃ aliud remediũ de directo. s. possessoriũ. l. fin. vi. siue fuerit occupata nãlis tm̃ uacãs, siue ēt ciuilis, ubi n j. & hoc qñ dolo vel lata culpa, alr dat̃ possessoriũ. l. inuaso ti. & primum est penale, secũdum nō, ut ibi plene no. pe

LEX VIII.

Quemadmodum. No. hic q̃ q̃ sunt n saria ad acquirend necessaria ad pdēdum. facit l. si vt proponas. C. de n auth. & si ɔ. C. de rep. In tex. ibi (nulla etiam natu de ciuili. n. constat, quia retinet̃ aīo, sed naturalis retinetur pore, & ideo vr̃ sufficere solum corpus, qd quis desinat insi re corporalr, ut naturalr pdat, licēt habeat animum retinē s. eo. l. clã. §. fi. Sol. uerũ est qñ naturalis retinebat̃ solo cor ut ibi, qa hēbat ciuilē, & naturalem añq̃ recederet, & po cessũ retinet ciuilē, & pdit naturalē. Sed si naturalis retine vt illa q̃ hēt vsufructuari⁹, q nō possidet nisi naturalr, & i aīus nō operat̃ in retētione ciuilis, operat̃ in retētione nãli absentia, ut no. i l. j. in prin. s. eo. i gl. 2. mag. ibi. & idē dico i to, & c. tūc hēt locũ qd hic dr̃, q̃ ad perdendam illam natu nō sufficit solum corpus, immo requirit etiam animus, & i telligit Bar. in §. qui ad nundinas. hic non habetis alia.

LEX IX.

Generaliter autem. Dimisso custod fundo absens no lum retinet ciuilem animo suo, sed etiam natura corpore illius. h. d. Ille autem custos nullam habe solum detinet, uel in possessione est, & ista sunt diuersa, vt ꝑx. pōt ēt dici, q̃ possidet non sibi, sed alteri, & ita soluitur rium gl. de comm. diuidundo. §. verum neq. s. commu. diu

LEX X.

1 *Duæ causæ ex quarum vna possideatur, & altera non, sed detineatur, concurrere non possunt in eadem re, sed per secundam a prima reced nisi secunda sit inualida, secus si ex neutra possideatur.*

2 *In actibus factis eodem instanti, non præsumitur quis uelle sibiipsi con riari, sed in factis ex interuallo sic.*

Non uidetur quis velle incontinenti corrigere, sed ex interuallo sic.

3 *Si quis ab vno conduxisset, & ab alio precario rogasset nulla necessitate, recedatur a primo.*

4 *Vnitas non est numerus, sed principium numeri.*

5 *Locatio facta uno nummo, an ualeat.*

6 *Merces in contractu locationis dicitur pretium sicut in contractu empti & venditionis.*

1 **Si quis ante.** † Duæ causæ ex quarum una po deat̃, & altera non, sed detineatur, mul concurrere non possunt in eadem re, sed p secun a prima recedit, nisi scd'a sit inualida, secus si ex neutra p sideat̃. h. d. vsq. in fi. Rō est qa primo casu sunt ɔ̃riæ, nã posid re, & nō possidere sunt ɔ̃ria, q̃ nō pñt simul esse in eodē sub cto, vt no. i § qui ad nūdinas. i gl. fi. uer. illud ēt. & s. de inst. l. si pillus. §. pe. & j. p suo. l. si ancillã. In scd'o casu sũt ɔ̃ria. Et diu qa primo ponit̃ unũ dictũ, qñ qs eādē rē ɔduxit, & postea ex teruallo eadē rē pcario rogauit uel ecōuerso, & p fm decre censet̃ recessum a primo, & qa ex uno possidet̃. s. ex precario tē naturalr, ex altero. s. ex locato non possidet̃, sed detinet, hoc usque ibi (idē Pomponius. Postea ponuntur duæ limita nes ad hoc dictũ, una qa est uerum, nisi fuerit expresse actum q̃ ex precario non possideat̃, sed detinet̃, quia tunc non ɔ̃ ɔ̃tui locationis. Scd'a, qa est uerũ, nisi ɔ̃ctus locatiōis esset nu lus, quia factus uno nummo, tūc. n. p ipsum non recedit̃ a p
a ri ɔ̃ctu precarij,[a] & sīr in testō, quia per fm non censet̃ qs u luisse recedere a primo, nisi fm ualet, ut l. si iure. de legati. j. tex. ibi (postea precario rogauit.) supple ex interuallo, & ab e dē instāti, & eodē instrō vr̃ actũ q̃ ex precario nō possideat, j. ti. j. l. nō solũ, in fi. qa nō uideret uoluisse facere act⁹ ɔ̃rios e
b dē istāti, qd no. & tene mēti,[b] facit qd no. Bar. i l. fi. §. idē q̃sui
2 de ɔd. id. & Cy. i l. cũ falsã. i fi. de iur. & fac. ign. C. † Sic ergo no i actib. factis eod. īstāti nō p̃sumit qs uelle sibiipsi ɔ̃riari. ut d. Sꝫ i factis ex īteruallo sic, qd facit ad id qd no. i l. nã ad ea. & ɔd &

ADDITIONES.

a Precarij. Adde quod uoluit Abb. consi. 92. 2. lib.

b Tene menti. Adde quod uoluit Anch. consi. 263.

mon. ꝙ nõ vr̃ qs velle se incõtinẽti corrigere, sed ex inter-
) sic.† itẽ si ab vno ꝓduxisset,& ab alio ꝑcario rogasset,non
deret a primo,qa nõ est ĩ ptãte sua ab illõ se liberare.Itẽ in-
ge,quãdo nulla necessitate cogẽte hoc fecit,al's secus, etiã
necessitas causatiua,ut si dedisti mihi rẽ pignori, & sic pos
) ciuil'r,& natural'r ſm uerã opi.glossarum.ut no.in l. cum
simi.de ꝑſ.30.ann.postea uolẽs mihi satisfieri.facio me mit
tenutã eiusdẽ rei ex primo decreto, licèt ex ista cã secunda
possideat,sed detineat,ut hic circa mediũ,non videor renũ
ẽ possessioni primæ,qa non feci,ut mihi ꝑiudicarẽ,sed ma-
ꝑiuderẽ,ut possem obtinere dominiũ ex ſcd'o decreto.fa
alia ꝟ.de noua.& ita tenẽt hic Doct.notabil'r.† In gl. pe. ibi
initas nõ est numerus,sed prin.numeri.) No.istam glo.quæ
per allegat,tamẽ ista rõ nõ est bona,qa licèt hoc sit uerum,
en idem iudicandum est de unitate, seu de princi. nume-
cut de ipso numero, ut patet in simili. in marito qui non
finis,sed principiũ affinitatis,ª& tamẽ idẽ iudicat de ipso,
t de affine,& sicut affinis ꝑt agere ꝓ affine sine mãdato, ita
& hæ.ſ.de ꝓcuratori ita maritus ꝓ uxore.vt C.de ꝓc.l.ma-
ꝓ uxore.& ibi no.ꝑ Cy.† Dic ergo,ꝙ aut locatio uno nũ-
facta ex necessitate,& ualet indistinctè,ut l.si usufr.de iure
iũ.Aut ex uolũtate,& tũc aut res nõ erat digna maiori mer
e,& nõ ualet,& isto ultimo casu debet intelligi hic. In fi.gl.
et actũ salt̃e tacite,)ſſ nõ ne ur̃ actũ ex eo ipso, ꝙ ꝯtũ non
aret,ex quo alio mõ nõ põt ualere,ut l. quoties. de præscr.
.Respõdeo,nõ,& ibi loquit̃,quãdo nõ ꝯstat quẽ ꝯctũ partes
ere uoluerũt,qa tũc recurrimus ad ꝯctũ innominatum, &
onẽ præs.uerb.q̃ ex illo oritur.Sed quãdo ꝯstat ꝙ uoluerũt
ere ꝯctum nominatũ,ut fuit hic,si non ualet ut agitur,non
et,ut valere põt,ut l.j.§.cũ q.de const.pet.& hoc uoluit di-
e ista gl.† Vltimo not.tex.in uerbo.(pretio,) ꝙ merces ĩ ꝯctu
ationis dr̃ pretium,sicut in ꝯctu emptionis,& uenditionis,
facit ad no.in l.cotem.§.fi.ſ.de publica.ubi allegaui istũ tex.

ADDITIO.

itatis.Facit quod idem Pau.uoluit consi.80.vbi ponit,an stante statuto, ꝙ
er affines fiat compromissum si mortuus sit uir,debeat fieri compromissum
er vxorem,& alium affinem viri de lite orta inter ipsos.

LEX LI.

uthoritas iudicis præbet iustam causam possidenti.
test quis in causa propria esse executor de mandato iudicis.
tutum ꝙ quis non possit intrare possessionem rei hæreditariæ, nisi hæres
ub certa pœna,& aliqs ingrediatur authoritate iudicis, an ĩcidat in pœnã.

Vste possidet.† Authoritas iudicis præbet iustã cãm possidendi.h.d. Hr̃ ergo loco tituli,q̃ hr̃ a priuato,& sicut ille est cã acquirendi domi. nij si hr̃ a domino,uel usucapiendæ conditionis,si a non do ino,ut l.clauib.de ꝯh.emp.ita & authoritas iudicis, & ad hoc facta ista l.siue sit ſnia diffinitiua, ut ꝟ.eo.l.Pomp.§.si iussu. e interlocutoria secundi decreti,ut hic:secus si primi,ut ſ.e. §.fi.In gl.ibi(licèt non rectè quo ad ius litigatoris.) hoc pro- dit in ſnia diffinitiua,q̃ si rectè lata est,licèt non rectè, respe- u iuris agentis,ualet.l.cum putarem.fami.ercis.& l. præses.ꝟ. re iud.Sed si loquimur in interlocutoria primi & sec. dec.si idem deficit in iustitia ex parte agẽtis, nõ ualet ipso iure, & nõ tribuit iustã cãm possidẽdi ꝑ l.j.§.hæc uerba.ꝟ. ne uis fiat .& quod no.in l.Fulcinius,§.j.quib.ex cau. in pos.ea.l.si vero ubuentũ.de fidei.lib.Si uero non ex parte agentis, sed ꝯuenti, ei rei super qua lata est,adhuc põt ꝓcedere ista gl.ut si eras de itor meus,& obtinui ꝯ te primũ decretũ in bonis tuis,nũtius uriæ misit me in possessionẽ cuiusdã rei per te possessæ, tanq̃ aæ cũ nõ esse ttua,sed Titij,certe iuste posideo, & acqro cãm scribẽdi ꝯ illũ,si obtinui ſm decretum,ita põt intelligi ista gl. ed qro,quid si sciebã rem alienam?certũ est ꝙ quãdo hẽo titu um a persona priuata,ista scientia facit, ut nõ iuste possideã & cqrã cãm ꝑscribendi. Sed quærit̃,quid iuris, quãdo hẽo cãm a udice,& sic de publico?vr̃ nõ nocere ꝑ l.& general'r.ſ.de nox. ed dic,ꝙ ibi loquit̃ in cã noxali,& est speciale, aliãs secus ꝑ l. q̃ undum.§.qui bona fide.in fi.ꝟ.ꝓ empto.ubi est casus,& ita ur̃ elle Bar.in l.Pompo.§.si iussu.ꝟ.eo.In gl.ibi(qa nõ põt demã- dari ſm Io.)Doct.tenẽt primam opin.qa eo casu quo iudex po- uit demãdare nũcio curiæ,ꝙ me induceret in possessionẽ rei, põt ẽt dare mihi licẽtiã,ꝙ ꝓpria authoritate ingrediar,tamẽ ta is licẽtia dẽt intelligi ſm Doc.si nõ reperio resistẽtem,al's sec⁹ per l.mõ est singulis. de reg.iur.& ar.in l.equissimũ.ſ.de vsufr. Et ista gl.ꝙ allegat.qa in causa ꝓpria põt esse executor de man dato iudicis: nec obstat,ꝙ executio est de imperio, ut l.iubere cauere.de iurisd.om.iud.ibi,& in pos.mittere,&c.& ea q̃ sũt de iperio nõ pñt demãdari,ut eo.ti.l.imperiũ delegatũ, & qđ ibi no.qa uerũ ẽ quo ad hoc,ut trãseat iperiũ delegatũ, secus quã- tũ ad merã executionẽ facti,qa illa sicut põt committi nuncio curiæ,ita & parti,q̃ obtinuit ſniam.† Vltimò qrit̃,statutum est hic,ꝙ nullus possit intrare possessionem rei hr̃ditariæ, nisi hæ

res sub certa pœna,aliqs ingredit̃ authoritate iudicis, quia debebat recipere a defuncto,utrum incidat in pœnã? Bar.ur̃ hic sentire ꝙ nõ,si decretũ iudicis fuit ualidum & rite interpositũ, & sic statutũ dẽt intelligi, quãdo ꝓpria authoritate ingrederet̃ & istud habui de facto.Sed si decretũ esset nullum,tenet,ꝙ ta-
a lis posset puniriª de lata culpa,qa ꝑ pœna talis statuti, reqritur dolus,uel lata culpa iuxta no.ꝑ eum in l. si quis test. li. esse ius. fuerit l.filius.§.procuratorem.uersi.uerum.ſ.de proc.& ibi no.

ADDITIO.

a Puniri.Hoc limita nisi authoritate principis decretum esset interpositum scienter,ita uoluit Bellamera deci.sua.105.

LEX XII.

1 *Licèt excluso colono uel inquilino dominus perdat non solum naturalem, quam tenebat corpore illius,sed etiam ciuilem quæ illi naturali videbatur adhærere,expulso tamẽ usufructuario ,vel usuario a naturali proprietarius non perdit suam ciuilem.*
2 *Si nõ est exclusus ille,qui habet naturalem,an habens ciuilem possit eã ꝑdere.*

Naturaliter uidetur. In gl.ibi(Io. And.dicit natural'r possidere.)supple,sed nõ ciuiliter,ut in legibus ꝯrijs,& istã
a naturalẽ habet ª suo noĩe,& hoc differt a colono, &
1 inquilino,qui hẽt eam ꝓ locatore.Et ex hoc sequit̃ magnus effectus:qa licèt excluso colono,uel inquilino dominus ꝑdat nõ solũ naturalem,quã tenebat corpore illius,immo ẽt ciuilem q̃ illi naturali uidebat̃ adhærere,ut ꝟ.e.l.pegr. §.quib.explicitis. expulso tamen usufructuario.uel vsuario a nãli,ꝓprietari⁹ nõ ꝑdit suã ciuilem:qa nõ censet̃ illi cohærere,uel in ea requiescere, ut est gl.ordinaria notabilis.ſ.usufr.quemad.ca.in l.j.§.fi.quam
2 omnino uide.† Quid ãt eꝯ,si nõ est exclusus ille,q hẽt nãlem,an habens ciuilem possit eã ꝑdere:dic ut no.in l.j.§.non aũt.ꝟ.de ui.& ui arm. Item ista gl. ꝓcedit in possessione ipsius rei corporalis:sed ipsum ius usufructu . incorporale quasi possidet̃ ꝑ usufructuariũ nõ solũ nãliter ꝑ actus nãles,quos exercet in recolligendo fructus,immo ẽt ciuiliter animo,& ex patientia proprietarij ꝑ gl.notabilẽ ĩ l.ait ꝑtor.§.itẽ ei.ſ.ex q.cau.ma.& ꝟ.uti pos. l.fi.de ui.& ui.ar.l.si ptures.sed repũ alterius, q̃ dñi nõ dr̃ ciuil'r quasi possideri:qa ista quasi possessio ꝯsistit ĩ l.patientia ꝓprietarij,sicut in alijs seruitutib. ur l.quoties.ſ.de seru.& aqua. l.2.

ADDITIO.

a Suo nomine.Contrarium ur̃ uerius secundum Alciat.in d.rep. l.quinque pedũ finiu.re.qui vult usumfruct.nomine domini possidere.uide ibi.

1 *Petitorium, & possessorium an habeant aliquid commune inter se, & an possint eodem tempore intentari.& nu.5.*
2 *Possessorio agens,& succumbens, an prohibeatur agere peti. & quid econuerso. Et quid si lis esset finita,& succubuisset agens, an obstaret exceptio in possessorio .*
4 *Dominium hodie potest etiam quæri sine possessione ꝑ solam traditionẽ facti.*
5 *Dominium,& proprietas cadit in iurib.incorporalibus, licet non cadat possessio,seu quasi possessio.*
6 *Concursus petitorij.& poss.an & quando admittatur, & vtrũ eorum prius terminari debeat.*
7 *Sententia lata in petitorio pro eo,an pariat exceptionem rei iudicatæ in possessorio retinenda postea intentando per actore.*
8 *Possessorium intentans post lit.cont.super pet.an procedatur super vtroq.*

1 §.Nihil commune.† Petitoriũ & possessoriũ retinendæ pñt simul ꝯcurrere qñ ĩtẽtat̃ diuersis respectib. videlicet petitoriũ ꝓ detẽtiõe, vel nãli possessione aduersarij:& possessoriũ ꝓ ciuili possessiõe ĩtẽtatis.ad hoc allegat̃ iste tex.ſm intellectũ,quẽ ponit gl. mag. ĩ uer.ur̃ dic tertio. Et ĩtellige simul siue ĩ eodẽ libello, licèt iste tex.de hoc nõ loquat̃:siue ĩ diuersis eodẽ tpe porrectis, licèt ẽt đ hoc nõ loquat̃ hic: siue diuersis tporib.fuit vnus sup uno & lis ꝯt.postea porrigit̃ sup altero, & đ hoc loqt̃ iste tex. qñ prio fuit porrect⁹ sup petitorio: tũ idẽ ẽ ecõuerso, sic ꝙ simul cõcurrũt,& sup vtroq.ꝓcedit,qñ fuerũt ĩtẽtata eodẽ libello, cadẽ sẽtẽtia dẽnt terminari ꝑmittẽdo posses. & postea petitoriũ, & eo dẽ mõ ĩ sĩgulis actib.iudiciarijs,ut ĩ c.2.& ĩ c.cũ eccl'a,&c.cũ si ꝑ đ cau.pos.& ꝓprie.Et idẽ vr̃,qñ diuersis libellis eo.tpe porrectis. Sed qñ diuersis tporib.tũc sũt diuersæ ĩstãtiæ,& diuersis sẽtẽtis pñt terminari. Nec curãdũ a quo ĩcipiat̃. arg.ĩ l. nõ idcirco.ſ.de iu.Et hæc uera,ẽt ĩ alijs possessorijs q̃ rr̃ ꝯcurrũt cũ petitorio,vt adipiscẽdæ vl' recuperãdæ possessiõis,ut ĩ dictis iurib. & ĩ c.pastoralis.e.ti.Et no.ꝙ Iurisc.hic ꝑmittit. Prio unũ ad cuius dẽtiã decisiõis ex quo tollit̃ vna obiectio,q̃ posset fieri ꝯ illam vsq.ibi(& iõ.)Scđo decidit vnũ dubiũ usq.ibi,n.n.Tertio tollit
2 aliã obiectionẽ q̃ fieri posset.In tex.ibi(ꝓprietas cũ possessiõe) ex hoc tollit̃ una obiectio ꝯ ſm libellũ, uc; de pẽdẽtia litis sup eãdẽ rẽ,& aliũ libellũ datũ in rei uendi. nam si dedi libellũ sup una re,& lite cont.super eo.do alium libellũ super eadem re, siue intentarem eãdem actionem siue aliã,tũ ex eadem cã, nõ debet recipi iste scđs libellus, sed obstat exceptio litis penden-

tĩs & duplicitatis,q̃a nõ dẽote diuersis libellis vexare ꝑ eadẽ re
vt no.ꝑ Doct.ĩ l.edita.C.de edẽ. sed dẽt expediri primũ iudiciũ,
vt in auth.q̃ semel.C.q̃uo & q̃n iud.Sed ad hoc rñdet,ꝙ hic nõ
daẽ scd̃us ꝑ eade re:q̃a primus fuit datus ꝑ ꝓprietate,scd̃us daẽ
ꝑ possessione,q̃ est res diuersa a ꝓprietate,cũ nihil hẽant inter
se cõe,vt ĩ.eo.l.ꝑmisceri.licèt ista iura petãt sup eadẽ re, sꝫ nõ
dẽt attẽdi idẽtitas rei,sed diuersitas iuriũ ꝑ q̃b. agiẽ, vt d. exceptio ñ obstet.In tex.ibi(q̃ cępit rẽ vẽdicare.) supple,& sup vẽd-
fuit litis ꝯt.aĺs nõ diceret cępisse vẽdicare,sed velle ĩcipere,vt l.
ampli⁹ nõ peti.rẽ ra.habe.Itẽ supple,ꝙ ꝓcedit sup vtroq. libello,si eñ suspẽderet ĩ primo,vr̃ suspẽderet primũ iudiciũ, nõ di-
cerent ꝯcurrere : q̃a ꝯcursus attẽdit respũ ꝓcess⁹,sꝫ cõiter iste
§.allegaẽ,ꝙ ꝯcurrũt,igiẽ oẽs lec.gl.excepta vltima, nõ uñr bo
næ:q̃a ĩ eis nõ est ꝯcursus,ĩmo sup solo possessorio ꝓcedit, licèt
Bar.dicat quãlibet earũ posse sustineri,& eẽ uerã ĩ se.tñ iste tex.
tũc nõ posset allegari ad id,qđ dixi.In tex.ibi (nõ eñ vr̃ possessioni renũtiare,&c.)istud ꝓcedit ĩ q̃buldã casib.s.rei uẽ. fuit ĩtẽ
tata ꝑ naturali sola,seu ꝑ detẽtione,q̃ erat apud aduersariũ, q̃a
nõ vr̃ renũtiasse ciuili,q̃ erat apud se,& ꝑ qua,nũc intẽtat ĩter
dictũ.Itẽ ꝓcedit,q̃n ĩtẽtat ĩterdictũ ꝑ possessione,q̃ ad ipsũ ꝑue
nit post ĩtẽtatã rei uẽd. q̃a cũ ea tũc nõ põt dici,ꝙ ei renũtiaue
rit.Itẽ ꝓcedit q̃n ĩtẽtat ĩterdictũ ꝑ illa q̃ hẽbat tꝑe ꝓpositæ uẽ-
dicatiõis,cũ eã ignorabat se hr̃e:qđ quaĺr ꝓcedat,dic ut ĩ gl.q̃a
ignorãs nõ ur̃ renũtiasse,ut ĩ.eo.si me in uacuã.aĺs uero si scie
bat se hr̃e,& hẽbat eã ꝑ seipsũ,vr̃ ei renũtiare,cum intẽtãdo rei
vẽd.p̃supponat nõ se,sed aduersariũ possidere, q̃a uẽdicatio ñ
daẽ possidẽri,ut l.j.§.hoc ĩterdictũ.ĩ.vti pos.sed daẽ ꝯ̃ possidẽtẽ,
vt l.j.C.de alie.iud.q̃a possessio de facili ꝑdiẽ solo aĩo. vt l. si q̃s
vi.§.dñia.ĩ eo.vñ sicut ille q̃ nũtiat nouũ opus simpĺr ꝑdit pos
sessionẽ,vt l.de pupillo.§.meminisse.§.de ope. no. nun. fortius
q̃ intẽtat rei vẽ.& isto casu nõ ꝓcederet qđ hic dr̃, q̃a sup scd̃o
libello nõ posset obtinere,cũ interdictũ uti pos. nõ deẽ,nisi pos
sessori,& hic ꝑ primũ libellũ apparet, ꝙ nõ est possessor, & sic
libellus esset frustatori⁹.Sed si nõ possideat ꝑ se,vel ꝑ aliũ,non
potuit illi possessioni renũtiare simplici uolũtate,ut ĩ.e. l.pere
gre.§.q̃b.explici.cum ibi no. in glo.vñ. ẽt si sciuisset se possidere
tꝑe primi libelli,adhuc ꝓcedit qđ hic dr̃:q̃a ergo nõ sꝑ est verũ,
ꝙ intẽtãs rei vẽdi.videaẽ possessioni renũtiasse, ergo seq̃ẽ ꝙ ꝑꝑ
hoc solũ ꝙ eã intẽtauit nõ repelliẽ ab agẽdo interdic. vti pos.&
hoc vult hic dicere Iurisc.& sic vult tollere hãc obiectionẽ,quę
posset fieri ꝙ nõ dẽt recipi scd̃s libellus , quasi sup eo nõ possit
obtinere,vel quasi sit sibiipsi ꝯ̃rius : q̃a nõ est verũ in casib. p̃di-
ctis,& iõ dũ tex.dicit,nõ eñ vr̃ supple.s.sꝑ licèt aliq̃n videaẽ re-
3 nuntiasse.†In gl.j.incip.& an eadẽ.§.fi.dic, ꝙ ibi poniẽ vnus effectus istius primi dicti:q̃a si q̃s egit possessorio,& succubuit ,
non ꝓhibeẽ agere petitorio,q̃a agiẽ ꝑ re diuersã ut hic : sed hic
poniẽ alius effectus ecõuerso,ꝙ licet primo egerit petitorio &
lis pendeat,nõ ꝓhibeẽ agere possessorio . Quid aũt si lis esset finita & succubuisset agens,an obstaret exceptio in possessorio?
vr̃ ꝙ nõ eadẽ rõne postq̃ sunt diuersa,sed tñ istud non est verũ:
quia petitorium absorbet pos.licèt sit res diuersa,qđ dic vt tan
4 gitur in gl.seq.†In gl.ibi(sed opp.)ista gl.vult ostendere, ꝙ ĩmo
sint tria cõia inter possessionem,& ꝓprietatẽ. Primo communio similitudinis naturæ:q̃a sicut ꝓprietas,& dñiũ est ius cor-
porale.ita & possessio,ut ĩ.eo.l.peregr.in prin.Itẽ coiõ a sequẽ
ti:q̃a possessio se hẽt ut cã,dñiũ ut cãtũ,cũ a possessione dñiũ ꝓ
cesserit,ut l.j.in prin.s̃.eo.& sicut ad positionẽ cãti sequiẽ positio suæ cãæ,ita vr̃ ꝙ ad positionẽ dñij sequatur positio posses-
sionis.Item cõio connexitatis : q̃a si q̃s possessor & dñs trãsfert
possessionẽ ex aliqua iusta cã habili ad trãslationem dominij ,
transfert ẽt dñiũ,qđ a possessione separari non põt,ut l. ꝑ pro-
cur.s̃.eo.Ad oĩa gl.dat tres solutiones.Tene ultimã, vt velit dicere iste tex.ꝙ nihil hẽt cõe respũ identitatis substantiæ, q̃a diuersa est substãtia possessionis a substãtia ꝓprietatis , & tũc rñdeẽ ad oppositionẽ primo loco formatã de litis pendentia , &
duplicitatis. Qđ aũt dr̃,ꝙ dñium causaẽ a possessione , uerũ est
de iure antiquo naturali uel gẽ. hodie uerò dñiũ p̃t ẽt q̃ri sine
possessione per solam traditionem facti,ut l.si fundũ . cum ibi
no.de fun.do.& etiam retineri,ut l.si quis ui.§.dñia.ĩ.e.& nõ se
quiẽ iste hẽt ꝓprietatem uel dñium, ergo habet possessionem ,
vt ĩ.eo.l.permisceri.Itẽ qđ dr̃ in l.per procu. ꝓcedit ꝑꝑ uoluntatẽ tradẽtis,aliàs posset transferre possessio.sine dñio,& ecõ-
5 uerso si ita uellet.†Vltimò no.gl.dum dicit,ꝙ in iuribus incor
poralibus cadit dñium,& proprietas,licèt nõ cadat possessio,
sed quasi possessio. De primo est tex.notabilis in l. qui usumfr.
6 s̃.si vsusfr.pe.& tetigi in §.dñia.†In gl.seq.circa prin.ibi,ꝯcurrit
cum petitorio.notandũ est,ꝙ ista concurrentia p̃t sumi dupĺr,
primo q̃n utrunq.iudicium pendet , & super utroque procedi
tur.Scd̃o q̃n utrunq.pendet,tñ nõ procediẽ nisi in possessiorio
& petitorium suspenditur in euentum possessorij. Sed ꝯ̃. Nã si
contingit ꝙ ꝓcedatur super petitorio,possessorium suspendiẽ :
q̃a priuilegiũ est possessorij, ꝙ procedaẽ ante petitorium, non

econuerso,ut l.ordinarij.C.de rei uen.nunc ergo gl. uoluit
ponere de l.ordinarij.& de l.si de ui.s̃.de iud.& de l.icerti.C
ĩterdic.ĩ q̃b.hr̃,ꝙ prius cognosciẽ,& terminaẽ q̃õ possessio
& postea q̃õ ꝓprietatis,qđ patet ĩ.eo.l.exitus ꝯtrouersiæ.tñ
ꝙ neuter ꝯcursus admittiẽ.sꝫ ꝙ primo dẽat finiri q̃õ posses
nis,& postea incipit q̃õ ꝓprietatis,hic ãt ĩnuitiẽ ꝯ̃riũ dũ dici
pẽdente iudicio ꝓprietatis p̃t moueri iudiciũ possessionis.S
ergo dicamus,ꝙ sup utroq. ꝓcedaẽ, siue ꝙ ꝓcedaẽ sup scd̃o
suspẽdaẽ primũ,dicemus ꝯ̃ illas leges q̃ videẽ ꝓhibere ꝯcursu
Propter hoc ĩ effectu uoluit ponere duas soĺones. Prima ta
subdiuidiẽ ĩ tres,& scd̃a ĩ duas,& sic colligũẽ quinque lec. q
Barto.hic solẽniter ꝓsequiẽ.prima ergo solutio est,ꝙ immo
nulla sit ꝯcurrẽtia:q̃a tꝑe quo intẽtaẽ iudiciũ scd̃m possessi
primum sub ꝓprietate erat iam finitum,uel illud tũc finieb
& sic nõ pẽdebat,& hoc põt ꝯtingere altero de tribus mod
ꝙ erat finitũ ꝑ sñiam diffinitiuã latã ꝯ̃ actorẽ ꝑ quẽ reus
absolutus.si.n.fuisset lata ꝓ actore, nõ expediuisset sibi inte
re possessoriũ.Scd̃o põt ꝯtingere,ꝙ sit finitũ, q̃a renuntiaui
ctor ei expresse. Tertio ꝙ renuntiat tacite eo ipso, ꝙ inter
possessoriũ,cũ asserat se possidere,& in prĩo iudicio asserui
rium,& sic ur̃ ab illo recedere. Et si dicatur,si hoc est,ergo c
primũ intẽtauit,vr̃ renũciasse scd̃o eadẽ rõnẽ,& sic nõ aud
Cõtrariũ hic dr̃ in tex.respõde,ut in gl.ut dixi sup tex. innui
go ista gl.ꝙ si primũ nõ eẽt finitũ nec finireẽ,intẽtãdo ſm:q
forte ꝓtesteẽ,ꝙ a primo nõ intẽdit recedere,non admittere
libellus sup scd̃o:q̃a resultaret ꝯcurrẽtia, sicut ecõuerso,si ꝑ
intẽtasset possessoriũ,nõ admittereẽ libellus sup petitorio,
quousq.primũ esset expeditũ,ut ĩ dictis legib.hoc nõ placet
ut dixi,licèt possessoriũ sit ĩ hoc priuilegiatũ respectu petito
q̃a est tanq̃ p̃paratorium ad ipsum,ut l.liberis §.j.de lib.cau
sic ecõuerso,& iõ ad illas leges põt de facili respõderi, ꝙ no
rianẽ,cũ in illis dicaẽ ꝙ q̃õ possessionis debeat primo cogno
& terminari postea q̃õ ꝓprietatis,ad hoc ut sciaẽ,quis sit act
& q̃s reus in cã ꝓprietatis,& cui incũbat onus ꝓbandi. Hic
tem nõ dr̃ ꝯ̃rium,sed solũ dr̃,ꝙ licet fuerit motũ iudicium p
prietatis,non ꝓhibeẽ mouere iudiciũ possessionis,certè põ
telligi ſm illas leges,ꝙ ꝓcedaẽ in isto scd̃o, & supersedeaẽ ĩ
mo quousq.scd̃m sit expeditũ.Sed illud qđ plus obstaret,es
uiua:q̃a intẽtãdo primũ ur̃ asseruisse nõ possidere, sed aduc
rius,nũc intẽtãdo ſm asseriẽ ꝯ̃riũ , & sic vr̃, ꝙ nõ sit audienc
vt in l.2.ĩ.quando appellãdũ.Itẽ intẽtando primũ,cũ uidea
asserere nõ possidere,ẽt si vere possidebat ur̃ amisisse posses
nẽ,ut dixi sup tex.ergo nõ audiẽ intẽtãdo ſm , q̃a non pote
illo obtinere.Nec ad istas rõnes respõdeẽ ꝑ ea q̃ gl.dicit,q̃a
sito,ꝙ primũ sit finitũ mod.q̃b.gl.dicit , adhuc remanẽt di
rõnes : quia uerũ est dicere, ꝙ sibi est ꝯ̃rius, & licèt primum
finitũ,nõ recuperat possessionẽ sine actu corporali. Et ideo
cèt Bar.dicat ꝙ istæ lec.gl.sunt in se ueræ,licèt contineant d
nationẽ,mihi vr̃,ꝙ nõ possint ꝓcedere eo casu,quo foret sib
rius,& quo uidereẽ renuntiasse possessioni.Et iõ glo.ponit a
soĺonẽ,ꝙ immo primũ iudiciũ durat,& sup utroque ꝓcedit
nec est ibi ꝯ̃rius,nec ur̃ ꝑ primũ renũtiasse possessioni,tamẽ
hoc ut istud ꝓcedat,oportet ponere casum altero de duob. r
dis, vel ꝙ tꝑe primi iudicij inchoati nõ possidebat , sed aduc
rius,& post illud ĩchoatũ ꝑuenit ad ipsũ possessio,& ꝓ illa in
tat possessoriũ,certè procediẽ super utroq. nam non est sibi
rius ꝑꝑ diuersitatẽ tꝑis:q̃a uerum fuit tunc,ꝙ non possideba
& uerũ est hodie,ꝙ non possidet,& sic ẽt nõ põt dici ꝙ renu
tiauerit ꝑ primũ possessioni,q̃ adhuc non habebat. Et si di
postq̃ hẽt possessionẽ , ad quid expedit procedi super prim
cũ habeat id qđ petit ? Rñdeẽ,ꝙ immo non hẽt : q̃a petit se d
clarari dominũ,qđ adhuc factũ nõ est. Vnde declarabiẽ,ꝙ re
quia nõ possidet absoluaẽ, & q̃s sit effectus huius sñiæ,dic ut
l.si a te.§.j.ĩ.de exce.rei iud.ubi est tex.cum gl.singularis,& i
est bona positio in se licèt contineat diuinationem,& tũc ac
rium respõdeẽ,ꝙ ꝓcedit quando resultaret ꝯ̃rietas,q̃ hic nõ
Poniẽ ẽt alio modo, ꝙ primũ iudiciũ fuit intẽtatũ respectu
turalis possessionis,q̃ erat apud aduersariũ,vel detẽtionis,sec
dum intentaẽ respectu ciuilis, q̃ est apud ipsum agẽtẽ, & nu
resultat ꝯ̃rietas,& per consequens per primum non vr̃ renu
tiatum secundo, igiẽ procederetur super utroque , & effect
huius secundi erit,q̃a cum aduersarius nõ possit desistere a m
lestia,nisi restituat naturalem uel detentationem, ꝯdẽnabiẽ
ipsam restituẽdam,ut no.in l.clam possidere.§. qui ad nũdin
in fine magnę glo.s̃.eo.etiam si dicatur, illud idẽ consequi p
vend.ergo non dẽt admitti hæc cumulatio,q̃a ur̃ obstare rat
duplicitatis? Respõdeẽ,ꝙ attẽto eo,qđ uenit in istis iudicijs p
cipaliter, non uenit in uno id qđ uenit in altero: quia ĩ prin
uenit,ut declareẽ dominus,in secũdo ut declareẽ possessor ,
propter hoc admittitur concursus,ut ꝓnuntietur sup utroq
Sed attento eo,quod uenit in ꝯ̃n̄m uel secundario, ut est resti
tutio rei , vel possessionis, q̃ uenit iudicis officio mercenari
bene

est verũ, ꝙ id qđ venit in vno, venit ĩ altero, tñ hoc ñ dẽt
i, sđ id qđ principalr̃ agit̃, ut no. in l. si qs nec cãm. §. si cert.
t ex istis remanet gl. textualr̃ declarata. † Quæro ãt, an sin
s solones particulr̃ ꝓseqt̃, & quãtũ ad primã collige ex ista
snĩa lata in petitorio ꝓ reo parit exce. rei iu. in iudicio pos
onis retinendæ postea intẽtato ꝑ actorẽ. qa licet appareat
e sit dñs, nõ dẽt possessionẽ turbare, idẽ sentit gl. ea. j. si de
fi. licet Py. sentiat ꝯriũ ĩ c. q ad agẽdũ. de reg. iur. in fi. mul-
inus sm Bar. parit exceptionẽ ĩ iudicio possessionis recu-
dæ in quo admittit̃ exceptio dñij, ẽt si paritus sit ĩcõtinẽti
e, ut l. si qs ad se fũdũ. C. ad legẽ Iul. de ui. secus ĩ possessorio
iscẽdæ. Tu dic melius, ꝙ qñcũq. de dñio apparet ꝑ snĩã dif
ã, & sic reddit̃ notoriũ, põt de illo mihi agẽti quocũq. pos-
rio excipere, qa cã ꝓprietatis notoriæ absorbet possessio-
ãm. hoc notat Host. & Io. And. in nouella. ĩ c. 2. de cau. pos.
prietatis. ꝑ c. cũ dilect°. eo. ti. & illud qđ allegat̃ in ꝯriũ ꝓce
ñ dñiũ tuũ nõ ẽ effectũ notoriũ ꝑ snĩã, licet offeras te uel-
õtinẽti ꝓbare. Qđ aũt dixi, ꝓcedit, qñ ꝓducis snĩã actualr̃,
fiers te paratũ incõtinẽti ꝓducere, secus si snĩam non alle-
đ ꝓbationes. Vltimò circa istã materiã sũt ꝯsiderandi duo
s principalr̃. Primus qñ vnus & idẽ ĩtẽtat petito. & pos. in-
e vult. Scđs qñ unus petitor, alter pos. Et q̃libet istorũ sub-
dit̃ ĩ tres. Nã interdũ intẽto primo peti. & postea uolo ĩtẽ
pos. ut loqt̃ hic. Interdũ ecõuerso, ut loquunt̃ leges ĩ ꝯriũ
gatæ. Interdũ utrunque simul. & idem, ꝙ eadẽ distinctio ad
tur in secundo casu. Et sic sunt sex comminationes, de qb.
hic per Bar. Sed in una comminatione vr̃ dicere ꝯ canoni
quãdo primo intentaui peti. ꝯ te, & tu intentas postea pos.
perandæ ꝯtra me, quod esse potest in causa matrimoniali.
am ipse dicit, ꝙ si intentas pos. post lit. cont. sup peti. ꝓcedi-
super utroq. qa exceptio ꝓueniẽs ex possessorio, ꝙ petito-
suspẽdat̃, est dilatoria, q̃ non potest opponi post lit. contest.
habui istum casum de facto in arduissima q. In contrariũ
ex. cum gl. & expresse per Inn. in c. ex conquæstione. de rest.
l. ꝙ immo suspendatur. de hoc uide in Spec. de causa pos. &
prie. post prin. Cætera uide hic per Bar.

LEX XIII.

POmponius. Rerũ mobiliũ ꝑdimus possessionẽ ciuilẽ eo ipso, ꝙ ꝑdimus natu-
ralem, & non est in potestate nostra ipsam adipisci, excepto seruo. h. d. Dic, ut s̃. eo. l. 3. §. Nerua filius, tamen in
u huius l. qñ perditur naturalis ꝑꝑ occupationẽ aquæ etiam
it res immobilis ꝑdit̃ ciuilis, ut s̃. eo. l. 3. §. Labeo. & no. hic in
dñiũ tñ nõ perditur, ut hic in tex. In tex. ibi (possessionem) s.
am ciuilem, ut differt a seruo fugitiuo, de quo statim subijcit
non est dr̃ia. Nã ẽt in seruo fugitiuo ꝑditur naturalis, sed re-
etur ciuilis, quousq. sit occupata ꝑ aliũ, ut l. j. §. ꝑ seruũ. s̃. eod.
tex. ibi (ne ipse nos priuet.) no. hãc rõnẽ. Est & alia de qua. j̃.
l. rẽ q̃ nobis. Et ꝑꝑ istã rõnẽ multa statuuntur in seruo fugi-
uo, quæ non in alijs rebus mobilibus, ut l. j. C. de serui. fug.

Malafides auctoris an noceat singulari successori, nu. 3.
Quid in successore vniuersali.

§. Cum quis. Vsq. ad fi. huius l. cũ l. seq. Iuriscon. tractat qualr̃ quis põt cõiũgere possessio-
em suã ad finẽ p̃scribendi, vel vsucapiẽdi. nã si possedi rem tuã
ulo, & bonafide tpe sufficiẽti ad vsucapiẽdũ vel p̃scribendũ,
ta, trienniũ, si erat res mobilis. uel x. aut xx. ann. si erat immo
lis, & erat res vsucapibilis, vel p̃scriptibilis, qa nõ erat affecta
tio reali. puta furti, uel uiolẽtiæ, certũ est, ꝙ tibi agẽti rei vẽd.
ossum obijcere exceptionẽ usucapionis, vel p̃scriptionis ꝯple-
, q̃ est exceptio litis finitæ, ut l. j. in fi. j̃. ad Tertul. Sed qđ si tps
erat cõpletũ, qa possederã rẽ ĩmobilẽ qnq. annis, sed author
eus a quo emi, possiderat alijs qnq. ego uolo iũgere tps suũ
ĩ meo, & dicere ꝙ cõpleta est p̃scriptio lõgi tpis? possum dum
odo author meus possederit bona fide, posito ẽt ꝙ sine ti. &
utraq. possessio erat iusta. Ista uocat̃ accessio de qua ĩ l. acces
onib. j̃. de diuer. & temp. præsc. secus si possedit mala fide, qa
nc sicut illa possessio nõ poterat ꝓdesse sibi si hr̃et titulũ, ita
ec mihi, & hoc vult iste tex. sed si illã possessionẽ nollẽ cõiun
ere cũ mea, qa ego possedissem sufficienti tpe, mala fides illi⁹
on noceret mihi isto iure, quia est uitiũ ꝑsonale, nõ reale. Ho
ie uerò quid iuris sit, dic ut in auth. malæfidei. C. de p̃s. lõg tẽp.
gl. j. no. notãdũ, ꝙ legit istũ §. quatuor modis, & tres primi lo
uuntur in singulari successore, qui vult uti adminiculo ex ꝑso
a sui authoris, quartus loquit̃ in uñi successore. Primus est, qñ
ult vti adminiculo possessionis sui authoris, ut posui ĩ casu, &
ta est uera lect. Scđs, qñ vult uti adminiculo. i. tit. ex ꝑsona sui
uthoris, ista non est uera, qa esset sensus, ꝙ si emi rẽ tuã a Titio
ona fide, & possedi eã ꝑ lõgũ tps, & sic non habeo necesse iun
ere tps suum cũ meo, tñ ex quo utor tit. quẽ habui ab ipso, p̃t
mihi obijci de mala fide sua, & hoc ultimũ est falsum in iure i-
to, qa hoc est uitium personale, quod non egreditur personam
suã, ut l. an uit ũ. j̃. de diuer. & temp. præsc. & C. de p̃s. lõg. tẽp. l.
1 j. † Sed hodie ꝑ auth. malæfidei. [a] ibi positam, & in corpore vnde
a sumit̃. in §. rursus. allegato hic in gl. distinguit̃ an dñs sciret rem
suã ꝑ illũ possideri, & remanẽt iura uetera incorrecta. An igno
ret, & tũc malafides authoris nocet successori singulari, ẽt volẽti vti possessione ex ꝑsona sui authoris. sed iure isto distingue
bat̃, an uolebat vti, & tũc nocebit ut hic. Aut noleba vti, qa sua
sufficiebat, sed solo tit. & tũc sibi nõ nocebit, ut s̃. ꝓx. §. & in l. s̃.
alleg. Qñ aũt vitiũ esset reale, puta furti, uel uiolẽtiæ, tã olim q̃
hodie indistincte nocet, ẽt si noluit vti adminiculo ex ꝑsona de
functi quo ad p̃scriptionẽ lõg. tẽp. vel vsucapionẽ, ut Inst. de v-
sucap. §. furtiuæ. & C. de acq. pos. l. uitia nõ lõgissimi, ut hic & ĩ
l. oẽs. C. de p̃s. 30. an. & no. j̃. eo. l. fi. & hoc in effectu uoluit gl. in
uer. qđ ãt si nõ vult. quẽ uersi. referas ad primũ casũ, seu ad primũ modũ legẽdi in gl. Tertius modus est, ut loquat̃ in singula
ri successore hñte cãm lucratiuã, cui p̃t obijci de mala fide authoris, secus in habẽte cãm onerosam, ut j̃. de doli exc. l. apud
Celsum. §. si qs ãt. Ista lectu. nõ est bona qa ꝯ text. qui loquit̃ de
emptore habẽte onerosam, & qa illa distinctio ꝓcedit, qñ singularis successor nõ ageret sed qñ ꝯuenit̃, & vult se defendere
nõ distinguẽdo inter hñtem cãm lucratiuã uel onerosam, ĩmo
ĩ utroq. casu si nõ vult uti possessione authoris, nõ põt ei obijci
de malafide illius, licèt utat̃ titulo ex ꝑsona illius, sed si vult vti,
secus, ut s̃. dixi. Quarto mõ ponit̃ casus ĩ successore uñi, ut hr̃de,
cui nõ p̃t obijci de mala fide defuncti, si uult uti adminiculo, i.
possessione defuncti ad p̃scriptionẽ cõplẽdã, & in hoc ista lect.
est uera ĩ se, tñ nõ cõgruit literæ loquẽti de uẽditore, & empto
re. Si aũt non uult vti possessione defuncti, tunc secus, ut non
possit obijci, & in hoc ista lect. est falsa. & gl. ipsam reprehendit
quia reputatur eadem persona cũ defuncto, ut l. cum hæres. &
ibi plene not. de diuersis & temp. præsc. & in hoc differt hæres
2 ab alio singulari successore, ut ẽt no. j̃. eo. l. quæsitum. in gl. † Et
ex prædictis collige distinctionem per te. Aut loquimur in successore vñi, & nocet sibi indistincte malafides defuncti, licèt sit
uitium ꝑsonale. Aut in singulari, & tũc aut agit, aut ꝯuenit̃. Pri
mo casu distinguit̃, aut hẽbat cãm lucratiuã, vr̃ onerosã. Scđo
casu nõ distinguit̃ hoc modo, sed solũ an volebat vti adminicu
lo, idest possessione defuncti, & sibi nocebat olim, & hodie, vt
hic. Aut uolebat vti adminiculo. i. titulo, nõ possessione defun
cti, & tunc iure isto non nocebat, vt hic in gl. & in l. j. C. de p̃sc.
long. temp. sed de iure nouo nocebat, ut s̃. dixi, ex uitio autem
reali indistincte nocet. In gl. seq. ibi (sed xx. hodie. &c.) exẽplifica
ca gl. hoc mõ, ꝙ Titius possedit rem tuam malafide 25. ann. po
stea vendidit mihi bonæfidei emptori, ego possedi postea quiq.
si agis contra me, possum obijcere p̃s. longissimi temporis, & iũ
gere possessionem Titij cum mea, quia malafides sua non nocet, quo ad istam præscriptionẽ, sed quãtum ad præscriptionem
long. temp. Sed si possedisse x. ann. inter presentes, non expediret iungere possessionem suam cum mea, quia mea sola sufficit ad p̃sc. long. tem. & sic no. ex ista glo. ꝙ etiam de vitiosa præscriptione fit accessio ad præscriptionem longissimi temporis,
vt ẽt no. j̃. ea. l. fi. In gl. ibi (quod non placet.) tu dic ꝙ in clande
stina distinguit̃, aut res nunq̃ fuit possessa ꝑ dñiũ, & tũc clande
stinitas non inducit uitium reale, sicut nec subtractio inducit
vitium furti de re, quæ per dominium nunquam fuit possessa,
ut no. Bar. in l. cum quærebatur. C. unde ui. Aut semel fuit possessa ꝑ dñm, & nũc uacat, & tunc idem inducit vitiũ reale quasi
uiolentiæ ꝑ illam l. cum quærebatur, ut ibi per eundem, & sic
non poterit p̃scribi lõgo tempore, ẽt cum titulo & bonafide, si
cut nec res furtiua, uel uiolenter possessa. tene mẽti. Sed in pre
caria distinguitur, an duret uolũtas cõcedentis, & tũc est iusta,
vt j̃. eo. l. si is qui. & ibi no. aut non, & tunc secus, & efficit violenta, quasi interuertat possessionem, vt s̃. e. l. 3. §. si rem. & j̃. vñ
vi. l. colonus. & ita no. in l. vitia. C. eo. per Doct.

ADDTIIO.

a Malæfidei. Adde quod uoluit Old. consi. 41.

1 *Non potest quis uti accessione ex persona illius a quo cãm non hẽt, sed illius*
a quo causam habui, uel qa causam a me habuit, bene possũ uti accessione.

§. Preterea queritur. Sicut emptor põt uti acces
sione ex persona vendito-
ris, ita & cõ si contingat uenditionem solui. h. d. In tex. ibi (quia
uẽditionis resolõ redhibitio est.) quasi dicat nõ est vẽditio, nec
emptio sed emptionis resolo, & facit hr̃i eã ꝓ nõ facta. ꝑꝑ-a vi-
debat̃, ꝙ uẽditor nõ posset uti accessione ex ꝑsona emptoris, qa
1 non hẽt ab illo cãm ꝑ hanc redhibitionẽ, † & regula est ꝙ non
põt quis uti accessione ex persona illius, a quo cãm nõ hẽt, ut
j̃. ꝓxi §. sed dic ꝙ ex ꝑsona illius, a quo nõ hẽo cãm, & qui nec
à me hẽt cãm, & sic nõ dr̃ meus successor, nec meus author, nõ
possum uti accessione, ut ibi. Sed illius a quo causam habui, &
sic dr̃ meus author, uel q cãm a me habuit, & sic dr̃ meus suc-

cess⸗ :bene possum vti accessione,& iste est casus hicquem no.
facit quod habetur.ĩ.ea.l.§ ex facto. & quod ibi no gl. fi.

§.Si liber homo. Sũmariũ istius §. colligitur ex his q̃ s̃.px.dixi,& dẽt poni casus hic, ꝙ liber homo ꝑ me bonafide possessus, vel seruus alienus quæsiuit nõ ex re mea, nec opera sua, tñ noĩe meo aliq̃ rẽ a nõ dño, certè nõ q̃siuit mihi dñiũ, nec quasi, ex quo non ex re mea, nec opera, sed bñ q̃rit sibi dñiũ, qñ est libe.hõ, vel dño, qñ est seruus alienus,& emit a dño rei usucapiẽdi ↄdõnẽ, qñ a nõ dño, tũ mihi fuit q̃sita possessio ď fcõ, postea directa libertate restitui sibi, vł vero dño suo illã rẽ, certe si ↄueniaĩ a vero dño illius rei, & ipse obijciat p̃scriptionẽ,& velit iũgere possessionẽ meã cũ sua ñ p̃t, qa nullã hẽt a me, nec ego ab ipso, ſ3 habui ab illo vẽdito re: ego aũt restitui rẽ tanq̃ suam non tanq̃ meã, vt ĩ.§.ex fcõ.

1 *Medium imprimens, impedit extrema coniungi.*
2 *Si quis contraxerit matrimoniũ cum concubina, non legitimatur proles, si fuit aliud matrimonium intermedium inter natiuitatem prolis, & contractum matrimonium cum concubina.*
3 *Malafides hæredis an nocẽt, quãdo defunctus cępit possidere, & p̃scribere.*

1 §.Quæsitum est. † Possessionis non continuatæ, nõ fit accessio.h.d.vsq. ad versi. nõ aũt. Sic ergo licèt habeã cãm a te, si tñ medio tpe qdã terti⁹
possedit,& postea possessio ad me ꝑuenit, non possum iungere
possessionẽ tua cũ mea ad p̃scriptionẽ ↄplẽdã, siue sim singula
2 ris successor, siue vł̃is.h.d.† Et sic no.ꝙ mediũ imꝑtinẽs impedit
extrema ↄiũgi, facit l.tua p̃dia de ser.rust. p̃d. Et est arg.ꝙ si quis
ↄ̃xerit mr̃imoniũ cũ ↄcubina, ꝓles nõ lẽgitimaĩ, si fuit aliud mr̃imoniũ intermediũ inter natiuitatẽ ꝓlis, & ↄ̃ctũ mr̃imoniũ cũ
ↄcubina: tñ ↄ̃riũ tenẽt Doct. de quo in rł̃a, sine culpa, in mercuria.& ĩ.rẽ ra.ha.l.bonorũ.ꝑ Bar.& l.cũ mihi.§.fi.de sol. ꝑ eũdẽ.
4 † In gl.fi.ibi (nã malafides hr̃di nõ nocet qñ defunctus cępit possidere,& p̃scribere.) nã sicut si ipse suꝑuenerit, malafides ipsius
postea suꝑueniẽs nõ interrũperet vsucapionẽ, vel p̃scriptionẽ
iure isto.& l.j.§.hoc tm̃modo.C.de vsuc.trãsfor.ita nec ĩterrũpitur, si succedat sibi hr̃s malęfidei, qa reputaĩ eadẽ ꝑsona uiuere, nõ sic in singulari successore, q nõ ita repr̃sentat ꝑsonam sui
authoris, vt colligiĩ hic, dum dicit.(qm̃ plenius est,&c.) nam inspiciĩ initiũ suæ possessionis, nõ sui authoris, legib.hic allegatis
ꝑ glossam. Hodie de iure can.malafides superueniens ẽt in persona eiusdẽ interrũpit p̃scriptionẽ, ut in c.malęfidei.de reg.iur.
lib.6.dum dicit (nullo tpe p̃scribit)& ibi no.ꝑ Dy.) Et hoc qđ dixit gl.ꝓcedit quo ad interruptionẽ p̃scriptionis sed quo ad acq
sitionem fructuum, malafides hæredis inspiciĩ, vt impediat eã
fieri, licèt defunctus fuerit bonæfidei, ut s̃.ti.j.l.quæsitum.

§.Non autem ea tantum. Secũdum verũ intellectũ. h.d. Hæres cũ possessione sua p̃t iũgere non solũ possessionẽ defuncti, q̃ fuit apud defunctum tpe mortis, sed illam q̃ apud nullum fuit post eius mortẽ, si fuit vacãs.h.d. Et ꝓbaĩ per l. cęptam ĩ. ti.j.sed si fuisset ꝑ aliũ occupata, secus, qa ipsa non posset iungi, nec possessio defuncti, ut in p̃cedẽti §. Gl. ponit hic casum trib. modis, sed nullus est bonus,& 3.lect.est falsa, quia vult, ꝙ si ipse defunctus desijt possidere in eius uita, ꝙ tñ hæres eius potest iungere cũ sua possessione illã quam habuit defunctus, anteq̃ desineret possidere, qđ est falsum s̃m Doct. immo interrũpeĩ p̃scriptio ꝑ l.naturałr.ĩ.ti.j.& idẽ fortius in singulari successore.

1 *Vitiosæ possessioni, an fiat accessio.*

§.In dotem quoque. In re data vel restituta ꝑ dote maritus vtiĩ accessione ex ꝑsona vxoris,& ęcõuerso.h.d In tex.ibi (res.) supple aliena, non vxoris, q̃ tñ uxor bona fide possidebat, & tradidit vt suã,& maritus bona fide recipit eã. In gl.ibi (ał̃s factus dñs non vsucapit.) vt ĩ.tit.j.l.seq̃.§.lana. In gl.seq.ibi (est ar.ꝙ ipse ẽ dñs rei dotalis.) s.qñ mulier tradẽs erat,& ꝓbaĩ hoc mõ, nam sicut eo casu quo qs est dñs trãsfert dñiũ: si nõ est dñs, trãsfert usucapiẽdi ↄdõnẽ. Ita ęcõuerso eo casu quo nõ dñs transfert usucapiendi ↄdõnem.& dñs transfert dñiũ: ista sunt conuertibilia, vt l.clauib.de ↄ̃h.emp.sed hic patet, ꝙ mulier si non est domina, trãsfert ĩn dñiũ vsucapiẽdi ↄdõnẽ, ergo sic dña, trãsfert dominiũ,& hoc verũ.ut l.doce ancillam.C.de rei ven. vxor tñ fingiĩ dña constante matrimonio, ut l.rebus.C. de iure do licèt maritus sit vere dñs,& mr̃imonio soluto ipso iure trãsfert dñiũ in vxorẽ. In gl.ibi (quod vir possidet) nã non possidenti non datur accessio. vt ĩ.ꝓx.§.sed hic datur viro ex persona mulieris, si res est apud eum: ergo ipse possidet,& non mulier, sed possedit. In gl.ibi (vir autem cępit usucapere.) supple & compleuit:& sic cẽsetur habuisse dñiũ a muliere, a qua habuit causam ipsum acq
rendi.& iõ sol.mat.teneĩ sibi ipsum restituere, sicut si ab ipsa dominiũ habuisset, licèt ante,& ẽt nũc sit mulier malęfidei.arg.s̃.
de don.cau.mor.l.si alienam.in princi. & l.qui alienam,& hoc
vult ista gl.quam no.singulariter pro declaratione illarum le-
1 gum. † & etiam §.fi.ĩ.ea.l.vbi dicitur ꝙ vitiosæ possessioni nõ
fit accessio,& hic possessio mulieris est uitiosa, si est malæfi[dei]
illud est uerũ ante completam præscriptionem. sed ista gl. [loqui-]
tur post ipsam completam ideo tene eam menti.

1 *Ei qui possidet, non datur accessio ex persona possessoris, sed ei qui po[ssidet]*
datur ex persona alterius, qui olim possedit, & ab ipso causam habuit.
2 *Accessio fit possidenti de præsenti possessione, quam alius olim habuit.*

1 §.Si is qui precario. † Ei q nõ possidet, non [datur] accessio ex ꝑsona posse[sso-]
ris, sed ei q possidet daĩ ex ꝑsona alterius, q olim possedit, & [ab]
2 ipso cãm habuit.h.d. † No.hic ergo rł̃am, ꝙ accessio fit pos[siden-]
ti de p̃senti poss.quã alius olim habuit.ut in fin.huius §.sec[us de]
pos.quã alius hẽt de p̃senti, non fit acccessio ad possession[em]
quam nunc non habeo, sed in futurum spero habere, ut in [pri-]
mo casu §.huius. In gl.j.in fi.ibi (non erat accessio.) supple et
in ultimo casu huius §. post ruptum precarium, cuius ↄ̃r[ium]
hic dr̃. In gl.seq.ibi (quia nõ possidet)& etiam quia sibi non [ex-]
pedit, nam cum nullo mõ possideat, non p̃ot conueniri re[i uen.]
a dño.ut no.in gl.seq.ergo sibi nõ expedit uti accessione [In]
gl.seq.ibi (nam dñs,) expone.i.cõcedens p̃cario, aliàs si esset [dñs]
non procederet qđ sequiĩ in gl.ꝙ desinit p̃scribere: quia si [esset]
dñs, non p̃scribebat. In gl.ibi (& sic tẽpora non continuan-]
tur.) ista rõ nihil ualet: quia post ruptum precarium,& rec[uperatam]
possessionẽ, possum uti accessione de possessione, quam ill[e ha-]
buit, ad possessionem quam hodie habeo: ut si ille possedi[t p̃ca-]
rio ꝑ quinquennium,& ego post ruptum p̃carium per a[liud]
quinquennium,& hoc sufficit ad p̃scriptionem complen[dam]
cessat oppositio gl. quia non est interrupta, sed si uellem c[oniun-]
gere has possessiones primæ, quã habebam anteq̃ concede[rem]
precario, tunc ꝓcederet oppositio gl.quia illa possessio, &
pręscriptio incępta per eam fuit interrupta,& annihilata, [&]
nihil mihi ꝓficit, sed oportet inchoare p̃scriptionẽ de nou[o in]
istis duabus possessionib.ultimis: iõ gl.frustra suꝑ hoc lab[ora-]
uit. In gl.ibi (vel dic nõ usucapit sibi, sed dño.) ista gl.sentit [contra]
eius qđ s̃.dixerat.ꝙ prima possessio,& usucapio q̃ incępit [anteq̃]
traderet p̃cario, nõ est interrupta, sed ↄtinuaĩ ꝑ eũ cui fact[a est]
ↄcessio: sicut nec illa quã habebat debitor in re tradita pig[no-]
ri: quia ↄtinuaĩ ꝑ creditorẽ,& sic oẽs possessiones p̃nt simu[l]
iungi, tam illa q̃ habebat anteq̃ cõcederet, q̃ ẽt illa quã ha[buit]
ille cui cõcessit, q̃ ẽt illa quã habuit post recuperatam posse[ssio-]
nẽ,& ista gl.est notabilis, sed uolẽdo fugere ↄ̃rium p̃ot sol[o a-]
lio modo, ut s̃.dixi. In glo.ibi (Item aduerte precario.) ista q[uidem]
nõ uideo qũo ꝓcedit, nisi ponaĩ, ꝙ ille cui facta erat cõce[ssio]
cõueniebaĩ rei uen.a uero dño,& cõcedẽs ueniebat ad d[efen-]
sionẽ illius,& tũc dico, ꝙ non solũ p̃ot uti accessione ex p[sona]
sui authoris, sed etiam ex ꝑsona sua, de possessione quã ha[buit]
anteq̃ cõcederet p̃cario,& iũgere ipsas cũ possessione, quã [habuit]
ille cui cõcessit,& si oẽs simul iunctæ sufficiũt, repellet agen[tem]
qa ista præscriptio compelletur ad utilitatem cõcedentis, [ut]
dixit gl.& sic p̃ot uenire ad defensam, ut necessarius ꝓcura[tor]
ut l.ꝓcurator.ad exhib.§.j.rẽ ra.habe. Et isto casu limitaĩ i[l...]

§.Ex facto queritur. Ex persona illius a q[uo] habeo causam non p[ossum] vti accessione.h.d. Et dico non hr̃e causam, quando rest[ituit] mihi rẽ tanq̃ meã, nõ tanq̃ suã: & sic nõ habet animũ trãsfe[ren-]
di dñiũ, sed restituẽdi possessionẽ tm̃, vt hic & s̃.e.l.§.si liber [homo]
hoc tñ uerũ, nisi restituat eã iussu iudicis, ut ĩ.ꝓx.§. Et pon[e]
casum, ꝙ possidebã rẽ tuã titu.& bona fide: & ꝙ tradidi ea[m ser-]
uo in peculiũ, postea ipsum manumisi,& nõ donaui exp̃sse [pe-]
culiũ, nec censẽĩ donatũ. Vel dic, ꝙ expresse fuit actum, ut [non]
censeaĩ donatũ, ut in gl.j. Ipse aũt illam rẽ secũ asportauit: [&]
te priuauit me possessione,& ẽt interrupta est usucapio, q[uam an-]
te incęperam: Postea ipsam mihi restituit, incipiã usucaper[e de]
nouo, nec possum uti possessione, q̃ fuit apud eum: sed nec
habeo retinere eam per tempus legitimum a die restitutio[nis]

1 *Si egi publiciana, vel etiam triticaria pro re quæ non erat mea, & obti[nui]*
an acquiram dominium si erat illius contra quem obtinui, & vsucap[ien-]
di condictionem, si non erat illius.

§.Si iussu iudicis. Si iussu iudicis restituatur [mi-]hi res tanq̃ mea, nec est m[ea] nec ẽt restituẽtis: ꝑꝑ iudicis authoritatẽ trãsferĩ ĩ me usuca[pien-]
di uel p̃scribẽdi cõdictio, sicut trãsferreĩ dñiũ, si restituẽtis e[sset]
& possum uti accessione ex ꝑsona ipsi⁹.h.d, ĩ effectu.tex.cu[m gl.]
& dictis Doct.ipsum declarantium. Quid ẽ̃, si iussu iudicis
illius snĩa res dimittaĩ apud possessorẽ cõuẽtũ: qa absolu[tus est]
a rei uend.actoris, q re uera erat dñs: an ex tali absolutoria d[ñiũ]
acquiratur ipsi cõuẽto absoluto: uide ĩ.de excep.rei iud. l.[...]
rem. Et est speciale: quia ał̃r secus: ꝙ si mihi restituerit rem
meam non transfert dñium, si ipse est dñs, ut l.3.§.subtili⁹.s̃.
ↄd.ob.cau.nec usucapiẽdi ↄdõnẽ, si nõ erat dñs. Et per ho[c]
soluitur ↄ̃riũ de §.præce.& de §.si liber homo.s̃.ea.l. de qu[o]
opponit: quia in illis fuit mihi restituta non iussu iudicis.
hę

ꝑdicta vide per gl. Insti. de off. iud. §. fi. & l. statuliberi. §. j. de ulibus. Nō tñ authoritas iudicis operat̄, ꝙ si sim malæfidei, sim præscribere longo tpe, ut j. ꝑ emptor. l. qui fundū. §. q ⁊æfidei. in fi. nisi in cā noxali, & l. gñaliter. s̄. de noxal. Et pōt elligi iste tex. in snīa diffinitiua, & ēt hr̄et locū in iterlocuto si essē missus in possessionē ex scd̄o decreto rei tanq̄ meę, cū ı essem, uti si ille ꝯ quem facta est immissio, erat dn̄s, acquirā um: alias usucapiendi ꝯdōnem. † Et notandum, ꝙ Bar. dicit ta gl. colligi, ꝙ si egi publiciana vel ēt triticaria pro re quæ ı erat mea, & obtinui, acquiro dn̄ium, si erat illius ꝯ quē ob- & usucapiendi ꝯdōnē, si non erat illius. Sed certe ista glos. it expresse ꝯrium, quicquid ipse dicat, dum facit dr̄iam in- ei uen. & publ. vel dic ꝙ Bart. bene dicit, quia glo. uult ꝙ si ei uen. non trāsfert dn̄ium, nec usucapiendi ꝯdō s̄m quos- Sed si egi publ. sic: qa non restituit mihi res, ut mea, sed cer- cet nō ut mea, tñ nec ēt ut illius ꝯ quem egi, quia non tra- tut suā, sed tanq̄ habebā in ipsa quasi dn̄ium, qa p̄scribebā usucapiebā. Si ergo transfert q̄n egi rei uen. & ipse erat dn̄s. rōne vr̄ transferri, si egi pub. qa licet nō dicerē me dn̄m, n negabam esse dn̄m. Sed si egi triticaria. dēt distingui an ꝑ a possessione, uel non, quod dic ut ibi per Bar.

Sed & legatario. Legatarius in re legata vtitur accessione ex persona hære- maxime si legatū fuit ꝯdōnale, & hr̄s pēdēte ꝯdōne posse- & ꝯdō postea extitit. Si autem legatū esset purum, gl. hic te ꝙ tempus quo hæres possedit, nō proficiat legatario, si hr̄s in mala fide uel in mora soluendi legatum per l. quæsitū. j. sed illa loquit̄, quo ad acquisitionē fructuū. sed ad inter- ꝑendā p̄scriptionē mala fides hæredis nō attendebat̄ iure ut no. s̄. ea. l. §. q̄sitū. in gl. fi. nec ēt mora hr̄dis dēt esse lega- o nociua. & ideo potest hic subaudiri, maxime q̄n legatum ꝯdōnale, quia hr̄s non nisi iuste potest possidere respectu atarij, cum non possit ipsum in mora constituere. Tñ idem q̄n purū, licet tunc possit in mora constituere, & sic iniustè ectu legatarij: tñ hoc non debet legatario nocere, ut impe- ur uti accessione, ne addatur afflictio afflicto.

possidenti non datur accessio nec etiam possidenti uitiose seu uitiosę pos- sioni, nec econtra de uitiosa possessione ad non uitiosam.

nque casus in quibus non datur accessio.

Accessiones. † Non possidenti non datur acces- sio nec etiam possidēti vitiosè, seu iose possessioni: nec eꝯ de uitiosa possessione ad non uitio- h. d. † Et sic no. hic tres casus, quibus non fit accessio: adde s̄. ea. l. § si liber. & §. ex facto. Itē aliū de possessione nō cōti ata, ut s̄. ea. l. quæsitū. In tex. ibi (vitiosæ). s. vitio reali uel etiā nali. Et ita ēt intellige in casu seq. ut patet s̄. e. l. §. cū quis. qa trū est sufficiens ad vsucapiendum vel p̄scribendū lōgo tē- re sed longissimo sic, & quo ad præscriptionē longissimi tpis ne posset fieri accessio de uitiosa ad non uitiosam. & ecōuer & etiā de una uitiosā ad nō uitiosam, ēt si sint affectæ vitio li, ut l. sicut. C. de præscri. xxx. ann. & ibi ēt fur, uel prædo ꝑ- it longissimo tpe. Hoc tñ de iure ciuili: secus de iure canoni qa sicut malefidei possessor non p̄scribit, ita nec potest uti cessione ex ꝑsona malæ fidei possessionis, qa possessio q̄ erat utilis sibi non pōt vtilis esse mihi, licet sim bonæ fidei.

LEX XXIII.

SI seruus vel filiusfamil. vend.

Qui habet cām a seruo de uoluntate domini, uel etiam a legitimo administratore, potest vti acquisitione ex perso- dn̄i, uel illius, cuius negotia administrantur. h. d.

LEX XV.

subtractę perdimus possessionem, etiam ciuilem, nisi subtrahatur nobis r illum, qui est in potestate nostra, quia sicut ille con potest nobis inter- rtere possessionem suiipsius, nec alterius rei.

fferentia inter possessionem rei mobilis, & immobilis.

qui nobis acquirit vt filius, uel seruus, non potest nos possessione priuare.

erdictum unde ui, non datur pro recuperanda possessione rei mobilis, nisi istat in re immobili, & quid in alijs interdictis possessorijs.

REm quæ nobis surrepta. † Rei sub tractæ ꝑdimus possessionem, etiam ciuilem, nisi subtrahatur nobis per illum, qui est in potestate nostra. quia sicut e non potest nobis interuertere possessionem, suiipsius, nec terius rei. h. d. † No. dr̄iam inter possessionem rei immobilis, mobilis: nam licet perdam naturalem possessionem rei im- obilis me absentando, non tamen perdo possessionem ciuilē, am si naturalis sit per aliam occupata, nec sit in potestate eā cuperare, dummodo hoc ignorem, ut j. eo. l. quamuis. sed in bus mobilibus perdita naturali, & etiam facultate eam recu randi, quia si sit per alium occupata uel etiam ob erraucrit perdo ciuilem ēt ignorans, ut hic, & s̄. eod. l. 3. §. Nerua filius. qa dignior est possessio rei immobilis q̄ mobilis, & ad hoc allegat̄ ista l. & j. eodem l. si rem mobilē. Itē no. ꝙ ille q nobis acquirit,
3 ut filius uel seruus, non potest nos possessione priuare quo usque res est apud eū, licet hēat aīum priuādi nos, uel interuer tēdi possessionem: secus si in aliū trāsferat, vt s̄. e. l. 3. §. quod ser- uus. & hoc dū dicit, (quandiu apud ipsū sit.) In gl. j. in fi. ibi, (& ab extraneo fit furtū. Ista gl. bn̄ loquit̄, qa ꝑ solā inficiationē depo- sitarij, nec priuat̄ deponens possessione, nec depositarius facit furtū. Sed si rē contrectet, tunc fit furtū, & ēt deponens priuat̄ pos. ut s̄. eo. l. 3. §. si rē. † In gl. 2. ibi, (aliqd̄ possessoriū.) hoc restrin
4 ge ad possessoriū recuperādū. i. interdictū unde ui. nā in illo ꝑ- cedit ista gl. ꝙ nō dat̄ ꝑ recuperanda possessione rei mobilis, nisi existat in re immobili, de qua qs fuit spoliatus, sed alia iter dicta possessoria bn̄ p̄nt ꝯpetere ꝑ re mobili, puta, adipiscēdæ possessionis, & quorum bonorum, & quorū legat. Itē retinen- dæ, ut in interdicto, utrobi. & uide qd̄ no. Cy. in l. j. in 3. q. C. vbi causa status. Habēt etiam locum alia remedia pro possessione rei mobilis recuperāda. s. actiones, licet nō interdictū recuperā- dæ, ut ꝯdō incerti, si ille qui cecidit a possessione habebat ius in re uel actionem tritica. si non haberet ius in re, sed solam pos- sessionem, vel officium iudicis si habebat nudā detentationē, qd̄ dicit no. plene in l. manifestissimi. §. sed cum in secunda. C. de fur. tangit̄ hic per Bar. Itē ēt possessorium. l. cum quærebat̄. C. unde ui. licet illa videatur loqui in re immobili, cuius posses sio uacabat. & ad ea q̄ hic no. Bar. adde no. in c. illud. de p̄sum. in Nouella. In gl. quæ inci. etiam dominicarum. ibi: (secus in pe culiari.) quia in illa non committit furtū, licet malo animo ip- sum contrectet, & ratio est, quia vr̄ contrectare ꝯ uoluntatem dn̄i, postq̄ dn̄s eam sibi concessit in peculium. Secus in re do- minica non peculiari, quia in illa pōt fieri contrectatio ꝯ uolū tatem dn̄i. Ideo in illa committit furtum, non tamen datur a- ctio furti, nec priuatur dn̄s possessione, ut j. de furtis. l. serui & filii. in prin. & hic in d. l. j. C. de seruis fugi.

LEX XVI.

QVod vxor viro. Ex donatione facta inter ꝯiuges, cū sit nulla, si do- nans erat dn̄s, sicut non transfert̄ dn̄ium, ita nō trās fert̄ usucapiendi ꝯdō, licet transferat̄ possessio, qa di cit̄ possessio iniusta, & donatarius dr̄ possidere ꝑ possessore, id est sine cā, uel ti. h. d. in effectu tex. cū gl. Et ꝑ declaratione glo. distingue duos casus in donōne facta inter ꝯiuges. Nā aut do- natarius sciebat donōnē nō valere, aut credebat eā ualere. Pri- mo casu nec usucapit, uel præscribit longo tpe ꝯ donantē, nec ēt efficitur dn̄s fructuum, re tamen perempta non tenetur re- stituere ultra quam sit factus locupletior, ut in legib. hic allega tis in gl. & hoc vr̄ verum, etiam si res donata non erat donātis, sed aliena, quia non poterat dici bon. fi. possessor si credebat ti. nullum esse, licēt re uera esset ualidus, quia donans non fiebat pauperior, cum non esset sua res donata. ad hoc. j. pro emp. l. 2. §. si a pupillo. Secūdo casu, aut quæritur, an usucapiat uel p̄scri- bat longo tpe, & tunc distinguitur, aut res erat donantis, & tūc non usucapit, uel præscribit ꝯ donantem, quia donatio est nul la cum efficiatur pauperior, & ipse donatarius, licet putet eam ualere, errat in iure, & error iuris non sufficit ad usucapiendū, vel p̄scribendū longo tpe. ut l. nunq̄. j. ti. j. Aut erat aliena, & tunc ualet donatio, quia non efficitur pauperior ipse donans, non tñ in ꝑiudiciū dn̄i incontinenti, sed ex postfacto, qa p̄stat vsucapiendi ꝯdōnē ꝯ dn̄m uerum, ut in legib. hic allegatis in prin. gl. Aut q̄rit̄, vtrū lucret̄ fructus, & distinguit̄ inter fructus naturales, & illos non lucrat̄, & industriales, & illos bn̄ lucrat̄, & non tenetur eos restituere, ut s̄. de usuris. l. fructus. & de do. inter uir. & vx. l. de fructib. quia in fructib. industrialib. acquirē dis error iuris bene ꝑdest, quia excusat a dolo, & mala fide, vt l. sed & si. §. scir̄. de petitio. hære. s̄. Aut q̄ritur, an teneatur ad re stitutionē rei, & distinguit̄, an sit ꝑempta. & non sit factus locu pletior, & non tenetur multominus, q̄ q̄n sciuit eam non uale- re. Aut extat, uel est factus locupletior, & eatenus tenetur resti tuere, si donatio non fuit confirmata morte donantis, ut in le- gib. allegatis hic in fi. gl. Quid autem de expensis factis in re do- nata. dic, ut j. de doli. excep. l. cum uir.

LEX XVII.

SI quis vi de possessione. † Non dicitur quis perdidisse illud ad quod recuperandum habet actionem. hoc dicit̄. Et est eius effectus, ꝙ computatur in bonis suis. ut supra ti. primo l. rem in bonis. & quia potest pro illa re cōuenīri pet. hæ. ac si eam haberet apud se. ut l. quod si idem §. Iul. s̄. de pet. hæ.

hæ. per quas leges debet hic poni casus, sed quo ad alios effectus, de quibus in gl. bene uidetur perdidisse.

1 *Sola uel nuda uoluntate non perdit quis dominium rei suæ, sed possessionem bene perdit etiam si sit in ipso fundo uel re.*

2 *Fragilior, & debilior est possessio, quam dominium.*

Possessio defuncti, an transeat in hæredem.

3 *Res corporalis, nuda proprietas, usus fructus.*

Possessio, dominium & fundus, an & qualiter differant, & quando circa idẽ concurrant.

4 *Dominium quotuplex sit.*

1 **§. Differentia inter.** †Sola uel nuda uoluntate non ꝑdit qs dñium rei suæ, sed possessionẽ bñ ꝑdit, ẽt si sit in ipso fundo. uel re. h. d.† Et sp allegat̃, ꝙ fragilior, & debilior est possessio q̃ dñium, licet possessio dicatur ius, sicut & dñiũ, vt j. e. ti. l. peregre. in prin. Item qa per mortem dñi non extinguit̃ dñium, sed remanet in hæreditate, & postea transit in hr̃dẽ illud idem, ꝙ erat apud defunctum. Sed possessio defuncti bene extinguit̃, & nõ trãsit in hr̃ditatẽ, & si postea hr̃s apprehendat, dr̃ noua possessio, nõ uetus q̃ erat apud defunctum, ut l. j. §. Scæuola. j. si quis test. libe. esse iussus fue. Nõ sic in possessione rei ecclesiasticæ q̃ nõ extinguit̃ per mortem prælati, sed remanet apud ecclesiam, & transit postea illa eadem ad successorem, iuxta plene no. per Inn. in c. cũ super. de cã poss. & proprie. In gl. ibi, (prima placet.) idem tenet gl. in l. j. j. pro derelict. sed Dy. & Bar. tenent tertiam solutionẽ. s. proxime præcedentem. & ẽt id quod dr̃ in fi. gl. ꝙ hoc debet intelligi, qñ uoluit a se abdicare dñiũ & nõ possessionem, quo casu nec possessionẽ abdicat a se, quia non uult, nec dñium, qa non põt retenta possessione. Si aũt constaret, ꝙ uoluit possessionem perdere. & ẽt dñium tunc ẽt illud perderet, quia diceret̃ habere rem pro derelicta. Quid ãt, si non constat, quẽ aĩum habuerit circa possessionẽ, cõstat tñ, ꝙ habuit aĩum ꝑdendi dominiũ gl. hic in uer. sed oppono. tenet ꝙ nec possessio perdat̃, nec dñium per istum tex. Dy. & Bart. cõ, ꝙ imò vtrunque ꝑdit̃, quia qui vult vnũ, censetur ẽt velle aliud, sine quo illud esse nõ põt, vt l. illud. de acquir. hære. Tu potes distinguere, aut discessit de fundo, & procedit dictũ. Dy. & Bar. ut in prima solutione gl. Aut non discessit, & tunc ꝓcedit dictũ gl. Et p̃dicta procedunt, qñ cõstat ꝙ quis vult abdicare dñium a se principaliter, nec apparet ꝙ velit transferre in aliq̃ ꝑsonã certã, vel incertã, & q̃rit̃ an abdicet? Nam distinguitur, aut cõstat ꝙ voluit hr̃e pro derelicto, & abdicat a se possessionẽ, & dñium, ẽt si sit in fundo. Aut hoc non dixit, & tunc distinguitur ut s. dixi. Aut constat ꝙ voluit a se abdicare possessionẽ, & idem. Aut constat ꝙ uoluit retinere, & nõ ꝑdit pos. nec dñium. Aut dubitat̃, & tũc aut discessit in fundo, aut non. Si aũt apparet, ꝙ uoluit transferre in aliq̃ ꝑsonã certã, uel incertã, tunc nõ abdicat̃ a se dñium, nisi in aliã ꝑsonã transferat̃, ut l. nec vtile s. ex quib. cau. maio. & no. j. pro derelic. l. si id quod. in ultima gl. Adde qđ no. in c. cum dilectus. de accu. Alteri aũt non acquirit̃, qñ uoluit transferre ꝑsonam certã, nisi p̃cedat cã habilis, licet trãsferat̃ possessio, ut s. ti. i. l. nũq̃ nuda. & s. eo. l. j. §. si uir. sed qñ in ꝑsonam incertã, non requirit̃ alia cã, nisi ꝙ iactet in uulgus, & ꝙ aliquis accipiat, ut s. tit. j. qua rõne. §. pe. & quod no. j. pro derelic. l. si id qđ. Qualiter aũt
3 ꝑdat̃ possessio. dic ut no. s. eo. l. j. in 2. gl. mag. †Vltimo pro declaratione eorum q̃ tanguntur hic per Bar. notandum, ꝙ nos habemus plura, quorũ unum nõ est aliud, tñ oĩa concurrunt circa eandẽ rẽ. Primo hẽmus ipsam rẽ corporalẽ, q̃ nõ est ius, sed consistit in facto & in corpore. Itẽ habemus proprietatẽ nudã, item usumfr. itẽ possessionẽ, & ista sunt iura discreta inter se, vt j. e. l. permisceri. itẽ habemus dñium, & istud ẽt est ius ꝯcretũ ex duob. primis. s. propriete nuda, & usufr. & iõ quodlibet illorũ dr̃ pars dñi substãtialis, nõ quantitatiua, sicut paries & tectũ dñr pars domus substantialis, ut s. de usufr. l. 4. large tñ loquẽdo, & improprie dr̃ dñium, ẽt solius proprietatis nudæ. vt C. de proba. l. ꝓprietatis. & s. qui. mo. vsusfr. amit. l. si tibi, ubi dr̃ dñiũ ꝓprietatis. Itẽ ẽt dñiũ solius vsufr. ut l. q usumfr. s. si usuf. pe. & eo. mõ posset dici dñiũ solius possessionis, quia q possessionẽ hẽt, dẽt hr̃e dñium ipsius, arg. dictarũ legũ tñ improprie, loquẽdo, qa ꝓpriè ꝯsistit ex proprietate, & vsufr. & dr̃ ius quoddã ꝑfectè disponẽdi de re pro libito uoluntatis. l. in re mãdata. C. mandati. Hẽmus ẽt hoc uocabulũ. fundus qui complectitur dñium, & sic ꝓprietatẽ, & usumfr. & ẽt ipsam rẽ corporalem, & sic non ꝯsistit merè in iure, sed ẽt in corpore, ut j. de uerb. obl. l. qui usumf. & in hoc differt a dñio, non tñ ꝯplectit̃ possessionẽ, qa põt esse fundus meus, & tñ non possideo. †Itẽ scias, ꝙ do
4 miniũ est duplex. s. directũ & utile, tamẽ de utili non hẽmus de iure ueteri ffforum aliq̃ mentionem, licet habeamus mẽtionẽ de utili actione in rẽ ĩ multis locis, ut s. de rei uen. l. si culpa. & si ager. uect. uel emphyt. l. j. & ꝑ hoc Vltramõtani dicebant nõ esse nisi unũ dñiũ. s. directũ, qa nõ sequit̃, hẽo utilẽ rei uẽd. ergo hẽo utile dñium, qđ ẽt patet ex no. in d. l. si culpa. ꝑ Bart.

a s̃m Dy. q dixit ꝙ si cedit̃ mihi rei uen. habeo utilẽ rei uendic[...] & tñ non hẽo dñium quousq. sim adeptus ipsam rem, ut l. e[...] rei, & qđ ibi no. eo. ti. Bar. tñ hic tenet ꝯrium ꝑ aliquos tex. & [...]nes, ꝙ imo sit duplex dñium, & pro hoc hẽmus tex. quem B[...] non allegat in auth. si uero dñs tꝑalis. C. de hæreticis. ubi fit [...]tio de dñio superiori, & inferiori, & inferius dr̃ dñium utile, [...] istud est duplex. Quoddã qđ ꝯriatur directo, & illi p̃fertur, [...] est illud, quod hr̃ ex p̃scriptione longi tꝑis, ut no. in authẽ. [...] tricennalis. C. de bo. mater. Quoddam qđ subalternat̃ direc[...] ut est illud quod hẽt emphyteuta, superficiarius, feudatari[...] & qui conduxit ad nõ modicũ tꝑs, ut in c. j. de inuestitura de[...]bus ali. facta in usib. feudorũ. & no. in c. j. de capitulis Conr[...]

ADDITIO.

a Rei uend. Adde ut per Do. de Ro. decis. suis. de alie. iud. mutan. causa facta. in 2. col. de hoc tractant.

LEX XVIII.

1 *Eius quod meo nomine possideo possum alium facere possessorem solis [uer]bis constituendo me illius nomine possidere.*

2 *Qualiter dicatur quis mutare causam possessionis.*

3 *Ille dicitur simpliciter, possidere qui possidet nomine suo.*

Casus in quibus procedit ista lex.

1 a **QVod meo nomine.** †Eius quod m[eo] noĩe possideo [pos]sum aliũ facere possessorem solis uerbis constitu[en]do me illius nomine possidere. h. d. Vel ab ipso ꝯd[ucen]do, ut j. eo. l. q bona. in prin. & istis casib. transfero in illũ [...] possessionem, q̃ erat apud me, & ego remaneo in nuda det[en]tatiõe, & sic dr̃ ille possidere ciuiliter aĩo suo, & naturaliter [cor]pore meo. Vel ab ipso precario rogando, & tunc transfero ipsum oĩm possessionẽ q̃ erat apud me, sed eodẽ instãti ret[rans]fert̃ in me naturalis, & apud ipsum remanet ciuilis, ut j. e. l. [in]terdũ. in prin. cũ ibi no. Et primo ponit̃ hic unũ dictũ usq. (nec. n. Scđo sobtilr̃ rñdet trib. obiectionib. q̃ possent fieri [...] ibi, (si ꝓcurator.) Tertio ꝓbat id quod dixerat in secunda re[spon]sione, licet Bar. dicat ꝙ ibi rñdet ad quartã obiectionẽ. Sec[...]
2 dixi, plus placet si bene inspiciatur lr̃a. †In tex. ibi (nec enim [...]to mihi cãm possessionis.) nam ille dr̃ mutare, q retenta po[sses]sione q̃ habebat ex una cã, uult desinere, habere ex altera, [i]nnuãdo, & hoc facere non põt, qa fieret ꝯ rr̃am ueterũ, ut j. [...] xi. §. j. sed hic non retinet, imo desinit possidere, & sic nõ fit [il]lã rr̃am. In tex. ibi, ministerio meo. potest intelligi. s. uerbali[ter] cũ cõstituo me tuo nomine possidere, & ẽt corporaliter, q[uia] remaneo in possessione facti, & sic actus meus corporalis re[pu]tatur tuus, uel alterius nomine tuo, & ad hoc ꝓbãdũ subijc[it] hic uer. procurator. &c. qa hic in possessione q̃ per ꝓcurat[orem] acquirit̃ instr̃m corporale procuratoris reputat̃ instr̃m dñi [&] dño immediate acquirit̃, nec facit residentiã apud procura[to]
3 rẽ. †In tex. ibi. nec idẽ est possidere. s. simplr̃, & sic no. ꝙ ille d[r̃] simplr̃ possidere, qui possidet noĩe suo, quia tunc ista posse[ssio] est apud eũ. Sed qñ possidet alieno noĩe non dr̃ proprie po[ssi]dere, & possessio non est apud eũ, sed apud illũ cuius noĩe p[os]sidet, ipse uero est in possessione. Et aliud est possidere, aliu[d] possessione esse, ut s. eo. l. si quis in te. Et notandũ ꝙ ista l. ꝓ[ce]dit in quatuor, uel quinq casib. Primo qñ possidebã ciuili[ter] & naturaliter aĩo & corpore meo, tunc trãsfero in te alias [pos]sessiones. Secundo qñ possidebã tm̃ naturaliter, & tũc illã [trans]fero sine dubio. Sed an transferã ẽt ciuilẽ, q̃ erat apud aliũ [...] sic illũ priuẽ sua ciuili? dic vt j. e. l. interdũ. §. fi. Itẽ tertio ꝓ[ce]dit, qñ habebã ciuilẽ tm̃, & alius naturalẽ, puta vsufructuar[ius] vel ingressus clandestinė, & tunc transfero ciuilẽ tm̃, vt l. [...] mulier. de rei vendi, nõ naturalẽ, qa illi p̃iudicare non pos[sum] ita de facili in naturali, sicut in ciuili. ar. eius quod not. in l. [...] nõ aũt j. de vi & vi arma. in gl. Põt ẽt ꝓcedere quarto casu, [si] ciuilẽ habebã per me, naturalẽ ꝑ aliũ, vt ꝑ colonũ, uel ꝑ ꝓc[u]ratorẽ, & tunc transfero ambas ꝑ istũ actũ fictũ, sicut trãsfe[ro] ꝑ verã traditionẽ, ut notauit gl. singularis in d. §. non aũt. & [ita] intelligunt hic Doc. Sed si nõ interueniret vera vel ficta tra[di]tio, licet interueniret voluntas ꝑdendi possessionem, ẽt co[acta] vel non coacta, nõ perderẽ isto casu possessionem, ẽt ciuile[m] retineo animo meo, & hic est tex. cũ gl. in l. peregrè. §. q̃bus [...] eo. Quid autem si habebã ciuilem, & naturalem animo & c[or]pore alieno vt in re peculiari? puto idem quod in p̃cedenti [quia] eadem est rõ in utraque, q̃ est in uña. Quid aũt, si tm̃ detin[ebam] noĩe Titij possessoris, qa conduxeram ab illo. & nunc co[nsti]tuo me tuo nomine possidere, an in te trãsferam posse[ssio]nem? vr̃ ꝙ sic, ꝑ l. 3. §. si seruus. s. eo. ver. sed alij. Sed ꝯriũ est verius [...] ibi qñ verè traderem, & tunc priuarem locatorem omni [pos]sessione.

ADDITO.

a Qđ meo. Dicit Bal. cõs. cccxxj. ꝙ hic est casus a ꝯrio sensu, ꝙ tutor vendẽs [...] stituens se precario nomine emptoris possidere, non transfert possessionem[...]

:,secus si fictè ab alio cõducẽdo,uel illius noĩe cõstituẽ
,dere,ut ĩ.eo.l.quamuis.§.j. Vltimo gl.j.hic requirit, ꝙ
) cõcurrant.s ꝙ ꝑcedat iusta cã.i.ti.item uoluntas& ani
us,cuius nomine cõstituo me possidere.Hoc ſm est ve-
ed primũ reprehendit per Dy.nam illud ꝓcedit in dño,
q̃ nuda s̃.ti.j.sed possessio bene põt transferri in alium
a cã,vt s̃.eo.l.j.§.si vir.Iacob.de Are.sustinet gl. quia il-
ierum per ueram traditionem,non sic per fictam, vt in
otabili.Bar.distinguit,aut eram dñs, & procedit dictũ
:.de Arena,ut sicut non possum transferre dñium sine
ita nec possessionẽ ꝑ fictam traditionẽ, ut l. ei a quo ĩ.
: uerã sic,ut in §.si uir.aut non eram dñs, & tunc per ue
etiam per fictam possum,& habet locum dictum Dy. ꝑ
aliq̃.ĩ.eo. Item scias, ꝙ iste modus transferendi posse-
est ciuilis,non naturalis,& est modus fictus non uerus,
ab emptione.s̃.de pac.i.ficta traditio,possessio tñ q̃ acq-
isto modo ficto est uera possessio,ut no.in l.si is qui pro
ti.j.per Bar.Et quia nõ põt procurator alicui immedia-
irere,nisi per actum naturalem,non per ciuilem,ut l.ea
iliter.s̃.ti.j. si constituerem me possidere tuo procura-
mine tuo recipienti,non q̃retur tibi possessio per hunc
iuilem,per no.per.Pe.in l.j.C.per quas personas nobis
:.de hoc dic,ut no.in d.l.si is qui pro emptore. per Bar,
iter loqui,licèt sequatur Petrum.

furioso quem. Licet possessio non acquiratur ei cui trado, tñ a me ab-
d.secus in dñio,ut dixi in l.ꝑce.§.dñia.in gl.j.Item in pos
: idẽ,qñ nõ tradidi,sed mãdaui tradi,ut ꝑ hoc mandatũ
cet a me, quousq.tradat,est casus in l. cum fundum. de
arma.de qua oppo.gl.Item procedit hoc,quãdo ille cui
nec ꝯsentit,nec dissentit,secus si dissentit,tunc a me re
: ĩ.eo.l.si me in uacuam.de qua opp.gl.2.

uenditorem. Per solũ aspectũ acquirit possessio interueniente tradõne
oris.h.d.Dic ut in l.j.ĩ prin.& vltima gl.s̃.e.& §.si iusseri.

dum in alia. Ingressus fundum,cuius nulla possessio uacat,nullam acquirit, nisi
at cũ tanta potentia,ꝙ expelli non possit,quia tunc ac
olũ quo ad illũ locũ,ubi corporaliter stat ignorante alio
re.h.d. Et est casus singularis per quem declaratat. §. q
nas.& uide quod no.Inn.in c.cũ dilectus.de capel. mõ.
. istum tex. & loquitur hic qñ ignorabat eum ingressũ
ciuilr & naturaliter possidebat.Si aũt sciret,tũc in ul.ca
it ingressus cũ tanta potẽtia,ꝙ nõ poterat expelli,ꝑde
possessionẽ vtranq.qa uel fuit suspectus se posse repelli,
uit suspicari, ut no.s̃.eo.l.clam possidere.in 3.gl.

LEX XIX.

Vi bona fide. Si possessor conduxit rem a nõ possessore, transfert in illũ possessionem q̃ hẽt.h.d.& ipse remanet in nuda detentatione, vt s̃.l.si quis ante.ratio patet ex l.præcedẽ
n.In tex.ibi. (a dño.) idem si a non dño, quia eadem est
de ꝙ ẽt si nullã possessonem habebat ille qui conduxit
ossessore,transfert interdũ in illũ possessionẽ si illa pos
acabat,ut in re hr̃ditaria,q̃ qs a uero hr̃de nondũ possi-
duxit,qui vr̃ eius noĩe possessionem ingressus, ut ĩ.e.l.
uersas.§.quod per colonum.in fi.

Quod scriptum est. Possidens ex una causa nõ põt solo animo
one retenta possidere ex illa cã, & incipere possidere ex
ecus si pos.dimittat.h.d.Sed si nollet desinere possidere
ld alterã accumulare cũ illa,bñ p̃t,ut s̃.eo.l.3.§. ex pluri
tex.ibi(hoc solũ statuit).s.in aĩo suo nulla ĩteruenĩete cã
ca,& sic uult mutare qualitatẽ possessionis,nõ subã,ut
ẽtib.patet.Et ex hoc siue ambę cãę sint iustæ,ut hic,siue
iustæ,ut no.s̃.e.l.clã poss.§.fi.ĩ gl.siue una iusta,altera ĩiu
ori.illius l.idẽ si detẽtationẽ merã uellet mutare ĩ posses
t s̃.e.l.3.§.illud.qđ dic plene, ut C.e.l.cũ nemo.in glos.

LEX XX.

quis rem quam. Denegans restituere rẽ, q̃ possidet alieno noĩe,si cãm
li a hẽt,non priuat illũ possessione,nec eã interuertit,se-
s si nõ hẽt iustam cãm.h.d.In tex.ibi,(alias).i.quandoq.
tex.ibi,(nã nec.)arguit de illo,q denegat restituere mihi
ossideat meo nomine,ad illum qui denegat restituere al
mandato meo reposcenti.

LEX XXI.

quam possidet, a non poßidente rogauit precario eodem instanti.
rt in illum possessionem,quam habet,& ab illo in ipsum reuertitur
atur poßidere pro hærede.
r si constituat se nomine emptoris poßidere,uel precario nomine
ris poßidere,quid operentur ista uerba.

1 **INterdum eius.** †Qui rẽ q̃ possidet, a non possidente rogauit ꝑcario,eodem
instanti transfert in illum possessionẽ, q̃ habet, & ab illo in
ipsum reuertit,h.d. in effectu. Et sic attento ordine intellectus,translatio ꝑcedit,& reuersio sequitur,sed non attento or
dine tpis,quia eodem instanti,& momento hęc fiunt.Et differt
hoc prin.a l.quod meo.§.qui bona.in prin. s̃.e. quia ibi simplr
constituit se possidere noĩe alterius non possidentis, & sic remanet in sola detẽtatione.& nulla possessio ad ipsum reuertit
sed hic precario rogauit,de cuius natura est, ꝙ saltẽ naturalem
possessionẽ hẽat,nisi aliud sit actũ,ut l.& hẽt.§.eũ q.cũ ibi no.
ĩ.de ꝑcario,& iõ saltẽ naturalis possessio reuertit ad ipsum, &
apud illũ a quo rogauit remanet ciuilis,& hoc si ipse anteq̃ ro
garet ciuiliter & naturaliter possidebat.Si ãt nãliter tm̃, illam
transfert,ut in fi.huius l.& illa eadẽ ad illũ reuertit, ut no. in fi.
s̃.e.l.3.§.ex ꝯrio.in fi.gl.mag. An ãt trãsferat ciuilẽ,q̃ erat penes
aliũ,& sic ipsum priuet.distingue,ut dicã in §.fi.huius l. quid ãt
si habebat ciuilẽ tm̃,ur ꝙ illã solã transferat, & illa sola reuertat,ut ꝑcarij rogatio aliquid operet, licèt rr̃ apud ꝯcedẽtẽ remaneat ciuilis.In gl.j.ibi,(sed dic dari ei qualitatẽ.)tu dic ꝙ imo
substãtiã,quia rogãs ꝑcario desinit possidere,& transfert posses
sionẽ in concedentem,& ille transfert postea in illũ, ut in glo.
seq.in uer.sed an rogans.quæ melius loquit,& sic non est uerũ,
ꝙ det,quod non hẽat,imo habebat tpe quo dabat.i. ꝯcedebat,
quia in ipso actu ꝯcedendi acquisiuit.Sed anteq̃ perueniret ad
illũ actum,non habebat,& ita uoluit gl.in illo uer. dũ exponit
i.ante ꝯcessionẽ.† In gl seq.in prin.ibi(sed qñ usucapit ꝓ hære
de.)quia innuit hic tex.ꝙ potest usucapere,dum dicit antequã
dñs fieret,&c.sed si nõ erat verus hęres,quod patet,qa dr̃ ꝙ pos
sidebat pro hær.& ille dr̃ possidere pro hr̃de, qui non est verus
hr̃s,sed possidet tanq̃ hęres,vt l. pro hærede.s̃.de pe.hære. ergo
non habet titulũ pro hr̃de.Sed hic nõ hàbet uerũ, sed putatiuũ
iusta ignorantia ꝯcurrente,q tm̃ valet quantũ verus, vt in glo.
vel dic ꝙ erat verus hæres vnius nõ dñi,& a vero hr̃de dñi precario rogauit,& tunc nõ obst.ꝯriũ,qa titulũ habebat.Vel tenẽ
do primã, ꝙ non erat verus hæres intellige text.ꝙ poterat fieri
dñs nõ ꝑ vsucapionẽ,uel ꝑscriptionẽ,sed ꝑ aliũ modũ,& quæli-
3 bet istarũ est bona: † Vltimò Bar.hic dicit vnũ uerbũ,ꝙ sp allegat, qa quotidie in instr̃is uenditionũ uẽditor ꝯstituit se noĩe
a emptoris possidere,seu ꝑcario noĩe emptoris[a] possidere.qđ ope
rant ista uerba,certè si nõ diceret ꝑcario, trãsferret ambas possessiones in emptorẽ,& ipse remaneret detentator, sicut colo-
nus.Sed si dicat ꝑcario,remanet apud ipsum uenditorẽ naturalis possessio,& ciuilis apud emptorem, & põt emptor reuoca
re precarium,& post reuocationẽ uenditor non possideret iustè,s̃.eo.l.Pompo.§.si is.Et adde no.in l.ab emptione.s̃. de pac.

ADDITIO.

a Emptoris.Quid operentur vide per Alex.consi.27.lib.2.

1 *Res capta ex naufra.uel ex iactu non potest usucapi per capientem,quia de*
ficit ti.si non fuit habita pro derelicta,nec per alium,qui habuit causam ab
eo,si ipse sciebat naufragium uel iactum:quia fuit effecta furtiua.

2 *Res quæ occupantur ab aqua,& illæ quæ capiuntur ab hostibus,an æquipa*
rentur,ut sint in deperdito.

3 *Emphyteuta si propter guerram & timorem inimicorum nunquam coluit,*
uel colere potuit rem emphyteuticam, & sic nullos fructus percepit, an
teneatur ad pensionem.

1 **§.Quod ex naufragio.** †Res capta ex naufra.
uel ex iactu non põt
usucapi ꝑ capiẽtẽ,qa deficit ti.si nõ fuit habita ꝓ derelicto,nec
ꝑ aliũ.q habuerit cãm ab eo,si ipse sciebat naufragiũ uel iactũ:
qa fuit effecta furtiua.h.d.in effec.tex.cũ gl. Si ãt fuisset habita
ꝓ derelicto(ꝙ aliqñ ꝯtingit in iactu,ut l.fal.§.si iactũ.ĩ.de fur.&
ibi no.)tũc si ille q iecit,erat dñs,capiẽs statĩ efficit dñs.Si ñ erat
dñs,acq̃rit usucapiẽdi ꝯdõnẽ.Et ita intelligo gl.fi.hic in illo ergo,q cępit nõ distinguit sciuerit,vl ignorauerit rẽ fuisse expulsã
ex naufragio,uel iactatã timore ꝑiculi,qa ẽt si ignorat,nõ usucapit,qa nõ hẽt titulũ,si nõ fuit habita ꝓ derelicto.Sed si habita fuit,tũc dic ut s̃.qa vl statĩ efficit dñs,vl incipit usucapere, sed
ĩ eo q hẽt cãm ab illo,& sic hẽt titulũ distĩguit,utrũ ille q ti.de.
dit,sciuerit,ul ignorauerit,p̃rio casu nõ usucapit:qa fuit effecta
2 furtiua:scđo sic,qa ñ ẽ furtiua,nec deficit ti. † Vlti.Ia.de Ra.ut
refert Cy.ĩ l.j.C.de iure emphy. ĩducit istũ tex. dũ dicit, ꝙ tales
res sũt ĩ deꝑdito,q̃ occupant ab aqua,& alibi hr̃,ꝙ tales res, &
illę q̃ capiũt ab hostib.æq̃parẽt,ut ĩ.de bo.auth.iud. pos.l. cum
3 unus.§.fi.†ꝙ si emphyteuta ꝑꝑ guerrã & timorẽ inimicorũ nũ
quã coluit,ul colere potuit rẽ emphyteuticã,& sic nullos fruct'
a ꝑcepit,nõ teneat ad pẽsionẽ.[a] dubiũ erat:qa ipse tenet,nisi res,
in

ADDITIO.

a Pensionem.Adde Lud.Ro.consi.cclxix.Pe.de Anch.consi.ccl.

in totū pereat,& ſic ſi pereat ꝓ parte,ut hr̃ in d.l.j.ſed hic nõ vr̃ ꝑempta,licet nõ fuerit cultiuata. Ipſe dicit ɔ̃triū ꝑ hunc tex qua ſi idē ſit eſſe ꝑemptā uel habitā ꝓ dꝑdita, & dictū ſuū eſt utile,& quotidianū,licet in directo ſit ſatis exneū,qa aliud eſt rem eſſe ꝑēptā,quo caſu nõ ſperat̄ recuperari, ut ſi fundus caſmate perijt,aliud eſt in deperdito,qa ſperat̄ recuperari, tñ Bar.hic vr̃ illud dictū tenere tanq̃ æquū,non tñ facit rõnem q̃ ſ.dixi.

§.Qui alienam rem. Qui primo rogat precario poſtea ɔducit candē rē ab eodem,cenſet̄ a precario receſsiſſe,& poſſeſsionē q̃ habebat ex illo in locatorem tranſtuliſſe. h.d.ſ̃m primā lec. gl. & tunc dic vt ſ̃.e.l.ſi qs ante.vbi ponit̄ iſte caſus. Sm̃ aliā lec. dicit, ꝙ q primo rogauit precario a poſſeſſore, poſtea ɔduxit à non poſſeſſore poſſeſsionē,q̃ ex precario habebat,in illū locatorē transfert. h.d. Et tunc expone tex.ibi precario rogauit.ſ.ab illo qui ciuiliter,& nãlr̃ poſsidebat,& ſic acquiſiuit nãlē,& apud ɔcedētē remanſit ciuilis,ut no.in l.& hēt. §. cum qui. j̃. de preca. & dum poſtea ſubdit,ſi eandē rē a dño,ſupple,nõ poſſeſſore, & idē ſi ɔduxiſſet ab alio nõ dño,nec poſſeſſore. Vnde nõ eſt ſiēda dr̃ia, an aliqs illorū fuerit dñs,uel neuter ſ̃m uerū intellm̃. Sed dubium eſt hoc caſu,qñ primo rogaui ꝑ̄cario,ab uno poſſeſſore, & ſic remãſit apud eū ciuilis,& ego acqſiui nãlē,poſtea ɔduco ab alio nõ poſſeſſore,certū eſt, ꝙ illa nãlis in illū trãsfert̄. Sed utrū priuē illū,q mihi ɔceſsit ꝑ̄cario,ſua ciuili,& ſic trãsferat̄ ēt iſta in ſ̃m iure quodãmõ accreſcēdi, poſtq̃ apud eū eſt naturalis,iuxta no.ſ̃.eo.l.ſed & ſi nolit.Gl.notabr̃ hic tenet, ꝙ ſic ꝑ l. peregrè.§.qbus.j̃.e. Sed ille §.nihil facit,qa loq̄t qñ colonus,vr̃ inquilinus expellit̄, uel qñ ipſe uere tradit alteri aĩo priuandi locatorē poſſeſsione. Sed qñ ipſe nõ expellit̄ nec uerè tradit, ſed ficte ɔducēdo ab altero,tunc ēt ſi illi ꝑ̄ſionē ſoluat,nõ priuat primū locatorē ſua poſſeſſione,ut eſt caſus ſingularis. j̃. e. l.q̃uis.§.j.Dy.& Bar.ſuſtinēt iſtā gl. qa illud uerū in ſimplici colono,q nullo mõ poſſidet,ſed detinet.gl.uero loq̄t in eo q hēt precario,& ſic poſſidet naturaliter, unde tūc ɔducēdo ab altero transfert in illū naturalē, & priuat illū q ſibi ɔceſſerat ſua ciuili,quaſi iſta naturalis ſit potētior ad trahēdū ad ſe illã ciuilē ēt per actū fictū, q̃ ſit nuda detentatio. Et hoc ꝑpetuo tene mēti:quia nõ eſt alibi iſta gl.Sed ego limito, vt ꝓcedāt in eo q
a habebat naturalē ex ɔ̃tu precarij, & ſic nullū ius [a] habebat in re,ſed ſolã poſſeſsionē naturalē, q̃ uidebat̄ tenere noĩe concedentis,cum eſſet in poteſtate illius reuocare precarium, & iõ ciuilis vr̃ requieſcere in naturali & per ɔ̃ns translata naturali transfert̄ ciuilis. Sed ſi poneremus, ꝙ hr̃et ius in re, ut uſufructuarius,tunc ille naturalē hēbat ſuo noĩe, nõ ꝓprietarij, & ſi ipſe expelleret̄,uel uerè traderet fūdū alteri, nõ priuaret ꝓprietariū ſua ciuili:qa tūc ciuilis non vr̃ requieſcere in naturali, vt eſt gl.ſingularis.in l.j.in fi.ſ̃.uſufr.quē ad.ca.ead.rõne,& fortius dico, ꝙ ſi traderet fictè conducēdo ab altero, nõ priuaret proprietariū ſua ciuili,ad qđ uide l.Pomp.ſ̃.qui.mo. vſufr. amit.

ADDITIO.

a Nullum ius.Adde ꝙ uoluit Old.cõſ.cxxxviiij.ubi ponit aliquid de precario.

LEX XXII.

NOn uidetur. Sicut ille,qui poſſeſſionem ꝑdit,non vr̃ perdidiſſe, ſi habet interdictum vel actionem ad eam recuperandã ut ſupra eodem.l.ſi quis vi.ita q poſſeſſionem acquiſiuit, non vr̃ acquiſiuiſſe,ſi tenet̄ aliquo interdicto,vel actione ad eã reſt tuendã,hoc dicit textus cum gl.Intellige quo ad effectum, de quo ibi dixi,ſ. vtrum computetur in bonis ſuis, uel non.

LEX XXIII.

CVm hęredes. Per aditionem hæreditatis oĩa iura,q̃ erãt apud defunctum, & per mortem non fuerunt extincta, ipſo iure tranſeunt in hæredem,ſed poſſeſſio non : quia licèt illa ſit ius, tñ per mortem poſſeſſio defuncti fuit extincta,ideo neceſſe habet hæres iterum poſſeſſionem apprehendere, & erit noua poſſeſſio: nam vetus erat apud defunctum.hoc dicit in effectu tex.cū ſuppletionibus neceſſarijs.Ratio autem quare poſſeſſio defuncti extinguitur ꝑ mortem & non alia iura,vt dominiū & actiones actiuę & paſſiuę, eſt, quia poſſeſſio licèt ſit ius ,tamen hēt plurimum facti: quia non retinetur,niſi aĩo uel corpore:& ſic oportet hoc factū interuenire,.quòd adſit animus,aut corpus.
b Sed illo mortuo [b] neutrum adeſt. Sed alia iura , vt dominium, & actiones nihil facti habent admixtum:quia retinentur etiam ſine animo,vel actu corporali,& ab ignorante,& pro iſta rõne facit. §.ſequens. In tex. ibi(ad nos trãſeunt.) Et iſte tranſitus eſt mere de iure ciuili poſitiuo : quia non interuenit aliquis actus naturalis,& ideo gl. in l.j.ſ̃.ti.j.dicit, ꝙ iſta eſt acquiſitio de iure ciuili,& iſtud eſt utile:quia Princeps non poteſt auferre alicui dominium quæſitum de iure natu. uel gen. niſi ex cã publicæ utilitatis,ut l.item ſi uerberatum. §.j. de rei uen.ſed quid ſi eſt delatum mihi ius adeundi, utrum poſsit mihi. Princeps illud auferre non ex cã publicæ utilitati ? Vel quid ſi iam aditu quæſiui dominiū,utrū poſsit mihi auferre, & his diebus
c bam [c] ꝙ ſic per rõnem prædictam,ſicut poteſt auferre ac[...] q̃ ſunt de iure ciui.ut no.in l.fi.C.ſi ɔ̃ ius uel uti.publi. p[...] & per.Inn.in c.quæ in eccleſiarum.de conſt.

ADDITIONES.

b Mortuo.Dicit Old.conſi.c.22.ꝙ non ſic eſt in poſ.eccle.quia dñs nunq[...]ritur,ſed eius adminiſtrator ſic.

c Allegabam.Adde eundem conſi.ccxxij.

1 *Per fictionem poſtliminij non recuperatur poſſeſſio;ſed alia iura ſic[...]*
2 *Fictio,an procedat in his quæ ſunt facti.*

1 §.In ijs qui. †Per fictionē poſtliminij non recup[...] poſſeſſio,ſed alia iura ſic. h.d. videb[...] qa ſicut per captiuitatē ꝑditur poſſeſſeſſio,ita perdunt̄ [...]ra.Si ergo per reuerſionē ipſo iure recuperatur dñiū, & [...]nes fictione poſtliminij:qa fingit̄ nunq̃ captus,ita ēt vid[...] recuperari poſſeſſio .Sed ɔ̃triū eſt:qa alia iura ſunt mera i[...] nihil facti hñt admixtū:ſecus in poſſeſſione,ut dixi in pr[...]ius l.iõ nõ recuperat̄ ipſo iure,niſi interueniat actus co[...]lis cum animo.Iſta eſt uera rõ,quicquid dicat Bar.
2 † Nec hæc fictio ſꝑ fit ſuꝑ his q̃ ſunt facti,non ſuper his q̃ ſunt iu[...] põt fingi,& recuperari poſſeſſio iure poſtliminij,licèt ſi[...] cū ſuper facto ius fingat : quia fateor hoc q̃tū ad materi[...] qua fingit̄,nã ĩ his q̃ ſunt iuris,nõ expedit fingere: qa pñ[...]duci ſ̃m ueritatē,ſed ĩ his q̃ ſunt facti,ſic,qa illud qđ ē fc[...] ꝑ̄t ſ̃m,veritatē nõ eſſe fcm̃.uel ɔuerſo,ſed fingi ꝑ̄t, ꝙ hē[...] nõ facto. Quãtū uero ad effectū fictionis,dico, ꝙ nõ fing[...] q̃ ſunt facti,qa fictio nõ operat̄ effectū in illis,nã bñ eſt u[...] fingit̄ nūq̃ captus,& in hoc fictio ē ſuꝑ facto: qa uere fui[...] ſed nõ hēt effectū in his q̃ ſunt facti, ut faciat recuperar[...]ſionē ipſo iure,niſi iteruenjat fcm̃.ſ.aĩus & corpus. Sed [...]perat̄ ĩ illis,ĩ qb.nõ reqrit̄ fcm̃,ut in recuperatione dñi,[...]nū,nõ tñ erit dñium fictū,uel actio ficta,immo uerū, ſeu[...]

1 *Eccleſia,an poſſideat conuerſum.*
Dominus caſtri,an poſſideat uaſallos.

2 §.Item quæro. †Liber hõ non ꝑ̄t poſsideri ab[...]ſcit ipſum liberū eſſe, ēt ſi ten[...]ſum ui nctū,nec ēt aliæ res ꝑ eū. h. d. Sed ꝑ illū q credit
2 eſſe ſeruū,bñ ꝑ̄t poſsidere,ut in gl. †In gl. ibi,ſed an eccle[...]
a ſideat ɔuerſum [a] dic ꝙ nõ,idē in dño caſtri:qa nõ poſsid[...] vaſallos,qa ſunt liberi hoĩes, ſed bñ quaſi poſſidet ius ſu[...]ritatis in eos, & idē in eccleſia,ut ſ̃.de rei vend.l.j.§.per h[...] & j̃.de mu.l.de iure.& quod in eis no.In gl.ibi,itē an rati[...]tio exigatur. dic. ſ. eo caſu quo rõne poſſeſſionis ꝑ̄t acqu[...] ut ſi credebã ipſum eſſe ſeruum meum, ꝙ acquiſiui ex re[...] vel ex opera certè ſua,tunc acquirit mihi ignorãti ſine al[...]habitione,ſicut acqreret mihi gñalr̃,ſi eſſet ſeruus meu[...]mo ēt me inuito,ut j̃.de uer.obl.l.ſeruus uetãre. Sed qñ [...]qrit mihi rõne poſſeſſionis,ſed alia rõne , ut ex rē meã v[...] ſuã,aliqd faciēdo meo noĩe,ut dixit gl.ſ̃.in uer.niſi hoc ge[...] tūc bñ ratihabitio reqrit̄,ſi nõ hēbat ad hoc mãdatum ſi[...] quolibet alio ñ poſſeſſo,ut l.ſi ego.cū ibi no.ſ̃.đ ne.geſ. & ad iſtã gl. ꝙ no.ĩ l.j.§.ꝑ ꝓcuratorē.ſ̃.e.& l.q mihi.ſ̃.de do[...]

ADDITIO.

a Conuerſum.Adde ut per Fed.pulchre conſi.cclxxxiij.

LEX XXIIII.

1 *Poſſeſſio iniuſte quæſita per ſeruum non acquiritur domino , ſecus ſi f[...]quiſita iuſte.*
2 *Poſſeſſio iniuſta appellatur poſſeſſio corporalis,& poteſt etiam dici [...]lis,& ciuilis.*

1 QVod ſeruus. †Poſſeſſio iniuſte quæſit[...] ſeruū non acquirit̄ dño,ſe[...] fuit acquiſita iuſtè.h.d.Et eſt notabilis lex.Item p[...] dici in filiofa.& quolibet alio ꝑ quē acquirimus[...] alicuius iuris, ꝙ habemus in eo, ut in monacho , ꝙ non ac[...]rat monaſterio. Quid aūt in dñio iniuſtè acquiſito,certè[...] nõ ꝑ̄t acquiri,niſi adſit uolūtas dñi rei, ut l.id quod nr̃m.[...]
a iur.pone exēplū in dñio acquiſito ex cã uſuraria [a] ubi adeſ[...]luntas ſoluentis,ſi filius uel ſeruus exercuit uſuras,puto a[...]ri dño,uel monaſterio dñium,qa receſsit a primo dño,& [...]ſtare in pēdēti,ut no.in l.ſi ego de neg.geſt.unde cū non a[...]rat̄ ipſi monacho,uel ſeruo,neceſſario q̃rit̄ domino uel m[...]ſterio.Sed poſſeſſio ꝑ̄t recedere a primo poſſeſſore,abſq. [...] alicui acqrat̄,ut ſ̃.e.l. ꝙ meo.§.ſi furioſo.& iſtud fuit đ m[...] 3.magnæ.in fi.ſi bñ inſpiciat̄. Et primo ponit̄ hic unū dictū ibi,(qm̃.)Secundo ponitur rõ bimēbris uſq.ibi,(ſicut.)Te[...] pro[...]

ADDITIO.

a Vſuraria.Adde Angel.conſi.cclxxv.

-ctr'm membrū, usq. ibi:(quo uero.) Quarto, probat primū. ꝑ possessio iniusta appellat possessio corporalis, sed etiā ci nālis, & ciuilis, nā spoliator ciuilē, & nālem possessionē est capax vt quia sit liber hō, & sic licet sint iniustæ posses istæ uno respectu, qa iniusto modo sunt acqsitæ, alio tñ su pñt dici iustæ: quia nō consistunt tm̄ in facto seu actu rali, sed ēt in iure, quia quælibet istarū dr̄ ius, ut j. e. l. pe. in prin. sed qñ non est capax, qa sit seruus forte, tunc nul pt dici iusta, quia apud eū nō est substantia possessionis el ciuilis, ut j. dū dicit, ꝙ seruus ciuilr possidere non pos sed duntaxat est corporalis detentatio, q̄ alio mō dr̄ na- qa ꝑ actū naturalē exercet, & hoc uult tex. ibi (naturalr &c.) substantia uero possessionis est apud dñm si fuit ac- iustè, sed si iniustè apud nullū est, ut hic in gl. magna.

LEX XXV.

id quod. Pone hic exemplum, si aliquid tibi cadit, puta annulus, statim perdis possessionē non solū naturalē, de qua non est dubium, sed ēt ciuilē, & hoc est rare in qualibet re mobili, cuius possessio s & abiecta, ut s. e. l. re. 3. §. Nerua filius. secus si ipsā pdi- ntra domū tuā, ut in d. §. Nerua. & ꝙ ibi no. glo. p l. pere- tūc. n. pdis naturalē, nō ciuilē: qa cū diligēti inqsitione reperire, cū scias locū in quo est, licet nescias locū loci: qñ in itinere. †Vltimo no. gl. hic in fi. q̄ vult in effectu, ꝙ psius tpis, quo qs nec p se, nec p aliū accessit ad fundum pdeūæ possessionis, nec ēt sola obliuio, & hoc s'm pba l. si is q aīo. sed utrūq. sit iūctū. s. obliuio cū lapsu tpis, vl tpis pueniēs. s. decēnii bñ sufficit a vt Inst. de usuca. §. ꝑ de usuca. l. fur. §. j. & adde ꝙ dicā in d. l. si is qui animo.

ADDITO.

dde p Anc. cons. cxxiiij, q dicit, ꝙ si tabellio q est in quasi pos. tab. ne- decēniū exercere offiū, ꝙ amittit illā quasi pos. & uide ꝙ p hāc l. uo- in ti. de peti. & pos. §. j. uer. no. tñ Roff. dicit tñ Ioā. And. in addi. in §. & to, ꝙ an per obliuionem cum cursu decem ann. perdatur pos. &c.

t per colonos. Licèt is qui meo noīe possidet moriatur, uel furere incipiat, e- possessionem non perdo. h. d. Et loquit qñ possidebā aīo, ore alieno, & sic suba utriusq. possessionis tā ciuilis, q̄ rat apud me, licet detentatio esset apud aliū meo noīe, d colonū, ul'inquilinū, uel seruū, quē posui ad custodiā. clr, ꝙ nō perdo possessionē. s. ciuilē, sed naturalē: est dña tos casus, qa qñ tales moriūt, cū nullus sit, q corporalr in ei pdit s'm uerā opi. Io. hic notatā. secus si incipiāt furere nō deficit instr'm corporale, & idē qñ alij locant. & de timo dic, ut j. e. l. q uniuersas. §. fi. Si āt possiderē aīo, & re alieno, ut p seruū & cā peculiarij, tūc vr̄, ꝙ si seruus in furere pdat possessio, qa nō hēt aīum possidēdi. Sed ɔriū ius: q possidet suo noīe, p hoc nō desinit possidere, ut d. ui. ergo nec possidet p alio, sed si moreret, sicut pderet possessio, si ipse esset liber hō, & possideret p se, ita nunc sidet p alio, qa deficit aīus & corpus. Sed cū incipit fure- cit aīus, & nō corpus. In gl. q inci. alter ibi. j. e. q uniuer- s'm lo. hæc vera. s'm Dy. Ray. & oēs, ut no. j. e. l. si de eo. §. ōnē q̄ s. dixi. qa deficit instr'm naturale ꝑ qd naturalē re- t, & p habitationē eius nō retinetur. ut l. j. §. Scæuolæ. j. testa lib. esse iussus fuc. nec obst. finis gl. de dormiente: qa deficit corpus sicut in furente.

Quod autem solo animo. Per ingressum clande ō pdit absēs ciuilē possessionē, quousq. reuersus non fue ssus, & suspiciat° sit se posse repelli. h. d. dic uti l. clā possi fi. §. e. & intellige, ut ibi dixi, qñ ignorabat aliū fuisse in- ut j. e. l. q uis. et si scit ingressus cū magna ui, tatr, ꝙ expel oterat. Sed postq̄ incipit scire, isto casu nō pderet ciuilē, ō sit suspicatus se posse repelli, qa debuit suspicari, & ēt si nō fuit repulsus, ut dixi s. e. l. qd meo. §. fi. sed si nō cū tan ic ēt pderet ex casus, de qb. hic. s. cū potuit naturalē recu neglexit, nulla iusta cā subsistente, vt j. e. l. si de eo. §. j. vl subsistēte tñ neglexit p decēniū, iuxta no. p gl. in pri. hu tex. ibi. (potior sit illi° corporalis possessio.) & p ista opi. at id, qd uidemus in seruo fugitiuo. qa licet pdamus ci- ossessionē eius anteq̄ naturalis fuerit p aliū occupata, tñ fuit occupata, bñ pdimus ēt ciuilē, ut s. e. l. j. §. p seruū. sd in seruo, q est res mobilis, aliud i reb. imobilib. & hoc vult tex. ꝙ ciuilis nō perdat post occupationē naturalis, fi- ēt pdit ante occupationē, ut hic, & d. §. q ad nundinas.

LEX XXVI.

Ocus certus. Pars rei certa rōne loci, uel quo tæ pōt possideri, secus si erat utroque respectu incerta. h. d. In gl. mag. in fi. ibi; (de faci- possum fieri certus per testes.) ista responsio nihil ualet. Primo qa nō est gnālis qd. n. si hrditas sit delata ab intest. & ignorē p quota portione, nec ēt aliqñ possum certificari p inspectionē testī. ut si erant alij in utero eiusdem gradus mecū, & ignorabā quot, tñ possum adire, p rata, q̄ me tangit in ueritate. Itē p istā rñsionē nō tollit ɔriū gl. dic ergo uerū esse, ꝙ possum adire p parte incerta, qa aditio consistit in solo aīo. Sed possessionē acquirere non, qa ɔsistit ēt in actu corpali, q nō pt exerceri circa partē oīno incertā, & dū dr̄, si possum adire, possum ēt usucapere, qd defunctus usucapiebat, ut in legib. allegatis in gl. Rñdet uerum esse hoc, tamen nō rōne possessionis, q̄ habebā, qa ēt si nō adiissem, ipsa hrditas iacens usucapionē ɔpleret sine possessione cæpta, tñ p defunctū ɔplet p hrditatem iacentem, & fortius p hrdem adeuntē, ēt sine possessione, ut j. e. l. ceptā. adde. j. de usuc. pro empt. l. empto. cum ibi no.

LEX XXVII.

1 *Propter furorem superuenientem non desinit quis possidere.*

2 *Furiosus ꝙ censeatur persistere in animo in quo erat ante furorem.*

Existens in peccato mortali, si incidat in furorem, an moriens damnetur.

3 *Dictum legis uel statuti generalis restringitur per ratione contentam in eis.*

1 SI is, qui animo. †Propter furorē superueniētē nō desinit quis possidere. h. d. Intellige nō solum naturalē, quia non deficit instr'm naturale, sed nec ēt ciuilr, de quo magis dubiū uidebat, quia ciuilis retinet aīo, qui deficit. Sed rñde p ea q̄ dixi s. eo. l. j. §. adipisci mur. super gl. qa tria sunt consideranda. s. aīus possidendi. & iste nō reperit i furioso. Itē aīus nō possidendi, sed abdicandi possessionē a se, & iste ēt nō reperit in eo. Itē aīus medius. s. nō possidēdi, nec desinēdi possidere, & iste reperit in furioso iuris psum ptione, seu p abdicationē primorū, & ad pdēdā possessionē regrit aīus nō possidēdi, sed abdicādi a se, ut l. 3. §. in amittēda. s. e.

2 §vel dic, ꝙ furiosus censet psistere in eo aio, in quo erat ante furorē, & nō acquirere aiū nouū, & iō dñt Theologi, ꝙ si quis existens in pctō mortali incidat in furorē, licet ɔfiteri nō posit, tñ moriens dānat, quia censet psistere in eadē obstinatione, in qua erat ante furorē. Sed si nō erat in pctō mortali, ex his quæ posteafaceret, nō dānaret, ut in cle. si furiosus. a de homicidio, & no. hic gl.

3 pp q̄ ista l. sp allegat, ꝙ dictū legis, vel statuti gnālis restringit p rōnē ɔtentā in ea, siue pcedat, siue sequat, & ita alle. Dy. in multis loc. s. in l. nomen debitoris. §. fi. de leg. 3. & l. cū pr. §. dulcissimis. & l. 2. alle. in gl. in casib. ergo i qb. qs ēt iuitus possessionē pdit, de qb. j. e. l. qui uniuersas. §. j. & seq. ēt inuitus possessionē pdit, de qb. j. e. l. qui uniuersas. §. j. & seq. ēt furiosus pderet. Sed est alius modus pdendi possessionē solo aīo, ut l. 3. §. in amittenda. s. e. & l. si qs vi. §. dña, & p illū modū furiosus nō pt pdere, & hoc vult iste tex. In gl. fi. ibi (cū hō sanæ mentis pdat p obliuionē). s. nō solā, ut hac. l. sed cū cursu decennii, ut dixi s. e. l. si id ꝙ sup gl. & sic nō ob. istud ɔriū. Sed qro, qd si stetit in furore p decenniū? vr̄ ꝙ nō pdat: qa sibi non pōt imputari negligētia, & gl. ista sentit. ꝙ pp lapsum tpis pdat rōne negligentiæ, tñ Bar. hic sentit ɔriū, p id qd no. in d. l. si id qd. Quidam dñt gl. melius sentire. qa ibi in illis, in quib. pt negligentia imputari, hic nō. Sed certe gl. ibi loquit, ēt qñ negligentia nō potest imputari, ut qñ ignorabat se possidere, nec unq̄ sciuit, ut quia nesciebat fundū, uel nesciebat sibi q̄ sitā esse possessionem, & iō vr̄, ꝙ circumscripta oī negligentia, si coniūgatur obliuio cum lapsu decennii, pdatur possessio ciuilis. tene menti.

ADDITIO.

a Si furiosus. Adde Car. Za. Ioan. de Imo. ibi.

LEX XXVIII.

1 *Per conductionem ēt inutile conductor priuat se possessione, & transfert in locatorem, sicut per utilē contractum, interueniente uera traditione.*

2 *Quando subest uerus titulus, & uera traditio, transfertur dominium, idem si uera traditio, & fictus titulus, uel si uerus, & ficta traditio.*

An duæ fictiones possint circa idem concurrere, remissiue.

4 *Si conduxi a te rem aliquam & tu nunc agis contra me, an possum tibi obijcere exceptionem dominij ad excludendum &c.*

1 SI alienam rem. †Diuidit ista l. in tres partes: qa prīo format unā q. si dñs, & possessor alicuius fūdi ɔduxit ipsū a nō dño, & nō possessore. vtrū trāsferat i illū possessionē q̄ hēt vsq. ibi (multis refert.) Et licet illa q. uideat determinata in l. qui bona. in prin. s. eo. ꝙ sic, tñ non plene, iō hic reassumit. Scđo p decisione istius dubii facit unā dist. trimembrē usq. ad uer. (nā & si.) ex qua distiōne colligunt quatuor casus. Primus est, qñ ipse ignorabat se possidere. Scđus quādo sciebat, & ɔduxit rē tanq̄ non suā, sed tanq̄ illius a quo ɔduxit, quia forte credebat esse illius, pt ēt esse, ꝙ sciebat esse suam, & tamen ɔduxit tanquam illius, & ita ur̄ intelligere gl. Tertius est, quando sciebat esse suā, & ɔduxit eam tanq̄ suam respū ppríetatis, qd in dubio psumit. Quartus casus est quando ɔduxit in eā respectu possessionis tm̄, ut qa ita dixit expresse, alias non psumit. Et in nullo istorum casuum Iuriscō. de ter-

terminat quid iuris sit: sed gl.& Doc.circa istos casus laborant determinãdo in quolibet eorum qd iuris sit: & ex hoc resultat prima difficultas huius l.Itẽ resultat ex alio, qa iurisc. solũ q̃rit vtrum transferat posseſsionẽ in aliũ, sed glo. & Doc. q̃runt de duob.alijs, s. an valeat ꝯ̃ctus ꝯductionis, & an in illum transfertur dñium, & ista tria ꝯsistunt in iure. Vertit ẽt difficultas in alio, ꝙ ꝯsistat in facto qa hoc pōt ꝯtingere trib.modis. s. ꝙ ignorabat se posseſſorẽ, & ẽt dñm, vel ꝙ sciebat se poſſeſſorem, & ẽt dñm, vel ꝙ sciebat se poſſeſſorẽ, sed nõ dñm, vel ꝙ sciebat vtrũq;. In quolibet istorũ est videndũ de illis trib. an transferat possesſio, & an valeat ꝯ̃ctus, & an transferatur dñium. Aduertẽdũ tñ ꝙ intentio Iurisc. est dicere, ꝙ in ultimo casu, qñ sciebat se possidere, & ẽt dñiũ, & ꝯduxit rẽ tanq̃ suã, & sic sciebat esse suã, tñ ꝯduxit rõne poſſeſſionis, ꝙ tunc trãsferat possesſionẽ, & valet ꝯ̃ctus, & ad hoc ꝓbandum in ver. nam & si. (& ibi est tertia pars) adducit casum similẽ qñ ipse esset dñs, & non possessor: & eam ꝯduceret a possessore rõne possesſionis, qa valet ꝯ̃ctus, & poſſeſſio remanet apud locatorem, & apud dñm sola detentio, & sic tenẽt illi soluere pensionẽ, sicut ẽt posset a tali possessore emere rẽ suã rõne poſſeſſionis & ẽt p̃cario rogare: & tenẽt illi soluere ꝑtiũ, & ẽt teneret interdi. de p̃cario, e.mõ si ipsemet possidet, & ꝯduxit a nõ poſſeſſore; quia trãsfert in illũ possesſionẽ, & apud se remanet detentatio nuda, & teneret soluere pensionẽ, ut s̃. dixi. tñ aduerte ad unã litationẽ singularẽ. quia tunc est uerũ ꝙ si conduco rem meã ab eo qui poſſidet rõne poſſeſſionis, uel ẽt emo, ualet ꝯductio & emptio, qñ ille in iudicio poſſeſſionis esset potior me, & tunc uideor ab illo emere ꝯmodũ illius poſſeſſionis, ꝙ ad eũ ꝑtinet. Secus si ego essem potior, quia tunc commodum ad ipsum non dr̃et pertinere, ista limitatio colli̊r ex l. si in empt. §. rei suæ. s̃. de ꝯ̃hen. emp. & miror ꝙ gl.& Doc. nõ faciũt hic mentionẽ, cũ sit substãtialis, & declaret istã l.cũ si. Et eadẽ rõne vr̃ dđm, ꝙ si sum in poſſeſſione, & eam ꝯduco a te rõne poſſeſſionis, tunc trasferam poſſeſſionẽ, & ualet ꝯductio, quãdo tu poteras illã poſſeſſionẽ a me auocare, & in illa eras potior, & hoc vr̃ fuisse de mente gl. fi. mag. circa fi. ibi. sed qũo. &c. alias. n. commodũ illius poſſeſſionis deberet ad me ꝑtinere. Ergo nõ debeo tibi pro illo dare pretium, uel mercedem. nunc ergo reaſſumendo dictos casus, in primo qñ ignorabã me poſſidere, clarũ est ꝙ poſſeſſionẽ in te non transfero, quia non hẽo aĩum trãsferendi, & h. d. hic gl. 2. per l. si me in uacuã. ȷ̃. e. nec ualet ꝯductio. & h. d. gl. fi. mag. in primo membro distinctionis. Rõ est in prõptu, quia apud eundẽ non pōt esse poſſeſſio, & ẽt ꝯductio. quia sunt ꝯ̃ria, ut s̃. e. l. si quis ante. nisi sit ꝯductio ad non modicũ tp̃s. Vnde si poſſeſſio ab eo non recedit, sequitur ꝙ ꝯductio non ualet, & multo minus transfert dñiũ, si est dñs, ẽt si sciat se dñm, & plus ur̃ ẽt si ꝓcedat cã habilis ad trãsferendũ dñiũ. quia nõ sufficit sine traditione, ut l. traditionib. C. de pac. & sic nõ vr̃ interuenisse traditio postq̃ nõ tenuit ꝯductio, nec fuit trãslata poſſeſſio pp hoc, qa ignorabat se poſſidere. In scđo casu, qñ ꝯduxi fundũ tanq̃ tuũ, hoc pōt ꝯtingere trib. modis, primo quia re uera erat tuus, & tunc non est dubiũ, ꝙ ualet ꝯductio, & transit in te poſſeſsio, ut s̃. e. l. qui bona. in prin. Scđo pōt ꝯtingere, ꝙ erat meus, & ignorabã meũ licèt scirẽ me posſidere. Tertio ꝙ sciebã ẽt me dñm, & ĩ his duob. casib. gl. mag. tenet ꝙ nõ ualet ꝯductio l. q rem. C. loca. qa ur̃ facta rõne ꝓprietatis in dubio. Et ꝙ nõ transit dñiũ, qa deficit cã habilis, nec fingit donõ, & ĩ his duob. bñ dicit, nec ab aliquo rep̄hendit, & ꝓbat in l. q rem. C. loca. sed bene transfert possesſio ſm gl. Bar. ꝯ̃ in hoc: qa si nõ essem poſſeſsor, sed tu locator, ego dñs ꝯducendo a te recuperarẽ poſſeſſionẽ, & tu desineres poſſidere, ut est casus singularis in l. ei a quo. ȷ̃. ti. j. ergo si sum poſſeſſor, multo magis debeo retinere, ar. l. j. §. qđ ait. de sup̄ficiebus. tu dic Bar. dicere uerũ, si ignorabam me dñm, & ita loquit tex. in l. ei a quo. sed gl. diceret uerũ, si ego sciebam, qa tũc nõ recuperarẽ, si nõ erã poſſeſſor, ut no. p gl. in d. l. ei a quo: ergo non retineo, sed trãsfero si sũ poſſeſſor: qa cessat rõ Bar. & imputat mihi cur ꝯduxi eã, & tuã, cum scirẽ meã. quia uolui mihi p̄iudicare in poſſeſſione, & potui nuda uoluntate. non sic potui p̄iudicare in dñio, ut s̃. eo. l. si quis ui. §. dr̃ia. & l. nunq̃ nuda. s̃. ti. 1.
2 †Et sic no. suppletionẽ ad l. q bona. s̃. e. ꝙ p ꝯductionẽ ẽt inutilẽ ꝯductor priuat se poſſeſſione, & transfert in locatorẽ, sicut & p inutilẽ ꝯ̃ctũ interueniẽte uera traditione, ut s̃. ea. l. §. si uir. In tertio casu, qñ ꝯduxi tanq̃ meũ rõne ꝓprietatis, si re uera nõ erat meus, sed tuus: non est dubiũ ꝙ ualet ꝯ̃ctus & transfertur poſſeſſio inspecta ueritate, ut hic dixit gl. notabiliter. Sed dubiũ est qñ erat meus, & ꝯduxi tanq̃ meũ, & in hoc differt iste casus a p̄cedenti, & tunc gl. ꝙ non ualet ꝯ̃ctus sicut nõ est emptio rei meæ rõne proprietatis, tñ dicit hoc nõ obstãte, ꝙ transfero in te dñiũ si sciebã esse meũ, supple, & multo magis poſſeſſionẽ, ſm Azo. secus si ignorabã. & motiuũ Azonis potuit esse, qa dẽt esse aliqua dr̃ia inter istũ casum, qñ conduxi ut meum, & p̄cedentẽ, qñ tanq̃ tuũ, quia Iurisc. facit hic dr̃iam. Sed in p̄cedenti casu nõ trãsfero dñium indistinctè, ẽt si sciam tr[...] licèt transferã poſſeſſionẽ: ergo in isto casu debeo transf[...] dñium, alias nulla esset dr̃ia. Doc. cõiter reprobant istam quia Azo sibi ꝯ̃riatur, nam si uerum est quod dicit Azo, [...] ferat dñiũ, & poſſeſſio. non est uerũ qđ primo dixit, ꝙ nõ [...] ꝯ̃ctus: qa tunc non ꝯduceret rẽ suã, sed alienã, & nulla r[...] se, quare non ualet, nisi quia ꝯducit rẽ suam. Præt. dom[...] ẽt ex uera traditione nõ transfert, nisi p̄cedat cã habilis. l. nuda s̃. ti. j. multo minus per fictam, & sic tenent, ꝙ nõ u[...] ctus, nec transfert dñium, sed in poſſeſſione distingue, ut licèt Bar. indistinctè dicat, ꝙ nec poſſeſſio, sed p hoc non ad ar. ꝙ s̃. feci pro Azo. quia tunc non est dr̃ia inter istum & p̄cedentem, i õ sustinendo Doct. poſſumus dicere, ꝙ [...] in poſſeſſione, quia in p̄cedenti casu an transferatur poſ[...] distinguendũ est, utrũ scit se esse dñm, uel non, sed in isto qñ ꝯduxi ut meũ, siue sciã, siue ignorẽ me dñm, ex mõ ꝯ[...] nis apparet, ꝙ uolui poſſeſſionẽ in te transferre, & sic tra[...] ar. l. q iur. militari, de test. mi. sed quãtum ad dñium, nõ est guẽdũ, quia siue sciã, siue ignorẽ me dñm, non transfero, poſſum, nõ subsistente uero tit. Quidam tñ uolentes sus[...] Azonẽ, dñt ꝙ hic subest fictus titulus donationis arg. l. c[...] erro. de reg. iur. Doc. ꝯ̃, dicentes uerba multũ notanda, q̃
3 leg. †ꝙ qñ subest uerus titulus, & uera traditio, sine dubi[...] fert dñiũ, ut l. traditionib. C. de pac. idẽ si uera traditio, & titulus, ut l. cuius p errorem. idem eꝯ̃ si uerus ti. & ficta tr[...] vt d. l. q̃dam mulier. de rei ven. C. de don. l. q squis. sed ub[...] ficta traditio, & non uerus ti. non poſſumus ipsum finger[...] nem transferendi qa duæ fictiones circa idẽ non debent [...] rere iuxta no. in l. j. C. de dotis ꝓmis. de quo artic. an duæ f[...] nes pñt ꝯcurrere, uide plene p Bar. in l. si is qui pro empt[...] vlt. q. ȷ̃. tit. j. & est cõis opi. & theorica Doc. Circa quartũ [...] casum, qñ ꝯduxi ut meũ rõne poſſeſſionis dic, ꝙ ualet ꝯd[...] & illã poſſeſſionẽ in te transfero, sed nõ dñiũ, & ad hoc p[...] factus est uer. nã & si. Ex his recollige, ꝙ ĩ primo casu qñ ig[...] ui me poſſidere, nõ ualet ꝯductio, nec transfert dñium, ne[...] ſeſſio. In scđo casu qñ sciui, & ꝯduxi tanq̃ tuũ, nõ ualet ꝯdu[...] nec trãsfert dñium, siue sciã, siue ignorẽ me dñium. Sed in [...] ſeſsione distinguit, an sciui me dominũ, uel ignoraui. In t[...] casu, quando ꝯduxi tanq̃ meũ respũ ꝓprietatis, non ualet [...] ductio, nec trãsfert dominiũ sed poſſeſsio, sic indistictè siue [...] ui, siue ignoraui me dñum. In quarto & vlt. casu ualet ꝯd[...] & transfert poſſeſsio, sed nõ dñiũ, & ex his remanent oẽs [...]
4 declarati. †Ex p̄dictis apparet, si ꝯduxi a te rẽ aliq̃, & tũc a[...]
a me, utrũ poſsim tibi obijcere exce. dñii ad excludendũ te[...] aut dico, ꝙ tu nõ es dñs, sed tertius, & hoc non poſsum dic[...] qa posito ꝙ si uerũ, tamen tenet locatio rei alienæ sicut u[...] tio, licèt nõ in p̄iudiciũ dñi. Aut uolo obiicere, ꝙ ego sum [...] & tũc aut tu agis ad resti. rei ꝯductæ ex l. si qs ꝯductionis. C. & nõ poſsũ obiicere, qa illa ꝯductio se hẽt ad similitudinẽ i[...] di recuperãdæ poſſeſsionis, in quo nõ obiicio ẽt si sim para[...] ĩꝯtinẽti ꝓbare, ut no. in l. si de ui. s̃. de iu. & d. l. si qs ꝯductio [...] aut agis ad pensionẽ actionis ex locato, & tunc aut ꝯduxit [...] ne poſſeſsionis, & non poſsum obiicere, quia tenet ꝯ̃ctus, ut in fi. aut rõne proprietatis uel simpl̃r, & poſsũ, qa nõ teneor, [...] obligor ad pensionem, ut l. qui rem. s̃. depositi. & l. qui rem [...] loca. & opponendo, & denegando pensionem, uideor interuertere poſsionem, q̃ in transtuli in casibus supradictis, & sic uerteretur ad me, ut l. Colonus. ȷ̃. de ui, & ui ar.

ADDITIO.

a Exceptio, dominii. Adde per Ale. consi. 13. 3. lib.

LEX XIX.

POſſeſsionem pupillum. Pupillus pt̃ desinere aĩo poſsidere, sed corp̃e sic. h. d. Et ĩtellige qñ poſsidebat ciuil̃r, & nãl̃r, nã ciuilẽ nõ p̃t a se abiicere sine authoritate tutoris, sed nãlẽ, sic eundo de fundo, nec dãnificat̃ pol[...] retinet ciuilẽ sicut qlibet alius. Sed si hr̃et tm̃ nãle, ut fructuarius, qa illã ẽt solo aĩo retinet, ut no. s̃. e. l. j. ĩ prin. sil̃r non poſ[...] illã a se abiicere exeundo de fundo, uel deponẽdo aĩum poſ[...] dẽdi, & sic p̃t intelligi l. all. in gl. ꝓ ꝯ̃ria. s̃. ti. j. l. pupillo. no. ti. c. queadmodũ. sed aliis modis quib. p̃dit poſseſsio, ẽt sine aĩo [...] ab inuito, & in casib. positis in l. 2. bñ poſset desinere poſsidere qa tũc authoritate l. p̃dit non facto suo uel aĩo ſm Iac. de Ar[...] & bene. Itẽ oppone, & solue, ut s̃. de usu ꝓ emp. l. 2. si pupil.

LEX XXX.

QVi uniuersas. Qui poſsidet uniuersitatem non censetur poſsidere quamlibet particulã eius, uel res singulares. h. d. unde poſsidens domũ nõ dr̃ poſsidere lapides vel tigna, ut l. eũ qui ædes. infra ti. j. In tex. ibi, (singula res) non intelligas de rebus existentibus in domo, ut supellectilia & alia mobilia, nam illa poſsidet, quia sunt sub eius custodia, ut s̃. eod. l. 3. §. Neruased

…lligas de lapidibus,cæmentis,& tignis, de quib. domus …tur.

…an tranſeat in aliu·n,ſine apprehenſione.
…tatutum uel conſuetudicem poſſit induci , ꝙ tranſeat poſſeßio ſine …enſione .

…oſſeſsionem. †Iuriſconſultus uſque ad §. ꝙ ꝑ colonũ,ponit aliquos caſus ĩ q̃ …ditur poſſeſſio ẽt ab ignorante uel inuito:& ſic illis mo… …upillus,uel furioſus perdit,ut dixi in l.præcedenti.& l.ſi …o.Et primus modus eſt ꝑmutatio rei , qñ de re propha…cta eſt religioſa,uel de ſeruo effectus eſt liber,uel de ma…fectus eſt ĩpẽs,ut in hoc §.& in ver.itẽ ſi id ꝙ poſſideba…ius eſt facto iudicis,ut in §.itẽ cũ p̃tor.& intellige, ꝙ il…cet ſolũ illi,cui iudex nocere uoluit.ſ. ei ↄ̃ quẽ impoſuit …retũ ſi ipſe poſſidebat,non alteri tertio, cui nocere nõ …ſi penes illũ erat poſſeſſio,ut no.ꝑ Inn.in c.qm̃ frequen…a ſi.ut lit.nõ ↄte.& ꝑ Bar.in l.2.C.ubi in rẽ act.& s̃.l.Põ…s q p̃tor.in fi.mag.gl.Tertius caſus eſt ꝑ occupationem …aqua,ꝙ dic ut dixi s̃.e.l.3.§.Labeo. Quartus caſus,† ſi …in ptãtẽ alienã,quia tũc ẽt poſſeſſio trãſit,& hoc no.ſin…ꝛ hoc patet,ſi quis ingredit̃ monaſteriũ,quia trãſit ĩ po… Abbatis , uel monaſterii non ſolũ dñiũ rerũ ſuarũ ipſo …eſt in auth.ingreſſi.C.de ſacr.ſan. eccl. immo ẽt poſſeſ…probat̃ j̃.de p̃c.l.ſi adoptauero.ſ̃m oẽs Do.licèt rꝛ̃ poſ…õ trãſeat ſine corporali apprehẽſione,ẽt in caſib.in qb. …dñiũ ipſo iure,ut s̃.e.l.cũ hr̃des.in prin.& no.in l.cũ duo …rñdit.s̃.pro ſo. ſed fallit,qñ poſſeſſor trãſit in ptãtẽ alie… cũ dño rerũ ſuarũ, quia ſi tranſit ꝑſona , multo magis …o.Hoc uult Inn.in c.in pñtia.circa fi.de prob.uer. oĩno …d nõ ſic trãſit in ↄñã dñii.† Dicit tñ Bar.& Ang.,bñ poſ…uetudinẽ,uel ſtatutũ induci,ꝙ poſſeſſio tranſeat ſine ap…ſione,ꝑ c.ij.de ↄſuetudine.& hoc ẽt vr̃ notare Cyn. in l. …de ↄdi.ob cau.in ↄſuetudine Gallicana , q̃ eſt, ꝙ uiuus …at mortuum,uel econuerſo,qđ eſt uocabulum Gallica… importat ꝙ hr̃s ſuccedit in poſſeſſione defuncti , & ꝙ …rtur in eum ſicut dominium,unde extinguitur morte.

A D D I T I O.

…Adde anno.per Bar.conſi.lx.& quæ habentur in cap. in præſentia, de

…probatur per ſolutionem mercedis.
…ꝺetur per ſolam locationem.

…Quod per colonum. † Etiam poſſeſſio q̃ qs tenet animo ſuo, …ore coloni,ꝑ mortẽ extinguit̃.& ad hr̃dem non tranſit, …ceſſe hẽt de nouo apprehendere. Item hr̃s locando rem …iam vacantẽ,cenſet̃ ꝑ colonũ poſſeſſionẽ apprehẽdere. …tabiliter in vtroq; dicto: & ſꝑ alle.Et primo loquitur de …duxit a defuncto, ꝙ ꝑ ipſum non ↄtinuat̃ poſſeſſio in …ontrariũ videbat̃,qa licèt poſſeſſio q̃ defunctus detine…,& corpore ſuo,extinguat̃ ꝑ mortẽ ſuã , vtrunq; inſtr̃m …uit,illa tñ q̃ tenebat aĩo ſuo,& corpore coloni, nõ vide…ngui,quia nõ extinguit̃ inſtr̃m coloni.In ↄ̃rium eſt, qa …tia poſſeſſionis erat apud ipſum defunctũ, & colonus … nudũ miniſteriũ circa illã ſubſtantiã retinendã. Extin…o ꝑſona defuncti,neceſſariò extinguit̃ oĩs ſubſtantia q̃ il…rebat,ergo neceſſariò extinguit̃ inſtr̃m coloni , qđ tanq̃ …s ſine ſubſtantia ſtare nõ põt.Hẽt ergo neceſſe hr̃s app…re, & ſi colonus ſibi ſolueret penſionẽ, cenſet̃ hoc ipſo …ẽdere,& ita ſentit gl. fi.ꝑ fin. huius §. q ſic põt ,intelligi. …ↄ põt intelligi ille finis,ꝙ loquat̃ in eo,q ↄduxit ab hr̃de …tariã,cuius poſſeſſionẽ hæres nondũ apprehenderat,nã … vr̃ apprehendere. Et ſic colonus [b] transfert in hr̃dem …ionẽ,q̃ non erat apud eũ,nec aliũ,ſed vacabat,vt dixi s̃.e. …a.in prin.nõ ſic erat apud aliũ,vt j̃.eo.l.q̃uis.§.j.põt & …nõ intelligi,ꝙ nõ dicat hr̃dẽ ĩcipere poſſidere ꝑ colonũ, …it,ꝙ uſucapit ꝑ colonũ illud qđ uſucapiebat defũctus,ni… qa ẽt ſi nullus eſſet colonus,ipſa hr̃ditas iacẽs ↄpleret u…onẽ,ut j̃.ti.j.l.cæptã.Vlt.alleg.ad hoc † gl.fi.huius §.ꝙ ꝑ …onẽ mercedis ꝓbat̃ poſ.nã ſi uolo ꝓbare ꝙ ſoluiſti merce… …eſt fundata intẽtio mea,niſi aduerſarius ꝓbet,ꝙ illo tpe …ſio erat apud ſe,ut d.l.q̃uis.§.j.† Sed per ſolã locationem …atur poſſeſſio,nec dominiũ,qđ dic ut in c. inter dilectos. …de fide inſtr.& adde in l.litib.C.de agric.& cenſi. lib. xj.

A D D I T I O N E S.

…Adde Bar.conſi.2.2.lib.Bal.in margarita ſua in uerbo ciuitatis.
…In hac materia per Fran.Cur.plenè conſi.lxx.Ale.conſi.x.3.lib.

…tiam per ueram traditionem factam ab illo qui poßidet ſeu detinet …omine,nam priuor poßeßione,& quando hoc procedat.

Quòd ad poſſeßionem retinendam uel perdendam non inſpicitur aĩus ſecundi conductoris,ſeu commodatarij,uel depoſitarij,ſed animus primi.

2 *Si aliqua ciuitas utatur mero imperio,non iure ſuo,ſed precario a ſuperiore conceßo,& poſt in illa ciuitate inſurrexerit aliquis Tirãnus, qui uſus fuit illo imperio,tanquam proprio ipſius ciuitatis non recognoſcendo ab illo ſuperiore,ꝙ ſuperior priuetur poſſeßione illius imperij.*

§.Si ego tibi. Si depoſitarius, cõmodatarius, uel colonus penes alterum deponat, cõmodet,uel locet:primus poſſeſſor retinet poſſionẽ, ẽt ſi ille ſecun
1 dus nõ utat̃ re noĩe primi poſſeſſoris.h.d.no.† patet ergo ꝑ iſtũ text.ꝙ ẽt ꝑ uerã traditionẽ factã ab illo q poſſidet ſeu detinet meo noĩe,nõ priuor poſſeſſione,qñ nõ eſt facta aĩo me priuãdi, qđ p̃ſumit̃ qñ eſt facta ex aliquo ↄ̃ctu nõ habili ad trãſlationẽ dñii: ſecus qñ eſt ad hoc aptus:qa tunc uideret̃ facta aĩo priuãdi me,ita loquit̃.l.3.§.ꝙ ſi ſeruus.s̃. e. eadẽ diſtinctio adhibet̃ qñ ille,q̃ meo noĩe detinet,nõ tradit alteri , ſed dimittit poſſeſſionẽ uacuã recedẽdo de fũdo,ut j̃.l.ꝓx.cũ ibi no.Qñ ãt tradit fictè,tũc ẽt ſi aĩo me priuãdi,nõ priuat, ut l.q̃uis.§.j.Itẽ no. ſingl̃r,ꝙ nõ inſpicit̃ aĩus ſcđi ↄductoris,ſeu ↄmodatarij , uel depoſitarij,ſed aĩus primi.facit j̃.de iti.ac.pri.l.j.§. ſi tibi fundũ.& ibi Bar.inducit ad q̃onẽ de facto,ſi aliqua ciuitas utat̃ mero imperio nõ iure ſuo, ſđ p̃cario a ſupiore ↄceſſo,poſtea ĩ illa ciuitate inſurrexit aliqs Tirãnus, q uſus fuit illo ĩperio tãq̃ proprio ipſius ciuitatis nõ recognoſcẽs ab illo ſupiore,ꝙ ſupior nõ priuat̃ quaſi poſſeſſione illius ĩperii,ĩmo retinet̃ ꝑ ipſũ Tyrãnũ qa ĩſpicit̃ aĩus ciuiũ qui p̃rio retinebãt,& ſic ĩ ꝑpetuũ nõ p̃ſcribit̃ ↄ̃ ſuperiorẽ,niſi ꝑ aliũ modũ interuerſa eſſet poſſeſſio,quia ↄ̃ poſſidentem non p̃ſcribit̃,ut l.malè agere.de p̃ſ.xxx.ann.

L E X XXXI.

1 *Locator qui poßidet per colonũ ſi tradat,uel ſpolietur,an ꝑdat ſuã ciuilem.*

1
a SI colonus nõ deſerẽdæ. †Si colonus [a] exiit fũdũ nõ aĩo deſerẽdi poſſeſſionẽ,locator nec ciuilẽ,nec poſſeſſionẽ naturalẽ ꝑdit.h.d.no. Si ergo colon⁹ retinet detẽtationẽ ſuã ſolo aĩo, qa cũ aĩus eius nõ poſſit operari in retentatione ciuilis poſſeſſionis,uel ẽt nãlis: qa nullã poſſeſſionẽ hẽt,operat̃ ĩ retentione nudæ & corporalis retentionis,ita dicit gl.ꝑ iſtũ tex.l.j.s̃.e.ĩ gl.2.ma.poſt mediũ,ĩ ver.ſi ãt ꝑ aliũ. Quid ãt ſi exeat aĩo deſerẽdi poſſeſſionẽ?ꝙ ĩ dubio nõ p̃ſumit̃,qñ alteri nõ tradidit, ſi ponamus ꝙ ↄſtet tũc de ciuil.poſſeſſione locatoris nõ eſt dubiũ,ꝙ nõ ꝑdit ſđ dubiũ ẽ de nãli,q̃ retinet̃ corpore & aĩo coloni.& hic deficit utrũq. In gl.sũt opi.prima ꝙ illa ꝑdit̃, ar. hic a ↄ̃rio ſenſu.& e.l.ſi de eo.§.j.uer.aliud. Alij ↄ̃ ꝓ qb.j̃.ꝓ ẽptore.l.q fũdũ.ĩ pri.de iſta q.plenius tractat gl.ĩ l.j.C. cõia de vſuc. Et vr̃ gl.tenet̃ primã ptẽ,& ẽt Do.ꝑ l.ſi de eo.§.j.j̃.e.in uer.aliud , ſ̃m cõẽ intelſ̃m.Mihi uꝛ̃ dđm,ꝙ iure iſto ffor ũ, iſta ſit uera, ſed hodie,ut l.fi.C.e.ti.de acq poſ.nõ ꝑdit̃ ẽt naturalis.qa malignitas coloni nõ dẽt nocere locatori in aliquo,ut patet ibi exp̃ſſe, ſed ſi ꝑderet̃ nãlis,ĩ aliquo noceret,& ꝓ hoc.C.de ag.& cẽſi.l.ſi ꝑ colonũ.li.xj.& hoc eſt uerũ ẽt ſi colonus exeũdo de fũdo clã, & doloſè aliquẽ intromittit,ꝙ dr̃ ꝓcedere,ut s̃.l.fi.ſi mulier vẽtris noĩe.ſi ãt tradat ex aliquo ↄ̃ctu,tũc iura uetera remanẽt incorrecta,& qd iuris ſit,dic ut dixi in §.p̃cedẽti. aut tradit uerè, aut fictè,& in p̃rio caſu aut tradit aĩo priuãdi locatorẽ,aut nõ. Si ãt colonus nõ exeat fundũ,nec tradat,ſed moriat̃,uel ĩcipiat furere,dic ut s̃.e.l.ſi id qđ.§.j.& d.l.ſi de eo.§.j.j̃.e.Quid ãt ſi ſpoliat̃,dic ut l.ꝑegrè.§ quib.j̃.e.†Quid ãt eↄ̃,ſi ipſe locator q poſſidet ꝑ colonũ,tradat uel ſpoliet,an ꝑdat ſuã ciuilẽ? dic ut no. j̃.de vi,& vi ar.l.j.§.nõ ãt.in gl.& l.i.C.unde ui.In gl.ibi: ut C.e.l.fi. & ſic gl.intelligit illã legẽ in ciuili, ꝙ non ꝑdit̃ malignitate coloni,certè ſ̃m intellectũ iſtũ,illa l.nihil introduceret de nouo,quia etiam iure veteri hoc erat poſtq̃ alij non tradebat,& tamen ↄ̃rium patet ex illa l.quæ vult aliquid de nouo inducere. Vnde intelligo eam in naturali poſſeſſione,vt dixi s̃.

A D D I T I O.

a Si colonus.Vide infra in §.forte.ubi aliqua ad materiam.

L E X XXXII.

1 *Per colonum uel inquilinum retinet quis poßeßionem,ẽt ſi locatio ſit inutilis,& per mandatarium,licet mandatum ſit inutile ad obligandum.*

2 *Statutũ ꝙ mulier non poſſit ſe obligare ſine certa ſolennitate,puta ſine cõſẽſu mariti,an hẽbit locũ ſi mulier faciat aliquem actũ,tanq̃ procuratrix .*

1 QVamuis pupillus. †Per colonum uel ĩquilinũ retinet quis poſſeſſionẽ ẽt ſi locatio ſit inutilis,&per mandatariũ, licet mandatũ ſit inutile ad obligandũ.h.d.tex.cũ gl. no . Si ꝑ ↄductionẽ inutilẽ ꝑdit quis poſſeſſionẽ, qa trãſfert in locatorẽ,ut no.in l.ſi rẽ.s̃.e.ita & per locationẽ eam retinet, ut hic eſt caſus.hoc uerũ,niſi ſit inutilis ex eo,quia conductor erat dominus, & ipſe ignorabat ſe dñm, quia tunc locator perdit poſſeſsionem,& transfertur in conductorem: qđ eſt notabile

vt

2 vt est casus in l.ei a quo.ʒ.ti.j.& ibi Bar.h.d.all.istã l.† In gl.2.ibi
(nõ obligat̃ ex mandato,sed acquirit nobis, &c.) & p istã gl. cũ
tex.dicit Ang.se obtinuisse Florentiæ.ubi est statutũ, ꝙ mulier
nõ possit se obligare sine certa solẽnitate,puta, sine ꝯsensu ma
riti vł mundualdi. Pone ergo, ꝙ mulier fuit ꝯstituta ꝓcuratrix
ad aliquẽ actũ extraiudicialẽ sine ꝯsensu mũdualdi. constat ꝙ ex
illo mãdato non obligat̃, ut teneat̃ ad interesse si non impleat.
Quærit̃ si impleret ꝙ habuit in mãdatis,utrũ ualeat ꝯ̃ctus in p̃
iudiciũ mandãtis,dicit ipse,ꝙ sic per istũ tex.cũ gl.quod no. ꝑ-
petuo:& hoc iõ ꝯtingit,qa facit ſm mandatũ , id est uoluntatẽ
mandantis,licet mandatũ non sit obligatoriũ,tex. tñ hic & gl.
loquitur in actu fauorabili mãdãti, & ipse loquitur in actu p̃iu
diciali,tamen eadem est ratio,si bene consideretur.

---

1 *Per fictam traditionem coloni uel inquilini dominus seu locator possessio-*
nem non perd t.
2 *Secundus conductor non soluendo primo locatori,an priuat ipsum possessio-*
ne nisi fuerit requisitus ut soluat,& denegauerit.
3 *Per solutionem mercedis factam uni, an probetur possessio illius.*
Cautela pro illo, qui vult probare se possessorem, ex eo ꝙ alius constituit
se suo nomine possidere, vel quia ab eo conduxit.

1 §.Si conductor. † Per fictã traditionẽ coloni vel in
quilini dñs seu locator possessio-
nẽ non ꝑdit. Ad hoc semꝑ allegat̃,intellige.s.ciuilẽ nõ ẽt nãlẽ,
qa colonus adhuc remanet in detẽtatione,licèt fictè alteri tradat ꝯducendo ab illo,vel ꝯstituendo se illius noĩe possidere. In
tex.ibi,rẽ vendiderit.)& sic patet,ꝙ habuit aĩum interuertendi
possessionem primi locatoris,& ipsũ priuãdi possessione,licèt
2 gl.hic dicat ꝯ̃riũ. † In tex.ibi.(& vtriq.mercedes p̃stiterit.)idẽ si
neutri,vel scđo tm̃ locatori,qa nõ soluendo primo,si fuerit reqsitus,vt soluat,& denegauerit,nõ priuat ipsum possessione,vt
l.malè agit̃.C.de p̃scr.xxx.ann.& ibi not. Si aũt verè tradidisset
a emptori,tũc ẽt si primo locatori pensionẽ soluisset, [a] ipsũ tñ
priuat possessione tã ciuili,q̃ nãli,vt l.Põp.s̃.q.mo.vlusf.amit.q̃
est singularis in hoc,& no.Spec.de præsc.§.j.ver.pone colonus.
3 Sic ergo patet ex isto tex,ꝙ ꝑ solonẽ mercedis factã vni , nõ ꝓ-
bat̃ possessio illi⁹,si apparet de alio possessore,secus si nõ apparet,vt no.in l.q vniuersas.§.qđ ꝑ colonũ.s̃.e.dicit Ang.ẽt ꝑ istũ
tex.ꝙ dẽt qs esse cautus qñ vult ꝓbare se possessorẽ ex eo,ꝙ ꝯsti
tuit aliũ se suo noĩe possidere,vel ab eo ꝯduxit ꝑ l.qđ meo.& l.
b q bona fide.in prin.s̃.e.ꝙ ipse ꝓbet [b] illũ q hoc fecit fuisse possessorẽ tp̃e quo fecit,alias nihil sibi ꝓdesset ꝯstitutio,qa põt esse,ꝙ nõ erat possessor ille,licèt esset detẽtator, & sic nõ trãstu-
lit possessionẽ,q̃ nõ hẽt ꝑ istũ actũ fictũ,vt est casus hic. Si ãt ha
bebat possessionẽ ẽt solã nãlẽ,tũc illã trãsfert,& ẽt ciuilẽ q̃ erat
apud aliũ,ut no.s̃.e.l.iterdũ.§.fi.ĩ gl.lita ut ibi dixi,& vide qđ no.
Bar.ʒ.de iti.actuq.pri.l.j.§.si tibi ũfdũ añ fi.dicit ẽt Bar.no. ſm
Iac.de Bu.in l.Celsus.ʒ.ti.j.ꝙ licet apud ꝯductorẽ nõ esset possessio,sed apud aliũ si tñ erat ad utilitatẽ ꝯductoris,pone exemplũ,obligasti mihi aliq̃ rẽ,& ꝯstitui te meo noĩe possidere certũ
est,ꝙ trãsfert in me ciuilẽ,& naturalẽ ſm uerã opi. & remanes
in nuda detentatione,tñ illa possessio est ad tuã utilitat̃,qa si il
lã rem p̃scribas,ꝓdest tibi ad ꝯplendã p̃scriptionẽ,ut s̃.e.l.§. per
seruũ corporalr̃. Pone ergo ꝙ postea uendis illã rem alteri , &
ꝯstituis te illius noĩe possidere , & ꝯstat me non priuari possessione,ut hic.sed an transferas in illũ dñiũ, qđ erat apud te, uel
quasi dñiũ,si p̃scribebas? dr̃ ꝙ sic,& fuit dictũ.Iac. de Bu. origi-
nalr̃,& sic ex traditione ficta,ẽt ex qua nõ trãsfert̃ possessio,trã
sfert̃ dñiũ,& usucapiẽdi ꝯdõ,q̃ erat apud tradentem,sicut trans
ferretur ex uera traditione, licet ex ea non transferatur posses-
sio.ut no.in l.si fundum.de fundo dotali.per gl.

ADDITIONES.

a Soluisset.Adde ut per.Bar.consi.cclxxv.& cclxxx.lib.3.
b Probet illum.Adde Fran.Cur.consi.lxx.Ale.consi.xxviij.Old.consi.ciiij.

§.Infans possidere. Infans per seipsum non põt
incipere possidere sine tuto
ris authoritate,sed ꝑ seruũ eius sic:sed maior infante bene põt
ẽt sine tutoris authoritate,dic vt s̃.eo.l.j.§.adipiscimur.

LEX XXXIII.

1 *Licèt iudex mandauerit nuncio, ꝙ mittat me in possessionem, non possum*
ingredi propria authoritate sine nuncio,secus si mandasset mihi.

1 FVndi uẽditor. † Licèt uẽditor mãdauerit possessionẽ tradi,nõ tñ emptor de
bet propria authoritate accipere anteq̃ sibi tradat̃. h. d.
notabilr̃. Videbat̃ ꝯ̃riũ, qa postq̃ mãdauit tradi , apparet
de eius voluntate: & sic emptor ingrediendo nõ uidebat̃ igre-
gredi ꝯ̃ uolũtatẽ,sed certè ĩmo vr̃. qa nõ vr̃ adesse uoluntas uẽ
ditoris,quousq.ꝑ mãdatariũ facta sit executio, nã ĩ illud tp̃s vr̃
uolũtas suspensa.ar.ʒ.e.l.q absenti.in prin. Et sic patet ꝑ istum
tex.ꝙ licet iudex mãdauerit nuncio,ꝙ mittat me in possessionẽ,non possum ingredi ꝓpria authoritate sine nuntio.Secus si
mãdasset mihi,qa bñ potuit facere me executorẽ in cã pro
ut no. in l.meminerint.C.uñ ui.& l.fi.§. Iul.de dam.infe. p
ʒ.de re iud.l.miles.§.si iudicat.In gl.j.in fi.tu dic,ꝙ immo te
tur tradere uacuam,& nisi uacuã tradat, nõ liberat̃, ut l.2.
no.de act.em.bene tamen trasfert dominium posito , ꝙ ua
non tradat.iux̃.no.in l.si fundum.s̃.de fun.do.

---

1 *Vbicunque reperitur mandatum non finiri morte mandantis,poterit t*
reuocari per hæredem.
In quibus casibus hæres non possit tale mandatum reuocare.
2 *Si iudex commisit executionem, & ante eam factam finitum sit officiu*
dicis,non est finita commissio , secus si talis commissio esset facta pro
cutione alicuius sententiæ latæ.

§.Itẽ si amicus. Mãdatũ scm̃ suꝑ eo,ad qđ mãd
nebat̃ morte eius nõ finit̃:bñ p
c uocari ꝑ hr̃dẽ [c] eius.ad hoc sꝑ all.iste tex.& ita intelligit gl.
do.l.2.§.sed si qs.& fortè de iure ciuili,nõ ita bñ reperit̃ ali
de iure cã.ꝓbat̃ clarius in c.si super grã.de off.del.li. 6. ubi
ꝙ si sit datus executor suꝑ grã iã facta,mãdatũ eius nõ extin
tur morte ipsa,sicut nec ipsa grã,& rõ est,qa postq̃ erat fac
nebatur ipse ipsam mittere executioni , & dare possessionẽ
tex.ibi:(amicus uenditoris.)supple cui uẽditor mãdauit,ut
ptori traderet,ut in prin.l.In tex.ibi: (priusq̃ id sciret.) sub
maximè:qa si mãdatũ non est finitũ morte,ut gl.& Do.int
gunt,nõ est curãdũ utrũ sciuerit mortẽ,uel ignorauerit dũ
ꝑ hr̃dem nõ reuocet̃,& iõ qđ ʒ.subijcit̃.aut nõ ꝓhibentib.
b.dẽt exponi aut ꝓ &,vel stat ꝓpriè,& est sensus, ꝙ si ignor
mortẽ,uel sciuit,& hr̃des nõ ꝓhibuerint:& eo.mõ in fi.ibi
cũ sciret.)tñ iste tex.ur̃ ꝓbare ꝯ̃riũ eius,ad qđ all.si nollem
audire maxime:quare ergo facimus istã subauditionẽ ad d
endũ tex.rñdeo qa si esset finitũ morte,nõ esset curãdũ de
bitione hr̃dis,uel de uoluntate:nã ẽt si nõ ꝓhiberet , uel
uolũtate nõ appareret,nõ posset mãdatũ executioni mã
sed tex.in hoc facit uim,ergo oportet intelligere, ꝙ nõ fi
tũ ꝑ solã mortẽ. Item qa si esset finitũ, ẽt si ignoraret mor
tradendo nõ transfert dñiũ,ut l. qua in ꝓuincia. §. quas
s̃.si cer.pe.& d.l.2.§.sed & si qs. s̃.de do.sed iste tex.innuit
dũ dicit rectè possessio ei tradita est:nã innuit,ꝙ hẽat effe
quem dr̃et hr̃e,si esset tradita mãdatore uiuẽte: & ista sunt
gent ad tenẽdũ intelłm gl.& Do.licet ꝑ eos malè declaret
1 cet tex.uideat̃ prima facie sonare ꝯ̃riũ.† Et no.ꝙ ꝑ istũ tex.
mus,ꝙ ubicũq.reperitur mãdatũ non finiri morte mãdant
est in quibusdã casib.ut no.in d.§.sed & si quis. per Bar. &
mãdat̃.C.mãdati.ꝑ Cy.poterit tñ reuocari ꝑ hr̃dem,ut hic.
in casib.in quib.hr̃ditas nõ adita transmittitur:nam hr̃s po
repudiare,sicut poterat & defunctus , quia nõ transmittit
dita,sed ut adeunda,ut l.si qs filiũ.§.j.& ibi no đ acq.hę.In g
ibi ar.ꝯ̃.s.ꝙ hr̃s ĩmo non possit reuocare,licet defunctus p
rit:cuius ꝯ̃riũ hic innuit in uerbo. (non ꝓhibentib.)sed io
ꝙ ibi est spãle fauore dotis,uel mr̃imonii,ut licèt defunct⁹
terit pænitere,nõ tñ possit hr̃s eius. Est & alius casus spãlis
re libertatis.s̃.de ser.exp.l. 2. & rr̃ secus: qa qđ ꝑmittit̃ def
& hr̃di eius,ut ʒ.de reg.iur.l.hr̃dem.in gl.ibi item ꝯ̃.s.ꝙ ẽt
datarius ignoret mortẽ,nõ rectè tradere possit:& ad hoc
hoc ꝯ̃riũ cum seq.Sed rñde,qđ loquunt̃ eo casu,quo mãda
fuit morte finitũ,quia nõ erat scm̃ suꝑ eo,ad qđ mãdans t
bat̃.Et q̃rebat̃,utrũ mittendo ipsũ executioni transferat
& in illis legib. hr̃ qđ nõ , qa ignorantia mãdatarij non op
trãslationem dñii,q̃ dependebat a uoluntate mãdãtis,& il
rat iã finita ꝑ mortem,ut l.id qđ nr̃m.de reg. iu. sed in his
dependebãt a uolũtate mãdantis,bene operatur ignorãti
datarii,ut mandatũ habeat̃ ꝓ non finito,ut l.si mãdassem.s̃
dati,sed in casu nr̃o mandatũ non erat finitum, ꝑ ea quæ s̃
2 xi.& ita intelligit̃ gl.in d.§.sed & si quis. † Vltimo iste tex. i
cit̃,qđ si iudex ꝯmisit executionem,& ante eã factã finitũ
d ficium iudicis,non est finita ꝯmissio: [d] qa facta est suꝑ eo,
iudex tenebat̃,postq̃ sñiam tulerat,q̃ transierat in rem iu.
bat̃ in l.uenditor.in fi.s̃.de iud.secus si talis commissio nõ
facta pro executione alicuius sñię latæ,puta si ꝯmisit,qđ al
citarem,nã expiraret ꝯmissio,iõ ꝑ successorem oportet re
ri,& ita intelligo,quod hic no.Ang.adde qđ no.in l.& quia
iuris.om.iud.& facit l.fi.de pœ.& cum ibi no.

ADDITIONES.

c Per hæredem.Si ergo sine hærede decesserit,finitur mandatum,ut hic dic
Ro.de quo per Soc.consi. 42.
d Finita commissio.Adde no.per Ioan.And.in procemio sexti.ubi inter alia
an signata supplicatione bñficii,si moriatur supplicans ante habitas liter
bñficium dicatur uacare per mortem suam uel prædecessoris,& per D.d
deci.ult.de rescri.in nouis.ubi dñt,ꝙ gratia ex certa scientia Papæ facta,
missa alicui,ut literas faciat,ꝙ non expirat mortuo ipso.

LEX XXXIIII.

1 *Dictio, quomodo,est nota improprietatie.*

I me in vacuam. † Error [a] in corpore ĩpedit possessionis acqsitionẽ. secus si sit error in noĩe tm̃. Itẽ q rẽ tradit, nõ vr̃ hr̃e aĩum perdendi possessionẽ, si recipiens dissentiat sibi acqrend.sec⁹ si nõ dissentiat, licèt ẽt nõ ꝯsentiat. vt qa ẽ furiosus, qt l.qđ meo.§.si furioso.s̃.e.l.de quo gl.hic opponit.sic erllige, ꝙ cũ trado, & q̃rĩ, an veli a me possessionẽ abdicarĩ. t ista ꝯdõ, si ñ dissẽtias, vt tibi acqrat̃, vt hic, sed ista ꝯdõ, si cqrat̃ nõ inest: vt ĩ l.ꝯ̃ria. In fi.ibi: (In ꝑsona accipiẽtis tm̃.) ie.i.qualitate ꝑsonæ: qa putat̃ sanæ mẽtis, cũ sit furiosus: i cẽt error ĩ sub̃a ꝑsonæ: qa putabat̃ Titi⁹ cũ eẽt Sẽproni⁹: c ñ trãsferẽt possessio ſm Iac.đ Ra.vt j̃.de fur.l.si vẽdidero. ·õnẽ ãt diuersitatis ĩter errorẽ ꝑsone & rei dixi s̃. † Vlt.no. s̃. dixi de dictione, quodãmõ, qđ est nota improprietatis.

A D D I T I O.

cit Bellamera decis.44.de refor.ꝙ error nominis ꝓprij possessoris conem commissio impetratur, per cognitionem dictæ pos.designati, non viscriptum.

ũ ad actus extraiudiciales possum constituere seruũ alienũ, & seruus us potest esse neg.gest.sicut liber homo, sed requiritur ratihabitio.

Sed si non mihi. † Cũ res tradit̃ procuratori ad hoc, vt possessio q̃rat̃ dño, suf alter ipsorum nõ erret, licet alter erret in rei sub̃a. Item ruũ alienũ recipientẽ meo noĩe põt mihi acquiri possesd.vsq; in fi.l. † Et hoc vltimũ sp alle. ꝙ q̃tum ad actus exiues possum ꝯstituere ꝓcuratoiẽ seruum alienũ, & ꝙ seru⁹ us põt esse nego.gest.sicut liber homo. Requiritur tamẽ abitio domini, ut sibi quæratur, vt l.si ego.de neg. gest.

L E X XXXV.

ncit in interd.vti possidetis, in iudicio proprietatis obtinet partes rei, erò vincitur, obtinet partes actoris.

lo fit executio, vt possit perueniri ad fideiussores, vel pignorum poses, ꝙ non sufficiat relatio nuntij reperta in actis, cum nihil repeitur nis principalis. & qualiter requiratur pronunciatio iudicis, vt possit niri ad pignorum possessores.

er sufficiat pronunciare super maleficio, ꝙ talis ipsum commisit.

Xitus controuersiæ. † Qui uincit ĩ ĩterdic.uti possi.in iudicio ꝓprietatis obtinet partes rei: q uerò uincit̃, obtinet partes actoris.h.d.in effectu. Est aũt utilius tenere par: qa nõ incumbit sibi onus probandi de iure suo, sed acto & nisi probet actor, ẽt si reus nil probet de iure suo, absoliure, quo possessores sunt potiores, vt l.uti frui.post prin. usf.pe.& C.de rei vẽ. l.fi. Itẽ qa nõ cogit̃ reus ꝓuocare ad ũ, sed actor sic. In tex.ibi, (exit⁹ ꝯtrouersię.) i.effect⁹ siniẽ la ꝯtrouersia possessiõis, qa erãt duo, quorũ qlibet dicebat n, & possessorẽ cuiusdã fundi. oportet ergo p̃io uidere, possessor, & ꝑ hoc all.ꝯ̃riũ ꝙ alter nõ intẽtauit interd.uti serẽdo se possidere, & ꝑ aduersariũ turbari in possessione o decl̃ari hoc & aduersario ĩponi silẽtiũ a molestia, & sic interd.est duplex: qa qlibet istorũ erit actor, & re⁹. Si ergo iet ꝑ uno ꝯ̃ alterũ, tũc scim⁹, qualr̃ dẽat ordinari iudiciũ prietate, qa ille, q fuit uict⁹ ĩ possessorio hẽbit necesse age pbare se dñm, nõ ille q uincit. † Vlt.Bar.ꝑ istũ tex.ibi.(ꝓnũ aeteriat qñ fit excussio, ut possit ꝑueniri ad fideiussores, vl̃ orũ possessores, qa ñ sufficit relatio nũtij reperta in actis, ꝙ reperit̃ de bonis principalis, imò reqrit̃, ꝙ iudex ꝓnũciet lionẽ lrĩmè factã nõ aũt oportet, ꝙ subiungat̃ in ꝓnũcia posse ꝑ hoc ꝑueniri ad pignorũ possessores, seu fideiusso a iste est qdã effect⁹ iuris, sup quo nõ expedit iudicẽ ꝓnun & ita ĩtelligo, qđ ipse no.ĩ l.stipl̃o.ĩ fi. [b] s̃. de no.ope.nun. uidem⁹, ꝙ sufficit ꝓnũtiare sup maleficio, ꝙ talis ipm ꝯmisic super fcõ, nec est opus ꝓnuntiare sup pœna, qñ est sta a iur̃ cõi vel municipali, ut l.j.post prĩ.j̃.ad Tu r.& isto mõ igit, qđ no.in fi.in l.sancimus.C.ad Tr. tene mẽti ꝑpetuò.

A D D I T I O.

de quæ ibi posui post ipsum Pa.

L E X XXXVI.

r fingitur possidere rem pignori traditã quantum ad complendã vsumem, licèt creditor verè possideat, & potest ab ipso creditore precagare, vel conducere, nec per hoc vsuca.interpellatur.

er rem propriam possit quis precario rogare & etiam conducere à ve ssessore.

QVi pignoris. † Debitor fingit̃ possidere rẽ pignori traditã q̃tũ ad ꝯplẽdã vsucapionẽ, licèt creditor uerè possideat, & põt ab ipo creditore p̃cario rogare, uel ꝯducere, nec ꝑ hoc vsuc. pellat̃.h.d.cũ l.se.In tex.ibi, (intell̃r.) q.d.nõ vere possidet, ngit̃ possider̃, quo ad duos effect⁹ q ponunt̃ in gl.sed uera ssio est apud creditorẽ, ut j̃.seq̃t ibi, (cũ creditoris possess.) l.tã ciuilis, q̃ nãlis. In tex.ibi: (æquè ꝑ diutinã possessiopiet.) videbat̃ ꝯ̃riũ, qa p̃caria possessio non sufficit ad p̃scribendũ, ut s̃.de publ.l.qcq̃.§.interdũ.sed rñde, ꝙ nõ p̃scribit ex illa possessione p̃caria, cũ si eã nõ hret, p̃scriberet rõne fictæ possessionis, q̃ fingit eẽ penes eũ, & cui fictæ possessioni nõ eẽt vera possessio creditoris, multò ergo magis vsucapiet cũ p̃carium hẽat uerã possessionẽ nãlẽ, & sic non dẽt esse deterioris ꝯdõnis ex hoc, ꝙ plus iuris hẽt, & hoc vult tex.seq̃ẽs & ad hãc rõnem
3 uide tex.cũ gl.in l.in bello.§.si qs seruũ.j̃.de captiuis. † Vlt.no. ꝙ rẽ ꝓpriã p̃t qs precario rogare, & ẽt ꝯducere a uero possessore, q in possessione est potior eo, & dic, ꝙ isto casu qñ ꝯducit tanq̃ a creditore suo, vr̃ ꝯducere rõne possessionis, ẽt si expresse hoc non dixerit per hos tex. licèt alias uideret̃ conducere rõne proprietatis, ut s̃.eo.l.si aliquam rem.in fi.in uersi.specialiter.

L E X XXXVIII.

QVi absenti seruo. Dispõ q̃ ꝯfert̃ in absentẽ ꝑ epistolã censet̃ suspensa vsq; in tp̃s quo epistola ad illũ ꝑueniret, & cõsentiat.h.d. Et uide bonã gl.q̃ alle. istũ tex.ĩ c.apostoli.de cl̃ic.excõ.mini.nã ista l.loq̃t in actu fauorabili absentis.
c illa gl.vr̃ dicere idẽ in actu odioso, ut si excõicat̃ [c] absens. Cætera dic ut l.absentis.s̃.de don.effectus aũt huius l.est magnus: qa p̃t pœnitere anteq̃ lr̃a ꝑueniat ad absentẽ, & tũc poterit fieri liber, si postea ad eũ ꝑuenerit, ut l.4.j̃.de manu. vind.qđ not. in l.j.in fi.de ꝯ̃h.empt.& qđ dixi s̃.e.l.fundi.§.itẽ si amicus.fallit in casu in quo pœnitere nõ p̃t, quousq; de dissensu absentis appareat, q hr̃ ĩ c.si tibi absenti.de p̃b.li.6, sed ibi, qa in clericis magis reprobat̃ ĩcõstãtia, ut in cle.cũ illusio.de renũ. & ibi viđ opt.gl.

A D D I T I O.

c Excommunicatur. Adde ut per Car.consi.40.

1 *Possessio & dominiũ possunt transferri in alterũ sub condõne de p̃senti, vel de futuro, & nisi conditio sit vera vel existat, habetur pro non translata.*
2 *Transferre in te dominium, & possessionem alicuius rei, cum pacto, ꝙ non alienes hoc pactum non potest impedire te, quominus possit alienare dominium & quid operetur tale pactum.*
3 *An sit reperire aliquem modum, quòd alienare non possit.*

1 §. Si quis possessionem. † Possessio & dominiũ p̃nt trãsferri in
d alterum sub ꝯdõne [d] de p̃nti, uel de futuro, & nisi ꝯdõ sit vera
2 uel existat, hr̃ pro non translata.h.d. † Hic est unẽ gl.q̃ multum alleg.licèt reprehendatur, q̃ inducit istum tex. ad unam qõnẽ. Nam certum est, ꝙ si transfero in te dñium, & possessionẽ alicuius rei, cũ pacto, ꝙ nõ alienes, hoc pactũ nõ p̃t impedire te, quominus possis alienare & dñiũ in alterũ trãsferre, & sic non potero ab illo hoc petere. sed opat̃ hoc pactũ, vt habeã ꝯ̃ te con
3 dõnẽ ob cãm ad interesse.ut l.ea lege.C.de ꝯdi.ob cau. † Erit ne reperire aliquẽ modũ, ꝙ alienare nõ possis, & ꝙ si alienas dñiũ reuertat̃ ad me, & possim ab illo uẽdicare (& gl.vult, ꝙ sic per istũ tex.s.ꝙ transferã in te dñium sub ꝯdõne si nõ alienabis. qa si alienabis hr̃ ꝓ translato. Et vr̃ velle glo. ꝙ si dicã ista uerba, trãsfero in te, ne alienes, videor transferre sub ꝯdõne. Secus si dicã, ut nõ alienes. aliq hñt ecõuerso. Certè neutrũ est uerũ, & ista gl.rep̃hendit̃. Primo inq̃tũ facit dr̃iam inter vt, & ne, qa nulla est dr̃ia, & neutra istarũ facit ꝯdõnẽ, sed modũ, ut l.qb. dieb. §.fi.de ꝯdi.& demõ.& l.cũ pr̃.§.Titio.in gl.sup uerbo (retineat.) in fi. de leg.2. cũ ergo de natura modi non sit̃ actũ suspendere, dñium esset utroq; casu translatũ pure, & iõ non posset reuerti ad transferentẽ ipso iure ex illis solis uerbis sine tradõne, ut l.tradõnib.C.de pac.& no.s̃.de don.l.j.in gl.ma. Præterea si trãsfert̃ sub ꝯdõne, non rñdetur ad propositum. quia nos quærim⁹, qñ est intentio mea transferre dñium, & ꝙ sit apud te quousq; alienes, & ꝙ si alienes reuertat̃ ad me. Sed si fieret translatio in te, sub ꝯdõne, non est apud te, añ impletã ꝯdõnem, & sic anteq̃ desineres, posse alienare. Et iõ Doc. dant aliã practicã. vt dicat̃, ꝙ nõ alienes, & si ad aliquẽ actum alienationis ꝑuenies, statim dñium reuertat̃, & tũc ꝯstituis te meo noĩe possidere, tũc.n.qa interuenit ficta tradõ, p̃t ad me reuerti, de hoc plenè ꝑ Cy.licet Bar.nõ alle.ĩ l.fi.C.de re alie.nõ alie. alia practica est, ꝙ obliges mihi illã rẽ pro meo interesse, & tunc impediret̃ alienatio, postq̃ hẽo ius in re ꝑ casum singularẽ, in l.si creditor. in fi.s̃.de distra. pig.q nõ est alibi ſm unã lect.sicut qñ haberẽ dñium directum in illa re, & tu utile, nã ĩpediris alienare, ut l.fi. C. de iur. emph. Tu potes ponere aliã practicã, vt dicat̃, ꝙ uẽditio uel donatio, uel alius ꝯ̃ctus hẽatur ꝓ non fcõ, casu quo ad aliquẽ alienationis actum ꝑuenias, nã istud pactum resolutiuum hẽt uim pacti l.ꝯmissoriæ.C.de pact.inter empt. & uend.& not.ꝑ gl.in d.l.j.s̃. de do.nam licèt illud pactum proprie fiat in ꝯ̃ctu uenditionis, & qñ apponitur condõ, si non soluatur pretium, potest tñ ad similitudinem fieri ẽt in alijs contractib, & sub alijs condõnib. quia eadem est ratio, vt ibi dixi, & hoc sentit expressè Bald. in l. in ea.

A D D I T I O.

d Conditione. Limita, ut per D. de Ro. in recollectis per Bernar. de Bisigneto de concess.præb.deci.9.inci.quidam expectans apostolicus.

ca.C.de cōd.ob cau.vbi ēt ponit aliā practicā,vt dicat trāsfero
in te dñiū duraturū apud te vsq; ad tps,quo alienare īcipias,nā
tunc ɔsolidabit cū pristino dñio p l.fi.C.de le.q̄ practica nō pla
cet,qa ibi loquit in vltima voluntate, in qua pōt dñium transferri ipso iure,post tps,vt l.Titia.§.fi.de leg.2. non sic in ɔ̄ctibus
sine tradōne,nisi in casib.supradictis. Si aūt diceret,si alienaue
ris,dñium ad me reuertat,vel hēatur venditio p non fcā, istud
pactū non oparet quicq̄, qa ɔfertur in tps alienationis pfectæ,
pp verbū.(si alienaueris.) qd̄ est p̄teriti imperfecti, & sic in tps
quo alteri esset q̄situ dñium, qd̄ nō posset sibi auferri sine suo
fcō,casus est singularis in l.Stichus seruus meus.s̄.de manu. te-
sta.Adde [a] quod no.Bar.in l.qui Romæ.§.Flauius.de verb.obli.

ADDITIO.

a Adde.Tu etiam addas Bal.consi.390.incip.tres Marchiones.lib.3.

§.Si is qui Titio. Per seruū, cuius dñium non puenit ad hæred. ex aditione hrditatis:qa nondū erat in hrditate,licèt peruenerit occasione hrdita
tis,& pp actionē hrditariam,pōt hrs acquirere possessionē rerū
hrditariarū.h.d.& est nouus casus. In tex.ibi:(vendiderat.)sup-
ple,& non tradiderat,& sic dñium eius non erat in hrditate,&
sic hrs adeundo non acqsiuit dñium p aditionē, sed p tradōnē
serui sibi postea factā. Nunq̄ ergo vr̄ fuisse hrditarius,licèt occa
sione hrditatis sit q̄situs,& per actionem hrditariam,& sic non
ob.l.j.§.veteres.s̄.eo.In tex.ibi: (tradiderit.) gl.intelligit.s.ante
aditā hrditatem,qd̄ non placet:qa est diuinare: qa tex.dicit,qa
tradidit hrditatem,sed tunc non diceret tradita hrditas, vt l. si
in diē,in prin.de cond.& demō.Item qa tunc videretur hrditatē adire:qa est actus,qui non pōt fieri citra ius,& nomen hrdis,
nisi poneremus,q̄ esset institutus sub condi.& tunc est alia ma
gna diuinatio.intellige ergo,vt dixi,& procedit planè.

LEX XXXIX.

1 *De materia sequestrationis, vide aliqua, remissiuè.*
Necessitas non habet legem.

1 **INteresse puto.** † Rei sequestratæ de voluntate partium perditur possessio, nisi expresse sit actū in ɔ̄rium: & iō interpellat vsucapio, & ad hoc sp allegatur. Et Bar.ponit hic aliqua de materia seque-
b strationis, [b] ad quem remittitur per legistas:& adde,quod hr̄ p
eum,& alios in l.si oleum.s̄.de dolo.& per Canonistas. in c. lo-
cupletari.de reg.iur.lib.6.per Ioā.And.in mercu.& in c.exami-
nata.de iudi.& s̄.depositi.l.licet.§.j. adde quod habetur s̄. eod.
l.qui vniuersas.§.item cum pretor.In tex.ibi:(& hoc apertè fue
rit approbatum.) quod est s̄m Docto. eo ipso, q̄ non apparet
contrarium.Si de communi consensu partium fit,secus si com
pulsus fuit per iudicem reus, & possessor propter suspitionem,
vt l. si fideiussor.§.fi.qui satisda. cogan. quia necessitas non habet legem,vt l.rem leg.de ali.leg.Cætera dic vt per Bar.

ADDITIO.

b Sequestrationis.Vide eundē Pau.consi.238. Old.cōsi.166.Lud.Ro.consi.388.

LEX XL.

SI de eo fundo. Per deiectionem factam seruo proprio non perdit quis possessionem.h.d.

1 *Quantum tempus requiratur, vt dicatur quis negligens, vt perdat.*
2 *In hæreditate alicuius dr̄ esse res, q̄ nō erat sua, sed per eū detinebatur iuste.*
3 *Hæres q̄ tenetur in inuētario ponere ēt res cōmodatas, aut depositas opud defunctum, aut ab eo conductas, cum veniant in petitione hæreditatis.*

1 **§.Si fortè colonus.** † Si colonus exit fundum nō aīo derelinquendi possessionē,locator non pdit ēt naturalē possessionē.Si verò moriatur,
c vel exit [c] aīo possessionē derelinquendi,locator pdit naturalē,
non ciuilē,nisi negligat naturalē adipisci,qa tūc pdit ēt ciuilē,
& nisi naturalis fuerit p aliū occupata,& locator negligat recu
perare,qa vr̄ tunc suspicatꝰ se posse repelli, & sic pdit ēt ciuilē.
h.d.iste §.difficilis s̄m intelr̄m gl.& Doc. Et sic ponunt hic tres
casus s̄m secundā lect.glossæ,q̄ cōiter tenet per Doc. Primꝰ est,
q̄ colonus exiuit fundū non aīo derelinquendi possessionē, &
q̄rit,an dñs perdat naturalē, quā tenebat corpore coloni, vsq;
ibi:(quo mortuo.) & tūc in verbo pp vtilitatē ponit rn̄sio,q̄ nō,
immo q̄ retinet,& ɔtinuat aīo coloni,de hoc ēt est casus. s̄.eo.
l.si colonus. Secundus casus est, qn̄ colonus mortuus est, quo
casu ponitur pro ɔstanti,q̄ naturalis perditur, sed q̄ritur de ciuili,an ēt illa statim perdatur? & videbatur, q̄ sic quasi cohæreat naturali, & eam sequatur, sicut si colonus esset exclusus,
quo casu perdita naturali,perdetur ēt ciuilis etiam ab ignoran
te,vt s̄.eo.l.peregrè.§.quilibet.sed ɔ̄ rn̄detur, q̄ non interpelle-
tur,nec perdatur quousque neglexerit adipisci.s.recuperare na
turalem,& ex illo verbo,(adipisci.) patet,q̄ naturalis erat perdi
ta,vt in simili habetur in l.3.§. Nerua.s̄.eod. & hoc tenuit Io.vt
no.s̄.eod.l.si id quod.§.j. in glo.aliter.& hoc vsque ibi aliud.Ibi
est tertius casus, quando colonus exiuit animo deserendi possessionem: quo casu est idem,quod in proximo præcedenti,qn̄
mortuus est, & aliud q̄ in primo. Vnde quidam habent
quidam autem idem, & primo casu refertur ad primū c
secundo refertur ad s̄m,& hoc vsque ibi(sed hæc ita.) vb
tur vna limitatio ad s̄m casum, sed certè etiam cadit in
& posset etiam cadere in primo, quia qn̄ colonus discess
animo deserendæ possessionis: verum est, q̄ non perditur
ralis,nisi per alium fuerit occupata: quia tunc bene per
tn̄ hoc non placet,licet Ang. videatur hoc tenere:quia c
la naturalis tunc non vacet, sed retinetur aīo coloni,ali
gressus eā non acquirit,nisi ingressus sit cū tanta potent
vt s̄.eo.l.quod meo.§.fi.Sed in hoc secundo,& tertio casu,
cadit,quia licet per ingressum ille non acquirat, nisi nat
q̄ reperit vacare,si tn̄ locator negligat eam recuperare,c
sit,ciuilem perdit,sicut si non esset per alium occupata.I
tn̄ est dr̄ia,quia qn̄ non est per alium occupata,requiritu
ta negligentia,q̄ permittat rē destrui,aliàs non perditur,
intelligit Bar.illum s̄m casum ibi:(adipisci neglexerit.)mu
notabiliter, sed qn̄ est per aliud occupata, ēt si non perm
destrui.Si tn̄ negligit ab illo recuperare, eo ipso pdit, & i
2 telligatur finis huius §.† Extra istos casus, quantum,tps [d]
d ritur, vt dicatur quis negligens,& perdat,gl.in l.id qd̄.in
s̄.eo.tenet,q̄ decennium.Inno.multum notabil̄r in c.qu
de elec.& in c.2.de resti. in integ. dicit esse relinquendum
trio iudicis,& ibi vide omnino ad intellectum istius §.&
q̄ s.dixi,& no.hic Bar.licèt Inno.nō alleget.Et s̄m istam le
primo casu huius §. concor. l.si colonus.s̄.eo.Secundus a
sus in ver.quo mortuo,cum eo,quod dat in fi.ver.sed hæc
venit ad limitationē huius casus, limitat, qd̄ hr̄ in l. si id
§.j.s̄.eo.dr̄,q̄ mortuo colono locator non desinit possid
hoc intelr̄.i.ciuiliter,sed naturaliter sic, vt hic colligitur
bo.(possessionem adipisci.)nam non pōt intelligi, nisi de
rali. Si ergo adipiscitur,sequitur q̄ erat deperdita. Item li
in alio. qa ēt ciuilis perditur, si negligit naturalem adipi
qual̄r intelligat negligere,dixi s̄.quia aut non est per aliū o
pata,& tunc qn̄ tm̄ neglexit,q̄ destruit,vt hic.Aut per ali
cupata,& tunc ēt si non destruit,sed cū pōt non recupera
eam perdit,vt in fine: & adde qd̄ dicā in gl.tertia.in fi. Ext
casu in verbo,aliud soluit dubitatio, q̄ facit gl.in l.si colon
eo.qn̄ discessit colonus aīo derelinquendi possessionē: an
datur naturalis? nā tex.ibi innuit,q̄ sic a ɔ̄rio sensu. sed qui
dicebāt ɔ̄rium. Sed pro prima parte est casus hic,dū dicit,
q̄ in primo,vbi discessit non aīo derelinquendi possessionē
stat.n.q̄ in illo nec ciuilis, nec naturalis perdit,ergo in isto
3 tur saltē naturalis. † Ex vltimo casu in ver.sed hæc ita.not
hrditate alicuius dr̄ esse ēt res,q̄ non erat sua, sed per eū de
batur iustè,& dixit Ang.fuisse ɔsultum Perusij per istū tex.
4 l.& non tm̄.de peti.hære. † q̄ hrs tenetur in inuentario po
ēt res ɔmodatas,aut depositas apud defunctum, aut ab eo
e ctas,cum veniant in pet. hær. [e] Secundum aūt primam lec
nō ponunt hic,nisi duo principales casus. Primus qn̄ colo
decessit vsq; ad ver.aliud.alius, qn̄ discessit aīo possessionē d
linquendi, & tunc primo ponit quæst.vsq; ibi(pp vtilitatē)
stea ponitur vnū ad euidentiā,si colonus viueret qd iuris &
interpretatio verborum vsque ibi.(quo mortuo.)& ibi poni
rn̄sio,& ista lec.fundatur:quia quidam habent in tex. dece
sed s̄m primam q̄ s̄.tenui,hr̄,decessisset, ista lec.nō tenet:
s̄m istā in ver.aliud hic,verbū illud nullo mō posset stare in
qa tunc non esset aliud,sed idē,qd̄ in p̄cedenti casu:qa sicut
morit,pdit naturalis,& nō ciuilis, nisi interueniēte neglig
& qn̄ decessit aīo derelinquēdi possessionē. Et tn̄ qdam ha
aliud:qdam hn̄t idē,sed tenēdo scd̄am lec.gl. q̄ primo loco
sui,vtrunq; verbū pōt bn̄ stare in lr̄a, si referant ad diuersos
sus,vt s̄.dixi.In gl. 3.q̄ inci.(sed q̄.)in fi.ibi, tu dic gl. nō reph
dit p̄cedentes inq̄tū dn̄t,q̄ hic loquit de ciuili, q̄ pdat p ne
gētiam,qa istud est uerū in se,sed reprehendit inq̄tū dn̄t,q̄ v
bum.(adipisci.)ponit hic impropriè p retinere,nā immo p
tur ppriè:qa per negligentiam in adipiscendo naturalem p
tam pdit ēt ciuilis.Tn̄ aduertendum: qa gl.in fi. dicit unū ve
bū,q̄ non eundo ad fundum obliuiscit, & sic perdit ciuilem
innuit ergo gloss.q̄ hic ciuilis perditur per obliuionē, & si
est,requiret cursus decennij,ut no.in l.si id q̄ in prin.s̄. eo. n
sufficeret sola obliuio,ut in l.si is q. s̄.eo.sed certè iste tex.dic
q̄ perditur per negligentiam,& ita dicit gl.seq.& ista pōt co
mitti etiam sine cursu tanti tpis, vt in casib. quos s̄.dixi.& et
extra illos prout bono.iudici uidebitur s̄m no.per Inno. in lo
cis

ADDITIONES.

c Vel exit.Adde vt p Bellamerā concl.suis de causa pos.& ppietatis. concl.
d Vide in hoc quanto tpe negligentia inducatur in l.j.ff. de his qui.vt indi.& in
cognitione.per Bar.ff.ad Syl.& adde Bal.in l.mancipia.C.de seruis fugi.
e In petitione hæreditatis.Adde & intellige secundum Bald.consi.402.3.lib.
ad euidentiam.

alle.ubi aũt negligẽtia nõ posset deprehendi: quia nec est
i occupata, nec derelinquit, & ipse aliqua iusta cã est impe
accedere ad possessionẽ, vel mittere de suis, posset tñ si vel
inc debemus recurrere ad obliuionem q̃ induceretur si p
im tps staret, ꝙ nec iret, nec mitteret, & ita posset saluari
l. p no. in l. si id qđ s̃. e. In gl. seq. in fi. ibi (solu. ut ibi.) tu dic
ci s̃. eo. l. si colonus. ꝙ isto iure qñ colonus discessit aĩo; re-
iendi possessionẽ perdebat nãlis, vt in hoc ver. aliud, & in
olonus. s̃. e. a ꝯrio sensu, licèt non ciuilis, nisi interueniẽte
gentia. Hodie dicit p illã l. fi. ꝙ ẽt naturalis nõ pditur, qa
ecisio Iustiniani, q̃ vr̃ velle aliquid de nouo inducere, siue
fiit dũtaxat, siue ẽt clam aliquẽ introduxit, ꝙ dr̃ perdere:
qñ tradidisset palã, qa tunc iura uetera non corrigunt, &
iuris sit dic ut s̃. e. l. 3. §. ꝙ si seruus. & l. qui vniuersas. §. fi. &
s. §. j. In gl. seq. ibi. (vt quia suspicatus sum me posse repelli.)
b. de Ra. & Ray. reprehendunt istã gl. qa ꝯtinet diuinatio-
qa non hr̃et dubiũ, & iõ dñt ꝙ ꝯrium gl. loquit qñ possi-
aĩo & corpore meo, & me absentaui, & alius ingredit, &
pabat nãlẽ vacantẽ, vt non pdã ciuilẽ, nisi reuersus nõ fue
admissus, vel sim suspicatus me posse repelli: hic qñ ciuilẽ
, & naturalẽ p colonũ, quo casu mortuo colono & occu-
p aliũ naturali statim pdo ciuilẽ. Dictũ istorũ non hẽt in se
rõnem q̃ quare magis vno casu q̃ altero: iõ dic, ꝙ p istũ tex.
letur qđ hr̃ in d. l. si id qđ. §. fi, ꝙ nõ solũ in illis duob. casib.
o ẽt si non apparet, ꝙ fuerit suspicatus se posse repelli. Si
eglexit recuperare naturalẽ ab occupatore, pdit ciuilem.
e. n. ꝙ occupator nõ erat talis, de quo posset suspicari: qa tñ
it recuperare. & sine iusta cã omisit per aliqđ tps, qđ relin
ur iudicis arbitrio, pdet ciuilem, ut hic & est casus singula-
uasi p p̃sumptione iuris uideat suspicatus se posse repelli.

Seruum tuum. Quantum ad hoc, ut possessio sit iusta, uel iniusta, inspicit ini-
cius. h. d. dic, ut s̃. eo. l. clam possidere. in prin.

propriam non potest quis illam possidere, sicut nec conducere, uel preca
rogare.
destinitas est quoddam uitium proueniens ex mala fide incipientis possi
e, & quot modis possit committi.
clandestinitas propriè committatur in possessione uacante.
nti interdicto, uti possidetis, an possit obijci exceptio dominij.
tica seu cautela quando ago contra te interdicto uti possid. & tu contra
quia quilibet nostrum dicit se possessorem, & dominum.

Si seruum meum. †Rẽ ppriã nõ põt quis clã possidere, sicut nec ꝯdu-
uel p̃cario rogare. h. d. mirabilis tex. qui pbat ista esse paria,
q̃b. nõ cadit ꝯductio, uel p̃carit rogatio, nõ cadat ẽt clãde
tas, & gl. & Doct. intelligunt, ut sit bona ꝯparatio, & hoc in
gat respectu pprietatis, nõ aũt possessionis, qa sicut respũ
essionis possũ ꝯducere, & ẽt p̃cario rogare rẽ meã, ut s̃. e.
alienã. in fi. ita clã possidere. Sed istud nõ ur̃ esse aliqd, nec
icuius substãtiæ, nec vr̃ uerum, qa clandestinitas nõ ꝯmitti
in pprietate, sed in possessione tm̃. Vñ res, uel pprietas nũ-
clãdestina, sed ipsa possessio, ut no. s̃. e. l. Pomp. §. cũ qs ĩ gl.
in fi. cum ergo iste tex. dicat, ꝙ non ꝯmittit clãdestinitas ĩ
pria, dẽt intelligi, s. in possessione seu respũ possessionis, in
bñ põt ꝯmitti, alias si intelligeret respectu pprietatis. fru-
toriũ esset hoc dictum, qa ẽt in aliena nõ põt committi, sed
inendo dictũ gl. & Doc. possumus dicere sic faciendo ꝯriũ
on põt committi clandestinitas, nisi in possessione, †tñ qa
ndestinitas est quoddã uitium proueniens ex mala fide inci
ntis possidere, qñ furtiuè ingredit timens sibi controuersiã
, ut l. clam. in prin. s̃. e. l. põt committi duplr̃. s. respectu pro-
etatis qñ res non est sua, & timet sibi fieri ꝯtrouersiam de p-
etate, & isto mõ nõ ꝯmittit in re propria qa de tali cõtrouer
non timet. Alio mõ qñ timet sibi fieri ꝯtrouersiam de pos-
ione, q̃ põt esse, ꝙ sit sua, tñ possessio ptinet ad alium, & ille
a est potior, & isto respectu bñ põt ꝯmitti clãdestinitas in re
pria, rõne possessionis. & ita intelligantur gl. & Doc. In gl.
fi. ibi, (sed constitutione l. si quis in tantam) hoc p oẽs repre
dit, qa illa constitutio requirit violentiam ablatiuã, q̃ est in
teria illata in psonas, uel ẽt expulsiuã & illa põt cõmitti ẽt
e ppria, & ex eis punitur ꝯmittẽs, qa cadit a iure suo, ut ibi,
dem in ꝯpulsiua, ut l. extat. qđ met. cau. sed hic nulla violen
fuit illata personæ, sed clam fuit res abducta. Vñ non incidit
llam ꝯstitutionem, si quis in tãtam, nec cadit a iure suo, nec
mitti clandestinitas, sed furtũ bene dicit committi si inte-
at possessoris sibi nõ subtrahi, & qualiter dr̃ interesse dic, vt
i in iure. §. fi. j. de fur. sed si interesse nõ p̃tenderet possessor
meæ, ẽt furtum non committerẽ per d. l. qui in iure. in fin. a
o sensu, certe p eandem rõnem vr̃, ꝙ si interest possessoris
n pdere possessionem, quod respectu possessionis committi
tunc clandestinitas, ut s̃. dixi, vt si in possessione erat potior
me, qa sibi fortè pignoraui, & sic licèt sim dñs, & probẽ de dominio, nõ dẽt sibi possessio auferri, nisi soluam debitũ, qa erat
bonæfidei possessor & fecerat expensas necessarias, & sic nõ te
nebat possessionẽ restituere, nisi eis refusis, alias si reprobato
dñio teneret possessionẽ restituere, tunc nec ratione pprietatis, nec rõne possessionis ꝯmitteret clãdestinitas, sicut nec furtũ. ita intelligo istum §. difficilem ad sustinẽdũ, nã clandestini-
3 tas propriè ꝯmittit in possessione uacante. si † ergo reperio pos
sessionem rei meæ uacantem, puta naturalem, vr̃ mihi licitum
ingredi, & multo magis si utraq. uacaret, licet illam rem ab ali
quo bona fide emisses, nec incido in l. cũ q̃rebat. C. unde ui. qa
cessat rõ hic illius l. q̃ est, ꝙ rẽ q̃ scio nõ esse meã, debeo credere
ad illũ pertinere, nã hic scio esse meã, & iõ si intentares condi-
ctionẽ ex illa l. ad recuperandã possessionẽ dñij, opponerem, &
4 repellerem, ita ibi no. †In gl. seq. mag. in fi. ibi, (quod est falsum)
ista gl. semper alle. quia tenet, ꝙ agenti interdicto, uti possidetis,
nõ põt obijci exceptio de proprietate, sicut nec agenti ĩter
dicto vnde vi, ut l. si quis ad se fundũ. C. ad l. Iul. de ui pu. ẽt si
vult incontinenti pbare de dñio, licèt sit secus in agente inter
dicto, uel possessorio adipiscendæ, ut l. j. cum ibi no. C. de edic.
diui Adr. tol. tñ ista gl. nil alle. ad hoc Bar. dicit esse casum in l.
j. C. si p uim alio mõ f̃m gl. & de hoc p ipsum in l. naturaliter. §.
nihil cõe. s̃. eod. Dyn. in cap. qui ad agendum. de reg. iur. tenuit
ꝯrium, ꝙ põt obijci, si vult incontinenti probare. Mihi vr̃ dicẽdũ sic, ꝙ si tu possessor rei meæ agis ꝯ me interdi. uti pos. qa turbo te in possessione, & ego obijcio, ꝙ sum dñs, & ꝙ licèt mihi
te turbare, si quidẽ in rei uendica. probato dñio possem possessionem a te auocare, nec haberes aliq̃ retentionem, possum ẽt
te turbare, & sic possum obijcere exceptionem dñij, ut a te ab-
soluar. arg. j. de adul. l. nec in ea. ubi si possum te impunè occi-
dere, multo magis iniuriari, uel aliter te offendere, aut probato
dñio in rei uen. nõ cogereris possessionẽ restituere, sed hr̃es re-
tẽtionem ex aliqua cã, ut qa ibi ignoraui, uel eras bonæfidei
possessor, & feceras expensas, quas potes iure retentionis recuperare, iuxta no. in l. fundo. de rei uen. & tunc loquitur ista glo.
& Bar. ꝙ nec possũ in illa possessione te molestare, uel impedi
5 re p iã dicta. †No. ẽt ex ista gl. practicã, si ago ꝯ te interdicto vti
pos. & tu ꝯ me, qa quilibet nr̃m dicit se possessorẽ, & dñm, ut s̃.
e. l. exitus, si qlibet nr̃m pariter pbat de dñio, clarũ est, ꝙ neuter
vincit alterum, nisi alter eorũ pbet melius de dñio, q̃ alter, quia
tunc ille obtinet in hoc interdi. ut in c. licèt cãm. de probat. Si
ergo ego facio articulos de dñio, & tu dubitas me posse melius
pbare q̃ tu, cautela est p istã gl. cũ tex. ꝙ tu articules, ꝙ ego pos
sideo a te clam rõne possessionis, quo pbato pbatio mea de do
minio nõ pderit mihi ad obtinẽdũ, sed tu nõ obtinebis, nec suf
ficeret tibi dicere, ꝙ clã possideo a te, qa intelligeret respectu p
prietatis, qđ esse nõ põt, ut hic in tex. sed dẽs dicere, & pbare ꝙ
respectu possessionis, & qualr̃ possit hoc ꝯtingere. dic ut s̃. dixi.

ADDITIO.

a Et adde, ꝙ clandestinitas delictũ aggrauat, de qua uide abũde p Hipo. de Mars. in rub. ff. ad legẽ Põp. Cæterũ ãt magis ne puniat ꝙ clã fit, q̃ qđ palã, uide Sal. in l. nemo. C. de sum. Tri. & fi. cath. & ad materia huius adde qñ possessio clandestina dicat gl. & Mar. in l. j. C. uti pos. 4. col. ver. venio ad aliã gl. & diffuse p oẽs in l. clam possidere. §. qui ad nundinas. ff. de acq. pos. itẽ quod huiusmodi possessio nihil operetur in his quę iuris sunt, uide Bar. in l. j. 6. q. C. de test. & Inno. in c. nihil. de ele.

LEX XLI.

1 *Qui ingreditur fundum nõ causa possidendi, sed ratione amicitiæ, aut iure familiaritatis, non dicitur possidere.*

2 *Habens tres filios, si disposuit in suo testõ, ꝙ primogenitus habeat dominiũ omnium terrarum solus, & alijs debeat prouidere secundum condecentiã de uictu ipsorum, & post mortem isti fratres steterint in concordia simul per xx. uel xxx. annos, & simul ponebant officiales in illis terris, an tunc primogenitus uideatur renuntiasse iuri suo.*

3 *Si aliquis per magnum tempus pranderet in domo alterius amici sui, non uidetur hoc fecisse animo ius sibi acquirendi, nec alter aĩo sibi præiudicãdi.*

4 *Statutum ꝙ si filius fuerit repertus tenere bona paterna teneatur subire onera hæreditaria, en possit excusare, ꝙ hoc non fecerit tanquam hęres, & uxor testatoris eiusq. mater obtinuit tenutam in bonis paternis pro dote sua & filius stet in domo una cum matre, an teneatur.*

1 QVi iure famil. †Qui non ingreditur fundũ causa possidendi, sed ratione
amicitiæ aut iure familiaritatis, non dicitur possidere.
h. d. & semper allegatur, intellige etiam si possessio
uacabat, alias non haberet dubium, & præsumitur hoc quando constat de iure alterius in proprietate, & de iure ingredientis. nam & ipse ingrediens erat amicus, consanguineus, uel vi-
2 cinus, vel affinis, ut hic, & l. si mulieri. s̃. qui. mo. vsusf. amit. †Per
istã l. dixi his diebus ꝯsulẽdo, cum dominus quarundam terra-

rũ habens tresfilios disposuerit in suo testõ ꝙ primogenitus habeat dñium solus,& alijs debeat prouidere ſm ꝯdecentiã de uictu ipsorum,accidit ꝙ post mortẽ isti fratres steterunt in bona ꝯcordia sit̃ per xx.vel xxx. annos, & simul ponebãt officiales in illis terris acsi dñium ad oẽs æqualiter ptinuisset :postea uenerunt ad discordiã:& cũ primogenitus diceret dñium ad se solũ pertinere uirtute testĩ, alii dicbant,ꝙ illi iuri renũtiauerat, ex quo passus erat alios sit̃ cũ eo ponere officiales : ꝯ̃rium dicebã, quia non vr̃ hoc passus aĩo renuntiandi,nec ẽt in hoc fecisse animo q̃rendi dñium,sed potius cã fraternitatis,& bonæ ꝯcordiæ,& familiaritatis p istã legẽ postq̃ ꝯstaret de iure primogeniti,& allegabã quod no.Inn.eleganter in c.bonæ,el grande post prin.de postu.pla.ubi dicit,ꝙ dẽt ꝯstare,ꝙ ille,q utitur re aliena,uel iure alieno,fuerit usus tanq̃ iure ꝑprio,vel sibi debito,vt
a sibi acq̃rat̃,alias vr̃ usus iure familiaritatis.[a] facit l.j.§.Aristo.ĩ.de
3 aqua quo.& æsti.l.fin.quemadmod.ser.amit.† Allegabã ẽt Inn. in c.cũ eccl.de cã pos.& propri.vbi dicit,ꝙ si aliq̃s p magnũ tps pranderet in domo alterius amici sui nõ videret̃ hoc fecisse animo ius sibi acquirẽdi,nec ẽt ille uideret̃ pransus aĩo præiudicãdi sibi, sed potius gr̃a amicitiæ,q̃a isti sunt actus,qui taliter consueuerunt fieri,secus in illis,q nõ taliter,nisi ꝑ iure utentis, vt
4 ẽt ibi no.p eundẽ.† Facit ẽt iste tex.ad q̃onem,dicit statutũ Florentiæ ꝙ si filius fuerit repertus tenere, uel possidere bona pr̃na teneat̃ subire onera hereditaria,nec possit se excusare,ꝙ nõ fecerit tanq̃ hæres,sed ex alia cã,pone ergo, ꝙ uxor testatoris eius m̃r obtinuit tenutam in bonis pr̃nis ꝑ eius dotibus , filius unã cũ m̃re stat in domo in q̃ m̃r fuit missa, uel accedit ad fundũ in quẽ m̃r fuit missa,utrũ teneat̃? & est dẽm non,q̃a hoc nõ vr̃ fecisse aĩo possidendi , uel detinendi bona pr̃na, quib.casib. loquit̃ statutũ,sed cã familiaritatis,& ꝑpinquitatis, & sic potius dr̃ detentus fuisse in domo,uel fundo,q̃ ipsum , uel ipsam detinuisse,ad quod no.tex.& gl.ĩ.de preca.& l.habet.§.j.

ADDITIO.

a Familiaritatis.Adde eundẽ cõs.cxi.Ale.cõs.cxiij.Soci.cõs.lxi.ciiii.& dicit Lud. Ro.sing.suis ꝙ si Florẽtinus ꝑmittit bis ĩ anno hospitari Senẽsẽ ꝙ ille Senẽsis ñ pt petere æstimationẽ hospitalitatis si plurib.annis steterit,ꝙ ñ iuerit Florẽtiã.

LEX XLI.

Communis seruus. No.per istũ tex.si remanserunt plures filij parui,& unus magnus alicuius,& iste maior omnia administrauit solus ,& ipse solus accedebat ad fundos hẽditarios, & fructus pcipiebat,ꝙ hoc uĩ fecisse nomine suo,& fratrum suorũ,& oẽs uĩr fuisse in possessione,posito, ꝙ alii nõ possint probare se unq̃ fecisse aliquos actus , ex quibus resultet ꝑsumptio possessionis.h.d.& hoc frequenter contingit maximè q̃n remaneret unus masculus,& aliæ feminæ,quib. defert̃ successio de iure cõi,& unus ministrat,& fructus recollígit, ꝙ non propterea potest dicere se solum fuisse in possessione. facit l.pcedens,& quod ibi no.Bar.

§.Procurator. Per procuratorẽ habentẽ mandatũ spãle, uel generale acquirit̃ possessio dño ẽt ignoranti si hoc cadebat in gñali mãdato:sed si nõ cadebat,uel nullũ mãdatũ habebat acq̃rit̃ secuta ratihabitione.h.d. in effectu tex.cũ gl.Non est ergo faciẽda dr̃ia inter mandatum generale,& speciale,dummõ hoc cadat in generali,& hoc vult gl.& no.s̃.de dona.l.qui mihi donatum.

LEX XLIII.

1 *Eatenus impeditur usucapio,uel præscriptio, quatenus quis habet malam fidem,non quatenus habet bonam.*
2 *Si uendidisti mihi rem Sempronij,quã putabam esse tuã,tamen sciebam esse obligatam Titio,licet præscribam proprietatem aduersus Titium, tamẽ non præscribo aduersus illum,qui habet ius in possessione.*
Quid si haberem malam fidem in possessione,& non in proprietate.

1 Si quis fundum. † Eatenus impedit̃ usucapio, vel ꝑscriptio,quatenus q̃s hẽt malã fidẽ,nõ quatenus hẽt bonã.h.d.in effectu.Et sic vtile non vitiatur.facit l.pecuniæ.s̃. de usu.† Et no.gl.fi. huius l.q̃ ꝯsueuit allegari, ꝙ si vendidisti mihi rem Sempronij,q̃ ego putabã esse tuã, tñ sciebam obligatã Titio, licet ꝑscribam ꝑprietatẽ aduersus Titiũ:& idẽ vr̃ si haberẽ malam fidẽ in possessione,& nõ in ꝑprietate,ꝙ non ꝑscribo aduersus illum, qui hẽt ius in possessione, licèt possim præscribere proprietatem.

1 *Ciuilis possessio rei mobilis non perditur , cum quis scit locũ ubi res est , licet nesciat locum loci.*
2 *Memoria hominum est labilis.*
Quòd etiam in facto proprio(ex longinquitate temporis) cadat iusta ignorantia,& obliuio.
3 *Possessio est ius,sed detẽtio dicitur factũ,habẽs aliq̃ãdo aliq̃d iuris admix-* *(tum.*

1 Peregrè. † Ciuilis possessio rei mobilis nõ ꝑdit̃, c[um] q̃s scit locũ, ubi res est, licet nesciat loc[um] loci.h.d.in tex. ibi, (an desiisset pecuniã possidere) supple,ciuilr̃,de nãli.n.nõ dubitat̃,q̃a ꝑdit statim,ꝙ res no[n]
2 est in ꝯspectu,ut probat̃ s̃.e.l.3.§.Nerua.† Et no.q̃a ista l.allega[tur] ad plura primo,ꝙ memoria hoĩum est labilis.Itẽ ꝙ ẽt in f[a]cto ꝑprio(ex longinquitate tpis)cadat iusta ignorãtia,& obl[i]-
b uio,[b] & ita no.Bar.in l.si res obligatas. in prin. de leg.j.p ista[m] l.& no.p gl.in l.3.§.duę cãę. Ad Carbo.vbi gl.dicit, ꝙ magis
3 recordat̃ de recẽti tpe,q̃ de lõginguo.† Itẽ allegat̃ ibi,ius possessoris,ꝙ possessio est ius,sicut dñiũ, intellige tã de ciuili , q̃ ẽt [de] nãli & iõ neutra cadit in seruo,ut no.s̃.e.l.qđ seruus.in gl. q̃ in cipit,(innuit,)sed corporalis detẽtio nõ dr̃ ius, sed factũ,ut i[bi] nã aliq̃n hẽt aliquid iuris admixtũ,ut illa q̃ est apud colonũ u[el] inquilinũ,q̃a retinet̃ solo aĩo ipsorũ,ut s̃.e.l.si colonus.aĩus a[ĩo] & ẽt corpus,q̃b.retinet̃ possessio,dñr in facto ꝯsistere,ut s̃.ti.j bonæfidei,añ fineẽ ibi,dũ dicit,(aut fcm̃ ꝑtinet,&c.) Et no.ĩ.e. possessio quoq.§.j.p Bar. Vlt.limita qđ hic dr̃,q̃a hẽt locum q[n] adhuc nõ erat adhibita diligens inq̃sitio,q̃a ꝑsumit,ꝙ ipsa adhibita recordabit̃,ut d.§.Nerua. filius. sed si fuit adhibita, & no[n] ꝑpea fuit recordatus,ex tunc ꝑdit possessionẽ ciuilẽ,ut est gl. e.l.si rẽ mobilẽ.post prin.gl. magnæ,qđ ẽt hic sentit Bar.licèt lã gl.non alleg.& ita intellige hic gl.super uerbo,infirmitate[m]

Quæsitum est. Per seruũ acq̃rit̃ possessio dño etiam ignoranti : sed vsucapiendi ꝯdõ[ne] nõ peculiarib.nõ acquirit̃,nisi scienti.h.d.tex.cũ glo.In tex.ib[i] (ne cogerent̃ dñi, &c.) põt ẽt assignari alia rõ,quia ꝯcessit uo[luntas] luntas dñi,dum concessit peculiũ, & sic nõ dr̃ acquiri sine uo[luntate] luntate,uel animo,licet ignoret tẽpus acquisitionis,nã & d[o]mino ignoranti per ꝑcuratorẽ acquirit̃ rõne ꝑcedentis uoluntatis,ut s̃.e.l.quod meo.§.procurator,& ĩ.e.possessio,§.fin.se[d] q̃n acquiritur ex cã nõ peculiari,tunc cessat abesse rõnis,& t[ñ] acquirit̃ ignoranti,ut in gl.& no.in l.j.§.item acquirimus.s̃.e sed hoc est rõne dominicæ potestatis.

ADDITIO.

b Et obliuio.Adde latè Lu.Ro.consi.ccclxxxi.

1 *Si colonus discedat de possessione,& alius ingrediatur,& colonum reuersu[m] non admittat,ꝙ acquirat utranque possessionem,sicut si ipsum expeller[et]*
2 *Si sponte trado alteri possessionem,tunc transfero in illum ciuilem quam t[e]nebam animo meo,&etiam naturalem,quam tenebam corpore coloni,et[iam] ignorante,uel inuito colono.*
3 *Ratio diuersitatis inter illos duos casus quando constituo in animo me nol[le] possidere,ꝙ non perdo possessionem,quam tenebam per colonũ, & tame[n] secus sit,quando alteri trado.*
4 *Quid si eram proprietarius & sic habebam ciuilem , alius erat fructuari[us] & sic habebat naturalem,& constituo me nolle possidere,an perdam.*
Quid si concessi alteri precario,& sic retinui ciuilem,& transtuli in illum naturalem.
5 *Vsufructuarius si expellatur de sua naturali,uel alteri tradat,an priuet pr[o]prietarium sua ciuilli.*
Quid in eo,qui tenet precario.

§.Quib.expli. † Iste §.ponit duplicẽ dr̃iã ĩter possessionẽ, q̃ quis retinet aĩo,& corpor[e] suo,& illã q̃ retinet corpore alieno,& aĩo suo , ut q̃n per colonũ,uel inquilinũ,uel p procuratorẽ,uel seruũ,quẽ posuit ad custodiã. Prima est,quia prima possessio põt amitti solo aĩo tã ciuilis,q̃ nãlis,licet non solo aĩo retineat̃ nãlis.nã ẽt existens in fundo,si deposuit aĩum possidẽdi ꝑdit utranq. possessionẽ quaten[us] possessio est ius licèt remaneat adhuc corporaliter in fundo & hoc dr̃ usq.ibi,(eius uerò)licèt solo aĩo nõ potuerit acq̃rer[e] ẽt ciuilẽ,vt s̃.eo.l.3.in prin.nec ẽt retinere nãlem,vt s̃.dixi,& [s̃.] dixi,& tñ solo aĩo ꝑdit utranq;, vt hic, & s̃.e.l.3.§. in amittẽda. Item talis possessio,sicut solo aĩo ꝑditur,ita sine aĩo nõ põt p[erdi] ciuilis.Nam si se absentat de fundo licèt alius ingrediat̃ fundũ & sic occupet nãlem vacantem,absens quousque hoc ignorat nõ ꝑdit ciuilẽ,& hoc dr̃ in ver.illa quoq;,cũ l.seq.solo ergo aĩo perdi nõ põt ciuilis,ẽt occupata naturali vacante.Sed in possessione,q̃ quis retinet aĩo suo,& corpore alieno,est aliud in vtroque: & quia illa solo aĩo non põt perdi,nam posito,ꝙ q̃s ꝯstituat nolle possidere aĩo suo tñ quousq; ille ĩsistit rei,& detinet non ꝑditur ẽt ciuilis,q̃a cohęret naturali, & illa retenta ẽt ista ciuilis retinet̃. Item sicut solo aĩo nõ ꝑdit̃ retenta nãli, ita & sine aĩo ꝑt ꝑdi,ꝑdita naturali , q̃a si colonus deijciatur, ꝑditur ẽ[t] ciuilis,q̃ erat apud dñm,etiam si dñs nollet eam perdere, vel etiam ignoraret,& ista duo habentur in uersi.eius verò, vsq; ad uersi.(illa,)& ista particula est multũ singularis in vtroq; dicto, ꝑp ipsam iste §.frequenter allegat̃,& ita intelliguntur gl.hic post
1 sitæ,& est §.magistralis multum. † In gl.magna quæ incipit(colono discedente) circa prin.ibi. (& tunc alio ingrediente) supple.

colonum reuersum nõ admittẽte, sed ipsum expellente, ũ nãlis possessio retineat̃ p colonũ absentẽ,qñ recessit ñ relinquendi possessionẽ,vt s.e.sic colonus ingressus nul- .sessionẽ acquiret,qa nulla vacat: sed si colonũ reuersum mittit,acquirit vtraq;, sicut si ipsũ expelleret,& ita intel- .c tex.qa dñs seu locator pdit vtranque p expulsionẽ co- . ad hoc allegatur iste tex.† In gl.ibi,(& si constituã in aĩo ne nolle possidere) supple idem si expellar, vt j.vnde vi.l. n aũt.hoc tñ est verũ,qñ ab extraneo:ut ibi,secus si ab ip- .ono,vt eo.tit.l.colonus.& l. cũ fundum. Itẽ secus si alteri è trado.qa tunc transfero in illũ ciuilem, q̃ tenebam aĩo & ẽt nãlem,q̃ corpore coloni ẽt ignorante, vel inuito co- vt est gl.singularis in d.§.nõ aũt.nec habemus textũ hoc tẽ,sed solã authoritatẽ illius gl. & hoc est verũ siue tradã iuè fictè ɔstituendo me noĩe alterius possidere, vel ẽt ɔdu) ab eo,vt no.Bar.in l.quod meo.in prin.s.e.Et q̃ sit rõ di- atis inter istos duos casus qñ ɔstituo in aĩo me nolle pos- ,ꝙ nõ pdo possessionẽ qñ tenebã per colonũ, & tñ secus alteri trado,collige ex not.pBar.in d.l.qđ meo.in 2.vel in † Quid aũt si erã ꝓprietarius & sic habebã ciuilẽ,alius e- uctuarius,& sic habebat naturalẽ,si ɔstituo me nolle pos- ciuiliter,an pdam? vr̃ ꝙ non,sicut nec qñ p colonũ.Con- m puto, quia qñ p colonũ ille retinet naturalẽ p me, & s adhæret naturali: vñ non pdo naturalẽ,nec ciuilẽ,sed in asu vsufructuarius retinet naturalẽ p se, & iõ mea ciuilis on cohæret,& sic possum eã perdere,sed ille p se naturalẽ et sicut econuerso pdita illa naturali non pdit mea ciuilis, im dicã.† Itẽ quid si ɔcessi alteri pcario,& sic retinui ciui- rãstuli in illũ naturalẽ, vr̃ idẽ quod in ꝓprietario, & fru- io. Cõtrarium puto ꝙ immo idẽ qđ in dño & colono: qa etinet naturalẽ ad beneplacitũ meũ,& sic ur̃ eã retinere p õ sic in fructuario,& p hoc quod no.s.eo.l.interdum.§.fi. .quia sicut expulso colono,uel colono alteri tradẽte ego or mea ciuili,quasi cohæreat naturali,vt ibi no.ĩ gl.ita,& il urali nõ pdita mea ciuilis perdi nõ debet,licèt ɔstituã nol ssidere, vel expellar a tertio,secus si trado,vt s. dixi qñ per nũ. In gl.ibi,(amitto ignorans si deijciunt̃)Idem si tradũt & aĩo transferẽdi possessionem,vt l.3.§.quod si seruus.s.e. si nõ est eo aĩo,vt l.qui vniuersas.§.fi.ẽt secus qñ ficta,vt l. §.j.s.e.Si aũt incipiant furere,vel moriant̃,dic ut s.e.l. si id .& l.si de eo.§.si fortè.Itẽ qđ si de fundo recedant spontè, eri non tradunt̃?dic ut d.§.si forte,& l.si colonus.† Quid n vsufructuario?dic ꝙ licèt ille expellat̃ de sua naturali,vel tradat,non priuat proprietarium sua ciuili,ut no.in l.j.in sufr.quemadmo.caue.in glo.mag.singulari,& j.de vi & vi a.l.3.§.vnde vi. Quid autem in eo qui tenet precario, & sic naturalem? vr̃ idem quod in colono, ꝙ ipso expulso a natu priuetur concedens sua ciuili,sicut qñ ipse in alterũ trans- t,ut no.s.eo.l. interdum. §. fi. Ex pdictis apparet, ꝙ colligi unt multi casus in ista materia,quos collige per teipsum.

ADDITIO.

ex constitutione pcarij transfert̃ possessio. ad ꝙ uide per Fran.Are.in l. qđ .& l.interdictũ.§.fi.ff.de acq.pos.Bar.in l.4.C.de pig.in repetitione 8.col. .consi.cxiiij.& Alex.consi.14.per An.in l.quædam.ff.de rei uen. ꝙ limita- rum esse in rebus mobilib.tñ,& possessione naturali,& nisi conferatur mortem constituentis.ſm Ale.consi.lxxxij.2.parte.

mmobilis qualiter perdatur possessio.
differentiæ inter possessionem rei immobilis, & rei mobilis.

I rẽ mobilẽ. †Rei mobilis perdit̃ possessio ẽt ciuilis & ab ignorante eo ipso, ꝙ est subtracta,uel ẽt si,non est subtracta, tamen est perdita natu- lis taliter,ꝙ non est in ptãte nr̃a ipsam adipisci,ẽt si p alium fit occupata. fallit in seruo.h.d.† Et hic patent duæ drĩæ in- possessionem rei immobilis,& rei mobilis.nã si colonus, uł linus constitueret in aĩo uelle possidere p se,licet ingrede- r,& ehrederetur fundum hac intentione, ut fructus colli- et,nec pensionem solueret,nec propterea priuaret locato- ossessione naturali,uel ciuili,ut l.cum nemo.C.eo.& j.ti.j. olũ.§.qđ vulgo.nisi mihi petenti pensionem eam denega- & tunc ɔmodatarius, uel depositarius rei mobilis eo ipso stituit se uelle possidere p se,& rem contrectat priuat depo nte,uel ɔmmodantẽ ẽt ignorãtem vtraq. possessione, ut hic rin.& s.l.3.§.si rem.alia drĩa est:qa in re immobili,quẽ possi animo,& corpore meo, licet naturalis possessio per absen- m meã perdat̃, & quod plus est ẽt si per alium occupet̃,meã iuilem ignorans non perdo. vt s.l prox. & l.si id quod §.fin. .secus in re mobili:qa perdita naturali taliter,ꝙ non sit in te mea eam recuperare pdo ciuilẽ,ẽt si illa nõ sit p alium oc pata. Fallit ĩ seruo ĩ quo nõ pdo, nisi p aliũ nãlis sit occupa-

ta,& iõ,ponitur hic in tex.& iõ possessio rei mobilis dr̃ uilis,& abiecta,& ad hoc allegatur ista l. In tex.ibi, (ɔstitueris) suaudi, & ɔtrectaueris,alias secus, ut l.3.§. si rẽ s. eo. In gl.2.ibi, (vel hic fuit habita diligens inquisitio.) ista solutio nõ est necessaria ad ɔrium formatũ de leg.3.§.si rem ad prin.huius,sed põt esse bona,& notabilis.ad ɔrium ꝙ ṗt formari de l.3.§.Nerua filius.s.e. ad ſm casum huius l.in uer.cui rei.qa hic dr̃, ꝙ rei mobilis perdo ciuilẽ possessionẽ eo ipso, ꝙ perdidi naturalẽ, & non est in ptãte adipisci,sed ɔ de §.Nerua. Sol.aut ego pdidi & ignoro in quo loco sit,& tunc hẽt locũ ista l.indistinctẽ: qa perdo ciuilẽ. Aut scio in quo loco est,sed nescio locum loci,& tunc aut ego adhibui diligentem inquisitionem,'& non ppea reperij, & idẽ ita intelligit hic gl.notabiliter, & alia gloss.j. q̃ incipit ẽt quas. in fi.aut nondum adhibui diligentem inquisitionem,& tũc nõ pdo ciuilem:quia uerisĩle est,ꝙ ea adhibita reperiam,& ita loq tur ɔriũ de §.Nerua.s.e.l.peregrè.in prin.& ibi tetigi. In gl.ibi, (rñdeo.)hoc facit pcedens apprehensio,Tu dic ꝙ immo hoc facit cõtrectatio in qua interuenit actus corporalis,nã prima apprehensio ad hoc non sufficeret,ut furtum uideretur committi,& priuaret dñũ possessione,& ipse eã acqrit,ut ĩ pri.hui⁹ gl.

ADDITIO.

b Perdo.Et alium adde drĩam ꝙ rerum immobilium possessio per ueram traditionem non fictam transit,per Bal.in l.j.col.2.C.de infra.

LEX XLVIII.

1 *Per scripturam in qua continetur confessio de traditione facta,non probatur traditio,si tunc temporis non potuit interuenire, sed si apparet taliter per possessionem quæsitam de uoluntate confitentis uerificatur.*
2 *Verba instrumenti prolata a notario non probant ea quæ tunc tempore confecti instrumenti non poterant interuenire.*
3 *Verba notarij dicentis in instrumento sententiæ litæ contestata, & iurato de calumnia,&c.non probant contestationem litis,& reliqua quæ non potuerunt tunc temporis fieri,sed dudum ante fieri debuerunt.*
4 *Verba instrumenti,ꝙ etiam possint uerificari in actu ficto.*
5 *Si continetur in instrumento ꝙ talis mutuauit Titio centum in præsentia testium, & testes interrogati dicant,ꝙ tempore instrumenti nulla interuenit numerato, & quod non potuisset interuenire quia uidissent, an ex hoc reprobetur instrumentum.*
5 *Si quis fuit confessus se habuisse,& recepisse centum in dotem a tali pro filia quæ promisit reddere ipsi patri,an ista pomissio fieri potuerit.*

1 PRędia cum seruis. † Per scripturã in qua ɔtinet̃ confessio de traditione facta,non probat̃ traditio, si tũc tpis nõ potuit interuenire, sed si apparet taliter per possessionẽ q̃sitã de uoluntate confitentis uerificat̃.h.d.ſm intellectum gl.ꝙ hic ista scriptura, & confessio facta fuerit postq̃ ille seruus possessionem apprehendit. Et dic ſm Dyn.ꝙ quatuor hic interuenerunt per ordinem. nam primo quidam donauit ṗdia cũ seruis cuidam. Secundo unum de seruis ṗdictis tradidit donatario. Tertio ille seru⁹ a donatario fuit remissus ad ṗdia,ut possessionem eorũ, & ẽt seruorum possessionem apprehenderet,& ita fecit. Quarto loco iste donator scripsit lr̃as de quib. hic,in qb.ɔtinet̃ se tradidisse possessionẽ ṗdiorũ,& seruorũ. Certè si donatarius ad probandũ sibi fuisse possessionẽ traditam induceret istas literas,non probaret tradõnẽ p illas solas,nec ẽt se possidere: qa si illa ṗdia erant a longe ista traditio non potuit interuenire tpe lr̃arũ ɔfectarũ in ciuitate,sed si probaret aľr p testes de traditione illius serui,& de missione facta p eũ ad ṗdia,& de apprehensione facta per seruũ,tunc illa ɔfessio facta in dictis lr̃is redderet̃ uera,& uideret̃ iste habuisse possessionẽ ex traditione, & sic ex uoluntate donantis,& p ɔñs iustè.h.d.ista l.obscura,q̃ tñ sp alleg.
2 †Secundum istam positionem allegatur ista l. cum gl. ad tria.primo,ꝙ uerba instrumenti prolata a notario non probant ea quæ tunc tempore confecti instrĩ non poterant interuenire,
c & ideo si notarius dicit, ꝙ talis uendidit & tradidit talẽ fundũ, si instr̃m fuit confectũ in ciuitate, nõ ṗbat̃ traditio fundi,quia notarius non põt attestari de actu, qui tpe quo est rogatus non interuenit,nec potuit interuenire,ut in isto casu,secus si tũc potuit interuenire. ut quia instr̃m fuit confectum in ipso fundo,& ita intelligitur l. 2. C.eod. & C. de fide instru. & iur.hast.fisc.l.j.lib.x.Item si nõ est ɔfectum in fundo, tñ attestatur de ficta traditione,q̃ fit ɔstituendo se emptoris nomine possidere,quia ista possent fieri tpe ɔfecti instrĩ.
3 † Ex his ẽt apparet ꝙ uerba notarij dicentis in instr̃o sententiæ lit. contest. & iuro de calum.&c.non ṗbant cõtestationem litis,& reliqua q̃ non potuerunt tunc tpis fieri, sed dudum ante fieri debuerunt. oportet ergo,ꝙ appareat ex actis de hoc no.ĩ l. sciendũ. de uerb. obl.
4 † Secundo allegatur,quod instrumẽti uerba possunt uerificari

ADDITIO.

c Et tradidit.Adde Franc.Are.consi.clx.Lud.Ro.consi.cccclx.

ficari et in actu ficto, nam iste fuit confessus se tradidisse, & tamen nunquam tradidit vere, sed videtur tradidisse fictè per dia ex quo ille seruus traditus uere apprehendit possessionem pro donatario donatis.
5 Et per hoc respondetur ad quaestionem quas disputauit Ia. Bu. si continetur in instrumento, quod talis mutauit Titio centum in praesentia testium, & testes interrogati dicunt, quod tempore instrumenti nulla interuenit numeratio & quod non potuisset interuenire, quin uidissent, quaeritur utrum ex hoc reprobetur instrumentum, & ipse determinauit, quod non, quia uerba instrumenti possunt uerificari in mutuo ficto, quod fit nulla interueniente pecunia, ut quando debitum ex una causa conuertitur in mutuum ut l. singularia si cer. pet. & hoc tenet Bar. & dicit esse casum hic, & idem tenet in d. l. singularia, ante fi. Ang. contra quia notarius non debet hoc scribere, nisi uideat pecunia, ut no. in l. si ex cau. C. de non num. pecu. in gl. tu dic aut notarius solum dicit, quod Titius mutuauit Sempronio centum in praesentia sua & testium, & uerum dicit Ia. Bu. & Bar. Aut dicit, quod numerauit ex causa mutui centum, & uerum dicit Ang. per illam gl. quia non debet intelligi, nisi de uera numeratio-
6 tione. †Tertio, & ult. allegatur gl. dum dicit (alioquin non esset uerum si tradidisset in praeteritum, &c.) ad q. si quis fuit confessus se habuisse,
b & recepisse[b] centum in dotem, a tali pro filia sua quam promisit reddere ipsi patri, utrum ista promissio fieri potuerit? videtur quod non, quia illa uerba praeteriti temporis sunt intelligenda, quod alias habuit, & recepit, non tempore confecti instrumenti, & confessionis per hanc gl. & sic cum actio esset quaesita tam patri, quam filiae non potuit maritus soli patri promittere sine uoluntate filiae, ut l. 2. §. quod si in patris, ff. so. mat. contrarium est uerum ex quo tempore instrumenti confecti potuit interuenire numeratio, quod illa uerba, licet praeteriti temporis intelliguntur de numeratione tunc facta. ut probatur in l. si stipulatur §. Chrysogonus. de uer. ob. & ibi per Bar. de ista q. in l. post dotis. so. mat. in j. q. hic uero loquitur de actu, quod tunc temporis non potuit interuenire. Secundum aliam lect. quod hic, post istas literas confectas iste seruus fuerit missus ad per dia, quam posuit Ia. de Are. ista l. vult hic secundum eum quod confessio de traditione iam facta, licet non probet traditionem tamen importat, ut uideatur data licentia donatario, uel emptori ingrediendi propria authoritate, & sic iuste acquirit, quod non esset si talis confessio non emanasset, ut e. l. si ex stipulatione. quod no.

ADDITIONES.

a Numerauit. Vide Bal. consi. 217. 3. lib.
b Et recepisse. Adde Soci. consi. 117.

LEX XLIX.

1 *Possessio aliquando habet plurimum facti.*
2 *Filius hodie in aduentitijs quaerit patri possessionem naturalem, sicut acquirit patri vsumfructum in eis.*

1 **POssessio quoque.** †No. hic, & in §. seq. quod possessio aliquando habet plurimum facti, quod declara, ut no. in l. j. C. e. per gl. in c. cum nostris.
2 de concess. praeben. †Item no. gl. in §. seq. in fi. gl. magnae quod filius hodie in aduentitiis quaerit patri possessionem naturalem, sicut acquirit vsumfr. in eis, tene menti.

1 *Dominium, & possessio recta uia an transeant in dominum, & momento non resident apud procuratorem.*
2 *Ex contractu procuratoris non acquiritur actio domino sine cessione, uide num. 5.*
3 *Quid in actione reali, an illa per procuratorem quaeratur domino sine cessione? quod non.*
4 *Si dominus antequam sibi cedatur actio liberet debitorem, an teneat liberatio.*

§. Et si possessio. Per procuratorem acquiritur domino ignoranti possessio, & dominium, sed quasi dominium, i. usucapiendi conditio acquiritur domino demum scienti. actio uero personalis nec scienti, nec ignoranti acquiritur ipso
1 iure, sed requiritur cessio. h. d. †Et sic patet, quod dominium, & possessio recta uia transeunt in dominum, & momento non resident apud procuratorem, ut no. ff. e. ti. l. quod meo. §. procurator. in gl. sed actio personalis acquiritur ipsi procuratori, & ipse habet cedere, & directa remanet apud eum, & utilis transit in dominum cessionarium: ratio diuersitatis colligitur ex l. ea quae ciuiliter. ff. ti. j. cum per traditionem quae est actus na-
2 lis facilius acquiratur domino quam per actum ciuilem. Et iste §. per allegatur ad hoc, quod ex contractu procuratoris non acquiritur actio domino sine cessione.
3 †Quaeritur quid de actione reali, an illa per procuratorem quaeratur sine cessione? dic quod non, ut l. solutum. §. per liberam. ff. de pig. act.
4 vbi non quaeritur hypo. quae est realis. † Item quaeritur si dominus antequam sibi cedatur actio, liberet debitorem, an teneat liberatio, ut sic non possit conueniri a procuratore, nec ab ipso post factam cessionem? videtur quod non. arg. ff. quorum lega. l. j. §. ait praetor. vbi uoluntas adhibita tempore quo quis adhuc ius non habebat, non praeiudicat sibi post quam ius coepit habere. Contrarium consuluit Bar. per l. si cum in emptione. in fi. ff. de pac. & de iure do. l. mulier bona. §. fi. & ff. de doli exce. l. apud Celsum. §. mandaui. cum sua gl. & ibi tangitur per eum. In quibus-
5 dam tamen casib. quaeritur sine cessione, ut in iudicio, ut le. in causae. §. si de procur. & dicit Bald. verbum notabile, quod hoc est verum et in iudicio voluntariae iurisdictionis, vt si procurator contrahit [...] instrumento guarentigiae, & notarius facit praeceptum debitori ex form[a] [sta]tuti, cum enim notarius dicatur iudex ordinarius, ex hoc praecepto [...] ad instantiam procuratoris quaeritur domino ius agendi, & petendi exec[utionem]
c ne sine cessione[c] per d. l. in causae. in fi. Item quando contrahit, vel actione[m] [que]rit ex re domini, vt l. quod procurator ex re. ff. de proc. & ideo iste tex. [...] intelligi quando emit rem pro domino, non pecunia domini: alias quaereret sib[i] [sine] cessione, & eodem modo si venderet rem domini, quaereret actionem ad[...] sine cessione. de hoc est casus in l. Iul. §. si procurator de act. [...] sed quando emit pro domino rem de pecunia procuratoris, glo. dicit quaestio sabbatina, an quaerat domino sine cessione? certe de h[oc] casus in isto §. licet autem non quaerat regulariter, bene tamen [...] dominum utili institoria, ut in d. §. si procurator. & facilius [obli]gatur dominus ex contractu procuratoris, quam sibi acquiratur. sic in ex[erci]toria uel institoria, vt ff. de exercito. l. j. §. penul. uel antepe[n.]

ADDITIO.

c Cessione. Adde Rom. consi. 76. ubi alleg. Bar. hic in consiliis.

LEX L.

1 *Per monachum putatiuum non acquiritur monasterio, etiam si sit in possessione superioritatis.*

1 **PEr eum quem.** Per filium putatiuum nobis [non] acquiritur. h. d. Intellige et si quasi possessione filiationis: quia non propterea possid[emus per]sonam illam cum sciam ipsum esse liberum, ut ff. e. l. cum h[...] §. fi. Et sic patet per istum tex. quod per monachum putatiuum non [acqui]ritur monasterio, et si sit in quasi possessione superioritatis: ista acquisitio non fit ratione possessionis, sed ratione iuris, quod hic [...]

LEX LI.

1 *In rebus in quibus propter earum magnitudinem, uel naturam non [cadit] corporalis apprehensio, potest acquiri possessio per alium actum aequ[ipollen]tem, puta per appositionem custodis, uel aspectum, & tunc dicitur a[pprehen]dendi potius animo, quam corpore.*
2 *Licet colonus meus alteri ficte tradendo non priuet me possessione, deb[et] intelligi de omnino ficta traditione.*
3 *Licet procurator per actum nobis non acquirat, tanquam sit actus mer[e ciui]lis, si tamen possessio non est omnino ficta, bene acquirit.*

1 **QVarundam rerum.** †In reb. in quib. p[ropter ea]rum magnitudinem, [uel] naturam non cadit corporalis apprehensio, potest ac[qui]ri possessio per alium actum aequipollentem, puta per [ap]positionem custodis, uel aspectum, & tunc dicitur apprehendi potius [animo] quam corpore. h. d. tex. cum gl. Et primo ponit unum dictum Labeon[is] q. ibi, (sed videamus.) Secundo, reuocando illud in dubium facit [quan]dam obiectionem usq. ibi, (in eo.) Tertio sustinet dictum Labeon[is in]telligendo ipsum sane fuisse locutum usq. ibi, (nihil videor.) Q[uar]to declarat circa praedicta quoddam dubium. In prin. ibi aio, [...] sine corporis tactu et apprehensione manuum, aut pedum. In te[x.] (sed videamus) hic arguit, quod Labeo fuit inepte locutus: q[uia] quod in praedictis casib. acquirat possessio solo aio, quod non est uer[um, i]mo mediante appositione custodis, & sic interuenit saltem a[c]tus custodis, quae est actus corporalis. In tex. ibi, (in eo,) hic sa[luat] dictum Labeonis, quod dum dixit acquiri possessionem solo aio, int[elle]xit sane, i. non interueniente instrumento solito, i. apprehensione [ma]nuum aut pedum, non autem sensit quod nullus actus corporalis interu[ene]rit, imo interuenit, sed non solitus, uel ad hoc principaliter [ordi]natus, & ista appositio custodis sufficeret et sine aspectu, & solus aspectus sine appositione custodis interueniente tra[ditio]ne, ut ff. e. l. j. §. si iusserim, & l. quod meo. §. si uenditorem. ff. e. & [...] tradens non est omnino ficta, postquam interuenit aliquis actus corpo[ra]-
2 lis, & ideo dicit hic Ang. vnum verbum notabile, † quod licet colonus alteri ficte tradendo non priuet me possessione, ut ff. e. l. q[ui] §. j. hoc debet intelligi de omnino ficta traditione, ut quando conduxit a [...] lio, uel constituit se alterius nomine possidere, secus si non esset o[mnino] ficta, ut quia interuenit aspectus, uel appositio custodis per il[lum] cui traditur arg. hic & no. istud dictum satis singulare. Eode[m]
3 videtur, † quod licet procurator per actum fictum nobis non acquirat, tanquam sit a[ctus] mere ciuilis, ut in l. j. cum ibi no. C. per quas perso. nobis acqu[iritur]
d tamen non est omnino ficta bene acquirit,[d] ut in casib. praedictis. In gl. j. ibi (mala dat exempla.) tu dic, quod immo bona. Et istam oppositionem facit contra Labeonem facit Iurisc. hic in tex. & respondet, ut dixi. s. e. [...] actum autem fictum solo aio potest acquiri possessio, ut l. quod m[eo] in prin. ff. eo. & l. qui bona. in prin. & l. interdum.

ADDITIO.

d Bene acquirit. Adde ut per Fr. de Are. consi. 32. in prin. ult. col.

1 *Possessio est res diuersa ab usufr. sicut a proprietate.*
2 *Si quis egit in iudicio possessorio, & succubuit, sicut ista sententia non [...] cat in proprietate, & quominus iterum possit agi rei uendicatione, nec vsufructu quominus possit agi confessoria pro eo.*

Licet

t quis non sit in possessione ciuili uel naturali, quod sequatur, ergo non habet usumfruct.
uis egit petitorio, & possessorio, & obtinuit in utroque si fiat appellatio petitorio, & non in possessorio, non prohibetur fieri executio in possesso- in quo transiuit sententia in rem iudicatam.
btinui in possessorio, & tu in petitorio, an fiet executio in possessorio si ut possessorium recuperandæ.
xceptio dominij dubij non admittitur contra agentem possessorio recu- randæ, etiam si offerat incontinenti uelle se probare.

Permisceri causas. † Possessio est res diuersa ab usufruct. sicut a proprietate. h. d. Et quolibet istorū dr̄ quoddā ius diuersum, & ex duob. eorū ve; proprietate, & usufruc. resultat quod n aliud ius irrārē quod dr̄ dn̄ium, & ēt illud est diuersum a ssessione, ut dixi. s̄. eod. l. si quis vi. §. dn̄a. Intentio huius l. est ere, quod si quis hēt vsumfr. in fundo meo, & stat in fundo, & , & fruitur illo, licet ego nō sim in fundo, nō tamē sequit̄, quod nō possideam ciuil̄r, & ipse hēt unū ius, s. vsusfruct. & ego ud, s. possessionis ciuilis, quod sunt iura diuersa, & unū p aliud nō pedit. † Ex hoc sequit̄ quod si quis egit iudicio possessorio, & suc uit, sicut ista sn̄ia nō piudicat in pprietate, & quominus ite possit agi rei uen. vt j̄. de exce. rei iudi. l. & an eadē. §. fin. ita in usuf. quominus possit agere possessoria, p eod. Itē patet, quod qs nō sit in possessione ciuili, uel naturali, nō sequit̄: ergo hēt usumfructum: sicut nec sequit̄: ergo nō hēt dn̄ium, vl̄ rietatē. † Itē patet, quod si quis egit petitorio, & possessorio, & tinuit in utroque si fit appellatio in petitorio, & nō in posses io, non phibetur fieri executio in possessorio, in quo transi- sn̄ia in rē iudi. Nec obst. titulus. s̄. nil nouari ap. pen. qa loqē nouaret̄ sup eo sup quo est appellatū, sed hic nō sic p hāc l. per l. nāliter. §. nihil cōe. s̄. e. Item vr̄ per pdicta, quod si obtinui possessorio, & tu in petitorio, quod fiet executio in possessorio, rat possessoriū recuperandæ, cui non ob. exce. dn̄ii, & ita vr̄ ere Bar. hic & in §. nihil cōe. qd̄ mihi ur̄ falsum, & sp ita fuit hi visum p c. cum pr̄, & c. cum dilecti. de cau. poss. & propriè. pfertur petitoriū in executione, & expsse hoc not. Host. & An. in nouella in terminis in c. 1. eo. ti. vbi dicit tūc fieri exe- tionē in possessorio recuperandæ, qn̄ non esset notoriū ius uersarii in petitorio, puta per sn̄iā. ut est in terminis nostris. c obstant notata per Dy. in c. qui ad agendū, de reg. iur. quia ent intelligi, qn̄ de iure petitorii, uel de dn̄io, non pstaret orie pro aduersario, † qa tūc exceptio dn̄ii[a] dubii nō admit agētē possessorio recuperādē, ēt si offerat ītinēti uelle se are: qa spoliatus an̄ oīa est restituēdus, ut l. si qs ad se fūdū. d leg. Iul. de ui. & ibi no. & l. si marit[o]. C. d̄ dona īter ui. & vx.

ADDITIO.

o. dominii. De hac materia per do. de Rota. de rest. spo. in nouis, & antiquis, er Fede. consi. cclxxxiii.

r secundum decre. immissus acquirit possessionem, & in ea debet per iudi m immittentem defendi, sed per traditionem, quæ fit a priuato licet acqui tur possessio, non tenetur ille priuatus eum in illa defendere.
sola ciuili possessione, quod cadat restitutio sicut in naturali.
uando agitur rei uen. contra ciuiliter tantum possidentem quomodo fiat stitutio.
us in quo sententia lata ad finem excipiendi inducit actionem.

Species inducēdi. † Per s̄m decre. immissus acquirit possessionē, & in dēt per iudicem immittentem defendi, sed p traditionem, q a priuato, licet acquirat̄ possessio, non tenet̄ ille priuatus, eū illa defendere. h. d. s̄m primā lec. glossato. Primum dictum, iudex teneat̄ defendere in possessione illum quem immisit primo, uel scd̄o decreto, dēt intelligi. s. illū ꝯ quē facta ē im issio, & tūc sine alio libello, si me turbat, pt adiri iudex, & fa a de hoc fide, iudex ex offō suo mādabit illi, quod nullā violētiā ciat sub pœna, uel p interdictū, (ne uis fiat ei,) sed ꝯ tertium ꝯ ē decretū non erat interpositū non tenet̄ defendere p hanc ā, imo dēt dari libellus, & ordinariè agi interdi. uti pos. uel vū , & hoc uoluit Bar. in l. sed, & si possessori. in fi. prin. de iureiur. a diuo Pio. §. si post aditā. j̄. de re iud. Itē pcedit aliud primū ctū in eo qui fuit immissus p interlocutoriā primi, & secundi cre. si uero p diffinitiuā, dic ut in ult. lect. Sm̄ dictum quod priua s non tenet̄ defendere, dēt intelligi nisi fieret molestia ex cā edente traditione, nā uēditor tenet̄ tradere uacuā possessio . Sed si tradidit nō uacuā: qa alius hēbat ius in ea, & me mo- tat, uel mihi aufert. tenebit̄ uenditor me defendere. p l. 2. s̄. de io emp. Scd̄o mō legit̄ quod totus §. loquat̄ ī eo, q obtinuit pos- sionē p. iudicē, vt fiat dr̄ia inter illū, q obtinuit p sn̄iā diffini- ā, qua aliquis fuit pdēnatus ad restituēdū: qa tūc pōt acqre- ciuilē tm̄, uel naturalē tm̄, ut in gl. Ista dr̄ia nō est bona: qa roq. casu illā tm̄ acquirit q̄ erat penes aduersariū, & sic utra- si utraq. erat, uel alterā tm̄, nisi aliud appareat fuisse actū p

2 iudicē. † No. tn̄ glos. si. in fi. quod in sola ciuili possessione cadit restitutio sicut in naturali, quod facit p eo quod dixi in l. Pōpo. §. si is q pca. s̄. e. qn̄ agit̄ rei uen. ꝯ ciuilē tm̄ possessionē quō fiat restitu tio. s. solo uerbo, sicut posset tradere pstituēdo se illius noīe pos sidere, ut l. quod meo. s̄. e. Tertio mō legit̄ ex gl. s̄m Ia. de Are. ut faciat dr̄iam inter illū cui iudex dat licentiā ingrediendi possessionē p executione diffinitiuæ, uel interlocutoriæ: qa tunc pōt ingredi ppria authoritate sine nuntio curiæ, & illū cui quis est pdemnatus ad restituendū, uel ad tradendū: qa tūc nō pōt ppria authoritate, ut s̄. eod. l. fundus. in princ. Itē & quarto mō s̄m eūdē, & ista est notabilis, ut faciat dn̄m immissū ex scd̄o decre. qa dēt in possessione defendi p iudicē, quod declara, ut s̄. dixi, & illū cui qs est pdēnatus ad restituendū, uel tradendū: qa facta restitutione, uel traditione, liberatus est ab actione in scm̄ q̄ orit̄ ex sn̄ia, & licet postea auferret possessionē illi, uel ipsum molestaret iudex uirtute dictę sn̄ię nō pōt se amplius īpedire p modū executiuū, sed dēt ordinariè agi, & hoc est multū notādū, & de hoc vr̄ glos. in d. l. Claudius. s̄. qui po. in pi. ha. l. Pōpo. §. is. in fi. gl. magnæ. supra de pcur. in auth. sacramenta puberum. C. si aduer. ven. hoc intellige uerū, nisi esset pdēnatus ad aliqd
a quod hēret, uel hēre dr̄et actum successiuum.[a] quia tunc semper durat potestas exequendi p l. inter castellianū. de arb. & per id quod no. Cy. in l. si seruus. C. de pęnis. & p Bar. in l. sicut. §. supuacuū. s̄. quib. mo. pign. uel hypo. solu. Itē intellige uerū, quod non possit agi amplius actione in scm̄. qa ab illa fuit liberatus, ut in gl. præ alleg. sed offm̄ iudicis exequentis bn̄ poterit implorari, si incōtinenti post factā executionem, uel intra annū turbet, uel molestet. Ita intellige quod no. Bar. s̄m Gui. de Cu. in d. l. sed, & si pos-
3 sessori. iuncta gloss. notabili q̄ est in c. qredi. de offō deleg. † Itē pdicta qn̄ sn̄ia fuit lata pro actore, & facta executio. si āt pro eo q fuit absolutus: qa res erat sua, & sic non fuit necessaria alia executio, si postea reus caderet a possessione, & ad actorē perueniret, haberet reus actionē in scm̄, ut est casus singularis in d. l. sed si possessori, & sic est mirabile, quod sn̄ia lata ad finē excipiendi inducit actionē, ut ibi patet in iuramento, & idem ur̄ in sn̄ia per l. si inter te, & me. de excep. rei iudi.

ADDITIO.

a Successiuū. Adde qd̄ uoluit Bar. cōs. incip. pcepit arbi. & qd̄ uoluit Ang. cōs. incip. Constātinus Hercul. & de cr̄a illū in pos. inducas ac defēdas p Car. cōs. x.

De vsucapionib. seu vsurpa. Rubr.

1 † IN gl. ibi, (de effectu possessionis.) s. non solius, qa sola possessio nō sufficit ad usucapionem, sed requirunt̄ alia quatuor. s. tit bona fides, & ptinuatio possessionis p tp̄s a l. statutū. s. trieniū ī reb. mobilib. & tp̄s lōgū in reb. immobilib. s. decē annorū inter pſentes. & xx. inter absentes, ut in l. fi. C. de pſcrip. longi tēp. Fallit in reb. ecclesiasticis in qb. requirit̄ tp̄s xl. ann. ēt si adsit titulus, & bona fides, ut in auth. quas actiones. C. de sacrosā. ecl. Et ī reb. ciuitatū uel Romanæ eccl. in quib. requirit̄ tp̄s centū annorū, ut in eadē auth. & in l. fi. eiusdē tituli. Reqrit̄, & quarto, quod res sit usucapibilis ñ affecta uitio reali, & quod sit talis cuius sit pmertiū, & nō sit phibita usucapio p leges, ut j̄. e. l. ubi lex. & l. fi. De materia āt usucapionis, ī. iterruptionis. dic, ut ī. e. l. nāt̄r.

LEX PRIMA.

1 *Vsucapio fuit introducta propter bonum publicum, ne dominia rerum sint in incerto.*
2 *Exceptioni præscriptionis, an possit renuntiari.*
3 *Potest quis locupletari cum aliena iactura, quando occurrit titulus bona fides & continuata possessio per tempus legitimum.*
4 *Exceptio usucapionis, uel præscriptionis, an sit exceptio litis finitæ, sicut exceptio rei iudi. & transactionis, & sic, an possit opponi ad impediendum litis contestationem.*

1 Bono publico. † [a] Primo declaratur pp qd̄
a fuit introducta usucapio. qa pp bonum publicum. Secundo in quo consistat illud bonum publicum. s. ne dominia rerum sint in incerto. Si enim non esset introducta usucapio, possessores nunq̄ essent dn̄i. Vel qa pōt esse, quod ille a quo qs habuit cām non erat dn̄s, & sic non potuit dn̄ium transferre. Tertio remouet obiectionem quæ posset fieri de iniquitate, qa per usucapionē dn̄i perdunt dn̄ium eorum. Et respondet̄ quod sibi imputent: qa debent esse diligentes ad inquirendū res suas intra tempus a lege
2 statutum per qd̄ vsucapit. † Secunda ibi, (ne scilicet.) Tertia ibi (cū sufficeret.) Et per primū dictum vr̄ quod exceptioni pſcriptionis nō possit renuntiari, postquam est introducta pp bonū publicum. argum. s̄. de pac. l. iurisgen. §. si paciscar. Bart. hic distinguit inter præscriptionem introductam mero odio non petentis, vt est præscriptio xxx. ann. de qua in hoc tit. nihil habetur, qa fuit itraducta de iure C. & illi nō possit renūtiari. ar. ī l. tametsi.

s̄.ad Macedo.cū sua gl. & usucapionē introductā mero fauore vsucapientis,& p q̄ acquiritur dñium directum. Item pscriptio longi tpis, q̄ fuit introducta partim fauore pscribentis,partim odio nō petentis,ut hr̄ in l.edicta.circa fi. C.de edict. diui. Adri. tollen.& per q̄ acquiritur dñium utile,ut no.in auth. nisi triennalis.C.de bo.mater.& j̄.eo.l.3. & istis pōt renuntiari non directo,sed p indirectū:qa renuntiādo apparet,ꝙ non putat se dñm sed credit alium dñm :& sic nō pōt usucapere vel pscribere. qa requirit̄ bona fides.Certè si ista rō est bona , cum hodie de iure cano.ēt in pscriptione longissimi tpis requirat̄ bona fides , idē erit in illa, ut per indirectum possit renūtiari,& sic sua distinctio non ur̄ bona,& idē Bar.in l.nemo pōt de leg.j.ſm Dy.q in distincte vr̄ tenere,ꝙ non possit renuntiari,& idē Bal. in auth. actiones.& in l. 2.circa fi. C. de constituta pecu. non p rōnem Bar.ſm Dy.s.ꝙ inducatur mala fides: quia ista possunt stare sil̄, ꝙ putat se effectum dñm per emptionem , & tñ in casu quo ꝯrium apparet renuntiat pscriptioni. Br̄ aūt loquimur de præscriptione iam completa , per q̄ est quæsita exceptio,& tali exceptioni sine dubio pōt renuntiari,p no.in l.si quis postq̄.in gl. j.de fideiussori. Aut loquimur de præscriptione non impleta, uel inchoata utrū possit fieri per pactum, ut illa nō currat : dic aut illud pactum fit cū alio, q̄ cum illo ꝯ quem dēt currere, vt si emisti rem meā a Titio cum pacto ꝙ nunq̄ præscribas ꝯ me, & tunc non uideo ꝙ ex illo pacto possit mihi aliqd̄ ius acquiri,ut l.si unus.§.ante oīa.s̄. de pactis, nisi notarius reciperet p me,uel nomine oīum quorum interest,& tunc potest esse maius dubium, & adhuc vr̄, ꝙ istud pactum nō prosit mihi p istū tex. quia fuit introductū propter bonum publicum, cui nō pt renunciari.Si uero pactum fiat cum illo ꝯ quem dēt currere, vt si ꝯho tecū cum pacto,ꝙ ꝯ me nō pscribas,tunc aut apponitur tale pactum p quod ego impedior agere, ut si fuit actum ꝙ nō ꝯueniam te hinc ad quinquaginta annos,uel ultra,& tūc quousq. durat hoc impedimentū non currit pscriptio,sed postea incipit currere,& ita loqūt,ꝙ no.Cy.in l.ꝯ maiores.C. de inoffi. testa.circa fin.& in l.quoties.de preci. Impe. offe. Aut non impedior agere,& tunc aut est pscriptio extordinaria , & vr̄ ꝙ ei possit renuntiari,ut l.qd̄ si noluit.§.si quis ita.de ædil.edic. Aut ordinaria,& tunc secus:nō tñ pscribet̄ per scienē se obligatū , sed p hr̄dem suum non obstante pacto si est bonęfidei,& nescit

3 se obligatū.nec obstet rō q̄ s̄.feci.de iuro calum.†In gl.j.ibi,(& ꝯ naturalem æquitatē)quæ æquitas licet reperiatur scripta , est in genere,ꝙ nemo debeat locupletari cū aliena iactura, & iste rigor reperit̄ scriptus in specie ꝙ possit locupletari,qn̄ ꝯcurrūt ista,s.titulus,& bona fides,& ꝯtinuata possessio p tps legitimū, & pfert̄ iste rigor illi æquitati , sed si æquitas esset scripta in spē sicut rigor,pferret æquitas,vt l.placuit.C.de iudi.& plene no.i l. j.C.de legi. In gl.ibi,(& sic est illud bonū,)de hoc vide plenius p gl.s̄.de iusti & iur.l.j.in principio, vbi dr̄ ꝙ ius est ars boni , & æqui: & sic vr̄ ꝙ vtrūque debeat cōcurrere quòd sit bonum,& qd̄ sit æquum,& tñ reperit̄ aliqñ ꝯrium. quia est quoddam ius bonum,sed non æquum,vt hic. quoddā econuerso. vt in l. hac lege. C. de pact. conuen. uel dic,ꝙ ēt istud est æquum attenta æquitate in specie pp concurrentiam illorum de qb.s̄. licet attenta æquitate in gente non currentiā illorū de qb.s̄. licèt attenta æquitate in genere non sit æquum.& hæc magis placet.

4 †In gl.sequenti ibi,(ut sit finis litium)facit s̄.de aqua plu.arcen. l.2.circa prin.ibi(minuendarū litiū cā,&c.)& sic p hoc uī ꝙ exceptio usucapionis,vel pscriptionis sit exceptio litis finitę,sicut exceptio rei iudica.& transact.& sic potest opponi ad impediē

b dum [b] litis contest.ut in c.j.de lit.contesta.lib.6.& uidetur tex. de hoc in l.j.in fi.j̄.ad Tertul.

ADDITIONES.

a Bono publico . In materia usucapionis vltra loca uulgaria vide Socinum consil. cclj.

b Impediendum.De multis exce.impedientib. litis contest. uide per Socin. consil. cciij.& consi.ccc.

LEX II.

VSurpatio est. Nota hic ꝙ interdū uerba impropriant̄ , qa usurpatio sumit̄ prō usucapione,cum tñ nō sit usucapio,sed usucapionis interruptio.facit l.ueteres.s̄.de actio emp.

LEX III.

1 *Vsucapio quid sit.*

2 *Differentia inter præscriptionem,& consuetudinem.*

1 VSucapio est. †Licèt iurisc. videat̄ hic ponere diffōnē vsucapionis,tñ nō vr̄ bona. Primo,qa deficit in uno. s.titulo de quo hic nō fit mētio, & tñ reqrit̄ . Itē de bona fide,nec sufficit sola possessio,& eius continuatio.Itē, qa acqsitio dñii nō est usucapio,sed effectus usucapionis. Posset ergo aliter diffiniri,ꝙ est ꝯtinuatio possessionis rei alienæ p tps a lege diffinitū ꝯcurrente

2 titulo,& bona fide,ex qua sequitur acquisitio dñii.†Quæ āt sit dr̄ia inter pscriptionē,& ꝯsuetudinē,dic ut plenè notat̄ ī c. de ꝯsuetudinib. Nam p pscriptionē acquirit ius priuato & ri priuato aufert,sed per ꝯsuetudinem acquit̄ ius in public

LEX IIII.

SEquitur. No.gl.in uer. seruus ꝙ titulus pro h cū consistat in iure non cadit in seru ō seruus tali titulo non pōt usucapere pro se, nec p sed si ipse seruus sit institutus, & adiuit iussu dñi, ipse est ille,qui usucapit tali titulo,ut in fi. gl. sed titulus p don p emptore,& similes cū ꝯsistant in facto,ut l.consilio.§. fi cura.fur.cadūt in seruo,quia si seruus emit , ipse est uerus ptor,& si sibi donaret̄ ipse est uerus donatarius, & talis ti apud personā suā remanet,& nō acqrit dño,licet acqrat̄ p sio,& ipse dr̄ usucapere nō p se, sed p dño, & ista est itenti

1 *Accessiones perceptæ ex re aliena,si non fuerunt effectæ percipientis ,* *perceptione possunt per hæredem eius usucapi titulo pro herede .*

2 *Bonæfidei possessor non tenetur ad restitutionem fructuum, si a die perc* *nis steterit per triennium,ꝙ non fuerit conuentus ad restitutionem .*

3 *Si hodie completa est præscriptio super fundo meo,& heri percepisti fru* *ex eo,an potero te ad illos fructus conuenire.*

4 *Licet malæfidei possessor non faciat fructus suos,nec usucapiat,ille tam* *ab eo conduxit si est bonæfi.licet non faciat sola perceptione suos,faci* *men suos usucapione.*

5 *In fœtibus animalium an sit idem quod in fructibus industrialibus ut fi* *fiant bonæfidei possessoris .*

1 §.Fructus & partus. † Accessiones percept re aliena,si non fuerun fectæ pcipientis, sola pceptione possunt p hr̄dē eius usucap tulo p hr̄de.h.d. Iste tex. pcedit sine scrupulo in partu anc alienæ pcepto p possessorē bonæfidei,nā cū nō sit fructus, in pecudū. s̄. de usuris , nō fit pcipientis sola pceptione ēt bonæfidei.si tñ anteq̄ moreret̄ teneret ipsum p ꝯtinuū trien vsucaperet ti. p suo:qa si ancilla esset sua fieret dñs partus tim,ergo sit non est sua,usucapit illo titulo,qa subest iusta sa credēdi,ꝙ si suus. Si āt moriat̄ añ finitā usucapionē, hr̄s e usucapionē ꝯplet p hr̄de,& ēt ti. p suo, quo defunctus incæ vt s̄.tit.j.l.3.§.ex plurib.uer.si.n.Eodē mō pcedit sine scrupul fructib.naturalib.vt sunt poma:quia illa non fiūt possessoris bonæfidei sola pceptione, ut l. fructus. s̄. de usuris. unde in dic idē p oīa put s̄. Sed in fructib. industrialib. nō uī pced posse:qa si defūctus esset bonæfidei statim sunt effecti sui sol ceptione,ut l.bonæfidei.s̄.ti.2.ergo p hr̄dē nō usucapiunt̄,cu sint eius,ut s̄.ea.l.§ lana. Et si defunctus erat malæfidei, nō fi effectus dñs sola pceptione , nec ēt ipse potuit usucapere, tu pp malā fidē,tum quia fiunt furtiui cū sciat esse alienos,& ꝯt ctet,& sic nec p eū,nec p aliū possunt usucapi,tanq̄ affecti vit reali,& per ꝯñs nec per hr̄dem eius,licet sit bonæfidei, & pp hoc ꝯrium facta est gl.mag.q̄ soluit multis modis , sed finalit in uer.uel dic.ante finem gl.ponit vnam solutionem notabi & singularē,ꝙ ēt in illis possit pcedere,& ꝙ loquatur in bon fidei possessore,nā licet sola pceptione fiat dñs fructuum ind strialiū,tñ si extant, uel est effectus locupletior ex eis tenet̄ restituere,uel officio iudicis mercenario,uel ꝯdictione sine c ut l.certū.C.de rei uendi.quatenus ergo possunt ab eo peti, tenus vsucapit.Nec obstat ꝙ qui est dominus non usucapit, j̄.ea.l.§.lana, qa uerum est,qñ est dñs irreuocabiliter,alias se qa quatenus pōt ab eo res reuocari , eatenus non uī dñs, ut in bello.§.si quis seruum.ubi est casus.j̄.de capti.& istud est m rabile.qa ꝯdō sine cā est actio psonalis q̄ solet durare xxx.ann cū isto casu duret triennio,quia succedit loco rei ven.q̄ comp teret pro fructib.si possessor non esset effectus dñs sola pcepti ne. Vnde sicut illa tolleret̄ triennio,ita & ista , quod est singula

2 re.†quia per hoc limitātur omnia iura dicentia,bonæfidei pos sessorē teneri ad restitutionem fructuū non consumptorum

a vel ēt consumptorum quatenus est effectus [a] locupletior,iuxta plenè no.in d.l.certū.& l.ex diuerso.s̄. de rei uen. nā hoc est ue rum,nisi a die pceptionis steterit p trienniū, ꝙ non fuerit con uentus ad restitutionem,p istam gl.notabilem q̄ ppetuo no.

3 † Adde ꝙ ēt si non tanto tpe tenuit, si tñ rem ex qua pcepit tenuit tanto tpe ꝙ ipsam pscripsit, nō pōt conueniri ad fructus puta hodie completa est præscriptio super fundo meo,heri percepisti fructus ex eo,nunquid saltem possim petere fructus naturales,uel industriales extātes, uel non extātes ex quib. factus es locupletior rei uen.vel cōdictione sine causa? videtur quod sic.

ADDITIO.

a Et adde , ꝙ possessor locupletior factus esse dr̄ qñ res est apud eum licet in ea amplius expenderit,ut per Bar.in l.sed & si lege.§.si quis.ff. de acq.pos. Qñ āt quis locupletior dicat̄ uide per Ale.in l.si ipsa res.ff.qd̄ me.cau.gl.in l. indebitum.ff.de cond.indebi.&.ff.de min.l.si minor filio.& uide ibid.Bar.

quia diuersa est rei ven.q̃ competit ꝑ fructib.ab illa q̃ competit ꝑ re, vt no.ꝑ gl.magistram.s̃.de p̃ti.hær.l. item veniunt. uctus,licèt ergo sit p̃scripta ei q̃ competit ꝑ re,non vr̃ præpta ei q̃ competit ꝑ fructib.qa illa incepit heri competere: im est verius, vt est casus notabilis in l.eos in prin. C.de v-s.qa sublata principali,tollitur accessoria.Ponit ẽt gl.vnam onẽ in ver.alij.vt posito,ꝙ possit intelligi in fructib.ĩdustria & in malæfidei possessore qñ nõ sunt ꝑcepti ꝑ eum,sed ꝑ a-n q habuit cãm a malefidei possessore,vt qa conduxit ab eo ecuniam,ut possit vsucapi ꝑ illum. Sed tũc quare nõ effici dñs statim ꝙ ꝑcepit ex quo erat bonæfidei?Rñdeo: qa non idebat fundum,sed detinebat,& hoc est satis singulare di-n.† ꝙ licèt malæfidei possessor non faciat fructus suos nec capiat, ille tñ q ab eo conduxit si est bonæfidei, licèt nõ fa-sola ꝑceptione suos,qa non possidet,facit tñ suos vsucapio qđ ꝑpetuo tene menti. De alijs solu.gl.nõ est curandũ, quia obãt per Doct.† Aduertẽdũ tñ ad gl.q̃ sentit,ꝙ in fætib. aĩium sit idẽ ius,ꝙ in fructib. industrialib.vt statim fiant bo-idei possessoris,ꝑ quo q̃dam allegant §.lana.j̃. ea.l. in fi.sed rium facit,ꝙ immo idem sit,ꝙ in fructib.naturalib. qa ĩ eis la vertit̃ industria ꝑsonę sicut vertit̃ in segetib.& uino,& sic ꝙ non efficiant̃ possessoris statim ꝑ d.l.fructus. s̃. de vsuris. interueniẽte vsucapione. Vñ in eis adhuc põt ꝑcedere iste nec ob.§.lana.in fi.j̃.ea.leg.sed potius facit ꝑ: quia loquit̃ ndo sunt consumpti,nos loquimur quando extant.

---

tiua res quare usucapi non possit.

hoc,vt vitium furti purgetur debet res reuerti in potestatem veri domi,nec sufficit ꝙ reuertatur in potestatem illius cui fuit surrepta,si non t uerus dominus,sed custos, vel habebat ius in re.

liter dicatur reuersa in potestatem domini, ad hoc vt vitium sit purum.& nu.1.

furtiua,vel ui possessa(quousque vitium sit purgatum)non potest præibi longo tempore,etiam per habentem titulnm, & bonam fi.& quid in gissimo tempore.

Quod autem.† Ad euidentiam pręmitte,ꝙ res furtiua non põt vsucapi per ali-: qa est affecta vitio reali,& eodem modo res violẽter pos-a,nisi tale vitiũ sit purgatũ,& tũc purgat̃,qñ est reuersa ĩ po atẽ dñi,vel primi possessoris,& hoc statuit l. Attinia, hic er-vsq.ad §.si tu vi.j̃.ea.l.tractatur in re furtiua. Ibi tractat de re lẽter possessa vsq.ad §.fi. Et circa primũ articulum cadit du insp̃ectio. Primo quæ̃r dicat̃ reuersa in potestatem dñi ad vt illud vitium sit purgatũ,& hoc vsq.ad §.hæres.Scđa est, interdũ surripit̃ ancilla,q̃ postea parit,& dubitat̃ de partu, um sit furtiuus,sicut ipsa ancilla,& an possit vsucapi. Et co-mõ qñ surripit̃ ouis,& postea fuit detonsa q̃d de lana,vtrum furtiua,& an possit vsucapi. de hoc ab illo §. hæres,usq.ad §. ,redit ad primã inuestigationem.† Et hoc dicit,ad hoc vt vi furti purget̃,debet res reuerti in potestatẽ veri dñi,nec suffi ꝙ reuertat̃ in potestatem illius cui fuit surrepta, si nõ erat us dñs,sed custos,vel habebat ius in re.h.d.vsq.ad §.Labeo, hoc est verũ qñ ex̃neus surripuit ipsi custodi,secus si ipsemet los surripuisset:qa sufficeret redire in potestatẽ suã,ut j̃. ea. item Labeo ait.In text. ibi(vt in dñi ptãtem,idest illius q hẽt ium,non illius q non hẽt,licèt habeat custodiam, vel ius in t patet ex sequentib. Aliqñ tñ sufficit,qñ ille reputatur qua ñs ratione administrationis,ut est seruus in peculiari, vt j̃. .§.si pupilli.In tex.ibi(non in eius.vtique cui surrepta est,) s. on erat dñs,uel quasi dñs,sed ꝯ ꝙ immo sufficit redire in po tatẽ illius,cui surrepta est,licèt nõ sit dñs,vel quasi, vt j̃.de p̃ l.certè.§. Iul.cum ibi no.in gl.Sol.aut loq̃mur in re uiolen-possessa,& tunc loquitur ꝯtium, ꝙ sufficit reuersam esse in testatem illius, cui per uiolentiam ablata est:q̃ violentia est ictum quod committit̃ in personam,[a] & ideo quia fuit com ssa in personam illius,licèt nõ sit dñs, sufficit esse reuersa ad vt purget̃ vitiũ violẽtię. Aut loquimur in re furtiua,& tunc, ia hoc delictum non committit in persona.sed in re,vt no.j̃. furtis.l.itaq.fullo.potius dr̃ committi mihi si sum dñs q̃ tibi, i surrepta est, ideo dẽt ad me redire, vt vitium purgetur, vt ,& ita no.j̃.eo.§.si dñs.per Bar.† In tex.ibi(si creditori surrepta est)scilicet per extraneum. si aũt ꝑ ipsum debitorem, tunc s non efficitur furtiua.iõ non expedit.ꝙ aliter in potestatem mini reuertat̃: qa satis vr̃ reuersa,ex quo est apud eũ, & hic casus.j̃.ea.l.§.si rem.hoc est uerum quo ad hoc, vt rõne do inij sit vsucapibilis,& ꝯ ipsũ verũ dominũ,sed quãtũ ad hoc, possit vsucapi ꝯ creditorem,& quo ad ius hypo. ꝑ Cyn. C. si uer.cred.requiritur,ꝙ reuertat̃ in potestatem creditoris,cui rrepta est,& aĩr non præscribitur, & ita debet intelligi l. fi.j̃. socio.de qua gl.hic opponit secundum Doct.† Vltimò scias, res furtiua, vel vi possessa(quousque sit vitium purgatũ) nõ t pręscribi longo tempore per habentem titulum,& bonam fidem,vt Inst.de vsucap.§.furtiuæ,sed longissimo sic,etiam per furem,de iure ciuili,non tamen acq̃ritur dominium,sed exceptio ꝯ dominum, vt C.de pręsc. 30.ann.l.sicut.secus de iure cano.quia malæfidei possessor non præscribit.

A D D I T I O.

a Et ideo. Vitium est personale non reale,ut no.in l.fi.C.unde ui.ac. proinde per sonam tñ afficit,cui infertur secundum Ang.in reper.uer.uiolentia.Et adde ꝙ quandoque mixta est nimirum personalis,& realis ad quod uide Bal. in l.manifestissimi.C.de fur.

---

§.Labeo quoque. Si res peculiaris surripiat̃ seruo,sufficit ꝙ redeat in eius ptã tẽ ẽt domino ignorãte,si ẽt furtũ ignorauit,sed si nõ erat res peculiaris nõ sufficit,sed dẽt redire in ptã tẽ domini ad hoc, vt vitiũ purget̃:si verò seruus domino surripiat rẽ nõ peculiarẽ,sufficit, ꝙ eã reponat in eodẽ loco, vnde surripuit ẽt domino ignorãte,si furtũ ignorauit,vel eo sciẽte,si sciuit,ad hoc, vt vitiũ purget̃,sed si eã sibi retinuit cũ aĩo,ut sit in peculio, nõ dr̃ uitiũ purgari nisi dominus hoc ꝯsenserit.h.d.usq.ad §.itẽ Labeo. & est difficilis. Et primo loq̃tur quãdo res mea surripit̃ seruo meo vsq.ibi(iõq.)Scđo quãdo ipse seruus meus eam mihi surripuit,& q̃libet pars ꝯtinet duos casus. Nã primus est, quãdo res erat peculiaris vsq.ibi(nec em̃.)Secũdus,quãdo nõ erat peculiaris.Itẽ in scđa parte primus casus est,quando seruus q surripuit eã reposuit in eodẽ loco vsq.ibi(itẽ si eã) Scđs quãdo nõ reposuit,sed eam retinuit aĩo,ut esset in peculio,an hoc sufficiat ad purgãdũ uitiũ? Et notãdũ est ꝙ in primo casu gl.intelligũt, qñ res peculiaris fuit surrepta seruo,ꝙ si dominus hoc sciuit, non sufficiat redire in ptãtẽ serui,nisi ẽt dominus hoc sciat, si ãt ignorauit eã esse surreptã,tũc ẽt si ignorauit eã esse reuersã,vitiũ purgat̃,& ꝑ ista distinctione facit tex.j̃.in ver.si sciui.sed mihi vr̃ intentionẽ tex.esse aliã,ꝙ ẽt si ignorãti,an sit reuersa in potestate serui postq̃ erat peculiaris,hoc sufficiat siue ignoraui siue sciui eã fuisse sibi surreptã,vt patet hic dũ dñt(si surrepta sit me ignorãte,) & postea dicit(ẽt si sciuero)dẽt intelligi,s.eã esse surreptã,& tamẽ Iurisc.in distinctione dicit sufficere eẽ reuersã in ptãtẽ serui:qa in reb.peculiarib.sufficit sciã,& aĩum serui nec attẽdit̃ ignorãtia domini,uel sciã. Vnde ẽt ignorãs domin' vsucapit ꝑ seruũ tales res,ut j̃.e.l.si is q ꝑ emptore. In gl. mag. q̃ est ꝯfusa,recitat unã distinctionẽ. Tu ãt clarius distingue, ut ex tex.hic colligit̃,ꝙ aut res mea surripit̃ seruo meo ꝑ ex̃neum, aut surripit̃ mihi ꝑ ipsũ seruũ. Primo casu, aut erat peculiaris, aut nõ,& hoc casu sufficit,ꝙ redeat in ptãtẽ serui, ẽt me ignorãte siue sciuerim forte factũ,siue ignorauerim,ut in primo casu huius §.scđo casu dẽt redire in ptãtẽ meã, & me sciente, ut hic in uer. commodius. quia fui priuatus possessione, ut supra eod.ti.j.l.rem q̃ nobis,& nõ dr̃ reuersa in potestatẽ meam, nisi etiam possessionem recuperarem,ut j̃.ea.l.§.tunc in potestate. sed nõ recupero,nisi sciam,qa possessio sine aĩo non acquirit̃.l. 3.s̃.ti.j.Secundo casu principali quãdo seruus surripuit,aut illa erat res peculiaris,& nõ fit furtiua,nec mutat ꝯditionem,& iste casus nõ ponit̃ hic,sed j̃.de furtis l.interdũ.§.cum aũt.Aut non erat peculiaris,& tũc efficit̃ furtiua,licèt non competat actio furti,ut no.j̃.ea.l.§.si rem, non tamen priuor possessione, ut l.rem q̃ nobis.s̃.ti.j.licèt secus quãdo ex̃neus surripuit,& propter hoc,qa possessione nõ priuor,si ignoraui furtum, sufficit ꝙ reponat in eodem loco,ẽt me ignorante,ut in ver.ideoque, sed si sciui furtum factum,debeo etiam scire,ꝙ sit reposita, nõ sic si ex̃neus mihi surripuit ignoranti.& postea in eodem loco reposuisset me ignorãte: qa cum fuerim priuatus possessione etiam ignorans,non recupero eam ignorans,ideo non dicit̃ in meam potestatem reuersa,qa requiritur, ꝙ recuperem possessionem,vt in §.tunc in potestate. Si aũt non reponeret in eodẽ loco,licèt eã teneret etiam malo aĩo,sed tanquam in peculio, hoc non sufficeret, ad purgãdũ vitiũ, nisi in hoc consentirem: quia non debet esse in sua potestate ꝯstituere sibi peculium de re mea præter meã uoluntatẽ & iste est ultimus casus huius §.

---

1 *Si depositarius vel commodatarius præter uoluntatem domini rem alienat, committitur furtum,& efficitur res furtiua.Si tamen eam recuperat,vitium furti purgatur.*

2 *Emphyteuta uel feudatarius si alienat rem domino non requisito,& sic incidit in commissum,non euitat hanc pænã,licèt eam recuperet redimendo.*

1 §.Item Labeo.†Si depositarius, vel commodatarius præter uoluntatem domini rẽ alienat,committitur furtum,& efficitur res furtiua. Si tamen eam recuperat,uitium furti purgatur. hoc dicit. In gloss. j. ibi (soluẽt,)ibi.& ẽt ut colligitur ex gl.huius l.nam quo ad purgãdum vitium rei,bene sufficit redemptio,vel reuersio ut hic: sed quo ad euitandũ pęnam,quam incurrit depositarius alienãdo, qa incipit teneri de casu,vbi primo nõ tenebat̃,nisi de dolo,nõ suffi.

sufficit reuersio,vt d.l.j.§.si rem.s̄.depositi.nec quātū ad euitā
3 dū pęnā furti,vt l.q ea mēte.ꝭ.de fur.& hic in gl.fi. Et ꝑ hoc de
a terminať si emphyteuta,vel feudatarius[a] alienat rē dño nō req
sito.& sic incidit ī ꝯmissum,nō euitat hāc pęna , licèt eā recuperet redimēdo,& de hoc est casus in c.j.qd iuris sit, si post alie
nationē feudi vasallus illud recuperauit in vsib.feudorū.In gl.
q̄ incipit,(ıđ quaŕ,)ista gl.voluit sic opponere,nā vt hř in gl.ꝑ-
ced.qñ ignoraui depositariū alienasse,tunc ēt si ignoro ipsum
redimisse, dř reuersa in meā ptātē.ꝯ: qa ipse priuauit me ēt ignorāte,possessionē alteri tradēdo,ut s̄.ti.j.l.3.§.ꝙ si seruus. &
ignorās nō possū possessionē recuperare.vt d.l.3.in princ.ergo
nō dř reuersa in meā potestatē,cū reqrať recuperatio possessio
nis.vt ꝭ.in §.tūc.in ptātē.gl.istud ꝯriū nō soluit , Bar. dicit ꝙ si
ignoraui ipsum alienasse, habeo animum adhuc retinēdi possessionem per eum,licèt non retineam,& iste animus operať ,
vt si postea redimat,acquiram de nouo:qa animus retinēdi suf
ficit ēt ad nouam acqsitionme, ut no.in d.l.3.in princ.s̄.ti.j. de
quo vř hic casus,intelligēdo isto modo,pro quo ēt glo.sequens
q̄ dicit(igiť in possessionē &c.) Alij aūt dicūt ꝯriū , ꝙ nō recuperet possessionē,ut hř in gl.seq. & dicūt nō esse necessariū ꝙ
possessionē recuperet,ut dicať reuersa in potestatē per §. tunc
in ptātem.in fi.sed hoc nō placet ꝑ prin.illius §.nec ob.finis,qa
ibi recuperat pretium rei,& sic satis uidebatur recuperasse pos-
sessionē.ar.in l.qui pretio.s̄.de vsufr.Vltimò opponitur.de §.ꝙ
aūt.s̄.ea.l.ubi non sufficit redire in potestatē depositarij. So.vt
ibi dixi:quia ibi extraneus surripuit depositario,hic ipse deposi
tarius surripuit domino alienando.

§.Si pupilli res. In re surrepta pupillo vel adulto sufficit rem redire in potestatē tutoris vel curatoris.aut administratoris legitimi, vt purgetur uitiū vel sufficit scientia ipsorum de reuersione.h.d.

§.Tunc in potestatem. Ad hoc, ut res dicať reuersa in ptātē dñi reqrunť tria,s.ꝙ dñs recuperet possessionē: itē taŕ ꝙ ab eo nō possit auelli:itē ꝙ ex certa scīa tanq̄ de re sua, non ꝑ errorem tā quā de re aliena.Etiam q litis æstimationem recipit de re furtiua,cēseť possessionem recuperasse,ut purgetur vitium. hoc d.

ADDITIO.

a Vel feudatarius,uide Ant.de But.in c.potuit.extra de loca.& ibi per Inn.Ioan. de Imo.in c.si a me.su.ad legem Fal.Rar.in l.si insulam.in 3.q.de uerb. obl.& in l.si quis libellos.de App.Bal.consi.309.2.lib.

1 *Partus ancillæ furtiuæ, an sit furtiuus.*
2 *Partus ancillę an possit usucapi.*
3 *Si superueniat scientia bonæfi.possessoris ꝙ ancilla sit aliena licet eam postea contrectet,non tamen efficitur fur,nec partus efficitur furtiuus.*

1
a §.Heres qui in ius. †Hic incipit tractare de alio articulo,s.de partu[a] ancillæ
furtiuæ,vtrū sit furtiuus,& vtrū possit usucapi.Et scire dēmus,
ꝙ in trib.casib.sine dubio est furtiuus.s.qñ erat in utero tēpore quo mř fuit subtracta,nā cū sit pars viscerū, ꝯtrectās matrē,
ꝯtrectat ēt partū,& sic ī vtroq.ꝯmittit furtū . Idē si tūc nō erat
in utero,sed postea concepit apud furē,nā nouiter ꝯtrectādo,li
cet nō cōmittat nouū furtū in mrē.l.si dñs. cū ibi no.ꝭ. de fur.
& l.eū qui.ꝭ.de fur.bñ tñ committit nouū furtū in partu noui
ter creato,ēt si apud eū nō pariat,sed apud bonæfidei possessorē,in quē postea ipse transtulit. Tertius casus est qñ nō ꝯcepit
apud furē,sed apud aliū malæfidei possessorē, in quē fur postea
trāstulit,nā & ipse fur est nouiter ꝯtrectando,ut hæc habentur,
& ꝓbantur in l.ancillæ.C.de fur.& de hoc articulo non inten-
dunt isti tex.tractare,sed præsupponūt.si aūt ꝯciperet apud bo
næfidei possessorē in quē fur.transtulit,tunc esset furtiuus siue
2 esset vniuersalis successor ut hæres, siue singularis.† Scđs articulus est utrum talis partus possit vsucapi, & clarū est,ꝙ in ca
sib.in qb.dixi ipsum esse furtiuū,nō pōt vsucapi, ēt ꝑ hñtē titu
lū,& bonā fidē, nisi uitiū sit purgatū.Sed dubiū est, qñ non est
furtiuus,vt qa ꝯceptus penes bonæfidei possessorē,q tñ habuit
cām a fure,ꝯstat.ꝙ ex sola ꝑceptione non sit bonæfidei possesso
ris,qa nō est in fructu.ut l.pecudū.s.ea.l.§.fructus. q̄ritur ergo
vtrū saltē possit usucapere tit. pro suo qa natus est ex ancilla
q̄ putat suam:& si hoc esset verū, esset suus,ergo ista credulitas
dat iustū titulū ꝓ suo,qa ꝑuenit ex cā,q̄ si esset vera , sufficeret
ad acqsitionē dñij,& de hoc articulo,ītēdit tractare iste tex.cū
§.seq.de quo ēt tractať.ꝭ.eo.l.iusto.§.& si possessionis.& l.si an
cillam.ꝭ.pro suo.& s̄.de publ.l.si ego.§.partus.& ibi uide gloss.
magistram.in d.l.ancillæ.In isto autem tex. colligitur talis distī
ctio, ꝙ aut ille bonæfidei possessor qui habuit cām a fure erat
vniuersalis successor,vt hæres,& non usucapit,ēt si velit incipe
re tempus ex persona sua, quia malafides authoris sibi nocet,
qa est vitiorū, & culpæ successor,ut l.cum hřs. de diuer.& tēp.
præscr.Aut erat successor particularis,cui, non tñ nocet mala
fides authoris.vt l.j.C.de præsc.longi.temp. & tunc aut fur erat
in sua potestate,& idem vt mala fides furis ei noceat.ut in §.de
illo.in prin.usq.ad ver.sed si.Si uerò fur non erat in sua pote
te,& tunc aut ad ipsum peruenit notitia,ꝙ ancilla erat furti
vel aliena anteq̄ conciperet,postq̄ ad eū ꝑuenit bona fides,
idē,vt impediať vsucapere.Aut post partū natus est,& sic po
incipit vsucapere, qa vsucapio nō incipit, nisi postq̄ est nat
qa prius non est res de ꝑ se,& tūc nō impedit usucapionē co
plere iure isto,qa hoc est regulare, ꝙ malafides superueniēs ꝑ
cęptā usucapionē,ipsā non interrūpat.ut l.j.C. de usucap.t
format.hodie secus de iure canonico,& sic usq.ad §.lana.po
quatuor casus istū tamē vltimū intellige sanè , quādo post
ptā vsucapionē ꝑuenit notitia,ꝙ ancilla erat aliena, nō tam
ꝙ esset furtiua.Si āt sciret,ꝙ esset furtiua,iste quintus casus
poniť hic.Sed qd iuris sit,dic ut in d.l.ancilla.ꝭ. ꝓ suo. q̄ est
tabilis in ista mā. Itē omittiť sextus casus, qd si ꝑuenit ad e
notitia,ꝙ erat abortus post partū ꝯceptum,& antequam e
editus? & dic ꝙ tūc nō nocet,sicut nec nocet quādo post
tū,& iste casus poniť ꝭ.e.l.iusto.§.& si possessoris.ver. velut
vř hic ꝯriari,sed solue,ut dixi ēt in tex.hic dū dicit, (si antec
pariat,)subaudi,& ēt anteq̄ ꝯcipiat. Omittiť septimus casus
vltimus quādo nūc superuenit scia,ꝙ ancilla esset aliena,qu
que durat tp̄s vsucapionis,& tunc sine dubio usucapit,ut c
ego.§.partus.de publ.& ꝭ.ti.j.l.non solum in prin. In primo
su super j.glo.ibi (sed quia in malafide succedit.) Et sic patet
cum istud nō sit uitium reale,sed personale,licet hæres nō p
set vsucapere,alius tamē singularis successor bene posset us
pere hūc partū, si hřet cām a non domino postq̄ fuit conce
apud hæredem bonæfidei,& sic non erat furtiuus. Item int
ge ꝙ hæres non usucapit, etiam si uelit incipere usucapion
ex ꝑsona sua,licèt Martinus ꝯrium teneat,cuius opi.confu
tur ꝑ istum tex.de quo in l.cum hæres.de diuer.& tempor.p
scrip.singularis aūt successor pōt incipiēdo ex sua persona.
si vult iungere possessionē sui authoris malęfidei,nō posset,
ut l.Pomp §.cū qs.s̄.ti.j.Itē scias ꝙ Dy.in c.2 de reg iur.lib.6
si.tenuit istū §.& similes nō hře locum de iure canonico,q
ꝯsiderat solū uerè malā fidē, sed hřs non dř uerè hře malam
b dē,sed fictè, [b] si defunctus hēbat,& sic vult,ꝙ hřs possit usu
pere,uel ꝑscribere,qđ defunctus nō poterat ꝑp malā fidē.
nō placet sui pace:qa ius cano. uenit ad impediēdū usucap
nē.uel ꝑscriptionem in casibus in quib. de iure ciuili ma
dei possessor poterat ꝑscribere,non aūt uenit ad inducēdū,
casib.in quibus non poterat. Et fateor ꝙ loquatur de uera
lafide,nō de ficta,vbicunq.ergo de iur.ciui.malafides ficta n
noceret,nec ēt nocet de iure canonico.sed ubicunq. noce
ut hic,& in casu sequēti.per ius cano.hoc nō corrigit,nec i
tať.Vbi aūt malafides uera de iure ciuili non nocebat, de i
cano.nocet.& iura ciuilia corriguntť. Posito ergo ꝙ huic h
di non nocebit dispositio Iurisc.nocet tamē dispō iuris ciui
qđ nō est correctū ꝑ l.si nō lex.de hrdi.insti. In secundo ca
bi,qa possessor,supple & malafides serui,non aū nocet uiti
reale:qa isto casu partus nō est furtiuus,sicut ī ꝑcedēti.Vū
lisi in cuius ptāte iste fur nō esset,bñ posset usucapi,ut in se
ti casu.Et aduertēdū qa gl.intelligit istū casū,qñ ad dñm p
nit scīa,ꝙ esset ancilla,anteq̄ ꝯciperet,& hoc ꝑ tex. in uer.
tu dic ꝯ.ꝙ ēt si nunq̄ ad eū ꝑuenit scīa,nō pōt usucapere:q
malafides serui nocet sibi,sicut in ꝑcedēti, qa reputat eadē
na postq̄ est in sua ptāte.Et idē in pře & filio,ut ꝭ.e.l.hřs.§.
3 in casu aūt sequēti nō erat in sua ptāte.†In tertio,& quarto
su in uer.sed & si.no.ꝙ si superueniat scīa.bonæfidei possess
ꝙ ancilla sit aliena (licèt eam postea contrectet) non ꝑpte
efficiť fur,nec partus efficiť furtiuus, licèt nunc sit malæfid
quod ergo dicit in l.ancillæ.in fi.C.de fur. hēt locum in eo
a principio fuit malæfidei,& tunc committit furtum tam in
cilla,q̄ in partu,secus si bonæfidei,licèt efficiať malæfidei,q
tiū īspicit.ut ꝭ.e.l.iusto.§.& si possessionis. ideo si post part
cōceptum superueniat scīa de re aliena,non impedit usucap
ut d.§. & possessionis. quod non esset,si efficeretur furtiuus

ADDITIONES.

a Partu.uide eūdem Bar.in l.si aliena infra pro suo.& in l.annalc.C.de fur. &
tè uide Bar.& ibi gl.in l.j.C.de usucap.transf.

b Fictè.Adde per Anch.in c.siue possessione.de reg.iu.in vi.

1 *Lana ouium furtiuarum,quando dicatur furtiua, & non possit usucapi*
2 *Nemo usucapit rem suam,quando erat irreuocabiliter sua, aliàs secus*

1 §.Lana ouium. † Lana ouium furtiuarum si
detonsa penes furem est furtiua
ꝑ nullum potest usucapi,si uerò penes bonæfidei possesso
nō est furtiua,& sic est usucapibilis per aliū,q̄ ꝑ bonæfidei
sessorē:quia ipse efficiť dominus, eo ipso,ꝙ ꝑcipit,& idem i
gnis ouiū furtiuarū.h.d. Primū dictū istius §.ꝓcedit sine
ꝓpulo,ꝙ lana detonsa penes furem est furtiua, quia postqu
est detonsa,ꝯsiderať de per se. Vnde cum fur ipsam contre
ꝯ uoluntatem domini, nouū furtū facit, tanquam in re no
& di-

rſa'ab ouib.Sed ſecundus & tertius caſus non videnẗ ꝑ-
;ga poſito,ꝙ ſit detõſa penes bonęfidei poſſeſſorem,ſi tñ
eſſe ꝑducta,tpe quo oues fuerũt ſubtractæ vel poſtea a-
rẽ,vr̃,ꝙ in ea committat̃ furtũ,ſicut in partu, q tũc erat
-o,uel q cõcipit̃ poſtea penes furẽ,;qa ſicut contrectan-
trem cõtrectat ẽt partũ, q eſt portio uiſcerũ,ut l.j. de vẽ.
mit.ita ꝯtrectãdo oues,ꝯtrectat ẽt lanã,q eſt apud eas nõ
,ergo in ea committitur furtũ,& licèt poſtea tondat̃ pe-
onæfidei poſſeſſorẽ, nõ ꝓpea vitiũ furti purgat̃, ſicut nec
tu nato penes eũ.Et idẽ ꝓ oĩa in agnis ouiũ furtiuarũ,qa
us expreſſius de hoc.in l.q uas.§ ſi ancillã ver.idẽ in pecu
ĵ.de fur ubi dicit eſſe idem in agnis,quod in partu ancil
ic dr̃ ꝯrium,ꝙ eſt idẽ,qđ in lana ouiũ.gl.quæ ſenſit iſtud
,intelligit iſtum tex.qñ agni fuerũt concepti,& nati pe-
onæfidei poſſeſſorem,ſecus ſi erant ꝯcepti tpe furti factĩ,
ncipiunt̃ penes furem,ut in ꝯrio. Item vr̃ poſſe dici in la-
t intelligat̃ de illa q fuit ineſſe producta penes bonæfidei
ſorem,& apud eum detonſa, ſecus ſi erat tpe furti facti,
nes furẽ.Bar.primum dictum de agnis vr̃ fateri,ſed illud
a non,qa intelligit ẽt ſi tpe facti furti,uel penes furẽ fuit
ꝑducta.Et ad ꝯrium rñdet,ꝙ nõ ita dr̃ ꝯtrectari lana ꝑ
ationem ouium,ſicut dr̃ ꝯtrectari partus ꝑ contractum
s,qa partus ꝯſideraẗ de ꝑ ſe,ſed lana nõ. Hoc vr̃ mihi truſ
n partus antequàm naſcatur non conſideratur de per ſe,
o qui emit ancillam,non dicitur emiſſe partem, nec eui
rtu, committitur ſtipulatio de euictò ut l. ſi prægnans.
equen.ſ.de euic.nec poteſt aſſignari bona rõ diuerſitatis
ciſ ꝯſideret,dic ergo uerum eſſe, ꝙ ſi erat ineſſe ꝑducta,
ni ꝯcepti tpe furti facti,vel penes furem tam lana q agni
urtiui,ſicut & partus ancillæ.vt in d.§.ſi ancillam.ver.idẽ
cudib.ſed ſi tõdeant̃ vel naſcant̃ penes bonæfidei poſſeſſo
ſtud furti uitium purgat̃,qa cum incipiant eſſe eius,eo qa
n fructu,dicit̃ res reuerſa ad dñm,iõ ſunt vſucapibiles ꝑ a-
.Et ſi dicat̃ ex quo erant res furtiuæ quõ efficiunt̃ iſtius bo
ei poſſeſſoris?rñdeo:qa lex Attinia impediebat rẽ furtiuã
alicuius ẽt bonæfidei poſſeſſoris ꝑ vſucapionẽ,uł ꝑſcriptio
qñ erant tales res,non efficiebant̃ ſtatim ſuę,ſed iſta lana,
ni efficiunt̃ ſtatim ſui ꝑꝑ iſtã ſolã bonã fidẽ,qa erãt in fru-
 iſtud nõ ꝓhibet lex Attinia, & iſte eſt uerus intellectus ꝑ
tollunt̃ ꝯria difficilia. † Vlt.allegat̃ iſte tex. ꝙ nemo uſuca-
ſuã,[a] ſed dic hoc verũ qñ erat irreuocabił̃r ſua. aliàs ſecus
xi.ſ.ea.l.§.fructus.per l.libellos.§.ſi quis ſeruo de capti.

ADDITIO.

iam.Adde Bar. & Bal.in l.4.C.quod me.cau.Bar.in l.in bello.§.ſi quis ſer
& l.limita ut per Bal.& Doct.in l.j.C.de fur.& uide no.per Bal.in l.ancil
.ti.de furtis.

Si ex lana. Gloſ.intelligit qñ malæfidei poſſeſſor de lana furtiua fecit veſtimẽtum furtiuum, ecus eſt,ſi erat bonæfidei,quia tunc cum materia trãſiuit ĩ um,non dẽt ꝯſiderari materia de per ſe:ſed ipſum materia- quod eſt diuerſum, & illud nunq fuit ſubtractum per l.a- §.cum quis.ĵ.ti.2.ſed ꝯ ſ'm Dyn.quia bonafides ſucceſſoris purgat vitium furti,quouſque res redeat ad dominũ. Sol. um eſt niſi res furtiua eſſet translata in aliam ſpeciem per n gl.facit ſ.de leg.3.l.lanam & de auro & arg.leg.l.'Seia.

Si rem pignori. Qñ dñs ſurripuit rem ſuam, ẽt ei qui habebat iuſtam cauſam nẽdi,& ius in re,non efficit̃ res furtiua, & ſic eſt vſucapibi- icèt furtum committat̃.h.d.In gl.mag.ibi ſol.hic ſuam, ibi, t in ꝯriis alienam obligauit &c.Iſta eſt diuinatio,ꝑterea rẽ enam non põt quis obligare. Dic ergo ꝙ hic, & ibi obliga- ſuam,& ad ꝯrium dic,ꝙ ipſe ſurripuit rem,:q non efficit̃ fur ,quantum ad ius creditoris in hypo. ſed bene efficit̃ furti- Cõtra,ꝙ illud ius nõ poſſit ꝑſcribi,niſi res fuerit ad credito- reuerſa,ut l.ꝯria.& dixi ſ.ea.l.§.quod aũt.& ideo in fi.gl.dum t.uel dic ꝯ hypo.&c. intellige de hypo. alterius creditoris q s,cui fuit ſubtracta,vt ꝯ illam poſſit præſcribi, etiam per il- n qui habuit cauſam a domino. & ſic eſt effectus dominus, non irreuocabiliter,ut dixi in §.lana.

uiolenter poſſeſſa,num poſſit uſucapi uel præſcribi.
res afficitur uitio reali, etiam quando poſſeſſor fuit ſuſpicatus ſe poſſe pelli,licèt non fuerit violenter expulſus.

Si tu me vi. †Res uiolenter poſſeſſa,etiam a malæfidei poſſeſſore non põt vſucapi, uel ꝑ ibi,niſi vitium violentiæ ſit purgatũ, ſecus ſi nõ eſt uiolẽter ſſeſſa,licèt poſſeſſor fuerit violenter expulſus. Et non dr̃ vi- purgari,ſi res fuerit reuerſa ad dñm uiolẽter, licèt ab ipſo olẽter fuerit poſſeſſa,qa nõ eſt reuerſa irreuocabił̃r. h.d. vſq. §.ſi viã.Et iſtũ §.intellige qñ nõ dñs violenter deijcit dñm de oſſeſſione fundi,& tũc nõ eſt dubiũ,ꝙ fundus afficit̃ vitio rea
li.idẽ ſi deijciat nõ aliũ dñm,ſed poſſeſſorẽ bonæfidei,& ẽt malæfidei ut hic patet.Quid ſi ipſe dñs deijcit poſſeſſorẽ? vr̃ idẽ, ut ĵ.in §.ſi dñs.ſed nihil facit,qa nos q̃rimus utrum ſi dñs expellit poſſeſſorẽ,an res afficiat̃ uitio reali,ibi aũt iam erat affecta ꝑ expulſionẽ factã a nõ dño, & q̃rit̃ ſi dñs recuperet, an illud vitiũ purget̃?& dicit ibi ꝙ nõ. Itẽ adhuc vr̃,ꝙ afficiat̃, qa nõ licet domino expellere poſſeſſorem ꝓpria authoritate, & dr̃ ille committere violẽtiã,& cõpetit illi interdic.vñ ui,nec poteſt ſibi obijci exceptio dñij.Br̃ fateor iſta,tñ nõ ꝓpterea puto rẽ affici vitio reali,ſicut nec qñ dñs ſurripuit rem ſuã,ut in §.pręcedenti, & tñ ibi committebat furtum creditori,ſicut & hic committit uiolentiam poſſeſſori.Item qa non committit̃ clãdeſtinitatẽ ĩ re ſua.ut ſ.ti.j.l.ſi ideo.§.fin. ſi aũt non eſſet dñs, ſed putabat ſe dñm,tũc adhuc gl.hic in uer.ſi fundũ,ſup verbo (ſciẽs) tenet idẽ ſed Bar.ꝯ & bene:quia ſua credulitas poſtq non aderat ueritas nõ excuſat quominus afficiat̃ uitio reali,ex quo re uera cõmiſ-
2 ſa eſt uiolẽtia.†Vlt.Bar.hic tenet,ꝙ res afficiat̃ uitio reali,ẽt qñ poſſeſſor fuit ſuſpicatus ſe poſſe repelli, licèt non fuerit uiolenter expulſus.In cõtrarium eſt tex.cum gl.in l.ſi nulla. C. de acq. poſ de quib.Bar.non meminit.

1 *Non utens ſeruitute per legitimum tempus, perdit eam,licèt per dominum fundi ſeruientis fuerit ui prohibitus, & ille præſcribit libertatem.*
2 *Qui non utitur ſeruitute longo tempore licet in nulla negligentia ſit, quia fuit prohibitus eam perdit, & an reſtituatur.*
3 *Quòd quis præſcribat libertatem contra ſeruitutem ruſticam, etiam ſi ſit in mala fide.*
4 *Vbicunque requiritur factum præſcribentis,ſemper requiritur bona fides, ſecus ſi ſufficit negligentia non petentis,uel utentis.*
5 *Debitor etiam ſi ſciat ſe debitorem,an præſcribat contra creditorem ſpatio 30.annor.uel minori,ſi per ſtatutum redigitur ad minus tempus, & numero 6.*
7 *An tale ſtatutum ualeat.*

1 **§.Si viam habeam.** † Non utens ſeruitute per legitimum tp̃s, perdit eam licèt ꝑ dñm fundi ſeruiẽtis fuerit uti ꝓhibitus, & ille præſcribit libertatem.h.d.Et eſt ſubtilis §.& ſemꝑ allegat̃ maximè ꝑꝑ vnã opin.Bar.quam hic ponit,& tractat de materia ꝑcedenti,qa uidebat̃,ꝙ qui ꝓhibuit uti ſeruitute,non ꝑſcribat ꝯ non utentẽ, quaſi ui poſſideat ipſam libertatem.Et res uiolẽter poſſeſſa nõ
a ꝑſcribit̃,[a] ſed tex.hic uoluit ad hoc reſpondere,ꝙ procedit in rebus corporalibus,q ꝓprie poſſident̃, nos loquimur in iure incorporali,quod ꝓprie poſſidet̃,ſed certe ſaltem quaſi poſſidet̃, ideo iſta rõ non eſt bona,ſed melior rõ eſt:quia ſi prohibes me uti ſeruitute,non poſſides illam, quia ea non uteris,ſed uteris libertate,& illam poſſides. Aut ergo dicimus, ꝙ uiolentia impediat præſcribi libertatem, & hoc non cadit hic, quia tu nonagis de ipſa ſeruitute præſcribenda, ſed præſcribenda libertate ꝯ ſeruitutem.Aut dicimus ꝙ noceat in præſcribenda libertate quaſi illam ui poſſideas, & hoc etiam non cadit hic,quia mã ꝑcedens loquit̃,qñ uiolenter poſſidet̃ res quæ ad alium ꝑtinet, ut illa non præſcribat̃ per uiolentum uel alium,ſed in caſu iſto illa libertas prædij tui nunquam ad me pertinuit,nec erat in rerum nã durante ſeruitute,ſed ea finita, de nouo creat̃ vel detegit̃ illa,quæ a princ. fuerat obfuſcata.ut ĵ.no.de iuſt.& iu.l.manumiſſiones,non ergo cadit hic materia præcedens, iſta eſt ſu-
2 btilis inueſtigatio huius §.† Ex quo §.no.ꝙ qui non vtit̃ ſeruitute longo tempore (licet in nulla negligentia ſit,quia fuit prohibitus) tamen eam perdit,dic tamen ꝙ reſtituit̃ in integrum ex clauſula generali,ſi qua mihi iuſta cã uidebitur, poſita ſ. quib. cau.maio.l.j.in fi.Et eſt caſus in l.Attilicinus.de ſeruit. ruſtico. ꝑdio.& hoc poſtq ſeruit' fuit tradita,ſed antequã ꝑfecte ſit tradita,ꝓhibitus uti ea habebat interdictũ,vnde ui,ꝯ prohibentẽ, tanquam fuerit ſaltẽ quaſi ſpoliatus:quia uera ſpoliatio cadit in corporalib.q uere poſſidentur, ſed in iuribus incorporalib. quæ quaſi poſſidentur,uidetur cadere quaſi ſpoliatio,qcquid tex.hic in fin.dicat,quia non poteſt negari,quin eſſet in quaſi poſſeſſione ſeruitutis,a qua fuit deiectus. glo. hic ſentit ꝙ cõpetat utile interdictum,unde ui,& idẽ ſentit Bar. ꝑ l. ſi plures. §.deiectũ.ĵ.de ui & ui ar.ſed gl.in l.2.§.uñ ui.cod.ti.ał̃r loquit̃.
3 dic ut ibi.†No.ẽt ꝙ qs ꝑſcribit libertatẽ ꝯ ſeruitutem ruſticã,ẽt ſi ſit in malafide. Et dicit gl.notabilis in l.fi.quemadmod.ſerui. amitta.ꝙ hoc eſt ideo,quia ad præſcribendum iſto caſu non requirit̃ aliquod factum,ſed ſufficit ſolus non uſus aduerſarij,ſecus dicit gl.notabiliter in præſcribenda libertate contra ſeruitutẽ urbanam, quia tunc requirit̃ factum præſcribentis, ut in l.hæc autem.de ſer.urb.ꝑdio.& ideo requirit̃ in eo bonafides.

Cer-

ADDITIO.

a Non præſcribitur.Adde Bar.in l.3.C.quod met.cau.& de intellectu huius §.ni de Bal.in c.ſi quis per 30.ſi de feud.fue.controuer.

Certe q requirit factū pscribētis,bñ dicit illa l. hæc aūt. sed q pp
hoc reqrat bonafides,hoc non dr ibi,sed habemus authoritate
4 illius gl.singularis in d.l.fi.† q vbicūq.reqrit factū pscribētis , sp
a reqrit bona fides,[a] secus si sufficit negligētia nō petētis,vel vtē
tis vt hic.Et pp hoc Bar.licèt sub dubio determinat hic,q c.ma
læfidei possessor.de reg.iur.in 6.nō hēt locū in pscriptione ꝯ a-
5 ctionē psonalē.† qa debitor etiam si sciat se debitorē, præscribit contra creditorem spatio 30.ann.uel minori, si per statutū
redigit ad minus tempus.sicut præscribebat de iure ciuili.ut in
l.sicut.C.de præscr.30.ann.q lex secundum eum non est correcta per illud c.quod loquit in malæfidei possessore,& sic in præ
scriptionibus,quę currunt ratione possessionis præscribētis, vt
contingit in pręscriptionibus rerum corporalium,& cōtra rea
les actiones,in quibus nimirum si requirit bonafides:quia etiā
factum præscribentis requirit,s.possessio,sed in actionibus personalibus,non sufficit negligentia non petentis. argu. eorum
q dicta sunt. Sed gl in d.l.sicut quæ incipit, (vt seruitutem) dicit,q debitor in actione personali dr præscribere rōne cuiusdā
quasi possessionis,quam uidet habere de ipso debito p l. regu-
lariter.de peti.hæred.& sic illa gl.facit ꝯ rationem Bar.Pręterea
ius cano.non ꝯsiderauit hic vtrum requirat factum præscriben
tis,vel non, sed solum malam,uel bonam ꝯscientiam. Præterea
de iure ciuili res corporales præscribunt etiā cum malafide spa
tio 30.ann.licèt ad eas præscribendas requireret possessio , &
sic factum præscribētis,ut patet in d.l.sicut.Nam illa gl.quę est
in d.l.fi.& sua distinctio procedit in præscr.long.temp.non aūt
in præscriptione longissimi,in qua siue requirat factum præscri
bentis,siue nō,de iure ciuili non requirebat bonafides.Cū ergo ius canonicum veniat ad correctionem iuris ciuilis , ut in
c.fin.de præsc.corrigit ipsum in oib.casib.in quib. loquit, sicut
ius ciuile non curabat de illo,ita nec ius canonicum,quare l.q
venit ad interpretationem,vel correctionem alterius,dēt intel
6 ligi in eo casu,& oī in quo illa loquebat. † Et iō ista sua opi.cōi
ter reprobat tam per legistas,q per canonistas,ut no.Bal.in l.j.
C.de serui.& aqua.& Ang.hic licèt dictas rōnes non tangat,&
ēt ipse idē Bar.in l.oēs populi.ff.de iust.& iur.in 3.q.tenet ꝯriū
eius qd hic dicit,s.q statutū disponēs,q creditor nō petēs cre-
ditū intra quinqueñiū cadat a iure suo,nō ualet,si debitor scie
bat se debitorē: qa inducit pctm,sed Ioan.An. in c.2.de excep.
lib.6.in nouella vr idem dicere in foro ecclesiastico,q non dēt
seruari,& ita dicit fuisse disputatum hic. Et postea dicit,q nec
ēt in seculari tractat de periculo aiæ , & sic ius canonicum est
seruandum etiam in foro seculari.ut no.in d.c.possessor malæ-
fidei.de reg.iur. Ego vidi Docto.solennes consulere secundum
b opinio.Bar.quam tenebant pro Euangelio[b] in ciuitate Floren
tiæ,& pluries habui istum casum de facto. Br aduerte tria uerba,nam aut q̄rimus in pscriptione libertatis rei ꝯ seruitutē prę
dialem,uel quæ debet a re personæ, ut usufruct.uel usus, & dico q in illo iura ciuilia non corrigunt:qa si quis non vtat serui
tute illa,perdit eam, licèt dñs prædij seruientis sciat illā seruitu
tem deberi,& factum suum requirebat,ut hic,& in alijs similibus q dicūt tales seruitutes pdi per non vsum long. temp. vt l.
sicut.C.de seruitu.& aqua.& rō est in pmptu:quia tunc non ip
se dñs,qui habet malamfidem dr pprie pscribere libertatem, sd
ipse fundus q debebat seruitutem in quo nō est bona, vel malafides,sicut & ipse fundus retinet seruitutem,ut l.qui fundum
quemadmodum,ser.amitt.& ista est rō solemnis ad pbandum
q iste.§.non sit correctus per ius canonicum. Aut loquit de p-
scribenda libertate ꝯ actiones personales, & tūc aut sunt actio
nes de sui natura tēporales,ut redhibitoria,& quanto minoris ,
vel actio de dolo & similes,& tunc adhuc idem dico:quia tunc
propriè loquendo debitor non præscribit,sed ipsæ actiones sua
natura intereunt,quia fuerunt in esse productæ cū certa meta
tpis. Aut loquimur in actionib.sui natura perpetuis, & tūc aut
lex,aut statutum dirigit uerba ad debitorē , q pscribat si creditor non petierit,& tunc si est malæfidei,non præscribit , & ideo
leges q dicebant ꝯrium, sunt correctæ per ius cano.hoc casu,si
fieret statutum,quod isto modo loqueret , si nō faceret expressam mentionem de malæfidei debitore, tale statutū intelligeret solum de debitore bonæfidei qui ignorat se debitorem: qa
non censet in verbis generalib. velle ꝯprehendere casum super
quo non pōt disponere.ut l.fi.quæ in frau.cred.& j. ad munic.
l.Lucius.§.pe.in fi.& quod no.in c.eos. de immun.eccl.lib. 6.in
Nouella.& si expresse disponeret ꝯrium, q ēt malæfidei possessor præscribat,non valeret, & ita intelligo dictum Bar. in l. oēs
populi.Si uerò non dirigit uerba in personam debitoris, dispo
nendo, q præscribat, sed dirigit in personam creditoris dicendo,q cadat a iure suo, si non petierit intra tm̄ tps. Et tunc sub
correctione melius sentientis, vr mihi,q opin.Bar.possit optimè saluari:qa tūc debitor non dr pprie pscribere , & sic cessant
iura disponētia malæfidei possessorē nō pscribere, sed ipse creditor mulctat ab ipso statuto p negligētiā hac pœna, & sic dēt
cedere lucro debitoris.ut l.id qd pœnæ.j.de sol. ꝯstat.n.
tutū potuit afficere sibi subiectū.& iferre sibi hāc pœnā.
debitor nō peccat allegādo pctm statuti, qa ēt de iure ca
næ peti possit,ut no.in c.suā.de pœnis.Et qñ lex ciuilis r
trit pctm ēt in foro ꝯsciētiæ,& pęnitētiali,est seruāda, u
c.quāquā. de usuris.lib.6.in nouella,ubi allegat beatū T
de Aquino.in 2.2.& ita sentio de isto articulo , licèt nō r
per alios ista fuisse tacta,& hæc puto uera sicut Euangeli

ADDITIONES.

a Bona fides.dicit Bal.in l.j.C.de ser.& aqua.q tamen in dubio oīa pdia r
ter sint libera,est psumptio ꝯ pręscribentem seruitutē , iō nō pręsumit
des & hāc opi.simpliciter approbat.Ant.de Bu.in c.si diligēti. de pscr.
cl.in c.fine poss.de re.iu.Are.consi.xxx.ubi omnia prędicta refert & s
b Pro euang.credo formiter,q Soc.quodam suo cōs teneat op.Bar. sed nu
habeo:de quo per Anch.consi.5.Lu.Rom.consi.ciiij.p eūdē Pau. consi
Bald. consilio.cclxxix.3.libro. consilio, ccccxxxvj. Anch. consilio.
& an ꝯ taliter pscribētē,uel ꝯ sētētiam iud.possit recurri ad forum ecc
per Bal.in c.si quis per xxx.si de feu.fue.contr.per eundem in l.j.§. ini
de post.& in l.in contractibus.§.si de non nu.pec.&c.

---

1 *Qui occupat possessionem uacantem, non dicitur uiolenter possidere,*
res non afficitur uitio reali.
2 *Violentia quæ committitur post acquisitam possessionem in ipsa defe*
da,non reddit possessionem uiolentam.

1 a §.Itē si occupaueris. † Qui occupat[a] pos
nem uacantem, nō
uiolēter possidere,& sic res nō afficit uitio reali.h.d.tene
Et intellige, q uacabat naturalis, & ciuilis sm gl.& q nō a
ipsa res seu pprietas,& sic nō impedit usucapi.vel pscribi
pprietatis,sed ipsa possessio bñ est uitiosa uitio clādestini
qd dr vitiū quasi uiolētiæ,& nō afficit pprietatem,sed pos
nē iuxta no.s.ti.j.l.Pōp.§.cū qs.& effectus est, qa ꝯpetit p i
cuperanda possessorium.l.cum quærebat.C.vñ ui.tñ quia
est vitium ueræ uiolētiæ admittit exemplo dñij,ut ibi no.
nō est uera uiolētia.ut l.si qs ad se fūndum.C.ad l.Iul. de u
2 ita declara gl.hic dū dicit (sed nihilominus &c.) † Et no.te
(deinde uenietē dñm &c.) q uiolentia q committit post
tā possessionē in ipsa defendēda reddit possessionē uiolen

ADDITIO.

a Occupat.Sed an tunc dicatur uitiosa uide in l.fi.per Bar.C.unde ui. & in
po.§.j.s.de acq.pos.

---

§.Libertatem ser. Contra non utentē seruit
præscribit libertas indistin
& etiam si sit seruitus habens cām discontinuā,licèt ista se
tus,tpe nō pscribat,nisi tāto tpe,cuius ꝯrij memoria nō exi
hoc intendit iste §.Fauorabilior est ergo pscriptio libertat
seruitutis,qa,in prima nō distinguit qualis sit seruitus ꝯ qu
scribit:sed idistinctè pscribit spatio lōgi tpis p nō usū serui.
in scdo casu distinguit,qa lōgo tpe nō pscribunt seruitutes
si illæ q habent cām continuā uel quasi, sed illæ,q habēt dis
tinuā vt seruitutes uię secus:qa requirit tps,cuius memoria
existat.ut l.hoc iure.§.duc.aquę.de aqua quoti.& esti.& pl
no.in l.seruitutes.la grāde.s.de serui.In tex.ibi (seruitutū.) s
tuncunq.habentiū cām ꝯtinuā,uel discōtinuā.In tex. ibi (q
eā) hic tollit obiectionē,q posset fieri ꝯ hoc ultimum : quia
habet causam discōtinuā phibet usucapio uel præscriptio
l.voconiam.s.longi tpis,sed ad hoc rñdet,q prohibet usuca
nem ipsius seruitutis,seu per quam seruitus constituit,non
tem illam,per quam inducitur,nec liberatur a seruitute.

LEX V.

1 *Si præscribens cadat a possessione , præscriptio naturaliter interrumpitu*
ista interruptio prodest etiam omnibus contra quos præscribitur, non s
interrumpenti.
2 *Si quis incæpit habere titulum, & postea deficiat, & incipiat habere bo*
fidem,& postea deficiat, an interrumpatur pręscriptio naturaliter.
3 *Si res debitę pueniant ad creditorem sine vitio, an interrumpatur pscripti*
Quid si mittatur in possessionem rei debitę ex primo decreto.
Pręscriptio ciuilis prodest soli interrumpenti,sed naturalis prodest oibus
4 *Præscriptio interrumpitur naturaliter etiam per inundationem.*
Effectus interruptionis.
5 *Qualiter fiat perpetuatio actionis.*
6 *Pręscriptio quando dormiat,& quem effectum tunc pariat.*

1 NAturaliter. † Si præscribens cadat a possessio
ne,præscriptio naturaliter inter
rumpitur:& ista interruptio prodest etiam omnibus
ꝯ quos præscribitur,non soli interrumpenti. h.d. I
tex.ibi (interrūpit possessio,) & p ꝯñs usucapio vel præscriptio
quæ est præscriptionis effectus,& ideo quia dr ista interruptio
nālis,deficit unum de substantialib. præscriptionis. s. possessio
2 † Quid autem si deficiant alia,ut qa cęperat habere titulum,&
postea

a deficit, vel icæperat hrẽ bonã fidẽ & postea deficit, & ha alã,[a] vr̃ idẽ ꝙ interrũpaẗ p̃scriptio naturaľr: qa vr̃ eadem ista sint substãtialia, & necessaria ad p̃scribendum, sed ꝯ-verius: quia non ita sunt ista principaliter naturalia, & su alia, sicut possessio, quod prosequere, ut hic p Bart.† In gl. §. uno. Doct. dicunt, ꝙ ibi loquiẗ in ciuili interruptione, c, ꝙ ibi loquiẗ cũ præscribiẗ actioni personali, quo casu si bita pueniat ad creditorẽ sine uitio, interrũpiẗ p̃scriptio, currebat actiõe possessionis debitoris, sed pp solã negligẽ-ditoris, iõ põt dici ciuilis interruptio inducta p illã l. & p-hoc his dieb. ꝯsului, ꝙ si creditor mittaẗ in possessionẽ rei æ ex primo decreto, interrũpiẗ p̃scriptio p illũ tex. nec ob. fde. l. 2. & l. misso. j. p empt. qa ibi loquiẗ qñ mittiẗ in posnẽ ille, ꝯ quẽ nõ p̃scribiẗ, nã tũc nõ interrũpiẗ p̃scriptio ꝯ ꝯ quẽ p̃scribebaẗ, & uide bonã gl. in c. cũ notissimi. §. sed s. de p̃sc. 30. ann. q̃ facit mẽtionẽ de publ. interruptione, s. & ciuili. & ꝙ multiplex est interruptio ciuilis, & ꝙ illa p-oli iuterrũpẽti, sed naturalis pdest oĩb. ut hic. † Et adde ꝙ aľr interrumpiẗ ẽt p inundationẽ.[b] vt s̃. ti. j. l. q uniuersas. n quod amati, & in l. 3. §. Labeo. eo. ti. & qđ ibi dixi. Item ꝙ sunt tria, quorũ unũ non est aliud, sed interruptio præ-ionis, & effectus huius est, qa tolliẗ & annihilaẗ totum, qđ e tunc erat factum, & oportet, ꝙ de nouo inchoetur præ-io tãti tp̃s, quanti prius currebat, & vtrum si cadit a posne, & postea acquisiuit, an possit præscriptionẽ facere rõ-uli præcedentis sine nouo tit. dic, ut no. in d. cap. cum so-Item est perpetuatio actionis, & ista fit per solam conte-nẽ litis, p quam ppetuaẗ ad annos xl. si fiat ꝯtestatio ante p̃scriptionẽ, ẽt si actio erat annalis, vel minoris tp̃is, vt ĩ l. de præscr. 30. ann. & no. gl. 3. in d. l. cum notissimi. circa prĩ tẽ habemus, ꝙ interdũ præscriptio dormit, nõ dico ꝙ in-mpaẗ, vel actio perpetueẗ, & istud importat hoc. s. quod tẽpus deducit ipsa, & nõ cõputaẗ, & istud põt esse paruũ, agnũ s̃m diuersitates casuũ, & de hoc hr̃ in l. sicut. § fi. C. e. i de præsc. 30. ann. deduciẗ tempus pupillaris ætatis ꝯ quẽ ribiẗ, & dicit Bar. ꝙ de iure ciuili non reperiẗ, ꝙ dormiat, a casu illius l. Tu dic immo reperiẗ in pluribus alijs, s. in l. onec. C. de iure delibe. Item in l. ea quæ. C. de temp. in in-est. ubi non currit iacente hæredi. debitoris, uel possesso-ręscribentis. Item in casu auth. si tñ in med. C. de tẽp. app. & e. quandio. de appell. ubi tempus appellationis p̃sequẽdæ irrit durãte cõpromisso. Item nec durãte pacto de nõ agẽ cto, ut no. in l. quoties. C. de preci. Impe. offe. per Cy. de iu-t cano. reperiẗ in alijs. s. tp̃e schismatis, uel hostilitatis[c] vel vacat ecclesia rectore non currit, ut in c. ex transmissa. & 2. ex de p̃scr. Et dicit hic Bar. unum uerbum notabile, ꝙ etiam tempore pestis, si ius non redderetur, quod satis ma-est hostilitas diuina, sicut humana.

ADDTIIONES.

malam. Sed quid si cœpit dubitare. Vide B r. hic cuius opin. dicit Ange. nst. de usucap. j. in practica esse seruandam propter authoritatẽ, & an sci em alienam, licèt non sit in malafide præscribat, uide per Abb. consil. 90. ib.

ationem. Adde quod tenet Bal. in l. 2. C. de rei uen. q dicit, ꝙ sicut per allu m interuerritur possessio, eodem modo quando quis ædificat in solo alie terueriit possessionem domini.

tatis. uide eundẽ consi. 280. & Abb. consi. proxime allegato, & an per ci nẽ interrumpatur præscr. per Bal. consi. 168. 2. lib. & an per legatum factũ tamento per eundem consi. 125. 4. lib.

LEX VI.

capionibus dies cęptus habetur pro completo.

de mense Ianuarij noctes habeant 15., vel 16. horas: tamen dies præns dicitur finiri in 6. hora noctis.

instrumentum post sextam horam noctis, an debeat dici factum in die, non in præcedenti.

N vsucapionibus. † In usucapionib. dies cę-ptus hr̃ p cõpleto. h. d. cũ seq. Et vr̃ dẽre intelligi stricte in vsucapione triennij, q̃ est fauorabilis, secus in alijs q̃ sũt introductæ mere in odiũ, vel im in odiũ, partim in fauorẽ. Tũc em̃ dies cęptus nõ hr̃ p to, sed fit ꝯputatio de momẽto ad momẽtũ. ita loq̃ l. ĩ oĩb. actionib. & obl. alleg. in gl. itẽ vr̃ dẽre ĩtelligi tã ex pte añ. die qua fuit ĩcepta vsucapio, q̃ ex hodie parte post. s. de die finiẗ, nã si hodie in 6. hora diei artificialis q̃ incipit ab ortu incipiã usucape, est pinde ac si cæpissem in prin. diei. & ita capio finieẗ reuolutis annis in prin. diei pręteriti & ẽt nãlis, cipit, post mediã noctẽ diei p̃teriti, & finiẗ in media nocte ma p̃cedente, ut in l. more Romano. s̃. de ferijs. & istud vr̃ istæ leges cũ gloss. dũ exponũt diei. s. artificialis. † Et no. s̃m ꝙ licèt de mẽse Ianuarij noctes habeãt 15. vel 16. horas. tñ p̃cedẽs dr̃ finiri in 6. hora noctis pximè p̃teritę, & tñ tũc est media nox. & ideo si fieret instr̃m post sextam horam noctis, deberet dici factum in ista die, nõ die p̃cedẽti. Mihi vr̃ hoc extraneum, & ideo puto, ꝙ iste tex. habuerit respectum ad ęquinoctium, & licèt loquaẗ de Calendis Ianuarij, & dicat de 6. hora capiet 6. horam p media nocte per d. l. more Romano. quæ nõ facit mentionem de horis, sed de media nocte.

LEX VIII.

2 *Ex causa peculiari domino etiam ignoranti, acquiritur vsucapiendi conditio, & qui non potest vsucapere per se, nec per alium potest.*
2 *Quòd quis non potest per se, an possit per alium.*
3 *Ratio non debet esse eadem cum dicto.*
Testis interrogatus quomodo scit, si respondeat, scio, quia scio, non reddit bonam rationem, nec ualet eius dictum.

1 **LAbeo & Neratius.** † Ex cã peculiari dño ẽt ignorãti, acq̃riẗ vsucapiẽdi ꝯdõ, & q nõ põt usucapere p se, nec p aliũ põt. h.
2 d. † Et ista rľa, ꝙ q̃s nõ põt p se, nec p aliũ. fallit qñ nõ põt p se rõne fatalis casus, ut in furioso ne addaẗ afflictio ita tenet gl. in l. Antistius. in fi. de a cq. hęred. & gl. hic in fi. hoc uoluit de quo plenè p Dy. in c. põt quis. de reg. iu. lib. 6. q cq̃d dicaẗ gl. j. de
3 fur. l. his em̃ casibus. † & no. gl. hic quæ sentit, ꝙ rõ non deaet esse eadem cum dicto, aliàs non est bona, & ita etiam no. in l. fi. s̃. de offi. procu. Cæsa. quod no. an dicta testium, quasi interrogaẗ quomodo scit, & r̃ndeat, scio quia scio, non reddit bonam rationem. Ideo dictum suum non ualeret, ex quo fuit interrogatus de ratione per no. in l. solam. C. de testi.

LEX IX.

VSucapionem. Res q̃ non sunt in commercio nostro non possunt vsucapi, vel p̃scribi. h. d. Et illæ dicunẗ non esse in cõmercio, quæ non possunt trãsire in dñiũ priuatæ personæ per aliquem contractum, ut sunt res de quibus hic in tex.

LEX X.

SI aliena res. Cum res usucapiẗ, vel præscribitur titulo pro emptore, requiritur bonafides, tam tempore contractus, quam etiam traditionis. h. d. cum gl. Sed si alijs titulis sufficit, ꝙ tempore traditionis. licèt non fuerit tempore acquisiti tituli, vt j. pro emptore. l. 2. post prin. & quæ sit ratio, dic ut ibi.

§. Hoc iure vtimur. Seruitus habens causam discontinuam, non vsucapiẗ, vel pręscribiẗ longo tempore per se. Sed si pręscribatur fundus, cui debetur acquisita est una cum fundo, transit ad præscribentem. h. d. tex. cum gl.

§. Scęuola libro. Partus ancillæ & fœtus pecoris furtiuè cõceptus, & editus pęnes hr̃dem furis bonæfidei, põt usucapi p alium, q̃ per ipsum hæredẽ. h. d. s̃m uerũ intellectũ. Per ipsũ aũt hr̃dem, licèt non sit furtiuus: qa malafides defuncti nocet sibi, ut s̃. eo. l. sequiẗ. §. hæres sed nõ sic nocet singulari successore, ut ibi dixi. In tex. ibi (distractũ iumẽtũ non posse,) i. fœtum natũ ex isto boue, seu uacca de qua s̃. locutus est. Et motiuũ istius fortè fuit, quia credidit, ꝙ dictus fœtus, sicut & partus ancillę dicaẗ pars uiscerũ matris, & ideo sicut mater erat furtiua, & partus, uel fœtus. sed hoc est verũ quousque est in utero, postea uerò non, & hoc. vult tex. ibi (nec em̃ &c.) In tex. ibi (ẽt partũ esse) subaudi s̃m Dy. s. cõceptũ & natũ penes hr̃dẽ furis, & tũc est uerũ, ꝙ non est furtiuus, nec pars rei furtiuæ postq̃ natus est, iõ põt vsucapi, & sic refertur ꝙ hic dr̃ ad s̃m casum s̃. positum, qñ concepit penes hæredes furis, non ad primum, qñ apud furẽ: quia tunc est furtiuus, sicut mater, & nõ posset usucapi. ut l. qui uas. §. si ancillam. j. de furtis. q̃ signatur hic in gl. p ꝯria. & ita gl. ibi intelligit istum tex. & exponit, licèt Dy. approprict etiam hoc in partu ancillæ, sed in fœtu pecoris, cum ille sit in fructu, si sit conceptus penes hæredem furis bonæfidei, nec est furtiuus, nec usucapitur, immo statim eius efficiẗ pp bonã fidẽ, & sicq. Marcelli in tali fœtu non p̃cedit, dũ q̃rit an usucapiat p eũ, cui hr̃s uendidit, & translatũ est dñium, cũ hr̃s sit dñs, sed qa Marcellus reputabat talem fętũ deberi cẽseri tanq̃ partẽ matris penes quẽcunq. fuerit conceptus, & ẽt postq̃ fuit natus, si hoc esset verũ, p̃cederet quæstio: qa esset furtiuus, & sicut mater nõ esset in dñio bonæfidei possessoris, ita nec dictus fęt[9], sed iste Marcellus nesciuit qd diceret.

LEX XI.

SI ab eo emas. ¶ Titulus nullus, non dat scienti causam usucapiendi. h. d. Nec etiã ignoranti, iuris ignorantia, ut j. eod. l. nunquam in princ. secus si sit ignorãtia facti. l. px. §. j. & l. non solũ. §. j. j. pro empto. Quęro ista lex habet locum quando iudex uetuit alienare cum authoritate legis: qa erat p̃digus, quid si ex alia causa. vel simpliciter? r̃ndeo, adhuc videẗ, ꝙ alienatio non valeat,

per

per l.si creditoris.circa fi.de priui.credi.& ꝟ.de pollicita.l.polli citationib.in fi.de iure deli.l.ait ꝑtor.& s̃.q & a qb.l.ꝓspexit, & nõ trãsfert dñiũ,nec vsucap.ꝯdõ.ut l.Iul.s̃. de cura.furio. & ibi no.& de ꝯh.empt.l.si scies.& no.ꝑ Bar.in l.filiusf.ff. de leg.j. & sic vr̃ plus operari inhibitio iudicis,q̃ testatoris: quia prima valet etiam sine cã,secunda non,ut l.pater filium.§.Iul. Agrip. de leg.3.ꝑꝑ authoritatẽ iudicis.Et potest intelligi ista l.ꝙ res erat istius prohibiti,& sic non transfert dominium, nec usucap. ꝯdõnem contra se,vel ꝙ non erat eius,& sic non transfert cõtra alium,& adde l.manda.distrahendarum s̃.mandati.

LEX XII.

1 *Qui possidet rem tanquam dominus,eam non usucapit vel præscribit.*
2 *Qualiter appareat,quòd quis fuerit usus iure suo.*
3 *Actio nondum nata præscriptione non tollitur.*

1 Pignori rem. †Qui possidet rẽ tanq̃ dñs,eã non vsucapit vel ꝑscribit.h.d. Etiam si hẽat iustã cãm possidẽdi,ut hic patet, & idẽ in iure corporali,quo qs utit̃ tanq̃ suo, vel sibi debito.ut in l.fin.s̃. quemadm.serui.amit.& l.j.§.Aristo.ꝟ.de aqua quotidia. & ęsti.
2 †& qualr̃ appareat,q̃ fuerit usus iure suo,ꝑ Inn.notabilr̃ in c.bonæ.de post.pla.el grãde.In gl.circa fi.(ibi sed quãtũ ad rei uẽd.) poterit ergo post 30.an.agere rei uẽ.& obtinebit si poterit ꝓbare dñiũ,alr̃ nõ,sed non põt offerre debitũ: ut si nascat̃ actio pigno.in qua non hr̃et necesse ꝓbare dñiũ, sed sufficeret ꝓbare, ꝙ habuit cãm ab eo,nec posset referre qõnẽ dñij,ut C.de pign. act.l.creditores Doct.tñ tenẽt ꝯriũ ꝙ ẽt post 30. ann.poterit offerre,& nascit̃ ei pign.in qua nõ hẽbit necesse ꝓbare dñiũ,qa tale ius offerendi qñ ius competit ꝓ actione nõdũ nata,sed ut faciat eam nasci,dr̃ potius q̃dam facultas,cui non ꝑscribit̃, ut l. viam publicam.ꝟ.de uia publ.§.quamuis, sed si competeret per actionem iam natam,ut contingit qñ secundus creditor agit ꝯ primum hypo.& offert illi,qđ sibi debet̃,tunc eñ dr̃ ius,non facultas mera, & ideo sicut actio nata tollit̃ spatio 30.ann. ita &
a ius offerendi,[a] quod est sequela ipsius.†Sed actio nondum nata
3 præscriptione non tollitur,& ita no.in l.si cum notissimi.C.de præscr.30.ann.circa prin.& etiam hic tangit Bar.

ADDITIO.

a Offerendi.Adde quod uoluit Bal.in c.j.in prin.de fęu.da.in uicem.l.commisso. & in consi.292.

§.Eum qui a furioso. Titulus putatiuus iusto errore interueniẽte,tribuit iustam causam usucapiendi.h.d. Et dic ꝙ hic ignorabat eum furiosum,& emit rem alienam.Quid autem si suam,dic vt ꝟ. pro empto.l.2.§.si a pupillo.cum seq.

§.Si mandauero. Qui emit rem ꝓ alio, usucapit ad cõmodum illius.h.d. Et pone casum,ꝙ mãdaui tibi,vt emeres talẽ rẽ ꝓ me,tu emisti,& tpe emptionis non dixisti,ꝙ emeres ꝓcuratorio noĩe meo, certum est ꝙ si uẽdens erat dñs,transtulit in te dñium, sed teneris mihi restituere ꝑ actionẽ mandati,ut s̃.ti.2.l.res ex mandato. & ꝟ.de ver.obl.l.si ita qs.§.Seia cauit.si nõ erat dñs,transfert in te vsucapiendi ꝯdi.& usucapis utilitatem meam,ut hic. Sed si dixisses ꝙ ꝓcuratorio nomine meo,statim quæreres mihi dñium re tradita,& etiam usucapiendi ꝯdõnem postquam sciuero,ut s̃.ti.j. l.possessio quoq.§.& si possessio, & sic non tu, sed ego præscribam.facit l.qui alienã.& l.si aliena.in prin.s̃.de dona.cau. mor. vbi quis usucapit ad alienum commodum, non ad suum.

LEX XIIII.

ID tempus venditoris. Singularis successor vtitur accessione ex ꝑsona sui authoris de possessione pręcedẽte titulum, & traditionem,non de sequente.h.d. Et pone casum, quòd incępi possidere,& usucapere rem alienam per annum, postea ipsam tibi uẽdidi,& tu possedisti per alium annum.postea possessio ad me reuersa est,& ego possedi per alios sex menses,nũc cum conueniris a dño, excipis de usucapione,& uis coniungere omnia ista tempora, q̃ faciunt triennium, certe non potes: quia illi sex menses quib. possedisti post uenditionem,tibi non proficiunt, sed annus per quem possedi ante venditionem bñ ꝓficeret tibi,si nõ cecidisses a possessione, sed qa cecidisti, nec ille ꝓficit,sed necesse habes incipere usucapionem de nouo,qa ꝑcedens fuit interrupta,ut s̃.eo.l.naturalr̃. In tex.ibi(possedit.) supple,& traditioni coniunctum fuit falr̃ ꝯ, ut s̃.ti.j.l.Pompon. §.quæsitum.uersi.non autem.Iac.de Are.

§.In re legata. Legatarius utitur accessione, ex ꝑsona defuncti sicut hęres.h.d. Et semper allegatur,ꝙ in re legata legatarius loco hæredis habetur.

LEX XV.

1 *Vsucapionem rerum,quas quis possidet animo & corpore suo,superueniens captiuitas interrumpit,& siue reuertatur,siue ibi decedat, fictio l.* [...] *vel postliminij eam non restaurat.*
2 *Captus ab hostibus,si apud hostes moriatur fictionis legis Corneliæ* [...] *gatur mortuus a prima hora captiuitatis.*
3 *Si reuertatur ab hostib.an recuperet possessionem ita,ut non dicatur interrupta,& quid in dominio,& nu.4.*
3 *Fictio postliminij fingit, captum ab hostib. nunquam fuisse captum* [...] *uertatur.*
Fictio adhoc vt retrotrahatur,qualiter requiratur habilitas duorum [...] *morum,s.extremi a quo,& extremi ad quod.*
5 *In quæsitis per seruum ex causa peculiari hæreditate iacente, an* [...] *pi,& finiri vsucapio,& hæreditas ex ea augeatur.*
6 *Hæreditas uere iacens ꝙ non repræsentet personam defuncti in omnib.* [...]

1 SI is qui pro emptore. † Vsucapioner[...] rum,quas quis [...] let animo & corpore suo, superueniens captiuitas i[...] rumpit,& siue reuertatur,siue ibi decedar, fictio l.C[...] vel postliminij eã nõ restaurat.hoc prĩo. Sed rerũ q̃ aĩo & [...] pore serui possidet̃ captiuitas usucapionẽ ẽt nõdũ cęptã i[...] ri nõ ĩpedit.hoc scđo.Sed Marcellus dr̃iã hãc nõ facit,imr[...] nui, ꝙ ẽt in reb.quas qs aĩo,& corpore suo possidebat, v[...] suo & corpore serui fictio postliminij,& l.Corn. usucapio[...] staurat,& ẽt facit utilr̃ fuisse inceptã,& finitã durãte capt[...] te,q̃ tñ,opi.uera nõ est,hoc tertio & ult.hoc dicit ista l. d[...] cilis vsq.ad §.si seruus.Et diuide in tres partes,ut ĩ sũmario[...] ibi(qđ si seruus.)tertia ibi(Marcellus,)& ista tertia si hr̃ in[...] negatiua locũ nõ hr̃et. subdiuidit̃ ĩ duas:qa primo ponit̃ Marcelli usq.ibi(quẽadmodũ.) Scđo ponitur rep̃hẽsio a[...] ris legis tenẽtis opi.Iulia.usq.in fi.Si verò hr̃ lr̃a affimatiua[...] nõ,tũc nõ subdiuiditur,immo totũ ab illo uer. Marcellus[...] in fi.est de dictis Marcelli,q prĩo ponit dictũ suũ in gñe,p[...] ipsũ ꝓbat,primo in fictione postliminij,postea in fictiõe l[...] nel.deinde concludit.secunda ibi(an hæredi)tertia ibi (id[...]
2 †Circa primã partẽ legis notandũ est,ꝙ loqtur qñ tpe qu[...] fuit captus incæperat possidere aĩo & corpore suo,& ẽt u[...] pere,postea mortuus est apud hostes,dubitat̃ utrũ eius h[...] pleuerit,uel cõpleuisse fingat̃ usucapionẽ fictione legis C[...] q̃ fingit ipsum mortuũ prima hora captiuitatis, & sic fin[...] hr̃ditas iacuisse a tpe captiuitatis. Et uidebat̃ ꝙ sic, quia s[...] fuisset mortuus tpe captiuitatis, hr̃ditas eius compleuisse[...] capionẽ,ut ꝟ.eo.l. cæptam. ergo & nunc fingat̃ mortuũ f[...] & ita tenuit Hugolinus antiquus glossator, de quo facit [...] tionẽ gl.fi.mag.in uersi.si uerò decesserit.& clarius in l. in[...] lo.§.factæ.ꝟ.de capti. Ad hanc qõnẽ Iurisc.hic nõ rñdet c[...] sed præsupponit aliqua & arguit in ꝯrium,ꝙ fictio legis C[...] non sufficiat, nec habeat locum.Primo pręsupponit,ꝙ c[...] desijt possidere,qa cum sit seruus,& possideat̃ ab hostib. ẽ[...] ipse possidere.vt s̃.eo. l.neq.seruus. & s̃.ti.j.l. quod seruus
3 cum hæredes.§.fi.†Secundum estqđ sequitur ex illo, ꝙ u[...] pio fuit interrupta naturalr̃.ut s̃.eod.l.naturalr̃. Tertiũ e[...] hoc non ponit̃ hic in tex.sed s̃.ti.j.l. cum hęredes.§.j.& l.d[...] s̃.quib.ex cau.maior.ꝙ si reuertat̃ ab hostibus, non recu[...] possessionẽ,& rõ est, ut ibi dixi: qa possessio habet pluri[...] facti,& requirit aĩum, & ẽt actũ corporalem. Vñ nisi de[...] apprehendat, non reacquirit̃, non sic in dñio qđ sine actu[...]
3 porali retinet̃,& ideo ipso iure recuperatur sicut libertati[...] hic sequitur quartũ,ꝙ si nõ recuperatur possessio, non re[...] gratur usucapio postliminij fictione: qa oporteret fingere[...] nunq̃ desijsse possidere,sicut fingit̃ nunq̃ desijsse esse dñ[...] fuisse captũ sed hoc fingi nõ põt: qa cũ hodie reuertitur,r[...] periatur possidere,non põt fingi semper possedisse:quia [...] vt fictio locum habeat,& retrahatur, requiritur habilitas[...] rum extremorum,s.extremi a quo,& extremi ad quod. [...] quantum adhoc, vt fingatur sp̃ fuisse liber,ideo ꝓcedit fi[...] qa hodie cũ reuertitur,liber reperit̃,& illud est extremũ a[...] tempore quo fuit captus,erat liber, & hoc est extremum [...] trahitur,merito ista extrema coniunguntur, vt videatur [...] fuisse liber ideo procedit fictio:non sic in possessione: qui[...] die cũ reuertitur,non reperitur possidera: ergo non põt semper possedisse, & hoc ꝓbatur in simili,qñ requiritur h[...] tas in isto extremo à quo,ꝙ non fingitur retro in l.bonoru[...] rem ra.ha.& in l.necessario.§.quod si pendente.de pericu[...] mo.rei uendi.& idem si esset inhabilitas in extremo ad q[...] no.ꝑ gl.in l.2.C.de inoffi.do.in donatione facta inter ꝯiug[...] licèt morte confirmaretur, non trahitur retro ad tempus[...] nationis factę,quo ad dominium quia tunc nec habuit i[...] nec habere potuit. Ex his ergo Iurisc. arguit, ꝙ si fictione[...] liminij non reintegret̃ usucapio,nec etiam fictio l.Corn. moriatur,dẽt integrari.Nam primo casu subest persona ve[...] po[...]

erè possideri, in secunda psona ficta, quæ nõ sic põt, ut l.j. uola. si quis test. lib. esse ius. fue. ergo &c. vt in auth. multò .C. de sacros. eccl. Ad rõnẽ aũt allegatã p Hugolinũ rñde ꝓcedit qñ quis fuit verè mortuus, nõ ꝓcedente morte fi- o casu, licèt pdat possessio, nõ interrũpitur vsucapio, sed at vtilitatis cã: sed in casu nr̃o añ verã mortẽ pcessit mors captiuitatẽ, p quã vsucapio fuit interrupta: qa lex igno- vtrũ deberet redire, vel ibi mori. vñ non introducit, ꝙ ve- s hæreditas iaceret ex tunc, sed expectauit euentũ. Postq̃ uit interrupta, non reintegrat̃, nec cõplet̃ p habitũ, vt s̃. Põp. §. q̃situ. Bar. aũt assignat rõnẽ quare non reintegrat̃ onẽ postliminij: quia fictio non inducit̃ ꝯ æquitatem. s. ut ucret̃ cũ aliena iactura, ut in d. l. deniq. q̃ rõ nõ placet: qa oc sequeret, ꝙ ẽt in reb. q̃ tenebant̃ aĩo, & corpore serui, vt peculiari, non reintegret vsucapio, qa subest eadẽ rõ, & tñ st verũ. Sed in uno dubito, quare cũ fictio fiat sup his q̃ t in facto, ut qa nunq̃ fuerit captus, vel ꝙ fuerit mortuus a hora captiuitatis, quare nõ fingit lex, ꝙ statim, ꝙ reuer- gat interueniss̃e corporalẽ apprehensionẽ, & sic ꝙ recu- possessionẽ? ꝯstat. n. ꝙ hoc facere potuisset si uoluisset, & xtremũ repereret habilẽ, & reintegraret vsucapio? rñdeo, porteret fingere adhuc, ꝙ semp possederit, & nunq̃ amise- m possidendi, cũ tñ re vera amiserit, sed p aĩum fictũ pos- non põt retineri, vt̃ patet in l. j. §. Scæuola. si qs testa. lib. eẽ nõ sic in rebus, q̃ retinent̃ aĩo, & corpore serui: qa ibi nõ et fingere circa animũ dñi, q̃ rõ requirit̃, vt ĩ. eo. l. iusto. §. õ tunc reintegrat̃ usucapio, licèt fuerit interrupta: qa posi fingat̃ nunq̃ desijsse possidere, nõ tñ possessio censet̃ fuisse ita p animũ fictũ, sed p animũ verũ ipsius serui. Qđ aũt dr̃ eniq. ꝓcedit in restõne, q̃ fit p iudicẽ, ut non fiat ad ea q̃ tẽ ad lucrũ cũ aliena iactura. Nos loquimur in illa, q̃ fit p le- ñ põt fieri ad tale lucrũ in casu pdicto. s. in rebus retẽtis p ex cã peculiari, quia cessant rõnes impeditiuæ. Quid au- rebus, quæ tenebant̃ aĩo suo, & corpore alieno, ut per co- m uel seruum ex cã non peculiari? gl. & Doc. vr̃ dicere idẽ mnia, ꝙ qñ aĩo, & corpore suo. Mihi vr̃ hoc verum præ- aã in uno: quia isto casu qñ reuertitur, recuperat possessio- per actum corporalẽ ipsius coloni, vel serui, qui remansit in detẽtatione, nec requirit̃ actus corporalis ipsius reuer- qui uniuersas. §. quod per colonũ. s̃. tit. j. licèt. n. ille actus ceatur p eos aĩo ꝯtinuãdi possessionẽ dño, tñ pñt induce quisitionẽ de nouo, vt no. in l. 3. in prin. s̃. tit. j. Circa fm ca notandum, ꝙ loquitur qñ tpe quo fuit captus, non possi- t, sed durante captiuitate seruus acquisiuit ex cã peculia- ponamus, ꝙ antequam reuertatur, retinuit per continuũ nium, si postea dñs reuertitur, fingitur res vtiliter fuisse apta, & sic sustentatur fictio postliminij. Non tñ intelligas, vera durante captiuitate possessa, vel vsucapta: quia non rat tunc psona, penes quam possent esse ista iura, vt s̃. eo. l. ue seruus. sed cum reuertit̃ fingitur semp fuisse, cũ fingatur q̃ fuisse captus, licèt gl. in l. iusto. §. fi. ĩ. eo. videatur tenere, terim verè possideatur, & vsucapiatur, qđ non est uerũ, vt e pdicta probat̃ in tex. ibi, (intelligi vsucaptum &c.) qđ de- t fictionem, q. d. vere non fuit vsucaptus. Si aũt ibi moria- & sic fingatur mortuus præambula hora captiuitatis, & p eius hæreditatẽ iacuisse, dubium esse vtrum dicta hæredi- ingatur vsucepisse, & sic iuuetur fictione. l. Cor. Iul. in hoc itauit & rõ fuit: qa licet hr̃ditas iacens possit vsucapionem tam ꝯplere, non tñ põt eã inchoare, etiam in quæsitis p ser- ex cã peculiari, immo & tunc incipit à die aditæ hæredita vt ĩ. eo. l. fi. in fi. tñ hoc non obstante idem Iul. in l. in bello. ctæ. ĩ. de capti. tenuit ꝯrium, ꝙ immo etiam hoc casu iuue- fictione legis Corn. sicut in præcedẽti fictione postliminij. est casus in l. pen. eo. tit. & ĩ. eo. l. iusto. §. fi. in quib. hr̃, ꝙ ia- te hr̃ditate in quæsitis p seruum ex cã peculiari, põt incipi, niri usucapio, & ꝙ hæreditas ex ea augeatur, & tunc opor- dicere, ꝙ adita postea hæreditate, cum aditio trahat retro ps mortis, vt l. hæres quoque. de acq. hære. fingatur hr̃s sem- possedisse, quia fingitur vero aĩo & corpore serui possedis- vnde põt induci fictio. Nec obst. l. fi. ĩ. eo. quia debet intelli- ñ seruus q̃siuit non ex cã peculiari. Et tex. qui vr̃ ibi expsse m dicere, expone vt ibi no. gl. Interim aũt anteq̃ reuertat̃, moriatur est in pendenti: quia ignoramus ex qua fictione a vsucapio sustentari debeat. & ita intelligitur iste tex. dũ t, (in pendenti esse.) quidam aũt timore dicti ꝯrij. de l. fin. in eo. dixerunt pdicta procedere, qñ illi capto uel mortuo suc it hæres suus, quo casu statim a die mortis verè, uel ficte vr̃ e hæres, cum non sit dare medium inter mortem, & aditio n hæreditatis in suis, ut l. si post mortem. de leg. j. & sic non gitur cępta vsucapio per hæreditatem iacentem, sed per hæ- ẽ, secus si extraneus. & ita loquitur illa l. fi. in fi. & hanc opi. itat gl. mag. fi. in ver. si aũt post captiuitatis, sed eã reprobat,

& bñ, vide & tene qđ s̃. dixi. Circa tertiam verò partem in uer. Marcellus, notandũ, ꝙ si in fi. hr̃ lr̃a negatiua (locum non hr̃e vsucapionem. &c.) Ille ver. Marcellus, refertur ad proximũ ꝓcedentem casum in uersi. ꝙ si seruus. non aũt ad primũ, quia Iul. in illo uersi. ꝙ si seruus. dum loquitur in quæsitis per seruũ ex cã peculiari durante captiuitate, ꝙ in eis ꝓcedat vsucapio fictione postliminij, & l. Corn. innuit esse secus, qñ ex cã nõ pe culiari, à ꝯrio sensu, sed Marcellus dicit debere esse idẽ, qñ ex cã non peculiari. & sic dicit fictiones pdictas plenius debere acci- pi. Sed Iurisc. author legis in versic. quemadmodum. ipsum re- prehendit, primo quantum ad fictionem postliminij: quia non dẽt dñs plus iuris hr̃e in quæsitis per seruum durante captiui- tate ex cã non peculiari, q̃ in his quæ per seipsum possidebat, & usucapiebat tpe captiuitatis secutæ per seruum ex cã nõ pe culiari ante captiuitatem, sed constat, ꝙ in illis per captiuitatẽ interrumpitur usucapio, & non reintegratur, vt in primo casu istius l. ergo ex istis debet impediri inchoatio durãte captiuita- te, qđ fit facilius, q̃ inchoata interrumpatur, argu. in l. patre fu-
6 rioso. s̃. de his q̃ sunt sui, uel alie. iur. † Item probat de l. Corne.
a qa hæreditas verè iacens, non [a] repræsentat. personam defun- cti in oĩb. sed in quibusdam, vt in retentione dominij, & actio- nũ, q̃ põt fieri sine aĩo vero, & sine actu corporali, non aũt in re tentione possessionis, vel inceptione vsucapionis, q̃ non pñt fieri sine uero animo, & sine actu corporali, qui non cadunt in hæreditate verè iacente: ergo nec in illa, quæ fingitur iacuisse, iõ concluditur in illis usucapionem locum non hr̃e. Sed si ꝑut habet̃ litera affirmatiua, locũ hr̃et, tunc ille uersi. Marcelli, re fertur tam ad primum casum, q̃ ad fm, ut Marcellus uideatur uoluisse, ꝙ in primo casu usucapio reintegretur, & in secundo inchoetur, nõ distincto per acquisitionem ex cã peculiari, uel non peculiari, nec etiam utrum possideat per seipsum, uel aliũ, & hoc uerum, probat primo in fictione postliminij, ꝙ dñs nõ debet esse melioris conditionis in quæsitis per seruum ex cã pe culiari, q̃ in quæsitis per seipsum, & quæ suo animo, & corpore possidebat, sed in quæsitis per seruum ex causa peculiari cõstat secundum Iulia. & omnes, ꝙ vsucapio reintegratur si fuerat cę pta ante captiuitatem, & inchoatur si durante captiuitate ac- quisiuit, ut in præcedẽti uersic. ergo idem debet esse in his quæ animo & corpore suo possidebat, & usucapiebat tẽpore capti- uitatis, ut licèt fuerit interrupta usucapio, tamen reintegratur eo reuerso fictione postliminij: & eo ficto fictione l. Corn. & si durante captiuitate quæsiuit, inchoetur, etiamsi non ex causa peculiari, quia hæreditas uicem personæ sustinet, & ideo locũ habet usucapio, tamen hæc opin. Marcelli reprobatur in d. l. in bello. §. factæ. & sic tene distinctionem præcedentem.

ADDITIO.

a ¶Et in hoc. An defuncti personam representet, uide per Bar. in l. si Titio. §. sic. de leg. 2. l. cum hæreditas. C. de po. l. hæreditas. de acq. rer. do. Bal. in rub. C. de success. edic. & adde, ut per Spec. tit. de loc. §. vj. ver. xx.

1 *Serui fugitiui per alium non occupati retinemus possessionem ciuilem, nisi pro libero se gerat, vel de libertate sit paratus litigare.*

2 *Quid requiratur ad hoc, ut perdamus possessionem serui fugitiui.*

1 §.Si seruus quem. † Serui fugitiui per alium nõ occupati retinemus possessio nem ciuilẽ, nisi pro libero se gerat, uel de libertate sit paratus li
2 tigare. h. d. † Et gl. hic dicit, ꝙ quatuor requirunt̃ ad hoc ut pda mus possessionẽ talis serui. Tu dic aliter, ꝙ si per aliũ sit occu- patus, hoc solum sufficit, ut in l. j. §. per seruũ qui in fuga. s̃. tit. j. si non est occupatus, tunc sufficit, ꝙ gerat se p libero bona fi- de, & ex iusta cã, & tunc statim possessionem perdimus, ut l. li- beris. §. fi. de lib. cau. & no. p Bar. in d. §. per seruum. & ita debet intelligi primus, iõ gl. dum supplet hic, & dic &c. nõ benè dicit. Si aũt non bona fide, uel non subsistenre iusta cã, tunc requiri tur ꝙ diu se gesserit pro libero, & isto casu potest saluari gl. per l. 3. §. si seruus. s̃. tit. j. Si uero non gerat se pro libero, tunc aut præparat se aduersarium domino: quia fortè dicit talis tenebat me pro suo seruo, ego uolo uidere, an sim seruus suus, uel non, & intendo mouere litigium, & sic prouocare de statu seruitu- tis in statum libertatis, ꝙ tunc uidetur distinguendum, sicut in casu præcedenti, ꝙ si habebat iustam causam hoc allegandi, do minus perdat possessionem, sicut si gereret se pro libero, aliàs non statim, sed post longum tp̃s, & ita intelligitur hic secũdus casus. Si verò nec gerat se pro libero, nec præparet se aduersa- rium domino, non perditur possessio, quousque fuerit occupa tus, etiam si diu steterit in fuga: quia non potest domino impu tari negligentia, quia non recuperat naturalem possessionem propter malignitatẽ serui, licèt in reb. immobilibus perdatur post decẽnium per obligationem, ut no. s̃. tit. j. si id qđ. in prin.

1 *Quando usucapio naturaliter interrupta reincipitur per ademptionem no- ua possessionis, debet adesse bona fides tempore quo reincipitur, aliàs non prodest*

prodest bona fides præterita.

2 *Ad hoc ut quis possit vsucapere (licèt requiratur titulus:& possessio) non tamē requiritur, ꝙ illa possessio peruenerit ad eū occasione illius tituli.*

1 **§. Si quis bona fide.** †Qn̄ vsucapio nāliter interrupta reincipit per adeptionē nouę possessionis, debet adesse bona fides tpe quo reincipitur, aliàs non ꝓdest bona fides pterita. Hoc dicit notabiliter, & ēt est hic no. gl. Extra gl. opp. de lege j. §. hoc ꝓculdubio. C. de vsu.tran. ubi mala fides superueniens non nocet. Sol. ibi possessio, & vsucapio nō fuit interrupta, hic fuit, & reicipit de nouo, vñ dēt adesse bona fides, tpe quo reincipit. Nec ob. j. eo. l. iustæ §. & si possessionis. de qua gl. opponit, ibi nō inspicitur tps nouæ possessionis adeptæ, sed ueteris, quia ibi tractatur de vsucapione rei accessoriæ, vt partus ancillæ, qui vsucapitur ex titulo qui hr̄ in matre. Vnde sufficit fuisse bonam fidem tpe quo incipit possidere matrem, licèt tpe quo incipit possidere partum, i. cum nascit̄, non adsit bona fides. Sicut ergo in illo §. & si possessionis. mala fides superueniens non noceret in vsucapione matris, si posset vsucapi, quia non esset furtiua: postq̄ est continuata possessio: ita non nocet in vsucapione partus, licèt adsit tpe quo partus incipit possideri, sed si desijsset possidere matrem & postea reinciperet possidere, & illo tpe hēret notitiam, ꝙ res erat aliena, vr̄ ꝙ in partu postea nato noceret talis mala fides, sicut noceret in vsucapione matris nouiter inchoanda, vt hic, & ita debet limitari ille §. †In gl. ibi (ex præcedenti tit.) no. ista gl.

2 singulariter s̄m Bar. ꝙ licèt requiratur, vt nouiter incipiat possidere, vt possit incipere noua vsucapio, qn̄ fuit naturaliter interrupta, non tñ requiritur nouus titulus, immo sufficit vetus. Et ex hoc sequitur, ꝙ ad hoc, vt quis possit vsucapere (licèt requiratur titulus, & possessio) non tamen requiritur, ꝙ illa possessio peruenerit ad eum occasione illius tit. nam ista possessio de nouo acquisita non peruenit occasione veteris titu. de isto passu subtili tractatur j. eod. l. cum solus. & illam allegaui s̄. eo. l. naturaliter. ad hunc articulum, non autem allegaui hanc glo. quæ hoc dicit expresse. Ideo eam ibi adde. & j. eo. l. eum qui.

1 *In alio tit. quàm emptionis sufficit adesse bonam fidem tempore traditionis, licèt non fuerit tempore acquisiti tituli.*

2 *Si venditor & emptor sciunt rē alienam, non tamen sciunt, ꝙ sit furtiua, an valeat venditio, & si res euincatur, an possit agi ad recuperationē pretij.*

3 *Si stipulor a te rem alienā, & uterq; nostrū hoc sciat, an valeat stipulatio.*

1 **§. Si ex testamento.** †In alio ti. q̄ emptionis sufficit adesse bonā fidē tpe traditionis, licèt non fuerit tpe acqsiti tit. h.d. Sed in tit. emptionis reqrit̄ vtroq; tpe. vt j. pro empto. l. ij. & s̄. eo. l. si aliena. in prin. cū ibi no. In tex. ibi (eius tpis existimationē.) vt si tūc adsit bona fides, licèt tpe tit. q̄siti non affuerit, possit vsucapi, & si tunc nō adest, licèt tpe titu. q̄siti affuerit, non possit vsucapi. In tex. ibi: (qa ꝯcessum est stipulari.) pone hic casum hoc mō: qa supra dictum fuit, ꝙ res aliena mihi legata, vel p stipl'onē ꝓmissa p̄t vsucapi titu. ꝓ legato, uel ꝓ soluto, si tpe solonis hēo bonā fidē vr̄ ꝯriū: qa isti tit. vñr nulli: qa non pōt qs legare, uel per stipl'onē ꝓmittere rē alienā, cū ꝓmittat dare, & hoc facere non pōt: qa non hēt dñium, & dare est accipientis facere, sed ꝯriū est uerū, ꝙ imò stipl'o valet, ꝙ licèt non possit dare, p̄t tñ se obligare ad dandū rē alienā, qa non ꝓmittit impossibile, cū possit eā a dño redimere. Non ergo sunt isti tit. nulli, imò ualidi, & sic sufficiūt ad usucapionē: & p hoc est expeditū ꝯriū, qd̄ hic sentit gl. mag.

2 & eius uerba nō sunt necessaria. †In gl. fi. ibi, (sed differunt) qa in uendōne si uterq; scit alienam &c. Ista rō nihil facit ad ꝓpositum, qa posito, ꝙ esset uerū id qd̄ dicit gl. tñ adhuc rō posita in tex. ibi non sufficeret ad ꝓbandū, ꝙ in tit. ꝓ legato, & soluto sufficeret bona fides, tpe tradōnis, & iō dic, ut dixi super tex. qa non intendit probare illud, sed intendit remouere oppositū, ꝙ posset fieri, ꝙ illi tit. non sufficerent ad usucapiendum maxime stipl'o de re aliena. Nec ēt istud, qd̄ dicit gl. est uerum simplr̄, & ꝙ qn̄ vterq. scit rē alienā, non ualeat emptio, sed tunc est uerū qn̄ vterque scit rē alienā, & ēt furtiuā, uel qa furtū fuerat prius fcm̄, uel quia ꝯmittit̄ tpe emptionis, quia uendit̄ res aliena mobilis, & ita loquitur §. quē allegat gl. q̄ est notabilis. nā ex hoc sequit̄, ꝙ emptor non p̄t agere, vt res sibi tradat̄, neque venditor, vt tradat̄ pretium, qa nulla actio oritur, ex quo ꝯtus nō ualet, si sponte tradat̄ res, & pretium, & postea res euincat̄, non pōt agi ad recuperationē pretij: quia imputet sibi cur scienter soluit: quia vr̄ donasse ex quo non poterat ꝯpelli, & isto casu procedet sine dubio, id qd̄ dr̄ in l. si fundum sciens. C. de euic. Si autē vterque sciat rē alienā, non tñ scit furtiuam, nec ꝯhebatur furtum tpe uendōnis: quia erat res immobilis, tunc gl. in illo §. itē si emptor. tenet, ꝙ ualeat venditio per l. rem alienam. eo. tit. & illam gl. tenent Doct. ex quo sequitur, ꝙ emptor pōt agere, ut res sibi tradat̄, & uenditor, vt det pretium, ut not. per Pet. in d. l. si fundū sciēs. Sed tunc est dubiū si res euincat̄, an possit agi ad recuperationē ptij: illa l. si fundū, simplr̄ dicit, ꝙ non. in ꝯrium facit, qa si potuit ꝯpelli ad p̄tiū soluendum, non vr̄ donasse uēdo, & sic nō vr̄ sibi imputandū, cur soluit. Sed tñ adhuc dū est illi legi, qa licèt sibi nō īputet̄, cur soluit, ex quo erat [obli]gatus, imputetur tñ sibi, cur emit, & ad soluendū se obliga[uit]

3 postq̄ sciebat rē, esse alienā. † Vlti. no. gl. ꝙ si stipulor a te rē [alie]nā, licèt uterq. nr̄m hoc sciat, tñ ualeat stipulatio, & sic pos[sum] agere, ut mihi det. Videbatur ꝯriū pp malā fidē, & sic [indi]gnus acquiri mihi ius ex tali stipulatione, tñ hoc tollitur [per] istam gl. & idem si legatur res aliena, tene menti prædicta.

LEX XVI.

1 *Qui non possidet nec detinet, licèt habeat facultatem rei restituendæ [non co]uenitur rei uen. nec actione præparatoria ad illam. Item debitor uti[tur ac]cessione ex persona creditoris & econuerso.*

2 *Quod tā actio ciuilis q̄ naturalis possessio rei pignoratæ, uel obligatæ [a]pud creditorem (si fuit sibi res tradita) & nō apud debitorem, & qu[...]*

3 *Rei uendicatio, & actio ad exhibendū, dēt dari contra possessorē, uel ue[ndito]rē, non autem contra illum, qui non detinet, nec possidet uere, licèt fi[nga]tur quo ad quid possidere, & habeat facultatem rei restuendæ.*

Creditor conuentus, qualiter poterit iudicem euitare.

1 **SErui noīe.** †Qui non possidet nec detinet, [licèt] habeat facultatem rei restituēdæ conuenitur rei uend. nec actione præparatoria ad il[lam.] Item debitor utitur accessione ex persona creditoris, [& e]

2 conuerso. h.d. Et pp vltimum facit ad titulum pp primū. †[...] hic expressum, ꝙ tam ciuilis, q̄ naturalis possessio rei pigno[ratæ] vel obligatæ est apud creditorem, si fuit sibi res tradita, non [...] vt j. e. l. non solū. §. si rem. in fi. non autem apud debitorem [li]cet fingatur esse quo ad complendam usucapionem p eu[m in]choatā, in qua sibi prodest possessio creditoris, & iō ꝯpleta [usu]capione, si creditor ꝯueniatur a ueteri dño, p̄t obijcere exc[ep]tionē usucapionis ex persona debitoris, per quam ius cred[ito]ris fuit ꝯfirmatū, qa ante ipsam completam non tenebat p[ignus] vt l. rem alie. de pign. act. sed ex iure superuenienti suo aut[ori] ꝯfirmat̄ ius eius, ut j. eo. l. cū uir. & utetur accessione, tpe d[ebi]toris: & h.d. in fi. iungendo illud cū tpe, quo ipse possedit, & [con]

3 uerso. †Itē no. ꝙ rei uend. & actio ad exhibendū dēt dari ꝯ [pos]sessorem, uel uenditorē, non aūt ꝯ illum, qui non detinet, [nec] possidet verè, licèt fingatur quo ad quid possidere, & habea[t fa]cultatem rei restituendæ, quia poterat hic debitor eam lu[...] Videbatur ꝯrium postq uam potest hoc facere, cum in rei [uen]dic. petat quis declarari se dñm, & aduersariū ꝯdemnari a[d re]stituendum, & hoc cadit in debitorē, qui restituere pōt. A[ttē]tendum tñ, ꝙ creditor ꝯuentus, si vult euitare iudicium, p[ote]rit nominare in iudicio debitorem, & tūc absoluetur, dum[modo] transferat possessionem in debitorem, ita ꝙ ꝯ illū possit da[ri li]bellus, non aliter, per l. 2. cū ibi no. C. vbi in rem actio. [&] non nominaret, & iudicium agitaretur secum, sñia lata ꝯ e[um] non noceret debitori, si non fuisset citatus. iuxta not. s̄. titu[lo] Pompo. §. si is qui precario. in fi. mag. glo. & not. in dicta l. 2.

LEX XVII.

SI per errorē. † Authoritas iudicis facit, vt id [quod] mihi traditur tanquam meū, cū [non] sit meū, usucapere possim. h.d. Dic ut s̄. tit. j. l. Pōp. §. si [...]su. Et intelligit Bar. istam l. qn̄ ille cui facta fuit adiudicatio, nō possidebat, sed tūc incipit possidere. Nā interuenie[nte] traditione, & authoritate iudicis, si tradens fuisset dñs, trāst[ulis]set dñium, si non erat dñs, transfert̄ vsucapiendi ꝯditio, [ēt ex] parte, q̄ illi tradit̄ tanquā sua. Nā de illa q̄ traditur tanq̄ tra[den]tis, non est dubiū, sed si alterū istorū defecisset, ut qa non in[ter]uenisset authoritas iudicis, sed extra iudiciū inter se diuisi[ssent] uel añ adiudicationē cōiter possedissent, nō acquireret d[ñium] nec usucapiendi ꝯdōnem in partem, q̄ tenebat, uel sibi fui[t tra]dita, ut sua, ut s̄. de cond. ob cau. l. 3. §. subtilius. & no. in l. c[um] putarem. s̄. fam. ercis.

LEX XVIII.

QVamuis aduersus. In bonis uacanti[bus] fisco nō denunti[atis] ꝓcedit usucapio, & p̄scriptio ꝯ fiscū, titulo, & bon[a fi]de, sicut ꝯ priuatū, licet in bonis iā īcorporatis i[n fisco] nō ꝓcedat. h.d. Et distingue ī ista materia, ꝙ aut erāt̄ bona i[am ef]fecta fisci, & incorporata in fiscū, & tūc ꝯ fiscū nō p̄nt usuca[pi] uel p̄scribi, nisi spatio xl. ann. ēt cū ti. & bona fide, ut l. oēs. C. [de] p̄scrip. 30. an. & ita intelligitur primū dictū huius l. 2. C. cōi[a de] vsucapi. Aut nōdū erant effecta fisci, & nec incorporata, ut [quia] bona uacātia nōdū occupata p fiscū, tūc aut fuerunt denun[cia]ta, & fiscus neglexit occupare, & tūc p̄scribit ꝯ fiscū spatio [qua]driēnij, ut l. iusta quatuor. §. j. j. de diuer. & tēp. p̄scrip. & l. j. C. de quadri. p̄scrip. Aut non fuerunt denuntiata, & tunc cō[...] & bona fide p̄nt usucapi, uel p̄scribi eo mō, quo ꝯ priuatū, [vi]delicet triennio si sunt bona mobilia, uel decēnio, si sunt im[mo]bilia. h.d. Ista lex notabilis, sed fine ti. p̄scribūtur spatio xx. an[...] l. in ib.j.de diuer. & temp.præscr.& dic ut ibi per Bar. & p gl. r Cyn. in d.l.j. C.de quadr. præscr.& in d.l.2.C. communia ..icap. & per prædicta remanet gl. declarata.

LEX XIX.

..ta uend. tempus, quo emptor possedit, proficit venditori ad usucapio- continuandam.

..acto resolutiuo, transferatur dominium ipso iure sine traditione.

I hominem. †Resoluta vendi. tps, quo emptor possedit, pficit venditori ad vsuca ..pionem continuandam.h.d. vt s.l.Pomp.§.ptereea.In text. ..ibi(si hominem,)s.qui non erat uenditoris:alias non esset ..andum de usucapione:vt s.e.l.seq.§.lana.In tex. ibi(retro ..a uenditio.)i.uenditio rescissa,& retractata uirtute talis pa ..n Dy.& vult dicere, q sicut si uenditio resolueret autho- ..e legis, ut pp redhibitionẽ rõne morbi, posset uenditor uti ..ssione ex persona emptoris, licèt ab illo non uideretur ha- ..cãm, ut d.l.Pompo.§.preterea. ita & si resoluatur ratione ..Videbatur otrium, quia non utitur quis accessione, nisi ex ..ona illius, à quo cãm hẽt, ut d.l.Pomp.§.ex facto. & ibi no. ..fide, ut dixi in d.§.præterea.†An aũt ex hoc pacto resoluti- ..ansferatur dñium ipso iure sine traditione, si uenditor e- ..fis: vt l.j.§.de don.cum ibi no.& teneo q sic, licèt Bar. hic ..tet, quia sim latur pacto l.commissoriæ, & addictionis in ..,vt tenet Bal.in ea lege.C.de od.ob cau.& tetigi.s.ti.j.l.q ..nti.§.j.& in l.j.s.de dona.

LEX XX.

Possessio testa. Hæres non põt uti accessione ex persona defuncti, nisi fuerit possessio continuata.h.d. Siue ergo defunctus de sijt possidere ante mortem, non potest hęres vti posses- ..e, q prius habuit: siue non ante, sed post mortem eius alius ..pauit, & postea ad hæredem peruenit, nõ põt hrs vti pos- ..one, q habuit defunctus tpe mortis, ut hic & l.Pomp.§.quę ..n.s.ti.j.In tex.ibi(possessio testatoris.) supple q habebat tẽ- ..mortis.In tex.ibi(si medio tempore) idest post mortem, & ..e apprehensam possessionem per hæredem.

LEX XXI.

..em q præscribit, locat uero domino, desinit possidere, & usucapere, quia ..tio non ualet.

..,in quo per locationem inutilem, non retinet locator possessionem, quã ..est inutilis ex eo quia locator est dominus, & hoc ignorabat.

..I à quo fundum. †Qui rem q præscribit locat uero domino, desinit possidere, & vsucapere: qa locatio non ualet. [a] h.d. ista singularis lex ualde.In tex.ibi(locaui.)supple & tradidi, ..non transferrem in ipsum possessionem: ut j.eo.l. non so ..§.si rẽ tuã.in fi.†Et no.hic casum, in quo p locationẽ inu- ..m nõ retinet locator possessionem, qñ est inutilis ex eo, qa ..ctor est domin': sec' si alia rõne: ut s.ti.j.l.quis. ĩ prin. & ibi ..gl.Qñ aũt est utilis, nõ est dubiũ, q locator retinet nãlem p ..onũ, uel inglinũ, & ciuilẽ aio suo.Sed in casu huius.l.nec re ..t ciuilẽ, licet gl.hic in fi.de hoc dubitet, sed non est dubitã ..p istũ tex.dũ dicit, q desinit usucapere circa fi. qa si nõ desi- ..t res ciuilr possidere, nõ desineres pscribere, cũ illa sola sit ..iciẽs ad pscribẽdũ, ut s.ti.j.l.j.§.p seruũ q in fuga. Et gl.intel ..istũ tex.quãdo oductor ignorabat se dominũ, & tũc domi ..,qđ est apud eũ, attrahit ad se possessionẽ, q erat apud loca- ..ẽ, & hoc est mirabile, & singulare in hac lege, qa hoc otigit ..intẽtionẽ utriusq. Nã nec locator intẽdit trãsferre posses- ..nẽ, nec oductor acqrere, sed nudam detẽtionẽ, ut l.si quis an ..ti.j.& tũc trãsferẽ absq.aio o cões rlas.s.ti.j.l. quamuis.& l. ..e in vacuam.& hoc operaẽ dominiũ, qđ est apud conducto ..,& ẽt ignorantia iusta, qa non est quid sibi imputeẽ, quare ..xit.si autem sciuisset esse suam, est quid sibi imputeẽ, & iõ ..essionem non acquirit, nec perdit ille, s'm gl.& bene in hoc ..ercunq.oducat. Nam & si possessio esset apud conductorẽ ..inũ, oducendo à non domino, & non possessore scienter ..sferret in illum possessionẽ, vt no.in l.si aliquam rem.s.ti.j. ..gl.ergo si nõ est apud eũ, sed apud locatorẽ, nõ recedit ab il- ..tin hac gl. ibi allegaui ad limitationẽ eius qđ ibi no. Bar. ..t qrit, an tũc ualeat locatio, licèt gl.hic dicat indistinctè, q ..tu tamẽ distingue, q aut conducit simplr, & uerũ dicit glo. ..dr oducere rõne ppietatis, aut oduxit expresse rõne posses ..nis, & ualet, ut in d.l.si aliquam rẽ.in fi. qđ tamen limita, ut dixi p l.si in emptione.§.suæ rei.de oh.em.In gl. mag. ibi(hoc ..ductor fecit ignorans,) no. ergo hãc limitationem ad hunc ..qui loquiẽ simplr, & probaẽ ista limitatio j.eo.l.non solũ §. ..em.in verbo(ignoranti tuam esse.)In fi.glo.ibi(per consi.)C. ..ati.l.si quis conductionis, quia illa non est possessoria ad si- ..litudinem interdicti recuper. in quo non opponitur excep. ..minij, ẽt si paratus est incõtinenti probare. Nam conductor negando restituere, vr quodãmõ spoliare. Sed certè vr, q in casu isto hoc nõ procedat: qa p prius seipsum spoliauerat locator vt in hoc tex. Sed dic q nõ dẽt audiri oductor hoc allegãs p hãc gl. si ãt ageret actione ex locato succũberet, qa admitteret exceplo dni ad pbãdũ, q locatio nõ ualet: ut dixi in d.l. si aliquã rẽ.

ADDITIO.

a Non ualet. Adde Bal. in l.ad prob.C.loc.& Ale.in l.si alienam.s.sol.mat.

LEX XXII.

HÆres & hęreditas. Hæreditas non adita representat psonã defuncti: adita uero eã hæreditas repñtaẽ per personã hrdis, quia amplius non est hrditas.h.d. Non sunt ergo duæ representationes, sed vna. Et hoc intendit hic ista lex. Adde no.in l.nam & seruus.§.qui nego.s.de neg.gest.

LEX XXIII.

1 *Totũ integrale possidetur, non singulæ res ex quib. totum conficitur quousq. cohęret, ut ipsi toto: sed postquam separatę sunt, & totum dissolutum est, incipiunt per se possidere, & etiam usucapi eo.ti.quo vsucapiebatur, & possidebatur totum.*

2 *Eadem res non debet diuerso iure censeri.*

3 *Actio ex empto ad interesse competit ẽt pro reb.non uenditis, quæ tamẽ sunt accessoriæ uenditę, licèt non sint pars quota ipsius, sed actio ex stipulatu ad duplum non competit, nisi pro re uendita, uel parte quota, seu integrali ipsius euicta.*

Domus constat ex solo, & superficie, & quid secundum dialecticos.

1 EVm qui ędes. †Totũ integrale possideẽ non singulæ res ex quib. totum conficitur quousque cohæret ut ipsi toto, sed postq separatæ sunt, & totum dissolutũ est, incipiunt per se possidere, & ẽt usucapi.eo.ti.quo vsucapiebaẽ, & possidebaẽ totum.h.d. tota ista l.vsq.in fi.& est pulchra, & notabilis, & maxime in hoc vl. Et pone casum, q Titius de lapidib. & tignis Seii ædificauit domũ in solo tuo, dẽs scire, si ipsa domus q dr totũ integrale efficiẽ tua, qa ædificium cedit solo, non tñ lapides, uel tigna, sed remanẽt illius Sei, qa aliud est domus, aliud lapides, & tigna, ex quib. oficitur, ille tñ licet sit dñs, non põt uendicare usq. quo cohærẽt huic toto, ne ruinis vrbs deformeẽ, licèt possit agere actiõe de tigno iniuncto, ut osequatur æstimationẽ illorũ. Pone ergo q quidam tertius, puta Sempronius vẽdidit mihi illã domũ, & ego possedi ipsam bona fide p longũ tps, & sic pscripsi o te, postea domus ruit, ille Seius vult a me uendicare dictos lapides, & tigna, qritur utrum possit, & vr q non, qa si pscripsi o te dñiũ domus, ergo & cuiuslibet rei cohærẽtis domui, & sic o istũ Seiũ vsucepi tigna, & lapides. otrium hic determinatur, quia si p mille annos possedissem domũ, nunq usucepi tigna, & lapides o illũ, qui non potuit agere domo integra existente, qa licet possederim domũ, non tñ possedi singulos lapides, nec tigna, & sine possessionę nõ pcedit usucapio, ut j.e.l.fine.& hoc intendit dicere in prin. usq.ibi, (nã si.) Et ad pbandũ, q interim nõ possedi lapides, nec tigna adducit duas rõnes, unam nãlẽ vsq.ibi, (accedit.) alterã ciuilẽ, usq.ibi, (sinnautẽ,) ibi remouet quandã obiectionem, q posset fieri, nã s'm pdicta, seqtur, q licet emerim domũ, & fuerit mihi tradita, nõ uideor emisse lapides, & tigna, & columnas, nec vñr mihi traditæ, quia aliud sunt istæ res. Sed o, qa si euincaẽ columna, ẽt domo integra remanẽte possum agere ex empto de euic. Sed si non esset uendita, non possẽ agere, ut l.naue.s.de euict.sed rñdetur, q qtum ad usucapiendũ, non uideor singulas res emisse, nec singulæ res vñr traditæ, uel possessæ ut dictũ est, qa tunc tracto de lucro captando o dñm taliũ rerum singulariũ. Sed qtum ad hoc, ut possim agere re euicta o venditorẽ, bene uideor emisse, & vñr mihi traditæ, qa tracto de dãno uitãdo, cũ illæ receperit a me ptiũ, & hoc dr in uer.finaut. tñ gl.hic dubitat qũo potuit euinci domo integra stante, ut s. dixi, & rñdet, q non per rei uend. sed p actionẽ de tigno iniuncto.& sic non fuit separata a domo, sed solui æstimationẽ, nec ppea uideor emisse quo ad hoc, ut possim agere ad duplũ ex stipulatu, ut d.l.naue.sed ex empto ad interesse. Tertio & ult. qriẽ qđ si postea domus ruat, utrum possim ex tunc incipere possidere, & usucapere? vr q non, quia deficit titulus, licèt.n.habuerim titulũ in domo, non uideor habuisse in singulis reb.cũ sint diuersæ, tñ otriũ determinatur notabilr, quia ex tunc incipiõ illas res possidere de se, & usucapio ex illo titul. quem habui in ipsa domo.h.d.in effectu.& istud no.pro eo, q no. gl. in l. si is q p emp.§.pen.s.e.q ex noua possessione, & ex ueteri ti.possũ usucapere, ẽt ita otingit, quia possessio istarũ rerũ particulariũ est noua, qa nunq illas possedi, nisi nunc, licet possederim domũ, & tñ usucapio ex ueteri ti.quẽ habui ĩ domo, uel pt dici, q usucapio ti.p suo, qa si illæ res particulares fuissent tuæ, sicut ipsa domus, tũc domo diruta essent meæ, ut hic dicit gl.q incipit.(i. mutare.) in uer.sed licèt non possideat, q dẽt intelligi, sicut ĩ filii in partu ancillæ furtiuæ ocepto, & edito penes bonæfidei possessorẽ: quia usucapitur non eo.ti. qui hr in matre, sed titu.pro suo.

suo,ut no.in l.si ego.§.partus in fi.gl.ma3.s.de pup.In tex.circa prin.ibi.(nam si singulas.)Ista rō sic formaī,quia si uellemus dicere,ꝙ stāte ædificio uideat possidere singulos lapides,& tigna, oporteret ipsos, vel ipsas ɔsiderare de ꝑ se, & tanq̄ separata ab ædificio,ga quousq;cohærēt,non dñr res diuersæ ab ędificio,& si hoc esset,oporteret ɔsiderare ædificium esse dirutum, & per ɔñs ædificium me non possidere. Hoc āt[est] falsum, quia ædificium possideo:ergo sequiī,ꝙ nō singulos lapides, ga ista sīstare non possent. Sed rō sequens ualidior est ſm gl. ex qua no. id

2 ad quod ſp allegatur ista l. † ꝙ eadem res non dēt diuerso iure[a]

a cæteri, ut ēt hr̄ in fi.huius l.Itē,ꝙ domus ɔstat ex solo, & supficie.sic.s.de rei uen.l.solū.cum ibi no.sed ſm dialecticos ɔstat ex

3 tribus:ut in gl.†Item no.in uer.fin aūt.ꝙ actio ex empto ad interesse competit ēt ꝑ reb.non uēditis, q̄ tñ sunt accessoriæ rei venditæ,licet non sint pars quota ipsius , sed actio ex stipulatu ad duplū nō ɔpetit,nisi ꝑ re uendita, uel parte quota, seu integrali ipsius euicta,ut si euinceret usufr.vt s.de euict. l. uacuæ.

ADDITIO.

a Diuerso iure.Hoc limita uerum ſm Bal.in l.j.in 3 opp.C.de ser. fug.l. non corporali consideratione,sed intellectuali sic.

LEX XXIIII.

1 *Bonafides debet aliquid operari etiam quo ad lucrum.*

2 *Prohibita alienatione alicuius rei,an in consequentiam uideatur prohibita etiam usucapio, uel præscriptio.*

VBi lex inhibet. †Ratio dubitandi in hoc primo poterat esse, quia uidebatur,ꝙ prohibitio legis deberet intelligi eo casu quo possessor esset malæfidei,'uel saltem non bonæ, licet, nec malæ.h.d.Si aūt bonæfidei,videbatur cessare:ga bona fides dēt aliquid operari, ēt quo ad lucrū, quod patet,quia lucratur fructus bonæfidei possessor,ut l.sed si lege.§.scire.s. de pet. hær. tamen ɔ̄rium est uerum,ꝙ nihil operatur , stante prohibitione l.q̄ debet intelligi eo casu,quo est bonæfidei:alias nihil operaretur,cum malæfidei possessor non ꝑ sit usucapere, uel pscribere,etiam non obstante alia prohibitione legis,& etiam res q̄ de se sunt vsucapibiles.Et pōt intelligi duob.mod.ista l.ut colli ex gl.s.qñ expresse prohibetur usucapio uel pscriptio, ut rei furti-

2 ue,uel vi possesse. † Itē qñ tacitè:ut quia prohibetur alienatio alicuius rei.Nā in ɔñam vr̄ prohibita ēt usucapio,uel pscriptio, ut in l.alienationis uer.de verb.sigr.i.& hoc est notabile,& quotidianum ſm Bar.quia statuta frequenter prohibent alienationes in certis casibus ut uideat ꝓhibita ēt usucapio, uel præscri-

a ptio.[a] In hoc tñ est ɔsiderandum quaīr loquatur lex , uel statutū,& utrum esset cā prohibitionis,vel non, vt colligiī ex gl.

ADDITIO.

a Præscriptio.Adde Soc.latè consi.13.

§.Interdum ēt. Pōt hæres usucapere id q̄d non poterat defunctus, si in eius persona cessat cā prohibitionis,q̄ erat in persona defuncti.h.d.facit.s.de euict.l.si ꝑ imprudentiā.§.non aūt.ubi interdū ɔceditur hr̄di ꝙ non concedebaī defuncto,licèt rr̄ secus,ut l.hr̄dem.de reg.iur

LEX XXVI.

NVnquam supficies. Patet ergo ꝑ hāc l. nunq̄. ꝙ si solū non pōt pscribi,nec ēt pscribitur supficies,ut j.eo.l.si solū.ꝑ q̄ pōt exemplificari.h.d. Et si usucapitur supficies:ga solum sit vsucapibile, usucapiī ēt solū nec pōt usucapi sola superficies sine solo:ga ex illis duob. conficiī unicū totū.l. cū qui ædes.in prin.s.eo. & sic ꝙ iuris est de uno, est ēt de altero,tanq̄ connexo & indiuisibili.Intellige tñ hanc l.respectu directi dñij,& ɔ directum dñiū, sed respectu dñii utilis, pōt bene qs usucape supficiem sine solo,si illud vtile sit in esse ꝓductum: ga fortè est dñs directi & Titius utilis.s.supficiarius, nam potes pscribere illud vtile dñium ɔ eū,absq;eo ꝙ prescribas directum dñium soli & ꝑɔñs supficie ɔ me,ut si possedisti tanq̄ superficiarius meus recognoscendo me in dñm directū.Idē si non esset in esse,ꝓductum:quia nullus erat supficiarius,& ego erā plene dñs sed tanq̄ supficiarius, ti.quē habuisti ab alio,licet de facto,& bona fide:ga dicebat se supficiarium cum non esset. Nam pscribis utile dñium supficiei ɔ me, nō āt solū dñium directum, ut ꝓbaī in l.cū sponsus.§.in vectiga.s.de pup. sicut posses præscribere vsumfr.ut l.si ego.§.j.eo.ti. Et ita intellige,& declara gl.hic positā.

LEX XXVII.

1 *Qui non habet titulum,nec iustam causam credendi se habere,non potest usucapere,uel præscribere longo tempore.*

2 *Ad usucapiendum,uel præscribendum longo tempore,requiritur titulus uerus,uel putatiuus,iusto errore interueniente.*

3 *Quod ēt quando non subest iusta cā credendi titulum interuenisse,uel titulū valere si tamen ita credebat,licet sit perperam,dicatur esse in bonafide.*

4 *An ista bona fides prosit ad præscribendum longissimo tempore,& an error iuris iniustus excuset a mala fide de iure cano.*

5 *Quando non subest verus titulus,sed putatiuus,si non subest iusta cā di subesse,talis titulus putatiuus quicunque sit,non sufficit ad usucap. Quę dicatur tunc causa non iusta.*

6 *Licet sufficiat putatiuus titulus interueniente iusto errore, vel iu[s]sufficit tamen sufficit putatiua traditio,etiam interueniente iusto errore.*

7 *Quòd tūc requiratur traditio vera,vel putatiua interueniente errore i[..]mo quādo esset talis titulus,ex quo sine tradōne nō transferretur do[m.]*

8 *Quando dominium acquiritur sine traditione,ut in ecclesia,sufficit a[s]sio iusta,& sine uitio,vt ecclesia possit præscribere.*

9 *Quot sint necessaria ad hoc vt procedat usucapio,vel præsc.lon.temp.*

1 **CElsus libro.** †Qui nō hēt titulū,nec iusta[m] credēdi se hr̄e,nō pōt vsucavel pscribere lōgo tpe.h.d. Dy. vel sic. Titulus pu[tatiuus] nō sufficit ad pscribēdū ēt cū bonafide, si nō sub[est iu]sta cā putādi.h.d.Si aūt subest,tūc sufficit,sicut si esset ver[us ut] in multis.ll.hic alleg.post prin.glo. Et pōt intelligi duob. Primo ꝙ nullus de istis ti.interuenerat in facto licet puta[ret in]teruenisse.Secundo,ꝙ interuenerat,sed erat nullus,& pu[tabat] valere neutro casu,sufficit hæc opi.si nō est iusta rōne fun[data.]

2 †& sic collige ex ista l.quatuor.Primo,ꝙ ad usucapiēdū,v[el pre]scribēdū lōgo tpe requiī titulus,sic.C.de rei vēd.l. nullo.C[.]

3 vel putatiuus iusto errore interueniēte:aīs secus,ut hic.† no.ex uerbo.(bonafide.)intelligēdo tex.,put dixi, ꝙ ēt qñ [non su]best iusta cā credēdi titulū interuenisse, vł titulū valere, si credebat licèt sit ꝑperā,dr̄ esse in bonafide, q̄d no.& tene[.] Rō est,ga iniustus error excusaī a dolo,& sic à mala fide, l.igiī.s.de lib.cau.& no.in l.j.s.si qs ius dicē.nō obtē.in fi[.]

4 gl.†Tertio no.ꝙ isto casu ista bonafides nō ꝓdest ad pscrib[endum] longiſ.temp.sed ꝓdest hodie de iure canonico ad pscribe[ndum] longissimo tpe, quo poterat pscribi sine ti.& sic bonafide. die de iure canonico sine bonafide non pōt,sed sine ti.sic, habeat ius cōe ɔ se.ut in c.j.de pſ.lib.6.nec requiriī isto ca[su] bonafides sit ita iustē fundata,sicut requiriī ad præscribe[ndum] longo tpe,& hoc est q̄d uoluit gl.in c.de quarta. de præsc[.] titulus nullus,q putaī validus errore iuris,qui est iniustus[,suf]ficit ad pscribendum de iure canonico,hoc ēt mō intellige[.] no.Cy.in l.uenditioni.C.de usuc.ꝑ empto.& l. si quis emp[tio.] j.de præſ.30.an.Vbi vr̄ plurimū dubitare,vtrum error iuris [ob]set bonamfidē,sed hic est casus,ꝙ sic, nō tñ prodest ad præ[s.] long.tem.ut j.e.l.nunq̄ in prin.sed longissimi sic, tene m[e]t[e] est singulare,& alias habui de facto, & interrogaui quoſdā [ma]gnos canonistas,qui nesciuerūt mihi dicere vnū bonum ver[bum] sup hoc,sed allegabant no.in c.cum ꝑsonæ.de priui.lib.6.tu[.] ne quod dixi,ga est ipsa ueritas. Prodest ēt ista bonafides nō [i]sta rōne fundata ad faciēdū fructus suos,vt l.sed & si lege. §. [sci]re.de pet.her.Canonistæ dñt,& tenent,ꝙ error iuris sit iius[tus] & nō excusat à malafide,si ɔ̄tus sit a iure reprobatus,& ꝑ h[oc] dñt, ꝙ emēs rē ecclesiæ sine solēnitate a iure reqsita nō pot[est]

a illā pręscribere,[a] licet crediderit illam nō esse necessariā,[si] errauerit in iure,qa talis error non excusat à malafide,ut no. gl.in c.2.de his ꝙ fiunt à mai.par. capi.& in c.apostoli.de do[.] & in c.tua.de iure pat.& Abb.in c.cū nō liceat.de præscri.ub[i li]mitat Bar.in l.fi.C.qui cau.in integ.rest.nō est necess.q dicat[,] qñ lex simplr̄ ꝓhibet alienationem, vr̄ prohibere præscripti[o]nē.Sed qñ ꝓhibet ꝙ alienatio nō fiat sine certa solennitate, in re minoris,vel ecclesiæ,nō vr̄ ꝓhibere pscriptionē. Abbas intelligit hoc uerū,si pscribēs credebat solēnitatē seruatā,& errabat in facto,secus si errabat in iure,qa credebat solennitatē nō esse necessariā,qa talis error nō excusaret ipm a malafi[de.] Ita ꝙ pp malā fidē ꝑsumptā pscribere nō posset, ēt ꝑ xl.an.de re cano.& idē plenius dicit Abb.in c.de quarta.eo. ti.de pſc. idē Bu.in c.si diligēti.e.ti.& Io.de Imo. in c.fi.eo.ti.& idē vr̄ tenere gl.& Bar.in l.quemadmodū.de ag.& cē.in l.sed & si lege.§. scire.de pe.hæ.vbi vult,ꝙ qñ lex resistit ɔ̄tui, ignorātia iuris excusaī à malafide,& hoc si sit error iu.ꝙ sit clarū, sed si sit error iuris dubij excusat à malafide,ēt de iure ca.ut no.gl.q̄ sic de[.]

5 intelligi ſm Abb.i c.cū dilec.de ɔsue.sup verbo.(ɔstitutū.)† timo no.itelligēdo,ut gl.intelligit,ꝙ Celsus uelit dicere,ꝙ h[ic] nō vsucapit aliquo de istis ti.singularib.nec ēt ti.gñali ꝑ suo,a[d] hoc ut sit bona rñsio eius,ꝙ illi dicebāt,ꝙ ubi cessat titulus [spec]ialis,cessat ēt gñalis ꝑ suo.Certè hoc verū est qñ cessat, vł ꝑ ma[l]āfidē,vł qa nō subest iusta cā,ut patet in partu ancillæ furtiu[æ] q̄ qs credit esse suā iusta rōne motus,nā si hoc esset verū, ēt pa[r]tus eēt su[o]. Sed si nō ē verū,partus nō est suus, sed usucapiī ti. suo,nō eo.ti.q hr̄ in mr̄e.Itē si qs caperet colūbas alterius,cre[]dēs illas esse syluestres,& nullius,& sic credit esse effecta eius, [si]cut illa q̄ cœlo terra marique capiunī, nam ista est iusta cau[sa] credēdi,& licèt cesset alius ti.sing. hēt locum ti. ꝑ suo,ut j.pro

6 suo.l.2.†Hic est una glo.magn.multum notabilis in aliquib[us] qua

ADDITIO.

a Pręscribere.Adde Soc.latè consi.13.

post mediũ recollige duo,vł tria ĩ substãtia.Primo,ꝙ qñ ñ
est uerus ti.sed putatiuus,si nõ subest iusta cã putãdi subes-
lis tit.putatiuus,q cũq.sit,nõ sufficit ad vsucapiẽdũ, dr aũt
õ iusta,qñ erraret in facto ꝓprio . in quo nõ est tolerabilis
orãtia,vt l.q̃q̃ s.ad Velle.& no.ĩ l.fi.in fi.j.ꝓ suo.in gl.Itẽ qñ
ret in iure,cũ dẽat ab oĩb.sciri vt l.leges.C.de leg.si uero su
iusta cã,nõ tñ iustissima,talis ti.putatiuus sufficit, sicut ve
qcũq.sit,excepto ti.emp.& uẽ.ut j.eo.l.nõ solũ.§.qd vulg.
hoc ampli⁹,& ẽt in alijs allegatis in gl.post prin. Dr aũt iu-
nõ iustissimus,qñ erraret ĩ facto ꝓprio, licẽt tñ ĩductus ad
dũ suasionẽ aduersarij,uel alterius verisimilia sibi asserẽ-
r.qđ hr in l.2.§.qñ actio de peculio est annalis.Si uero in-
enit error iustissimus tũc sufficit ẽt titulus emptiõis,& vẽ.
gl.q̃ mouet adhoc dđm ex eo,qa duob.tporib. reqrit bona
s,ut j.ꝓ emp.l.2.cum in alijs sufficiat tempore traditionis.
ı tñ reperit hoc bene expressum,ꝙ requiratur iustissima cã
error,ideo no.gl propter eius authoritatem. Et dr error iu
mus in facto alieno.l.fi.in §.fi.ꝓ suo,ut si desiderat manda
ꝓcuratoris de emẽdo,& ipse diceret se emisse,cũ tñ non es
vel si reperit rem in hæreditate,& credidit defunctum emis
istẽ.n.potuit credere,ꝙ sine iusta cã non tenebat.Secundo
ige ex glo.ꝙ licẽt sufficiat putatiuus ti.interueniente iusto
r,vel iustissimo,nõ tñ sufficit putatiua tradõ ẽt interueniẽ
isto errore,sed reqrit vera tradõ,[a] & hoc sentit glo.uersi sed
sufficit.tñ istud non bñ reperitur expressum:nõ no.glo.ꝑ
authoritatem,q̃ aũt sit rõ diuersitatis,glo.ibi assignat duas
es,sed parũ ualẽt,si bene inspiciant,& postea ꝯ ſm opponit
n uer.sed cũ inuẽ.&c.& quia ꝯrium est diffi.glo. postea mu
ppositum dicẽs,ꝙ putatiua traditio forte sufficeret,si adesse
iõ iusta tñ,sed iustissima cã erroris,licẽt in ti.sufficiat iusta
terǧ in ti.emptionis.Doc.allegãt ad hoc,ꝙ dicit gl.l.iusto.
ius.j.eo.Tu potes assignare rõnem diuersitatis, quare non
icit iustus error in putatiua traditione, & tñ sufficit in puta
ti.qa titulus se hẽt ut cã remota ad acquisitionem dñij ꝑ
capionem,sed traditio,ut causa ꝓxima,ut no.j.ti.j.l.3.§.ex
rib.in gl.& iõ traditio dẽt esse magis iustificata, tanǧ magis
iens,hinc est,ꝙ in usucapione ex quocunq.ti præcedente
rit bonafides tpe traditionis, & illa sufficit, licẽt non fuerit
ti.acqsiti,ut s.e.l.si aliena.in prin.excepto tit. emptionis, &
rõ melius ꝯcludit.licẽt Doc.cã non ponant, & declarat,&
ficat dictũ gl.† Tertio, & vlt. vr ex gl.ꝙ tunc requiritur tra
ı uera,uel putatiua interueniẽte errore iustissimo, ꝙ esset
s ti.ex quo sine traditione nõ transfert dñium,vt sunt rlr ti.
r uiuos,ut l.traditionib.C.de pact.nam tunc sicut non ac-
rit dñium sine traditione,si tradẽs est dñs, ita nec usucapiẽ-
dõ,si tradẽs non est dñs,ut l.clauibus.de ꝯhe. emp. & sicut
uirit traditio,qñ subest uerus ti.ut s.de publ.l.eum qui.§. fi.
& qñ subest tit.putatiuus ne sit maioris efficaciæ q̃ uerus &
vult gl.in uer.ut tñ,&c.& debẽt fieri traditiones occasiõe
lius,adhoc ut sufficiat,in d.l.eum q.§.fi.cum l.seq.s. de pub.
quo tangam eo.l.cum solus.Si ãt sit titulus ex quo transfert
um sine traditione,ut sunt ti.ex cã ultimæ uol. ut ꝓ hærede
ꝓ legato,tunc non requirit traditio ad vsucapiendum , sed
requiritur apprehensio possessionis sine qua usucapio non
edit,ut s.eo.l.sine possessione.licẽt si defunctus fuisset dñs
acqsitionẽ dñij,etiam apprehensio possessionis non require
,ut s.ti.j.l.cum hrdes.in prin.& l.cum pater.§. surdo. de leg.
ud tñ ꝙ requirat apprehensio possessionis quantum ad v-
apiendũ est uerũ,ſm Dy.qñ defunctus nõ cęperat usucape-
hæres uel legatarius vult incipere ex sua persona. Sed si de
ctus incæperat,non tñ cõpleuerat,& sic hẽbat quasi dñium
ublicianam, illud ius transfert in hrdẽ, uel legatariũ absq.
ua apprehẽsione possessionis,& licet Dy.nõ allegat,tñ hoc
at.s.de publ.l.j.cũ seq.& ibi not.quia sicut hęreditas iacens
t hæres potest complere vsucapionem cæptam per defun-
n sine possessione,ut j.e.l.cœptam.ita & legatarius, qui in
re legata loco hrdis hr,ut s.eo.l.ad tempus.in fi. ſm Dy. be
eleganter.† Et ex prædictis vr debere esse idem in ti. inter ui
,qñ dñium acquirit sine traditione, ut in ecclesia. ut in l.fi.
e sacros.ecc.ut non requirat traditio, sed sufficiat apprehẽ-
iusta tñ,& sine uitio, adhoc ut ecclesia possit præscribere.
ltimo ex oĩb.recollige quinq.necessaria, adhoc ut procedat
capio,vel præscriptio longi temporis.ſ.ti.verus,uel putati-
interueniente iusto,uel iustissimo errore, & dicitur titu.i.
sa habilis ad trãslationem dñij quantum ad propositum,li
alijs multis modis sumat,qđ dic,ut per Cy.in l.cogi.C.de pe
çr.Secundo requirit traditio facta occasione illius ti. uera ,
ẽt putatiua iustissimo errore interueniente, nec sufficit ius
in hoc.Tertio reqrit bonafides,ꝙ credat rẽ esse illius à quo
ti.& credat titulũ valere iusto errore ductus. Quarto reqrit
ssessio,tñ aliqñ possessio alterius sufficit mihi ad vsucapiẽdũ,
ut authori meo sufficiebat,si author meus rẽ alienã q̃ bona
fide tenebat,& vsucapiebat,bonafide tibi obligauit,& tradidit
nã trãstulisti in te oẽm possessionẽ, tñ illa possessio ꝓficit sibi,
vt usucapionẽ cõpleat,ut s.e.l.serui noĩe si ipse uẽdat mihi , &
ꝯstituat se meo noĩe possidere,licet in me nullã posſõnẽ trãsfe
rat,qa nullã hẽbat,nec te posſõne priuat,ut s.ti.j.ius tñ qđ ac-
qsiuerat.i.quasi dñiũ,& publicianã trãsfert in me, ut possim v-
sucapionẽ ꝯplere mediãte posſõne tua,& fuit dictũ Iac.de But.
Inst.de ac.§.3.qđ est singulare,& Bar.hic recitat ipsũ, & tenet.
Vltimo reqrit,ꝙ possessio sit cõtinuata, & non interrupta . ut
s.e.l.nãliter.quod qualr ꝓbet vide hic per Bar. & ẽt de pluri
b bus alijs concernentib.predicta in articulãdo in hac materia.[b]

ADDTIIONES.

a Vera traditio.Vide Bal.in l.nullo.C.de rei uen.& in l.super.in penul. col. C.de præsc.long.temp.& in l.quædam mulier. de rei ven.

b Materia.adde quod uoluit Lu. Ro.consi.166.

LEX XXIX.

1 *Ex titulo diuisionis extraiudicialis,non vsucapitur id , quod alicui traditur tanquàm suum,sed bene vsucaperetur id quod traditur tanquàm tradentis,vel ex alio titulo.*

2 *Titulus putatiuus interueniente iusto errore,vel non, sufficit ad præscribendum si præscribere uolens habuit possessionem ab alio,q̃ ab illo à quo titulum pretendebat.Sed si habuit titulum ab eo,à quo possessionem habuit bene potest prescribere.*

3 *Quando diuido rem tanquam communem inter te,& me, cum non sit , an transferam in te dominium, si solus sis dominus , vel vsucapiendi conditionem si tertius erat dominus .*

4 *Si habes titulum ab vno,& possessionem ab altero,an possis vsucapere .*

CVm solus hæres. Lex ista est difficilis in intellectu sui,& ꝑ Ba.nõ bene declarata,licet dicat aliqua uerba notabilia . Et vr mihi posse legi quatuor modis.Primo ſm intellectũ
glossarum,q̃ sunt hic,ſm quem hoc intendit. Titulo ꝓ hærede
putatiuo non põt res usucapi, si post mortem defuncti possessio eius fuit per alium prius occupata,q̃ per usucapionem , sed
alio tit.sic h.d.Et de prima parte negatiua tractat prima gl. ma.
de scđa tractat sequẽs gl.ma. & ſm istum intellectum tex. dum
dicit quod ad hrde uero possessum est, dẽt suppleri, uel à quo-
cunq.altero ſm primam gl.ma.q̃ fundat intẽtionem suam ꝑ l.
possessio.s.e ꝙ ꝑ l.Põp.§.q̃situm.s.ti.j.sed nõ placet iste intelle
ctus,qa hoc,ꝙ ꝑ aliũ fuerit prius occupata bñ noceret,si uellet
coniungere tps,quo defunctus possedit cum suo,& ita loquun
tur illa iura. Sed si vult incipere vsucapionẽ a se,hoc nõ nocet ,
& istud bñ sentit hic Bar. ꝑterea iste tex. facit uim in hoc, ꝙ tu
quẽ putabã esse meũ hrdẽ,nõ eras re uera , sed ſm istum intellectũ nõ esset de hoc curãdũ:ac idem esset, si re uera esses cohæ
res,qa eadem rõ est.& ꝑ hoc reprehendit gl. j. Item etiam scđo
vr nõ bñ loq,dum dicit, ꝙ usucapis ex cã diuisionis , licet non
ti.ꝓ hrde:qa hoc est ꝯ tex.ibi(neq.aliam ullam hrs hẽt cãm)vn-
de non vult,ꝙ usucapias ex cã diuisionis, qñ tradidi tibi tanǧ
cohrdi,sed bñ põt usucapere ex cã trans.qñ tradidi tibi , nõ tãǧ
cohrdi,sed ut recederet a lite,& sic rem tanǧ meam . & ſm istã
lec.gl.in prima parte nihil usucapis,nec ꝓ eo,quod do, tanquã
meũ,nec ꝓ eo qđ do tanǧ tuum, & fundat in hoc solo , ꝙ pos-
1 sessio fuit ꝑ alium prius occupata. † Legit secundo modo ſm
cõem intellectũ Doct.ut dicat,ꝙ ex ti. diuisionis extra iudicialis non usucapit id,qđ alicui tradit tanǧ suum, sed bene usucaperet id quod tradit tanǧ tradentis,uel ex alio ti.Ista lectu.licet
sit uera in se,de qua tñ dic,ut dixi s.e.si ꝑ errorẽ:nõ tñ placet in
ista l.ꝑ rõnem q̃ s.feci,quia hoc facit uim,ꝙ non eras uerus hę
res,sed ego solus,& ſm istam lect.idem esset, sit esset uerus hæ-
res.Itẽ quia tunc ratio posita in tex. non aptaretur ad casum .
2 † Vñ legit tertio modo,& istã lec.senserũt aliq antiq, quos prima gl.ma.recitat in prin.ibi.alij &c.& ista est uera,& singularis
& nõ est alibi.q̃ tenet Bar.licet gl. non teneat,qa nescit defendere a ꝯrijs,ſm q̃.h.d.Titulus putatiuus interueniẽte iusto errore vel nõ,nõ sufficit ad ꝑscribẽdum,si ꝑscribere volẽs habuit
possessionẽ ab alio,q̃ ab illo à quo ti.ꝑtẽdebat,sed si habuit titu
lũ ab eo,à quo possessionẽ habuit,bñ põt ꝑscribere.h. d. Et ſm
hoc limitat id quod fuit notatũ in l.Celsus.ꝙ titulus putatiuus
sufficit interueniẽte iusto errore : qa dẽt limitari per hanc l.dũ
mõ habeat possessionem ab eodẽ,à quo ꝑtendit ti. Secus si ab
alio,ut in hac l.fi.sed quando quis hẽt ti. verum, tunc etiam si
habeat possessionẽ ab alio põt interdũ ꝑscribere : & ita loquit
tex.cum gl.s.eo.l.si is qui ꝓ emptore.§.si quis bonafide.de quo
§.glo.dubitauit,& ꝑꝑ illum recessit ab ista lect. sed nõ bñ. Illud
tñ nõ est sꝑ uerũ in ti.vero , sed distingue, ut statim dicam. Et
ſm oẽs istas lect.oportet ponere, ꝙ in hæreditate , q̃ ad me solum pertinebat, & q̃ adiui , & possessionem rerum apprehendi erat vnus fundus alienus,nõ testatoris, diuisi tecum oĩa bona,& sic etiam istum fundum,& tradidi tibi dimidiam.Certum
est, ꝙ dimidiã illius dimidię videor tibi tradere tanǧ tuã , & sic
eam nõ usucapis ꝯ uerum dominum : quia non uideris aliquã

cām hre à me,& sicut non trāsferrē dñiū,si essem dñs, ut l.3.§. subtilius.de ɔd.ob cau.ita nec trāsfero vsucapiēdi ɔdōnē,si nō erā dñs. Sed dubiū est de altera parte,q̃ trado tibi, vt meā, & in illa adhuc dr̄ idē:qa tu ptēdis hre ti.p hrde, & sic à defuncto,tñ possessionē habes à me. Vñ non sufficit tibi ille tit. putatiuus,
a sed sufficeret,si possessio nō fuisset p me occupata,sed tu ppria authoritate occupasses,tanq̃ verus hrs,& haberes bonā fidē:qa uideris hre ab eodē,à quo habes ti.qa licèt non sit in hrditate, tñ hrditas pbet tibi cām occupādi.Si uero habes ti.à me,qa ego nō puto te hrdē,tñ tecū trāsigo, ut effugiā litē, & trado illū sū dū tanq̃ meū in totū usucapis,ɔ̃ uerū dñm,sed ī lect.2. licèt nō usucapias partē,q̃ trado ut tuam,usucapis tñ illam q̃ trado, vt meā,& in hoc differūt,& idem in j.lect.gl.Mihi vr̄, ꝙ possit plenius legi hæc l.,put iacet lr̄a,ꝙ loquat̄ de ipsis reb. hrditarijs, q̃ fuerunt defuncti, & tūc p aditionē hrditatis sunt effectæ meæ. Ego credo te esse meum cohrdem,cum non sis, trado tibi dimi
b diā oīum rerum,quatenus trado tibi,ut tuas, nō transfero dominium,& possum vendicare: quatenus,ut meas transfero,sed possum cōdicere,si diuisio est facta, sine iudice,ut l. cū putarē. in fi.§.fam.erci.secus si p iudicē,ut ibi. Quærit̄ ergo, quid si emi sti ista bona possessa p longū tps,an usucapias ɔ̃ me tit.p hærede putatiuo? & dr̄,ꝙ nō,siue sciebas,te nō esse cohrdem meū, vt in prin siue crederes esse.ut in fi.& hoc ex co:qa possessionē habuisti,à me,qui prius occupaui: sed si ppria authoritate occupasses una mecū,& sic à me possessionē nō hrēs, sed à teipso posses ɔ̃ me p̄scribere,si habebas bonā fidē,& iustā causam credendi,& ita loquit̄.& dēt intelligi gl.in l.hæreditate.C.in quib. cau.cesset lon. tem.p̄scr.Et huic lecturæ applaudet lr̄a dū dicit, (res hrditarias.)& sic loqtur de ueris hæreditarijs.Sed s̄m lect.p̄cedentes oportet supplere,inter quas erat una res non hæreditaria,& de illa querit̄, & illā supplet la.de Are. qđ est destruere tex.Et s̄m meā lect.usucapies tā illā portionē,q̃ possum uendicare,q̃ illam q̃ possum ɔdicere.

4 † In hac l.uidenda sunt duo principalr̄,primum est quādo diuido tanq̃ cōem inter te, & me, cū non sit,vtrū trāsferā in te dominiū,si solus sim dominus,vel vsucapiēdi ɔdōnē,si tertius erat dominus?Et in hoc est adm,ꝙ si ista diuisio fit p iudicē trāsfero dominiū , si sum dominus tā in toto eo,qđ tradidi,ut meū,de quo nō est dubiū, qa uolui dominiū trāsferre,& potui licèt ex falsa cā,ut in toto ti.de ɔd.& demon.q̃ in eo, ꝙ tradidi tibi, ut tuū.pp authoritatē rei iudic. licèt nō intēderē dominiū trāsferre,ut j.ti.j.l.Pompo.§.si iussu. cū ibi no.nec possum ɔdicere ɔd.ind.sicr̄ p authoritatē rei iudi. vt l.cū putarē.§.fam.erc.Si aūt nō erā ego domin⁹,sed terti⁹,trāsfero in te usucapiēdi ɔd.ut s̄.eo.l.si p errorē.Si aūt non tradidissem,qa ambo possidebamus:tūc in eo,quod tibi dimisi,ut tuū, ēt p sñiam iudicis,nō trāsfero in te dominium,ut l. excep.cum ibi no.j.de exce.rei iud.& p ɔñs, nec usucapiēdi ɔdōnē, & hoc sentit Bar.in d.l.si per errorem. Idem in eo, quod dimittit̄ ex cā transac.ut in l.si p fundo.C.de transa.& l.pen.de usuc. p empt. secus in eo,qđ dimitto,ut meum,quia dimissio loco traditionis hr̄.ut Inst.de re.diui.§.interdū.& s̄.de acq.re.dom.l. qua rōne. §.interdū.tūc trāsferrē dominiū,& usucapiendi ɔdōnem. Si vero diuisio fit sine iudice,tunc aut trado tibi dimidiam pro indiuiso,qa fortè a principio credebam me solum dominū,nūc credo te esse dominū una mecū,& tūc totā illā dimidiā uideor tradere,ut tuā,& tūc nō trāsfero dominiū,si solus sū domin⁹, nec usucapiēdi ɔdōnē,si alius est domin⁹,& hoc voluit hic 2.gl.ma. in fi.Aut p diuiso,& tūc videor tradere partē illius dimidiæ, ut meā partē, & tuā. In secunda nō transfero dominiū,si sū dominus:qa nō intēdo trāsferre,vt l.3.§.subtilius.de ɔd.ob cau.& sic possum vēdicare.Si aūt nō sum dominus, nō trāsfero usucapiēdi ɔd.ut in hac l.s̄m secundam lect.q̃ tangit hic gl. 2. De altera vero dimidia,q̃ trado, ut meam,transfero dominiū,si sū dominus,& usucapiēdi ɔd.si non sum dominus, & possum ɔdicere, uel rōne ppríetatis in primo casu,uel rōne possessionis in secūdo,ut no.gl.in d.c.cū putarē.in fi.§.fa.erc.tamē licèt ista lect. sit bona in se,nō quo ad hāc,q̃ simplr̄ dicit,non vsucapi,& s̄m istā lect.dēt restringi ad partē,q̃ tradit̄,ut tua, ꝙ est ɔ̃ mentem lr̄æ. Itē qa in litera dr̄, ꝙ non subest alia iusta cā, & s̄m istam lectu. immo subest,s.cā diuisionis.Itē gl.ɔ̃riat s̄.in eo, quod vult in gl. præcedenti,q̃ tractat de prima lect.s̄m q̃ nihil usucapis, sed s̄m
5 istā usucapis p parte.† Secundus passus est,utrū si habes tit. ab uno,& possessionem ab altero,possis usucapere, q est de tertia lectu,tracta.in j.glo.mag.Et de hoc dic,ꝙ aut possessio p̄cessit, & potes,cum possit ex iusta cā mutare tibi cām possessionis, & hoc probat̄ j.e.l.non solum §.quod vulg.& no.j.pro emptore. l.2.§.si à pupillo.& hic in gl.mag.circa mediū ibi(nisi possessionem.alias habebat.) Aut ti.præcessit, & possessio est secuta ab alio & tūc,aut alius tradidit occasione eiusdem tituli, aut nō. Primo casu,aut ille erat ti.nō uerus,sed putatiuus, & nō sufficit ad p̄scribendum,& iste est casus singularis huius l.q non est alibi.Aut erat uerus, & tūc sufficit,licèt ab alio sit habita possessio, ut patet in ti.p legato.ubi hr̄ ti.a defuncto, & po ab hrde. Secūdo casu, qñ nō tradit ab alio occasione illi ex alia cā,tūc si erat ti.putatiuus multo minus sufficit a bedū,si aūt verus, tūc aut possessio semel, puenerat ad u tem præscribere occasione illius ti.sed postea cecidit ab ad aliū puenit,deinde ab illo ad primum reuersa est, tun nocet quominus posit incipere de nouo vsucapere ex t dēti q̃ hr̄ ab uno,& ex noua possessione,q̃ hr̄ ab altero, u si is qui.§.pe.a ɔ̃rio sensu,& quod ibi no.in gl. Aut nunq̃ rat ad illū occasione illius ti. & tūc aut uolēs p̄scribere bat se ab eodem hr̄ utrumq;,& pōt.licèt nō ita esset, ut in l.cum nemo.C.de acqui.poss.Aut sciebat se ti. hre ab u possessionem ab altero,non occasione illis ti. & tunc n cit ad præscribendum,hic est casus in l.cum qui.§.fi.s̄.de vbi videtur, quòd debet fieri traditio occasione eiusden

ADDITIO.

a Et.Adde,ꝙ titulus putatiuus,qui si esset uerus sufficeret ad translatione nij,sufficit ad præscriptionem secundum Bartol.in l.proprietatis. C.de &c.

LEX XXX.

1 *Casus in quo vsucapio procedit,sine possessione.*

RErum mixtura. Si rē mobilem, q̃ c sucapere iūgā alicu integrali cohærenti solo,non desino usucapion cipere,si tamē decē dies, uel pauciores restabāt plendam,licet desinam possidere. Sed si tale totum non c ret solo,sed erat p se mobile,uel erat totum uniuersale,tu si plures restabant,nec possidere,nec vsucapere desino h. pulchra l.erat aūt dubium,qa quādo iungit̄ alicui toto, n siderat̄ de p se,& iō vr̄,ꝙ desinam possidere, & per consec usucapere,ut s̄.e.l eum q ædes.Sed certè illa l.loquit̄,quāc inceperam usucapere,nec possidere de p se , sed una cum integrali. si aūt p prius inceperam possidere, & usucaper se,& postea iungam,cum aliquo toto,generaliter seruand distinctio huius l.ꝙ aut loqmur de toto integrali , aut de vsi. Primo casu,aut istud totū cohæret solo,aut nō. Et sed su,aut restabāt dūtaxat decem dies, & desino possidere,
1 vsucapere.† Et sic no.casum in quo usucapio pcedit,sine p sione,qñ fuit inchoata,cū possessione,sic j.eod.l.cęptā Si plures restabāt,desino possidere,& usucapere, ut hic à ɔ̃ri su. Sed si illud totum non cohærebat solo,nō desino possi nec vsucapere,ut hic in ver.quid ergo,ꝙ loquit̄ de toto int li,qcqd dicat hic gl.cum illud,quo ad corpus constet ex plu capitib.inuicem cohærentib.Item si erat totum use cōst plurib.capitulis separatis,ut in uer.de tertio genere.

LEX XXXI.

1 *Error iuris circa validitatem ti.non inducit bonam fidem,sed malam in usucapionib.& præsc.long.temp.*

2 *Non solum dicitur malæfidei,qui scit,vel scire debet rem non esse vend tis sed etiam,qui credit eam esse vendentis,tamen scit,vel scire debet ditionem,vel contractum non valere.*

3 *Authoritas tutoris debet interuenire in ipso actu, nec sufficit, ꝙ interue rit ante,vel post.*

1 NVnquam. † Error iuris circa ualiditatē ti. inducit bonam fidem, sed mal in usucapionib.& præscr.lon.temp.h.d.Et probat j.l.pxi.§.j.in fi.In tex.ibi (error iuris possessorib.p dest.)qnimo nocet : qa si ɔ̃ctus valebat ipse tamē p errorē iu putabat non ualere,non vsucapit, ut j.l.px.§.j.sicut nec ɔ̃ credebat ualere,re uera tamē nō valebat,ut hic,& tūc dr̄ pp nō pcedere.Et aduerte,ꝙ licèt iste error iuris uideat̄ induc malā fidē,tñ dr̄ malafides ficta:iō nō nocet hrdi bonęfidei,lic malafides uera defuncti bñ noceat hrdi,ut s̄.eo.l.sequit̄.§.h ita uoluit singulr̄ gl.in l.tutor rerū. de admi.tut. Itē loquit̄ tex. qñ cū errore iuris,nō erat immixtus error facti. Alias di gl.3. in l.si uir.j.de dona.ꝙ error iuris uincitur ab errore fac & pōt usucapi,uel dic,ut ibi dicam : qa hoc vr̄ ɔ̃ istum tex.na ēt hic erat error facti:qa hic emens credebat rē esse pupilli, essetalterius, & in hoc habebat bonam fidē,sed in ɔ̃ctu hēb
2 malā: qa credebat ualere p errorē iuris,cū non ualeret.† Et si no.ꝙ non solum dr̄ malæfidei,q scit, uel scire dēt rem non e vēdētis, sed etiam qui credit cā esse uendentis,tñ scit, uel sci dēt uenditionē,uel ɔctum non ualere:qa ti.putatiuus non su ficit,nō subsistēte iusta cā putandi,ut s̄.e.l. Celsus,& error iu
3 ris nō est iusta cā.† Itē no.ex tex.seq.cum gl. ꝙ authoritas tuto ris dēt interuenire in ipso actu, nec sufficit,ꝙ interuenerit an uel post,ut s̄.de autho.l.obligari.§ tutor.In præscriptione aut longissimi tps error iuris prodesset , quia facit cessare dolum & ueram malam fidem,ut dixi in d.l. Celsus.

1 *In omni prescriptione legali,vel statutaria , regulariter tempus est continuum,nisi expresse reperiatur contrarium.*

§.In

vsucapionib. †Tp̄s usucapionis, uel p̄scriptionis est ꝯtinuū, iō nō deducuntur eriati.h.d.in effectu.† Et hoc est r̄lare in oī p̄scriptione leel statutaria, nisi expresse reperiaṫ ꝯtiuum, ut sunt q̄dā præ iones p̄toris in actionib.tpalib.in quib.sunt tempora uti q̄n a prin.tantum, & non ex postfacto, postq̄ inceperunt re, aliquando a prin.& ex postfacto, quod dic ut j̄.de diu. mp.præs.super rub.ubi est gl. magist.& singularis maxime fi.in uer.sed hic notandum.

Seruus licèt. Postq̄ desij seruū fugitiuū possidere, nec sibi, nec mihi possessionē acq si eam acquireret noīe meo, & ego ratū hr̄dē.h.d.Sed si nō sem possidere acquireret mihi ēt si noīe meo non acqred simpl'r: tunc āt uideor desiisse possidere, q̄n diu, idest lon e moratus est in libertate, ut s̄.ti.j.l.3.§.si seruus.uel, q̄n per uit possessio eius occupata, & tūc acquireret illi si esset bo ei possessor, ut in l.j.§.sed per eū.s̄.ti.j.In gl.j.quę incipit op i,(qa tunc ipse possidet.) ista glo. nō bn̄ loquiṫ f'm Iac. de ga, cū sit seruus, ēt si diu sit moratus in libertate ꝯ uolūtai, & malæfidei licet dn̄s desierit ipsū possidere, ipse tn̄ non det: qa est incapax ad possidēdū, cū possessio sit iuris, ut l. uus.s̄.ti.i. Intellige ergo tex. simpliciter ut iacet, & supple, n steterat in libertate p decēnium, & tunc utraq. pars uera nec mihi acquirit, quia non possideo, nec sibi, qa non est x possessionis, licet sit in detentatione, ut d.l. ꝙ seruus. sed diu stetisset in libertate, tunc primum dictū esset uerū, ꝙ ipse possidet, sed f'm non.s.ꝙ nec p eum alius, quinimmo cum non desierit adhuc possidere, ut l.j.§.p seruum. s̄. ti.j.

Si seruus meus. Furor superueniens ei p quem possideo, me possessione non at.h.d.nec etiam superueniens mihi, ut s̄.ti.j. si is q animo.

urorem superuenientem iniusta possessio non fit iusta, nec econuerso iu efficitur iniusta.

ndo alicui existenti in peccato mortali superuenit furor, ꝙ illud pecca non aboleatur, sed uideatur in eo perseuerare.

Si vi aut clam. †Per furorem superuenientem in iusta possessio non fit iusta, nec euerso iusta efficiṫ iniusta.h.d. Et sic hēt duas partes. Secundi,(quemadmodū.& ponitur ibi silitudo p ꝯrium f'm Dy.In bi.(quod precario furiosus hēt.) supple f'm Ia.de Are. vt be eniat ad propositum sequens uer. ꝙ si turbeṫ in possessio o eo: a quo possidebat vi, clā uel p̄cario nō aget ipse, uł ali° uti possi.vt j̄.uti poss.l.j.§.fi.sed in seq.uer. qa fuit iusta an torē, nō ꝓhibeṫ post furorē dicto interdicto agere: qa non iṫ iniusta, & sic bene sequiṫ. (quēadmodū interdicto &c.) ergo f'm Dy.ꝙ licet uarieṫ ꝯdō possidentis, non tn̄ uariatur ossessionis. Et poterat esse dubiū in primo casu: quia pp furm uidebatur cessare dolus, qui ꝓuenit ex animo, & sic uiatur iustificari possessio q̄ a prin.pp dolum erat iniusta, sed est: qa præsumiṫ p̄seuerare in eo.dolo. Hoc uult iste tex. & facit f'm Dy.ad quæstionem de qua tetigi in d.l. si is qui ani s̄.ti.j. q̄n alicui existenti in peccato mortali superuenit fu-q illud peccatum non aboletur, sed uidetur in eo perseuera acit c.maiorem.circa fi.de baptismo, & eius effectu.

vacuū tēpus. In usucapione cæpta complēda, cō putatur tp̄s quo post mortem usuentis possessio stetit uacua. uel ante aditam hæreditatem, post.h.d.Et primo casu completur p hr̄ditatē iacētē, ut j̄.e. ptā.scd̄o p hæredē, licèt hæres non possideat, ut hic, & supillā.l.cæptā.p hunc §.uidebatur maius dubiū post aditionē itatis, nā an̄ aditionē nō est ꝙ imputeṫ hr̄ditati, quare posionē nō apprehendit: qa non pōt, cū sit p̄sona representata, ossidere nō pōt ut l.j.§.Scæuola. si qs test. liber esse ius. Et iō tū tp̄s, qd̄ restabat, currit hr̄ditate iacente, utilitatis cā rece fuit, & pp necessitatē, ꝙ usucapio ꝯpleaṫ sine possessione. postq̄ hr̄s adiuit ante ꝯpletū tp̄s, est qd sibi imputeṫ, quare essionē, nō app̄hēdit, cū posīt. & iō nō vr̄ ꝙ posīt ꝯplere capionē sine possessione. Sed ꝯriū hic patet, iō est notādū.

es usucapit ti. quem habebat defunctus, licet ipse credat de alio ti. quam uera esset.

redi fuit facta traditio simpliciter ab eo qui uendiderat defuncto, & ha putabat rem fuisse donatam, an acquirat dominium, si tradens erat dominus, uel vsucapiendi conditionem, si non erat dominus.

Si defūctus emit. †Hæres usucapit ti.s.quē habebat defunctus, licèt ipse dat de alio ti.q̄ re uera esset.h.d.potius ergo inspiciṫ. qd̄ erat eritate, q̄ qd̄ est in opi.hr̄dis.h.d.In gl.mag.ibi:(& ēt ꝓ dona i iustus sit error) supple.& ēt ꝓ hærede: quia plures ti.possūt currere ad eandem usucapionem complendam, etiam dilis temp.inchoātes, ut s̄.ti.j.l.3.§.ex plurib.† In gl.ibi (sed qd si hr̄di fuit facta traditio, s.a uenditore q uendiderat defuncto, & tradidit rem simpliciter, & sic habebat in animo tradere ex cā venditionis, hr̄s aūt putabat fuisse donatā, & sic recepit tāq̄ ex cā donationis, vtrū acq̄rat dn̄iū, si tradēs erat dn̄s, vel usucapiēdi ꝯdōnē, si nō erat dn̄s, hoc uoluit gl.quęrere, & sic an iste dissensus noceat, & br̄ dic, ꝙ nō nocet, ex quo re uera ꝯctus uēditionis fuerat celebratus inter defunctum, & tradentem, & sic transferṫ dn̄ium vel usucapiendi ꝯdō ex uera cā, non ex putatiua, ut l.cū corpus.s̄.de acq.re.do.sed q̄n ꝯctus nō est uere celebratus, sed tp̄e trāditionis ueniebat celebrandus, & si quis tradat ex una cā, & recipiens recipiat ex altera, impediṫ celebrari, & sic non transfert dominium, nec usucapiendi ꝯdōnem.hic est casus in l.si ego.la j.si cer.pet.hoc vult gl.in effectu.

LEX XXXII.

SI fur rem furtiuam. Vitium furti purgaṫ, si fur domini voluntatē habere incipiat.h.d. Sed an efficiaṫ dominus statim si res non erat præsens? dic ut no.s̄.de acq.rer.do.l.qua ratione.§.interdum.per gloss.& l.eius rei.cum l.seq.s̄.de rei uendi. & si cer.pet.l.certi condictio.§.fi.

1 *An potius inspiciatur id quod est in opinione quam quod in veritate.*

1 **§.Si quis id quod.** †Qui putat se non posse vsucapere, cum possit, errando in iu
2 re diciṫ malæfidei, & non vsucapit.h.d.† Et sic potius inspicitur ꝙ est in opi.quam quod in veritate, aliquando econtra, quod dic ut j̄.pro emp.l.3.§.si sub conditione.

LEX XXXIII.

NOn solum. Ex quacunque iusta causa habili ad usucapiendum quis possideat ancillam furtiuam, partum conceptum, & editū penes eum potest usucapere.h.d.in effectu. Hic non habetis alia.

1 *Regula quòd quis non potest sibi mutare causam possidendi, in quib. casib. habeat locum.*

1 **§.Quod vulgo.** † Qui possidet mala fide, uel detinet, non pōt sibi immutare causā possessionis, nec acq̄rere dn̄ium, nec incipere, vsucapere nisi acq̄rat a dn̄o, vel ab illo quem putabat dn̄m, seu se acq̄siuisse credat.h.d.vsq; in fi. Et per istū tex.bn̄ ꝓbaṫ quod dixi in l. cum solus.s̄.eod.ꝙ q̄n possessio p̄cessit ti.licèt fuerit habita ab alio, q̄ ab eo, a quo acq̄riṫ ti. hoc non nocet quominus usucapiaṫ concurrentib.alijs, ut patet hic in uer. idemq; iuris erit. Itē p eūdē ver.dico ꝯ Bal.q tenet in l.alienū.C.de fur.ꝙ si possides, uel detines aliq̄ rē Titij, non a me, sed postea putās esse meam, acq̄ris a me ti.ꝙ eam non uideor tibi tradere, & sic innuit ꝙ non possis vsucapere, dicens, ꝙ tūc vr̄ tradere, q̄n habuisses eā a me, ut qa commodassem vel locassem. Sed salua pace sua, hic vr̄ tex.in ꝯtrarium, qa sufficit, ꝙ ex aliqua causa putes me dn̄m, licèt a me nullo modo habueris, & sic mutes tibi causam possessionis, &
2 videar tibi tradidisse, & usucapere possis.† Vlti.no.ꝙ r̄la, ꝙ quis non potest sibi mutare cām possidendi, hēt locum in duobus casib.s.de iniusta in iustam, ut hic in prin. & de nulla in aliquā: ut in fi.& ēt de iniusta in aliam iniustam, ut l.clam possidere.s̄.ti.j.cetera dic ut l. cum nemo.C.de acq. pos.

1 *Res de qua aliquis fuit uiolenter deiectus non prohibetur vsucapi, si non fuit violenter possessa.*

2 *Quando aliquis recessit de fundo audiens aliquos armatos venire, nec expectauit se deijci, an perdat possessionem, & an uideatur uiolenter deiectus ut habeat interdictum unde ui contra uenientes.*

An tunc res fiat vitiosa uitio violentię, & sic inusucapibilis.

1 **§.Si dominus.** †Res de qua aliquis fuit uiolenter deiectus non prohibeṫ vsucapi, si non fuit uiolēter possessa.h.d.s̄.e.l.sequiṫ.§.si tu ui me: pn̄t ergo ista duo stare simul, ꝙ sit quis uiolēter deiectus, & tn̄ res nō est violenter possessa, & lex Attilia loquiṫ de re uiolēter possessa. Et p declaratione istius §.& legum allegatarum in gl.pro ꝯrijs, & gl.
2 ibi positarū q̄ loquunṫ in uolente.† dic q̄n aliqs recessit de fundo audiēs aliquos armatos uenire, nec expectauit se deijci tres sunt casus. Nam aut quæriṫ, an perdet possessionem? & dic indistinctè, ꝙ sic, siue erat uerum, ꝙ uenirēt illuc, siue nō. Item si ueniebant animo expellendi eum, siue non, siue fuerint ingressi fundum, siue nō, qa faciliter possessio perdiṫ solo aīo, & pusillanimitate, ut s̄.ti.j.l.sed & si nolit, & p ꝯn̄s si usucapiebat, interrumpiṫ usucapio, ut s̄.e.l.nāliter. & ita intelligit gl. istū text. sed nō expedit ita intelligere, sed intellige, ut in sequēti qa istud ꝓbaṫ p prædictā l.sed & si nolit. Aut quæriṫ, utrū ipse uideatur violenter deiectus, ut habeat interdictū vn̄ vi ꝯ uenieētes? & dic ꝙ sic, in duob.casib.tn̄.s.q̄n ueniebāt cā ipsum expellendi, licèt possessionem nō fuerint ingressi, & tunc daṫ interdictum, vn-

de vi. ad dãna,& interesse,& ita põt intelligi prin. huius §. alius
casus est qñ veniebãt illo aĩo, tñ reperientes possõnem vacare
fuerũt ingressi, vt s̃. vñ vi. l. 3. §. si qs aũt. vers. nisi possessio. Si aũt
nec veniebant illuc cã expellendi, nec fuerunt ingressi, tũc nec
vr̃ vi deiectus, quo, adhoc, vt competat ꝯ eos interdictum, vt d.
§. si qs aũt. in prin. vel actio quod me. cau. vt s̃. quod me. causa. l.
3 metũ in princ. † Tertio videndum est, vtrũ res fiat uitiosa uitio
violentiæ,& sic inusucapibilis? & dicendum est, ꝙ non indistin
cte, nisi possessio ꝑ illos fuerit occupata ẽt si veniebant cã ipsũ
expellendi, vt hic in ver. si nihilominus. sed si fuit occupata, secus, etiam si non ueniebant cã ipsum expellẽdi, sed post muta-
uerunt propositum. ut d. §. si quis autem. uersi. nisi.

§. Si mihi Titius. Datio insolutum est sufficiẽs cã
ad vsucapiendum, vel præscribẽ
dum ti. ꝓ suo. h. d. Vel dic, ꝙ non loquit̃ de datione insolutum:
q̃a illa fit qñ ꝓ debito pecuniario daret species insolutum, &
tũc est q̃dã emptio, ut l. eleganter. in prin. de pig act. & sic p̃scri
bet̃ ti. ꝓ em. sed loquit̃ qñ species debita ex aliqua actione personali q̃ non cadit in spẽlem ti. soluit̃ ꝓ illa actione, & obligatione extinguenda, vt si debetur ex stipulatione, vel ex aliqua
alia causa, ut ex permut. & tunc præscribit̃ ti. ꝓ suo generali, q̃a
non reperitur ti. specialis ꝓ stipu. sicut reperitur ꝓ legato, pro
donato,& similib. In gl. mag. circa fi. ibi. s̃. e. l. cum solus. ubi ꝓ-
hibet̃ usucapio, ut hic permittit̃, sed quicquid dicat gl. quod ibi
erat ti. putatiuus, hic verus. Item ibi habui possessionẽ ab alio
q̃ ab illo a quo ti. p̃tẽdebam, hic ab eodẽ a quo ti. uerum habui.

1 *Seruus acquirit domino possessionem per factum iniustum, & quando.*
3 *Quando quis eandem rem primo conduxit, postea precario rogauit, vel econ
uerso, attenditur ultimus contractus, & per ipsum videtur recessum a pri
mo, & quid si fiunt in eodem istanti.*

§. Qui pignori. Vsq; ad fin. huius l. ꝓsequit̃ unam
mãm de illo qui rem q̃ usucapiebat
tradidit alteri pignori. Nã certũ est, ꝙ transfert possessionẽ, &
ciuilẽ,& nãlem,& nulla sibi remanet. Itẽ certum est, ꝙ hoc nõ
obstãte ipse nõ desinit usucapere, q̃a fingit̃ possidere quãtũ ad
hunc effectũ,& possessio creditoris sibi ꝓdest, ut s̃. eod. l. serui
noĩe. in isto aũt §. cũ seq. ponunt̃ duo casus, in q̃b. debitor desinit vsucapere. Primus qñ creditor possessionem illam in alium
transfert tanq̃ de re sua,& tunc priuat debitorem illa ficta possessione, sicut depositarius, uel cõmodatarius, colonus, uel inqlinus alteri tradẽdo rẽ tanq̃ suam priuant deponẽtẽ, ꝯmodan
tẽ, aut locãtẽ uera possessione, & ꝑ ꝯñs usucapionẽ interpellãt
secus si alteri cred. nõ tradat, licèt illã rem alteri obliget tanq̃
suã,& ita intelligo finẽ huius §. in uer. planè. licèt gl. aliter intel
ligat,& eius intellectus est uerus in se. Alius casus in quo debitor vsucapere desinit, ẽt ab ipso prin. cũ pignorata est qñ eã pignorauit uero dño ꝯ quẽ usucapiebat ignorãti rẽ suã, sicut qñ
vsucapiẽs locat rẽ q̃ usucapit uero dño, ut no. s̃. e. l. ei a quo. nã
ibi nõ intendit trãsferre possessionẽ, & tñ transfert, sed hic intendit trãsferre. Vñ multo magis interpellat̃ usucapio, q̃a sicut
dñiũ recipiẽtis attrahit ad se possessionẽ verã locãtis, ut ibi, ita
fictã possessionẽ pignorãtis,& hoc si debitor pignorauit, & tra
didit, secus si nõ tradidit. & hoc dr̃ in §. seq. Et quo collige duas
limitationes ad d. l. ei a quo. primã ex verbo (ignorãs) q̃a req̃rit̃,
ꝙ dñs ignoret se dñm,& ita uoluit ista glos. licèt tex. nihil dicat
ibi, sed ꝓbat̃ hic, ut ibi ẽt dixi. Alia limitatio est, q̃a ꝓcedit ꝙ ibi
dr̃, qñ lucrauit,& tradidit secus si nõ tradidit ꝑ istum tex. in fi.
vt ẽt ibi dixi. In §. aũt si rem pignori. ponunt̃ quatuor casus, vsq;
in fi. in quib. uidebat̃ interpellari usucapio debitoris,& tñ non
1 interpellat̃ q̃ sunt clari. † Et no. ex ista ultima parte in uer. sed si
debitoris. ubi ponit̃ scd̃s casus, ꝙ seruus acq̃rit dño suo possessionẽ per factum iniustũ, puta, ꝑ furtum, qñ committit̃ super
re ꝑtinente ad dñm suũ, nã hic nõ põt esse alia rõ, quare nõ in-
terpellat̃ usucapio, nisi q̃a seruus debitoris surripiendo creditori rẽ pignoratam, licèt priuet creditorem possessione, ut hic ĩ
tex. tñ facit eam reuerti ad ipsum debitorem, vñ si usucapiebat
prius ex ficta possessione, fortius nunc ex vera, q̃ sibi accessit, sed
ꝯriũ de l. qd̃ seruus. s̃. ti. j. soluit̃ ibi, qñ committit̃ furtũ, vel uiolẽtia in re ad dñm suũ nõ ꝑtinẽte, tũc nõ acq̃rit dño possessionẽ. hic qñ in re ꝑtinẽte saltẽ iure quasi dñij, quia ipsam vsucapiebat, tene menti hanc limitationem ad illam l. nam idẽ p̃t di
ci in monacho, si in re ꝑtinente ad monasterium, & per alium
possessa committat furtũ, vel uiolentiã, ꝙ acquirat possessionẽ
monasterio: q̃a est q̃dã recuperatio rei suę q̃ põt fieri facilius, q̃
noua acq̃sitio, cũ tractet̃ de damno uitãdo, nõ de lucro captã-
2 do, tene mẽti. † Itẽ no. vltimũ casum q̃ est singularis, ꝙ l. si quis
añ. s̃. ti. j. q̃ dicit, ꝙ qñ q̃s eandẽ rem primo conduxit postea p̃-
cario rogauit, vel econuerso, attendit̃ ultimus ꝯctus, & per ipsum vr̃ recessum à primo, q̃a sunt inter se ꝯrij, cũ ex uno nõ pos
sideat̃, ex altero sic saltẽ nãl̃r. Hoc hẽt locũ qñ diuersis tẽpori-
bus sed qñ eodẽ ĩstãti, nõ cẽset̃ sibi uoluisse ꝯriarij, nec seipsum
corrigere, sed magis est p̃sumẽdum, ꝙ uoluerunt, ꝙ ex precario non possideatur, sicut nec ex conductione. Sed quare
econuerso ? ꝙ ex ꝯductione possideatur, sicut ex precario
deo, ꝙ ꝯductio nunq̃ fit vt conductor habeat possidere,
fiat in longum tp̃s, vt s̃. loca. l. non solet. & s̃. l. 2. quod vul
fi. Sed precarium bene potest fieri etiam de sua natura, ab
eo ꝙ aliqua possessio transferatur, ut j̃. de prec. l. & habet
qui. cum ibi no. Hic non habetis alia.

LEX XXXV.

1 *Non potest dici res furtiua, nisi illa super qua furtum committitur, se
qua competit actio furti.*
*In re hæreditaria quæ nunquam fuit possessa per hæredem nõ commi
furtum, nec competit actio furti, sed committitur crimen expilata
ditatis, & quando, & quid si res esset apud aliquem.*
2 *Si hæres antequã apprehenderit possessionem rerum hęreditariarũ
cẽtiã ei, cui legatus est usufructus, ꝙ possessionẽ apprehendat, & v
licèt ille hoc faciat, & sic acquirat sibi naturalẽ, non per hoc hęres a
rit ciuilẽ, quia hoc nõ facit nomine hęredis, sed pro suo tantũ iure. &*
3 *Si proprietarius haberet ciuilẽ, & fructuarius expelleretur à naturali
proprietarius perderet ciuilem.*
4 *Ei qui non possidebat tp̃e furti facti, an detur actio furti pro suo intere*

SI hõ. Pro re hr̃ditaria subtracta, q̃ per hr̃dem nunq̃
possessa, põt ꝯpeteræ actio furti,& efficit̃ res
sua,& usucapibilis, si legatus erat alteri vsusfructus, &
p̃stiterat satisdactionẽ de utendo fruendo arbitrio bo
ni, quo casu si adhuc nõ incęperat vti frui, sibi soli, & non
ꝯpetit actio furti. Sed si incęperat,& sic possidebat, ꝯpetit
sibi, q̃ ẽt hr̃di. h. d. ista l. difficilis tã in tex. q̃ in gl. & male de
rata ꝑ Bar. Et primo ponit̃ thema & q. cũ una rõne ad par
negatiuã vsq. ibi, (Sabinus.) Secundo ponit̃ rñsio Sabini qu
mo p̃mittit vnum ad euidentiã, & postea determinat pro p
affirmatiua, ꝙ efficiat̃ usucapibilis vsq. ibi, (qd̃ sic.) Tertio d
rat in quo casu locũ habeat determinatio Sabini vsq. ibi,
si utenti.) Quarto determinat nouũ casũ, q̃a determinatio
bini loq̃t, qñ legatarius vsusfructus nõ incęperat uti frui, &
incęperat possidere,& ꝑ ꝯñs res per neminẽ possidebat̃, qu
su soli fructuario ꝯpetit actio furti post p̃stitam satisdation
Quid aũt si incęperat vti frui,& sic possidebat̃ naturaliter
ꝑ fructuariũ, tunc dicit actionẽ furti ꝯpetere vtriq. tã fruct
rio, q̃ hr̃di,& vtroq. casu efficitur res furtiua, & vsucapibilis
satisdatio ꝑ fructuarium non esset præstita, nec per aliquẽ p
debatur, tunc neq. efficit̃ res furtiua, nec in vsucapibilis, licè
ea ꝯmittat̃ crimen expilatę hr̃ditatis. Et hoc innuit ista lex
rio sensu, licèt Bar. in suo summario uideat̃ velle, ꝙ ista lex
dicat expresse sed non est verum, ut patet recte intuẽti. Et p
mitte ꝙ l. antea q̃ prohibet rem vsucapi, loquitur in re furti
1 vt s̃. eo. l. sequitur aũt. † Non aũt potest dici res furtiua, nisi
in qua furtũ ꝯmittitur, seu pro qua competit actio furti. Itẽ
mitte ꝙ in re hr̃ditaria quæ nunq̃ fuit possessa per hr̃dem n
committitur furtum, nec competit actio furti. Sed commi
a crimen [a] expilatæ hæreditatis, siue subtrahatur ante aditã hæ
ditatem, siue post, & ante possessionem app̃hensam ꝑ hr̃de
Fallit qñ talis esset apud aliquem, qui teneretur ad custodia
eius, ut apud ꝯmoditarium, uel depositarium, uel fructuariu
vt j̃. de furt. l. hr̃ditariæ. quia licet furtum sit delictum circa
non circa personã, vt l. itaq. fullo. eo. ti. tñ requiritur ꝑsona
fiat, ut l. falsus. §. q̃ alienum. e. ti. & si res per neminem possid
nec est eius custodia apud aliquẽ, nõ dr̃ subesse persona, cui f
tũ fiat, vt in l. j. §. Scæuola. si quis test. lib. esse ius. fue. in tex. &
tñ erat hic dubiũ in primo casu, qñ non fuerat apprehẽsa po
sessio ꝑ hæredem, nec ẽt per legatariũ vsusfruct. verum si su
trahat̃, ꝯmittat̃ furtum,& efficiatur in vsucapibilis, videbat̃,
non, q̃a hr̃di non cõpetit actio furti, nec sibi fit furtũ, licet co
mittat̃ crimẽ expilatæ hr̃ditatis, tñ Sabinus determinat ꝯriũ,
cẽs ꝙ res pro qua ꝯpetit actio furti efficit̃ vsucapibilis, sed hic
cèt nõ ꝯpetat hr̃di, ꝯpetit tñ legatario vsusfr. & hoc sufficit. Iu
risc. author legis dicit hoc uerũ, si legatarius poterat uti frui,
est, si hr̃ditas erat adita,& ipse p̃stiterit satisdationem de utend
fruendo, q̃a tunc tenet̃ ad custodiam. Vnde quod furtũ solet
mitti ꝑꝑ malã custodiã, interest ipsius hr̃e actionẽ furti, q̃a ten
tur hr̃di ad æstimationem totius rei,& isto casu, sibi soli legata
rio dat̃,& non hæredi. sed si incæperat uti frui,& sic possideba
ꝑ legatariũ, licèt nõ ꝑ hæredem: tunc tã legatario q̃ hæredi cen
set̃ furtũ cõmitti,& utriq. ꝯpetit actio furti. h. d. ista l. difficil
discernendo rõnem inter casum, & casum. In gl. q̃ incipit. (con
tra

ADDITIO.

a Expilatæ. An maius sit crimen furti q̃ expilatę hr̃ditatis, & an statutũ loquẽs i
furto habeat locum in crĩ. expilatæ hæreditatis, uide Bal. in l. de his. C. de fur

ſneum.)ibi(ſed utrũq; iſtorũ eſt falsũ.) ſ.ꝙ res ꝑ qua com
actio furti ꝯ exneũ nõ poſſit vſucapi,& ꝙ illa ꝑ qua com-
ꝯ dñm bñ poſſit,ꝑut volũt primi,de quib.in prin. gl.q in-
ũt iſtũ tex.in ver.Sabinus.primo mõ qñ poterat agi ꝯ ex-
tñ aduertẽdũ,ꝙ gl.in duob.exẽplis,vel caſib. quos ſtatim
cit nõ ꝑbat,niſi falſitatẽ primi dicti:qa nõ eſt uerũ,ꝙ vbi-
.competit actio furti ꝯ exneũ,res fit inuſucapibilis.Et hoc
duob.mod.primo in furto ꝯmiſſo ꝑ ipsũ dñm exneo opẽ
: nã cõpetit actio furti ꝯ exneũ,& tñ qa furtũ fuit ꝯmiſsũ
n,res nõ eſt effecta furtiua,nec inuſucapibilis, vt s̃.eo.l.ſe-
§.ſi rẽ.Itẽ ꝑbat in furto ꝯmiſſo ꝑ ipsũ exneũ, nam ſi res eſt
ſa ad dñm põt vſucapi:quia purgatũ eſt uitium, & tamen
c competit actio furti ꝑ ea ꝯ exneum per l. qui ea mente.
ur.pp hoc gl.ſm Azo.dicit dictum Sabini non eſſe intelli
um ſimplr̃,ut iacet, ꝙ ubicunq; competit actio furti, res
uſucapibilis.Sed dẽt ſuppleri in duob.ſ.ꝙ furtum fuerit ꝯ-
m per exneum,non per dñm, & ꝙ uitiũ furti non fuerit
atum,& tunc ꝑcedit eius dictum:ꝙ aũt ſm dictum ſit fal-
.qñ ꝯ dñm res non efficiaẽ inuſucapilis gl. hoc nõ ꝑbat,
male dicit hic utrunq;, ꝙ hoc dcm̃ nõ eſt falsũ immo ue-
d.l.ſequiẽ.§.ſi rem.s̃.c.ſm primum ſimplr̃ intellectũ bene
falſum,ut patet ex prædictis.In gl.ſeq.circa fin. ibi(uel dic
.)iſta opi.non eſt uera:qa eſt ꝯ tex.qui vult,ꝙ hæres q nũ-
ſedit non habeat actionem furti,niſi in ultimo caſu, qñ le
ius uſusfructus incipit iam uti frui, & ſic poſſidere.Io.aũt
t.ꝙ indiſtincte hæres poſſit agere,quia neſciuit uidere rõ-
uerſitatis,quare magis poſſit agere legatarius vſusfructus,
e hr̃s,ẽt anteq̃ legatarius incipiat poſſidere. Sed certe rõ
giẽ ex his q̃ s̃.dixit gl.qa poſt p̃ſtitã ſatiſdationẽ per legata
.ipſe p̃tendit duplex intereſſe.ſ.ſui iuris.ſ.vſusfruct.Itẽ ẽt ꝑ
atis: qa teneẽ hæredi de mala cuſtodia, & ſic ad æſtimatio-
ꝑprietatis. Sed hr̃s non prætendit intereſſe, niſi rõne ſui
nõ eñ teneẽ uſufructuario ad cuſtodiã:quia ergo uſufru-
ius plus grauaẽ poſt præſtitam ſatiſdationẽ,magis ſibi ſub
,ut habeat actionẽ furti, ẽt ſi nunquam poſſedit. Sed hr̃s
niſi poſtq̃ fructuarius poſſidere incipit,& tũc q̃ ſit rõ,ꝙ a-
põt hæres.Dic.ut in ſeq.gl.ſuper uerbo. (poterit) q̃ ponit
m intelſm huius l.In gl.pe.ſuper uerbo.(poterit.)ibi(cũ ſi-
naturalr̃ fructuarius poſſidet.)† No.iſtã gl.q̃ vult expreſ-
ſi hr̃s anteq̃ apprehenderit poſſeſſionem rerum hæredita
dat licentiam ei,cui legatus eſt vſusfruct. ꝙ poſſeſſionem
hẽdat,& utaẽ,& fruaẽ,ſed ille hoc faciat,& ſic acquirat ſi
turalem,non per hoc hæres acquirit ciuilem:quia hoc nõ
noĩe hr̃dis,ſed ꝑ ſuo tm̃ iure. † Sic in ſiñ ſi proprietarius
ciuilem,& fructuarius eum expelleret a nãli, non perde-
prietarius ciuilem ꝑ eandem rõnem,ut no.per gl. in l. j.in
uſfr.quẽad. ca.q̃ eſt ſingularis. Sicut ergo non ꝑdit, nec ꝑ
fructuarius acqrit,non ſic in colono: qa ſi hæres ante ap-
enſam poſſeſſionem locaret,ſtatim ꝙ ꝯductor apprehen-
em,acqrit ciuilem,& naturalem hæredi,q̃ naturalẽ retinet
corpore ſuo,qa noĩe hr̃dis vr̃ hoc facere, ut s̃.ti.j.l. qui uni-
s.§.ꝑ colonum.ſm unum intellectum, & ipſo colono ex-
dñs ꝑdit ciuilem,ut l.peregre.§.quib.explicitis.eod. tit.In
(dic ergo.)iſta eſt uera rõ,& in uer.ſe gl.ponit uerum intel
m huius l.& melius loquiẽ,q̃ ſeq.glo.q̃ vr̃ ꝯtrariari huic, & in
.male loquiẽ. dic ergo ꝯcludendo, ꝙ ſi legatarius uſusfr.
dũ p̃ſtitit cautionẽ, nec poſſeſſionẽ apprehendit,tunc nec
cc hr̃di daẽ actio furti: qa neuter prætendit intereſſe, niſi
ris, & iõ ſeruaẽ rr̃a, q̃ eſt ꝙ rei a nemine poſſeſſæ furtum
committiẽ,ut l.j.§.Scæuola.ſi quis teſt.liber eſſe iuſ.fue.ſi-
adita hæreditas ſiue non.Si uero præſtitit ſatiſdationem,
n apprehendit poſſeſſionem, nec ẽt hæres, tunc diſpen-
illã rr̃am ꝑ iſtam l.in uer.Sabinus uſq; ad uer.fi.q in hoc ñ
ibi,ꝙ committaẽ furtũ ſoli fructuario, & ipſe ſolus agat,
r̃s pp rõnem,q̃ dixi in gl.præcedenti.qa p̃tendit duplex in-
ſe,& efficiẽ res furtiua,& inuſucapibilis, ẽt reſpectu ꝑprie
.cũ p̃tendat ẽt intereſſe ꝑprietatis.Si vero præſtitit ſatiſda-
em, & incipit uti frui, & ſic poſſidere, tũc non eſt locus illi
loquiẽ in re à nemine poſſeſſa:iõ tunc committiẽ furtum
ſolum ei,cui ſubtrahiẽ,ſed cuicunq; intereſſe p̃tendẽti, &
bet eorũ daẽ actio ꝑ ſuo intereſſe,ut in fi.huius l.† Sup illo
rticulo,utrum ei,q non poſſidebat tpe furti facti detur a-
furti ꝑ ſuo intereſſe,quia leges in hoc vñr variare, diſtin-
ꝙ aut ille licèt tunc nõ poſſideret,aliqñ tñ poſſedit, & tũc
aẽ actio,ut l.falſus.§.ſi iactũ.s̃.de fur. Aut nec poſſidebat,
unq̃ poſſedit,& tũc aut facto furis hoc accidit, quod nunq̃
dere potuit,& idẽ,ut l.ſi manifeſtus.§. tãdiu. & ibi no. per
s̃.de ꝯd.fur.aut hoc accidit ex alia cã, & tunc p̃tẽdebat du
intereſſe.ſ.iuris ſui,& iuris alteris,cui tenebaẽ ad cuſtodiã,
,ut hic in ver.Sabinus aut nõ prætendat,niſi intereſſe ſui
& tũc aut licèt non poſſideret per eum, poſſidebatur per
ad quẽ ꝑtinebat cuſtodia, & idẽ,ut in fi.huius l.& j̃.de fur.

l.hæreditariæ.cum l.ſeq. Aut per nullum poſſidebatur, & tunc
non agit,ut in d.§.Scæuola.& l.ſi ꝯtinuatã.§.fi. de p̃ſcri. verbis.

LEX XXXVI.

1 *Error iuris qui eſt in perſona tradentis vſucapionem impedit.*
2 *Quantum ad excuſandum à pœna, vel à maleficio ſufficit quæcunque cau ſa, etiam iniuſta.*

1 POteſt pluribus. † Error iuris,qui eſt in perſona tradentis vſucapionẽ
non impedit. adhoc allegat Dy.& iſtud colligitur ex fi.
huius l. & ẽt gl.q̃ incipit.(errore iuris.)ſecus in eo q eſt ĩ
recipiente,ut s̃.eo.l.nunq̃.Et ratio diuerſitatis eſt: qa tradens
rem mobilem alienam, certat de damno uitando. i. recuſando
ſe à furto,& pœna eius,& quia ſi habereẽ pro ſciente commit-
2 tereẽ furtum ꝯtrectando rem alienã ꝯ uolũtatẽ dñi, & † quantum ad excuſandũ a pœna,uel a maleficio ſufficit quæcunque
cã,ẽt iniuſta,ut l.igiẽ.de lib.cau.& no.ꝑ gl. quæ ſꝑ allegata. in l.
j.in fi.mag.gl.s̃ ſi quis ius dicen.non obtemp. Sed recipiens tractat de lucro captãdo.i.uſucapiẽdo,iõ requiriẽ cã iuſta credulitatis & error iuris nõ eſt cã iuſta. Et p̃mitte & ad hoc, ut ꝑcedat uſucapio in reb.mobilib.ẽt iure iſto reqrebaẽ bonafides nõ
ſolum in recipiente & uſucapere uolẽte, ſed ẽt in tradente qa
ſi tradens eſſet malæfidei,committereẽ furtum,ut s̃.dixi, & ſic
res efficereẽ furtiua,& inuſucapibilis,non ſic in p̃ſcriptione re
rũ immobiliũ,in qb.non committebaẽ furtum, vñ malafides
tradẽtis nõ nocebat,ſi res non erat uitioſa uitio reali,hodie ſecus,ut in auth.malæfidei. C.de præſc.lon.tem.lex ergo iſta intẽ
dit declarare qũo poſſit hoc ꝯtingere, ꝙ qs rẽ alienã mobilem
tanq̃ ſua bonafide,& ſine uitio furti poſſit in alium transferre.

LEX XXXVIII.

1 *Longum tempus inducit obliuionem.*
2 *Vitium clandeſtinitatis non afficit rem uitio reali, ſed perſonali, & quid operetur iſtud uitium perſonale.*

FVrtum enim. §.fundi quoq. Si res cuius poſſeſſio ciuilis, & naturalis ua-
cat clandeſtine occupeẽ, non afficiẽ per hoc vitioſã vitio reali,ſed ꝑſonali.Et iõ licet occupans non poſſit vſu
capere,vel p̃ſcribere pp ſuã malã fidẽ,ꝑ aliũ tñ bonæfidei poſſeſ
ſorem cum ti.poterit p̃ſcribi.Et dr̃ uacare ciuilis, & nãlis,uel ꝑ
negligẽtiam cõmiſſam in recuperãdo nãlem, uel qa poſſeſſor
deceſſit ſine hr̃de,uel ꝑ obliuionẽ q̃ induciẽ per lapſum long.
tpis.h.d.cum l.ſeq.& iſte §.pp iſtos modos ſꝑ alleg. maxime pp
1 vltimũ.† qa longũ tp̃s inducit obliuionẽ,ut no.in l. licet. C. de
acq.poſſ.ꝑ gl.& no.s̃.ti.j.l.ſi id quod ĩ prin. Et bñ patet id quod
hic dixi,& in l.præcedenti.ꝙ in reb.immobilib. malafides tradẽ
tis nõ nocebat ſingulari ſucceſſore,ſed vñi, ſic s̃.eo.l. ſequitur.§.
2 hæres.† Eſt ergo hic caſus expreſſus in l.ſeq. ꝙ uitium clandeſti
nitatis nõ afficit rẽ uitio reali,qcqd dicat gl.in ult.C.de acquir.
poſſ.Sed uitio ꝑſonali ſic,& iſtud uitiũ ꝑſonale facit ut ipſe nõ
poſſit uſucapere,& ſic ti.ab aliquo quẽ ſcit non dñm acquireret,ut s̃.eo.l.non ſolum.§.qđ vulgo.in prin.Item operatur, vt ꝯ
ipſum deẽ poſſeſſoriũ recuperãdæ non interdictum, vñ ui. ſed
cõdictio ex l.cum q̃rebaẽ. C.unde ui.in qua admittiẽ exceptio
ꝑprietatis,ſi offeret ſe paratum incontinenti ꝑbare,ut ibi no.
nõ ſic in interdicto.unde ui.Qđ aũt hic dr̃ de negligentia,& de
obliuione declara,ut dixi in l.ſi ideo.§.j.s̃.tit.j.

LEX XXXIX.

SI ſolum. Pone hic caſum, ꝙ quis occupauit ſolum
per uim poſtea ibi ipſe, uel alius ędifica-
uit.deinde ad te peruenit ſolum,& ſuperficies ti. & bona-
fide.Certum eſt, ꝙ ſolum non potes præſcribere: quia eſt
affectum uitio reali.An ſaltem ædificium, & dr̃ ꝙ non intelligo uerum reſpectu directi dñij, ſed reſpectu utilis,ſi poſſedit tã
q̃ ſuperficiarius,videtur ſecus,quod dic,ut s̃.eo.l. nunquam. &
j̃.in l.cęptam.

LEX XL.

CAeptam. Per hæreditatem iacẽtem uſucapio
cępta per defunctum poteſt comple
ri.& ſine poſſeſſione.h.d.Et etiam per hæredem, licèt
non apprehenderit poſſeſſionem.ut s̃.e.l.nunq̃.§. vacuam,& dic ut ibi,ſed nondum cępta non poteſt incipi ab hæreditate iacente,ſicut nec ꝯ eam,ut j̃.e. l.fi.de his qui pro em-
ptore.verſi.quemadmodum.

LEX XLI.

SI rem mihi ſurreptam. Vitium furti vel
violentiæ non
purgaẽ, licèt res ueniatur in poteſtatem procuratoris. h.
d.intellige de procuratore generali,ut in gl.j.Et no.ſi. huius l. ꝙ non debemus facere id ex quo reſultat præſumptio
fraudis,nec etiam interpretari aliq̃ l. uel ſtatutum pro ea parte,ex qua poſſet reſultare captio,ſeu fraus.

LEX XII.

CVm vir. Ex iure superueniente authori confirmatur ius singularis successoris, ad hoc
sp alleg. & hẽt materiam difficilem, & continet tria dicta. Secũda ibi, quem defuncta. Tertia ibi (idem iuris.)
Et sup primo dicto, nõ est, nisi vna gl. q̃ incipit. (maxime) in ver.
aĩs, q̃ format vnã qõnem. Super secundo dicto sunt aliæ duæ gl.
super tertio nulla glo. est. Posset ẽt dici, ꝙ oẽs gl. concernũt s̃m
dictũ. Et aduertendum, ꝙ tertiũ, & vltimũ dictũ in ver. idem iu
ris, dẽt referri ad ꝓxime præcedens, qđ loquit̃ de confirmatione, quia si fur qui vendidit postea succedit dño, confirmat̃ venditio licet à principio fuerit nulla. Non aũt ad primum, quod
loquit̃ de inualiditate ꝯctus, quia vẽditio rei dotalis non valet
in præiudiciũ mulieris, siue sit facta scienti, siue ignorãti rẽ esse
dotalẽ, vt in princ. l. sed vẽditio rei furtiuæ tunc nõ valet, qñ fit
scienti, secus si ignorãti, vt in l. si emptione. § item si emptor. s̃.
de ꝯh. emp. qa inualiditas resultat ex eo, ꝙ emendo rem furtiuã, iterum committit̃ furtũ ꝑ emptorem, & hoc nõ est, nisi qñ
scit. Sed in re dotali inualiditas resultat ex eo, ne fiat p̃iudicium
1 mulieri, & ĩ ista rõ viget siue sciat emptor, siue ignoret. † In tex.
ibi (vir.) s. solus, & sine ꝯsensu mulieris, nã nõ põt illi p̃iudicare,
interest. n. sua ne remaneat indotata, & maritus hẽat, vñ eã su-
2 stentet. † Quid aũt eꝯ, si mulier alienauit rẽ dotalẽ sine consensu mariti? dic idẽ cũ nõ valeat, nec in præiudicium sui, nec in p̃-
iudiciũ mariti, vt C. de iur. dot. l. si prædium. cum ꝯsensu mariti
innuit illa l. ꝙ valeat, & ita tenet ibi Cy. s̃m Ia. de Ra. Contrariũ
est verius, vt no. Bar. in l. æstimatis. in fi. so. ma. & dicit esse casum
in l. fi. s̃. de iur. dot. nec ergo alter ipsorum sine altero, nec ambo simul vendere, vel alienare pñt. † In hoc tñ est dr̃ia utrũ fiat
venditio ꝑ maritum, vel fiat ꝑ vxorem, qa primo casu qñ fit per
maritũ, licet nõ valeat vẽditio in p̃iudiciũ vxoris, quia nõ trãs-
fert̃ dñium, nec vsucapiendi ꝯdõ ꝯ ipsam vxorem, nec constan
te matrimonio, nec eo soluto, valet tñ in p̃iudicium mariti, qa
obligat̃ ex illo ꝯctu ad eius obseruantiam. ar. l. & si is. C. de præ.
mi. & no. gl. in l. cũ lex. j̃. de fideiuss. & ẽt Bar. & Dy. vñr hoc tenere, & sic obligat̃ ad tradendũ. & obligat̃ de euictione, si tradi
tus est fundus do. & fuerit euictus, ꝑ vxorem vel hr̃dem eius, si
emptor ignorauerit, ꝙ esset dotalis, vt j̃. ẽt subditur. sed si fiat ꝑ
vxorem, cuius fauore ꝓhibet̃ alienari, non obligat̃ ad obseruan
tiã ꝯctus, qa ex quo ꝓhibita est alienatio, cẽtet̃, ꝓhibita oblĩo, ꝑ
q̃ peruenit ad alienationẽ. arg. in l. oratio. de spon. & hoc tenet
Bar. in d. l. cum lex. facit l. si ad resoluendã. C. de præd. mi. Item
in alio differunt, qa si maritus vendidit, & iurauit non venire ꝯ
tale iur̃m nõ valet in p̃iudiciũ mulieris, & ipso non obstante p̃t
a venire ꝯ ad vtilitatẽ mulieris, ẽt iure cano. qa non valet iur̃m
in p̃iudiciũ alterius, q̃ iurãtis, vt in c. 2. de pac. li. 6. & no. in l. cũ
qs. §. Titia. de leg. 3. per Bar. & Bal. in l. j. vel 2. de inoff. don. sed si
ipsa mulier venderet, vel ꝯsentiret, & iuraret non ꝯuenire, non
posset postea venire, cum iur̃m possit seruari sine interitu salu-
tis æternæ, & nõ præiudicat alteri, nisi mulieri, vt in c. licet mu
lieres de iureiur. li. 6. & eo. ti. in c. cũ ꝯtingat. Posset tñ dici, ꝙ si
maritus in hoc nõ ꝯsentit, possit venire ꝯ, ẽt ex ꝑsona mulieris,
4 qa iur̃m illius non põt sibi præiudicare. † In tex. ibi (prædium. s.
inæstimatum, & tũc est ꝓprie dotale, si aũt æstimatum tali æsti
matione, q̃ faceret alienationem, posset alienari ẽt sine ꝯsensu
mulieris. C. de rei vxo. act. §. & cũ l. in fi. Si aũt tali q̃ non faceret
emptionem, posset cũ ꝯsensu mulieris, & nõ aliter, & iste est ca
sus, q nõ est alibi in l. si æstima. s̃. alleg. Quid aũt in reb. mobilib.
datis in dotem, dic vt no. in auth. siue a me. C. ad Velle. & in l. j.
sol. mat. In tex. ibi (venditio non valet.) s. quantum ad præiudicium mulieris. Vñ non transfert̃ dñium, licet maritus sit dñs.
ita dicit tex. Institu. quib. alie. licet in prin. nec vsucapiendi ꝯdõ,
in qua requirit̃ titu. & hic non adest, cum venditio sit nulla. Et
pp hoc fuit posita ista l. in hoc ti. & ꝓbat̃ expresse in l. si fundũ.
s̃. de fun. dot. licet si vsucapio fuisset incepta anteq̃ efficeret̃ do
talis, posset postea finiri, & compleri, vt ibi hr̃, & hoc vr̃ verũ, ꝙ
nõ transferat̃ vsucapiendi ꝯdõ ꝯ mulierem, tam ꝯstante matrimonio, quo casu nõ est dubiũ, cũ ipsa mulier possit agere, & sic
nec sibi dẽt præscriptio currere, q̃ ẽt sol. mat. & hoc de præscr.
lon. tem. sed longissimi bñ posset incipere sol. mat. cũ in illa nõ
requirat̃ ti. Sed ꝯ prædicta vr̃ tex. qui multum facit me dubitare in l. in reb. circa fi. C. de iure do. vbi tex. innuit expresse
matr. bñ possit currere p̃sc. lon. tem. Sed dic ꝙ nõ loquit̃ in
do ꝓprie dotali, sed quasi dotali, qa fuit traditus æstimat[...]
æstimatione q̃ facit emptionem, uã nihilominus so. ma. m[...]
põt ipsũ vẽdicare vtili rei ven. aduersus q̃ vtilem p̃t currer[...]
long. temp. Sed hic qñ fuit inæstimatus, quo casu vẽdicat[...]
cta rei ven. & aduersus illã nõ currit illa præscr. tene mẽt[...]
6 est vtile. An aũt si ipsa mulier uendidit, possit sol. matr. vẽ[...]
re? dic ꝙ sic, vt no. Inst. quib. alie. licet in principio. Quãtũ
ad maritũ vẽdẽtẽ, bñ tenet vẽditio, vt obliget̃ ad obseruã[...]
ꝯctus, siue emptor fuerit sciẽs s̃m Dy. & Bar. vt s̃. dixi, sed [...]
neat̃ de euic. nõ, si fuit sciẽs, secus si fuit ignorãs, vt in l. fun[...]
sciens. C. de euict. sunt eñ istæ actiones diuersæ, & ad di[...]
cõpetunt, & à prima qua tenet̃ obseruare ꝯctũ liberat̃ eo[...]
ꝙ rem tradidit, vt no. in auth. sacra. C. si aduersus vẽdi. & c[...]
postea res euincit̃ resuscitat̃ noua oblig. vt no. in l. cum pl[...]
in fi. s̃. de euict. ꝑ gl. Sed opponit̃ ꝯ id qđ s̃. dixi, ꝙ ꝯ mulier[...]
currit vsusfr. vel p̃s. long. tem. ex eo qa vẽditio est nulla N[...]
ficit vẽditio putatiua interueniente iustissimo errore, vt j̃[...]
l. qđ vulgo. & hic vr̃ interuenire, si ignorabat rẽ esse dotal[...]
ꝯriũ ꝓcedit in his, q̃ nõ sunt à iure ꝓhibita alienari, alias s[...]
ꝑ hanc l. qđ no. diligẽter, & ꝑ l. vbi lex. s̃. eo. cũ sua gl. Item [...]
ꝙ non valeat, ẽt quantum ad maritum, ut teneat̃ ad obser[...]
tiam ꝯctus, & sic ad tradẽdũ, ut s̃. dixi, vt no. in l. cum dota[...]
s̃. de test. mil. ergo &c. vt in l. si emptione. s̃. de ꝯh. empt. So[...]
dam sunt de quibus nõ est commercium simpliciter, quia [...]
pñt subijci dñio alicuius, & in illis ꝓcedit ꝯrium, quia nõ [...]
venditio quantum adhoc, ut uẽditor obliget̃ ad obseruan[...]
ꝯctus, ẽt si emptor fuit ignorans, vt est liber homo, aut [...]
res, bñ tñ obligat̃ ad interesse si vẽditor fuit sciẽs, & empto[...]
norans, ut l. q officij. §. j. eo. ti. Quædam sunt in quib. non e[...]
mercium non simpliciter, sed s̃m quid, ut fundus dotalis. [...]
potest subijci dñio alterius, q̃ ipsius uiri cõstante matrimo[...]
& in illis ꝓcedit, quod dixi, quia valet ꝯctus quãtum ad ho[...]
uenditor obliget̃ ad obseruantiã eius, & sic ut possit comp[...]
ad tradendum, siue emptor sciuerit, siue ignorauerit, ut hic
intellectum Dy. coniuncta d. l. si is qui. C. de prædijs minor[...]
sed quantum adhoc, ut ꝯhat̃ obligatio. de euict. distinguit̃
6 emptor fuerit sciẽs, an ignorãs, ut s̃. dixi. † Vlt. in ista l. ueni[...]
examinãdi duo articuli. Primus est, si uendidisti mihi rẽ ali[...]
& sic non transtulisti dñium, si postea cõtingat ad te dñiu[...]
uenire, ut quia successisti dño, uel alio modo, quia dñs post[...]
stabat, utrum cõfirmet̃ ista uenditio, ut acqras dñiũ, deque
q̃t ista lex, & ẽt gl. super uerbo, (cõuenit) quæ format quæ[...]
ꝯria ꝯ tex. ꝙ non confirmetur. Et in isto art. dic breuiter, ꝙ [...]
ad te peruenit dñium ex causa de præterito, & tunc confir[...]
uenditio, tam quantum ad agendum si non possideo, q̃ eti[...]
quantum ad excipiendum, si possideo, & quantum ad tran[...]
rendum in me dominium sine noua traditione. Puta, si leg[...]
erit tibi res sub conditione, & pendente conditione illam m[...]
uendidisti, deinde ꝯdõ extitit, licet eñ conditio non trahat̃
tro in ultimis uoluntatibus, in l. j. §. j. ad Silla. tñ uenditio ꝯ[...]
mat̃, ut s̃. dixi, arg. in l. ꝓinde. si cer. peta & j̃. de castren. pec[...]
pen. §. fi. & licèt Bar. hic uideat̃ distinguere utrum cã, q̃ nun[...]
ꝑuenit, retro fingat̃ interuenisse, uel nõ: ego in hoc non fa[...]
uim, sed solum in hoc utrum ex cã de præterito, uel non. Si [...]
non ex causa de præterito, tunc aut quæritur, an confirmet̃
tum ad exceptionem, si possideo, & dicas ꝙ sic, ut l. illicitæ. de
bus eorum, etiam si non interest tua, ꝙ confirmet̃, quia m[...]
hi nõ sis obligatus. ut in l. j. in fi. prin. s̃. de pig. Aut quantum
agendum, si nõ possideo, & tunc aut nõ interest tua, ꝙ ꝯfirm[...]
qa non es mihi obligatus, & non confirmat̃, ut d. l. j. in princ.
pign. Quod ãt s̃. dixi, confirmari quantum ad excipiendum,
non interest, fallit in libertate data à non dño, quia sicut di[...]
cilius reuocatur, ita difficilius confirmat̃. Et iste est casus in.
seruo. s̃. qui & a quib. de qua gl. circa fi. super uerbo. (cõueni[...]
opponit. Aut quærit̃, an confirmetur non quantum ad excip[...]
dũ uel agendum, sed quantum ad hoc, ut ius superueniens t[...]
transferat̃ in me, sine noua traditione, eo casu, quo tua inter[...]
confirmari, tunc aut erat tale ius ad cuius translationem req[...]
bat̃ traditio, ut ius hypothecæ, & illud transfert̃, ut in l. rẽ ali[...]
nam. in prin. de pign. act. quia ibi qs obligauit rem alienã igno[...]
ranti, & sic tenebat̃ ꝯria pignoratitia, ut l. tutor. §. j. e. ti. unde
tererat sua confirmari, & erat tale ius in quo non requirebat̃
traditio, ut in l. j. de pig. act. Sed in l. de pig. pignorauit sciẽti, p[...]
hoc vr̃ ꝙ si eps electus añ confirmationem, contulerit benefi[...]
cium, & postea sequat̃ confirmatio, ius in bñficio trãsferat̃ i[...]
eum

ADDITO.

a Vtilitatem mulieris. In hoc articulo uide Sign. de Mediolan. consil. 41. Fed. d[...] Senis consi. 291. Alex. consi. 109. 4. lib.

n cui facta fuit collario,[a] †qa ius beneficijs acquirit̃ sine tra .one,in c.si tibi ablenti.& ius ꝯferẽdi supuenit in epo ex cãđ ˙rito.s.suus electus,vñ licet añ ꝯfirma.non hẽret ptãtẽ ꝯferẽ & sic ex collõne facta tunc,licet q̃situm fuerit ius, tñ p supnientiã iuris ꝯterendi vr̃ transferri ius sine alia collõne,per c no.in ꝯ̃riũ facit c.nosti.de ele. vbi collõ facta añ ꝯfirmatio reuocat̃.Sed iõ ibi reuocat̃ qa de iure nõ potuit fieri ꝯfirma cũ est priuatus ex eo ꝙ ante ꝯfirmationẽ administrauit ut ,& in c.auaritiæ.sed si ꝯfirmatio seq̃ret̃ de grã, ꝓcedit ꝙ s̃. di ꝑ collõ ꝯfirmaret̃ p id qđ dixi. Aut erat tale ius,ad cuius trãtionẽ reqrebat̃ tradõ,ut est dñiũ,& tunc aut tpe, quo uẽdi- li nullo mõ eras dñs,& tunc licet postea efficiaris, illud ius ĩ nõ transfert sine noua tradõne, sed p hoc efficit̃ ut habeã blicianã ꝯ̃ te,sicut habebã ꝯ̃ aliũ,& est casus spãlis ĩ quo pub. ꝯ̃ dñm,ut l.si a Titio.s̃.de rei ven. & l. apud Celsũ.§.si a Ti- .j̃.de doli.exce.& ita uoluit intelligere istũ tex.gl.hic in fi.li- illas ll.nõ alle. Tu dic,ꝙ illę loquũt,qñ nõ eras dñs tpe vẽdi is,Si ãt eras dñs,sed reuocabiliter,tũc loq̃t ista l.qa si ex post to efficiaris irreuocabil'r ꝯfirmat̃ simpl'r, ut hic dr̃ in tex. ẽt antum ad hoc, ut dñiũ ipso iure in me transferat̃ sine noua dõne,& ita istũ tex.intelligo qcq̃d dicat Bar. qui vr̃ sequi gl. ts passus est,q̃d iuris,si dñs tibi succedat, & sic incipiat mihi neri,sicut tu tenebaris,an ꝯfirmet̃ mea emptio? & in h. d.ꝙ t q̃rimus q̃tum ad fin ẽ agendi ꝯ̃ te,si nõ possideo, aut q̃tum finẽ excipiendi,si possideo. Primo casu ꝯfirmat̃ in duob. casi s. Primus est,si uendidisti illã rẽ noĩe dñi, qa tunc tenet̃ dñs i succedens illã uendõnẽ ratã hr̃e,ut j̃.rẽ ra.ha.l.fi.in princ. .solutũ.§.solutã.de pig.ac. Scđs casus est,si dñs ueniẽdo ꝯ̃ te rgueret te,cui successi,de mendacio,ut qa uendidisti rem ut ,hoc exp̃sse dicto,ut l.rẽ alienã.in fi.eo.ti.alias nõ ꝯfirmat̃ ut .rẽ alienã.§.j. Scđo casu q̃tũ ad effectũ excipiẽdi,si ille est hr̃s us sine ꝑfectione inuentarij,ꝯfirmat̃ in totũ,sed si inuentario ecto,confirmat̃ quatenus ex hr̃ditate tua lucratur, ꝑ ea quæ t in l.cũ a mr̃e.C.de rei uen.& in l.fi.§.in cõputa.de iu. deli. gl.sup uerbo.(conuenit.)ibi,(uel non conualescit.) de rigo- iur.iunge istã sol. cũ ꝑcedenti,& dic, ꝙ nõ supueniente ali- a iusta cã,non ꝯfirmat̃ solo tractu tpis, ꝙ a prin.non ualuit, in l.q̃ ab initio.de reg.iur.sed ea superueniente ꝯfirmat̃ de ę- ate,nõ de rigore,& ita intell'r hic,supplendo tñ ex his q̃ s̃.di- .In glo.ibi sol. qđ ibi dicit nõ abesse. Istã sol. vr̃ sequi Bar. sed ꝯ̃ mentẽ illius l.iõ dic,ꝙ ibi uẽditio fuit erronea,qa fuit facta illo q putabat se hr̃dẽ tanq̃ ab hr̃de, cũ adhuc nõ esset, iõ li- t postea fiat,non ꝯfirmat̃. Et ita esset hic,si iste maritus puta- t vxorẽ mortuã,& se fuisse lucratũ dotem,cũ non esset,nam et postea lucraret̃,nõ recõualesceret.ar.illius l.sed hic nõ fuit ronea,qa tpe venditionis sciebat se adhuc nõ fuisse lucratũ, sic nõ deficit ꝯ̃ctus in intẽtione vẽdentis. In gl. ibi, (aliud in s ꝯ̃ctib.)supple,in quib.venditor obligat̃,& sic ista gl.expresse ntit id qđ dicit Dy.ꝙ hic iste maritus vẽditor obliget̃,licet sim r tex.dicat.(non valere venditionẽ.)& probat̃ in d.l.si is.C.de .min. Sed certe istud non vr̃ in aliquo releuare saltẽ eo casu o emptor sciuit rẽ esse dotalẽ,qa vẽditor tradẽdo liberat̃ ab a obligatione,qua tenebat̃ seruare ꝯ̃ctum,cũ non teneat̃ nisi tradendum rem,nõ ad transferendum dñium,vt no.p gl. in th.facta.C.si aduersus venditionem.nec tenet̃ de euictione euicta pp scientiã emptoris,ergo non interest venditoris. ꝙ a venditio ꝯfirmet̃,sicut nec in l.si seruo.alle.in gl.sol.pp hoc go restringo istũ s̃m casum in uer.qua defuncta,&c. solũ ad ium, qñ uẽditor de euictione tenebat̃, ut qa ẽptor fuit igno is,uel si fuit sciẽs,fuit stipulat⁹ de euictione, al's nõ uideo qũo ssit r̃nderi ad istud ꝯ̃riũ,qa ñ ꝯfirmaret̃,sicut nec ĩ d.l.si seruo.

ADDITIO.

llatio. Sed quid si tpe electionis,& collationis erat inhabilis,& tempore cõ mationis habilis, an collatio teneat, solue, vt per Cal. consi.j. de elect.

LEX XLIII.

ona fides hæredis non prodest.si in defuncto fuisset mala fides.
uid in mala fide,successoris singularis.

HÆres eius. In usucap. inchoanda per hr̃dem mala fides eius nocet, ecus in inchoata per defũctum.h.d.ratio huius ultimi dicti est, qa reputatur eadem ꝑsona cum defuncto, & iõ sicut ipso defuncto qui inchoasset usucapere mala fides superueiens non interrumperet usucapionẽ ut l.j.C.de usuc. trãsfor. a & supueniens in persona hr̃dis,quia non censet̃ mutuata ꝑona,sed de iure cano.hodie secus,vt in c.2.de reg.iur. † Sic eꝯ̃ ona fides hr̃dis non prodesset,si in defuncto fuisset mala fides s̃.eod. l. sequitur.§. hæres.attendit̃ ergo bona,uel mala fides efuncti,non ãt hæredis. Sed in successore singulari non sic,qa õ reputat̃ p oĩa eadẽ ꝑsona,& iõ ẽt in usucapione inchoata p thorem mala fides successoris singularis non noceret,& imediret actionẽ fieri, & usucapionem compleri, ut j̃.pro emp. .§.si eam rem, & isto ca... debet intelligi l.Pompo.in fi.supra ti.j.de qua gl.opp.hic,& econuerso mala fides authoris nõ noceret successori singulari iure isto,ut s̃.eo.l.quare uer.sed si alii. nisi forte in legatario,q licet forte sit successor singularis,tñ uidet̃ idẽ in eo,ꝙ in hr̃de,ut s̃.e.l.id quod tps.§.fi.qđ no.sing. Sed in usucapione inchoãda p successorẽ non distinguit̃ successor vl̃is,uel singularis per istum tex.in prin.Nam si mala fides hęredis sibi nocet nõ obstante bona fide defuncti,multo magis nocet singulari successori. Et adde hic quod no.per gl.s̃.ti.j.l.Põp. §.quæsitum. quæ incipit.i,(vt interrumpatur.)

§.Patrẽ vsu. In quæsitis p filiumfa. tã mala fides eius q̃ etiam patris impedit vsucapionẽ inchoari. h. d. & legit̃ duob.mo.primo,ꝙ si filius emit suo noĩe, vel simpliciter,ꝙ idem est, & tunc de mala fide sua clarum est, ꝙ impedit. Sed mala fides patris,ita demũ impedit, si mãdato p̃ris expresso emit,vel ẽt patre præsente,& tacente.& affuit mala fides ab ipso prin. Si aũt p̃re ignorante,vel ẽt ex postfacto superuenerit mala fides p̃ris,non hẽret nocere, p ea q̃ hñr j̃. pro emp.l.2.§.Celsus.cum seq.& hoc voluit gl.hic.in prin.& in ver. superueniẽs.n. Et plenius not.in l.cũ mancipiũ.s̃.de ædil.ædic. vbi vide bonã gl.& magistram. Secundo mõ, legit̃ ꝙ emit noĩe patris.& tunc de mala fide patris non est dubium, ꝙ impedit, sed ꝙ mala fides filij impediat, hoc quidam non concedunt, vt hic gl.in verbo,(sed q̃dã) Doctor.ꝯ̃,si filius non habuit mandatum de certa, & determinata re,sed generale. & hoc casu põt procedere ista lect.hic vt in glo.versi.item si patris, secus si de incerta,& de interminata re,& ita potest procedere opi.illorũ. quod dic vt plenius habetur in d.l.cum mancipium.

LEX XLIIII.

1 *Per filiũ putatiuũ nõ acquiritur vsucapiẽdi conditio,sed p seruũ putatiuũ.*
2 *In his quæ multũ frequentantur propter publicam utilitatem aliquid statuitur quod non statueretur,si non ita frequentarentur.*
3 *Creditores si faciunt capi suos debitores tanquam suspectos, & fugitiuos præstito solo iuramento de suspitione,& non facta fide ꝙ cã suspicionis de nouo superuenit quid fieri debet,& si contra vnam capturam opponatur ꝙ non valeat,an debeat admitti querela.*

1 IVsto. † Per filium putatiuum non acquiritur usucapiẽ
di condõ,sed per seruum putatiuum.h.d.Dy. Et
no.hanc l.pro monachis putatiuis ꝙ non acquirunt mona
sterio: quia magis comparantur filijsfa.q̃ seruis,cũ non sint
serui, nisi quo ad Deum, & noua acquirunt ratione possessionis,cum monasterium,uel Abbas ipsum non possideat,sed rõne subiectionis,uel obedientiæ. Sed seruus acquirit rõne posses
sionis,quæ põt cadere ẽt in putatiuo seruo,ut hic,& s̃.ti.j.& l.j.
2 §. sed per eam.& §.per seruũ qui in fuga. † No.ẽt tex.hic circa fi.
ꝙ in his quæ multum frequentantur pp publicã utilitatẽ aliq̃d
statuit̃,quod non statueret̃,si non ita frequentarent̃,ꝙ facit ad
3 multa. † Pone.n. ꝙ creditores faciunt capi suos debitores tanq̃
suspectos,& fugitiuos præstito solo iur̃o de suspicione,& nõ facta fide,quod cã suspicionis de nouo superuenit, ꝙ fieri debet,
vt in l.si creditorem.de priuil.cred. Certè si ꝯ̃ unam capturã op
ponat̃,ꝙ nõ ualeat,vr̃ ꝙ non debeat admitti querela pp frequẽ
tẽ usum,& ne multę capturæ irritent̃.arg.hic,& sic de singulis.

§.Constat. Vendens rem alienam præter uoluntatẽ dñi,transfert dominium,si tempore traditionis domini voluntas adest.h.d.

1 *Quantum ad bonam fidem,tam inspicitur initium possessionis in re principali, quàm in illa quæ ex ea descendit.*
2 *Duo casus in quibus malafides non impedit vsucapionem inchoari.*

1 §.Etsi possessionis. † Quantum ad bonã fidem,
tam inspicitur initiũ posses-
sionis in re principali,q̃ in illa quæ ex ea descendit. h.d. Et prĩo
loquitur in illa q̃ ex ea descendit,usq.ad uer. (idem in seruo.)se
2 cũdo de ipsa re principali. † Et sic no.hic duos casus in quib.ma-
la fides non impedit usucapionem inchoari, licẽt tr̃r sit ꝯ̃rium,
& s̃.l.prox.in prin. Et ratio primi casus est hic propter bonã fidem q̃ fuit a prin.in ipsa re principali, & pp continuatam possessionem eius. Rõ autem secundi procedit ex fictione postliminij q̃ fingit istum seruum reuersum nunq̃ fuisse captum,vnde licẽt usucapio q̃ cœperat ante capturam, fuerit interrupta, & nunc post reuersionem habet incipere noua, non attendit̃ mala fides,q̃ nunc est,sed bona fides q̃ fuit illa,al'ter secus,qa inspicitur initium nouæ possessionis,ut s̃.eo.l.si is qui §.penul.& j̃.pro emptore.l.qui fundum. §.qui bona fide.

§.Nondum. Tp̃s quo iacet hr̃ditas computatur in vsucapione cœpta per defunctũ, uel ẽt per seruum hr̃ditariũ iacente hæreditate ex cã peculiari.h.d. Et sic licẽt gl.utrunq.dictũ huius §.intelligat in usucapione cœpta in vita defuncti,& dicat, ꝙ iacente hrditate, non potest incipere per seruum, vt ĩ. eo. l. fi. istud est verum, quando non ex causa peculiari alias secus, vt ĩ. de captiuis. l. pen. & ĩ. ea. l. §. fi.

§. Filiusfa. Qui putat se nõ vsucapere posse, cũ possit iusto errore duct⁹, nihilomin⁹ vsucapit inspecta veritate, non falsa opi. Itẽ ad vsucapiendũ sufficit putatiua tradõ interueniente iustissimo errore, licèt fcã non fuerit, & sic est casus in fi. cum gl. ſm eius intelſm, de eo qđ no. gl. s̃. eo. l. Celsus. ꝙ sicut sufficit putatiuus tit. ita sufficit putatiua tradõ, reqrit tñ iustissimus error, vt colłr hic in fi. dum dicit. (non leui.) licèt in tit. aliqñ requirat iustissimus aliqñ sufficiat iustus, quod dic, vt l. Celsus. & istum tex. alleg. Doc. pro ila gl. & ideo glo. super verbo. (nõ leui.) dũ dicit, (idem si leui ſm Hugo.) reprehenditur per omnes, immo requiritur iustissimus error.

1 *Licet per vsucapionem triennij quis acquirat dominium, ius tamen hypothecæ vel vsusfructus alteri competens non extinguitur.*
2 *Vsusfructus qui est ius personale, & dẽtur a re personæ quasi possessio retinetur per ipsam personã, q̃ hẽt aĩum, qui potest esse cõtinuus, licèt actus eius corporalis sit discontinuus, & ꝙ possit præscribi, sicut res corporalis.*

1 **§. Non mutat.** †Licèt p vsucapionẽ triennij qs acqrat dñium, ius tñ hypothecæ, vł vsusfructus alteri cõpetens nõ extinguit. h. d. Et pone casum, ꝙ rẽ meã mobilẽ, puta seruũ alteri obligaui, vel in eo vsumfructum ꝯcessi, postea tu emisti hunc seruũ a Titio bonafids, & usucepisti, licèt acquiras dñium, & sic ius meũ extinguat, nõ sic extinguit ius creditoris, uel usufructuarij, & sic acqirs dñium cũ sua cã. Sed an hẽam aliqđ remediũ ad recuperandũ a te rẽ illã, vr ꝙ sic. s. vt soluã creditori, qđ sibi debet, & faciã credi hypothecariã, sicut. n. ille poterat a te auocare, nisi sibi afferres, qđ sibi debebat, ita & ego cessionari⁹, de hoc no. in l. vsucapio. C. de pig. s̃. de pign. l. j. §. cũ pdiũ, dic, vt ibi, qa hoc nõ est simpłr uerũ, licèt Ang. hoc teneat hic. Nã & si tu illi creditori solueres, vt rẽ liberares, qa ẽt liberas me ab actione psonali, vr ꝙ hẽres ꝯ me act. neg. gest. ergo mihi non teneris soluere, cũ sit illi soluisses a me recuperares, hoc tñ nõ dico ꝑ certo, qa hoc nõ facis principałr aĩo gerẽdi negotiũ meũ, sed tuũ, tñ gl. pp aliã rõnem in l. pallc. impugnat hanc practicã, & tenet, ꝙ nõ possit fieri ista cessio. In gl. ibi. s̃. de serui. l. seruit⁹. Ista reprehendit p Doct. qa aliud in seruitutib. pdialib. q̃ debent a re rei, & sic non dñr quasi possideri p personã, sed per rẽ, q̃ non hẽt aĩum, vt s̃. quemad. ser. amit. l. q fundum. Et iõ si hñt cãm discontinuã, quia ad earum vsum requirit. fcm hoĩs, cũ illa quasi possessio ꝯtinuè ĩterrũpat, nõ sufficit ad pscribẽdũ, & iõ reqrit tm tps, cuius ꝯrij memoria nõ exi stat, nõ tñ dñr pscribi illo tpe, sed acquirunt ex quadã ficta cõcessione q̃ fingit a iure interuenisse, ut l. hoc iure. §. ductus a-
2 quæ. ĩ. de aqua quot. & æst. Sed in† usufructu q est ius persona le, & debet a re personæ, quasi possessio eius retinet p ipsã psonã, q̃ hẽt aĩũ, q põt esse continuus, licet actus corporalis sit discõtinuus. Et iõ dr quasi possessio continuã habẽs cãm, & p ꝯñs pt pscribi, sicut res corpalis, uel lõgo tpe cũ ti. ĩ l. fi. in fi. C. de pscr. l. on. tẽp. vbi est casus ſm uerũ intelſm, licèt alij aliter intelligant, ꝙ ĩ l. si ego. in prin. de publ. vel sine ti. lõgissimi tẽp. sicut dñiũ cũ sit pars dñij, hoc no. Cy. ſm Pet. ĩ l. 2. C. de serui. & aqua. & p Dy. in rła malefidei. in 5. qõne de reg. iur. in sexto.

§. Eum qui. In q̃sitis per seruũ, uel filiũ ex cã peculiari, patre, uel dño existente penes hostes põt incipere, & finiri usucapio pẽdẽte captiuitate, siue reuersatur. & tunc censet cępta, & finita fictione postliminij, siue moriat, & tunc fictione l. Corne. tunc tñ filius censeret usucepisse sibi. h. d. Seruus uero censeretur usucepisse ipsi hrditati, ut in l. pe. ĩ. de cap. qcqd dicat hic gl. fi. Sed si dñs est reuersus ipse vr incepisse, & finiuisse ꝑ se ipso mediante aĩo & corpore serui. Verè tñ pendente captiuitate non põt dici cępta, vel finita, qa nõ suberat psona, quę posset possidere, & cui posset acquiri, sed eo reuerso intelłr vsucepisse, ut s̃. l. si is q ꝑ emptore, versi. nã si dñs in uerbo intelligit, p quẽ ibi hoc tenet Bar. reprobando gl. quæ est hic super verbo (inchoari) in fi. tene primã op. Hugoli. recitatam in gl. hic. In tex. ibi. (vsucaptũ diceretur, possessum foret). i. diceremus, ꝙ esset vsucaptũ, oporteret dicere, ꝙ ẽt esset possessũ, ut s̃. eo. l. sine possessione. sed hoc nõ possumus dicere in his, q̃ acqrunt nõ ex cã peculiari, quia in illis possessio ciuilis, q̃ creat vsucapionẽ, nõ retinetur aĩo serui, sed proprio, licèt naturalis retineatur corpore sed durante captiuitate iste non habeat animum possidendi, nec fingitur abuisse, qa per fictũ animum nõ retinetur possessio, ergo necessariò sequitur quod nõ vsucapit nõ sic in his, q̃ ex cã peculiari, in quibus retinet possessio ciuilis animo serui, q est verus, & ideo ipso reuerso bene põt fingi retenta per eũ, qa non fingitur retenta per animum fictũ. Sed est verum, ut plenè dixi s̃. eod. l. si is qui pro emptore,

LEX XLV.

1 *Loca publi. iur. gen. quæ occupanti conceduntur longo tpe post occupationem non præscribuntur, quo minus cessante occupatione redeant in p[...]nam causam, & iterum concedantur occupanti.*
2 *Si aliquis in flumine publico nauigabili ædificauit molendinũ, & sic o[...]uit aquam ad vsum, & fuit per consequens effecta sua, saltem qua[...] ad vsum, an poterit alius ędificare molendinum in parte superiori.*
3 *Quid si illud molendinum fuerat impetu aquæ destructum.*
4 *Quantum ad hoc, vt quis faciat aquam suam saltem quantum ad vsu[...] an sufficit occupatio, an verò requiratur præsciptio.*

1 **PRæscriptio.** † Loca pub. iur. gen. quæ occu[...] cõceduntur longo tpe post o[...]
pationẽ non pscribũtur, quominus cessante occupa[...]
ne redeãt in pristinã cãm, & iterũ ꝯcedant occupan[...]
2 d. ista notabilis, & singularis lex & est pulcher casus. † Et pi[...]
cũ glo. sup verbo (aut) q̃ exponit, aut. ꝑ &, determinat qõ[...]
chra, quã habui hic de facto, quia in flumine publico naui[...]
li quis. ædificauit molendinũ. & sic occupauit aquã ad vsũ
& p ꝯñs fuit effecta sua, saltẽ quantũ ad vsum, vt p aliũ volẽ
ædificare molẽdinũ in parte superiori, nõ põt sibi auferri, i[...]
no. in l. si quis argẽtarijs §. initiũ. p gl. s̃. de eden. & in l. quo[...]
3 nus. de fluminib. † Pone ꝙ illud molendinũ impetu aquæ
destructũ, & p longũ tps extitit sic destructũ, alius volebat [...]
ficare molendinũ in parte superiori, ille, cuius fuerat mole[...]
nũ primũ, prohibebat sibi dicendo, ꝙ non poterat auferre
cõmoditatẽ dictæ aquæ in casu, quo uellet molẽdinũ refic[...]
Certe si fuit adeo destructũ, ꝙ nihil remansit, & flumẽ red[...]
in pristinã formam. vt hic, in verbo. (funditus.) & ille cuius [...]
dereliquit, quia neglexit reficere p longũ tps cũ posset, nec
qua signa apparerẽt, ꝙ voluerit retinere, pdit usũm aquæ, &
põt illũ ꝓhibere. Et dicit Bar. ꝙ sufficiat annus, vt dicat neg[...]
se, vel saltẽ dic, ꝙ sufficit bienniũ. prout in simili no. p eundẽ
eo, q obtinuit tenutã, & neglexit facere executionẽ fieri s̃.
dã. infect. l. si finita §. pe. & ita ponit Bar. in l. quominus. in x[...]
j. de flu. & ẽt tangit hic, & dicit se habuisse de facto. Est erg[...]
siliũ, ꝙ ipso dirupto incõtinenti ꝓtestet, ꝙ nõ intẽdit hre l[...]
ꝓ derelicto, sed ꝙ reficiet cũ primũ poterit, & ꝙ ibi ponat [...]
quos palos, uł signa ad hoc ostẽdẽdũ ſm Ang. dicit ẽt idẽ A[...]
ꝙ licèt talia loca publica p longũ tps nõ pscribant, ut hic, p[...]
bunt tñ longissimo tpe, cuius ꝯriũ memoria nõ existit p tex.
gl. in l. usum aquæ. de aquæ duc. lib. xi. Et iõ dixit, ꝙ Veneti p[...]
scripserunt tanto tpe gulfum maris, sed salua pace sua non
4 ne intelligit † qa q̃tũ ad hoc, ut faciat qs aquã suã saltẽ q̃tũ
usũ, nõ reqrit pscriptio, sed sufficit occupatio, qñ est aqua p[...]
blica, nõ ad usum publicũ, ut est littus maris, sicut sufficit i[...]
q̃ cęlo, terra, mariq. capiuntur. Sed qñ est aqua nõ publica, t[...]
hẽt locũ tex. quẽ ipse allegat, ꝙ seruitus aquæ ducẽdæ pha[...]
stũ, cũ nõ hẽat cãm ꝯtinuã, nõ acqrit, nisi tãto tpe, cuius in ꝯ[...]
memoria nõ existit, ut ibi, & in l. hoc iure §. ductus aq̃, de aq[...]
quoti. & estiua. Sed hic nõ q̃rit de hoc qñ dicat ius aquæ acq[...]
situ, sed q̃rit, postq̃ acquisierit p occupationẽ, si desinit occu[...]
tio p destructũ loci, vtrũ ille acquisiuerit ius ꝓhibendi aliũ o[...]
cupare? & hic dico, ꝙ nõ, ẽt si p mille annos durasset occupati[...]
Vñ si ciuitas Venetiarũ destrueret (ꝙ absit) nõ possent Vene[...]
ꝓhibere illũ locũ alios occupare interuenientib. de qbus s̃. di[...]
& hoc vult ista l. In gl. j. ibi. (publicè). i. corã. h. d. gl. ex eo, qa q̃[...]
dã sunt publica, q̃ nõ sunt cõia nec ꝯceduntur occupanti, [...]
sunt ad usum publicũ, ut platea, uel strata publica, in illis no[...]
hẽt locũ ista l. Quædã q̃ conceduntur occupanti, qa nõ sunt a[...]
usum publicũ, & illa dñr cõia, sicut q̃ cęlo terra, mariq. capiũ[...]
tur, ut littus maris, & ẽt æqua fluminis publici nõ nauigabili[...]
nec ingredientis aliud nauigabile r ut d. l. quominus. de flum. &
in illis hẽt locũ ista l. In gl. q̃ incipit. (prior possessor.) ibi. sol. i[...]
erant nõ in possessione. hæc uera supplẽdo, ꝙ steterat p annũ
uel biẽniũ, ꝙ ibi non fuerat piscatus, & sic vr dereliqsse actũ p[...]
scãdi, & occupationẽ, unde redierat aqua ad pristinum statum
seu libertatem, iõ alius poterat occupare, nõ sic in l. ꝯria.

1 *Licèt hęreditas iacens possit implere vsucapionem inchoatam contra defunctum non tamen potest nouam inchoare.*
2 *Vsucapio cœpta contra defunctum finitur hęreditate iacente.*

1 **§. Post mortẽ.** †In acquisitis per seruũ hrditariũ hrditate iacente. non ex cã peculij a defuncto ꝯcessi, sed uolẽdo peculiũ constituere de nouo, nõ incipit usucapio, nisi post aditã hrditatem. h. d. ſm intelſm gl. quem
2 tenent oẽs, & sic allegat, † ꝙ licet hrditas iacens possit ꝯplere
usucapionem ceptam p defunctũ, nõ tñ post nouã inchoare,
vide ea, q̃ hñt in l. ea q̃, C. de restitu. integ. & uide de hoc Bal. in
l. licèt si uasal. si de feu. fue. contro. mediante seruo hæreditario,
nisi acquirat ex cã peculii a defuncto concessi, ut in l. ĩ. de cap.
ut s̃. l. proxi. §. fi. † Sic & usucapio cępta ꝯ defunctum finitur ꝯ
hęreditatem iacentẽ, sed nõ cępta non põt ꝯ eam incipere, ut
no. C. de temp. in integ. rest. in l. ea quæ §. pen. uel fi. & ĩ. de stip.
seruo. l. si seruus hæredi. ubi uidetur casus.

Pro

Pro soluto. *Rubrica.*

LEX PRIMA.

Ro soluto. Cum datur res insolutũ ex causa, q̃ nõ cadit in titulum specialem, vsucapitur titu. pro soluto. h. d. tex. cum glo.

LEX II.

SI emptam. Procurator acq̃rit dño ignorãti possessionem, non vsucapiendi conditionem. h. d. gl. hic assignat rationem diuersitatis, sed Dy. dicit, ꝙ ratio est, quia in acquirendo vsucapiendi conditionem, agitur de maiori præiudicio illius cuius est res, & contra quem præscribitur, & ideo difficilius acquiritur.

LEX III.

SI existimans. Titulo pro soluto ẽt putatiuo ꝓcedit vsucapio, nõ sic tit. ꝑ emptore. Item in primo sufficit bona fides tp̃e tradõnis, in scđo requirit̃ ẽt tp̃e emptionis h. d. & sic in effectu dicit ista l. ſm In alijs titulis sufficit error iustus, ad hoc vt tit. putatiuus nõ rus sufficiat ad p̃scribendum. Sed in ti. emptionis non sufficit ror iustus, vt hic. & l. Celsus. s̃. ti. j. sed dẽt esse iustissimus, vt l. vulg. j̃. ti. j. Circa prin. l. ibi, (tradam) s. rem alienam. Nam si em dñs, transferrem dñium, & possem repetere per ꝯdictiom indebiti, si uero non dẽbã, si non sum dñs, transfero vsucaendi ꝯdõnem. Et anteq̃ ꝯpleas vsucapere cõdicã possessionẽ, stea cõdicã ipsam rẽ, & sic vsucapis ad mei utilitatẽ, q̃a cãm ucapiẽdi a me habuisti, ut no. in l. indebiti. §. sed si nummi. de ndi. inde. & s̃ de dona. cau. mor. l. si alienam. & l. qui alienam.

LEX IIII.

SI quid est. Res pignorata creditori surrepta ꝑ debitorẽ efficit̃ furtiua, & inusucapibilis respectu creditoris, seu iuris sui vitium purgatur, si res in ptãtem creditoris reuertatur. h. d. sed respectu proprieta non efficitur furtiua, & sic bñ potest usucapi, & ita loquitur ntrarium allegatum in gl. de l. sequitur. §. rem. s̃. titu. j.

Pro emptore. *Rubrica.*

LEX PRIMA.

uens æstimationem litis vsucapit tit. pro emptore.
s ille qui soluit litis æstimationem efficiatur dominus rei, si ille cui soluit
rat dominus, vel acquirat usucapiendi conditionem, si neuter ipsorum
rat dominus, nu. 3.
liud est dicere uendo, uel concedo tibi istam rem, & aliud est dicere uendo,
el concedo tibi omne ius, quod habeo in ista re.
casu quo res non erat apud soluentem litis æstimationem, post quàm sol-
it, an debeat sibi cedi rei uend. contra possessorem.
actio non fuit cessa, an habeat ille, cui soluit utilem rei uendic. per quàm
ossit rem recuperare.
uid si non erat apud eum, sed apud tertium, tempore quo soluit litis æsti-
mationẽ, postea antequã ad eum perueniret, reuersa est ad eũ, cui æstima-
o litis fuit soluta, an posit agere ille qui soluit cõtra eum, & qua actione.
n ei qui soluit æstimationem litis, sit cauendum de euictione.

POssessor. † Soluens æstõnem litis vsucapit ti. ꝑ emptore. h. d. l. litis. j̃. e. In tex. ibi, (obtulerit) s. pro re q̃ non erat emptoris, tñ fuit declaratũ esse suam, licet iniustè, nec erat possessoris, l cuiusdã tertij, ꝯ quem incipit ex tunc vsucapere, uel p̃scribe ti. ꝑ emptore. In istis duab. ll. ueniunt examinanda q̃ plura, vi licet septẽ passus quos plene tangit, & prosequit̃ Dy. in rł̃a ꝑ ssessore. de reg. iur. sed Iac. Butr. repetendo legẽ, si culpa. s̃. de i ven. reprehendit eũ in multis, & dicit ibi Bar. ꝙ melius loq̃t Dy. † Primus passus est, vtrũ ille q̃ soluit litis æstõnem efficiat̃ s rei, si ille, cui soluit erat dñs, uel acquirat usucapiendi ꝯdõm, si neuter ipsorũ erat dñs, & in hoc dic, ꝙ sic, quatuor ꝯcurntib. Primo, ꝙ non soluat̃ ex cã trãsactionis, sed ex cã emptio s, ut in prin. gl. j. & dr̃ ex cã transactionis soluisse, qñ ius actoerat dubiũ, & negabat̃, & poterat negari, q̃a adhuc non erat cł̃atũ, & tunc est duplex rõ, quare non efficit̃ dñs, quia nõ sol t tanq̃ ꝑ re actoris, sed tanq̃ pro re sua, & sic non hẽt aĩum acuirendi dñium, sed retinendi, & qđ credebat se hr̃e, ergo, &c. l. 3. §. subtilis. de ꝯd. ob cãm. Itẽ quia non soluit tanq̃ p̃tiũ rei, d tanq̃ p̃tium redẽptionis litis, & hoc ꝓbat̃ in l. si fundũ alleg. gl. in fi. q̃ est singularis ad hoc. Et hic in re q̃ dimittit̃ ex causa nsactionis bñ transfert̃ dñiũ, & vsucapiendi ꝯdõ, q̃a tũc dat̃ nq̃ ipsius tradẽris, & usucapit̃ tit. pro suo, uel pro trãsactione, hic est casus, & est ẽt casus in l. pe. C. eo. ti. Si aũt ius actoris est rum, & non negat̃, uel non põt negari, q̃a decł̃atum est per iam, tunc hẽt locum qđ hic dr̃, quia vr̃ solutũ tanq̃ pretiũ rei, tanq̃ pro re illius, cui soluit̃, non ipsius soluentis. Dicit tamẽ r. ꝙ ẽt in casu p̃ce. si ille qui recipit æstõnẽ litis diceret, ꝯcedo i oẽ ius qđ hẽo in ista re, ꝙ tunc bñ vsucaperet. hoc non placet, q̃a si nullum ius hẽbam, ista verba nihil opãt̃, ut l. ꝙ nulla.
3 s̃. de hær. uel act. uen. † Aliud. n. est dicere uendo, uel ꝯcedo tibi
istã rem, q̃a tunc ẽt si nullũ ius hẽam in ea, transfero usucapien
di ẽt ꝯdõne, quia hic aliquid est uẽditum, uel ꝯcessum, s. ista res
corporalis. Et aliud est dicere uendo, uel ꝯcedo tibi oẽ ius, qđ
hẽo in ista re, quia tunc si nullum hẽo, nihil uendo, vel cõcedo.
Tene menti, q̃a vidi plures in hoc errare, & semel defendi unã
cãm ꝑꝑ hoc. Scđo requirit̃, ꝙ res sit apud eũ, qui soluit æstõnẽ
litis, & tunc hr̃ res pro tradita. s̃. de acq. rer. do. l. qua rõne. §. interdũ. iõ statim acquirit̃ dñium, uel usucapiendi ꝯdõ. Si aũt nõ
erat apud eũ: tunc non acquirit̃, nisi a tp̃e, quo fuerit possessio
nem adeptus, vt in l. eius rei. & in l. hoc si res. s̃. de rei uend. & ita
intelligit gl. j. hic in fi. dũ dicit, uel dic, ꝙ reus hic nõ possidebat,
& supple, & tunc a quo fuit possessionẽ adeptus incipit̃ posside
re pro possessore, nõ añ. Tertio requirit̃, ꝙ eo casu quo res erat
apud soluẽtẽ, actor hoc sciuerit, & potuerit facere rẽ sibi auferri,
& non curauerit, q̃a tunc vr̃ voluisse in illũ transferre dñiũ.
Secus si ignorauerit, uel non potuit facere rẽ auferri, quia erat
res mobilis, & eam occultauerat, ne sit in ptãte alterius auferre
dñium inuito, ut l. ei qui. de fur. & no. in d. l. hoc si res. de rei ven
di. ꝑ gl. Et iõ tunc, qñcunq; ad notitiã suã perueniat, & posit facere
rẽ auferri, est in ptãte ipsius actoris restituere pecuniam, q̃
accepit, & recuperare re, ut d. l. ei qui furti. de fur. Quarto req̃ritur,
ꝙ habuerit initiũ uitiosum, al̃s secus, vt si fuit furatus, vt d.
4 l. ei. qui, in fi. & tangit Bar. in ista l. litis. † Scđs passus est eo casu,
quo res non erat apud eum, postq̃ soluit æstõnem litis, dẽat sibi
credi rei uendicatio ꝯ possessorẽ. Et in hoc est dđm, ꝙ aut ipse
desijt possidere per culpam, & ꝑꝑea soluit æstõnem litis, q̃a hr̃
pro possessore in sui odium, vt hic in gl. j. circa fi. dum dicit, (possessor
dr̃ &c.) Et tunc est actio sibi cedenda, ut in d. l. culpa. aut
desijt possidere dolo, & tunc aut fuit ꝯuentus rei uen. & nõ est
cedenda, ut l. is qui dolo. eo. ti. Aut actione personali, puta depo
siti, uel ꝯmodati, & tunc est cedenda, vt l. ex depositi. j̃. de re iu
5 di. & q̃ sit rõ diuersitatis, dic ut ibi per Bar. † Tertius passus est,
vtrũ si actio non fuit cessa, hẽat ille q̃ soluit vtilẽ rei uend. per q̃
posit rẽ recuperare suo noĩe, & in hoc est dicendũ, ꝙ aut desijt
possidere dolo, & non hẽt, quia censetur soluisse pœnã sui delicti
magis q̃ p̃tiũ rei, vt d. l. is qui dolo. Aut desijt possidere culpa,
& tunc si fuerat ꝯuẽtus rei ven. bñ hẽt vtilẽ sine cessione, ut d. l.
si culpa. si aũt actione ꝑsonali, tunc secus, ſm Iac. But. & Bart. ꝑ
gl. q̃ est in l. fullo. de ꝯd. sine cã, q̃a vr̃ voluisse potius p̃rium culpæ
q̃ pretiũ rei. Et hoc ꝑ illã l. si fullo, hoc non placet & est ꝯ tex.
in l. si vt certo. §. fi. s̃. ꝯmo. ubi dr̃ ꝙ vr̃ soluere tanq̃ pretiũ rei. Itẽ
si tali est cedenda actio, ẽt si dolo desijt possidere, & non ꝯuẽto
rei uend. & sic magis sibi ꝓuidet̃ in hoc, isto casu nõ video quare
cessione non fcã non sit sibi magis ꝓuidendũ, q̃ ꝯuento rei
vend. Vñ cũ illi detur vtilis sine cessione, vt s̃. dixi, ergo & isti.
Nec ob. l. si fullo. quia licèt ibi det̃ ꝯdõ sine cã ad repetendum
qđ soluit, non negat q̃n ẽt det̃ rei uen. utilis ẽt ꝯ ip̃m dñm, cui
soluit, ad quẽ res reuersa est, ut d. l. si culpa. & hoc voluit Iac. Bu.
& Bar. in l. in ꝯmo. in fi. s̃. cõm. vbi melius loquunt̃ q̃ in d. l. si ful
6 lo. ut patebit ex seq. † Quartus art. est q̃d si non erat apud eum,
sed apud tertiũ tp̃e quo soluit æstõnẽ litis, postea anteq̃ ad eum
ꝑueniret reuersa est ad eũ, cui æstimatio litis fuit soluta, utrum
posit agere ille q̃ soluit ꝯ eum, & qua actione, & istud decł̃at̃ in
d. l. in ꝯmodato. §. fi. melius q̃ alibi. Si. n. desijt possidere dolo nõ
p̃t agere, sicut nõ posset agere ꝯ extraneũ multo minꝰ. Si uero culpa,
tunc aut fuit ꝯuentus rei uen. & p̃t agere vtili rei uend. ut d.
l. si culpa, & sic est casus in quo utilis rei uend. dat̃ non dño ꝯ di
rectũ dñm. Aut fuit ꝯuentus actione ꝑsonali, & tunc subuenit̃
sibi triplici actione, nã dat̃ sibi ꝯdõ sine cã ad recuperationem
eius, qđ soluit duntaxat, ut d. l. si fullo. Itẽ rei uend. & ista dat̃ solũ
ad recuperationẽ rei, vt l. si culpa. Itẽ actio ex illo ꝯ̃ctu, & ista
dat̃ alternatiuè ad recuperationẽ rei, vel æstõnis, ut d. l. in ꝯmo.
§. fi. p̃t eligere q̃ vult de istis actionib. vt lege qđ in hr̃dẽ. §. elige
re. de trib. sed in electione ꝯuenti erit q̃d velit restituere, rẽ uel
pecuniã, & ista fuerunt uerba Iac. But. q̃ Bar. approbat in d. l. in
7 ꝯmo. §. fi. † Quintus art. est, vtrũ ei q̃ soluit æstõnẽ litis, sit cauen
dum de euictione, & gl. in ista l. litis. tenet ꝙ non. tu dic hoc uerũ,
qñ per eũ stetit, quominus rẽ restitueret, cũ posset, q̃a erat
penes eũ, & eã occultauit, ita loq̃t̃ lex ex diuerso. §. petitor. đ rei
uen. q̃a dẽt sibi imputari, ut ibi hr̃. Si aũt non stetit ꝑ eũ, sed per
actorẽ, q̃a nõ curauit auferre, uel ꝑ neutrũ stetit, q̃a non erat
apud eũ, tunc dẽt caueri, ut l. si donator. in prin. de do. inter vi.
8 & vxo. † Sextus art. est, si sibi non est cautũ de euictione, utrũ re
euicta posit agere ꝯ eũ, cui soluit, gl. in ista l. litis. dicit ꝙ si soluit ex cã transactionis, nõ p̃t agere, & hoc est uerũ, al̃s p̃t. sed gl.
in l. fi. q. ex cau. in pos. ea. allegata ꝑ gl. tenet ꝯ̃riũ. Tu dic, ꝙ eo
casu, quo sibi nõ est cauẽdũ, q̃a ꝑ eũ stetit nõ p̃t agere, nec ẽt illis casib. in q̃b. nõ esset cedenda actio, & in q̃b. non cõpeteret
vtilis sine cessione, & in istis ꝓcedit illa gl. Sed vbi esset cauẽdũ,
licèt nõ fuerit cautũ bñ agit̃, ut in l. 2. s̃. de euic. Idẽ si actio erat
ceden-

cedenda,vel ꝯpetebat vtilis,ſine ceſſione,qđ qñ ſit,dixi ſ. & ita
9 intelligo qđ no.Bar. in iſta l.litis.†Septimᵒ,& vlt.ar.eſt eo caſu,
quo nō poſſidebat tpe quo ſoluit,& ſibi ꝯceſſa eſt actio,vel hēt
vtilē actionē,ſiue ceſſionē vtrum dicat dñs ſaltē vtilr̃. & eſt dicendū,ꝙ non,qa dñium non acquirit,ſine tradōne. Et iō ſit a-
ctor cautus,cū agit,ꝙ non dicat ſe dñm,ſed ille,cui ſoluit. Hoc
examinat Dy.notabilr̃.in d.c.pro poſſeſſore.in fi.qui ſꝑ allegat.

L E X II.

1 *Ad hoc,vt procedat vſucapio tit.pro emptore, requiritur bona fides duob. temporibus.ſ.tempore acquiſiti,& tempore traditionis.*

2 *In datione in ſolutum,an ſufficiat titulus putatiuus,& per conſequens ſufficiat bona fides tempore traditionis,ad hoc,ut uſucapio procedat.*

1 PRo emptore. † Ad hoc, vt ꝑcedat vſucapio tit.ꝑ emptore, reqrit bona fides duob.tpib.ſ.tpe acquiſiti,& tpe tradōnis.Et iō non ſufficit ti.pro emptore putatiuus,ſi nō affuit iuſtiſſimᵒ error,ſed requirit verus,licèt in alijs ſufficiat putatiuus. h.d.in effectu.& ꝯcor.ſ.ti.j.l.ſi exiſtimans.& plenè.in l. Celſus.ſ.tit.2.
2 Et loquit in emptione ꝓpriè,& ſtrictè ſumpta.† Nec hēt locum in eo, qđ ꝑ emptione hr̃,ut ſi tradat res in ſolutū, licèt.n.hēat vim emptionis,vr̃ ſufficere,ꝙ adſit bona fides tpe tradōnis,& ꝑ ꝯñs ſufficiat tit.putatiuus interueniente iuſto errore ꝑ iſtū tex. in ver.ſi tñ ſᵐ Doc.& idem vr̃ in caſu l.ꝑcedentis.qđ tene menti.in gl.ibi, (quare dic,ideo &c.) iſta rō magis facit in oppoſitū per l.iuſto.in prin.ſ.ti.2.vbi ꝑꝑ frequentiam magis ſubuenitur. dñt Doc.hoc verū in damnis vitandis:ſecus in lucris captandis, cū aliena iactura:& ita loquit iſta gl.hic,iuncta cū tex.Sed certè lex iuſte loquit in lucris captandis.Sed dic verū eſſe,ſed non cum aliena iactura. Et ideo idem,quòd in damnis vitandis.

§.Separata. Licèt quis habeat ti. & poſſeſſionem,non propterea ſequitur,ergo uſucapit: quia etiam requiritur bona fides,& h.d.in effectu.

1 *Pendente conditione contractus res non uſucapitur, licèt extitiſſe putetur, ſecus,ſi extitit,licèt extitiſſe ignoretur.*

2 *In his,q̃ non dependent ex mera uoluntate alicuius,ut eſt uſucapere, uel dominū effici, inſpicitur potius id,qđ eſt in ueritate, q̃ id ꝙ eſt in opin. falſa.*

3 *Ad hoc,ut quis poſſit uſucapere,non requiritur, ꝙ ſciat ſe habere titulum, ſi tamen re uera hēat,nec requiritur,ꝙ credat ſe nunc effectum dominum, dum tamen credat ſe effici poſſe in futurum,ex euentu conditionis.*

4 *Si facta eſt traditio defuncto ex una cauſa, & hæres putat factam ex altera,an tunc impediatur uſucapio.*

1 **§.Si ſub conditione.** † Pendente ꝯdōne ꝯ̃ctus res non vſucapit,licèt extitiſſe putet,ſecus ſi extitit,licèt extitiſſe ignoret.h.d. Et eſt aliquantulū difficilis. Primo loqt qñ ꝯdō non extiterat,licèt extitiſſe putaret vſq; ibi:(ꝯ̃.)Scđo econuerſo vſq; ibi: (qđ apertius.) & ſic in primo caſu putabat ſe effectū dñm ex tit.emptionis. in ſcđo putabat ꝯ̃rium. Tertio loquit,qñ putabat ꝯſequi dñium ex una cā,& traditio ſiebat ex altera,q error non hēt uitiare, ſi ꝑceſſerat iuſta cā tradendi habilis ad translationē dñij ſᵐ verā lect.& intellᵐ,licèt alij alr̃ hic dicant,vt in gl.q̃ incipit (ſed q̃ritur.)In princ.§.ibi(emptio fcā ſit.)ſupple ēt & tradō ſub eadem ꝯdōne:qa dicit,ꝙ non intēdebat transferre dñium, niſi ꝯdōne adueniente:nam tunc ſi tradens erat dñs dñium non transfertur,licet transferatur poſſeſſio:vt l.ſub ꝯdōne.j.de ſol. ergo ſic non transfert uſucapiendi ꝯdō. Si aūt tradō non eſſet fcā, iſte tex.non hr̃et dubiū,ꝙ pendente condōne,non uſucaperet. Itē ſi tradō eſſet fcā ſimplr̃,non eſſet uerum,qđ hic dr̃, ꝙ nō uſucapiatur pendente ꝯdōne:quia ſi tunc tradens eſſet dñs, transferret dñium,ut in l.dotis fructus.in fi,cum l.ſeq.ſ.de iu.dot.qa ad trāslationem dñij,licet requiratur cā,vt l.nunq̃ nuda. ſ.de acq. rer.do.ſufficit tñ,ꝙ illa cā ſubſit in ſpe, vt quia ſit ꝯdōnalis, ut patet.in d.l.dotis fruc.in fi.qđ eſt notandū.Ergo ſi non eſt dñs, transfertur uſucapiendi condō tit.pro ſuo.Et iſto mō dēt intelligi una gl.hic poſita,q̃ incip.(licet tradita.) dicat ꝯ̃riū. Sed dic, ꝙ illa ꝑt ꝑcedere in primo caſu,qñ fuit fcā tradō ſub eadē condōne.Et iſto mō reducunt ad concordiā iſtæ gl.Dyn.& ēt hr̃ de hoc j.pro dote.l.ſi æſtimata. ubi ſi in dote ante mr̃imoniū det res æſtimata æſtōne,q̃ emptionem facit:ſi non apparet quo aīo tradita fuerit,vt vr̃ in dubio actum,ꝙ ex illa vendōne,q̃ erat ꝯditionalis,ſi mr̃imoniū ꝯ̃hatur,transferatur dñium:iō ſi tradēs non eſſet dñs ante euentū condōnis. ſ. ante mr̃imoniū ꝯ̃ctum, vſucapio pro ſuo locū hr̃et,& ita intelligi dēt l.illa ij.uſucapio .n.ꝑ emptore non ꝑt hr̃e locū, cū emptio ſit ꝯdōnalis,nec pro dote,cū res æſtimata data ſit,ſed ꝑ ſuo ſic,& ita l. illa dēt ſubaudiri.
2 †In ſcđa parte in uer.& ꝯ̃ no.illud ad qđ ſꝑ allegaī,ꝙ in his, q̃ non dependent ex mera uoluntate alicuius,ut eſt uſucapere, vel dñm effici,inſpicitur potius id, qđ eſt in veritate q̃ id quod eſt in opi.falſa,vt hic.& ſ:de iur.& fac.ign.l.rr̃a.§.qui ignorauit. ſecus in his,q̃ dependent ex mera uoluntate,in l.cū quidā.§.qđ
3 dr̃.de acq.hær.†Itē no.& ſinglr̃ tene menti,ꝙ ad hoc,ut qs poſſit vſucapere,non requiritur,ꝙ ſciat ſe hr̃e titulum,ſi tñ re vera hēat,nec requiritur,ꝙ credat ſe nunc effectum dñm,dū tñ credat ſe effici poſſe in futurū ex euentu ꝯdōnis. Nā iſte,q ignorabat ꝯdōnē extitiſſe,ignorabat ſe titulū hr̃e: qa pēdente ꝯdōne non eſt emptio,ut in l.neceſſario.§.qđ ſi pendente.de peric. & cōm.rei ven.nec credebat ſe effectū dñm,ſi tradō fuit fcā ſub eadem ꝯdōne,ſed ſperabat ſe effici in futurū, cū euenerit ꝯdō, & tñ vſucapit,qđ ꝑpetuo tene menti, & ſic patet, ꝙ ꝑt vſucapere qs,licet putet ſe non poſſe,ſed ꝯ̃,de l.ſi fur.§.j.ſ.ti.2. & ſ.ti.j.l. Sol.ſi errat in iure,non vſucapit,ut l.nunq̃.ſ.de vſuca. Si errat in fcō,tunc aut neſcit ſe poſſidere,vel detinere, cum tñ re uera poſſideat.& idē in d.l.2.ſ.tit.j.ubi ꝑ pc.acqrit dño ignorāti poſſeſſio,& tñ non uſucapiendi ꝯdō,qa ignorat ſe poſſidere,uel detinere. Aut ſcit ſe detinere,licet ignoret ſe poſſidere,cū tamen re uera poſſideat,& tūc ſi nō crederet uſucapere ꝑ ſe, uel ꝑ alio ... ſi aūt credit ſaltē ꝑ alio uſucapere,licet ꝑ illo nō uſucapiat, ... ꝑ ſe,bñ poſſit uſucapere,& tunc uſucapit,ut ſ.tit.2.l.iuſto.§.fi-
4 lius.&'qđ ibi no.in gl.†Vlt.circa uer.qđ apertius.dic,ut no.ti. ... l.nunq̃.§.fi.nā interdū tradō eſt fcā defuncto ex una cā, ſed hæres putat factā ex altera,& tunc non impedit vſucapio tā ex cā, ... qua fcā fuit,q̃ ēt ex ti.ꝑ hr̃de,ut ibi.Interdū non fuit fcā defuncto,ſed ut hr̃di tñ ꝑceſſerat tit.factus cū defuncto, & tunc licet hr̃s putet ſibi fieri tradōnē ex alio ti.idē & ita intellr̃ hic ſᵐ v... mam opi.gl.eſt uera.& hoc aliqui hñt ī fi.(ſed mihi q̃ uſucape... poſſe vr̃, &c.) Et aliqui non hñt,& iō ſubaudiunt, ꝙ uſucap... ceſſat,ſed non bñ.Si aūt non ꝑceſſiſſet,tunc error inter trade... tē,& recipientē impediret titulū inchoari, ut not. in d.l. nun... nuda.in fi.& iō iſto mō non poſſet ꝑcedere opi.illorū. Interdū aūt nulla fuit fcā tradō defuncto,uel hr̃di, ſed putauit hr̃s ea... factā:qa reperit eā inter res hr̃ditarias,& tunc loqt tex.cū gl. l.iuſto.§.filiᵒ.in fi.ſ.ti.2.qa hoc ſufficit,ſi aderat error iuſtiſſi.

§.Sabinus. Pactum legis commiſſoriæ,uel addictio... in diem non reddit uenditionem conditionalem,ſed facit eam ſub cōditione reſolui, ideo interim pote... res uſucapi tit.pro emptore,cum adſit uerus tit.h.d. vſque ad Stichum.ſi tamen contingat uenditionem reſolui, iſta uſucapio proderit uenditori,ſicut in fi.dicitur in l.qui alienam.ſ. ... don.cau.mor.quia tenetur emptor rem reſtituere uenditori.

§.Cùm Stichum. Si tradatur altera res, quã empta non uſucapitur hoc ti.niſi accedat rei emptæ.h.d.

1 *Mala fides venditoris nocet emptori, ſicut nocet hęredi.*

2 *Sicut petitio hæreditatis datur contra illum, qui poſſidet pro hęrede, ita contra illum qui emit uniuerſitatem a tali, & quid ſi quis emiſſet ab hęrede unam rem ſingularem.*

1 **§.Si bona eius.** †Mala fides vēditoris nocet emptori,ſicut nocet hr̃di.h.d.ſᵐ gl.uel dic ſicut mala fides đfuncti nocet hr̃di ad uſucapiēdū,ita nocet ... q ab hr̃de emit uniuerſitatē,i.hr̃ditatē,uel ēt bona defuncti:q...
2 loco hr̃dis eſt.h.d.notabilr̃ ualde.†Et hoc patet:qa ſicut petitio hr̃ditatis dat ꝯ̃ illū,q poſſidet ꝑ hr̃de,ita & ꝯ̃ iſtū, qui emit uniuerſitatē a tali,ut l.nec ullā.§.ſciens.de pet.hæ.Secus ergo,ſi q... emiſſet ab hr̃de unā rē ſingularé:quia tunc locu hr̃dis non haberet.Vñ poſtq̃ eſt bonæfidei,& ēt hr̃s uenditor fuit bonæfide... mala fides defuncti non noceret ſibi, cū hēat titulū ſingular... licet noceat hr̃di ut ſ.ti.2.l.ſequit.§.hr̃s.iſtā lec.ſentit gl.q̃ incipit(nec emptio.)in fi.q̃ licet ſit notabilis in ſe.& Bar.eā legt. ... alia rō vr̃ colligi ex lr̃a,quare iſte non uſucapit,qa ſibi fueru... uendita oīa bona defuncti, ſed iſtæ res depoſitæ nō erāt in bonis defuncti,ergo non fuerunt uenditæ,& iſtud no.ꝑ eo,qđ d... xi,in l.j.ſ.e. de illo q vendidit qcquid iuris hēt in re: qa ſi nul... ius hēt in re,nihil vr̃ uendidiſſe,& iō emptor nihil vr̃ vſucapere vel ꝑſcribere.de hoc tamē dic,ut j.e.l.emptor. tenendo tamē iſtū intellᵐ,q applaudet literæ dēt ſubaudiri, niſi eſſet iuſtiſſimus error,quare putarentur iſtæ res eſſe de bonis defuncti.

§.Tutor ex pupil. Tutor emēs ſolēniter rē,q̃ p... rat eē pupilli,cū ſit alterius, uſucapit,ſed ſi minoris emat,q̃ valeat,tenet actione tutelæ,ē... minᵒ alteri vēdiderit.h.d.Et differt iſte §.a § fi.j.eo.in quatuo... Primo,qa hic emit ipſe tutor:ibi emit qdā alius.Itē hic emit ſolēniter.ſ.cū authoritate tutoris,vl̃ palā,& bonæfide, quo ca... ſiue res eſſet pupilli,ſtatī emptor efficeret dñs,ibi vero emit ... ſolēniter,& ſine tutor,& ſic ſi res foret pupilli, ñ efficeret d... ſtatī.Itē hic erat aliena,nō pupilli, alr̃ nō hr̃et locū vſucapio,ſ... eēt effectᵒ dñs,vt dixi,ibi vero ꝑt ītelligi,ꝙ erat aliena,& ēt ꝙ ... rat pupilli.Itē hic īdiſtinctè vſucapit,ibi uero nō. Sed diſtingu... an ſciebat illū eſſe pupillū,an nō.In tex.ibi(tutelę iudicio tenebit.)ſ.q̃uis plus valeret,vl̃ potuiſſet alteri vēdi,puto tamen h... verū ſi adhuc ñ eſſet decretū rē eē alienā:alr̃ nō videret pup... lus dānificatus,licèt fuiſſet empta minori ꝑtio,cū qcquid hēret de lucro hēat,prout in fi.not.in l.ſi qs filio. §.ſi plures, de leg...

§.Si ſeruus meus, In q̃tis ꝑ ſeruum ex cauſa peculiari mala fides eius impe... vſuca-

capionē,licèt dñs sit bonæ fidei, & licèt apud ipsū puenerit
essio post adeptionē peculii.Sed si uterq. est bonæ fidei ac-
: usucapiendi ɔdō dño,ēt ignoranti.Si uero seruus sit bonæ
i,& dñs malæfidei, si quidē ex postfacto post usucapionē cæ
superuenit mala fides dñi,nō interrūpit usucapio,sed si fuit
in.impeditur inchoari.Sed in q̄stis ex cā non peculiari,ma
des serui nō attēdit,nisi fuerit ꝑ ipsum tradita dño ꝓ liber-
,& sic tanq̄ ꝓpria.h.d.usq.ad §.si a pupillo.Et primo loquit
tis ex cā peculiari usq.ibi, Pōp.Secundo in q̄stis ex cā non
uliari usq.ibi,q̄d si peculiari.Tertio redit ad primū casum,
eterminet dictum dubium usq.ibi,& si quod. Quarto redit
m casum,ut determinet aliud dubium.

nō hēt administrationē bonorū suorū, si iustè putatur habere, licet non nsferat dominium,si est dominus,transfert tamen usucapiēdi condōnē, e sit dominus,siue non sit dominus. Secus si non iustè hoc putatur.

illus,licèt sit dominus, non transfert dominium uendendo, sine tutoris horitate,nec usucapiendi conditionem.

si uendidit solenniter cum tutoris authoritate,& cum decreto.

si errabat in iure,quia sciebat minorem 25.annis,sed credebat ꝙ decre n non esset necessarium.

ndo possessio præcedit titulum,licet non habeatur ab eodem,a quo habe titulus,ꝙ non impediatur usucapio.

Si a pupillo. †Qui non hēt administrationē bono rū suorū, si iustè putat̄ hr̄e, licet non sferat dñiū,si est dñs,transfert tn̄ usucapiēdi ɔdōnē,siue sit siue non sit dñs.Secus si nō iustè hoc putat̄.h.d.cū §.seq.&
utatur difficilis ad sustinendum ipsū a ɔ̄riis.Legit̄ in gl.duo.
Primo,ꝙ res non erat pupilli, & tunc primo dicto istius §.
ob.l.bonæfidei.s̄.de acq.re.do.ubi dr̄, ꝙ res pupilli non pōt
capi:qa in reb.alienis per ipsum possessis, non hēt pupillus
priuilegium:qa hoc nō ꝓdest sibi,sed dño,sed tūc extra gl.
.de l.magis puto.§.j.de reb.eorū. ubi minor in re aliena per
m possessa hēt hoc priuilegium,ꝙ non possit alienare, sine
.Sol. ꝑp hoc intellige istū tex.in re aliena,& mobili, in qua
reqrebat decr.vn̄ sufficit emptorē credidisse iustè, ꝙ esset
or pupillo,ad hoc ut posset usucapere.Si āt est res immobi-
oc non sufficeret,sed dēet credere iustè, ꝙ esset maior xxv.
c putabat decretū requiri.Si āt sciebat ipsum esse minorē,li
crederet esse maiorē pupillo,tunc sciebat,uel scire dēbat de
cū tore necessariū,& sic reputaret̄ malęfidei,& ñ ꝑscriberet.
adhuc opp.cx gl.ɔ̄ primū decr.†Nā si pupillus esset dñs, nō
sferret dñiū uēdēdo sine tutoris authoritate,qa nō hēt ad
istrationē bonorū suorū, posito, ꝙ emptor crederet ipsum
maiorē pupillo:qa ista credulitas nō facit ꝑpea,ut hēat ad
istrōnē rerū suarū,ergo si nō est dñs,nō transfert usucapiē-
dōnē,ꝑ rr̄am l.clauib.de ɔ̄h.em.Sol.tene menti: illa rr̄a non
locū eo casu,quo dñs nō transfert dñiū ꝑp defectū ti.qa nō
alienare in eius ꝑiudiciū:quia nihilominus si res est aliena,
fert usucapiēdi ɔdōnē. Casus est hic: qa cessat cā ꝓhibitio-
cū nō tractet̄ de ipsius ꝑiudicio,sed si esset sua bene tractare
de ꝑiudicio suo, vn̄ licèt nō trāsferat dñiū,ne sibi fiat ꝑiudi
,bn̄ transfert usucapiendi ɔdōnē ɔ̄ dn̄m, qa in hoc sibi non
dicat̄,& ista est rō huius §.facit l.si uir.j̄.ꝓ donato.Sed qñ es
eadē rō in utroq.tunc ꝓcederet illa rr̄a.Legit̄ scd̄o mō,ꝙ res
pupilli,& tunc ad primum dictū obstat ɔ̄riū de d.l. bonæfi-
Sol.ſm quodā,q̄d ibi dr̄,hēt locū in re immobili ipsius pu-
,in qua hēt illud priuilegiū,ut non possit alienari: sine de-
to:secus in re mobili,& ita intelligat̄ hic,& sic ēt ſm istā lec.
intelligi in re mobili,sicut in ꝑce.lec.& hoc idē uoluit gl.s̄.
.§.tutor.Sed ɔ̄riū,ꝙ lex bonæfidei loquat̄ ēt in re mobili,te
t gl.j.l.2.C.de auth.prest. & illa est uerior ſm Bar. qa si loq̄-
tm in re mobili, nō esset aliqua spālitas in pup.cū ēt adult⁹
t ī illa priuilegiū,ne possit alienari sine d̄creto,ut ī toto ti.d̄
us eo.ergo nec ꝑt ꝑscribi,si facta est alienatio sine dec.ꝑ legē
nationis verbo.de verb.sig.& tn̄ illa l. bonæfidei,vr̄ ponere
spālitatē ī pupillo:vn̄ ſm ista iura,ēt res mobilis pupilli nō
erat alienari sine dec.sed maioris pupilli,sic ꝑ illā l. Et tunc
ɔ̄riū de isto §.rn̄de, ꝙ illa l. dēt intelligi,ſm istū §. si emptor
it ipm eē pupillū,sec⁹ si credidit ipm maiorē esse. Vel dic,ꝙ
qñ emit a quodā tertio rē pupilli:hic qñ à pupillo,quo casu
āda est distinctio huius §.sed ī casu ꝑcedēti īdistinctè nō vsu
it. † Recollige ergo, ꝙ aut pupillus vēdidit solēniter cū tu
s authoritate,& dec.& trāsfert dñiū. si est dñs, & vsucapien
dōnē,si nō ē dñs:& tūc tn̄ decretū nō reqrit̄,si erat res mobi
t s̄.dixi.Et hoc casu loqt̄ §.tutor.s̄ ea.l.Aut vēdidit nō solē-
r,& tūc aut emptor sciuit ipm esse pupillū,vel ēt si res erat
bilis sciuit ipsū esse minorē 25.an.& nō trāsfert dñiū, si est
,nec vsucapiēdi ɔdōnē,si nō est dñs,vt hic ī ver.si scias.Aut
didit ipsū esse maiorē pupillo,eo casu,quo res erat mobilis,
c nō credidit reqri tutoris authoritatē,vel decretū,vel si res
immobilis,credidit ipm esse maiorē 25.an.& sic errauit ī fa-
,& sic decretū ñ acqri,nec curatoris authoritatē, & tūc si est
dñs nō trāsfert dñiū qa credebat eū hr̄e administrationē,& em
ptori nō erat sufficiens ad faciēdū eā hr̄e,sed bn̄ transfert usuca
4 piēdi ɔdōnē,siue erat dñs,& sic ɔ̄ seipm,& hic ī scd̄a lec.† Quid
si errabat in iure,qa sciebat minorē 25.sed credebat,ꝙ decretū
a nō esset necessariū:ꝑt dici,ꝙ ꝑscribat[a] 30.an.qa titulus fundat⁹
ēt in iuris errore cāt bonā fidē,q̄ sufficit ad ꝑsc.30.an.& no.gl.in
c.de quarta.de ꝑsc.Et sic est mirabile,ꝙ dñs nō trāsfert dñiū. tn̄
transfert, usucapiendi ɔdōnem ɔ̄ se, qñ dñiū non transfert ex
eo, quia non hēt administrationem bonorū suorū, tamē iuste
putatur hr̄e, & eodē mō trāsfert usucapiendi ɔdōnē, & multo
magis si res erat aliena,hodie per l.lex q̄ tutores.C.de admi.tut.
Res mobiles,q̄ seruando seruari possunt, ēt si sint maiores pupillo,& minores 25.nec possunt,sine dec.alienari. Tene menti
ꝑdicta,remanet declarata difficultas huius §.cætera dic, ut ī gl.
5 & in seq.ɔ̄rio.In uer.item opp.tene j.sol.ex qua nota ꝙ † quādo
possessio ꝑcedit ti.licet non habeatur ab eodē a quo hr̄ ti. non
impeditur vsuc.quod dic,ut dixi in l. solus. de vsuc. Pōt ēt dari
alia solutio,ꝙ ɔ̄ria gl. loquat̄ de possessione rei immobilis,q̄ pu
pillus a se abdicare non pōt,secus in possessione rei mobilis, qa
est uilis & abiecta,ut in l. rem quæ nobis.de acq. poss.

ADDITIO.

2 Quòd ꝑscribat.Vide Soc.cōs.xv.& consi.26.& consi.47.per Lud.Ro.consi.126. 166.vbi facit mentionem de gl.in c.quarta.,& dicit ꝙ ɔ̄rium tenuit in c. Apostolicæ.extra de do.& in c.fi.de his,quæ fiunt a ma.par.capituli.

§.Si eam rē. Mala fides successoris singularis interrūpit usucapionē cęptā ꝑ authorē, secus in mala fide successoris vl̄.s.h.d.iste §.cū §.si defunctus.j̄.ea.l.ꝙ declara, vt dixi s̄.ti.2.l.hr̄s.In tex.ibi(nō capiā vsu.)qa nō cōplebo usucapionē cęptā ꝑ te, nec aliā incipere possum de nouo multo minus.sed ɔ̄,qa ur̄ dr̄e distingui, an uelim uti accessione ex ꝑsona tua,uel incipere nouā usucapionē ex persona mea,ut l. Pomp. §.cū quis.s̄.de acq.pos.Sol.illud procedit in casu econuerso, qñ fuisses malæfidei,& ego bonæ, qa si uolo uti accessione ex tua ꝑsona, nō possum, sed si uelim incipere ex ꝑsona mea possum, qa non utor accessione possessionis uitiosæ.Sed qñ tu eris bonæfidei,& ego malæ, neutro casu possū usucapere, qa uitiosæ possessioni meæ non pōt accedere tua,licèt non uitiosa, ut d.l. Pōp.§.fi. Itē adhuc ɔ̄,qa mala fides superueniēs post usucapionē inchoatā eā nō interrūpit iure isto,ut s̄.ea.l.§.si seruus me⁹. & C.de vsuc.trāsfor.l.j.Sol. illud uerū qñ supuenit in ꝑsona illius q incipit vsucapere,uel successoris eius,q reputat̄ eadē ꝑsona cū eo,ut est dñs,q reputat̄ eadē ꝑsona cū seruo,ut d.§. si seruus.uel ēt hr̄s,ut e.l.si defunctus.& idē vr̄ in legatario ꝑ l.id tps. s̄.de vsuc.in §.fi.secus si nō reputat̄ oīno eadē ꝑsona, ut est successor singularis,casus est hic.& adde quod no.in l.Pomp.§. q̄situm.de acq.poss.in gl.q̄ incip.i.interrumpatur.

§.Si defunctus. Ibi usucapietur res,s.si defunctus incæperat eum usucapere, qa fuit sibi tradita,secus si non incęperat, quia fuit tradita hæredi malæ fidei,licèt defunctus bonæfidei emisset,quia non inchoauit vsucapere,ut s̄.de vsucapio.l. hæres.

1 *Litis contestatio non interrumpit usucapionē triennij,sed solutio æstimationis litis facta domino bene interrumpit, quia efficitur dominus, unde amplius non usucapit.*

2 *Præscriptio longissimi temporis,quæ currit sine titulo, & bona fide, de iure ciuili tam in realibus quam in personalibus actionib.interrumpitur per solam citationem.*

3 *Quod idem sit in præscriptione statutaria minoris temporis,introducta in dictis actionib.sine ti.& bona fide.*

Quid in ꝑscriptionib.sui natura currentib.ut in actionib. ꝑtoris annalibus.

1 **§.Si rē alienam.** †Litis ɔtestatio nō interrumpit v-
sucapionem triennij, sed solō æsti-
mationis litis facta dño bn̄ interrūpit,qa efficit̄ dñs,vn̄ amplius
2 non vsucapit.h.d.Et ꝑp primū dictū sꝑ allegat̄.†In gl.j.ibi.(i.mo
tæ litis.)sed ꝑscriptio lōgissimi tꝑis, q̄ currit sine ti. & bona fide
iure ciuili tā in realib.q̄ in ꝑsonalib.actionib.interrūpit̄ ꝑ solam
3 citationē,ut l.sicut.C.de ꝑsc.30.an.† Et idē[a] in ꝑsc.statutaria mi
a noris tꝑis ītroducta in dictis actionib.sine ti.& bona fide,qa suc
cedit loco ꝑscriptionis legalis.ar.in l.ɔ̄ctib.post ꝑri.C.de nō nu.
pe.& tenet Bar.hic, & his dieb.ɔsulēdo dixi.Quid āt in ꝑscriptionib.sui nā currētib.ut in actionib.ꝑtoris annalib.dic ut no.ī l.fi.ī pri.s̄.de eo ꝑ quē fac.est.In gl.ibi (secus quo ad effectū.) qa licèt post ɔtestationē ɔpleat̄ usucapio,& re⁹ efficiat̄ dñs direct⁹ sibi tn̄ ñ ꝓderit,qa ɔdēnabit̄ ad restōnē rei,ut d.l. post acceptū. sed quaīr poterit ferri snīa ɔformis libello cū actor petierit declarari se dn̄m,& bn̄ petijt,tūc cū erat dñs,sed nūc cū fert̄, snīa nō est dñs,sd̄ ipse re⁹? Rn̄deo,poterit iudex omittere illā declarationē,& ɔdēnare dūtaxat ad rei restōnē, qa ista duo ī libello pe-

ADDITIO.

a Et idem.Adde ꝙ hoc idem firmauit Lu.Ro.ubi multa allegat consi.38, & quid tribuat plus præscriptio statutaria q̄ illa,quæ de iure communi conceditur,vide per eundem consi.408.

petunt,& primū.s.declaratio iure actionis,ſm officio iudicis illi deſeruienti. Et dicit Bar.in l. ex diuerſo.§.j. de rei. ven. ꝙ licèt iudex omittat primū, & duntaxat ꝯdēnet reū ad reſtitutionē, nō vitiatˀ ſnīa. Vel dic, ꝙ etiā pōt declarari, ꝙ licèt deſierit eſſe dn̄s directus,tn̄ ſtatim loco illius ſubrogatˀ vtile dn̄ium,pro quo incipit ꝯpetere utilis rei uend.ut l.electio. §. qđ ſi is de noxa. tn̄ reſtitutione facta illud vtile conuertitur in directū, qa ſiľ ſtare non pōt,ut l.mulier.§.ſi cum eſſet.ad Velle.& virtute conteſtationis factæ in directa actione poteſt ferri ſnīa in utili ſubrogata,ut l.quamquam.§.Iulianus.de aqua pluuia arcenda.

LEX IIII.

1 *Mala fides in parte impedit uſucapionem alterius partis ſi eſt incerta ratione loci,& quotę,alias ſecus.*

2 *Si dico,uendo tibi quicquid iuris habeo,uel partem quam habeo,& illam tibi trado,quæ tamen ſit incerta,an transferatur dominium.*

1 EMptor fundi. †Mala fides in parte impedit vſucapionē alterius partis ſi eſt incerta rōne loci,& quotæ,alias ſecus.h.d. Et loquitˀ iſta l.in una re immobili,lex aūt ꝗ cū §.j.loquitˀ. in pluribus reb.immobilib.vbi eo. mō diſtinguitˀ in effectu. Et intellige iſtā l.qn̄ totus iſte fundus erat alienus,licèt emptor putaret, ꝙ eſſet alienus ꝓ parte,& ꝓ parte uenditoris. Tunc ergo de parte, quam putabat alienā,non eſt dubiū,ꝙ illa non uſucapitur, ſed dubiū eſt de parte ꝗ putabat venditoris. Et iſtud dubiū declaratur in l.hac,ꝙ aut illa oīno erat incerta,& non uſucapitur. Aut erat certa rōne loci,vel rōne quotę, & tunc uſucapiˀ. Si aūt iſte fundus fuiſſet ꝓ parte venditoris,& pro parte alterius: tunc de vſucapione nō eſſet tractandum,quia de parte, ꝗ ſciebat alienā nō eſt dubiū,ſiue eſſet certa,ſiue incerta ꝑꝑ malā fidē. De parte uero ꝗ erat vēditoris ſiľr:qa in illa transfertˀ dn̄ium,ſiue eſt certa,ſiue incerta,ergo nō uſucapiˀ,ut l.ſequitˀ.§.lana de vſucapio.

2 †Sed ꝯ ſi eſt incerta,nō transfertˀ dn̄ium ꝑ l.locus.in fi.ſ.de acq. poſ.vbi dr̄,ꝙ nō pōt tradi,ergo &c.ut l.traditionib. C. de pact. Sol.& tene menti illud eſſe uerū, ſi dixiſſet uendo tibi qcqd iuris hēo,vel partē ꝗ hēo & illā tibi trado. Secus ſi dicat, & trado tibi fundū:qa tunc nō tradit partē incertā,ſed totū fundum. Et ita intelligit Bar.hic notabiliter,ꝙ tene menti ꝓ eo qđ dixi in l.j.ſ.eo.& in l.2.§.eius bona.In gl.ibi (ſed qd ſi emptor.)iſta qō gl. differt a caſu.l.in trib primo,qa illa l.loquitˀ,qn̄ totus fundus erat alienus,iſta qō loquitˀ qn̄ ꝓ parte alienus ꝓ parte vēditoris. Itē tex loquitˀ,qn̄ emptor ſciebat eſſe alienū ꝓ parte:ſed iſta qō, qn̄ ſciebat totū eſſe vēditoris.Itē tex.loquitˀ,qn̄ vendidit fundū. Iſta qō loquitˀ,qn̄ dixit vendo qcquid iuris habeo. Tūc ergo eſt qō duplex:vna de parte aliena, an vſucapiatur,ex quo emptor hēat bonā fidē,& iſtā qōnem format gl. Altera pōt eſſe de parte ꝗ erat vēditoris,an dn̄ium illius transferatˀ: & de iſta gl. non vr̄ loqui.& in gl.ſunt duæ opi.Doc. vn̄r tenere vltimā,Bar.vero diſtinguit,vt ſ.dixi,ꝗ diſtinctio pōt cadere in vtraq; qō.Si.n.dixit, vēdo qcquid iuris habeo,& trado:cū traditio nō valeat,nec vſucapitur pars aliena, nec dn̄iū trāſfertur in parte venditoris. Si aūt dixit trado fundum:tunc licèt dixerit,vēdo qcquid iuris habeo:& ſic non vr̄ voluiſſe vendere,niſi partem ſuā,veruntn̄, qa

a emptor credebat,ꝙ totus fundus [a] eſſet ſuus,licèt nō fuerit vēdita pars aliena,ꝑꝑ iuſtū errorē vſucapitur, ac ſi vēdita fuiſſet, & de parte propria dominium transfertur.ita intelligo iſtā gl. cum notatis hic per Bar.licèt ipſe non bene declaret.

ADDITIO.

a Totus fundus. Vide Pa.in l.ſi ſic.§.ſi mihi.ſ.de leg.j.& quod uoluit Anch. conſi. 141.ultra medium.

LEX V.

SI rē quam. Per furtū ſcm̄ a dn̄o,nō efficiˀ res inuſucapibilis.h.d. Iſtud verū, niſi reſpectu iuris illius,cui fuit ſubtracta. Et ita loquitˀ ꝯrium formatū in gl.de l.fi.ſ.ti.j.In fi.l.ibi(cedere tpa vſu).ſ.ꝯ aliū,cui nō fuit ſubtracta,tn̄ hēbat ius in re,puta,hypotecæ: ꝑſcribit.n.emptor lon.tpe ꝯ eū ꝑ ti.C.ſi aduerſus cre.non ſic aduerſus illū cre.cui fuit ſubtracta,niſi ſpatio xl.an. Quantū vero ad dn̄ium, non eſt neceſſaria vſucapio,cū dn̄s uendiderit, & ſic ipſum trāſtulerit: ut l.ſeqˀ.§.lana.de vſuc. poſſet tn̄ ꝓcedere ſi alienaretur poſtea ꝑ non dn̄m nō adhuc uſucapietur, qa nō eſt affecta vitio reali.

LEX VI.

QVi cū ꝑ hęrede. Qui rem precario rogat deſinit eā vſucapere.h.d. Rō eſt:qa transfert in eū poſſeſſionē ciuilē, ꝗ faciebat eā vſucapere,ut ſ.de acq.poſ.l.interdū.in pri. Et poſito,ꝙ nō transferret:qa ſic eſſet actum,tn̄ eā retinet noīe eius a quo rogat,non ſuo,& hoc vult dicere iſte tex. ꝙ mutat ſibi cām poſſeſſionis. In gl.j.ibi.§.qui pignori,& melius. ſ. de acq. poſ.l.q pignoris.ꝗ vr̄ ſibi ꝯriari, ſic non obſt. qa hic loqtur qn̄ poſſeſſor ꝑcario rogauit a nō poſſeſſore:ſed illa ecōuerſo,qn̄ ille ꝗ poſſidebat, ut eſt debitor ꝗ pignori tradidit, rogauit ꝑcario a creditore, qa poſſidebat pro ipſo debitore quantum ad effectum vſucapiendi,ut ſ.de vſu.l.ſerui.quo caſu non deſinit capere:quia ſi uſucapiebat prius,cum nō eſſet poſſeſſor,fo[rtius] tunc cum incipit poſſidere,ut habetur in d.l. qui pignoris,

1 *Quando concurrunt duę cauſę,quarum una nocet,& altera prodeſt,pr[æpon]derat illa quę nocet.*

§.Si ex decē. Mala fides in una re certa, nō noc[et] altera,in qua certū eſt adeſſe bona[m fi]

1 dē:ſecus ſi ambæ ſint incertæ.h.d. Et facit l.emptoris.ſ.eo. no.hic,ꝙ qn̄ ꝯcurrunt duæ cāæ,quarū vna nocet,& altera [pro]deſt ꝑponderat illa ꝗ nocet. Nā hic in aliqua re hēbat bo[nam fi]dē,& in aliqua malā,inſpiciˀ illa in qua malā, ut neutra u[ſuca]piatˀ:de hoc brocardo dic,ut l.ſi qs ī graui.§.fi.cū l. ſeq. ad S[ill.]

§.Poſt mortē. Vſucapio cœpta per defunctum [com]pletur per hæredem, etiam poſſe[ſſio]ne non apprehenſa.h.d.dic ut ſ.de uſucap.l.nunquam.§.u[lt.] ubi declaraui cauſam dubitandi.

LEX VII.

1 *Per ſeruos detinens res hæreditarias,& ſic etiam per colonos,& inqu[ilinos] tempore quo aditur hęreditas,hæres adeundo non ſolum acquirit do[minium] ſed etiam poſſeſſionem.*

QVi fundū. Hic ponitˀ idē caſus ꝗ ponitˀ in [...] ſed addit,ꝙ poſſeſſionē ſerui.[...] erat Dy. Nā ſ.qn̄ poſſeſſio rei ꝗ vſucapiebatˀ,nō fu[it ap]ꝑhenſa ꝑ hrd̄ē, nec detinebatˀ ꝑ aliquē, hic qn̄ de[tineba]batˀ, puta ꝑ ſeruos, & illi ſerui poſt aditā hrd̄itatē eā relic[to] aīo deferendi poſſeſſionē:nihilominus hic nō nocet hrd̄i,[quo]minus uſucapionē ꝯpleat. Rō eſt ſm.gl.qa iſto caſu hr̄s ꝑ [deten]tationē iſtorū ſeruorū cēſeˀ acqſiuiſſe ciuilē poſſeſſionē,[&] [natura]lē,& ciuilē retinebat aīo ſuo,nālē corpore ſeruorū, ſicut [co]lonū,uel inqlinū, licèt ergo ſerui relinquēdo poſſeſſionē hrd̄ē ꝑdere nālē,ꝗ ipſorū corpore retinebatˀ: non tn̄ faciu[nt] ꝑdere ciuilē,ꝑ ea ꝗ no.in l.ſi colonus.ſ. de acq. poſſ. & iſta ciuilis ſufficit ad uſucapionē ꝯplendā in re immobili, vt h[ic] & ad hoc all. Bar.iſtū tex.cū gl.ſicut in re mobili,ut in l.j.§ ſeruū.de acq.poſ.licèt qdā dixerint ꝯ.ꝑterea ēt ſi hr̄s null[am poſ]ſeſſionē hēret,ſi tn̄ ꝑ aliū non eſſet apphenſa,uſucapionē [com]pleret,ut in §.ꝑc.fortius ſi hēt ſolā ciuilē. hoc tn̄ uerū, ſi [...] ēt habuiſſet. Sed ſi acquiſiuit ciuilē ꝑ detētationē ſeruorū [po]ſtea eā ꝑdidit quia ſerui nō ſolū diſceſſerunt,quo caſu ſola[m nālē] ꝑdiˀ ſed in aliū tranſtulerūt,quo caſu ꝑdiˀ ēt ciuilis,ut ſ.de [acq.] poſ.l.3.§.qđ ſi ſeruus,tūc interpellareˀ uſucapio hrd̄is ꝑ l.r[...] vſuc. Ita intelligas iſtū tex.cū gl.

1 †Sic ergo no.primā gl.ꝙ p[er ſer]uos detinētes res hrd̄itarias, & ſic ēt ꝑ colonos, & inqui[linos] tpe quo aditˀ hrd̄itas, hr̄s adeūdo nō ſolū acqrit dn̄iū,ſed ē[t poſ]ſeſſionē:nō ſic,ſi nullus erat in detentatione:ut l.cū hr̄s.de [acq.] poſ.qđ no.& ꝓbatˀ ēt ex his ꝗ dn̄r in l.uniuerſas. §. quod p[...] nū.e.ti.& tn̄ iſti ſerui, uel coloni nō intēdūt eam acquire[re] nouo hrd̄i,ſed acquiſitā defuncto ꝯtinuare, & nihilomin[us in]ducitur noua acqſitio.facit quod no.in l.3.in princ.de ac[q.]

§.Si fundū. Id qđ adijciˀ fundo qui vſucapitur, [...] vſucapione indiget.h. d. In tex.ibi.(e[x] cā habēdo cām a non dn̄o.)& iſtud faciebat dubiū, quia [...]batˀ,ꝙ ꝑꝑ iſtā adiectionē iſta pars adiecta dr̄et cenſeri tanꝗ a[cceſ]ſio fundi,cui adijciˀ,& ſic dr̄et ſeq nām principalis. Vn̄ ſi a[d uſu]capionē principalis fundi nō reſtabant niſi duo anni, tpe [quo] adijci uidebatˀ, ꝙ ipſis lapſis non ſolū fundū principalē a[cqui]rā:ſed partē ēt ꝗ adieci. ꝯrium tn̄ eſt uerū:qa immo requir[itur] in integrū in partē adiectā,& ſic nō hr̄,ut acceſſio quantu[m ad] hoc.nec ob.ſ.e.l.2.cū Stichū.uer.ſꝫ ſi fundus.qa ibi ab ipſ[o] accedebat,hic poſt uſucapionē cęptam cępit accedere.

1 *Non dēt quis tradere obliuioni illud de quo ſemel notitiā,uel ſciam h[abuit]. & quid ſi interuenerit longinquitas tpis,uel negotium ſit perplexum.*

2 *Debitor ſoluens ſcienter procuratori falſo uel reuocato, uidetur dona[re].*

§.Seruus meus. Cum ſoluiˀ res tanꝗ debita [...] non eſſe debitā, uel ſcire de[...] nō transfertˀ uſucapiendi ꝯdō,niſi ēt ipſe ſoluens ſciat ſe in[debi]tū ſoluere.h.d.in effectu.& eſt aliquantulū difficilis,& no[tabi]lis.In tex.ibi(vt fundū ei emeret.)ſupple,& qui emit a non [dn̄o] ſimpľr non ꝓcuratorio noīe meo:quo caſu ſi emiſſet a do[mino] & traditurus ei fuiſſet,dn̄ium in ipſum fuiſſet translatum, [non] in me,ut ſ.de acq.re.do.l.res ex mandato.teneretˀ mihi tn̄ [actio]ne mandati ad ipſum reſtituēdum,ꝗ actio oritur mihi ex [man]dato ſerui,ut j.de ver.obl.l.ſi ita quis.§.Scia.ipſe tn̄ emit a [non] dn̄o,& ſic tenebatur mihi tradere,non aūt illi ſeruo etiā p[oſt] manumiſſo: ipſe tn̄ Titius ei tradidit tanꝗ debitum ſibi c[um] peculium eſſe conceſſum,ſi erat manumiſſus in vltima uo[lun]tate,uel ſi inter uiuos ignorās peculiū ſibi ademptum cū [...]ptum eſſet,& ſic tradidit bona fide,credens ſibi teneri,cū [...]retur dn̄o,ipſe tn̄ ſeruus recepit mala fide: qa ſciebat, uel [...]dēbat ſibi non dēri,cū ſciret peculium ſibi non conceſſum [...] nunc qō utrū iſte manumiſſus uſucapiat aduerſus uerū d[ominum] &c.

dr̄,ꝙ non ꝑꝑ malam fidem suam,q̄ dr̄,non solum cum scit rē
alienam: sed ēt si credat eam esse tradentis, scit tn̄ aut scire
,ꝙ indebitè sibi tradit,vt hic est casus. Et aduerte,quia licet
manumissus,non usucapiat ꝑꝑ malam fidem, ipse tn̄ Titiꝰ
ꝓcurator si esset bonæfidei,qa credidisset esse uendentis, bn̄
caperet ad mei utilitatem:quia teneret̄ actione mādati ipm
captū mihi tradere,ut s̄.de usuc.l.pignor. §.fi. ubi est casus.
edicta uera sunt, si dictus Titius ꝓcurator tradens huic ma-
nisso,tradit bona fide,ut dixi,licèt ille reciperet mala. Si aūt
didit malafide,qa sciebat illi nō dēri,sed mihi:tunc dicit tex.
r̄ sibi donare.& gl.hic supplet,& intelligit, ꝙ tunc ipse ma-
nissus usucaperet ꝯ uerū dn̄m:& bn̄.Et rō est,qa tunc nō re
caret̄ recipere mala fide, qa non recipit tanq̄ rē sibi debitā,
tanq̄ sibi donatā, & sic scīa & mala fides tradentis purgat
lā fidē recipiētis. Et aduertendū,qa iste manumissus isto ca-
usucapiet ad suam ꝯmoditatem:qa non tenet̄ ꝑ ꝯdōnem in-
biti illi restituere, cui soluerit indebitū scienter, ut l.cuius ꝑ
orē.de reg.iur.tenebit̄ tn̄ ipse ꝓcurator mihi actione manda
d fundū,& ēt interesse: qa non p̄t tradere sui dolo,uel cul-
Sed si ipse Titiꝰ tradidisset bona fide,credens se illi teneri iu
credulitate,& ēt ille recepisset bona fide, credēs sibi dēri ex
qua iusta cā, qa forte putabat sibi peculium ꝯcessum ex iu-
cā,tunc iste casus nō ponit̄ hic.gl.tn̄ ij.magna ante fi.vr̄ istū
um tangere,sed nō decl̄at. Tu dic,ꝙ ille manumissus usuca-
,nō tn̄ ad sui utilitatē,sed ad utilitatē Titij tradentis,qui hēt
ōnē indebiti,ut est casus in l.indebiti.§.si nūmi.cū sua glo.s̄.
ꝯd.inde.& per ꝯn̄s ad utilitatem meā, quia tenetur actione
ndati illū fundum recuperatum tradere mihi: & si nōdum
uperasset,liberaret̄ tradendo mihi ꝯdictione indebiti, & ēt
e cessione recta via ego hērē utilem ꝯdictionē indebiti ex æ-
itate.ut in illa l.difficili.s̄.si cer.pet.cum fundus.§.seruū tuū
prudens.& ex istis remanet iste §.difficilis decl̄atus cū sua gl.
st male decl̄ata.ex qb.oīb.recollige tres casus, ut s̄. dixi. Nā
vterq; sciebat indebitū solui, & loq̄t̄ finis huius §. qa usuca
,aut uterq. credit debitum solui,& iste casus non ponitur in
tex. Aut tradens credit debitū soluere, sed recipiēs sciebat
debitū solui:& loq̄t̄ primus casus huius §.vsq; ad uersic. ꝙ si
erit.†Vlt.no.gl.j.mag. ꝙ non dēt quis tradere obliuioni il-
de quo semel notitiā,uel sciam habuit. & sic si ꝯ̄rium facit,
n est iusta ignorātia.hoc tn̄ uerū,nisi ex longinq̄tate tp̄is,ut
eregre.in prin.de acq.pos.vel nisi sit negotiū ꝑplexū,ᵃvt no.
.si res obligata.de leg.j Itē s̄m Dy.& alios in isto §. vr̄ esse ca
.primo de eo,qđ no.gl.s̄.eod.l.2.§.si sub ꝯdōne. q̄ incipit (&
)ꝙ in illū qui scienter recipit indebitū,non transfert̄ dn̄ium
pater, qa si tradens non erat dn̄s, non transfert̄ vsucapiēdi
,ut in primo casu huius §.ergo si est dn̄s,non transfert̄ dn̄iū
r rl̄am l.clauibus.de ꝯ̄h.empt.& hæc est rō quare iste ꝯmittit
tum,ut l.qm̄,de cond.fur.nam si efficeret̄ dn̄s, non cōmitte
ur,ut in l.pc.de ꝯd.ob cau.& in l.fallus §.j.j̄.de fur. sed Bart.
lla l.Fallus.& in illa l.qm̄.dicit hoc esse uerum,qn̄ soluens la
in ꝑsona, qa credit illum cui soluit esse Titiū,cum sit Seius.
ta plene no.in l.si qs vxori.§.cum Titio.j̄.de fur.ubi uide bo
n gl. uel qn̄ simulando se creditorem inducit soluentem ad
uendum: secus si a semetipso soluit nō inductus. Certè ista
tinctio vr̄ tolli ꝑ istum tex.qui istos casus ponit tanq̄ pares,ꝙ
t,uel scire dēat se non esse creditorem,& dicit,ꝙ iste est sis
qui simulat se creditorē.†In fi.allegatur ꝓ casu eius,qđ deter
nat gl.s̄.de ꝯdi.ob cau.in l.si ꝓcuratori falso. ꝙ debitor sol-
s scienter ꝓcuratori falso,seu reuocato vr̄ donare. Videbat̄
um: quia ubi p̄t subesse alia cā cessat ꝑ̄sumptio donationis,
l.si cum aurum.de sol.Sed hic pōt subesse alia cā,uidelicet ut
dat ipso debitori cuius noīe recipit, licet non hēat manda-
n. Breuiter istud esset uerum, si solueret sibi tanq̄ non hn̄ti
ndatum,& sic tanq̄ gestori negotiorum,ut l. si quis offeren
de sol.Sed qn̄ tanquam hn̄ti mandatum,cum sciat eum non
ere,secus.& pro hoc l.non sortem.§.si filio.ubi ēt allegatur
us de isto dubio.s̄.de condi.inde.gl.tamen in l.dispensatorē.
e sol.tenuit contrarium,sed salua illam gl.ut no. per Bart.

A D D I T I O.

ꝑplexum.Adde vt per Lud.Ro.consi.384.

or licèt habeatur loco domini,quando bene administrat, non sic quando pillum spoliat,& idem in prælato cum spoliat ecclesiam.

§. Si tutor.

Res subtracta pupillo ꝑ tutorē efficit̄ furtiua,& inusucapibilis,nisi redeat ī ꝑtātem pu-
li.h.d.Videbat̄ ꝯ̄rium: quia per furtum fcm̄ a dn̄o non effici
res furtiua,nec inusucapibilis,ut s̄.eo.ti.l.si rē quam. † Sed
hoc rn̄det te.ꝙ licet tutor loco dn̄i hēat̄, qn̄ bn̄ administrat.
n sic qn̄ pupillum spoliat,& ad hoc sp allegatur. Et idem in
to cum spoliat ᵃ ecclesiam.In tex.ibi.(usucapio non contin
)nec durante pupillari ætate,nec post, quia est furtiua, sed
rtiua non esset, tunc durante pupillari ætate, idem ut in l.
næfidei.de acq.rer.do.secus post, & sic cessat contrarium gl.

A D D I T I O.

a Spoliat.De prælato spoliatore ecclesiæ,vide per Anch.consi.155.

1 *Mala fides superueniens, an interrumpat usucapionem.*

§. Qui bona fide.

Tempore quo quis possessionē
recuperat debet esse bonæfidei,
siue recuperet extra iudicium,siue in iudicio per actionem per
sonalem,uel per interdictum: alias nec usucapio potest inchoa
ri etiam ex veteri tit.acquisito tempore quo erat bonæfidei,nec
inchoata ēt non interrupta continuari.h.d.vsque ad §.q sciens.
Et primo loquitur,qn̄ uolebat inchoare de nouo: quia præcedens fuerat interrupta naturaliter vsque ibi,(nec.)uel nōdum
erat inchoata:qa traditio adhuc facta nō erat, licet interuenisset tit.vsque ibi.(quare.)secundo loquitur, quando uolebat iā
inchoatam continuare, tamen ex noua possessione: & uti accessione ex persona alterius. Nam etiam hoc facere non potest
si pro tempore possessionis nouiter acquisitæ reperitur malæfidei,quod no.& hoc usque ibi,(idem iuris.)Nam tali possessio
ni uitiosæ non potest accedere altera non uitiosa ex persona al
terius,ut s̄.eo.l.ij.§.si eam rem postea in uer.idem iuris.redit ad
primum casum quando uolebat inchoare de nouo, & ille uer.
allegatur,ꝙ etiam qui habet causam a iudice, ad hoc ut possit
usucapere,debet esse bonæfidei:uidebatur contrarium per l.ge
neraliter.s̄.de noxa.sed speciale est in causa noxali.de hoc no.in
1 l.prætoris.de dam.infec.†Not.ergo hic in uer.quare. limitatio-
nem.ad id quod habetur in l.j.§.hoc proculdubio.C.de usuca.
a transfor.& s̄.e.l.2.§.si seruus meus. ꝙ mala fides superueniēs ᵃ
non interrumpit usucapi.Nam istud est uerum,quādo fuit cō-
tinuata possessio.Secus si non fuit continuata,ut hic, & qa iste
emptor,qui incipit usucapere,alteri uēdidit,& tradidit, & licet
per hoc usucapio non sit interrupta,si emptor erat bonæfidei,
imò pōt uti accessione ex persona uenditoris, & econuerso ipse uenditor si res redhibeatur,pōt uti accessione ex persona secundi emptoris,si tp̄e quo redhibetur, reperitur bonæfidei, ut
in l.si hominem.s̄.de usuc.& de acq.poss.l.Pompo. §.præterea.
si tamen reperitur tunc malæfidei,quia vult continuare vsuca
pionem ex noua possessione,non potest, si tp̄e ipsius recupera
tē, reperitur malæfidei, qa illa possessio non fuit ꝯtinuata ī ꝑso
na eiusdē,sed de ꝑsona primi emptoris trāslata ī s̄m,& postea đ
ꝑsona scđi trāslata in eundem primum. Et hoc intendit dicere
iste tex.ideo casus est diuersus a præcedentibus in facto,quia in
illis uolebat inchoare de nouo. hic continuare inchoatam, &
vti accessione ex persona redhibentis, & dicitur ꝙ non potest,
secus si fuisset bonæfidei tempore redhibitionis.

A D D I T I O.

2 Superueniens.An mala fides superueniens interrumpat præscriptionem, vid
per Bal.consi.339.& 214.per Ale.consi.157.

1 *Procurator excedens fines mandati, licèt non transferat dominium, ꝙ tamen transferat vsucapiendi conditionem, etiam in re quæ erat mandantis si emptor erat bonæfidei.*

2 *Non solum dicitur esse bonæfidei,qui scit rem non esse uendentis,uel eius cuius nomine uenditur, sed etiam qui credit rem esse illius,tamen scit, quòd non iustè uel debitè uenditur.*

§. Procurator tuus.

Mala fides vēdōnis, siue suo,
siue alieno noīe uendat,non
impedit usucapionē rei immobilis: secꝰ in mala fide emptoris.
h.d.in effectu.& iō dixi immobilis:quia si esset mobilis, ꝯ̄heret̄
furtum in alienatione,& sic efficeret̄ inusucapibilis,ad qđ s̄.de
vsuca.l.pōt.cum l.seq.in prin.& qđ ibi dixi. Hodie uero utrum
mala fides uenditoris noceat,dic vt in auth.malæfi.C.de præscr
lon.temp.Et gl.intelligit hunc §.uel ꝙ res erat istius dn̄i,qui ꝓ-
curatorem ꝯstituit ad uendendū,ꝙ erat sua,sed per ip̄m posses-
sa.Item intelligit,ꝙ hēbat mandatum limitatum,ut non uēde-
ret minori pretio,puta,centum, uel non erat limitatum a man
dante,tn̄ res tm̄ ualebat,& sic censebat̄ l̄itatum a iure:qa in ge
nerali mandato censet̄ uenire,ut uendat q̄tum uendi p̄t: & i
1 oīb.istis casib.procedit,qđ hic dr̄.† Et sic no.intelligendo, ꝙ res
erat illius mandantis: ꝙ licet ꝓcurator excedens fines mādati,
non transferat dn̄ium, ut l.diligenter.§.j.uel 2. s̄.mandan. trāf-
fert tn̄ vsucapiendi ꝯdōnem,ēt in re q̄ erat mādantis,si emptor
erat bonæfidei:qđ tene menti,& probat̄ expresè in l.mandatū
distrahendarū.s̄.mand.ubi res erat mandantis & hr̄s mandatarij uendidit,cum tn̄ non posset:qa mandatum morte mandata
rij erat finitum.& ibi dr̄,ꝙ licèt non transferat dn̄ium, trāsfert
tn̄ vsucapiendi ꝯdōnem. Videbatur ꝯ̄rium: quia non uendidit
suo noīe,sed noīe dn̄i, & tanq̄ procurator, uel rōne mādati,cū
nullum hēret. Vnde hac rōne nō transfert dn̄ium. Secus si ven
deret noīe suo,tn̄ adhuc idem dr̄ ibi,facit ēt quod hr̄. s̄. eo.l.2.§.
si a pupillo,ubi dn̄s non transfert dn̄ium rei suæ, & tn̄ trāsfert
2 in ea usucapiendi ꝯdōnem.†Item not.hic ꝙ non solum dr̄ esse
malæfidei, qui scit rem non esse uendentis, uel eius cuius noīe
venditur:sed etiam qui credit rem esse illius, scit tamen ꝙ non
iustè uel debitè uenditur,ut etiam habetur in d. §. si a pupillo

§.Fur

§.Furtiua. Res non dicitur reuersa in potestatem domini, qui furtum factum ignorauit. h.d.

§.Liber homo. Per liberũ hominẽ bonafide possessum ex re possessoris, & ex opera sua, acquiritur dominium, & vsucapiendi cõditio sicut per seruum proprium, h.d.

LEX VIII.

1 *Qualiter dicatur etiam in mala fide ille, qui emit sciens, quòd uenditor in certum malum usum sit consumpturus pretium.*

1 SI quis cum sciret. † Qui emit ab illo quem scit pretiũ ꝯsumpturũ in
2 non certum, & deteriatum malũ vsum, a non censet ma læfidei. Ideo non ꝓhibetur vsucapere, secus si in certũ &
1 determinatum malum vsum.h.d.notabil'r, & sp allega. † Et sic no.nouum modum inducendi malã fidẽ, quia posito, ꝙ credebat rem esse vendentis, & ꝙ licitè posset vendere, quia est maior 25.ann.& sibi non est interdictum bonis, & ẽt ꝙ venditur iusto pretio, si tñ scit, ꝙ venditor in certum malum vsum sit ꝯsumpturus pretium, reputat̃ malæfidei, qđ perpetuo tene men ti. Idem si in vsum incertum, si tñ uendens erat minor.ut in gl. Si aũt erat sibi bonis interdictum, tunc ẽt si ignoraret, ꝙ in aliquẽ malũ vsum esset ꝯuersurus, non vsucapiet, si sciret interdictionẽ, vt s̃.l.prox.§.sciens.In gl.quæ incip.(cui.) ibi, (alij dñr.) hæc uera, & distingue, vt colli'r ex his quæ s̃.dixi. nam si erat interdictum bonis non esset seruanda distinctio huius l.

ADDITIO.

a Malum usum. Adde ꝙ uoluit Ang.hic & Io.And.in addit.in Spec.in tit.de ob. & so.Franc.de Are.consi.83.

LEX IX.

QVi ob pactionem. Si ꝓ libertate serui tradat̃ dño ab extraneo ancilla furtiua, nõ impedit̃ dñs partũ eius vsucapere, si erat bonæfidei tp̃e quo ip̃m ꝯcepit, & peperit. Idẽ si tradat̃ ab ip̃o seruo ancilla ꝑ ip̃m subtracta, tp̃e quo iã est effectus liber.h.d.cũ l. seq. secus si durante adhuc seruitute, vt l.seqẽ.§.de illo.s̃.de vsuc.& hic in gl.q̃ solemniter distinguit.

LEX XI.

1 *Qui credit suo procuratori, uel seruo de eo, quod commiserat illi fiendum, iustam causam habet credulitatis.*
2 *Quid si credat alteri cuicunque qui videatur fide dignus.*

1 QVod vulgo. † Titulus ꝓ emptore putatiuus nõ sufficit ad vsucapionẽ, nisi
2 interueniat iustissimus error.h.d. † No.s'm Bart. ꝙ q credit suo ꝓcuratori, vel seruo de eo, ꝙ ꝯmiserat illi fiendum, iustã cãm hẽt credulitatis. idem si credit defuncto, cui ipse succedit, ut no.ĩ l.Celsus.s̃.de vsuc. Itẽ † si credat alteri cui-
2 cunq. qui uidebat̃ fide dignus ᵃ inter bonos, & graues viros, vt no.ꝑ gl.in l.Titio fundus.de ꝯd.& dem. Et istud est verũ, q̃tũ ad excusandũ ip̃m a dolo, uel malafide, & in his, q̃ non tendunt in ꝓiudiciũ alterius, al's vr̃ secus, ut q̃n facit aliquid qđ facere non dẽt, uel non facit qđ facere dẽt, & hoc tendit in dãnum alteri'. Nã non vr̃ excusari licèt dicto alterius fuerit motus, q̃a imputatur sibi, cur fuit nimis credul', ut l.j.§.j.de eo ꝑ quẽ fact.est. Nisi hoc fecerit suggestione illius ad cuius dñiũ tendit, q̃a tunc etiã excusat̃, ut l.2.cum ibi notatis.s̃.q̃n actio de pecu.est annalis.

[A]DDITIO.

a Fide dignus. Adde eundem Pau.consi.132.Abb.consi.144.2.lib.

LEX XII.

1 *Per missionem in possessionem ex primo decreto, non desinit quis usucapere, uel præscribere.*

1 MIsso legatario. † Per missionẽ ĩ possessionẽ ex primo decreto, nõ desinit q̃s usucapere, vel p̃scribere.h.d.ꝯcor.l.2.J̃.ti.prox. Et istud est uerũ, q̃n alius fuit missus in possessione ꝯtra quẽ nõ currebat usucapio, uel p̃scriptio, & ita loquunt̃ iste tex. Si aũt ille ꝯ quem currebat, tunc aut loq̃mur in p̃scriptione lõgissimi tp̃is, & illa vr̃ statim interrũpi, ꝑ l.cũ notissimi.§.immo. C.de p̃scr.30.an. Aut loq̃mur de p̃scriptione longi tp̃is, & tunc si dñs q̃ egit reali actione ꝯ p̃scribentẽ, fuit missus ex primo decre.nõ interpellat̃ statim usucapio, q̃a non statim possidet, ergo nec ille p̃scribens desinit possidere, licet lapso anno bñ interpellat̃, q̃a missus incipit possidere: ergo & ille desinit, ut in l. si q̃s emptionis.§.sed si q̃s.cũ ibi no.eo.ti.& in c.q̃m frequẽter, vt lit.non ꝯte. Item ꝓcedit ista l. nisi alius fuerit missus in possessionẽ ex cã iudicij, i.ꝑ executione sñiæ, q̃a tũc ẽt interpellat̃, cũ iste missus statim incipiat possidere, sicut cred.hñs pign' cõuentionale, & ita hr̃, & no.J̃.de re iud.l.a diuo.§.si super reb.in tex.& gl.& ꝑ Bar. In tex.ibi (in possessione.) s.rerũ quas defunct' emerat a non dño bona fide, & sic eas p̃scribat tit.ꝓ emptore, & ẽt hr̃s eius eo.ti.& ti.pro hr̃de, vt J̃.ti.prox.l.2.& neglexit hr̃s cauere legatario de soluẽdo legato adueniente die, vel ꝯdõne, & ꝑꝑ hoc legatarius fuit missus in possessionem rerũ hr̃ditarirum, & ẽt illarum. In tex.ibi (salua ꝑtoris pignòris cã.) quia licet hæres efficiatur dñs complendo usuçapionem, pignus tamen prætorium legatarij durat, & non tenetur discedere, nisi satisfiat, uel caueatur, ut in d.l.2.J̃.titu.proxi.

LEX XIII.

1 *Per nuntiationem noui operis, seu protestationem extraiudicialem non interrumpitur præscriptio longi temporis.*
2 *Præscriptio longissimi temporis interrumpitur per citationem iudiciali[m], & an etiam per nunciationem noui operis.*
3 *Per solam denunciationem extraiudicialem, ꝙ hæreditas ad eum non p[erti]net, ꝙ uideatur induci mala fides.*

2 ALienam aream. † Per nunciationem n[oui] opis, seu ꝓtestationẽ [extra]iudicialẽ non interrumpit̃ p̃scrip.long. tp̃is.h.d.[&] allegat̃, sed nec ẽt per citationẽ iudicialẽ, cũ nõ
2 ꝑ ꝓtestationẽ litis interrumpat̃, ut in l.moræ.C.de rei uen.[...] p̃scri.long.tp̃is bñ interrumpit̃ ꝑ citationẽ iudicialẽ, ut l.[...] & l.cũ notissimi.de p̃scr.30.an.post prin. Non sic per nunc[iatio]nem noui opis, uel per ꝓtestationẽ extiudicialem factã ẽt [...] ꝙ res sit sua, & hoc de iure ciuili. An aũt ex tali ꝓtestation[e in]ducat̃ mala fides, & sic interrumpat̃, saltẽ de iure cano.dñ[...] cto.ꝙ non, si aliud de mala fide nõ apparet, q̃n fcã fuit po[st] ptã vsucapionẽ, ꝑ no.in c.dile.de maio.& obe.ꝑ Inn, sed si [...] set fcã anteq̃ inciperet possidere tp̃e quo volebat emere, [...] bñ induceret mala fides, ẽt de iure ciuili.vt C.de rei ven.l.[...] dum.& l.uirilis.§.si adierit.de leg.ꝓstan.& J̃.q̃ in frau.cre. ꝑtor.§.si q̃s particeps. & hoc in hñte titulũ singularẽ ma[...] non lucratiuũ. Secus in eo q̃ possidet pro hr̃de credẽs se h[...]
3 ẽt si iustã hẽat cãm credendi, † nam per solam denunciat[ionem] extiudicialem, ꝙ hr̃ditas ad eum non pertinet, vr̃ induci ma[la fi]des.ut in l.item ueniunt.§.petitam.s̃.de pet.hære.alleg.in[...]

LEX XIIII.

1 *Licèt emptor sciat rem alienã, si tamen credit uendentem habere man[datum] uendendi a domino, non dicitur malæfidei, & potest præscribere.*
2 *Coniuncta persona licèt censeatur hẽre mandatũ de agendo pro coni[uncta,] non sic censetur habere mandatum de vendendo rem coniunctæ per[sonæ.]*

1 INtestatæ. † Licèt emptor sciat rẽ alienã, si tñ c[redit] uendentẽ hr̃e mandatũ vẽdendia [...] non dñ malæfidei, & ꝑt p̃scribere. h.d. multum notabi[le ...] est casus quotidian'. Requiritur tñ, ꝙ subsit iusta cã cre[...] di: nec puto sufficere, ꝙ ille uenditor ita asserebat, nisi ali[...] oñderet.ꝑꝑ quod emptor uerisimiliter poterat credere ita[...] Alias esset sibi imputandum, quare non fecit sibi manda[tum] ostendi, per ea q̃ no Bar s̃.e.ti.l.qui fundum. §.procurator[...]
2 No.etiam glo.hic, ꝙ coniuncta persona, licèt censeatur ha[bere] mandatũ de agendo pro cõiuncta ab ipsa l. vt in l.sed & ho[c] prin.de proc. non sic censetur habere mandatum de uende[ndo] rem coniunctæ personæ, quia agitur de maiori præiudicio etiam de excipiendo solutionem, ut l.non solum.s̃.solu.[...] & l.j.in fi.cum seq.ut leg.no.cau.

Pro hærede. *Rubrica.*

LEX PRIMA.

1 *Titulus putatiuus pro hærede non sufficit ad vsucapiendum, si non p[oterat] esse hæres, quia uenie bat ille cuius se hæredem putabat.*
2 *Viuens non habet hęredem.*
3 *Si aliquis decessit, & ego putans me esse hęredẽ illius, cum non essem, hæreditatem de facto, & apprehendi possessionem rerum hęreditari[arum,] licèt steterim in possessione per longum tempus, non efficior hæres, [...] præsumar uerus hęres: ut agere & conueniri possim vt hęres.*
4 *Titulus pro hærede, seu usucapio ex isto titulo in quib. reb. habeat loc[um.]*

1 PRo hærede. † Titulus putatiuus pro h[ærede] nõ sufficit ad vsucapie[ndum,] si nõ poterat esse hæres, quia uenie bat ille cui[us se] hæredem putabat. hoc dicit. † Vnde allega[tur]
2 ꝙ viuens non habet hæredem. Idem si non poterat esse hæ[res] ex quo cum eo non erat testamenti factio.J̃.eo.l.fi.idem [...] si ex alia causa non poterat esse hæres, tum quia ignor[abat] vel non erat certus illum esse defunctum, cum tamen esse[t,] sic non poterat hæreditatem adire, vel pendebat conditio qua erat institutus. Ita videt̃ hic colligi ex gl.2.mag.post pr[in.] aũt poterat esse hr̃s, q̃a oĩa concurrebant, tñ non erat, sed credebat se esse, vr̃ sufficere, ut s̃.de usucapio.l.non solum. vulgo.uersi.amplius. Et intellige istam l.ẽt si habuit iustam credendi, ꝙ ille esset mortuus cuius hr̃ditas ad ipsum pti[...] si verũ esset.& sic not.limitationem ad illam l.non solum. vulg.In gl.mag.ibi (dic ergo ꝙ ille.) Tu dic clari', ꝙ titulo[...] de vsucapit verus hr̃s, & ẽt putatiuus. Et quãtũ ad primũ[...] vsucapit rẽ, q̃ defunctus possidebat bona fide, nõ tñ mean[...]

vſucapere longo tpe,uel triennio, quia ſibi deficiebat tit. tarius, ſuo non deficit. Nam aditio hr̄ditatis ſicut eſt iuſta ꝯquirendi dñiũ rerum q̄ erant defũcti,vt in l.cum hr̄des.de poſ.ita eſt ſufficiens cã acquirendi & uſucapiendi ꝯdõnem ꝫm,q̄ non erant defuncti: & pp hoc principr̄ fuit factus iſte ꝫt ꝭ.eo.l.pe.ubi hoc hr̄. Tñ aduertendum quia per ſolã adi- ꝫem non acquireret,niſi poſſeſſionem apprehenderet illius licet hr̄s dñium acquirat ſine tradõne, per l. ſi poſſeſſionẽ. uſuca.iuncta l.hæredes.licet ſecus in dñio rerum q̄ erant de- ꝫti,qđ per ſolam aditionẽ acquiritur. Item per oĩa ſi defun- non poterat uſucapere,qa res erat uitioſa,tñ poſt ei⁹ mor- uitium fuit ſublatũ,ut in l.eum qui ædes.§.j.ꝭ.de uſuca. Itẽ capit pro hr̄de rem, q̄ defunctus uſucapiebat aliquo titulo, te titulus non fuit neceſſarius: nã ẽt ſi deficeret titulus pro ꝫ,& in ſuo.ut ꝭ.l.proxi.§.ſi.uſucapit tñ ſuus hr̄s eod.tit. quo capiebat defunctus. Sed ſi ſit hr̄s,naturalis titulus pro hære ccumulatur illi quẽ hẽbat defunctus, & utroq. titulo com ꝫur uſucapio,ut l.3.§.ex plurimis.de acq.poſ.Circa fm de hæ e priuato,dic ut ꝭ.dixi,quia non ſp ſufficit putatiuus titulus hærede.†gl.ibi,(an autem totalis.) No. ex iſta gl.ꝙ ſi aliquis eſſit,& ego putans me eſſe hr̄dem illius,cum non eſſem,adi r̄ditatem de facto,& apprehendi poſſeſſionem rerum, licet erim in poſſeſſione per longum tp̄s, non efficior hr̄s, bñ tñ umor,ſi apparet alius uerus hr̄s, & cõueniri poſſum ut hr̄s, gere,ut l.controuer.de tranſa.& ibi per Bar. qa iſtud ius in- porale nec poſſidetur, nec quaſi poſſidet̃, licet alia iura in- poralia ſoleant quaſi poſſideri ut ius uſufructus,uel uſus.ut .ſi.ꝭ.uti poſſi.uel iuriſdictio.& hoc uoluit iſta gl. Item no.ꝙ t non efficiar hr̄s tñ ꝑſcribo titu. pro hr̄de ſingulares res, ſi nt alienæ non defuncti. Innuit ergo glo. ꝙ ſi erant defuncti, non ꝑſcribo tit. pro hærede ſicut nec earum efficior dñs ꝑ tionem.Contrarium vr̄ uoluiſſe gl. in l.hr̄ditatem. C. in qui. ceſſat longi temp.præſcri.dicens,ꝙ ſi habui iuſtam cauſam dendi ꝑſcribo ꝯ uerum hr̄dem,& ſic eſt uſus in quo peti. hæ ui natura eſt perpetua,& durat 30.annis,tñ tollet long.tem 10.uel 20.ann.Si ergo leges dicẽtes,ꝙ durat 20.annis, ut eſt ereditatis.C.de peti.hær.cum ſi.hñt locum,qñ poſſeſſor erat æfidei,uel errabat in iure,ſecus ſi in facto, quod eſt ſingula- Hoc tñ declaraui in l.cum ſolum.de uſucapio.procedere,qñ ſeſſionem non habuit a uero hærede: alias ſecus per illam l. intellm̄ quem ibi dedi.† Ex dictis, & his q̄ ſequuntur not. ꝙ titu.pro hærede,& uſuca.ex iſto ti.procedit in reb.alienis, as defunctus ẽt præſcribebat, ꝙ ſi quidem præſcribebat ſine pro hærede,facit cum cum titulo ꝑſcribere. Si præſcribebat n tit.iſte tit.illi accumulatur.Procedit ẽt uſucapio ex iſto ti. reb.defuncti,quas quis,ut hr̄s tenet, & poſſidet, qa ꝑſcribit s ti.pro hr̄de,ſiue eſſent defuncti,ſiue aliæ,& iſtud eſt notan m,licet non ſit hæres.Non autem procedit iſte tit.in ipſo iu- & noĩe hæredis: quia licet quis vt hæres alicuius poſſideat e- bona,cum non ſit hæres ex præſcri.licet ipſas res bene ꝑſcri t,ut dixi.Et hoc ſi pro nulla parte ſit hæres. Sed quid ſi eſt hæ pro parte,& pro parte non, utrum poſſidẽdo pro parte qua n eſt hæres præſcribat? Ecce caſum,erant duo fratres,præde- ſſit unus,alius poſtea deceſſit ignorans, & ſic nihil tranſmiſit rte fratris relicto hærede extraneo. Iſte extraneus hæres pro te iſtius ultimi morientis longiſſimo tempore tenuit bona iuſque fratris,tãquam hæres utriuſque, an efficiat̃ hr̄s illius?

LEX II.

QVi legatorum. Miſſio ex primo decreto ꝑ- ſcriptionem non interrum pit.h.d.dic vt in l.miſſo.ꝭ.tit.proxi. In tex.ibi, (quam ſit ſolutum ei.)ſeo caſu quo conditio legati iam ex- it uel dies euenit,ſed ſi non extitit,uel non uenit,habet locũ od ſequitur.Aut eo nomine ſatiſdatum.

od duplex ſit poſſeſſio, ſcilicet naturalis & ciuilis.

.Quod vulgò. Qui detinet rem quã ſcit alienã, ex ſuperuenienti tit. pro hr̄de nõ cipit poſſidere,nec uſucapere, quia non põt ſibi cãm poſſeſ- nis mutare.h.d. Quia non interuenit iuſta cauſa:alias ſecus, ſi credebat illam eſſe defuncti,cui ſucceſſit, ut l.non ſolum. quod vulgo.ꝭ.de uſuca. Videbatur hic,ꝙ ſi Titius deponit a- d me res tuas,uel commodauit, & poſtea ſibi ſucceſſi, quòd ſſim eas poſtea uſucapere tit.prò hærede. quaſi mutauerim uſam poſſeſſionis ſuperueniente noua cauſa,quia ſucceſſi,& prius non poſſidebam,ſed detinebam, tunc efficior uerus ſſeſſor. Sed ꝯriũ eſt ſi ſciui eas eſſe tuas, quia non potui cãm ſſeſſionis mutare,cum illa non ſit iuſta cauſa, pp meã ſcien- m,& ſic non efficior poſſeſſor. Nec ob.ſi dicatur,illa regula, nemo põt ſibi mutare cauſam poſſeſſionis, loquitur in illo, i poſſidebat ex una cauſa,ut non poſſit incipere poſſidere ex tera.Sed hic non poſſidebat,ſed detinebat.Vnde vr̄ illa regu- ceſſare: quia dicit iuriſconſultus, ꝙ immo locum habet non ſolum in ciuili poſſeſſione,i.in uera poſſeſſione.quæ eſt duplex ſ.ciuilis,& naturalis, ſed habet locum etiam in naturali,i.in nu da detentione, q̄ non eſt uera poſſeſſio, licet uideatur ꝑ actu corporalem,qui exercetur eo modo ꝑ detentorẽ,ſicut exerce- tur per uerum poſſeſſorem: ut non poſſit illam detentationem uertere in ueram poſſeſſionem. Et dicunt Docto.ꝙ iſte tex. ſo- lus facit mentionem de ciui.poſſeſſione,& nullus alius,licet be ne faciat mentionem de naturali: licet etiam dicat quem ciui- liter poſſidere per alium. Et ideo uidetur hic caſus pro opi. Ioã. & etiam Dyn.ꝙ ſit duplex poſſeſſio,nõ ſolum naturalis de qua nou eſt dubium,ſed etiam ciuilis. Non tamen iſte text. oĩno fa- cit,quia hic ſumitur ciuilis,non ſolum pro illa quæ retinet̃ ani- mo, ſed ẽt pro naturali quæ retinetur corpore, & eſt uera poſ- ſeſſio,& dum ſubdit naturalis nõ pro uera poſſeſſione, ſed pro detentatione,ut hic patet,& ita dicit Bar. in l.j.ꝭ.de acqui. poſ.

1 *Seruus hæres ſiue ſolus ſiue cum alio ſuccedat, non uſucapit tit. pro hærede.*

2 *Extraneus hæres quare uſucapiat tit. pro hærede rem quæ non erat defuncti, ſed bona fide per ipſum poſſidebatur, & non ſuus hæres.*

3 *Quod remedium habebit filius qui rem in hæreditate repertam tenuit longo tempore bona fide tanquam paternam, & ab alio moleſtatur.*

4 *Donatio facta per patrem filio in poteſtate propter merita, quòd hodie ſtatim ualeat.*

1 **§.Filium quoque.** †Seruus hæres, ſiue ſolus, ſiue cũ alio ſuccedat, non uſuca- pit ti.pro hr̄de h.d.Dyn.& probatur. C.eo.l.nihil. Vel ſi filius in ptãte rem donatã a pr̄e ſi erat aliena, & ipſe ſolus ſuccedit pr̄i, non uſucapit tit. pro hr̄de. Et ſi erat pr̄is & ſuccedat cum alio, non uſucapit ꝯ illũ tit.pro donat, h.d.ſm intellm̄ quẽ puto ue- rũ.Et ſic in primo caſu ſucceſſit ſolus,& res erat aliena.ut dicit gl.2.in fi.Et ſolum quærit̃,an uſucapit tit.ꝑ hr̄de.Sed in ſcđo ca ſu erat patris: ut patet dũ dicit (hr̄ditarias.) Aliàs non eſſet hr̄di taria,licet gl.ſuꝑ illo uerbo alr̄ intelligat, nec tunc tractatur de uſucapiẽdo ꝯ cohr̄dẽ, cuius ꝯriũ vult lr̄a in fi. ſed ꝯ uerũ dñũ: nec tunc eſſet tractandum,an uſucapiat ti.pro hr̄de. pro ea par te ꝑ qua ipſe non eſt hr̄s,ſed alius,& iõ neceſſariò intelligit,an uſucapiat tit.pro donato, & dr̄ ꝙ non ut ſeq. tit.prox.l.j.§.j. qa donatio ualuit, tñ tunc vr̄ ꝙ ꝯfirmetur morte, & ſic acquirat

2 dñiũ totius ex quaſi legato.ut in gl.†In gl.2.ibi. (& eſt rõ vt ſu- biicit.) Iſta rõ eſt ſatis obſcura, & iõ dic ut ꝭ. dixi. Nam ex̄neus hr̄s iõ uſucapit tit.pro hæred.quia aditio hr̄ditatis eſt ſufficiens cã acquirendi dñium,qđ prius non hẽat in reb.q̄ fuerãt defun- cti,ergo ſilr̄ eſt ſufficiens cã acquirendi quaſi dñium, & uſuca- piendi ꝯdõnem in reb q̄ fuerant defuncti,ergo & in rebus quę non fuerunt defuncti, ſed bona fide per ipm̄ poſſidebant̃. Sed in ſuis hr̄dib.ipſa ſuitas,uel immixtio non eſt cã acquirendi do m.niũ de nouo earũ rerũ,q̄ fuerunt patris,ſed continuandi,qa filius ẽt patre uiuente dicebat̃ quodammõ dñs, & poſſeſſor, ſi- cut ipſe pr̄,licet non plenè,ſed imaginariè, ut in l.in ſuis de lib. poſthum. Mortuo aũt patre illud dñium,quod habuit uiuente pr̄e,impugnat̃: qa ibi prius erat imaginarium: nunc eſt uerum, & plenum,tñ eſt illud idem. Igitur nec in reb. quæ pr̄is non fue rant,eſt ſufficiens cã acquirendi quaſi dñium, uel uſucapiendi ꝯdõnem,qa hoc nõ eſt de natura ipſius ſuitatis, ut faciat aliqd de nouo acqri,nec ẽt põt in illis ꝯtinuari,quia uiuente pr̄e in il

3 lis non fuit filius dñs,vel quaſi dñs.†Quod ergo remediũ habe bit filius, q rem in hr̄ditate repertam tenuit longo tpe bona fi- de,tanq̃ paternam: & nunc ab alio moleſtatur,ſi non põt dice- re pr̄em habuiſſe tit. Nam ex proprio tit.pro hęrede non poteſt ſe iuuare,nec ex tit. pr̄is,vr̄ ergo ꝙ non niſi longiſſimo tempo- re ꝑſcribat. Br̄ de hoc dic,ut no.per Bar.in l.Celſus.de uſuc. ubi dat filio remedium,& ꝯſilium,ꝙ alleget titulum pr̄is, quia di- xit ſibi,ꝙ emerat: & ſic põt docere per teſtes de hoc, licet non hẽat inſtr̄m emptionis,quia tñ iuſtè potuit illi credere,ut ꝭ.ti- tu.j.l.quid vulgo.vſucapit ti.pro emptore priuato.ut d.§.quod

4 vulgo.†In gl.ibi, (quia donauit ut ex̄neo.) melius diceret gl.ꝙ aut donauit ſimplr̄ animo transferendi dñium, quod põt fieri duplr̄. uel donando ut extraneo, quod præſumitur qñ merita condigna præceſſerunt ipſius filii,ut no.in l.ſi donatione.C.de dona. uel ut filio qñ non præceſſerunt, ſed ſola filiatio inducit ad donandũ,& tunc iſto iure neutro caſu valebit donatio facta filio in ptãte,ſed ſi pater præmoriatur,confirmabitur, vt in l.2. C.de inof. do. Et ſecuta confirmatione ualet potius vt legatũ, uel donatio cau.mor.q̃ vt donatio inter viuos, ergo nec vſuca. ex tit.donationis inter viuos,nec viuente patre, quia tunc non valuit,nec poſt eius mortẽ. Sed bñ poſſet dici, ꝙ vſucaperet ex tit.quaſi pro legato.ita dicit gl.in l.fin.C.pro donato. & ẽt glo. iſta ſentit hic. Hodie uero qa filiuſfa. põt hr̄e aduentitia,& ac- quiſita ex meritis ſunt aduẽtitia, ſi eſſet facta donatio tanq̃ ex- traneo pp merita,ſtatim valeret, & transferret̃ dñium ſi cẽt res patris.vt no.in authen.vnde ſi parens.C.de inof.teſta.& ſi non eſſet patris,transfertur uſucapiendi condõ.Sed ſi non pp meri ta,dic ut dicam infra titu.proxim.l.j.§.j. Aut donauit non ſim-

pliciter,

pliciter,sed vt hēat in peculio, & tũc non est donatio,nec ꝯfirmat morte,sed inter oẽs filios venit diuidendũ,vt in l.certũ.C.famil.ercisc.Breuiter de isto passu dic,vt statim dicam in illo.§.j.

Pro donato. *Rubrica.*

LEX PRIMA.

1 *Donatio facta per patrem filio in potestate, an valeat, & nu.4.*
2 *Et an confirmetur morte patris.*
3 *Quid in donatione facta inter coniuges.*

1 LEge j.§.Si pater. † Lex prima. §. si pater.h.d.Filius in ptãte rẽ donatã a pr̃e nõ vsucapit ti.pro donato, nec viuente pr̃e,nec post eius mortẽ: quia donatio non valuit, & sic caruit tit. nisi pr̃i non succedat, & hr̃s pr̃is hēat illã donationẽ ratã, qa tunc vsucapit ex noua donatione fcã ab hr̃de.h.d cũ l.si pr̃. j.e.& est difficilis. Et no. † hic, ꝙ
2 donatio fcã p pr̃em filio in ptãte non valet: qđ erat verũ isto iure,ẽt si sibi donabat,vt exneo,& pp merita,qa filius nõ poterat hr̃e ꝑprium. Vñ si valuisset,& sic filio fuisset acquisitũ dñium, qa res erat pr̃is,statim reacquireret̃ ipsi pr̃i. & sic esset donatio nugatoria.arg.l.qui sic.j.de solu.& qđ not. in l.frater a fratre. in si.primæ magnæ gl.s.de ꝯdi. inde. Hodie uerò ut statim dixi, si fiat filio,ut exneo pp merita statim ualet,ut no.in auth.unde
3 si parens.C.de inof.test. †Item no.hic, ꝙ ista donatio morte patris non ꝯfirmat̃, quia si ꝯfirmaret̃ saltẽ ex tpe ꝯfirmationis,i. a morte pr̃is inciperet usucapere,cuius ꝯ̃rium iste tex. manifestè vult.Super hoc est magna disceptatio, in qua laborat gl. hic & Doct.qa vr̃ ꝯ̃.l.2.C.de inof.donat.Gl.hic tenet in prin. ꝙ iõ nõ ꝯfirmetur morte:qa non fuit ꝑpriè donatio, sed ꝯcessio in peculiũ,qđ licèt in se sit uerũ,non ꝯgruit huic titu.qui loquit̃ de donatione ꝑpriè sumpta.Ponit ẽt gl.alios intellr̃s, qui ꝯtinent diuinationẽ.vnde Bar.fatet̃ ꝙ ꝯfirmet̃ morte, tñ non vsucapit filius ex tit.donationis inter viuos, qui incipit ualere potiꝰ tanquam legatũ uel donatio cã mor.ut sentit gl. in §. filium.s̃.pro hr̃de.statim lecto.& clarius in l.fi.C.pro donato. hoc non placet,quia est ꝯ̃ mentẽ huius literæ,q̃ simplr̃ dicit, eum nõ usucapere,ẽt mortuo pr̃e,qa donatio fuit nulla. Sed ista rõ non esset bona,si uera esset dicta solo,quia licet fuerit nulla, nũc ꝯfirmatur,licet non ut donatio inter uiuos. Cy.in d.l.fi.multũ notabiliter dicit,ꝙ tunc ꝯfirmatur,qñ pr̃ donauit rem suam. Secus si alienã,qa lex non dẽt esse iniuriosa dño, vt ꝯfirmet in ꝑiudiciũ ipsius,& istud dictum esset ualde æquũ,qđ placet, & tene menti,quia est litatio ad multa iura. † Contra hoc tñ facit l.si uir.j.
4 eo.ubi in donatione fcã inter coniuges,q̃ est nulla sicut fcã per pr̃em filio,dr̃,ꝙ si uir donauit uxori rem alienam, ualet donatio,& usucapit tit.pro donato.licet si donasset rẽ suam,non ualeret,ut in seq.§. Sol.alia cã.inualiditatis est in donatione inter coniuges,q̃ in fcã per pr̃em filio,prima.n.tunc non ualet,qñ donans efficeret pauperior, & donatarius vel donataria locupletior ne mutuo amore se spolient,q̃ rõ locum hēt si coniunx donat rem suam.Si aũt alienam,non efficit pauperior,iõ cessat rõ inualiditatis.Sed donatio fcã per patrem filio,non ualet pp rõnem quam s̃.dixi,q̃ rõ locũ habet siue donet rem suã, siue alienam,quia si alienam, acquireretur usucapiendi condõ ipsi filio,& statim postea reacquireretur patri, ideo non ualet, ẽt in aliena,nec morte confirmatur per rõnem Cy.Sed inter coniuges,ualet in aliena statim, & non indiget confirmatione ꝑ mortem.Possumus ẽt dicere,& subtiliter.& not.quia per alios non tangit̃,ꝙ tunc confirmat̃ donatio fcã per pr̃em filio, ẽt de re ipsius patris,qñ filius pr̃i non succedit,vel succedit pro parte, qa tunc confirmatio est sibi utilis & necessaria.Si aũt succedat insolidũ,tunc non ꝯfirmat̃,quia non est sibi necessaria,cũ sine ꝯfirmatione acquirere possit dñium ex cã hr̃ditaria , quæ est potentior,& prior,qa hēt originem a cã naturali. Vñ ꝯcurrentib. his duab.causis eodẽ tpe ad acquisitionẽ dñii,potentior ꝯsummat effectũ,& alia annihilat̃,& ita loquit̃ hic, & si res erat aliena non ꝯfirmat̃ tã ex dicta rõne, qa donatio annihilatur,q̃ p rõnem Cy. & ex ꝑdictis re collige, ꝙ aliqñ donatio fcã per pr̃em filio ualet a principio.f.si filius erat emancipatus, ut j. ꝑ suo.l. pe. §.j. s̃m vnũ intellr̃m,uel hodie fcã est tanq̃ exneo pp merita, ut s̃.dixi,aliqñ nec ualet a prin.nec ex post fcõ ꝯfirmat̃, ut si donauit rẽ alienã s̃m Cyn.uel rem ꝑpriam, & filius suus successit pr̃i,uel fuit per pr̃em in eius uita reuocata,ut hic in glo.in uer. vel dic,ꝙ hic. Aliqñ non ualet a prin.sed ꝯfirmat̃ ẽt patre uiuente, ut si pr̃ filium emancipet, ut l.donationes in ꝯcubinã. s̃. de dona.l.pe.Aliqñ ꝯfirmatur post mortẽ sola morte,ut si donauit rem ꝑpriam,& filius pr̃i non successit, uel successit pro parte, vt l.2.de inof.don.& tunc ꝯfirmat̃, non ualeat tanq̃ donatio inter uiuos,nec ut trahatur retro q̃tum ad dñium, sed ꝯfirmatur vt ex nunc.& tanq̃ donatio causa mor.uel legatum,ut no.in l.fi.C.eo. Aliqñ confirmatur non sola morte,sed per confirmationem hæredis, ut si donauit rem alienam, & filius patri non successit,& hæres confirmauit, & tunc ualet donatio noua. ex nunc incipit usucapere,ut l.si pater filiæ.j.eod.

§.SI inter virum & vxorem. Donatio facta inter coniuges de re ꝑpria donantis, uel de aliena, si tñ donans efficitur pauperior,non ualet,nec ex ea transfert̃ dñium, uel usucapiendi ꝯdõ cõstante mr̃imonio,uel eo soluto per diuortiũ, nisi per diuortiũ fuerit per donantẽ ꝯfirmata, bñ tñ transfert̃ possessio. Sed si erat aliena,& donans nõ efficiebat̃ pauperior,ualet & stat usucapiendi ꝯdõnem.h.d.iste §.cũ l.si vir.j.eod. In tex. (vsucapionẽ cessare.) qa ꝑ diuortiũ censet̃ donatio reuocata sic potius est inualidãda q̃ validãda.l.sed si interim,§.fi.s̃.de donat. inter vir.& vxo.In tex.ibi.(qñ non possit.) remouet tacitã obiectionẽ, qa uxor donatario fcõ diuortio uidebat̃ posse in aio constituere, se velle retinere rẽ tanq̃ ex donatione factã post diuortiũ,si maritus illã expresè nõ reuocauit,sed ꝑmisit eã retinere quasi ista patientia loco donationis nouiter factæ hēatur. ꝯ̃rium est ueritas,ꝑ rõnem q̃ hic ponit̃,sed si maritus expresse illam ꝯfirmet ꝑ diuortiũ,bñ diceret̃ noua donatio, & ex tũc inciperet usucapere,qa esset ualida.j.ver.al's ait.Intellige.n.ꝙ incipiat usucapere,si erat aliena,& ex donatione efficiebat̃ pauperior, non.n.ualuit donatio ꝯstãte mr̃imonio, ut hr̃ in l.si uir. sed eo soluto bñ ualet ex noua ꝯfirmatione, nec trãsfert̃ dñium qa non erat donantis,sed usucapiendi ꝯdõ transfert̃. Si aũt esset donantis, tunc transfert̃ statim dñium post ꝯfirmationẽ factam,fcõ diuortio. Vnde non est tractandũ de usucapione, l. si uir.super gl.mag.q̃ multum se inuoluit in solone ꝯ̃rij. dic clarius,& intelligibilius, ꝙ hic donataria credidit donationẽ ualere.& ita erat uerũ. Et sic opi.sua ꝯcurrebat cũ ueritate, & non erat error in hoc,sed fuit error in alio.s.in cã pp quã ualebat ipsa putabat ualere ex eo, ꝙ donatio inter ꝯiuges esset permissa,& in hoc errabat in iure, qa non ualebat ex isto capite. sed ex eo,qa res erat aliena,& sic cessabat ꝑhibitio illius tit. donationis inter uir. & uxo. Iste ergo error iuris in causa nõ impedit usucapionẽ,tunc aũt impediret,qñ crederet tit.ualere,& re uera non ualebat,& sua opinio non ꝯcurrebat cũ ueritate & c. loquit̃ l.nunq̃.de usucapio. Qđ aũt hæc gl.dicit de mixtura erroris facti cũ errore iuris nõ est uerum simplr̃ loquendo, qa ẽ l.nunq̃.erat iustus error iuris cum errore facti, & tñ impeditur usucapio,qñ erat circa diuersa,puta, error facti q̃tum ad qa putabat̃ res donantis,uel uendentis cũ sit aliena, & error iuris circa ualiditatẽ tit.qa putabat̃ valere,cũ non ualeat, tunc error iuris non uitiatur ab errore facti,ut ibi paret. Sed rõ,q̃re,hic non attenditur error iuris,est, quia non erat principalis scilicet circa ualiditatem,sed erat circa causam,ut s̃.dixi.

LEX II.

SI is qui. Ciuilis interruptio non prodest alteri q̃ interrumpenti.h.d.s̃m intellr̃m gl.& no.in l. notissimi.C.de ꝑ̃scri.30.an.In tex.ibi. (curret usucapio, ꝑ̃scriptio longi tpis. Nam de usucapione triennij non dubiũ,cũ illa non interrũpat̃ per ꝯstõnem factã, ẽt a dño ꝯ̃ quem usucapit̃,ut s̃. pro empto.l.2. §.fi. Sed ꝑ̃scriptio longi tpis bene interrũpit̃ per ꝯstõnẽ factã cũ uero dño,ꝯ̃ quem ꝑ̃scribit̃,sed & ita loquitur hic,quia est ciuilis interruptio, q̃ alteri,i.uero dño non prodest,secus in naturali, ut si alius, quam uerus dñs spoliaret præscribentem possessione,quæ interrumpitur, etiã q̃ ad uerum dominium,ut l.naturaliter.s̃.de usucap.

LEX V.

QVi pro donato. Ante completam usucapionem non est acquisitum dñium usucapienti, Item non dñs serui non potest ip̃m manumittere, sed si de facto manumittit cadit a possessione,& ideo usucapio interrumpit̃ nãliter.h.

Pro derelicto. *Rubrica.*

LEX PRIMA.

1 *Potest quis transferre dominium rei suæ in personam incertam. Differentia inter id quod habetur pro derelicto, & illud quod spargitur in vulgus, remissiuè ad glo.*

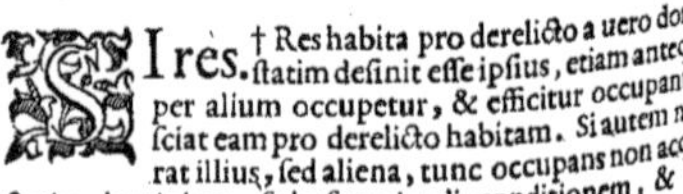

1 SI res. † Res habita pro derelicto a uero domino statim desinit esse ipsius, etiam antequam per alium occupetur, & efficitur occupantis, si sciat eam pro derelicto habitam. Si autem non erat illius, sed aliena, tunc occupans non acquirit statim dominium, sed vsucapiendi conditionem, & id in alio

ɔ q̄ hẽat cãm ab ipſo.h.d.iſta l.cũ ſeq.& l.id qđ.cum prin.l.
e.Et ſic iſte duæ ll. primæ loquunt̃ qñ res fuit habita ꝓ de
ɔ à vero dño,& tũc nõ eſt tractandũ de vſucapione, quia
occupãs efficit̃ dñs,& iſtud ẽt dr̃ in l.ſi id qđ.§. fi. Lex ãt
cũ prin.l.ſeq.qñ fuit habita ꝓ derelicto a nõ dño, q̄ tñ te-
eã,ut dñs,& ſic ſicut iſta eſſet ſufficiẽs cã acq̄rẽdi dñiũ, ſi
dñs,ita acq̄rẽdi & uſucapiendi ɔdõnẽ,ſi non eſt dñs:lex ãt
.põt loqui in utroq.caſu,ſiue erat dñs, ſiue nõ, & eodem
nemo.& l.ſi q̄s merces . In tex. ibi (q̄a his modis.) declara
de primæuo iure gentiũ occupatio erat cã acquirẽdi do
m in oĩb.reb. iuxta illud . Quicquid calcauerit pes tuus.
rit.vt no.in l.j.in prin.ſ̃.de acq.poſ.ergo de ſnĩa occupatio
ſit cũ res hr̃ ꝓ derelicto,dẽt eſſe cã dñii perdendi. † No. in
qđ.§.fi.ꝙ põt quis transferre dñium rei ſuæ in perſonã in
ut de acq.re.do.l.qua rõne.§.fin.Et no.ẽt hic gl.magiſtrã
onit differentiam inter id quod habetur pro derelicto,
d quod ſpargitur in vulgus,quam gl.no.

L E X VIII.

Empronius. Qui denegat dare alimenta, & mãdat rem alteri tradi, cenſet̃ illã hr̃e
pro derelicto.h.d.notabiliter. Et licet loquatur in ſeruo,
vel ſerua põt etiã locum hr̃e in aliis aĩalib. vt equo,boue,
no.Sed ſi nõ mandaret alteri tradi,ſecus.Ita ĩtelligo gl.fi.

L E X IIII.

bet cauſam a domino,dominus non efficitur.ſed interim acquirit uſu
ndi conditionem. Et quid ſi ab aliquo tanquam uero hęrede poſſide-
reditas,quę ad alium pertinet,iuſto errore ductus &c.

Pro legato. Rubrica.

Ro legato. †Not. hic caſum in quo ille qui hẽt
cãm a dño,non efficit̃ dñs.ſed acqui
rit uſucapiendi ɔdõnẽ:facit,qđ hr̃ ſ̃.ꝓ empto.l. 2. §. ſi a
& ꝑ iſtã l.dicit gl.in hr̃ditatẽ.C. in quib. cauſis ceſſat lõgi
ſc. ꝙ ſi aliquis tanq̃ verus hr̃s poſſideat hr̃ditatẽ q̃ ad aliũ
iuſto errore ductus, vt q̄a fuerat inſtitutus tñ teſtm̃ erat
atũ,& ipſe hoc ignorabat,vſucapit hæreditatẽ ɔ̃ verũ hæ
.ꝓ hr̃de,& lõg.tẽp.& ſic eſt caſus, ĩ quo petitio hr̃ditatis
ſpatio lõg.tẽp.hoc intellige,ut dixi ſ̃.ꝓ hæred.l.j.ſup̄ glo.

L E X V.

Ares. Quantum ad uſucapiendũ ti.pro legato ſufficit mors illius q̄ legauit, & ꝙ putetur fuiſſe ip
ſius,licet ſit aliena,& dominus eius uiuat.h.d.cum l.ſeq.

L E X VIII.

bique neceſſaria eſt ad uſucapionem traditio, quicquid in oppoſitum
ur.
eniat enim oportet,ꝙ illius locum ſuppleat;nempe ſcientia, & patien
æredis.

I non traditam. †No.hic ꝙ non ſemper eſt ne
ceſſaria traditio ad uſucapien
dũ,licèt in ɔ̃rium videatur.l. traditione. ſ̃. de publ. ſed dic,
ꝙ hic interuenit aliud quod loco traditionis hr̃.i.ſcientia,
cientia hæredis,ut in ſecunda expoſitione gl.alias ſecus, &
ertia expoſitio quę incipit,(uel quia uacantem.j̃.non eſt
,quia tunc competeret interdi.quorum lega.ad reuocan-
& ſic poſſeſſio eſſet uitioſa.

Pro dote. Rubr.

L E X PRIMA.

pitur res aliena in dotem tradita utrum ante matrimonium contractũ
datur ex animo,transfertur ex templo,ueluti dominium.
ex ſolo titulo ſine traditione non transfertur dominium quando eſt ſu
e, uel rebus particularibus: ita quando eſt uniuerſalis ſuper omnibus
.
contractu ſocietatis omnium bonorum.

Itulus. †Res aliena tradita in dotem vſucapitur ti.
pro dote,vel ꝓ emptore ſi æſtimata eſt, ſed
ante mr̃imoniũ ɔ̃ctum ſi fuit tradita ex animo, ut dñiũ
ſtatim transferat̃,ꝙ præſumitur,vſucapitur ti. pro ſuo.
o nõ eo aĩo,non uſucapit̃ ti.pro dote,uel pro ſuo,ſiue tra
s inæſtimata,ſiue æſtimata.h.d.iſta l.cũ l.2.Et primo loqui
fuit data in dotẽ ɔſtante mr̃imonio vſq.ibi.(& primum,
fuit tradita viro. Secundo qñ nondũ mr̃imonio ɔ̃cto, &
t tradita ſponſo uſque ibi(ante nuptias.)Tertio ponit di-
atẽ inter primũ caſũ,& ſ̃m,poſito ꝙ utroque caſu vſuca-
uia in primo uſucapit̃ ti. ꝓdote, in ſcđo ti. pro ſuo quo-
vſq. mr̃imoniũ ɔ̃hatur,quia non eſt adhuc dos,tñ ſubeſt cauſa
iuſta,q̄a ſi tradens eſſet dña,transferret dñium, ergo ſi non eſt
dña transfert uſucapiendi ɔdõnẽ ti.ꝓ ſuo,q̄a ceſſat ti. ſpãlis. vt
j̃.ti.prox.l j.in prin.Intellige tñ,qñ tp̃s uſucapionis fuit totum
ɔpletũ anteq̃ ɔ̃heretur matrimonium.alius ti.ꝓ dote accumu-
latur ti.pro ſuo,& uſucapio incipit ſumere nouam formã, iuxta ea q̃ habentur in l.4.§.ex pluribus.de acq.poſ.in gl.q̃ incipit.
& vt ſ̃..Itẽ iſta l.loquitur,qñ fuit tradita res æſtimata ante ɔ̃ctũ
matrimonium. Item ſi res ęſtimata qualiſcunque fuerit ęſtima
tio,ſiue ut faciat emptionem, ſiue non, ut ſi fuit actum ꝙ non
transferatur ſtatim dñium,ſed cũ ɔ̃ctum fuerit mr̃imonium, ſicut ſi tradens fuiſſet dña,nõ tranſtulit dñiũ, ita ſi nõ eſſet dña,
non transferetur uſucapiendi ɔdõ aliquo ti.& hoc dixit l.2.ſ̃m
2 intellectum Rug.quem tenent oẽs Doc.†Vlt.eſt hic una glo.q̃
ſemꝑ allegatur.uerſi.uniuerſæ.ꝙ ſicut ex ſolo ti.ſine traditione
non transfertur dñium,qñ eſt ſuper re, uel rebus particularib.
vt in l.traditionibus.C.de pac.& ſ̃.de rei uend.l. ſi ager. ita qñ
eſt vl̃s ſuper omnibus bonis.Fallit in ɔ̃ctu ſocietatis omniũ bo
norum,ut ſ̃.pro ſocio.l. 2. vel 3. licèt quidam per illam l. dixerint ɔ̃rium,quod idem ſit in quolibet alio ɔ̃ctu vl̃i. Sed gl.dicit
ſe non audere hoc dicere. Et dum gl.dicit(dñium,ſine poſſeſſio
ne &c.)Intellige ſanè,i.ſine traditione, nam ad acquiſitionem
dñij non eſt neceſſaria poſſeſſio,ſed traditio,ut patet ex his quę
hñr in l.ſi fundũ.de fundo dota.& ſic fuit actum, ꝙ transferat̃,
ſil̃r transferatur uſucapiendi ɔdõ ti.pro emptore. hoc caſu qñ
extitit æſtimatio,q̃ emptionem facit.Item in dubio,qñ non apparet,qđ ſit actũ ẽt hoc caſu qñ fuit æſtimata, & actũ ꝙ ex illa
uenditione ɔdõnali transferatur dñium, & uſucapio ꝓ ſuo locũ hẽt,ut ſ̃.ꝓ emptore.l.j.§.ſi ſub ɔdõne.& ut ibi.pręterea ſicut
qñ inæſtimata data fuit ante mr̃imonium,in dubio ur̃ actũ, ꝙ
dñium transferat̃,& vſucapio ꝓ ſuo locũ hẽt.ut hic in l. j. Vlti.
ſcias ꝙ maritus,uel ſpõſus uſucapiũt ad utilitatẽ ſuã,ut poſſint
retinere quouſq.durat mr̃imoniũ,uel ſpõſalia, & ẽt ad ɔmodũ
mulieris,ut ipſis ſolutis teneat̃ ei reſtituere, q̄a cenſet̃ habuiſſe
dñium ab uxore,uel ſponſa, ex quo habuit cãm acquirendi ab
ea,ut l.qui alienam.& l.ſi alienam.ſ̃.de dona.cauſa mortis.

L E X III.

1 *Si uxor tradat in dotem rem quam habet communem cum alio,cõpleto tem*
pore uſucapionis,non eſt locus iudicio diuiſorio.
2 *Statutum ꝙ poſſit peti diuiſio non obſtante quocunque lapſu temporis,quia*
ab altero ex ſociis tota res tanquam ſua fuit poſſeſſa,& pręſcripta, an de-
beat intelligi.ſ.durante communione.
3 *Statuentes ſi iurauerunt ſeruare ſtatuta,& non uenire contra, ꝙ hoc intelli*
gatur durante ſtatuto in ſuo robore.

1 DVæ filię. †Si uxor tradat in dotẽ rem q̃ hẽt cõẽ
cũ alio,ɔpleto tp̄e uſucapionis, non
eſt locus iudicio diuiſorio. h. d. intellige qñ tradidit
tanq̃ inſolidum ſuas cũ eſſent cões. Nã pro parte ſua
tranſtulit dñium, & pro parte ſocij vſucapiendi conditionem.
& ea ɔpleta inuito marito non poſſet mulier cũ priſtino ſocio
2 diuidere,nec compelli ad diuidendũ.†Et per iſtam l.dicit Bar.ſi
ſtatutũ dicat,ꝙ poſſet peti diuiſio non obſtante quocũq.lapſu
tp̄is,quia ab altero ex ſociis tota tanq̃ ſua poſſeſſa, & p̃ſcripta
fuerit,ꝙ dẽt intelligi.ſ.durãte cõiõe, ut q̄a res cõiter ſp̄ fuit poſ
ſeſſa. Alias ea finita finit̃ ẽt facultas petẽdi diuiſionẽ.nã in l.j.C.
de ann.excep.dr̃ ꝙ põt peti diuiſio vſq.ad 30. ann.& prius non
p̃ſcribitur actioni cõi diuidundo. Et tñ ex iſta l.patet. ꝙ ſi finita
eſt cõio ꝑ uſucapionẽ triennij,finitur & ptãs petendi diuiſionẽ
& hoc facit ad multa l. illa j. C. de ann. excep.ꝓcedit qñ durat
cõis,q̄a cõiter poſſeſſa fuit. Sed ſi totam unus ex ſociis tanq̃ ſuã
poſſedit,& p̃ſcripſit, certè reſtat poteſtas petendi diuiſionem.
4 †Pone eñ,ꝙ ſtatuentes iurauerunt ſeruare ſtatuta, & non uenire ɔ̃. Certè hoc intelligit̃ durante ſtatuto in ſuo robore, pñt
ergo ſtatuta tollere,& non tenet̃ amplius ad iur̃m.Et ita no. in
c.de his.quæ fiunt a præla.ſine conſenſu capituli in nouella.

Pro ſuo. Rubr.

L E X PRIMA.

PRo ſuo. Titulus pro ſuo eſt generalis & cõcur
rit cũ quolibet ſpeciali,& habet locũ,
ẽt cum ſpecialis ti.deficit,ſubeſt tamen iuſta cã acq̄-
rendi dominium,ſi haberet cauſam a dño, vnde eodem modo acquiritur uſucapiendi conditio,ſi habet cauſam a
non domino.h.d.cum l.ſeq.& etiam ſeq.

L E X IIII.

1 *Superueniens ſcientia poſt uſucapionem cæptam, quando eam interrũpat.*
2 *Duę qualitates contrariæ,non poſſunt eſſe in eodem ſubiecto.*

1 SI ancillam. †Si poſt cæptã vſucapionẽ partus ancillæ furtiuæ p̃ bonæfidei poſſeſſorẽ, ſuperueniat ſcientia, quòd ancilla erat furtiua, ita demũ p̃cedat,†& ɔplebitur vſucapio, ſi ignorauit cuius eſſet, vł ſciuit, & ſibi denuntiare nõ potuit, vel ſi potuit denunciauit, aliàs ſecus. h. d. Et non eſt alibi diſtinctio huius l. in tex. licèt de ipſa multæ gl. faciant mentionẽ maximè in l. ſi ego. §. partus. de
2 publ. & in l. ancillæ. C. de fur. & limitat oẽs leges dicentes, φ ſuperueniens ſcientia poſt uſucapio. cęptã, non interpellat eã, ẽt in partu ancillæ furtiuæ, ut l. iuſto. §. & ſi poſſeſſionis. cum plurib. ſimi. ſ. de vſucapio. Nã eſt verũ, qñ ſuperuenit ſimplex ſcĩa, φ ancilla erat aliena. Si ãt, φ erat ẽt furtiua, tũc ſeruanda eſt di-
3 ſtinctio huius legis, q̃ eſt clauis in mã.† & allegat̃ hic in fi. prĩ. dũ dicit. Neq. idẽ &c. φ duæ qualitates ɔ̃riæ nõ p̃nt eſſe in eodem ſubiecto. facit l. ſi qs ante. de acq. poſſ. & ita intelligit Dy. in multis locis. Si aũt ſupueniret ſcietia ante vſucapionẽ, i. antequam naſcatur partus, tunc ẽt ſimplex ſcĩa hẽt impedire, nec incipiet vſucapio poſtq̃ natus erit, ſi ſuperueniat ante ẽt ɔceptionẽ, ſecus ſi poſt. vt in d. l. iuſto. §. & ſi poſſeſſionis. & l. ſequit̃. §. de illo qđ dic vt ibi. Et ad id qđ hic dr̃ de denunciatione, qñ nõ potuit fieri pp̃ abſentiã, φ hr̃ p̃ facta, vide oĩno qđ no. Bar. in l. tertius. §. ſol. mat. In gl. q̃ incipit (ɔ̃ de acq. poſ.) vbi poſſeſſio quæ a principio nõ fuit clãdeſtina ex poſtfacto non efficit̃, & hic in fine dr̃ expreſſe ɔ̃rium. Solue vt ibi dixi, φ q̃tũ ad vitiũ malæ poſſeſſionis p̃cedit qđ ibi dr̃, ſed hic loquit̃ de uitio p̃ſonali. Nã fateor, φ hæc poſſeſſio, q̃ a prin. non fuit clandeſtina, ex poſtfacto non efficit̃, nec hic dr̃ ɔtrarium. Sed quantũ ad vitiũ p̃ſonale, i. bonam, uel malã fidẽ, ſecus, q̃a ille qui cępit poſſidere bona fide, põt ex poſtfacto incipere poſſidere mala fide, & hoc uult iſte tex. & ita ſentit glo. ſequens, dum exponit literam.

§. Si pater. Licèt filij in poteſtate res alienas inuentas in hereditate paterna non uſucapiant tit. p̃ hærede, vel pro ſuo, vt in l. nihil. §. p̃ hr̃de. ſ. l. 2. §. filium. Si tñ fuerũt per patrem inter eos diuiſæ & traditæ, & ipſi poſt mortẽ tenuerunt ex illa diuiſione ratã ipſam habentes, vſucapiuntur ti. pro ſuo, & ex dicta diuiſione. h. d. ſ̃m verum intellectum. leges ergo in ɔ̃rium allegatæ procedunt quando per patrem non fuiſſent inter eos diuiſæ, alias habet locum, quod hic dicitur.

LEX V.

1 *In facto alieno tolerabilis eſt ignorantia, & aliquando etiam in proprio. Qui credit ſe habere titulum, cum non habeat, ita demum uſucapit, ſi habet iuſtam cauſam credendi.*

VSucapio. No. in iſta l. duo, ad quæ ſp̃ allegat̃. Primo quod exceptio vſucapionis, vel p̃ſcriptionis eſt exceptio litis finitæ, & iõ põt opponi
a ad impediendam litis conteſtationẽ,[a] ſicut exceptio rei iudi. & tranſ. vt l. elegãter. §. ſi poſt de cond. inde. & in c. j. de
1 lit cont. lib. 6. & pro hoc l. j. in fi. ĩ. ad Tertu. † Et de iſto articulo vide Bar. allegatur etiam in fine, φ in facto alieno tolerabilis eſt ignorantia, ſecus in proprio, ut in gl. Et aliqñ ẽt in p̃prio eſt tolerabilis, ut no. per Bar. in l. ſi res obligata. de leg. j. No. ẽt, φ qui credit ſe habere ti. cum non habeat, ita demum vſucapit, ſi habet iuſtam cauſam credendi, ut hic. dic ut l. Celſus. de uſucapio.

ADDITIO.

a Lit. cont. Adde Alc. conſi. ccv. 2. lib. late Soci. conſi. cciij. & ccc. & idem dicit idẽ Pau. econtra. ſ. in l. j. de vſuc.

---

1 *Quid ſit ſententia, & quid ſit res iudicata, & quid ſit effectus ſententiæ.*

De re iudicata, & de effectu ſententiarum. Rub.

1 † Notandũ eſt φ in C. hẽmus tres titulos. ſ. de ſentẽtijs. Itẽ de re iudicata. Itẽ de execut. rei iudic. Sed in his nõ hẽmus niſi iſtũ ti. in quo tractat de materia oĩum illorũ. Sunt. n. illa tria inter ſe di-
2 uerſa, qđ patet, q̃a habent diuerſos tractus ſeu ti. † Nã ſnĩa, dr̃ iudicialis diffinitio ɔtrouerſiæ finẽ imponẽs p̃ ɔdẽnationẽ, vel abſolutionem, ut in Spec. de ſenten. §. in princ. Res ãt iudicata, dr̃ ipſa cã p̃ ſnĩam terminata, ut in l. j. hius ti. Licèt ẽt largo mõ ipſa ſnĩa dicat res iudicata, ut ibi no. de quo p̃ Abbatẽ plenè ſup̃ rubr. iſta ex̃ de re iudi. Executio verò dr̃ effectus ſnĩæ, uel rei iudicatæ. & ita intelľr iſta rubr. dum dic. t, & de effectu ſnĩarum. Interlocutiones aũt nõ ſunt propriè ſententiæ. ut no. ĩ. eo. l. φ iuſſit: q̃a non diffiniunt negotium principale. Sola ergo diffini-
b tiua[b] dr̃ ſnĩa, ut ibi, licet largo mõ loquẽdo plures ſint ſpecies ſnĩarum, ut in Spec. de ſententijs. §. 2. in prin.

ADDITIO.

b Dicitur ſententia. An appellatione ſententię in dubio intelligatur de diffinitiua etiam in ſtatutis, uide do. Car. conſi. 72.

LEX PRIMA.

1 *Res iudicata dicitur cauſa per ſententiam iudicis terminata continens condemnationem, uel abſolutionem, uel aliud æquipollens.*

2 *Executio ſententiæ fienda eſt per iudicem appellationis, qui tulit ſecun[dam] confirmationem, ſed ſi appellans non proſequatur appellationem, debe[t fie]ri per iudicem, qui eam tulit.*

3 *Res iudicata, an etiam dicatur illa, quę per interlocutoriam fuit determ[ina]ta incidenter: & quid, ſi lata ſit ſuper aliquo emergenti.*

1 REs iudicata. †Res iudicata dr̃ cã p̃ ſnĩam [iu]dicis terminata ɔtinẽs ɔdẽ[na]tionẽ, uel abſolutionẽ, uel aliud æquipollẽs. h. d. [...] cũ gl. fi. tñ prima intelligit φ res iudicata dicat̃ [...] ſnĩa, quod nõ eſt de mẽte lr̃æ, dũ dicit, (q̃ finẽ ɔt[ro]uerſiarũ accipit &c.) q̃a ſnĩa nõ accipit finẽ, ſed imponit la[...] tñ mõ gl. dicit verũ, q̃a reperit̃, φ aliqñ ſnĩa appellat̃ res iudi[ca]ta. ĩ l. litigatorib. C. de appel. Et tũc ẽ dubiũ, an iſtud ſit verũ [...] poſt x. dies, ſi nõ fuit appellatũ, & ſic eſt irretractabilis: an ẽt [an]te, & gl. hic tenet φ ẽt ante, licèt alii ɔ̃, qđ dictũ põt ſaluari di[uer]ſis reſpectib. q̃a ante dr̃ res iudicata reuocabilis, poſtea irre[uo]cabilis, & tũc dr̃ ſnĩa tranſiuiſſe in rẽ iudicatã, vt in l. ſi fund. [...] plures. de pig. in c. qđ ad ɔſultationẽ. ex̃ eo. tit. in glo. j. ibi, (n[...] interim dũ põt appellari ex ſnĩa.) ſupple. & ẽt dr̃ res iudicat[a] in l. litigatorib. de appel. iſta reprehẽſio nõ eſſet bona, quare
c nõ negãt[c] qn dicat̃ ſnĩa, ẽt cũ põt p̃ appellationẽ reſcindi. [...] dicũt. φ nõ dr̃ res iudicata. Et aduerte, q̃a ex hoc qđ dicit gl. [...]tet, q̃a ſtatim φ lata eſt ſentẽtia, ẽt ſi põt appellari p̃ducit e[ffe]ctũ ſuũ. i. actionẽ in fact. & infamiã, ſi lata eſt ĩ cã famoſa, vt l. [...] §. j. ſ. de infam. & l. q̃ vlt. & qđ ibi not. Bar. ff. de pęnis. qđ ẽt [...]tet, q̃a tex. in l. j. §. fi. ad Turpil. dicit, φ p̃ appellatione reſcin[ditur] ſnĩa. Hoc aũt põt referri ad ſententiã, prout in facto ɔſiſtit, [...] non põt fieri, quin factũ fuerit, vt in l. libello. §. factæ. ĩ. de c[...] Oportet ergo, φ illa reſciſſio ſit reſpectu eorũ, q̃ ɔſiſtũt in i[...] & ſic reſpectu effectus q̃a reſcindit̃ actio iã nata, & infamia
2 laco. de Are. Et ad hoc qđ hr̃ ĩ. de pænis. l. q̃ vult. † In fi. glo. (l. fuerit.) q̃a oritur ex ſnĩa ɔfirmatoria. ſiue ergo infirmet, [...] ɔfirmet̃, remaneret prima ſnĩa reſciſſa, & ſic patet, φ execu[tio] nõ eſt fienda p̃ iudicẽ, q̃ illã tulit, ſed p̃ iudicẽ appellationis [qui] tulit ſecundã ɔfirmatoriã, vt in l. tale pactũ. §. j. cũ ibi no. ſ. de [pa]ctis. Sed ſi appellans nõ p̃ſequatur appellationẽ, prima ſnĩa aſſumit effectũ ſuũ, & fingit̃ non reſciſſa, & ſic executio dẽt [fie]-
3 ri p̃ iudicẽ, q̃ eã tulit. & iſte eſt effectus huius gl. † Vlt. q̃rit̃ an l. poſſit hr̃e locũ in eo, φ eſt determinatũ p̃ ſnĩam interlocu[to]riam, dic φ ſic, ſi lata eſt in cã plenaria, & ſuper incidenti, q[uo] caſu illud qđ eſt determinatũ incidenter, non põt refricari [po]ſtea p̃ ſe principaľr iuxta no. ĩ l. j. C. de origine iu. Nã ẽt inter[lo]-
d cutoria põt dici difinitiua[d] reſpectu articuli, quẽ diffinit, ut per gl. in l. ſi quis iuſiurandum. C. de iureiu. & trãſit in rẽ iu[dicatam] reſpectu partiũ, ut in c. cũ dilectus. licet non reſpectu iudicis [qui] poſſit reuocare, ut in c. ceſſante de appell. Et producit actio[nem] in fcm̃ ſi continet aliquid dari, uel fieri ut no. Bar. in l. ſi ſtip[ulatus f]uit. § iubet. de adulte. & ĩ. eo. l. a diuo. circa prin. nõ ſic ſi lata in cã ſummaria, q̃a non facit p̃iudicium quo minus poſſit re[fri]cari illud idem in cã plenaria, ut l. ſi qs a liberis §. ſi uel parẽs [...] libe. agno. Vñ tũc nõ cadit diffõ, de qua hic, qđ accipit finẽ ɔ[tro]uerſiæ. Itẽ ſi lata eſt ſup̃ aliquo emergẽti. i. ſup̃ eo, qđ nõ ɔce[rnit] negotiũ principale, ſed ipſos actus iudiciarios iuxta no. in l. [...] qua re. in prin. ſ. de iud. Nã tunc nõ vr̃ cadere p̃pria diff. hu[ius]

ADDITIONES.

c Negant. dic φ tamen proprie non dicitur ſententia iuxta no. per Lud. Ro. c[onſi.] ccxxxiiii. vbi uoluit φ ſi in reſcripto Papæ dicatur, ſi tibi de ſentẽtia Ca[...]time conſtiterit talem non audias, niſi prius facto iudicato. φ tale reſcrip[tum] non nocet, cum ſententia eſt appellatione ſuſpenſa quia debet intelligi de [ſen]tentia quæ tranſiuit in rem iudicatam.

d Diffinitiua. Adde quæ plene ſcribit Fran. Are. conſi. cvj.

LEX VII.

1 *Iudex poteſt in ſententia abbreuiare uel prorogare tempus quod a leg[e da]tur iudicatis, cã cognita, uel ex iuſta cauſa, & ſi hoc non fecerit in ſent[entia] poteſt hoc facere in executione: quam regulariter facere non debet int[ra tem]pus quod datur iudicatis, niſi ex iuſta cauſa.*

2 *Quando iudex ſecularis remittit articulum ſpiritualem ad curiam ep̃i, [...] poteſt apponere terminum, intra quem Ep̃s habeat ipſum terminare.*

3 *Si iudex in ſnĩa ſua condemnauit aliquem ad dandum intra certum tem[pus] an poſſit poſtea illud tempus abbreuiare, uel prorogare.*

4 *Sicut iudex poteſt abbreuiare, uel prorogare iſtud tempus, quod datur [iudi]catis ad ſoluendum, an ita poſſit abbreuiare uel prorogare alia tempo[ra le]galia, quæ dantur ad alios actus.*

5 *An partes de communi conſenſu poſſint prorogare uel abbreuiare te[mpus] quod datur ad appellandum, uel appellationem proſequendam.*

1 QVi pro tribunali. † Iudex poteſt in ſnĩa [ab]breuiare uel proro[gare] tp̃s quod a lege datur iudicatis cauſa cognita, u[el ex] iuſta cauſa, & ſi hoc non fecerit in ſententia, põt facere in executione, q̃ regulariter facere non debet intra [tem]p[us]

đ daŧ iudicatis,nisi ex iusta cā.h.d.Gl.tñ prima non intelli
imũ casũ,ꝙ hoc faciat in ipsa sñia,sed in executione. Sed
lẽ diceret ista l.ĩ primo casu,qđ in scđo,& ecõuerso. prior
's melior est.In gl.j.ibi.(delegatus aũt.)nõ hoc in delegato
dinario,q cũ non possit exequi sñiam suam, sed fienda sit
tio p delegantẽ,vt j.e.a diuo Pio.in prin.non p̄t pcedere
ista l.nec tenendo intellm Docto.ꝙ in sñia abbreuiet,vel
et tp̄s,qa sic imponeret legẽ superiori,qđ facere non pōt.
:.ex insinuatione.de app.† Vnde qñ iudex secularis a se re
t articulũ sp̄ũalẽ ad curiã Epi.iuxta c.tua.de ord.cogn. nõ
ponere terminũ, intra quẽ Ep̄s hēat ip̄m teriare per illud
nsinuationẽ.nec ẽt pōt pcedere iste tex.ſm intellm glo.ꝙ
rogatio fiat p ip̄m exequentẽ,cũ ipse non exequaŧ. Sed in
ato a Principe,qui p̄t suam sñiam executioni mandare,vt
renti.de offi.dele.bñ pōt pcedere ista l.In gl.q̄ incipit(vel
t)in fi.ibi.(Arrianus) ꝯcor.ex eo.c.ꝙ ad ꝯsultationẽ.& qđ
).in pen.gl. Et dic,ꝙ fit ista coarctatio cā cognita summa-
: no.in Spec.de offi.iud.§.postremò.vers.sed nunqd a sñia.
c qñ quis ꝯdemnatus est ad pecuniã, si aũt ad certã sp̄ẽm,
,q̄ statim pōt solui,vel tradi,aut restitui,tunc aut in actio-
ali,& non vr̄,ꝙ dēat hr̄e tp̄s, qđ datur iudicatis, vt in seq.
ut in personali,& tunc secus.vt s̄.dixi de vsucapi. & in l. in
ōmissis.in prin.Alij dñt idẽ in personali per l. si cum exce
e.§.ꝙ si hõ s̄.qđ met.cau.dic vt j.e.l.debitoribus.† Quæro
yn.quid si iudex in sñia ꝯdemnauit aliquẽ ad dandũ intra
tp̄s, vtrũ possit postea illud tp̄s abbreuiare, vel progare?
c,ꝙ non ſm Dy.sicut nec posset sñiam corrigere, vt s̄.eod.
.qa dies seu tp̄s est pars ꝯdẽnationis, vt s̄.de eden.l.editio-
ltẽ q̄ro ſm Bar.vtrũ sicut iudex pōt abbreuiare,vel proro
istud tp̄s legale,qđ daŧ iudicatis ad soluendũ,ita possit ab-
iare,vel progare alia tp̄a legalia,q̄ dantur ad alios actus,vt
dies ad appellandũ, & annũ seu bienniũ ad appłonẽ pro-
endã,& sic de singulis? Bart.tenet hic ꝙ sic cā cognita.Vñ
c.solet.de sent.excõ.in 6.in verbo,octo dierũ. Bal.in auth.
c.C.de epis.& cler.Sed Dy.in c.indultum.de reg.iur. & Io
.in c.in pœnis.eo.tit. distinguunt vtrum tp̄s detur a l. sine
sterio iudi.vt sunt p̄dicta,de quib.dixi, & tunc iudex nõ p̄t
euiare,vel allongare p illud c.indultũ.Et hoc tenuit gl.ex-
è in auth.offeraŧ C.de lit.ꝯte.& in c.cũ sit Romana.de ap-
qđ tp̄s decẽ dierũ datũ ad appellandũ, non pōt p iudicẽ in-
partib.vel altera earũ abbreuiari,vel allõgari, Aut lex non
se,sed mãdat iudici,ꝙ det,& tũc licet statuat certũ tp̄s dã-
oterit iudex abbreuiare,vel allõgare.Bar.hic istã distinctio
probat.Sed Bal.in auth.iubem⁹. C.de iudi.dicit,ꝙ est ipsa
as,& ẽt Ang.in auth.hodie. C.de app.reprobãdo Bar.p̄t di-
tp̄a q̄ danŧ fauore illius,cui danŧ,vt est tp̄s qđ daŧ ad soluẽ-
,vel qđ daŧ ad ꝯparendũ,ista p̄nt abbreuiari,vel allongari,
denŧ a lege sine ministerio iudicis,ita loquiŧ ista lex in qua
facit fundm̃. Et de tp̄e,qđ daŧ ad veniendũ,& sic de dilatio
xpectatoria,ꝙ possit abbreuiari,vel allongari ex cā. Et q̄ sit
cā,dic plenè p Inno.in c.ad petitionẽ.de accu. Hoc tñ ve-
,nisi lex,vel statutum statueret aliquid post lapsum triẽnij
uorẽ alterius partis,vt si dicat statutum, ꝙ bãnitus habeat
dies ad ꝯparendum,quib. lapsis hēatur pro confesso,quia
iudex non posset progare in p̄iudiciũ alterius partis, cui
iriŧ ius post lapsum triennij,ita deteriat Bal.in d.auth.iube
.Si aũt tp̄s datur sine ministerio iudicis non in fauorem il-
cui datur,sed magis in dãnum ad excludendum ip̄m a iure
vt est tp̄s qđ daŧ ad appellandum,uel appłonem psequen-
,qđ daŧ,vt postea non possit sñiam irritare,tunc istud non
iudicẽ progari,q cquid hic dicat Bart. p gl.superius allega-
& authoritatẽ Bald. & Ang. & sic daŧ singulis vbi dareŧ tp̄s
unc finẽ,& no.istã distinctionẽ.† An aũt ipsæ partes hoc fa
possint de cõi ꝯcordia? Br̄ de tp̄e qđ daŧ ad appłonẽ prose-
ndã,vr̄ tex.cum gl.in cle.si appłonem,de appellati.ꝙ sic.sed
pe qđ datur ad appellandũ Bar.tangit in auth.si tñ. C.de tẽ
b.appel.Bal.clarius.& tenet,ꝙ non,eo.tit.auth.ei qui.circa
quia non p̄nt facere quominus sententia per lapsum trien-
ransẽat in rem iudicatam,quia limitarent l.vel statutum,&
n qõnem habui de facto de ciuitate Lucanen.vbi fuit con-
ium factum,quia partes prorogauerunt tempus appellan-
de facto fuit seruata prorogatio.Tene menti.

LEX III.

QVi condemnare. Qui habet potentiam condemnandi, habet etiam potentiam absoluendi,& econuerso,& q non habet vnum,nõ habet aliud.h.d.in effectu text.cum Simile qui potest adire, pōt repudiare,& econuerso,& qui m non potest,neç aliud.vt l.is pōt. de acq.hære.non tamen est bona consequentia,iste potest condemnare iustè in hac sa.i.debet,ergo potest in ista eadem causa absoluere iustè.& est,quod vult glo.dicere in effectu.

LEX IIII.

1 In procuratorem qui se non obtulit liti, nec est in rem suam, non datur actio iudicati,nec potest fieri executio. Et idem in legitimo administratore.

2 Contra procuratorem qui se non obtulit liti,nec est in rem suam in quib. expensis possit fieri executio.

3 Quando condemnata est uniuersitas, & non habet bursam communem,uel bona communia, seu reditus in quibus possit fieri executio,qualiter sit procedendum.

4 Syndicus constitutus ab uniuersitate generali, quæ potest facere legem, uel statutum,an possit pro debito uniuersitatis obligare singulas personas, sicut posset ipsa uniuersitas.

1 SI se non obtulit. † In procuratorẽ, qui se non obtulit liti, nec est in rẽ suã,
non daŧ actio iudicati, nec pōt fieri executio. Et idem in
2 ltĩmo administratore.h.d.vsque ad §.ait p̄tor.† Et hoc est
verum in negotio principali,sed in expensis litis,si culpa ipsius
a fuissent factæ, posset fieri executio in tales,[a] & ẽt ꝯdemnatio p
l.non est incognitum.C de admi.tut.qđ dic.vt hic per Bar.licet
hoc malè seruetŧ,qa vt plurimum causæ perdunŧ defectu procu
ratorum,& tñ impunes euadũt, & dãnum totũ dño remanet.
In tex.ibi,(iudicati actio.)i.in factum,vel dic,ꝙ appellaŧ actio iu
dicati non in fcm̃,licet illa q̄ oriŧ ex iuro vocetur in factum, vt
l.actori.C.de iureiu.qđ dic,vt j.eo.l.miles.§.fi. Et supple ad textum,ꝙ nec iudicis officium per quod petitur executio sñiæ, vt
dicam j.proxi. §. ait prætor. quia ista duo remedia oriuntur ex
sñia,q̄ transiuit in rem iudicatã.In text.ibi,(non is.) supple tm̃,
nã is qui nõ est pcurator in rẽ suã pōt se liti offerre,& hoc con
tingit qñ non hẽt mandatum,& asserit se hẽre,vel non hẽt,nec
asserit se hẽre, sed tanq̃ defensor cum satis. de iud.soluen. venit
3 ad cãm,vt l.Plautius.in fi.de procu. & hoc vult hic glo.2.† Vlt.
Bar.hic in ver.actor.ponit vnam mãm,qñ ꝯdemnata est vniuer
sitas,& non hẽt bursam cõem,vel bona cõia,seu reditus, in qb.
possit fieri executio,qualr̄ sit procedendum? & dicit,ꝙ dẽt imponi collecta p solidum, & librã, & p̄ła alia dicit super hoc ad
quẽ sp recurritur hic de ista materia, vt in Spec. de sententijs §.
sequiŧ.ver.sed quid si vniuersitas,& per Bald. plenè & notabilr̄
4 in l.ẽt.C.de execu.rei iudi.† Et dicit hic Bar.vnũ verbũ,ꝙ syndicus ꝯstitutus ab vniuersitate generali, q̄ potest facere legẽ, vel
statutũ, potest pro debito vniuersitatis obligare singulas perso
nas,sicut posset ipsa vniuersitas obligare per statutum,quia talis sindicatus habet vim legis, cum sit factus ab hñte potestatẽ
legis,vel statuti condendi.l.Cæsar.s̄.de publica.Sed Bal.in l.j.C.
ne filius pro patre,tenet contrarium.dic,vt ibi.

ADDITO.

a In tales. Adde ut per Ioan. Andr. in addit. ad Spec.de exe.sen.§.sequitur.ver. sed pone lite.

1 Condemnatus ad soluendum cogitur præcisè soluere, nec euitat coactionem, si paratus est dare compromissorem de soluendo.

2 Differentia an condemnatus ad soluendum cogatur præcisè soluere iudicis officio,an per actionem in factum.

3 Qualiter fiat ista compulsio præcisè.

4 Antequam perueniatur ad capturam personæ per executionem sententiæ in qua quis præcisè condemnatur ad soluendum, an debeat præcedere executio bonorum.

5 Quid si statutum dicat,quòd fiat executio realiter,& personaliter ad uoluntatem creditoris.

Si creditor elegit unam uiam,quia fecit debitorem incarcerari, an possit etiam uti alia uia,uel econuerso.

6 Non debent ex obligationib. obligationes fieri, sicut nec ex lite lites oriri,

1 §.Ait prætor. † Condemnatus ad soluendũ cogitur p̄cisè soluere,nec euitat coactionem,si
paratus est dare ꝯpromissorem de soluendo.h.d. In tex.ibi,(cõ-
demnatur.) supple ab eo cuius de ea re iurisdictio est. j.eo.l.ait
2 prætor.in prin.† In tex.ibi, (extinguitur.) dic.i.præcisè ꝯpellit,
ista compulsio pōt fieri iudicis officio nobili, & tunc proceditŧ
summariè,& executiuè,& sine datione libel. nec admittuntur
exceptiones requirentes altiorem indaginem, vt j.eo.l.a diuo
Pio.§.si super. & per totã legem in qua tractatur de isto modo
exequendi.Pōt ẽt fieri per actionẽ in factũ,q̄ oritur ex sñia,seu
per actionem iudicati,vt in prin.huius legis.Sed tunc nõ pce-
diŧ summariè immo ordinariè & plenariè,& dato libello,& lit.
conte.& iterũ sñiabitur.Ideo vtilior est prima via. Licet quidã
dixerunt,ꝙ executio fit per actionẽ in factũ. quos Spec. reprehẽdit,vt no.in ti.de exe.sen.§ br̄.in prin. Sed tunc q̄ritur, quare
fuit introducta hæc via,ꝙ deŧ actio in factum, postq̃ est p̄cedẽs
vtilior,& expeditior? rñdeo qa actio in fcm̃ pōt intentari non
solũ corã iudice,q sñiam tulit,sed coram quocunq; alio,vbi cõ
demnatus sortiatur forũ,ẽt sine literis primi iudicis,qui sñiam
tulit,ut l.fi.C.de præscr.long.tem. Sed iudicis offm̃ mercenariũ
pro executione non pōt implorari,nisi corã illo iudice,q tulit
sñiam,vel ab alio cũ literis tñ illis, nec aliter teneretur, vel pōt
exequi.vt l.properandum.§.si autem reus.C.de iudi.& j.eod.

a diuo.§.j.cũ ibi no.Sed adhuc vr̃,ꝙ inutiliter fuit ꝓducta actio
ex ſnĩa,quia ſi ita eſt,ꝙ ordinariè procedatur, parum ſibi ꝓdeſt
ſnĩa,nã eodem mõ poſſet intentare actionem primã. iuxta not.
in l.duob. de excep. rei iudic Rñdeo,quia utilius eſt ſibi intentare actionem ex ſnĩa, quia ꝯ eam non poterant opponi exceptiones peremptoriæ,q̃ primo non fuerunt oppoſitæ.Sed ſi in-
tentarent actionem primam,pſſit opponi,ut no.in d.l.duobus.
3 Sed q̃ro qualiter fiat iſta compulſio præciſa:glo.dicit captis pi-
gnorib.de hoc in l.a diuo.§.ſi pigno.& quaſi per totum. j̃.e.ti.
Dic tñ,ꝙ eſt alius modus,ꝙ capiat̃ perſonalr̃ & ponatur in car-
cere. quẽ euadere non põt niſi ſoluat,uel cedat bonis, ut in l.j.
C.q̃ bo.ce.poſ. Sed ante ꝯdẽnationẽ non poſſet incarcerari ad
finẽ,ut ſoluat,ſed bñ poſſet ad finẽ,ut caueat de iudicio ſiſti, ſi
4 eſt ſuſpectus ꝑ l.ſi fideiuſſor.in fi.qui ſatiſd.cog.† Sed dicit tñ gl.
no.q̃ ſꝑ allegatur in l.3.§.tutores.s̃.de ſuſpe.tuto.ꝙ ad hanc capturã perſonæ non dẽt perueniri,niſi non reperiatur hr̃e bona
q̃ poſſint in cãm pignoris capi,& ſic dẽt p̃cedere executio,alias
captura irritabitur,qđ tenet ibi Bar.de iure, quia ſi debet fieri
executio mobilium, ante quam perueniatur ad immobilia, &
ẽt immobilium anteq̃ deueniatur ad noĩa debitorum,ut l.a diuo Pio.§.in uendõne. j̃.eo.multo fortius oĩum anteq̃ peruenia
tur ad perſonam.Tñ de ꝯſuetudine & ſ̃m formam ſtatutorum
hoc non ſeruatur,ſed relinquitur electioni actoris, a quo uelit
5 incipere,uel a captura perſonæ,uel pignorum.†Et ita dñt ſtatu
ta vt plurimũ,ꝙ fiat executio realiter,& perſonaliter ad uolun
tatem creditoris,q̃ uerba hoc important.Quid ergo ſi eligit v-
nam uiam, q̃a fecit debitorem incarcerari, an poſſit ẽt vti alia
uia,uel econuerſo? vr̃ ꝙ non,quaſi ſibi p̃iudicauerit. ar. in l.qđ
a in hr̃dẽ.§.eligere.de tributoria. Cõtrariũ [a] eſt ueri⁹,q̃a illud in
electione actionũ. Secus in electione remediorũ tendentiũ ad
executionẽ actionis,l.j.§.qđ ergo.de uentre inſpi.& ita no.Bar.
in l.ꝯſentaneum.ante finem.C.q̃uo & q̃n iudex.& Arch.ſuper
rub.de eo qui mittitur in poſſeſ.cã rei ſeruan.lib.6. Facit l.cã.§.
6 puellæ.s̃.de manumiſ.& qđ dicã j̃.prox.§.uerſi.q̃ppe.† Vlt.no.
b tex.ꝙ non debent ex obligationib.oblĩones fieri, [b] ſicut nec ex
lite lites oriri,ut in l.terminato.C.de fru.& lit.expen. alias eſſet
abire in infinitum,& nunq̃ ſnĩa executionem hẽret, ſi cõdemnatus audiretur uolens dare expromiſſorem, nam eadem rõne
adiretur expromiſſor, & idem ipſius expromiſſoris a ius expromiſſor,& ſic in infinitum,& hoc uoluit hic dicere tex. Item iſte
tex.in fi.dum dicit.(ex magna tamen &c.)facit ad ea quæ no.in
c.quia fruſtra.de vſur.ſecundum Ray.

ADDITIONES.

a Contrarium.Adde quòd ita in facto conſuluit Lud. Rom.
b Obligationes fieri.Ideo dicit Lud.Ro. ſin.ſuis, ꝙ captus pro executione ſententiæ non debet relaxari.

1 *Si ſnĩa fuerit deducta in ſtipulationem animo nouandi,ceſſat executio.ſecus ſi dati fuerunt fideiuſſores uel pignora pro eo quod continetur in ſententia.*
2 *Plures caſus in quibus ceſſat executio ſententiæ.*
Cautela quòd poſtquam aliquis eſt tibi condemnatus,quòd non recipias amplius ab eo promiſſionem de ſoluendo condemnationem.
3 *Creditor ſi recipiat pignora,uel fideiuſſores pro executione ſententiæ, an prohibetur executionem petere in alijs reb. & etiam per capturam perſonæ.*
4 *Obligatus mihi cum fideiuſſoribus, ſi poſtea dat mihi nouos fideiuſſores,an obligatio nouetur.*
5 *Si aliquis promiſit mihi ſoluere ad certum tempus,uel dare obſides, aut pignora,& poſtea non vult ſoluere, ſed dare obſides, & ego nolo recipere, ſed uolo ipſum compellere ad ſoluendum,an poſſim.*

1 §.Si ex conuentione.

†Si ſententia fuerit dedu
cta in ſtipl̃onem aĩo no-
uandi,ceſſat executio;ſecus ſi dati fuerunt fideiuſſores uel pi-
2 gnora pro eo qđ continetur in ſnĩa.h.d. † Et ſic no.unũ caſum
in quo ceſſat executio ſnĩæ. Alius ponitur. j̃.ead.l.§.pe. Plures
alij ponuntur in Spec.de execu.ſnĩæ.§.poſtremò.Not.ergo cau
telam,ꝙ poſtq̃ aliquis eſt ibi condẽnatus,non recipias amplius
ab eo promiſſionem de ſoluendo condemnationem,quia ſi ꝓ-
miſſio fuit fcã præſumetur aĩo nouandi, qđ ex quibuſdam colligitur:& tollitur ſnĩa,& omnis uia oriens ex ea tam actio in ſa
ctum q̃ iudi.õffi. & ideo ſi minor talẽ promiſſionẽ recipit tanq̃
læſus,põt in integrum reſtitui,ut l.minor.25.ann. cui fideicom
3 miſſum.& ita no.s̃.de minori.†Item in uerſic. ſed & ſi pignora.
primo vr̃ caſus de eo, qđ dixi in §.j. ꝙ licet creditor recipiat pignora uel fideiuſſores pro executione ſnĩæ, nõ prohibetur exe
cutionẽ petere in alijs reb. & ẽt per capturã perſonæ, quia illa
q̃ fiunt ad augmentũ & colorationẽ ſnĩæ non debent inducere diminutionẽ ſicut econuerſo,ut l.cũ tale.§.fi.de cond.& de-
4 mon.†.Itẽ eſt hic caſus,de eo qđ no.Bar.in l.Valerianus.in fi.de
præto.ſtip.ꝙ q̃n aliquis eſt mihi obligatus cũ fideiuſſorib.& po
ſtea dat nouos fideiuſſores,ſi quæritur,an oblĩo nouetur, & ſic
primi fideiuſſores liberent̃?diſtinguit ipſe,ꝙ aut debitor ꝓmittit iterum illud,ad qđ tenetur,& dat nouos fideiuſſores, & tũc
fit nouatio.Si autem illud non promittit,ſed duntaxat fideiuſſores dat,qui ꝓmittunt, tunc nõ ſit nouatio, caſus eſt in iſto
Nã in primo caſu interuenit noua ꝓmiſſio debitoris, de eo i
quo fuerat ꝯdẽnatus,iõ fit nouatio.Sed in uerſ. ſed & ſi pigno
ra.nõ interuenit.ſed ſola datio fideiuſſorũ,uel pignora, iõ no
fit. Aduerte tñ quia licet non fit nouatio de oblĩone prima p
promiſſionem fideiuſſorũ, bene tñ p̃t fieri de primis pignori
uel primis fideiuſſorib.ſi in inſtr̃o diceret̃,ꝙ debitor pro prim
pignorib.dat mihi talia pignora,uel pro primis fideiuſſorib.d
alios,alr̃ ſecus,quia uideor primos liberare.tex.eſt qui hoc pro
bat in l.ſi rem.§.caſus.de pig.act.Secus ſi ſimplr̃ dicat,quia tu
c vr̃ accumulare [c] nouos cum primis,& limita ita.& intellige d
5 ctum Bar.†Vlt.no.arg.in iſto uer.quippe.Si aliquis promiſit m
hi ſoluere ad certum tp̃s,uel dare obſides, aut pignora, poſt
non vult ſoluere,ſed dare obſides, ego nolo recipere, ſed uo
ipm̃ ꝯpellere ad ſoluendum,an poſſim? Et dic, ꝙ ſic,quia illo
de pignorib.uel obſidib.fuit dictum mei fauore,ut eſſem mag
cautus,vnde non compellar recipere,ſi nolo,arg.hic.& ita d
terminat Guil.de Cug.in l.q̃uis.alias Caius.in prin. de pig.a
Nec ob.l.plerunq. in fi.de iur.dot. ꝙ in alternatiua elec.eſt d
bentis,quia ibi in alternatiua rerũ, quarum q̃libet eſt in obl
ne,altera eſt in cautela illius ſ̃m Guil.in loco prælle.quod t
ne menti perpetuò,& facit d.l.cauſam.§.puellæ.de manu.

ADDITIO.

c Accumulare. Adde ut per Soci.conſi.18.

1 *Iudex ſine cauſa poteſt tempus legale,quod datur iudicatis, prorogare, non abbreuiare.*
2 *Si iudex in ſententia apponit tempus legale, quòd condemnatus non cenſetur illud habere a iudice, ſed a lege.*
Quid in arbitro.

1 §.Si quis condemnatus.

†Si in ſnĩa appon
minus tp̃s q̃ defi
dicatis a lege ſine cauſæ cog.ſupplet̃ vſq; ad tp̃s ltĩmum, ſi au
detur maius,ꝯputetur in tp̃s ltĩmum, & utrunq. hẽt tã ltĩm
q̃ quod eſt ſupra ltĩmum.h.d. ſ̃m intelſ̃m gl. Et hoc ſ̃m dictu
2 procedit ẽt ſi ſine aliqua iuſta cã hoc fecerit.ſ̃m gl.† Ex qua n
ꝙ iudex ſine cã põt illud legale prorogare,ſed non abbreuia
& rõ ponitur in gl.quia proniores &c.tex.tñ in l.2.s̃.e. vr̃ inn
re ꝯ̃rium,ꝙ cauſæ cognitio requiratur in vtraque. In gl.q̃ inc
pit,quia 20.in fi.ibi, (nam in p̃tãte litigatoris eſt ſtatim appe
re,)declara,nam tp̃s,quod datur iudicatis ad ſoluendum,da
pro executione ſnĩæ, ſed ſnĩa ꝯdõnalis nõ meretur executio
ante ꝯdõnis euentum, quia põt deficere ꝯdõ, & non erat ſn
meritò tp̃s non currit ad ſoluendum cum adhuc ſoluere n
teneat̃,ſed applõ tendit ad ſnĩam reſcindendam. Poſito erg
ꝙ ſnĩa ſit ꝯdõnalis,põt appellari ſtatim ut reſcindatur ſpes ip
2 ſnĩæ,meritò tp̃s ad appellandum ſtatim incipit currere. † In
q̃ incipit,(non ut ibi quadrimeſtre habet,ut a lege.) No.iſtã
ꝙ ſi iudex in ſnĩa apponit tp̃s legale,ꝙ condemnatus non ce
ſetur habere illud a iudice.ſed a lege, & iſtud facit ad q̃one
Quid in arbitro, qui condemnauit ad ſoluendum intra tp̃s l
gale,puta,quatuor menſium,vtrum illud tp̃s cenſeatur hab
re ab arbitro,uel a lege? Effectus eſt magnus, quia ſi cenſet̃ h
ab arbitro poſt lapſum ipſius incidit in pœnam compromiſ
& non põt purgare morã,quia eſt dies & pœna,ut eſt caſus in
Celſus.in prin.s̃.de arb.ſed ſi dicatur hr̃e a lege,poſſet mora p
gari,ut eſt caſus in l.ſi cum dies.§.fi.eo.ti.l.ſeq.& iſta gl. facit,
cenſeat̃ hr̃e a lege,& ſic l.Celſus.debeat intelligi, q̃n arbiter
poſuit maius tp̃s,q̃ legale,quia tunc quatenus eſt ſupra,cenſ
hẽre ab arbitro,vt in hac gl.ſ̃m Pet.& Cyn.in l.ſi arrogator.
adop.& Bar.in l.3.de leg.1.ante fi.dñt ꝯ̃rium,ꝙ iſta gl.loquit
in iudice, ſed in arbitro q̃ncunq; aliquod tp̃s apponit in laud
etiam ſi eſt tm̃ quantum eſt legale & non plus,cenſetur ꝯde
natus illud habere ab arbitro, & ſic non poteſt morã purga
per illam l.Celſus.ſecus ſi arbiter nullum tp̃s apponeret,q̃a
licet condemnatus hẽat tp̃s legale,poteſt mora purgari,ita
quitur l.ſi cum dies. §. fi. Quæ autem ſit ratio diuerſitatis int
iudicem, & arbitrum? dic vt in dictis locis not.per eos.

1 *Non dicitur q̃s condẽnatus,ut executio poſſit fieri, niſi condemnatio ualeat.*
2 *Actus nullus, non dicitur actus.*
Exceptio nullitatis ſententiæ, an impediat executionem.
3 *Quid ſi condemnatus præuenit petens ſententiam declarari nullam,& m dari actori, ꝙ lite pendente nullam faciat nouitatem, nec executionem, debebit impediri executio,& an illud præceptum debeat fieri.*
4 *Bannitus,an poſſit allegare bannum eſſe nullum,ad hoc,ut interim non po impunè offendi ex forma ſtatuti.*
5 *Quid in excommunicato,qui dicit excommunicationem nullam,an inte debeat uitari,uel ſibi denegari communio.*

1 §.Condemnatum.

†Non dicitur quis cõde
natus,vt executio poſſit f
2 ri niſi condemnatio valeat.h.d. & † ſemper allegatur,ꝙ act
nullus,non dicitur actus facit l.j.§.quib. s̃. quod cuiuſque vn
uer.nomi.& l.non putauit.§.non quæuis.de contrata. Alleg
tur

etiam,ꝙ exceptio nullitatis sñiæ impedit executionẽ,ita vř casus.In tex.ibi,(ritè.) No.ꝗa non dicit rectè,& sic refertur rdinẽ,& ualiditatẽ sñiæ,non ad iustitiam,vt not.in l.2.š.de quæsto. Vnde si esset ritè ꝯdemnatus, licet non rectè dicere ꝯdemnatus, & mitteret sñia executioni, nec admitteret utio de iniustitia.vt l.si ꝑtor.in prin.š.de iudi. Circa articu no.de quo š. utrum exceptio nullitatis impediat executio sñiæ Doct.tangunt tres casus. Primus qñ de nullitate apret ex tenore sñiæ,uel processus,& sic non esset necessaria probõ extrinseca,puta ꝗa non appareret de citatione, uel et expressum iuris errorẽ,ut l.si expressim.de appel.& tunc editur executio per istũ tex. Adde, ꝙ si non est seruata fortradita ab aliquo statuto,sed aliud statutum diceret,ꝙ sñia at executioni non obstante quocunq; statuto,nihilominꝰ edireť executio,ꝗa non censeť per hæc uerba istud statutũ ectũ,& sic illa uerba debẽt intelligi,dummõ sit seruata for statutorum in sñia proferenda,ita notabiliť decidit Io.And. ddi.Spec.in tit.de sent.execu.§.postremò.in addi.ꝗ incipit, ut in ꝯrio dixi &c.)facit qđ no.in l.ita pudor.C.de adult. ꝑ & Bar.in l.j.in princ.qđ vi aut clam. Secundus casus est,qñ apparet nullitas ex inspectione sñiæ vel actorum,sed est ne ria extrinseca probatio,& illa offeratur incontinenti,tunc ac impediretur executio ſm Doc.& ita ẽt põt intelligi hic. e istud uerũ, nisi actor hẽat ꝑ se tres sñias diffinitiuas connes.Nam tunc ẽt si oẽs dicantur nullæ, & offeratur probõ ntinenti,nõ impediť executio,ut est casus hodie in clem.j. e iudi.nisi allegetur nullitas ex defectu iurisd.ut no.per gl.in .j.de seq.possess.& fruct.ꝗ reputatur singularis,& vulgaris, in generalibus uerbis intellr excepta nullitas proueniens efectu iurisd. Et idem in nullitate laudi proueniẽtis ex decompromissi, ꝙ licet statutum dicat ꝯ laudum non posse ci de nullitate,poterit tñ illa obijci,ut ẽt no. per gl.in l.3.§. us.de pecu.& Bal.in l.2.C.de exce.rei iud. Tertius casus est on offertur probatio in promptu, tunc non differtur exe- ꝑ per l.satis apertè.C.de fal.quia in executione non admit ur excep.requirentes altiorẽ indaginem, sed reseruãtur in cio ordinario,ut ⁊̃.eo.l.a diuo.§.si super reb.& sic bñ potepostea post executionẽ factã, principaliť & ordinariè agi de tate,& facere executionẽ retractari. Nec obstabit exce.ut & no.per Bar.in l.j. C.qñ prouo.nõ est necesse. ante finem. æc uera,qñ ille,qui habuit sñiam,præuenit in petendo exeonem,& cõdemnatus per uiam exceptionis obijcit de nulle.† Quid autem econuerso,si condẽnatus præuenit petens m d. clari nullam,& mandari actori,quod lite pendẽte nul faciat nouitatem, nec petat executionem, vtrum debebit ediri executio, & vtrum præceptum debeat fieri. Iste casus uotidianus.& millies uidi de fac.& multum dubitari.Innnere ꝙ non in c.cum in iure de offi.dele.Specu.in tit.de licõce.§.nunc dicendum.in fi.circa finem.tenet expressè ꝯ ꝙ tunc,ẽt si non offeratur probatio incontinenti, impeur executio, quasi maioris efficaciæ sit allegatio nullitatis iã actionis,ꝗ per viam exceptionis.qđ perpetuo tene men d Bar.in l.si expressim.de app. in pen.col.non faciens men em de prædictis,vř dicere idẽ in isto casu,ꝙ idem sit,qñ per n exceptionis,ut distinguatur, an offerat incontinenti,uel breuiter opin. Spec. vř melior & cõior, maximè si ſcm est ceptum,& ita vř sentire Bald.in auth.quæ supplicatio.C.de i.Impe.offe.ante fi.Si tñ hoc non obst.quia facta sit execu unc aut postea pronunciatur super nullitate, & retractať, loquitur qđ not per Inno.in c.ex insinuatione.de procu. si nondum est pronunciatum,& quæritur,an debeat retra per uiam attentati,tunc loquitur,qđ not. Inno.in ca.cum re.quod no.quia licet reperiatur,ꝙ attẽtata pendente apatione reuocentur,ut in tit.nil noua.appel.pen.non sic de itatis,pendente cã nullitatis. Et hoc expressè tenet.Bal.in ꝗ supplicatio.& in l.tale pactũ.§.qui ꝓuocauit.de pac. Et ntelligi dictum Inno.in c.cum in iure.licet Bar.in d.l.j.ante qñ prouo.non est neces.uideat innuere ꝯrium,ꝙ reuocenť attentata sicut attentata appłone pendente. Itẽ ꝓdicta ue executione retractabili,vt qñ fit in bonis. Si aũt petať fipersonã per capturam,tunc,quia ex illa infertur ꝗdam in- ꝗ nõ põt aboleri, indistinctè impeditur executio pendennullitatis,ẽt per uiam exceptionis,& licet non offeratur pro o in promptu.ita vř uelle Bal.C.de in integ.resti. postulata l noui fieri.l.unica.† Item procedunt ꝓdicta in execu. ꝗ fit udicem,sed in illa, ꝗ fit per priuatã personam ex forma sta uel iuris cõis,ut si dicat statutum,ꝙ possit bannitus impuffendi,& aliquis bãnitus allegat bannũ esse nullũ, & petit eclarari,& ipsum cancellari quatenus de facto ꝓcessit, utrũ rim liceat priuato ipm offendere,dic ut per Dyn.& Bart.in qđ si tertius.š.de acq.pos. † Vel in excõicato, qui dicit exationem nullã,utrũ interim dẽat uitari,[a] uel sibi denegari cõio,dic per Inno.in c.solet.de sent.excom.lib.6.in 3.col. vbi dicit uerbum notabile,ꝙ licet pro iustitia sñiæ ꝓsumatur, ut l.Herennius.§.Caia.š.de euic.non sic præsumitur pro ualiditate,qñ allegatur nulla,& agitur de ꝓiudicio alterius,ut est in casu ꝓdicto, quia participantes incurrerent minorem excõicationem, si esset uitandus,& non uitaretur, & iõ dicit non dẽre euitari. Vlt.pro dicto Spec.de quo.š.uide Inno.in c.cum olim. de dolo & contu.ꝗ dicit indistinctè, ꝙ durãte cã nullitatis per uiã agendi intẽratæ,nihil noui fieri dẽat, & iõ vř, ꝙ iudex coram quo lis est mota, teneať ad instantiam mouẽtis facere ꝓceptum,ꝙ nulla fiat executio,licet iudices,ut plurimum timeant tale ꝓceptũ facere,nõ tñ dẽt fieri nisi parte primo citata ad dđm cãm, quare fieri non dẽat,ut in c.Romana. §.si uero citet.de appel.lib.6.

ADDITIO.

a Vitari.Quando uitandus sit excommunicatus,uide per Lud.Ro.consi.387.ubi dicit,quòd ratione dubij in foro conscientiæ uitandus est.

§.Celsus scribit. Aliàs incipir.

§.Soluisse.

Si ꝯdemnatus vel ab actione iudicati liberatus est,cessat executio,nisi executio sit reiterabilis.h.d.usq; in finẽ.In tex.ibi,(posse dẽmus,)ꝗtum ad hoc,ut cesset executio sñiæ. In tex. ibi, (posse tecũ adhuc agi iudicati.) Supple, & peti executio iudicis officio in ꝗtitate ad ꝗ soluendã fuit ꝯdemnatus, uel ut tradat seruũ pro noxa, ẽt anteꝗ seruus traditus per usufructuarium ab eo auferatur, quia ille non vř tradidisse,ex quo tradidit talem, qui poterat ab illo auferri, ut ⁊̃.de solu.l.si hoĩem.ubi iste tex.declaratur. & ibi ẽt formať ꝯriũ, de quo hic in gl.& dic,ut ibi plenius no.& tenet sol. gl.ꝗ ponit ibi,(vel licet teneať iudicati &c.) ꝗa actor hẽt duplex remediũ ut agat iudicati,ẽt anteꝗ seruus auferať,ut dixi, uel expectet,ꝙ usufructuarius agat ꝯ eum, & tunc poterit ipsum compellere, nisi contribuat ad æstĩonem damni,pro rata vlusfr.& sic loquiť ꝯrium gl.de l.locum.§.proprietarius.š.de usufr.tamẽ poterit eũ repellere,nisi de nouo ꝓbet dãnũ a seruo datũ,si non fuit citatus in cã noxali agitata ꝯ dñm, quia sñia lata ꝯ illum non facit sibi ꝓiudicium,& si illũ repulerit,non aget amplius ꝯ dñm,nisi ad expensas litis,quas ab illo recuperare nõ potuisset.ita intelligo seq.sol.gl.ibi.uel fortè agit &c.Si aũt non repulerit,ꝗa fortè ꝓbare non potuit,quia probõnes sibi defecerunt,iterũ aget ꝯ dñm iudicati, ad totam sñiam, uel ut faciat seruum perfectè suum,& ita põt intelligi hic.In glo.ibi,(uel solue,ut ibi,) dic ꝙ ibi non fuit lata sententia condemnatoria, sed absolutoria,ab obseruatione iudicij,quia lite pendẽte tradidit seruum pro noxa, ideo recurritur ad actionem de dolo, quia cessat alia actio, Hic fuit condemnatus diffinitiuè,ideo cessat de dolo, quia cõpetit actio iudi.secundum Iaco.de Rau.& alios Doct.

LEX V.

1 *Sententia etiam illius qui non habet iurisdictionem,sed notionem,mittenda est executioni.*

2 *Arbiter uel arbitrator non dicitur habere iurisdictionem,sed notionem.*

1 AIt prætor. †Sententia ẽt illius qui non hẽt iurisdictionẽ,sed notionem, mittenda
2 est executioni.h.d.†& sp allegať tex.cum glo. ꝙ arbiter uel arbitrator non dř hẽre iurisdictionem, sed notionem.Nam iurisdictio est ptãs de iure publico introducta,iõ non datur a priuatis,ei qui nullo mõ hẽt a publico, ut l priuatorum.C.de iurisd.om.iud. Sed arbiter & arbitrator assumunť a priuatis, ergo &c.ut in l.non distinguemus.š.de arbit. In glo. ibi.(quia hñt delegatam,)dic ꝙ delegatus non hẽt propriam iurisdictionem,sed hẽt usum iurisdictionis ordinariæ,qui usus dř iurisdictio delegata,ut š.de offic. eius cui manda.est iurisdictio. l.j.§.qui mandatam.de iurisd.om.iud.l.solet.In gl.ibi,(ꝑꝑ arbitrum compromissarium cum pœna,) in hoc uerbo. cũ pœna, gl.ista reprehenditur,quia l.cum antea.C.de arbi. loquitur,qñ compromissio fuit facta sine pęna,& sine stiplõne,sed nudo pacto,quo casu laudum esset oĩno inutile,quia nec esset sibi parẽdum metu pœnæ,nec posset agi ex stiplõne, & si petatur, ideo emanauit prouisio illius l.in subsidium, ꝙ tale laudum posset emologari expresse,uel ẽt tacitè per lapsum x.dierum nulla fcã ꝯdictione, & ex tũc oriť ex eo actio in fac. & officium iudicis ꝓ executione fienda, sicut ex sñia iudicis, si non poterat esse efficax quoquo mõ,ut ꝗa erat apposita, uel interuenit stiplõ, uel ẽt iurm,qđ de iure cano.est seruandum,& cessat prouisio illius l.ut ex tex.eius in prin.colľr. Et ista fuit opi. Azo.in summa ꝗ tenet ibi gl.& Doct.reprobant istam gl. Et ita ẽt tenet Spe.in tit. de arbi.§.fi.uers.consueuit.& uersi.quid ergo. ubi allegat hanc gl.& reprobat.hoc ẽt tenuit glo.⁊̃.eo.l.a diuo Pio. in prin. Per statuta uerò terrarum in multis locis disponitur ꝙ sñia arbitri, uel arbitratoris mittať executioni, sicut sñia diffinitiua,& tunc non est curandum,an fuerit apposita pœna, uel non, & habet locum ista l.põt ẽt saluari ista gl.ſm Barr. qñ esset apposita pœna cum clausula, rato manente pacto,vt not.in l.2.š.de arbitr.

quia tunc censentur duo compromissa, quod dic, vt ibi.

§. Si iudex. Paria sunt sniam esse certã de se, vel p relatione ad illud, ad hoc allegat. pone hic casum, q alicui fuit certa qtitas in testõ, vel codicillis relicta, Et fuit rogat⁹ post certũ tps, vel purè ipsam mihi restituere, & ego egi, vt restituat, iudex aũt pdẽnauit, put hic: videbat snia nulla, quasi incerta: vt C. de sent. q sine certa qtitate p totũ. In glo. circa prin. ibi. (hoc si certa qtitas ex parte actorũ ptinet &c.) Sic ergo ista gl. vr velle q illud, qd hic dr pcedit, qñ scriptura testi vel codicillorũ fuit in iudiciũ pducta: als non valeret snia lata fm formã hic ptentã, qd no. Et p hoc vide qd notabilr ponit. Bar. in l. j. ante fi. C. de sent. ex peri. reci. vbi dicit, q illa q nõ sunt pducta perinde hñr, ac si nõ essent in rerũ natura. Vel si de testõ non erat pfecta scriptura: intellige q sic fuit articulatũ de certa qtitate & pbatum p testes. Non aũt sufficit ptineri in libello, vel in articulis (licet sint de actis) ad hoc vt valeat snia, qa non sequit, & ita asserit ipse actor, ergo ita est, intellige istã glo. vt et colligitr ex no. hic per Bar. circa fin. Cætera vide hic per eum.

L E X VI.

1 *Miles armatæ militiæ habet priuilegium, ne condemnatus exigatur ab eo vltra quàm facere possit.*
2 *Miles legalis militiæ & cælestis, an habeant eadem priuilegia, quæ habebant olim milites.*

1 **MIles qui.** † Miles armatæ militiæ hẽt priuilegiũ, ne pdẽnat⁹ exigat, ab eo vltra q facere possit. h. d. gl. intelligit idẽ in milite legalis militiæ, vt sunt aduocati, & cælestis, vt sunt clerici. † Et gl. sp al-
2 legat, q eadẽ priuilegia hẽbant isti, q hẽbãt olim milites, sed in ptrium facit, qd no. j. l. j. C. de iur. & fac. igno. per Cy. in vl. q. Sol. miles armatæ militiæ hẽt interdum priuilegiũ in his, q omisit facere p errorẽ, vt d. l. j. & tunc idẽ priuilegium non hẽt aduocatus, quia talis error in eo nõ est excusabilis, sed in alijs in quib. põt esse eadem rõ, procedit ista gl. Credo tñ q de fac. non seruaretur. et Canonistæ in clericis vñr velle ptrium, dum dicunt, q possunt cedere bonis, ut in c. Odoardus. de sol. quæstio nõ esset
a necessaria, si haberent istud priuilegium. a

ADDITIO.

a Priuilegium. Ant. de But. consi. 42. dicit, puto q huic priuilegio non posset renunciari, quia ordini clericali concessum est.

2 *Sententia intelligitur secundum naturam actionis primæ.*
3 *Quid in stipulatione.*
4 *Fideiussor non potest se in plus obligare, quàm sit principalis, sed benè potest efficacius obligari.*

1 **§. Decem autem noxæ.** †Si vnũ est in oblõne, al. ud in solõne, illud tñ dẽtur, & põt peti qd est in oblõne. Sed si duo sunt in oblõne alternatiuè, põt & dẽt vtrunq; alternatiuè peti. Item si id qd noxalr debet, in sniam deducat, qtitas est in oblõne, & noxæ deditio in solõne, sicut in prima actione, & iõ non põt agi, nec peti executio, nisi de qtitate. Si aũt deducatur in stipõne vtrunq. est in oblõne alternatiuè, ideo utrunq. alternatiuè petendum. h. d. in effectu. Et pmitte q seruus tuus dedit mihi dãnum in decẽ, põt tñ liberari dando seruũ pro noxa, ipse aũt seruus nõ est in oblõne. Dubitat ergo qd si egi noxali, & fuisti condemnatus ad dandũ decẽ, vel seruum pro noxa, vtrum possim agere ex ista snia, vel petere executionẽ fieri super seruo? videbat q sic, qa licet seruus ante sniam non esset in oblõne, uel actione, p sniam vr in oblõne deduci et in actione. Contrarium rñdet, quia ista intellr fm naturam actionis primæ, vt qtitas sit tm in oblõne, & noxæ deditio in solõne, licet non sic si tale debitũ fuisset deductum in stipõne, quia promisisses dare decẽ, aut seruum p noxa, qa tũc vtrunq. esset in oblõne, nec possem petere alterum tm, sed utrũq. simul alternatiuè, sicut si pmitteres Stichum, aut Pamphilũ. In casu ergo isto, ex tali snia debeo agere, & executionẽ petere in decẽ, licet libereris dando seruũ
2 pro noxa, & iste est effectus. † Not. ergo ex primo dicto, q snia intellr fm naturam actionis primæ. Sed p de l. Pau. j. eo. & de l. vnica. C. si pl'es vna sen ten. ubi si egi p duos reos debendi, quorum quilibet tenebat mihi insolidũ, & iudex eos simplr pdemnauit, non censet quemlibet pdemnasse insolidum, sed p parte. Sol. ibi, q quilibet teneret insolidum non prouenicbat ex natura actionis, sed qa ita fuerat actum inter partes, qd si nõ fuisset, qlibet teneret pro parte, ut leg. reis. §. cũ tabulis. de duob. reis. cũ ergo in snia hoc non fuerit actũ, cessat rõ q erat in actione
3 prima. † Item no. ex scdo casu in versi. sed & is. q stipło non intellr fm naturã illius: q in l. si legati serui noĩe. de leg. j. Solu. est uerum qtum ad hoc, ut promissor non censeat per stipõnẽ voluisse se in plus obligare, qui teneret in actione prima: & ita loquitur ibi. Sed bñ põt videri efficacius obligat⁹, ut hic, quia ibi noxæ deditio non erat in oblõne, nunc erit, tñ ex hoc nullum damnũ resultat debitori, qa ita põt liberari dando seruũ, p noxa. sicut prius: & est in sua electione. Secus si ex hoc sentiret d[...]
4 num argumento illorũ iurium. † Sicut in fideiussore, qui non [...] se in plus obligare, q sit obligatus principalis: sed bene pt ob[...] gari efficacius, quia principalis erat obligatus naturalr, & ci[...] liter: ut l. j. & l. fideiussor obligari. §. fideiussor. & l. eligere. §. lud. de fideius. & ista contraria non formantur per Docto.

1 *Actio oriens ex sententia, dicitur actio iudicati, & non in factum.*
2 *Quid in illa quæ oritur ex sententia arbitri, uel ex iuramento.*

1 **§. Qui iudicati.** † Victor non debet propria aucto[...]ritate facere executionẽ sniæ al[...] delinquit, Item actio iudicati est perpetua, & transitoria ad h[...]redes: licet actio prima esset tpalis, uel non transitoria. h. d. v[...] in finem. Vide plenè per Dñicum & Can. in c. cum nris. de ce[...] cesi præb. Primũ dictũ intellige, nisi pars hẽat licentiam a iu[...]ce: & tunc non diceretur propria auctoritate. sed esset nunci[...] in cã propria, qd fieri põt. ut no. in l. meminerint. C. vnde vi. l. iuste. s. de acq. pos. Adde qd dixi in l. pe. §. si. eo. tit. Contra[...] dictum vr præcedens. §. in primo casu. Solu. ipsa snia intell[...] naturã actionis primæ, i. in tm pdemnare, & taliter, inquãt[...] & qualiter tenebat, & non ultra, ut ibi: quia iudex non int[...] velle facere piudicium ultra q condemnatus teneat. ad q[...] Inno. in c. qm frequenter. ante fi. ut lit. non pte. sed actio ori[...] ex snia põt esse alterius naturæ q prima, vt si prima erat tpa[...] & non transitoria: qa erat ex delic. Nam actio ex snia erat p[...]tua, & transitoria, qa ex quasi pctu, ut hic, & l. 3. §. si filius. s[...] pecu. & facit s. de consti. pec. l. item illa. §. qd adijcitur. ubi ac[...] de constituta est perpetua, licet actio prima esset tpalis. S[...] de l. cum qui iniuriarũ. s. si quis cautio. Sol. ibi, in actione m[...] accessoria ad primã: vt est stiplo de iudicio sisti, q est eiusdẽ [...]teriæ, cum prima, hic non est merè accessoria, nec in §. qd a[...] cit. sed æquè principalis, puta, in ea deducit illud, qd debeba[...] ex prima de directo, sed in §. qui iniuriarũ. non, sed in pñam.
2 principalr veniebat, sisti in iudicio, licet in pñam interesse † [...]timo no. q actio oriens ex snia, dr actio iudicati, & non in fa[...] & ita dicit Pet. Sed illa q oritur ex snia arbitri emologata, d[...] factum, ut l. cum antea. post prin. C. de arbi. & idem in illa q[...] oritur ex iuramento, ut in l. actori. C. de iureiurando.

L E X VII.

1 *Inducta in fauorem alicuius, non debent in eius odium retorqueri.*
Quo remedio fiat executio sententiæ.

INtra dies. Licet intra tps, qd datur iudicatis, [...] possit fieri executio sententiæ, nec ag[...] dicati: potest condemnatus liberari per alios modos iu[...]
1 h. d. † Et no. in fi. q inducta in fauorem alicuius non de[...] in eius odium retorqueri, & Barto. tangit hic quo remedio executio sententiæ, Aut iure actionis, uel offic. iudicis; de q[...] dic, ut s. eod. l. 4. §. ait prætor.

L E X VIII.

1 *Post litem contesta. etiam in actionibus stricti iuris, tenetur reus de inter[...] & etiam de fructibus.*
2 *Qualiter debeant peti fructus præteriti.*

1 **SI homo.** † Post litem contest. et in actionibus str[...] iuris, tenetur reus de interitu & et de f[...]ctibus. h. d. Primum dictum intelligit gl. qñ res est pere[...]pta culpa ipsius rei, quod non placet. Istud enim proc[...]ret, si non esset in mora uera, uel ficta. sed per contestatio[...] efficitur in mora ficta, i. in acta malafide. ergo &c. Item proc[...]ret in actione reali, non in conuento personali per l. quod [...] si cer. peta. & ita expresse tenuit gl. in l. item si uerberatum. in fi. gl. magnæ. de rei uendi. per d. l. quod te. s. q conuent[...] ctione personali post litem contest. tenetur indistinctè de i[...]ritu, siue res sit perempta sua culpa, siue non. Item siue nõ[...] eodem modo peritura penes actorem, siue sit, licet aliud in[...] uento rei uend. Secũdum dictum procedit, qñ petitur aliq[...] quod non est nec fuit actoris quo casu non ueniunt fructi[...] actione stricti iuris, nisi post litem conte. et si plus fuisset in[...] ra, per interpellationem: vt in l. cum fundus. in prin. si cer. Secus si petitur id, quod est, vel fuit actoris, vt in l. videamus prin. & § si actione. cum ibi not. de vsu. quia tunc veniunt [...] moræ, quæ committitur etiam ante lit. conte. per interpell[...]nem, vt in l. si ex lega. cã. de verb. oblig. & idem in actionibus fi. vt l. videamus. §. ex causa. & l. mora. §. in bonæfidei. In tex[...] (absolonem non faciendam.) s. ab homine præstando, su[...] immo condemnationem, & et de fru. interim perceptis in[...]
2 quisitis per seruum post lit. conte. ut sequitur. † Qualiter au[...] debeant peti fructus præteriti, an debeant specificari, & e[...] eorum quantitas? dic ut no. per Cyn. in l. cum propria. C. si[...] alteri vel sibi. Ex prædictis patet, quod quæstio quam poni[...] gloss. non fuit necessaria: quia non debet fieri absolutio ab[...] mine, & sic potest fieri condẽnatio in utroque tam in hom[...] quàm in fructibus, licet Bart. videatur transire cum glo. te[...] do vltimam responsionem glo. in versi. vel dic.

LEX IX.

ntia lata in fauorem actoris absentis, & non citati, non valet, etiam si fit ad instantiam, & petitionem rei petentis.

Vrioso. Snia non pōt ferri pro furioso non habēte curatorem: quia non est, qui pro eo petat. Et si aduersarius petat, non potest furiosus in contumacia constitui. h. d. tex. cum gl. & dictis Doct. Et sic po- asum, ꝙ curator furiosi inchoauit iudicium ꝑ furioso, & ea mortuus est, vel se absentauit remanente furioso: q̄ritur qd possit ferri snia maximè in fauorem furiosi, si appareat m fouere iustitiam? & dr hic ꝙ non. Ipse em̄ non pōt petere in iudicio non possit constituere: & snia est ferenda ad instantiam petētis: vt in l. ad peremptoriū. §. de iudicijs. & si reus t ferri, oportet actorē citari, & in ꝯtumaciā ꝯstitui, & tunc ferri in fauorē actoris absentis, & non petentis. ut l. ꝑperā. §. si quidem. de iudi. sed in casu isto nō pōt in cōtumacia ui furiosus, & ista est rō huius l. Idem si non esset furiosus, non esset citatus, ut. C. non ualeat snia et in fauorem ipsius ris absentis, posito, ꝙ sit lata ad instantiam, & petitionē rei tis, ut in l. ea q. cum ibi. no. C. quomodo, & qñ iudex. & hic l. colligitur, & adhoc semper allegatur ista l.

LEX X.

endacium perdit quis beneficium, nec exigatur vltra quàm facere fit.

sfamilias contrahendo, an possit obligari, & si postea emancipetur, poterit conueniri.

Vi cum se patremfam. †Per mendacium ꝑditqs bñficium, ne exigatur vltra q̄ facere possit. h. d. †Præmitte, ꝙ filiusfamilias ꝯhendo obligatur in- lum ex oi ꝯctu, præterq̄ ex mutuo, & voto, ut J. de actio. & l. filiusfam. si tū postea emancipet, tunc quia patiē minimā . di. & censet nouus homo, illa obliga. perimitur per ti. de . di. sed de æquitate restituit in eum uti. actio, ut possit con ri, & exigi, nō insolidū, ut prius, sed quatenus facere pōt, vt io edic. prætoris, de quo hr̄ in ti. ꝙ cum eo. Hoc uerum nisi pore quo contraxit, asseruerit se patremf. & sic induxit cre rem ad contrahendum, q forte non contraxisset, tūc em̄ re it utili actione insolidum, & h. d. tex. & hoc hēt locum etiā utuo, licet ex eo nullo modo obligaret. si non fuisset men s, vt in ti. ad Mace. Adde J. de fideiussori. l. si dubitetur.

LEX XI.

ra morosum consideratur interesse quanti plurimi fuerit à tēpore moræ.

I calendis. †Contra morosum considerat interesse quanti plurimi fuerit à tpe moræ. h. d. Pone hic casum, ꝙ ꝓmisisti in calendis facere domum, vel aliquod opus ī aliquo loco, quod si fecisses fuissem lu- us, c. ex vēditione rerū mearū: & qa nō fecisti, perdidi hoc um. Ergo ꝯ te ad interesse, quod succedit in obligationib. fa- ost morā tā in obligatione, q̄ in petitione, ut J. eo. l. si quis lio. §. fi. & tpe quo fert snia nō interest mea in tm̄, quia, fortè uendidi, & fui lucratus quinquaginta tm̄, & sic nō intenisi in alijs quinquaginta. Certè nihilominus condēnaben centū, & si pluris mea interfuit, postea q̄ tūc tpe morę in st, ꝯdemnaberis ēt in illo pluri, ut dicit gl. j. qa morosus tequāti plurimi fuit à tpe moræ, usq. ad sniam, ut in l. ratio. §. er uenditorem. de actio. emp. quod plene dic, vt in l. vinum. rt. pet. & in l. in hac. de tritica. Sequitur l. in depositi.

LEx XII.

N depositi. Etiam ei qui dolo desijt possidere, si fuit conuentus actione personali, cedenda est actio. h. d. De materia huius l. dic, ut dixi in l. j. §. pro emptore. In tex. ibi condemnato, l. ad rei restitutionem, sup- & compulso soluere litis ęstimationem, quia non poterat restituere. In tex. ibi (actiones suas,) s. rei uendican. ꝯ extrāneū essorem. Nec obstat §. de administra. tuto. l. qui plures. ubi conceditur actio doloso, quia uerum est contra collegam, fuit in eodem dolo, sed contra extraneum sic, ut hic Rayn. quis ab alio.

LEX XIII.

I quis ab alio. Qui promittit satisdare pro alio, si non satisdat tenet ad interesse, qd æstimat eatenus quatenus ille soluere non potest. h. d. In text. ibi (stipulatus est,) supple, & ille non satisdedit, & sic cedet obligatio ad interesse, qd est regulare ī obligationib. ti, ut J. ꝓxi. §. q̄rit ergo quālr æstimabit istud interesse, & ad rñdet, ut sequit. In gl. q incipit, (rñdet,) ibi (l. eum qui. §. Pa-) sm̄ Dy. dic, ꝙ in illis legib. consideratur ꝙ euenire potest one præceden. delicti. quod hic non est.

bligationibus facti post moram succedit obligatio ad interesse.

qs promittit factum, ipsū factū, dr̄ esse in promissione, & in obligatione.

1 §. Si quis promiserit. †In obligationib. facti post moram succedit obligatio ad interesse, ad hoc sp allegatur, tū iste tex. hoc nō ꝓbat, qa nō dr̄, ꝙ succedat obligatio, sed ꝯdēnatio. Certè ēt in obligationib. dandi in quib. ꝯstat post morā non succedere obligationē ad interesse, ut l. ubi aūt. in fi. de uer. obl. pōt tū succedere cōdēnatio officio iudicis mercenario, qñ illud, ꝙ erat dandum, dari nō pt vt no. l. si quis seruum. §. fi. in. eo. ti. de uerbo. obli. vel non pōt solui in eadem æstimatione, qua solui dēt, ut no. in l. vinum. cir ca fi. mag. gl. si cer. pet. ideo gl. quæ est hic intelligit istum tex. ꝙ interesse non sit in obligatione post moram, nec possit peti, sed debeat agi ad ipsum factum, & fiet ꝯdēnatio iudicis off. ad interesse. Cōtrariū tū cōiter tenetur ꝑ l. stipulationes nō diui. §. Celsus. de ver. obl. q melius ꝓbat, q̄ iste, & ita no. gl. q incipit, idest interesse, q̄ dicit, ꝙ ille q stipulatur factū, censet stipulatus ēt interesse sub ꝯdōne tacita si non fiat, & sic potest agi recta uia ad interesse, & in lib. peti. Est ēt in oblōne ipsum fcm̄, ut no. in l. 2. §. item si in facto. in prima gl. e. ti. Pōt ergo incipere a petitione interesse, & tunc fiet ꝯdēnatio in eo, qd petitū est. Itē a petitiōe facti. & tunc si est tale factū ad qd pōt pcisè ꝯpelli, qd est in quibusdā casib, sicr fiet ꝯdemnatio, in eo qd est petitū. Sed si nō potest pcisè ꝯpelli, tunc fiet ꝯdemnatio iudicis off. ad interesse, & ita pōt intelligi hic, non iure actionis, qa fuit intentata ꝑ facto. Vnde non dēt opari in utroq;, quia non dētur vtrunq. simplr, sed alternatiuè, de qb. oib. vide plenissimè ꝑ Bar. in d. §. Celsus.

2 In tex. ibi, facit qd promisit. Et sic patet, ꝙ cum quis ꝓmittit factū, ipsum factū dr̄ esse in ꝓmissione, & in obligatione. ꝯriū dicebant quidam Doct. Papien. ꝙ censetur interesse promisisse, non ipsum factum, ꝯ quos allegabam istum tex.

LEX XIIII.

1 *Interlocutoria, potest per iudicem reuocari, sed sententia diffinitiua, non.*
2 *Appellatione sententiæ simpliciter prolata, intelligitur diffinitiua.*
3 *Sententia diffinitiua quando possit reuocari.*
4 *Iudex potest alicui inhibere, ne transeat per talem locum ex iusta causa.*
5 *Interlocutoria an, & quando, & per quem possit reuocari.*
6 *Quando iudex tulit vnam interlocutoriam, & postea tulit aliam contrariam illi, an censeatur primam reuocare.*

1 Vod iussit. †Interlocutoria pōt ꝑ iudicē reuocari, sed snia diffinitiua non. h. d. & sp allegatur ista lex. Et no. in fi. dū dicit, licet d̄ sniis ꝯ,
2 †ꝙ appellatiōe sniæ simplr ꝓlatę intellr de diffinitiua, & ad hoc sp allegat, & uide scribentes in c. cum olim. de testi. super gl. fi. In ꝯriū, ꝙ etiam interlocutoria, ubi non insurgit absurditas. gl. in uerbo. (snias) in cle. j. de re iud. Ideo unus ex duob. delegatis simplr, non pōt ferre sniam, ut in c. cām ma. de off. deleg. nō pt ferre ēt interlocu. ut no. Bar. J. eo. l. si uni. & Do. in c. qm̄ Abbas: & ad d. ca. causam. licēt gl. in d. l. si uni. uideatur
3 uelle ꝯriū. †Et intellige, ꝙ nō pōt reuocari diffinitiua, qñ est ualida, alias secus, ut in l. si ut l. si ut propo. C. qño & qñ iudex. Itē intellige nisi ex cā resti. in integ. ex ti. de mino. vel quib. cau. ma-
4 io. C. si aduersus rē iudi. per totum. †Itē no. hic gl. j. ꝙ iudex pōt alicui inhibere, ne transeat ꝑ talē locū ex iusta cā, puta, ꝑ scādalo uitando, vel ꝙ ad talē locū nō accedat, & de hoc est tex. in l. fi. §. de off. ꝓcu. Cæsa. & in l. j. in fi. §. de off. ꝓfe. vrb. & Bar. ꝙ pōt
4 imponere mulctam si ꝯ facit, alias inanis esset prohibitio. †Sup primo art. de interlocutoria, licēt multæ sint opi. & gl. hic recitauit duas, quarum prima fuit Azo. ꝙ tūc possit reuocari, qñ nō continet aliquid dari, uel fieri, aliās secus. Ponit exemplum qñ continet aliud dari, uel fieri in snia lata, super cā momentaneæ possessionis. q̄ dicit interlocutoriam, & sic non pōt retractari ꝑ appōne, ut C. si de momen. pos. l. unica. ita nec ꝑ reuocationē ista opi. peccat in duobus. Primo, qa talis sententia non est interlocutoria, sed diffinitiua, ut gl. hic tenet, & bene in d. l. vnica. si de moment. poss. & probatur in leg. post sententiam. C. de sen. & no. in c. ad sedem. de resti. spol. Item qa rō, quare nō pōt appellare nō est, quia ꝯtineat aliquid dari, vel fieri, sed qa est modici ꝑiudicij, & grauamē qd ex ea infert, ꝑparat tolli ꝑ iudiciū petitoriū. Alia fuit opi. Hug. ꝙ tunc possit retractari, qñ nō ꝯtinet decisionē alicuius dubij sup aliquo incidēti, vel emergēti, aliàs secus, vt si opponeretur, ꝙ libel. esset ineptus, & nō esset sibi rñdendū, vel ꝙ testis esset infamis, & nō deberet recipi. Et iudex auditis partib. ꝓnūtiaret sup hoc dubio, tūc nō posset reuocari sm̄ Hug. & fundat se ꝑ l. ꝙ in dic. §. si rōne de ꝯpens. Sed nō
a est ᵃ bonum fundamentū, quia ibi ideo non poterat reuocari, qa lata erat snia diffinitiua, & sic iudex erat functus suo offō. Dic ergo breuius, ꝙ si est talis interlocutoria, per quā finitur iurisdictio iudicis, illa non pōt reuocari sm̄ Bar. hic ꝑ l. differre. §. fi. de arbit. quia est eadem rō, quæ in diffinitiua. Barto. tū ponit duo exempla, q̄ non sunt bona, ꝙ si pronuntiauit sup libello non

ADDITIO.

a Sed non est bonum. Adde quod voluit Bal. consi. 58. 3. lib. ubi an sententia lata super dubio sit executioni man. vel non possit reuocari.

non esse ꝓcedendum,vel absoluit reum ab instantia iudicij,certè per istas interlocutorias non finitur iurisdictio iudicis ordinarij,vel delegati,vt idem no.ĩ.eo.l.iudex postq̃, cum possit nouus libellus dari,& noua lis inchoari,ut l.j.si mensor fal.mo. dixerit.licèt etiã in istis casib.sit uerum, quod dicit Bar. non tñ ꝑ istam rõnem,sed per aliam,vt statim dicã. Pone ergo exemplũ, qñ ꝓnuntiauit,se non esse iudicem comp.vt in c. significãtib. de offic.delega.& hoc tenuit Cy.in l.ex quacunq.in 5. q.si quis in ius uoca.non ierit. quia non põt reuocare talem sñiam partib. vel altera earum nolente,siue deleg.siue ordinarius,in hoc eñi non est dña.Sed quatenus ad hoc, ut possit reuocari consentiẽtibus partibus bene cum diffinitiua inter delegatum,& ordinarium,ut ĩ.sequitur.Et aduerte,quia est verum partib. vel altera ipsarum ꝯdicente. Quid autem si ambæ,consentiunt, ꝙ retractetur, an tunc possit reassumere causam? dic,ꝙ aut erat iudex delegatus,& non põt,vt est casus in d.c. significantib. aut ordinarius,& tunc potest ſm Bal.in l.si præses. C. quo. & qñ iudex.
a per illam l.quod no.perpetuo[a] ad declaratione, & limitationẽ illius cap. Itẽ aduertendum,quia procedit quod dixi,nisi à tali interlocutoria fuerit appellatum,qđ fieri potest,ut no.in auth. habita,C.ne filius pro patre.tunc.n. vr̃ per appellationẽ rescissa, & ideo iudex. nõ vr̃ omnino desijsse esse iudex. & sic poterit eam reuocare,ita hr̃ in decisionib.Rotæ.deci.244.& in c. dilec. el 2.& ibi ꝑ Bal.de ꝑben. quid autem si non fuisset appellatum, sed esset intra tp̃s appellandi,vr̃ idem,ac si esset appellatum,per gl.in l.ex iudiciorũ.de act.& quod no.in l.qui a latronib.§.j.de testi. cogen. Si uero ꝑ eam non finitur iurisdictio, tunc aut est missa executioni, & non retractãtur nisi consentiente parte,ꝑ qua missa est,ut l.j.§.si.cum ibi no.ĩ.de præto. stipu. aut non est missa executioni per hominẽ, & tunc aut traxit secũ executionem,& facit ne amplius speretur diffinitiua,aut fuit lata sup incidenti.& idem,quia non possunt reuocari nolentib.partib.vel altera earũ,sed illis ꝯsentientib.bene posset talis sententia reuocari etiam si ille sit delegatus,quia per talem sñiam non finitur iurisdictio illius.vt no.ĩ.eo.l.iudex postquam.& ẽt s̃. tetigi , & per ꝯñs non bene habet locum c.signi.de offi.deleg.& in hoc ꝑcedunt exempla tacta s̃.per Bart.si pronuntiauit non esse ꝑcedendum sine libello, quia ineptus, uel absoluit ab instantia iudicij,est.n.interlocutoria,ut no.in l.Titia. de accu. & trahit secum executionem,quia facit,ut non ꝑpetur amplius diffinitiua super illa cã,ergo &c. sicut qñ facta est executio ꝑ hoĩem. ar.in l.apud Aufidium.de optione leg. in rõne sui.& l. si is qui. de leg.2.ex istos casus dic.ꝙ aut non fuit appellatũ à tali interlocutoria,poterat tñ appellari,qa erat intra x.dies.aut nõ fuit appellatum,nec poterat appellari,quia lapsi erant x.dies. aut fuit appellat.Primo casu dic indistinctè posse reuocari ꝑ hãc l. ẽt sine aliqua cã,& partib.inuitis,vel altera earũ, nec tenet iudex ad interesse,quia ꝯmittitur suo arbitrio. Scđo casu qñ non fuit appellatum,nec põt appellar.,tũc dicit Inn.in c.cũ cessante. de appel.ꝙ non põt reuocari,qa transiuit in rẽ iudicatã.Io. And. dicit ibi ꝯrium ſm Host.ꝙ nõ transiuit in rẽ iudicatã, quo ad iudicẽ,licèt transeat quo ad partem,& istã tenet Bar. hic.sed in vno deficit,quia tunc licèt possit reuocare, hoc est uerum,cã legitima subsistẽte,nõ aliter.ſm Io.And.ibidẽ, licèt secus in casu præc.vbi non requirit cã, & si aliter faceret teneret ei cui erat q̃situm ius ex interlocutoria ad interesse, & hoc vr̃ de mẽte Inn. in c.sacro.de sent.exc.Tertio casu,qñ fuit appellatum,tunc aut iudex detulit,appellationi,& sic desiit esse iudex, vel non detulit,sed iudex appellationis sibi inhibuit,& tunc non ꝑt reuocare inuito appellante,ut no.in d.c.cum cessante.Certè in primo casu,qa desiit esse iudex, etiã eo uolente,vr̃ ꝙ non possit, si fuerit iudex delegatus, secus si ordinarius,per id qđ s̃. dixi ſm Bal. ĩ l.ꝑses.per d.c.significantib.Sed in scđo non desiit,licèt sint eius manus ligatæ,uolente appellante.Si ergo ꝯsentit,ꝙ reuocetur, & renuntiet appellationi poterit.Si uero nec detulit, nec facta est inhibitio,tunc põt ẽt inuito appellante, dummõ faciat sibi refundi expensas si quas fecit in appellando,vel in faciẽdo cãm appellationis cõmitti,qa non dẽt remanere in dãno,ita colligitur ex notatis ibidẽ per Do.& pro hoc decisio Rotæ 244. s̃. all. q̃ hoc casu dẽt intelligi, videlicet, qñ non est delatũ appellationi,nec facta inhibito. Qđ ãt dixi s̃.scđo mẽbro qñ non est appellatum,ꝙ non põt reuocari iusta eã,procedit eo casu quo grauamen illatum per interlocutoriam non põt retractari in appellatione à diffinitiua, & tunc verè dr̃ interlocutoria in rem iudi. trãsire.Secus qñ põt retractari,quia si iudex appellationis à diffinitiua potest illud grauamen reuocare, etiam sine causa, sic̃ primus iudex debet hoc posse,& ita uoluit Ioã And. in d. c. cũ cessante qñ autem possit retractari,& qñ non hr̃ in c.si. de app.
6 lib.6.†Vltimo Bar.hic mouet unam quæst, quando iudex tulit vnam interlocutoriam,& postea tulit aliam ꝯriam illi, an censeatur primam reuocare,ut plenius q̃ hic ipse dicat, dic, ut per eum in l.si procurator.s̃.de oper.no nuncia.

ADDITIO.

a No.perpetuo.sequitur Lu.Rom.consi.358.in fin.consi.& quando sententia in- terlocutoria possit reuocari.

LEX XV.

1 *Iudices ordinarij exequuntur sententias delegatorum ab eis.& etiam ar- trorum quę merentur executionem.*
2 *Non sequitur,aliqua specialia reperiuntur in aliquo casu,ergo omnia alia, vel iste casus æquiparatur tali in quibusdam, ergo in omnibus.*
3 *An sit verum indistinctè ꝙ ille cui committitur executio alicuius negoti- censeatur commissa causę cognitio.*
Si alicui committitur cognitio,an censeatur commissa decisio.
Eo casu quo censetur,vel expresse fuit commissa decisio, an censeatur com- missa executio.
4 *Executio an possit specialiter committi.*

1 A Diuo pio. †Iudices ordinarij exequunt̃ sñias delegatorum ab eis. & etiam ar- trorum quæ merent̃ executionem.h.d. Et hic,& in seq.tractat,qui iudices mittant sñias executioni. In in uenditione,incipit tractare de mõ exequendi,& durat ꝑ tã l.In tex.ibi(a se.)istud uerbũ,põt determinare ꝑcedentia,i- lud uerbũ,(magistratib.populi Romani,)& etiam sequẽtia, la uerba.(hi eos qui dederunt,)& uterq.intellectus est bon- ut sit sensus,ꝙ tam magistratus populi Roman q sũt iudices dinarij, q̃ ẽt alij ordinarij exequunt̃ sñias delegatorum ab e & arbitrorũ , & hoc vult gl.2.in prin.In gl. mag.ibi(& erat,
2 ꝑ edi.sicut ordinarius,qđ nõ est in delegato ab ordinario.† gl.ibi(sđ licet hæc specialia hẽat)no.istã gl.ꝙ nõ seqt̃,aliqua cialia reperiunt̃ in aliquo casu,ergo oĩa alia,uel iste casus æ parat̃ tali in quibusdam,ergo in oĩb.ut in l.si.C.de inoffi. do. gl.ibi,nec ideo,qa cognitio mandat̃,quia si committit̃ id qu est minus,idest cognitio,& decisio causæ,q̃ est de simplici iu dictione,non sequit̃,ꝙ uideatur commissa executio ,quæ est mixto Imperio,& sic est maius. Sed econuerso bñ sequit̃ si commissa executio quod est plus , ergo & cognitio, qđ min ita uoluit dicere gl.ꝑꝑ quã Bar.hic examinat plures casus. P- imus est an sit uerũ indistinctè,ꝙ ille cui committit̃ executio licuius negotij,censeat̃ commissa cãę cognitio . Secundus econuerso, si alicui ꝯmittit̃ cognitio, an cẽseat̃ ꝯmissa decisi Tertio est eo casu,quo cẽseat̃,vel exꝑsse fuit commissa decisi vtrũ cẽseat̃ cõmissa executio? Quartus est utrũ executio po specialr̃ committi? de quib.omnib uide hic plene per Barto. ad ſm punctum,uide qđ no.in addi. Spe.de iudi.deleg.§. seq videre.& per Inno.in cap.adhoc circa princ.de offic.Archi.q tenent,ꝙ commissa audientia,uel cognitione cãæ censeat̃ c missa decisio per l.de qua re.de iud.licet gl.dicat contrariũ in qui proc.dat.s̃.de proc.quam tenet hic Bar. sed Io.And.in lo s̃.alleg.distinguit,an committat̃ per legem cognitio alicui o dinario,& censet̃ commissa ẽt decisio . Aut ꝑ hominem co mittit̃ alicui delegato,& tunc secus,& ideo dñi ꝯsueuerũt, committũt dicere in signatura. Audiat talis,& iustitiã faciat qđ vltimũ censent̃ committere etiam sñiam, secus si simpli-
a cerẽt,audiat,qa tunc dẽt audire,& referre[a] per gl. quæ ind. procuratorem. Qđ aũt dixi qñ committit̃ per l. ordinario probari s̃.de offi.præfect.vigil.l.j.§.cognoscit.& ideo hoc ten Bal.ꝑ illum tex.Sed Inn.in d.c.adhoc indistinctè dicit uideri missam decisionem per l. de qua re iudic.In gl.seq. in prin. quando sine pœna.No.istam gl.quę melius loquitur quam la,quæ est s̃.eo.l.ait prætor.ut ibi dixi. Potest etiam intelligi arbitris,qui eligunt̃ ex forma iuris communis, uel statuti di tis,ꝙ causæ compromittant̃.Nam assimilant iudicibus dele tis,& uidentur habere iurisdictionem. Vnde ab eorum sent tia appellat̃,& transit in rem iudi.per l.si.C.de iu. Sed in ar tris compromissarijs,dic,ut in l.cum antea.

ADDITIO.

a Et referre.Adde ut per do.Car.consi.25.

LEX XVI.

1 *Sententia lata ab uno iudice ordinario potest mitti executioni per alium dicem alterius territorij.*
2 *Sententia adhoc ut possit mitti executioni per iudicem alterius territorij requirantur literæ ipsius iudicis.qui eam tulit.*
3 *Quid si ambo iudices essent eiusdem territorij,an unus possit dare executi- sententiam alterius.*
Quid si essent eiusdem tribunalis.
4 *Instrumentum guarentigiatũ confectum in uno loco, in quo est statutum, instrumenta guarentigiata mittantur executioni, an possit mitti execu- ni per iudicem alterius loci,sine alia requisitione.*
5 *Confessio facta coram uno iudice,non mittitur executioni per alium iudi*

1 §.Sententiam Romæ dictam. Sententia l- ab vno iudice ordinario potest mitti executioni per alium i- dicem alterius territorij.h.d.Et istud ꝯtingit, qñ in territorio i- lius,

;,q eā tulit,non reperiunt bona, nec psona condemnati, &
bi sortiebat.forū rōne fortè originis,vel ꝓ̄ctus,& fuit ibi re-
tus non tanq̄ aduena,sed habēs pergulā,vel armariū,& fuit
mnatus.† Vñ committit executio iudici,in cuius territorio
bona. Requirunt tñ literæ ipsius iudicis,q sñiam tulit,aliàs
possēt alius iudex p uiā executiuam se impedire,ut proba
in l.pperandum.§.sin autem reus.C.de iud.& in c.Roma.§.
entes.de foro compet.& l.cum unus.ī.de bon.authen.iud.
ii.†Item si ambo essent eiusdem territorii,ut potestas,& ca-
neus,vel rector scholarium,q sñiam tulit. Nam requiret po-
atem,ꝙ exequat,& sine requisitione,& licētia eius non dēt
qui. Et si requisitus nollet exeq,non teneret exequi,nec ꝯ-
i possēt ad exequēdū illā,si sit maior, uel par illi,sed si esset
erior,& esset illi subditus,bñ possēt ꝯpelli p illum, & ita pa-
n iudice seculari,q tenet exequi sñiam ecclesiæ,idest si sit re
situs ab illo,qa quatenus ad ministrandū iustitiā reputat in
or illo iudi.iuxta no.in c.j.de offi.ord.ut p Abb.& alios. Qui
o ēt si essent eiusdē tribunalis,ut contingit qñ potestas hēt
s collaterales,& unus audit cās de tali quaterno, alter de al
,nō dēt alter mittere sñiam alterius executioni sine eius li-
tia argu.in l.j.s̄.de offic.consu. Pone ēt exemplum in iudi-
pali,uel als seculari,& ecclesiastico,ut ī l. episcopalem.C.de
co.audi. Aliqñ tñ non requirit alia licētia, ut qñ petit exe-
io à successore illius,q sñiam tulit: qa reputat idem iudex,
n l.pponebat.de iudi.Itē & in casibus positis in prin. huius
petit à iudice ordinario,ꝙ exequat sñiā delegati sui, vel ar
i: qa cū illi sint functi officio eorū nō spectat ad eos requi-
,vel si p statutū esset deputatus aliqs sup executione sentē
ū,& ista colligunt ex no.hic p Bar.†q ēt dicit,ꝙ instrm gua
giatū confectū in uno loco mittat executioni p iudicem
rius loci sine alia requisitione, qa notarius fecit præceptū
rētigiæ,& functus est offō suo ad illud instrm. Certè hoc vr
ū qñ in loco,ubi petat executio illius instri,est statutū, ꝙ ī-
guarētigiata mittant executioni. Nā dēt intelligi siue sint
fecta in eodē loco,siue in alio,& hoc tenet Bald.in l.j.C.ne
s p pre.in 4.q.adde qđ ibi dixi.Secus puto si ibi non esset ta
atutū, qa instra de iure cōi non habent executionem para
.† Et idem in confessione facta corā iudice,qa non mittitur
cutioni,p aliū iudicē.[a] ut no.Cy.in l.uni.C.de confess.in x.q.
ex.ibi(si hoc uisum fuerit.) Ista uerba possūt referri ad iudi-
q tulit sñiam,ut possit alteri iudici committere,si sibi vr.Er-
i nō vr,nō compellit. Sed hoc est verū, si nec uideri dēt,qa
è in loco suo pōt executionē facere,& uictor calūniosè pe
ā ꝯmitti alteri iudici. Possūt ēt referri ad iudicē,cui cōmit
& tunc vult dicere,ꝙ si sibi nō vr mittēda executioni, quia
è apparet sibi iniusta, nō ꝯpellit mittere,sed potest remit-
ad committentem. Et hoc vr tenere Inno.in c.j. de offi.or.
opposita fuit exceptio nullitatis,& pbata in casu, quo nul-
s impedit executionem. Nā nō mittet eā executioni,nec ēt
iciabit sup nullitate. Sed remittet[b] ad primū iudicē, vt not.
n.in c.de cętero.cx eo.& p Bar.in prin.huius l. Aliàs nō sub-
te iusta cā, cogit iudex vnius territorij, p superiorē cui su-
,mittere executioni sententiam alterius iudicis. Vel fortè
m per illum eundem iudicem, quasi in hoc sit superior, ar.
Auth.ut nulli iudi.§.si qs verò comprehensorum.facit de ad
.tut.l. Titiū,& Mꝑuiū.§.tutores. Et adde ad ea,quæ s̄.dixi,q̄
in c.pastoralis.§.quia verò.de offi.deleg.

ADDITIONES.

n iudicem. Adde Ioan.And.in addi.ad Spe.in ti.de confe.§.nunc uidendū.
i.quid de confe.& quando sententia debet mitti executioni ad literas al
us iudicis,uide per Fulg.consi.140.

ittet. Dicit Lu.Ro.consi.51.ꝙ iudex non remittit, nec remittere debet, ubi
litas est notoria, per multa iura de quibus ibi per ipsum.

xecutione sententię quis ordo seruari debeat.
entia interlocutoria potest ferri sub conditione, & quid in diffinitiua.
aritus est condemnatus, an possit capi fundus dotalis in cām pignoris.
d econuerso, an condemnata muliere fiat executio in rebus dotalibus.
xecutione sententiæ, an possit condemnatus incarcerari, si uictor nollet ca
re bona.

.In venditione. [a] † In executione sententiæ dēt
ordo seruari, qui hr hic, ut prio
iant mobilia, & eis non existentibus,vel non sufficientibus
nobilia,& tertio in oīum defect. pueniat ad nomina debi-
um.h.d. Et vide qđ no.in Spec.de primo,vel secundo decre.
§.restat.ver.sed quid ergo.de sñia.§.sequit.ver.& scias.& ver
i verò nuntius.† No.tex.hic cum gl. in uer. sic denique,ꝙ sē
a interlocutoria pōt ferri sub ꝯdōne, in sñia aūt diffinitiua
inguit,an sit ꝯdō intrinseca, q̄ inest de natura,ut ista,si pro
um est,& tūc idem.vt l.cum iudex.C. de senten. Aut nō est
inseca,& tūc non dēt ferri,lata tñ tenet,ut in l.j.§.biduum.
app.sit. Et ēt intrinseca distinguit,an sit de præsenti, uel de
terito,an de futuro,vt si pbabis,uel iurabis,& tūc debet iu-

3 rari incōtinenti,als nō pdest,vt no.in d.l.cū iudex. † No.ēt gl.q̄
incipit,nullo. quia innuit dum allegat.l.j.de fun.do. ꝙ si maritus est condemnatus, pōt capi fund.dotalis. in causam pigno
ris.hoc reprobat per Doct.qa dēt deseruire onerib. mrīmonij,
& sic mulier admittet ad ꝯ̄dicendū p suo interesse, qa speciale
est in cā primipili.ut C.in q.cau.pi.ta.ꝯ̄ha l.satis.de primipilo.l.
4 j.& facit l.ob maritorū.C.ne vxor p ma.† Et sic econuerso con
demnata muliere,non fit executio in rebus dotalib.ut s̄.de do.
ob. cau.l.si donatarius.nisi in certis casib. vt l.in quinque legibus de bon.dam. Vlti.si uictor nollet capere bona, sed personā
condemnati,& eam incarcerare,possēt.ut in l.j.C.qui bon.ce.
poss.& tetigi.s̄.e.l.3.§. ait prætor.

ADDITIO.

a In uenditione. An hic §.habeat locum iu hypothecaria, uide Soc.consi.159.&
ibi etiam alias ad declarationem §.

1 *Pignora capta in causam iudicati, si non reperiatur emptor idoneus, adiudi*
cantur victori pro debito, etiam si minus ualeant, nec potest residuum pe-
tere.
2 *Pignus prætorium, an ita possit adiudicari creditori, quando non reperitur*
emptor, sicut pignus iudiciale.

1 **§.Si pignora.** †Pignora capta in cām iudicati, si non
reperiat emptor idoneus, adiudicātur
victori p debito,ēt si minus valeāt,nec pōt residuū petere. h.d.
tex.ibi(vtiq.ea quātitate q̄ debet.) Istud vr posse intelligi duob.
modis,cū gnalr,& simplr loquat. Primo,ꝙ ēt si plus debeat, q̄
valeant pignora,fiat adiudicatio p toto debito.& residuū peti
nō possit,& hoc est qđ ī.subijcit. Itē econuerso si plus valeāt, q̄
debeat,postq̄ emptor nō reperit, & ꝯdēnatus nō soluit, in eius
odiū adiudicent p summa debita,& non teneat victor aliqd refundere. Hoc vr iustū,qa si unū statuit ꝯ̄ victorē: qñ ualēt minus,æquū vr,ut aliud statuat p eo,si ualēt plus: licèt hoc nō tā
gat hic p gl.vel Doct. Et pdicta qñ fuit ita expsse dictū in adiudi
catione:& ita loquit iste uer.puta.adiudico tibi p quātitate de
bita ex sñia. Idē si simplr facta fuit adiudicatio:& hoc est qđ seqt,(nā si creditor &c.) Qñ tñ ualēt minꝰ uictor pōt recusare,ne
sibi adiudicent: & eligere potius ea retinere in cām pignoris
quousq.ꝯdēnatus sibi soluat:sed tūc interim fructus pcepti ꝯ-
putabūt in sortē,ut in l.2.C.de pign.act. Non sic, si fuisset facta
adiudicatio:qa tūc bona essent sua. Sed ī casu pcedē.nō,sed ꝯdē
nabit,& tenet eā restituere qñcunq.satisfiet,uel pōt dicere,ego
volo emere tanquam quilibet exneus p eo,qđ valeāt,ut C.si in
causa iudicati.l.2.& iste est melior modus,quem possit habere,
sic superfluū crediti possēt petere. Ecōuerso si plus ualent,pōt
ꝯdēnatus ꝯ̄dicere.ꝙ nō adiudicentur, dummodo soluat id in
quo ꝯdēnatus est,vel recipiat emptorē. Sed si neutrū facit, tūc
melior uia q̄ possit hre uictor, est ꝙ faciat sibi adiudicari p sen
2 tentia debita,& ita intellige qđ hic hr in gl.2.† Sed vtrū erit idē
in pignore ptorio qñ nō reperitur emptor, vt fiat adiudicatio
sicut hic dr in pignore iudi. Bar.hic vr tenere,ꝙ nō, & dicit esse
idē,qđ qñ impetratur à principe, quo casu adiudicātur vsq. ad
ꝯcurrentem quantitatem,& residuum potest petere uictus, ut
in l.j.C.de iur.do.impe. Sed Spec.ur dicere idē q ī hic in titu.de
primo,& secundo decre.§.nūc dicamus ante fin.versi.emptore
aūt non reperto &c. Nec vr posse assignari bona ratio diuersitatis inter pig.pretoriū,& iudiciale quantū ad hoc, immo vide
retur multo fortius in prætorio,quia melioris ꝯditionis dēt esse actor,postquam obtinuit sñiam,q̄ ante. Sed si obtinuit.cogi-
tur recipere p toto debito,ut hic.ergo fortius qñ nō obtinuit.
Quid aūt si ipse debitor condemnatus, vel non condemnatus
dat insolutū? Certè tūc aut exprimitur p quanta quantitate, &
clarū est. Aut nō exprimitur, sed simpliciter insolutū traditur.
Et tūc Bar. hic vr dicere,ꝙ non valeat datio, sicut nec emptio
non specificato pretio.ꝯ̄riū puto uerius,ꝙ immo censeatur facta datio p summa debita,qa ad illam refertur,& sic satis vr cer
a tū pretiū per relationem[a] ad debitū,vt s̄.eo.l.ait prætor.§.j.& si
minus ualet,imputet sibi creditor,si plus imputet sibi debitor,
qui effuso sermone locutus est.arg.l.fi.C.de dote promis. Quādo aūt fit per Principem,tūc mitius,& humanius agitur pro v-
troque.ut in l.2.de iur.do.impe. In gl. que incipit(quod præsumit,)ibi:dum dicit,siue actor dicat conuicto, & iudex non con
sentiat. Ita gl.vr expresse sentire illud quod s̄.dixi. nam hoc, qđ
dicit glo.non potest contingere, nisi qñ pignora plus ualent,q̄
debeatur, & non reperitur emptor:nec condemnatus soluit,
tūc em̄ uictor pōt dicere uolo mihi adiudicari p summa debita,ut nihil cogatur ultra soluere,licèt plus ualeant, & dēt audi
ri licèt victꝰ,& iudex dicat ꝯ̄riū,ꝙ ñ sit iustū,vel dic,ꝙ si uictus
di-

ADDITIO.

a Relationem. Facit quod uoluit Bald.in l.j.C.de re.alien. non alie. cuius dictum
refert,& sequitur Lud.Ro.consi.91.in j.col.

dicat ɔtriũ,nõ audit̃ ſi iudex uideat̃, ꝙ poſſit ɔ̃dicere ꝑ id ꝙ ſeqt̃
in gl.fi.Nã qñ valeat minus ꝗcꝗd dicat̃ in iſto tex.gl.vult,ꝙ iudex poſſit abdicare vſq.ad ſummam debitã, uel pro certa quãti
tate,& ꝙ reſiduũ poſſit petere,& ita dicit de facto obſeruari,et
ſic illud qđ dr̃ in tex.procedit.qñ ɔcurrit uoluntas iudicis , vel
qñ datio facta eſt ſimpl̃r,alias ſecus,ut in gl.Eodem modo vr̃,ſi
valet plus,ut ita demum poſſit habere ꝓ ſumma debita qñ cõcurrit uoluntas iudi.alias poteſt dicere,nõ vr̃ mihi iuſtum dare
tibi inſolidũ ꝓ ſumma debiti,cum longe plus valeant,retineas
ergo tibi pignori.Tñ victor iniuria afficietur, ꝙ cogetur emere,& ideo fortè verius vr̃ quod gl.hic dicit:ꝙ non cogatur reci
pere nec retinere pignori,ſed poſſit petere ſibi adiudicari,& im
putet ſibi ɔdemnatus,& ſi hoc iudex nõ faciat,tenebit̃ victori
ad intereſſe , poſtquã eius ɔ̃dictio nõ admittit̃. vt in iſta gl.not.

---

1 *Si per tertium contradictorem controuerſia moueatur,ſuper reb.captis in
causam pignoris ,ſummatim diſcutitur, & ſententia vel pronunciatio facta in hac cauſa ſummaria non facit prȩiudicium in plenaria,vel ordinaria poſtea mouenda.*

2 *Practica quando quis ſentit debere fieri aliquam executionem contra aliquẽ , & in aliquibus bonis tanquam illius, ſi prætendit aliqua de illis ad
illum non pertinere,ſed ad ſe,& quot teſtes requirantur. & nu.7.*

*Executor ſententiæ in cauſa executionis aſſumit partes iudicis in his quæ
non opponuntur contra ſententiam , ſed ſuper bonis, in quibus, fienda eſt
executio.*

4 *In executione ſententiȩ,ꝙ ſit citanda pars,ut ueniat ad dicendum cauſam,
quare executio fieri non debeat.*

5 *Summaria cognitio in quibus caſibus habet locum remiſ.*

6 *Pronunciatio facta in cã ſummaria ſuper aliquo incidenti , non præiudicat
quominus illud idem poſſit refricari in ordinario iudicio , principaliter.*

*Si fuit pronunciatum executionem non eſſe fiendam propter nullitatem ſñiȩ
non prohibetur victor agere ordinario iudicio, & petere declarare ſententiam eſſe ualidam,& qualiter.*

7 *Pronunciatio facta aliquo incidenti in cauſa plenaria , an faciat præiudicium quominus illud incidens poſſit refricari principaliter in alio iudicio.*

8 *Miſſus in poſſeſſionẽ ex cã iudicati,poſſidet,ſicut creditor conuentionalis.
Quod per talem immiſſionem interrumpatur uſucapio naturaliter.*

9 *Victor ſi vellet immitti pro iure condemnati.ſalua poſſeſſione poſſeſſoris, an
hoc poſſit fieri ita,ꝙ ius proprietatis in ipſum transferatur , remanente
poſſeſſione.*

1 §.Si ſuper rebus. †Si per tertium contradictorem
ɔtrouerſia moueat̃, ſuꝑ reb. ca-
ptis in cãm pignoris ſummatim diſcutitur,& ſñia,uel ꝓnuncia-
tio facta in hac cã ſummaria,non facit p̃iudicium in plenaria,vł
ordinaria poſtea mouenda.h.d.iſte §.no.& vulgaris, qui ſꝑ all.
& eſt utilis.In tex.ibi, cognoſcere dr̃e de ꝓprietate.)Hoc eſt ve
rũ qñ non ſunt alia bona,q̃ ſine controuerſia capi poſſint,&ſic
eſt deueniendũ ad noĩa debitorũ. Nam anteꝗ̃ hoc fiat, utilius
eſt cognoſcere de hac ɔtrouerſia,ꝗa citius expeditur. Si autem
eſſent alia bona,quȩ ſine ɔtrouerſia capi poſſent,tũc executor
dr̃et dimittere ſtatim iſta,in quib.fit ɔtrouerſia,& capere alia,
2 vt in ſeq.§.ſed & illud &c.†Ex iſto tex.in ſurrexit practica, ꝙ qñ
ꝗs ſentit dr̃e fieri aliꝗ̃ executionẽ ɔ̃ aliquẽ, & in aliquib. bonis
tanꝗ̃ illius,ſi p̃tendit aliqua de illis ad illũ nõ ꝑtinere, ſed ad ſe
ꝓteſtet̃ corã iudice,& in tali re nulla fiat nouitas ipſo nõ reꝗſi
to,& non audito.cũ in illis p̃tẽdat ſe potius ius habere ꝗ̃ hẽat il
3 le ɔdẽnatus, ſeu in cuius bonis fienda eſt executio. † Et no. hic
ꝙ executor ſñiæ in cã executionis aſſumit ſibi partes iudicis, in
in his,q̃ nõ opponunt̃ ɔ̃ ſñiam,ſed ſuꝑ bonis quib.fiẽda eſt exe
cutio.Sĩr ſi condemnatus allegaret priuilegium,ꝙ non dẽt exi
gi vltra ꝗ̃ facere poſſit, & victor ɔ̃diceret, aſſumeret executor
partes iudicis in cognoſcẽdo de hoc.ut j̃.ti.j.l.pen. Et idẽ vidẽ-
dũ in exceptionib.q̃ poſſunt opponi poſt ſñiam, de quib. in l.j.
C.de iur.& fac.ign.& in iſtis põt cognoſcere,& pronuntiare,vt
patet ex eo quod j̃.ſequitur,nec ſñiam eorum &c. Sed ſi oppo
nunt̃ aliqua q̃ impugnant ſñiam, non poteſt pronunciare, qđ
4 dic,ut dixi s̃.e.l.j.§.j.† Ex prædictis ẽt patet,ꝙ cum in executione ſñiæ ſit adhibenda aliquando cãȩ cognitio,ut hic,& no.in l.
inter utile.s̃ de min.ꝙ pars eſt citãda ĩ executione, ut ueniat ad
dicendum cãm,quare executio fieri non debeat, aliàs ur̃ execu
tio retractanda,de hoc argu.tangitur per Bar. s̃. ea.l.§.in uenditione.& in l.meminerint.C.vnde vi,& no.in ca.ex ratione de
appell.in nouella.& in d.l.j.C.de iur.& fact.igno per Cy. in 8.q.
In tex.ibi,(& ſi cognouerit eius fuiſſe) ſupple, & pronunciauerit,ut patet j̃.in verbo nec ſententiam, Vel dic,quòd poteſt ꝓ-
nunciare hoc modo,ſ. executionem fiendam in illis bonis tanquam pertineant ad condemnatum ,non obſtante ɔtradictio-
ne illius tertij,licèt enim principaliter pronunciet ſuper execu
5 tione,incidenter videtur ꝓnuntiare ſuper proprietate.†In tex.
ibi (ſummatim.) Hoc intellige duobus modis. Primo ꝗ̃tum ad
ordinem,ꝗa nõ datur libellus,nec lis cõteſtatur . Secũdo quã
tum ad ꝓbationem,quia ſufficit ꝓbatio ꝑ unum teſtem , & it
expreſſe determinat Spe.in ti.de primo.& ſecundo decr. §.re
ſtat.verſi.ſed qualiter.& in ti.de offi.iudi.§.poſtremo. verſi.6.i
quo §.multa tractat de ſummaria cognitione, in quibus caſib
habet locũ,& in quo dicatur ſummaria,& qualiter. In text.ib
nec ſñiam eorum debitori præiudicare &c.Supple,qui iure o
dinario poſſit agere,& uẽdicare ab illo tertio, cui fuerũt rela
ta.Et ecõuerſo,ſi fuit facta executio,quominus ille tertius p
ſit agere ordinario iudicio rei uẽdicationis,& retractare exec
6 tionẽ factã.†Et iſte tex.ſꝑ alleg. ꝙ ꝓnũciatio facta in cã ſumm
ria,ſuꝑ aliquo articulo incidenti,non p̃iudicat,quominus illu
idẽ poſſit refricari in ordinario iudicio principalr̃.vt hic,&l.
iudex.s̃.de his q ſunt ſui,uel alieni iur. & in leg. ſi quis a liber
§.ſi uel parẽs de li.ag. & iõ ſi fuit oppoſita exceptio nullitatis
executione,& ꝓnũciatũ fuit executionẽ fiẽdã , illa exceptio
nõ obſtãte nõ ꝓhibet̃ ɔdẽnatus facta executione principalr̃
tere declarari ſñiã eſſe nullã, & retractare executionẽ iuxta n
ꝑ Inn.in c.ex rõne de ꝓcu. & ecõuerſo ſi fuit pronũciatũ ex
cutionẽ nõ eſſe fiẽdã ꝑꝑ nullitatẽ ſñiæ, nõ ꝓhibet̃ victor age
ordinario iudicio,& petere declarari ſñiam eſſe ualidã, quo f
cto mittat̃ poſtea executioni,& hæc petitio , & ẽt p̃cedẽs ſup
nullitate experit̃ iudicis officio nobili,ut ꝑ Inn.in c.fi. de off
judi.& per Bar.in l.q̃ ſub conditione.§.fi.de cond.inſt.&ꝙ i
ſint uera expreſſe determinat Bar.in l.j.ĩ fi.C.qñ ꝓuo.nõ eſt
7 ceſ.ꝑ iſtum §.† An autem ꝓnũciatio facta ſuper aliquo incide
ti in cauſa plenaria,faciat prȩiudicium quominus illud incid
poſſit refricari principaliter in alio iudicio,materia eſt in
C.de ord.iud.& tangit̃ plene ꝑ Bar.in l.qui Romæ.§. duos fr
in 3.col.in mag.diſtinctione.j̃.de uerb.obl.per Inn.in ca.fin.
8 ord.cog.† In gl.3.ibi,(quia dicat alius ſe poſſidere.) Aduerte
qñ bona poſſideantur ꝑ ɔdẽnatũ , & tertius dicat illa bona
ſe pertinere iure dñij,incumbit onus ꝓbandi illi tertio,& po
rit probare ꝑ unũ teſtem ꝗ̃tum ad impediẽdã executionem
hic.Sed ſi poſſidebant̃ per iſtũ tertiũ,tũc incũbit onus proba
di ipſi victori,ꝙ ꝑtineãt ad ɔdẽnatum,& probato fiet executi
niſi ille tertius melius probet. & hæc habent̃ in l.ob marito
C.ne uxor pro marito.Sed vnũ facit me dubitare, quia Spec
tit.de primo,& ſcđo decr.§.reſtat.ver.ꝗd ſi apud eũ.cũ ſeq.vi
terminare, ꝙ qñ poſſeſſio eſt apud tertiũ nullo modo dẽat i
lis fieri executio,& ſi fuit facta,dẽat retractari, ẽt ſi victor ve
ꝓbare,ꝙ ad ɔdemnatum ꝑtinẽt,qđ eſt ɔ̃ illa quæ ſentiunt D
in d.l.ob maritorũ.Dic ꝓ ɔcordia,& tene menti,quia eſt ſin
lare,& quotidianum, ꝙ aut ille tertius poſſeſſor fuit citatus
ꝓceſſu,& ſñia,& tũc ꝗa facit ſibi p̃iudiciũ,ſi victor poteſt ꝓ
re ſummariè,ꝙ ad ɔdẽnatũ ꝑtinebat,fiet executio in illis.Ita
a telligo a no.in l.ob maritorum.De iſto.n.articulo,an ad aliũ
neret non fuit diſputatũ in illo ꝓceſſu,iõ requiritur noua p
tio uictoris. Intellige tñ ſanè niſi ille tertius poſſeſſor meliu
bet. Aut ille non fuit citatus,& tũc hẽt locum id qđ no.Spe
d.§.reſtat.verſi.quid ſi apud eũ.cũ ſeq.ꝙ nõ debeat fieri exe
tio,ẽt ſi uelit ꝓbare,ꝙ ad illũ ꝑtineãt,& ſi fuit facta,debeat
tractari,ꝗa ille ꝓceſſus nõ facit ſibi p̃iudicium nec ꝓbat ill
eſſe debitorem in p̃iudiciũ iſtius tertij poſſeſſorijs non cita
quãtũ adhoc,ut poſſeſſionem ꝑdat, & ita colligit ex dictis e
ſi bene inſpiciatur,& in dictis Bal.in l.ob maritorum.Præd
vera ſi ad illum peruenit poſſeſſio aliunde,ꝗ̃ ab ipſo conde
nato.Si aũt ab illo in frau.credi.tunc ſcđm Cy.in l.j.C. de ali
iudi.põt fieri executio ɔ̃ eũ.Bar. hoc reprehẽdit hic,niſi pri
agat̃ reuocatoria,& annullet̃ ɔ̃ctus,ut Inſt.de act. §.ſi quis
fraudem.Bal.notabilius in d.l.ob maritorum.diſtinguit,ꝙ
iſta trãslatio fuit facta in fraudẽ executionis,pura,poſt litẽ
tã,& ꝓcedit dictum Cy.ut recta uia poſſit executio fieri,no
cta aliter reſciſſione ɔ̃ctus. Dẽt tñ actor probare, ꝙ debito
fraudem alienauerit,& ſic,ꝙ ille in quẽ facta eſt alienatio,
uerit litem motã, nõ eñ reuocat̃ alienatio in fraudem cre
torum facta,niſi uterq.participauerit. l.q aũt.§. hoc edict
de his q̃ in fra.cred. & hoc ꝓbato,nec expedit aliter aliena
nem reſcindere,& iſta ꝓbatio fraudis fienda eſt in hoc iudi
executionis,& ea facta fienda eſt executio. Et poteſt dici,
creditor ꝓbauerit,ꝙ debitor non haberet in bonis,niſi rẽ
nam,ſatis ſit ꝓbata fraus, etiam ſi aliàs non fuerit ꝓbata ſci
illius in quẽ fuit facta,ut ſic poſſit fieri executio aliena.alr̃
ſciſſa ꝑ l.oẽs.§.Lucius.s̃.q̃ in frau.cre.Sed ſi alienatio facta
ante litem motam opponit̃,ꝙ uia ordinaria,& ſic acti.in fac
git̃ ad reſciſſionem alienationis,& probata fraude illa reſc
det̃ ut creditor ius ſuum ſuꝑ illa conſequat̃,& hoc eſt qđ ſe
tur,& primũ caſũ habui de facto in cauſa Simonis Petri
Caimo. Aut nõ in fraudẽ executionis,ſcđ debiti,ut l.ſi añ lit
motã.& tũc ꝓcedit dictũ Bar.hic. Vlt.no.hic in fi.tex.ſcđm un
lectu.gl.ꝙ miſſus in poſſeſſionem ex cã iudicati, poſſidet ſi
creditor

:ditor ꝯuentio lis,& ideo per talem immissionem interrumpur vsucapio naturalr,quod declara,ut hic per Bar.Item ea q̃ .x i,de tertio possessore, ꝓcedunt,qñ eius possessio est iusta, non debeat de facto sibi auferri pro executione.Secus,si est usta, ut quia clam, uel violenter obtenta, & hoc constat. sibi nõ ꝓdest,sicut ꝑ fraudẽ ad ipsum deuenisset. ar. in l.uis s.C.de proba.& in hoc etiam uidentur concordare Docto. em ꝓcedũt qñ uictor uellet auferre illi possessionem. Si aũt let immitti ꝓ iure condemnati, salua possessione possessoan hoc possit fieri ita,ꝙ ius ꝓprietatis in ipsum transferaẽ re nente possessione penes illũ, fuit qõ disputata per Martinũ .qui determinauit, ꝙ sic, argumento in l.si finita.§.si de ve de dam.infec.& in l.si fundum.cum ibi no.in gl. de fund.do . Bar.hic dicit istud esse uerũ,si ille possessor confiteẽ ad connatum pertinere ꝓprietatem,aliàs dicit secus.arg.ĩ.ea.l.§. utrum.Bal.in l.ob maritorum.truffaẽ de hac limitatione,& rito,nam ille §.sed utrũ. loquiẽ in nomine debitoris, à quo tor vult extorquere pecuniam. Sed hic à possessore nil vult torquere.ideo non est curandum de sua confessione, uel ne tione,licet ista per Bal. non tangantur tamen ipse pro deci-.Mar.Sil.alle.in l.quamuis.ĩ.qui.ex cau.in poss.ea. ubi conuiẽ pignus prætorium absq.eo,ꝙ quis realr immittatur in rẽ nissio fieri non potest,& sic limitatur l. non mirum. de pi-).acti.Licet hic ergo non possit fieri in præiudicium possesis ipsa missio realis,tamen nõ tollitur,quamuis ius condemti possit per missionem transferri in uictorem.

arente tertio eontradictore,in quibus casibus non superſedeatur in exetione.

ditor qui habet debitorem condemnatũ,ꝙ poſſit facere auferri rem debito alteri obligatam,licèt ſibi oblgata non ſit, & facere eam vendi.

.Sed & illud. Si est aliquid, quod sine controuersia possit capi,illud capitur,& dimit-illud quod est in controuersia.Item si mouetur q.de iure pi oris,cessat summaria cognitio,nec supsedeẽ in executione. d fit missio,& res uendiẽ,si plus ualet q̃ illi contradictori deaẽ,& primo sibi satisfit,residuũ verò uictori soluitur.h.dicit. imitaẽ ergo §.præcedens.in duobus dum ibi dicit, ꝙ compa te tertio ꝯdictore supersedeẽ in executione,& summatim di tiẽ de ipsius ꝯdictone.Nam hoc est uerum,quãdo nõ sunt abona,quæ sine controuersia possint capi,aľs illa capiunẽ, & non supersedeẽ,& alia admittunẽ,& sic cessat summaria cotio.intellige hic verum qñ ꝯdictio.& summaria cognitio ve imilr haberent aliquem tractum temporis. Et qñ ius condẽti nõ erat notoriũ,aľs esset in arbitrio iudicis,ꝙ potius vellet ere, & quod expeditius esset,ut ĩ.eadem l.§. item quid dices.& arg.in l.fi.C.de compen. Secunda limitatio est, quia ꝓdit §.præce.quando tertius mouet quæstionem de ꝓprieta-,uel de possessione rõne ꝓprietatis.Secus si non negaret pro ietatem ad uictum pertinere,sed diceret rem sibi pignoratã, m hoc nõ obst.sed fit executio,nec supersedeẽ,quia sine eius æiudicio.Et hoc si res plus ualet,q̃ illi debeaẽ,nam debet uen &illi primo satisfieri,& residuum in cãm iudicati conuertiẽ. on tamen ipse tertius contradictor, & creditor compellitur ndere,sed compellitur ostendere,& pati,ꝙ vendatur præstisibi idonea cautione,ꝙ de pretio primo loco sibi satisfiet, & c vult iste text.iuncta l.quamuis.ṡ.de pig.act. per quam iste declaraẽ,†& est speciale in cre.qui habet debitorem condem tum,ut possit facere auferri rẽ debitoris alteri creditori obli tam,licèt sibi obligata nõ,sit & facere eam uendi.Secus si ha ret sñiam.argu.in l.nulla.C.de solu.'& qui potio.in pig. ha.l. s.ipse etiam debitor audiẽ,si vult rem pign.uendi, quia valet is q̃ debeatur creditori,si fortè non potest illi soluere, licèt editor ꝯdicat,ut est casus in d.l.quamuis In tex. ibi (quamuis n cogaẽ creditor distrahere &c.)supple,aľs nec etiam in caisto,sed compelliẽ ostendere,& pati ꝙ distrahatur. Ita intelli sanè istum tex.licet prima facie innuat, ꝙ in casu isto compllitur,sed aliàs non compelleretur,tñ iste sensus non esset bo s,ut etiam ex sequentibus patet,qa non dicitur, ꝙ compeltur uendere,sed bene dicitur,ꝙ fit distractio,s.per executorẽ. tex.ibi(superfluum soluere sit paratus,)& sic patet,ꝙ loquiẽ iando res illa pluris ualebat, q̃ illi tertio creditori deberetur, iàs uideretur cessare quod hic dicitur, quia cum ex uenditionullam cõsequeretur utilitatem,ipse uictor, non uidetur,ꝙ mpellatur ille pati,quòd uendatur,quia cessat causa propter am compellitur.

.Si post addictum. De controuersia quæ mouetur post uenditionẽ,vel tionẽ insolutum,non cognoscitur summariè per iudicẽ exeientem,& per uiam executiuam.Sed ordinariè ꝑ iudicẽ com tentem.h.d.vsq.ad §.sed si emptor. & loquitur hic qñ moue r controuersia de ꝓprietate,si autem de pretio ꝑ emptionẽ, loquiẽ sequẽs §.Et hic poniẽ tertia limitatio ad §.si sup reb.ut loquaẽ qñ fit cõtrouersia añquã pignora vẽdãtur,uel adiudicentur,ut tũc supsedeaẽ in executione,i.in uenditione vel adiudicatione fiẽda.Si verò post vẽditionẽ,vel adiudicationẽ,tũc executor nõ dẽt tanq̃ executor de illa ꝯtrouersia sũmatim cognoscere ad finẽ,ꝙ si reperiaẽ iusta, retractet uẽditionẽ, vel adiudicationẽ, sed dẽt dicere ego sum functus offõ meo in exequendo,& executio est ꝑfectè facta,si tu p̃tẽdis aliqđ ius hr̃e da libellũ tuũ corã me,tãquam coram iudice, si ego sum iudex competens,& non q̃rebam tãquam coram executore, & ꝓcedatur ordinaria uia,& cum plenis probationibus,ut l. si non sum iudex competens,da libellum coram competenti.Nam possibile est,ꝙ in executione ipse fuit competẽs executor, & in isto ordinario iudicio nõ erit cõpetens iudex, si fortè ille cui facta est venditio,uel adiudicatio non est sibi subiectus. In tex. ibi (periculum uersetur,)dic melius q̃ gl.s.interitus rei uenditę,quia ꝑtinet ad emptorem post vẽditionem perfectam.vt l.necessario. de pericu.& commo.rei vendi. Quod autem dicit glo. ꝙ teneẽ pretium soluere. Dic quod non est uerum, nisi præstito fideiussore,si res euincatur,cum immineat euictio in limine[a] contractus,idest ante pretium solutum,ut in l.pen.de per.& commo rei vendi.& C.de euic.

ADDITIO.

a In limine. Vel a principio ita conuentum sit,aliàs non potest uenditor cogi ad præstandum fideiussorem de euictione,hoc firmat etiam Lu. Rom.consi.7.in fi.7.consi.

§.Sed si emptor. Si emptor non soluat pretium, aufertur sibi res,acsi uenditio facta nõ fuisset,& alteri venditur, & pretium in cãm iudicati cõuertiẽ, non aũt compellitur primus emptor ad solutionẽ p̃tij per captionem bonorum suorum,& uenditionẽ, quia esset ꝓcessus in infinitum,cũ idẽ posset contingere in hac uenditiõe, qđ in prima,& iõ cõsulitur,ꝙ executor non uendat, nisi p̃sente pecunia,& ꝙ nõ facit terminũ soluẽdi, aľs uẽditio hr̃ ꝓ non facta,cũ possit de facili retractari non soluto p̃tio. h.d.vsq.ad §. sic quoq.Et primo format qõnem si emptor non soluit pretiũ, an executor poterit ipsum compellere ad solutionem p̃tij, per capturam bonorum suorum,& vẽditionem illorum?vsq.ibi (& non puto.)Ibi determinat,ꝙ non,& ꝙ iste non esset bonus modus exequendi,nec expeditus,quia esset ꝓcedere in infinitum, qa illud idem posset contingere in bonis suis alteri uẽditis, emptore non soluente,qa similiter caperentur bona illius, & uẽderentur alteri,& illo non soluente bona sua etiam uenderenẽ alteri,& sic in infinitum. Et istam rationem ꝓbat in versi. quid eñ.qa ita ista esset necesse facere,siue dicamus, ꝙ emptor debeat condemnari, siue ꝙ habeatur ꝓ condemnato usque ibi, (melius igitur.)ibi confirmat,quod dixerat,& addit aliam rationem,quia uictor contra illum emptorem nullam hẽt actionẽ ad p̃tiũ,cum ipse nõ uendiderit,sed executor. usque ibi(nec iniuria.Ibi consuluit victori,cum declarat,quis modus sit tenendus,s.ꝙ executor nunquam uendat cum termino ad soluendum,sed præsente pecunia.uel si contingat contrarium fecisse, & emptor pretiũ non soluat,tanquam executio nõ sit facta,auferat ei rem,& alteri uendat præsente pecunia, quia prima uẽditio pro non facta habetur.

1 *Si nomina debitorum condemnati non ſunt liquida, qualiter procedendum.*

2 *Caſus in quo datur curator bonis præſentis, & viuentis.*

§.Sic quoque. Si non sunt mobilia,nec immobilia, peruenitur ad nomina debitorum, & in illis fit missio,si confiteãtur se debitores,aľs secus, & sic reperitur pecunia solutioni parata,licet penes tertiũ illa capiaẽ, nec tunc fit missio in nomen illius, sed de facto pecunia recipitur.h.d.vsq.in fi.l.Et sic facit differentiam inter nomen debitoris,apud quẽ nõ est pecunia parata, & tunc fit missio in ipsum nomen.Nec tũc ita de facto compellitur soluere,sed fit missio, vt in gl. hr̃,& debitor est apud quem pecunia est parata,ut si erat penes eum deposita, uel cõmodata, & tũc nõ fit missio s̃m formam traditam à gl.Sed pecunia statim recipitur,& fit illi p̃-
1 ceptum de tradendo.†In tex ibi,(discedi a noĩe.)Quid ergo fiet isto casu, postquàm non sunt alia bona mobilia, uel immobilia,& noĩa debitorum non sunt liquida? gloss.r̃ndet in l.2.C. qñ fiscus uel priua.ꝙ dabitur curator bonis istius ꝯdẽnati, qui mouebit actionẽ ꝯ illos debitores,& faciet illos ꝯdẽnari,& tũc effecta erunt liquida,& in eis poterit fieri executio. Negari tñ non p̃ot, quin hoc sit magna retardatio executionis, sed hoc casualiter accidit,nec aliquid fieri p̃ot,alias executor dr̃et face-
2 re qđ expeditius est,ut hic in uer.itẽ quid dicemus.†Et no.quia iste est casus,in quo datur curator bonis p̃sentis,& uiuẽtis. Alr secus,quia solum mortui,uel absentis,ut in titu.de cu. bo. dan. & no.in l.ab hostibus.in prin.ṡ.qui.ex causa.malo.

LEX

LEX XVI.

1 *Exceptio, ꝙ quis non teneatur nisi inquantum facere potest, an sit dilatoria, & possit opponi post sententiam.*

SVnt qui in id. Vsq. ad l. si conuenerit tractatur de eadem materia, uidelicet: qa sunt qdã q nõ debẽt ꝯdẽnari, uel exigi ultra q̃ facere possint ex priuilegio ꝑsonali. Et primo enumerantur illi q habẽt hoc priuilegiũ vsq. ad l. inter eos. postea mouentur, & soluuntur aliqua dubia circa hoc usq. ad l. si ꝯuenerit. tex. sunt faciles. vñ nõ expedit sũmare. In tex. ibi (ꝯuenit) Est aũt triplex modus. Primus, ꝙ in libello actoris hoc dicatur: peto illũ ꝯdẽnari, quatenus facere põt: & tũc ꝓcedit qđ hic dr. ꝙ ꝯuenitur in id qđ facere pt. Scđs modus est, ꝙ ꝯueniatur in tota quãtitate: & petatur in tota ꝯdẽnari, sed opposita exceptione ꝯdẽnatur quatenus facere pt. vt Inst. de act. §. sunt pterea. Tertio, ꝙ ꝯdẽnetur ad totã quãtitatẽ, sed in executione sñiæ opponatur exceptio: & non fiet executio, nisi quatenus facere põt: vt ĩ. in l. itẽ miles. in fi. in uerbo (cogitur soluere.) qa hæc exceptio cũ nõ impugnat sñiam, pt opponi in executione: ut est casus. ĩ. e. l. Nesennius. In l. inter eos. sup gl. 2. ibi (& de peculio. l. ex facto.) Supple in fi. vbi hr, ꝙ si unus creditor habeat priuilegiũ, alter nõ in actione ꝑsonali, licet ille qui nõ hẽt ꝓoccupet, ẽt ꝑueniẽdo ad sñiã, nõ est melioris ꝯdõnis: qa fit executio ꝓ eo pstita cautione, q si appareat alius priuilegiatus cre. restituet. Dẽt ergo intelligi qñ neuter erat priuilegiatus, vel habebat par priuilegiũ, alias loqtur l. ꝯria. & hoc si habebat par priuilegiũ in actione ꝑsonali, si aũt in reali, ut in l. hypotheca, ut in duab. dotib. licet sint paris priuilegij, pfertur pria dos, nec attẽditur ꝓoccupatio ꝓ scđa dote, ut in l. assiduis. §. ceptus. C. q potio. in pig. ha. p rłam. ĩ. q prior est tpe &c. q̃ hẽt locũ ĩ actione reali, non in personali. ut in l. j. de priui. cre. In fi. glo. adde qđ no. ĩ. de re. iu. l. in eo qđ. Et dic ſm Dyn. ꝙ est considerare duo tempora: s. tps sententiæ, & tempus executionis. In primo dic, ꝙ in prima sententia non hr respectus ad alteram, sed in ultima habetur respectus ad primam, & hoc uoluit ista l. In secundo tẽpore non hr respectus ad primam, nam aut concurrunt eodẽ tempore, & vtriq. ꝓ rata satisfit: aut diuersis & primo uenienti satisfit in totum eius qđ dictũ est in sua sententia, non habito respectu ad aliam. Dyn. Et no. ista uerba, quia subtiliter declarant tex. istum cũ gl. & ẽt in l. iudicati. ĩ. eo. de qua signatur hic ꝯriũ satis difficile.
1 † In §. fi. istius l. inter eos. super gl. fi. Dic ꝙ ista exceptio non est dilatoria iudicij, sed solutionis, quia si peruenerit ad pinguiorem fortunam tenetur soluere, ut no. s. e. l. patronus in ult. gl. peremptoria ãt nõ põt dici. qa non extenuat nec extinguit debitũ, sed moderatur executionẽ, & põt opponi post sñiam qđ nõ est in pemptorijs. ut l. peremptorias. C. sente. resc. non posse. Et adde quod no. in l. 2. ĩ. de excep. & sol. mat. l. ex diuerso. §. fi. & Inst. de excep. §. item temporales.

LEX XX.

1 *An pater mariti sit magis priuilegiatus respectu vxoris, quàm pater uxoris respectu mariti.*
Affinitas an dissoluatur per mortem vxoris, uel uiri.
2 *Statutum vel pactum de dote lucrandi, ꝙ habeat locum, etiam in dote non soluta, constante matrimonio.*

NOn tantum. Not. ꝙ põt esse iudicium inter maritũ, & vxorem, const. matr. ex alia cã quã ex cã dotis, qa illa non potest constan. matr peti. h. d. Videbatur ꝯrium propter societatem
1 vitę, sicut nec inter prẽm, & filiũ. ut l. lis nulla. s. de iudi. † Itẽ no. in l. sicut. cũ prin. l. seq. ꝙ pr mariti est magis priuilegiatus respectu uxoris, q̃ econuerso pr uxoris respectu mariti, qa primus ẽt si conueniatur sol. ma. ad restitutionem dotis habet priuilegium, ne condemnetur ultra q̃ facere possit. Sed scđs si conueniatur ad solutionem dotis, sol. ma. non habet illud priuilegium, licet bene habeat, si conueniatur constãte. Certè qcqd hic dicatur l. tñ penul. s. de iu. do. aliter determinat, ꝙ istud sit verũ qñ dolo sè induxisset generum ad ꝯhendum: alias gaudet priuilegio ẽt sol. ma. & ita no. in l. ex diuerso. s. sol. ma. Glo. tamen in ista l. sed hoc ita. quæ semper allega. dicit, ꝙ rõ est, quia mortua uxore soluta est affinitas, quæ rõ non est bona. Primo quia non est uerum simpliciter, ꝙ sit soluta, immo adhuc durat quantũ ad impediendum matrimonium inter uirum supstitem, & ꝯsanguineam uxoris mortuæ usq. ad quartum gradum. vt Inst. de nup. §. affinitatis. & in c. non dẽt de consang. & affi. licet quãtum ad alia priuilegia videatur finita, & hoc vult gl. in l. cui eorũ. s. de postu. Item quia eadem ratio esset in socero ex parte uiri ꝑmortuo viro. Et tñ ille socer adhuc gaudet priuilegio. Patet ergo, ꝙ isti soceri sunt pares in priuilegio, nisi socer ex parte uxoris sit
2 in dolo, ut dictũ est ꝑ d. l. pen. q̃ declarat istã. † Vltimo per l. sed hoc ita. in prin. patet ſm Dy. ꝙ si est statutum, uel pactũ de dote lucranda, locum habeat etiam in dote non sol. constan. matri. Nam hic maritus sol. ma. non poterat petere dotem, nisi ratione lucri, qđ debeat sentire ex pacto, uel ex l. municipali. fa. l. Iul. de iure do. & l. si donaturus. §. fi. de cond. ob causam. & de quod no. per Bar. in l. Iul. C. de sac. san. ecc.

LEX XXI.

1 *Si partes concordant qualiter sententia feratur, iudex debet sequi eorum uoluntatem.*
2 *Si partes concordant, ꝙ remittatur causa consilio sapientis, & stetur consilio illius, licèt consilium sit iniustum, excusatur iudex, si ipsum sequitur. Quid si fuisset dictum, ꝙ committatur consilio talis, vel si simpliciter statutum, q dicat, committatur cõsilio sapientis, non autem dicit, quòd ei stetur.*

1 SI conuenerit. † Si partes concordant qualiter sñia feratur, iudex debet sequi eorum uoluntatem h. d. & semper allegatur. Et potest intelligi plurib. modis, puta, si concordant, ꝙ ꝯdemnandus absoluatur, uel econuerso, ꝙ absoluẽdus ꝯdẽnetur, vel ꝙ cõdanandus inquantum facere põt, cõdẽnetur insolidum. Hoc tñ ultimum nõ est sp uerũ, ut no. glo. quia non sp põt ille cui competit
2 bñficiũ ei renũtiare. † Et ꝑ istam l. cõiter dicimus, si partes concordant, ꝙ committatur cã ꝯsilio sapiẽtis, & stetur consilio illius, licet consilium sit iniustum, excusetur iudex, si ipsum sequitur. Quid aũt si fuisset dictum, ꝙ committatur consilio talis, uel si simpliciter statutum dicat, ꝙ committatur consilio sapientis, non
a aũt dicit. ꝙ stetur? Bar. hic tenet eũ nõ excusari. Ang. tenet ꝯ si contineat manifestã iniqtatẽ, qa iustã cãm hẽt sequẽdi consilium, maximè qñ partes cõsenserũt in ꝑsonã ꝯsultoris. Et adde qđ no. Bal. in l. mãcipia. C. de seruis fugi. circa fi. In gl. circa p. ibi (in arbitrio, hic in iudicio.) Istã tenet Bar. & assignat rõnem diuersitatis, quia sñia arbitri nihil operatur, si feratur ſm, ꝙ inter partes ꝯuenit, cũ de se nõ ꝓducat actionẽ in factũ, nec officium iudicis, sed sibi paretur metu pœnæ. Supfluũ ergo esset si ferretur qđ partes ꝯuenerũt. Nã & ipsa nõ ꝓlata partes possent ꝯuenire. iõ ut aliqđ operaretur, statuitur, ut talis ꝯuẽtio nõ ualeat, & arbiter habeat largas[b] habenas. Nõ sic in sñia iudicis: q̃ et si feratur ſm ꝙ inter partes ꝯuenit, hẽt effectũ actionis ꝓdncẽdæ, & officij iudicis ꝓ executione, nõ est ergo supflua: & idẽ esset dic in sñia arbitri, eo casu quo posset emologari, & ꝓducere actione in fcm, et offm iudicis. & l. Cũ aña. C. de arbi. De hoc tangitur ꝑ Cy. & post. Pe. in l. j. C. de iur. om. iudi. licet Bar. faciat mentionem, tñ ipsi non vr hanc solu. tenere: in glo. qñ conuenit, ut inquantum facere posset. Vult dicere glo. ꝙ ꝯueniret, ut ꝯdemnetur ille q erat absoluendus, nõ ualet ꝯuẽtio ita põt intelligi l. qualẽ. de arb. Si aũt ꝙ absoluatur condenandus, uel cũ sit cõdẽnandus insolidum, cõdemnetur quatenus facere potest, bñ ualet, ita intelligatur hic, quia fauorabilior &c. tñ subtiliter cogitando, non vr posse assignari bona rõ diuersitatis: qa uerum est, ꝙ sunt fauorabiliores, nisi renuntiet eorum fauori, ut l. si quis in conscribendo. C. de pact. ideo tutius est tenere istam l. gñaliter, ut loquitur, & sequitur sol. prima.

ADDITIONES.

a Angel. tenet contra. Vide latè eius consi. 184. Bal. consi. 114. j. lib. incip. consus fuit articulus.

b Largas. Ange. hic dicit secus esse in arbitratore Lu. Ro. sing. suis alleg. pro casum in l. j. §. & post operis sup. de oper. no. nuntia. de quo uide etiam consi. 70.

1 *Sententia lata contra ius scriptum, si non fuit error expressus in ea, valet nec rescinditur per appellationem inualidam.*
2 *Sententia iniusta respectu partis ualet, & transit in rem iudicatam.*

1 PReses prouinciæ. † Sententia lata contra ius scriptũ, si non fuit error expressus in ea, ualet, nec rescinditur per appellationem inualidã. h. d.
2 † Et alle. sp. ꝙ sñia iniusta respectu partis, ualet, & transit in rẽ iudic. facit l. cũ putarẽ. s. fam. erc. in ibi, in usuras usurarũ ꝯdemnauit. puta, ꝙ ꝯdẽnauit in cẽtum sorte, & in cẽtũ ꝓ usuris, cũ tñ usuræ nõ ascẽderẽt, nisi ad sexaginta, sed cõputãdo usuras usurarũ bñ ascẽdebãt ad centum, sed tñ iudex nõ dixit in sexaginta ꝓ usura sortis, & in quadraginta ꝓ usuris vsurarũ, sed simplr in cẽtum ꝓ usuris. Si autem dixisset, tũc sñia nõ ualeret in illis quadraginta, cũ usuræ usurarũ sint ꝓhibitæ ꝑ leg. sicut usuræ cẽtesimę, ut l. si non sortẽ. ĩ prin. ꝯd. inde. In fi. l. ibi (Iudicati agi nõ possit.) supple, vel executio per iudicẽ q sñiam tulit, & si opponatur. de appellatione, replicatur ꝙ non fuerit legitima, uel ꝙ est deserta, & de hoc poterit idẽ cognoscere incidenter, licet principaliter super hoc adiri posset ſm Ang. ꝑ l. si ꝯ maiorẽ. & l. qm. C. de app. Br dic, ꝙ appellationẽ nõ esse legitimã, cognitio huiꝰ vr ptinere ad iudicem appellatiõis, & sic ad ipsũ remitteretur iste ar. pc. Ro. de lib. 6. in ver. si verò uocatis. Si aũt dicatur, ꝙ tempus appel. prosequendæ lapsum est, & ꝙ ille nõ fecit diligentiã. cũ lapsus manifestè possit apparere ex die latæ sñiæ vsq. in tẽpus quo petitur executio, fundata esset intẽtio petẽtis executionẽ, nisi appellãs doceret de diligẽtia, & ita ꝓbatur in d. l. ꝯ maiorẽ. Et no.

. Bar. in l. j. in fi. ꝟ. nil noua. appe. pen. nõ tñ vr, ꝙ ipse iudex à o debeat ꝑnũciare apprõne esse desertã, id ꝙ potius ptineat iudicẽ apprõnis, vt in l. eos circa prin. in glo. mag. de appel. ꝑ ɔđ. licet gl. ibi dicat, ꝙ nõ habeat necesse ꝑnũciare. Doctõ. tñ cũt, ꝙ põt. Pronũciabit ergo iudex à quo executionẽ fiẽdã ñ ɔstãte app. cũ lapsũ sit tps ꝓsequẽdi, & de ꝓsecutione non ap ret. Practica tñ est, ꝙ appellans citet ad dđm cãm quare snĩa debeat executioni mandari, cũ sit lapsum tps prosequendi.

LEX XXVIII.

causa fuit commissa consulenda duobus doctoribus, q reddiderunt diuer consilia, iudex potest sequi quod illorum magis placet, & excusatur. id si non elegit, sed pronunciauit, secundum contenta in consilijs, ꝙ non aleat sententia.

quo tempore currat tempus appellandi in casu, de quo hic.

Vo iudices. †Si ex duob. legatis alter ferat snĩã vno mõ, alter mõ ɔrio, vel diuerso, vtraq. snĩa pẽdet, quousq. ꝑ delegãtem altera fuerit apꝑbata. h. d. †Et ꝑ hoc vr si cã fuit cõmissa cõ. ẽda duob. Doctõ. q reddiderũt consilia diuersa, iudex potest ui qđ illorum magis placet, & excusat. Quid autem si non git, sed ꝑnũciauit ſm ɔtẽta in consilijs? dic, ꝙ non ualet per bi repugnantia. de reg. iur. In gl. j. ibi (ꝟ. eo. l. inter partes.) per am vr, ꝙ stetur snĩæ latæ ꝑ reo, tanq̃ illa sit magis fauorabi- & solue, ut in gl. ꝙ illa non ꝓferunt à duobus iudicibus ordi rijs, sed à delegatis: qa tunc non attendit fauor snĩa, seu quæ magis fauorabilis: sed q̃ fuerint ꝑ delegãtem approbata, vt , qđ tene mẽti. Vel dic, ꝙ ẽt si loquat in iudicib. ordinarijs, ɔt cedere, qñ non constat quis magis dicatur reus, q̃ alter: vt in icio (vti possid.) vel diuersorio, vbi vterque est actor, & reus, tũc adhuc ꝓcedit qđ hic dr, & est no. solutio ad intellectum ius l. inter pares. vide no. in c. fi. de re iu. Nec obstat, ꝙ immo s dr ille, qui ꝓuocat, & actor ille qui ꝓuocat: qa hoc est ve- n quantum ad effectum litis decidendæ: & hoc vult ista glo. a quã no. Est & tertius casus, in quo põt ẽt intelligi ista l. qñ et unus ordinarius, & alter delegatus, seu adiunctus à princi qa recurretur ad ipsũ principẽ. ita sentit hic Bar. Sed Ang. et, ꝙ preferat snĩa ordinarij tanq̃ magis digni, qđ est falsum: dignior est, & maior delegatus à principe,[a] vt in c. studuisti. offi. deleg. †Vlt. quærit à quo tpe curret tempus appellãdi: , ꝙ a tempore electionis factæ ꝑ superiorem, cum ante eam n sit certum à qua sententia sit appellãdum. ꝑ ea q̃ no. s. eo. §. si qs condemnatus. in gl. q̃ incipit (quia uiginti.) & sic non l. j. §. biduum. qñ appel. fit, qa ibi erat certum, à qua senten esset appellandum, ideo licet sententia sit in suspenso, qa la ub conditione, statim tamen currit tempus appellandi.

ADDITIO.

gatus à principe, hoc potest procedere si esset delegatus ad uniuersitatem larum, uel respectu personæ delegantis, sed ꝙ sit fortior iurisdictio deleg. lignior in se iurisdictione ordinaria. hoc negat Io. de Imo. in rub. de offi. eg. pro quo facit quod uoluit Imo. in l. multum interest. de cond. & dem. m refert, & sequitur Are. consi. 68. in 2. col.

LEX XXXI.

demnatis, & confessis datur tempus legale ad soluendum, quod ex cau potest prorogari, & abbreuiari.

ntum tempus datur hodie iudicatis ad soluendum, & in quibus casib. tur, & cuius naturæ sit.

Ebitoribus. †Condemnatis, & confessis dat tps legale ad soluendum, quod ex causa potest prorogari, & abbreuiari. h. d. in effectu. †Not. principalr in ista l. quantum erat tps, qđ dabat icatis iure isto. s. duo menses, ut in fi. & ad hoc principalr al hodie quatuor: vt in gl. & de natura istius tpis, qđ dat misericonis gratia à lege, & in quo differt à tpe ɔuẽtionali: vide plc & no. Bar. in l. ita stipulatus. de ver. obl. & patet vna dr̃ia in cũ militi. §. cũ intra. s. de polli. iuncta l. in die. e. ti. Itẽ no. in hi q. ꝙ illud idẽ tps dat cõfessis corã iudice, q ꝑ ɔdemnatis , qđ datur ipsis verẽ ɔdẽnatis. gl. in l. si debitori. de iud. di ꝙ de consuetudine dant decem dies: quia statim post con ionem fit eis præceptum per iudicem, ꝙ intra decẽ dies sol- it, hoc tñ ex qualitate ꝑsonę, vel quantitate aliud sit dicẽdũ, iudex moderabit. No. ẽt qualiter intelligatur l. à diuo Pio, isi ꝑ totã l. §. eo. ꝙ capiant pignora, & vendãtur. s. postq̃ trãt tempus, quod dat iudicatis à l. nõ ante, & si ɔ fieret retraret executio tanq̃ indebitẽ, & ꝑperam facta. per hanc legẽ.

LEX XXXII.

entia lata contra tenorem constitutionis, si non fuit error expressus va mero iure.

ententia est lata contra tenorem alicuius reformationis, quæ non erat in luntate statutorum tradita iudici, secundum illam deberet pronuncia- quod non reddatur sententia nulla.

3 *An dictæ reformationes, quæ non sunt in volumine, sint allegandæ, & producendæ in termino dato ad producendum iura, sicut instrumenta.*

1 Cum prolatis. †Snĩa lata ɔ tenorem constitutionis, si non fuit error exp̃ssus, valet mero iure. h. d. ſm vnum intellectũ, & tunc concordat cum l. præses s. eo. uide ad intellectũ istius legis Abb. & qđ ibi scriptũ est post eũ in c. pastoralis. de fide instr. an snĩa lata ɔ extrauagantẽ, q̃ nõ est clausa in corpore iuris, exp̃sso errore illius, an snĩa sit ipso iure nulla, sicut snĩa lata ɔ ius cõe, qđ clausũ est ĩ corpore iuris est ipso iure nulla, si error iuris sit exp̃ssus ĩ illa: vt in c. j. de re iu. & in l. 2. C. quorũ app. & in l. j. §. itẽ ɔ sacras. & in §. itẽ cũ ɔ iura. 2. q. 6. uide plenè in d. c. pastoralis. Vel dic, ꝙ ẽt si fuit error expressus, si illa ɔstitutio ñ erat in corpore iuris clausa, ualet. h. d. ſm alium intellectũ, quẽ

2 tãgit gl. post prin. ibi: (vel dic cõditionibus. &c.) †Et ista est magis singularis lect. ꝑ quam deciditur, si snĩa est lata ɔ tenorẽ alicuius reformationis, q̃ non erat in uolumine statutorum tradita iudici, cũ ſm illã deberet ꝑnũciare, nõ reddit nulla, qđ perpetuo tene menti. Secus si ɔ tenorẽ alicuius statuti clausi ĩ dicto volumine, & ita vr sentire Bar. mihi vr hoc verũ, qñ pars ꝑduceret tenorem reformationis à seipsa, & sine testificatiõe officialis deputati sup reformationib. qa iustã cãm iudex hẽt ad

a nõ dãdũ fidẽ,[a] & ita loquit hic tex. cũ gl. qa ꝑducebantur snĩæ latæ ꝑ Imperatorẽ inter alios in fi. cãæ vñ poterat iuste ignorare iudex, an Imperator vellet illas snĩas hre ꝑ lege in omnibus alijs causis postq̃ non erant in corpore iuris clausæ. Si uerò fit ꝑducta reformatio cũ testificatione dicti officialis, dico idẽ ꝙ si esset lata ɔ formam alicuius statuti clausi in volumine, qa nõ põt ignorantiam prętendere, cum habeat illi credere. C. de fide instr. auth. ad hæc. ꝟ. de iure fis. l. in fraudem. §. quatenus. in ver.

3 (manu ɔmẽtariensis.) †Et ex prædictis apparet, ꝙ dictæ reformationes, q̃ non sunt in uolumine, sint alleg. & ꝑducẽdæ, & in termino dato ad ꝑducenda iura, sicut instra, als vr, ꝙ non possit ꝑdesse. E eodem modo dicẽdum est de ɔsuetudine, licet nõ sic de statutis clausis in uolumine, sicut de legibus iuris cõmunis, qa non expedit illam uel illas ꝑducere, quia semper habentur ꝑ ꝑductis, & ista patent ex no. ꝑ Bart. in l. omnes populi. in ultima quæst. de iust. & iu. l. ꝓscriptione. C. si ɔ ius vel vti pub. & de iure calum. l. 2. §. quod obseruari. l. ornamentorum. in fin. de auro & argẽto leg. Nã tale dubiũ est talib. reformationibus, & consuetudinibus ęquiparatur dubio facti, cum sit ꝓbabile. ut no. in c. j. de post. præl. lib. 6. in gl. super uerbo. (manifesta.) & in c. ut debitus. ante fi. de apppel.

ADDITIO.

a Dandum fidem. Adde ꝙ Lu. Rom. consi. 260. idem dicit in sententia lata contra extrauagantem per hanc l. & c. pastoralis. de fide instr. ibi uide.

LEX XXXIII.

1 *Sententia lata per falsos testes etiam pecunia corruptos valet mero iure. Sed contra eam datur in integ. resti. & corrumpens criminaliter punitur.*

2 *Limitatio ad iura dicentia, ꝙ post didicita testificata super eisdem capitulis, vel directo contrarijs, testes non admittantur.*

3 *Quandocunque plura requiruntur ad probationem, ꝙ alterum non sufficiat.*

1 Diuus Adrianus. †Sententia lata per falsos testes etiam pecunia corruptos, valet mero iure. Sed contra eam datur in integ. rest. Et corrumpens criminaliter punitur. h. d. ista l. notabilis quæ declarat omnes alias de hac materia loquẽtes maximẽ titu. C. si ex fal. instr. Vbi de restitutione non fit mẽtio ita exp̃sse, sicut hic. Licet dicat, ꝙ talis snĩa non habeat effectũ, nec authoritatẽ rei iudicatæ. Nam dẽt intelligi impetrata restitutione, & concessa ꝑ hanc l. dum dicit in integ. restitu. & etiã in fi. dum dicit in integ. rest. Sed gl. in c. cum venerabilis. in fi. de excep. vr velle, ꝙ sit nulla ipso iure, & sic non requirat restitutio, tñ ista nullitas non apparet quousque sit ꝓbata falsitas, & interim ꝓsumitur ualida. Et ſm hoc sp posset allegari, & probari, sed tenendo primum intellectum, qui est verior ſm cõem opin. non potest allegari, nisi intra tps petendæ restitutionis, & sic olim intra annum vtile, hodie quadriennium continuũ. & ita debet intelligi l. qui agnitis. ꝟ. de excep. ut ibi no. in gl. q̃ incipit. (exceptione.) In tex. ibi (ut si tibi ꝓbauerit ɔspiratione, &c.) istud ꝙ debeat probari conspiratio, & corruptela dicit hic Imperator propter id ꝙ statim sequitur, (& rem seuere vin.) quia si non interuenisset corruptela, & ɔspiratio, nõ essent aduersarij puniendi: quia non fuerunt in dolo. Non autem ꝑp id quod dr in fi. ꝙ causa in integ. resti. Nam ad illud sufficit probari solã falsitatem testium. ut in gl. quod tamen dic, ut ibi dicam. Et ad uen ad tres casus, nam interdum talis snĩa est ipso iure nulla, & sic non est necessaria restitutio, & hoc qñ ultra ea, quæ cõtinentur hic, interuenit aliud. s. quia lata ɔ absentem, & indefensum, ut in l. si ꝑtor. §. Marcellus. s. de iud. ſm cõem intellectũ. Item in casu speciali, cum est lata contra minorem, sup excusatio-

tione tut.vel cura.vt in l. j. & 2. C.si ex fal. alleg. interdũ valet
cũ effectu.nec rescindit̃ p in integ. rest.s. qñ de falsitate fuit op
positũ añ ipsam latam,& de ipsa plenè cognitum, posito ẽt, ꝙ
nõ ꝓnunciatum,vt in l.fi.C.de fi.instr. Interdum ualet mero iu
re,sed competit restitutio intra quadrien.s. qñ sumus extra dictos casus,vt in hac lege. Istud tñ est verum si ꝓbetur, ꝙ iudex
fuit secutus illas falsas attestationes. qđ præsumitur si aliæ pro
bationes nõ fuerũt factæ,alṡ secus,si fuerant aliæ,quas potuit
sequi,&q̃ de falsitate nõ redarguunt̃,nõ ꝓsumit illas secutus ni
si ɔ̃riũ ꝓbet̃,& hoc ꝓbat̃ in l.pe.C.si ex fal. instr.& in c. cũ I.&
A.extra e.ti.de re iud.Itẽ intellige hãc legẽ qñ velles ꝓbare fal
sitatẽ p indirectũ,puta,q̃a testes dixerũt,ꝙ tali mẽse,& tali die,i
tali loco mutuaui tibi ꝑsenti,& recipiẽti cẽtũ,& tu uis ꝓbar e p
testes idoneos,ꝙ in illa die,& p plurales añ,& post eras absens
in loco remoto,& tũc poteris hoc facere ẽt post apertas attesta
tiones,ut in c.series.de testi.Si aũt velles ꝓbare falsitatẽ directò
qđ in illo loco,& die non interuenit numeratio pecuniæ p testes,q̃ dicãt se ibi interuenisse,& nullã numerationẽ interuenis
se,aut si primi testes dixerunt hoc fuisse factum præsente Titio,
& Scio,& ille Titius,& Seius dicant oppositum. Isto casu post
didicita testificata,& publicatas attestationes non admitteret̃
pars ẽt añ sñiam super articulis directo contrarijs ad reproban
dum testes,vt in auth.q̃ semel C.de prob.& in c.fraternitas. de
testi.& in cle.fi.e.ti.Multo minus post sñiam. Hoc tñ intellige
verum,qñ dũtaxat vellet ꝓbare falsitatẽ. Si autem vellet ꝓbare corruptelã p pecuniã, tũc isto casu admittet̃ quasi sit nouum argm̃,& hoc vr̃,de mente Ioãnis Andreæ, & aliorum in c.
licet cãm de probationib. Et idem Ioan.And.in cle.fi.de test. in
2 gl.in uerbo directo. † vide qđ scriptum est recolligendo in ista
mã in c.j.de falsis.quod est ualde singulare, & limitatur ad illa
iura s̃.allegata dicentia,ꝙ post didicita testificata sup eisdẽ, vel
a directo ɔ̃trijs articulis testes nõ admittẽdos,[a] & isto casu põt ꝓ-
cedere opinio Placentini quã hic gl.reꝓbat, qui tenuit nõ sufficere ꝓbare falsitatem testium ad sñiam rescindẽdã,nisi etiam
ꝓbetur corruptela,põt em̃ ꝓcedere in casu isto,qñ vellet directo ꝓbare falsitatẽ post publicatas attestationes. Vr̃ etiam con
cedenda dicta restitutio, posito ꝙ ille ɔ̃ quẽ lata est sñia, sciuerit falsitatẽ cõmissam,& potuerit appellare,& nõ appellauerit,
q̃a dolus falsorũ testiũ,vr̃ aduersarij ꝑpõderat eius culpę, vt nõ
possit sibi imputari,cur nõ appellasti, vt in lege si obstetrix . in
fi.ad l. Agliam,& hoc vr̃ esse de mẽte Doct. aliqñ tñ denegatur
restõ si sciuit, & potuit appellare,alṡ conceditur.s. qñ non in
teruenit falsitas testiũ nec corruptela pecuniæ,sed dũtaxat do
lus iudicantis,q̃ reperit̃ ex actis,& isto casu põt procedere glo.
quæ reputatur singularis in l.seruo inuito.§. cum prætor. s̃. ad
Trebel.quæ dicit restitutionẽ esse cõcedendã.Sed Bar. eã limitat eo mõ quo dixi tã hic q̃ ibi.& in l.vnica.C.de sentẽtijs aduer
3 sus fiscum lat.lib.x.† In gl.j.magna,ibi(sed placere ɔ̃.)& p ipso fa
cit iste tex.q̃a Imperator mãdauit sñiã rescindi,si ista tria ꝓba-
rent̃,ergo nõ sufficit alterũ ꝓbari,q̃a qñcunq.plura requiruntur,non sufficit alterũ.ut in d.l.cum hi.§.si prætor.s̃.de transac.
Sed ad istũ tex.põt rñderi,vt dixi.s̃.eo.Bal. tñ rñdet aliter q̃ hic,
ideo Imperator voluit oĩa ista ꝓbari, q̃a iste Iulius Tarentinus
adhoc se astringit dũ i suo libello supplicatorio de omnib. istis
mẽtionẽ fecit,& ita vr̃ hodie exp̃ssum in d.c.licet cãm.de ꝓb.&
dicit Bar.ꝙ tunc vr̃ se astringere, qñ vnũ ponitur per modum
qualitatis ad aliũ dũtaxat,ꝙ corrupti falsum dixerũt. Secus si
non p modum qualitatis,puta,ꝙ dixerũt falsum,& fuerũt corrupti p l.Fulcinius.§.cũ aũt.ff.qui.ex cau.in pos. ea. & ista uerba Bar.semper alleg.hic & ibi.Host.vr̃ tenere,ꝙ videat̃ se astrin
gere ẽt si copulatiuè ponat p modũ qualitatis.Sed Cy.in l.cum
te C.de ꝓb.dicit ſm Pet.ꝙ qñcunq. quis in suo libello facit mẽ
tionẽ de plurib.quorũ alterũ tm̃ sufficit ad victoriã reportãdã,
nõ vr̃ se astringere,nisi ad illud ꝓbãdũ, & ꝓ hoc gl.ord.in c.2.
de resc.Bal.ẽt in l.j.de ɔdi.indeb.reꝓbat Bar. hic, & dicit,ꝙ etiã
si p modũ qualitatis,si illa qualitas nõ erat necessaria ad uicto-
riã,& nõ alterat actionẽ,uel modũ agẽdi,nõ cẽset̃ se ad illã ꝓbã
dã arctasse,& rñdet ad illud c.licet cãm.satis nota.Sed põt dari
alia rñsio,ꝙ ibi accidit casus ecõuerso ad illud de quo p glo.q̃a
ibi dixit,ꝙ testes corrupti falsum dixerũt,& de falsitate nihil p
bauit,sed de corruptela sic.Nos loq̃mur ecõuerso, qñ ꝓbauit
falsitatem,& non corruptelã. Nã sola falsitas sufficit sine cor-
ruptela.Sed eɔ̃, ꝙ nõ sp̃, sed ita demũ si interuenerit corrupte-
b la[b] per pecuniã,vt in l.j.§.j.de fal.mo.& l.2.de cond.ob.tur.cau.
sic si p̃cibus,aut gratia in testib.quia mõ, ut dicant ueritatem,
non est curandum, ꝙ testificent̃ gratia alicuius, non testifica-
turi pp alium,q̃a nõ offendũt veritatẽ, licèt nõ sic in iudice q̃
per gratiam mouet̃ alicuius, licet nõ p pecuniam, quia offendit iustitiã.si dat sñiam aliter q̃ debeat,& tũc hẽt locũ gl. s̃.all.
in l.seruo.§.cum prætor.& ista opi.Bal. placet, quicquid dicat
Bar.per id quod no.Cy.in loco.s̃.alleg.& per gl.in d.c.2.de re-
scip.Inn.aũt in d.c.licet causam.vr̃ aliter loqui. ꝙ si ante sñiam
allegat̃ falsitas,& ꝓbet̃,hæc sola sufficit,ut sñia nõ debeat fe
Si aũt post eã latã,non sufficit,nisi ꝓbet̃ ẽt corruptela,q̃ opi.
placet p id qđ hic no.in gl. Põt esse tñ casus in quo opi. Plac
ꝓcedit,ut s̃.dixi.In tex.ibi(vel ĩplorato offõ iudicis.) Adde c
alia remedia.s.accusatio l.Cor.de fal.& ista durat xx. annis.
exceptio ɔ̃ sñiam,& ista est ꝑpetua, si reus fuit ɔdẽnatus p f
instra,dat̃ replicatio,si agat actione prima,& ista durat tñ
tũ actio prima, vt hæc hñr p gl.ẽt tex.in l.q̃relam.C.de fal.&
c.cũ venerabilis.de excep.& si condemnatus per falsa instru
ta soluerit,& solutũ repetat, & excipiatur,ꝙ soluerit virtut
tentiæ,replicari potest, ꝙ sententia fuerit lata per falsa in
& ista auxilia cõpetũt ad diuersa,nam actio in factum datu
interesse ɔ̃ dolosum, & sic contra testes, & si aduersarius
rupit, vel dolũ commisit ẽt ɔ̃ eum. Sed offm̃ iudicis, & in in
grum restitutio datur, ut sententia rescindatur, & repon
in pristino statu. Accusatio uerò ut puniatur criminalr̃,sec
ceptio,ut impediat̃ executio sñiæ. Aduertendum tñ in hoc
timo,q̃a Pet.& alij Doct.nostri dicunt, non competere ex
tionem, nisi præhabita restõne,sicut in minore, & absent
reipub.ꝓ ea quæ no.in l.nec non.§. exceptio.& l. si is qui.s
ex cau.ma.& l.nam & postea.§.min.de iureiur.& quod no
exceptione.la 2.in fi.de excep.& hoc tenet expresse gl. in d
agnitis.in gl.pen.in fi.quam s̃.alleg. Cum em̃ sñia sit ualid
iure,nisi rescindat̃ p rest.in intest. non potest competere
tra eum exceptio,nec impediri executio, sicut ex parte ac
nõ dat̃ actio rescissoria,nisi rescissa sñia,vel usucapione, u
in honoratijs.§.sed cum rescissa.de act.& obl.Sed text.in c
venerabilis.& ẽt gl.vr̃ velle ɔ̃rium,ꝙ detur exceptio sine al
restitutione,& idem Bar.in l.qui agni.j.de excep. Petrus
ꝙ ille decre.male loquit̃,& facta fuit per non intelligente
tilitates iuris ciuilis.Io.And.ibi multũ laborat. Bar.sustine
decre.dicens,ꝙ cũ det̃ actio in factum etiam restitutione
concessa, silr̃ debet dari exceptio quæ est magis fauorabi
ratio nõ placet,quia dantur ad diuersa. Nos possumus di
ꝙ illa dec.non contradicit,& ꝙ possit intelligi ſm qđ dici
qui agnitis.ꝙ detur exceptio,& replica.s. præhabita rest. s
obstare gl.in l.q̃relam,q̃ dicit,ꝙ est perpetua,sed tunc esse
poralis,q̃a restitutio non datur ultra quadriennium.Sol.
restitutionem non est nata exceptio, & si non petatur re
tio impeditur eius natiuitas,si aũt petat̃,nascitur,& postq̃
erit perpetuatur,ut l.purè.in fi.de doli excep. & ita intell
stã gl.si ergo petat̃ executio sñiæ,poterit reus excipere nõ
tẽdã executioni.q̃a est lata p falsos testes,& petere eã resc
& hoc facere p̃t,si est j. quadriẽniũ, & hæc practica ꝓba
Pap.§.si filius.de inof.test.& in d. l. nã & postea.§. si min
ɔ̃tab.l.si præterito.sed si peteret̃ executio post quadriẽniũ
posset reus sic excipere,ut d.§.si minor.Ideo cautè facit a
non petat quousque resti.peti potest ne dormientem eu

ADDITIONES.

a Admittendos.Adde per Lu.Rom. consi.479.Alex. consi.61.3.lib. Anch
264.

b Per pecuniam.In hac materia uide eundem consi. 266. in impressis pe
lam.quod dicitur dictum testis corrupti pecunia non valet,limita singu
duob.mo.uno modo,ut non ualeat in fauorem corrumpentis,sed in fa
eius contra quem producitur,sed secundo modo, ꝙ non uáleat quan
cialiter data est pecunia,ut ferat testimonium,secus si generaliter, ut
lio parti secundum Lu.Ro.sing.suis fol.9.

LEX XXXV.

1 *Prætextu instrumenti de nouo reperti non rescinditur sententia, nisi*
contra rempublicam.

2 *Triplex priuilegium,quod habet respub.circa sententiam.*

3 *Ille qui fuit iterum condemnatus, & iterum soluit,quia non reperit*
mentum solutionis,si postea illud reperiat, qualiter sibi prouideatu

1 IMperatores. † Prætextu instrumenti de no
a perti non rescinditur[a] senten
2 si lata sit ɔ̃ rempublicam.h.d. † No.ꝙ respublica hab
plex priuilegium. Primo ꝙ si sententia est lata contra
non præsente suo aduocato,non ualet,ut l.fiscus.de iure f
cus in priuato,ut in l.uelamento.C.de postu. Aliud est,q
sito ꝙ sententia non sit lata per falsas ꝓbationes, & sit iu
cundum acta,& probata, & respectu iudicis : Si tamen p
latam,& postquã transiuit in rem iudicatam, reperiant
menta cãæ suæ,quæ si produxisset contra eũ,non fuisset l
tẽtia,nõ audit̃, vt hic,secus in priuato,vt hic, & l.sub spec
c

ADDITIO.

a Non rescinditur. In hac materia uide eundem consi.322.an autem laud
scindatur prætextu instrumentorum nouiter repertorum, & an senten
minalis rescindatur prætextu instrumentorum nouiter repertorum, de
ctis omnibus uide Lu.Ro.sing.suis fol.5.

&intellige,ꝙ auditur petendo reſtit. in integrũ,& intra
nium ẽt iure iſto,licèt alijs daretur annus tm̃ ad reſtitutio
tẽda,& hoc dr̃ in l.vnica.C.de ſenten.aduerſus fiſcũ latis.
e verò non dẽt eſſe deterioris ꝯditionis,q̃ priuatus,in tpe
utionis petendæ,& ideo ſibi datur quadriẽniũ ꝯtinuũ,&
enet Bar ibi Bal.aũt in d.l.ſub ſpe.dicit,ꝙ vſq; ad trienniũ
eſt neceſſaria reſtitutio, ſed auditur per ſimplicem quere-
poſtea infra quartũ annũ eſt neceſſaria,ſed ſecurius eſt te
gl.in d.l.vnica.q̃ dicit neceſſariũ ſemp.Tertium priuilegiũ
uia ſi apparet ex actis de dolo iudicis, ſententia eſt nulla,
ñ ꝯ priuatũ,nõ eſt nulla,ſed dat̃ reſtõ,ſi nõ põt ſibi impu-
ulpa in non appellãdo, vt dixi in l.diuus.p glo. q̃ eſt in l.ſi
inuito.§.cũ p̃tor. Aliqñ tñ ẽt lata ꝯ priuatum per inſtr̃a
ouo reperta retractat̃,licet non ſit lata per falſas probatio
vt in cauſa ſpirituali, puta, matrimoniali, quia nõ trãſit in
dicatam ſi lata eſt ꝯ veritatẽ,&qñcunque de ipſa apparet,
nditur quatenus de facto ꝓceſſit,ut in c.lator. extra eo.tit.
od no.in c.quia ꝓpter.de elect & in c.fraternitatis.in fi.de
.Item qñ fuit lata p ꝓbationes priuilegiatas,puta,p inſtr̃m
ſſarium in defectum ꝓbationis,ut in l.admonendi.de iure
tem & tertio,ſi fuit legitimè impeditus,quominus illa in-
poſſet ꝓducere,quia reſtitueretur ex clauſula gñali, & ita
Bar.in d.l.unica.& alleg.Inn.in c.vltra tertiam.de teſta.q
eſſe hoc determinat. Oportet tñ de iſto impedimẽto fidẽ
re.& Spe.no.in ti.d execu.ſnĩæ.§.poſtremo.ver. illud dicit,
rs dẽt eſſe cauta, vt dicat inſtrumenta ſua eſſe deperdita,
q̃ feratur ſnĩa. Et poſtea probata noua repertione,reſtitue
r in integrum. Extra iſtos caſus ſententia lata contra pri-
am ex inſtr̃is de nouo repertis,non retractatur. Sed ſi aduer
s fuit in dolo,ꝯ ipſum agi põt actone de dolo,uel in factũ,
ic in fi.glo. & etiam puniri crimine ſtellionatus criminali-
ut in l.fideiuſſor.§.in omnib.in fi. † Et uide ad prædicta qđ
Cy.in l.j.C.de cõdi.inde.& de illo q ſoluit creditori ſuo, &
nõ reperit inſtr̃m ſolutionis,fuit cõdemnatus ad iterũ ſol
um, & ſoluit, & poſtea reperitur inſtr̃m ſolutionis, quał̃r
puideatur? de qua ẽt quæſtione hr̃ in addi.Spec. de inſtru.
§.poſtq̃.Et ex prædictis patet qđ dicẽdum. Etiam datur ſibi
d remedium,ꝙ repetat pecuniam primo loco ſolutam, qa
ſolutio vr̃ redacta eſſe ad non cãm, poſtq̃ creditor illi non
t,ſed iterum egit.arg.in l.eleganter.§.ſi poſt.de cond. inde.
oc expreſſe uoluit gl.ord.in l.Iulianus.eod.ti.circa mediũ
næ gl.magnæ. Et uide quod no.Ang.in l.ſi ſine.§. ſi ꝓcura-
.j.rẽ ra.ha.ubi dicit ſe pluries participaſſe, qñ creditor fuit
olo,qa fuit ſibi facta prima abſolutio, vt agatur ꝯ ipſum a-
ne de dolo, poſito quòd omnia remedia ceſſarent.

L E X XXXVI.

x pluribus delegatis ad vnam cauſam vnus moriatur,an poteſtas rema
at apud cæteros.
d in pluribus ordinarijs,vel delegatis ad uniuerſitatem cauſarum, an
iſdictio remaneat apud illos, & quid ſi vnus remoueatur,vel ſe excu-
,& quid in arbitris.
vnus eorum ſe abſentet, & alij præſentes pronuncient, an valeat pro-
nciatio,& nu. 4.
d ſi,cum fertur ſententia, aliquis eorum taceat.
eceſſit vnus comes relictis pluribus filijs, an iuriſdictio quæ erat apud
m,& etiam exercitium,ſit apud quemlibet filiorum inſolidum.
unt plures iudices in una cauſa,an unus eorum, uel duo poterunt ferre
terlocutoriam ſine alijs.
n vnus eorum,vel duo poterunt committere citationem ad audiendum
ntentiam.

POmponius. Iſta lex cũ l.tunc autem. & cum
l.inter pares. & cum l.duo ex tri
bus tractant de una,& eadẽ mã,qñ ſunt plures iudices
ordinarij, uel delegati ĩ una cã, & aliqui pronunciant,
qui nõ,utrum ualeat ꝓnũciatio,uel ſi oẽs ꝓnũciãt,& diſcor
,q̃ ſnĩa p̃ualeat.h.d. Et poſſunt iſtæ leges intelligi in plurib.
dinarijs,quorum quilibet habet iuriſdictionem inſolidũ, &
exercitiũ p l.j.ſ̃.de offi.ꝯſul.tñ incœperũt ſimul cognoſcere,
ſic cõicarũt inuicem exercitium,quo caſu eſt idem,quod in
trib. delegatis,ut hic ſentit gl.qđ eſt notandum ad limitatio
illius legis.j.de offi.conſul. Si eñ non incœpiſſent ſimul co
oſcere, ſed unus p̃occupaſſet,ille ſolus poſſet expedire,& al
non hr̃et ſe intromittere, ut in illa l.& tũc nõ haberent lo-
m iſtæ leges. Poſſunt etiam intelligi in plurib. deleg.excepta
nter pares.q̃ nõ põt intelligi,niſi in ordinarijs,quia in delega
diſcordãtib.nõ ſeruatur illud qđ ibi hr̃, ſed quod hr̃ in l. duo
dices.ſ̃.eo. Et iſta lex ſi uni.& aliæ ſi. leges tũc loquuntur qñ
s ſunt præſentes,& aliqs eorum tacet,& nihil dicit, alij vero
nũciãt l.aũt inter pares.qñ oẽs ꝓnunciãt, ſed ſunt diſcordes,
ſunt pares in numero.l autem duo.qñ aliqs eſt abſens,& ma
r pars præſentes,vel qñ omnes ſunt præſentes, & maior pars
ꝓnũciat uno mõ,minor aũt alio mõ,de quo ẽt in l. ſi uni. in fi.
1 †Et qa plura iura de iſta mã loquunt̃ recolligẽdo,dic, ꝙ aut lo
qmur in plurib.delegatis ad unã cãm: Aut loqmur in pluribus
ordinarij,uel delegatis ad uniuerſitatẽ cãrum,quos gl.q̃ eſt hic
a ęqparat ordinarijs,[a] & tene eã mẽti. Primo caſu dic, interdũ ꝯ-
tingit,ꝙ aliqs eorũ morit̃,& q̃rit̃ đ p̃tãte remanẽtiũ,& tũc Bar.
in l.duo,vr̃ uelle,ꝙ ſit in ſuſpẽſo quouſq.per ſuperiorẽ alius lo
co eius det̃. Sed male ſentit,& miror, ꝙ nõ meminit de c. uno
b deleg.de offi.dele.vbi dr̃,ꝙ iuriſdictio aliorũ expirat,[b] & ſic nõ
ſufficeret dare aliũ loco mortui,quãtũ adhoc, ut alij una cũ illo poſſint cognoſcere,niſi ẽt alii iterũ darent̃. Sit ergo cautus q
facit cãm committi, ꝙ nõ faciat aliũ ſolũ ſubrogari loco mortui,ſed ẽt de nouo committi tã illi,q̃ alijs ſuperſtitib. Et idẽ eſſet in plurib.arbitris,ſi alter moreret,qa nõ ſufficeret alterũ aſſumere loco mortui,ſed dẽt fieri compromiſſum de nouo ẽt ĩ
alios ſup ſtites. Interdũ ꝯtingit aliquẽ eorũ remoueri, uel ſe ex-
cuſare,& tũc bene ꝓcedit dictũ Bart.ꝙ iuriſdictio aliorum eſt
in ſuſpẽſo,& ſufficit alium ſubrogari loco illius, ut l. ſi lõgius.
2 in prin.ſ̃.de iudi. Interdũ ꝯtingit aliquem eorum eſſe abſentẽ,
& alios præſentes ꝓnunciare, & quæritur an ualeat ꝓnuncia-
tio. Et tũc diſtingue tres caſus. Nam aut fuerunt delegati ſim-
c pliciter ſine aliqua clauſula, [c] & nõ ualet,ut in l.duo in prin.&
l.ſi in tres.ſ̃.de arb.ẽt ſi p̃ſentes illum requiſiuerũt,& noluit ve
nire. Hoc verum tam in iudicibus, q̃ in arbitris de iure ciuili,ſđ
de iure Canonico in arbitris eſt hoc limitatum, ꝙ ſi p̃ſentes illum abſentem requiſiuerũt,& per eum ſtetit, ualet ſnĩa partis
maioris præſentis,ſecus ſi nõ eſſet præſens maior pars. ut in c.ſi.
de arb.lib.6.qđ capitulum cum ſit ꝯ̃rium iuri ciuili, nõ ſeruare
tur in terris nõ ſuppoſitis iuriſdictiõi Romanæ ecclæ, ut ibi no
tat̃ in gl. Itẽ q̃ dixi ſunt vera, ẽt ſi ille abſẽs commiſiſſet præſci-
ſẽtibus aĩ ſui motum, & ita tenet gl.in l.ſi cut ſ̃.de arb.ſed Bar.
in fi.legis.ſi uni. dicit hoc uerum in arbitris, etiam in delegatis
ab inferiore à principe,qui nõ p̃nt ſubdelegare, ſed in delegatis à principe, qui poſſunt ſubdelegare alii fortius collige, qđ
placet,& adde quod not.in l.in vẽditione.j.de bon. auth.iudi.
poſſi. Item ꝓcedũt prædicta, etiã ſi ille abſens examinauit cãm
cum p̃ſentib.& ſemper fuit in ꝯ̃ria opinione, nec potuit præſẽ
tes trahere in ſuam ſnĩam,ut no.Bar.in d.l.duo.licèt Inno.in c.
Rayn.de teſta.uideatur dicere ꝯ̃rium, quia tũc ceſſat cauſa pp
quam abſentia illius habeat uitiare ſnĩam præſentium, quia ſi
fuiſſet præſens, potuiſſet eos trahere in ſnĩam, ſed hic apparet,
quòd nõ potuit,ergo abſentia nocere nõ debet arg.in l.ſi tres.
ſupra de arb.cum l.ſeq. Sed Bar.dicit,ꝙ illa nõ eſt ſola ratio, ſed
quia oẽs iudicare debẽt. uel pro iudicãtibus haberi. Et hoc nõ
eſt,niſi qñ oẽs ſunt præſentes,ut in l.tũc autem. & l.duo verſic.
quippe.j.eod.tit. Interdũ ſunt delegati cum clauſula,(ꝙ ſi non
oẽs,)de qua in iure ciuili nõ habemus, ſed tũc in iure Canonico fit mẽtio in pluribus locis,& tũc habet locum c.prudẽtiã.in
prin.de offi.deleg.ꝙ ſi abſens fuit reqſitus,& ꝯſtet de ipſius im
pedimẽto, ualet ſnĩa præſentium. Interdum cum clauſula,(vos
d uel duo[d] aut aliquis veſtrũ cauſam expedire poſſit, &c.) & tũc
ẽt abſente nõ reqſito p̃ſentes ſi ſunt maior pars,uel minor, aut
e etiam unus poteſt cãm expedire[e] per c.cum plures. de offic.de-
leg.lib.6.& probatur in l.non diſtinguemus.§.cum plures.ſ̃.de
arb.quod declara,ut no.Bar.plenius quam hic, licèt ẽt hoc tã-
gat in l.hæredes mei.§.peto.ſ̃.ad Treb. Prædicta uera, niſi partes cõſentirẽt,ꝙ præſentes expedirẽt cauſam, nam ſunt etiã in
primo caſu,qñ ſine aliqua clauſula, & etiam in ſecũda poſſent
expedire, quia cẽſetur prorogare iuriſdictionem de habitu ad
actum ſeu exercitium. Nam qlibet illorum hẽt iuriſdictionem
in ſoluẽdo,cũ ſit ius incorporale,qđ nõ niſi in ſolidũ compete
re põt, tñ exercitium nõ eſt niſi apud oẽs ſimul, ut in c.cauſam
matrimonii. de offi.deleg. Et partes poſſunt facere,ꝙ ſit apud
præſentes ſiue faciat maiorẽ partem,ſiue minorẽ, ut patet ex
no.per Inno.in c.prudentiam.qui plus dicit notabiliter,ꝙ licèt
aliàs iuriſdictio nõ ꝓrogetur per illum,qui errat in iure,vel in
facto,ut in l.ſi per errorem de iuriſd.om.iud. hoc eſt uerũ in illo,qui nullam habet iuriſdictionem in prorogantem. Secus ſi
habet,

ADDITIONES.

a Ordinarijs. Idem facit Ioan.Monach.in rub.de offic.deleg.in 6.Felin.in c. cãm matrimonij extra eodem titulo.
b Expirat. Vide Abb.& Felyn.ibi,& limita,ut per gloſſ.in d.c. duo deleg.
c Sine aliqua clauſula. Adde Bal.conſi.31.& 29.2.lib.
d Vos uel duo. De hac clauſula per Card.conſi.4.& de clauſula,quòd ſi non omnes.per eundem conſi.105.
e Expedire. Sed quid ſi compromiſſum ſit in tres,ita quòd ipſi tres, & duo ex ipſis habeãt poteſtatem cognoſcendi,& pronunciandi,prout ſibi placuerit,&c. & omnes tres uſque ad ſententiam cognoſcant, ſed duo tantum pronunciẽt non uocato tertio præſente tamen,& non impedito,uide per dominos de Rota deciſio.ſuis.&c.

habet, licet nō habeat exercitiū, qđ pōt dari p errātē in iure,
qđ ꝑpetuo tene mēti, qdam tñ ꝯsentiūt ꝑdictis in scđo casu, qñ
4 cū cl'a, (qđ si nō oēs.) secus qñ sine clausula, qđ dic vt ibi. † Inter
dū ꝯtingit, ꝙ sunt oēs ꝑsentes, & tūc tres sunt casus. Nā interdū
oēs ꝯcordāt in snīa fereda ꝓ actore, vel ꝓ reo, & tūc vnus solus
pōt ꝓferre eam, dummodo loquaᷣ in plurali, & nominentur
omnes, & iste est casus in c. pen. extra e. ti. Interdum discordāt,
& ferunt diuersas sententias, & tunc sunt omnes in pēdēti quo
usque ꝑ delegātem aliqua approbetur, vt s̄. eo. l. duo iudices. &
in c. fi. extra e. ti. Nec tūc attenditur, quæ sit magis fauorabilis.
hoc tñ verum si sunt pares numero, uel etiam dispares, & oēs
inter se discordāt, qa quilibet ex tribus ꝓfert diuersam snīam,
si aūt dispares, & non discordēt oēs in se, ꝓualet snīa plurimo-
rum, vt in l. duo iudices, vel duo ex tribus, circa fin. & in ista l. si
vni. in fin. In arbitris autē si sunt pares, nō valet snīa alicuius
partis qa nō est q possit alterā eligere, vt in l. itē si vnus. §. prin-
5 cipalr. s̄. de arbi. Interdū sunt oēs ꝑsentes, & aliqs eorum tacet,
vel ēt plures, & maior pars ꝓnunciat, & tunc glo. in l. sicut hi.
de arbi. vr̄ dicere, ꝙ valet snīa quasi alij tacentes videantur asse
tire, & ꝓnunciare, in ꝯrium vr̄ tenere gl. in l. cum magistratus.
C. qñ ꝓuo. non est neceſ. & hanc sequitur Bart. hic. Tu dic hoc
verum, qñ illi tacent, & se nō excusant. Si aūt se excusant, ꝙ nō
liquet eis de causa, & iurant, tunc valet snīa, vt est casus singularis, in ista l. si vni. & hoc modo etiam pōt intelligi l. tunc āt. ꝙ
licet non ꝓnuncient oēs, tñ habentur ꝓ ꝓnunciātibus, ex quo
oēs adsunt. Item dicta excusatio, & iuramentum operatur a-
liud, quia non compellitur ille ꝓnunciare ꝯ sciētiam, vt hic est
casus, qđ no. vt possit compelli per superiorem, nec teneatur ex
forma statuti imponentis pœnam, si ꝓnūcient, & ita sentit hic
a Ang. ꝙ facit ꝓ iudicibus, per quos non stetit,[a] & tempus instātiæ ꝑterijt, vt non incidant in pœnam statuti, ꝙ iurēt sibi nō li
quere per eum non stetisse, & absoluant partes ab instātia iudi
cij s'm Ange. Si autem sint plures ordinarij, quid iuris sit? vide
plenissime per modernos Cano. s. D. Anto. de But. in d. c. prudē
tiam. vbi multa subtilia tractat. Et dic in isto articulo, ꝙ interdum iurisdictio ordinaria cōpetit pluribus, vt vniuersis, vt puta, capitulo, vel collegio. vt in c. irrefragabili. §. excessus. de offi.
ord. & tūc non est penes quemlibet insolidum, sed penes totū
capitulū, vel collegium, vt in l. in tm̄. §. vniuersitatis de reb. du
bijs. & iō sicut in alijs actibus expediendis requiritur præsentia
duarum partium, & valet qđ agitur à maiori parte illarum, vt l.
sicut. s̄. quod cuiusque vniuersit. ita in sententia ferenda, gloss.
est ordinaria in ca. vt negotium. super verbo (vbique.) de hære.
lib. 6. Interdum competit pluribus non, vt vniuersis, sed vt plurib. pone exemplum in plurib. consulibus mercatorum, vel alterius artis, & tūc idem, vt nec iurisdictio, nec exercitiū sit apud
aliquem eorum insolidum, sed est apud oēs simul, qui habentur loco vnius, vt l. cum magistratus. ȷ̄. ad municip. tamen suffi
cit maior pars præsens, & alia non reqsita ꝑ l. rescriptum. & qđ
ibi no. s̄. de pact. & in c. quoniam. de iure patrona. nisi aliud per
b eorum statuta disponatur.[b] † Quid autem si decessit vnus co-
6 mes relictis pluribus filijs? an iurisdictio quæ erat apud eum, &
etiam exercitium sit apud quemlibet aliorum filiorum insolidum? Bar. hic secundum Inn. vr̄ tenere, ꝙ sic, sicut in seruitute,
quæ descendit ad quemlibet insolidum, vt l. 2. §. ex his. ȷ̄. de ver.
obl. sed Guliel. de Cun. melius in l. j. s̄. de offi. consul. quem Bar.
non alleg. dicit ꝙ iurisdictio est apud quemlibet insolidum, sed
exercitium apud omnes simul, & sic non poterit vnus solus co
gnoscere. Debent ergo omnes simul ponere vnum vicarium,
c [c] & istum casum his diebus habui de facto de partibus urbis
Romæ, & hoc placet ne subditi in plures iudices distinguātur,
arg. l. j. in fi. cum l. seq. supra de exer. & l. cum fundus. in fi. de cōdi. & demonst. interdum competit pluribus. vt singulis, pone
exemplum in pluribus iudicibus vnius potestatis, si ex forma
statuti habeant iurisdictionem ordinariam, & non distinctā in
partes, vt est Florentiæ, vbi distinguiᷣ ꝑ quarteria, & tunc apud
quemlibet eorum est iurisdictio, & exercitium, & est locus ꝑoc
cupationi. Et postq̄ alter occupauit, alter non potest se impedi
re, vt in l. j. de offic. consul. quæ licet loquatur in actu volūtariæ
iurisdictionis, gl. tñ q̄ est hic notabilr̄ intelligit idem in actu iu
risdictionis ꝯtētiosæ. Si autem omnes simul cœperunt cognoscere: tunc neuter sine altero pōt expedire, vt etiam habeᷣ in
ista gl. Et multum declarat illam l. & sic erit idem, ꝙ in delegatis, excepto, ꝙ si discordant in sententijs, & sunt pares, seruatur
id ꝙ hr̄ hic in l. inter pares, sed in delegatis id, quod hr̄ supra eo.
7 † Circa prædicta q̄ro, qñ tres fuerunt delegati cum clausula, ꝙ
si non omnes, & vnus eorum est absens, & verè impeditus, nō
tamen de impedimēto est facta fides duobus præsentib. An pos
sint illi duo ꝓnunciare sine illo tertio? Dic ꝙ fuit quæstio dispu
tata per Ioan. And. quam posuit in c. eum qui certus, in mer. &
vr̄ tenere, ꝙ sic Sed in ꝯrium quod nō. Bar. in l. multum. de cōdi. & dem. in multis alijs locis, vbi dicit non valere, quod agitur
d à iudice, nisi sit certum[d] de sua impeditione per legem qua
s̄. de eo qui pe. tu. & ista pars vr̄ mihi verior per c. prudenti
in prin. vbi vr̄ reqri nuncius specialis cū lr̄a excusatoria. It
ro in dicto casu qñ dati sunt cū dicta clausula, si sunt omne
sentes, & discordant, quia duo ꝓnunciant, uno modo, ter
vero alio modo, & sic ualet sententia duorum, utrum pot
illi duo sententiam eorum mittere executioni non requisi
lo tertio? dic, ꝙ non, sicut nec poterant ꝓnunciare illo irre
sito, & absente, quia iste est articulus nouus, nec sufficit, ꝙ i
nunciatione fuerit reqsitus, & fuerit præsens, immo reqri
ēt in executione. reqrit gl. est or. & no. in c. pe. de dol. & co
8 lib. 6. † Item q̄ro, eo casu quo non ualet sententia duorum
tertio absente, uel tacēte, vtrum possit ualidari ꝑ ratihabi
nem illius? br̄ dic, ꝙ aut tulerunt sententiam suo nomine
non nomine illius tertij absentis, uel tacentis, & non pote
ualidari. ita intelligo gl. quæ est in d. cap. prudētiam. in fi. n
gl. & C. de iu. fis. l. instar lib. x. Aut fuit lata nōie omnium, &
aut ille tertius erat absens, & idē. Aut ꝑsens, & tacēs, & po
incontinenti ratificās, & puto, ꝙ ualeat, acsi mādatum ꝑ
præcessisset, qa quæ incōtinēti fiunt, &c. ut in l. lect. ti cer.
& ita intelligo gl. q̄ est hic in l. tunc autem. dum dicit, vel
iudicanti ꝯsentiūt, uel etiam iudicato, idest sentētiæ. quan
no. quia vult, ꝙ ista sunt paria, ꝯsentire illis duobus, ꝙ iudi
anteq̄ snīam ferant, & consentire sententæ latæ, quod intel
mō quo dixi. Si aūt nō incōtinēti cōsētiret, uel approbare
ex interuallo, tunc non habet uim mādati, nec censetur in
& ideo tūc nō ualet snīa. Ita intelligo gl. ord. quæ est in d. ca
extra eod. ti. 2. lib. 6. quæ requirit mādatum præcedere, & c
9 nō sufficere ratihabitionem † Vltimo quæro, ꝑdicta proce
e in snīa diffinitiua, quid in interlocutoria,[e] an possit per un
vel duos sine alijs ferri? gl. hic mag. in fi. tenet, ꝙ sic. Bal. in
magistratus. C. qñ ꝓuo. non est neceſ. circa fi. dicit istam gl.
se ꝓcedere in plurib. ordinariis, qui cœpissent simul cogno
re, secus delegatis, q nō pñt egredi formā mādati, & forma
ꝙ oēs simul, vt hic in l. duo uer. qppe, uel dic ꝙ si est talis i
locutoria, per quā finiᷣ iurisdictio ipsorum, saltem in illa ca
siue sint ordinarij, siue delegati, nō pōt ferri ꝑ unū, uel duo
ne alijs, sicut diffi. ꝑ l. pe. C. de auth. præstan. quam gl. allega
si ꝓnūciarēt se nō esse iudices cōpetētes, uel absoluerent ꝑ
tes ab obseruatiōe iudicij. Nā hēt ista interlocutoria uim
nitiuæ, qđ patet. qa nō pōt reuocari, ut no. s̄. eod. l. quod iu
& in hoc cōcordat Dy. & Bar. In alijs aūt per quas non fini
iurisdictio. dic ꝙ aut loqmur de meritis causæ, non de cita
ne ad sententiam audiendam, & illæ possunt expediri per al
rum eorum, puta deferre iurm̄ calūnię, uel iurm̄ testiū, ue
re dilationes ad ꝓbādum, ut hic per gl. q̄ est in l. sicuti. s̄. de
dum dicit (cætere cāæ, &c.) ad quod facit auth. adhoc. C. de
ibi dum dicit (cętera possunt expediri, &c.) Et istud quotidi
demus seruari de facto. Nec ob. dictū Bald. quia forma rescr
refertur ad diffinitiuam, uel habētem uim ipsius, nisi aliud
pareat ex tenore, & qa hic nō agitur de magno præiudicio
citatione autem ad snīam audiēdam, utrum unus tm̄ uel
sine alio possint eam committere, gl. hic tenet, ꝙ sic, sed tex
cōtrarius in d. c. prudētiam. ꝙ citatus nō tenetur compare
Pōt dici. ꝙ aut committit, ut compareat ad snīam ferēdam
f omnes,[f] & ualebit commissio, & tenebiᷣ comparere, & ni
pareat si snīa feratur per oēs, hr̄ pro cōtumace. Aut citāt a
tentiam ferēdam per ipsum, vel ipsos committētes sine tert
& tunc non ualet, & non tenetur comparere, nec reputabi
contumax, nec ualebit sententia etiam si feratur per om
tanq̄ illo non citato, & ita loquitur c. prudentiam.

ADDITIONES.

a Non stetit. Intellige, ꝙ non possit sibi culpa imputuri, quia non perquisierit
sibi liqueat. ita tenet Pet. de Bellap. in l. si de meis. §. fi. s̄. de arb. quem refe
sequitur Fel. in c. causam matri. de offi. deleg.

b Disponatur. Adde ut per Abb. consil. supra alleg. 33. & adde quod uoluit
consi. 40.

c Vicarium. Adde Fel. in c. prudentiam. in princ. c. extra de offi. deleg. ubi la

d Certum. D. Car. consil. 105. sequitur dictum Bar. ad corroborationem, ꝙ
suspicione a lege, ꝙ tota iurisdictio non deuoluitur ad collegam, nisi pro
diatum sit super causa suspicionis.

e Interlocutoria. Vide Fely. in c. causam matrimonij. s̄. alleg. de offi. delega.
mis uerbis.

f Per omnes. Dicunt Dom. de Rota decisio. suis de offi. deleg. ꝙ citatus per u
ex tribus delegatis datis insolidum, ut coram eo, seu suo collega certa di
pareret, ꝙ coram collega, qui non citauit comparere non tenetur, & pro
sus per eum factus non ualet.

LEX XL.

1 *Clerico condemnato, an debeant accipi fructus beneficij.*

1 COmmodis. † Per hanc legem probatur,
aliquis doctor est condemna
suo creditori, potest in causa iudicati auferri sibi
rium suum, & saisiri seu sequestrari penes camera

eodē modo, si condemnatus est stipendiarius[a] de suo stipē-
.gl.tñ dicit esse verū deficiētib. alijs bonis,quā no. & est ca-
.stipendia.C.de execu.rei iud.hoc tñ vr̃ verum in doct.& sti
ndiario,qui stant continuè ad seruitutē reip. Sed in casu hu
l.qa istud præmiū dabaī ꝑ vna victoria iam obtenta, & nō
cōtinuo seruitio,vr̃ debere intelligi text.vt iacet,ēt si alia bo
supsint,& quid in clerico ꝯdemnato,†an debeat accipi fru-
s beneficij?dic vt in c.ꝑuenit.de fideius.& in Spe.de exe.sen
tiæ.§.sequit.uer.quid si debitor.& de j.& 2.dec.§.restat.ver.
d si reus.& adde quod no.in c.pastoralis.in vlt. gl. de appel.

ADDITIO.

endiarius. sed quid si habet sub se alios stipendiarios creditores ob stipen-
m,& alios creditores,qui præferri debeant in stipendio an stipendiarij,vel
uide per Anch. consi.380.

LEX XLI.

Maritus in dote dicitur habere cām onerosam,propter onera matrimonij.

NEsennius. Exceptio merè ꝑsonalis q̄ erat ob
statura delegāti,nō obstat ei cui fa
cta est delegatio,ex cā onerosa, vel lucratiua.h.d.tex.
cū gl.Si aūt nō esset mere ꝑsonalis, dic vt l.apud Cel-
s.itē q̄rit̄ de doli exce.& s̄.de don.l.2.ver.aliud iuris erit.&
nissime de ista mā ꝑ Bart.in l.doli mali.j̄. de noua.†Not.hic
dicit,(cui sisis est maritus,) ꝙ maritus in dote dr̄ hr̄e causam
erosam ꝑꝑ onera mr̄imonij.de hoc j̄.q̄ in frau.cre.l.fi.§.fin.

Fundum quis. Donator conuentus rei vend.
ad rem donatam non habet pri
egium,ne cōueniatur vltra q̄ facere possit, sed cōdemnatur
olidum tam ad ipsam rē, q̄ ad fruc.extātes, q sunt apud eum
nō sunt,si dolo desijt possidere.h.d.Si aūt nō sunt in rerum
qa consumpti, tunc in glo.sunt opi.sed concorda eas,ꝙ aut
t bo.fi.& non tenetur,si non est effectus locupletior,qa lu-
tur eos ꝑ cultura,& cura. Aut malæfidei, & tunc condictio
sine cā,licet gl.dicat hic,ꝙ rei uend.sed pōt exponi.s.vtili,q̄
tur ꝯ dolo desinentem possidere,quod dic, ut plenè no.in l.
rtū.C.de rei uen.Si aūt conueniretur donator actione per-
nali,puta ex stipulatione,uel hodie.ex pact.nudo.C.de do.l.
s argētum.tūc hr̄et beneficium,ut s̄.eod.l.cum ex causa,&
ctus non venirent nisi ex tpe li.cont. quia actio est stricti iu-
,ut l.uideamus §.si in actione.de vsur.& l.cū fundus. in prin.
er.pet.& l.in ædib.§.j.de do.s̄.eo.l. eum qui.

Exceptio inuentarij si non fuit opposita ante sententiam,an possit opponi in executione.

Exceptione quis conueniatur,vel exigatur ultra quàm facere possit, non liberat debitorem in aliquo.

Insolidum. Exceptio q̄ non impugnat sententiā,
pōt opponi ī executione eius.ad hoc
mper allegaī.Intellige tn̄ quod hr̄ in glo.qn̄ ante sn̄iam non
it opposita,uel fuit,sed sup ea non fuit excussum,al's discus
m,alias non posset opponi postea,ut in legib.hic alleg.in gl.
ꝑ istum tex.dn̄t Doct.ꝙ exceptio inuentarij si non fuit oppo
a ante sn̄iam,pōt opponi in executione, de hoc no. in addi.
pec.de instr.edi.§.fi.& in ꝯrium facit qa ista exceptio vr̄ impu
nare sn̄iam. Nam hr̄s hodie si confecit inuentariū, ipso iure
ō tenet̄ ultra q̄ uires hæreditatis non ascendūt.Si ergo defun-
us debeat mihi cētū,& uires hæreditatis nō sufficiunt,nisi ad
uinquaginta: in illis tm̄ tenet̄:si ergo condemnatur in centū
anq̄ debitor,& ipse post sn̄iam opponat de inuētario, iā venit
sn̄iam,qa dicit se nō esse debitorem,nisi in quinquaginta cū
i sn̄ia declarauerit debitorem in centum.Non sic in casu hu-
s l.†qa exceptio ne qs conueniatur,vel exigatur ultra q̄ face-
e possit non liberat debitorem in aliquo,qa est in solidū obli-
atus,licet non exigaī vltra q̄ possit.Quod patet, quia si perue
erit ad pinguiorē for. exigitur. Si ergo condemnatus ad to-
am summam tanq̄ debitor in tota.licet post sententiam oppo
at de illo beneficio,nō venit ꝯ sn̄iam,qa dicit se esse debitorē.
ō sic in casu ꝑposito,qa dicit se nō esse debitorem.Istud du-
ium fecit me alias insudare,& nō reperio tactum, licet cōiter
eneant Doct.ꝙ possit opponi[a] posset tn̄ responderi verum es-
,ꝙ dicit se nō esse debitorem, & venit ꝯ sn̄iam habito respe-
tu ad dispositionem iuris,qđ eximit eū ab obligatione,non sic
abito respectu ad uoluntatem defuncti,qui censetur uoluisse
psum teneri insolidum, sicut ipse tenebatur, & hoc respectu
on venit ꝯ sententiam diffinitiuam,aliàs tamen est oppo.Et ꝑ
rædicta opi.facit j̄.ti.j.l.pen.vbi uidetur casus.

ADDITIO.

ossit opponi.Dicit Anch. consi.6.ꝙ omnis excep.quæ potest opponi post sententiam,potest opponi etiam post bannum,& ita ipse consuluit.

LEX XLII.

Statutum ꝙ victus victori intelligatur condemnatus in expensas, adeo ꝙ non possit absolui,nisi iudex iurauerit, ꝙ absolutus habuerit iustam causam litigandi,an iudex poterit iurare ex interuallo postquam absoluit victum ab expensis.

PAulus respondit. Pronunciata diffinitiua
non possunt per iudicē
retractari,sed omissa circa ꝑnunciata si concernunt ac
cessoria,bene possunt suppleri eadem die, h.d. notabili
ter istud dictum cōiter intelligitur de accessorio fructuum, vr̄
expensarum,ut j̄.patet, sed uide modo iste tex. potest intelligi
1 de alio accessorio ad facta statuta.† Exemplū in qōne,quam ha
bui de facto,ut si statuto cauetur,victus victori intelligaī condemnatus in expensis.adeo ꝙ non possit absolui, nisi iudex iurauerit,ꝙ absolutus habuerit iustam cā litigandi, modo iudex
absoluit ad expensis uictum,sed in sn̄ia non iurauit,ꝙ ille habuerit iustam causam litigādi, dubitaī, an ex interuallo iurare
posset,& vr̄ ꝙ non,ꝑ istum tex. qa istud iuramentū est accesso-
rium ad iam statuta,uidelicet,ad absolutionem expensarum.Il
la eñ nō ualet,nisi iuret̄,ergo nō,nisi eadem die iurari potest,
ut dicit iste tex.per quem ista quęstio uidetur determinari. Cō
suetudo tñ aīr interpretata est hoc statutum,uidelicet,ꝙ quā-
docunque iurare possit,& forte melius,quia iste tex.loquit̄ qñ
est omissa condemnatio,vel absolutio,sed in quæstione de qua
s̄.non fuit omissa absolutio,immo illa fuit facta,sed omissa fuit
qualitas requisita,s.iuramentum,unde illa conditio iuramenti
videtur posse impleri,quandocunque secundum communem
obseruantiam.Et primum dictum procedit, ut etiam incontinenti non possit iudex immutare,bene tamen potest corrigere uerba non mutata sententia.ut j̄.eo.l.actorum. Item procedit etiam si facta fuit pronunciatio super accessorijs,ut illa non
possit immutare.licet gl.fi. hic uideatur sentire contrarium ꝑ
fi huius legis.sed nihil facit,quia loquitur in omissis,ut patet in
verbo,(desunt,)si ergo condemnauit in expensis.uel fructibus.
non pōt etiam eadem die,vel incontinenti absoluere.Sed si o-
misit ꝯdemnare,vel absoluere, bene potest supplere. Secundū
dictum,ꝙ potest supplere eadem die,& non ultra,ꝑcedit qñ in
sententiam nullam reseruationem fecit in omissis,si autē fecit
ut quia dixit in fructibus, vel expēsis non condemno, nec absoluo,qa mihi adhuc nō liquet,sed reseruo mihi potestatem ꝯ-
demnādi,nam tūc videtur,ꝙ quādocūque possit hoc facere ꝑ
l.terminato. & quod ibi not.in gl.secūdum vnam lecturam.C.
de fruct.& lit.expe.quam tenet Bar. & etiam Spec.ti. de dispu.
& allega.§.fi. versi.quid si de fructibus.licèt Bar.nō alleget. pro
quo facit,quod no.per gl.paruam in l.quod puto.s̄. fam.ercisc.
quæ dicit, (saluo quod j̄.dicam &c.) sed alij Doctores tenent
contrarium,ꝙ non possit sibi reseruare condemnationem,sed
si condemnauit,bene potest sibi reseruare cassationem, & istā
partem tenet Inno.in c.fi.litibus.de dolo,& contuma.& Bald.
in l.generaliter.C.de epi.& cle.in vlt.col.& Abb.in c.j. de seque
stra.possess.& fruct.ubi omnino vide.

LEX XLIII.

1 *Verba sententię an intelligantur secundum naturam actionis primæ.*
2 *Verba sententiæ an debeant confirmari cum uerbis libelli, & nu.3.*
3 *Iudex potest condemnare in aliud, quàm sit petitum, quando illud includitur in petitione.*

1 PAulus respondit eos. †Si plures cōdem
nētur in una sen-
tētia,nō cēsetur quilibet cōdemnatus insolidum, sed ꝑ
parte,posito quòd insolidum quilibet teneretur, & qđ
petitum fuerit quemlibet insolidum condemnari.Item ex per
sona correi existentis non soluendo, alter correus non tenetur,& quando obligatio est diuersa.h.d.tex.cum gloss.& supple
2 tionibus Doct.†No.ergo mirabile ex primo dicto,ꝙ uerba sen
tentiæ non intelliguntur secundum naturam actionis primæ,
quia in prima actione quilibet tenebatur insolidum. Et ex
verbis sententiæ quilibet tenetur pro parte. In cōtrarium facit
l.miles.§.j.supra eodem.sed solue,ut ibi dixi.Est etiam aliud mi
rabile,ꝙ verba sententiæ non intelliguntur secundum uerba
libelli,nam dicit Bart.ꝙ hic debet intelligi adhoc, ut habeat a-
liquod dubium, quod actor petijt quemlibet eorum insolidū
condemnari.Si eñ petijsset condemnari,pro parte,nullum ha
beret dubium,regulariter autem verba sententiæ debent con-
formari cum uerbis libelli,ut in c.licet Heli.de sim.& in l.fi. C.
3 de fideicom.lib. † Sed dic, ꝙ in eo qđ non est petitum non debet iudex condemnare,sed in eo quod est petitum,bene potest
condemnare in aliud q̄ sit petitum, si illud includitur in peti-
tione.Nam si petij condemnari in centum, potest iudex condemnare in quinquaginta,quæ includuntur in illis centum,&
non est sententia nulla,licet non condemnauit, ꝑut fuit petitum, & ita est hic. Circa ultimum dic, quòd procedit in de-

bitis priuatis, ut alter ꝑ altero nõ teneat̃,vt hic.& l. legatorũ.
in princ.de leg.2.Quid autem in publicis, si aliqui reperiantur
non soluẽdo,vtrum alij pro illis possint exigi ? vide quod plenè
no.Bart.in l.semel.C.de apo.pub.lib.10.& adde hic quæ no.in
Spec.de senten.§.spes.in fine.

L E X XLIIII.

1 *Gesta cum vero hærede debent seruari per alium ad quem postea hæreditas causaliter peruenit.*

2 *Si agitatum fuit iudicium cum pupillo authoritate tutoris,debet condemnatio concipi in personam ipsius pupilli,cum quo fuit lis contest. & an possit concipi in personam tutoris,qui non fuit li. contest.*

3 *Quid in persona domini si lis fuit contestata cum procuratore.*

4 *Per aditionem hæreditatis quando est retractabilis per beneficium restitutionis in integrum,non expirat substitutio vulgaris,nec ius accrescendi, immo secuta retractatione reaßumit vires,ac si aditio facta non esset, non tamen per omnia.*

5 *Vnus casus in quo hodie bonorum possessio non est necessaria.*

1 EX contractu. †Gesta cum vero hærede debẽt
seruari per alium ad quem po-
stea hæreditas causaliter peruenit.h. d. in effectu, & sic
est arg.ꝙ gesta cum uero prælato, licet postea priuetur
prælatura, debeant seruari per successorem, secus si non erat
verus prælatus,& postea hoc fuit detectũ,gl. est or.in l. iurisiu.
quod ex conuentione.§.j.de iureiu.hoc tñ dic,ut no. l. si urba-
na.de condi.inde. Et adde ad primum dictum, quod nota.per
Doct.in l.si tibi.§.cũ possessor.ſ.de pact.& l. si post. de ꝯsti.pec.
2 †In tex.ibi(& condemnata est.) No.ergo, ꝙ si agitatum fuit iu
dicium cum pupillo tutoris authoritate, dẽt ꝯdemnatio conci
pi in personam ipsius pupilli,cum quo fuit lis cont. Sed an pos
sit concipi in persona tutoris,q non fuit contestatus,sed pupil
lo contestanti authoritatẽ p̃stitit, quæ sunt inter se diuersa, ut
in l.aliud.ĩ.de verb.sig.vr̃ ꝙ nõ,ꝑ not.in d.l.j.C. de sen. In contrarium est casus notabilis in l.si ideo.ſ.de euic. & contrarium
loquitur in ꝓcuratore,qui non reputatur ita eadem ꝑsona quã
tum ad ꝓpositum cũ ipso dño, sicut tutor reputatur cum pupillo, & sic econuerso si fuisset facta contestatio cum tutore,
posset fieri condemnatio in ꝑsonam pupilli, ut notat Bar. in l.
3 stipulo ista.§.alteri.& §.si stipuler.ĩ.de ver.obl. † Non sic in personam domini,si fuisset contest.facta cum ꝓcuratore, ut no.in
d.l.j.C.de sen.& ex istis ego defendi hoc anno vnã sñiam, quæ
dicebatur nulla,quia non erat lata in personã illius, qui fuerat
a litẽ cõtestatus,& ego consului [a] ꝯ̃rium, quia ille erat legitimus
administrator illius ꝯ̃ quem fuit lata,& administratorio nomi-
4 ne fuit ꝯtestatus,& ita fuit obtentum. † In tex.ibi (ad cohr̃dem
ꝑuenerunt,& sic not.& adhoc allegatur iste tex. ꝙ per aditionẽ hr̃ditatis qñ est retractabilis ꝑ beneficium restitutionis in in
teg.nõ expirat substitutio vulgaris, nec ius accrescendi, immo
secuta retractatione reassumit uires,ac si aditio facta nõ fuisset
nõ tñ ꝑ omnia,quia si nõ fuisset facta substitutio efficeretur hę
res directus,& de iure ciuili. nũc uero nõ potest effici hæres directus,cũ ille qui adiuit remãserit directus hæres : qa restitutio
in integ.q̃ est de iure prætorio non potuit facere, ꝙ ille desiste
ret esse hr̃s directus,ut l.fi.§.sed quod Papin.C.de minor.Opor
tet ergo,ꝙ substitutus veniat de iure prætorio, quo iure desijt
esse hæres,& sic dẽt petere bono.poss. intra tempus legitimũ.
5 † Et iste est vnus de casibus in quo hodie bonorum possessio est
necessaria,ut no.in d.§.sed quod Papi.Barto. tamen hic & ibi
tenet,ꝙ ẽt de iure ciuili admittat̃,non ut efficiatur directus hæ
b res,sed utilis,idest effectualis per l.primam.§.si qs adita. ad Ter
tu. Et facit lex defunctus.C.de leg.hęr.& sic perpetuo admittet̃
vsq.ad 30.annos,ut l.licet.cũ ibi not.C.de iure delib. & in hoc
est magna utilitas.In tex.ibi(teneantur.)videbatur,ꝙ nõ erant
condemnati nec successerunt condemnato,& sic sententia lata ꝯ̃ istum uidebatur eis non nocere,ut ĩ. eod.l.sępe. in princi.
Sed ꝯ̃rium est uerius, quia licet nõ successerint,ut hæredes in
hæreditate ipsius condemnati,successerũt tamen ibi in hęreditate,à qua se abstinuerunt per restitutionem in integrũ, & qa
illa condemnatio fuit facta occasione illius hæreditatis, & iõ
censetur potius onus ipsius hæreditatis, q̃ ipsius condemnati,
iõ transit illa hæreditas ad substitutum,vel cohr̃dem cum eodẽ
onere.In tex.ibi(actionem iudicati.)supple,& etiam officiũ iudicis per quod fit executio contra substitutum, uel cohr̃dem.
In glo.j.in fi.ibi(secundum quosdam.)supple & malè, quia illa
lex fi.q̃ ĩ. alleg.gl.de success.edi.loquit̃ in plurib.cognatis,q nõ
poterãt venire de iure ueteri,nisi de iure prætorio. Et edictũ p̃-
toris deferebat successionẽ gradatim , quo casu primo repudiã
te deferebat̃ sequẽti ꝑ successorium edictũ , Sed primo acceptã
te,licet postea in integrum restitueret̃,nõ deferebat̃ amplius se
quẽti,sed deferebat̃ in fiscũ,qa p̃tor volebat, ꝙ post quã semel
fuit uni delata cũ effectu,sequẽtes excluderent̃ ꝑpetuo, ne sua
delatio esset frustratoria.Nolebat eñ ꝑ suũ edictũ eandẽ succes
sionẽ plurib. deferri cũ effectu,sed si uni erat delata nõ cũ e
ctu,qa repudiauerat,bñ volebat posse deferri alteri cũ effec
Nos loqmur in illis qui poterant venire de iure ciuili, unus
testamẽto,alter illo repudiante,ab intestato,quo casu licet
mus adiuerit, si tñ aditio est rescissa, nõ ꝓhibetur alter ab in
succedere,vel de iure prætorio secundum communem opi.
de iure ciuili vtiliter secundum opi. Bar.

A D D I T I O.

a Consului. Vide eius consi.318.in impressis apud Andream Asulam.

L E X LVI.

1 *De voluntate iudicis,& partium possunt acta circunduci,& cassari uel cellari,si nondum lata est sententia.*

2 *Acta dicuntur scripturæ,quæ fiunt coram iudice,& scriptæ sunt per of lem ad hoc deputatum.*

3 *Donatio excedens quingentos aureos cum requirat insinuationem,si ali notarius fuit rogatus de tali donatione, nec aliter fuit coram iudice nuata,an dicatur insinuata,sed hoc sufficiat,cum notarius sit publica sona,& iudex.*

1 ACta apud. †De voluntate iudicis,& parti.
p̃nt acta circũduci,& cassari,ve
cellari,si nõdũ lata est sñia.h.d.Sed sine volũtate i
cis,secus, qa ipse interesse p̃tẽdit,cũ possit ꝯuenir
syndicatu,si iustitiã nõ fecisset, iõ interest sua.Et ecõuerso
volũtate partiũ iudex facere nõ posset,qa agit̃ de ipsarũ pi
cio. Postq̃ uero lata ẽ sñia,posset ẽt verti ꝑiudiciũ publicũ,
lata ex tali cã,q̃ infamet,iõ nec de volũtate iudicis,& parti
distincte p̃t hoc fieri,ita intelligit Bar. posset ergo fieri, qñ
2 verteret interesse publicũ.†In gl.j.ibi(q̃ apud iudicẽ acta s
No.istã gl.ꝙ acta dñr scripturę,q̃ fiũt corã iudice,& scriptæ
ꝑ officialẽ adhoc deputatũ ut ĩ.de iure fis.l.i fraudẽ.§.quot
in uerbo.(ꝯmẽtariẽsis.)& ꝓbat̃ in l.p̃cipimus.C.de app.&
ꝑ Bar.in l.cũ iudex.C.de sen. & sic reqrunt̃ duæ ꝑsonæ. s.iud
3 corã quo fiãt, & notarij scribẽtis ea. † Et ista induxi his die
in quadã qõne, qa in donõne excedẽte quingẽtos aureos
rit̃ insinuatio,qdã notarius fuit rogatus de tali donõne,nec
corã iudice fuit insinuata,dicebat̃ hoc sufficere, qa notari
publica ꝑsona,& iudex ordinarius,& sic põt tanq̃ notarius
bere,& tanq̃ iudex authoritatẽ p̃stare,ar. eorũ q̃ hñt in l.iu
a mus.C.de sac.san.ecc.& l.si ꝯsul.de adop.ꝯ̃riũ [a] dixi:†qa insin
4 re est donõnẽ redigere in actis,vel apud acta facere, ut l.do
sine.& in l.data.C.de don.sed instr̃m notarij (nisi ipse sit de
tatus ad offiñ publicũ corã magistratu , & cõfectũ in his q
nent ad offiñ) nõ dr̃ esse de actis,qa nõ interuenit duplex
na,sed dr̃ simplex instr̃m, al̃s oĩa iura loquẽtia de insinuatio
essent inania,cũ de qualibet donõne ꝯficiat̃ instr̃m. In gl. su
verbo(terminata.)in fi.ibi(vel dic tũc fieri nõ potest.) Hæc
ra ſm Doct.tñ alio modo cũ gl.dicat,quia glo.dicit,ꝙ non
fieri,quominus sententia lata remaneat firma. Intelligit e
gl.ꝙ bene ualet circunductio actorum,sed sentẽtia per hoc
infringitur.Iaco.de Are.tenet:ꝙ non ualet circunductio,
fieri potest,qa per hoc infringeretur sententia per indirectu
qa non possunt probari ea quæ sunt necessaria ad validitat
sñiæ,& à sententia non potest recedi de simplici consensu
tium, vt no.in d.l.si diuersa.C.de transa.nisi deducatur inno
tio vt ſ.eo.l.4.§.ex conuentione.quod no. Bar. autem dicit
immo possent ꝓbari necessaria, posito ꝙ acta non appare
puta,si de illis esset facta mentio in sententia, puta, li. cont
b parte citata,&c.& esset lata partibus præsentibus, [b] quo c
cessaret dictum Iacobi de Are.& iõ ipse intelligit modo qu
dixi,ꝙ tunc sit uerum,ꝙ non possit fieri post sententiam
quando verteretur publicum interesse,aliàs secus.

A D D I T I O N E S.

a Contrarium dixi. Vide eius consi.309.in impressis per Andream Asulam.

b Præsentibus. Adde Alex.consi. 136.2.lib.Fed. consi.74.Anch.consi.39.eund Pau.consi.50.in impressione prima.Ang.consi.198.ubi dicit,ꝙ sententia partibus præsentib.præsumatur lata ab habente iurisdictionem.

§.Contra indefensos. Hic est casus de
quod glo.in l. cum
minores.C.si aduersus rem iudicatam.dicit, ꝙ non memini
legisse in iure, videlicet an valeat iudicium agitatum cũ adu
curatorem non habente.Nam contractus sine dubio valet.
cus qñ hẽt curatorem,& nõ interuenit eius authoritas, ut
curatorẽ habẽs. C.de in integrum restit.Ad idem si in iudic
vt distinguatur,an habeat curatorem,vel non,declara,vt in
eo.l.contra pupill.quia si citatur solus adultus,si tamen po
compareret curator,valet citatio,& ꝓcessus,vt ibi no.gl.illa
in integ.rest.dicit,ꝙ non meminit se legisse.Sed hic est casu
non valet,& sic non est facienda illa distinctio.

LEX XLVI.

bum, condemno, uel absoluo, positum in scriptura sententiæ, poteſt per licem mutari antequam ſit pronunciatum, poſtea non.
ba ſententiæ etiam poſtquam ſunt prolata, poſſunt emendari, dummodo or & ſubſtantia ſententiæ non mutetur.
tentia an contineatur appellatione actorum.

ACtorum. †Verbum ꝯdemno, vel abſoluo, poſitum in ſcriptura ſententiæ pōt per iudicem mutari anteq̄ ſit pronunciatum, poſtea nō. h.d. ſm primam lec. gl. q̄ non ꝯgruit literæ. tñ Bar. dieam eſſe notabilem. Mihi vr̄, ꝙ nō ſit vera mō quo gl. ponit, elicet, ꝙ iudex legebat ſnīam, & nō compleuerat eam legenam puto, ꝙ tunc ēt ſi tale verbum fuerat a iudice lectum, ſit immutari, quia non hēbat adhuc ſnīam pro perfecta, & oluta, ſed poſtq̄ tā totā legerat: & ſic hr̄et eā ꝓ perfecta: bñ uerum, quod dicit glo. Et iſta diſtinctio probat ex his q̄ hñr .ꝯctus. C. de fide inſtru. Secundum aliā lect. dicit, † ꝙ verba tentię, ēt poſtq̄ ſunt prolata, pñt emēdari, dummodo tenor, ſubſtantia ſententiæ nō mutetur. Et iſta eſt bona in ſe. Et inlige de emendatione, quæ conſiſteret circa latinitatem, uel ptitudinem uerborum, & tunc quicunq; iudex delegatus, ordinarius vr̄, ꝙ poſſit hoc facere, & tā incontinenti, quàm interuallo, quia hic non diſtinguitur. Si autem uerba eſſent bia, & ſic caderet interpretatio, quæ fuerit mens pronūcian tunc habet locum lex ab executione. ꝟ. de appel. quia poſſet ri per maiores magiſtratus ordinarios, non per delegatos uel nores, ut ibi no. & ſm ambas iſtas lect. no. † ꝙ ſnīa continetur pellatione actorum, [a] & hoc tenet ēt Io. And. in addi. Spec. ſent. §. j. licet Cyn. aliter videatur dicere in l. 2. C. vt lite pennte. Quid autem de ſententia abſolutoria ab obſeruatione dicij, an contineatur appellatione actorum? uide per Inno. in onſuluit. de offi deleg. Poteſt enim legi tertio modo, vt liteiacet, ꝙ loquatur de alijs actis, non de ſnīa, ut licet non poſt circūduci, ſeu in totum cancellari, poſtq̄ lata eſt ſententia, in l. præcedenti. in prin. bene tamē poſſunt emendari, dumodo non contra tenorem ſententiæ. non ſunt hic alia.

ADDITIO.

ctorum. Adde Bal. conſi. 281. in 2. lib. ſed an delegatio contineatur appellaone actorum, uide per Lapum alleg. 81. & uide allega. ſupra in l. Paulus.

LEX XLVII.

terlocutoria an poſſit ferri contra abſentem non citatum.
uid ſi in ſcriptis.
quo ius tertij intelligitur reſeruatum, non expedit illum citari.

DE vno quoque. Et ad hoc, vt valeat ſnīa debēt eſſe præſentes, uel legitime citati oēs illi, quos negotium tangit, i. cōtra quos principlr̄ fuit actum, & ſi aliqui ſunt pñtes, aliui non, nec citati. non valet, niſi quo ad præſentes, vel citatos. d. tota lex. Et primo loquitur qñ aliqui fuerunt præſentes, ali ui abſentes, & non citati vſq; ibi, (qui apud.) Secundo vbi fuent citati, & contumaces, & ſic habentur pro præſentibus, & nīa lata tantum inter pñtes tenet. Not. ergo ꝙ ſi eſt actum ꝯ lures ſimul, & lata eſt ſnīa ꝯ omnes, pōt valere, quo ad quoſam, & quo ad alios non. Et pp hoc dicit Bar. ꝙ iudex poſſet da e ſententiam ꝯ quoſdam ex eis, & quantum ad alios ſuperſede e, & ualebit illa ſnīa, & hoc probatur in l. non idcirco. ſ. de iud. idem ipſe ponit in materia duorum reorum. † Item aduerten um, ꝙ iſta lex loquit̄ in ſnīa diffinitiua, ſed in interlocutoria. icit Inn. in c. auditis. de proc. poſt prin. ꝙ poteſt ferri ꝯ abſentē, non citatum. Tu dic, ꝙ eſt uerum in ſnīa in qua non requiriur magna cauſæ cognitio, [a] & non eſt multum ꝑiudicialis, ut ſed interpel. §. j. ſ. de arbit. alias ſecus, ut ſi abſoluit partem ab nſtantia iudicij, quæ dr̄ diffinitiua, ut no. per Bar. in l. Titia. de ccu. nam requiritur citatio etiam peremptoria, ut in l. propeandum. §. & ſi quidem. C. de iudi. & in c. conſuluit. de off. dele. tem ſi pronunciauerat appellationem deſertam, ut in l. ꝑſes. C. qūo & qñ iudex. item iſta lex loquitur de pſonis, ꝯ quas fuit porrectus libellus, vt ſi non fuerunt præſentes, uel citatæ, non ualeat ſnīa, ut hic. & l. j. §. item cum ex edicto. ſ. quæ ſenten. ſine appel. reſcin. ſi autem ſint aliæ perſonæ ꝯ quas non fuit porrectus libellus, prætendunt tñ intereſſe, vel ꝑiudicium ex ſnīa: licet illæ non ſint citatæ, nō redditur ſnīa nulla. Sed an faciat eis præiudicium, dic ut ꝟ. eo. l. ſæpe. Et iſta fuerunt uerba Inn. in c. humilis. de maio. & obe. & Bal. in l. ſi ab eo. C. qūo, & qñ iudex. certè ēt gl. hic ſecunda, hoc vult expreſſe. † Quid aūt in reſcriptis, qñ princeps aliquid concedit uni, quod tendit in præiudicium alterius? dic ut l. nam ita diuus. ſ. de adopt. nam requirit ꝙ ille conſentiat, & ſi non conſentit, tunc aut principi non fuit facta mentio de iure illius, & non præſumitur voluiſſe illi ꝑiudicare, ut ibi, & ſ. de nata. reſti. l. j. & l. fi. Aut fuit ſibi facta mētio, & tunc princeps non conſueuit concedere, niſi illo cōſentiente, uel citato; ſi tñ concedit, (quod nō niſi ex cauſa fieri debet.)

3 cēſetur uoluiſſe illi præiudicare, ut d. l. fi. de nata. reſti. † Vltimo ſcias, ꝙ in actu in quo ius tertij intelligitur reſeruatum, nō expedit illum citari, ut cum petitur bono. poſſ. quod dic, ut in l. 3 §. cauſa cognita. de bon. poſſ. & plene per Barto. in l. j. C. qui admit. ad bono. poſſ. poſſunt ante finem.

ADDITIO.

a Cognitio. Adde Roma. conſi. 72. ubi dicit in quibus interlocutorijs, requiratur citatio, & uide Soci. conſ. 12. & an in interpretatione reſcripti ſit pars citanda, uide per eundem conſi. 266.

LEX XLIX.

SI exhæredatum. Filiusfa. effectus ſui iuris, nō conuenit̄ ex ꝯctu celebrato tpe quo erat in patria ptāte, ſi non eſt hæres patris, ꝯdemnatur duntaxat quatenus facere pōt, nec deducitur æs alienum, licet ſecus in donatione. h.d. De materia primæ partis ſummarij hr̄. in tit. quod cum eo. & quæ ſit rō, dic vt ibi. nam factus ſui iuris pp capi. dimi. quia vr̄ nouus homo, liberatur a prima oblone per tit. de capi. dimi. ſed per illud edictum prætoris qđ hr̄ in tit. qđ cum eo. reſtituitur utili actione ꝯ eum quatenus facere poteſt, ſi non eſt hæres patris, & de hoc loquitur hic.

LEX LI.

SI quis dolo. Qui dolo ſuo effectus eſt non ſoluendo, perdit beneficium ne conueniat̄ vltra quàm facere poſſit. h.d. ſecundum primam lect. glo. quæ eſt bona, & notabilis.

1 *Miſſus in poſſeſſionem ex primo decreto, licet non fuerit admiſſus per debitorem, nec fuerit data tenuta realiter, tamen poteſt procedi ad ſecundum decretum, & fieri venditio bonorum.*

§. Si quis creditorem. Si creditor eſt ꝯſecutus q̄tum ſibi debet̄ a debitore, uel ab alio, licet non ex cā debiti, ſed pp dolum ſuū qa nō permiſit creditorem uenire in poſſ. bono. non pōt de æquitate amplius agere ad debitum. h.d. & eſt notabilis caſus, & qlibet diceret contrarium prima facie, quia illud quod ſoluitur ex tali dolo, uidetur ſolui in pœnam doloſi, & ſic uidetur cedere lucro creditoris per l. id, quod pęnæ. ꝟ. de ſolu. Vnde licet iſtud ſit verum de rigore iuris quantum tñ ad caſum de quo hic, ſecus eſt de æquitate, ut hic patet, dum dicit, (& puto eum improbū eſſe.) An aūt in alijs caſib. dic, ut d. l. id, quod pœnæ. Et glo. legit hic quatuor modis, tene primam & ſm. Nam ſm tertiā, & quartam, oportet impropriare tex. dum dicit. (ſi uenditor,) & expo-
1 nere, i. emptori. † Nōt. ſecundum Bar. ex ſecunda lect. gl. ꝙ licet
a miſſus in poſſeſſione ex primo decre. non fuerit admiſſus [a] per debitorem, nec fuerit data tenuta realiter, nihilominus poteſt procedi ad ſecundum decre. & fieri venditio bonorum.

ADDITIO.

2 Admiſſus. Sed an talis non admiſſio obſtet præſcriptioni, uide Ludo. Roma. ſingul. ſuis.

LEX LII.

SI rerum amotarum. Conuentus ex maleficio non habet beneficium, ne exigatur vltra quàm facere poſſit. h.d.

LEX LIII.

2 *Ad hoc ut quis dicatur contumax, requiritur quòd ſit citatus trib. edictis, uel citationibus, uel una pro omnibus cum peremptorijs quo ad tres effectus, extra quos ſufficit unica citatio.*

3 *Iudex quando vult procedere contra aliquem ratione contumaciæ ad impoſitionem alicuius pœnæ, uel mulctæ, requiritur ꝙ iterum ipſum citet, ad dicendum cauſam, quare ipſe deberet puniri ratione dictæ contumaciæ.*

4 *Citatus a iudice incompetenti, licet non compareat, non dicitur contumax, quando erat notorium eum eſſe incompetentem.*

1 COntumacia. † Lex iſta continet quatuor dicta in materia contumaciæ. Ex primo dicto no. argu. ꝙ ꝯtumacia eſt delictum, qđ patet, qa punit̄, & ſic ex forma ſtatuti ꝯdemnatus ꝓ maleficio, uel delicto, pōt impune offendi, ſilr̄ poterit offendi condemnatus pp contumaciam. de hoc dic, vt in l. omne delictū. §. contumacia. de remiſ. per Bar. & per Cy. in l. j. C. de crim. ſtellio. Et declara iſtud primum dictum, ut gl. in Spe. de contu. per
2 totum. † Ex ſcđo dicto no. q᷑ ad hoc ut quis [a] dicatur ꝯtumax,
a requiritur ꝙ ſit citatus tribus edictis, uel citationibus, uel una pro

ADDITIO.

a Et adde quis dicatur contumax, ac quotupliciter, per Spec. tit. de expenſ. §. 3. ad princ. per Card. in clem. j. de dolo & contum. in 8. q. & per Bar. in l. fi. 3. col. uetſi. pro huius declaratione. ff. de in integ. reſtitu.

pro omnibus cum peremptorijs. Sed hoc est uerum, quantum ad tres effectus, s. vt possit procedi ad snam diffinitiuam, uel absolutoriam iudicij, uel ad missionem in possessionẽ ex primo, uel secundo decreto. Extra istos casus, ꝙ sufficiat unica citatio, siue peremptoria, ita not. Innoc. c. ad petitionem. de accusatio.
3 †ex tertio dicto. not. arg. ꝙ quando iudex vult procedere ꝯ aliquem rõne contumaciæ, ad impositionem alicuius pœnæ, uel mulctæ, requiritur ꝙ iterum ipsum citet ad dicendum causam, quare ipse non debet puniri rõne dictæ contumaciæ, quia possibile est, ꝙ in actis sit positus pro contumace. & tamen re uera non est contumax, quia fuit impeditus comparere iusto impedimento. Et ista practica habetur ibi etiam per Bar. in l. 3. §. si ad
4 diem. de re mili. †Ex primo casu nota, ꝙ citatus a iudice incompetenti, licet non compareat, non dicitur contumax, hoc est verum, quando erat notorium ipsum esse incompetentem, aliàs secus, quod dic, ut l. si quis alie. ṡ. de iudi. in l. 2. ṡ. si quis in ius vocan. non ierit. & quod plene not. Innoc. in c. 2. de dila. Et adde quod no. per Bal. in l. generaliter. C. de episco. & cler.

LEX LIIII.

1 *Pupillus citatus si non compareat, an constituatur in contumacia, & an ualeat citatio.*
2 *Quid in adulto.*
Quid in absente causa reipublicæ.
3 *Quid in eo qui non comparuit, quia fuit uocatus ad maius tribunal.*
Quando quis citatur a duobus, cui teneatur parere.

Contra pupillum. In ista l. ponuntur quatuor personæ, quæ per citationem non constituuntur in contumacia, s. pupillus, & sic vř casus, ꝙ citatio facta de pupillo nihil ualeat. Debet ergo quis facere citari tutorem. Sed Bart. uidetur dicere ꝯrium in l. j. §. sufficit. de admi. tuto. & de tutel. l. & habet. §. si pupillus. Bř dic, ꝙ aut est infans, & indistinctè non ualet, ut no. gl. in l. 4. in prin. ṡ. de in ius uoc. Aut est maior infante, & tũc glo. ibi dicit, ꝙ debet citari tutor, vel etiam pupillus cum authoritate tutoris, i. simul cum tutore. Sed Bar. in locis præal. vř dicere, ꝙ sufficit citatio pupilli, quia vř citatus, ut compareat legitimè,
1 s. cum tutore. Bř dic, †ꝙ aut pupillus solus citatus non comparuit, nec alius pro eo, & tunc citatio non ualet, quantũ ad hoc, vt possit ꝯ eum perueniri ad diffinitiuam, & ita loquitur hic: nec etiam ad interpositionem secundi decreti, quod est præiudiciale. Sed quãtum ad hoc, ut possit perueniri ad primum, bene vř, ꝙ sufficiat, quia sufficit, ꝙ non defendatur, & non est magni ꝑiudicij. Nam pupillus patitur missionem ex primo decreto, ut l. hæc autem. ṡ. quib. ex cau. in poss. eatur. & l. apud Iulianum. Si autem comparuit, tunc talis citatio dř fuisse ualida, licet de tutore non fuerit facta mentio, & ita intelligo, & saluo opinionẽ
2 Bar. †Secunda persona est adultus, in quo dic idẽ, vt si ipse fuit citatus, & nemo pro eo comparuit, non reputatur fuisse contumax, & sic non põt procedi ad diffinitiuam. Tertia persona est absens causa reipublicæ, & tunc gl. dicit, ꝙ tenet citatio, & ualet snia, tamen non cum effectu, quia potest in integ. restitui. Et sic licet hic uideantur comparari, tamen comparatio non est ꝑ
3 omnia. †Quarta persona est ille, qui non comparauit, quia fuit vocatus ad maius tribunal, nam excusatur a contumacia. Adde quod no. in l. 2. ꝭ. de custodia reorum. per Bart. & uide quod notatur in Spec. de excep. §. secundo. Et cui teneatur citatus parere quando citatur a duobus, uide in c. pastoralis. §. fi. de offi. delega. de appel. c. cum parati. & c. si duobus.

LEX LV.

1 *Iudex non potest suam sententiam diffinitiuam corrigere.*
2 *In sententia in qua pronunciatur non esse procedendum propter ineptitudinem libelli, an iudex delegatus desinat per eam esse iudex.*
3 *Quid si absoluit partem ab instantia iudicij, & uide alium casum remissiuè in quo desinit.*
Tabellio an possit corrigere errorem suum.
4 *Iudex si pronunciauit se non esse iudicem competentem, an possit causam reassumere.*

1 IVdex. †Iudex non potest suam sniam diffinitiuam corrigere. h. d. Et potest intelligi duobus modis. Primo in iudice delegato, & tũc etiam si snia sit nulla, desinit esse iudex ex toto, merito non potest corrigere, & vide Inn. in c. ex literis. de offi. dele. fallit qñ esset nulla, quia non seruasset formam rescripti, quia tunc non desineret esse iudex. per l. quod tamen. in prin. cum ibi no. ṡ. de arbit. & hoc tenet etiam Floria. in c. causam quæ. extra de elec. & ibi Imol. in c. veniam. 35. q. 8. Et sic esset idem, quod in ordinario. Secundo potest intelligi in ordinario, & tunc procedit ista lex quando senten-
a non est nulla, sed iniusta, & tunc desinit esse iudex [a] in illa ca-
sa, non ex toto. Si autem sententia esset nulla, tunc etiam in illa non desineret esse iudex, & posset in eadẽ causa sententi- vt in l. præses. C. quomodo, & quando iudex. Quod qualiter telligitur habetur. ꝭ. eod. l. cum quærebatur. & in l. si vt propo- nis. eo. tit. quomodo, & quando iudex. Et prædicta in senten- diffinitiua, & quantum ad substantiam sententiæ, quantum-
2 tem ad uerba non mutata substantia. dic vt ṡ. eo. l. actorũ. †I- quid in sententia, in qua pronunciatur non esse procedend- propter ineptitudinem libelli, utrum iudex delegatus desi- per eam esse iudex? dic ꝙ non, vt no. in Spec. de offi. iudi. §. de-
3 uit. uersi. sed quid si opponens, uel obijciens. † Item quid si soluit partem ab instantia iudicii, dic idem vt no. Inno. in c. soluit. de offi. dele. De uno alio casu in quo non desinit, uid- eo. l cum qrebatur, ubi præd. dixit se hic omisisse. Item quid
b Tabellione, utrũ possit corrigere errorem suum? [b] dic ut in ṡ. cu. de instrumentorum editione. §. postremo. uers. sed nunq-
4 confectum. & in l. si librarius. ꝭ. de reg. iur. per Bar. †Item qui- iudex pronunciauit se non esse iudicem cõpetentem, quæ p- nunciatio est interlocutoria? Respon. aut est delegatus, & n- potest reassumere causam etiam partibus consentientib. q- desijt esse iudex, ut in c. significantibus. de offi. dele. Aut ord- rius, & tunc secus, vt no. Bal. in l. si præses. C. quomodo & qu- do iudex. & dixi supra eod. l. quod iussit.

ADDITIONES.

a Esse iudex. Et an idem sit in delegato a principe, uide hic per Angelum & - cit, ꝙ non Bal. uerò contrarium tenet in l. si ut proponis. C. quomodo, & q- do iudex. & ibi uide, ꝙ in delegato ad uniuersitatem causarum, & alia ad- teriam huius legis.
b Errorem suum. De hac materia, uide late Dec. in l. si librarius. ff. de reg. iur.

LEX LVI.

1 *Sententia, iusiurandum, & etiam confessio in iudicio facta, paratam hab- executionem.*
2 *Si in fine instrumenti continetur, quòd debitor detulit creditori iuramen- qui iurauit omnia, & singula supradicta esse uera, an tale instrument- de iure communi habeat executionem paratam.*
3 *Quid in instrumento confessionato seu guarentigiato, in cuius fine deb- confitetur omnia, & singula supradicta esse uera.*

1 POst rem iudicatam. † Sentẽtia iusiurandum, & etiam co- fessio in iudicio facta, paratam habent executionem d. Quantum ad sententiam clarum est, dic vt ṡ. eod. l. in prin. & §. si ex conuentione. sed quantum ad iusiurandũ t-
2 tene menti, †quia per h. d. Bar. in l. 2. ṡ. de iureiur. ꝙ si in fin. i- strumenti contineretur, quòd debitor detulit creditori iu- mentum, qui iurauit omnia, & singula supradicta vera esse, ta- instrumentum haberet executionem paratam de iure comm- ni, etiam si nullum statutum hoc diceret. Et posito, quòd d- clausula in instrumento non contineret, non posset incipi- executione, ut infra eo. l. si cum nulla. & miratur, quòd prac- non adinuenit istũ modum exequendi, cum sit iudicium, lic- inuenerit modum guarentigię, de quo statim dicam. Sed Bal. l. j. C. de iureiu. tenet contrarium reprehendendo Bar. quia i- ramentum non habet executionem, nisi qñ est decisiuum d- bij, de quo loquitur totus titulus de iureiu. Sed in casu isto, te- pore contractus non erat ortum aliquod dubium, ergo tale i- ramentum non potest dici decisiuum litis, quæ non decidit nisi orto dubio. Requirit ergo Bald. ꝙ tale iuramentum defer-
3 tur ex postfacto, ad hoc vt habeat executionem. † Sed plus p-
a cet opin. Bart. [a] quantum ad ultimum de confessione, vř ꝙ i- strumentum confessionatum, quod communi vulgari dicit- guarentigiatum, puta, quando in fine continetur clausula, debitor confitetur oĩa, & singula supradicta vera esse, & no- rius tãquam iudex ordinarius faciat sibi præceptum, ꝙ deb- soluere, quandocunq; fuerit requisitus, tale instrumentum h- bet executionem paratam, etiam de iure communi, posito nullum statutum hoc diceret, quia continet confessionem i- dicialem, cum notarius sit iudex ordinarius, & põt exercere i- risdictionem inter consentientes. Vnde sicut ꝑceptum iudi- factum in confessum coram eo haberet executionem, vt l. si d- bitor. cum ibi notatis. ṡ. de iudi. ita & tale præceptum notari- Communiter tamen statuta hoc disponunt, tollendo dubium ꝙ posset esse, quia videtur hic debere intelligi de confessio- facta corã iudice administrationem habente, qualis non est n- tarius. In alijs autem locis est consuetudo, ꝙ in instrumẽto de- bitor constituit procuratorem vnũ, vel plures, quem vel quo- nominaret creditor ad confitendũ debitum ad instantiam cr- ditoris. Et tũc creditor quando vult instrumentum executio- ni man-

ADDITIO.

a Opin. Bar. de hac eius opin. uide per Soc. consi. 231.

ndari,eligit quē vult,& facit ipsum venire coram iudice, nfiteri debitum, ſm tenorem instrumēti. Et hoc facto,pe strumentum executioni mandari, vel dictam cōfessionē, practicatur in curia Romana,& omnes istæ practicæ ema runt pp istum textum,& per alios similes dicentes,ꝙ con in iure habetur pro iudicato,vt ꝟ.ti.j.

L E X XVII.

ssit cognoscere de exceptione, quòd quis non possit esse iudex propter ctum ætatis,& quando debeat opponi exceptio concernens iurisdictio.

do princeps ex certa scientia concedit aliquid alicui inhabili,censetur n habilitare,& secum dispensare.

Quidam consulebant. †Maior 18. anno. potest esse iudex delegatus,& ordinarius. Minor autē 18.& maior pupillo potest esse in duobus casibus. scilicet us à principe ex certa scientia, vel ab inferiore a principe nsensu partium: aliàs secus,& semper allegatur. Et ex ista fuit extracta Decr.cum vigesimum.de offic. deleg. Illa tacontradicit huic,quia illa vult,ꝙ minor 18.non possit dalex,et de cōsensu partium,sed ista lex vult contrarium. Et intelligit istam legem q̄ vult,ꝙ minor possit dari de cōpartium de minore uiginti.maior tñ decem, & octo, qa t minor decem,& octo non posset dari,et de cōsensu par,ut ibi.Et uide bonam glossam,quæ declarat istam legem um prætor.§.j.circa fi.ff.de iudic. Nam sunt distinguendæ uor ætates. Aut eñ est impubes, & distincte non potest nec ordinarius,nec delegatus,ut in d.l.cum prætor.in ver mpubes,) quod uidetur verum,etiam si detur à principe. ñ patiat defectū plensus,qui est de iure naturali, nō potest n princeps supplere.[a] Aut est maior pupillo,minor tamen m & octo, & potest esse,in duobus tamen casib. ut hic in certè.cum sequentib.& alio seq. Aut est maior decem & ,& tunc pōt esse indistincte,ut hic in principio versiculi, minor à contrario sensu.Non tñ compellitur,ut in l.cū lede arbi.& in hoc si erat minor viginti, maior tamen decē cto.Si tamen maior uiginti,tunc potest esse& compellitur petat restitutionem in integrum ut in dicta l. cum lege. uis autē possit cognoscere de ista exceptione,& quando de t opponi exceptio concernens iurisdictionē, uide hic pleer Bar.& per Inn.in ca.scilcitatus.de rescriptis.† Allegatur n ista lex,quòd quando princeps ex certa scientia conce aliquid alicui inhabili,censetur ipsum habilitare,[b]& secum ensare,ut si Papa faciat episcopum aliquem minorem trimo anno,cum non debeat esse,nisi compleuerit,ut in cap. in cūctis.de electio.& facit l.Barbarius.de offi.præto.& l. d idē Vlpianus.§.j.de excusatio.tuto.ubi sufficit sola sciencipis,ut uideat dispensare cum inhabili. Nō sic in infeprincipe,etiam in casu,in quo potest dispensare, qa nō sitæ cognitione debuit dispensare,ideo si nō adhibuit eā,nō dispensare,ut notatur per Inn.in c. veniens. de filiis presby per glossam in ca.j.de ætate & qualitate. Cætera vide hic Bar.& adde quod no.in Specu.de leg.§.sunt quoque. versic. nceps.In fine legis ibi (princeps eñ qui ei magistratum desupple ex certa scientia,& iste versi.uenit ad declarationem ticuli præcedentis.proinde,& in uersiculo certè. non autē si.sed & si fortè.quia ille loquitur,quando datus est ab infe re principe,& tunc requiritur,ꝙ detur de consensu partiū, oc,ut possit esse iudex.Idem tamen est dicendun, quādo da esset a principe non ex certa scientia, ut si datus esset de ꝯsu partium,valeat non minus,q̄ si ab inferiore principe. Et andum quòd vsque ad uersicul. certè loquitur de minore esimo quinto anno, maiore tamen decimo octauo. In illo em ver.de minore 18.

A D D I T I O N E S.

a olere adde Abbat.in dicto cap.cum uicesimum.idem tenentem.sed Moder. ntra,cum quibus etiam ibi Felin.per glo.in c.statutum.in uerbo, canonicis. rescriptis.qui dicunt, ꝙ non ualet commissio facta pupillo canonico, nisi nceps id faciat ex certa scientia,quia princeps licet non in totum,tamen iu a causa potest dispensare, & ei dabitur assessor.

b ilitare.De hoc per Cald.consi.6.de rescriptis.& per Old. consi.325. vsque fiuem consiliorum.

L E X XVIII.

SI cum nulla. Ab executione non est incipiendum.hoc dicit. Facit. l.j.C. de excep.rei iudica.& l.vnica.C.de prohib.sequest.pec. & tunc videtur incipi ab executione quando præcedit sententia, vel iuramentum decisiuum, vel confessio in iure Alias secus,ut ſ.eo.l.post rem.Vř etiā posse dici,quod licèt exe cutio fuerit male facta non præcedente aliquo pdictorum,si ta men cum petitur retractari, offeratur incontinēti probatio de debito,non sit retractanda p l.fi.ſ.qd metus cā.Vel dic,ꝙ ibi loquitur qñ potuit executio fieri tñ fuit omissum aliquid qđ esset fiendum,puta,citatio partis,secus si fieri non potuit,& de intel lectu illius §.no. in tractatu represaliarum per Bar.

L E X XIX.

1 *Si qs fuit mihi cōdemnatus ad restitutionē talis fundi,& etiā omniū fructuū perceptorum vsque in illum diem,& sic non fuit declarata quantitas fructuum,an ualeat sententia in fructibus, & nu.2*

3 *Si aliquis fuit condemnatus ad restitutionem domus cum massaritijs,an ualeat sententia in massaritijs non specificatis.*

IN summa. Sufficit ꝙ in sententia exprimatur certa quantitas per se, uel per relationē ad libellum,alias non valet sententia incerta,etiam circa accessoria.Item sufficit,ꝙ in ea contineatur ꝯdēnatio,uel aliquid quod ei æquipolleat.h.d.no.vsque ad §.si quis ex edicto.In tex.ibi(vel quo alio uerbo hoc significauerit.) Supple posito ꝙ non condemnauerit, ut si declarauerit aliquē esse debitorem meū,nam vř ipsum ꝯdemnare,ut in l.quid tamen.§.si arbiter.ff. de arbitris.In tex.ibi,(non recte pnunciant.) supple q̄tū ad usuras,sed in sorte bene,tñ tenet condemnatio, si fuit expressa cer

2 ta quantitas.†Et per istum tex. vř, ꝙ si quis fuit mihi ꝯdēnatus ad restitutionem talis fundi, & etiam oīum fructuū pceptorū vsque in illum diem,si non fuit declarata quantitas fructuum, non ualet sñia in fructibus. Et ita dicit Richar. Malumbra,per

3 istum tex.ut refert Bal.in l.j.C.si secundo nupse.mulier.†& eodem modo si aliquis est mihi condemnatus ad restituendū domum cum massaritijs,non ualet in massaritijs,si non fuerūt specificatæ.& eodem modo in prædictis non tenet petitio, si quis petat condemnari ad rem cum fructib.vel massaritijs ibi existētibus,& ita no.Bar.in l.3.§.armamenta.ff.de rei uendica. per ii-

a lum tex.In contrarium fortiter facit[a] quod no.Innoc.in c.cum dilecti.in prin.de ordine cog.in cap.cum ad sedem.de restitutione spoliatorum.& in c.inter dilectos.de donationibus. ante finem.in quibus dicit,ꝙ in accessorijs pcedit libellus, & sententia incerta. Vnde ualet condemnatio de restituendo castrū cū pertinentijs,uel cum omnibus damnis, & interesse perceptis a die spoliationis. Potest dici,ꝙ aut loquimur in usuris,& tūc pp ipsarum odium habet locum quod hic dicitur. Aut in alijs accessorijs.quæ non sunt odiosa:& tunc aut pñt de facili specificari,& hēt locum l.3.§.armamenta dei re uend. Aut non sic de facili possunt specificari,ut contingit in fructibus perceptis,de q bus actor pōt esse non informatus, & tunc potest procedere libellus,& sententia incerta,& ita loquantur dicta Innocentij in locis præallegatis.Pro ista distinctione facit gl.in l.3.de sñia quę sine certa quantitate.ibi,in gl.fi.dum dicit, uel si non est possibile an.Iste tamen passus nō est sine dubitatione,& facit ꝙ not. Cy.in l.cum propria.C.si quis alteri,vel sibi.facit etiam qđ hř in l.si in emptione.in prin.de contrah.emp.ubi in accessorijs non ita nocet dissensus,sicut in principali.

A D D I T I O.

a Fortiter facit. Adde Alexand.con.22.2.lib.

1 *Sententia lata contra defunctum non valet, nec ligat hæredem.*

2 *Si actor contra heredem prosequatur litem cæptam contra defunctum, cautus sit, vt eam prosequatur contra hæredem, non autem contra defunctum.*

1 Si quis ex edicto. †Sententia lata contra defunctum non valet, nec ligat hæredem.h.d.& hoc est,uerum siue iudicium fuerit inchoatū cum defuncto,vt hic,& l.penul.ꝟ. quæ sententia sine appellatione rescindan. Siue fuit inchoatum postquam ille defunctus est,tan quam si viueret,aliquo pro illo defensionem suscipiente, vt in l.de qua re.supra de iudicijs.§.primo. Licèt ergo in primo casu

2 instantia † cœpta cum defuncto transeat in hæredem, vt in l. si cum hominem.de fideiuſ. Actor tamen debet esse cautus,quòd prosequatur litem ꝯ hæredem,& faciat hæredem condemnari,

a non autem contra defunctum,quod tene mēti.[a] In tex.ibi,(qa morte rei edic. peremptorium soluitur.) videtur ergo p istum tex.

A D D I T I O.

a Tene menti.Adde Angl.consil.233.ubi ponit,quando ualeat sententia lata contra mortuum.

text. ꝙ tempore factæ citationis viuebat. Sed in termino quo debuit comparere, erat mortuus, & adhuc habet locum, quod hic dicitur, quia illa citatio fuit per mortem perempta, & dissoluta. Oportet ergo ex integro facere citari hæredem, & ipsum condemnari, vt hic apparet.

LEX LX.

1 *Citatio non arctat illum, qui propter infirmitatem comparere non potest, & ideo sententia lata virtute ipsius non valet.*

2 *Citatio an arctet illum qui est in carceribus, si potuit mittere procuratorē, & non misit.*

1 a QVæsitum. †Citatio nō arctat illū q pp infirmitatem[a] comparere nō potest, & iō sententia lata virtute ipsius non valet. h.d. Et gl. hæc est notabilis, quæ semper allegatur, & intellige hoc verum, qn̄ iudex sciebat impedimentum, alias valet mero iure, sed datur ꝯ eam restitutio ex clausula generali, si qua mihi iusta cā, vt in l. fin. §. de in inte. rest. & est singulis intellectus ad hanc l. per quod patet, ꝙ iudex scit, ꝙ iurisdictio sua sit labilis aliqua exceptione, nō valet ꝓcessus eius ꝯ absentem. vide Abb. in c. si duob. de appel. ubi de hoc est casus no. in ver. nisi iudex cognouerit supplendo, undecunque cognouerit &c. impedi-

2 mentum citati. †Et idem de quolibet alio impedimento, si citatus erat in carcerib. cōmunib. ita no. Bal. in l. 2. in fi. §. de in ius vo. Sed Bar. in l. is. qui reus. circa fi. de publicis iud. vr̄ dicere cōtrarium, ꝙ imputet sibi, quare nō misit ꝓcuratorem, & istum casum pluries vidi de facto Florentiæ. Pōt distingui, aut fuit sibi habile ꝓcuratorem mittere, quia ibi ampla erat copia ꝓcuratorum, & cā nō erat multum ardua, & de hoc est tex. in c. 2. de ꝓcu. & ꝓcedit hoc ſm dictum. Aut alterum istorum deficit, & procedit primū dictum, & ad hoc vide l. 2. post princi. si quis cau. dum dicit, ꝙ iudex iubet diem iudicij esse diffusum, &c. i. differendum qn̄ scit citatum impeditum fore. Cætera uide hic per Bar. No. etiam glo. j. dum intelligit istam legem, & etiam si sententia lata sit pro impedito comparere. Ratio est, quia non valet etiam pro eo, si non est contumax, vt no. §. in l. furioso.

ADDITIO.

a Infirmitatem. Adde ut per Io. Andr. in addi. ad Specu. in tit. de procur. §. ratione constituentis. in fi. & de carcerato uide Ang. consi. 65.

LEX LXI.

IN iudicati. Legem istam declara, ut no. per gl. §. e. l. inter eos. & etiam per Bar.

LEX LXII.

CVm quærebatur. Ista lex potest intelligi duob. modis. Primo ſm Dy. ꝙ hic iudicauit ꝑperam. i. iniuste, quantum ad ius litigatoris. Erat tn̄ sn̄ia mero iure valida. h. d. & tūc ꝯcordat cū l. Pau. §. eo. & limita, ut ibi hr̄, ꝙ nō pōt corrigere eādē die ēt incōtinenti, postq̄ habuit sn̄iam ꝑ ꝑfecta & absoluta, bene tn̄ pōt supplere, q̄ omiserat circa accessoria eadem die vt ibi. Secundo pōt intelligi, ꝙ ꝓnunciauit perperam, idest nulliter. & ita intelligit hæc gl. & tūc dic, ꝙ si erat iudex delegatus, non pōt iterum ꝓnunciare cadem die, uel ēt alia ex eisdem actis, vel ēt alijs, q̄a desijt totaliter esse iudex, ut supra eodem l. iudex. nisi sibi iterum cā committeretur, vel nisi esset nulla, q̄a lata contra formam rescripti, ut ibi dixi, vel ꝓpter iustum erro-

a rem facti,[a] q fuit in iudice, ut no. Innoc. eleganter in c. j. extra eodem ti. de re iud. quia tunc non desineret esse iudex, & istum casum omisit in d. l. iudex. Scd̄o pōt intelligi in ordinario, qui non desinit esse iudex, qn̄ sententia est nulla, & ideo tunc debet intelligi, ꝙ non potest iterum ꝓnunciare eadem die, supple, uel alia ex eisdē act̄ si defectus nullitatis fuit in sola sententia, nō in actis, sed ex alijs sic, secūdū gl. Tu dic, Bar. quod etiā ex eisdem actis, si defectus nullitatis fuit in sola sn̄ia, nō in actis, vt q̄a fuit lata die feriata. Nā ea non obstante, non poterit citari ꝑ alia die nō feriata, & iterum ꝓnunciari. Si aūt defectus nullitatis reperiatur ēt in actis, tūc quatenus repetitur, debēt acta reintegrari. Si eīn reperitur in omnibus, omnia debent reintegrari, puta, si fuit inchoatum iudicium cōtra defunctum tanq̄ si uiueret, nihil ualent acta à principio vsque ad finē. vt in l. de qua re. §. primo. §. de iud. Oportet ergo inchoare nouum iudicium contra hæredem. Si autem esset in parte actorum, q̄a fuisset inchoatum iudicium cōtra viuentem, & in medio litis mortuus est, postea fuit facta persecutio ꝯ defunctum, certē reintegrabuntur illa, quæ facta sunt a tēpore mor. suæ nō præcedentia, dummodo supsit de tpe instantię. Alias oporteret inchoari litem de nouo, ita intellige qd̄ hic no. Bart. in l. si ut proponis. C. quomodo & quando iudex iuncta l. si accusatus. de adult. Quid autem in primo casu, quando fuit defectus in sola sentē-

tia, utrum iudex antequam iterum pronunciet, debet co... scere de illa nullitate, & super ea ꝓnunciare? tangit hic Ba... distinguendo & in d. l. si ut proponis. ꝙ in l. f. C. de senten... sine certa quan.

ADDITIO.

a Facti. Adde Card. consi. 32. & intellige dictum Inn. solum procedere in ... tione beneficij, non autem generaliter, quia contra Inno. tenet Bal. in ... proponis. C. quomodo & quando iudex, & adde Host. & D. Ant. in d. c. ... ciunt iura alle. per Fel. in c. literis. extra de officio. deleg. ubi prædicta ... & sequitur.

LEX LXIII.

1 *Dominium rei datæ in dotem est mariti, & ad ipsum pertinet agere ...*

2 *Si patiatur alium tale dominium in iudicium deducere, an sententia ... tra eum præiudicet ipsi marito, & nu. 3.*

4 *Quando debeat citari tertius, de cuius interesse prætendit adhuc vt ... iudicium fiat.*

5 *Quòd aliquando sententia lata contra vnum præiudicet alteri, etia... ranti, & non citato.*

6 *Vbi iudicium agitur inter aliquos, ꝙ posset præiudicare tertio præte... aliquod interesse, an sufficiat, ꝙ ille tertius, qui scit causam agitari, ... ad iudicium, & protestatur quòd illud iudicium, vel sententia no... beat sibi nocere.*

7 *Si scio aliquem litigare nomine meo seu procuratoris nomine meo ... sit, an sententia lata contra eum mihi præiudicet.*

SÆpe constitutum. Sententia lata co... unum non præiu... alteri etiam scienti, si alter eorum ab altero causam habebat super eo de quo pronunciatum est. Secus si ... sam habebat, quia tunc præiudicat alteri scienti, non autē ... ranti. h. d. ista l. magistra & singularis, & de hoc etiam hab... extra eo. c. quamuis, & ibi plenè per Inno. Et primo ponit ... na regula usque ibi (quod. tn̄.) Secundo exemplificat eam ... bus modis, & ambo loquunt, qn̄ ille alius ꝯ quem non fu... ta sententia uolebat deducere in iudiciū rem, vel ius diue... vel diuersum ab illa, q̄ fuerunt deducta ꝑ primum, licet pr... deret ex eadē cā vel fonte, & hoc usque ad versi. sed scien... vt in duob. hæredib. eiusdem debitoris, uel credi. Nam ac... ctiuē & passiuē diuiditur inter hæredes: igitur si unus tū... uenitur, uel agit, & fertur sn̄ia contra eum in parte sua, no... iudicat alij in parte illius, q̄a super illa nulla est sn̄ia, & sic ... diuersa dependet tn̄ ab eadem causa à qua dependet illa ... qua est lata & tūc ē q̄a diuersa censet dependere à causa d... sa, quantum ad effectū pleni ꝑiudicij, quod in illa non fit, ... tamen fit qualequale præiudicium attento, ꝙ ex eadem c... vere ꝓcedit, quia iudex in secunda causa facilius mouebi... ꝓnunciandum, contra secundum in parte sua, ꝓpter prim... & ꝓpter hoc potest alter appellare à sn̄ia lata contra prim... vt j. de app. l. a sn̄ia, & aduerte quia intelligo istum primu... ista duo prima exempla, ꝙ non præiudicet cohæredi, si n... fuit citatus, & noluit comparere, q̄a sciebat ius suum vbiq... rare, & non habebat se impedire de parte cohæredis in iud... deducta, postquā sua deducta nō erat. Non sic dico in casu ... ponitur circa fi. huius l. ibi dicam secūdo, in uer. sed scienti... q̄ tur qn̄ alter, qui non fuit in iudicio, habebat eam ab illo ... in iudicio fuit, & ꝯ quem sententia lata est, & uolebat dedu... re in iudicium illud idem, qd̄ fuerat deductum in primo, ... per quo erat ꝓnunciatum pro aduersario, & cōtra illum a... habebat causam, & de illo ponuntur tria exempla. Primu... debitore, qui passus est creditorem experiri in re illa hyp... cata, nā in hypothecaria creditor habet deducere in iudic... dn̄iū debitoris, ut l. si nōdū. §. qd̄ dr̄. §. de pignor. si ergo pro... cietur contra creditorem ex eo, quia debitor qui pignora ... non erat dn̄s, sed erat ipse possessor, uel aduersarius, talis ... nocet debitori, qui sciuit creditorem sup hoc litigare, & tal... minium in iudicium forte deductum, si talis debitor uult ... iterum deducere, & ita dēt intelligi. Sed si fuisset ꝯ debito... lata ex alia cā, quæ non tangeret dominium debitoris, no... iudicaret debitori in suo dominio. Et aduertēdum, q̄a isto ... ille alter debitor non habebat cām à debitore, sed potius e... uerso, & tamen est idem, quod quando habebat causam, ... sequentibus duobus exemplis, q̄a siue ego habeam causa... te, siue tu à me, sententia lata ꝯ me præiudicat tibi scienti... litigare, de eo quod ad te pertinet illud in iudicium deduc... q̄a poteras, & debebas in iudicio comparere, & mihi assist... & probationem inducere etiam me inuito, iuxta no. in l. ... specta. in princip. §. de inoff. testam. per gl. & ita intelligo ist... tex. dum assignat rationem, quare noceat tibi, qui poteras ... prohibere, idest poteras mei nuito in iudicio comparere, & ... hi assistere. Nam non potes me creditorem prohibere quo... nus agam hypothecaria, & in iudicium deducam domini... tuum, ut hic hr̄ in gl. quæ incip. (art. pro utroque.) Sed bene ... teras me inuito assistere, & intelligendo isto modo proce... clare arê.† Aliud exemplum de re data in dotem. Nam dominiũ mariti,& ad ipsum maritum pertinet agere rei vend. vt in l. ce ancillam.C.de rei ven. Si ergo patit ipsum dantem, puta ulierẽ,vel socerũ tale dñium in iudicium deducere, snia lata um sibi præiudicat,ꝙ est intelligendum, qñ est lata talr, ꝙ ea apparet dñium non fuisse translatũ in maritũ, ut qa adrsarius probaui se dñm. Et sic mulier tanꝗ nõ dña tradere nõ tuit in dotem, Secus si alio modo succũberet,ita ꝙ ius mari posset se cõpati cũ illa snia,ut qa reus fuit absolutus, qñ mur,vel socer non ꝓbauit dñium, vel quia nõ erat dña tpe quo it,sed maritus,& sic non ptinebat ad eam agere, ut in d.l.do ancillã. Nam de iure mariti non est ꝓnunciatum,iõ non no cet. Idem dicas in tertio exemplo, qñ uenditor post rẽ vendi n,& traditam,& sic dñium translatũ ageret rei uend.& succũberet,qa tertius possessor probauit se dñm, vel ẽt si fuisset entus,quia possessio ad eundem venditorẽ rediisset, & alius ꝯ eum rei vend.& pronunciatus est dñs, nocet.n. emptori lẽti iterũ in iudiciũ deducere idem dñium, secus si ex alia cã cubuisset,quæ posset se compati cum dñio emptoris. ita saintellige ista exempla ꝭm Doc.† Et aduertendum, qa ꝓdicta intelligo,ẽt si iste tertius nunꝗ fuit citatus, quia sufficit scientia de iure suo per illum in iudicium deducto postꝗ al ab altero cãm habebat,& hoc vsq.ibi.(cur autem.) Ibi assiat rõnem diuersitatis inter duo prima exempla primæ par& ista tria secundæ partis,ꝗ tamẽ rõnẽ declara, ut s. dixi, & c usq.ibi,(diuersa cã est.) Ibi quarta,uel quinta pars principa quando alter ab altero non habebat causam, & quando ille et volebat in iudicium deducere id quod fuerat deductum ꝑ mum,& in hoc differt iste casus à ꝓcedentibus, qa in prima rte uolebat deducere rem diuersam,in secunda alter ab alte habebat cãm. In hoc igitur vltimo dr idem quod in primo,ꝙ n nocet snia etiam scienti. Intelligo sanè si non fuit citatus, as noceret, quia debuit comparere, & potuit cum sciret ius um in iudicium deductũ, & citatus fuerit, & hoc dico per ea æ no.in l.in causæ.la j.§.j.l.interdum.s.de minorib.& in l.cũ les.ꝯ.quibus ex causis maio.& per l.si deserta.C. si ꝓpter pu.pensita.& per ea quæ no.Cy.in l.j.C.de aduo.diuers.iudicio e si.† Et per c.inter quatuor.& in c.si.de maior.& obedi.& ꝑ nia iura dicentia,ꝙ debet citari tertius,de cuius interesse ꝑ ditur,ad hoc ut sibi præiudicium fiat,ut in l. nam ita diuus. adop.cum similib.& s.eod.de vnoquoque,ut loquantur,qñ tertius vellet postea in iudicium deducere illud idem ius su quo lata est snia ꝯ alterum non quando diuersum ius uel ersam rem,ut in duob.exemplis primæ partis. Cætera dic,vt ꝑ Bart. & per Innoc.in dicto c. quamuis. extra eodem titu. dde,ꝙ aliquando snia lata ꝯ unum præiudicat alteri,[a] etiam orantı,& non citato,ut in casibus in quibus snia facit ius in omnes,ut quando est lata super querela inoffi.testamen.& causa statuti,ut l.ingenuum.s.de statu hom.Ita intelligo,qđ ꝑ gl.& Doct.in l.j.C.qb.res iudica.nõ nocet.† Vltimo Bar. dicit duo,ꝗ mihi non placent. Vnũ est,quia dicit,ꝙ in caus q ꝯtinent hic in versi.nã scientib.sufficerat illi tertio, qui cãm agitari,venire ad iudicium,& prestari, ꝙ illud iudiciũ, sententia non habeat sibi nocere. Mihi vr ista vna nugatio, c est de mente Iurisconsul.quia hic dr,ꝙ ideo nocet,quia po t prohibere illũ agere,& nõ ꝓ hibuit, & ad hoc vt ista rõ sit na,& vniuersalis ad oẽs tres casus,debet intelligi,vt s.dixi, s. potuit prohibere.s. assistendo, & probationes inducendo. on ergo sufficit sola protestatio,sed debet assistere & de iure docere,& facere pro se ferri sniam, & istam credo esse merã ritatẽ,quicquid ipse dicat. Item dicit aliud, ꝙ si mouetur qõ minij ꝯ illum qui habet vsumfruct.in re mea, per quendam tium asserentem se dñm, & feratur pro eo sententia ꝯ fruarium,non nocet mihi ẽt scienti illam cãm agitari, quia vr itari rõne possessionis naturalis,ꝗ est apud eum. Vnde non udicat in mea ciuili ꝑ gl.ꝗ est in l.Pompo.§.si is qui precario. fi.magnę gl.s.de acqui.poss.& ꝑ l.si pariter.s.de libe.cau. vbi letur esse ꝭm eum. Mihi non placet hoc,sed putò,ꝙ mihi sciẽ præiudicat sicut lata ꝯ creditorem meum, qa videor fructuam constituere procu.ad ꝓprietatem defendendam, sicut & edit.vt in l.j.s.de oper.no.nuncia. Vnde illa sententia videtur a ꝯ me. Nec obstat dicta glo.quia fateor,ꝙ restitutio natura possel.facta per fructuarium,non nocet mihi in mea ciui. ut am perdam,ita loquitur gl.illa. Sed non sequitur quominus ntentia noceat,& sic cogatur illam perdere,& restituere viu nti. Nec etiam obstat l.si pariter. quia ibi non nocet absenti, ignoranti. Nos loquimur de sciente.† Dicit ẽt hic Bart. qui nper allegatur, ꝙ si scio aliquem litigare nomine meo, seu ocuratorio noĩe meo, cum non sit, ꝙ sententia lata ꝯ eum, hi non præiudicat, quia sumus extra casus huius l.nam ipse ducit in iudicium ius meum de directo,hic loquitur, qñ incit per indirectum,& in ꝯsequentiam,quia principaliter intendit deducere ius suũ. Certè Inn.determinat expressè ꝯrium in c.ex parte Decani.de rescrip.quẽ ipse non allegat.& ista pars vr verior per l.qui patitur.s.mãdati. Et per rõnem istius tex. qa postꝗ agebat meo noĩe,poterã ipsum prohibere. Et de isto arg. tãgit ꝑ Bal.in l.licet.ĩ fi.C.de ꝓc.& de fur.l.falsus.§. negotiorũ.

ADDITO.

a Quando aũt sententia ꝯ unum lata alteri noceat, & qñ non,habes plene ꝑ Bal. in l.j.C.de fi.inst.in 3.no.& in uer.sed ex quæro.& in l.j.§.j.& ibidem ꝑ Bar. C.quib.res iud.non nocet.in l.cũ filius.de uerb.obli.& ibidem Ale. Doc.in c. quis.de re iud.Ale.in l.Lucius.de infamib.Fel.in d.c.quamuis.& Fran.Are. in l.eum qui.§.in popular.de iureiur.

LEX LXIIII.

1 *Pendente appellatione frustratoria, currunt vsuræ primi contractus.*

2 *Cum pronunciatur appellationem frustratoriam,retrofingitur fuisse inutilis appellatio.*

Si citatus misit procuratorem,& super mandato fuit diu disceptatum & ꝓnunciatum,nõ esse sufficiens,an citatus fingatur retro fuisse contumax.

3 *An excusetur ab expensis.*

1 NEgotiorum gestorum.† Pendente appellatiõe frustratoria,currunt usuræ primi ꝯtus. h. d. in effectu. Si aũt non esset appellatũ, tunc currunt usq. ad sniam.postea desinunt currere usq.ad tps quadrimestre,& si in tra illud nõ pareat sniæ,ꝙ tunc incipiunt currere vsuræ centesi mæ,ut C.de usuris rei iud.l.fi.in fi.gl.circa fi.ibi,(sed in c.ti.&c.) Cum vero appellat,pinde est acsi non esset iudicatu,& iõ si cur rebant pendente prima lite,ut in l.j.C. de iudiciis. ita currunt pendente app. Et posito,ꝙ in prima snia non fuerit facta ꝯdẽnatio in eis,cũ fieri nõ potuit,& nõdũ cucurrissent iudex appel lationis bene poterit eã facere,ẽt si in libello nõ sint petitæ dũmodo postea petant,ex quo lite pendente currunt, qa in illis la tum est iudicis offm,ut l.ædiles.§.idẽ sciendũ.s. de ædilitio edicto,sed si iudex omitteret ꝯdemnationẽ in eis, non possent postea peti,qa nõ debenť iure actionis, sed offõ iudicis mercenario,qđ extenguit terminato negotio principali,ut l.4.C.de posttu.& hoc voluit hæc gl. in effectu, ꝗ ꝑ ꝓdicta remanet declarata. In tex.ibi.(ꝯdẽnatus appellauit).s.in sorte in usuris curretib. vsq.tunc,& de illis non est qõ, sed dubitať de tpe currente post illã sniam & pendente app.& dubiũ faciebat illa l.fi. quia usuræ primi ꝯtus nõ currunt post sniam.sed hoc est uerum, si trãsiuit in rẽ iudicatã, alias secus, ut hic, quia fuerit appellatũ. In tex.ibi(deducta.) Hoc uerbũ põt determinare uerbũ.(pecunię) & tunc est sensus,ꝙ in ꝯdẽnatione fuit deducta pecunia sortis ꝑ iudicẽ app. Vñ qrit, utrũ dẽanť vsuræ illius pecuniæ?& tex.dicit,ꝙ sic,dummõ in eis facta sit ꝯdẽnatio ꝭm gl.uel determinat verbũ,vsurę.&est noĩatiui casus. Et posito ꝓ ꝯstãti,ꝙ iudex ꝯdẽ nauerit nõ solũ in sorte,sed ẽt i vsuris currẽtib.pẽdẽte app. ꝙ pt facere,& debuit,iõ debenť iure actionis oriẽtis ex snia. Sed si ꝯdẽnatio nõ esset fcã, quousq. posset fieri drenť offõ iudicis. Sed si nõ posset fieri, nullo iure dẽrent,ut ex ꝓdictis patet.† Et not.

2 ex ista l.ꝙ cũ ꝓnunciať appłõne frustratoriã, retro fingiť fuisse inutilis appellatio. Et facit ad qõnẽ illam.si citatus misit ꝓcuratorẽ,& sup mandato fuit diu disceptatũ,& finaliter pronunciatũ non esse sufficiẽs, ꝙ citatus fingitur retro fuisse contumax, & ꝯ ipsũ põt ꝓcedi tanꝗ ꝯ ꝯtumacẽ,de qua ꝯtumacia tangitur ꝑ Cy.in l.ꝯ maiorẽ.C.de inoff.test.& per Bar.in l.2.§.non solũ. s.ad Tert.& de dam.infe.l.si finita.§.sul.ꝙ vr distinguere. Aut habuit iustam cãm credẽdi mandatũ esse sufficiens,& nõ est ꝯtumax. Aut nõ habuit,& tunc secus. Tñ in casu huius l. ista distinctio nõ est admittẽda, quia posito, ꝙ habuisset iustam cãm credendi se iustẽ appellare,ex quo tamen succubuit.dr frustratoriẽ appellasse,& in usuris medij tẽporis ꝯdemnatur. Et hoc

3 vr sentire,hic gl. magna circa finem.† Sed quantum ad expensas litis,utrum ab eis excusetur,posset distingui an habuerit iustam cãm, uel non, & sit pronuncietur ꝯ eum ex primis actis, non vr habuisse iustam causam, secus si non ex primis actis. de hoc no.in l.generaliter. C.de iureiur.

De confessis. *Rubrica.*

LEX PRIMA.

1 *Confessus in iure,sed coram iudice, & non dato libello habetur pro condemnato & quare.*

2 *Confessio extraiudicialis non habet uim condemnationis,sed probationis, nõ tamen est propriè probatio,sed releuatio ab onere probandi,& admittitur probatio in contrarium,si confessus vult contrarium probare, & ꝙ non nocebit sibi confessio.*

3 Quid

3 *Quid in confessione iudiciali falsa scienter emissa.*
4 *In confessione extraiudiciali requiritur causa, & quid in iudiciali.*
5 *Ex confessione extraiudiciali an oriatur actio, seu obligatio, & quid in iudiciali.*

1 Onfessus. †In tex.ibi(confessus).s.in iure seu
coram iudice,& non dato libello.
& tunc hr̃ ꝓ ꝯdēnato,quia non expedit aliam ꝯdē-
natione facere,cũ in confessum nullæ sint partes iu
dicis in ꝓcedendo,sed in exequendo,ut in l.proin-
de ad l. Aquiliam,& iõ mittit̃ executioni talis ꝯfessio,sicut snĩa
vt s̃.ti.j.l.post rē. Si uero dat' esset libellus', & ad ipsum rñdēdo
ꝯfessus esset, tunc si aliud non apparet, vr̃ confessus aĩo litem
ꝯtestandi, q̃ põt fieri non solũ ꝑ negationē, sed ēt ꝑ ꝯfessionē,
vt l.2.C.de iurõ Calumniæ,& l.rē non nouã.C.de iudicijs.Et iõ
postq̃ lis est ꝯtestata', debet sequi ꝯdēnatio iudicis,ita debet intelligi l.3 j̃.e.& l.qui Sthicum. in fi. & iõ sola ꝯfessio tunc non
2 hr̃et vim ꝯdemnationis,nec posset mitti executioni. †Cõfessio
vero extraiudicialis non hēt uim ꝯdēnationis,sed ꝓbõnis,,ut l.
publi.in fi.s̃.depositi.Nõ tñ est ꝓpriè ꝓbõ,sed releuatio ab one
a re ꝓbandi,ut no.super rubr.de probationib.in nouella, [a]& ad-
mittit̃ ꝓbõ in ꝯ̃riũ si ꝯfessus vult,& p̃t ꝯ̃riũ ꝓbare, & non noce
bit sibi ꝯfessio falsa,ēt scienter fcã,ut l.cũ falsa.C. de iur. & fac.
igno.nisi fuisset fcã ad liberãdũ, qa tunc hēt vim dispositionis,
id est pacti de non petendo,quod reuocari non põt,ut l.tale pa
3 ctum in prin.s̃.de pactis. †Non sic in confessione iudiciali falsa
scienter emissa,quia non recipit probationē in ꝯ̃rium,ut j̃.e.l.
3.& l.qui Stichum.s̃m uerum intell̃m,nisi esset facta circa p̃pa
ratoria iudiciorum,& aduersario ēt sciente,ꝙ esset falsa,qa tũc
ēt ꝯfitenti falsum ex certa scientia non nocet confessio, cũ nõ
decipiat aduersarium scienter,sed seipsum decipiat, ut s̃. de rei
4 vend.l.is qui se obtulit.cum seq.† Est & alia dr̃ia inter iudicialē
ꝯfessionem,& ex̃iudicialē, quia in ex̃iudiciali requirit̃ cã qñ qs
ꝯfitetur se debitorē,alias ꝯfessio nõ ualet,ut l.cũ de indebito.in
b fine.de probatio.Sed in iudiciali [b]non requiritur causa, sed suf
ficit,ꝙ quis ꝯfiteat̃ se teneri,dummodo exprimat certam quan
titatē,ut j̃.eodem.l.certum.in prin. coniuncta ista l. & l. vnica.
C.eodem.quæ de causa non faciunt mentionē, sed simpliciter
5 dicunt haberi pro condemnato.† Et etiam alia dr̃ia,quia ex cõ
fessione extraiudiciali,non oritur actio nec obligatio, quia nõ
dr̃ dispositio,sed enunciatio,ut d.l.publ.in fin. Sed ex iudiciali,
oritur obligatio,& actio in factum,sicut ex snĩa,& iureiurãdo,
vt C.codē.l.j. Et prædicta quando confessio non dicitur, nec al
legatur falsam fuisse,alias distinguitur, aut emanauit ꝑ errorē,
& dic,ut j̃.l.proxi.aut ex certa scientia,& dic ut s̃.dixi. Item p̃-
dicta,quando facta est legitime.i.aduersario præsente,& per a-
lium qui potest sibi præiudicare,alias dic ut j̃.eo.l. certum.§.si
quis absente.cum seq.Cætera dic, ut per glo.plene habetur, &
Doc.in d.l.unica.C.eodem.

A D D I T I O N E S.

a Et in hoc.Adde Ioan.And.in c.bonæ.de elect.& Paul.ipsum in consi.173.Bal.in c.j.§.sacramentum.de consuetud.rec.feu.Ale.in l.eum qui ad finem prin.ff.de iureiur.& l.publ.§.j.ff.de po.Bal.in rubrica de probationib.Ias.in l.cum te.C. de transactio.Fely.in rubr.de proba.

b De confes.iudiciali.Vide latissimè per Doc. post Abb. in c.at si cle.in 4. not.de iudic.

L E X III.

1 *Error iuris nocet in damnis uitandis, quando committitur in iudicio, licèt secus quando extra iudicium.*
2 *Casus in quibus non potest quis reuocare falsam confessionem in iudicio emissam.*

NOn fatetur. Ista lex loquitur,quando confessio allegatur falsa per confitentē,
& vult eam reuocare, dicens quòd per errorem con
fessus est.h. d. Dicitur ergo hic, ꝙ si alleget errorem
facti probabilem,debet admitti,quia tunc non hr̃ pro cõfesso,
1 secus si errorem iuris. † Et no.hic ultimum, ꝙ error iuris no-
a cet in damnis vitandis quando committit̃ [a] in iudicio, licet se-
2 cus quando extra iudicium,ut ēt hic habetur in gl.fina.† Et ꝓ
conclusione materiæ huius legis,dic,ꝙ tres sunt casus,in quib.
non potest quis reuocare falsam confessionem in iudicio emis
sam. Primus quando esset confessus scienter falsum,ut hic. & l.
proxi.& l.qui Stichum . Et si emanauit circa decisoria iudiciorum,non vr̃ curandum vtrum ignorauerit aduersarius falsitatem confessionis,uel sciuerit per illas leges,quæ simpliciter loquuntur,licèt quando circa præparatoria bene distinguat̃, sciuerit aduersarius,uel ignorauerit,ut s̃.de rei vendicatio.l.si is q
se obtulit.cum sequentibus.& istud colligit̃ hic ex dictis Barto.
qui licet in præparatorijs illam distinctionē faciat, non sic facit
in decisorijs. Secundus casus est, quando per errorem cõfessũ
est falsum,tamen talis error cadit in latam culpam,vt si esset e
ror iuris, vt hic. Et idem si facti proprij, cuius nõ esset ꝓbabili
ignorantia,[a] quicquid dicat hic gl.j.& Bar.quia eadem est rõ,
in errore iuris. Tertius casus,qñ error nõ cadebat in latam cul
pam, nec etiam in leuem vel aliquam,tamen confessus fuit i
cã in qua condemnatio crescit per inficiationem. vt infra eod
l.si is cum quo.Et quæ sit ratio,dic,vt in simili errore in l.ea
C.de condictione indebiti. Extra istos casus,puta,si error sit i
stissimus, ut quia in facto alieno. ut supra pro suo.l.fin.in fine
vel ēt iustus,ut in facto proprio, qui non cadebat in latam cul
pam,posito,ꝙ in leuem,quod est,quando per aduersarium fu
inductus ad errandum,iuxta ea,quæ habentur in l.2.s̃.quand
actio de pe.est an.& erat cã in qua condemnatio non crescit
inficiationem,potest talis confessio facta in iure,& circa deci
soria reuocari usque ad sententiam probato errore.¶ Et si ho
fiat,non nocet ipso iure,quia non poterit ipsius virtute senten
tiã ferre,sicut si facta non esset,vt hic,dum dicit,(fatetur)si a
hoc non fiat ante snĩam,sed patiatur eam ferri virtute talis co
fessionis , si quidem appellauerit põt in causa appel. facere
qđ poterat in prima.Si aũt nõ appellauerit, uel in causa appe
non reuocauerit,& sic snĩa transiuit in rē iudicatã, petat in i
teg.rest.intra tp̃s debitũ, qđ facere põt ex clausula generali,
qua mihi iusta cã,& hæc hñr j̃.e.l.pe. & isto modo intellige
hic,quæ vr̃ sibi contrariari, dum dicit(ipso iure,vt saltem sibi
stitutio detur,&c.)In confessione verò iudiciali falsa, ēt si scie
ter fuit emissa,in his in quibus non potuit sibi nuda volunta
p̃iudicare. admittitur probatio in contrariũ, vt l. cum falsa.
de iu.& fac.ign.ut si fuisses confessus rem tuam esse meam,
dominium sine cã, & sine traditione in me transferri non po
sit sola voluntate,nec etiã à te abdicari,vt l.si quis vi §.differe
tia.de acquir.posse.Vel si ꝯfessus fuisti te non teneri in cētu
quia non potes mihi obligari.nisi iusta cã obligationis inter
dente,ut si interueni stipulatio sine cã , ut l.2.§ circa.infra
doli exceptio.Secus si poteras tibi præiudicare sola voluntat
ut si fuisti confessus te non possidere cum possideas tunc be
amitteres possessionem,quæ solo animo perditur l.si quis vi.
differentia.s̃.alleg.& l.3.§.in amittenda. e.ti.& si fuisti conf
sus me tibi nõ teneri,cum tenearis,quia videris fecisse pactũ
nõ petendo.l.tale pactum.in prin.s̃.de pactis. Cum verò ꝯfess
falsa emanauit.circa præparatoria iudiciorum. alia distinct
adhibetur,q̃ uide hic per Bar.& colligitur ex d.l.qui se obtuli
cũ seq.& de l.ætate.§.qui iusto.& §.fin. de interrog.act. Cæte
uide hic per Bar.qui multum utiliter,& subtil̃r legit hãc legem

A D D I T I O.

a Et Adde hoc secundum Dy.in regula ignorãtia.lib.6. ꝙ error iuris noceat ta tum post litem contestatam,non ante. Et ad idē Bar.in hac lege. Salycet. in error.C.de iuris & facti ignoran.& Alexa.in l.si per errorem. de iurisdictio ne omnium iudicum. ubi plene.

L E X VI.

1 *Confessio facta in iudicio parte absente, & pro ea nemine recipiente, non præiudicat confitenti.*
2 *Per procuratorem ꝙ non acquiratur actio absenti extra iudicium sine cessione regulariter, & quid in iudicio.*
3 *Confessio, iuramentum, & sententia, qualiter æquiparentur.*

CErtum confessus.
1 §.Si quis absente. † Confessio facta in
iudicio parte absen
te,& pro ea nemine recipiente,non præiudicat ꝯfi
ti.h.d. Et sic nec inducit obligationē, nec probationem. Et i
in ꝯfessione ex̃iudiciali,vt l.nuda.cum ibi plene nota.s̃.de do
tamē in iudiciali videbatur maius dubium,cum ibi adsit ꝓfo
iudicis,q̃ dicitur publica,& põt acquirere absenti,sicut not
rius. Sed hoc est verum si hoc dicat expresse,alias secus, vt pa
ꝑ istum textũ,quod est not.& ita intelligunt Doctores in l.vn
ca.C.eo.vbi etiam limitatur alio modo,s.nisi absens sit cont
max,quia tũc habetur pro præsente,vt in l.Sabinus.de iudici
& sic valeret sententia pro ꝯtumace absente, secus si non ess
contumax,vt in l.furioso.cum ibi not. supra tit.proxi.ita est d
cendum in confessione. Et secundum hoc loquitur mirabile,
contumacia proderit contumaci,quia facit valere actum in f
2 fauorem factum,quia alias non valeret. Vltimo not. † ꝙ si pro
curator absentis est præsens, bene valet & acquiritur absen
ipso iure per liberam personam,sed hoc ideo,quia est actus i
dicialis,ut in l.in causæ.in fi.supra de procura. Sed extra iud
cium non acquiritur actio per procuratorem sine cessione
gulariter,vt l.possessio quoque.§.si possessio. supra de acquir
poss

ef.†No.etiam hic æquiparari ista tria, scilicet confessionē, nentum, & sententiam, quia ex nullo istorum acquiritur ati nemine pro eo recipiente.

o legitimi administratoris, uel procuratoris generalis non præiudi- domino.

ssio facta per procuratorem generalem, uel alium administratorem ndo noceat domino.

Sed an & ipsos. †Cōfessio legitimi administratoris, vel procuratoris generalis ꝓiudicat domino. h.d. Et istud verū quando emanat per um uoluntariæ iurisdictionis, idest spontaneæ, & non coa ꝗa tūc continet quandam donationem, quæ non cadit in rali administratione, ut in l. seruus furiosi. de cur. fur. & l. gnato. nec in generali mandato, in l. contra iuris. §. fin. s. de & etiam dicitur continere ambitionem, ut in l. presens. C. an f. & in l. ambitiosa. de decretis ab ord. fac. secus si ꝑ mo- ōtētiosæ iurisdictionis, i. coactæ, tūc bn̄ præiudicat, ut patet s, quæ habentur in l. non solum. in prin. ff. de proc. & tunc actæ, quando confiteretur rn̄dendo libello quia compel- præcisè respondere. ut in l. j. §. quid ergo. de uentr. inspic. espōdēdo positionibus: aliàs ad istos actus non compellit ondere, & ideo si respondendo confitet, non prǽiudicat do , sed sibi soli, ut hic in prin. gl. ꝗ tota facta fuit timore con- , de dicta l. non solum in prin. & etiam ꝗa tutor, & curator it de calumnia, & sic debent respōdere positionibus cum nc finē fuerit inuentum illud iuramentum, & si eorum re sio non præiudicaret domino, frustra compelleretur re- dere. Vr̄ etiam posse dici, ꝗ quando causa est multum du- deficiunt ꝓbationes sicut ꝑmittitur transigere, & iura- tum deferre in præiudicium domini, ut in l. præses. C. de fac. & in l. tutor. s. de iureiuran. ita & confiteri. Tn̄ alia rō confessione, cum ex transa. aliquam utilitatē ꝯsequatū do- is, ēt & ex dilatione iuramenti potest ꝯsequi, si aduersa- ecūsat iurare, uel referri, ut in l. manifestę. de iureiur. Sed essione nō seqtur, nisi damnum. Si tn̄ esset casus ex quo t consenqui utilitatem, ut si diminueret ꝯdemnatio, pos em dici.† Cætera dic, ut hic ꝑ gl. & ꝑ Bar. quod autem di- onfessionem sponte factam per procuratorem generalē, ios administratores, non nocere [a] domino, intellige sanè et absenti, & ignoranti, quia posit eam reuocare, quando . etiam errore aliter non ꝓbato. Si autem fuisset præsens ige, & tacens bene præiudicaret, nisi intra triduū reuoca cut confessio aduocati facta clientulo præsente, & tacēte de errore aduoca. l. j. & 2. & in ç. olim. de cen si. & si reuocat triduum, non hēt necesse aliter de errore probare. Si aūt hunc secus, tanquam si fuisset ab ipsomet facta, probat tn̄ tem eo ipso ꝗ ꝓbat rem aliter se habere, cum ꝯstat in fa- leno, iuxta no. per Bar. s. eod. l. 2. & etiam dico, ꝗ in casib. ib. nocet, ut quia facta est coactè: hoc debet intelligi, nisi cetur probando tamen errorem, sicut in confessione pro vt s. eo. l. 2. quia pro propria tunc habetur, & ita de facto respondi consulendo. licet Doct. hic non tangant, nec de- nt, cum tn̄ sit ualde subtile. Quid autem si in responden- el. uel positionibus nulla interuenit coactio? uidetur ꝗ non noceat, quasi sponte uideatur facta. Vnde uidet, ꝗ sit se expectare iussum iudicis, & ꝗ interueniat eius ꝯtradi- adhoc, ut dicatur coactus respondisse. l. ait prætor. §. ꝑmitti de mino. contrarium tn̄ puto, quia sciebat vel scire pote- posse compelli ad hunc actum, qui est de ordinario stylo iorum, iō posito, ꝗ sine iussu & coactione respondeat, nō ontè respōdisse, sed timore actionis futuræ. ar. in l. nouissi- quod falso tutore, & quod not. Bar. in l. 3. uel 4. circa fi. s. met. cau. Nec obstat §. permittitur. quia ibi loquitur in uæ non sunt de ordinario stylo iudiciorum.

ADDITIO.

o autem noceat, aut non noceat, uide apud Spec. de procurator. §. ut aūt. terum. & sequen. & de confessis §. nunc uidendum. Sed nunquid con- procuratoris. & §. postremo. uer. si uerò sit per procuratorem. Oldr. con . Corn. consi. incip. uidetur in litera q. in 11. parte. & consi. 144. incip. su ib. in litera p. & consi. 175. incip. uidetur in litera c. 4. par.

In pupillo. Confessio pupilli non interueniente tut. auth. sibi non præiudicat, nec valet io adulti siue curatore, tn̄ præiudicat, & ualet mero iure. duersus eā pōt restitui in integrum. Item cōfessis in iure ꝑs ad soluēdum, quod datur iudicatis. hoc dicit vsque in fi. n dictū intellige, qn̄ nō hr̄et curatorem, alias æqpararet llo, ut l. si procuratorem habens. C. de in integ. rest. sed ꝯ, tinctio uidetur seruanda in actibus extraiudicialibus, nō ı iudicialibus, qui non ualent facti à minore indefenso, e- si curatorem non hēat, ut s. titu. j. l. acta. §. fin. Solu. uerum est quantum ad actus, qui ordināntur ad sententiam. & quantū ad ipsam sententiam, ut ibi, non quantum ad alios, ut hic, & sic vr̄ debere hic intelligi, quando minor nō rn̄dendo libello, fuit confessus se debere, & tunc ualet mero iure, sed restituetur, ꝗa talis confessio non ordinatur ad sn̄iam, cum ipsa pro sententia habeatur, ut in l. j. s. eod. Si uero respondendo libello, quo casu necessaria est sn̄ia, ut s. eo. l. 3. non ualebit ipso iure, nec erit necessaria restitutio. Et sīr sententia non ualebit lata virtute talis confessionis per illam legem acta. in fi. & tene menti, quia hoc non tangitur per Doctores. Et est subtile.

LEX VII.

1 *Confessus & condemnatus quando in executione sententiæ possit aliquid dicere uel non.*

2 *Ille cui commissa est executio sententiæ potest cognoscere & pronunciare super exceptionibus, quæ possunt post sententiam opponi in executione.*

3 *Quando negocium est intricatum, cadit ignorantia.*

1 **CVm fideicommissum.** † Confessus & condēnatus, si postea in executione vult aliquid dicere per qđ non ueniat contra confessionem, vel sententiam de directo, nec illam impugnat, sed modificat, debet audiri, & de hoc poterit cognosci ab illo cui commissa est executio sententiæ, & etiam super hoc pronunciari. Si uero illud expresse contradiceret confessioni, & sententiæ, & eam impugnaret de falsitate, nō auditur mero iure, sed per iustum errorem bene audit, mediante beneficio restitutionis in integ. quam tamen restitutionē facere non potest ille cui commissa est executio sententiæ sed debet ipsum remittere ad iudicem ordinarium commit tentem hoc dicit ista l. sing. & diffi. in tex. Et primo ponitur thema, & qō, usque ibi, (respondi posse.) ibi ponitur responsio affir matiua & indeterminata, & ideo non bona vsq. ibi. (interesse.) Ibi ponitur determinatio cum distinctione bimembri usque quasi ad fi. ibi. (sed ex superiore.) ibi limitat primum mēbrū, dū in eo dixerat, ꝗ arbiter seu executor non dēt eum absoluere. Nam bene dicit, ꝗ potest ipsum remittere ad prætorem, ut absoluat, quod est intelligēdū impetrata resti. in integrū, & ex ista l. puto emanasse c. cū dilecti. ex de accusa. vbi dr̄, ꝗ cōfessus audit post ꝯfessionē uolēs aliqd dicere, ꝗ exponat, & declarat cōfessionē, nō āt si ꝯ illā ueniret expresse, & annullaret. Et ꝑmitte, ꝗ qn̄ hr̄ditas nō est soluēdo, i. nō sufficit deducto ære alieno ad soluenda legata, ꝗ ēt isto iure, licèt legata dr̄enē attēta dispōne testōris, & eius uoluntate, & sic de iure naturali, attenta tn̄ dispositione iuris nō debebant, ut in l. uniuersæ. C. de lega. & l. j. §. fi. cum ibi plenè. no. s. ad Treb. Si autē legatum non esset factū vel esset inutiliter factum, tunc nullo iure debetur. Si ergo hr̄s confessus est se teneri ad legatum, & propter hoc cōdemnatus, & est datus executor, supple, non merus, sed mixtus, puta, commissa fuit executio alicui in magistratu consistenti, qui dicitur mixtus. iuxta notata in cap. pastoralis. §. quia vero. de officio. de leg. si confessus non dicat se non teneri, uel legatum non deberi, & ita repertum fuerit, an talis executor possit eum absoluere, & ꝓnuntiare ipsum non teneri? Quidam dixerunt ꝗ sic. Iurisc. distinguit ex qua causa dicat nūc se non teneri, utrum ex eo, ꝗ legatum uel fideicommissum nō fuerit relictum, vel inutiliter relictū, & tunc non debet eum absoluere, quia per hoc venit de directo contra confessionem, arguendo ipsam de falsitate. cū ista allegatio non compatiatur se cū ꝯfessione, sed ei de directo contradicat. An autem dicat se non teneri, ex eo quia facultates non sufficiunt, non aūt quin fideicommissum fuerit relictum, & etiā solenniter relictum. Et tunc bene auditur, & hoc reperto debet ipsum absoluere, ꝗa non contradicit ꝯfessioni. Nam inspecto ꝗ fuerit relictum, & ēt solenniter relictū, potuit confiteri se teneri, inspecta voluntate defuncti. & sic de iure naturali. Sed inspecto, ꝗ bona non sunt sufficientia, pōt dicere nunc, se non tenere de iure positiuo, & ex æquitate, & sic non contradicit confessioni, sed eā exponit, uel limitat. In primo tn̄ casu, licèt non debeat se impedire quantum ad hoc, vt ꝑ seipsum absoluat, si tn̄ prætendit aliam iustam cām erroris ꝓpter quam æquum sit ipsum in integrum restitui ex clausula generali, si qua mihi iusta causa, debet ipsum remittere ad ꝑtorē restituendum: cum. n. restitutio in integ. sit de mixto imperio, debet fieri ꝑ maiorem magistratum. Et sic no. hic limitationē ad l. 2. s. eo. ꝗa ꝓcedit nondum lata sententia, quo casu, si potest approbare errorem iustum, nō indiget restitutione, sed ipso iure admittitur ad reuocandum, & ad probandū de errore. Postꝗ uerò lata est sententia, quæ trāsiuit in rē iudicatam, non admittitur, nisi mediante restit. in integ. ita intelligit. gl. fi. istū tex. notabiliter. No. ēt ꝑ eo quod dictū fuit s. ti. j. l. à diuo Pio. in princ. & l. 4. §. condemnatum, qn̄ coram executore sententiæ opponitur de nullitate, ꝗ debet causam remittere ad committentem, &

tem,& supersedere in executione.Vltimò vr̃,ꝙ etiam secundo casu huius l.quando dicit bona non sufficere, ꝙ de directo veniat ꝯ confessionem, quia tunc legata ipso iure non debentur iure isto,licèt hodie si non est confectum inuentariũ debeant̃. Sol.ut patet ex his quæ s̃.dixi,& in l.Nesennius.§.fi.s̃.ti.j.debẽtur inspecta uoluntate defuncti,& ideo vr̃ hic casus de eo quod determinant ibi Doc.ꝙ exceptio inuentarij potest opponi in executione sententiæ,quia non impugnat sententiam. Et ego ibi opposui,ꝙ immo impugnet, quia si confecit inuentariũ ipso iure non tenetur,& tamen sententia declarauit contrariũ,licèt nõ sit in executione,ꝙ non conueniatur,uel exigatur ultra quam facere possit,quia illa nõ tollit , quominus insolidum,sit obligatus.Sed responde ad illam oppositionem per hãc legem, vbi est casus,quia sicut hodie confectio inuentarij facit hęredẽ nõ teneri ultra vires hr̃ditarias ipso iure, & ad debita,ita olĩ defectus facultatũ faciebat ipsum non teneri,saltem ad legata ipso iure.Et tamen ista exceptio potest opponi post sententiã , & post confessionem,quia eas non impugnat,ut hic, quod intellige,ut s̃.dixi,licet hoc per Doc.non declaret̃.In tex.ibi,(aut ꝙ hæres es.)dic ꝙ præcedens casus in versi.si vero. potest intelligi q̃n in bonis testatoris non erat tm̃ quantum legauerat,quia nõ erant,nisi centũ,& legauit cc.& sic ultra uires patrimonij.Hic uero q̃n bene erat tantum in bonis immobilibus, tamen deducto ære alieno fingebatur non esse, & sic non legauit ultra patrimonium,sicut in casu præcedenti, sed ultra uires , & vtrobique est idem,tñ q̃n iste hr̃s fuit ꝯfessus, credidit nihil esse detrahendum,quia putabat totum æs alienum fuisse detractum &

2 solutum.† No.ergo hic,ꝙ ille cui commissa est executio siñ p̃t

a cognoscere,& pronuntiare super exceptionibus,ᵃ quæ possunt post sententiam opponi in executione,ut sunt multi casus, de quibus habetur per gl.in l.j.C.de iur.& fact.ign.& in hoc ista l. est multum no.& sing.non sic de illis,q̃ non p̃nt opponi, vt ẽt

3 hic patet in casu p̄cedenti.in uer.interest. † No. ẽt,ꝙ q̃n negocium est intricatum,iusta cadit ignorantia,ut patet hic, dũ dicit.(cum controuersia & computatio difficilior esset.)

ADDITO.

a Et adde de quibus agnoscere possit,ut hic per Bar.in l.pen.& Inn.in c. de cætero.de iud.& cap.ad dissoluendum.de desponsa impub.

LIBER SEXTVS

De exceptionibus. *Rubrica.*

LEX PRIMA.

Super rubr.ibi.seu præscriptionibus ponitur pro eodem,qa exceptiones dñr p̄scriptiones.ut J.e.l. qui agnitis. in fi.strictè aũt loquendo illæ exceptiones dñr præscriptiones , quæ oriunt̃ ex lapsu tp̃is,ut J.de diuer. & temp.præscri.in rubro, & in nigro.

1 *Sicut actor tenetur probare suam intentionem , ita & reus suã exceptionẽ.*

2 *Sicut actor debet intentionem suam aperte proponere , alias succumberet , ita & reus suam exceptionem.*

3 *Sicut ille qui accusat de crimine,tenetur apponere tempus,idest mensem & locum delicti commissi,ita & qui excipit de crimine.*

Actor tenetur suam actionem seu intentionem dare in scriptis,& quid in reo excipiente.

4 *Actor debet in suo libello concludere,non solum narrare, idest petere reum condemnari,uel de iure suo declarari , sed reus non hẽt necesse concludere, nec petere sed absolui,se sufficit ꝙ narret factũ , ex quo resultet exceptio.*

Reus an possit excipere de iure superueniente post lit.cont. & quid in actore.

5 *Si in statuto fieret mentio de actore,uel de actione,an extendatur ad rẽ , seu exceptionem.*

Ratio debet esse diuersa a dicto.

1  Gere etiam. †Sicut actor tenetur ꝓbare suam intentionem , ita & reus suam exceptionem.h.d.tex.cum glos. In hoc ergo parificant̃ actor , & reus,s.in onere ꝓ-

2 bandi.†Item in alio,quia sicut actor debet intẽtionem suam aperte proponere,ᵃalias succũberet,ut l.j.s̃.si mens.fal.mod.diuer.in §.j.& in c.examinata.de iu

a di.ita & reus suamᵃexcep.ut in l.j.§ ait.J.de flu.& hr̃.in cle.fi.de

3 appel.†Item in alio,quia sicut ille,qui accusat de crimine,tenet̃ apponere tp̃s,i.mensem,& locum delicti commissi,ut in l. libellorum.de acc.ita & qui excipit de crimi.ut in c.p̄sentiũ.de rest. lib.6.sed in alijs differunt,qa actor tenet̃ suã actionem,seu intẽtionẽ dare in scriptis,ut in authẽ.offerat̃.C.de litis ꝯtest. sed reᵘˢ non sic suã excep.ut in l.scire oportet. de excu. tu. quia põt viua voce ꝑponere, licet debeat redigi in scriptis per nota[rium]

4 cãæ.†Item actor dẽt in suo libello ꝯcludere non solum na[rrare] re,idest petere reum condemnari, uel de iure suo declarar[i] no.in l.j.s̃.de eden.in mag.gl.sed reus non habet necesse c[oncludere], nec petere se absolui,sed sufficit,ꝙ narret factũ ex q[uo re]sultet exceptio,puta sibi fore factum pctm̃ de nõ petend[o] in oĩb.legib.deponentib.formam exceptionis,puta, benè res,nisi qa &c.ut in l.q pendẽte.de act.emp.& ita. de proc. actor non potest obtinere,nisi ex iure, qđ habebat tempo[re lit.] cont.non ex iure superueniente post litem contest. ut in põt videri de iudi.nisi habebat originem añ li.ꝯtest.vt l.si §.fi.de pig.act.Sed reus bene p̃t obtinere ex iure superuen[iente] post.li.con.ut in l.tigni.§.fi.ad exh.& ibi no. & l.si constan[te] fi.s̃.sol.mat.licet primus aliter distinxerit in hoc art.sed ter[tio] dixi ſm Bar.cætera dic,ut ibi ꝑ eũ.In gl.j.in prin.ibi (ex qu[o pe]tit se absolui)Ista gl.innuit,ꝙ reus habeat necesse conclu[dere]

5 cuius ꝯrium s̃.dixi ſm Bar.& verius. † In gl.ibi (non auter[m] actoris.)sed ꝓpriè loquendo.Et sic no.ꝙ si in statuto fiere[t men]tio de actore,uel de actione,non extenderetur ad reum, u[el] exceptionem,de quo uide bonam gl.in l.sed & partus. §.j.[...] ma.s̃ quod met.cau.& distingue ut hic per Bar. In fin.gl. i[n] C.de pac.l.2.)Sed certè etiam ibi hẽt necesse probare pac[tum] ex quo resultat tacitum pactum de non petendo. Item n[o.] gl.seq.in fi.ꝙ ratio debet esse diuersa à dicto,quod facit ad [...] testium,si reddam rationem hoc modo,quia scio , ꝙ nõ u[...] dictum eius,ut etiam no.in l.fi.s̃.de offi.procu. Cæsar.

ADDITIO.

a Alioquin non probans in expen.condemnari debebat,ut in c.fi.de dolo & co[n]t.&c.sententiam de pœ.l.non ignorat.ubi Bar.C.de fru. & litium expe[n]. adde Spe.tit.de expen.§.2.& post uersi.portio.& §.4.uer.quid si reus.

LEX II.

1 *Exceptio est actionis exclusio,sed replicatio est exclusio exceptionis.*

2 *Vbi non est actio, non est proprie exceptio .*

3 *Vbi non est dare actionem.*

1 Exceptio. †Exceptio est actionis exclusio, sed replicatio est exclusio exceptionis. Item exceptio datur reo,replicatio datur actori,tñ ẽ plicatio dr̃ exceptio.h.d.vsq.ad §.fi †No.ergo ex primo dicto ꝙ ubi nõ est actio,nõ est ꝓpriè exceptio,qa nõ cadit i[n] distinõ.Sed tũc magis dr̃ exceptio facti uel intẽtionis, ut l.q. dr̃e.de ꝯdi.ob cau.& diceret̃ illa defensio magis, q̃ exceptio. no.in Spe.eo.ti.§.j.Pone exẽplũ in exceptione solutionis, [q] tollit oĩs obligatio,& actio : ꝓpriè ergo exceptio , est excep[tio] pacti de nõ petendo,uel rei iudicatæ,uel præscriptionis p[q] actio nõ tollit̃,nec negat̃,sed elidit̃ gl.tñ est in l. nemo ex his pri.J.de reg.iur.q̃ dicit,ꝙ talis exceptio est ꝑ istũ tex. Sed dic go mõ loquẽdo,& differunt in effectu. q̃n est ꝓpriè excep. pacti,dẽt ꝑponi p reũ,& nisi ꝑponeret,iudex nõ suppleret facto ẽt si sibi esset nota.nõ tñ ut iudici,ut no.ꝑ gl.in l.si un[us] §.pact.in gl.in op.s.de pactis.Sed in illa q nõ ẽ ꝓpriè excep[tio] qa negat̃ actio ẽt si non opponat̃,si ꝯstat iudici,actori actio[nem] nõ competere, põt sibi denegare audientiam,ut no.ꝑ glo. i[n l.] ubi actum.C de trans.& adde qđ ꝑ eũ Bar. no.in l.eum qui i[ta]

3 §.qui ita.de uer.obl.† Item circa replicationem,dic.illa dat̃ [ad] substituendã actionẽ,& ubi non esset dare actionem,non e[st] dare replicationem,ut in l.sub prætextu. la j. C. de transact.

1 *Exceptionum sunt aliæ dilatoriæ, & aliꝫ peremptoriæ,*

2 *Exceptio dilatoria solutionis,an differat iudicium.*

1 §.Sanè solemus. †Not.distinctionem duplicẽ,[s.] q̃dã exceptiones sunt dilatori[æ], quædam peremptoriæ. Item dilatoriꝫ quædam sunt dilatori[æ] iudicij,quia quędam differunt iudicium,vt sunt illꝫ,q̃ oppon[un]tur contra personas in iudicio consistẽtes, puta contra ꝓcura[]torem,ꝙ non est ꝓcurator,vel non legitimè constitutus,uel [q] non potest esse,vel ꝯ actorem, puta , ꝙ est excommunicatus uel bannitus,uel contra iudicem,qui non hẽt iurisdictionẽ & ista dr̃ exceptio dilatoria,quæ dẽt ante omnes alias propo[]ni ut in l.fi.C.e.ti.Istæ eñ nõ perimunt intẽtionẽ agẽtis,sed di[f]ferũt quousq.mã exceptionis durat . Quædã uerò sunt dilato[]riæ exceptiones puta , pacti de nõ petẽdo usq. ad certum tp̃s,

a vel si a prin.ꝓmisit usque ad certum tempus.ᵃ An autem tali[s] exce.

ADDITIO.

a Quæ est de his quæ litis ingressum impediunt, & litis contestationem, licet inter eas numerari nõ consueuerit.in c.j.de lit.cont. li.6.& l. eleganter.§.si qu[is] post.de cond.inde.Quod intelligas tamen,ubi ipsa dilatoria solutionis & pa[]cti de non petendo ante totum diem,aut tp̃s,uel usq.ab initio inesset ipsi obli[]gatidni ſm no.dictũ Bar.in l.eũ q ita.§.q ita stip.de uerb.obl. & ibidẽ p. Iu[...]

p.differat iudicium? vr̃ ꝙ non,& ꝙ possit agi ante diem, vt condemnatio de damno aduenientedic vt per l.si in diem. eti.hære.hoc vide ꝑ Car.in l.excep.C. de proba. Et vide qđ in Spe.de excep.§.j.& 2. ubi ponit plura alia exempla. de Peremptoriæ aũt sunt perpetuæ,& totaliter perimunt. In ag.ibi.(item dubitatur de excep.non nu.pecu.)In his dua- exceptionib.non nu.pe.[a]& non numeratæ dotis, quæ cõ- nt illi,qui confessus fuit sibi numerationem factã,quantũ unc finẽ,ut non obstãte dicta ꝯfessione, incumbat actori s probandi numerationẽ factã,tales exceptiones dñr tem- les,quia nisi opponatur exceptio nõ nu.pe.intra bienniũ, õ numeratæ dotis intra certũ tp̃s,de qua hr̃ C.de dot.cau. nu.auth.ibi posita,nõ transfert hoc ius probandi in acto- quia sufficit tibi ꝯfessio rei de numeratione facta.q̃ confes ost illud tp̃s incipit habere vigorem,sed ante ipsum tp̃is ñ ebat. Sed quantũ ad aliud dñr peremptoriæ:q̃a aut ꝑpo- tur intra illud tp̃s,& actor non probat numerationẽ,vel ꝑ unt post,& reus assumit in se onus probandi numeratio- non factam,& probat,tunc excludit actor perpetuo ab in- one sua. In quãtum autem dicit,ꝙ istę excep. dñr anoma stud vocabulum non reperit in iure, ꝙ illa exceptio dicat nala,nec est verum,ꝙ dicit gl. ꝙ non sequatur rãm aliarũ p.quia rr̃ incumbit reo onus probãdi, sed hic non. Nam est verum,qñ excipiens aliquid opponit, & ita loquitur.l. s loquimur qñ negat,sed habet bene hanc specialitatem, confessio sua sibi non præiudicat intra certum tempus.

A D D I T I O.

le hic,ꝙ exceptio non num.pe.in duobus duntaxat contractib. locum ha uidelicet mutui,& dotis,ut per gl.in l.in contractibus. ad prin.de nõ nu. ec omittas qđ ibidem notabiliter tradit Bal.ꝙ in alijs contractibus con statim præiudicet,nisi in negatiua probetur, error, aut simulatio.

L E X IIII.

N pupillo. Cum quæritur num agens sit effectus lo cupletior,inspicitur tẽpus litis cõte.h.d. ẽt inspicitur tp̃s sententiæ qđ declara,vt l.litis, §. de neg. est.& de pet.hær.l.si pater.§.pen.allegatis in glo. In tex.ibi tutoris authoritate.)Et sic non fuit soluens liberatus me- re,vt ỹ.de sol.l.à pupillo.si tñ pecuniam habet saluam,vel fectus locupletior,reprobatur de æquitate,si vult agere,vt m sibi soluatur.Dubium est ergo ꝙ tp̃s inspiciatur. pone. tpe litis cõtest.pecunia erat salua,sed tpe sententię fuit de- ita,certè sufficit ad ipsũ repellendũ,ꝙ tunc fuit salua,itẽ si nõ fuit salua, sed tpe sententiæ reperit penes eũ,quia fortè perauit,hoc ẽt sufficiet,vt in legibus allegatis in glo.ꝑ ꝯ.

L E X VI.

a legatarium petentem rem legatam à tertio possessore, potest excipi olo defuncti.

otio cõpetens contra actorem competit etiã contra singularẽ successorẽ.

otio competens actori, transit in singularem successorem, & quid in one.

I rem legatam. † Contra legatarium petentẽ rem legatã à tertio possessore, potest excipi de dolo defuncti.h.d.Pone.n.ꝙ defunctus ab alio extorsit illam rem per metum,vel per dolum. Sicut si peteret,vel hæres eius, posset obijci exceptio doli, vel me- ta legatario.† No.ergo hic,ꝙ exceptio cõpetens contra a- em,competit etiam contra singularem successorem.Sic & tra exceptio competens actori,transit in singularem suc. l.hoc iudicio.circa me.§. cõi diuidũd. & l. idemque. §. pro .non sic actio,quia competens actori non transit in singu n successorem sine cessione,vt l.omnes §.fi.§.vsufr.quem- o.ca. Et econuerso competens contra actorem non com contra singularem successorem,vt in l. fin. de contrahen. t. Et adde quod plene not.per Dyn.& per Bar. supra de a- plu.arcen.l.si tertius.§.si quis prius.

L E X VII.

tiones mere personales non transeunt in fideiussorem, & quid in me- alibus.

minor læsus, antequam restituatur in integrum,non habet actionem issoriam, quæ incipit competere post restitutionem concessam, an ita habeat exceptionem.

Xceptiones. † Exceptiones merè personales non transeunt in fideiussorem, secus in merè realibus & etiam in mixtis in quibus hr̃ re spectus ad ꝑsonã,& ẽt ad læsionẽ,vt est exceptio Velleia. lacedo.& illa quæ competit minori circunuento.h.d.tota † Et nota hic in fine huius legis,quæ semper allegat̃,ꝙ sicut or læsus antequã restituatur in integrũ, non habet actio- rescissoriã,quę incipit competere post restitutionem con cessam,ut l.in honorarijs.§.sed cum rescissa.de act.& obl. ita nõ habet exceptionẽ.hoc declara,ut l.nam & postea.§.si minor.de iureiu.& qđ no.in l.necessario.§.exemplo.§. quib. ex causis ma ior.in l.si is cui.& hoc idẽ vr̃ in maiore lęso,cui ꝯpetat restõ, ut antequam restituat nõ habeat actionẽ,nec exceptionem ꝑ illa iura. Et in hoc illis subuenit per restitutionẽ in integrum. Sed in illis,quib.subuenitur iure actionis absq; aliqua restitutione, vt cum sñia fuit lata ꝯ aliquẽ ꝑ falsas ꝑbões, nã licẽt ꝯ illã detr̃ restitutio in integ.vt in l.diuus.§.de re iud.dat̃ ẽt actio in fac.añ restõnem impetratam,& iõ ẽt datur exceptio, ſm Bar. ibidẽ ꝑ c.cum uenerabili.de excep.Sed gl.in eo.ti.l. qui agnitis. in glo. pe.in fine tenet ꝯrium,& vr̃ verior,ut dixi in d.l.diuus.

L E X VIII.

1 *Reus si succumbat in una exceptione, & sic comprehendatur in mendacio, an debeat puniri,ut prohibeatur vti alijs,& nu.3.*

1 *Mendacium quòd debeat puniri.*

NEmo prohibetur. Ista lex procedit ſm oẽs, qñ exceptiones nõ sunt inter se ꝯriæ,sed pñt se ad inuicem ꝯpari,pu ta excep.pac.Item iusiuran. & rei iudi. Nã per nullã istarũ reus liberatur ipso iure,sed ope.excep.Iõ posito,ꝙ sit libe ratus primo per pactũ, iterum põt liberari per iusiur.& ꝑ rem iudi.quia acquirit nouas excep. Idẽ tñ si adinuicem se non cõ patiunt,tñ in oĩbus incumbit probatio ipsi excipienti, sicut in præced.ut si opponit excep.sol.Item pacti,& iusiurandi,namꝙ primam apparet liberatus ipso iure, ideo pactum amplius ipsũ non liberat,nec etiam iusiur.& sic vñr istę quodammodo ꝯriæ, quia prima præsupponit actorem nullam actionem hr̃e, sed se cunda sic. Tamen adhuc idem est ſm gl.& Bar. licẽt Dy. uideat̃ dixisse ꝯrium in c.nullus plurib.de reg.iur. intelligit istam l. & c.qñ nulla est inter eas ꝯrietas. Sed prima opi.verior est qñ sunt tales,ꝙ in qualibet earũ incumbit onus ꝑbandi ipsi reo, & est
1 rõ,licẽt Doc.non declarent.†Sed credo,ꝙ fuerit de mente ipso rum,quia licet reus succumbat in una, & sic comprehendatur in mendacio,tamen quia non grauauit ex hoc actorẽ in onere probandi,non punitur, nec ipse grauatur quominus possit uti alijs.Si autem in una incumbat onus probandi actori,ut si op ponit exceptionem intentionis, negãdo narrata ꝑ actorẽ, pu ta,se mutuum recepisse,& sic actor hẽt necesse probare. Item si opponit exceptionem pacti, uel solutionis, & in istis ipse hẽt necesse probare, tunc actor probat, & sic reus conuincitur de mendacio inĩqũm negauit, & tunc si alias exce. opposui ꝯdõ naliter,puta,nego te mutuasse,& si appareat contrarium, dico me soluisse,vel mihi factum pactum de non petendo,& tũc ad huc idem,per ea quæ habentur in l.si quidem,C. eo. ti. in gloss. & licet deprehendatur in mendacio actore probante,utet alijs excep.& in hoc etiam concor.Dyn.& Bart.Si autem proponat non conditionaliter,sed simpliciter,tunc Dy. in d.c. nullus plu ribus.tenuit,ꝙ non potest,nec simul nisi diuersis temporibus. Et ideo tenuit, quod conuictus de mendacio non poterit uti dictis exceptio.per l.cum de indebito.supra de probat.& ꝑ aut. contra qui propriam C.de non num.pe.& per multa iura q̃ di
a cunt mendacium debere puniri: a quæ allegantur per gl.in d.l. nemo ex his.de reg.iu. Bar.autem vr̃ fateri hoc, quando simul proponeret,ꝙ non debet,quando ꝑponit simpliciter, quia ex ceptiones peremptoriæ non debent opponi anteq̃ sit fundata intentio actoris,ut d.l.si quidẽ.sed si post eam fundatã, oppone re posset,quia non censet eis renunciasse. Et posito,ꝙ à prin.op posuerit,& sic non valuit fundata intentio actoris, iterum po terit opponere,quia illas nõ ꝑdidit rõne mendacij,& hoc per a lias easdem ll.quas Dy.allegat in quib.ꝭest casus contra eum se cundum Bar.nam in l.cum de indebito.patet expresse,ꝙ ꝑp mẽ dacium non priuatur exceptione,licẽt grauetur in onere ꝑbã di,& eodem modo, in authẽ. ꝯ qui propriam.licet grauetur in pœna dupli quia negauit propriam scripturã,sed Ioan.An.in qõne quam ponit in d.c.nullus pluribus.licẽt Bar.non alleget de accusato,uel inquisito de homicidio qui negauit se commi sisse, & de mendacio conuictus est per testes, secus si per con fessionem extortam etiam in tormentis, quia tunc cessat ratio decisionis, cũ non grauauerit accusantem, uel iudicem one re probandi, dixi in cap.auditis. de sequen. super gloss.scrip. & postea

A D D I T I O.

a Qño aũt puniri debeat, vide per Bal.in addi.ad Spec.ti.de exce,ver. qñ quis ne gat.& in l.sed & si.§.j.ff.quod cũ eo,gl.in l.cũ de indebito,ff.de proba.& l.idẽ Neratius.§.pe.ff.ad l.Aquiliã.& eundem in l.7.& 8.col.j.C.de fur.& in l.fi.de rei uend.& in auth.ꝯ qui propriam.C.de non nu.pecu.

postea vult dicere, ꝙ fecit ad sui defensionem, utrũ audiat? vr aliter & subtilius sentire, ꝙ si audiretur, in nullo puniretur de mendacio, & sic non ꝓuideret actori, uel accusatori grauato, & tunc non debet audiri, vt si loco pœnæ sit denegatio audientiæ, Aut posito, ꝙ admittatur nihilominus in aliquo ꝯtingit eum puniri, vt est in casu d. l. cum de indebito. & auth. contra qui ꝓpriam. & sufficit, ꝙ in nullo puniatur. Vnde nõ dẽt in alio puniri, ꝙ ꝑderet excep. Nam in l. cum de indebito. si non negasset solutum, non habebat necesse probare debite solutum. Sed qa negauit, & conuictus est de mẽdacio punitur in hoc, ꝙ hẽt necesse probare debitè solutum. Vnde sufficit hoc, & non debet sibi negari exceptio. Sicut in auth. ȝ qui propriam. quia punit in duplo. Sed si negasti me mutuasse, & conuictus de mendacio dicis te soluisse, uel factum pactum de non petendo, si admitteris, in nullo punieris, posito ꝙ tibi incumbat onus ꝓbãdi solutionẽ, vel pactum, qa ẽt si nõ negasses, habuisses necesse probare solutionẽ vel pactũ, ex quo ergo negasti, & me grauasti in onere ꝓbãdi in aliquo, debes puniri de tuo mẽdacio, vt nõ audiaris, opponẽs exceptionẽ solutionis, vel pacti, ẽt si velis ꝓbare. Et idẽ in casu dictæ quæst. disputatæ, & hoc ꝑ iura allegata per gl. in d. l. nemo ex his, quæ voluit mendacẽ in aliquo puniri, qñ ex mẽdacio grauauit aduersariũ, tene mẽti, quia ista sunt quotidiana, & per Bar. non bene declarata, qui, simpliciter vult, & indistinctè, ꝙ exceptionẽ ñ ꝑdat, etiã si in nullo puniatur de mẽdacio.

LEX VI.

1 *Negans exceptiones, an possit ex eis se iuuare.*

1 NOn vtique. † Pone hic casum, ꝙ petebam à te centum quæ mutuaui, tu opposuisti exceptionem solutionis, uel pacti, ego dico, proba istas exceptiones. vt s. eo. l. j. dicis tu proba primo, ꝙ mutuaueris, & postea ego probabo, dico ego, non habeo necesse probare postquam istas exceptiones opposuisti, qa videris fateri intentionem meam, si eñ mutuassem, non habebas necesse soluere, nec facere tibi fieri pactum. ergo eoipso, ꝙ opposuisti, uideris fateri id, sine quo tuæ exceptiones locum habere non possunt. Br hic determinatur ꝯriũ. Et rõ determinationis est, quia inducta ad unũ effectũ, non dẽnt operari ȝ eundẽ, vt l. q hoiem. in fi. de sol. Sed istas excep. opponis ad me excludẽdũ, & si uidereris fateri intẽtionẽ meã, operarent ꝯriũ, qa facerent me admitti, & ꝑ me ferri sñiam, si nõ ꝓbares exceptiones, & tñ si eas nõ opposuisses, nõ possem obtinere sñiam, nisi pro-

2 barẽ. † Intelligit autem Dy. istã l. cũ si qñ opposuisti sub ꝯdõne, negãdo primo intentionẽ meã, & in casu quo ꝓbẽ excipiendo. Sed certè tũc nullã hẽret dubitationẽ, ista l. iõ intellige simplr ut iacet, & ut posui casum, & ita dñt Canonistæ in c. exceptionẽ obijciens. de reg. iur. li. 6. & in c. cum uenerabili, de excep. in quib. ista lex est canonizata. Bar. ãt dicit hoc uerum, qñ tuas exceptiones nõ negaui, puta, ꝯfessus fui te soluisse, uel me fecisse tibi pactũ de nõ petendo. Sed dico, ꝙ tunc tpis erã pupillus, & pecunia fuit perdita, & sic non fuisti liberatus, nam tunc est vera opi. Dy. Si ãt nego exceptiones tuas, tunc est uera opi. Cano. Vide vt hic per eũ, & adde quod ipse no. in l. 5. de verb. obl. ver. omnino vide. Nam quando nego exceptiones tuas nõ possum me in eis fundare, ꝙ videris confessus meam intentionem, quia ex eo ꝙ negaui, non possum auxilium petere, uel me fundare, & ita loquitur & procedat opi. Cano. sed si ego fui confessus te soluisse, uel me fecisse pactum de non petendo, tñ dico, ꝙ non valet, & tunc bene possum me fundare in tuis exceptionib. dicendo, ꝙ ex eis uideris confessus meam intentionem, quia ꝯfitẽdo releuo te ab onere probandi eas, ideo ex eis possum me iuuare, postquam fateor eas ueras. Secus si nego ut in c. ex e. de reg. iur. lib. 6. & est pulchrum dictum limitando tamen fm ea q̃ no. Bar. in d. l. x. & uide quod ipse no. in fi. in l. post legatum. in 4. uel 3. col. s. de his quibus, ut indig.

LEX X.

REs inter alios. Sententia lata ȝ vnum, non præiudicat alteri, cui successit ille, contra quem lata est, & potest ea non obstante prosequi hæreditariam causam. h. d. In gl. 2. in prin. ibi (item unus de duobus reis stipulandi.) Istud exemplum non

a est bonum, a quia tũc ille, qui primo egisset, præoccupasset sibi debitum, & ista sola præoccupatio noceret correo, quia debitor esset liberatus ab eo. Pone ergo melius exemplũ, ꝙ egisti ȝ me rei uend. ad rem, quæ nõ erat tua, sed Titij, & fui absolutus, uel quia non probasti, uel quia de facto probaui me dominũ, hæc sententia non nocet Titio. Et sicut ea non obst. Titius posset ȝ me agere, ita & tu si sibi succedis, poteris agere tanquam hæres, ut in sequenti exemplo gl. Quid autẽ si non adiisses nomine tuo, sed Titij? Certè si habuisses mãdatũ, sine dubio nocceret Titio, quia censeret lata ȝ eũ, si aũt non habebas, nõ nocebit Titio. Si tamen tu promisisses de rato, & postea succederes Titio, nõ posses agere de rato, qa esses mihi obligatus, ꝑ l. dicãtem. de euic. aliãs secus. ita intellige vltimam qõnem. G

ADDITIO.

a Hoc exemplum non esse bonum, ad uinum; ratio demonstrat, ut plene ꝑ omnes Doct. legist. patet qui super hunc ti. scripserunt.

LEX XI.

1 *Qui per errorem approbat instrumenta falsa, uel sententiam latam ipso prætextu non prohibetur de falso accusare, & sententiam petere rescindi per in integ. resti.*

2 *An possit agi, uel excipi ciuiliter de falsitate instrumenti antequam criminaliter fuerit falsarius accusatus.*

1 QVi agnitis. † Qui per errorem approbat instrumenta falsa, uel sñiam latam ipsorum prætextu, non prohibetur de falso accusare, & sñiam petere rescindi per in inte. rest. h. d. tex. cum supplementis necessarijs & uenit ad decĩonem l. diuus. s. de re iu. in circa prin. ibi, (soluit post sñiam iudicis.) potest intelligi de diffinitiua si post lit. contest. confessus fuit, & agnouit instrumentum istud vr de mente lræ. j. dum dicit. (& si res iudicata esset, & & tunc est necessaria restitutio in integ. quia sñia mero iure valet, sicut lata ꝑ falsos testes, ut in d. l. Diuus. Potest ẽt intelligi de non diffinitiua, sed de ꝓcepto, ut si fuit confessus, & agnouit instrumentum ante li. cont. quo casu non ꝓcedit vlterius in lit. sed si ceptum de soluendo, ut in l. si debitori. de iud. Et tũc nõ est necessaria restitutio in integ. Sed si nõ soluit, hẽt ꝑpetuo exceptionem. Si uero soluit ꝑ errorẽ, habet ꝯdõnẽ in deb. similiter tuo usque ad 30. an.

2 † Vlt. gl. hic secũda quærit utrum possit agi vel excipi ciuiliter de falsitate instri, anteq̃ criminaliter fuerit falsarius accusatus? Et de ista q. quicquid dicat gl. dic ꝙ in fauorem ipsum põt quis eligere, q̃ uiam uult. C. quando ciui. ab vnica. sed ȝ ꝑsonã diuersam, ut si notarius faciat falsum instrumentum & alius eo utitur ignoranter, tunc oportet illum primũ accusare de falso, & facere illum cõdemnari, quàm ciuiliter agatur vel excipiatur vt l. fi. & ibi no. C. de instr. & arg. in l. j. C. vbi causæ fisca. No. etiam gl. fi. super verbo. (præscriptioni.) in fi. ꝙ exceptio non competit, nisi prohibita restitutione, qđ dic vt s. l. exceptiones. in fi. l. diuus. de reg. iur.

LEX XII.

1 *Qui opponit de litis pendentia, debet eam probare.*

GEneraliter. In præiudicialibus actionibus exceptionibus ille habet necesse probare, qui asserit. h. d. fm ambas le. glo. certè in præiudicialib. idem est, vt in l. ei q. de prob. † Et no. gl. in fin. ꝙ ille qui opponit de litis pendentia, debet eam ꝓbare, ideo ista exceptio nõ potest opponi post conclusionem in causa vel post lapsum terminum datum ad probandum.

LEX XIII.

SI post litem. Post finitum iudicium vniuersale non prohibentur moueri singularia iudicia, uel inter eosdem, uel inter alios. h. d. fm primam lec. q̃ tenent gl. & Doc. & sic dum dicit. (post lit. cont.) suppleri debet, & ꝑ sñiam diffinitiuam terminatam, q̃ tñ suppletio facit magnã uiolentiã lræ, sed non põt aliter intelligi. Scđa lec. cõiter reprobatur, qa si iudicium petitionis hære. ante motum impedit possessorem hrditatis mouere iudiciũ singulare ȝ tertiũ, multo magis postq̃ est motum. Dic ergo, ꝙ siue sit motũ, sed ꝑparat moueri, siue sit motum, & nõ determinatum, hẽt locũ l. si bonæfidei. s. de pet. hær. ut nõ impediat mouere particulare iudicium per possessorem si erat bonæfidei, & si articulare erat tpe peritura, alias secus. Si autem erat iudiciũ terminatum indistinctè non impedit moueri per istam l. fm primã lec. ẽt gl. in una sol. ibi dum dicit. (uel aliter q̃ facit ad l. fi. C. de pet. her.) ꝙ illa l. habet locũ in tertio qui pẽdente iudicio super hę. uellet mouere singulare iudiciũ cõtra petitorẽ, uel ȝ possessorẽ, ꝙ hodie possit per illam l. licèt olim nõ posset. Nõ sic si idẽ qui mouit iudiciũ ule, uellet mouere particulare cõtra eundem, qđ haberet dependentiam à primo, nam tunc nihil per illam l. corrigitur de iure ueteri, fm hanc glo. quam not.

LEX XIIII.

FIlius familias. Si pater agit ex contractu filij, potest sibi obijci exceptio de facto eiusdem filij. hoc dicit in effectu, quod intellige, ut in gloss. quando illud factum debuit alias

filius non posset preiudicare patri,etiam in actione sibi ac ta,vt C.de pactis l.filius.

LEX XV.

ADuersus. Cōtra exceptionem iurisiurandi nō admittit replicatio de periurio. h. d. in effect.qa iurm decisiuū nō dēt retractri ptextu piurij,cū solum Deum habeat vltorem,vt l.j.& 2.C.de urando:sed bene posset retractari ex alia cā, puta quia nō it prout sibi fuit delatum,vel ille qui detulit, nō habebat statem deferendi. Et hoc vult gl.vt s̄.de iureiur. l. non erit.

LEX XVI.

lo duo iudicia sic se habent, quòd condemnatoria lata in secundo facit od piudicium in primo,non admittitur cumulatio secundi inuito reo, debet primo inchoatum expediri. Secus si condemnatio lata in secun- ullum faceret præiudicium in primo.

rimo intentauit iudicium rei ven. & postea eo pendente iudicium su- onfessoria,ꝙ repellatur,& quid si prius egit confessoria.

i deducatur in eodem libello.

ciuilis & cā crimina. an possint in eodē libello cumulari, & num. 6.

s intentauit rei uendicationem pro aliquo fundo, an poterit conuentus re iudicium super seruitute,per modum reconuentionis, & nu.6.

Vndum Titianum. † Qñ duo iudicia sic se hñt, ꝙ ꝯdēnatoria lata in scđo facit aliqđ piudiciū in primo,non admit tit cumulatio scđi inuito reo,sed dēt primo inchoatum diri.Secus si ꝯdēnatio lata in scđo nullū faceret piudicium mo.h.d.ista l.cū duab.se.q̄ sunt vulgares,& sp allegant,& nām subtilē ſm Bar.& facit honorē aduocatis,bñ ipsam i- entib.Et in ista l.fundū.& l.fundi.ponunt tres casus.s.vn° undū.& duo,in l.fundi.in quib.post inchoatū vnū iudiciū. at idem actor inchoare ꝯ eundem reum aliud iudicium ud diuersum, in quo tñ veniebat disputandū incidēter il- đ in primo iudicio fuerat deductum principalr, & in illis reus potest obijcere pendentiam primi iudicij,& ꝙ actor it audiendus volens mouere ſm quousq. primum fuerit ditum,quia si primo expediretur ſm,& ferretur sñia ꝯdem ia ꝑ actore,fieret piudicium in primo ꝯ reū,qa actor ex ta a fundaret intentionē suam in primo, & pp hoc illud ſm respectu maius,q̄ primum, & principale ad primum, & ominus in ipso supersedet, & ꝓcedit super primo minori, facit in ꝯrium l.per minorē.s̄.de iud.vbi dr̄ totū oppositū minorē litē nō fit piudiciū maiori,& ꝙ ꝓcedit sup maio- præiudiciali,& hic dr̄ contrarium, ꝙ supersedet. Sed dic l.hēt locum in alijs præiudicialibus,quę alio respectu dñr ciales,ut est quæstio status,ul'petitio hrditatis,quæ est ma tione authoritatis ad quæstiones particulares, uel causa nalis ad ciuilem,& tunc proceditur super maiori,& supse in minori,hic quando una est præiudicialis ad alterā nō ne rei,quia de minori re in ea disputat,q̄ in altera, prinr, complectitur duo.s.rem minorem principaliter,& maio- cidenter,sed in altera nō continetur nisi una.s.res maior. utem sed si ante.ponitur casus econuerso,quando secun- iudicium non est tale,quod sententia condemnatoria la- actore nullum faciat præiudicium in lite primo inchoa- o casu non impedit cumulatio,sed admittit,& sup utro- iudicio sit proceditur, & de quo primo liquidatum fuerit inaliter. Et præmitte ad euidentiam istius l.fundum. ꝙ cō ria ꝑ seruitute debita alicui fundo non competit,nisi ei, q s illius fundi,vt in l.2.§.j.s̄.si serui. uendi.si ergo dico fun- tuum debere seruitutem fundo Titiano, quem dico esse m: si quidem fundum Titianum possideo,præsumor domi & uincam in confessoria si probabo seruitutem, nisi tu ꝑ- ne non dominum , quia cum deducam dominium fundi denter,possessio facit me præsumi dominum, ut no.in l.si- §.si quærat.s̄.si ser.uen.in gl. Si autem fundum non possi- ed tu,tunc ista l.loquitur cum seq.quia non præsumor do- s nisi probem,habeo autem duplicem uiam,unam ꝙ pri- gam rei vendic.& faciam declarari me dominū, & hoc fa gam confessoria. Alia est,ꝙ recta uia agā cōfessoria,& in iudicio ꝓbē me dñū ,& ferat sñia sup seruitute adiecta cā, baui me dñū. Si āt primo inchoaui unū de istis iudicijs,& ꝯdēte velim inchoare aliud,reus āt excipiat de pēdētia pri dicat me non audiēdū quousq. primū sit expeditū, an au & ego repellar?† Leges istæ distinguunt notabilr, ꝙ aut in ui primo iudiciū rei uendi. & postea iudiciū sup confesso- repellor,quia in isto secundo venit disputandū de domi- cidenter,de quo in primo disputat principaliter,& si ferret sñia in hoc secundo, haberem intentionem meam fundatam ī primo, quia nō pōt declarari seruitutem mihi deberi ad illum fundum,nisi sim dñs illius.Ne igitur reo fiat pręiudicium in pri mo,per hco secundum pōt me repellere,& hoc secundum dici tur maius,vt in gl. quæ est in l.sed si ante.non ex eo,ꝙ maior in eo vertatur,immo minor,quia principaliter disputatur de serui tute, & in primo de dñio quod est maius. Sed ex eo quia in isto secundo nonsolum disputatur de seruitute principaliter,sed ēt de dñio incidenter,in primo non disputatur nisi de dñio. Ecō- tra vr̄, si primo inchoaui iudicium super confessoria ꝑ seruitu- te,& illo pēdente velim inchoare super secundo dñio , nō pos- sum repelli, quia posito,ꝙ ferretur sentētia pro me super dñio , nullum fieret præiudicium reo in primo, quia non sequitur sū dñs huius,fundi, ergo mihi debet seruitus à fundo tuo . Sed be- nè sequitur,obtinui pro seruitute debita huic fundo,ergo sum dñs eius, quia non potuissem obtinere nisi dñs essem, vt s̄.dixi. Et sic aduerte quod dico , ꝙ hoc solum consideratur in istis le- gibus, vtrum condemnatio quæ fieret in secundo faceret præ- iudicium reo in primo,vel non, vt ex prædictis patet. Sed Doct. videntur ponderare aliud, s.quia in casu istius l.fundum. abso- lutoria lata in primo pro reo faceret obstare exceptionem rei iudi.in secundo,quia si reus absolueretur super dñio,nō possū obtinere in seruitute.Nō sic in l.sed si ante.quia posito, ꝙ reus absoluatur in primo a seruitute, non sequitur ꝙ ueniat absol- uendus in secundo à dñio,quia ista possunt stare simul, ꝙ serui tus non debetur in fundo,& tñ ego sum dñs eius. Mihi videtur ꝙ licèt ista sint vera, tñ non sunt ponderanda quantum ad effe ctum,de quo hic,sed solum sit ponderandum id quod s̄.dixi de condemnatoria lata in secundo, & ꝙ istud sit verum,patet, qa ēt in l.sed si ante. posset aliter ferri sñia absolutoria in primo , q̄ faceret obstare exceptionem rei iudicatæ in secundo,vt si absol ueretur reus à seruitute,vel confessoria,ex eo, quia suscipiat in se onus probandi de dñio istius fundi,& probauit,& nihilomi- nus ibi dr̄, ꝙ secūdum iudicium super dñio pōt accumulari cū primo,cuius non est alia ratio, nisi ꝙ condemnatoria lata in se- cundo,nullum pōt facere præiudicium in primo,licèt econuer so absolutoria lata in primo,posset esse talis,ꝙ faceret præiudi- cium in secundo,& obstare exceptionem rei iudicatæ, quicquid dicat Bart. qui vr̄ hanc oppositionem sensisse, & soluit, ꝙ istud non est secundum cōem cursum causarum , ꝙ reus suscipiat in se onus probandi, vbi non expedit, sed qñ esset secūdum cōem cursum causarum, tunc loquitur l.fundum. in qua ponderatur, ꝙ absolutoria lata in primo,parit exceptionem rei iud.in secū- do.Tu dic melius vt dixi,quia de hoc non est curandum,sed so- lum de eo quod s̄.dixi.Similiter in casibus qui ponūtur in l.fun di . Nam si peto diuidi fundum tanquam communem inter te & me, si tu dicis non esse cōem, sed tuum proprium si quidem cōiter possidemus,habeo intentionem meam fundatam,& ob tineo in iudicio cōi diui. nisi ꝓbes te insolidū dñm.ꝑ l.j.s̄.fami. ercis.si autem tu solus possides, haberē necesse probare me do- minum ꝑ parte.antequam obtineam , & habeo duplicem viā, vt in casu præcedenti dixi.Sed si volo ambas accumulare , quia primò egi rei ven.& lite pendente volo iudicium diuisoriū cu- mulare,repellor eadem ratione , qua sup. quia si obtinerem in eo, præsumerer dominus pro parte.Sed econuerso si primo in- choassem iudicium diuisorium,nō prohiberer accumulare iu- dicium proprietatis.Idem si primo egi rei ven.ad fundum,& po stea accumularem aliud iudicium super fructibus eiusdem ea- dem possum ratione qua sup.† Recipiunt autem istæ leges tres

3 limitationes,& prima est quam ponit Dy.in cap.nullus plurib. de re.iur.lib.vj. ꝙ loquantur, quando diuersis temporibus uel libellis deducuntur ista duo iudicia, quæ sunt inter se præiudi- cialia . Si autem eodem libello quis intentat rei vend. pro fun- do Titiano,& confessoriam pro seruitute eiusdem fundo debi- ta,aliàs eidem fundo debita per alium fundum rei, tūc tenet,ꝙ admittat cumulatio,& procedit libellus per.§.neque.in Auth. de fideiuss. ubi in eo libel. cumulatur personalis & hypotheca- ria, & tamen sunt inuicem pręiudiciales eo modo, quo hic Bar. contra hic,& in l.edita. C.de eden.& per gloss.quæ est hic super (uerbo causæ resolutionem. &c.) in fi. quæ uidetur velle con-

4 trarium, quòd reijciatur libel. & dicatur actori, quòd intentet

a solam rei uend. & illam expediat.† Item [a] quia in ciuili & crimi nali

ADDITIO.

a Adde tu ſm Bal.ciuilē & crimi.cumulari,qñ qs ante mortem uend.ꝯdemnat. in l.j.2.col.C.de app.ubi ēt in 3.col.hoc addit qđ regula qñ ciui.act.non hēt locū in iudice inquirente. de quo uide eundem in l.edita.33.col.C.de eden.Qñ aūt ꝯcurrant.uide in l.interdum.ꝑ Bar.& Ioan.de Imo.ff.de publi.iud.& Bart.in l. pen.ff.de calumnia.& l.interdum.§.qui furem.in uer.2.habetis.no. ff.& l.j. C. qñ ciuil.act.ubi decidit,ꝙ in publicis iudicijs non concurrunt , sed in priuatis sic.ut ꝑ Bal.in l.j.ad fi.C.de app.& Ale.in l.2.§.j.ui bo.ra.

nali ẽt eo.libello ex eodẽ facto nõ poſſunt cumulari,vt.C.quã.
ciui.actio.l.unica.& rõ eſt ſcd̃m eundẽ Dy quia ſnĩa lata in una
facit preiudiciũ in altera,& ſic Dy.ſibi vr̃ ꝯriari.Nec ob.§.neq;.
quia ſpeciale eſt in caſu illo,& rõ ſpecialitatis eſt,quia actor gra
uatur in vno quod hẽt neceſſe excutere principalẽ debitorẽ,
anteq̃ ꝑueniat ad hypothecariã, ideo releuatur in altero,ꝙ eodẽ lib.poſſit cumulare. Iſta rõ nihil ualet,quia verum eſt,ꝙ gra
uatur,qñ vellet intentare hypothecariam ꝯ tertium poſſeſſorẽ,nos loquimur qñ ꝯ eundem debitorem,quo caſu non grauą
tur,ſed põt intẽtare hypothecariam abſque perſonali. Ergo nõ
deberet poſſe cumulare,& tñ põt,ut d.§.neque.dic ergo ꝙ Dy.
dicit ipſam ueritatem,& rõ eſt, quia qñ cumulat in eo.libel.ur̃
intentare rei vend.per prius,& confeſſoriam ꝑ poſterius, ſi apparebit de dñio in fundo.Conſtat autem, ꝙ ſi diceret in libello
expreſsè,peto me declarari dominum fundi, & hoc facto decla
rari ſeruitutem deberi,talis libel.admitteret̃,ut not.Cy.expreſ-
sè in fi.cum quis intentat rei vend. pro fundo. Item etiam pro
fructibus,uel perſonalem pro ſorte,& aliam perſonalem ꝑ uſu
ris,q̃ ſunt inter ſe præiudiciales. Dicit ẽt,ꝙ in eod.libel.poſsũt
intẽtari modo p̃dicto,facit quod not.in l.qui.§.de inoffi.teſt.in
fi.mag.glo. Sed ego dico, ꝙ etiam ſi dicta uerba non dicant expreſſe in libel.tacite ur̃ hoc uoluiſſe,qa ur̃ uoluiſſe meliori mo
do.quo poteſt.arg.in l.miles qui deſtinauerit.de teſta.mil.Non
ſic,qñ in diuerſis libel. quia tunc non vr̃ dare ſcd̃m cum intentione,ꝙ ſuperſedeatur immo ꝙ ꝓcedatur, & ſi admitteretur,
poſſet procedi,& primo ſuper eo ferri ſnĩa,q̃ ſuper primo.Item
hoc videmus quotidie fieri,cum quis petit fundum,& ẽt fruct.
perceptos in eo.libel. ut hic no.per gl.in l.fundum.in glo. pen.
Et rõ eſt illa quam dixi,quia uidetur petere fundum per prius,
& fruct.ꝑ poſterius facta declaratione ſuper dñio fundi,& tunc
ur̃ peti,ut res acceſſoria.Ita intellige illam gl.Sed qñ in diuerſis
libellis, tunc non ut acceſſoria, ſed ut principalis, cum diuerſa ſit rei uen.pro fru.ab illa quæ competit pro re.ut not.per gl.
in l.item ueniunt.§.fructus: de pet.hære. Item hoc eſſe uerum
probatur per rationem, quia iſti tex. cõſiderant quod iſtorum
iudiciorum fuerit primo motum.Sed ſi mouẽtur in eod. libel.
non põt ꝑpendi quod prius moueatur,ideo debet fieri interp̃-
tatio pro actore, cui fauendum eſt in primordio lit. ut not.in l.
de die.ſup.qui ſatiſd.cog. ut non repellatur, & iſta eſt ipſa ueritas quicquid dicat Bart.& admittentur articuli,& probationes
ſuper utroque per prius, tamen ſuper dñio fundi,& per poſterius ſuper ſeruitute, & eadẽ ſnĩa terminabuntur ſicut dicimus
in cauſa conuentionis,& reconuentionis in c.j.de mut.peti.Se-
cunda limitatio eſt quam ponit Barto.ꝙ iſtæ leges loquuntur,
5 †qñ ab eadẽ perſona mouentur iſta duo iudicia ꝯ eandem ꝑ-
ſonam.Si uerò unum mouetur ab una ipſarum,alterum ab altera per modum reconuentionis,tunc non eſt ſeruanda diſtinctio harum legum, ut inſpiciatur quod prius fuerit intentatũ,
immo indiſtinctè iudicium rei uend.ſuper dñio fundi,etiam ſi
fuerit per poſterius inchoatum,procedit,& facit ſilere iudiciũ
ſuper dñio fundi.per l.j.C.qui accu.non poſ.quia illud iudiciũ
ſuper dñio fundi cenſetur maius, & præiudiciale ad iudicium
6 ſuper ſeruitute,quod ab illa dependet,ergo &c.ut in d.l.j.† Et
pro hoc adduco,quæ in ſimili habentur in cauſa ciuili,& crimi
nali,quæ non poſſunt ab eo.ſimul intentari,nec eod.libel. nec
in diuerſis.ut in l.j.C.quan.ciui.act.tamen ſi unum intentatur
primo ab uno,puta ciuile,poſtea ab altero intentatur crimina
le,iſtud ſm̃ facit ſilere primum,ut in l.fi.C. de ord.iud.& in l. ꝑ
minorem.ſm̃ unum intellm̃ §.de iudic.& tertia limitatio eſt,q̃
ẽt colligitur ex dictis Bar.ꝙ iſtæ leges loquuntur in actionibus
præiudicialibus ad inuicem,ex eo quia in uno uenit diſceptan-
dum incidenter illud, de quo in altero diſceptatur principaliter i. iudicium ſuper confeſſoria,uel ſuper diuiſione fundi,uel
ſuper fructibus. Nã in quolibet iſtorum uenit diſceptandũ inci
denter de dñio fundi,de quo diſceptat̃ principaliter in rei uen.
& ideo alterum eſt præiudiciale ad alterũ hoc modo, quia ſnĩa
lata pro actore ſuper ſeruitute,uel diuiſione,uel ſuper fructib.
facit præiudicium reo ſuper dñio, licèt non ſic econtra lata ꝑ
actore ſuper dñio faciat præiudicium reo,ſuꝑ ſeruitute,uel fru-
ctib.quia põt actor eſſe dñs,& tñ ſeruitus non debetur,nec fru
ctus,quia ſunt bona fide percepti,& conſumpti. Econuerſo iudicium ſuper dñio fundi eſt præiudiciale ad iudicium ſuper ſer
uitute,& ſuper fru.alio reſpectu,non ꝙ ſnĩa lata ſuper eo p̃iu-
dicet in illis,ut dixi.ſed quia facit illa ſilere,ſi fuit primo inchoa
tum ſuper dominio, ut hic patet. Sic ergo diuerſis reſpectibus
unum dr̃ præiudiciale ad alterum rõne q̃ ſup. dixi, ſed eſt darę
aliud genus præiudicialium actionum, ut ſunt actiones quæ
mouentur ſuper ſtatu,de quib.loquitur Inſti.de act.§.præiudi-
ciales.& §.de rei uẽdi.l.j.§.ꝑ hãc.& in illis nõ ſeruatur diſtinctio
harum legum,immo quęſtio ſuper ſtatu,etiam ſi ſecundo loco
moueatur, facit ſilere omnes alias particulares quæ ab illa dependent,etiam ſi primo loco fuerunt motæ,ut in l.ordinata cir
ea med.§.de libe.cau. eſt & aliud genus p̃iudicialium rõne authoritatis,vt eſt peti.hær.quæ eſt utilis,& p̃iudicat particulari-
quæ fundantur in iure hæreditario, & in iſtis ſilr̃ non ſeruat
diſtinctio harum legum. Sed quid iuris ſit? dic ut in l.ſi eius
bertatem.§.de peti.hær.& §.e.l.ſi poſt litem.& C.de peti. hær
fi.Nã ẽt ſi non ſit motum tale iudicium,ſperatur tamen mori de proximo,& facit ſilere particularia iudicia, ut d.l.fin. p
prin.ſecus ſi fuerit motum,& terminatum,ut §.e.l. ſi poſt li
Eſt & aliud genus p̃iudicialium ratione maioritatis,ut eſt ca
ſa ciuilis,& criminalis ex eodẽ facto deſcendens,uel diuerſis,
in iſtis non ſeruatur diſtinctio harum legum,ſed diſtinguit̃,ſi
num intentat̃ ab uno,alterum ab altero,p̃fertur criminale,ẽ
ſit poſterius,ut d.l.fi.de ord.iud.& d.ꝑ minorẽ.de iud.& d.l.
lo.& nõ admittitur libellus. Aut in diuerſis,& tunc procedi
ſuper primo libello,ẽt ſi fuerit primo actum ciuiliter,& ſecu
do agatur criminaliter,ut in l.interdum.de publ. iud. & in
unica.C.qñ ciui.actio.quod dic,ut in l.prætor.§.ſi dicat̃.§.vi
rap.& quod ibi no.per Bar.ubi ponit de iſta materia.

De exceptione rei iudicatæ. *Rubrica.*

LEX PRIMA.

1 *Sententia lata contra unum ſuper una re,non parit exceptio.rei indica. con-*
tra alterum ſuper alia re.
2 *An quis poſſit ſe defendere de iure tertij.*

1 Vm res inter. †Sententia lata ꝯ unum ſuper una re, nõ parit exce-
tio.rei iudi.ꝯ alterum ſuper alia re.h.d.Primo.N
ẽt ꝯ eundem,& ſuper eadem re, ſi cã ꝑꝑ q̃ fuit l
ceſſat,hoc ſecundo. Si uero non ceſſat, tunc b
parit ꝯ eundem,& ẽt ꝯ alium,qui reputatur eadẽ perſona,
rum agat pro eadem re,& ex eadem cã,licèt intentet action
diuerſam.hoc dicunt in effectu iſtæ leges vſq.ad l. ſi quis cũ
tum.Et de prima parte ſummarij loquit̃ l.j.de ſcd̃a.loquit̃ l.2
tertia loquunt̃ aliæ quatuor,& in his quæ dixi ꝯſiſtit tota ſub
tia horũ tex.In l.j.pone caſum, ꝙ unus de legatarijs egit ꝯ hæ
dẽ ſcriptum,& hr̃s fuit abſolutus qa teſtm̃ erat nullũ. Iſta
non nocet alijs legatarijs,ꝯ quos non fuit lata. gl.fi.h.d. ꝙ h
eſt iõ qa iſta fuit ſnĩa declinatoria nullitatis, ſecus ſi fuiſſe
ſciſſoria,ut in q̃rela, quia tũc noceret omnib. legatarijs, ẽt
nõ fuerunt in iudicio,ut in l.Papin.§.fi.de inoff.teſt.Tu dic
eſſe fiendam dr̃iam inter reſciſſoriam, & declaratoriam, ſec
hoc,utrum ſint latæ ꝯ illum ad quem principaliter pertine
defenſio,ut ꝯ hæredem ſcriptum,uel uenientem ab inteſtat
tũc p̃iudicat legatarijs. An cum perſona,ad q̃ nõ ꝑtinebat p
cipaliter defenſio cum legatario,& tunc non nocet aliis co
gatariis,ita loquitur hic,& ita no.& melius per gl.in d.l.pu
2 §.fi.†In l.2.no.ꝙ quis põt ſe defendere de iure tertij, quia hæ
inſtitutus ꝯ legatarium agentem ſe defendit ex iure filii exh
dati,qui põt teſtm̃ ꝯtabulare, & ſibi hæreditatẽ auferre, &
nihilare legatum,quia quouſque ſperat̃ moueri q.ſuper hr̃d
te,debent ſilere particularia iudicia.Br̃ de iſto articulo,an q
poſſit obiicere de iure tertii,ponit hic Bar. vnam longã diſt
pulchram.Et uide oĩno ꝙ ꝑ eundẽ no.in l.indebiti.§. ſed ſi
a mi.§.de ꝯd.indeb.Et per Cyn.in l.cum ſeruum. [a] C.de ſer.fu

ADDITIO.

a Seruum.Adde ut ibidem ex Fran.Are.& Bal.in l.ſi cui.ad fi. de non nu.pec.
dicit,ꝙ de iure tertij excipiẽs,illius tm̃ vtilitati q̃ſito non audiatur ſed iure
torum utilitati quęſito audiatur quilibet cuius intererit.Et adde abundè q
per Spec.ti.de loc.§.6.verſi.lxvj.& Old.conſi.139.

LEX VII.

1 *Qui petijt totum & ſuccubuit,repellitur excep.rei indi. ſi poſtea uult pe-*
partem ex eadem cauſa,ſecus ſi ex diuerſa.
2 *Si petij quinque,& probaui de decem, an ſit reus condemnandus in dec*
3 *Qualiter ex ſententia condemnatoria poſſit oriri exceptio.*

1 SI quis cum totum. † Qui petit totum & ſuccubuit,repellit̃ excep
iud.ii poſtea vult petere partem ex eadẽ cã, ſecus ſi ex
uerſà. h. d. in effectu plura ponendo exempla uſque a
ſi à te. Allega.iſta l.ꝙ q petit totũ, cẽſetur petere q̃libet pa
eius. Et ideo ſi petij x. & nõ probaui, niſi de quinq; põt ſe
condẽnatio in 5. quod non eſſet,ſi non viderent̃ petita, &
no.Cyn.in l.j.circa fin.C.de lit. conteſt. Item ſi quis iurat ſe
neri ĩ decẽ,ſi re vera tenet̃ ĩ 5. vr̃ ꝑiur⁹ qa vr̃ iuraſſe de qualit
parte.Tu dic de hoc,ut no.ꝑ Bar.ĩl.j.§.ſi ſtipulãti.de verb.o
2 †Quid ãt ſi petij quinq.& probaui de decem; An ſit reus co
demnan-

andus in x.vr̃ ꝙ nõ, quia non fit condemnatio in id, quod
n est petitum,& qa de summa debita põt peti pars,ut plene
in l.scire debemus.de verbo.obl. Item principaliter alleg.§.
nè.ubi melius ponit, q̃ alibi, quarr dicatur eadem causa, f.
atenus in ea uenit disceptandum id, ꝙ fuerit determinatũ,
rimam sñiam,ēt si agat̃ ad rem diuersam, vt si petij fundum,
uccubui: postea peto fructus, tanq̃ ꝑceptos ex fundo meo,
ic uenit disceptandum de dñio fundi de quo fuit discepta-
n,& terminatũ in alio iudicio, certè nõ audior, ut hic.& iste
eclarat optimè l.cum quærit̃.cum seq.j̃.eo.vbi habet̃,ꝙ tũc
tat exceptio, qñ petit̃ eadem res, & ex eadem causa, & per
ndem ꝑsonam,& ab eadem. Certè etiam si petat̃ res diuersa,
ĩ venit disceptandum id, quod per sñiam fuerat terminatũ,
stat exceptio, ut in §.notabili.in verb.& generaliter.† No.ēt
,coniuncta gl.ꝙ sicut ex sñia absolutoria oritur exceptio rei
icatæ, ita ex condemnatoria, postq̃ fuit missa executioni,&
condemnatoria prodest condemnato. Sed gloss. dicit (à tali
ꝓdesse liberet nos Deus &c.)

LEX IX.

bsolutus in actione reali, vel mixta, ex eo, quia non possidebat, si postea cipiat possidere, potest iterum conu eniri, & non habet exceptione rei dicatæ.

pondere quis non compellitur, per quod sententia quam obtinuit, aut iu mentum, quod præstitit impugnatur, aut de falso arguatur.

SI a te. † Absolutus in actione reali, vel mixta, ex eo, qa
nõ possidebat, si postea incipiat possidere, põt
iterũ ꝯueniri,& nõ hẽt exceptio.rei iu.h.d. Rõ est, qa cessat cã ꝑꝑ q̃ fuit absolutus, ut s̃.eo.l.2.& qa superuenit no-
cã agẽdi, ergo &c.j̃.eo.l.si mr̃.§.eandem. In tex. ibi (cũ nihil
ssideres) supple,& fuisti absolutus a dicta cã, qa non posside-
s. Secus si simpl'r, qa uideris absolutus a toto,& iõ mihi obsta
exceptio rei iud.arg.s̃.eo.l.si mr̃.in prin. Est ergo cautela, ꝙ
ex exprimat cãm in sñia, ne facit ꝓiudiciũ ultra q̃ ipse uelit.
ut in fi.no.in l.2.§.ignominiæ.s̃.de inf. Et sicut qñ qs uenit
oluendus ab obseruatione iudicij, qa dẽt hoc exprimi, ut a-
r possit iterum agere, ut in l.ꝓperandum.§.& si quidẽ.C.de
i.aliàs uideret̃ absolutus a petitione actoris,& sic iterũ non
sset agere, iuxta no.in l.Iul.de cond.indeb. Sed oppo. ꝙ iste
n potuerit absolui, sed ꝯdemnari, quia imputet sibi, q liti se
tulit, ut in l.is q se obtulit.s̃.de rei vend.sol. ut no.j̃.pxi.§. in
l.mag.qa illud uerũ, si fuisset interrogatus an possideret,&
dixisset, ꝙ sic. Sed hic dẽt intelligi, ꝙ non fuit interrogatus, ut
per gl.no. In tex.ibi (siue fuerit iudicatum hr̃ditatem meam
c.) supple,& nihilominus reus fuit absolutus, quia non possi
bat,& sic erat sententia lata ꝑ utroq.tam ꝑ actore, q̃ reo, qđ
ri potest, ut j̃.proxi.§.secundnm ultimam lecturam gl.& qđ
ubijcit, siue aduersarius, quia nihil possidebat, absolutus est
ople nec fuit pronunciatum hæreditatem meam esse, & sic
t lata solum pro reo, vt j̃.prox.§.in 2.lect.glo. Nam adhuc a-
r potest agere ex noua possessione, ut hic, in hoc tamen est
fferentia inter istum casum, & præcedentem, quia in præce-
nti, cum, sit declaratum ius actoris, si reus incipiat de no-
possidere, potest actor non solum iterum agere de nouo, ut
c, sed etiam petere illam sententiam executioni mandari, li-
t reus fuerit absolutus, quia per sententiam ius suum est effe
um notorium, & per reum non potest negari, nec potest se
fendere, quominus executio fiat. postquam habet faculta-
n restituendi, ut etiam uo.in seq.§.secundum ultimam.lectu
m, quod est notandum & singulare. Et secundum istam ex-
ptionem tex. superuacua est gl.j.quæ continet diuinationẽ.
ꝙ illud sit uerum in primo casu & possit executioni man-
ri, patet, quia si reus possideret,& iudex eum non condem-
aret, sed solum declararet hæreditatem, uel rem ad actorem
ertinere, talis sñia mitteret̃ executioni ꝯ reum, quia in realib.
l mixtis sufficit sñia declaratoria, ut in l. ex diuerso. §.j.s̃.de
i uen.& l.rr̃.de peti.hęr. Ergo idem si sit absolutus, qa nõ pos
debat,& post ea incipiat possidere, quia talis absolutio cessat
sic hr̃ perinde, acsi nec absolutus, nec condemnatus fuisset,
io casu sñia declinatoria mitteret̃ executioni ꝯ eum repertũ
ossidere, ut dixi In gl.2.ibi. Sed dicam, ꝙ huiusmodi interro-
ationib.non ten et̃ rñdere &c. Rõ est, qa dicunt̃ captiosæ, qa
quamcunque partem rñdeat, incidit in laqueum, quia si
deat ꝙ non possidebat tpe sñiæ, sequit̃ ꝙ cum hodie possi-
at, ista sit possessio noua, ergo potest de nouo conueniri, ut
c. Sed si dicat quòd tẽpore sententiæ possidebat, sequitur ꝙ
ale fuit absolutus tanquam non possideret,& sic adhuc ite-
m poterit conueniri. Potest ergo reus dicere, ego habeo in-
ntionem meam fundatam ex sententia, si tu uis iterum agere ꝯ me, proba ꝙ ego inceperim de nouo possidere,& nisi ꝓ-
bes non es audiendus, qa istud est causa,& fundamentum tuæ
2 intẽtionis, ergo † ego non cogor rñdere aliqđ, ꝑꝑ qđ mea sñia
impugnet̃, vel redarguat̃ de iniustitia, sicut nec aliquid, ꝑ quod
iuramentum meum redarguat̃ de periurio, ut not.in l. qui iu-
rasse.§.si pater.s̃.de iureiur.ubi est similis quæstio,& quod ple
nè no.eo.ti.l.cum.§.in popularibus.

1 *Fatuè facit qui habet pro se sententiam, & omittit viam executiuam, & iterum agit ordinariè actione prima.*

2 *In actione reali, vel mixta, quæ competunt contra possessorem, si reus non fuit interrogatus an possideret, licèt venerit ad iudicium & causam defen derit negando actorẽ dominũ, & nõ negando se possidere tanq̃ possideret, tamen reperto in calculo ferendæ sententiæ, ꝙ non possideret, dẽt absolui.*

3 *Licèt ex tunc appareat actorem litigasse cum non legitimo contradictore, quòd tamen iudicium non sit elusorium.*

§.Si quis autem fundum. † Legitur tribus
modis in glossa,
s in primam lect.ꝙ sñia fuit lata solum in fauorem actoris, quia
reus fuit condemnatus,& ius actoris declaratum. Scđm secun
dam fuit lata solum in fauorem rei, qui reus fuit absolutus, qa
non possidebat,& ius actoris non fuit declaratam. Scđm tertiã
lect.quæ est notabilior alijs, fuit lata partim in fauorẽ actoris,
quia ius suum fuit declaratum, partim in fauorem rei, quia re⁹
fuit absolutus ex eo, qa non possidebat.h.d. Scđm primam lec.
not.ꝙ licèt actor obtinuerit ꝑ se sñiam ꝯdemnatoriam si non
vult petere ipsam executioni mandari, sed iterũ reũ vexare a-
gẽdo actione prima, nõ põt reus sibi obijcere de prima sñia di
cẽdo, ꝙ semel fuit vexatus suꝑ ista re,& lata fuit sñia pro actore. Vñ non est æquum, ꝙ iterum vexet̃, quia actor põt replicare, ꝙ postq̃ illa sñia non est executioni mandata, non debet ꝓ-
desse reo, sed nocere. Sed si esset executioni mãdata, secus. vt s̃.
eo.l.si quis cum totum.§.planè.cũ ibi no. No. etiam gl.q̃ semp
1 alleg.ꝙ † fatuè facit, qui hẽt ꝑ se sñiam,& omittit uiã executiuã
& iterum agit ordinariè actione prima, qa uexat̃ sumptibus,&
expensis,& poterunt sibi obijci exceptiones peremptoriæ quæ
competebant tpe sñiæ, licèt si ageret ex sñia, non possent obijci, ut in l.peremptorias.C.sen. rescind. non pos.& quod no.j̃.
eo.l.duobus secunda lect.est vera in se per prin.huius.l. in uer.
fin.secundum quod ibi habetur, sed non congruit huic literæ,
quæ dicit ꝙ actor poterit replicare de re secundum se iudicata,
sed secundum istam lecturam ad hoc, ut differat a tertia, non
erat iudicata pro se, sed pro reo. Ex tertia lect. gloss. quæ deberet scribi literis aureis, secundum Bar.no. duo, quæ non ita be-
2 nè sunt alibi. † ꝙ in actione reali, uel mixta quæ competunt cõtra possessorem, si reus fuit interrogatus an, possideret, licèt ipse uenerit ad iudicium,& causam defenderit negando actorẽ
dominum,& non negando se possidere tanquam si possideret,
nihilominus reperto in calculo ferendæ sententiæ, ꝙ nõ possideat, dẽt absolui, non aũt ꝯdemnari ad restituendum tanq̃ liti
se obtulerit, qa nõ dr̃ obtulisse, nisi interrogatus rñderit se pos
sidere, ita intellige gl.in l.is.s̃.de rei vend. Et istud intelligo verum, ēt si reus malitiosè hoc fecerit, sciens se non posse condẽ-
nari, vt actor vexetur litib.& expensis, quia imputet sibi actor
quare non seruauit cautelam datam a iure, interrogando ipsum an possideret, ut in l.qui petitorio.j̃.de rei uend.& de in-
terrog.act.l.qui interrogatum.& per totum ti. Est ergo utilis ta
lis interrogatio, ne frustra actor litiget per istum tex cum gloss.
quia vr̃ actus condemnandus in expensis, tanq̃ temerè vexaue
3 rit reum, ut in l.cum quem temerè.s̃.de iud. † Secundo not.ex
gl.aliud, quod etiam alibi non ita benè reperit̃, ꝙ licèt ex tunc
appareat actorem litigasse cum non legitimo contradictore,
nihilominus iudicium non est elusorium, quia ex eo potest a-
ctor obtinere sententiam declaratoriam iuris sui, licèt reus ab
soluatur. Et adhoc semper alleg.iste §.cum glo. Ista tamen sñia
non nocet, nisi ipsi reo, cum quo lata est, ideo poterit ex noua
possessione mitti executioni contra eum, vt dixi in princi.hu-
ius legis,& ad hoc etiam alleg.ista gl.cum tex. licèt hoc non dicat sed solum, quòd potest agi actione prima.

1 *Exceptio competens cõtra actorem transit contra singularem successorem.*

2 *Exceptio rei iudicatæ non solum competit reo absoluto, sed ēt actori, ex sententia condemnatoria, si illa fuit missa executioni, & postea reus condemnatus vexaret actorem super eadem re.*

3 *Ius facilius descendit ex persona auctoris ad successorem singularẽ, quàm econuerso ascendat de persona successoris ad auctorem.*

1 §.Iulianus. † Exceptio competens contra auctorem
transit contra singularem successorem, nõ
sic econuerso,& eodem modo exceptio competens singulari
successori, non transit ad auctorem re ad ipsum reuersa.h.d

iste §. cum l. seq. Sed competens auctori, bene trāsiret ad singularē successorē, ut ℸ. co. l. si mater. ver. itē Iul. & sic primo loquitur hic de exceptio. passiuè ꝯ auctorē, an trāseat ꝯ singularem successorē, vel ecōuerso, postea in l. seq. de exceptione ꝯpetēte actiuè singulati successori an trāseat ad auctorē? & dr ꝙ non. Sed an cōpetēs auctori trāseat in singularē successorē. iste cas' nō ponit, sed in l. si mr. §. itē Iul. †No. hic in fi. ꝙ excep. rei iu. nō
2 solū cōpetit reo absoluto, immo ēt cōpetit actori, ex snīa ꝯdēnatoria, si illa fuit missa executioni, & postea reus condemnatus vexaret sup eadē re, tex. est hic expressus in uerbo. (exceptionem.) & sic inducta ad vnum finem operantur ad alium, quia condemnatoria ad fi. agendi, & tamen producit exceptionem, & sic ecōuerso ex sententia absolutoria, interdum datur actio in factum, si absolutus cecidit a possessione, ut patet ex his quæ habentur in l. sed & si possessori. post prin. de iureiu. licèt aliqui dicant, ꝙ ibi loquitur in iuramento, secus in snīa. Sed præcedens plus placet arg. hic. †Itē no. hic & ad illud semper alleg. iste
3 tex. ꝙ ius facilius descendit ex psona auctoris ad successorē singularē, q̄ ecōuerso alcēdat de psona successoris ad auctorē iuxta illud Mar. Facilis descensus Auerni, sed reuocare gradū &c.

LEX XI.

1 SI mater. †Qui egit petitione hæreditatis simpliciter vel generaliter non expressa causa & succubuit, licèt vnam tātum causam fuerit prosecutus, ex alia tamen iterum agere non potest de rigore iuris, sed de æquitate, subsistente iusta causa, restituitur, vt agere possit hoc dicit no. Et in hoc vltimò, quod ponitur in fin. huius princip. in tex. est notabile, quia per ipsum limitatur sequens §. & etiam §. eandem. in fin. quibus habetur, quòd ex causa non prosecuta iterum non auditur in actione reali. Nam hoc est verum de rigore, sed de æquitate potest petere se restitui subsistente iusta causa, ut hic, & glo. hic intelligit, ꝙ iusta causa sit hæc, quia erat mater, & tractabat de lucrosa hæreditate filij, & ita etiam no. p glo. in seq. §. ad quod facit l. fi. de insti. & substi. quem intellectū plures Docto. sequunt, & est singularis. in seq. tamē credo ꝙ intellectus literæ fuerit alius, dum dicit, sed ex causa, & sic sentit de alia cā, quam maternitatis, quia si de illa tm̄ sensisset, cum primo fuerit locutus de matre, nō expediebat dicere (sed ex cā &c. immo sufficiebat dicere. (sed succurrēdum erit ei &c.) Intelligo ergo istam causam, quando per errorem facti probabilem non fuit prosecutus aliam causam, quia ignorabat sibi competere. Sed fuit prosecutus eam incompetentem, & sic restituit ex clausula generali, si qua mihi iusta causa. Et secundum istū intel. sequit limitatio seq. §. & etiam §. eandem. in fin. quia istud procedit non solum in matre tractante de hæreditate filii, sed etiam in qualibet alia, sed in matre tractante de illa hæreditate, potest dici esse hoc plus, ꝙ si in fi. non subsit iustus error restituat, dummodo nō fuerit in dolo, vel in lata culpa, quia sciebat aliam causam subsistere, & non fuit eam psecuta. In alia ergo, quàm matre requirit, quòd nō fuerit in dolo, nec in aliqua culpa. Sed in matre sufficit quòd non fuerit in leui, quando tractat de hæreditate filij, facit quod in fin. no. per Bar. in l. non fatetur de confes. In tex. ibi (bona uendicauerit.) & succubuit, quia reus fuit simpliciter absolutus, nec expressit iudex quòd ideo absoluebat, quia testamentum non erat ruptum prout mater allegabat, quia si ita fecisset non obstaret exceptio matri uolenti ex alia causa agere cum iudex se restrinxerit ad certam causam absolutionis, sicut si certa causa fuisset in libello deducta, quia non noceret sententia in altera, ut ℸ. eod. l. j. §. si quis autem. intelligo autem, quòd absoluit reum simpliciter, licèt fuerit motus ex eo, quòd mater non probauit rupturam testamenti, & ita intelligo text. ℸ. dum dicit, (quia testamentum patris &c.) No. quòd illa uerba fuerunt apposita in sententia, sed quia iudex ideo fuit motus. Talis ergo sententia absolutoria simpliciter nocet in qualibet causa etiam in psecutione nō deducta, qa uerba hoc important, cū videbat absolutus in cā in psecutione deducta, & tamen pbata, & etiam in non deducta in prosecutione, quia saltem videt deducta in libello, ideo imputet sibi actor, quare in prosecutione non deduxit, & ista est ratio seq. §. & etiam §. eadem. in fine. In tex. ibi (idcirco.) Ista mater credebat ad se deuolutam hæreditatem filij ab intest. p Senatuscon. Tertul. & in hoc errabat, quia non erat in veritate, cum iste filius nullum haberet substitutum pupillarem, secus si habuisset, & valuisset, quia iste excluderet matrem, vt l. Papin. § sed nec impuberis. ff. de inoff. test. sed in alijs duob. errabat, quia credebat fuisse datum substitutum pupillarem, & non erat datus, vt ℸ. in ver. postea autem. Item credebat testamentum paternum esse ruptum ex aliqua cā & nec istud erat verum. Egit ergo pet. hær. & in libello non expressit istam causam, quòd testamentum esset ruptum, quia tunc posset agere ex alia cā, ut ℸ. ea. l. §. si quis autem. sed in prosecutione, cū aduersarius alleg. se substitutum, licèt falso replicādo dicebat substitutionē fore ruptā p rupturā testi paterni, & non pbauit. iudex absoluit. Vel dic, ꝙ imo istā cām in libel. expssit. ut innuit hic dū dicit, bona vēdicauerit idcirco, qa putabat &c. & nihilominus snīa absolutoria mero iure sibi nocet. nec ob. §. si quis aūt. quia ibi deduxit in libel. cām, ex qua dicebat sibi acqsitum dominium, licèt hic ista cā, ꝙ testm̄ esset ruptum, & per consequens substitutio non erat illa cā, quæ faceret ad ipsum hæreditatem ptinere, sed est ipsa maternitas & Senatuscō. Tert. Bene uerum est, ꝙ illa est cā propter quam nō impediebatur uti iure suo: quia si testamētum nō fuisset ruptum impedi[...] Merito ergo non pōt iterum agere de rigore, quia videt de[...] cere eandem causam in iudicio, s. maternitatem. Et istud p[...] esse verum intelle, istius l. quia sicut prius dixit ad se pertin[...] hr̄ditatem, quia mater ita dicit, nunc non sic in §. si quis aut[...] prius dixi me dn̄m, quia emi à Titio, nunc dico me dominu[...] quia hr̄s sum Sempronij, q erat dn̄s, vel ēt eiusdē Titij. Nam [...] le, nouam cām acq̄siti dn̄ij, non ita hic. In tex. ibi (postea aper[...] pupillaribus tabulis.) id est testamento paterno, in quo dice[...] tur contineri pupillares tabulæ, licèt vere non essent, nam non erat datus substitutus, quomodo poterant aperiri tab[...] pupillares, unde tex. sibi contrariatur.

1 *Qui egit rei ven. simpliciter, vel generaliter nulla causa in libello expr[...] licèt unam tantum fuerit prosecutus, si succumbat non potest ex alte[...] non prosecuta iterum agere. Secus si unam tantum causam in libello d[...] xit, quia poterit agere ex altera non deducta.*

2 *Absolutoria lata, quia actor non probauit, an pariat exceptionem rei iu[...] catæ ita ut actor non possit iterum agere, si probationes ad eum pe[...] nerint.*

1 §. Denique. †Qui egit rei uen. simpliciter, vel gen[...] liter nulla causa in libello expressa, li[...] unam tm̄ fuerit prosecutus, si succumbat non potest ex alt[...] nō psecuta iterū agere. Secus si vnam tm̄ cām in libello d[...] xit, qa poterit agere ex altera nō deducta. h. d. cum §. seq. Ra[...] primi dicti est, qa licèt in psecutione non sit deducta, nisi[...] causa in libello, tn̄ postquam fuit generaēr, uel simpliciter [...] matus, vr̄ deducta oīs cā, ex qua dominium actori competit. ℸ. ea. l. §. eandem. in fi. Imputet ergo sibi actor postquam de[...] xit in libello, quare nō fuit eam psecutus, & non pbauit. V[...] iudex videt absoluere à psecuta, & ēt à non psecuta, in libe[...] deducta. ꝙ intellige, vt dixi in prin. huius l. quando nō rest[...] xit se ad psecutam, sed simplr absoluit. Ex scđo dicto in §. [...] aūt cōfundit una opi. Pet. q tenuit de directo ꝯriū, ꝙ ēt si [...] sit certā cām in libello, snīa noceat ēt in alijs nō expssis, & n[...] uebat subtili rōne, qa in rei vēdica. non expedit aliquā cām[...] motā in libello exprimere, sed sufficit exprimere cām prim[...] ꝙ dn̄ū ad ipsum ptinet, & admittit talis libellus incertus, no. in l. j. in prin. in gl mag. §. de eden. licèt gl. hic mag. dica[...] riū. sed reprehendit p Dyn. Pōt tn̄ pcedere in libello dato i[...] ctio. personali, ut no. in d. l. j. de eden. & ēt pōt pcedere in re[...] quantum ad psecutionem, qa licèt admittat libellus gn̄alis [...] secutio tn̄ debet specialiter fieri, ut reus sit certus, an de[...] cedere uel contendere. non eīn sufficit articulare ꝙ ipse [...] minus, nisi dicat, ex qua causa, aliàs probationes non po[...]
recipi super incerto. Sed in libello sufficit bene hoc dicere ℸ. eo. ti. l. & an ea. §. actiones. uer. at cum in rem. postq̄ ergo
2 est, ꝙ non est necessaria expressio cāæ remotæ, si exprimat vna, censent oēs expressæ, sicut uidemus in appellatione à[...] nitiua, in qua non requirit expressio causæ, sed sufficit di[...] appello, & pp hoc si exprimat una ex abundanti, omnes ali[...] dent expressæ, ut in l. socio. ℸ. de app. Sed quicquid dicat P[...] sus est in isto §. si qs aūt. contra eum. Distinctionem autem quæ est hic reassumam in §. eandem. plenius q̄ gl. †Et no. in
2 gl. ibi. Si uero absoluit, quia non pbo, nocet in repetita & absol. lata quia actor non pbauit, parit exceptionē rei iud[...] cut si esset lata, qa esset dn̄s ipse reus, uel nō debitor, ergo [...] tur ꝙ iterū actor nō pōt agere, & pbare, si pbationes ad [...] uenerunt, alias non esset uerum, quod dicit ista gl. ꝙ snīa [...] ret. Vidi tamen q̄ plures etiam Docto. in hoc errare, crede[...] quo[...]

ADDITIO.

a Adde tamen ꝙ qn̄ causa est in libello expressa, & deducta, semp est pro[...] da, quando talis est sine qua libellus non esset bene conceptus Bal. in l. [...] communi diui. in j. col. ad fi. in uer. facit ad hoc theorica. alleg. in hoc l[...] ca. ex parte abbatissæ. de priuil. & quod subijcit de expressione causæ i[...] sa appellationis, adde ꝙ secutus est in interlocutoria secundum Ab. in c[...] parte. de app. & vide Inn. in cap. pastoralis. de offi. del. & no. in l. scio. & Doct. de app.

erum possit agere, quia non venit ꝯ s\~niam, & mouetur per
quæ est in l. Iul. de cond. indeb. Sed male mouent, qa uerum
ꝑ si reus absolutus, qa actor non probauit, & hoc non ob-
te soluat actori, non pôt repetere per condi. indeb. & actor
sic ꝓ bare, ꝙ debitũ ꝓcessit, qa non dicit ꝯ s\~niam, & hoc ꝓ-
apparet, ꝙ durabat debitũ naturale, qa illa s\~nia naturalẽ
onem nõ sustulit, q̃ est de iure gen. cũ ipsa sit de iure ciui. ut
ot. Et naturale debitũ solutũ per errorẽ iuris non repetit,
oc est, q̃ vult ille tex. cum gl. non sic si fuisset absolutus, qa
erat debitor, qa tunc actor ẽt excipiendo non posset ꝓba-
erat debitor, qa ueniret ꝯ s\~niam. Sed si reus absolutus nõ
it, & actor uellet ipm molestare iterum, non posset, siue sic
olutus, qa non debitor, siue quia non probauit actor, qa ista
imponit actori silentiũ, ne amplius reum molestet agẽdo,
nõ imponat quominus a reo possit se defendere excipien
ut probatur per tex. expressum in l. argentarius. §. cum autẽ.
eden. & per iura quæ dicunt, ꝙ prætextu instrũorum de no-
epertorum sententia rescindi non debet, ut C. de re iudi. l.
spẽ. & per gl. quæ est in auth. qui semel. C. quomodo & qñ
ex. quæ dicit istam s\~niam esse diffinitiuam, ergo debet plus
rari quam s\~nia absolutoria ab obseruatione iudicij, uel pro
ineptum libellum, quæ nõ impediunt iterum agere, vt no.
j. s̃. si mensor fal. mo. & ista est veritas.

Item Iulianus.

Exceptio competens uenditori transit in emptorem h. d. dic vt
o. l. si a te. §. fi.

ns rei uendicatione generaliter, uel specialiter, & succumbens, quando
sit ex causa denuo agere.
quis egit rei uendi. uel pet. hære. & succubuit ex eo, quia non probauit,
iterum vult agere, an sibi obstet exceptio, si uolebat agere ratione do-
nij, quòd habebat tempore litis contest.
possit actor postea agere publiciana.
d si uelit agere ex causa de nouo superueniente, & sic ratione dominij
stea acquisiti.
ntentia absolutoria, quia actor non probauit, an reus acquirat dominiũ.

Eandem causam.

†Qui egit rei uen. generaliter, vel simpliciter, & suc-
uit, non prohibetur ex causa, seu dñio de nouo superueniẽ
terum agere, nisi talis cã retro fingatur. Non autem potest
re ex causa, uel dominio quod tpe primi iudicij compete-
, licèt cãm ex qua competebat nõ fuerit actor ꝓsecutus, sed
q̃ putabat competere. h. d. iste §. solennis, & subtilis quẽ di-
e principaliter in tres partes, qa primo loquit, qñ tpe li. ꝯte.
or non habebat dñium, & ideo succubuit. Sed postea super-
it, quod pôt intelligi duob. mod. uel ꝙ superuenit post sen
tiam, & tunc est clarum, uel ꝙ superuenit ante li. contest. &
e s\~niam, & tunc est magis dubium. Vñ dic tunc, ut j̃. dicam.
oc usq. ibi (nisi fortè.) Secundo loqtur quando tpe lit. cont.
bat dñium, sed lite pendente desijt hẽre, & postea reuersum
, vel acquisiuit de nouo, ut hic usq. ibi, (itaque.) Et ista parti
a ꝯtinet duos casus. Primus est, qñ illud dñiũ reuersum est,
fingitur retro nunq̃ deperditum usq. ibi, (& iõ.) Secũdus est,
non idem dñium, sed aliud diuersum, & ex diuersa cã, q̃ non
rotrahitur vsq. ad uer. itaq. Ibi tertia pars principalis, q̃ lo-
itur, qñ tpe lit. conte. habebat dñium, & non ipsum habere
ijt, licet non fuerit prosecutus cãm ueram ex qua ꝯpetebat,
cãm putatiuam, & postea uolebat agere ex uera, certe non
test, rõ patet ex his, q̃ dixi in prin. huius l. & in §. j. † Et recol-
endo istam materiam, & distinctionem gl. quæ est s̃. ea. l. deni
e. distinguendo cum qs egit rei uend. uel pet. hære. & succu-
it ex eo, qa non probauit, si iterum vult agere, an sibi obstet
e. dic ꝙ aut vult agere rõne dñij, qđ habebat tpe lit. contest.
ut rõne dñij acquisiti postea. Primo casu, aut in libel. deduxit
tam & limitatam cãm, qa dixit ad se pertinere ex emptione
ta tali, a tali, & tunc potest postea agere ex alia causa in libel.
n deducta, ut in d. §. si qs autem. Aut nullam cãm spãlem ex-
essit in libello, tñ bene expressit in prosecutione. & tunc ex
a non prosecuta iterum agere non pôt, ut in fi. huius §. & in
. denique. hoc uerum mero iure, sed ex causa restit. in integ.
e iusti erroris, uel ignorantiæ q̃ habebat de uera causa, q̃ nõ
t prosecutus, bene admitteretur. ut in princ. huius l. in fi. s̃m
uni intel. quia esset mater, & ageretur de lucrosa hr̃ditate fi-
ut ibidem, s̃m alium intel. Item hæc uera, si uellet postea age
rõne directi dñij, uel ẽt utilis, quia uellet dicere se emphyteu
n, uel superficiarium. Nam cum primo dicit se dñm, uel rem
se pertinere iure dñij, vr̃ dixisse tam de directo, q̃ de vtili. vt in
uius §. in uer. qualecunq. quod non pôt referri nisi ad quali-
em dñij, non ad qualitates causarum ex quib. acquiritur, li-
t id quod postea sequitur, (& undecunq. &c.) referat̃ ad qua-
ates cãrum, quarum q̃dam sunt de iure naturali, seu gen. q̃dã

de iure ciuili. Et ita intellige hic gl. super uerbo, (qualecunq.)
illã opi. tenet Dyn. & Bar. licet gl. ista in fi. sentiat ꝯrium, ꝙ non
uideat̃ deduxisse, nisi directum, & sic s\~nia non noceat uolenti
agere vtili. Sed Doc. ꝯ. Si vero ageret pub. & sic deduceret quasi
dñium, tunc bñ posset, qa illud non vr̃ in primo iudicio deductũ, si dicit ad se pertinere iure dñij, qa hoc verbum non comprehendit quasi dñium, ꝓ quo ꝯpetit pub. Et de hoc in tex. & ꝑ
gl. magistram. s̃. de euic. l. minor. §. si seruus. & tetigit glo. j̃. tit. j. l.
3 fundi. q̃ inci. ꝯte. † Sed in libello dixit rẽ ad se ꝑtinere iure dñij,
uel quasi, prout cõiter fieri consueuit, & reus fuit absolutus, an
possit actor postea agere publicia. dic ut no. per Bar. j̃. e. tit. l. &
an eãdem. §. actiones. qui alle. determinationẽ Io. And. in c. Ab-
bate sanè. de re iud. lib. 6. ꝓdicta, qñ reus fuit absolutus, qa actor
non ꝓbauit: si aũt quia reus non possidebat, dic ut s̃. eo. l. si a te.
4 in tex. & gl. † Secundo casu principali, qñ vult agere ex causa de
nouo superueniente. Dic ꝙ aut tpe lit. cont. in causa in qua suc
cubuit, nullum hẽbat dñium, sed incipit agere post, aut hẽbat
& lite pend. illud perdidit, aut postea de nouo acq̃siuit. Primo
casu loquitur prin. huius §. ꝙ s\~nia non nocet, qđ limita esse uerum, nisi postea acquirat dñium ab illo, cui illa s\~nia noceret, pu
ta, si ille a quo dñium acquisiuit per prius habuit cãm ab isto a-
ctore post latam s\~niam ꝯ eum, deinde actor habuit cãm ab illo
eodem, & hoc uoluit gl. mag. hic q̃ incipit (non implicat) in q.
q̃ format in uer. sed quæro. Nam s\~nia lata ꝯ istum actorem, nocebit ei, qui postea cãm à se habuit, ut j̃. eo. l. fi. ergo & nocet si
bi iterum acq̃renti ab illo, q nõ potuit melius ius in ipsum trãs
ferre, q̃ prius ab eo acq̃siuerit. Si ãt ille habuisset cãm ab isto a-
ctore, anteq̃ lata esset ꝯ ipsum s\~nia, tunc non noceret illi causã
habenti, si ignorauit ipsum actorem agere, & iõ eidem actori
postea acquirenti ab illo, vel ab habente cãm ab illo, s\~nia non
noceret, & posset hr̃e locum istud principium, & hoc voluit illa eadem gl. in ult. q. Secunda limitatio est, quia procedit istud
qñ cã noua, vel dominium requireretur post s\~niam latam ꝯtra
eum, quia non potest dici, ꝙ illa s\~nia faciat præiudiciũ in causa
vel dñio, quod tempore ipsius latæ non competebat, vt l. potest videri. de re iud. & l. quemadmodum. Nam sicut nõ posset
ꝓ actore ferri s\~nia pro causa, vel dominio, quod tunc non habebat, vt in illis iuribus, ita nec lata ꝯ actorem, facit præiudiciũ
in illis, vt eadem sit rõ contrariorum. Si autem superuenit dominium post li. conte. li. pend. tunc aut ex causa deducta in iudicio quæ tñ tempore li. contest. non habebat locum, sed incẹ-
pit habere post: tunc bene noceret s\~nia absolutoria. Ratio est,
quia tunc potuisset ferri condemnatoria ꝓ actore per l. si rem.
§. fi. de pig. act. Vbi si post li. conte. superuenit actio, quæ tpe li.
contest. non erat, si tñ ex causa de præterito, & in libellum deducta potest pro actore ferri s\~nia: ergo si ferat̃, nocet in ista cã,
vt no. ꝑ gl. in d. l. non potest videri. de iud. & per Bar. j̃. eo. tit. l.
& an eandem. §. actiones. Item dico, ꝙ istud primum hẽt locũ,
qñ superuenit de nouo, ẽt si sit talis quæ retro fingat̃, si supuenit post latam s\~niam, vt in l. grege. §. sub ꝯdõne. de pign. si tpe
li. cont. non suberat, nec habebat dñium, & hoc vr̃ hic Bar. sen
tire. Si uero tpe li. ꝯt. dñium habebat, & post contestationẽ ipsum perdidit, deinde acquisiuit, tunc distingue, ut hic in 2. parte, ꝙ aut reacquisiuerat illud idem dominium, & ex causa quẹ
retro fingit̃, & obstat excep. ut hic in uer. nisi forte, siue illa cau
sa superueniat lite pend. siue post latam s\~niam. Aut illud erat
dominium nouum, & cã noua, & tunc secus, ut hic in uersi. &
ideo si forte, ubi ẽt loquitur qñ causam non fingit retro, quia
in legatis cõditio existẽs, retro non trahitur, ut no. in l. j. ad Sill.
5 † In gl. mag. ibi (rem tuam quam petijsti, & uictus fuisti qa non
probasti,) scire debes, ꝙ ex tali s\~nia actor non probat dñium,
nec reus acquirit, licèt acq̃rat exceptionem, vt no. j̃. eo. l. excep.
sicut in re quæ dimittit̃ ex causa transac. ut l. si pro fundo. in fi.
C. de transa. Si ergo res ad actorem reuertat̃, & sic reperiat se
dñm & possessorem, potest alteri vendere, & dñium transferre.
Et deinde ab illo eodem in quem transtulit reemere, & de nouo acq̃rit̃, & hoc est qđ j̃. voluit gl. & quousq. ipse, vel emptor
eius sunt in possessione, si ille q vicit, & fuit absolutus, vellet ip
sum molestare, posset ipse actor & tunc possessor se defendere
& ꝓbare se dñm, licèt in alio iudicio probare non poterit, quia
venit ꝯ s\~niam, & hoc facit se defendendo, & hæc per ea quæ ha
bentur in tex. & gl. in l. Iulianus. de cond. indeb. & tetigi s̃. ea. l.
§. deniq. Sed si cadat a possessione, & reuertatur ad eundẽ reũ
q prĩo vicit, est qõ. An ipse actor, q fuit olim nũc agere possitne
rum ratione dñij nouiter acquisiti ab illo q acquisiuerat prius
ab eo post s\~niam. & gl. hic & bñ, tenet ꝙ non, qa sicut nocuisset
ista s\~nia ipsi actori volenti iterum molestare reum ꝑ uiã agẽdi,
ut dixi in d. §. deniq. ita nocebit actori habẽti postea cãm ab eo,
vt j̃. ea. l. §. fi. & s̃. ꝓx. §. de pig. l. si paratus. §. fi. & per ꝯñs eidem a-
ctori volẽti agere ex dñio acq̃sito ab illo, cui s\~nia nocebat, obstat exceptio. Secus si ille habuisset cãm ab eo añ s\~niam latam,
vt in vlt. q. glo. & qđ no. in d. l. si paratus. §. fin. C. de pig. l. si ꝑses.

1 *Seruitus itineris diuersa est a seruitute actus, ideo succumbens in prima non repellitur a petitione secundæ.*
2 *Quæ dicatur pars subiectiua, & quæ integralis.*

1 **§. Si quis iter.** †Seruitus itineris diuersa est a seruitute actus, ideo succũbens in prima non
repellitur a petitione secundæ. h. d. In tex. ibi, (petierit) supple,
& succubuerit. In text. ibi, (actũ petat,) supple, ꝙ plus importat
q̃ iter, ut l. j. §. de ser. rust. præd. In gl. mag. circa prin. ibi, (hic ex
diuersa causa.) Vel dic, ꝙ põt intelligi ẽt qñ ex eadem cã, puta
in prima petitione dixi, ꝙ tali mense, & tali die, ꝯstituisti mihi
seruitutẽ itineris de fundo tuo, ad fundum meum, & succubui,
quia non probaui, postea uolo dicere, ꝙ illa ꝯstõ facta illo men
se, & illo die non fuit ꝯstõ itineris, sed actus, & sic ago ex ead. cã
remota, tñ ad diuersam rem & diuersum ius, & hoc vult dicere
iste tex. Sed in ꝯrio non agebatur ad ius diuersum, sed ad idem
tñ cum augmento. Certè illud non facit diuersificari subam,
quia illa q̃ differunt ſm plus & minus, non vñr differre in substantia, vt in l. fi. de fund. instr. Debet tñ hoc intelligi, qñ ex ead.
causa, secus si ex diuersa, ut ⁊. eod. l. sed an eadem. in prin. & ista
est uera sol. & facit l. in delictis. §. si detracta. ſ. de noxa. ubi obst.
excep. si petitur eadem res, licèt cũ diminutione, uel augmẽto
qualitatis, ut ẽt no. ⁊. eo. l. & an eadem. §. actiones. & ẽt in prin.
2 gl. q̃ incipit, (pro cõi vtilita.) † In gl. ibi (hic pars subiectiua nõ
integralis.) Ita gl. non bñ intelligit, q̃ dicatur pars subiectiua, &
quæ integralis. Nam subiectiua dr̃ illa ad cuius positionẽ sequi
tur positio totius, ut est genus, qđ se hẽt, ut totum, & species, q̃
se hẽt, ut pars, & ad positionẽ speciei, puta, hoĩs, sequitur positio generis, ut puta, aĩalis, quia si hõ est, ergo aĩal est, sed non sic
econuerso, ad positionem gñis sequitur positio spẽi, ut l. si qđ
eam interemptam. de leg. 3. Sed in parte integrali est totum, &
econuerso, quia illa dr̃ integralis ad cuius positionem non seqĩ
positio totius, ut paries, quo posito non ponĩt domus, sed econ
uerso sic, vt no. de his in l. rectè dicimus, de verb. sig. sed iter nõ
se habet, ut pars ad actum, nec ut subiectiua, quia non sequĩt,
iter est, ergo actus est, cum sit seruitus diuersa, licèt sit uerũ dicere, ꝙ actus hẽat in se ꝯmoditatem itineris, & ẽt ultra. In glo.
ibi, (perinde est ac si primo totum, & postea partem.) non quod
ita sit, quia iter non est pars actus, immo est seruitus diuersa, ut
hic, sed ex eo, quia minus continet, q̃ seruitus actus, & ideo assi-
milabitur parti. Et ex hoc sequitur, ꝙ licèt non ualeat secunda
stipso, quando primo stipulor totum, postea partem, quia nullius est utilitatis, bene tñ ualet qñ primo stipulor actum, postea
iter. licèt per hanc secundam nõ fiat nouatio primæ. Et hoc est,
quod uoluit gl. in eo quod sequitur, & quod no. in l. qui bis idẽ.
& l. si dari. de uerb. obl. In fi. gl. ibi, (non formalem.) si ergo primo petij fundum, & succubui, possum postea petere vsumf. for
malem, quia uideor petere rem diuersam, & non partem eius,
quod primo petij, licèt enim fundus constet ex proprietate, &
usufructu, hoc est uerũ de usufructu causali. Et ideo qui petijt
fundum, & succubuit, non potest postea petere usumfr. formalem, quia peteret partem eius, quod primo petijt, & ita loquĩt
l. si quis argentum. §. si quis fundum. ⁊. eo. secus si peto usumfru
ctum formalem, quia non est eadem res, nec pars eius.

1 *Sententia lata contra defensorem, uel pro eo, an noceat uel prosit illi quem defendit, nisi ipsam ratam habeat, & an mittatur executioni contra defensorem, & quid in coniuncta persona, si agat, uel defenderet sine mandato.*
2 *Potest quis ratificare sententiam latam pro suo falso procuratore ad sui utilitatem, sicut latam contra eum ad damnum suum.*

§. Hoc iure vtimur. Ex parte actoris dr̃ in iudicium deducere nõ solũ ille
ad quem pertinet res, quę petitur, sed ẽt eius lĩmus administra
tor, uel uerus procurator. Et sñia lata ꝯ eos nocet ei ad quem
res pertinet, tanq̃ ꝯ ipsum lata sit. sed ex parte rei vr̃ in iudiciũ
deducere ẽt defensor sine mandato. h. d. ſm intelſm, quẽ puto
1 uerum, † & hic no. ꝙ sñia lata ꝯ defensorem, uel ꝓ reo, noceat,
uel prosit illi quẽ defendit, nisi ipsam ratã hẽat, sed ex eo, quia
prodest actori, ẽt in re petita, quia mittiĩ executioni ꝯ defensorem, ut in l. Plautius. ſ. de procu. super ea re uel eius æstõne, &
hoc respectu dr̃ res in iudiciũ deducta per defensorẽ, & ex parte actoris non sic, qa si qs agat sine mandato, & ferat sñia ꝓ eo,
non prodest sibi q̃tum ad rem petitã, nec respectu eius, qui egit
cum ad illum nõ pertineat, ideo si iterum ageretur, posset reus
ipm repellere non ex uirtute illius sñiæ, sed quia ius non hẽt,
nec ẽt prodest sibi q̃tum ad illum cuius noĩe egit, quia ille non
dedit mandatum, & hoc respũ non dr̃ res in iudicium deducta,
quia sñia lata super ea, non prodest ei pro quo lata est, & ita intelligendo cessat dubitatio glo. mag. quæ licet multa uerba dicat, tamen non satisfacit distinctioni quam iuriscon. vult hic fa
cere inter personas interuenientes ex parte actoris, & interuenientes ex parte rei, & vult ꝙ primæ non dicantur deducere ẽ
in iudiciũ, nisi hẽant mandatum, secundæ sic. Sed uerba gl
tendunt ad hoc, sed ad aliud, s. ꝙ ex parte actoris non adm
quis ad agendum, nisi ꝯstet, ꝙ habeat mandatum, & si ꝯsta
non hẽt ẽt cum cautione de rato non admittitur, ut l. Pom
§. fi. de procu. Sed ex parte rei, ẽt si ꝯstet non habere mãdat
admittitur, dummodo satisdet. de iud. sol. Certè non fuit in
tio istius tex. uelle facere istam drĩam, quia nec pertinet ad
turam tit. sed solum an dicatur res in iudiciũ deduci, ut sic
noceat, uel prosit ei pro quo uenit ad iudicium, iõ intellige
dixi, & remanet intel. clarus. In gl. j. ibi, non sic in coniuncta
na, quia licet illa habeat mandatum a lege, ut agere possit
coniuncta, ut in l. sed & hæ. in prin. de proc. sicut habet tuto
cura. tñ non hẽt administrationem lĩmam bonorum ꝯiur
personæ, ideo sñia lata ꝯ eam non facit præiudicium ei c
noĩe egit, nisi eam ratam habeat. in l. 4. §. si forte. ⁊. iud. sol. &
ſ. eo. l. 4. in gl. sed lata ꝯ tutorem uel curatorẽ bñ nocet pup
3 uel adulto, ut hic. † In gl. 3. ibi, (noceat & prosit.) no. istam
in isto uerbo (& prosit.) qa sp alleg. ꝙ potest quis ratificare
tentiam latam pro suo falso procuratore ad sui vtilitatẽ, s
lata ꝯ eum ad damnum suum, de quo ultimo non est dub
per l. licet. ſ. de iud. vide Imo. & alios in c. cum in iur. de off. d
in 13. col. & in c. mand. de procu. Sed de primo erat dubiũ, c
vr̃ dare materiam malignandi, quia si sciuero aliquẽ agere
mine meo, & tanq̃ procuratorẽ meum, tacebo, quousque
erit lata, & si feratur ꝯ eum, non ratificabo, si pro eo ratifica
& sic est in ptãte mea, facere iudicium elusorium, uel non
propterea h. d. Pet. ꝙ non possum ratificare, post q̃ sñia est
pro reo. Sed debeo ratificare anteq̃ sit lata: & sic tempore c
erat dubium pro quo esset ferenda, & ita intelligebat d. l. de
di. vt no. Cy. in l. si tuto. C. in quib. cau. in integ. resti. non est
cess. Et dicit, ꝙ est ibi quædam glo. quæ vr̃ hoc voluisse, dum
cit, ꝙ si lata est pro falso tuto. potest pupil. de iure speciali r
ficare: ergo de iure cõi lata pro falso procuratore per aliu
per minorem ratificari non potest, quia si ibi est speciale, e
in ꝯrium est ius cõe, vt l. j. §. fi. ad munici. Sed ista gl. vult exp
se ꝯrium, & eam tenet Bar. hic, quia ista sñia non deficit, ni
parte consensus dñi, & de natura consensus est, ꝙ quandoc
que põt adhiberi tam ante, q̃ post, vt no. in l. si quis mihi bo
§. iussum. de acq. hær. & hanc partẽ vr̃ sequi Bal. in d. l. si tutor
quib. cau. in integ. resti. non est necess. & hoc est verũ, qñ nu
habuit mandatũ. Si vero habuit, & fuit reuocatũ, an possit
tificare sñiam postea ꝓ eo latã? Bar. in d. l. dispensatorẽ. de sol
tenere ꝙ sic, sed Inn. in c. ex parte decani. in fi. de rescr. vr̃ dice
hoc verũ, nisi reuocatio ꝑuenisset ad notitiã eius. Bald. aũt i
falsus. C. de furt. in 2. vel 3. q. distinguit, quare fuerit reuoca
fcã, an respũ actus, qa voluit actũ reprobare, & postea nõ pt
probare, an respũ personæ, vel mãdati, & tunc secus, dic vt ib

§. Si quis hominem. Filius in potestate põt
quirere patri exce. rei iu
h. d. Et declara, vt in gl. ſm primam lect. gl. no. ꝙ sicut senten
lata pro principali debitore, prodest fideiuss. vt ſ. ti. j. l. excepti
nes. §. rei autem. ita lata pro filio super actione qua ipse tene
tur, vt principalis, prodest patri in actione de peculio, quia loc
fideiussoris habetur, ut l. cum filius. de uerb. oblig. Ex secun
lect. gl. not. ꝙ licet sententia lata pro defensore non prosit d
fenso, nisi ratam habeat, quando nõ habuit mandatum, ut n
in præcedenti §. istud est uerum, nisi defensor esset in potest
ipsius defensi, quia tunc ipsi acquirit, etiam sine alia ratihab
tione, ut hic iuncta l. seruus vetante. ⁊. de uerb. oblig.

1 *Sententia lata pro me, an prosit illi qui causam habuit a me titulo singula*

1 **§. Si egero.** †Sñia lata ꝯ me nocet ei, qui postea causa
habuit a me, super eo super quo lata est, ni
rõne noui facti. Sed ei qui causam habuit per prius, nõ noce
h. d. vsq; in fi. l. & primo loquĩt in venditore, & emptore, poste
in debitore & creditore. cui debitor pignorauit rẽ, sup qua la
ta erat sñia ꝯ se. Quid aũt si sñia sit lata pro me vtrũ prosit ei
cãm habuit a me titulo singulari? & vr̃ adhibenda ea. dist. A
habuerit cãm ante vel post, ut no. gl. ſ. eo. l. si a te. §. fi. in glo. se
ꝯrium est uerum, nam ẽt si habuit cãm ante sñiam & ante lit
inchoatam, si tñ interest mea ꝙ sibi prosit, quia tenetur sibi d
euictione, prodest per ea quæ plene hñr, & no. in l. cum uir pr
dium. ſ. de usuc. per Bar. & facit l. si tibi. §. pactum conuentum
ſ. de pact. Item quod hic dr̃, ꝙ si lata est ꝯ me, postquam ille ha
buit cãm a me, sibi non nocet, ut in d. §. item si rem. Item proce
dit qñ ille habuit causam a me ante sñiam, & ante lit. inchoatã
secus si post causam inchoatam, licet ante sñiam, qa est res effe
cta litigiosa, & tunc transit cũ vitio, & hoc voluit hic gl. q̃ inci
pit (quid ergo si ante.) In tex. ibi (non nocet) supple, & prodest
nã exceptio nocet ẽi, qui emit ab eo, & obtinuit. In tex. ibi (item
si rem quàm a te petierat Titius.) supple, & succubuerat.

LEX

LEX XXI.

CVm quæritur. Not.hic ꝙ ad hoc. vt dicatur eadem causa,& sic obstet exceptio,requiritur triplex identitas,ſ.rei,vt eadē res corporalis,vel incorporalis petatur nunc, quæ fuit primo ;ita,& idētitas causæ. Itē identitas personarum, & altero de-ſiente non ob.exceptio. Adde ꝙ ēt ſi petatur res diuersa, tñ ;it in iudicio replicatiuè illud, quod fuit in iudicio primo 'minatum,& adhuc dr̄ eadem causa,vt s̄.eo.l. ſi quis cum to n.§.planè.& §.ſi ancillam. & patet ex not.ſeq.§. per gl.

LEX XXII.

tio personalis ſimpliciter propoſita reſtringitur ad cauſam in proſecu-one deductam ſecus in actione reali.

actione reali non habeo neceſſe exprimere in libello cauſam remotam, : qua res mea ſit,ſed bene proximam,vt quod mea ſit, & quid in proſe-tione. & nu.3.

id in actione perſonali.

preſſio cauſæ remotę poteſt fieri per verba præteriti temporis, ſed cauſæ oximæ debet fieri per verba præſentis temporis.

ctor egit ex aliqua cauſa, quæ adhuc locum non habebat,ſed incœpitis bere locum lite pendente, an poſſit obtinere ſententiam ex illa.

ET an eadem. † §.Actiones. Actio personalis simpl'r proposita restringit̄ ad cām in prosecutione deductā,secus in actione reali.h. d.in effectu iste §. subtilis, & vulgaris ſm intelligētiam & Doct.Et ista dr̄ia colligitur ex alia quæ ponitur in fi. §. qa dem res potest ab eodem, & eidem deberi ex pluribus cau- concurrentibus,ēt diuersis temporibus, ut colligitur ex legi s alleg.in gl.2.& iō si simpl'r, vel generaliter egi actione per- ıali ad talem rem mihi debitam,non exprimēdo causam, ex a erat debita,si postea in prosecutione, & in articulis expri-),generalitas illa restringitur ad illam causam expressam,qa : sequentia declarantur & restringuntur præcedentia. ut le. ori.de leg.3.in §.fi.& l.qui non militabat.§.Lucio.de hę.inst. ista restitutio potest fieri commode, quia ex illa cā expressa terat deberi,& si in ea succumbat actor poterit agere ex alia, n expressa,quia etiam ex illa poterat deberi,& ideo ad remo nem vnius non sequit̄ remotio alterius,ut hic in ver.nec vl- Sed eadem res non potest esse mea ex diuersis causis cōcur- ıtibus diuersis temporib.vt hic in fin.& l.3.§. ex plurimis.de qui.poss. & ideo si egi simpliciter,& gn̄aliter pro re tanquàm :a,non exprimendo causam ex qua erat mea, videor sensisse sola illa ex qua est mea,& ideo si postea prosequor vnā cām succumbo,p̄sumitur ꝙ ex illa non sit mea. Si ergo uolo age- ex aliena,non admittor,quia potest mihi dici. Aut ex ista, q̄ ınc intentas,es dominus,& illam uideris deduxisse in j.lib. iō putetur tibi quare non fuisti eam prosecutus,& non ꝓbasti. ıt ex ista non es dn̄s,sed ex illa,quam fuisti ꝓsecutus, & tunc npl'r non debes admitti,nec ex illa, quia succubuisti, nec ex a,quia ex ea non es dn̄s, ideo non sic gn̄alitas libelli isto casu stringitur ad cām prosecutam, sicut in actione personali, in a non sic potest mihi obiici, quia possum rn̄d. ꝙ ex illa q̄ fui osecutus,erat mihi debita, & est ēt debita ex ista, & ꝙ uolui libello deducere nisi illā.Et hoc apparet ex ꝓsecutione mea, declarat̄ mea voluntas,in hoc stat difficultas istius §.in qua borat gl.mag. q̄ incip.(ratio est ista.) † Est tertia dr̄ia, quia in tione reali non habeo necesse in libello exprimere causam re otam,ex qua res sit mea,puta ɔ̄ctum,vel quasi,sed sufficit ex- imere cām propriam,alias proximam,puta,ꝙ est mea, vt est x.hic in ver.dum dicit,(non expressa cā &c.) licèt in prosecu- one debeam exprimere,vt dixi s̄.eo.l.si mater.§. deniq.si reus c petat,alias procedit libellus sine expressione certæ cāę.sed tione personali,est totum econuerso, quia necesse habeo ex- imere cām remotam,puta,ɔ̄ctum uel quasi sine qua reus nō sset deliberare,an vellet cedere,vel contendere,ut in l. edita. de eden.dum dicit(speciem futuræ litis.)& not.s̄.de eden.l.j. prin.Non sic habeo necesse exprimere cām proximam,puta ligationem,nam sufficit dicere, ꝙ tibi mutuaui centum, & tam te condemnari,licèt non dixerim ꝙ ad illa sis obligatus m hoc sequatur præsumptione iuris, ex eo qđ primo dixi,er- &c. vt l.oēs.§.Lucius.s̄.quę in frau.cre.licèt Cy.sup hoc arg. ulta dixerit,& alleg.in ɔ̄rium, ꝙ requiratur expressio cāæ ꝓ- mæ in d.l.edita in 2.q.sed tene,qđ dixi,& illud est in usu, non qn possit exprimi.† Et aduertendum,qa expressio cāæ remo pōt fieri per uerba præteriti tp̄is, quia in præteritum locum ıbuit, sed expressio cāæ proximæ debet fieri per uerba p̄sentis mporis,tam in reali,quia debeo dicere,ꝙ res est mea hodie,q̄ personali,quia si volo exprimere,licèt non tenear, debeo di :re,ꝙ es mihi obligatus.Si autem fieret p̄ uerba prętertiti tp̄is, ıta,ꝙ semel fui dn̄s, uel fuisti mihi obligatus, uolens inferre, ꝙ ꝓ ɔn̄s hodie p̄sumor dn̄s,& p̄sumeris obligatus,si nō apparet ɔ̄riū talis libellus esset ineptus,qa hr̄et vim cuiusdā exclusionis. nā asserēdo de tp̄e p̄terito, videor negare de p̄sēti arg. in l. pr h- liū.§.fūdū.de leg.3.& ita no.p̄ Bar.solēniter in l.certū.§.si fūdū. s̄.de ɔfes.& fuit originał'r d.Pet.ut refert Cy.in d.l.ædita.in 2. vł 3.q.Et quid iuris sit in actione reali simpl'r proposita? dixi in l.si mater.§.eandem.Sed in actione personali simpl'r ꝓposita,quatuor sunt casus considerandi.Primus est,quando etiam prosecutio fuisset generaliter & simpliciter facta, & etiā sn̄ia fuisset generalis,& tunc nocet in omnib. causis,quæ poterant sub illa petitione includi,siue esset ꝓposita una actio generalis, vel vniuersalis,ut tute.pro sol.nego.gest.& similes.s̄.pro socio. l. arbiter.qa tunc nocet in oībus capitulis, quæ possunt in illa administratione includi,siue fuerit actum generaliter ad diuersas res, vel sn̄ias,dicendo, ꝙ erat mihi obnoxius in diuersis summis & quātitatib.aut reb. ex diuersis causis nullā specificando,quo casu omnes videor in libello deduxisse,ut in l.fin.de anna. excep. Nam ex quo omnia sunt generalia tam libellus, quam prosecutio,q̄ etiam sn̄ia,non est dare rationem quare debeat fieri restitutio magis ad unam,q̄ ad alteram, ideo si reus fuit absolutus, nō potest iterum conueniri ēt ex aliqua cā præcedente. iuxta no.in l.j.in prin.de eden.& ēt in fi.in transactione gn̄ali si p̄cessit petitio & prosecutio generalis,ut no.in l.age. C. de transac. Secundus casus est, qn̄ prosecutio & sententia fuit specialis,& tunc non nocet in alia qa generalitas libelli ad illā solā restringitur,ut in hoc §.& dic,ꝙ non nocet ipso iure, & ēt de rigore. Sed si vellet agere ex illa eadem bene noceret,ēt si cū adiectiōe nouæ qualitatis,uel ēt detractione,& ita loquitur l.in delictis.§. fi.de noxa.alle.hic in gl.2.in fi.pro contraria, nisi ex beneficio restitutionis in integrum pp̄ iustam ignorantiam,ut l.habebat. in prin.de instito. Tertius casus est, quando prosecutio fuisset specialis,sed sn̄ia generalis,sicut & libellus,& tunc aut omisit ꝓsequi alia ex certa scientia,& ex dolo, & perinde est acsi fuisset prosecutus, & sic nocet in omnib. ut est casus qui non est alibi ſm Bar.in l.de reb.s̄.de arbi. Et aduertendum,quia hoc non habet locum in casu præcedenti,qn̄ prosecutio, & ēt sn̄ia fuit specialis,sed solum quando prosecutio specialis, & sn̄ia generalis, ita limita dictum Bar.aut omisit non ex certa scientia, & tunc mero iure nocet sn̄ia in non prosecutis, sed de æquitate nō, & sic datur replicatio,& iste est casus.C.de iud.l.licèt.& isto mō itellige gl.j.hic in fi.dum allegat illam l. & dicit nō obstare sn̄iā in effectu,quasi dicat de æquitate,sed bn̄ obstat de rigore.Nam procedit in hoc casu non in p̄cedēti qn̄ prosecutio, & etiā sn̄ia fuit specialis,quia tunc ipso iure non nocet, ut dixi, sicut nec transactio spālis si ēt prosecutio fuit specialis,ut d.l.age. C. de transa. differt ergo iste casus in duob. a scđo casu, ut ex p̄dictis patet.Quartus casus est,quando libellus esset specialis, & ēt ꝓsecutio & sn̄ia,& iste casus non hr̄et dubiū, quia non esset eadem causa,ut in prin.huius l.& isto ētmodo potest intelligi primus casus huius §.ſm quosdam, tunc non esset bona comparatio de actione personali ad realem,ideo intellige, ꝙ persona-
4 lis fuit generaliter proposita ſm intellectum gl.† Vlt.isti tex.loquuntur,qn̄ actor succubuit. Sed quæritur quid si adhuc non succubuit,& agit actione personali,vel reali ex aliqua causa, q̄ adhuc locum non habeat,sed incœpit habere locum lit. pend. utrum possit obtinere sn̄iam ex illa? & br̄ est distinguendum. Aut superuenit ex cā de præterito,& pōt,ut l.si rem.§. fi. de pigno.act.nam ibi egit ex ɔ̄ctu p̄cedente, ex quo tñ non erat adhuc orta actio, quia non erat pœna soluta, sed fuit soluta lit. pē.Et ideo si quis ageret ex ɔ̄ctu ɔdōnali,uel ēt ex legato pēdēte ɔdōne,& lit.pendē. existeret ɔdō, dēret obtinere, licèt male egerit a prin.Nec curo trahatur retro ɔdō, uel non, quia sufficit,ꝙ ex causa præcedente lit.cont.egerit.Si aūt cā non p̄cesserit,sed incępit hr̄e originem post lit. cont & tunc aut fuit actū ex aliqua cā spāl'r in libello deducta & exp̄ssa,& nō pōt obtinere,licèt noua interpellatione opus est,ut in l. nō pōt uideri. de iud.Aut gn̄aliter nulla expressa, quia dixi me dūm talis rei, cū adhuc non essem,sed lit.pend.peruenit ad me dominiū, & tūc ſm legistas,adhuc idem,quia super isto dn̄io,& super rei uen.q̄ oritur ex illo, non potest dici lis fuisse contest. cum tunc nō ɔpeteret per l.non quemadmodum.s̄.de iud.& sn̄ia non potest ualere sup eo,in quo lis non est contest.cum sit de substātialib. ut no.in l.prolatam.C.de sent.sed Inn.quartus de ęquitate cano.statuit ɔ̄rium in d.c.Abbate sanè.de re iud.lib.6.ꝙ ipse compilauit,ut possit sequi sn̄ia ꝓ actore de cuius decisione Pet.trufatur,quia non est fundata in aliqua rōne iuridica.& fortè nō seruaretur in terris Imperij, iuxta ea quæ in fi.habētur ī c.fi. de arbi.lib.6.de hoc per Cy.in l.unica.C.de alie.iudic.mutāda causa fcā cætera uide hic p̄ Bar. qui multum solennizauit istum §.

§.Si quis interdicto. Succumbens in possessorio, non prohibetur agere petitorio. hoc dicit, & ad hoc semper allegatur, ꝙ sententia lata in possessorio non facit præiudicium in petitorio. Quid econtra, dic per Dy. in regula qui ad agendum circa fi. de reg. iu. & per Bar. in l. naturaliter. §. nihil commune. de acq. poss. in 3. col. vbi distinguit inter possessorium recuperandæ & adipiscendæ, vel retinendæ possessionis.

L E X   X X I.

1 *Ad positionem unius contrariorum sequitur destructio alterius. Sed ad destructionem unius non sequitur alterius constructio.*

2 *Si egi contra te rei uen. pete. hære. pro re uel rebus quas possidebas. at non probaui me dominum, uel hæredem, & sic poteras absolui, & quia absolutoria non declarat te esse dominum si caderes a possessione illarum, & ad alium peruenirent, quia non posses ea agere licèt posses te defendere aduersus me si possideres, an poteris non solum obtinere sententiam absolutoriam, sed etiam declaratoriam quod ad te pertineant.*

1 SI inter me. †Ad positionem unius contrariorum sequitur destructio alterius. Sed ad destructionem vnius non sequitur alterius constructio. ad hoc pôt subtiliter allegari ista l. & ad primum concordat quod hr in l. sed si pupillus. §. pe. de insti. in tex. & gl. nã sciendũ est, quod ista duo sũt inter se contraria. s. quod una & eadẽ res, uel hæreditas sit mea insolidum, & ẽt tua, vt l. si vt certo. §. si duob. uehiculum. s. commo. Si ergo ponit vnũ, quod sit mea, sequitur destructio alterius, quod non sit tua. Ideo si pronunciatur esse mea, censetur tacitè pronunciatum, quod nõ sit tua, vt hic, & s. de procura. l. Põp. §. si is. in fi. sed si destruimus, quod non sit mea, quia sic fuit pronunciatum, constituimus aliud, quia non propterea sequitur, quod sit tua, nec hoc censetur tacite pronũciatum, ut hic, in fi. & istam l. allegat Inn. & Host. in c. ex cõquestione. de resti. spol. qui fuerunt inter se cõtrarij in eo, quod statim dicam. In tex. ibi, (quod si post rem.) s. locutus est, quando adhuc nulla sententia erat lata inter te, & me, & quilibet nostrum asserebat se hæredẽ insolidũ, & quilibet possidebat aliquas res, quo casu quilibet nostrum pôt esse actor, & reus, quia eodem tempore quilibet pôt dare libellum contra alterum super pet. hær. occasione rerum quas ille possidet, & super utroq. libello procedetur. Hic loquitur, quãdo primo egi, & obtinui, quia fuit pronunciatum hæreditatem meam esse, certè tunc agere non poteris occasione rerum, quæ per me possidentur, quia illa sñia non solum prodest mihi respectu rerum quas tu possides, & rerũ quarũ respectu ego egi, immo ẽt respectu rerum quas ego possideo, licèt earum respectu, ego non egerim, quia nec habebam necesse agere, ut in l. j. §. hoc interdictum. s. vti possi. quia cũ illa sñia sit declaratoria super hæreditate, facit ius in omnibus reb. hæreditarijs, & ideo datur mihi exceptio pro reb. quas possideo, non solum actio pro reb. quas possides. Si uero iudex pronunciauit ad me non pertinere, non propterea pronunciauit ad te pertinere, & ideo licèt ista sit lata pro te, quia uideris absolutus, per hæc uerba, ut no. in d. c. ex conquestione. quod est notandũ, & sic prodest tibi, quantum ad res quas tu possides, non propterea tibi prodest quantũ ad res, quas ego possideo, ut illius uirtute possis illa a me petere, uel facere executioni demandari. Bene tũ posses agere, & aliter probare ad te pertinere, & hoc vult ista l. subtilis, & male declarata per gl. & Doct. sed opp. contra primum dictum, quod si adhuc nulla sñia sit lata, non propterea admittatur cumulatio istorum libellorum, quia sic se habent. quod sententia lata super uno pro actore, facit præiudicium super altero contra actorem eundemq. reum, ut hic patet in ver. quod si po. ergo &c. vt s. ti. j. l. fundum. Sol. leges illæ loquuntur, quando talia iudicia intentantur ab eadem persona contra eandem, secus si unum ab una, alterum ab altera ad inuicem, ut hic secundum Bar. item adhuc opp. quod non procedat super utroq. sed super altero tm. C. qui accu. non poss. l. j. sol. ibi quando alterum solum erat præiudiciale, & maius altero, hic quando erant æqualia, & nullum altero mai⁹,
2 secundum eundem. †Vltimo quæro, pone, quod egi contra te rei vẽ. vel pet. hær. pro re vel rebus quas possidebas, & non probaui me dominum, vel hæredem, & sic poteras absolui ex eo, quia non probaui, sed quia ista sñia absolutoria non propterea declarat te esse dominum, uel hæredem, propterea tibi non prodesset, si caderes a poss. illarum, & ad alium peruenirent, quia non posses ex ea agere, licèt posses te defendere aduersus me, si possideres, & assumpsisti in te onus probandi, & probasti ad te pertinere, quod sine dubio facere potes, licèt non tenearis, vt l. circa. s. de probati. Quæritur, utrum poteris propterea obtinere non solum sententiã absolutoriam, sed etiam declaratoriam, quod ad te pertineant, & certè in causa status, constat quod sic, vt est tex. in d. l. circa. Sed dubium est quid in alijs causis, gl. ibi tenet idem esse. Et idẽ sequitur Inn. in d. c. ex conquestione. Host. miratur tam de gl. quam de Inn. quod sic simplr determinauerunt. Et ipse tenet, quod non possis obtinere istam sñiam, nisi hoc petieris, & vr sentire, quod debeas hic petere per contrarium libellum, super quo fiat lit. cont. quia conte. facta super meo lib. censetur facta super meo dñio, non super tuo, non potes virtute illius obtinere sententiam declaratoriam, sed debes dare alium lib. super tuo, & fieri lit. cont. Et ad hoc probandum adducit multa, & excipit certos casus, in quib. potes obtinere declaratoriam pro te, sine nouo libel. virtute libel. mei si petij electionẽ de me factam confirmari, quia reperto, quod non sit confirmanda, pôt virtute eiusdem libel. infirmari, quia sunt inter se ista correlatiua. Sed dominium meum cum dñio tuo non sunt correlatiua. Vel si petij sententiam pro me latam confirmari. Nam reperto, quod non sit confirmanda, potest uirtute eiusdem libelli infirmari, ut etiam plene tangitur per Inn. in c. cũ contingat. de offi. deleg. & exaltat Host. uocem suam contra & miratur quod ita potuit asserere. Certè cum in cã status habemus hoc expressum in d. l. circa. & gl. ibi dicat eandem esse etiam in alijs puto Inn. verius dicere, & quod non requiratur nouus libell. Sed bene puto, quod requirat petitio redacta in actis, quia postquam probauit se dominum, debet saltem viua uoce in calce ferendæ sententiæ petere se absolui, & declarari dominum, & facere istam petitionem in scrip. redigi per notarium causæ, & petit absolui adiecta causa, quia est dominus, & tantum prodest sibi ista sententia ad finem agendi, quantum si ipse egisset, & per suũ libel. & dominio fuisset lis conte. & ista opi. vtilior est opinio Host. ideo magis amplectenda. argum. s. de damno inf. l. hoc amplius. in fin. princi. dum dicit. (sententiam Iuliani utilitas comprobat.)

L E X   X V I.

1 EVidenter. †Ei qui egit, & obtinuit, si iterũ velit agere actione prima, nõ ob. except. rei iud. h. d. Dic vt s. eo. l. si a te. in j. lect. in gl. ibi. (sed contra. C. de vsu. rei iud. &c.) quod non possit iterum petere vel agere actione prima, ut dixerat glo. in princ. quia illa videtur sublata iure nouationis. Sed dic quod immo non est sublata & quod ista dicitur nouatio per accumulationem nouæ actionis ad ueterem, non per interemptionem veteris, ut plene not. j. C. de iud. nouatur ergo ad commodum actoris non rei. In ibi (item contra.) quod immo nouetur ad commodum rei, vt in legibus alleg. in gl. Sed responde quicquid dicat glos. quod in illis actio prima non nouatur ad commodum rei, sed bene adijcitur actio noua per sententiam quæ magis est commoda reo quam prima, quia uirtute primæ quilibet tenebatur insolidum, sed virtute secundæ quilibet pro parte. In glos. ibi, (item contra. s. de in annulo. aureo, &c.) quod sententia prosit condemnato. Sed dic quod non prodest principaliter, sed in pœnam potest prodesse. Vt si aliquis remouetur ab administratione tute. ista sententia sibi prodest, ut non teneatur de periculo rerum administrationis, ut l. decreto. de suspec. tut. In gl. ibi. (item contra. C. de posi. l. j.) quod non possit iterum agi cuius contrarium dixerat gl. in prin. Sed dic ue, quod non potest iterum agi officio iudic. mercenario termino principali, cum illud per se stare non possit, vt ibi, sed iure actionis, vel officio nobili, quia possunt per se stare, vt hic.

L E X   X V I I.

1 *Absolutus ex eo, quod non possidebat, nec dolo desierat possidere, si de nouo possidere incipiat potest iterum conueniri.*

2 *Si non constat ex qua causa sit facta absolutio, præsumitur facta ex illa causa ex qua debet fieri, & quæ colligitur ex actis.*

3 *Si iudex expressit duas causas quarum vna erat magis damnosa actori quam altera, attenditur magis damnosa.*

Quando concurrunt duo quorum vnum nocet, alterum prodest, inspicitur id quod nocet.

1 SI rem meam. †Absolutus ex eo, quod non possidebat, nec dolo desierat possidere, si de nouo possidere incipiat, potest iterum conueniri. hoc cum l. seq. & concordat l. si a te, in prin. s. e. Ad contra facta hic in j. gl. melius quam gl. rñ. vt hic & no. in c. pen. extra de exc. in tex. & gl. quod hoc debet intelligi, qñ reus tpe lit. conte. possidebat. Vnde præsumitur possidere, nisi probet contrariũ, & si contrariũ probet, præsumitur dolo desiisse possidere. nisi contrariũ probet, ut ẽt no. l. non ignorabat. C. ad exhib. per Cy. & in l. siue possid. de pro.
2 †Vlt. no. gl. sing. quæ est in l. seq. quæ incipit, si quis ad exhib. si non constat, ex qua causa sit facta absolutio, præsumitur facta ex illa causa ex qua debebat fieri, & quæ colligitur ex actis, & gl. semper allegatur.
3 †Item quod si iudex expressit duas causas quarum vna erat magis damnosa actori, quam altera, attenditur magis damnosa, ad quod facit illud brocardum, quando concurrunt duo quorum unum nocet, alterum prodest, inspicitur id quod nocet, quod dic, ut l. si quis in graui. §. fin. cum l. ad Silla.

LEX XIX.

DVobus diuersis. Quando est aliquod ius, qd pōt in iudiciū deduci p modū agendi,& p modum excipiendi,si primo fuit deductū per modū excipiendi,& super illo succubuit us,nō pōt iterū deduci ab eodem p modū agendi,si tendit ad ndē finē cū exceptione.h.d.ista l.subtiliter intelligendo.Si āt nderet ad diuersum finē,bñ posset deduci per viā agendi, p l. ndicantē. cū l. seq.§.de euict.sed si primo fuisset deductū per ā agendi,& succubuisset,tūc ēt si tenderet ad diuersum finē, on posset deduci iterū p modū excipiendi, quia in plus se ha- et actio,q̄ exceptio:ideo si succubuit in agendo, repellitur ab cipiendo, licèt non econuerso,& hoc etiam voluit Inn.subti er in c.fi.de ord.cog. ꝙ ēt vr̄ de mēte gl. mag. quæ est hic post in.ibi rñdeo,ibi agendo &c.Qñ āt esset tale ius,ꝙ non posset iudiciū deduci,nisi p viam excipiendi,vt sunt exceptiones pe mptoriæ,puta,pacti & solutionis,tunc si semel fuerunt dedu æ & succubuit reus,deinde iterato cōuenit, & q̄ritur vtrū ite to possit eas obiicere? distingue,vt hic habetur in gl.ꝙ aut ꝯ- enitur ex snīa,& non pōt,quia ꝯ snīam illæ nō sunt acquisitæ. ut conuenitur actione prima, & tunc pñt obiici,ideo fatuus t qui actionē primā intentat,cū habeat ꝓ se snīam,ut no.§.eo. i a te §.j.in gl.& h.d.gl.mag.hic in ver.pone ergo.quæ est glo. o.& sing. Et dicit Dy.ꝙ non est alibi,& vide Cy.in l.perempto as.C.sent.resc.non poss. Quinimo isto casu, ēt si non fuissent ceptiones oppositæ, & sic non posset dici, ꝙ in eis succubue- , adhuc non poterit eas opponere, si iterum conueniatur ex sa snīa,quia debuit eas opponere ꝯ snīam, ut d.l. peremptoas.nisi sint tales,quæ snīam non impugnant,ut l.Nesennius.§ sup.de re iudic.sed qñ est tale ius, quod pōt deduci ēt per viā gendi,tunc si non fuisset deductum per uiam excipiendi, posi ꝙ snīa lata esset ꝯ reum, non prohiberetur deducere per viā gēdi,quia tunc demum prohibetur qñ ista concurrunt,ꝙ pri- ū deduxerit per uiam excipiendi, & ꝙ super illo fuerit plenè gnitū,& in ꝯriū pronunciatū,& ꝙ tendit ad eundē finē cum exceptione. Nā si non fuisset cognitū, sed exceptio repulsa, nō rohiberetur deduci per viam agendi,ut in l.finaūt.§.fin.de ne gest. Idem si cognitum,sed non plenè, vt in iudicio summa- o.ut in l.si iudex.§.de his qui sunt sui uel alie.iur.& l.si qs alibe §.si uel parēs.de libe.agno.& vide quod circa hoc plenè not. r Bart.in l.qui Romæ.§.duo fratres.in 3.col.de uerb.obliga.

LEX XX.

etitio generalis quo ad res, restringitur ad illas de quibus facta est prose- utio, tam in actione personali, quàm in reali.

sententia & interpretatione verborum eius attenditur mens iudicis, de qua si constat, non debet vltra illam, vel aliter extendi.

SI ex testamento. † Petitio generalis quo ad res, restringitur ad illas, de quibus facta est prosecutio,tam in actione personali,q̄ in reali.h.d.cum princ.l.seq.ſm intellectū gl.quæ est not. Et a prima lex loquitur qñ actor obtinuit,sed princ.l.seq.qñ suc ubuit. Videbatur añt esse distinguendum inter actionē perso- alem,& realem,vt §.eo.l.& an eandem §.actiones. Sed certè il d procedit,qñ est generalis respectu causæ,vel causarū ex qb. gitur. Sed hic est generalis respectu rerum,quia petiit oīa quæ rant sibi legata,& non fuit prosecutus,nisi super quibusdam, o casu non censetur petiisse,nisi illa in quib.facta est prosecu o,non distinctio inter actionem personalem,& realem,& hoc ult in effectu gl.j.& no.istam limit. Intelligit ergo gl.istos text. petitio fuit generalis,ad hoc ut hēat aliquod dubiū. Si enim uisset specialis,nullum dubium haberet. Itē facit dubiū, quia a lex in fi.ur loqui solum,qñ actor nō probat sibi legatū, nisi lud sup quo facta est prosecutio,nimirum si non vr̄ petiisse,ni illud,quia generalitas libelli non pōt dici,ꝙ comprehēdat il- d de quo non cogitauit. Innuit ergo, ꝙ si sciuisset quantum rat sibi legatum,& tñ non fuisset prosecutus, nisi super parte, obtinuisset, ꝙ ista snīa faceret pͥudiciū in altera parte, quasi ideretur ab illa absolutus reus, quod ur esse falsum, quinimo īa uideretur non ualere in aliquo,cum totum uideatur peti- m, ex quo de toto sensit, & ideo snīa lata super parte non fa- a mētione de altera parte, uř in totū nulla, ut ꝫ.de doli excep. apud Celsum.§.item quæritur si cum eo.& ibi no.in gl.& C.si duer. rem iud.l.j.pp hoc gl.2.mag.super uerbo, (putasset.) q̄ oluit sentire istud ꝯriū.dicit ꝙ mero iure absolutus est ab al ra parte isto casu,qñ sciuit quantum erat sibi legatum, licèt cus,qñ ignorauit,tñ de æquitate daꝛ actori replicatio per l.li- ēt.C.de iudi. Sed certè ꝓ hoc nō soluit ꝯriū,quia imo snīa vr̄ ulla in totū. Præterea illa lex,licèt loquatur in actione vr̄i, nos oquimur in non vr̄i,tñ fuit generaliter proposita, ideo melius dic ꝙ ꝯrium loquiꝛ, qñ petitio fuit generalis, & ēt ꝓsecutio, & sic fuit cognitum de toto eo, qd continebatur in libello. & tūc est uerū,qñ snīa dēt ferri sup toto.per l.de qua re. de re iud.& si fieret condenatio in parte,& de altera nihil diceretur,non ualeret ēt in illa parte,facit l.in hoc iudicio.sup.fa.ercis.Sed qñ nō fuit cognitum,nisi de parte,ualet snīa in illa parte.ita not.Bart. in l.terminato.C.de fruct.& lit.expen.circa medium.& patet in d.l.de qua re.dū dicit.(de quo cognouit iudex &c.)ergo si non cognouit super toto,quod erat deductum in libello,sed de parte tm̄,ualet snīa in illa parte. Vnde si peterem a te decem,& postea non prosequerer, nisi in quinq., ualeret snīa in quinque,licet de alijs quinque nullam faceret mentionē. Et sic in isto tex. in fi.dum dicit, ꝙ nec actor petere putasset. Supple, maximè, nam idem si putasset quantum esset sibi legatum. Tene menti

2 ista.† Vltimo a no.istum tex.in fi.& in princ.l.seq.ꝙ in sententia,

a & interpretatione uerborum snīę debet attendi mens iudicis, de qua si pōt constare non debet vltra illam,uel aliter extendi, & ad hoc multoties allegaui istos in consilijs.

ADDITIO.

a Et adde, ꝙ sententiæ interpretatio per iudicem habentem merum, ac mixtum imperium fieri debet non per delegatum arbitrum,aut arbitratorem, ſm Bal. & Ang.in l.ij.C.de sent.ex pericu.recitan.Lanfr.in ca.qm̄, cōtra falsam.in uerbo,sententia.uer.ulterius dubitatur.de prob.Bald.in l.ne in arbitro.C.de arbi. Spec.eo.tit.§.fi.uersi.sed nunquid.uer.obscure.& per glo.Bart.& Bald.in l.ab executione.C.quorū appell.non reci. vbi dicitur posse appellari a iudice, qui male interpretatus est.

LEX XXI.

SI cum testamento.

§.Si petiero gregem. Qui petiit gregem, & succubuit, non auditur uolens iterum eūdem petere, licèt sit auctus,uel diminutus,quia hoc nō diuersificat substantiam eius. Nec ēt audiē si vult aliqua capita ipsius gregis petere.h.d. Et istud ultimum vr̄ dubiū pp ꝯrium formatum in gl.quia ista possunt simul stare,ꝙ grex vr̄ nō sit meus, & tñ aliqua capita ipsius sint mea:iō licèt succumberē in petitione gregis,non uideor repellendus à petitione capitū singulariū. Propter hoc glo.intelligit,ut in ea habeꝛ,ꝙ grex nō fuit petitus tāquam grex,sed tanq̄ plura capita,aliàs ꝓcederet ꝯriū. Dy.āt distinguit inter totū,quod cōsistit ex plurib.capitib.distinctis,ut est grex,& tunc succumbens in toto repellitur à petitione partiū, ut hic,& in toto qđ consistit ex pluribus.partib.inuicē secū contingentibus,vt est domus, & tunc succumbens in toto non repellitur à petitione partiū, postq̄ totū est dissolutū,sup.eo.l.si quis cum totum.uersi.sed in cæmentis.tñ per hoc non tollitur ꝯrium supra signatum. & iō prima solutio glo.vr̄ securior. Pōt etiam dici,ꝙ hic uolebat petere certa capita,ex illa eadem causa, ex qua petierat gregem, ꝯrium procedit,quando ex causa diuersa,ut etiam habetur in l. fi.ꝫ.ea.l.§.si fundum.& d.l.si quis cum totum.sup.eod.

§.Si fundum. Qui petiit fundum, & succubuit, nō admittitur ad petēdum vsumfructū causalem eius,quia vr̄ petere idem & ex eadem causa. Sed qui petiit vsumfructum formalem, & succubuit, non prohibetur petere vsumfructum causalem, vel proprietatem, quia non dicitur petere idem,nec ex eadem causa.

1 *Exceptio rei iudicatæ competens patri super actione de peculio competit ei qui fideiussit pro seruo.*

2 *Quando alteri per alterum possit acquiri exceptio.*

1 §.Si pro seruo. † Exceptio rei iudicatæ cōpetens patri super actione de peculio competit ei qui fideiussit pro seruo,h.d. Videtur ꝯrium, quia licèt exceptio competens principali transeat ad fideiussorē,vt §.tit.j.l. exceptio.§.rei. Tamen competens vni fideiussori nō prodest alteri. Et pater in actione de peculio loco fideiussoris hr̄, vt in l. cū filius.de ver.obl.pp hoc gl.hic intelligit, ꝙ pater fuit absolutus in actione de peculio ex cā,quæ si esset uera, liberaret principalem,& per ꝯsequens fideiussorem eius,aliàs secus,per l.cgi ꝫ.de sol. Et hoc no.& tene mēti,quia ꝓ hoc vr̄,quod si egi contra vnum ex fideiussorib.& fuit absolutus adiecta causa,qa principalis mihi soluerat,talis absolutio prodest etiam principali,&

2 alijs fideiussorib.† Nec obs.ꝙ alteri per alterum non potest acquiri exceptio,quia istud est verum,nisi sint personæ inuicem se contingentes occasione eiusdem debiti, vt principalis, & fideiussor. Nam pactum fideiussoris interdum prodest principali ratione contingentiæ,ꝙ non esset in penitus extraneo, iuxta illud quod habetur sup.de pac.l.si vnus.§.j.& l.idē in duobus.

LEX XXII.

SI cum vno. Siue mutetur persona, siue causa petēdi, censetur alia quæstio esse diuersa, & non obstat exceptio rei iudicatæ, etiam si sit eadem causa

causa defensionis.h.d. Glo. tamen uidetur dicere contrarium ꝑ l. si quis separatim, de appel. Vel potest dici, ꝙ ibi in ipsa appell. quæ facta ab uno prodest alteri, quando est eadem causa defensionis, secus in causa principali, quia sententia lata pro vno ex hæredibus, non prodest alteri, etiam si sit eadem causa defensionis, per istum tex. ibi dum dicit (nam & si eadem quæstio.) Pone enim ꝙ fuit absolutus vnus ex hæredibus ex eo, quia defunctus soluerat, quod si esset verum, prodesset cohæredibus, tamē hoc habetur pro vero, solum quo ad illum qui fuit absolutus, non quo ad illos, nec ob. quod dixi in præce. §. quia ibi se contingebant occasione eiusdem debiti, cum omnes pro eodem debito tenerentur, sed hic inter hæredes debitores diuisum est debitū, & quilibet teneretur pro parte sua tantum, & sic non se contingunt.

LEX XXIII.

SI in iudicio. Absolutoria lata super vsuris nō parit exceptionem rei iudi. super sorte, hoc primo, nec etiam, super usuris, si lata sit ex eo, ꝙ ineptè fuerint petitæ, si postea aptè petantur, hoc secundo. Et ita intelligo istum tex. sed glo. non declarat. Secunda ibi (eadem erunt.) Et j. pars potest intelligi, etiam qñ aptè fuerunt petitæ, quia erāt deductæ in stipulatione, & sic poterant per se peti sine sorte, & ita fuerunt petitæ, & lata fuit absolutoria, quia non debitæ, nam non sequitur, ergo sors non est debita. Si autem fuisset lata ex eo, quia uel ꝙ sors non erat debita, & per ꝯsequens non poterant deberi vsuræ, tunc dicendum esset contrarium, quia faceret præiudiciū in petitione sortis, eo quia replicaretur in iudiciū illud, quod semel fuit decisum, & sic licèt petatur res diuersa, obstat except. ut l. si quis cū totum. §. si ancillam. sup. eod. Econtra vero absolutoria lata super sorte indistinctè parit exce. rei iud. super vsuris, sicut lata super re, super fructib. eius patit, ut in l. fundi. sup. tit. j. sed condemnatoria lata super sorte, non facta mentione de vsuris, faceret præiudiciū in usuris, si non poterant peti iure actionis, sed officio iud. mercenario, ut l. 4. C. deposi. & in l. centum Capuæ. sup. de eo quod cer. lo. Secus si poterant peti iure actionis, ut in l. j. C. de iud. & in l. centum Capuę. Secundam partem in uers. eadem intelligo quando quis petiit de facto, vsuras ex contractu bonæ fidei, non deductas in stipulationem, & succubuit ex eo, quia ineptè petiit, quia nō poterat eas petere sine sorte, vt d. l. 4. C. depo. si vult postea petere sortem vna cum eisdem vsuris poterit, quia lata sententia ꝑꝑ ineptitudinem libel. non parit exce. rei iud. ut no. sup. eod. l. & an eandem. in prin. in j. glo. mag. nec facit illa sententia quominus continuæ vsuræ currant, & hoc dicitur hic. In tex. ibi. (uelit usuras tantum prosequi.) supple, & fuit prosecutus de facto, & succubuit ex eo, quod ineptè petiit usuras sine sorte, postea uolebat petere sortem, & easdem usuras.

LEX XXIIII.

SI quis rem. Possessor absolutus ex eo, ꝙ dñium rei ad ipsum pertineat, si à possessione cadat, & ad actorem perueniat, potest virtute dictæ sētentiæ ab eo recuperare, nec ille auditur volens de dominio probare, quia veniret contra sententiam. h.d. s'm unum intellectum glo. quē ēt tenent Doct. in l. Iuli. post prin. §. de cond. indeb. Non tñ in text. exprimitur qualiter fuerit absolutus, sed glo. ita intelligunt, quia si fuisset simpliciter absolutus, uideretur absolutus, quia actor non probauit, & sic de iure ipsius possessoris nihil uideretur pronunciatum, vt sup. eo. l. si inter me. & ideo non posset virtute eiusdem sententiæ recuperare, agendo etiam contra eundem, licèt posset retinere excipiendo contra eundem. Et præfatus actor non possidens admitteretur ad probandum de dominio suo, quod per illam sententiam non perdidit, vt inf. eod. l. sextante. §. latinus. uer. ꝙ si possessor. & dixi §. eo. l. si mater. §. denique. & ista distinctio probatur in l. sed & si possessori. de iureiur. Aduertendum tñ, ꝙ etiam qñ fuit absolutus ex eo quia erat dñs, si non ita erat in veritate, imo actor erat dñs, adhuc actor per illam sñiam non desinit esse dñs, quia non est causa habilis ad translationem dñij, non secuta traditione, secus econtra, quia si conuentus rei uen. sit dñs, & condemnatus sit ad restituendum rem actori tanquam domino, cum non sit, & illam restituat, ipse desinit esse dominus, & dominiū trāsfertur in actorem, licèt ei restituatur tanquam sua, & non tanq̄ sit ipsius restituentis, vt no. gl. Institu. de offi. iud. §. fi. & in l. Pōp. §. qui iussu. sup. de acq. hære. Sicut in re quæ dimittitur ex causa transac. ut in l. si pro fundo. C. de transac. tamē tunc clauditur sibi os, vt nec agendo, nec excipiendo possit dicere ꝯrium, uel probare, quia ueniret ꝯ sñiam, licèt secus in alio casu qñ simpliciter, vel ex eo, quòd nō ꝑbauit. Et si dicatur quid proderit sibi hoc dñium, ex quo ipsum allegare nō potest, nec probare? R͂ñdeo, posset ꝑdesse, si reus absolutus hoc fateretur, ꝙ ipse actor erat dñs, quia licèt sñia faciat præsumptionem iuris, & de iure ꝯtra q̄ non admittitur ꝑbatio in ꝯrium, hoc est uerum, nisi p[er] confessionem partis, ut nota. in auth. sed iam necesse. C. de d[onat.] ante nup. per Cy. & in corpore vnde sumitur per gl. Poterit [au]tem iste olim possessor, & nunc agens triplici via vti in recu[pe]rando, uel ꝙ intentet rei uend. & probet dñium per ipsam [sen]tentiam, vel ꝙ agat actione in factum, ex ipsa sñia, vt d. l. si p[os]sessori, & sic inducta ad excipiendum prodesunt ad agendu[m] ut ibi not. sicut econuerso, ut dixi sup. eo. l. si a te. Vel poteri[t pe]tere sñiam illam executioni mandari, quia licèt à princi. ali[am] executionem non meruerit, ex quo ipse possidebat, nunc q[uia] nō possidet, meretur, & hoc per ea quæ not. per Doct. in d. l. & si possessori. Legitur alio modo in gl. ꝙ fuit absolutus ex [eo] quia actor non probauit, vel simpliciter quod idem est, & t[amen] verum est, ꝙ nō admittitur ad recuperandū virtute solius s[en]tentiæ per ea quæ dicta sunt, sed quia habebat titulum à non domi[no] & etiam bonam fidem, & cum his etiam habebat, sentent[iam] absolutoriam ꝯ verum dñm, ex quo admittitur ad agēdū p[ublicianam] etiam ꝯ verum dñm, nec ille poterit eum excludere p excep[tio]nē dñij. Nec ob. ꝙ publi. non datur ꝯ uerum dñm, sed per ex[ce]ptionem dñij excluditur, ut in l. si. sup. de pub. quia illud e[st] verum, si solum haberet titulum & bonam fi. & non habu[isset] hanc sñiam absolutoriam ꝯ uerum dñm, ut hac l. secundū intell. quem tene menti. Per hoc etiam patet nō obstare ea [quæ] sup. dixi. & etiam l. si inter me & te. & in d. §. latinus. uersic. possessor. quod procederet, qñ possessor q̄ fuit absolutus p[rin]cipaliter, vel quia actor non probauit, non haberet titul[um à] non dño: tunc. n. nō haberet publ. & ideo ex illa sñia nullo [mo]do posset se iuuare, & sic admitteretur ille, qui non possid[et] qui fuit originarius actor, ad probandum de dominio suo, [non] obstante dicta sñia. Sed qñ hēt titulum à nō dño, & bona[m fidem] illa sñia sibi prodest saltem, quantum ad hoc, vt roboret, & [for]tificet publicianam, licèt ex illa sñia agere nō possit, & ex [hoc] remanet ista lex clara & utilis, & ēt gl. declarata. In glo. ibi. [Sed] forte aliud est in sñia.) Ista opin. est falsa, quia idē in sñia q[uod] in iureiur. vt d. l. sextāte. §. latinus. uers. qd si poss. ubi est ca[sus].

LEX XXV.

1 *Si alius sine mandato egit nomine meo, vel defendit causam, & post[ea] ꝯstituā, cū ꝑcuratorem in eadem, an videar per hoc ratificare prius g[esta].*

SI is qui hæres. Ex causa de nouo superuenie[nte] qui primo succubuit admitt[itur] ad agendum, hoc primo. Item absolutoria lata in acti[one] quanto minoris facit præiudicium in actione redhib[itoria] quatenus ad idem tendunt econuerso, hoc secundo. Itē [sen]tentia lata contra falsum procuratorem, non nocet dom[ino] si factum illius non ratificauit, etiam si postea ipsum eun[dem pro]curatorē constituit ad eandem litem. Et illa sñia non obs[tat] ille idem procurator admittet̄ hoc tertio, & ulti. dicit tot[a]

1 † Et nota illum vltimū §. per quem vř, ꝙ si alius sine man[dato] egit nomine meo uel etiam defendit causam, licèt postea ꝑcur. constituā in ea. causa, non videor per hoc ratificare [prius] gesta, & sic illa mihi non noceret, sed ea quæ postea fuerit [ꝯt]rium facit l. Iul. §. qui satisd. cog. De isto art. tangitur in addi. in tit. de procu. §. j. in addi. quæ incipit. (de hoc.) & non cla[re] determinat. Breuiter dic, ꝙ hic primo improbauit gesta p[er] & postea ipsum constituit procuratorem ad agendum in causa de nouo, & tunc non est dubiū. Si autem expresse n[on] probauit, tunc distingue, aut constituit ipsum ad agendu[m] nouo ad idem, quia ꝑ hoc tacite uř improbare prius gesta, etiam pōt hic loqui. Aut cōstituit eum ad ꝑsequendam [li]tem iam cœptam, & tunc uř approbare iam gesta ꝑꝑ necessi[tatem] ꝯñtiam, quia non possent valere sequentia, nisi ēt ualere[nt præ]cedentia, ergo &c. arg. in l. illud. de acq. hær. & ita loquitur [in] §. qui satisd. cog. Cautius tñ est, ꝙ expresse ratificaret priu[s ge]sta, & ita intelligo id quod not. Io. And. in loco prædic. Q[uan]tum ad hoc, ut procurator admittatur ad prosequēdum, ꝑꝑ dubium posset reus obiicere, nolo te admittere, nisi p[rius ges]tia ratificentur. In §. j. in text. ibi. (eū qui alterutra earū eg[it]) supple ad fi. redhibendi, & succubuerit, nā licèt diuersi[ficetur] actio non diuersificatur causa, ergo & c. ut s. eo. l. uni. Sed [si fuis]set actum quanto minoris, non ad finem redhibendi, sed [se]quitur expressio,) quantum minoris fuisset empturus, & [suc]cubuit, nō videtur repellendus a redhibitoria, cum agatur [ad di]uersum finem. Et ita intelligitur contrarium formatū hic.

LEX XXVI.

EGi tecum. Vbi deficit fundamentum, sup[er quo] fundari non potest, ad hoc allega[tur] istam l. & etiam l. nam origo. sup. quod ui aut cla[m]. text. ibi. (egi tecum.) s. negatoria, quia prætendeba[s] mū meam dñe tibi seruitutē altius tollēdi, & dic, ꝙ succub[uisti]

1 *Qui succubuit in sorte, non admittitur ad petendum vsuras.* §. Ite[m]

.tem ſi fundo. †Qui ſuccubuit in principali nõ admittitur iterum ad agendum .cceſſorijs.h.d.†No.ꝑ eo quod dixi.ſ.eo.l.ſi in iudicio, ꝙ il i ſuccubuit in ſorte,non admittitur ad petendum vſuras, o.ti.l.fundi. Nec etiam inſulam natam in flumine ratione rentiæ ipſius fundi, vt hic.

L E X XXVII.

Vm de hoc. Exceptio quæ obſtabat uenditori, obſtat etiam emptori, qui poſtea cauſam habuit.h.d.Secus, ſi ante, vt in l.ſeq.§.fin. & ſ.eo.l.ſi mater §.fi. Et pone hic caſum, ꝙ poſſidebas lum meum,& egi rei ven.& ſuccubui,qa nõ probaui.Cer- r hoc non perdidi dñium. Poſtea iſtum fundum uendidi o,quem duxi ad fundum,& in eo ipſum introduxi . Certè dñium in ipſum tranſtuli,licèt non trãſtulerim poſſeſſio ,q̃ erat apud te,ut in l.ſi fundum.de fun.do. Quæritur,ſi il nptor agat ꝯ te,an poſſis ſibi obijcere exceptio. rei iud. Et ſicut ſi ego agerem , quia nõ potui in illum emptorẽ plus transferre,q̃ etiam apud me erat, ius eſſet eliſum , vel vul- atum ꝑ ſnĩam,qa licèt remanſerim dominus, obſtabat mi- i excep.Idẽ ergo in emptore. Sed ſi vẽdidiſſem anteq̃ egiſ- ,nõ obſtabit emptori,niſi ſciuiſſet me agere,& neglexiſſet. ſæpe.de re iu.Si aũt caderet à poſſeſſione , reuerteretẽ ad em rem,& ſi uelles nũc ꝯ ipſum agere,poſſet ſe defendere eo ca uo ſi reuerteretẽ ad me,poſſem me defendere ſ. ſi fuiſſes ab tus,qa non ꝓbaui,uel ſimpliciter, & non habuiſſes titulũ n dño,iuxta id qđ dixi in l.ſi quis rem à nõ dño. In glo. ibi utem ꝓ me.)Pro euidẽtia gl.no.ꝙ tex.loquitur,qñ ſnĩa fuit ꝓ reo,& ꝯ ueritatem,quia reus non erat dñs, ſed actor , & ꝙ iſta ſnĩa non immutat ueritatem,quia non facit actorem nere eſſe dñm.Quid ecõuerſo,ſi lata eſt ꝓ actore, & ꝯ veri- m,qa reus erat dñs? & iſta gl.vr̃ dicere ſiue non ſit facta exe io,ſiue ſit facta. Sed in hoc vltimo non bene dicit , quia fa- eſt executio,licèt reus tradat, vel reſtituat rem nõ tanq̃ ſuã tanq̃ illius,cui reſtituit, nihilominus ꝑꝑ authoritatẽ rei iu. ſe erat dominus,transfert dñium, ſi non erat dñs transfert capiendi conditionem,vt plenè no.in l.Pompo.§.ſi iuſſu.de .poſſ.& Inſt.de offic.iud.§.fi.ſecus ſi ex alio ti. transferatur, ic loquitur l.3.§.ſubtilius. de cond. ob cau.

L E X XXIX.

Vdicatæ. Snĩa lata ꝓ libertate danda ꝯ unum ex hęredibus alteri cohæredi non nocet mero iure, tñ fauore libertatis, debet ſeruari etiam in eius præiudicium,ut careat dñio ſerui , & efficiatur liber cum non ſit effici liber pro parte,tamen conſeruatur indemnis, quia pſo manumiſſo debet refundi pretium partis ſuæ.h.d.in effectu tex. cum gl.

.Si debitor. Snĩa lata ꝯ authorem nõ præiudicat ſingulari ſucceſſori , qui ante illum cauſã buit,ſi non fuit citatus,vel req̃ſitus ad cauſam. h. d. Supple, ſi ignorauerit cãm agitari,alias etiã ſi non fuiſſet citatus, no ret ſibi,ut in l.ſæpe.de re iud. Item dic,ꝙ habuit cauſam añ am,& ẽt litem inchoatam per authorem.Alias ſibi noceret, ut ſi habuiſſet cãm poſt ſnĩam.ut not.ſ.eo.l.ſi mater.in fi.In .ibi(non admonito.)No.ꝑ eo quod dixi in l.fin.de re iud.ꝙ èt ſnĩa lata contra unum,alteri nõ noceat,ſi tñ alter fuit citus,& non comparuit, vel non defendit cauſam, bñ nocet, ẽt ꝓbatur in c.inter quatuor.de maio.& obe.& in alijs iurib. æ allegaui in d.l.ſæpe,hoc tamen limita,ut ibi dixi.

i in libello expreſſit unam cauſam, puta inteſtati, & ſuccubuit, an pro- ibeatur agere ex alia,ſcilicet teſtati.

EX ſextante. Qui egit pet. hære. ſimpliciter & ſuccubuit, licèt cauſam inteſtati dumtaxat fuerit proſecutus, non auditur uolens iterũ agere ex teſtamento.h.d.ſm intell.gloſſ.quod dic, ut ſ. d.l.ſi mater.in princ. Et dic,ꝙ fuerunt ſubſtituti tres vnus in xtante.i.in duab.uncijs,& q̃libet aliorũ duorum in 5.uncijs, men illi duo totã hæreditatem poſſidebant, videlicet ,q̃libet dimidia,& ille inſtitutus in ſextante egit ꝯ unum illorum pe ndo totam dimidiam,ſimpliciter dicendo ad ſe totam hr̃dita m pertinere.Et cum ille allegaret ſe hæredem , ex teſtamẽto plicauit de nullitate teſtamenti,& dixit totam hr̃ditatẽ ad ſe rtinere ab inteſta.& ſuccubuit, quia teſtamentum non erat llum. Vñ poſtea uolebat agere tanq̃ hæres ex teſtamento ꝯ undem ꝓ dimidia ſextantis in una uncia, dr̃ ꝙ nõ poteſt, poſtuam egit ſimpliciter non exprimendo, an eſſet hæres ex teamento,vel ab inteſtato,licèt poſtea replicando dixerit,ꝙ ab- teſt. In glo.mag.poſt prin.ibi(& ſic nõ refert qua ex cã &c.) ſed ad contrarium de l.poſt legatum.§.j.rñ.Vnde dic,ꝙ ibi loquitur,qñ dedit libellum principalr̃ non ſuper hæreditate , ſed ſuꝑ nullitate teſtamenti,& ſuccubuit.Nã tũc nõ reputatur indignus eorum,quæ in teſtamento ſibi ſunt relicta. Secus ſi accuſaſſet teſtamentum de falſo, vel inofficioſo, qa tunc repelleretĩ ratione indignitatis.Sed hic dedit libellum principaliter,dicẽdo illam inſolidum a ſe ꝑtinere,& non exprimendo ex teſtamẽto,& ſic utranq.cauſam vr̃ in libell.deduxiſſe,ut ſ. e.l.ſi mater. §.deniq.& §.eandem. in fi. Vnde ſi ſuccubuit , repellitur poſtea non rõne indignitatis,ſed quia cãm teſtati,ex qua vere erat hæres ꝓ ſextante,& q̃ in libell. deduxiſſe uidetur , non fuit proſecutus. Vnde ſibi imputet,licèt fuerit ꝓſecutus cauſam inteſtati,ex qua non erat hęres. ideo dixi,ꝙ replicando , allegauit de nullitate teſtamenti non principaliter agendo, ut non obſtet
1 iſtud ꝯrium,& credo ꝙ hoc fuerit de mẽte gl.†In gl.ibi(ſed an exceptio electionis)venit ad limitationem eius qđ dixerat glo. in ꝓximo præcedenti uer.uidelicet, ꝙ ſi in libell.expreſſit unã cãm & ſuccubuit,puta,inteſtati,non ꝓhibetur agere ex altera. ſ.teſtati,ut l.ſi mater.§.ſi qs aũt.ſ.eo.h.d.glo. ꝙ iſtud eſt uerum virtute illius ſnĩæ,q̃ non facit præiudicium,niſi in cauſa in lib. expreſſa, ſed bñ prohibetur agere alio reſpectu.ſ.electionis, qa q poteſt uenire ex teſtamento,& ab int.ſi eligat alterã iſtarum ſtatim facta electione perdit alteram,etiam añquam ſententia ſit lata,ut in l.fi.C.de iure codi.Certe in hoc glo.nõ bene dicit, qa illa lex loquitur qñ quis ex eadem ſcriptura poterat venire duplici via ꝯria.ſ.ex teſtamento tanquam hæres directus,& ab inteſt.tanquam fideico.Sed in caſu iſto ambæ iſtæ uiæ non ueniebãt ex ea. ſcriptura,ſed ex ſola cã teſtati.Cauſa vero inteſtati ex nulla ſcriptura ueniebat.Item ibi ex utraq.uia uolebat ueni re ex diſpoſitione defuncti.Altera præter eius diſpoſitionẽ. Itẽ ibi malè cõcurrebant in origine,& erat locus electioni, hic nõ concurrebant,qa cauſa teſtati præcedebat cauſam inteſt. & iõ dic,ꝙ indiſtinctè non repellitur dicto caſu,nec uirtute ſententiæ,nec uirtute electionis.In gl.ibi(alij dicunt ꝙ non,in perſonali autem ſimpr̃ propoſita omnia ueniũt.) Iſta gl. uidetur expreſſe loqui contra text.quem allegat.ſ. eo. l. & an eandem. §. actiones,quia ibi dr̃,ꝙ in perſonali ſi detur libel.generaliter,vl̃ ſimpliciter,& poſtea proſequatur unam tm̃ cauſam,illa generalitas reſtringitur ad illam cauſam, ut ex ea dumtaxat uideaẽ actum. Et illa tantũ uideaẽ in libel.deducta. Vnde dic ꝙ glo. ꝓcedit in actione perſonali,puta,tute.vel neg.geſt.ſi fuit libe.generalis,& ꝓſecutio ſpecialis in una ſpecie,puta ĩ adminiſtratione ſpãlis,& ſnĩa generali, quia tunc nocet in omnib. ſpecieb. etiam nõ ꝓſecutis de rigore iuris, competit tamen replicatio , vt in l.licèt.C.de iud.Sed ſi nõ erat vl̃is, tũc hẽt locum §. actiones.cum nec de rigore iuris noceat in proſecutis, ut ibi dixi , & qđ no.ſ.eo.l.ſi ex teſtamento.in ult.gl.ibi(& ſic non tanq̃ iudicatum,ſed tanquam repudians repelliẽ &c.) Dic uerum eſſe, ꝙ iſto caſu,qñ ſciuit teſtm̃ ualere,& ſic elegit uiam inteſtati ſciẽter,quæ ſibi non competebat,cenſetur renunciaſſe cauſæ teſtati,& ſic ab illa repelleretẽ virtute tacitæ repudiationis,& ſi in libel.cauſam inteſtati ſolam expreſſiſſet,ut l.Clodius. de acquir. hęr.Nec tunc hr̃et locum hæc lec.ꝙ repellatur uirtute ſententiæ. Sed in caſu ſeq.quando errauit credens teſtm̃ eſſe nullum, non uidetur repudiaſſe in cauſa teſtati , quam ignorabat ſibi competere,nec uirtute tacitæ repudiationis repelliẽ, ſed bene repelliẽ uirtute ſnĩæ poſtquàm eſt ꝙ ſibi imputeẽ.ſ.ꝙ libellum generaliter dictauit, non reſtringendo ſe ad cauſam inteſtati, quam putabat ſibi competere,& ita loquitur hic.

1 *Ius pignoris non extinguitur in effectu,quando creditor efficitur dominus rei pignoratæ reuocabiliter.*

2 *Hypothecaria eſt iſtius naturæ,ꝙ non tollitur, niſi creditori ſit ſolutum,vel ſatisfactum.*

1 §.Latinus. †Si poſterior creditor egit hypothecaria ꝯ poſſeſſorem,& obtinuit ex eo,quia poſſeſſor de iure ſuo non oppoſuit,non ꝓhibetur prior poſtea ꝑ uiã agendi hypothecaria recuperare non obſt. dicta ſententia , in qua licèt fuerit ꝓnunciatum ſuper non iure actoris,non uideẽ pronunciatum ſuper non iure defenſoris,cum ſe adinuicem ꝯpatianẽ,quia poteſt eſſe utrique obligata . Et poſtquàm de iure defenſoris non fuit oppoſitum,nec diſcuſſum, non ſic in rei vẽdi.in qua ſi ferẽ ſnĩa pro actore cenſeẽ lata ſuper non iure defenſoris,quia non poteſt eſſe cuiuslibet eorum inſolidum . Vñ cum ſit pronunciatum eſſe actoris,cenſeẽ pronunciatum non eſſe ipſius rei,non ſic ſi lata ſit ſnĩa pro reo,quia ſi eſt abſolutus ex eo,quia actor nõ ꝓbauit nõ ꝑꝑea uideẽ ꝓnunciatum ſuper non iure actoris , & ideo ſi poſſeſſio ad actorẽ redeat , non nocet ſibi illa ſnĩa quominus defendendo poſſit probare ſe dñm, & excludere priorẽ uictorem,qa iſta poſſunt ſimpliciter ſtare, ꝙ actor eſt uerus dñs. Item poſito, ꝙ prior creditor efficiatur dominus rei hypothecatæ,& per hoc extinguaẽ pignus , qa res ſua

sua non potest esse sibi obligata, non tñ extinguitur ius proprietatis,& sic ius retẽtionis,si possidet,& etiam ius agendi per hypothecariam aduersus posteriorẽ, si ille possidet.h.d. in effectu.vsq.in fi.iste §.pulcher, & utilis, & uenit ad declarationẽ l. duob.§.co.quæ uidetur ꝯtriari. Sed non obst.quia ibi prior creditor conuentus à posteriore de iure suo allegauit,& super illo fuit cognitum,& plenè discussum, & succubuit. Vnde non põt illud postea deducere ꝑ modum agendi, qa ueniret ꝯ sententiam,cum tacitè uideatur sup illo ꝓnunciatum,ex quo fuit cognitum.Sed hic non allegauit de iure suo.Vñ non potest dici,ꝙ super illo censeat̃ ꝓnunciatum,sed solum super iure actoris,ideo non venit ꝯ sententiam.Secus in rei uend. in qua ẽt si reus non dixit se dominum,si tamen est ꝓnunciatum actorem esse dñm,censẽt pronunciatum reum non esse,& hoc vult iste tex.loquit̃ tñ hic quando prior creditor ignorabat rem sibi esse obligatam,& ideo non opposuit. Quid autem si sciebat? adhuc vr̃ idem,& ꝙ possit postea de illo opponere nõ solum agẽdo,sed etiam excipiendo. Non solum si agatur actione pristina,immo ẽt si agat̃ ex sñia, quia ista exceptio non dicitur impugnare sententiam,verum est em̃ esse obligatam actori,ut sẽtentia illa dicit,sed etiam sibi obligata est. Sed in ꝯtrium facit ęqtas,& malitia eius,ar.in l.de reb.§.de arb.quia postq̃ sciuit, debuit uti iure suo,& nõ malitiose tacere, & ista forte uerior est. Dubito tñ de pręsenti,ideo cogitandum est,qa Doct.nõ tãgũt. Et diuide istum §.in quatuor partes,qa primo ponit̃ thema,& quæstio in agente hypo.usq.ibi (respondi.) Secundo anteq̃ respondeat altius exordiendo,ponit,quid iuris in eo,q agit rei vẽdi.vsq.ibi(cum autem.)Ibi redit ad primum casum, & determinat, ꝙ reus victus non prohibet̃ agere,vsq. ibi (in proposita.) Quarto contra suam determinationem facit unam oppositionẽ diuersam,& eam soluit confirmando præfatam determinationẽ. Item secunda pars continet duos casus. Primus,qñ fert̃ sententia pro actore rei vend. qa censetur lata super non iure rei,etiam si de illo non per reum oppositum sit, usq.ibi (quod si possessor.)Secũdus econtra,qñ fert̃ pro eo absolutoria,
actor non probauit,& tunc non propterea videtur lata
non iure actoris,quia ista possunt simul stare,ꝙ actor est
dominus,& tñ qa non potuit probare, reus ueniet absol
dus.Et ideo si reus cadat a possessione, & reuertat̃ ad acto
si reus agat,non prohibet̃ actor,& non possessor probare
minum. Et obtinebit defendendo se licèt agẽdo si nõ pos
ret,non deberet audiri propter sententiam, ut etiam dixi
l.si mater.§.denique.Sed si fuisset absolutus ex eo,qa prob
2 se dñm,tũc esset secus,ut dixi.§.eo.l.si inter me & te.† Vl
no.in fi.ꝙ ius pignoris non extinguit̃ in effectu,quando c
tor efficit̃ dominus rei pignoratę,reuocabiliter tamen,qu
erat ẽt alteri pignorata, & sic poterit ab eo auocari. Nam
dẽt effici deterioris conditionis ex eo, ꝙ dominium acqui
vt not.in l.j.C.si antiquior credi.& ibi uide bonam gl. me
iure extinguit̃ pignus,& ita innuit hic tex.Item no. ꝙ hyp
istius naturæ,ꝙ non tollit̃,nisi creditori sit solutum,vel sa
a ctum,[a] posito ꝙ ius pignoris ex quo oritur mero iure toll
concordantiæ sunt in gl.penul.

ADDITIO.

a Et adde,ꝙ nec per sententiam quidem,quin si satisfactio non sequatur a sit aduersus possessorem non obstante sententia ipsa.ut in l.tuam. ubi p C.de pign.& l.gregem.§.etiam si.ubi per Bar.ff. eo.de pign.

LEX XV.

PAulus. Qui egit rei vend. & succubuit non p betur eandem rem petere actione per li.h.d.no. Et istud est uerum, nisi succubuerit ex al causa,quæ concernat etiam actionem personalem legatarius egit rei uend.pro re legata,& reus fuit absoluti legatum non fuerat factum,uel inutiliter factum:nam no terit agi actione ex testamento secundum Docto. quod tene menti.

Prima Domini Pauli de Cast. super ff. Nouo explicit.

REGISTRVM.

a b c d e f g h i k l m.

Omnes sunt quaterniones, præter m, ternionem.

Venetijs, M D XCIIII.

www.ingramcontent.com/pod-product-compliance
Ingram Content Group UK Ltd.
Pitfield, Milton Keynes, MK11 3LW, UK
UKHW022104260726
13993UKWH00001B/307